KB274852

편역: 기세춘

周易大全

주역대전

I

진인진

<일러두기>

○ 이 책은, (明나라의 永樂帝 13년에 발행된)『原本周易』과 (1989년 발행된)『與猶堂全書』37권~48권에 수록된『周易四箋(주역사전)』을 편역하여 합본한 것이다.

○ 永樂帝本 周易은, 1982년에 (古典講讀 모임인) 二以會에서 影印頒布한『備旨具解原本周易』)을 底本으로 했다(현재 반포처는 太山文化史).『周易四箋』은, 아름出版社에서 발행한『與猶堂全書』9-10冊을 底本으로 했다(현재 發行處는 景仁文化史).

○『定本 與猶堂全書』15·16권 (서울, 다산학술문화재단, 2012)의『周易四箋』도 底本으로 삼았다. 정약용이 지은「易論」은, 新朝本(1937년 新朝鮮社 간행)『與猶堂全書』의 해당 부분을 참조했다.

○ 宋本十三經注疏의『周易正義』와 欽定四庫全書의『周易傳義大全』을 副本으로 삼아 考訂했다. 底本으로 삼은 明나라 永樂帝本과 淸나라 乾隆帝의 四庫全書本의 문자가 다른 경우에는, 후자를 위주로 考訂했으나 간혹 永樂帝本을 취한 곳도 있다.

○ 經文이라 일컫는 文王·周公의 말씀과 공자의 말씀은, 글상자 안에 넣어 다른 해설문과 구분했다. 傳文이라 일컫는 繫辭傳·說卦傳·文言傳 등의 十翼을 해설하는 章節에서는, 傳文도 글상자 안에 넣어 程子·朱子·茶山의 해설문과 구분했다.

○ 64괘의 變動을 그려넣은 圖·表는 底本에 없는 것이며, 독자의 이해를 돕기 위하여 편역자가 첨가한 것이다.

○ 제1권 書頭의〈『주역』의 탄생과 전개〉와 末尾의〈보론〉은 底本에 없는 것이다.〈보론〉은, 편역자의 여러 저서에서 발췌한 것이다.

○ 국내의 번역본으로 大山 金碩鎭의『周易傳義大全譯解』(大有學堂), 방인·장정욱의『譯註 周易四箋』(소명출판사)을 참고했다.

<기타 주요 참고자료>

△ 郭彧 譯註『周易』(中華書局)

△ 劉建生 主編『周易精解』(海潮出版社)

△ 宋學海 主編『易經』(云南人民出版社)

△ 王鶴鳴·殷子和 整理『周易程氏傳』(九州出版社)

△ 柯譽 整理『周易本義』(中央編譯出版社)

△ 王夫之 著『船山易學』(中央編譯出版社)

△ 焦延壽 著『焦氏易林注』(九州出版社)

△ 任憲寶 主譯『周易全集』(中國言實出版社)

△ 劉大鈞 主編『大易集要』(山東大學)

△ 盧兌俊 譯解『周易』(韓國教育出版公社)

△ 김상봉 지음『數易』(은행나무)

발간사

묵점 기세춘 선생의 〈周易大全〉이 기나긴 산고(産苦) 끝에 드디어 모습을 드러냈다.

이 책이 출간되기까지 오랜 세월을 가까운 거리에서 상세하게 지켜봤던 사람으로서 나는 감회가 남다를 수밖에 없지만, 무엇보다 먼저 보람과 기쁨으로 뿌듯하기 그지없다.

한학이나 동양사상에 어느 정도 관심을 가진 사람이라면 묵점 기세춘 선생의 이름을 대부분 알고 있으리라 믿는다. 사서삼경 중 최고의 경전인 〈주역〉은 물론이고, 공자가 책을 엮은 가죽끈을 세 번 고쳐 맬 만큼 열심히 읽었다는 고사에서 유래한 위편삼절(韋編三絶)을 모르는 이가 많지 않을 것이다. 그러나 〈주역〉이면 그냥 주역이지 〈周易大全〉이란 거창한 이름을 매긴 이유에 대해서는 많은 분들이 궁금해 할 것이라는 생각이 든다.

주역과 주역대전의 차이

〈周易〉은 ① 周文王이 그 이전의 역서들을 참조하여 64괘로 정리하고 각 괘를 설명한 괘사와 ② 주문왕의 아들인 周公이 지은 하나의 괘를 구성하는 6개의 효를 각각 해설한 384(64×6)개의 효사 그리고 ③ 공자와 그 제자들이 엮은 것으로 알려진 10종의 해설서 十翼(십익)으로 구성되어있다.

'大全'이란 한 분야에 관한 모든 내용을 빠짐없이 수록한 책에 부여하는 이름이다.

서기 1415년, 명나라 때 발간된 〈周易傳義大全(주역전의대전)〉은 그때까지 나온 〈주역〉에 대한 주석들을 집대성한 책이었기 때문에 大全이란 이름을 붙였다. 공자 이후 주역에 독창적인 주석을 단 학자로는 위나라 왕필과 송나라의 정호·정이 형제, 그리고 주희 등이 대표적인 분들이다. 〈周易傳義大全〉은 이분들의 주석을 총망라한 책이니 지금까지 발간된 주역에 관한 책 중에서 가장 권위를 가진 책이라 할 수 있다.

조선시대 송시열은 '주자(주희)의 말씀에 일점일획이라도 거스르는 자는 사문난적(斯文亂賊)이다'라며 주희에게 비판적인 학자는 물론이고 진보적인 학설을 주장하는 학자들을 탄압했다. 이런 기조는 노론이 집권하던 조선 말기까지 이어졌다. 이런 엄혹한 환경에도 불구하고 程朱(程頤와 朱熹)의 주역해석상 미비점을 발견한 다산 정약용은 강진 유배 중인 1804년에 〈周易四箋(주역사전)〉 집필에 착수했다. 다산은 주역에 관한 주희의 해석을 비판함으로써 사문난적으로 몰리는 상황을 피하기 위하여 주희를 넘어 공자로 복귀하는 것이라는 논조를 세웠다.

다산은 이 무렵 籜皮旅人(탁피여인)이라는 자호(自號)를 즐겨 사용했다. 죽순이 자라는 속도가 너무 빨라서 매일매일 어제의 껍질을 벗어버리고 성장하듯이, 날마다 새로운 깨달음으로 진리의 세상 속을 주유하는 나그네라는 뜻이다. 아울러 다산이 변화를 거부하는 당시의 시대상황과 성리학자들을 비판하고 있는 정황을 이 籜皮旅人이란 호에서 감지할 수 있다.

묵점 기세춘 선생은 다산의 〈周易四箋〉을 접한 뒤 2002년에 펴낸 그의 주역 책을 절판시키고서

〈周易四箋〉을 제대로 번역하는 작업에 매달렸다. 지금까지 출판된 주역은 대부분 〈주역전의대전〉을 바탕으로 했는데, 여기에 묵점선생이 번역한 다산의 〈주역사전〉을 세계 최초로 추가한 주역 해설서이기에 이 책의 이름을 〈주역대전〉이라고 정한 것이다. 문왕과 주공, 공자와 그의 제자들, 왕필에 이어 정호·정이 형제와 주희까지가 과거의 〈주역전의대전〉이라면, 여기에 추가로 다산의 〈주역사전〉을 포함시켰으니 새로이 〈주역대전〉이라고 이 책의 이름을 정한 것은 정당하다 할 수 있다. 다산은 왕필 이후 주희까지 주역을 의리론(義理論)으로 해석한 바탕 위에 상수론(象數論)적인 분석을 첨가함으로써 주역을 더욱 세밀하고 풍부하게 만들었다는 평가를 받고 있다. 더 나아가 〈주역사전〉은 하(夏)나라의 연산역(連山易)과 은(殷)나라의 귀장력(歸藏易) 이래 역경(易經) 본연의 원리에 근접했다는 면에서 공자를 능가한다고 평가할 수도 있다.

묵점 기세춘 선생이 편역한 〈주역대전〉의 가치는 〈주역전의대전〉에다가 단순히 다산의 〈주역사전〉을 추가로 포함시킨 점에 그치지 않는다. 괘사, 효사, 십익의 원문(原文)과 정이와 주희의 해설문, 다산의 〈주역사전〉에 이르기까지 기존 번역의 오류와 모호성을 바로잡아 제대로 번역했다는 점에서 이 책의 가치는 더욱 빛난다. 주역을 공부하는 독자들이 지금까지 나온 주역 책과 이 책을 비교해가며 읽는다면 이 책의 진가를 바로 알 수 있을 것이다. 물론 묵점선생의 번역이 다 옳다고 고집하지 않겠다. 만약 이 책의 번역과 내용에 대하여 다른 의견이 있다면 출판사를 통해서건 공개적이건 상관없이 모든 경로를 통해 서로 의견을 교환하고 토론의 장이 마련되기를 바란다. 또한 있을 수밖에 없다고 예상되는바 어떠한 오류를 지적하더라도 진심으로 환영할 것이다.

묵점 기세춘과 재번역운동

반독재 민주화운동의 원로이자 진보적 한학자로 알려진 묵점 기세춘은 김진균 교수, 홍근수 목사, 신영복 선생 등과 서로 가까운 동지이자, 함께 책을 펴낸 공저자들이다. 한편 묵점선생을 포함해 이 분들을 가르치셨던 스승들이 계신다. 서영훈, 이구영, 문익환 등 민족지도자이자 당대에 어른으로 우뚝 섰던 분들이다. 묵점선생은 이 분들을 존경하면서도 마치 가까운 벗처럼 담백하게 모셨다. 묵점선생은 역시 당신의 제자들에게도 벗으로 대하고, 당신도 벗으로 대접받기를 원했다. 벗과 벗으로 이어지는 사제지간의 대물림은 마치 깊은 강물처럼 도도하다.

선생은 1935년 전북 정읍 북면 묵점마을에서 고봉 기대승의 15대손으로 태어났다. 선생의 부친이 마을에서 서당을 운영하고 있었다. 서당 운영은 겉으로 내건 신분일 뿐, 선생의 부친은 매부인 백남운 선생을 따라 비밀리에 독립운동에 나섰고, 해방 후 남북합작파로 활동했다. 백남운 선생이 월북하자 그의 부친은 활동을 접고 칩거했다. 선생의 조부는 구한말 의병에 참가했다. 조부는 집안 형님인 기삼연 의병장을 따라나섰고, 영암 월출산 전투에서 의병장이 전사하자, 소부대로 분산하여 투쟁을 이어가다가 정읍 북면 묵점마을로 가족을 이끌고 들어와 서당을 열었다. 기 선생의 3대에 걸친 가족사 역시 우리 민족의 근현대사와 겹쳐 깊은 강물처럼 도도히 흐른다.

'서당 집 아이'였던 선생은 5살에 서당에 들어가 만 7년 만에 사서삼경을 모두 마쳤다. 일제 강점기에는 왜놈 교육을 시킬 수 없었고, 미군점령기에는 서양교육이 마뜩치 못했던 부친과 집안 어른들의 반대로 기 선생은 신식학교에 가지 못하다가 1948년 반쪽 정부가 서고, 의무교육법이 생기자 면장의 강권을 거절하기 어려웠던 선생의 부친은 그를 초등학교 5학년으로 편입시켰다. 이후 선생은 전주사범을 졸업했다.

1960년 4월, 선생은 고교시절 '의혈동지회'를 결성해 이승만 독재에 항거하던 동지들과 서울에서 만나 함께 4월혁명에 참여했다. 그리고 1963년 '의혈동지회' 회원을 주축으로 〈동학혁명연구회〉를 만들어 창립회장을 맡았다. 그러나 그 공부모임에 불행이 닥쳤다. 소위 통일혁명당사건 조작에 연루된 것이다. 중앙정보부는 월북한 선생의 고모부인 백남운과 엮으려 선생에게 모진 고문을 자행했다. 묵점 선생이 죽기로 버티며 끝내 허위자백을 거부하자 중앙정보부는 그에게 기소유예 처분을 했으나, 통혁 당사건 재판 내내 군대막사에 불법으로 가두어 놓았다. 신영복 선생 등 동학혁명연구회 회원 다수가 간첩으로 몰려 억울한 옥살이를 하는 것이 묵점선생에게는 두고두고 더 큰 고문이었다.

선생은 통혁당사건 이후 안정된 공무원 직을 잃었고 정상적인 재취업은 불가능했다. 어렵사리 얻은 '교육평론사' 주간 자리도 1972년 10월 유신쿠데타 이후 정부의 압력으로 그만두어야 했다. 선생은 오래도록 사람 만나는 일을 피했다. 이토록 스스로를 창살 없는 감옥에 가두다보니 오직 한시와 동양 고전이 당시 그의 도피처이자 유일한 낙이었다.

선생의 후배이자 존경하는 동지였던 신영복 선생이 사형에서 무기로 감형을 받은 뒤 1988년, 20년의 형기를 채우고 가석방되었다. 이후 묵점선생의 20년 창살 없는 감옥살이와 절망과 분노의 방황도 시나브로 끝나갔다. 선생은 재야활동을 재개했다.

선생이 재야인사에서 동양사상가로 변신하는 데는 몇몇 사건들과 사람들이 계기가 되었다. 첫째는 앞에서 말한 신영복의 출소다. 둘째는 문익환 목사와 옥중서신으로 묵자에 대해 토론한 사건이다. 묵점선생의 첫 번째 저서인 〈천하에 남이란 없다-묵자〉(1992)를 읽고 문익환 목사께서 선생에게 편지를 보낸 후, 두 분이서 편지를 통해 토론한 내용이 후에 〈예수와 묵자〉(1994)란 책으로 나왔다. 셋째는 소설가 이윤기와 만남이다. 90년대 초, 주말마다 과천의 농장에서 오전에는 몇 두렁의 남새밭을 가꾸고 오후에는 담소를 나누는 모임에 필자가 묵점선생을 초대했다. 여기서 선생은 그리스 신화 전문가인 이윤기를 만나 회칠한 무덤이 돼버린 동서양 고전의 오염을 걷어내는 재번역운동이 필요함을 공감하고 서로 의기투합했다.

그의 인생에 새로운 목표가 생겼다. 묵점선생은 경전의 바른 번역을 인생목표로 설정했다. "지금까지 서점에 깔린 동양고전 번역서를 모조리 불태우라."며 자극적이고 도전적인 발언도 불사했다. 선생의 제대로 된 동양고전 번역작업은 유가(儒家) 묵가(墨家) 도가(道家)에 관한 20여 권에 달하는 책을 넘으로써 현재 어느 정도 완성된 것처럼 보인다.

서당에서 〈주역〉을 마치면 더 가르치거나 배울 것이 없듯이 〈주역〉을 제대로 번역한 원고가 바로 이 〈주역대전〉이란 책으로 나오게 됐으니 묵점선생의 동양고전 재번역운동 역시 그의 인생역정과 함께 대미를 장식했다.

다산이 사문난적으로 몰려 죽을 수 있음에도 불구하고 정주학을 넘어 공자로 복귀하여 경전을 재해석했듯이 선생은 강단 유학자들의 정주학을 넘어 동양철학의 지평을 노장(老莊: 노자와 장자)과 묵자(墨子)까지 넓혔다. 그래서 선생은 유가의 군자(君子)가 아닌 우리 한민족의 '선비'를 지향한다. 선비는 지식인이나 양반이 아니다. 선비는 약자와 민중들 편에 서서 정의와 실사구시와 평화를 추구한다. 그리하여 선비는 결국 우리 동이족 출신인 墨子로 회귀한다. 묵자의 천하무인(天下無人: 천하에 남이란 없다)과 겸애(兼愛)는 단군사상인 홍익인간(弘益人間) 및 인내천(人乃天)과 한 뿌리이며, 예수의 믿음, 소망, 사랑과 한 몸이다.

묵점 기세춘은 누구인가? 한마디로 말해 그는 선비였다. 그의 스승, 벗, 제자들이 선비의 학풍을 이어가고 있으며, 의병과 독립군 그리고 민주투사로 이어지는 선생의 가문 역시 딸인 청와대 첫 방역기획관 기모란 박사로 이어가며 선비의 기개가 강물처럼 도도히 흐른다.

〈주역대전〉이 출판되기 까지

2022년 5월 6일(양력), 묵점선생이 숙환으로 숨을 거두었다. 선생의 빈소에서 〈주역대전〉 원고를 더 이상 방치할 수 없다고 의견을 모은 제자들이 1주기 추모식 전까지 이 책을 출판하기로 결의를 다졌다. 이 결의를 바탕으로 "〈주역대전〉출판위원회"가 2022년 6월 25일 발족하게 되었다. 한국묵자연구회 소속 10명의 묵점선생 제자들과, 선생의 자제분들 중 두 분이 출판위원회에 참여하였으며, 송만규 한국묵자연구회 회장이 당연직으로 포함, 총 13명의 위원이 선임되었다. "〈주역대전〉출판위원회"(이하 '출판위') 위원명단은 다음과 같다.

이은영 위원장, 소춘수 간사, 위원으로(존칭 생략, 가나다 순) 기검, 기모란, 김병욱, 김선건, 김소중, 김승국, 김영일, 송만규, 이계석, 이관순, 한명재 등이다.

'출판위'는 발족 즉시 활동을 개시했다. 수차례 회의를 거친 끝에 '출판위'는 2023년 5월 묵점선생 1주기에 맞춰 〈周易大全 上卷〉을 출간하기로 결정했다. 〈주역대전〉 전체 원고의 분량은 원고지 약 15,000매, 글자 수로 물경 3백만 자에 해당하는데, 1년 안에 이 방대한 원고를 모두 정리하기란 불가능하다는 결론에 이른 것이다. 나머지 "본경"은 2주기에 맞춰 묵점선생 영전에 봉헌하기로 미룰 수밖에 없었다. 이후 '출판위'는 출판 기획안과 출판 일정계획을 수립하고, 원고 교열작업을 각 위원들이 분담하여 진행했다. 각 위원들의 교열 결과물은 김승국 위원이 취합하여 전체적으로 통일성을 확보하는 동시에 최종 마무리를 지었다. 김 위원은 약 5개월 동안 자신의 모든 일을 포기하고 이 작업에 몰두했다. 주역의 원저자가 문왕과 주공이고, 편저자가 공자이며, 정자와 주자, 다산이 해설자이라면, 이를 종합하여 편집하고 번역한 묵점 기세춘은 〈주역대전〉의 편역자가 되겠다. 그리고 김승국은 책임교열자로서 이들과 이름을 나란히 하여도 전혀 손색이 없을 정도로 이 책이 나오기까지 중요한 역할을 완벽하게 수행했다. 김승국은 〈주역정씨전〉과 〈주역본의〉, 여유당전서 15·16권에 수록된 〈주역사전〉을 통해 한문 원문을 일일이 대조 확인하였고, 또 이 원문을 묵점 선생의 번역문과 대조해가며 작은 오류까지 거의 완벽하게 찾아 수정했다. 서울묵자학당의 김봉진과 정상홍, 최용기도 이 작업에 참여해 기여한 바가 적지 않다.

묵점선생은 생전에 〈주역대전〉의 출간을 위해 약 5곳의 출판사를 접촉했었다. 계약 조건이 서로 합의에 이르지 못해 무산되거나, 이 원고의 방대한 규모와 심오한 의미에서 나오는 중량감을 감당하기에 부담을 느낀 출판사가 중도에 포기한 경우도 있었다. 묵점선생은 판권을 출판사에 넘기는 것에 대단히 회의적이었다. 다산의 〈주역사전〉을 외국어로 번역해 전 세계 각국의 주역 연구자들에게 제공해야한다는 사명감을 지녔기 때문이었다. 이런 까다로운 조건 외에도 책의 특성상 고도의 편집능력과 함께 한문에 대한 전문지식을 갖춘 편집자가 필요한데 이런 출판사를 찾기가 매우 어려웠다. 다행히도 진인진출판사의 김태진 사장과 배원일 팀장이 이 모든 조건을 충족시키고 남을 만큼 능력과 성의를 겸비했다. 더욱이 김 사장은 선친인 고 김진균 교수와 묵점선생 간의 끈끈한 동지애를 이미 알고 있었다.

이 책이 나오기까지 온 마음으로 지지해준 오대산월정사 선덕이며 대한불교조계종 대종사인 원행스님과 (사)면암최익현선생기념사업회 김동대 회장께도 감사드린다. 이 두 분은 이 책의 출간을 위해 많은 도움을 주셨던 분들이다. 끝으로 한 분 한 분 소개해야 마땅하지만 해량해 주시리라 믿는 사월혁명회 동지, 전북민주동우회 가족, 여러분께 묵점 기세춘 선생을 대신해 진심으로 감사드린다.

2023년 5월
〈주역대전〉출판위원장 이은영

제4부. 보론 ·· 601

부록 ·· 651

편역자·책임 교열자 약력 ································· 657

나는 서당집 아이로 자랐기에 열 살 무렵에 『周易』을 배웠다. 우리 서당에서 四書를 떼면 『주역』을 가르쳤다. 당시에도 『주역』은 유가의 최고경전이요 가장 어려운 책이라고 알려졌으므로 『주역』을 배우는 일은 본인에게 큰 자부심이었고 가문의 영광이라고 호들갑을 떨 정도였다. 그러나 지금 생각해보면 가르치는 훈장님도 배우는 아이도 수박 겉핥기였을 뿐이다. 그런데도 평생을 『주역』 몇 구절을 인용하면서 아는 체하였으니 부끄럽기 짝이 없다. 내가 서당을 다닐 때는 일제 말기였으니 주역을 배우기 시작한 것은 해방되던 해 무렵이었다. 일제 때는 일본말 배워야 하고, 미군정 때나 이승만 때부터는 미국말 배워야지 한문공부는 부질없는 짓이었다. "세상천지 장바닥이라곤 다 다녀봤지만 글 사자는 놈 없더라!"는 핀잔을 들을 정도이어서 시골 서당도 거의 문을 닫았지만 우리 서당은 근동 마을을 아울렀으므로 20여명을 유지할 정도로 활기찼다. 그렇지만 四書를 배우는 학생이라야 서넛에 불과했고 『주역』은 가르치는 훈장도 배우는 학생도 극히 드물었다. 사서를 배우면 신입을 가르치는 조교를 했고 주역을 배워야만 훈장님 곁에 앉아 "도령"이라는 칭호를 얻을 수 있었고 마을 어른들도 "도련님!"이라는 존칭으로 불러주었다. 갑자기 신분이 상승되는 듯했다.

옛날 서당은 다 그렇겠지만 우리 마을 서당의 경우를 보면 한 두 해 정도만 다니면 아이들이 의젓해지고 어른스러워진다. 보통은 아이들이 싸우면 친척이나 제 패거리를 편들면서 제 식구 감싸기에 급급했지만 이제 서당 아이들은 먼저 시비를 가린 연후에 타이른다. 마을 어른들은 이런 공의로운 모습을 흐뭇해하면서 "어이쿠 일취월장이라더니……글방 도령이 다 되어가는군!"하며 이구동성으로 칭찬을 아끼지 않았다. 서당공부는 모두 동양의 紳士 즉 君子가 되기 위한 修身(수신)이 전부이었으므로 성인의 말씀을 공부한다는 자긍심과 어른들의 칭찬에 고무된 자존감과 책무감이 몸가짐을 더욱 신중하게 했다. 그런데 요즘은 가장 公義로워야할 국회의원조차 제 몸의 안위와 제 식구 제 패거리를 위해 못할 짓이 없으니……깡패의 의리조차 모르는 이들을 배운 사람이라고 부르기에도 너무 창피하고 '조폭 신사'라고 부르자니 너무 한심하다. 그에 비하면 옛날 서당 아이들이야말로 '노블리스 오블리제(noblesse obligé)'를 실천했던 진짜 신사이었다.

이처럼 당시까지만 해도 서당과 훈장님은 자랑스럽고 명예로운 존칭이었다. 그러나 훈장 칭호를 들으려면 『주역』만으로는 부족했다. 마을 사람들은 아이를 낳고 혼사를 치르거나 초상이 나면 반드시 훈장님을 찾아오고, 몸이 아파도 훈장님을 찾아오기 때문에 그 일을 감당해낼 수 있어야 했다. 그러므로 훈장님이 되려면 당시 가장 긴요한 실용과목인 풍수와 침술까지 배워야 했다. 나의 부친도 지관이었고 침술을 했으며 가을에는 많은 약초를 마련해서 마을 사람들을 위해 단방처방을 준비해두었다. 서당에서는, 풍수에 관한 책을 사람의 스승노릇을 하려면 반드시 알아야 한다는 뜻으로『人子須知(인자수지)』라고 불렀다. 당시 '명당'이나 '풍수'는 지금의 人文地理學이었던 셈이다. 그래서 죽은 자의 幽宅(유택)과 산사람의 陽宅(양택)의 吉地(길지)를 잡고 우물을 파는 데는 반드시 부친을 모셔갔다. 그러나 그것들은 요즘처럼 돈벌이 수단이 결코 아니었다. 그렇지만 나는 풍수와 주역을 주술로 여기는 것을 못마땅해 했다. 더구나 부친은 집안일을 제쳐두고 초상집마다 불려가서 묘 자리를 잡아주고 치상을 도맡았으며 심지어 아침마다 찾아와서 날씨까지 묻고 매사를 상담하는 마을 사람들이 짜증스러워 문간을 가로막고 호통을 쳐서 쫓아내기까지 했다. 나는 아버지의 회초리와 꾸중을 들으면서도 유교의 최고 경전인『周易』이 점치는 책이 된 것은 선비의 타락이라는 생각을 굽히지 않았다. 필자는 지금도 儒敎(유교)와는 본래 아무 상관없는 五行·甲乙·風水論이 당시 文字 權力이었던 儒士들에게 유행되어 經學(경학)을 미신적인 緯學(위학)으로 타락시킨 것을 비판하는 입장이다. 그러나 지금 생각하면 부친의 모습이야말로 퇴락한 선비의 민중적인 모습이 아니었을까? 또한 옛날 옛적에 점을 치는 것으로 나라를 다스리고 민중을 교화한 文王이야말로 위대한 발명가가 아닌가!

내가 서당을 다닐 때만 해도 병이 나면 아낙들이 무당굿을 하는 것은 예사로운 일이었다. 읍내에 서양 의원이 하나 들어왔지만, 남정네들은 병이 나면 몇 십리를 걸어서 한약방을 찾기 전에 먼저 훈장님을 찾기 마련이었다. 당시로는 면허증이 있어야 병을 고칠 수 있고 자격증이 있어야 가르칠 수 있다고는 꿈에도 상상할 수 없었던 시절이라, 책력으로 사주점을 치고 토정비결로 신수점을 치는 것을 미신으로 생각지 않았고, 더구나 훈장 어른이 주역점을 칠 때는 유지들이 모여 마을 대사를 결정하는 경우의 특별한 행사이었다. 시체말로 하면 훈장님은 점쟁이가 아니라 그 지역사회의 원로였고 멘토(mentor)이었다.

이처럼 풋내기 글방도령이었던 나는 일제가 망하고 解放을 맞고 나서 그 감격을 주체할 수 없었고, 무엇인가 묶임에서 풀려나 새로워져야 한다는 강박관념에 사로잡혀 있었다. 실은 일제 때 國民學校에 입학했으나 의병이셨던 할아버지의 반대로 그만둔 것인데 때마침 의무교육 제도가 시행되면서 면장님의 권유와 아버님의 결단으로 5학년에 편입하게 되었고, 새로운 세상을 따라서 서양식 공부를 해야 했으니 동양 紳士를 위한『주역』은 까맣게 잊었다. 그러나 天地·宇宙·聖人을 배운 서당 아이에게 '바둑이와 얼룩 송아지'를 가르치는 학교 공부란 것이 어린애 소꿉장난 같았다. 요즘도 그렇지만 당시 학교란 어른이 되지 말고 어린애가 되라는 공부이어서 낙담하고 그만둘까 하던 참에 농림학교 다니는 이웃집 형에게서 중학교 수학 교과서를 배웠더니 재미있었다. 이처럼 선행학습을 했기에 정작 중학 다닐 때는 책가방은 내팽개치고 교회를 나가고 4H 클럽을 조직하고 농촌계몽운동에 열심이었다. 아버님의 뜻에 따라 사범학교를 갔으나 교사될 생각은 전혀 없었고 남한 단독정부를 주장한 이승만을 반대했고 친일파들이 득세한 독재 정권에 항거하기 위해 〈의혈동지회〉를 결성하여 투쟁에 열심인 불량 학생이었다

이때 우리에게 4H 클럽의 계몽운동을 조직하도록 가르쳐준 미군정 고문관인 헨더슨 대령이 儒敎와 茶山의 권위자로 강진을 자주 찾는 길에 광주 백영흠 목사 집에서 숙식한다는 소식을 들었다. 나는 그때 서당에서 茶山 선생에 대해 전혀 들은 적이 없었고, 미군정의 앞잡이인 이승만과 대조적으로 미군정의 고문관인 헨더슨이 조선 문화의 권위자라니 놀랍고 혼란스러웠다. 나는 헨더슨을 만나보고 싶

었다. 어린 고등학생이 약속도 없이 광주로 달려가 백영흠 목사의 배려로 그를 만날 수 있었다. 또한 그 자리에서 서울농대 유달영 교수도 뵈었으며, 대화 중에 놀라운 이야기를 들을 수 있었다. 일본의 유명한 민예 전문가요 세계적인 美學者인 柳宗悅이 마이니찌 신문에 기고한 「광화문을 곡하노라!」라는 칼럼에서 일본이 세계의 문화유산인 경복궁의 정문인 광화문을 파괴한 것은 일본 스스로 미개민족임을 고백한 야만적인 행위라고 맹비난했다는 것이다. 놀라운 행운인 이 만남을 여기서 상론할 수 없지만 지금 생각하면 나는 헨다슨을 만나 각성하여 오늘이 있었을 것이다. 이런 인연으로 핸더슨 평전을 쓴 박행웅 선생의 각별한 도움을 받았다.

급기야 사범학교의 복무 의무 연한인 3년의 초등 교사직를 마치고, 대학 때는 4·19혁명 대열에 참여하여 또 한 번 해방의 감격을 맛보게 되었다. 특히 두 번째의 해방은 직접 참여하고 투쟁하여 쟁취한 고무적인 것이어서 학업을 전폐하고 〈正風會〉를 조직하여 사회개혁 운동에 열정을 쏟았다. 그러나 그 감격도 잠시뿐 군사 쿠데타의 반동을 맞아 좌절하고 내장산 원적암으로 입산하여 엉터리 중노릇을 하였다. 다만 나의 入山은 해방과 혁명의 완수만이 우리의 나가야할 길이었으므로 절망의 출가는 아니었다. 그 때 보림사에서 불경을 번역하고 계시던 정초거사 임종권 선생님의 소개와 일본 창가학회의 주선으로 일본 유학을 떠나기로 결정되었다. 그러나 유학은 도피라는 동지들의 강력한 만류로 포기하고 가짜 중노릇 3년만에 하산했다. 다시 서울로 올라온 나는 동지들과 〈동학혁명 연구회〉를 결성하고 4월 혁명의 길을 계속해 나가기로 했다. 그러나 또 시련이 닥쳤다. 우리의 〈동학혁명 연구회〉가 이른바 1968년의 통혁당 시국사건에 연루된 것이다. 졸지에 東學革命 연구회는 통일혁명당의 전선단체로 날조되고 창립회장인 나는 간첩이란 누명을 뒤집어썼다. 정보부는 회원들이 북한서적을 돌려가며 읽은 것을 빌미로 북한과 내통했다고 몰아갔다. 그리고 전석담·백남운 등의 조선사회 경제사, 마르크스와 러시아 혁명에 관한 책들을 탐독했고 입산했을 때 레닌 전기를 번역한 것을 의식화를 위한 학습 자료의 증거로 제시했다. 이번에는 절망이었다. 몇 차례의 전기고문으로 의식을 잃은 내가, 남산 인근의 호텔에 버려졌다가 다시 끌려오면서도 끝까지 저항했으므로 시련은 더욱 가혹했다. 나는 용감한 투사도 못되지만 東學革命 연구회의 회장으로서 동지들에게 더 이상 누를 끼치지 않으려면, 정보부의 고문과 공작에 굴복하지 않을 뿐 다른 방법이 없었기 때문이다.

그 사건 이후로 절망과 분노의 마음을 삭이려고 中國詩歌를 날마다 한편씩 낭송하고 『周易』을 다시 읽게 되었다. 막내 동생이 경영하는 조그만 기계공장의 뒷골방에서, 팔자에 없는 『공업편람』의 설계도면과 씨름하면서도 틈나는 대로 동양고전을 뒤적이며 방황의 세월을 견뎌내야 했다. 방황은 너무 길었다. 날마다 공장 일을 끝내고 데모현장에 나가거나 길거리 포장마차에서 울분을 토하면서 10여년을 허송세월했다. 그러나 詩歌도 周易도 나의 선택과 결단을 재촉하는 멘토일뿐, 나의 길을 직접 가르쳐주지는 않는다. 그러던 어느 날 주말마다 만나서 오전에는 한 두렁의 남새밭을 가꾸고 오후에는 담소를 나누는 모임에서 우연히 희랍신화 전공인 소설가 고 이윤기 작가와 대화를 나누다가 회칠한 무덤이 되어버린 동서양 고전의 오염을 걷어내는 새로운 번역운동이 필요함을 공감하고 의기투합했다. 또한 우리는 전공도 전혀 다른데도 나이 차이를 넘어 똑같이 茶山 선생께서 '新我舊邦(신아구방)'을 위하여, 유배지에서 경전의 바른 해석에 주력한 것을 높이 평가하였다. 그 때부터 기약은 없지만 출간을 염두에 두기 시작했다. 나의 인생에 새로운 목표가 생겼다. 절망을 딛고 20여년 만에 내놓은 것이, '천하에 남이란 없다'는 부재를 붙인 『墨子』상하권(1992년 간행)과 1994년에 신영복 교수와 공역한 『中國歷代詩歌選集』 4권이었다.

그러나 나에게 씌워진 간첩이라는 누명은 목에 박힌 가시처럼 한시도 나를 놓아두지 않고 괴롭혔다. 빈총을 맞았어도 보이지 않는 총알이 내 생명을 좀먹고 있었다. 이놈의 숨막히게 하는 올가미를 풀어야 했다. 나는 4년여 동안 하루 이틀 걸러 광화문에 있는 정부에서 운영하는 북한 자료실에 들러 노동신문을 비롯하여 북한 관련 자료를 열람했다. 주민증을 제시하고 입장하여 출입증을 제시하고 책을 대출하여 기록을 남겼다. 북한 관련 자료를 읽었다고 정보부에 끌려가 죽었다가 살아난지 30여년 만에 내놓은 것이 1997년의 『주체철학 노트』이었다. 이 때는 칼 포퍼(Karl Popper)가 맑스(Marx)를 닫힌 사상이라고 비판했고 서구 좌파가 발흥하는 상황이었다. (서울대 사회학과의) 김진균 교수, (역사의 예수를 설파하던) 홍근수 목사, (경제학 전공이었으나 성공회대학에서 동양사상을 강의하던) 신영복 교수 등과 주기적으로 만나 토론하던 화두를 중심으로, 이 책을 대표집필했다.

『周易』은 2002년에야 〈신세대를 위한 동양사상 새로 읽기〉 시리즈로 『儒家』・『墨家』・『道家』와 함께 출간할 수 있었다. 당시 나는 일흔 살을 바라보는 나이에 이처럼 고난의 역경을 해쳐오며 각고면려했으니 이제 周易을 가르칠 수 있다고 자만했다. 그러나 미흡함을 절감하고 1년 만에 계약을 해지하고 절판하고 말았다. 적잖은 오역은 차치하고 茶山의 周易은 程朱[程頤・朱熹]와 다름을 알았기 때문이다. 그 뒤 몇 달 동안 자괴감에 빠졌다. 지금도 그렇지만 당시는 필자뿐만 아니라 중국이나 우리 학계에서 程朱의 해석을 절대 권위로 의심하지 않았다. 그런데 茶山은 "수백명이 넘는 漢晉의 학자들 중에서도 덜 떨어진 王弼(왕필)의 형편 없는 易學만이 독점적으로 전수되니 우리 유학의 액운"이라고 비판했다.〈『周易四箋』「繫辭傳」(上) 제3장〉 그 까닭은 易이란 변동을 점치는 것인데 漢代 이후 『說卦傳』이 버려져 어둡고 눈멀게 되었기 때문이다.(『周易四箋』「四箋小引」爻變表直說) 〈정본으로 믿고 있던 『宋本十三經注疏』에 王弼이 주석을 붙인 周易이 실려 있는 권위〉를 맹신했던 우리 모두를 비판한 것이다. 그렇다면 지금 유행되고 있는 주역 책들은 모두 '어둡고 눈먼 형편없는 것'이란 말인가?

그 후 절판 5년만인 지난 2007년에야 다시 『주역』개정판의 출간을 계약했으나 다른 책을 출간하느라 늦어지다가 『實學思想』을 끝으로, 지병인 전립선암 치료를 위해 2010년 모든 출판계약을 해지하고 절필했다. 그러나 출간된 책갈피마다 『주역』개정판을 곧 출간하겠다고 예고했으니……약속을 지키지 못한 것이 미안했고, 특히 맹아학교의 시각장애인 교사 여섯 분이 큰마음 먹고 나의 주역강의에 참여했으나 준비 부족으로 견뎌내지 못하고 중도 포기한 것이 내내 마음에 걸렸다. 병세가 조금 호전되면서 다시 『주역』을 손에 들었으나 당초 목표였던 맹인용 『점자 周易』을 쓰기 위해서는, '우선 전문가를 위한 새로운 원전 번역서를 출간하는 것이 필요하다'고 생각을 바꾸었다. 점쟁이들의 미신적인 예언서로 타락한 눈먼 『주역』을, '孔子께서 읽었던 文王・周公의 경전으로 복원시키는 일'이 급선무라고 생각했기 때문이다. 그러나 그마저도 책의 편제를 어찌해야 할지 고민하던 중 義弟인 한성수 목사를 찾았다. 그는 서울대에서 물리학을 전공하고 종로학원과 대성학원의 유명한 물리・수학 강사이었으며, 미국에서 신학을 공부하고 목사로 시무하다가 은퇴한 후 귀국하여 지리산을 사랑하여 구례에서 살고 있었다. 그는 어려서 서당에서 주역을 배웠고 평생 『周易』을 놓지 않은 奇才이었기에 그를 찾아 상의

했다. 그래서 성리학적 儒敎 경전으로 충실하려는 程朱의 『傳義』와 이를 지양하여 孔子로 다시 돌아가 儒學을 복원·창신하려 했던 茶山의 『周易四箋(주역사전)』을 비교할 수 있도록 나란히 배치하기로 했다.

이처럼 주역을 손에든지 어언 70여년의 세월이 흘렀고 절판한지 13년 만에 새로운 『周易大全』을 출간하게 되었으니 감회가 남다르지 않을 수 없다.

이 책의 『주역』의 탄생과 전개는, 주역을 비롯한 동양고전의 저자들의 이력 소개에 가름하는 것으로, 텍스트를 읽기 전에 먼저 『주역』의 뿌리와 저자·해설자들의 모태정신을 되돌아보는 端緖(단서)들이다. 이것은 太王 古公亶父(고공단보)·文王·周公 등의 개국정신, 춘추전국 시대의 孔子·老子·墨子·荀子·董子(董仲舒) 등 諸子의 전란종식을 위한 근본정신, 茶山의 새로운 나라를 열기 위한 法古創新(법고창신) 정신을 되돌아보기 위한 것이다. 아울러 아폴론 신전에서 소크라테스처럼 신탁(神託)을 받으면 미신이 아니고 周易으로 점치면 미신이라고 곡해하는 서양 신사들을 계몽하기 위한 것이기도 하다.

각 괘의 말미에 붙인 「易詩」는 초판에 있던 것을 그대로 둔 것인데, 이는 周易을 칭송한 것이 아니다. 이와 반대로 선인들의 해설에 묶이지 않도록 일탈을 돕는 눈길 돌리기로서, 편역자의 단상을 詩 형식을 빌어 짧게 붙여놓은 것일 뿐이다. 문학평론가인 외우 金炳旭 교수가 감수해 주어 일부 수정했다.

특히 편역자가 茶山의 주역에서 주목한 점은, 매 괘마다 『詩經』을 인용했다는 것이다. 왜 程朱도 하지 않은 일을 했을까? 『주역』이란 여타 경전과 달리 성현의 말씀과 문자를 배우고 익히는 것으로 끝나지 않고 자신에게 부과된 天命[하늘의 召命]을 찾고 스스로를 결단하기 위해 점치는 책이므로, 무엇보다 時勢와 未來에 대한 상상력이 필요함을 말한 것이 아닐까? 나의 주역 읽기에서 후회·한탄한 것은 경륜의 부족과 상상력의 천박함이었다. 주역 읽기는 괘와 효의 상징을 놓치고 해설자의 문자에 얽매이면 상상력이 죽는다. 모든 경전 공부는 法古創新을 위함이지만 특히 『주역』은 그 '法古(법고)'까지 거부하는 胡蝶夢(호접몽)의 상상력을 요구한다. 그런데 오늘날 經學 공부는 膠柱鼓瑟(교주고슬)의 습관대로 '法古'에 얽매여 회칠한 무덤에 복희씨의 신상을 세우려 하거나, 반대로 創新(창신)을 한답시고 양키 문서로 우격다짐하려 하니 「易詩」는 그것을 경계하기 위한 방편인 셈이다. 본서에서 『詩經』의 번역은 鄭相泓 교수의 『詩經』(을류문화사, 2014년 초판) 을 참고했다.

제1권의 끝에 붙여놓은 〈보충자료〉는 陰陽五行(음양오행), 시간과 생명에 대하여 기본적인 문제를 제기하는 단편들로서, 『周易』의 중심주제인데도 그 본질이 논구되지 않은 공백을 조금이나마 메꾸기 위한 것이다.

그런데 왜 하필 『주역』에 이런 군더더기들을 붙였는가? 주역은 관념과 추론을 위주로 하는 철학 담론이 아니며, 무당집에 관운장의 청룡도가 시퍼런 살기를 내품는 현란한 신상 앞에서 춤추며 굿판을 벌이는 신들린 '무당의 살풀이'가 아니며, 온갖 세상살이의 고통과 난관을 이겨내야 하는 선남선녀들의 고민을 공감하는 상상력을 제공하는 원천이다. 상상력이 없으면 절대로 점을 칠 수 없기 때문이다. 이 상상력의 방향·바탕이 서양과 다름을 부각시키려 한 것이다. 상상력의 보고로 서양에 희랍·로마 신화가 있다면, 동양에서 신화도 중요하지만 역시 『주역』을 먼저 꼽을 것이다. 다만 동양문화를 서양의 기준으로만 재단하려는 독자들이라면 동양의 신화와 주역은 서양신화처럼 鬼氣(귀기)어린 박진감과 투쟁하는 역동성이 없다고 실망할 수도 있다. 그러나 동양문화는 靜中動(정중동)이고 平和的인 농경

문화를 특징으로 하므로, (미지의 사막을 한없이 떠돌이로 살아야하는) 투쟁과 약탈적인 서양의 유목문화와는 태생적으로 다르다. 특히 『주역』은 희랍신화처럼 괴이한 모습을 한 신들의 애증·음모의 투쟁이 없는 대신에 安靜과 平和를 지향하는 너무도 평범하고 庸拙(용졸)한 우화에 도전·응전, 갈등·조화 등 변화무쌍함을 담고 있다. 무엇보다도 『주역』의 모태정신은 시종일관 쟁투와 살육이 아니라 용서와 화해와 생명평화임을 유의해야 한다.

각 卦(괘)마다 말미에 붙인 「易詩」도 그 기조는 지난 2천년의 살육과 투쟁의 인류문명을 반성·지양하고 새천년의 새로운 생명-평화 문명을 소망한 것이다. 특히 태생부터 로마제국을 위한 것이었고, 지금까지 줄곧 제국주의에 기생해오는 기독교가 單一神으로 옹위하는 전쟁의 神 야훼(Yahweh)의 폭력·살육과 전쟁-문명에 대한 반성을 기조로 한 것이다.

나는 혁명가였던 茶山(1762-1836)을 따르겠다는 각오로 경전을 새롭게 번역하기 위하여, 오래전에 재야 운동권에서 은퇴했다. 눈을 뜨면 '日新又日新(일신우일신)'을 주문처럼 외우며 여든살 노인의 편협함을 경계하고 있다. '번역과 도살'이라는 신문 칼럼을 오려서 벽에 붙여놓고 나의 번역이 도살이 되지 않았는지 전전긍긍한다. 일찍이 나는 무람없이 나의 고전 번역은 경전으로 경전을 증거하는 茶山의 이른바 '以經證經(이경증경)'을 본받은 것이라고 밝힌바 있다. 그러나 周易은 다른 경전과 비교할 수 없는 최초의 경전이므로 그것만으로는 부족하다. 그래서 朱子도 주역은 읽기 어려운 책이라고 말했다. 이에 茶山은 詩[詩經]·書[書經]·禮[周禮]를 많이 인용하면서도 발상의 근원을 八卦의 象(상)에서 찾으려 했다. 그러므로 주역 읽기는 상상력이 절대로 필요하다.

그럼에도 불구하고 나는 주역을 최초로 편찬한 孔子의 '述而不作(술이부작)'을 마음에 새기며 '번역은 창작이 아님'을 스스로 경계한다. 물론 '述'은 해설이나 강의라는 말에 더 적합하다. 해설과 강의는 고전을 말하면서도 새로운 옛것이 되어야 하므로 '不作'이 아니라 創作(창작)이 되어야 하지만, 번역은 지어내서는 안된다는 다짐을 고집한다. 그러므로 이 책은 독자들의 상상력을 일깨우는 단서를 제공하는 텍스트의 번역일 뿐 나의 상상력을 발휘한 해설이거나 강의가 아니다. 더구나 '한문고전의 번역은 起承轉結(기승전결)이 간결한 문장의 특성을 살려야 하므로 지리멸렬한 미사여구는 피해야 한다'는 나의 투박한 글쓰기는, 주위에서조차 너무 딱딱하여 울림이 없다는 핀잔을 듣는다. 특히 주역은 다른 경서와는 달리 이야기 줄거리가 많은데도, 여전히 韻文(운문)의 간결함을 앞세우고 단도직입하는 나의 성급한 성질머리 때문에 거두절미가 되지 않았는지 걱정이다.

또한 책이 너무 무거워 독자들의 인내심을 시험한다는 불평을 들으면서도 또다시 더욱 두꺼운 책이 되었다. 더구나 정보의 홍수 속에서 복잡하고 과중한 업무에 눌리고 정신 없이 쫓기며 자기 시간이 없는 현대인에게 주역책은 너무 무겁다. 공자께서는 평일에도 항상 易을 배운다고 했으니 옛 선비들에게 주역은 항상 손에서 놓지 않은 물건이었지만, 지금 독자들은 한꺼번에 다 읽으려 하지 마시고 때때로 가끔 펼쳐보시되, 특히 제2권과 제3권은 점대를 운영하여, 64괘 중에서 하나의 괘가 나오면 그것만 읽으면 된다. 程子의 제자인 尹焞(윤돈)은 하루에 한 爻(효)만 읽었다고 한다. 朱子는 4일에 하나의 卦를 읽는 것이 좋다고 했다.

독자들께서 잠깐 서당 공부를 상상해보기 바란다. 당시의 독서는, 반복하여 읽고 새기며 외우는 것이다. 서당에서 『주역』을 배우려면 먼저 「四書」를 배워야 한다. 되돌아보면 四書란 文王·周公을 성인으로 숭모하던 孔子가 그분들의 말씀을 조술(祖述)하며 유세하였고, 그 가르친 말씀들을 후세에 曾參·子思·孟子 등 대를 이은 제자들이 전해 듣고 기록한 경전으로, 그 내용은 대체로 이들 성인이 지은 『주역』의 핵심담론인 中道思想을 간명하게 설명한 내용이다. 독자들도 익히 알다시피 '中道'는 堯임금이 舜 임금에게, 舜 임금이 禹 임금에게 天下를 물려주면서 당부한 遺訓(유훈)으로 中國이 분열되지 않고 존속할 수 있었던 이른바 天下大本이 아닌가? 다만 『주역』은 中央을 세우되 1773개 제후국의 여러 부족장들과 공존·평화를 위한 조건인 다양성과 개인성을 존중하는 '存異'의 中道였다면, 「四書」는 戰國時代의 전란 종식을 위해 분권보다는 중앙의 왕권을 옹위하고 통일천하를 지향하는 同軌(동궤)·同文(동문)·同倫(동륜)을 요구하는 '求同'의 中道라 할 수 있다. '存異의 中道'란 말은 생소하겠지만 文王이 周易의 대강령으로 제시한 '元亨利貞'을 기억하면 분명해진다. 이는 '음양 元氣의 상징인 天地 男女가 소통하면 서로의 뜻이 조화로워 이롭고 만사가 바르게 되어 지속가능하다'는 뜻이다. 다만 異가 합하면 同이 되고, 同이 흩어지면 異가 되는 것이니 同異는 相補的이다. 이처럼 異가 없으면 同도 없으므로, 同을 보면 異를 찾아야 하고 異를 보면 同을 찾아야하는 '同異俱得(동이구득)'이야말로 온전한 앎이요 소통이다. 그래서 老莊은 이를 大同小異(대동소이)라 했고, 흄(David Hume: 1711-76)은 共和國에 비유했고, 周恩來(1898-1976)는 求同存異(구동존이)를 국정철학으로 삼았다. 이로 보면 周易·四書의 中道 구분도 어쩌면 특징만을 드러낸 억지스러움일 뿐, 모든 동양고전은 中道 사상이고 大同社會(『禮記』「禮運」9)를 지향한다고 말하면 더욱 타당할 것이다. 다만 분명한 것은 周易은 天命과 人倫, 善과 惡, 義와 利, 正道와 邪道, 吉과 凶을 말하지만, 그것이 구체적으로 무엇인지 따지는 철학적·윤리적 판단을 유보하고 점치는 주인의 각자 선택에 맡겨둔다는 점이다. 이처럼 『주역』은 神의 말씀이 없는 경전이요 스스로 진리임을 주장하지 않는 경전이라는 점에서 인류사에 찾기 힘든 특이한 고전이다. 어찌 되었든 우리 선비들은 敎義[dogma]的인 四書를 읽는 동안에는, 小異(소이)를 감싸안는 仁政(인정)을 위해 詩聖 杜甫(두보)의 『杜律(두율)』을 동시에 배워 民衆의 疾苦(질고)를 공감했다. 또한 『周易』을 읽는 동안에는, 大同(대동)을 위해 『詩經』을 읽어 왕후장상과 민중의 정서를 공히 공감하며 두루 세상살이의 경륜을 쌓았다.

그런데 『詩經』은 고사하고 四書도 읽지 않고 『주역』을 들먹이면서 남의 점을 보겠다고 나서는 자는 선비는커녕 사기꾼일 공산이 크다. 옛적 훈장은 글자만 가르치는 것이 아니라 師表(사표)가 되어야 했다. 남을 가르치고 조언하려면 많은 사람의 고민·난관을 함께 공감해야 하므로 경륜·상상력은 필수조건이다. 周易도 詩經도 민중의 살림살이[生生]·利用厚生을 위한 것이므로, 高遠(고원)한 것보다 庸拙(용졸)한 것이 더 많다. 『주역』이 어려운 이유도 잡다한 내용과 복잡한 관계들이 전후좌우 상하로 얽혀 있기 때문이며, 이를 이해하려면 경륜이 필요하지만 무엇보다 상상력이 더욱 필요하다. 상상력이 부족하면 비근한 象徵(상징)이 품고 있는 보편적인 形相[Idea]을 놓치고 어수선할 뿐, 그 관계의 그물에 묶여 스스로를 잃거나 微言大義(미언대의)는 고사하고 무미건조한 글이 되어버리기 때문이다. 선인들은 글쓰기의 전범으로 '은미한 진리를 말하면서도 현저하기를 바라는' 寓言(우언)과 '현저한 사실을 말하면서도 은미하기를 바라는' 外傳(외전)으로 나누고, 그 연원으로 『周易』과 『春秋』를 꼽았다. 周易은 상징으로 말하지만 서사적인 우언이므로 요즘 서양철학에 비하면 난해하지 않다. 그러나 경륜이 짧고 마음이 虛靜(허정)하지 않으면 금방 묘미를 느끼지 못할 것이다. 평생을 학자의 삶으로 일관했던 孔子도 13년간 서당훈장을 하였고 13년간 천하를 떠돌면서, 가죽 끈이 세 번이나 끊어지도록 주역을 읽었지만 말년에야 주역을 좋아하게 되었고 고국에 돌아온 뒤에야 易傳을 편찬하게 되었음을 기억하기 바란다.

이처럼 주역은 갑자기 이해할 수 있는 글이 아님을 알아야 한다.

중언부언 말이 길어졌다. 그렇다고 세월의 무게보다 더 두꺼운『주역』에 대한 오해가 다 풀리지 않겠지만, 가까이 두고서 한 구절 읽고 하늘 한 번 보면서 벗을 삼다보면, 작은 바라지의 햇살도 눈부시고 문틈의 바람도 신선한 것처럼 숨통이 트일 것이다. 나의 깨우침도 기쁜 일이고, 남을 가르치는 일도 기쁘고, 이웃들이 나를 찾아 조언을 구하는 일도 기쁨이다. 독자들께 또 하나의 짐을 드리지만 이것이 여러분에게 큰 보람과 기쁨이 되기를 바란다.

2014년 11월 29일

大田 屯山 寓居에서, 墨店 頓首

용례

1. 해설문의 순서

1) 이 책에 실려 있는 經·傳文에 대한 해설은, 주로 『伊川易傳(程頤 지음)』 또는 『二程文集(程顥·程頤 지음)』 → 『周易本義(朱熹 지음)』 → 『周易四箋(정약용 지음)』의 순서로 진행된다.

2. 한자를 우리말로 옮기는 문제

1) 한자와 한글 표기
   ① 본문의 경우
      한자가 앞에 있을 때 한글 표기(우리말로 표기된 한자의 音)를 괄호 안에 넣는다.
      예: 賜藥(사약)
   ② 각주의 경우
      각주는 본문처럼 글자의 크기를 조절할 수 없으므로, 한자 뒤에 각주 번호를 붙인다. 이해하기 어려운 한자의 뒤에는 한글 표기를 한다.(해당 한자와 동일한 활자 크기로...)

2) 한자와 우리말 발음이 다를 때
   한자와 우리말 발음이 다르면, 그 한자와 (통용되는) 우리말 발음 사이에 꺾쇠 표시인 [ ]를 두어 다름을 표현한다. 예: 易[주역], 사위[壻郞]

3) 맨 처음 나오는[初出] 한자
   初出 한자가 있으면 그 한자의 한글 표기를 한자 뒤에 붙인다. 이어지는 문구에서 같은 한자가 있을 때 ① 한자 대신 한글 표기를 하지만 ② 한글로 표기하면 독자들이 오히려 이해하기 어렵거나, 한자로 표기해야 개념이 명확히 드러난다면, 한글 표기를 뒤에 붙이지 않고 그냥 한자로 표기한다.

4) 괘의 이름[卦名]
   예를 들어 '巽괘'의 한가운데에 卦象(巽괘의 卦象인 ☴)을 넣어 '巽☴괘'로 표기한다. 그리고 '巽☴괘'에 巽의 우리말 표현인 '손'을 붙여 '巽손☴괘'라고 표기하는 경우도 있다. 巽괘 이외의 모든 괘[八卦·64괘]에도 이와 동일한 원칙이 적용된다.

5) 책·문헌의 이름

『周易』·『繫辭傳』과 같이 자주 등장하는 책의 이름은 한자로 된 표기인『周易』·『繫辭傳』을 그대로 쓰거나, 한글로 풀어『주역』·『계사전』이라고 표기한다. 그러나 이러한 방법은 통용되는 것일 뿐 동일한 책 이름이 여러 번 나오면, 한글 이름과 한자 이름을 자유자재로 번갈아 사용한다.

6) 한글 표기를 하지 않는 경우

① 상용한자의 경우

누구나 알만한 상용한자이거나 굳이 한글 표기를 하지 않아도 이해할 수 있는 한자의 뒤에 한글 표기를 하지 않는다.

② 한자로 쓰여진 개념어를 한글로 옮기면 오히려 문맥을 이해하기 어려울 때는 한자만 표기하고 한글 표기를 생략한다. 예를 들어 '象'을 '상'으로 옮기면 밥상을 의미하는지 像[이미지]를 뜻하는지 알 수 없으므로 그냥 象으로 표기한다.

易辭·易詞를 '역사'로 옮기면 주역의 말씀인지 歷史인지 驛舍인지 알 수 없으므로 그냥 易辭 또는 易詞로 표기한다.

③ 陰·陽·陰陽·周易·易·道·五行·卦·卦變·爻·爻變·象·占·筮占·卦辭·卦詞·爻辭·爻詞· 象傳·大象傳·文言傳·說卦傳·繫辭傳·推移·物象·互體 등과 같이 빈도가 높은 용어를 일일이 한글 표기하면 문장이 깔끔하게 보이지 않으므로, 한글 표기를 생략하는 경우가 많다.

7) 懸吐(현토)와 그림 상자

① 주역 원문

모든 괘의 經文(卦辭·象辭·爻辭)과 傳(『繫辭傳』·『說卦傳』·『序卦傳』·『文言傳』)의 原文을 아래와 같은 그림 상자로 두르고 현토한다.(한자 위에 우리말로 토를 단다.)

아래는 離괘의 卦辭에 현토를 한 것이다. 현토를 했음에도 독자들이 이해하기 어렵다고 판단되는 단어를 따로 떼어 내어 한자(또는 한글)로 설명한다. 아래의 그림 상자 첫문장의 오른쪽에 작은 글씨로 쓰여져 있는 〈*亨(형)=通. * 亨(향)=獻. 祭. 保有.〉가 설명문이다. 이 설명문은 원문이 아니다.

離^이는 利^이貞^정亨^형이라 *亨=通. *亨=獻. 祭. 保有.

離괘는 일처리가 곧으며 소통하니 이롭다.

畜^축牝^빈牛^우면 吉^길일세

암소를 기르면 길하리라.

② 정약용『周易四箋』의 原文을 「四箋小引」의 네 가지 원칙[推移·物象·互體·爻變]에 따라 설명하기 위한 圖解를 그림 상자로 감는다.

③ 이 밖의 원문에도, 인용한 원문의 오른쪽에 작은 글씨(한자 또는 한글)로 쓴 설명문이 있을 수 있다. 설명문과 원문을 구분할 필요가 있으므로, 〈 〉 안에 설명문을 넣는다.

④ 현토의 有無와 무관하게 중요한 원문을 그림 상자로 감싼다.

3. 각주

1) 각주의 일련 번호를 매기지 않고, 페이지 別로 각주를 단다. 각주가 필요한 본문의 어깨에 영문 소문자의 알파벳 順(a·b·c·d……)으로 표기하는 방식을 한 페이지 단위로 적용한다.

2) 인용한 원문의 한자가 난해하여 설명이 필요할 때는 설명문을 각주 처리한다. 예컨대 〈剛柔相推 而卦爻之變. 往來交錯 无不可見. 聖人因其如此 而皆繫之辭 以命其吉凶. 則占者 所値當動之爻 象 亦不出乎此矣.(주희『周易本義』)〉라는 원문이 있다. 이 원문 중의 문구인 "以命其吉凶"의 '命'에 "命: 算命(점을 치다)"이라는 설명문을 넣고 싶을 때, "以命其吉凶"의 '命' 바로 뒤에 "*命: 算命(점을 치다)"이라고 각주 처리한다.

3) (위와 같이 단순한 문자 풀이가 아닌) 편역자의 해설문 앞에 '편역자 주'라고 표기한 뒤에, 앞의 경우 와 동일하게 각주 처리한다. 각주 처리하기 어려운 경우, 편역자가 쓴 글의 끝에 '(편역자 주)'라고 표기한다.

4. 약호

1) 〈 〉
　　① 이 책의 經·傳 해설이 『伊川易傳』(또는 『二程文集』) → 『周易本義』 → 『周易四箋』의 순서로 진 행되는데, 이러한 진행을 매끄럽게 하기 위하여 편역자가 제공하는 추가 자료가 있다. 이러한 추가 자료의 앞뒤에 〈 〉 표시를 붙여 〈비교·평가를 위한 자료〉라고 표기한다. 역시 같은 목적 으로 편역자가 제시하는 표·그림·圖解의 명칭 앞뒤에도 〈 〉를 넣는다.
　　② ( )와 같은 괄호가 있는 문장의 맨 앞과 맨 뒤를 괄호로 감싸면 ( )가 겹쳐진다. 이에 문장 전 체의 앞뒤에 〈 〉 표시를 함으로써 동일한 괄호의 중복을 피한다.

2) 문헌의 명칭에 붙이는 부호:
　　문헌의 이름 앞뒤에 『 』를 붙인다. 그 문헌 속의 篇 이름 앞뒤에 「 」를 넣은 다음에, 문헌 이름의 표기인 『 』 뒤에 붙인다.

3) 문헌의 내용을 그대로 인용할 때는 " "을, 개념·事案(사안)을 나타낼 때는 ' '표시를 한다.

4) [ ]

　① 앞의 단어와 같은 발음은 아니지만 의미·개념을 명기할 필요가 있을 때는 [ ] 안에 필요한 내용을 넣는다.

　② 모든 번역문·각주의 글에서 [ ] 안의 말은 대체 가능한 번역어이거나 뜻을 잘 통하게 하기 위해 편역자가 넣은 것이다.

5) ( )와 [ ]의 차이

　① 발음의 경우: 앞의 단어와 같은 발음은 ( ) 안에, 다른 발음은 [ ] 안에 표기한다.

　② 앞 단어를 설명할 필요 없이 요약할 때 ( )를, 설명하거나 부가적인 해설을 붙일 경우 [ ]를 사용한다.

6) -

앞의 단어와 의미는 같지만 덧붙이는 설명이 필요하거나, 양자의 범위가 조금 다르거나, 뉘앙스·느낌이 약간 다를 때, 앞 단어의 뒤에 - 표시를 한 다음에 덧붙이는 설명문을 넣는다. 예; 筮法-점치는 방법

5. 저서·저자의 표기

1) 주역

　① 주역이라는 문헌을 표현할 때는 『주역』 또는 『周易』이라고 표기한다.

　② 문헌이 아닌 주역체계 전반을 표현할 때는 『 』등의 기호를 붙이지 않고 그냥 주역이라고 표기한다.

　③ 이 책에 나오는 '易'은 문맥이나 역학 이론에 따라 『주역』을 뜻하기도 하고 주역체계를 말하기도 한다. '易'과 같이 범주가 여럿일 때는 한글 표기를 붙이지 않는다. '易'을 '역'이라고 표현하면 정거장을 뜻하는 역[驛]인지 주역의 易인지 구별되지 않는다.

2) 정약용의 저서

　① 주역과 관련된 정약용의 대표적인 저서인 『周易四箋』을 우리말로 『주역사전』이라고 표현하면, 주역과 관련된 사전[辭典·事典: dictionary]으로 오해할 가능성이 많아서 그냥 『周易四箋』으로 표기하는 경우가 많다.

　② 『周易四箋』의 原註

　　정약용이 『周易四箋』의 본문을 보완하거나 설명하기 위해 넣은 註[原註]의 앞뒤에 괄호인 ( )를 넣고 활자 크기도 본문보다 작게 한다.

　　편역자가 이 註[『周易四箋』의 原註]의 일부를 번역했으나, 대부분의 경우 原註의 뜻을 전달하는 데 중점을 두고 의역하여 原註 앞의 본문 해석에 붙이거나, 아예 번역을 생략하기도 했다.

3) 정약용의 호칭

본명인 '정약용'을 중요시하지만 '茶山'이라는 號를 워낙 많이 사용하므로 『周易四箋』의 저자를
드러낼 때 '茶山'이라고 표기한다. 이러한 표현이 번거로울 때는 그냥 '정약용'이라고 표기한다.

6. 卦·爻, 卦辭, 彖辭, 繫辭, 彖傳의 표기

1) 표기의 사례

① 예를 들어 乾卦의 경우 '乾卦'라고 하지만, '乾괘'가 이해하기 쉽다면 그냥 '乾괘'라고 표기한다.

② 乾卦를 '건괘'로 한글 표기하면 좋지만 다른 건괘(蹇卦)가 있어 혼동되므로["비"괘의 경우 '比(비)
괘'·'否(비)괘'·'賁(비)괘'처럼 "비"로 발음되는 괘가 셋이나 되므로, 한글로 그냥 "비괘"라고 표기하면 어느
괘인지 알 수 없다], 괘·효의 명칭을 한자로 표기하는 경우가 많다. 그렇지만 굳이 이런 것을 따
질 필요가 없을 때는 괘·효의 명칭을 한글 표기하기도 한다. 이때 乾괘의 卦象인 ☰를 넣는
일이 중요하면 '乾☰괘'라고 표기한다. 八卦의 경우 '乾☰괘'라고 표기한다. 나머지 卦도 위의
乾괘의 원칙(乾☰괘 또는 乾☰괘)을 따른다.

③ 卦·爻의 한글 표기는 本書의 맨 처음에 등장하는 '卦'·'爻'의 경우에만 우리말 발음을 괄호
속에 넣고 그 이후에는 '卦'·'爻' 혹은 '괘'·'효'를 혼용한다. 이러한 원칙은 다른 용어[주역체
계의 주요 개념]에도 적용된다.

④ 일반적으로 卦辭·爻辭라는 명칭을 애용하지만, 정약용은 卦辭·爻辭를 '卦詞·爻詞'라고 표
현하므로(정약용은 '彖辭'도 '彖詞'라고 한다), 이를 존중하여 卦詞·爻詞라고 표기하되 우리말 번
역어를 괄호 안에 넣지 않는 경우가 많다. 우리말로 '괘사·효사'라고 하면 卦辭·爻辭인지 卦
詞·爻詞인지 분간할 수 없기 때문이다.

⑤ 인용문의 '괘효사'는 괘사와 효사를 합친 말이지만, 합쳐진 말이라는 뜻이 잘 전달되지 않을
때는 필자가 임의로 '괘·효사'라고 수정한다.

2) 卦辭·繫辭·彖辭의 혼동

『彖傳(단전)』의 말씀을 각 괘에 풀어서 각 괘마다 '彖曰…'이라고 명기한다. 그렇지만 일부의 전
문가는 (각 괘의 맨 앞에 등장하는 文王의 말씀인) 卦辭를 彖辭라고 부르는 경우가 있다.(기세춘 선생은
『周易大全』에서 '繫辭'로 표기함) 따라서 '彖辭' 또는 '彖詞'가 나오면 『彖傳』의 '彖曰…'인지 (각 괘의
맨 앞에 등장하는) 卦辭인지를 잘 구분해야 한다.

예컨대 乾☰괘 전체에 붙인 말씀인 "乾 元亨利貞"은 卦辭인데 '彖辭'라고도 일컬어진다. 그러나
편역자가 펴내는 『周易大全』에서는 卦辭인 彖辭를 '繫辭'로 표기한다. 卦·爻에 붙이는 모든 말
씀을 '繫辭[포괄적인 繫辭]'라고 하지만, 편역자는 각 卦의 맨 앞에 등장하는 卦辭인 彖辭에 국한
하여 '繫辭[제한적인 繫辭]'라고 표기한다.

지금까지는 文王·周公이 지은 『周易』이라는 經에 해당하는 繫辭이고, 孔子의 주역 해설서인
『繫辭傳』의 繫辭와 다르다. 前者는 經文으로서의 繫辭이지만, 後者는 傳文으로서의 繫辭로 그

格이 다르다.

7. 10翼의 수록

孔子가 지었다고 하는 10翼[10개의 傳: 주역 해설서] 중 『雜卦傳』을 제외한 9翼을, 편역자의 『周易大全』에 신는다. 『繫辭傳』(上·下), 『說卦傳』의 3翼을 『周易大全』 제1권에 수록한다. 나머지의 6翼 중 『序卦傳』은 64卦의 各卦 첫머리에, 『彖傳』(上·下)은 各卦의 여섯 개의 爻를 설명하기 전에 넣는다. 『象傳』 중 「大象傳」은 『彖傳』에 이어[여섯 개 爻의 바로 앞에] 배치한다. 「小象傳」은 各卦의 여섯 개 爻로 나누어 배치한다. 『文言傳』은 乾卦와 坤卦에 나누어 게재한다.

『주역』의 탄생과 전개

1. 周의 건국 정신

○ **周나라의 易은 인류최초의 人文書이다.**

『周易(주역)』의 '周'는 나라 이름이다. 그러므로 '周易'은 周나라의 文王때 정비한 易임을 말한다. 『周禮』에 의하면 점치는 官史가 連山易(연산역)·歸藏易(귀장역)·周易을 관장한다고 했으나, 지금 詳考할 수 있는 것은 『周易』뿐이다. 그러므로 『周易』은 周나라의 건국정신을 모태신앙으로 한다. 따라서 太王(태왕)·文王(문왕)·周公(주공)의 모태신앙을 알아야만 『周易』을 바르게 읽을 수 있다.

『周易』의 '易'은 『繫辭傳(계사전)』에서 지적한 것처럼 만물을 개발하여 이루고, 천하의 도리를 성대하게 하는 것을 목적으로 한다. 그러므로 聖人들은 이로써 천하의 뜻을 通暢(통창)하고, 천하의 사업을 결정하고, 천하의 재난을 결단했다.

周나라는, 太王 古公亶父(고공단보)가 기원전 1345년에 건국하여 1027년에 중국을 통일하고 기원전 256년에 멸망한 국가이다. "이때는 祭政一致 시대인데 人文 정신이란 가당키나 한 말인가?"라고 반문할지 모르겠다. 서양에서는 중세를 神本主義로 근대 이후를 人本主義 시대라 한다. 그러나 『春秋左傳(춘추좌전)』에는 춘추시대인 기원전 700년경에 周나라 관리들이 "神의 주인은 민중"이라고 말하는 기사가 있고, 공자는 "神을 공경하되 멀리하라"고 가르쳤다. 이때는 군웅이 할거하던 전란시대로 諸子百家(제자백가)들이 百家爭鳴(백가쟁명)하던 百花齊放(백화제방)의 시절이었다. 바로 이 시기는 동서양을 막론하고 인류 문명의 요람기였고 人本主義(인본주의) 사상이 싹튼 이른바 문명의 車軸時代(Achsenzeit: axial age)이었다. 人本思想이 없으면 人文(인문)도 없다. 『周易』에서는 사람의 도리[人之道] 또는 사람 사는 이치의 가닥과 차례[人理之倫序]를 人文이라 말한다. 공자는 易을 한마디로 "生生(생생)"이라고 정의했으니, 周易은 생명살림 혹은 살림살이를 말하는 문서이다. 그런 의미에서 『周易』은 바로 인류 최초의 人文書(인문서)이다.

『孟子』

舜(순) 임금은 諸馮(제풍)에서 태어나 負夏(부하)로 옮겨와 살다가 鳴條(명조)에서 돌아가셨다. (그러므로) 舜[a] 임금은 東夷 사람이다.

舜生於諸馮 遷於負夏 卒於鳴條 東夷之人也. 〈孟子/離婁(下)〉

『書經』

舜 임금이 말했다: 棄(기)여! 민중들이 굶주림에 신음하고 있소. 그대는 后稷(후직: 周나라의 시조. 舜 임금

---

[a]   舜의 在位期間: B.C. 2255-2205.

의 농업장관)이니 때 맞춰 백곡을 파종하시오!

帝曰 棄 黎民阻飢. 汝后稷 播時百穀(書經/虞書/舜典).

1) 周나라 씨족의 시조: 后稷(후직)

書經/虞書/舜典

① 舜(순)임금이 말씀하셨다. 오! 四岳(사악)[a]이여! 유능한 자가 힘써 일하여 임금을 빛낼 사람이 있겠소? 모두가 아뢰었다. 방백 禹(우)를 司空(사공:국토장관)으로 삼으소서! 舜: 좋소! 오! 禹(우)여! 水土(수토)를 다스리는 일에 힘써 주시오!

舜曰 咨四岳 有能奮庸熙帝之載……僉曰 伯禹作司空. 帝曰 俞 咨禹 汝平水土 惟時懋哉.

② 舜: 棄(기)여! 민중들이 굶주림에 신음하고 있소, 그대는 后稷(후직: 농업장관)이니 때맞추어 백곡을 파종토록 하시오!

帝曰 棄 黎民阻飢. 汝后稷 播時百穀.

③ 舜: 契(설)이여! 백관이 친화하지 않고 五倫(오륜)의 품계에 따라 순종하지 않고 있소, 그대를 司徒(사도: 문교장관)로 임명하니 五倫의 가르침을 펴되 관대하시오!

帝曰 契 百姓不親 五品不遜. 汝作司徒 敬敷五教 在寬.

④ 舜: 皐陶(고요)여! 오랑캐가 중원을 넘보고 도적이 안팎에서 들끓고 있소. 그대를 司寇(사구:법무장관)로 임명하니 五刑(오형)을 집행하되 투명하여 信服(신복)하게 하라!

帝曰 皐陶 蠻夷猾夏 寇賊姦宄. 汝作士[b] 五刑[c]有服……惟明克允

⑤ 舜: 누가 내 공사 일을 잘하겠소? 모두가 아뢰었다. 垂(수)를 쓰십시오. 舜: 좋소 垂(수)여! 그대를 共工(공공: 건설장관)으로 임명하니 여러분은 협력하시오!

帝曰 疇若予工. 僉曰 垂哉 帝曰 俞 咨垂 汝共工……汝諧.

⑥ 舜: 누가 내 산과 늪의 초목과 금수를 다스리겠소? 모두가 아뢰었다. 益(익)이 좋습니다. 舜: 좋소. 益이여! 그대를 짐의 虞(우: 山澤 장관)로 삼노라! 모두 협력하시오!

帝曰 疇若予上下草木禽獸. 僉曰 益哉 帝曰 俞 咨益 汝作朕虞……汝諧.

---

a 고대 중국에서 堯 임금의 신하로 四岳(東岳: 泰山, 西岳: 華山, 南岳: 衡山, 北岳: 恒山) 방면의 諸侯(제후)들을 통솔했던 동방의 羲仲(희중), 남방의 羲叔(희숙), 서방의 和仲(화중), 북방의 和叔(화숙)을 말한다.

b 士=司寇也.

c 五刑=墨. 劓(劓). 劅(剕足). 劓. 宮. 大辟(死刑)

⑦ 舜: 오! 四岳(사악)이여! 누가 짐의 三禮(삼례: 祀天神. 享人鬼. 祭地祇)를 담당하겠소?

모두가 아뢰었다. 伯夷(백이)가 좋습니다. 舜: 좋소. 그대 伯夷여! 그대를 짐의 秩宗(질종: 儀典 장관)으로 삼노라! 아침부터 밤까지 삼가하여 곧고 청결하게 하시오!

帝曰 咨四岳 有能典朕三禮. 僉曰 伯夷. 帝曰 俞 咨伯 汝作秩宗 夙夜惟寅 直哉惟淸.

⑧ 舜: 夔(기)여! 그대를 典樂(전악: 음악장관)에 임명하노니, 태자와 경대부들의 자제들을 가르쳐 주시오! 詩는 뜻을 말하는 것이고, 歌는 그 말을 읊조리는 것이며, 궁상각치우(宮商角徵羽) 등의 五聲은 읊조리는 가락을 따르고, 육율(六律)·육려(六呂)ᵃ는 五聲을 조화롭게 하며, 돌·실·대·박·흙·가죽·나무 등의 八音이 서로 조화하여, 서로 질서를 잃지 않으니 神과 人이 화락하게 하시오(神人和樂)!

帝曰 夔 ! 命汝典樂 敎胄子……詩言志 歌永言 聲依永 律和聲. 八音克諧 無相奪倫 神人以和.

⑨ 舜: 오! 龍(용)이여! 그대를 納言(납언=관방장관)에 임명하노니, 아침부터 밤까지 짐의 명령을 출납하여 신실하게 하시오!

帝曰 龍……命汝作納言. 夙夜出納朕命惟允 !

⑩ 舜 임금께서 이르셨다. 오! 그대들 22인이여! 명심하여 오직 시절에 따라 하늘의 위업을 빛내라!

帝曰 咨 汝二十有二人 欽哉 惟時亮天功.

(詩經/大雅/生民) *后稷의 성령잉태 說話
맨 처음 周나라 姬(희)씨의 시조를 낳으신 분은 姜嫄(강원)님이라네!
어떻게 낳으셨던가?
정성껏 치성을 드려 자식을 빌었더니,
하느님 발자국을 밟고 큰 은총을 받아 잉태하시고
몰래 낳아 기르신 분이 바로 后稷(후직)님이라네!
이윽고 달이 차서, 어린양처럼 머리부터 나오니,
어미 몸을 찢지 않고 태를 끊지 않고 고통도 아픔도 없이,
성령으로 태어나셨으니 상제님의 보살핌이 아닌가?
치성을 흠향하심이 아닌가? 아들을 순산하셨네.
낳자마자 사생아라 거리에 버렸더니 소와 양이 젖을 주고,
숲에 버렸더니 벌목꾼이 나무를 베어 돌보아주고,
추운 빙판에 버렸더니 새들이 날개 펴 덮어주었네
새들이 날아가자 后稷(후직)이 소리 내어 우는데,
울음소리 우렁차서 온 길에 울려 퍼졌다네.

ᵃ 12律呂: ① 六律; 黃鐘(11월) 太簇(1월) 姑洗(3월) 蕤賓(5월) 夷則(7월) 無射(9월) ② 六呂; 大呂(12월) 夾鐘(2월) 仲呂(4월) 林鍾(6월) 南呂(8월) 應鍾(10월)

厥初生民 時維姜嫄. 生民如何 克禋克祀 以弗[a]無子. 履帝武[b]敏[c]. 歆[d]攸介攸止[e] 載震[f]載夙[g] 載生載育 時維后稷. 誕[h]彌厥月 先生如達[i]. 不坼不副 無菑無害. 以赫[j]厥靈 上帝不寧[k] 不康[l]禋祀 居然生子. 誕置之隘巷. 牛羊腓[m]字[n]之. 誕置之平林. 會[o]伐平林. 誕置之寒氷 鳥覆翼[p]之 鳥乃去矣 后稷呱[q]矣. 實覃[r]實訏 厥聲載[s]路.

(史記/周本紀)

周나라 시조인 后稷(후직)의 이름은 버릴 棄(기)였다.

그의 어머니는 有邰氏(유태씨)[t]의 딸인 姜原(강원)이며 帝嚳(제곡)의 정비였다.

강원이 광야로 나가자 거인의 발자국이 나타났는데

갑자기 기쁜 마음으로 그것을 밟고 싶어졌다.

그가 거인의 발자국을 밟자 아기를 잉태한 듯 배가 꿈틀거렸다.

산달을 채워 아들을 낳았는데 상서롭지 못한 일로 여겨

골목길에 버렸으나 지나가던 말과 소들이 피하며 밟지 않았다.

---

a　弗=祓=除惡祭也. 除之也.

b　武=迹.

c　敏=拇=手足大指. 曰拇.

d　歆=動也.

e　止=至臨也.

f　震=娠.

g　夙=肅=敬也. 戒也. 似不息也.

h　誕=(發語詞)

i　達=小羊.

j　赫=顯也.

k　豈不寧乎. 受命曰寧王(書經/大誥)

l　不康=豈不康乎=樂也.

m　腓=避也. 芘(覆).

n　字=慈愛.

o　會=值=持也. 捨也.

p　翼=藉也.

q　呱(고)=아기 울음소리.

r　覃(담)=長也.

s　載=滿也. (詩經/大雅/生民)

t　有邰氏: 부족의 이름이다. 전설에 의하면 炎帝의 후손이라 하고 성은 姜씨이다. 邰(태)는 그들의 本鄕이며 지금의 陝西省 武功縣 西南에 있다.

다시 인적 없는 수풀 속에 옮겼더니 마침 산속에 사람들이 모여들었다.

또 도랑의 얼음위에 버렸더니 새들이 날개로 덮고 깔아주었다.

강원은 신기하게 여겨 아이를 데려다 키우자 잘 자랐다.

처음엔 아이를 버리려고 했으므로 이름을 棄(기)라고 불렀다.

기(棄)는 어릴 때부터 출중하여 大人다운 기개가 있었다.

그의 놀이는 삼과 콩을 심는 것인데 그가 심은 것마다 잘 자랐다.

성인이 되자 농경에 힘써 토지의 성질을 살펴서

곡식을 심을만한 곳에 농사를 지으니 민중들도 모두 그를 본받았다.

요임금이 그의 소문을 듣고 그를 농사(農師)로 등용하자.

천하 사람들이 그의 공덕으로 이로움을 얻었다.

요임금은 말했다. 그대 棄여! 백성들이 굶주림에 처해 있어 그대를 后稷에 임명하니, 민중들이 백곡의 씨앗을 때를 맞추어 파종토록 하시오!

邰(태)땅에 봉하여 后稷이라 칭하고 특별히 姬氏(희씨)의 성을 하사하였다.

周后稷名棄. 其母有邰女曰姜原. 姜原爲帝嚳元妃. 姜原出野 見巨人跡. 心忻然說欲踐之. 踐之而身動如孕者. 居期而生子. 以爲不祥 棄之隘巷. 馬牛過者皆辟不踐. 徙置之林中 適會山林多人. 遷之而棄渠中氷上 飛鳥以其翼覆薦之. 姜原以爲神 遂收養長之. 初欲棄之 因名曰棄. 棄爲兒時 屹如巨人之志. 其遊戲好種樹麻菽 麻菽美. 及爲成人 遂好耕農 相地之宜 宜穀者稼穡焉 民皆法則之. 帝堯聞之 擧棄爲農師. 天下得其利有功. 帝堯曰 棄 黎民始饑 爾后稷 播時百穀. 封棄於邰. 號曰后稷 別姓姬氏.

(禮記/郊特牲)

천자는 八神ᵃ을 제사하는 蜡祭(사제)ᵇ를 올린다.

伊耆氏(이기씨)ᶜ는 蜡(사)ᵈ씨로부터 비롯되었다.

蜡씨는 殷(은)나라 七族 중에 一族인 索氏(색씨)이다.

만물이 歸根復命(귀근복명)하는 閉藏之月(폐장지월)인 섣달에

八神의 공적과 歸根(귀근)을 송영하는 제사를 올린다.

蜡祭(사제)란 神農씨를 주신으로 모시고 后稷을 제사하고

아울러 백곡의 신들을 제사하여 농사의 공로를 보답하는 것이다.

***

a　『集說』에 따르면 八神은 다음과 같다: ① 先嗇(神農氏) ② 司嗇(后稷의 官吏) ③ 農(田畯) ④ 郵(田畯의 幕舍)·表(標識)·畷(農路) ⑤ 猫(쥐를 잡는 고양이)·虎(맷돼지를 잡는 호랑이) ⑥ 坊(堤防) ⑦ 水庸(水路) ⑧ 곤충(農害虫)

b　蜡祭(사제)=年終祭名. 夏曰淸祀(청사). 殷曰嘉平(가평). 周曰蜡祭(사제). 秦於臘祭(납제). 중국과 조선에서 12月(섣달)을 蜡月 또는 臘月이라 하는 것도 여기에서 연원한다.

c　伊耆氏=官名(周禮/秋官/司寇). 注: 古王者號 始爲蜡以息老物

d　蜡=禮記注: 周官名. 掌除骴. 字典: 蜡氏 周官名(周禮/秋官/序官). 注: 蜡 骨肉腐臭所蜡也(蠅蛆) 月令曰 掩骼埋骴 此官之職也.

天子大蜡八. 伊耆氏始爲蜡. 蜡也者索[a]也. 歲十二月 合聚萬物而索[b] 饗之也. 蜡之祭也 主先嗇 而祭司嗇也 祭百種以報嗇也.

(禮記/禮運), (孔子家語/禮運)

지난날 공자가 노나라 사제(蜡祭)에 빈객으로 참여하였다. 제사가 끝나자 누대에 올라 쉴 때 한숨을 쉬며 탄식했다. 공자의 탄식은 魯(노)나라를 개탄한 것이다.[c] 言偃(언언: 子游)이 옆에서 모시고 있다가 물었다. 군자께서는 어찌 탄식합니까? 공자가 대답했다. 大道를 행하는 것과 三代의 영걸에는 미치지 못하지만 나도 뜻만은 가지고 있다.[d]

昔者仲尼與於蜡賓. 事畢 出遊於觀之上 喟然而嘆 仲尼之嘆 蓋嘆魯也. 言偃在側曰 君子何嘆 孔子曰 大道之行也 與三代之英 丘未之逮也 而有志焉.

2) 周나라의 시조: 太王 古公亶父

(淮南子/道應訓) *(莊子/讓王)와 (呂氏春秋/권21/審爲)에도 같은 내용의 글이 있다.

周나라 文王의 祖父 古公亶父(고공단보)가 邠(빈)[e] 땅에 있을 때, 오랑캐인 적인(翟人: 狄人)들의 침입이 있었다. 대왕은 주옥과 공물을 보내 事大(사대)했으나 받지 않고 영토를 요구했다. 大王: "남의 형과 편안히 살기 위해 그 아우를 죽이거나, 남의 아비와 살 곳을 위해 그 아들을 죽이는 일을 나는 하지 않겠다. 또한 내 듣기로는 기르는 수단인 땅을 위해 기르는 목적인 사람을 죽이지 않겠다." 이에 대왕은 영토를 포기하고 邠(빈)을 떠나자 민중들이 그를 따랐고, 드디어 西夷(서이) 땅인 岐山(기산)[f] 밑에 새 나라를 세웠다. 可(가)히 대왕은 保生(보생)의 道를 이루었다고 할 수 있을 것이다. (이처럼 생명보존[保生]의 道는) 비록 부귀해도 그것을 기르기 위해 몸을 상하지 않고, 빈천해도 이익을 위해 형체를 구속하지 않는다. 그래서 老子(노자)께서 다음과 같이 말했다; "몸을 바쳐 천하를 위한다는 자들을 귀하게 여기면, 그런 자들에게 어떻게 천하를 부탁하겠는가? 몸을 바쳐 천하를 위한다는 자들을 아껴주면, 그런 자들에게 어찌 천하를 맡길 수 있겠는가?"

大王亶父居邠 翟人攻之. 事之以皮帛珠玉 而弗受. 曰 翟人之所求者地……大王亶父曰 與人之兄居 而殺其弟. 與人之父處 而殺其子 吾弗爲.……且吾聞之也 不以其所養害其養. 杖策而去 民相連而從之. 遂成

---

a　索也=姓氏. 殷民七族有索氏.

b　索(색)=大繩也. 盡散也. 空也.

c　神農씨·后稷씨를 제사하는 蜡祭는 天子만이 지낼 수 있는 제사인데, 제후국인 魯나라에서 거행했기 때문이다.

d　편역자 주:『論語』에서도 공자께서 '蜡祭'가 아닌 '禘祭' 도중에 퇴장한 사건을 기록하고 있다. 蜡祭와 禘祭는 天子만이 지낼 수 있는 祭祀인데, 제후국인 魯나라에서 거행함으로써 禮法에 어긋났기 때문이다. 〈子曰 禘 自旣灌(降神禮). 而往者 吾不欲觀之矣.(論語/八佾)〉〈禮不王不禘 王者禘其祖之所自出 以其祖配之.(禮記/大傳)〉

e　邠=公劉가 살던 豳을 지칭. 지금의 陝西省 旬邑縣 西南에 있다. 邠과 豳은 같은 지명.

f　岐山=陝西省 岐山縣·鳳翔縣에 있음.

國於岐山之下. 大王亶父可謂能保生矣. 雖富貴 不以養傷身 雖貧賤 不以利累形.……故老子曰 貴以[a]身爲天下. 焉[b]可以託天下 愛以身爲天下 焉可以寄天下矣.

(史記/周本紀)[c]

公叔祖類(공숙조류)가 죽자 古公亶父가 즉위했다. 古公亶父는 后稷과 公劉(공유)의 왕업을 부흥시켜 따르며, 덕을 쌓고 의를 행하자 나라사람들이 모두 그를 받들었다. 훈육과 융적이 고공단보를 침공하자 요구하는 재물을 내주었다. 또다시 그들이 침공하여 땅과 민중을 요구하자, 민중들이 모두 분개하여 항전하고자 했다. 고공단보가 말했다: "민중이 군주를 세우는 것은 민중을 이롭게 하려는 것이오. 지금 융적이 침공한 것은 나의 땅과 민중을 갖고자 함이요. 민중들이야 나에게 있거나 그들에게 있거나 무슨 차이가 있겠소. 백성이 나 때문에 싸우게 한다면 이는 그들의 아비와 자식을 죽여서 군주노릇을 하겠다는 것이니, 나는 차마 그렇게는 하지 않겠소." 고공단보는 말을 마치고 그의 권속을 이끌고 邠을 떠나, 漆水(칠수)·沮水(저수)[d]를 건너 梁山(양산)[e]을 넘어서 岐山 아래에 정착했다.[f]

公叔祖類卒 子古公亶父立. 古公亶父復修后稷公劉之業. 積德行義 國人皆戴之. 薰育戎狄攻之 欲得財物 予之. 已復攻欲得地與民. 民皆怒欲戰. 古公曰 有民立君 將以利之. 今戎狄所爲攻戰 以吾地與民. 民之在我 與其在彼 何異. 民欲以我故戰 殺人父子而君之 予不忍爲. 乃與私屬遂去豳. 度漆沮踰梁山. 止於岐下.

邠의 민중들은 너나 없이 노약자를 부축하며 이끌고, 다시 岐山 아래로 모여들어 고공단보에게 귀순했다. 이웃나라에서도 고공단보의 인자한 행동을 듣고 많은 사람이 그에게 귀순했다. 고공단보는 戎狄(융적)의 풍속을 개량하고 성곽과 가옥을 짓고, 고을을 나누어 그들을 편안히 살게 했으며 五官을 설치했다. 민중들은 모두 노래 부르며 그의 덕을 칭송했다.

豳人擧國 扶老携弱 盡復歸古公於岐下. 及他旁國聞古公仁 亦多歸之. 於是古公 乃貶戎狄之俗. 而營築城郭室屋 而邑別居之 作五官[g]有司. 民皆歌樂之頌其德.

---

a 以=用也.

b 焉=(代詞): 어떻게. 어째서.

c 편역자 주: B.C 1345年에 古公亶父가 岐山 아래에서 周 나라를 建國했다. 周 나라의 世系는 다음과 같다: 后稷(棄) ⇨ 不窟 ⇨ 鞠 ⇨ 公劉 ⇨ 慶節 ⇨ 皇僕 ⇨ 差弗 ⇨ 毁隃 ⇨ 公非 ⇨ 高圉 ⇨ 亞圉 ⇨ 公淑祖類 ⇨ 古公亶父(太王) ⇨ 泰伯. 虞仲. 季歷(王季) ⇨ 西伯昌(文王) ⇨ 發(武王) 周公旦(魯)

d 漆水·沮水=渭水의 本流로 陝西星 耀縣에서 합류하여 石川河를 이루고 다시 남쪽으로 흘려 渭水로 들어간다.

e 梁山=지금의 陝西省 乾縣 西北에 있음.

f 편역자 주: 한국전쟁 때 부산으로 도피한 李承晩의 임시거처인 옛 도지사 저택(현 임시수도기념관)에 '思邠堂(사빈당)'이라는 현판이 걸려 있다. 이는 서울을 버리고 부산으로 쫓겨 온 이승만을 周나라의 太王 古公亶父에 비정한 것으로 가당치도 않은 아첨이다. 오히려 임진왜란 때 宣祖가 한양을 버리고 의주로 도망치면서 읊었다는 詩題가 '去思邠大計(거사빈대계)'이었음을 상기시킬 뿐이다. 백성을 버리고 자기만 살자고 내뺀 宣祖와 李承晩을 太王에 비정하는 자야말로 曲學阿世(곡학아세)의 전형이다.

g 五官=司徒. 司馬. 司空. 司士. 司寇.

3) 周의 中興祖: 西伯 文王

(史記/周本紀)

古公亶父가 죽고 季歷(계력)이 즉위했으니 그가 곧 公季(공계)이다. 공계도 고공단보가 남긴 人文(인문)의 道를 더욱 확장시켰고 義를 행함이 돈독하여 제후들이 그를 따랐다. 公季가 죽고 그의 아들 昌(창)이 즉위했는데 그가 西伯(서백)으로 시호는 文王이다. 서백은 后稷과 公劉의 왕업을 따르고 古公亶父와 公季의 법도를 본받아 仁政을 돈독하게 펴 노인을 공경하고 어린이를 자애했다. 賢者에게 예로서 낮추고 하루 종일 밥 먹을 틈도 없이 선비를 접대하니 才士(재사)들이 많이 서백에게 모여들었다. 伯夷(백이)와 叔齊(숙제)도 고죽국에서 살았다. 서백이 노인을 잘 부양한다는 소문을 듣고 함께 서백에게 귀의했다.[a] 태전·굉요·산의생·육자·신갑대부 등의 현자들이 서백에게 달려가 귀의했다. 崇(숭)나라의 제후 虎(호)는 은나라의 紂[주왕]에게 서백을 모함했다: "서백이 선행을 하며 덕을 쌓자 제후들이 그에게 기울어지고 있습니다. 장차 임금에게 이롭지 않을 것입니다." 주왕은 마침내 서백을 유리(羑里: 河南省 牖城)에 가두었다. 서백은 50년 동안 在位(재위)했다. 서백이 羑里에 유폐되었을 때 『周易』의 八卦를 더하여 64괘로 만들었다.[b]

古公卒季歷立 是爲公季. 公季修古公遺道 篤於行義. 諸侯順之. 公季卒子昌立. 是爲西伯. 西伯曰文王. 遵后稷公劉之業 則古公公季之法. 篤仁敬老慈少 禮下賢者 日中不暇食以待士. 士以此多歸之. 伯夷叔齊在孤竹 聞西伯善養老 盍往歸之. 太顚閎夭散宜生鬻子辛甲大夫 皆往歸之. 崇侯虎譖西伯於殷紂 曰西伯積善累德 諸侯皆嚮之 將不利於帝. 帝紂乃囚西伯於羑里.……西伯蓋卽位五十年 其囚羑里 蓋益易之八卦 爲六十四卦.

(六韜[c]/武韜/發啓) *문왕과 강태공의 大同思想

周 文王이 酆(풍)에 있을 때 姜太公(강태공)을 불러 말했다: "오! 商(상)나라 紂王(주왕)의 학정이 극에 달해 죄 없는 사람에게 죄를 물어 죽이는데, 公께서는 나를 도와 백성을 걱정해 주기를 바라오 어떻습니까?" 태공: "人과 더불어 아픔을 같이하고 서로 구제해 주며, 마음을 함께 하고 성공을 함께 하며, 싫은 것을 함께 하고 도움을 함께 하며, 좋은 것도 함께 하고 성취함도 함께 해야 합니다. 그러므로 전쟁을 벌이지 않고도 승리하며, 衝車(충거)나 弩機(노기)를 쓰지 않고도 공격하며, 구덩이나 참호를 파지 않고도 수비합니다. 진짜 큰 지혜는 지혜로 보이지 않으며, 진짜 큰 모사[모책]은 모사인줄 모르며, 진짜 큰 용기는 용기로 보이지 아니하며, 진짜 큰 이익을 남들이 이익인 줄 모릅니다. 천하에 이로운 것은 천하 모든 사람이 문을 열고 맞으며, 천하에 해로운 것은 천하 모든 사람이 문을 닫고 막습니다. 천하는 한 사람의 천하가 아니라, 모든 사람의 천하입니다. 천하를 취하는 것은 들짐승을 사냥하는 일과 같으니, 천

---

a 편역자 주: 周의 正統性을 위해 孤竹國(고죽국)의 왕자인 백이·숙제를 끌어들였다.

b 편역자 주: 『易正義』에 의하면 伏羲氏가 괘를 만들고, 文王이 卦辭를 붙이고, 周公이 爻辭를 짓고, 공자가 十翼을 지었다고 한다. (易正義云 伏羲制卦 文王卦辭 周公爻辭 孔十翼也.) (張守節 지음 『史記正義』)

c 六韜(육도)=姜太公 呂望의 이름을 빌려 戰國時代에 지은 兵書라고 한다.

하의 모든 사람이 고기를 나누어 갖고 싶은 마음을 가집니다. 그것은 같은 배를 타고 물을 건너는 것과 같습니다. 물을 건너면 다 함께 이롭고, 실패하면 다 함께 해를 당합니다. 그런즉 모두에게 열려 있고 닫고 막는 일이 없어야 합니다."

文王在酆 召太公曰 嗚呼 商王虐極 罪殺不辜 公尙助予憂民如何. 太公曰……與人同病相救 同情相成 同惡相助 同好相趨. 故無甲兵而勝 無衝機而攻 無溝塹而守. 大智不智 大謀不謀 大勇不勇 大利不利. 利天下者天下啓之 害天下者天下閉之. 天下者非一人之天下 乃天下之天下也. 取天下者 若逐野獸 而天下皆有分肉之心. 若同舟而濟 濟則皆同其利 敗則皆同其害. 然則皆有啓之 無有閉之也.

(論語/泰伯 21) *文王의 德治와 武王의 武治

舜 임금은 어진 신하가 다섯뿐이었으나 천하를 잘 다스렸는데, 武王은 "나에게는 다스리는 신하가 열 명이 있다"고 말했다.

공자: "인재 구하기가 어렵다더니 그렇지도 않은가보다! 다섯뿐인 요순 시대는 열명이었던 武王 때보다 성대했다. 다만 어머니가 포함되었으니 아홉 사람뿐인 셈이지만, 文王께서 천하의 셋에 둘($\frac{2}{3}$)을 소유[a]했으나 殷나라를 섬겼으니, 周나라의 덕은 지극한 덕이라고 말할 수 있을 것이다."

舜有臣五人[b] 而天下治. 武王曰 予有亂[c]臣十人[d]. 孔子曰 才難 不其然乎. 唐虞[e]之際 於斯爲盛. 有婦人焉 九人而已. 三分天下有其二 以服事殷. 周之德 其可謂至德也已矣.

〈편역자 주〉: 文王이 제시한 周易의 대강령인 '元亨利貞'

동양사상은 모두 文王의 天論인 周易의 "元亨利貞"이라는 대강령에서 출발한다. 공자는 이를 '仁義禮智'의 四德으로 해석하였고, 이에 대한 성현들의 言明을 중시하여 '正名論'을 주장했다. 이에 老莊[老子와 莊子]은 "元亨利貞"의 '元'을 취하여 성현의 言明을 부정하면서, 天地自然으로 돌아가자며 '無名論'을 주장했다. 墨子는 "元亨利貞"에서 민중의 '利'를 취하며, 正名論이 運命論으로 변질된데 대해 '운명론은 폭군이 지어낸 거짓'이라고 비난하고 그 대신 '名實相符論'을 주장했다.

그러므로 周易은 물론 운명론이 아니며 孔子學과 性理學도 결코 운명론이 아니다. '사람은 天命을 좇아 살아가야 한다'는 儒敎의 가르침도 운명론이 아니다. 그들이 말하는 天命은 하늘의 召命이며, 그 소명은 곧 '元亨利貞의 삶'을 살아야 한다는 뜻이다.

---

a 『春秋左傳』에 이르기를 文王이 殷나라의 변두리 나라를 거느리고 紂王을 섬겼다. 천하의 九州 가운데 荊州·梁州·雍州·豫州·徐州·揚州의 6州는 文王에 귀속했고, 靑州·兗州·冀州의 3州만이 紂王에 딸려 있었다. (朱子 註解)

b 五人: 禹(우). 稷(직). 契(설). 皐陶(고요). 伯益(백익). (朱子 註解)

c 亂(란)=乿(치)=理也.

d 十八: 周公旦. 召公奭. 太公望. 畢公. 榮公. 太顚. 閎夭. 散宜生. 南宮适. 文母 (朱子 註解)

e 唐=堯의 國號. *虞=舜의 國號.

① 孔子의 ‘天의 四德’

『文言』에서 이르기를 ‘元’은 善의 자람이요, 亨은 가상한 모임이요, 利는 뜻의 조화요, 貞은 만사의 줄기라고 말했다.

文言曰 元者善之長也. 亨者嘉之會也. 利者義之和也. 貞者事之幹也. (孔子의 『文言傳』)

陰陽의 운행을 측량할 수 없으니 神이라 말한다.

陰陽不測之謂神. 〈『繫辭傳』(上) 5장〉

神이란 만물을 생성하는 신묘함을 말하는 것이다.

神也者 妙萬物而爲言者也. (『說卦傳』6장)

天地란 陰陽이 형질로 응결한 氣의 실체이다.

天地者 陰陽形氣之實體. 〈朱子『周易本義』繫辭傳 (上) 1장에 대한 해설〉

② 董仲舒의 ‘天人一也’

사람이 사람이 될 수 있는 것은 하늘을 뿌리로 했기 때문이니, 하늘 또한 사람의 증조부이다. 이는 사람이 위로 하늘을 본받은 동류이기 때문이다.

人之爲人本于天 天亦人之曾祖父也 此人之所以乃上類天也. (春秋繁露/爲人者天)

하늘은 만물의 조상이다. 하늘 역시 기쁘고 노여운 기운이 있고 슬프고 즐거운 마음이 있으며, 사람과는 서로 쪼개진 것이어서 同類로써 부합하니, 하늘과 사람은 하나이다.

天者萬物之祖也 天亦有喜怒之氣 哀樂之心 與人相副 以類合之 天人一也. (春秋繁露/陰陽義)

사람은 만물보다 높이 초연한 존재로 천하에서 가장 귀하다. 사람은 아래로 만물을 기르고 위로 천지 질서에 參與한다.

人之超然萬物之上 而最爲天下貴也 人下長萬物 上參天地. (春秋繁露/天地陰陽)

옛날 문자를 만든 자가 3획을 긋고 그 중앙을 연결한 후 이르기를 王이라 했다. 3획은 天地와 人間이다. 중앙을 연결한 것은 그 도리를 소통하게 한다는 뜻이다.

古之造文者 三畫而連其中 謂之王. 三畫者天地與人也. 而連其中者通其道也. (春秋繁露/王道通三)

③ 程子(程頤)의 ‘天道’

乾은 天이다. 天은 하늘의 형체이며 乾은 하늘의 성정이다. 乾은 强健하다는 뜻이니, 天은 강건하여 그치거나 소멸하지 않는 것이므로 乾이라 한다. 대저 天을 專一하게 말하면 道이다. 하늘도 어기지 못한다는 것이 이것이다. 나누어 말하자면, 形體를 일러 ‘天’이요, 主宰를 일러 ‘帝’요, 功用을 일러 ‘鬼神’이요, 妙用을 일러 ‘神’이요, 性情을 일러 ‘乾’이라 호칭한다.

乾 天也. 天者天之形體 乾者天之性情. 乾 健也. 健而无息之謂乾. 夫天 專言之則道也. 天且不違是也. 分
言之則 以形體謂之天. 以主宰謂之帝. 以功用謂之鬼神. 以妙用謂之神. 以性情謂之乾.

乾은 만물의 시원이다. 그러므로 '元亨利貞'을 四德이라 한다. 元은 만물의 시원이요, 亨은 만물의 성장
이요, 利는 만물의 성취요, 貞은 만물의 완성이다. 사람에게 元은 모든 善의 머리요, 亨은 아름다운 모
임이요, 利는 뜻을 화합한 것이요, 貞은 일을 주간하는 쓰임이다.
乾者 萬物之始. 故元亨利貞謂之四德. 元者 萬物之始. 亨者 萬物之長. 利者 萬物之遂. 貞者 萬物之成. 在
人則 元者衆善之首也. 亨者嘉美之會也. 利者和合於義也. 貞者幹事之用也.
(이상 程頤『伊川易傳』)

④ 朱子(朱熹)의 '仁義禮智'

'元'은 생물의 시원이니 천지의 덕이요 이보다 앞선 것은 없다. 그러므로 시절로는 春이라하고, 사람에
게는 仁이라 하며, 모든 善의 으뜸이다.
元者 生物之始 天地之德 莫先於此 故於時爲春. 於人則爲仁 而衆善之長也.

'亨'은 생물의 소통이니 생물이 이에 이르면 아름답지 않은 것이 없다. 그러므로 시절로는 夏라하고,
사람에게는 禮라 하며 모든 아름다움의 모임이다.
亨者生物之通. 物之於此莫不嘉美. 故於時爲夏. 於人則爲禮 而衆美之會也.

'利'는 생물의 성취이니 생물은 저마다 뜻을 얻지만 서로 방해하지 않는다. 그러므로 시절로는 秋라하
고, 사람에게는 義라 하며, 각각 분수를 얻어 화평하다
利者生物之遂. 物各得宜不相妨害. 故於時爲秋. 於人則爲義 而得其分之和.

'貞'은 생물의 완성이니 실리가 구비되어 머무는 곳에 따라 각각 만족하게 살아간다. 그러므로 시절로
는 冬이라하고, 사람에게는 智라 하며, 만사의 줄기이다.
貞者生物之成. 實理具備 隨在各足. 故於時爲冬. 於人則爲智 而衆事之幹也.
(이상 朱熹『周易本義』)

원래 사람이란 곧 1개의 小天地이다.
蓋人便是一個小天地耳. (朱子語類/권94/周子之書)

생명이 있는 부류는 모두 운명공동체이다. 오직 군자는 나의 私로 인해 그들을 해치는 일이 없기를 바
란다. 그러므로 사람을 사랑하고 만물을 이롭게 하는 마음이 끝이 없게 한다.
有生之類 莫非同體 惟君子爲無有我之私以害之. 故其愛人利物之心爲無窮. (朱子大全/婺州 社倉記)

⑤ 退溪

그러므로 천지를 채운 것은 나의 육체요, 천지를 통솔하는 것은 나의 성품이다. 민중은 나의 동포요 만물은 나의 동료이다.

故天地之塞吾其體 天地之帥吾其性. 民吾同胞 物吾與也 (聖學十道/西銘下圖)

⑥ 陳淳

人性에 고유한 '仁義禮智'는 단지 천지의 성정인 '元亨利貞'의 도리일 뿐이다. 원래 '元'은 氣의 始이니 개개의 生意[生命意志]이며, '亨'은 이러한 生意의 소통이며, '利'는 生意의 성취이며, '貞'은 이러한 生意의 저장이다.

人性有仁義禮智 只是天地元亨利貞之理. 蓋元是箇生意. 亨只是此生意之通. 利只是此生意之遂. 貞只是此生意之藏. (陳淳『字義詳講』)

4) 箕子의 洪範과 武王의 天帝觀

(論語/微子)

紂의 서형인 미자(微子)는 떠나버렸고, 紂의 숙부인 기자(箕子)는 노비가 되었고, 紂의 숙부인 비간(比干)은 간언하다 죽임을 당했다. 孔子께서는 殷 나라에 세 사람의 仁者가 있었다고 말씀하셨다.[a]

微子去之. 箕子爲之奴. 比干諫而死 孔子曰 殷有三仁焉.

(書經/周書/洪範 1) *B.C. 1032

武王(무왕)은 즉위 13 주기에 동방의 箕子(기자)를 찾아갔다. 武王이 말하기를, 箕子여! 하늘은 下民[민중]을 비호해주어 안식케 하니, 돕고 협력하여 살아갈 수 있습니다. 그러나 나는 그 도리와 인륜을 펼 줄 모릅니다.

箕子 왈, 내가 듣건대 옛날에 鯀(곤)이 홍수를 막고자 五行(오행)을 어지럽게 배치하니, 天帝가[하느님께서] 진노하여 洪範九疇(홍범구주)를 내려주지 않으시니, 彛倫(이륜)이 무너지고 鯀은 귀양 가서 죽었습니

---

a 〈편역자 주〉

① 馬融注: 微箕二國名. 子爵也. 微子紂之庶兄 箕子比干紂之諸父. 微子見紂無道 早去之. 箕子佯狂爲奴 比干以諫見殺

② 朱子注: 微箕二國名 子爵也. 微子紂庶兄 箕子比干紂諸父. 微子見紂無道 早去之以存宗祀. 箕子比干皆諫. 紂殺比干 囚箕子以爲奴. 箕子因佯狂而受辱

③ 「周易」·「唐書」·「隋書」에서, 箕子는 "東夷의 王"·"朝鮮의 諸侯"라고 증언하고 있다.

④ 한반도의 朝鮮이 중국의 중원에 있었던 箕子朝鮮의 정통을 계승했는지는 고증할 수 없으나, 箕子는 殷나라의 왕족으로서 (殷의 제후국이자 伯夷叔齊의 나라인) 孤竹國을 계승했다. 孔子와 더불어 諸子百家의 쌍벽이었던 墨子는 고죽국의 후예이다. 연암 박지원을 비롯한 실학자들은 중국의 史書를 인용하면서, 孤竹國은 高句麗의 뿌리라고 주장했다.

⑤ 舜 임금은 東夷 사람이고 文王은 西夷 사람이다(洪大容의 湛軒書/外集/권3/乾淨衕筆談續)

다. 禹(우)가 그의 아비 鯀을 이어 치수사업을 일으키자, 하늘이 禹에게 洪範九疇를 내려주시어, 天理와 人倫이 베풀어졌습니다.[a]

惟十有三祀 王訪于箕子. 王乃言曰 箕子. 惟天陰[b]騭[c]下民 相協厥居[d] 我不知其彝倫攸敍 箕子乃言曰 我聞 在昔鯀堙洪水 汨陳其五行 帝乃震怒 不畀洪範九疇 彝倫攸斁[e] 鯀則殛死 禹乃嗣興 天乃錫禹洪範九疇. 彝倫攸敍.

洪範九疇의 9개 조항(書經/ 周書/ 洪範)

① 五行: 水 · 火 · 木 · 金 · 土의 이용후생

홍범구주의 첫째는 五行입니다. 오행의 하나는 물을 다루는 것이요, 둘은 불을 다루는 것이며, 셋은 나무를 다루는 것이요, 넷은 쇠를 다루는 것이며, 다섯은 흙을 다루는 것입니다. 물은 적시고 내려가며, 불은 태우고 올라가며, 나무는 굽고 곧으며, 쇠는 따르고 바뀌며, 흙은 가꾸고 거둡니다.

初一曰 五行.……五行 一曰水 二曰火 三曰木 四曰金 五曰土. 水曰潤下 火曰炎上 木曰曲直 金曰從革 土爰[f]稼穡

② 五事: 貌恭(모공) · 言從(언종) · 視明(시명) · 聽聰(청총) · 思睿(사예)

홍범구주의 둘째는 五事(오사)를 삼가 사용하는 것이니, 하나는 외모요, 둘은 언사요, 셋은 보는 것이요, 넷은 듣는 것이요, 다섯은 생각하는 것입니다. 외모는 공손해야 하며, 말은 이치를 따라야 하며, 보는 것은 밝아야 하고, 듣는 것은 총명해야 하고, 생각은 슬기로워야 합니다. 공손하면 정중해지고, 이치를 따르면 어질어지고, 밝으면 지혜로워지고, 총명하면 지모가 있게 되고, 슬기로우면 성스러워집니다.

次二曰 敬用五事. 一曰貌. 二曰言. 三曰視. 四曰聽. 五曰思. 貌曰恭. 言曰從. 視曰明. 聽曰聰. 思曰睿. 恭作肅. 從作乂. 明作哲. 聰作謀. 睿作聖.

---

a 편역자 주: 周易의 모태인 夏·殷代의 連山易·歸藏易은 일실되어 알 수 없으나, 周易은 周의 씨족들만의 발명품이 아님을 말해주고 있다. ① 周 나라가 東夷에서 시작되었고 西夷에서 建國되었으며, ② 周易을 만들었다는 文王이 西夷 지역에서 西伯이 되어 周나라의 토대를 만들었으며, ③ 武王이 천하를 통일하고 나서 東夷인 箕子를 찾아가서 가르침을 받은 洪範九疇가 周나라의 국정지표가 되었으며, ④ 箕子를 '三仁'으로 추앙하고 周 나라의 國祖인 古公亶父의 故土인 東夷 지역의 邠 땅을 신성시했던 점에 주목할 필요가 있다. 특히 東夷 출신의 箕子가 洪範九疇에서 '易占을 政事에 이용하는 원칙을 武王에게 제시하고 있다'는 점에서, 周易은 周 나라뿐 아니라 東夷族이 공유했던 문화유산이라고 추론할 수 있다.

b 陰=黙也. 覆也.

c 騭(즐)=定也.

d 居(거)=畜也. 生者也.

e 斁(두)=敗也. 壞也.

f 爰(원)=曰也. 於是也.

③ 八政: 食(식)·貨(화)·祀(사)·司空[국토]·司徒[문교]·司寇[법무]·賓[외교]·師[군사]

홍범구주의 셋째는 八政(팔정)를 힘써 행하는 것이니,

하나는 먹는 것이요, 둘은 재화요, 셋은 제사요,

넷은 땅을 다스림이요, 다섯은 교육이요,

여섯은 죄를 다스림이요, 일곱은 빈객을 접대하는 선린외교요,

여덟은 국방입니다.

次三曰 農ᵃ用八政. 一曰食 二曰貨 三曰祀 四曰司空. 五曰司徒. 六曰司寇 七曰賓 八曰師.

④ 五紀: 歲(세)·月(월)·日(일)·星辰(성신)·歷數(역수)

홍범구조의 넷째는 五紀(오기)를 맞게 쓰는 것이니, 하나는 해요, 둘은 달이요, 셋은 날이요, 넷은 별이요, 다섯은 曆法의 계산입니다.

次四曰 協ᵇ用五紀. 一曰歲 二曰月 三曰日 四曰星辰 五曰曆數.

⑤ 皇極: 中正大道

홍범구주의 다섯째는 皇極(황극)을 세우는 법칙입니다.

황극이란 황제가 만민의 중앙의 법도를 세우는 것이니,

때맞추어 五福을 거두고 펴서 서민들에게 베풀어주면,

서민들도 당신의 중앙을 따르고 지켜줄 것입니다.

서민들이 간사한 붕당을 짓지 아니하고,

관리들이 친척에게만 덕을 베풀지 않고 황제를 중앙으로 받들 것입니다.

서민들 중에는 모사하고 다스리고 지키기를 잘하는 이들이 있을 것이니,

그대는 이들을 아껴 등용하십시오.

혹시 중앙을 따르지 않더라도 죄에 빠지지 않았으면,

허물하지 말고 포용하십시오.

온화한 얼굴을 하시고 "나는 덕을 좋아한다"고 말하는 자에는 복을 내리십시오.

때가 되면 이들이 진실로 황제를 위대한 중앙으로 사모할 것입니다.

의지할 곳 없는 외로운 이들을 학대하지 말고, 높고 밝은 인재를 공경하십시오.

관리의 능력과 의욕을 실행하도록 장려하면 나라가 창성할 것이며,

무릇 그들 바른 사람들을 부유하게 하고 녹을 주십시오.

당신이 그들 관리를 너희 가문에 호의를 갖도록 부리지 못하면,

때가 오면 관리들은 오히려 일부러 죄를 짓고 떠날 것입니다.

그대가 덕을 좋아하지 않는 자에게 복을 내리면,

---

a   農(농)=厚也. 勉也.

b   協(협)=和合也.

그들은 그대에게 재앙을 가져다 줄 것입니다.
기울고 치우침이 없이 왕도의 정의를 따르십시오!
좋아하든 싫어하든 사심 없이 왕도를 따르십시오!
치우침과 파당이 없으면 왕도는 대양처럼 넓을 것이며,
파당과 치우침이 없으면 왕도는 물처럼 공평할 것이며,
내치고 편애함이 없으면 왕도는 바르고 곧을 것입이다.
그리하여 중앙들을 회맹시키면 중앙들은 귀의할 것이니,
그들이 이르기를 황제의 명령은 도리이고 교훈이니,
상제님의 가르침이라 말할 것입니다.
또한 서민들이 중앙의 말씀을 교훈으로 시행함으로써,
천자의 광명에 다가가려할 것입니다.
그들이 이르기를 천자는 민중의 부모가 되셨으니,
천하 만민중의 王 노릇을 해야 한다고 말할 것입니다.

次五曰 建用皇極. 皇極 皇建其有極. 斂時五福 用敷錫厥庶民 惟時厥庶民于汝極 錫汝保極. 凡厥庶民 無有淫朋 人無有比德 惟皇作極. 凡厥庶民 有猷有爲有守 汝則念之. 不協于極 不罹于咎 皇則受之. 而康而色曰 予攸好德 汝則錫之福 時人斯其惟皇之極. 無虐煢獨 而畏高明. 人之有能有爲 使羞其行 而邦其昌. 凡厥正人 旣富方谷. 汝弗能使有好于而家 時人斯其辜. 于其無好德 汝雖錫之福 其作汝用咎 無偏無陂 遵王之義 無有作好 遵王之道 無有作惡 尊王之路. 無偏無黨 王道蕩蕩 無黨無偏 王道平平 無反[a]無側[b] 王道正直. 會其有極 歸其有極. 曰 皇極之敷言 是彝是訓 于帝其訓. 凡厥庶民 極之敷言 是訓是行 以近天子之光. 曰 天子作民父母 以爲天下王.

⑥ 三德: 正直(정직) · 剛克(강극) · 柔克(유극)
홍범구주의 여섯째는 다스림에 三德(삼덕)을 쓰는 것입니다.
삼덕의 하나는 바르고 곧음이요, 둘은 강함으로 이김이요,
셋은 부드러움으로 이기는 것입니다.
평화롭고 강녕하면 정직할 것이요,
우애하지 않는 자를 권면하려면 강함으로 이겨야 하며,
우애하는 자를 화합하려면 부드러움으로 이겨야 합니다.
沈潛(침잠)하면 강함으로 이겨야 하며,
높고 밝으면 부드러움으로 이겨야 합니다.
오직 임금만이 복을 내리고, 임금만이 위엄을 부리며,
임금만이 벼슬과 녹을 내릴 수 있습니다.

---

a　　反=不相合應也.

b　　側(측)=仄也.

신하가 복을 내리고 위엄을 부리며 벼슬·녹을 내리는 일은 없습니다.

만약 신하가 복을 내리고 위엄을 훔치고 爵祿(작록)을 내리면,

그 피해는 너희 가문에 미치고, 재앙은 너희 나라에 미칠 것입니다.

관리가 치우치고 편벽되고 파당을 지으면 민중이 넘보고 어긋날 것입니다.

次六曰 乂用三德. 三德 一曰 正直 二曰 剛克 三曰 柔克. 平康正直 彊[a]弗友 剛克. 燮友柔克 沈潛剛克 高明柔克 惟辟作福 惟辟作威 惟辟玉[b]食. 臣無有作福作威玉食 臣之有作福作威玉食 其害于而家 凶于而國. 人用側頗僻 民用僭忒.

⑦ 稽疑: 卜筮(복서)

홍범구주의 일곱째는 稽疑(계의)를 밝게 쓰는 것입니다.

이는 卜筮人(복서인)을 두어 天命(천명)을 점치게 하는 것입니다.

비 옴, 개임, 구름 낌, 햇볕 듦, 점괘가 서로 바뀐다고 말하거나,[c]

곧아 吉하다거나 혹은 후회하고 부끄럽다고 말합니다.[d]

그대에게 큰 의혹이 있으면 그대의 마음에 물어보고,

卿士[公卿과 官吏]에게 물어보고,

庶人[귀족이나 관리]들에게 물어보고,

그래도 풀리지 않으면 卜占(복점)이나 易占(역점)에 물어 보십시오.

그대가 좋고 卜占과 易占이 좋다하고 庶民[士農工商]들이 좋다 하면,

이를 大同(대동)이라 합니다.

그리하면 자신도 평안하고 자손들도 吉兆(길조)를 만날 것입니다.

그대가 좋다 하고 卜占도 易占도 좋다 하면, 卿士와 庶民이 반대해도 吉합니다.

卿士도 좋다 하고 거북점도 易占도 좋다 하면, 그대와 庶民이 반대해도 吉할 것입니다.

庶人이 좋다 하고 卜占도 易占도 좋다 하면, 그대와 卿士들이 반대해도 吉합니다.

그대와 卜占이 좋다 해도 易占·卿士·庶民이 싫어한다면, 內事는 吉하지만 외부의 일은 凶합니다.

卜占과 易占이 모두 庶人과 어긋나면, 조용히 있으면 吉하고 움직이면 凶합니다.

次七曰 明用稽[e]疑 稽疑 擇建立卜筮人 乃命卜筮. 曰雨 曰霽 曰蒙[f] 曰驛[g] 曰克[h] 曰貞 曰悔……汝則有大

---

a　彊=勉也.

b　玉=圭璋之屬也.

c　卜占의 소관사항임.

d　筮占의 소관사항임.

e　稽=問也.

f　蒙=陰闇也.

g　驛=古文은 圉이다.

h　克=兆相交也

疑ᵃ 謀ᵇ及乃心 謀及庶人 謀及卜筮. 汝則從 龜從 筮從 卿士從 庶民從. 是之謂大同. 身其康彊 子孫其逢.

汝則從 龜從 筮從. 卿士逆 庶民逆 吉. 卿士從 龜從 筮從. 汝則逆 庶民逆 吉. 庶民從 龜從 筮從. 汝則逆

卿士逆 吉. 汝則從 龜從. 筮逆 卿士逆 庶民逆 作內吉 作外凶. 龜筮共違于人 用靜吉 用作凶.

⑧ 庶徵: 雨[비] · 暘[개임] · 燠[더위] · 寒[추위] · 風[바람] · 時[歲月日의 갈마듦]

홍범구조의 여덟째는 庶徵[서징: 여러 징험]을 잘 쓰는 것입니다.

여러 징험이란 비, 화창함, 더위, 추위, 바람, 시절입니다.

다섯 징조가 갖추어지고 질서가 있으면 초목이 번창할 것입니다.

한쪽만 너무 풍성해도 흉하고 한쪽만 너무 빈약해도 흉합니다.

아름다운 징조를 말합니다:

임금이 엄숙하면 때맞추어 비를 내리고,

임금이 어질면 때맞게 날이 개고,

임금의 지혜가 밝으면 때맞추어 더위가 찾아오고,

임금이 사려 깊으면 때맞추어 추위가 오고,

임금이 성스러우면 때맞추어 바람이 부는 것입니다.

나쁜 징조를 말합니다:

임금이 경망스러우면 장마가 오래가고, 임금이 참람하면 가뭄이 오래가고,

임금이 빈들거리면 무더위가 오래가고, 임금이 조급하면 추위가 오래가고,

임금이 몽매하면 바람이 오래 부는 것입니다.

이르기를 왕은 한 해를 살펴 반성하고, 중앙의 관리는 한 달을 살펴 반성하고,

지방의 관리는 하루 일진을 살펴 반성한다고 합니다.

세월 · 날 · 절후가 변함없이 갈마들면 백곡이 성숙하고,

다스림이 밝고 준재들이 드러나고 가정이 평강합니다.

해 · 달 · 날 · 절후의 갈마듦이 어긋나면 백곡이 성숙하지 못하고,

다스림이 어둡고 준재들이 숨고 가정이 평강하지 못합니다.

뭇 민중들은 별과 같습니다.

바람을 좋아하는 별도 있고 비를 좋아하는 별도 있으며,

해와 달이 운행하니 겨울과 여름이 있습니다.

달이 별을 따라야만 바람과 비가 내립니다.

次八曰 念用庶徵. 庶徵 曰雨 曰暘 曰燠 曰寒 曰風 曰時. 五者來備 各以其敍 庶草蕃廡. 一極備 凶. 一極

無 凶. 曰休徵 曰肅 時雨若. 曰乂 時暘若. 曰晰 時燠若. 曰謀 時寒若. 曰聖 時風若. 曰咎徵 曰狂 恒雨若.

曰僭 恒暘若. 曰豫 恒燠若. 曰急 恒寒若. 曰蒙 恒風若. 曰 王省惟歲 卿士惟月 師尹惟日. 歲月日時無易

---

a　疑=難也.

b　謀=議也.

百穀用成. 乂用明 俊民用章 家用平康. 日月歲時旣易 百穀用不成. 乂用昏不明 俊民用微 家用不寧. 庶民
惟星. 星有好風 星有好雨. 日月之行 則有多有夏. 月之從星 則以風雨.

⑨ 五福: 壽(수)·富(부)·康寧(강녕)·好德(호덕)·考終命(고종명)

홍범구주의 아홉째는 五福으로 권면하고, 六極으로 위엄을 나타내는 것입니다.

오복(五福)이란, 하나는 長壽요, 둘은 富裕함이요, 셋은 健康함이요,

넷은 훌륭한 덕을 닦음이요, 다섯은 늙어서 죽는 것입니다.

육극(六極)이란, 하나는 단명·횡사·요절이요, 둘은 질병이요, 셋은 근심이요,

넷은 가난이요, 다섯은 흉악함이요, 여섯은 병약한 것입니다.

次九曰 嚮用五福. 威用六極. 五福 一曰 壽 二曰 富 三曰 康寧 四曰 攸好德 五曰 考終命. 六極 一曰凶短
折 二曰疾 三曰憂 四曰貧 五曰惡 六曰弱.

書經/周書/泰誓上

武王(무왕) 13년(B.C. 1033년) 봄에, 맹진에 모인 제후들과 장병들에게 다음과 같이 훈시하였다: (편역자 주)

천지는 만물의 부모요 사람은 만물의 영장이니,

오로지 총명해야 元后(원후)가 될 수 있고 元后는 민중의 부모가 된다.

지금 商나라 임금 紂[주왕]는 위로 하늘을 공경하지 않음으로써,

아래로 민중에게 재앙을 내리고 있다.

이는 商나라의 죄가 넘쳐 하늘이 벌 주라고 명하는 것이다.

내가 하늘의 명을 따르지 않는다면,

나도 商나라 임금의 죄와 똑같이 천명을 어기는 것이다.

나는 하느님께 제사를 올리고 토지 신에게도 제사를 드려,

여러분들과 함께 하늘의 벌을 내리기로 맹세했다.

하늘은 민중을 긍휼이 여기시니,

민중이 하고자 하면 하늘은 반드시 따를 것이다.

그대들이 나를 도와 영원히 맑은 세상을 만들어 가길 바라노라.

때는 왔다. 때를 놓치지 말자!

惟天地萬物父母. 惟人萬物之靈. 但聰明作元后 元后作民父母. 今商王受 弗敬上天 降災下民……商罪貫
盈 天命誅之. 予弗順天 厥罪惟鈞. 予小子……類于上帝 宜于冢土 以爾有衆 底天之罰. 天矜于民 民之所
欲 天必從之. 爾尙弼予一人 永淸四海. 時哉 弗可失.

書經/周書/泰誓中

무오일에 武王은 황하 북안에 진영을 구축하였다. 여러 제후들이 군사를 이끌고 와서 합세했다.

무왕은 군사를 순시한 후 다음과 같이 훈시하였다: (편역자 주)

오! 서방의 무리들[西伯인 文王의 지지세력]이여!

지금 商(상)나라의 紂[주왕]은 무도한 일에만 힘쓰며,

음탕한 술주정과 방종한 포악을 일삼고 있소.

이에 무고한 사람들이 울부짖으니, 하느님이 그 추악한 행동을 알게 되었소.

하늘은 民에게 은혜로우시니 임금은 하늘을 받들어야 한다.

옛날 夏나라의 桀이 하늘의 뜻을 따르지 않고 이웃나라에 해독만 끼치니

하늘은 商나라 湯王(탕왕)에게 명을 내려 天命(천명)을 끊어버리게 했다.

오! 지금은 紂王(주왕)의 죄가 포악했던 桀王(걸왕)보다 더하니,

하늘은 나로 하여금 그 인민을 보살피라 하였으며,

내 꿈은 占과 일치하고 좋은 조짐이 겹치니 紂를 치면 반드시 이길 것이오.

하늘이 보는 것은 民[四民: 士農工商]을 통하여 보는 것이며,

하늘이 듣는 것은 民[민중]을 통하여 듣는 것입니다.

百姓[a]에게 허물이 있으면, 나에게 책임이 있으니,

나는 반드시 그들을 정벌할 것이다.

오! 그대들은 한 마음 한 행동으로 功을 세우라! 승리하여 영원한 세상을 이루자!

嗚呼 西土有衆.……今商王受 力行無度……淫酗肆虐.……無辜籲天 穢德彰聞. 惟天惠民 惟辟奉天. 有夏 桀弗克若天 流毒下國. 天乃佑命成湯 降黜夏命. 惟受罪浮于桀……天其以予乂民. 朕夢協朕卜 襲于休祥 戎商必克.……天視自我民視 天聽自我民聽. 百姓有過 在予一人. 今朕必往.……嗚呼 乃一德一心 立定厥 功 惟克永世.

5) 周公이 정비한 周禮는 分權·溫情의 封建制度

論語/述而 5
공자: 심하구나! 내 노쇠한지 오래도다. 나는 다시는 꿈에서도 周公(주공)[b]을 뵐 수 없으니!
子曰 甚[c]矣 吾衰也久矣. 吾不復夢見周公.

(史記/魯周公世家)
무왕이 殷(은)나라를 쳐 이기고 2년이 되었지만

천하의 인심은 모아지지 않은 터에 무왕이 병 들었다.

예상치 못한 일이라 모든 신하들이 두려워했다.

재상인 太公(望)과 召公(奭)은 이에 대해 삼가 거북점을 치려했다.

周公은 "우리의 선왕들을 슬프게 해서는 안된다"고 말하면서,

周公 스스로 희생제물이 되기로 마음 먹었다.

---

a　官吏와 땅을 가진 土豪만이 姓을 가질수 있었다.

b　편역자 주: 周公=名은 旦. 武王의 弟. 周의 제도와 문화를 창건함. 魯의 시조. * 程子曰 孔子盛時 寤寐常存行周公之道 * 朱子曰 孔子盛時 志欲行周公之道 故夢寐之間 如或見之.

c　甚(심)=重. 大也.

세 개의 제단을 쌓고 주공이 北面하여 구슬을 머리에 이고 홀을 붙들고,

증조인 太王[古公亶父]와 조부인 王季[公季]와 先考(선고)인 文王[西伯]에게 아뢰되,

점을 담당하는 史官 策(책)에게 다음과 같은 축문을 읽도록 했다:

"오! 선조님들의 현손인 무왕 發(발)이 정사에 힘쓰다가 병에 걸려 괴로워하고 있습니다.

만약 선대왕들께서 아들을 바치라는 하늘의 질책을 받았다면,[a] 불초한 旦[周公]이 發[무왕]을 대신하여 몸을 바치겠나이다.

旦[周公]은 다재다능하여 귀신을 잘 섬길 수 있습니다.

반면 發[武王]은 다재다능하기가 旦[周公]만 못하여 귀신을 잘 섬길 수 없습니다.

그렇지만 上帝로부터 천명을 받아, 만민을 어루만져 다스리고,

선왕님의 자손들을 정착시키니, 온 민중이 경외하지 않는 자가 없습니다.

상제께서 내려주신 천명을 실추시키지 않아야만,

우리 선왕들께서도 역시 귀의할 곳이 영원히 있을 것입니다.

지금 저는 큰 거북을 태워 선왕님들의 명을 받겠습니다.

선왕님께서 저를 허락하신다면 옥과 홀을 가지고 돌아가 명을 기다릴 것이나,

허락하지 않는다면 저는 옥과 홀을 버리고 몸을 감추고 멀리 떠날 것입니다."

周公은 사관을 시켜 선대왕들에게 武王을 대신하여 벌을 받겠다는 서약을 하고,

곧 三王[太王·王季·文王]의 명을 받고자 거북을 태워 점을 쳤다.

거북점 치는 관리들이 모두 길조라고 말했다.

周公은 안으로 들어가서 무왕에게 경하를 드리며 말했다:

"왕께서는 해가 없을 것입니다. 제가 선대왕들에게서 새로운 명을 받았으니,

왕께서는 항상 가던 길을 도모하십시오!

이 길은 오직 天子에게 부여된 것이고 天子만이 품을 수 있는 것입니다."

武王은 다음날 병이 쾌유되었다.

武王克殷二年 天下未集. 武王有疾 不豫群臣懼. 太公召公乃繆卜. 周公曰 未可以戚我先王. 周公於是 乃自以爲質[b] 設三壇 周公北面立 戴璧秉圭 告于太王 王季 文王. 史策祝曰 惟爾元孫王發 勤勞阻疾. 若爾三王 是有負子之責於天 以旦代王發之身. 旦巧能多材多藝 能事鬼神. 乃王發不如旦多材多藝 不能事鬼神. 乃命于帝庭 敷佑四方 用能定汝子孫于下地. 四方之民 罔不敬畏. 無墜天之降葆命 我先王永有所依歸. 今我其卽命於元龜. 爾之許我 我以其璧與圭歸 以俟爾命. 爾不許我 我乃屛[c]璧與圭 周公已令史策 告太王 王季 文王 欲代武王發. 於是乃卽三王而卜. 卜人皆曰吉.……周公入賀武王曰 王其無害. 旦新受命三王. 維長終是圖. 玆道能念[d]予一人.……明日武王有瘳.

史記/魯周公世家 *吐哺握髮(토포악발)

---

a 무왕의 무력혁명을 문책함.

b 質=贄也.

c 屛=隱退也. 放去也.

d 念=審行步也.

周公이 아들 伯禽(백금)을 봉지인 魯(노)나라로 보내면서 훈계하였다:

나는 文王의 아들이고 武王의 동생이며 成王의 숙부이다. 천하에 나를 비천하다고 할 사람이 없다. 하지만 나는 한 번 목욕할 동안 세 번씩 머리카락을 움켜쥐고, 한 번 식사를 하는 동안 세 번씩 입 속의 음식으로 토해내면서 뛰어나가 선비를 맞이하였다. 그럼에도 오히려 천하의 현인을 잃을까 걱정하였다. 네가 노나라에 부임하면 나라를 가졌다고 교만하지 말고 삼가해야 한다.

周公戒伯禽曰 我文王之子 武王之弟 成王之叔父. 我於天下亦不賤矣. 然我一沐三捉髮[a]. 一飯三吐哺 起以待士. 猶恐失天下之賢人. 子之魯 愼無以國驕人.

段玉裁 지음 『說文解字注』 王部[b]

王이란 천하 만민이 귀의할 곳이다. 董仲舒가 이르기를 옛 문자를 만든 성인이 세 개의 획을 긋고, 그 중앙의 丨[곤]으로 연결하여 王이란 글자를 지었는데, 세 획은 天·地·人이며, 이 三才를 소통하는 것이 王이란 뜻이다

王 天下所歸往也. 董仲舒曰 古之造文者 三畫而連其中 謂之王. 三者天地人也. 而三通之者王也.

說文解字注/제1편/一部[c]

'天'은 꼭대기 또는 정상이라는 뜻이다. 지극히 높아 그 위가 없으므로 '유일자의 큼'이란 뜻을 따른 것이다.

天 顚[d]也 上也 至高無上 從一大.

孔穎達(574–648)의 尙書疎[e]

帝란 하느님에 대한 하나의 명칭이다.
帝라 호칭한 까닭은 諦(체) 즉 모두 살펴 안다는 뜻이다.
天[하느님]은 바다처럼 넓고 무심하여 만물과 나의 차별을 잊고,
공평하고 멀리 소통하여 매사를 다 살펴 안다고 말한다.
그러므로 그를 일러 帝라 한 것이다.

言帝者天之一名. 所以名帝 帝者諦也. 言天蕩然無心 忘於物我. 言公平通遠 擧事審諦 故謂之帝也.

白虎通/권1/爵[f]

天子[하느님 아들]란 작위의 명칭이다.

---

a   머리카락을 풀어 헤쳤다가 묶을 틈이 없어 그냥 걷어 쥐다.

b   王의 호칭.

c   天의 호칭.

d   顚(전)=頂也. 首也.

e   帝의 호칭.

f   天子의 호칭.

벼슬 칭호를 天子라 한 까닭은 무엇 때문인가?

王은 하늘을 아비로 땅을 어미로 삼았으므로 天의 아들이라 한 것이다.

天子者爵稱也. 爵所以稱天子者何. 王者父天母地 爲天之子也.

禮記/王制 *天子는 제사장인 聖人.

天子가 순수할 때는 上帝에게 제사하고 社稷(사직)에 제사하고 조상의 廟堂(묘당)에 제사한다. 諸侯가 순수할 때는 사직과 조상의 묘당에 제사한다.

天子將出 類乎上帝 宜乎社 造乎禰[a] 諸侯將出 宜乎社 造乎禰[b]

國語/周語(上) *祭政

先王의 제도에 의하면 도성 내 1,000리를 전복(甸服)이라 했고, 방외 500리를 후복(侯服)이라 했고, 侯服을 둘러싼 곳을 빈복(賓服)이라 했으며, 南蠻과 東夷 지역을 요복(要服)이라 했고, 西戎과 北狄 지역을 황복(荒服)이라 했다.

夫先王之制 邦內甸服. 邦外侯服. 侯衛賓服. 蠻夷要服. 戎狄荒服.

甸服(전복) 지역에서는 천자의 每日 지내는 祭(제)에 필요한 물품을 바치고, 侯服(후복) 지역에서는 每月 지내는 祀(사)에 필요한 물품을 바치고, 賓服(빈복)에서는 계절마다 지내는 時享(시향)에 필요한 물품을 바치고, 要服(요복) 지역에서는 每年 朝貢(조공)을 바치고, 荒服(황복) 지역에서는 자국의 군주가 바뀔 때마다 알현하도록 했다. 이처럼 日祭(일제)·月祀(월사)·時享(시향)·歲貢(세공)·終王(종왕)은 선왕의 법도이다.

甸服者祭. 侯服者祀. 賓服者享. 要服者貢. 荒服者王. 日祭 時享 歲貢 終王 先王之訓也.

禮記/王制 *周나라는 1773개국의 연합체이었다.

무릇 사해는 九州가 있고, 넓이는 사방 1,000리이다. 1州마다 백리의 나라 30, 칠십리의 나라 60국, 오십리의 나라 120국을 세운다. 8州는 주마다 210개국인 셈이다.[c] 천자의 직할지[王畿] 안에는 사방 100리의 나라가 9국, 칠십리의 나라 21국, 오십리의 나라 63국을 세운다. 천자의 직할지에는 모두 93국이 있다. 그러므로 9주에는 도합 1,773국[d]이 있다. 천자의 元士와 제후의 附庸國(부용국)은 여기에 포함되지 않았다.

凡四海之內九州 州方千里. 州建百里之國三十. 七十里之國六十. 五十里之國 百有二十.……八州州二百一十國. 天子之縣[e]內 方百里之國九 七十里之國二十有一. 五十里之國 六十有三. 凡九十三國.……

---

a　類·宜·造=祭名.

b　禰(니)=父祖의 祠堂.

c　편역자 주: 王畿를 제외한 8주에 각각 210국이므로 1680개의 소국이 있었다.

d　1680개의 소국 + 93개의 천자 직할지=1773개의 나라.

e　縣(현)=郡縣.

凡九州千七百七十三國. 天子之元士諸侯之附庸不與.

禮記/祭法 *분권주의의 상징인 社稷壇(사직단)

임금이 모든 씨족들을 위해 사직을 세운 것을 "大社(대사)"라 한다. 임금이 자기 씨족을 위해 사직을 세운 것을 "王社(왕사)"라 한다. 제후가 경내의 씨족들을 위해 사직을 세운 것을 "國社(국사)"라 하고, 제후가 자기 씨족을 위해 사직을 세운 것을 "侯社(후사)"라 한다. 대부 이하가 무리를 이루어 마을에 사직을 세운 것을 "置社[오늘날의 里社]"라 한다.

王爲群姓立社 曰大社. 王自爲立社 曰王社. 諸侯爲百姓立社 曰國社. 諸侯自立社 曰侯社. 大夫以下成群立社 曰置社.

中庸/28장 *文治 *저자인 子思의 名은 孔伋(B.C. 483-402)

天子가 아니면 禮를 제정하지 못하고, 法度를 제정하지 못하며, 文字를 제정하지 못한다. 그래서 오늘날 천하에 수레는 궤도가 같고, 글은 문자가 같고, 행실은 인륜이 같다.

非天子 不議禮. 不制度 不考文. 今天下 車同軌[a]. 書同文[b] 行同倫[c].

禮記/禮運 *禮治

言偃[子遊(자유)]이 다시 물었다. 이처럼 禮가 중요한 것입니까? 공자가 대답했다: 禮는 先王들이 天道를 이어받아 사람의 마음을 다스리는 것이다. 이처럼 禮는 반드시 하늘과 땅을 본받으므로, 귀신에게 진설하고 상례와 제사는 물론, 활쏘기와 말타기, 관례와 혼례, 조회와 사신에 이르기까지 미친다. 聖人은 이러한 것들을 통해 禮를 드러내 보여줌으로써, 천하와 국가를 잘 다스릴 수 있었던 것이다.

言偃復問曰 如此乎禮之急也. 孔子曰 夫禮先王以承天之道 以治人之情.……是故夫禮必本於天 殽於地. 列於鬼神 達於喪祭. 射御冠婚朝聘. 故聖人以禮示之. 故天下國家可得而正也.

禮記/王制 *『禮記』의 신분 질서

天子가 내리는 작록은 公(공)·侯(후)·伯(백)·子(자)·男(남)의 5등급이 있고, 諸侯가 내리는 작록은 上大夫卿(상대부경).下大夫(하대부)·上士(상사)·中士(중사)·下士(하사)의 5등급이 있다. 천자의 영지는 사방 千里, 공작과 후작은 百里, 백작은 七十里, 자작과 남작은 五十里로 한다. 오십리가 못된 자는 천자를 배알할 수 없고, 제후를 따라서만 배알할 수 있으므로, 부용국(附庸國)이라 한다.

王者之制 祿爵 公 侯 伯 子 男 凡五等. 諸侯之上大夫卿 下大夫 上士 中士 下士 凡五等. 天子之田方千里 公侯田方百里 伯七十里 子男五十里. 不能五十里者 不合於天子 附於諸侯曰附庸.

---

a　法度의 표준화.

b　文字의 표준화.

c　인륜도덕의 표준화.

<편역자 주> 위의 신분 질서를 표로 정리하면 아래와 같다.

王[天子]	公(3인): 公爵·侯爵(100里의 領地)
	卿(9인): 伯爵(70里의 領地)
	大夫(27인): 子爵·男爵(50里의 領地)
	元士(81인): 附庸(50里 미만의 領地)
君[諸侯]	大國(100里): 卿-3인. 下大夫-5인. 上士-27인
	中國(70里): 卿-3인. 下大夫-5인. 上士-27인.
	* 卿 3人 중 1人은 제후가 임명.
	小國(50里): 卿-2인. 下大夫-5인. 上士-27인
	*卿 2인 모두 제후가 임명.
官僚	下大夫·上士·中士·下士·皁·輿·隷·僚·僕·臺
四民	士·農·工·商
五隷	罪隷·蠻隷·閩隷·夷隷·貊隷

① 僕: 太僕은 의례, 祭僕은 제사, 御僕은 傳令, 隷僕은 五寢을 담당한다.
② 天子의 御僕: 제사용 玉路를 모는 大馭, 戰爭用 革路를 모는 戎僕, 공무용 象路를 모는 道僕, 빈객용 金路를 모는 齊僕, 사냥용 田路를 모는 田僕으로 다시 직분이 세분화된다.

春秋左傳/昭公 7年 *B.C. 535년

하늘에는 열 개의 干支(간지)가 있고, 사람에겐 열 가지 등급이 있다. 아랫것들은 이것으로써 윗사람을 섬기고, 윗사람은 이것으로써[祭祀에 차례가 있어서] 鬼神을 받들 수 있는 것이다. 그러므로 王은 諸侯(제후)를 신하로 삼고, 諸侯는 大夫(대부)를 신하로 삼고, 大夫는 '士'를 신하로 삼고, 士는 武士인 '皁(조)'를 신하로 삼고, 皁는 전차를 다스리는 '輿(여)'를 신하로 삼고, 輿는 五隷(오예)를 관장하는 '隷(예)'를 신하로 삼고, 隷는 共役(공역)을 담당하는 '僚(요)'를 신하로 삼고, 僚는 마차를 모는 '僕(복)'을 신하로 삼고, 僕은 도망한 노예를 체포하는 '臺(대)'를 신하로 삼는다.

天有十日[a] 人有十等. 下所以事上 上所以共神也. 故王臣公 公臣大夫 大夫臣士 士臣皁[b]. 皁臣輿 輿臣隷[c] 隷臣僚 僚臣僕 僕臣臺.

---

a 十日=十干支.

b 皁=黑也. 養馬之官下士也.(史記/列傳23/鄒陽傳注)

c 『周禮』「夏官」의 '五隷'=罪隷·蠻隷·閩隷·夷隷·貉隷.

2. 春秋諸家(춘추제가)의 神觀(신관)과 인문정신

1) 춘추시대의 自然神論과 人本主義

周初의 祭政一致(제정일치)는 春秋戰國 시대에 이르자 神을 인정하되 歷史의 주인은 人間이라는 人本主義 경향이 나타나기 시작한다. 이는 中央이 무너진 난세에 百花齊放의 선물 중에서 가장 값진 것이다. 孔子를 비롯한 周易의 傳(전)을 쓴 기자들의 無神論的인 自然神論도 그러한 경향의 대표적인 문서이다. 그러나 공자의 인본주의는 공자의 진보적인 창안이 아니라 옛 것을 부흥했다. 『書經』의 기록을 보면, 孔子가 敬神(경신)·遠神(원신)의 명제를 말하기 훨씬 이전인 虞舜[虞는 帝舜의 國號] 때나 周初에도 敬神을 하되 인간 중심적이었음을 알 수 있다. 이처럼 공자 이전부터 祭祀는 이미 神을 위함이 아니라 민중을 위한 것이 되었다.

書經/虞書/皐陶謨 *舜=B.C. 2285년에 攝政. 2255년에 卽位. 2208년에 사망.
하느님이 총명함은 우리 民이 총명하기 때문이며, 하느님이 밝고 두려운 것은 民이 밝고 두려운 것이다. 하느님은 상하를 두루 살피시니 공경하라! 땅을 가진 자들이여!
天聰明自我民聰明 天明畏自我民明威. 達于上下 敬哉有土.

春秋左傳/周桓公 6年 *B.C. 706년
季梁(계량)이 이른바 道[Dao]라 하는 것은, 民에게 충실하고, 神에게 신실함을 말합니다. 윗사람이 民을 이롭게 하려고 고심하는 것이 忠이고, 祭官과 占官이 바르게 말하는 것이 信입니다. 그런데 지금 民은 굶주리는데 군주는 욕심만 채우려하고, 제관은 거짓으로 제사를 올리니, 小臣[季梁]은 그것이 옳은지 알 수 없습니다.
군주: 희생물은 완전하고 살쪘으며 젯밥은 풍성한데, 무엇 때문에 믿지 않는 것이오?
계량: 무릇 民衆은 神의 주인입니다. 그러므로 성인은 먼저 民을 고르게 살게 한 연후에, 神에게 치성을 드리는 것입니다.
季梁……所謂道 忠於民 而信於神也. 上思利民 忠也. 祝史正辭 信也. 今民餒而君逞ᵃ欲. 祝史矯擧以祭. 臣不知其可也. 公曰 吾牲牷肥腯 粢盛豊備 何則不信. 對曰 夫民 神之主也. 是以聖王先成ᵇ民 而後致力於神.

春秋左傳/莊公 32年 *B.C. 662년
神이 내려와 莘(신)이라는 땅에 머문 지가 6개월이었다. 虢(괵)나라 군주는 大祝 應(응)과 大宗 區(구)와 太史 嚚(은)을 시켜 제사를 올렸다. 토지를 내려준다는 신탁을 받았다.

---

a 逞(영)=盡. 縱也.

b 成=平也.

太史(태사) 嚚(은)은 물러나서 말했다: 괵 나라는 망할 것이다. 내가 듣건대 나라가 흥하려면 民에게 듣고, 망하려면 神에게 듣는다고 했다. 神은 총명하고 정직하며 한결 같으니 사람에 의지하여 행한다. 虢(괵)나라는 너무 덕이 박한데 어찌 땅을 얻을 수 있겠는가?

神居莘六月 虢公使祝應 宗區 史嚚享焉 神賜之土田. 史嚚曰 虢其亡乎. 吾聞之 國將興聽於民 將亡聽於神. 神聰明正直而壹者也 依人而行. 虢多涼[a]德 其何土之能得.

春秋左傳/僖公 15年 *B.C. 645년

晋 혜공이 秦[진나라]에 볼모로 있을 때 말하기를, 만약 선왕께서 史官(사관) 蘇(소)씨의 점을 따랐다면 내가 오늘 이런 꼴은 되지는 않았을 것이다.

시종하고 있던 韓簡(한간)이 말했다:

거북점은 象을 보는 것이고 易占은 數[數理]를 보는 것입니다. 사물이 생겨난 후에 象(상)이 있고, 형상이 있는 후에 번성하며, 번성한 후에는 셈[數]이 있습니다. 선왕인 헌공의 패덕은 이루다 셀 수 없을 정도였습니다. 그러하니 史官 蘇(소)씨의 점괘를 따랐던들 무슨 이익이 있었겠습니까? 詩經/小雅/節南山之什/十月之交에 이르기를 "民衆이 받는 죄는 하늘에서 내린 것이 아니라, 면전에서 칭찬하고 뒤에서는 미워하며[面從腹背(면종복배)하며] 다투어 해치는 사람들로부터 비롯됩니다"고 했습니다.

及惠公在秦曰 先君若從史蘇之占 吾不及夫. 韓簡侍曰 龜象也 筮數也. 物生而有象 象而有滋 滋而後有數. 先君之敗德 及可數乎. 史蘇是占 勿從何益. 詩曰 下民之孽[b] 匪降自天 傅[c]沓[d]背憎 職競由人.

春秋左傳/僖公 16年 *B.C. 644년에 隕石이 떨어진 사건

희공 16년 봄에 宋나라에 다섯 개의 운석이 떨어졌는데 隕星(운성)이었다. 그 때 周나라의 內史인 叔興(숙흥)이 宋나라를 방문하고 있었다.

宋나라의 양공이 물었다: 이것은 무슨 징조요? 길흉이 어느 나라에 있겠소?

숙흥(叔興)이 대답했다: 근자에 魯나라는 자주 大喪이 있을 것이며, 명년에 齊나라는 난리가 있을 것이오. 군주께서는 장차 제후를 거느릴 것이나 오래가지는 못할 것입니다.

숙흥이 물러나 사람들에게 말했다: 송나라 군주는 실없는 질문을 했다. 별이 떨어진 것은 陰陽의 일일 뿐, 길흉이 생기는 것은 사람에 달려 있다. 나는 군주를 감히 거역할 수 없어서 그렇게 말했을 뿐이다.

十六年春……隕石于宋五 隕星也.……周內史叔興聘于宋. 宋襄公問焉曰 是何祥也 吉凶焉在. 對曰 今茲魯多大喪. 明年齊有亂. 君將得諸侯而不終. 退而告人曰 君失問. 是陰陽之事 非吉凶所生也. 吉凶由人. 吾不敢逆君故也.

---

a 涼(량)=薄也.

b 孽(얼)=庶出.

c 傅(준)=恭敬也.

d 沓(답)=合也.

春秋左傳/昭公 12年 *B.C. 530년

대저 주역이란[이름으로] 거짓되고 악한 일을 점쳐서는 안된다.

且夫易不可以占險[a].

春秋左傳/哀公 18年 *B.C. 477년

書經/夏書에 이르기를 史官이 占치는 것은

오직 사람의 뜻을 지극히 한 연후에 하늘의 소명을 거북점에 묻는 것이라 했다.

옛 책에 의하면 聖人은 거북점이나 시초점을 자주하지 않았다.

夏書曰 官占唯能蔽[b]志昆[c] 命于元龜.……志曰 聖人不煩卜筮.

2) 孔子의 '敬神 · 遠神' 명제

『說卦傳』 6장 *周易의 自然神論

神이란 무엇인가? 만물의 생성작용을 이름 붙인 것이다.

神也者 妙[d]萬物而爲言者也.

『說卦傳』 2장

그러므로 하늘의 道를 세워 陰과 陽이라 하고, 땅의 道를 세워 柔와 剛이라 하고, 사람의 道를 세워 仁과 義라 한다.

是以 立天之道 曰陰與陽. 立地之道 曰柔與剛. 立人之道曰 曰仁與義.

『繫辭傳』 · 『周易本義』

陰이니 陽이니 하며 헤아릴 수 없음을 神이라 일컫는다.

하늘과 땅은 陰陽과 形氣의 실체이다.

陰陽不測之謂神. 〈『繫辭傳』(上) 5장〉

天地者 陰陽形氣之實體也. (朱熹 『周易本義』)

論語/陽貨

하늘이 무슨 말을 하더냐? 四時를 운행하고 백물이 태어나지만 하늘이 어찌 말을 하더냐?

天何言哉 四時行焉 百物生焉 天何言哉

---

a　險=僞也. 惡也.

b　蔽=掩也. 至也. 極也.

c　昆=後也.

d　妙(묘)=成也.

論語/八佾 14 *尊周

공자 왈, 周나라는 夏·殷 2대를 거울로 삼았으니 빛나도다! 그 문물이여! 나는 周나라를 따르겠다.

子曰 周監於二代. 郁郁乎文哉 吾從周.

論語/子罕 13

공자께서 九夷에 가서 살려고 했다. 혹자가 만류했다. 야만족인데 어찌하려 하십니까? 공자 왈, 君子가
살던 곳인데 어찌 야만이라 하겠는가?

子欲居九夷[a]. 或曰 陋[b]如之何 子曰 君子[c]居之 何陋之有.

論語/述而 1 *述而不作

공자 왈, 옛것을 진술할 뿐 새로 지어내지 않는다.

子曰 述而不作.

論語/子罕 7 *無知

공자 왈, 내가 깨달음이 있는 것 같으냐? 깨달음이 없다. 촌부가 나에게 물으면 비록 無知하지만, 나는
시비 성패의 兩端(양단)을 두드려보고 답변하려고 노력했다.

子曰 吾有知乎哉 無知也. 有鄙夫問於我 空空如也 我叩其兩端而竭焉.

中庸/30장 *聖人政治

孔子는 堯·舜[요 임금과 순 임금]을 조술하고, 文·武[문왕과 무왕]를 憲章으로 삼았다.

仲尼 祖[d]述堯舜 憲章文武

論語/季氏 8

군자에게는 세 가지 두려운 것이 있으니 天命을 두려워하라! 가문의 大人을 두려워하라!
聖王의 말씀을 두려워하라!

君子有三畏 畏天命 畏大人 畏聖人之言.

論語/衛靈公 1 *反戰

衛(위)나라의 영공이 공자에게 진법을 물었다.

공자 왈, 祭祀에 대해서는 일찍이 들은 일이 있지만, 군사에 관한 일은 배운 바가 없습니다.

---

a　九夷=太王[古公亶父]이 본래 살던 豳[혹은 邠]의 東夷를 지칭한 듯. 朱子는 "東方之夷有九種"이라 했다.

b　陋=野鄙한. 비천한.

c　君子=太王[古公亶父]과 箕子를 가리킨 듯.

d　祖=始廟也. 習也.

날이 밝자 서둘러 위나라를 떠나버렸다.

衛靈公問陳於孔子. 孔子對曰 俎豆之事則嘗聞之矣. 軍旅之事未之學也. 明日遂行.

論語/述而 20 *神不可知論

공자께서는 괴이한 힘이나 어지럽게 귀신에 대해 말하지 않았다.

子不語怪力亂神.

論語/述而 12 *神不可知論

공자께서 걱정하신 것은 祭祀와 戰爭과 疾病이었다.

子之 所愼齋戰疾.

論語/雍也 20 *敬神·遠神 명제

번지가 지혜에 관하여 물었다.

공자: 民衆의 뜻을 이루고자 힘쓰고 귀신을 공경하되 멀리하면 可(가)히 지혜롭다고 할 것이다.

樊遲問知. 子曰 務民之義 敬鬼神而遠之 可謂知矣.

論語/八佾 9

공자: 夏나라의 禮에 대하여 내가 말할 수 있으나, 夏를 계승한 기(杞)나라는 그것을 밝히는데 부족하다. 殷나라의 禮는 내가 말할 수 있으나, 殷을 계승한 宋나라는 그것을 밝히는데 부족하다. 문헌이 부족하기 때문이다. 문헌만 충분하다면 내가 밝혀 보여줄 수 있다.

子曰 夏禮吾能言之 杞不足徵也. 殷禮 吾能言之 宋不足徵也 文獻不足故也. 足則吾能徵之矣.

中庸/19장

공자께서 말씀하셨다.

郊祭(교제)와 社祭(사제)의 禮는 天帝와 地神을 섬기는 것이요,.

종묘의 祭禮(제례)는 선조를 제사하는 것이다.

郊祭와 社祭의 禮와 禘(체)와 嘗(상)의 뜻에 밝다면,

나라를 다스리는 것은 손바닥 들여다보듯 쉬우리라.

子曰……郊ᵃ社ᵇ之禮 所以事上帝(地祇)也. 宗廟之禮 所以祀乎其先也. 明乎郊社之禮 禘嘗ᶜ之義 治國其如示諸掌乎.

---

a　郊(교)=天神祭.

b　社(사)=地神祭.

c　嘗=秋祭로 四時祭를 總稱함.

禮記/仲尼燕居

공자께서 말씀하셨다: 郊祭·社祭의 뜻과 禘(체)[a]·嘗(상)의 禮를 밝게 안다면, 나라를 다스리기는 손가락질하고 손바닥 뒤집듯 쉬우리라.

子曰 明乎郊社之義 嘗禘之禮 治國其如指諸掌而已乎.

禮記/表記

① 夏道

공자께서 말씀하셨다:

夏나라의 道는 천명을 존중하고 귀신을 섬겼으니, 神을 공경하되 멀리했고, 사람을 가까이 하고 충실했다. 그러나 녹을 앞세우고 위엄을 뒤로했고, 賞을 앞세우고 罰을 뒤로 했다. 이처럼 민중을 사랑했으나 군왕을 존중하지 않았으므로, 민중들이 교화되지 못하여 굼뜨고 아주 어리석으며, 교만하고 조야하여 세련되지 않아 문채가 없었다.

子曰 夏道 尊命事鬼. 敬神而遠之 近人而忠焉. 先祿而後威 先賞而後罰 親而不尊. 其民之敝[b] 蠢而愚 喬而野 撲而不文[c].

② 殷禮

殷의 왕실은 神(신)을 높이기만 하고, 민중을 통솔하여 神을 섬기도록 했다. 귀신을 앞세우고 禮를 뒤로 했고, 벌을 앞세우고 賞(상)을 뒤로 하였다. 이처럼 군왕을 존중했으나 민중을 사랑하지 않았으므로, 민중들이 교화되지 못하여 방탕해도 안정시킬 수 없었고, 형벌을 면하려 할 뿐 부끄러워하지 않게 되었다.

殷人 尊神 率民以事神. 先鬼而後禮 先罰而後賞 尊而不親. 其民之敝 蕩而不靜 勝而無恥.

③ 周禮

周나라의 지배자들은 禮를 높이고, 베푸는 것을 숭상하며 귀신을 섬겼다. 神을 공경하되 멀리 했으며, 사람을 가까이하고 충실했다. 그러나 상벌로 작위와 서열을 쓰고, 민중을 사랑했지만 군왕을 존중하지 않았으므로, 민중들이 교화되지 못하여 利를 좇고 거짓되며, 꾸미는 것만 알고 부끄러운 줄 몰랐으며 서로 해치고 미개했다.

周人 尊禮尙施事鬼. 敬神而遠之 近人而忠焉. 其賞罰用爵列 親而不尊. 其民之敝 利而巧[d]. 文[e]而不慚 賊而蔽.

---

a　禘(체)=天子가 天祭에 祖上神을 配祀하는 大祭.

b　敝=蔽. 弊也. 政敎가 쇠하여 蔽塞됨.

c　文=飾.

d　巧=僞.

e　文=飾.

④ 瀆神 · 瀆禮 · 瀆辭의 조화

夏나라의 道는 政令과 敎化를 통창하지 않았다. 순종을 요구하지 않고 민중에게 크게 요구하지 않았으므로, 민중들이 친애함을 싫어하지 않았다.

殷나라는 禮를 통창하지 않으면서, 민중들에게 도리어 순종하기를 요구했다.

周나라는 民을 권면하되 神을 통창하지 않았으므로, 賞爵(상작)과 형벌이 궁해졌다.

子曰 夏道未瀆辭[a] 不求備[b] 不大望於民. 民未厭其親. 殷人未瀆[c]禮 而求備於民. 周人 强民未瀆神 而賞爵刑罰窮矣.

3) 墨子의 神觀과 人文精神

墨子/耕柱 2 *禹王의 祭文

옛날 禹(우) 하후씨 계(啓)가 백익[禹 임금의 신하]의 아들 비렴을 시켜, 산과 내에서 금을 캐도록 하여 곤오에서 황금 솥을 만들었다. 그리고 백익에게 닭을 잡게 하여 그 피로 신령한 거북을 잡아 점을 치게 했다. 이에 축문을 읽어 빌기를 "솥은 세발뿐이나 바르옵니다. 청컨대 민중이 밥을 지을 수 없거든 神께서 이 솥으로 끓여주시고, 제가 채우지 못하거든 神께서 이 솥으로 저장해주시고, 현자에게 자리를 물려주지 않거든 神께서 이 솥을 옮겨주소서! 이에 곤오의 제단에서 제사를 올리오니 흠향하소서"上鄕!

昔者夏后開 使蜚廉 折金於山川 以陶鑄鼎於昆吾. 是使翁難雉乙 卜於白若之龜. 曰 鼎成 三足[d]而方. 不炊而自烹. 不擧而自藏. 不遷而自行. 以祭於昆吾之虛. 上鄕[e].

墨子/非樂 *人間을 自主하게 하는 神

들에 뛰노는 짐승, 뿔 달린 사슴, 하늘을 나는 새, 물에 노니는 벌레를 보라! 그들은 수놈이 밭 갈고 씨 뿌리지 않고 암놈이 실 잣고 길쌈을 하지 않아도, 먹고 입을 것을 걱정하지 않아도 모두 하늘이 이미 마련해 주었다. 그러나 사람은 이들 짐승들과 달리 노동에 의지해야만 살아갈 수 있으며, 노동을 하지 않으면 살아갈 수 없는 존재이다.

今之禽獸麋鹿蜚鳥貞蟲……故唯使雄不耕稼樹藝 雌亦不紡績織紝 衣食之財固已具矣. 今人與此異者也. 賴其力者生 不賴其力者不生.

墨子/經說下

내가 나를 부려야 한다. 내가 나를 부리지 못하면 남이 나를 부린다.

---

a 辭=令也. 政敎.

b 備=愼. 無所不順者.

c 瀆=溝 → 注瀆 → 通也

d 三足=天·地·人을 하나로 소통함을 指事한 글자인 王을 표현한 것임. 이후 禹 임금의 솥은 王權을 상징하는 神物이 되었음.

e 上鄕=尙饗. '적지만 흠향하옵소서'의 뜻으로, 祝文(축문)의 맨 끝에 쓰는 말.

我使我. 我不使亦使我.

墨子/貴義

묵자께서 이르기를 만사에 義보다 귀한 것은 없다고 하셨다. 지금 사람들에게 이르기를 너에게 귀한 신분이 될 수 있는 관복과 신발을 줄 테니. 그 대신 네 수족을 자르라고 한다면 그렇게 하겠느냐? 반드시 그렇게 하지 않을 것이다. 왜냐하면 관복[신분]이 귀하다고 한들 수족보다는 못하기 때문이다. 또 이르기를 너에게 천하를 주겠으니, 그 대신 네 목숨을 버리라고 한다면 그렇게 하겠느냐? 반드시 그렇게 하지 않을 것이다. 왜냐하면 천하가 아무리 귀하다 해도 목숨보다는 못하기 때문이다. 그러나 사람들은 말 한마디로 서로 죽이기도 한다. 이는 義가 목숨보다도 귀중하기 때문이다. 그러므로 만사는 義보다 귀한 것이 없다고 말하는 것이다.

子墨子曰 萬事莫貴於義. 今謂人曰 予子冠履 而斷子之手足 子爲之乎 必不爲. 何故 則冠履不若手足之貴也. 又曰 予子天下 而殺子之身 子爲之乎 必不爲. 何故 則天下不若身之貴也. 爭一言以相殺. 是貴義於其身也. 故曰萬事莫貴於義也.

墨子/法儀

그러므로 父母 · 스승 · 君主는 다스리는 법도로 삼을 수 없다. 그러면 무엇을 다스리는 법도로 삼아야 옳은가? 예로부터 이르길 '하느님의 뜻[天志]을 법도로 삼는 일보다 더 좋은 것은 없다'고 한다.

故父母學君三者 莫可以爲治法. 然則奚以爲治法而可. 故曰莫若法天.

墨子/天志中

그러므로 묵자 선생은 하늘의 뜻을 가지고, 위로는 천하 왕공대인들의 형벌과 정치를 헤아려보고, 아래로는 천하 만민의 학문과 담론을 헤아려 본다.

故子墨子之有天之意也 上將以度 天下之王公大人爲刑政也. 下將以量 天下之萬民爲文學出言談也.

墨子/非命上 *三表論

묵자: 말할 때 반드시 본받을 표준[판단 기준]을 세워야 한다. 말[말씀]에 표준이 없다는 것은, 비유컨대 마치 [질그릇을 만드는] 돌림대 위에서 해가 뜨고 지는 방향을 표시해 놓음과 같아서 是非 · 利害의 분별을 얻을 수 없고 지혜를 밝힐 수 없다. 그러므로 말씀에는 반드시 세 가지 표준이 있어야 하며, 그것은 本[근원] · 原[원인] · 用[실용]이다. 무엇에 근원을 둘 것인가? 위로 하늘의 뜻을 실행한 옛 聖王의 일에 근원을 두어야 한다. 무엇에 기인할 것인가? 민중들이 귀와 눈으로 보고 들은 실정에 기인하여 추구해야 한다. 무엇을 用이라 하는가? 실제로 형벌과 政事(정사)를 廢하거나 存置(존치)함으로써, 국가 · 백성 · 인민의 이익에 맞는지 그 用[실용]을 살펴야 한다.

子墨子言曰 必立儀. 言ª而毋儀 譬猶運鈞之上 而立朝夕者也. 是非利害之辨 不可得而明知也. 故言必有

---

a   言=直言曰言. 論難曰語(說文).

三表……曰 有本之者 有原之者 有用之者. 於何本之 上本之於古者聖王之事. 於何原之 下原察百姓耳目
之實. 於何用之 廢[a]以爲刑政 觀其中國家百姓人民之利.

墨子/經說上 *군주 계약설
君主는 臣民들의 일반적인 계약이다.
君 臣萌通約也

墨子/尙同下 *國民 主權論
옛날에 하늘[하느님]이 처음으로 민중을 낳았을 때는 아직 통치자가 없었고 人民(인민)이 주권자이었다.
그러나 진실로 백성이 주권자가 되면, 사람마다 자기의 뜻은 옳고 남의 뜻은 그르다 하며, 크게는 전쟁
이 일어나고 작게는 분쟁이 일어나게 되었다. 이에 천하의 人民들은 천하의 뜻을 하나로 모으고자 어
진 사람을 선출하여 천자로 삼았다.
古者天之始生民 未有正長也 百姓爲人[b]. 若苟百姓爲人……此皆是其義 而非人之義 是以厚者有鬪 而薄
者有爭. 是故天下之欲同一天下之義也 是故選擇賢者 立爲天子.

墨者/非命中
소공(召公)께서도 역시 운명론을 다음과 같이 비난했다:
삼가라! 天命(천명)은 없다. 오직 나는 사람을 높이고 말을 지어내지 않는다. 운명은 하늘이 내리는 것
이 아니고 내가 스스로 얻는 것이다. 商나라와 夏나라의 詩書에 이르기를 '운명론은 폭군이 지어낸 것'
이라고 했다.
於召公之非執命亦然曰 敬哉 無天命. 惟予二[c]人而無造言. 不自天降自我得之. 在於商夏之詩書曰 命者暴
王作之.

呂氏春秋/仲春紀/貴生 *억압된 생명은 죽음보다 못하다.
子華 선생(晉人: 本名은 程本)이 말했다:
온전한 생명이 최상이고, 훼손된 생명은 그 다음이고, 죽음은 그 다음이며, 억눌린 생명은 최하이다.
따라서 생명존중은 생명을 온전하게 하는 것을 말하며, 온전한 생명이란 六欲(육욕)이 모두 적합함을
얻은 것이다. 훼손된 생명이란 육욕의 일부분만 적합함을 얻은 것이다. 생명을 훼손하면 생명 존중심
도 희박해져, 생명 훼손이 더욱 심해지고, 생명을 가볍게 보는 풍조가 생긴다. 죽음이란 지각의 수단이
없어져 태어나지 않은 상태로 되돌아가는 것이다. 억압된 생명이란 육욕이 적합함을 얻지 못하고 싫어
하는 것만 얻는 것을 말한다. 굴복과 굴욕이 바로 이것이다. 굴욕은 不義보다 크지 않다. 不義가 생명

---

a   廢(폐)=置.

b   편역자 주: 人=主. 主는 主君·宰·宗의 뜻. 따라서 '百姓爲人'을, 人[人民]을 主[主人]로 삼는 人民·國民 主權論 쪽으로
해석할 수 있다.

c   二=上의 古字.

을 억압하기 때문이다. 그러나 그것만이 생명을 억압하는 不義는 아니다. 그러므로 '억압된 생명은 죽음보다 못하다'고 말하는 것이다.

子華子曰 全生爲上 虧生次之 死次之 迫生爲下. 故所謂尊生者 全生之謂. 所謂全生者 六欲皆得其宜也. 所謂虧生者 六欲分得其宜也. 虧生則於其尊之者薄矣 其虧彌甚者也 其尊彌薄. 所謂死者 無有所以知 復其未生也. 所謂迫生者 六欲莫得其宜也 皆獲其所甚惡者. 服是也 辱是也. 辱莫大於不義 故不義迫生也. 而迫生非獨不義也 故曰 迫生不若死

4) 老子 · 莊子 · 荀子의 自然神論

老子의 『道德經』 34장

大道는 普遍的인 것이라서 左라고도 右라고도 말할 수 있다. 만물은 이것을 의지하여 생겨났지만 말해주지 않는다. 功[공효]을 이루지만 명칭이 있지 않고, 만물을 입혀주고 길러도 주재하지 않는다.[a]

大道汎[b]兮 其可左右 萬物恃之以生 而不辭[c] 功成不名有. 衣養萬物[d] 而不爲主

莊子/大宗師 5

대저 道[Dao]는 스스로 근본이요 스스로 뿌리이며, 천지가 있기 전에 옛날부터 진실로 존재하여, 귀신과 天帝를 신령스럽게 하고, 하늘과 땅을 낳았다.

夫道……自本自根 未有天地. 自古以固存. 神鬼神帝 生天生地.

莊子/大宗師 13

하늘은 사사로이 덮어주지 않고 땅은 사사로이 실어주지 않는다. 天地가 어찌 사사로이 나를 가난하게 하겠는가?

天無私覆 地無私載. 天地豈私貧我哉.

荀子/天論 *天은 자연법. *荀子: B.C. 298-236

하늘은 사람이 추위를 싫어한다고 겨울을 거두어가지 않고, 땅은 사람이 먼 것을 싫어한다고 넓이를 廢하지 않는다. 그러므로 군자는 변함없는 천지자연을 체현할 뿐이다.

天不爲人之惡寒也輟冬. 地不爲人之惡遼遠也輟廣.……君子有常體矣.

---

a　神人格의 否定: 無神論

b　汎=浮也. 廣也. 普也.

c　辭=說也. 告也.

d　衣養萬物=백서본은 萬物歸焉로 표기함.

荀子/天論 *天人分異說

하늘의 운행은 常道(상도)가 있을 뿐, 堯(요) 임금을 존속케 하고 桀(걸) 임금을 멸망케 하지 않는다. 常道에 따라 다스리면 흥하고 常道를 어지럽히면 흉할 뿐이다. 산업에 힘쓰고 소비를 절검하면 하늘도 가난하게 할 수 없고, 순리로 양생하고 때에 알맞게 행동하면 하늘도 병들게 할 수 없고, 道를 따르고 배반하지 않으면 하늘도 재앙을 내릴 수 없다. 그러므로 하늘과 사람의 각각의 분수를 밝히면, 至人[지인: 지극한 인간][a]이라고 한다.

天行有常 不爲堯存 不爲桀亡. 應之以治則吉 應之以亂則凶. 彊本而節用 則天不能貧. 養備而動時 則天不能病. 修[b]道而不貳[c] 則天不能禍.……故明於天人之分 則可謂至人矣.

荀子/天論

기우제를 지내면 비가 오는 것은 무슨 까닭인가? 아무런 까닭이 없다. 기우제를 지내지 않아도 비가 오는 것과 같다. 日蝕·月蝕을 하면 회복되기를 빌고, 가뭄이 들면 기우제를 지내고, 점친 연후에 큰 일을 결정하는 것은, 그것으로 해결된다고 생각해서가 아니라, 그것을 文化로 꾸미는 것뿐이다. 그러므로 군자는 그것들을 문화로 생각하고, 百姓들은 귀신의 신통력이라 생각한다.

雩[d]而雨何也 曰無何也. 猶不雩而雨也. 日月食而救之 天旱而雩 卜筮然後決大事. 非以爲得求也 以文[e]之也. 故君子以爲文 而百姓以爲神.

---

a　편역자 주: 至人=훗날 儒敎에서 天人合一의 人極이라고도 했다.

b　修=循의 誤(잘못).

c　貳=倍也.

d　雩(우)=夏祭樂於赤帝.

e　文=以文飾政事而已.

3. 儒敎(유교)의 神觀과 인문정신

1) 儒敎를 설계한 董仲舒의 하느님[人格神의 부활]

董仲舒[a]『春秋繁露』「郊語」
天은 모든 神들의 위대한 임금이다.
天者 百神之大君也.

春秋繁露/人副天數
하늘은 세월의 이치를 따라 사람의 몸을 만들었다. 그러므로 작은 골절이 366개인 것은 일년 366일의 이치와 부합하고, 큰 골절을 12개로 나뉜 것은 1년 12달의 이치와 부합하고, 속에 五臟이 있는 것은 五行의 이치와 부합하고, 밖에 四肢가 있는 것은 四季節의 이치와 부합한다.
天以從歲之數 成人之身. 故小節三百六十六 副日數也 大節十二分 副月數也 內有五藏副五行數也 外有四肢副四時數也.

春秋繁露/陰陽義
天[하늘] 역시 기쁘고 분노하는 기운이 있고, 슬프고 즐거워하는 마음이 있다. 사람과는 서로 쪼개어 나누어진 것이어서, 서로 유사하여 합쳐진다. 天과 人은 하나이다.
天亦有喜怒之氣 哀樂之心 與人相副 以類合之 天人一也

春秋繁露/爲人者天
생명이 붙어 있다고 사람이 되는 것은 아니다. 사람이 될 수 있게 하는 것은 하느님이다.
사람이 사람인 것은 하느님을 본받았기 때문이다. 이처럼 하느님은 사람의 曾祖父(증조부)이다. 이는 사람이 위로 하늘을 본받아 동류이기 때문이다.
爲生不能爲人 爲人者天也. 人之人本於天. 天亦人之曾祖父也 此人之所以乃上類[b]天也

春秋繁露/深察名號
천명을 받은 군주란 天의 뜻으로 왕권을 주었다는 뜻이다. 그러므로 천자는 마땅히 하늘을 아비처럼 여겨야 하며, 하늘을 孝道로 섬기는 것이 도리이다.
受命之君 天意之所予也. 故號爲天子者 宜視天如父. 事天以孝道也.

---

a　董仲舒(동중서: B.C. 179-104)는, 春秋 公羊學 博士로 漢 武帝에게 '百家罷黜 獨尊儒術'의 賢良 對策을 올리고, 鄒衍(추연: B.C. 305-240)의 陰陽五行·相克相勝說을 五德終始 循環說로 확장하여 儒學을 儒敎로 설계했다.

b　類=天子將出 類乎上帝(禮記/王帝)

春秋繁露/王道通三

옛날 문자를 만든 사람이 세 번 쓰며 3획을 긋고 그 중앙을 연결해 王이라 했다. 세 번 쓴 3획은 天·地·人을 의미하고, 그 중앙을 연결한 것은 그 도리를 하나로 관통시키는 뜻이다.

古之造文者 三畫而連其中 謂之王. 三畫者天地與人也. 而連其中者通其道也.

2) 道學의 '天人 不相預'(천인 불상예)說

董仲舒의 天人感應說['天(自然)과 인간이 감응하므로 인간은 天(天命)에 따라야 한다'는 학설]은, 인간의 자유의지를 낮게 평가하므로 비판이 뒤따랐다. 唐 나라 시대에 들어서자 董仲舒의 天人 感應說에 대한 비판이 강해져,天人 感應說에 맞서며 인간의 자유의지를 강조하는 '天人 不相預·天人 交相勝'說이 등장했다. 天人 不相預說을 주도한 인물은 夢得 劉禹錫(유우석: 唐나라의 저명한 시인)과 河東 柳宗元(유종원)이었다. 劉禹錫은『天論』·『劉夢得文集』 등의 저서에서 '하늘과 사람은 각각 서로 뛰어난 측면이 있다'는 天人 交相勝(天人 相勝)說을 주장했다. 이에 화답한 柳宗元은, 劉禹錫의『天論』에 관한 글이 실려 있는『河東先生集』을 통하여 (天人感應說·天命決定論에 반대하는) 天人 不相預說을 주창했다.

劉夢得文集/권12/天論上 *劉禹錫(772-842)의 天人相勝說

하늘과 사람은 실재로 서로 다르다. 하늘은 형체 중에서 큰 것이요 사람은 동물 중에서 빼어난 것이다. 하늘이 능한 것을 사람은 능하지 못하고, 사람이 능한 것을 하늘 또한 능하지 못하다. 그러므로 나는 하늘과 사람은 서로의 장점을 교환한다고 말한다. 그래서 하늘의 도는 生植(생식)에 있고 그 쓰임은 强弱에 있으며, 사람의 도는 法制(법제)에 있으며 그 쓰임은 是非에 있다할 것이다. 그러므로 하늘의 능함은 만물을 낳는 것이요, 사람의 능함은 만물을 다스리는 데 있다.

天與人實相異. 天有形之大者也. 人動物之尤者也. 天之能 人固不能也. 人之能 天亦有所不能也. 故余曰 天與人交相勝爾. 其說曰 天之道在生植 其用在彊弱. 人之道在法制 其用在是非. ……故曰 天之所能者 生萬物也. 人之所能者 治萬物也.

劉夢得文集/권12/天論中

내 진실로 말하노니 만물이 무궁한 까닭은, 서로의 장점을 서로 교환하고 이용하기 때문이다. 하느님과 인간은 만물 중에서 뛰어난 존재일 뿐이다.

吾固曰 萬物之所以爲無窮者 交相勝而已矣 還相用而已矣. 天與人萬物之尤者耳.

河東先生集/권31/答劉宇錫天論書 *柳宗元(773-819)의 天人不相預說

번성과 재앙은 모두 하늘의 일이고, 法制와 悖亂(패란)은 모두 사람의 일이다. 두 가지로 쓰일 뿐이니, 각자의 사업을 각각 운행할 뿐 서로 미치지 않는다. 그래야만 凶豐(흉풍)과 治亂(치란)이 나옴을 규명할 수 있다.

余則曰 生殖與災荒皆天也. 法制與悖亂 皆人也. 二之[a]而已 各事各行不相預[b]. 而凶豊理亂出焉究之矣.

3) 改革儒教인 性理學의 人文精神

唐代에 들어서자 유교를 물리치고 道教(도교)가 國教로 되었다. 道教는 黃巾賊(황건적)의 두령인 장각·장수의 五斗米教(오두미교)에서 시작되었지만, 儒家들이 老莊을 신선으로 추앙하는 自然神論을 흡수하고 스스로 道學者를 자처했다. 여전히 孔子를 따르는 유가들도 老莊의 영향을 받았으므로, 儒學은 荀子의 天人分異說(천인분이설)에 기울고 있었다. 이러한 상황에서 宋나라가 들어서자 유교를 부흥하려 했던 유가들은 유교의 개혁을 선택할 수 밖에 없었으며 이러한 改革儒學을 性理學이라고 불렀다.

性理學의 '性理'란 인간의 本性이 곧 天理라는 뜻이다. 이는 天理가 내 안에 있다는 뜻이다. 그러므로 性理學은 理性主義이다. 16세기의 몽테뉴, 17세기의 로크(1632-1704), 볼테르(1694-1778), 루소(1712-78) 등 계몽주의 사상가들의 理神論[deism]은, 12세기의 性理學의 영향을 받은 것이다. 그러므로 서양의 '合理主義'도 동양에서 건너간 것으로 볼 수 있다. 〈詳論은, 졸저 『성리학 개론』을 참조하십시오.〉

① 子思 〈B.C. 483-402: 子思는 孔子의 손자로 본명은 孔伋(공급)이다.〉

天[하늘]이 命한 것을 性[성품]이라 하고, 性을 통솔하는 것을 道[Dao]라 하고, 道[도리]를 닦는 것을 教[교화]라 한다.

天命之謂性. 率性之謂道. 修道之謂教. (中庸/1장)

② 程顥(1032–1085)

위로 天[하늘]은 그 운행이 소리도 없고 냄새도 없으며, 그 體[체현]는 易이라 하고, 그 理[이치]는 道(Dao)라 하고, 그 用[작용]은 神이라 하고, 人에게 命[목숨]하면 性이라고 한다.

上天之載無聲無臭. 其體則謂之易 其理則謂之道. 其用則謂之神. 其命於人則謂之性. (二程遺書/권1)

③ 程頤(1033–1107)

性은 곧 理이다. 천하의 理는 그것이 나온 근원에서 보면 善하지 않은 것이 없다. 희로애락이 발현되지 않았으므로 어찌 不善이 있겠는가? 발현되어 절도에 맞으면 不善으로 나아갈 리 없다.

性卽理也. 天下之理 原其所自未有不善. 喜怒哀樂未發 何嘗不善. 發而中節 則無往而不善. (二程全書/伊川語錄)

---

a　之=就也. 用也.

b　預=及也.

하늘에서는 命(명)이 되고, 사물에서는 理(이)가 되고, 사람에게는 性(성)이 되고, 몸에서 주재하면 心이라 하지만 그 實은 모두 하나이다. 心은 본래 善하지만 사려를 發하면 善도 있고 惡도 있다. 이미 發했다면 情이라고 말할 수는 있지만 心이라고 말해서는 안된다.

在天爲命 在物爲理 在人爲性 主於身爲心 其實一也. 心本善. 發於思慮 則有善有不善. 若既發 則可謂之情 不可謂之心. (二程全書/伊川語錄)

④ 朱熹(1130–1200)

朱子語類/권4/性理 1 *天神의 인격성 부정

問: 운명은 일정하지 않으니 아마 그렇게 되도록 부여하는 이가 있는 것 같지는 않습니다.

朱熹(주희): 단지 이는 위대한 근원에서 유출되어 나오는 모습이 그와 같을 뿐, 그것을 부여하는 자가 있는 것은 아닙니다. 천하에 理보다 높은 것이 없기 때문에 그것을 帝라고 이름 지은 것뿐입니다. 다만 書經/湯誥(탕고)에는 "높으신 上帝(상제)께서 민중의 마음에 내리셨다"는 글이 있는데, 여기에서 '降'은 아마 主宰(주재)한다는 뜻으로 보아야 좋을 것 같습니다.

問. 命之不齊 恐不是眞有爲之賦予如此……曰 只是從大原中流出來 模樣似恁地 不是眞有爲之賦予者. 天下莫尊於理 故以帝名之. 惟皇上帝降衷於下民 降便有主宰意.

朱子大全/卷78/濂溪先生書堂記

대저 이른바 太極이란 천지 만물의 理[이치]를 통합하여 하나로 이름 붙인 것이다. 그것은 그릇과 형체가 없으나, 천지 만물의 理[이치]는 있지 않은 곳이 없으므로, "無極(무극)이 곧 太極(태극)"이라고 말한다. 또 그것은 천지만물의 理를 갖추고 있으나 그릇과 형체가 없으므로, "太極(태극)이 곧 無極(무극)"이라고 말한다.

蓋其所謂太極者 合天地萬物之理 而一名耳. 以其無器與形 而天地萬物之理無不在 是故曰 無極而太極. 以其具天地萬物之理 而無器與形 故曰太極本無極也.

朱文公全集/卷70/記程門諸子論學同異 *理神論(deism)

주희: 우주 사이는 하나의 理가 있을 뿐이다. 하늘이 그것을 얻어 하늘이 되고, 땅이 그것을 얻어 땅이 되고, 무릇 우주 안의 생명체는 각각 그것을 얻어 성품이 된다. 그것을 늘려 펴면 三綱(삼강: 君臣·父子·夫婦 관계의 벼리)[a]이 되며, 그것을 벼리로 하면 五常[仁義禮智信]이 된다. 모두가 理의 운동이니 없는 곳이 없다.

宇宙之間 一理而已. 天得之爲天 地得之爲地. 而凡生于天地之間者 又各得之以爲性. 其張之爲三綱 其紀之爲五常. 蓋皆此理之流行 無所適而不在.

---

a   三綱何謂也. 謂君臣父子夫婦也. 故君爲臣綱 父爲子綱 夫爲妻綱: 『白虎通義』「三綱六紀」(『白虎通義』는 A.D. 79년에 白虎觀會議를 班固가 정리한 저작이다.).

北溪字義/下18/太極

陳淳(진순): 太極은 단지 혼돈 상태인 지극한 理이므로 形氣로는 말할 수 없다. 옛 經書(경서)에서 태극을 설명한 것은 『繫辭傳』에서 "易에 태극이 있다"라고 말한 것뿐이다. 易은 단지 陰陽의 변화일 뿐이며, 바로 그 음양이 변화하는 이치가 태극이다. 또 『繫辭傳』에서 '三極의 道'를 말했다. 이것은 天·地·人 三才의 지극한 이치를 말한 것이며, 이로써 三才는 각각 하나의 태극을 갖추고 있다는 것을 알 수 있다.

太極只是渾淪極至之理 非可以形氣言. 古經書說太極 惟見於易繫辭傳 曰易有太極. 易只是陰陽變化. 其所謂陰陽變化之理 則太極也. 又曰三極之道 只是三才極至之理 以見三才之中各具一太極.

朱子語類/권5/性理 2 ＊自然神論

주희: 天은 스스로 그렇게 되는 것[자연]을 말하고, 命은 天이 유행하여 만물에 부여된 것을 말하고, 性은 만물이 그것을 온전하게 받아 태어난 것을 말하고, 理는 사물마다 각각 법칙을 갖는 것을 말한다. 총괄하여 말하면 天은 곧 理이며, 命은 곧 性이며, 性은 곧 理이다.

天則就其自然者言之. 命則就其流行而賦於物者言之. 性則就其全體而萬物所得以爲生者言之. 理則就其事事物物 各有其則者言之. 到得合而言之則 天卽理也 命卽性也 性卽理也.

朱子語類/권17/大學或問

천하의 사물은 각각 반드시 그렇게 된 원인과 그렇지 않을 수 없는 법칙이 있기 마련이다. 이것을 '理'라 말한다.

至於天下之物 則必各有所以然之故 與其所當然之則 所謂理也.

4. 茶山의 개혁사상과 易論

1) 茶山의 改革思想과 天帝論

茶山 丁若鏞(정약용: 1762-1836)의 정치사상은 西歐(서구)에 못지 않은 근대적인 것이었지만, 神論에서는 理神論[deism]的인 性理學을 지양하고 董仲舒(B.C. 179-104)의 儒敎로 돌아가서 人格神(인격신)으로서의 天帝를 복원하기를 희망했다. 茶山의 易論(역론)은, 王弼(A.D. 226-249)의 玄學(현학)的인 周易을 불식하고 孔子의 周易을 복원하고자 했다. 그러나 無神論的인 周易의 自然神觀(자연신관)은 儒敎의 天帝 사상과는 판이하게 다르다. 이에 茶山은 董仲舒의 儒敎를 따라서 인격신 天帝를 인정했으나, 孔子(B.C. 551-479) 儒學의 핵심인 '敬神(경신)·遠神(원신)' 즉 神을 공경하되 멀리해야 한다는 명제에 따라 神政(신정)보다 禮敎(예교)를 중시했다. 그러므로 茶山의 易論은 구원사상이나 기복사상 등의 신비주의와 미신적인 것을 일체 배격한다.[a]

2) 茶山 丁若鏞의 新我舊邦

與猶堂全書[b]/1집/제11卷의 24쪽/湯論 *天子 推戴論
무릇 天子는 무엇을 위해 존재하는가?
하늘에서 비처럼 내려와 세운 것인가? 아니면 땅에서 솟아나 천자가 되었는가?
다섯 隣(린)이 里가 되니 그들이 우두머리로 추대하여 里長이 되고,
다섯 마을이 縣(현)이 되니 그들이 우두머리로 추대하여 縣長이 되고,
모든 縣長들이 다 같이 우두머리로 추대하여 諸侯가 되고,
모든 제후들이 다 같이 추대하여 天子로 삼는다.
皇帝나 王은 본래 里正에서 일어났고, 牧民官은 백성을 위해 존재하는 것이다.
이처럼 천자는 다수 민중이 추대한 자리이므로 민중의 추대를 받지 않으면 될 수 없다.
五隣이 찬동하지 않으면 25家 會議에서 里長을 改選하며,
뭇 諸侯와 方伯이 찬동하지 않으면, 제후 방백 회의에서 의논하여 天子를 改選한다.
夫天子何爲而有也. 將天雨天子 而立之乎. 抑涌出地 爲天子乎. 五鄰爲里 推長於五者 爲里長. 五鄙爲縣 推長於五者 爲縣長. 諸縣長之所共推者 爲諸侯. 諸侯之所共推者 爲天子. 皇王依本起於里正 牧爲民有也. 天子者衆推之 而成者也. 亦衆不推之而不成. 五鄰不協 二十五家議之 改里長. 九侯八伯不協 九侯八伯議之改天子.

---

a　편역자 주: 儒敎는 孔子가 만든 것이 아니라 漢 武王의 命에 따라 董仲舒가 만든 종교이며, 기독교는 예수가 만든 것이 아니라 로마의 황제 콘스탄티누스(A.D. 306-324)의 命에 따라 만들어진 종교임을 유의해야 한다.

b　1937년에 新朝鮮社가 간행한 新朝本.

與猶堂全書/10권의 2쪽/原政 *均民主義

정치란 바로잡는 것이다(政也者正也). 우리 백성은 평등해야 하는데, 누구는 땅의 이익을 겸병하여 부유하게 하고, 누구는 땅의 혜택을 가로막아 가난하게 할 것인가? 그것을 다스려 토지를 구획하고 백성들에게 균등하게 나누어 줌으로써, 그러한 불평등을 바로잡는 것이 이른바 정치이다.

政也者正也. 均吾民也. 何使之 幷地之利 而富厚. 何使之 阻ᵃ地之澤而貧薄 爲之計ᵇ地與民 而均分焉 以正之謂之政.

우리 백성은 평등해야 하는데, 누구는 어리석은데도 높은 자리에 앉아 惡을 퍼뜨리게 하고, 누구는 어진데도 아랫자리로 내쫓겨 그 德을 가리게 할 것인가? 그러므로 붕당을 없애고 공론을 넓혀, 어진이를 등용하고 불초한 자를 물리침으로써, 이러한 불평등을 바로잡는 것이 이른바 정치이다.

均吾民也. 何使之 愚而處高位 以播其惡. 何使之 賢而詘ᶜ於下 以翳ᵈ其德. 爲之祛朋黨恢公道. 進賢退不肖. 以正之 謂之政.

與猶堂全書/1집/11권/田論三 *閭田制(여전제)와 均分

한 사람이 있는데 농지는 10頃(경)이며 아들은 열사람이었다. 큰 자식은 3경을 주고, 둘째와 셋째는 2경씩 주고, 나머지 세 자식에게 1경씩 주고 나면, 남은 네 자식에게는 주지 못한다. 농지 없는 자식들이 울부짖으며 딩굴다 길거리에서 굶어 죽었다면, 이 사람은 사람의 부모로써 잘한 일인가? 하늘이 인민을 낼 때 우선 한 일은 농토를 마련하여, 생령들로 하여금 거기서 먹고 살도록 한 것이다. 이를 위하여 군주와 목민관을 세워 민중의 부모가 되게 하고, 그 산물을 균등하게 분배하여 다 같이 살아가도록 하는 것이다.

有人焉 其田十頃 其子十人. 其一人得三頃 二人得二頃 三人得一頃 其四人不得焉. 嚊號宛轉 莩ᵉ於塗以死 則其人將善 爲人父母者乎. 天生斯民 先爲之置田地 令生而就哺焉. 旣又爲之立君立牧 令爲民父母. 得均制其産 而並活之.

與猶堂全書/1집/제11권의 5쪽/田論三 *耕者有田ᶠ의 閭田制

지금 농사를 짓는 사람이 농지를 갖도록 하고, 농사를 짓지 않는 사람은 농지를 갖지 못하게 하려면, 閭田制(여전제)를 실시해야 한다. 한 마을의 농지는 그 마을 사람으로 하여금 공동으로 경작하게 하며, 농사일은 내 땅 네 땅의 경계 없이 閭長(여장)의 命에 따르도록 한다. 閭民이 매양 하루 일을 하면 여장

---

a 阻(조)=沮.

b 計=畫也.

c 詘(굴)=詰屈也.

d 翳(예)=掩也.

e 莩(“부”)=갈대. (“표”)=餓死者.

f 편역자 주: '耕者有田' 담론은 동학혁명 이후부터 민중의 신앙으로 의식화되었고, 해방 이후 김일성과 이승만 치하에서는 들불 같이 번져 민중의 구호가 되었고 급기야 농지개혁이 단행되었다.

은 장부에 기록해 두었다가, 추수가 끝나면 양곡을 배분한다. 먼저 公家(공가)의 세금을 공제하고, 다음에는 여장의 녹을 공제하고, 그 나머지를 장부에 기록된 노동량에 따라 배분한다. 노력을 많이 한 사람은 그만큼 배당이 많고, 노력을 적게 한 사람은 그만큼 배당량이 적을 것이니, 어찌 힘을 다해 배당을 많이 받으려고 힘써 일하지 않겠는가?

今欲使農者得田 不爲農者不得之 則行閭田之法. 凡一閭之田 令一閭之人咸治. 厥事無此疆爾界 唯閭長之命是聽. 每役一日 閭長注於冊簿. 秋其成 分其粮. 先輸之公家之稅 次輸之閭長之祿. 以其餘配之 於日役之簿. 用力多者得粮高 用力寡者得粮廉. 其有不盡力以賭其高者乎.

與猶堂全書/1집/16권/自撰墓誌銘集中本 *新我舊邦(신아구방)

經世란 무엇인가? 나라를 경영하는 제도와 法度를 세우고 紀綱를 펴서, 나 자신과 묵은 나라를 새롭게 만들고자 하는 것이다.

經世者何也. 營國之制 立經陳紀 思[a]以新我之舊邦也.

經世遺表引

곰곰이 생각해보니 털끝 하나까지 병들지 않은 것이 없다. 지금 개혁하지 않으면, 반드시 나라는 망할 것이다. 어찌 충신열사라면 수수방관할 수 있겠는가?

竊嘗思之 蓋一毛一髮 無非病耳. 及今不改 其必亡國. 豈忠臣志士 所能袖手而傍觀者哉.

3) 茶山의 外在的 인격신－天帝 사상

與猶堂全書/2집/16권/論語古今注/권10/論語對策

내가 듣기로는 만물 가운데 사람보다 신령한 것이 없고, 사람 가운데 성인보다 존귀한 이는 없으며, 성인 간운데 孔子보다 더 훌륭한 분은 없다고 한다. 그런즉 공자의 한마디 말과 한 글자는, 실로 민중을 살리는 모범이 되고, 세상을 扶持(부지)하는 강령이 되기에 足(족)하다.

臣聞 物莫靈於人. 人莫尊於聖. 聖莫盛於孔子. 則孔子之片言隻字. 實足爲生民之模範. 持世之維綱.

與猶堂全書/2집/제36권/春秋考徵

내가 살핀 바로는 고금의 큰 병폐는, 전적으로 天然과 天帝를 구분하지 못하고 오인함으로써, 堯·舜·周公·孔子를 잘못 안 것이 아닌가 한다. 그러므로 지금의 눈으로 옛 경전을 해석하면, 한결 같이 오류를 범하는 것이 바로 이 점이다. 上帝(상제)란 누구인가? 이는 天地 神人의 밖에서 天地 神人과 만물을 조화하고 주재하고 기르는 자이다. 上帝를 天이라 부르는 것은, 王(왕)을 國(국)이라고 말하는 것과 같다. 형체가 있는 푸른 하늘을 가리켜 上帝라고 부를 수는 없다.

---

a 思=(語氣辭)

鏞案 古今大病 全在乎認天爲帝. 而堯舜周孔不如是錯認. 故以今眼釋古經 一往多誤凡以是也. 上帝者何
是. 於天地神人之外 造化天地神人萬物之類 而宰制安養之者也. 謂帝爲天 猶謂王爲國. 非以彼蒼蒼有形
之天 指之爲上帝也.

與猶堂全書/1집/제11권/五學論

옛 학생은 性이 天帝에 뿌리하고 있음을 알았고, 理가 天帝로부터 나온 것임을 알았고, 인륜은 天道를
通暢(통창)하기 위한 것임을 알았고, 孝悌·忠信은 天을 섬기기 위한 근본임을 알았다. 禮樂·刑政은 治
人을 위한 도구이며, 誠意·正心은 天人一體(천인일체)를 위한 樞紐(추뉴)이다. 그 명칭을 仁이라 하고,
그것을 실행하는 방도를 恕(서)라 하고, 그것을 펴는 방도를 敬(경)이라 하고, 그것을 스스로 붙잡는 방
도를 中和의 庸(용)이라 한다. 이것으로 그쳤을 뿐 많은 말이 없었다. 비록 이후에 말이 많았으나 중언
부언일 뿐 다른 뜻이 없었다.

然古之爲學者知 性之本於天. 知理之出乎天. 知人倫之爲達道. 以孝悌忠信 爲事天之本. 以禮樂刑政 爲
治人之具. 以誠意正心 爲天人之樞紐. 其名 曰仁. 其所以行之 曰恕. 其所以施之 曰敬. 其所以自秉 曰中
和之庸. 如斯而已 無多言也. 雖多言是重言復言 無異言也.

與猶堂全書/2집/제4권/中庸講義

대저 鬼神은 理(이)도 아니고 氣(기)도 아니다. 귀신을 理氣論(리기론)으로 말하는 것은 옳지 않다. 나에
게 말하라고 한다면, 천지 귀신이 밝게 비추고 삼림처럼 포열하였으나, 지극히 존귀하고 지극히 큰 것
은 上帝[하느님]이다. 文王은 소심하여 삼가고 공경하여 上帝를 높이 섬겼으며, 『中庸』에서 "삼가 경계
하며 두렵고 송구함[戒愼恐懼: 계신공구]"이라 하였으니, 어찌 하느님을 섬기는 학문[昭事之學: 소사지학]이
아니겠는가?

大抵鬼神非理非氣 鬼神不可以理氣言也. 臣謂 天地鬼神昭布森列 而其至尊至大者 上帝是已. 文王小心
翼翼 昭[a]事上帝. 中庸之戒愼恐懼 豈非昭事之學乎.

4) 茶山의 易論

與猶堂全書/1집/권11/易論一[b]

옛날 蘇洵(소순)은 성인의 道가 없어지지 않은 것은, 禮로써 밝혀주고 『周易』으로 깊고 멀게 했기 때문
이라고 했다. 귀족이 존숭 받은 이유는, 그의 내면에 엿볼 수 없는 부분이 있기 때문이다. 그래서 『周
易』을 지어 세인들에게 신비로움을 느끼게 하자, 마침내 그 道가 존숭되었다. 이것이 성인께서 機權[기
회를 틈탄 모사]으로 천하의 마음을 붙잡는 방법이었다.

---

a　昭=顯也. 照의 省文.

b　편역자 주: 「易論一」은 宋代 蘇洵(소순)의 관점을 비판하면서, 聖人이 이룬 易이 신비로운 것이 아니라고 지적한다.

昔者 蘇洵[a]氏之言曰 聖人之道 所以不廢者 禮爲之明 而易爲之幽也. 人之所以獲尊者 以其中有所不可窺者也. 於是因而作易 以神天下之耳目 而其道遂尊. 此聖人用機權 以持天下之心.

애석하다! 蘇씨는 이 대목에서는 실언이다. 무릇 성인을 성인이라 하는 까닭은, 사물을 대함이 지극히 성실하며 행동하고 말하는 것이 명쾌함으로써 해와 달이 하늘에서 빛나는 것 같기 때문이며, 가는 털 끝처럼 幽遠(유원)하고 은폐함이 없으므로 의심하는 자들에게도 足히 신망을 얻었기 때문이다.

噫 蘇氏 於是乎失言矣. 夫聖人之所以爲聖人者 以其能至誠以待物 使其所爲與所言昭乎. 若日月之耀乎天. 而無纖毫幽翳[b] 有足以望[c]而疑之者也.

「易論一」

그 심오한 이치를 통달하지 못하고 그것을 위해 방황하며 발돋움하여 쳐다보면서도 그 까닭을 알지 못하는 것은, 그 지혜가 미치지 못함이 있었을 뿐 성인의 뜻은 아니다. 그러므로 성인은 그들을 위하여 입술이 타고 혀가 닳도록 그것을 손가락으로 가리켜주고, 훈고와 戒命(계명)의 말로 깨우쳐 하나같이 깨닫기를 바란다.

有不能達其奧 而窮其蘊. 爲之徊徨瞻企 而莫知其所以然者. 是其知之有所不及. 非聖人之志也. 故聖人又爲之 焦其脣敝其舌 指之以其手指 喩之以其誥訓 戒命之辭 冀其一悟也.

「易論一」

그리하여 조금이나마 깨달은 자가 있으면, 성인은 그들을 위해 기뻐하며 얼굴에 희색이 돈다. 그들이 이미 알고 있는 것을 따라서 더 나아가 그들이 아직 알지 못한 것까지 통달하게 하여, 그들로 하여금 내가 알고 있는 것을 다 알게 한 연후에야 그만둔다. 이것이 성인의 뜻이다. 대저 그런 다음에야 성인의 道가 높아지는 것이니, 저들이 성인을 존숭하는 것은, 저들도 간난과 수고로움을 거쳐 그것을 깨달았기 때문이다. 그래서 성인을 미루어 높이지 않을 수 없는 것이지, 성인을 높이는 것이 성인의 뜻은 아니다. 성인은 남들이 자기를 높여주기를 바라지 않고, 그 사람들로 하여금 자기가 아는 것을 깨닫게 한 연후에야 그만두었다.

有能微悟其所指喩者 則聖人又爲之 欣愉說豫 喜動於色. 因其所已知 而進之. 使達於其所未及知 必使之盡知吾所知者 而後息焉. 此聖人之志也. 夫然後 聖人之道尊 尊之者 彼以其艱崎勞苦而知之. 故不得不推而尊之. 尊之非聖人之志也. 聖人非欲人尊己 而使其人 知吾之所知 而後息也.

「易論一」

또한 성인이라면 오르고 내리고 읍하고 사양하는 예절을 만들어, 대중을 공경하도록 민중을 교화하고,

---

a　三蘇=洵(父), 軾(兄), 轍(弟. 唐宋八大家)

b　翳(예)＝日傘. 隱蔽.

c　望＝瞻也. 名望也. 怨也. 責也.

제사를 지내는 예절을 만들어 조상에 보답하도록 民을 교화하고, 장사 예법을 만들어 이로써 죽음을 인애하도록 民을 교화하는 것이다.

有聖人焉 爲之登降揖讓 以敎民敬衆 爲之獻酬醋ᵃ餕ᵇ 以敎民報本 爲之衰痲ᶜ哭泣之紀 以敎民仁死

「易論一」

그런데 그것만으로는 의구심이 생겨 다음과 같이 말하는 자가 있다. 내가 민중을 가르쳐 그렇게 하게 한 것들은, 모두 民들도 쉽게 알 수 있는 것이어서, 저들이 장차 나의 감추어진 뜻을 모두 알아버린다면, 나는 존경 받지 못할 것을 걱정하게 되었다. 이에 지혜와 꾀를 짜내어 민중이 알 수 없는 것을 만들어, 밤낮을 쉬지 않고 황홀하고 깜짝 놀라고 괴기하고 요사스러워, 시작도 끝도 없으며 실체를 환술로 느끼도록 하였다. 그것을 어리석은 민중 앞에 미끼로 던져주어, 그들이 놀라고 두렵고 당황하여 접근하지 못하게 만들고, 천하의 이목을 신비롭게 만들어야 한다. 그래서 몸을 굽히고 땅에 엎드려 빌기를 바라고, 손을 비비고 백배하며 자기를 존숭하기를 바랐다. 성인이라면 진실로 이와 같은 짓을 하겠는가? 이들은 뼈골을 숭상하여 부도(浮屠)를 쌓는 佛家(불가)의 무리들이나, 후세에 들어와서 용열하고 노망하여 河圖(하도)·洛書(낙서)의 그림을 만들어 벽에 붙이고, 명성을 도둑질하는 무리들이나 하는 짓이다. 일찍이 성인의 뜻이 이와 같다고 말한 적이 있었던가?

旣又爲之瞿ᵈ然 內恐于心曰 我之所敎于民 使之然者 皆民之所易測易知者 彼將盡窺 吾之奧與蘊 而吾不尊矣. 於是運智發謀 夜以繼晝 設爲民所不可知之事. 恍惚閃倏ᵉ 瑰怪ᶠ譎詭 無端無倪 變幻其體 投而抵ᵍ之于愚夫愚婦之前 使其駭愕惶汗 逡巡ʰ退蹙 以之神天下之耳目. 冀欲 其屈躬伏地 攢手百拜以尊我 聖人固如是乎. 是唯浮屠釋氏之徒. 及後世 庸鈍老醜 河圖洛書之圖 附之壁 以盜名者爲之耳. 曾謂聖人之志如是乎.

「易論一」

기회를 틈타 모사를 부려 천하의 마음을 잡는 것은 패왕의 책략이요 병가들의 타산이다. 일찍이 복희씨·신농씨·문왕·주공·공자 등 성인들이 이같이 했다고 말하는 이들이 있었던가? 또한 이들 성인들이 애써 만든 주역을 어찌 深遠(심원)하다고 하는가?『說卦傳』(설괘전)을 지어 양·소·말·돼지의 象(상)으로 깨우치고, 十翼傳(십익전)을 지어 그 推移(추이)하고 왕래하는 자취를 들어나게 하고, 그것을 九라

---

a 醋("초")=식초. ("작")=술을 권함.

b 餕(준)=祭餘也.

c 衰痲(최마)=상복.

d 瞿(구)=疑懼也.

e 倏(숙)=忽也.

f 瑰怪(괴괴)=奇異=譎(휼)=詭也.

g 抵(저)=擲也.

h 逡巡(준순)=뒤로 물러남.

하고 六이라 하여 그 변동하고 흘러가는 쓰임을 드러냄이 심원하지 않은가? 『周禮』에 의하면 거북점 치는 관리로는 사건을 점치는 下士 8인 이요, 시초점 치는 관리로는 길흉을 분별하는 中士 2인 뿐으로, 이들이 나라의 의혹을 해결하고 앞장서서 민중들이 쓰기 쉽게 하였는데, 또 무슨 깊고 먼 것이 있단 말인가?

夫設機權以持天下之心 此霸王之略. 而兵家之所爲算也. 曾謂伏羲神農文王周公孔子之聖 而有是乎. 且易何幽之 有爲之說卦 而喻其羊牛馬豕之象. 爲之翼傳 以著其推移往來之跡 爲之曰九而曰六 以顯其變動遷流之用. 占人占其故 下士八人. 簮人辨其吉凶 中士二人. 以決國疑 以前民用易. 亦何幽之有.

與猶堂全書/1집/제11권/易論二[a]

易이란 무엇을 하려고 만들어낸 것인가? 성인이 하늘의 命을 물어보고 그 뜻을 따르기 위한 것이다. 대저 일이 공정하고 바른 善에서 나온 것이고, 반드시 하늘의 도움으로 성공하여 복을 받기에 충분한 경우에는, 성인은 그 문제를 다시 하늘에 묻지 않는다. 또한 일이 공정하고 바른 선에서 나온 것이지만, 시세가 불리하여 반드시 일이 실패하여 하늘의 福(복)을 받을 수 없는 경우에는, 성인은 그 문제를 다시 하늘에 묻지 않는다. 더구나 일이 공정하고 바른 善(선)에서 나온 것이 아니고, 천리를 거스르고 인륜을 해치는 경우라면, 비록 반드시 일이 성공하여 목전의 복을 훔칠 수 있다고 해도, 성인은 그 문제를 다시 하늘에 묻지 않는다. 오직 일이 공정하고 바른 善에서 나온 것이지만, 그 성패와 화복을 미리 알아보고 헤아릴 수 없을 때에만, 그 문제를 하늘에 물어본다.

易何爲而作也 聖人所以請天之命 而順其旨者也. 夫事之出於公正之善 足以必天之助之成 而予之福者 聖人不復請也. 事之出於公正之善 而時與勢有不利 可以必其事之敗 而不能受天之福者 聖人不復請也. 事之不出於公正之善 而逆天理傷人紀者 雖必其事之成 而徼目前之福 聖人不復請也. 唯事之出於公正之善 而其成敗禍福 有不能逆睹而縣度之者 於是乎請之也.

그러나 성인이 간절히 물어본다 해도 하늘이 알아듣도록 간곡하게 일러줄 수 없다. 그런즉 하늘이 비록 이룰 수 있는 방법을 알려주고, 권면하여 행하게 하려해도 말할 수가 없다. 또한 그 일이 실패할 것을 알려주어, 저지시켜 행하지 못하게 하려해도 역시 어쩔 수가 없다. 성인께서 이 점을 안타깝게 여기고 주야로 사려를 다해 우러러 하늘을 보고 구부려 땅을 살피며, 하늘의 신명을 이어받아 天命을 물어볼 방법을 연구하였다. 어느날 아침 기뻐서 책상을 치며 일어나서 "나는 방술을 얻었다!"고 환호했다.

雖然 聖人能切切然請之 天不能諄諄然命之. 則天雖欲告之成 而勸之使行 未由也. 又雖欲告之敗 而沮之使勿行 亦末由也. 聖人是憫 夙夜以思 仰而觀乎天 頫而察乎地 思有以紹天之明 而請其命者 一朝欣然 拍案而起曰 予有術矣.

이에 손으로 땅에 그림을 그려 奇偶(기우) · 剛柔(강유)의 형태를 만들어놓고, 이르기를 이는 天地水火가 변화해서 만물을 낳는 형상이라 말한다.(八卦라 한다) 이어서 八卦(팔괘)를 가지고 진퇴 소장의 형세를

---

a 편역자 주: 정약용이 쓴 「易論二」는, 聖人이 易을 지은 목적이 天命을 따르기 위함에 있다는 점, 八卦(팔괘) · 12辟卦(벽괘) · 50衍卦(연괘)가 만들어지는 과정 · 의미를 설명한다.

만들어놓고, 이르기를 이것은 四時의 형상이라고 말한다.(12辟卦라 한다) 또한 12辟卦를 가지고 昇降(승강)·往來(왕래)하는 상황을 만들어놓고, 이르기를 이것은 만물의 형상이라고 말한다.(五十衍卦라 한다).

於是 以手畫地 爲奇偶剛柔之形曰 此天地水火變化 生物之象也.(此八卦) 因以爲之進退消長之勢曰 此四時之象也.(此十二辟卦) 又取之爲升降往來之狀曰 此萬物之象也.(此五十衍卦)

이에 땅에 그려진 畫(획)이 奇·偶와 剛·柔로 갈라지는 모양을 보고, 그 형세를 취하여 그 모양[象]을 완상하고, 그와 유사한 것을 기억하여 그것과 방불한 것을 찾아 이름을 붙였다. 그리고 이르기를 이것은 말이고 저것은 소이다. 이것은 수레이고 저것은 궁실이다. 이것은 창과 병사이고 저것은 활과 화살이라고 말했다. 급기야 蓍草(시초)로 점을 치는 방식을 만들었으며, 하늘도 그 명칭을 따라 작용하리라 기대했다. 비록 사람이 세워놓은 名稱일뿐 하늘이 만들어낸 실체가 아니지만, 그럼에도 불구하고 하늘이 만약 나의 정성을 살펴 譴告(견고)하려고 하신다면, 역시 거의 인간이 만든 명칭을 따라서 알려주실 것이다. 그래서 드디어 이와 같은 蓍草 운용법을 사용하게 된 것이다. (이를 '說卦'라 한다.)

於是 取其所畫地 爲奇偶剛柔之勢者 玩其象憶其似 若得其髣髴者 而命之名 曰 此馬也 彼牛也 此車也 彼宮室也. 此戈兵也 彼弓矢也. 著之爲法式 冀天之因其名 而用之. 雖人立之名 非天之所以爲實. 然 天苟欲鑒吾誠 而告之故 則亦庶幾因吾之所爲名. 而遂以是用之也(此說卦)

이에 들에 나가 향기로운 풀 몇 줄기를 꺾어, 그 오르고 내리며 오고가는 것과 그 숫자를 부합하게 함으로써 서로 호응하게 하였다. 그리고 공경스럽게 그것을 방안에 간직해두고 점칠 때에 대비하였다. 이것이 50개의 蓍策(시책)이다. 매양 일이 있을 때마다 꺼내어 손에 쥐고, 또 그것을 다스려 네 개씩 덜어내며 헤아리고 이르기를 이는 "四時의 형상"이라고 말했다. 또 이것을 흩어버렸다가 모으고 여러 가지로 섞어 변통한 후 이르기를 이는 "萬物의 형상"이라고 말했다. 그것이 끝나면 그 數를 셈하여 그 형체를 드러내고, 형체가 이루어지면 괘의 몸체를 세웠다. 이는 점을 쳐서 하나의 괘를 얻는 방법이다.

於是 出于野 取芳草若干莖 與其所爲升降往來者 合其數以相應 敬以藏之於室 而待之也(此蓍策五十). 每有事 出而握之 旣又爲之 劈而四之 曰 此四時之象. 又于是 散之聚之 參伍之變通之 曰 此萬物之象也. 旣已 算其數而著其形 形成而體立(此筮得一卦)

이어 다음으로 이른바 말[馬]·소[牛]·수레[車]·궁실(宮室)·창과 무기(戈兵)·활과 화살[弓矢] 등 비슷한 象을 가지고, 그 괘의 오름과 내림 오고감의 자취를 살핀다. 즉 그 형체가 온전한지 이지러졌는지? 혹은 서로 더불어 하는지? 혹은 서로 배척하는지? 그 정황이 펴는가, 줄어드는가? 즐거운가, 근심스러운가? 믿을 만한가, 두려운가? 안전한가, 위태로운가? 를 살펴서 방불한 것을 남김없이 완상한다. (이것이 길흉을 점치는 방법이다.) 완상한 결과 진실로 吉(길)하면 일어나 말하기를 "하늘이 나에게 명했으니 그것을 감행할 것"이라고 한다. 완상한 결과 진실로 불길하다면 전전긍긍 삼가며 그것을 감행하지 않는다. 이것이 주역을 만든 이유이니, 성인께서 하늘의 소명을 물어 그 뜻을 따르고자 함이었다.

於是 取所謂馬牛車宮室戈兵弓矢 髣髴之象 察其所升降往來之跡 而其形之 或全或虧 或相與或相背 其情之 或舒或蹙 或可悅或可憂 可恃可懼 可安可危者 無不以其髣髴者 而玩之(此占其吉凶). 玩之誠吉 於是乎 作而言曰 天其命予而行之矣. 玩之誠不吉 兢兢然 莫之敢行. 此易之所爲作也. 此聖人之所以請天之命 而

順其旨者也.

曰(왈): 그렇다면 거북점도 역시 그러한가? 역시 하늘의 명을 물어 그 뜻을 따르고자 함이었다면, 성인께서 어째서 거북 점서를 六經(육경)으로 삼아 존중하지 않고 없어지게 하였을까?

答: 거북점에서 나타나는 징조는, 직접적으로 그 길흉의 象만을 나타내는 것이어서, 방(方)·공(功)·의(義)·궁(弓)의 징조에 각각 30가지의 정해진 형체가 있고, 비[雨-水], 개임[霽-火], 해충[蟊-木], 수레[圍-金]에 각각 본색이 갖추어져 있으니, 그 점괘가 120가지인데 그 점사는 그것의 10배가 된다. 그래서 그 점괘와 점사를 서로 연관 지어 응용할 수가 없다. 그러하면 서로 그 오르고 내림과 오고감의 상징을 그 가운데 깃들게 하지 못한다. 그러므로 큰 일을 당하여 그것[卜筮: 복서]으로 天命을 물어 神明을 받는 占(점)이 易[周易]보다 장점이 있지만, 만일 안거하여 그 占詞를 완미하고 그 진퇴·존망의 까닭을 살펴서, 스스로 처신할 바를 깨닫는데 있어서는 오직 『周易』이 있을 뿐이다. 그래서 성인께서는 오직 『周易』만을 소중하게 여겼다.

공자님 死後(사후) 2285년(1806년) 丙寅年 봄 洌水 정약용 지음

曰 然則卜亦然. 亦所以請天之命 而順其旨者也. 聖人何不尊之爲六經 使其書亡也. 曰卜之兆也 直以著其吉凶之成象 方功義弓 各有定體 雨霽蟊圍[a] 各具本色 體一百二十 而其繇什之 故不相用. 不相用則 其升降往來之象 不寓於其中也. 故當大事 以之請天之命 而紹天之明 則長於易. 若夫居而玩其辭 因以審其進退存亡之故 而知其所以自處也 則唯易有之. 故聖人唯易.

奠楹之後 二千二百八十五年春 洌水丁鏞 撰(丙寅春)

---

a　圍 → 驛 → 車

5. 茶山의 생애

정약용(丁若鏞: 1762-1836)은, 京畿道 廣州 馬峴(楊州郡 瓦阜面 陵內里)의 中流 兩班출신으로 아버지[丁載遠]는 진주 牧師를 지냈다. 字는 歸農·美庸(미용)·頌甫(송보)이며, 号는 俟菴(사암)·苔叟(태수)·門巖逸人(문암일인)·鐵馬山樵(철마산초)·烈樵(열초)·洌水(열수)·籜皮旅人(탁피여인)·茶山(다산)이다. 堂号는 與猶堂(여유당)이다. 9세에 시집『三眉集』을 낼 정도로 天才少年이었다.

22세에 生員試 합격. 28세에 文科及第한 뒤 29세에 藝文館 검열을 시작으로 宦路에 들어섰다. 30세에 司憲府 지평. 31세에 弘文館 수찬. 경기도 暗行御史.「水原城制」작성. 34세에 司諫院 동부승지. 35세에 承政院 좌승지. 36세에 谷山府使.「應旨論農政疏(응지논농정소)」·『麻科會通(마과회통)』12卷 저술. 37세에『史記纂注(사기찬주)』저술. 39세에 正祖가 승하하자 歸鄕했다. 형제들과 매일 講學을 열고 그것을 정리하여『文獻備考刊誤(문헌비고간오)』를 저술했다. 이때 '與猶堂(여유당)'이라는 당호를 걸었다. 40세에 天主教 彈壓時 投獄되었다.

이처럼 그는 10여년 동안의 짧은 官僚生活을 했으나, 나라를 改革하고 民生을 위해 탁월한 능력을 발휘했다. 그래서 공직자들과 관료학자들이 애써 宣傳한데 힘입어, 그의 이미지는 淸廉한 公務員의 表象으로 굳어지게 되었다. 요즘 茶山의 작품인 水原華城이 세계문화유산으로 지정된 덕분에 훌륭한 建築技術者로 인식하는 경향도 곁들여지게 되었다. 그러나 그의 진면목은 流配된 40세부터 75세로 卒하기까지 35年 동안 學者로서의 업적에 있다고 보아야 공평한 평가일 것이다.

그의 학문은, 여러 학자들이 涉獵(섭렵)하기조차 힘들 정도로 너무나 尨大(방대)하다. 改革君主인 正祖가 죽고 그 이듬해인 1801년[40세]에 辛酉邪獄(신유사옥)이 일어나자 慶尙道 長鬐(장기)로 유배를 당했으며, 거기에서『爾雅述(이아술)』6卷을 저술했다. 유배지가 全羅道 康津으로 옮겨진 뒤인 42세에『檀弓箴誤(단궁잠오)』·『禮箋喪儀匡(예전상의광)』을 저술했으며, 44세 때는『正體傳重辨(정체전중변)』·『僧庵問答(승암문답)』·『己亥邦禮辨(기해방례변)』을 저술했다. 46세에『周易四箋(주역사전)』24卷을 완성했고, 49세에『詩經諸議補(시경제의보)』·『小學珠串(소학주관)』을 저술했다. 50세 때는『我邦彊域考(아방강역고)』10卷을 저술했고, 51세 때는『民堡議(민보의)』·『春秋考證(춘추고증)』12卷을 저술했다. 52세에『論語古今注(논어고금주)』40卷, 53세에『孟子要義(맹자요의)』9卷·『大學公義(대학공의)』3卷·『中庸自箴(중용자잠)』3卷·『大東水經(대동수경)』2卷을 저술했다. 54세에『心經密驗(심경밀험)』·『小學枝言(소학기언)』을 저술했고, 55세에『樂書孤存(악서고존)』12卷을 저술했다. 56세 때는『邦禮草本(방례초본)]49卷(뒤에『經世遺表』로 改題했고, 현재 43卷이 전해지며 6券은 일실되었다), 57세에『牧民心書(목민심서)』48卷을 저술했다. 58세 때 노론 辟派(벽파)가 실각하고 時派(시파)의 金祖淳이 정권을 장악하자[安東 金氏의 세도정치가 시작됨] 18년간의 流配生活을 끝내고 고향으로 돌아왔다. 그 후 고향에서『欽欽新書(흠흠신서)』30卷·『雅言覺非(아언각비)』3卷을 저술했고, 73세 때『梅氏書評(매씨서평)』10卷을 저술했다. 1836년 향년 75세로 마현의 자택에서 卒했다.

韓日合邦 한 달 전인 1910년 7월 18일에 先進學者들의 건의에 따라, 開化運動의 先覺者로 인정받은

茶山에게 正憲大夫 奎章閣 提學을 贈職(증직)하고 '文度'라는 諡號(시호)를 내렸다. 이는 '實學'을 國定 學文으로 공식 인정한 의미를 부여할 수 있지만, 나라가 멸망하는 순간에야 단행했으니, 晩時之歎(만시지탄)을 禁할 길이 없다.

이상 소개한 著書는 일부에 불과하고 그의 「自撰墓誌銘(자찬묘지명)」에 열거한 저서만도 499卷이며 『洌水全書』에 열거된 것은 503권에 이른다. 이는 놀라운 업적이다. 30대부터 著述을 시작했다면 75세에 卒했으므로, 40년간 한 달도 빠짐없이 每月 1卷 이상의 책을 저술한 셈이다.

이처럼 그의 尨大한 著述을 통하여 그의 학문이 넓고 깊음을 알 수 있다. 그야말로 그의 학문은 다방면의 蘊蓄(온축)을 지녀, 어느 한 부분으로 規定할 수 없는 大洋과 같다. 또한 이러한 업적은 그의 삶이 얼마나 성실했는지를 말해주고 있다.

특히 그는 東學 農民革命에 思想的 影響을 끼친 것으로 유명하다. 프랑스 혁명(1789년)의 교과서가 루소의 『사회계약론』(1762년)이라면, 106년 뒤에 일어난 東學革命(1894년)의 교과서는 茶山의 『經世遺表(경세유표)』(1817년)이었다. '遺表'란 臣下가 죽음에 임하여 임금에게 올리는 글이라는 뜻이다.

茶山이 유배지로부터 고향으로 돌아가기 직전에 『邦禮草本』[末年에 『經世遺表』로 改題]를 密室에서 저작하여, 그의 문하생인 李晴과 詩友 草衣 선사에게 주면서 비밀 保管·傳布(전포)할 것을 부탁했다. 그들로부터 南尙敎·南鐘三 부자·洪鳳周 일파에 전해졌다.[茶山 학파이며 개화주의자인 이들은 대원군의 西敎 박해로 처형됨] 또 그들로부터 康津의 尹世煥·尹世顯·金炳泰·姜雲伯 등과 海南의 朱挺浩·金道一 등을 통하여 甲午年에 擧兵한 全綠豆[全琫準: 전봉준]·金介南 일파의 手中에 들어갔다.

甲午 農民戰爭이 끝나자, '丁茶山 秘訣(정다산 비결)'이 全綠豆[전봉준] 일파의 匪賊(비적)을 煽動(선동)했다는 혐의를 받았다. 이에 官軍이 茶山 유배지 부근의 民家와 高聲寺·白蓮寺·大芚寺 등의 사찰을 수색했다(『康津邑誌』名僧 草衣傳). 朝鮮과 日本의 朝廷에서 茶山 思想이 民衆的이고 改革的임을 누구보다 잘 알고 있었기 때문이다. 그의 四書六經의 新註解는 지식인들에게 愛民 사상을 고취하여 意識化하는 修己學(수기학)이었다. 『牧民心書』·『欽欽新書』는 각각 舊制度 아래에서도 民生苦를 해결하고 民衆의 生命을 보호하기 위한 것이었다. 한편 (保民에는 관심 없고 暴壓과 搾取를 일삼는) 官吏들이 民衆意識을 自覺함과 동시에 불평을 鼓吹하게 하는 不穩書籍(불온서적)이었다. 『經世遺表』는, (舊制度를 民生中心으로 개혁한) 새로운 制度와 (理想社會의 構想을 보여주는) 新我舊邦(신아구방)을 標榜한 저작이어서, 革命의 敎本이라고 말할 수 있다. 그래서인지 『邦禮草本』 총 49卷 중에서 6卷이 중간에 유실되었고 현재 43권만이 『經世遺表』로 전해지고 있다.

茶山은 제자들에게 '나의 모습과 才分은 외증조부인 恭齋 尹斗緖(윤두서)를 닮았다고 하는데 實學의 경향도 역시 恭齋의 영향을 받았다'고 말한 바 있다. 恭齋(공제)는, 孤山 尹善道의 曾孫으로 人物畵의 達人이며, (山水家인) 玄齋 沈師貞(심사정)과 (絶壁古松으로 유명한) 謙齋 鄭歚(정선)과 함께 朝鮮의 三齋로 稱頌(칭송)되는 畵家이다. 또한 茶山은 經濟·實用에 관한 많은 圖書를 소장한 博學家(박학가)이기도 했다. 한편 일찍이 茶山은 姊兄(자형)이었던 李承薰 神父의 영향으로 天主敎에 好意를 가졌다. 이처럼 그는 廣博(광박)했지만 어디까지나 磻溪 柳馨遠(유형원) 星湖 李瀷(이익) 선생과 선생을 계승한 實學者로 자리매김되어야 할 것이다.

제1부. 孔子의 經傳

1. 繫辭傳(계사전) (上)

『二程文集(이정문집)』[a]

성인께서 마음 쓰신 심오한 뜻은 오로지 繫辭傳(계사전)에 있고 『詩經』·『書經』은 格言이다. 繫辭(계사)는 본래 주역을 밝히고자 했으니, 만약 卦(괘)의 뜻을 먼저 찾지 않으면 繫辭를 보더라도 알 수 없을 것이다. 繫辭와 같은 글은 후인이 결단코 배워서 알 수 있는 것이 아니다. 조물주가 만물을 낳음에 비유하면, 장차 한 가지의 꽃을 만드는데도 혹자는 가위로 재단하여 만드는 者도 있고, 혹자는 그림을 그려서 만드는 者가 있음과 같다. 언뜻 볼 때 비록 같은 것으로 보이지만, 그러나 결국은 조물주가 만든 한결같이 생기가 돋는 自然産만은 못하다.

(程子曰) 聖人用意深處 全在繫辭 詩書乃格[b]言. 繫辭本欲明易. 若不先求卦義 則看繫辭不得. 如繫辭之文 後人決學不得. 譬之化工生物. 且如生出一枝花 或有剪裁爲之者. 或有繪畫爲之者. 看時 雖自相類. 然終不若化工所生 自有一般生意.

朱熹(주희)의 『周易本義(주역본의)』

『繫辭』는 본래 文王과 周公이 지은 말씀이며 卦와 爻 아래에 붙인 말씀으로 곧 지금의 經文이다. 여기에 인용한 글은 공자가 지은 『繫辭傳』이며, 일체 경전의 범례를 통틀어 논술했기 때문에 經文에 붙일 수 없어 그것만을 상하 두편으로 나누었다고 한다.

繫辭本謂 文王周公所作之辭 繫于卦爻之下者 卽今經文. 此篇乃孔子所述繫辭之傳也. 以其通論一經之大體凡例. 故无經可附 而自分上下云.

茶山 정약용의 『周易四箋(주역사전)』

'繫辭'란 象詞(단사)와 爻詞(효사)이다.[c] 이는 원래 繇詞(주사)이었으므로 卦와 爻의 아래에 매달아놓은

---

a 편역자 주: 『二程文集』은, 北宋 때의 학자인 程顥(정호: 1032-1085)·程頤(정이: 1033-1107) 형제의 글을 모은 文集으로 『二程全書』의 일부이다.

b 格=正也. 標準也.

c 편역자 주: 易의 원천은 占[卜占(복점)·筮占(서점)]이다. 이 占을 말로 풀어야 하므로, '占의 말씀'이라는 뜻으로 "占辭·繇辭[정약용은 '繇詞'로 표기함]"라고 표현했다. 이어 占의 내용을 卦·爻로 상징화하는데 이르자, 卦·爻에 '辭'를 '繫한다[건

것인데, 彖詞는 文王이 붙였고 爻詞는 周公이 붙였다고 한다.[a] 이에 공자께서 이들 두 聖人의 말씀을 취하여 그 연원과 오묘한 뜻을 풀이하였으며, 이를 彖傳(단전)과 象傳(상전)이라 한다. 後人들은 이를 각각 두 편으로 만들어 이른바 十翼(십익)에 편입시켰고 이를 '繫辭傳'이라 호칭했다. 그러나 이는 공자께서 경전의 근본적인 의미를 전반적으로 논술한 것이므로, 『史記』에서는 '易大傳'이라 불렀고 漢儒들도 다분히 이를 따랐다. 그런데도 일반적으로 '繫辭傳'이라는 명칭으로 부르게 된 것은, 아마도 전승되는 과정에 착오가 있었던 듯하다.

繫辭者 彖詞爻詞也. 謂以緐詞 繫于卦爻之下也. 彖詞 文王之所繫也(亦名卦詞 '乾 元亨利貞'之類). 爻詞 周公之所繫也(亦名 象詞 '初九 潛龍勿用'類). 孔子取二聖之詞 而發其淵奧 名之曰彖傳(彖曰 '大哉 乾元'類) 象傳(象曰 '潛龍勿用 陽在下也'類). 各成二編 爲十翼之四(彖傳 象傳 各分上下篇). 此之爲繫辭傳也. 若此編則 通論一經之大體(朱子云). 故史記引此謂之易大傳(漢儒 多稱易大傳). 其稱繫辭傳者 恐亦傳述有誤也.

지금 여기에서 『繫辭傳』을 온전히 주석하지 못한다. 다만 十二辟卦가 추이하는 뜻과 六爻가 변동하는 법과 四大義理인 元亨利貞에 관하여, 간략하지만 그 이치를 疏明한다. 그 중에서 예컨대 "鳴鶴在陰"처럼 오로지 특정 卦에 대한 占辭인 경우는, 앞에서 이미 각각의 卦 아래에서 論釋했다. 또한 점대를 운용하는 점치는 방법에 관련된 문장들은 별도로 『蓍卦傳』을 만들어, 거기에서 드러내므로 더 이상 중첩하여 논술하지 않는다.

今不敢全釋. 只就十二辟推移之義 及六爻變動之法. 凡有關於四大義理者 約略疏理 其中專論一卦之緐者(鳴鶴在陰類) 前已論釋 於各卦之下. 又如揲蓍諸文 別爲表章 玆不疊論.

다·맨다·붙인다]'는 뜻으로, '繫辭[卦·爻에 붙이는 말씀]'가 통용되었다. 예컨대 乾卦䷀ㅤ전체에 붙인 말씀인 "乾 元亨利貞"은 卦辭인데 '彖辭(단사)'라고도 일컬어지며, 文王이 주역의 64괘에 각각 卦辭[또는 彖辭]를 붙였다고 한다. [편역자가 펴내는 『周易大全』에서는, 卦辭인 彖辭를 '繫辭'라고 표기한다.]

이어 乾卦의 여섯 개 爻에 붙이는 말씀을 '爻辭(효사)'라고 하며, 周公이 주역의 384개 爻에 각각 爻辭를 붙였다고 한다. 따라서 周公이 붙인 384개의 爻辭도 卦辭와 동일한 繫辭이다. 예컨대 乾卦 初九 爻의 "潛龍 勿用"이 爻辭이자 繫辭이다.

文王·周公이 지은 『周易』이라는 經에 해당하는 繫辭에 관하여 앞에서 설명했는데, 이 繫辭는 공자의 주역 해설서인 『繫辭傳』의 '繫辭'와 다르다. 前者는 經文으로서의 繫辭이지만, 後者는 傳文으로서의 繫辭로 그 格이 다르다.

aㅤ 편역자 주: 易과 傳을 지은 聖人[文王·周公·孔子]의 '말씀'을 뜻하는 '辭'를 彖·爻·象 뒤에 붙여 '彖辭'·'爻辭'·'象辭'라고 표기하는 것이 일반적인데, 정약용은 '辭' 대신 '詞'를 붙여 '彖詞'·'爻詞'·'象詞'라고 표기한다.

제1장

^{천 존 지 비　건 곤 정 의}
天尊地卑　乾坤定矣

하늘은 높고 땅은 낮으니 易에서는 乾과 坤으로 정했고,

^{비 고 이 진　귀 천 위 의}
卑高以陳　貴賤位矣　*位=卦爻之所處.

세상을 높고 낮게 진설했으니 易에서는 자리가 貴하고 賤하며,

^{동 정 유 상　강 유 단 의}
動靜有常　剛柔斷矣　*剛柔=易中卦爻陰陽之稱也.

만물이 動하고 靜함에 常道(상도)가 있으니 易에서는 陰陽·剛柔로 가르며,

^{방 이 유 취　물 이 군 분}
方以類聚　物以群分　*方=邦國也. 朱熹의 『周易本義』는 "謂事情所向 言事物善惡"으로 풀이한다.

邦國은 同類(동류)로 모이고, 사물은 무리로 나뉘니,

^{길 흉 생 의}
吉凶生矣

易에서 길흉을 낳는다.

^{재 천 성 상　재 지 성 형}
在天成象　在地成形

하늘에는 형상을 이루고 땅에는 형체를 이루니,

^{변 화 현 의}
變化見矣　*變化=易中蓍策卦爻 陰變爲陽 陽化爲陰者也.

易에서는 음양이 변하며 造化를 드러낸다.

『二程文集』 ____

程子(정자) 왈, 하늘은 높고 땅은 낮으니, 높고 낮은 자리가 정해져 乾坤의 뜻이 밝혀졌다. 尊卑(존비)가 이미 판별되니, 貴賤(귀천)의 지위가 나뉘었다. 陽은 움직이고 陰은 고요하여 각각 常道(상도)가 있으니, 剛柔(강유)가 판별되었다. 일에 있는 하나의 이치[理]가 만사를 짓는 이치[理]이다. 물건에는 형체가 있고 일에는 법칙이 있으니, 형체라면 무리가 있고, 일에는 선악이 나뉘고 길흉이 생긴다. 象은 하늘에서 나타나고 형체는 땅에서 이루어지니 변화의 자취가 드러난다.

程氏 曰 天尊地卑 尊卑之位定 而乾坤之義明矣. 尊卑旣判 貴賤之位分矣. 陽動陰靜 各有其常 則剛柔判矣. 事有理一 作萬事理也. 物有形也 事則有類 形則有群 善惡分而吉凶生矣. 象見於天 形成於地 變化之跡見矣.

음양이 교접하여 서로 비비고 삐걱거리고, 八方(팔방)의 기운이 서로 밀고 씻어내고, 우레와 번개로 고동치고, 바람과 비로 적셔주고, 해와 달이 운행하여 더위와 추위가 서로 밀어내며 조화의 공덕을 이룬다. 乾을 얻으면 남자가 되고, 坤을 얻으면 여자가 된다. 乾은 만물의 시작을 담당하고, 坤은 만물의 이

룸을 담당한다. 乾坤의 道는 쉽고 간단할 뿐이다. 乾의 만물을 시작하는 道는 쉽고, 坤의 만물을 이루는 능력은 간단하다.

陰陽之交 相摩軋 八方之氣 相推盪. 雷霆以動之 風雨以潤之 日月運行 寒暑相推 而成造化之功. 得乾者成男 得坤者成女. 乾當始物 坤當成物. 乾坤之道 易簡而已 乾始物之道易 坤成物之能簡.

평이하므로 사람들이 알기 쉽고, 간략하므로 사람들이 따르기 쉽다. 알기 쉬우면 친애하고 화합하고, 받들고 순종한다. 따르기 쉬우면 취하고 본받아 공덕을 이룬다. 친애하고 화합하면 항구해지고, 일을 이루면 광대해진다. 성현의 德業(덕업)이 항구하고 광대한 것도 쉽고 간단한 道를 얻은 때문이다. 천하의 이치는 쉽고 간단한 것일 뿐이다. 이치가 있은 연후에 象이 있고 安民立政의 자리도 그 속에 있다.

平易故人易知. 簡直故人易從. 易知則可親就而奉順. 易從則可取法而成功. 親合則可以常久. 成事則可以廣大. 聖賢德業久大 得易簡之道也. 天下之理 易簡而已. 有理而後有象 成位在乎中也.

朱熹의 『周易本義』

天地란 陰陽 形氣의 실체이며, 乾坤이란 주역에서 순전한 陰·陽인 괘의 명칭이요, 尊卑란 천지만물의 높고 낮은 자리이며, 貴賤은 주역에서 괘효의 높고 낮은 자리이며, 움직임[動]은 陽의 常道요 고요함[靜]은 陰의 常道이다. 剛[강건]과 柔[유약]는 주역에서 卦爻의 음양을 지칭한다. 方[방소]은 일과 마음이 향하는 곳을 이르는 것으로 사물의 선악이 각각 부류끼리 나뉘는 것을 말한다. 그리고 吉凶은 주역에서 卦爻의 占을 결단하는 말씀이다. 象[이미지]은 일월성신 같은 부류이고 形[형상]은 산천·초목·짐승 같은 족속이다. 變化란 주역에서 蓍策(시책)한 卦爻가 陰▪▪효는 변하여 陽━효가 되고 陽━효는 변하여 陰▪▪효가 되는 것이다. 이 말은 성인께서 주역을 만들 때 陰陽의 실체를 따라 卦爻의 법과 象으로 삼았다는 뜻이다. 莊周[莊子]가 이른바 '易에서는 道를 陰陽이라 한다(易以道陰陽)'고 말한 것은 이를 이른다.

天地者 陰陽形氣之實體. 乾坤者 易中純陰純陽之卦名也. 卑高者 天地萬物上下之位. 貴賤者 易中卦爻上下之位也. 動者陽之常 靜者陰之常. 剛柔者 易中卦爻陰陽之稱也. 方謂事情所向 言事物善惡 各以類分. 而吉凶者 易中卦爻占決之辭也, 象者日月星辰之屬. 形者山川動植之屬. 變化者 易中蓍策卦爻 陰變爲陽 陽化爲陰者也. 此言聖人作易 因陰陽之實體 爲卦爻之法象. 莊周所謂 易以道陰陽 此之謂也.

茶山의 『周易四箋』

黃帝와 堯舜이 衣裳(의상)을 늘어뜨리고 천하를 다스릴 수 있었던 까닭은 다른 데 있는 것이 아니라 각자 자기 자리를 밝게 했을 따름이다. 군주는 군주답고 신하는 신하다우며, 아비는 아비답고 자식은 자식다우며, 지아비는 지아비답고 지어미는 지어미다우니, 천하가 평안했던 것이며, 이는 다름이 아니라 각각 자기 자리를 바르게 했을 뿐이다.

黃帝堯舜 垂衣裳而天下治 無他明其位而已. 君君臣臣 父父子子 夫夫婦婦 而天下平 無他 正其位而已.

수풀이 우거져 무성한 것은 오르고 내리며 가고 오기 때문이니, 사람의 진퇴와 출입도 屈伸(굴신)과 榮辱(영욕)이 따르기 마련인데, 그것은 貴賤의 자리가 있기 때문이다. 공자께서 彖傳(단전)과 象傳(상전)을 지음에 吉凶·悔吝을 말한 것은 모두 그 자리를 보았기 때문이다. "자리가 부당하다"·"자리가 정당하다"·"맡은 자리가 의심스럽다"·"나아가 자리를 얻었다"는 말이 이러한 부류이다. 대개 비천한 것이 존귀한 것을 침범하면 안되며, 위에서 아래를 핍박해도 안되며, 陰이 陽을 간섭해서도 안되며, 남자가 부녀자를 따라도 안된다. 그러므로 大傳의 시작부터 자리를 먼저 말한 것이다.

芸芸葱葱 以升以降 以往以來 進退出入 屈伸榮辱 無他 由其有貴賤之位也. 孔子之爲彖傳象傳 其吉凶悔吝 皆以位觀 曰位不當 位正當 當位疑 往得位之類. 蓋以卑不可以侵尊 上不可以偪下. 陰不可以干陽 男不可以從婦也. 故大傳之首 先言位.

"方以類聚[괘의 덕성은 끼리끼리 모인다]"의 '方'은 괘의 方所(방소)에 따른 德性이다. 그러므로 동방괘·남방괘·서방괘·북방괘는 그 방소에 따라 덕성이 다르다. "物以群分[괘의 物象은 무리로 나뉜다]"의 '物'은 괘의 구체적인 象이다. 그러므로 "人物은 태어날 때는 반드시 몽매하니, 어리면 북돋우어 기르지 않을 수 없으며, 사물[물자]이 축적되면 예의가 있어야 하며(物畜然後有禮: 履卦『序卦傳』), 사물은 끝까지 막힐 수는 없는 것"이라고 말했다. 이처럼 卦는 반드시 사물로써 象을 드러낼 수밖에 없다.

方者卦之德也(方以知). 故東方之卦 南方之卦 西方之卦 正北方之卦(說卦文) 必以方而異德也. 物者卦之象也(卽所云 雜物撰德). 故物生必蒙 物稺不可不養. 物畜而有禮 物不可以終否(序卦文). 必以物而著象也.

"方以類聚"의 '類聚'는 坤☷괘가 변한 復☷·臨☷·泰☷·大壯☷·夬☰괘, 그리고 乾☰괘가 변한 姤☴·遯☶·否☶·觀☶·剝☶괘, 그리고 坎☵괘가 변한 小過☶괘, 離☲괘가 변한 中孚☴괘 등 12辟卦를 설명한 것이다. 즉 陰--이 다한 坤☷괘에 陽—이 돌아와 점점 자라나는 卦들과, 陽—이 다한 乾☰괘에서 陰--이 돌아와 점점 자라나는 괘들은, 陽—들끼리 모여 陰--이 끼어 갈라놓지 못하게 하거나, 陰--들끼리 모여 陽—이 끼어 갈라놓지 못하게 한다. 이처럼 陰陽이 서로 밀어내는 형국이니 이런 것을 일러 "類聚(유취)"라고 말한다.(中孚괘와 小過괘는 같은 것끼리 중앙에 모여 있는 괘이다.)

類聚者 復臨泰大壯夬(坤所變) 姤遯否觀剝(乾所變) 中孚小過(坎離之所變)等 十二卦之謂也. 陽與陽聚 不以陰而間之. 陰與陰聚 不以陽而間之(如夬五陽 不以陰介之)(如觀四陰 不以陽介之) 此之謂類聚也(中孚小過 爲中聚之卦).

"物以群分[物象은 무리가 나누어지며 생긴다]"의 '群分[무리가 나뉨]'은 12辟卦에서 그 종류별로 모인 것이 나뉘어 50괘로 파생되어가는 것을 말한 것이다. 즉 推移法에서처럼 하나가 상승하면 하나는 하강하며, 하나가 가면 하나가 와서, 陰--과 陽—이 서로 섞이고, 剛과 柔가 서로 구제하니 이것을 일러 '群分'이라 한다. 그처럼 나누고 모이기 때문에 길흉의 情理가 생긴다.

群分者 十二卦分其所聚 衍之爲五十卦之謂也(除乾坤及十二卦 則餘卦爲五十). 一升則一降 一往則一來. 陰與陽而相錯 剛與柔而相齊. 此之謂群分也(詳見推移表). 以其分聚之故 而吉凶之情生焉.

하늘·땅·물·불의 재질이 정미한 것은 위로 올라가는 존재이고, 그 재질이 조잡한 것은 아래로 내려오는 존재이다. 정미한 것은 形象을 이루는데 급기야 그것이 변화하면 우레와 바람이 생긴다. 조잡한 것은 形體를 이루는데 급기야 그것이 변화하면 산과 연못을 이룬다. 이처럼 일월성신의 형상에서 草木禽獸(초목금수)의 형체에 이르기까지 무릇 천지 사이에 존재하는 모든 것은 변화하고 쟁탈하지 않는 것이 없다. 이것이 바로 易(역)이 변화를 위주로 하는 까닭이다.

天地水火 其質精者在上 其質粗者在下. 精者成象 而及其變化 則雷風以生(合二者而生二物). 粗者成形 而及其變化 則山澤以成(水削土爲山 土壅水爲澤). 以至日月星辰之象 草木禽獸之形. 凡在天地之間者 莫不變敓. 此易之所以主乎變者也.

朱熹의 『周易本義』 ____

이는 周易괘의 변화를 말한다. 64괘의 처음에는 강(剛)과 유(柔) 두 개의 획이 있었을 뿐이었다. 2개가 서로 어루만져 4개가 되었고, 4개가 서로 어루만져 8개가 되었고, 8개가 서로 섞여 64개가 되었다.

此言易卦之變化也. 六十四卦之初 剛柔兩畫而已. 兩相摩而爲四 四相摩而爲八 八相盪而爲六十四.

이처럼 우레와 번개, 바람과 비, 해와 달, 더위와 추위는 음양의 변화로 '象'을 이룬다.

此變化之成象者

茶山의 『周易四箋』 ____

"摩(마)"는 뒤섞여 연마함이고, "盪(탕)"은 추이하여 변동함이다. 이 때문에 나뉘고 모인다. 그러므로 하나의 卦 안에서 剛陽(강양)과 柔陰(유음)이 서로 갈마들며 섞이고(뒤섞임의 극치는 旣濟☲☵·未濟☵☲이다), 6位 가운데서 八卦가 서로 推移(추이)하고 爻變(효변)한다. 즉 震☳雷와 离☲火는 우레와 천둥으로 고동치고, 巽☴風과 坎☵水는 바람과 비로 적셔준다[아래의 圖解를 보시오]. 그런즉 천지만물의 생성을 고무하는 것이 모두 易의 形象 속에 갖추어져 있다.

摩者錯也研也(與磨同). 盪者推也動也. 以其分聚之 故一卦之內 而剛柔相錯(如旣未濟 是相錯之極) 六位之中 而八卦相推(如屯一卦之內 震坎坤艮相盪. 爻變則又有离兌巽). 震离鼓之以雷霆(离爲電). 巽坎潤之以風雨(坎爲雨) 則天地鼓物之妙[a] 具在易象矣.

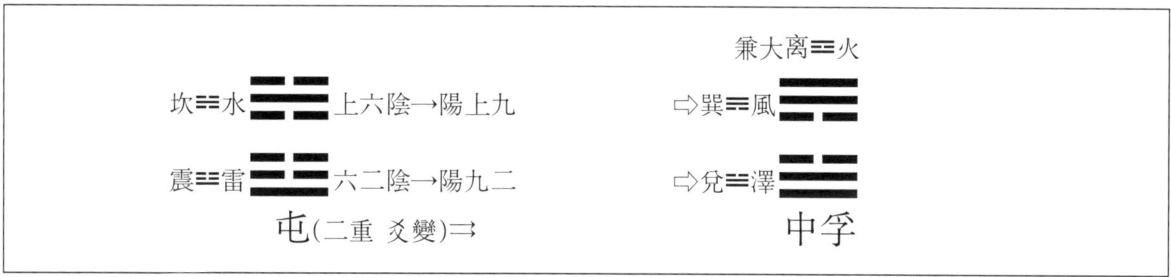

"日月運行 一寒一暑"에서 '日月'은 대표적인 陰陽이다. 아래 도표에서 보여주듯이 坤☷의 陰氣로 한 번 추워지면 復☷괘에서 陽━이 돌아와 2陽의 臨☷ → 3陽의 泰☷ → 4陽의 大壯☷ → 5陽의 夬☷괘를 거쳐 純陽의 乾☰괘가 되면서 다시 봄여름의 節序를 이룬다. 乾☰의 陽氣로 한 번 더워지면 姤☴괘에서 陰┅이 돌아와 2陰의 遯☶ → 3陰의 否☷ → 4陰의 觀☷ → 5陰의 剝☶괘를 거쳐 純陰의 坤☷괘가 되면서 다시 가을과 겨울의 냉기가 운행한다. 이를 "一寒一暑"라 말한다.

日月者陰陽也. 坤陰一寒 則自復 而臨 而泰 而大壯 而夬 而爲乾 而春夏之序以成(周以子月爲春正). 乾陽一暑 則自姤 而遯 而否 而觀 而剝 而爲坤 而秋冬之氣以行. 此之謂一寒一暑也.

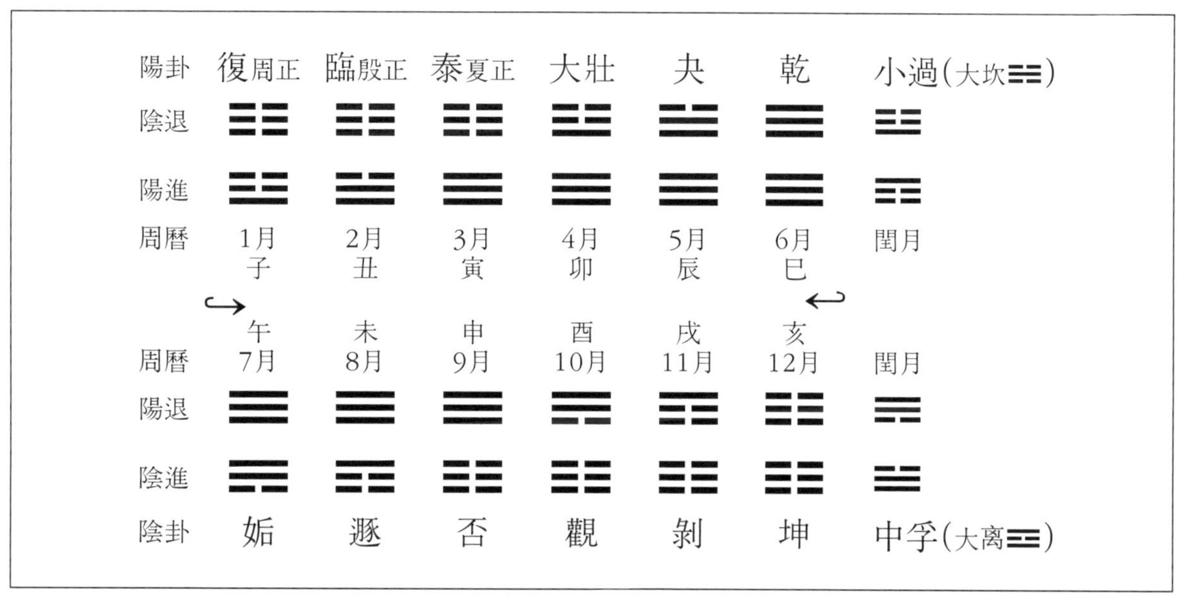

---

[a] 妙=(眇와 통용됨) 成萬物[생성].

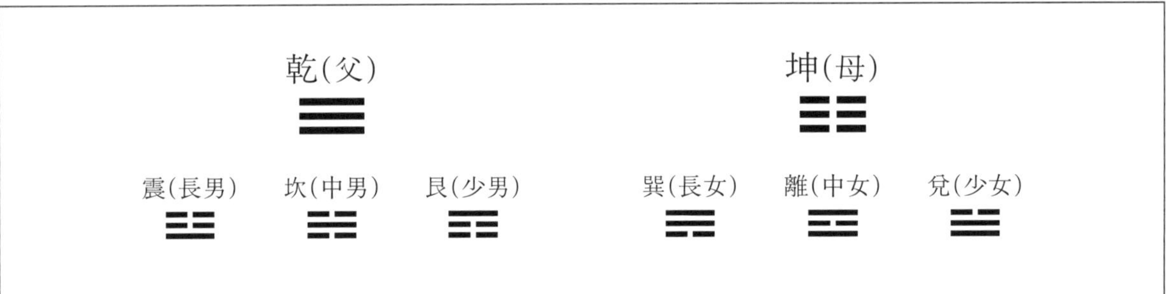

朱熹의 『周易本義』

이는 변화가 형상을 이룬 것이다. 이 두 구절은 또한 易이 實體를 드러냄을 밝힌 것이다. 위 글과 더불어 서로 열어 밝힌 것이다.

此變化之成形者. 此兩節又明易之見於實體者 與上文相發明也.

茶山의 『周易四箋』

道는 하나뿐이다. 그러므로 乾의 한 획을 얻으면 남성의 괘를 얻고, 坤의 한 획을 얻으면 여성의 괘를 얻는다. 그래서 陽괘에는 陰▪▪효가 많고 陰괘에는 陽━효가 많다. 筮法(서법)에서도 역시 그렇다. 세 번 揲蓍(설시)하여 한 번 陽數를 얻으면 陽━爻로 간주하고, 세 번 揲蓍(설시)하여 한 번 陰數를 얻으면 陰▪▪爻로 간주한다.

道一而已. 故得乾之一畫者 爲男卦. 得坤之一畫者 爲女卦(卽所謂陽卦多陰 陰卦多陽). 至於蓍卦亦然. 三揲而得一陽者 爲陽畫. 三揲而得一陰者 爲陰畫.

"知"는 '主'와 같다. 乾은 사물의 시작을 주관하고, 坤은 그것을 짓고 이룬다. 위 글의 남녀의 일을 이어서 乾坤의 이치를 말한 것이다. 대개 무릇 사물이란 모두 陰陽에 속한 것이니 이와 같지 않은 것이 없다. 대저 陽은 먼저이고 陰은 뒤이며, 陽은 베풀고 陰은 받는다. 陽은 가볍고 맑아 형체가 없고, 陰은 무겁고 탁해 자취가 있다.

知猶主也. 乾主始物 而坤作成之. 承上文男女 而言乾坤之理. 蓋凡物之屬乎陰陽者 莫不如此. 大抵陽先陰後 陽施陰受. 陽之輕淸未形 而陰之重濁有跡也.

乾은 건실하기에 生動하니, 그 주관함에 따라 사물을 비롯되게 할 수 있고 어려움이 없다. 그러므로 쉬운 것을 써서 크게 비롯됨을 주관한다. 坤은 순하고 虛靜하여 무릇 그의 능함은 모두 陽을 쫓아서 이루고 스스로 짓지 않는다. 그러므로 간편함으로써 능히 사물을 이룰 수 있다.

乾 健而動 卽其所知 便能始物 而无所難. 故爲以易而知大始. 坤 順而靜 凡其所能 皆從乎陽 而不自作. 故又爲以簡而能成物.

"太始"란 八卦에서는 震☳이다. 그러므로 『說卦傳(설괘전)』의 글에서 '上帝가 震方에서 나온다'·'만물이 震方에서 나온다'고 말한 것이다. "成物"은 八卦에서 艮☶이다. 그러므로 설괘전에서 '艮에서 말씀을 이룬다' 또는 '만물은 艮에서 끝맺는다'고 말한 것이다. "易[平易함]"는 震☳의 덕성이다. 震☳은 일을 수행함이 건실하다. 그 덕성은 어려움과 막힘이 없다. "簡[간편]"은 艮☶의 덕성이다. 艮☶은 멈추어 이룬다. 이런 그의 덕성은 번잡하지 않다.

太始者震也. 故曰 帝出乎震. 又曰 萬物出乎震(說卦文). 成物者艮也. 故曰 成言乎艮. 又曰 萬物終乎艮(說卦文). 易者震之德也. 震行而健(見說卦). 是其德無所艱滯也(易者艱之反). 簡者艮之德也. 艮止而成(見說卦). 是其德無所煩雜也(簡者煩之反).

倫序(륜서)에 따르더라도 먼저 부모가 있는 연후에 자녀가 생긴다. 陰陽의 왕복에 따르더라도 이미 八卦 속에는 역시 四時(사시)와 再閏(재윤)의 象이 존재한다. 아래의 도표를 보면 震☳에서 1개의 陽━이 돌아와서, 이것이 나아가 2陽의 兌☱가 되고, 또 나아가서 3陽의 乾☰이 되며, 巽☴에서 1개의 陰╍을 만나서, 그것이 나아가 2陰의 艮☶이 되고, 또 나아가서 3陰의 坤☷이 된다. 여기에서 이 6개의 괘마다 2개월을 배당하면 1년 12달의 상이 된다. 그리고 坎☵괘는 달[月]이 되고 离☲괘는 해[日]가 되니, 달이 초하루에 지면 해의 기운이 차는 이치에 따라 가히 윤달로 삼으면, 곧 八卦에는 1년 12달과 다시 再閏이 象이 있게 된다.

以倫序也 則有父母然後 子女生焉(卽上章所云). 以陰陽之往復也 則八卦之中 亦有四時再閏之象焉. 震一陽始生(如復卦). 進而爲兌(如夬卦). 又進而爲乾(如重卦之乾). 巽一陰始生(如姤卦). 進而爲艮(如剝卦). 又進而爲坤(如重卦之坤). 每以一卦 當二月(震卦當子丑二月). 則有十二月之配矣. 坎离者 月日也(說卦文). 月之朔虛 日之氣盈 可以爲閏. 則又有再閏之象矣(如小過中孚).

그런데 陰陽의 왕복운동은 오직 陽의 운행을 중심으로 관찰한다. 그래서 復☷☷괘와 剝☷☷괘가 天體 운동의 고동이라 생각한 것이다. 그러므로 震☷에 陽━ 하나가 처음 발생하면 乾☰의 道가 이미 돌아온 것이며, 艮☶에서 陽━ 하나가 끝맺음을 이루면 坤☷의 道가 이미 일어난 것이다.

그러므로 "乾☰은 태초의 비롯됨을 주관하고 坤☷은 만물을 짓는다"는 말에 이어서 "乾☰은 평이함으로 그것을 주관하고 坤☷은 간편하기에 잘 이룬다"고 말한 것이다. 이것은 伏羲(복희)와 文王(문왕) 이래로 심오한 이치인데 공자가 『계사전』에서 그것을 분명하게 드러내 보여주었다.

然 陰陽往復之運 唯陽道是視(十二辟之察消長亦然). 此復剝之所以爲天機也. 故震一陽之始生 而乾道已反矣. 艮一陽之成終 而坤道已作矣. 故繼而言之曰 乾以易知(以震知) 坤以簡能(以艮能). 此又羲文以來大義理. 而孔子發之也.

易則易知 簡則易從

쉬우면 주관하기 쉽고, 간단하면 따르기 쉽다.

易知則有親 易從則有功

주관함이 평이하면 친숙함이 있고, 따름이 평이하면 공적이 있다.

有親則可久 有功則可大

친숙함이 있으면 長久(장구)할 수 있고, 功이 있으면 長大(장대)할 수 있다.

可久則賢人之德 可大則賢人之業

長久할 수 있음은 현인의 功德이요, 長大한 것은 현인의 功業이다.

朱熹의 『周易本義』

사람의 하는 일이 乾☰처럼 쉽다면 그 마음이 분명해서 사람들이 알기 쉽고, 坤☷처럼 간단하면 그 일이 요구하는 것이 간략해서 사람이 따르기 쉽다. 알기 쉬우면 그와 더불어 마음을 함께하는 사람이 많으므로 친구가 있고, 따르기 쉬우면 그에게 협력자가 많으므로 공덕이 있다. 친구가 있으면 안을 통일하므로 長久(장구)할 수 있고, 공덕이 있으면 밖을 아우르므로 長大(장대)할 수 있다. "德"은 자기에게 얻는 것을 이름이요, "業"은 일을 이룸을 이른다. 위에서는 乾☰과 坤☷의 덕성이 같지 않음을 말한 것이고, 여기에서는 사람이 乾坤의 도리를 본받아야 함을 말한다. 여기에 이르면 可(가)히 현자라 할 것이다.

人之所爲 如乾之易則 其心明白 而人易知. 如坤之簡則 其事要約 而人易從. 易知則 與之同心者多. 故有親易從則 與之協力者衆 故有功. 有親則一於內 故可久. 有功則兼於外 故可大. 德謂得於己者 業 謂成於事者. 上言乾坤之德不同. 此言人法乾坤之道 至此則可以爲賢矣.

_{이 간   이 천 하 지 리 득 의}
易簡 而天下之理得矣
쉽고 간편하므로 천하의 이치를 얻을 수 있으며,

_{천 하 지 리 득   이 성 위 호 기 중 의}
天下之理得 而成位乎其中矣
천하의 이치를 얻으면 지위도 그 가운데서 이룬다.

朱熹의 『周易本義』 ____

"成位(지위를 이룬다)"라 함은 사람의 자리를 이룬다는 것을 말한다. "其中(그 가운데)"이라 함은 하늘과 땅의 가운데라는 뜻이다. 여기까지 이르면 道의 지극한 공덕을 체득하는 것이 성인의 능한 일이니 가히 천지에 참여하는 것이다(天地參與). 『繫辭傳』의 제1장은 조화의 실체로써 經을 지은 이치를 밝히고, 또한 乾坤의 이치가 天地에 나뉘어 나타나고, 사람은 그것을 아울러 체현했음을 말한 것이다.

成位謂成人之位. 其中謂天地之中. 至此則體道之極功 聖人之能事 可以與天地參矣. 此章 以造化之實 明作經之理. 又言乾坤之理 分見於天地 而人兼體之也.

제2장

^{성 인 설 괘　관 상}
聖人設卦　觀象

성인이 八卦를 진설하고 그 象을 관찰하여,

^{계 사 언　이 명 길 흉}
繫辭焉　而明吉凶

말씀을 붙여 길흉을 밝히셨다.

『二程文集』

제2장은 "聖人設卦觀象"부터 "吉无不利"까지로 끝난다.

聖人設卦觀象 止 吉无不利.

성인께서 괘를 만들고 나서 괘의 象을 관찰하고 거기에 말씀을 붙여 길흉의 이치를 밝히고, 剛과 柔가 서로 밀어냄을 보시고 변화의 道를 아셨다. 길흉이 생김은 잃고 얻음에 연유된 것이고. 후회하고 한탄함은 근심하고 헤아려보기 때문이며, 나아가고 물러나며 쇠하고 성함은 변화를 이루기 때문이다. 강건한 것[陽]과 유약한 것[陰]이 서로 바뀌어 낮과 밤을 이루니, 낮과 밤을 관찰하면 剛柔의 道(도)를 알 수 있다.

三極은 上中下이고, 極은 가운데이니 모두 그 때에 알맞은 것이다. 三才는 사물로 말한 것이고 三極은 자리로 말한 것이다. 6효의 움직임은 자리로 뜻을 삼으니 곧 그것이 질서이다. 그 질서를 얻으면 편안하다. 말은 뜻을 밝히는 수단이므로 그 말의 뜻을 완미하면 앎이 가히 즐겁다. 象을 관찰하고 말을 완미하여 능히 그 뜻을 통하고, 변화를 관찰하고 점을 완미하면 능히 그 때를 순응할 것이니 움직임이 하늘에 어긋나지 않을 것이다.

聖人旣設卦 觀卦之象 而繫之以辭 明其吉凶之理. 以剛柔相推 而知變化之道. 吉凶之生 由失得也. 悔吝者可憂虞也. 進退消長所以成變化也. 剛柔相易 而成晝夜. 觀晝夜則 知剛柔之道矣. 三極上中下也 極中也. 皆其時中也. 三才以物言也 三極以位言也. 六爻之動 以位爲義 乃其序也. 得其序則安矣. 辭所以明義 玩其辭義則 知其可樂也. 觀象玩辭 而能通其意 觀變玩占 而能順其時 動不違於天矣.

朱熹의 『周易本義』

象은 물건에 유사한 것이다. 이 말은 성인이 易을 지을 때 卦·爻의 象을 관찰하여 말씀을 붙여놓았다는 뜻이다.

象者物之似也. 此言 聖人作易 觀卦爻之象 而繫以辭也.

여기에서 聖人이란 文王과 周公을 말한다. "設"은 陳設한다는 뜻이다. 伏羲氏(복희씨)때부터 있었던 괘를 진열해놓고 그 물상이 승강(昇降)·왕래(往來)하는 모양을 음미하여 繇詞[점사]를 붙여놓았던 것이다.

聖人謂文王周公也. 設陳也. 陳列舊存之卦(卦自庖羲時有之). 而默觀其物象之升降往來. 乃繫之以繇詞也.

剛柔相推 而生變化 *推=代也. 移也. 順遷也.
강건한 陽과 유약한 陰이 서로 교차하며 변화를 낳는다.

卦와 爻의 陰陽이 갈마들며 서로 밀어내고 섞이며 陰--이 혹은 陽—으로 변하고, 陽—이 혹은 陰--으로 바뀜을 말한다. 성인께서 象을 관찰하여 卦에 말을 붙여두었기에[繫辭] 뭇사람이 蓍策(시책)에 의탁하여 卦를 찾는 이유이다.

言卦爻陰陽 迭相推盪 而陰或變陽 陽或化陰. 聖人所以觀象而繫辭. 衆人所以因蓍 而求卦者也.

여기에서 "推(추)"는 移[떠남]·排[배척]·遷[옮김]의 뜻이다. 12辟卦가 혹은 剛陽—을 밀어올리고 혹은 柔陰--을 밀어내리며, 혹은 柔陰--을 밖으로 나가게 하고 혹은 剛陽—을 안으로 들어오게 하는 등 推移하는 사이에 변화가 생기니, 屈伸榮辱(굴신영욕)과 吉凶禍福(길흉화복)의 기미가 밝게 드러나지 않을 수 없다[정약용의 12辟卦 推移表 참조]. 만약 64괘가 각각 스스로 완성되어 推移가 없다면 경직되고 쓸쓸하여 변화가 생길 수 없을 것이다.

推之爲言 移也排也遷也. 十二辟卦(計中孚小過. 不計乾坤) 或推其剛而升之 或推其柔而降之(如泰之爲蠱). 或推其陰而往之 或推其陽而來之(如否之爲隨). 於焉之間 變化以生 屈伸榮辱 吉凶存亡之幾 莫不昭著. 苟使六十四卦 卦各自成 而無所推移 則木强索莫 變化無以生矣.

地 / 天 泰(1↔6)推移 →	山 / 風 蠱	天 / 地 否(1↔6)推移 →	澤 / 雷 隨
地 / 天 泰 ←(反易)→	天 / 地 否	山 / 風 蠱 ←(反易)→	澤 / 雷 隨

是故 吉凶者 失得之象也
시 고　길 흉 자　실 득 지 상 야

그러므로 길흉이란 얻거나 잃는 형상이요,

悔吝者 憂虞之象也 ＊悔＝自凶而趨吉也. ＊吝＝恨惜也. 自吉而向凶也. ＊憂＝慮也. ＊虞＝度也. 驚也. 樂也. 安也.
회 린 자　우 우 지 상 야

뉘우침과 한탄은 염려하고 헤아리는 象이다.

朱熹의 『周易本義』 ________________________________

吉凶(길흉)과 悔吝(회린)은 周易에서 쓰이는 말이며, 失得과 憂慮는 사실로 일의 변화이다. 得하면 吉이라하고, 失하면 凶이라 하며, "憂虞(우우)"는 비록 흉함이 아직 이르지는 않았으나 이미 후회를 불러오고 부끄러움을 갖기에 족한 경우이다. 대개 길흉은 서로 대립하는 것이나 悔吝(회린)은 吉凶의 중간에 처한 것이다, "悔[후회]"는 凶에서 吉한 데로 달려감이고, "吝[후회에 인색함]"은 吉한데서 凶한 데로 향하는 것이다. 그러므로 성인께서는 卦와 爻를 관찰하여 그 가운데 이런 象이 있으면 이 말을 붙여두었다.

吉凶悔吝者 易之辭也 失得憂虞者 事之變也 得則吉失則凶 憂虞雖未至凶 然已足以致悔 而取羞矣 蓋吉凶相對 而悔吝居其中間 悔自凶而趨吉 吝自吉而向凶也 故聖人觀卦爻之中 或有此象 則繫之以此辭也.

茶山의 『周易四箋』 ________________________________

『주역』이란 책은 성인께서 잘못을 고쳐 善道로 나아가는 방편으로 지은 글이다. 그러므로 점이 좋게 변하는 경우를 悔라 말하니, "悔"는 잘못을 고치는데 주저하지 않는다는 뜻의 글자이다. 반면 占이 쉽사리 변하지 않는 경우를 吝이라 말하니, "吝"은 잘못을 고치는데 인색하고 달갑게 여기지 않는 것을 뜻하는 글자이다. 吝은 재물을 아끼는 마음이며 또한 입으로 꾸미는 것이 지나친 것을 뜻하기도 한다. 憂는 근심한다는 뜻이고 虞(염려할우)는 헤아린다는 뜻이다. 그러므로 "憂虞(우우)"라 하면 길흉이 未定이라 심사숙고하여 계획을 세우는데 일의 성패가 달려 있는 경우를 말한다.

周易一部 是聖人改過遷善之書也. 故謂其占之善變者 曰悔. 悔者 改過勿憚之名也. 謂其占之不遽變者 曰吝(如惜財之情. 又吝者 文過以口也). 吝者改過不肯之名[a]也 憂者愓也. 虞者度也. 憂虞者 吉凶未判 得失在慮也.

『書經』「洪範」에서도 "貞[곧음]"과 "悔[뉘우침]"를 말하는데, 이 말은 周易 占을 치는 전문가들이 사용하는 말로서 禹임금이나 箕子 때부터 이미 그러했다. 대개 덕을 닦는 방법은, 善하면 굳게 지켜 잃지 않고 惡하면 속히 고치는데 주저하지 말고 惡에 머물지 말아야 한다. 괘의 象이 본래 좋은데 누차 변해도 오히려 좋으면, 이것은 善을 지켜 잃지 않은 것이므로 "貞"즉 곧음과 절조라고 말한다. 한편 괘의 象이 본래 위태로운데 한 번 변해서 곧 없어지면, 이는 잘못을 고치는데 주저하지 않은 것이므로 "悔" 즉 후

____

a　名＝字也.

회함이라고 말한다. 반면에 괘의 象이 흠결이 있는데도 누차 괘가 변해도 흠결이 없어지지 않으면, 이는 못된 짓을 탐하여 버리지 못하는 것이므로, "吝(린)" 즉 뉘우침에 인색하니 한탄스럽다고 말한다.

洪範曰貞曰悔 爲筮家之所用. 此自夏商已然(禹·箕子). 蓋修德之法 善則固守而勿失 惡則速改而勿留. 卦象本好 而屢遷猶好 則是守善而勿失也. 故曰貞(貞字從卜文) 卦象本屬 而一變卽減 則是改過而勿憚也. 故曰悔(悔字亦從卜). 卦象有疵 而屢變不減(卦變而象猶不變) 則是惜過而不棄也. 故曰吝.

변 화 자　진 퇴 지 상 야
變化者 進退之象也

변화는 나아가고 물러나는 象이요,

강 유 자　주 야 지 상 야
剛柔者 晝夜之象也

剛하고 柔한 것은 낮과 밤이 교체 되는 象이다.

육 효 지 동　삼 극 지 도 야
六爻之動 三極之道也 *三極=天地人(朱子)

6爻의 운동은 三極(夏至·冬至·朝夕)의 도리이다.

朱熹의 『周易本義』

유약함이 변해서 강건함을 추장하는 것은 물러남이 다하여 나아가는 것이고, 강건함이 변화하는 것은 나아감이 다하여 물러나는 것이다. 이미 변해서 강건하면 낮이고 陽이요, 이미 변화해서 유약해지면 밤이고 陰이다. 6효에서 初효와 2효는 땅이고, 3효와 4효는 사람이고, 5효와 상효는 하늘이라 한다. 움직임은 곧 변화이며 極은 지극함이다. 三極이라 함은 天 地 人의 지극한 이치이고, 그 三才는 각각 하나의 태극이다. 이것은 강건함과 유약함이 서로 밀치며 변화를 낳고, 변화가 지극하면 다시 剛과 柔가 되어, 1괘의 6효 사이에서 流行하는 것이니 점치는 자가 아는 만큼에 따라서 길흉을 판단한다.

柔變而趨於剛者 退極而進也. 剛化而趨於柔者 進極而退也. 旣變而剛則 晝而陽矣 旣化而柔則 夜而陰矣. 六爻 初二爲地 三四爲人 五上爲天. 動卽變化也. 極至也. 三極 天地人之至理 三才各一太極也. 此明剛柔 相推 以生變化. 而變化之極 復爲剛柔 流行於一卦六爻之間. 而占者得因所値 以斷吉凶也.

茶山의 『周易四箋』

"變化"란 卦爻의 消長과 推移가 거듭 변함을 말한다. "剛柔"는 純陽과 純陰이 서로 변화시키는 것을 말한다. "進退"는 4계절이 갈마드는 질서를 말한다. "三極"은 夏至에는 해의 길어짐이 지극함에 이르고, 冬至에는 해의 짧음이 지극함에 이르고, 아침저녁은 밝고 어둠의 지극함에 이른 것을 말한다. 이 세 가지 지극함을 보면 陰과 陽이 지극하면 반드시 변하지 않을 수 없음을 알 수 있다. 따라서 시초를 헤아려 점을 칠 때 純陽—과 純陰‑‑을 얻을 경우에도 어찌 변하지 않겠는가? 그러므로 "六爻의 變動을 三

極의 道"라고 말하는 것이다.

變化 謂消長推移之屢遷也. 剛柔謂純陽純陰之相變也. 進退 謂四時之序也. 三極者 夏至爲日長之極 冬至
爲日短之極 朝夕爲晦明之極也. 視彼三極 無不至極而必變矣. 著卦之純陽純陰可無變乎. 故曰 六爻之動
三極之道也.

爻(효)란 교환[交]함이요 본받음[效]이다. 시초를 헤아려 爻를 얻을 때도 陰 -- 과 陽 — 이 서로 교환하고
본받으니 이것을 爻라고 말한다. 이처럼 "六爻"란 著卦한 후 비로소 얻을 수 있는 명칭이다. 대저 포희
씨에 이르러 처음 괘를 그릴 때는 六位만 있었지 어찌 六爻가 있었겠는가? 漢나라 유생들 이후로 位와
爻라는 말이 혼동되어 모호하게 되었으니 큰 오류이다.

爻也者 交也效也. 撰著得爻之時 陰與陽相交相效(詳在著卦解). 此之謂爻也. 則六爻之名 惟著卦有之. 若
夫庖羲畫卦之時 只有六位 安有六爻. 漢儒以來 認位爲爻 混淆不明 大謬也.

시 고 군 자 소 거 이 안 자　 역 지 서 야
是故 君子 所居而安者 易之序也

그러므로 군자가 안거하는 곳은 易의 차례요,

소 락 이 완 자　 효 지 사 야
所樂而玩者 爻之辭也

군자가 즐거워하고 완상할 것은 爻의 말씀이다.

朱熹의 『周易本義』 ____

易의 질서[序]는 괘와 효가 드러내는 사리의 당연한 차례이고, "玩[완상]"이란 상세히 관찰하는 것이다.

易之序 謂卦爻所著 事理當然之次第. 玩者 觀之詳.

시 고 군 자 거 즉　 관 기 상 이 완 기 사
是故 君子居則 觀其象而玩其辭

그러므로 군자가 편안하면 그 象을 관찰하고 그 말씀을 완상하며,

동 즉 관 기 변　 이 완 기 점
動則觀其變 而玩其占

움직이려면 그 변화를 관찰하고 그 占辭(점사)를 완상하니,

시 이 자 천 우 지　 길 무 불 리
是以自天祐之 吉无不利

이로써 하늘의 도움을 받으면 吉하고 이롭지 않음이 없을 것이다.

 ____

象과 辭의 변화는 이미 위에서 말했다. 무릇 "變"이라는 한 글자로 말한 것은 '化'자가 그 가운데 있다. 점치는 의의는 길흉을 결단하는 데 있다고 말하는 것이다.

象辭變已見上. 凡單言變者 化在其中. 占謂其所値 吉凶之決也.

이 제2장은 성인이 易을 짓고 군자가 易을 배우는 일을 말한다.

此章言 聖人作易 君子學易之事.

 ____

편안히 거처할 때는 卦爻의 象을 관찰하고 성인의 말씀을 완상한다. 일이 있을 때는 蓍策(시책)의 변화를 관찰하고 筮人[시초 점치는 官吏]의 占을 완미하여 하늘의 소명을 따른다. 소명을 받으면 메아리처럼 수용하여 감히 사사로운 뜻으로 방자하지 않아야 한다. 그리하여 하늘의 도움을 받으면 나아감에 이롭지 않음이 없을 것이다.

平居則 觀卦爻之象 而玩聖人之詞. 有事則 觀蓍策之變 而玩筮人之占. 唯命是順受命如響 不敢以私意自恣. 故受天之祐 无往不利也.

제3장

象者 言乎象者也
"象(단)"이란 卦의 象을 말한 것이고,

爻者 言乎變者也.
"爻(효)"란 爻의 변화를 말하는 것이다.

『二程文集』

"象"은 괘의 象을 말하고, "爻"는 때에 따른 변화를 말한다. 得失에 따라 吉凶이 있으니 능히 이와 같이 하면 허물이 없을 것이다. 位[爻의 자리]는 귀천의 분별이 있고, 卦는 작고 큰 뜻을 겸하고 있으니 길흉의 道를 卦辭에서 볼 수 있다. 후회하고 한탄을 막으려면 미미한 점[卜]부터 주의해야 한다. 두려움이 약진하는데도 허물이 없음은, 능히 후회하기 때문이다. 괘에 大小가 있음은 때에도 大小가 있다는 것이다. 大와 小가 있으면 卦辭에서는 險과 易로 다르게 구별된다. 괘사는 각각 그 일을 따르기 때문이다.

象 言卦之象 爻隨時之變. 因得失而有吉凶. 能如是則无咎. 位有貴賤之分 卦兼小大之義 吉凶之道 於辭可見. 以悔吝爲防則 存意於微卜. 震[a]躍而得无咎者 以能悔也. 卦有小大 於時之中有小大也. 有小大則辭之險易殊矣. 辭各隨其事也.

朱熹의 『周易本義』

"象"은 卦辭(괘사)를 가리켜 말한 것으로 文王이 지은 것이다. "爻"는 爻辭(효사)를 가리켜 말한 것으로 周公이 지은 것이다. "象"은 전체를 가리켜 말하는 것이고, "變"은 하나의 마디를 가리켜 말하는 것이다.

象謂卦辭 文王所作者. 爻謂爻辭 周公所作者. 象指全體而言 變指一節而言.

茶山의 『周易四箋』

"象"은 포희씨가 괘를 그리고부터 내려온 본래의 卦象을 말한 것이고(괘가 변화하기 이전의 상이다), "變"은 점치는 관리가 시초를 헤아려 한 획을 그린 후에 변화되는 상을 말한다. 文王이 지은 '象詞(단사)'는 卦 본래의 象으로 점을 친 말씀이며, 周公이 지은 '爻詞(효사)'는 그 變象을 가지고 점을 친 말씀이다.

象者 庖義畫卦以來 每卦之本象也(卦未變). 變者 筮人揲蓍之後 一爻之變象也(乾之姤). 文王象詞 以其本象而爲之辭者也. 周公爻詞 以其變象 而爲之辭者也.

---

a　震=懼也. 救也.

王弼(왕필)은 象詞란 한 괘의 체질을 큰 줄기에서 이치를 말한 것이고, 象詞란 한 爻의 뜻을 각각 변론한 것(왕필의 『周易略例』 참조)이라고 말했는데, 이는 아주 잘못된 설명이다. 6효가 변동하면 각각 하나의 괘를 얻으니, 예컨대 乾☰괘 初九의 "潛龍勿用(잠용물용)"은 初畫 본래의 덕성이 아니라 乾☰괘가 姤☴괘로 변하는 경우의 象이다. 坤☷괘 初六의 "履霜堅氷至(이상견빙지)"는 初畫 본래의 덕성이 아니라 坤☷괘가 復☳괘로 변하는 象이다.

그러므로 蔡墨(채묵)이 효사에서 말한 "潛龍"과 "見龍"에 대해 魏나라의 獻子와 토론하면서 곧바로 글자를 써서 "乾☰괘의 初九가 변한 姤☴괘와 乾☰괘의 九二가 변한 同人☲괘로 설명했다. 그는 이처럼 乾☰괘의 初九와 九二의 덕성으로만 말하지 않았던 것이다(『左傳』 「召公 二十九年」을 참고하시오). 뿐만 아니라 춘추시대의 점치는 관리들이 점치는 것도 채묵의 규칙과 같았다.

王弼曰 象者 統論一卦之體者也. 象者 各辯一爻之義者也(見略例). 此大謬也. 六爻之動 各得一卦 潛龍勿用者 乾之姤之象 非乾初畫之本德也. 履霜堅氷至者 坤之復之象 非坤初畫之本德也. 故蔡墨之對魏獻子 其稱潛龍見龍之詞 直書云 乾之姤 乾之同人 而不僅曰 初九 九二(左傳昭二十九年) 其他 卜史之爲官占 並如蔡墨之例(並見春秋官占法).

漢代의 京房(경방: B.C. 77-37; 今文易學인 '京氏學'의 창시자로 본명은 李君明)이 비록 참위설에 미혹되어 터무니없이 꾸며댔지만, 효사가 卦와 畫의 변화를 위주로 한 것임을 모르지는 않았다(京房의 『京氏易傳』 참조). 그런데 馬融(마융: 79-166)·鄭玄(정현: 127-200)·荀爽(순상: 128-190)·虞翻(우번: 164-233) 이래로 무슨 까닭인지 하나같이 爻變法(효변법)이 무시되었으므로, 천년의 긴 어두운 밤이 되어(千年長夜) 세 분 성인의 본래 취지는 회복할 길이 없게 되었으니 슬프지 아니한가? 爻(효)가 변하지 않으면 物象(물상)이 부합하지 않고, 物象이 부합하지 않으니 『說卦傳』도 따라서 폐기되어 주역을 해독할 수 없게 되었다.

至漢 京房之說易也. 雖讖緯誕妄 曲成禎咎. 而爻詞之主乎變 未嘗不知之(並見諸卦下). 一自馬融鄭玄荀爽虞翻以來 不知何故 遂遭泯昧. 千年長夜 無復三聖之舊義 不亦悲哉. 爻不變則象不合 象不合則說卦從而廢, 而易不可讀矣.

漢·晉代의 易學者(역학자)가 수백명이 넘는데 그 중에서도 가장 형편없는 자가 王弼(226-249)이다. 그런데도 후세에 [晉代의 玄學派들이 得勢함으로써] 여러 학자들의 易說은 모두 폐기되고 오직 王弼의 易學만이 독점적으로 전수되니, 이 또한 우리 유학의 액운이다(現在도 『宋本十三經注疏』에, 王弼이 주석한 『주역』을 싣고 있다). 王弼을 제외한 여러 학자들은 비록 爻變을 모른척했으나 반드시 物象을 살펴서 經文을 해석했으므로, 비록 坤☷牛가 爻變하여 坎☵豕(시)로 변한 것을 모르거나, 兌☱羊이 爻變하여 乾☰馬로 변한 것을 모르고 物象을 혼동하는 일은 있었으나, 易詞가 象에 근거하고 있다는 사실만은 파악할 수 있었다. 그러나 王弼의 易學이 통용되고 나서는 아예 象을 거론조차 않는다. 그런데도 그를 따르니 잘못이 아닌가?

漢晉說易之家 不下百數. 而其最無狀者王弼. 至于後世 諸家盡廢. 唯王學獨傳(今十三經用王注). 斯亦吾道之厄運. 諸家雖不知變. 猶必觀象以解經. 雖不免認豕爲牛(不知坤變坎) 喚馬爲羊(不知兌變乾). 而易詞之主乎象 猶有可知. 曁乎王學行于世 則象不可問矣. 然而宗之 不亦謬哉.

吉凶者 言乎其失得也
길흉자 언호기실득야

吉하다 흉하다 하는 것은 禍福의 갈라짐을 말하는 것이며,

悔吝者 言乎其小疵也
회린자 언호기소자야

후회하고[悔] 한탄함[吝]은 작은 허물을 말하는 것이며,

无咎者 善補過也
무구자 선보과야

허물이 없다 함은 과오를 잘 고치는 것을 말한다.

是故 列貴賤者 存乎位 *存=省察也. 有也. 置也.
시고 열귀천자 존호위

그러므로 귀천을 서열 지음은 爻의 위치를 살피는데 있고,

齊小大者 存乎卦 *齊=定也.
제소대자 존호괘

작은 것[陰]과 큰 것[陽]을 결정함은 괘를 살피는데 있고,

辯吉凶者 存乎辭
변길흉자 존호사

길흉을 판별함은 卦辭·爻辭를 살피는데 있다.

朱熹의 『周易本義』 ______________

이것은 괘사와 효사의 일반적인 통례이다. "位[자리]"는 6爻의 자리를 말하고, "齊[가지런함]"는 定[정해짐]과 같으며, "小[작은 것]"는 陰이고 "大[큰 것]"는 陽이다.

此卦爻辭之通例. 位謂六爻之位. 齊猶定也. 小謂陰 大謂陽.

茶山의 『周易四箋』 ______________

"失得(실득)"은 善惡(선악)이 이루어져 禍福(화복)이 갈라진 것이다. "小疵"(소자)는 선악의 조짐이 있으나 옳고 그름은 아직 결정된 것이 아니다. "无咎(무구)"는 본래 허물이 있었으나 지금은 이미 悔改(회개)하고 아울러 그 罪過(죄과)를 補贖(보속)한 것이다. 주역은 聖人께서 개과천선하기 위한 목적이었다. 그러므로 공자는 이르기를 "나에게 몇 년만 허락되어 주역공부를 마치면 거의 큰 허물은 없을 것"이라고 말한다(論語/述而 16 참조).

失得者 善惡之成 而禍福判也. 小疵者 善惡之幾 而臧否未大定也(悔雖善矣 其本則有過 故云小疵). 无咎者 本有咎 而今已改悔 兼能補贖ᵃ 其罪過也. 周易者 聖人所以改過也. 故孔子曰 假我數年 卒以學易 庶无大過矣.

___

a　贖='續'과 통용된다.

$$
\begin{array}{l}
\text{우 회 린 자 \quad 존 호 개}\\
\text{憂悔吝者 存乎介}
\end{array}
$$

憂悔吝者 存乎介 *介=纖介(細微之嫌怨也): 티끌이나 먼지 같이 작은 사물. 辨別의 端(朱熹의 해석)

震无咎者 存乎悔 *震=動也.

是故 卦有小大 辭有險易

辭也者 各指其所之

朱熹의 『周易本義』 ____

"介[절개]"는 변별의 단서를 말한다. 대개 선악이 이미 움직였으나, 아직 행동하지 않았을 때 이것을 근심하면 후회와 여한에 이르지는 않을 것이다. 震☳雷는 動이다. 후회할 줄 알면 그 과오를 정정(訂正)하려는 마음이 움직임으로써 허물을 없앨 수 있다.

介謂辨別之端. 蓋善惡已動 而未形之時也. 於此憂之則 不至於悔吝矣. 震動也. 知悔則 有以動其補過之心 而可以无咎矣.

작은 것[陰]은 험하고 큰 것[陽]은 쉽다. 陰陽은 각각 지향할 바를 따른다.

小險大易 各隨所向.

이 제3장은 卦辭와 爻辭의 통례를 해석한 것이다,

此章 釋卦爻辭之通例.

제4장

^{역 여 천 지 준}
易與天地準

易은 천지를 준거했으므로,

^{고 능 미 륜 천 지 지 도}
故能彌綸天地之道 *彌=彌縫. *綸=選擇條理.

천지의 道를 포괄할 수 있다.

『二程文集』

성인이 易을 지음에 天地의 道를 준거로 삼았으니, 易의 뜻은 天地의 道이며. 易은 천지의 道를 포괄한다. 彌(미)는 徧[두루 미침]이요, 綸[a]은 理[b]이다. 일에서는 倫(륜)이라 하고, 실을 다스릴 때는 綸(륜)이라한다. '彌綸[c]'은 徧理[d]이다. 천지의 道를 포괄하고, 다시 天文을 관찰하고, 地理를 심찰하여 그것을 드러난 자취로 증험하게 한다. 그러므로 능히 귀신·생사 등 幽明(유명)의 단서를 알 수 있다.

聖人作易 以準則天地之道. 易之義 天地之道也. 故能彌綸天地之道. 彌徧也. 綸理也. 在事爲倫 治絲爲綸.
彌綸徧理也. 徧理天地之道 而復仰觀天文 俯察地理 驗之著見之跡. 故能知幽明之故.

理에 있으면 幽[어둠]라 하고, 象을 이루면 明[밝음]이라 한다. '幽明의 단서를 안다' 함은, 이치와 사물이 그렇게 된 까닭을 안다는 것이다. 그 시작을 궁구하고 그 끝을 고찰하면 가히 死生의 이치를 발견할수 있다. 모이면 정미한 氣(기)라 하고, 흩어지면 흐르는 魂(혼)이라 하며, 모이면 물건이라 하고, 흩어지면 변화라 하니, 모이고 흩어짐을 관찰하면 鬼神(귀신)의 정상을 드러낸다. 만물의 始終은 모이고 흩어지는 것일 뿐이며, 귀신은 조화의 공덕이다. 幽明의 단서와 死生의 이치와 鬼神의 정상을 관찰하면天地의 道를 볼 수 있다.

在理爲幽 成象爲明. 知幽明之故 知理與物之所以然也. 原究其始 要考其終則 可以見死生之理. 聚爲精氣
散爲游魂. 聚則爲物 散則爲變. 觀聚散則 見鬼神之情狀. 萬物始終 聚散而已. 鬼神造化之功也. 以幽明之
故 死生之理 鬼神之情狀 觀之則 可以見天地之道.

易의 이치는 天地의 道와 서로 닮았으므로 어긋남이 없으니, '서로 닮았다' 함은 같음을 말한다. 앎은만물을 두르고, 道는 천하를 구제하므로 지나침이 없다. 의리는 앎을 포함하니, 그 의리는 만물의 이치

---

a   三合繩也. 綱也. 琴瑟絃也. 道也.

b   治玉也. 治也. 通也. 達也. 義也.

c   두루 봉합한다.

d   두루 통괄한다.

를 두루 다하고 그 道는 천하를 구제하는데 족하므로 지나침과 어긋남이 없다. 그래서 옆으로 나가도 흐르지 않고, 옆으로 통해서 멀리 미쳐도 바른 도리를 流失(유실)하지 않는다. 도리를 따르는 것은 하늘을 즐거워함이요, 분수를 편안해 하는 것은 천명을 알기 때문이다. 이치를 따르고 분수를 편안해하므로 걱정할 것이 없다. 安土[a]는 머문 곳을 편안하게 여기는 것이다. 仁을 돈독히 함은 大同의 共同體를 보존하는 것이며[禮記/禮運의 '大同-小康' 참조], 이로써 사랑할 수 있다.

易之義與天地之道相似. 故无差違 相似謂同也. 知周乎萬物 而道濟天下 故不過. 義之所包知也. 其義周盡萬物之理 其道足以濟天下. 故无過差. 旁行而不流 旁通遠及 而不流失正理. 順乎理 樂天也 安其分 知命也. 順理安分 故无所憂. 安土安所止也. 敦乎仁 存乎同[b]也. 是以能愛.

범위(範圍)는 속어로는 모량(模量: 본떠 헤아림)을 말한다. 천지의 運化(운화)를 模量(모량)하면 잘못과 어긋남이 없으며, 만물의 이치를 자세히 성취하여 빠뜨림이 없으며, 밤과 낮, 닫히고 열림, 굽히고 펴는 도리를 통하여 그러한 까닭을 안다. 이와 같이 하면 천지의 妙用(묘용)을 얻고 도덕의 本源(본원)을 안다. 까닭에 지극한 神의 묘용은 방소가 없으며, 易이 준거하는 道는 형체가 없음을 알 수 있다.

範圍俗語謂之模量. 模量天地之運化 而不過差. 委曲成就萬物之理 而无遺失. 通晝夜闔闢屈伸之道 而知其所以然. 如此則 得天地之妙用 知道德之本源. 所以見至誠之妙 无有方所 而易之準道 无有形體.

道란 한 번 그늘지고[陰] 한 번 햇볕 드는[陽] 것이다. 動靜에 단서가 없고 陰陽에 시작이 없다. 道를 알지 못하는 자가 어찌 그것을 식별할 수 있겠는가? 動靜은 서로 원인이 되어 변화를 이루나니, 이 道를 따르고 이으면 善이 된다. 그것을 이루어 사람에 있으면 性(성)이라 말하고, 뭇사람에게 있으면 인식하지 못하고 아는 것을 따른다. 그러므로 仁者는 그것을 仁이라고 말하고, 知者는 그것을 知라고 말하며, 민중들은 그것을 따르면서도 알지 못한다. 그러므로 군자의 道를 아는 사람이 드물다.

道者一陰一陽也. 動靜无端 陰陽无始. 非知道者 孰能識之. 動靜相因 而成變化. 順繼此道 則爲善也. 成之在人則 謂之性也. 在衆人則不能識 隨其所知. 故仁者謂之仁 知者謂之知. 百姓則由之而不知. 故君子之道 人鮮克知也.

朱熹의 『周易本義』

易書(역서)와 卦爻(괘효)는 천지의 道를 갖추고 있으니 천지와 더불어 나란히 준거한다. "彌"는 彌縫(미봉)의 '彌'이니 끝내 연합한다는 의미가 있으며, "綸(륜)"은 선택에[선택하며 일을 추진하는데] 조리가 있다는 의미이다.

易書卦爻 具有天地之道 與之齊準. 彌如彌縫之彌 有終竟聯合之意. 綸 有選擇條理之意.

---

a   고향을 편안하게 여기는 것.

b   同=合會也. 聚也. 共也. 和也. 齊等也.

仰以觀於天文 俯以察於地理

우러러 하늘의 무늬를 보고, 머리를 숙여 땅의 이치를 살피니,

是故知幽明之故 *故=事也. 原因.

이로써 어두운 세상과 밝은 세상의 일을 알 수 있으며,

原始反終 *原=本也. 察也.

비롯됨을 살펴 끝맺음을 돌아보니,

故知死生之說 *說=分別. 解釋也. 悅也.

이로써 죽고 사는 분별을 안다.

精氣爲物 游魂爲變

정미한 기운은 사물이 되고, 혼이 떠돌아 변화가 이루어지니,

是故 知鬼神之情狀

이로써 귀신의 情狀(정상)을 안다.

『二程文集』

시작을 살펴 끝을 돌아봄으로써 死生을 안다는 학설은 다만 궁리하여 깨달으면 저절로 사생을 안다는 학설이다. 장차 사생을 기다리지 않고 곧 한 개의 도리를 구하는 것으로 간주한다. 사람이 비롯됨을 살펴 삶의 이치를 알 수 있으면 곧 끝을 살펴 죽음의 이치도 알 수 있다는 것이다. 만약 밝게 알지 못하면 천만번 안배하여 드러내려 해도 일을 구제하지 못할 것이다.

原ᵃ始反終 故知死生之說. 但窮得則 自知死生之說. 不須ᵇ將死生 便做一个道理求. 人能原始知得生理 便能要ᶜ終 知得死理. 若不明得 便雖千萬般安排著 亦不濟事.

비롯됨을 살피면 足(족)히 그 끝을 알 것이고, 끝을 되돌아보면 足히 그 비롯됨을 알 것이다. 죽음과 삶의 분별도 이와 같을 뿐이다. 그러므로 봄날에 시작했으니 그것을 살피면 반드시 겨울이 있으며, 겨울로 끝났으니 그것을 되돌아보면 반드시 봄날이 있듯이, 삶과 죽음도 이와 같은 部類(부류)이다.

原始則足以知其終 反終則足以知其始 死生之說 如是而已. 故以春爲始而原之 其必有冬. 以冬爲終而反之 其必有春. 死生者其與是類也.

---

a　原=察也.

b　須=需也. 當也. 止也. 待也.

c　要=察也.

묻기를, 주역에서 '귀신의 情狀(정상)을 안다'고 말했는데, 과연 情狀이 있습니까? 대답해 가로되, 있습니다. 또 묻기를, 정상이 있다면 반드시 귀신이 있겠지요? 대답하며 가로되, 주역에서 말하는 귀신은 곧 조화(造化)입니다. 묻기를 세상에서 말하는 귀신의 일을 어찌하면 그 이치를 깨우쳐 깨달을 수 있는지요? 대답하며 가로되, 理가 정기를 만나게 되면 물건이 되고, 떠도는 혼이 변하게 되며, 비롯됨을 살펴 끝을 되돌아본다는 학설을 따르면 곧 깨달을 수 있을 것이요, 모름지기 이는 '原'字에서 부터 공부를 해야 합니다. 혹자가 가로되, 떠도는 魂(혼)이 변화를 만든다는 것은 변화의 '變'이겠지요? 대답해 가로되, 이미 변한 것이라면 견고한 것이 썩게 되고 있던 것이 없어지니 다시는 물건이 없을 것이오. 귀신은 단지 현자들에게 말해서 비록 알았다고 해도 역시 믿음에 이르지는 못할 것이니 모름지기 스스로 깨우쳐야 합니다.

問 易言 知鬼神情狀 果有情狀否. 曰 有之. 又問 旣有情狀 必有鬼神矣. 曰 易說鬼神 便是造化也.……問 世言 鬼神之事……何曰 如何 可以曉悟其理. 曰 理會得精氣爲物 游魂爲變 與原始反終之說 便能知也. 須是於原字上用工夫. 或曰 游魂爲變 是變化之變否. 曰 旣是變則 堅者腐存者亡 更无物也. 鬼神 只恁說 與賢 雖會得 亦信不過[a] 須是自得也.

朱熹의 『周易本義』

이것은 이치를 궁구하는 일이다. "仰以(앙이)……". "俯以(부이)……"의 '以'는, '聖人이 [陰·陽의 변화라는 天地의 道를] 仰·俯함으로써[以] 주역이 그려지고 기록되었다'는 것이다. 주역은 陰·陽일 뿐이다. 어둠과 밝음, 죽음과 삶, 鬼와 神 등은 모두 陰陽의 변화인 천지의 道이다. 하늘의 무늬에는 주야와 상하가 있고, 땅의 이치에는 南北, 높고 낮음이 있다. 原[살핌]이란 앞을 미루어보는 것이요. 反[되돌아 봄]은 뒤를 살펴보는 것이다. 陰의 精과 陽의 氣가 모여 물건을 이룸은 神이 펴는 것이요, 魂(혼)이 놀고 魄(백)이 내려와 흩어지며 변하는 것은 鬼(귀)가 돌아감이다.

此窮理之事 以者聖人 以易之書[b]也 易者陰陽而已 幽明死生鬼神 皆陰陽之變 天地之道也. 天文則 有晝夜上下 地埋則有南北高深. 原者推之於前 反者要之於後. 陰精陽氣 聚而成物 神之伸也. 魂游魄降 散而爲變 鬼之歸也.

茶山의 『周易四箋』

卦象으로 보면 『說卦傳』의 글과 같이 "原始(원시)"는 만물이 震☳에서 생겨나며, "反終(반종)"은 艮☶에서 완성된다. 重卦로 말하면 復☷☳괘의 陽━ 하나가 처음 생기는 것이 原始요, 剝☶☷괘의 陽━ 하나가 종말을 고하는 것이 反終이다. 그러므로 震☳은 다시 생겨남이 되고 艮☶은 죽음이 된다고 말한다.

原始者 萬物出於震也(說卦云). 反終者 萬物成於艮也(說卦云). 以重卦則 復一陽之始生 爲原始也. 剝一陽之成終 爲反終也. 故曰震爲反生(說卦文). 艮爲死(九家易).

---

a　過=至也.

b　書=寫錄也.

> 여 천 지 상 사   고 불 위
> **與天地相似 故不違**
>
> 易은 천지와 더불어 서로 닮았으므로 어긋나지 않고,
>
> 지 주 호 만 물   이 도 제 천 하   고 불 과
> **知周乎萬物 而道濟天下 故不過**
>
> 지혜는 만물을 두루고, 도리는 천하를 구제하기에 지나침이 없다.
>
> 방 행 이 불 류   낙 천 지 명   고 불 우
> **旁行而不流 樂天知命 故不憂** *旁=正也. 廣也(茶山의 해석). 歧路也. 行權之知也(朱子의 해석).
>
> 바르게 행하여 시류로 흐르지 않고, 천명을 알고 즐거워하니 근심이 없으며,
>
> 안 토   돈 호 인   고 능 애
> **安土 敦乎仁 故能愛**
>
> 땅을 안정시켜 어짊을 돈후케하니 만물을 능히 사랑할 수 있다.

『二程文集』

'하늘을 즐거워하고 하늘의 召命(소명=천명)을 안다' 함은 성인과 군자 등 상하를 통틀어 말한 것이다. 성인이 하늘을 즐거워하면 '천명을 안다'는 것은 덧붙여 말할 필요도 없다. 천명을 안다는 것은 천명이 있음을 알고 그것을 믿는 것이다. '천명을 모르면 군자라 할 수 없다'는 공자의 말씀이 이것이다. 천명은 의리를 지탱하는 까닭이니, 한결같이 의리를 따르면 어찌 바보같이 천명으로 판단하겠는가? 대저 성인이 천명을 안다는 것은 군자의 그것과는 다른 것이다.

樂天知命 通上下之言也. 聖人樂天 則不須言知命. 知命者 知有命而信之者爾. 不知命无以爲君子是矣. 命者所以輔義. 一循於義 則何庸斷之以命哉. 若夫聖人之知天命 則異於此

"仁"이란 근심하지 않고 하늘을 즐거워함이다(樂天). 仁은 자기에게 달려 있으니 어찌 근심이 있겠는가? 무릇 자기에게 달려있지 않으면 사물을 쫓아서 仁이 밖에 달려 있으니 모두가 근심이다. '하늘을 즐거워하고 천명을 알기 때문에 근심하지 않는다' 함은 이것을 말한 것이다. 마치 顔回(안회)가 한 광주리의 밥과 한 표주박의 물만으로 즐거워한 것과 같다. 다른 사람이라면 근심꺼리지만 안회가 홀로 즐거워했으니 그것이 仁이다.

仁者不憂 樂天者也.……仁者在己 何憂之有. 凡不在己 逐物在外 皆憂也. 樂天知命故不憂 此之謂也. 若顔子簞瓢 在他人則憂 而顔子獨樂者 仁而已.

朱熹의 『周易本義』

이것은 성인께서 성품을 다한 일이니 천지의 도는 지혜와 어짊이 있을 뿐이다. 두루 만물을 아는 것은 하늘이요, 천하를 인도하고 구제함은 땅이다. 지혜롭고 또한 인자하면 지혜롭되 지나치지 않을 것이다. 곁길로 행하는 것은 권도를 행하는 지혜요, 시류에 흐르지 않는 것은 正道(정도)를 지키는 仁이다. 이미 천리를 즐거워하고 또한 천명을 알기 때문에 능히 근심이 없다. 그리고 그 지혜가 더욱 깊어 처지에 따

라 모두 편안하므로 한 순간도 어질지 않음이 없다. 그러므로 능히 사물을 구제하려는 마음을 잊지 않으니 어짊이 더욱 돈독하다 . 대개 어짊[仁]은 사랑의 도리[愛之理]이고 사랑[愛]은 어짊[仁]의 작용이므로, 그러한 상호작용이 이처럼 안과 밖이 되는 것이다.

此聖人盡性之事也. 天地之道 知仁而已. 知周萬物者 天也. 道濟天下者地也. 知且仁則 知而不過矣. 旁行者 行權之知也. 不流者 守正之仁也. 旣樂天理 而又知天命 故能无憂. 而其知益深 隨處皆安 而无一息之不仁. 故能不忘其濟物之心 而仁益篤. 蓋仁者愛之理 愛者仁之用. 故其相爲表裏如此

茶山의 『周易四箋』

이상은 八卦의 德이니 성인이 이를 취하여 본받아야할 모범으로 삼은 것이다. "天地"는 乾☰괘와 坤☷괘를 말한 것이며, "知"는 지혜를 상징하는 坎☵괘를 말한 것이며, "道"는 다스림을 상징하는 离☲괘를 말한 것이며, "旁行(방행)"은 澤(연못)의 平和로움을 상징하는 兌☱澤을 말한 것이며, "樂天知命(낙천지명)"은 天命을 상징하는 巽☴괘를 말한 것이며, "安土"는 止土(지토)를 상징하는 艮☶괘를 말한 것이며, "敦仁(돈인)"은 仁을 상징하는 震☳괘를 말한 것이다.

此八卦之德 聖人取以爲則也. 天地者乾坤也. 知周萬物者坎也. 道濟天下者离也. 旁行不流者兌也. 樂天知命者巽也. 安土者艮也 敦乎仁者震也.

坎☵은 북방의 水德으로 사람[사람이 갖추어야 하는 四德]에게는 貞固幹事(정고간사)하는 智에 해당한다. 离☲는 남방의 火德으로 성인이 南面하여 다스림을 펴는 것이다. 그러므로 治[理·正]를 말한 것은 모두 离☲괘의 文明 때문이다. 천하를 인도하여 구제하니 이미 다스려진 것이 아닌가? 『左傳』에서는 냇물의 흐름을 막으면 연못이 된다고 했다. 또 兌☱는 입[口]이니 벼를 고루 나누어먹는 和가 된다. 그러므로 和而不流(화이불류)는 兌☱괘의 덕성이다. 巽☴이 天命임이 易의 규칙이다. 巽☴의 모습을 보면 乾☰天이 그 입을 아래로 향하고 있으니 天命이 된다. 艮☶은 그쳐 머무는 山의 덕이며 또한 城邑이 되니 安土하는[土地에 안락하게 자리잡은] 象이 된다. 震☳은 동방에서 만물이 생성하는 象으로 仁德이 된다.

坎北方之水德也 於人爲知(貞固幹事是智也). 离者 聖人所以南面 而出治也(見說卦). 故易凡言治 皆以离也. 道濟天下 非旣治乎. 左傳曰 川壅爲澤(不流也). 又兌者和也. 和而不流 兌之德也. 巽爲天命 易之例也(乾天口向下). 艮者止也. 又爲城邑 安土之象也(艮爲土). 震者 東方生物之卦 其德爲仁也.

범 위 천 지 지 화　이 불 과
範圍天地之化 而不過
易은 천지조화를 본떠 헤아린 것이라 지나침이 없고,

곡 성 만 물　이 불 유
曲成萬物 而不遺
만물을 세세히 이루었으니 놓침이 없으며,

통 호 주 야 지 도　이 지
通乎晝夜之道 而知 　*通=兼也. *晝夜=幽明·生死·鬼神을 말함.
주야·생사·귀신 등 幽明(유명)의 道를 아우르니 지혜롭다.

> ^{고 신 무 방 이 역 무 체}
> 故神无方 而易无體 *無方=無有方所.
> 그러므로 神의 묘용은 방소가 없고, 易의 변화는 형체가 없다.

『二程文集』 ____

'천지의 조화를 범주[본떠 헤아림]화했으니 지나침이 없다' 함은, '본받고 본뜸이 하나같이 천지에서 나왔으니 易은 천지 밖에 있지 않음'을 뜻한다. 이처럼 만물을 세세히 이루었으니 어찌 빠뜨림이 있겠는가?

範圍天地之化 而不過者. 模範出一天地爾 非在外也. 如此曲成萬物 豈有遺哉.

'천지의 조화를 범주화했다' 함은 하늘은 본래 끝이 없으나 단지 사람이 눈으로 미칠 수 있는 것으로서, 춥고 더운 질서와 해와 달의 운행을 보고, 이것을 본뜬 모양을 세워, 이로써 천지조화를 엿보고 헤아리는 것이다. 천지조화는 그것을 체현한다 해도 성곽 같은 것이어서 천지의 기운을 모두 담은 것이 아니다. 가령 해가 3만리를 오르고 내린다고 말하지만 3만리 밖에는 아무 것도 없다고 말할 수는 없다는 것이다. 또한 천지가 8만리 가운데서 오르고 내린다고 말하는 것도 8만리 밖에는 천지가 다한다는 뜻이 아니다. 배우는 자가 천지조화를 살펴 체득한 것은 이처럼 심하게 말하면 천지와는 같지 않을 것이니 끝내는 막히고 말 것이다. 일반적으로 '주야의 道'라 하면 주야뿐 아니라 생사의 道를 아는 것이다. 晝夜 死生의 도'라 한 것은, 삶의 도를 알면 죽음의 도를 알고, 사람 섬기는 도를 알면 귀신 섬기는 도를 알 것이니, 삶과 죽음, 사람과 귀신은 하나이면서 둘이고, 둘이면서 하나이다. 겨울에는 춥고 여름에는 더운 것이 陰陽이다. 운동하고 변화하는 원인은 神이다. 神에 방소가 없듯이 易은 몸이 없다.[a]

範圍天地之化 大本廓然無窮 但以人目力所及 見其寒暑之序 日月之行, 立此規模 以窺測他 天地之化. 不是天地之化 其體有如城郭之類 都盛其氣. 假使言日 升降於三萬里中 不可道三萬里外更无物. 又如言 天地升降於八萬里中 不可道八萬里外天地盡. 學者要默認天地之化 如此言之甚 與天地不相似 其卒必有窒礙處.……通乎晝夜之道 而知晝夜死生之道也. 晝夜死生之道 知生之道 則知死之道. 盡事人之道 盡事鬼之道. 死生人鬼 一而二 二而一也. 冬寒夏暑陰陽也. 所以運動變化者神也 神无方. 故 易无體.

朱熹의『周易本義』 ____

이것은 성인이 天命을 통달하는 일이다. "範"은 쇠를 녹여 모형을 만드는 틀과 같다. "圍(위)"는 方正한 성곽이다. 천지의 조화는 무궁하므로 성인께서 틀을 바르게 하여 중도에서 벗어나지 않게 하는 이른바 마름질하여 이룬 것이다. "晝夜(주야)"는 곧 '幽明(유명)'이니 생사와 귀신을 말한다. 이와 같이 한 연후에야 지극한 神의 묘용은 방소가 없고 易의 변화는 형체가 없음을 알 수 있다.

______

a deism(自然神論·理神論)과 비슷함.

此 聖人至命之事. 範如鑄金之有模範 圍匡郭也. 天地之化无窮 而聖人爲之範圍 不使過於中道 所謂裁成者也. 通猶兼也. 晝夜卽幽明 死生鬼神之謂. 如此然後可見 至神之妙无有方所 易之變化无有形體也.

이 제4장은 易의 道가 큼과 성인께서 이와 같이 易의 道를 씀을 말한 것이다.
此章 言易道之大 聖人用之如此

제5장

일 음 일 양 지 위 도
一陰一陽之謂道
한 번 陰인 것이 한 번은 陽이 되는 氣의 理를 道라고 말한다.

한 번 그늘지고[陰] 한 번 햇볕 드는[陽] 운행을 道라 말한다. 이 이치는 본래 깊어서 말로하면 설명할 수 없지만 陰이고 陽하는 까닭이 道이다. 氣로 말하면 곧 둘[陰陽]이다. 닫히고 열림으로 말하면 곧 감응이다. 이미 둘이면 곧 감응이 있다. 닫히고 열리는 까닭이 道요 이것이 곧 陰陽이다.

一陰一陽之謂道. 此理固深 說則无可說 所以陰陽者道. 曰氣則便是二. 言闔闢便是感 旣二則便有感. 所以闔闢者道 便是陰陽.

老子는 '빈곳에서 氣가 생긴다'고 말했으나 잘못이다. 陰陽의 닫히고 열림은 본래 선후가 없으니, 오늘은 陰이 있고 내일은 陽이 있다고 말할 수 없다. 마치 사람들이 형체와 그림자를 말하는 것과 같다. 형체와 그림자는 때를 같이 한다[同時]. 오늘은 형체가 있고 내일은 그림자가 있다고 말할 수는 없다. 있으면 곧 나란히 있다.[a]

老氏言 虛而生氣 非也. 陰陽闔闢本无先後. 不可道 今日有陰 明日有陽. 如人言形影一時 不可言今日有形 明日有影. 有便齊有.

陰陽을 떠나서 문득 道가 있는 것이 아니다. 陰하고 陽하는 까닭이 道이고, 陰陽은 氣이다. 氣는 形而下[形相 이하]의 것이고. 道는 形而上[形相 초월]의 것이다. 形而上인 것은 숨어 있어 비밀스럽다.

離了陰陽便无道. 所以陰陽者是道也 陰陽氣也. 氣是形而下者 道是形而上者. 則是密[b]也

한 번 陰하고 한 번 陽하는 것을 道라고 하였으니, 陰陽이 道가 아니라, 한 번 陰하고 한 번 陽하는 까닭이 道라는 말이다. 마치 한 번 닫히고 한 번 열리는 것을 '變"이라 말하는 것과 같다.[c]

一陰一陽之謂道 道非陰陽也 所以一陰一陽者道也. 如一闔一闢謂之變.

---

a 편역자 주: 性理學에서 理[道]와 氣는 '不相雜(서로 섞이지 않음)'하지만 '不相離(서로 떨어질 수 없음)'한다고 말한다.

b 密=深也. 秘也.

c 그래서 易[변화]이라 한다.

陰陽이 갈마들며 운행하는 것이 氣이고, 그 운행이 조리 있음을 道라고 말한다.

陰陽迭運者氣也. 其理則所謂道.

^{계 지 자 선 야}
繼之者 善也 *繼=계승·발양함.

이 道를 계승·발양하는 것이 善이요,

^{성 지 자 성 야}
成之者 性也 *成 = 갖추어 성공함.

이 道를 갖추어 이룬 것이 性이다.

『二程文集』 ____

『大學』에서 '지극한 善에 머물음'을 말했으나 그 善에 대해서는 밝히지 않았다. 여기에서 말한 "善"은 '의리의 정미함'이다. 이 글이 이름을 얻지 못했으므로 다시 '至善'으로 목록을 붙인 것이다. 『계사전』에서 '이 道를 잇는 것이 善'이라 말했으니 여기서 말한 善은 도리어 가볍게 말한 것이다. 다만 이 道를 잇는 것은 善하지 않음이 없다고 이른 것일 뿐 그것을 惡이라고 말할 수는 없다.

止於至善 不明乎善也. 言善者義理之精微. 无可得名 且以至善目之, 繼之者善 此言善 却言得輕. 但謂繼斯道者莫非善也 不可謂之惡.

'낳고 살리는 것을 일러 易이라고 말한다(生生之謂易)'고 했으니 이는 하늘이 道가 되는 까닭을 말한 것이다. 天은 다만 이처럼 낳고 살리는 생명을 道로 삼고, 생명의 이치를 다시 이어나감[繼]이 곧 善이다. 善은 곧 하나의 '元[始原]'이라는 의미가 있으니, 元이란 善의 맏이[長]이다. 만물은 모두 만물이 소생하는 봄의 마음을 가지고 있으니 곧 그것을 이어나감이 善이다. '그것을 이루는 것[成]이 性[품성]이다(成之者性也)'에서 '成'은, 도리어 만물이 스스로 그들의 성품을 이루는 것을 기다려 모름지기 얻어지는 것이다.

生生之謂易 是天之所以爲道也. 天只是以生爲道 繼且生理者 卽是善也. 善便有一箇元^a底意思. 元者善之長. 萬物皆有春意. 便是繼之者善也. 成之者性也. 成却待萬物自成其性須得.

朱熹의『周易本義』 ____

道는 陰에서 갖추어 陽을 실행한다. "繼[이어나감]"는 그 발현을 말하고, 善은 化育의 공덕을 말하므로

---

a　元=始也. 天也. 首也. 猶原.

陽의 사업이다. "成[이룸]"은 그것이 갖추어짐을 말하고, "性[품성]"은 물건이 하늘에서 받은 것을 말하므로, 사물이 태어나면 성품이 있고 각각 이 道를 갖추었음을 말하므로 陰의 사업이다. 周子[周敦頤]와 程子[程頤]의 글에서 성품에 대한 말씀을 다 갖추어놓았다.

道具於陰 而行乎陽. 繼言其發也. 善謂化育之功 陽之事也. 成言其具也. 性謂物之所受 言物生則有性 而各具是道也 陰之事也. 周子程子之書言之備矣.

인 자 견 지 　 위 지 인
仁者見之 謂之仁
仁者가 그것을 보면 仁이라 하고,

지 자 견 지 　 위 지 지
知者見之 謂之知
知者가 그것을 보면 지혜라 하며,

백 성 일 용 　 이 부 지
百姓日用 而不知
민중은 날마다 사용하지만 알지 못한다.

고 군 자 지 도 선 의
故君子之道鮮矣 *鮮=罕也. 盡也.
그러므로 군자의 道는 다 갖추었으니 극진한 것이다.

『二程文集』

'한 번 그늘지고[陰] 한 번 햇볕드는[陽] 것을 道라 함'은 자연의 道이다. '그것을 이어나가는 것이 善이라 함'은 道를 출현시켜 유용하게 하는 것이다. 『文言傳』의 '元은 善의 맏이'는, 그것을 이룸은 단지 성품이니 각각 하늘에서 품부 받은 성품을 바르게 한다는 뜻이다. 그러므로 이르기를 仁者가 그것을 보면 어짊이라 말하고 知者가 그것을 보면 지혜라고 말하며 민중은 날마다 쓰지만 알지 못한다. 그러므로 군자의 도는 극진한 것이다.

一陰一陽之謂道 自然之道也. 繼之者善也 出道則有用 元者善之長也 成之者却只是性 各正性命者也. 故曰 仁者見之謂之仁 知者見之謂之知 百姓日用而不知. 故君子之道鮮矣.

이렇게 말하면 역시 시작도 없고 끝도 없는 것이다. 그렇다면 无는 무엇 때문에 있는가? 그렇다면 无는 무엇 때문에 없다고 하는가? 역시 无라는 것도 처소가 있으면 있는 것이고 또한 无는 처소가 없는 경우에만 없는 것이다. 義理라는 것도 仁者는 仁으로 간주(看做)하고 知者는 또한 知로 간주하며, 민중은 날로 쓰면서도 알지 못하니, 이래서 군자의 道는 극진한 것이라고 말한다. 또한 義理는 작지도 않고 남지도 않지만 다만 사람들이 그것을 바라보아도 보이지 않는 것이다.

如此則 亦无始亦无終. 亦无因甚有 亦无因甚[a]无. 亦无有處有 亦无无處无……這箇義理 仁者又看做仁也 了. 知者又看做知了也. 百姓日用而不知. 此所以君子之道鮮矣. 此箇義理 亦不小亦不剩 只是人看他不見 也.

朱熹의『周易本義』

仁인 陽과 知인 陰이 각각 道의 한 모퉁이를 얻었으므로 보는 바에 따라 그 한 모퉁이를 전체라고 지목한다. '날마다 쓰면서도 모른다'는 것은 마시지 않는 것은 아니지만 맛을 아는 자는 드물고, 매양 기피하지만 언제나 붙어있지 않음이 없는 것이 道이다. 혹자는 묻기를 上章에서 知를 하늘에 배속시키고 仁을 땅에 배속시켰는데 이와는 다르니 왜입니까? 대답하기를 거기에서는 淸濁(청탁)으로 말했고 여기에서는 動靜(동정)으로 말한 것이다.

仁陽知陰 各得是道之一隅. 故隨其所見 而目爲全體也. 日用不知 則莫不飮食 鮮能知味者. 又其每下[b]者 也 然亦莫不有是道焉. 或曰 上章以知屬乎天 仁屬乎地 與此不同何也. 曰 彼以淸濁言 此以動靜言.

현 제 인　　장 제 용
顯諸仁　藏諸用 *仁＝造化之功. 德之發. *用＝機緘之妙. 業之本. *諸＝於. 乎.

易은 仁에서 드러내지만, 쓰임에서는 감추며,

고 만 물　이 불 여 성 인 동 우
鼓萬物 而不與聖人同憂

만물을 고동치게 하지만 성인과 더불어 한가지로 걱정하지 않으니,

성 덕 대 업　지 의 재
盛德大業 至矣哉

성대한 德과 위대한 사업이 지극하도다.

『二程文集』

운행의 자취와 생육의 공덕은 仁을 드러냄이요, 神의 묘용에 방소가 없고, 변화에 자취가 없는 것은, 작용을 감춘 것이다. 천지가 성인과 더불어 똑같은 근심을 하지 않음은, 천지는 주재하지 않으나 성인은 그럴 마음이 있기 때문이다. 천지는 무심하되 조화를 이루고 성인은 유심하되[천지조화를 따를 뿐] 다스림이 없으니, 천지와 성인의 성대한 덕과 위대한 업적은 가히 지극하다 할 것이다.

運行之跡 生育之功 顯諸仁也. 神妙无方 變化无跡 藏諸用也. 天地不與聖人同憂 天地不宰 聖人之心也. 天地无心而成化 聖人有心而无爲 天地聖人之盛德大業 可謂至矣.

---

a　甚＝什麼(무슨. 어찌.)

b　下＝去也. 避也.

富有[넉넉함]는 넓게 키운 것이고, 日新[날마다 새로움]은 무궁하게 하는 것이며, 生生相續[낳고 살려 서로 이어감]은 변화하며 끝이 없다는 것이다. 乾☰은 만물을 비롯되게 하여 象을 있게 하고, 坤☷은 만물을 이루어 몸을 갖추게 하여 본받을 象을 드러내니, 점대[數]를 미루어 오는 물건을 알 수 있다. 변통이 끝이 없는 것은 일의 이치이며, 천하의 존재하는 것이 陰陽을 떠나지 않음은 神靈스러움을 좇을 뿐, 향하는 곳을 알 수 없고 剛柔·動靜을 헤아리지 못한다.

富有溥博也 日新无窮也 生生相續 變易而不窮也. 乾始物而有象 坤成物而體備 法象著矣. 推數可以知來物. 通變不窮 事之理也 天下之有 不離乎陰陽 順神也. 莫知其鄉 不測其爲剛柔動靜也.

천지의 큰 덕은 생명이다. 그것이 낳으면 볼 수 있고, 낳을 수 있는 원인은 神의 妙用[생성작용]이다. 그러므로 이르기를 仁에서 드러나고 일용에 감추어 있다고 말한다.

天地之大德曰生. 其生可見也 所以生之者用也. 故曰 顯諸仁 藏諸用.

하늘은 만물을 고동치나 성인과 더불어 똑같이 근심하지 않는다. 성인은 사람이므로 걱정하지 않을 수 없지만, 하늘은 堯임금을 위해 보존해 주지 않고, 桀임금을 망하게 하지 않는다. 천지가 만물을 고동치게 함이 이와 같으나, 성인은 天理를 따라서 만물이 화평하기를 바라므로 우환이 있다.

鼓萬物 而不與聖人同憂. 聖人人也 故不得无憂……天則不爲堯存 不爲桀亡者也. 天地鼓萬物如此 聖人循天理 而欲萬物同之 所以有憂患.

천지는 무심하기에 근심하지 않고, 성인은 정사를 다스려 이루어야 하기에 근심한다.

天地以无心 故不憂. 聖人致有爲之事 故憂.

성인은 다스리는 공덕이 있고, 천지는 주재하지 않는 공덕이 있다.

聖人有爲[a]之功 天地不宰之功.

이것이 천지와 사람이 다른 부분이니 성인이 할 수 없는 것이 있으면 하늘이 보살핀다.

此天地與人異處. 聖人有不能爲 天地所爲處.

하늘이 만물을 고동치게 하는 것과 성인의 신묘한 지혜는 이름 붙일 수 없다.

鼓動萬物 聖人之神知 則不可名.

---

a　有爲＝老壯의 '無爲'와 반대 개념.

"顯[드러냄]"은 안으로부터 밖으로 드러나는 것이요, "仁[어짊]"은 조화의 공덕이 발현하게 함을 말한다. "藏[감춤]"은 밖으로부터 안으로 저장함이요, "用[쓰임]"은 발동하고[機] 봉합하는[緘] 신묘함을 말하는 것으로 생업의 근본이다. 程子 왈, 천지는 무심하되 조화를 이루고, 성인은 유심하되 다스림이 없다.

顯 自內而外也. 仁謂造化之功德之發也. 藏自外而內也. 用謂機緘之妙業之本也. 程子曰 天地無心而成化. 聖人有心而無爲.

<blockquote>
^{부 유 지 위 대 업}
富有之謂大業
부유하게 하는 것을 대업이라 말하고,

^{일 신 지 위 성 덕}
日新之謂盛德
날마다 새로워지는 것을 성덕이라 한다.
</blockquote>

橫渠[張載]선생이 가로되 富有한 자는 커서 밖이 없고, 日新한 자는 영구하여 다함이 없다.

張子曰 富有者 大而无外. 日新者 久而无窮.

<blockquote>
^{생 생 지 위 역}
生生之謂易
생명의 살림살이를 易이라 말한다.
</blockquote>

『二程文集』 ____

만물이 일체라고 하는 까닭은 모두 이치가 있어 그 속에서 따라 나온 때문이니, 낳고 살리는 것을 易이라 한다. 태어나면 한 때를 살면서 모두 이 이치를 완비한 것이지만. 사람은 능히 추측할 수 있으나 물건은 氣가 어두워 추측하여 알 수 없을 뿐, 이치를 부여받지 않는다고 말할 수 없다.

所以謂萬物一體者 皆有此理 只爲從那裏來 生生之謂易. 生則一時生 皆完此理. 人則能推 物則氣昏推不得. 不可謂他物不與有也.

生生[살림살이]을 易이라 말하고. 生生[낳고 살림의 작용]을 神妙하다고 말한다.

生生之謂易 生生之用則神也.

天地陰陽은 그 세력이 높고 낮으며 서로 배반되지만, 반드시 서로 기다리며 쓰임이 된다[對待關係]. 陰이 있으면 곧 陽이 있고, 하나가 있으면 곧 둘이 있다. 비로소 하나 둘이 있으면 곧 셋이 있다. 一 二 사이에 곧 三이 있으니, 이렇게 나아감에 끝이 없다[兩点論 혹은 陰陽辨證法].

天地陰陽 其勢高下甚相背 然必相須而爲用也. 有陰便有陽 有一便有二 才有一二便有三 一二之間便是三 已往便无窮.

老子가 말하기를 三이 만물을 낳는다 하였으니, 이것은 生生이 易이란 말이고 그 이치가 '自然'에 있을 따름이다. 오직 하늘의 命이 실처럼 연결되듯이 그치지 않는 것은 스스로 이치가 저절로 서로 연속되어 그치지 않는 것이며, 사람이 그렇게 하는 것은 아니다. 만약 사람으로 하여금 할 수 있게 해도 비록 백만 가지 안배를 하더라도 모름지기 그칠 때가 있을 것이다. 다만 爲[治·行·成·使·造作]하되 無爲[無僞: 無治]하므로 그치지 않는다. 그래서 『中庸』에서 '드러내지 않아도 빛나며, 움직이지 않아도 변화하며, 시키지 않아도 이룬다'고 했으니, 이야말로 천지의 道를 한마디로 다 말한 것이다.

老子亦言 三生萬物. 此是生生之謂易 理自然而已. 維天之命 於穆不已 自是理自相續不已. 非是人爲之 如使可爲 雖使百萬般安排也 須是有息時. 只爲无爲 故不息. 中庸言 不見而彰 不動而變 無爲而成 天地之道 可一言而盡也.

朱熹의『周易本義』____

陰이 陽을 낳고 陽이 陰을 낳으며 그 변화가 무궁하니, 자연의 이치와 주역의 글도 다 그렇다.

陰生陽 陽生陰 其變无窮. 理與書皆然也.

성 상 지 위 건
成象之謂乾

象을 이루는 것을 乾이라 말하고,

효 법 지 위 곤
效法之謂坤 *效=呈也. *法=造化之詳密而可見者.

그 조화의 비밀을 드러내는 것을 坤이라 말하며,

극 수 지 래 지 위 점
極數知來之謂占

數理를 다하여 미래를 아는 것을 占이라 말하고,

통 변 지 위 사
通變之謂事

변화에 변통함을 政事라 말하며,

음 양 불 측 지 위 신
陰陽不測之謂神

음양을 추측할 수 없음을 神이라고 말한다.

___

'날로 새로워짐을 성대한 德이라 하고, 낳고 살리는 것을 易이라 하고, 음양을 측량할 수 없음을 神이라 한다'는 말은 요점[樞紐(추뉴)]을 사려해야 터득할 수 있다.

日新之謂盛德 生生之謂易 陰陽不測之謂神 要思而得之.

朱熹의 『周易本義』

"效[본받음]"는 '呈[드러냄]'을 뜻하고, "法"이란 조화의 상세한 비밀을 보여줌을 이른다.

效呈也. 法謂造化之詳密 而可見者.

占은 易占을 치는 것이니 일이 정해지지 않으므로 陽에 배속하고, "事"는 일을 행하는 것이다. "占"이란 이미 決斷한 것이므로 陰에 배속한다. 數理를 다하여 옴을 아는 일은 政事의 변화를 소통하려는데 목적이 있다. 張詠[시호는 忠定]이 '公事에는 陰陽이 있다'고 말한 것도 대체로 이와 같은 뜻이다.

占筮也. 事之未定者 屬乎陽也. 事行事也. 占之已決者 屬乎陰也. 極數知來 所以通事之變. 張忠定公 言公事有陰陽 意蓋如此

橫渠[張載] 선생이 말한 "陰陽不測"이란, 陰陽은 體用 兩面이 있으므로 측량하지 못한다는 뜻이다.

張子曰 兩在故不測

이 제5장은 道의 體와 用이 陰陽의 밖에 있지 않으나, 그렇게 되는 까닭은 일찍이 陰陽에 의지하며 시험하지 않음을 말한다.

此章 言道之體用 不外乎陰陽. 而其所以然者 則未嘗[a]倚於陰陽也.

___

a　嘗(상)=口味之也. 試也. 行也. 曾也.

제6장

부 역　광 의 대 의
夫易 廣矣大矣

대저 易은 넓고도 큰 것이다.

이 언 호 원　즉 불 어
以言乎遠 則不禦

먼 것으로 말하면 제어할 수 없으며,

이 언 호 이　즉 정 이 정
以言乎邇 則靜而正

가까운 것으로 말하면 고요하고 바르며,

이 언 오 천 지 지 간　즉 비 의
以言乎天地之間 則備矣 *備=無所不有.

천지의 사이로 말하면 갖추어 있지 않은 것이 없다.

『二程文集』

易의 道가 넓고 커서 멀리 미루어보면 끝이 없고. 가까운 것으로 말하면 편안하고 고요해서 바르며, 천지간에 만물의 이치와 같지 않은 것이 없다. 乾은 고요하면 전일하고 움직이면 곧다. 專은 섞임이 없이 한결같음이고 直은 곧고 쉽다는 뜻이다. 乾이 오로지 전일하고 곧음으로 만물을 낳는 功이 크다. 坤은 고요하면 닫히고 움직이면 열린다. 坤의 실체가 움직이면 열린다. 乾에 호응하여 열리고 닫혀 만물을 널리 낳는다. 넓고 큼은 천지의 功이요, 변화에 통함은 四時(사시)의 운행이요, 한 번 陰[그늘짐]하고 한 번 陽[햇볕 듦]하는 것은 일월의 운행이다. 乾坤(건곤)의 쉽고 간단한 공덕은 지극히 善한 덕이다.

易道廣大 推遠則无窮 近言則安靜而正. 天地之間 萬物之理 无有不同. 乾靜也專 動也直. 專專一也. 直直易也. 唯其專直 故其生物之功大. 坤 靜翕動闢 坤體動則開 應乾開闢 而廣生萬物. 廣大天地之功也. 變通四時之運也. 一陰一陽 日月之行也. 乾坤易簡之功 乃至善之德也.

朱熹의『周易本義』

"不禦(어거하지 못함)"는, 다함이 없음을 말한다. "靜而正(고요하여 바르다)"은, 사물에 나아가도 이치가 보존됨을 말한다. "備(갖추어 있음)"는, 있지 않은 곳이 없음을 말한다.

不禦 言无盡. 靜而正 言卽物而理存. 備言无所不有.

夫乾　其靜也專　其動也直

대저 乾은 그 고요함이 전일하고 그 운동이 곧은지라,

是以大生焉

이로써[實한 質性으로써] 크게 살린다[크게 생성한다].

夫坤　其靜也翕　其動也闢　*翕＝合也. 斂也.

대저 坤은 고요하면 닫히고 운동하면 열리니,

是以廣生焉

이로써[虛한 국량으로써] 넓게 살린다[廣生].

『二程文集』

乾은 陽이니 움직이지 않으면 강건하지 않다. 고요하면 專一(전일)하다. 專一하면 그 움직임이 곧다. 곧으면 완수된다. 專一하지 못하면 곧게 완수하지 못한다. 坤은 陰이니 고요하지 못하면 부드럽지 않다. 고요하면 닫힌다. 닫아서 모으면, 그 움직임으로 열리며 발산한다. 닫아서 모으지 못하면 발산할 수도 없다.

乾陽也　不動則不剛　其靜也專一　其動也直. 直遂不專一則　不能直遂. 坤陰也　不靜則不柔　其靜也翕　翕聚 其動也闢　發散　不翕聚則不能發散.

朱熹의 『周易本義』

乾坤은 각각 動靜이 있으니 四德[元亨利貞]에서 그것을 보여준다. 고요함은 體[본체]이고 움직임은 用[이용]이다. 고요하면 나뉘고 움직이면 교제한다. 乾은 하나로 오로지하여 實하기 때문에 그 재질로 말하여 크다고 한다. 坤은 둘로 나뉘어 虛하기 때문에 그 국량으로 말하여 넓다고 한다. 대체로 하늘의 형상은 땅의 밖을 감싸고 있으나 그 기운은 항상 땅 가운데서 운행하니, 易이 광대한 까닭은 이 때문이다.

乾坤各有動靜　於其四德見之. 靜體而動用　靜別而動交也. 乾一而實故　以質言而曰大. 坤二而虛　故　以量言而曰廣. 蓋天之形　雖包於地之外　而其氣常行乎地之中也. 易之所以廣大者以此

茶山의 『周易四箋』

乾은 氣[기운]이고 坤은 土[흙]이다. 기운이 고요하면 순일하여 흩어지지 않는다. 움직이면 빠르게 분출하여 꺾이지 않는다. 그런 까닭에 크다고 한 것이다. 土[흙]가 고요하면 들어붙어 서로 합쳐진다. 흙이 움직이면 쪼개져 둘로 열린다. 그런 까닭에 넓다고 말한 것이다.

乾者氣也. 坤者土也. 氣靜則純一而不散. 氣動則奮迅而不屈. 所以爲大也(陽曰大). 土靜則膠嗑以相合. 土動則分劈而兩開. 所以爲廣也.

＊配(배)=匹也. 當也.

광 대 배 천 지
廣大 配天地

易은 광대함으로써 천지와 짝하고,

변 통 배 사 시
變通 配四時

변통함으로써 四時와 짝한다.

음 양 지 의 배 일 월
陰陽之義 配日月

음양의 뜻은 일월에 짝하고,

이 간 지 선 배 지 덕
易簡之善 配至德

簡易한 善은 지극한 德에 짝한다.

朱熹의『周易本義』

易의 광대함과 그 변통, 그리고 陰陽의 이론으로 말한 쉽고 간단한 덕을 천도와 인사에 배속하면 이와 같다.

易之廣大變通 與其所言陰陽之說 易簡之德 配之天道人事 則如此

茶山의『周易四箋』

天地에 해당되는 것은 乾☰괘와 坤☷괘이고, 四時에 해당되는 것은 12개의 辟卦(벽괘)이다. 해와 달에 해당하는 것은 윤월에 해당하는 (大离☲火인) 中孚䷼괘와 (大坎☵水인) 小過䷽괘이다. 쉽고 간편함은 震☳雷괘와 艮☶山괘의 덕이며, (大震☳인) 復䷗괘와 (大艮☶인) 剝䷖괘로 말하면 易簡의 덕에 배속할 수 있다. 이처럼 주역의 推移하는 法은 전적으로 天地造化를 모방한 것이니 안배하면 이와 같은 것이다.

配天地者 乾坤二卦也(八卦之乾坤). 配四時者 十二辟卦也(重卦之乾坤). 配日月者 中孚小過也(說卦云 离爲日 坎爲月). 易簡者震艮之德(義見上). 謂復剝之卦 可配此德也. 周易推移之法 全侔造化. 故配之如是也.

제7장

子曰^a 易其至矣乎

子[공자] 왈, 易은 진실로 지극하구나!

夫易 聖人所以 崇德以廣業也

대저 易이란 성인이 덕을 높이고 功業을 넓히려는 목적이다.

知崇 禮卑

지혜는 높여주고, 禮는 낮추는 것이니,

崇效天 卑法地

높임은 하늘을 본받고 낮춤은 땅을 본받는다.

『二程文集』

陽의 道는 진실로 지극하구나! 성인은 易의 道로써 그 德業을 높이고 키운다. 지혜는 높이는 것이요 禮는 낮추는 것이니, 높고 낮음이 이치를 따르면 천지의 道에 합치된다. 높고 낮은 자리가 설정되면 易은 그 가운데 있다. 이 이치가 이루어져 사람에게 있으면 性[성품]이 되니, '그것을 이루는 것은 성품(成之者性也)'이다. 사람의 마음을 이 이치가 보존된 곳에 있게 하는 것이 곧 '도의의 문[道義之門]'이다.

陽之道其至矣乎. 聖人以易之道 崇大其德業也. 知則崇高 禮則卑下 高卑順理 合天地之道也. 高卑之位設則 易在其中矣. 斯理也成之在人則爲性 成之者性也. 人心存乎 此理之所存 乃道義之門也.

朱熹의『周易本義』

주역의 十翼(십익)은 모두 공자께서 지은 것이니, "子曰"이란 글자는 아마 後人(후인)이 붙인 것 같다. 이치를 궁구하면 지혜가 하늘처럼 높아져 德을 높이고, 이치를 따르면 예절이 땅처럼 낮아져 업적이 넓다. 이는, 비슷한 것을 취해서 말한 것이며 또한 淸濁[맑음과 흐림]으로 말한 것이다.

十翼皆夫子所作. 不應自著 子曰字 疑皆後人所加也. 窮理則 知崇如天 而德崇. 循理則 禮卑如地而業廣. 此其取類 又以淸濁言也.

---

a 편역자 주: 제7장 이하의 "子曰"은, 孔子(공자)가 『繫辭傳』을 짓지 않았음을 증거한다. 한편 朱子는, 後人이 "子曰" 두 글자를 덧붙인 것으로 본다. 그런데 대부분의 번역서가 "子曰"의 '子'를 孔子로 해석하는 현상을 무시할 수 없으므로, 중립적인 입장에서 "子曰"을 "子[孔子] 왈" 또는 "子 왈[孔子께서 이르기를(말씀하시길: 말씀하였다)]"로 풀이한다.

천 지 설 위　이 역 행 호 기 중 의
天地設位 而易行乎其中矣

천지가 각자 자리를 마련하고 易은 그 가운데서 운행한다.

성 성 존 존　도 의 지 문
成性存存 道義之門 *存=保其終也.

이루어진 天性을 보존·계승하는 것이 道義의 문이다.

『二程文集』 ____

천지가 자리를 설정함에 易이 그 가운데서 운행한다고 했는데 어째서 사람이 그 가운데서 운행한다고 말하지 않았을까? 대개 사람도 역시 物이기 때문이다. 만약 '人'이라는 物이 그 가운데서 行한다고 말한다면, 단지 귀신을 통해서만 '人'을 찾을 것이다. 이치나 성심으로 말하는 것 역시 가능하겠지만, 특별히 易을 말한 것은 사람들로 하여금 말없이 인식하고[默識] 스스로 터득하기를[自得] 바랐기 때문이다.
天地設位 而易行其中 何不言人行乎其中. 蓋人亦物也. 若言人物行乎其中 則人只於鬼神上求矣. 若言理言誠亦可也. 而特言易者 使人默識而 自得之也.

천지가 다만 자리를 설정하고 易이 그 가운데서 운행하는 것이 神[自然神]이다.
天地只是設位 易行乎其中者神也.

'천지가 자리를 설정함에 易이 그 가운데서 운행한다' 했고, '乾坤이 폐하면 易을 드러내지 못한다' 했고, '易이 드러나지 않으면 乾坤이 혹 거의 쉰다고 하였는데, 易은 무슨 물건이기에 그러한가? 易은 다만 하나의 책이 아니고 易의 道이며, 또한 易은 하나의 일에서 찾을 필요가 없으며 단지 天理를 다하는 것이다. 이것이 곧 易이다.
天地設位 而易行乎其中矣. 乾坤毁則 无以見易. 易不可見則 乾坤或幾乎息矣. 易是箇甚. 易又不只是這一部書 是易之道也. 不要將易又是一箇事 只是盡天理 便是易也.

이룬 천성을 보존하고 보존함이 곧 道義의 문이다.
成性存存 便是道義之門.

'이루어진 천성을 보존하고 또 보존함이 道義의 문'이라 한 것은, 역시 만물이 각자 품부 받은 천성을 보존·유지하는 일이다. 이는 또한 낳고 살림을 그치지 않는다는 뜻이다. 이처럼 하늘이 단지 생명으로써 도리를 삼으니, "成性存存 道義之門"이란 〈道는 몸이 없으나 義는 (행동이므로) 方所가 있다〉는 뜻이다.
成性存存 道義之門 亦是萬物各有成性存存. 亦是生生不已之意. 天只是以生爲道 成性存存 道義之門 道无體義有方也.

천지가 자리를 설정하여 변화가 이루어짐은, 마치 지혜와 예절이 성품을 보존하면 도의가 나오는 것과 같다. "成性[이룬 성품]"이란 본래 이루어진 것이 성품이며, "存存"은 보존하고 또 보존함이니 그치지 않는다는 뜻이다.

天地設位 而變化行 猶知禮存性 而道義出也. 成性本成之性也. 存存謂存而又存 不已之意也.

> <ruby>聖<rt>성</rt></ruby> <ruby>人<rt>인</rt></ruby> <ruby>有<rt>유</rt></ruby> <ruby>以<rt>이</rt></ruby> <ruby>見<rt>견</rt></ruby> <ruby>天<rt>천</rt></ruby> <ruby>下<rt>하</rt></ruby> <ruby>之<rt>지</rt></ruby> <ruby>賾<rt>색</rt></ruby>
>
> 聖人 有以見天下之賾 *賾=幽深難見.
>
> 성인께서 또한 천하의 심오한 자취를 살펴보려고,
>
> 而擬諸其形容 象其物宜
> (이 의 제 기 형 용 상 기 물 의)
>
> 그 형용을 의제하여 그 물건에 알맞게 형상했다.
>
> 是故謂之象
> (시 고 위 지 상)
>
> 이런 고로 주역에서는 그것을 象(상)이라 말한다.

『二程文集』

성인은 천하의 심원한 일을 본다. 賾(색)은 심원하다는 뜻이다. 그 형용을 비교·의제하여 그 일을 똑같이 형상화하였다. 그러므로 象이라 한 것이다. 천하의 운동은 무궁하므로 그 會通[모여 소통함]을 관찰하였으니, '會通'이란 모두 벼리에 결속함을 말하는 것이다. 이로써 典禮를 행하는데 그 典禮란 법도이며 사물의 법칙이다.

聖人見天下深遠之事 賾深遠也. 而比擬其形容 體象其事類. 故謂之象. 天下之動無窮也 故觀其會通. 會通綱ᵃ要ᵇ也. 乃以行其典禮. 典禮法度也 物之則也.

말을 붙여놓고[繫辭] 이로써 길흉을 판단하는 것이 爻(효)이다. 천하의 심원한 것을 말하면 알기 어렵지만 이치가 있는 것이니 싫어할 수 없다. 천하의 움직임을 말하자면 끝이 없지만 사물은 저마다 자기 方所[공간]가 있어서 모방하여 익힐 수 없다. 擬制(의제)한 表象(표상)으로 헤아려 말씀을 붙이고[繫辭], 그 표상을 헤아려 그 움직임을 살피고, 擬制한 표상들로써 그 변화를 이룬다. 변화는 爻의 時義이고. 표상을 擬制함은 표상하여 말하는 것이다. '학이 그늘에서 울고 있음'을 거론한 아래의 일곱 爻는 表象을 의제하여 말한 것이다. 나머지 爻도 다 그렇다.

繫之辭 以斷其吉凶者爻也. 言天下之深遠難知也 而理之所有 不可厭也. 言天下之動无窮也 而物有其方 不可學也. 擬ᶜ度而設其辭 商議ᵈ以察其動 擬議以成其變化也. 變化爻之時義 擬議議而言之也. 學鳴鶴在陰以下七爻 擬議而言者也. 餘爻皆然也.

---

a 綱=維也.

b 要=總約. 樞紐.

c 擬=度也. 像也. 比也.

d 議=儀[標準]와 통용됨. 象.

賾(색)은 섞여서 어지러운 것이고 象은 卦의 형상이니, 『說卦傳』에서 열거한 것과 같다.

賾雜亂也. 象卦之象 如說卦所列者.

茶山의『周易四箋』

坎☵·离☲·艮☶·震☳은 귀·눈·손·발이 아니라 그 형용을 擬制(의제)한 것일 뿐이다. 乾☰·坤☷·兌☱·巽☴은 말·소·양·닭이 아니라 그 모양을 의제한 것일 뿐이다. 이를 象이라 하니, 象은 유사한 것이다.

坎离艮震 非耳目手足 擬諸其形容而已. 乾坤兌巽 非馬牛羊鷄 擬諸其形容而已. 此之謂象. 象者似也.

성 인 유 이 견 천 하 지 동
聖人 有以見天下之動 *見("견")=明也. ("현")=顯露也.

성인께서 또한 천하의 운동을 밝혀냄으로써,

이 관 기 회 통 이 행 기 전 례
而觀其會通 以行其典禮

그 理의 會通함을 관찰하여 이로써 전례를 행하고,

계 사 언 이 단 기 길 흉
繫辭焉 以斷其吉凶

말씀을 붙여 이로써 그 길흉을 판단케 했다.

시 고 위 지 효
是故謂之爻 *爻=效也. 變也.

이런 고로 이를 일러 爻라 한다.

朱熹의『周易本義』

會는 이치가 모여 빠진 것이 없는 것을 말하고, 通은 이치가 행해져 막히는 곳이 없는 것을 말한다. 이는 백정이 소를 잡는 것 같아서 모임[會]은 단단히 얽힌 곳이요 通함은 텅 빈 곳이다.

會謂理之所聚 而不可遺處. 通謂理之可行 而无所礙處. 如庖丁解牛 會則其族[a] 而通則其虛也.

茶山의『周易四箋』

"天下之動(천하의 운동)"이란 괘·효·物象의 변동을 말한다. "會通"이란 이것과 저것이 더불어 하고 어그

---

a 族=交錯聚結.

러지는 정황을 말한다. "典禮"란 제사·혼인·연회·전쟁 등을 말하는 것으로, 장차 이런 전례를 행하고자 하면 마땅히 점을 쳐야 하니, 이에 占詞(점사)를 지어 각각 爻아래에 爻詞로 붙여 그 일의 길흉을 판단하도록 했다. 爻는 변동하는 것이니, 만약 변하지 않는 것이라면 爻라고 이름붙일 수 없다. 漢나라·魏나라 이래로 畫(획)을 爻(효)라고 오인함으로써 명칭과 뜻이 어긋나서 꿈속에서 꿈을 풀이하는 격이니 한탄스럽다.

天下之動 謂卦爻物象之變動也. 會通 謂此物彼物 相與相戾之情也. 典禮 謂祭祀婚姻宴飮戰伐之等也. 將行典禮 須有占詞 於是作爲爻詞 繫之六爻之下 俾得以斷其吉凶也. 動者爲爻 若其不動者 不名爲爻. 漢魏以來 認畫爲爻 名義乖舛 夢中說夢 嗟哉.

『二程文集』

정성이 지극하면 움직이고, 움직이면 변하고, 변하면 조화한다. 그러므로 이르기를 의제[擬]한 뒤에 말하고, 표상[議]한 뒤에 움직이고, 의제하고 표상함으로써 변화를 이룬다고 한 것이다.

至誠則動 動則變 變則化. 故曰 擬之而後言 議之而後動. 擬議以成其變化.

朱熹의 『周易本義』

象을 관찰하고, 繫辭(계사)를 음미하고, 변화를 관찰하고, 占(점)을 완상하여 본받아 행한다. 다음에 인용한 일곱 爻辭도 그런 사례이다.

觀象玩辭觀變玩占 而法行之. 此下七爻則其例也.

鳴鶴在陰 其子和之

학이 그늘에서 울고 있으니 새끼들이 화답하고,

我有好爵 吾與爾靡之 *靡=順也. 隨也. 縻也.

내가 좋은 벼슬을 가졌으니 내가 너와 더불어 어울린다.

子曰 君子居其室 出其言善則

子[공자] 왈, 군자가 방에 앉아 있어도 그 말이 善하면,

千里之外應之 況其邇者乎

천리 밖에서도 호응하거늘 항차 가까운 者야 말해 무엇 하랴?

居其室 出其言不善則

그러나 군자가 거실에 앉아 있어도 그 말이 善하지 않으면,

千里之外違之 況其邇者乎

천리 밖에서도 거역하거늘 항차 가까운 者야 말해 무엇 하랴?

言出乎身加乎民[a]

말은 몸에서 나오지만 민중에게 가해지며,

行發乎邇見乎遠

행실은 비근한데서 나오지만 먼 데까지 드러난다.

言行君子之樞機 樞機之發 榮辱之主也

언행은 군자의 樞機(추기)이니, 樞機의 발현이 영욕을 주관하는 것이다.

言行 君子之所以動天地也 可不愼乎

언행은 군자가 천지를 움직이는 방도이니 可(가)히 삼가지 않겠는가?

朱熹의 『周易本義』 ____

中孚☲☱괘 九二 효사의 뜻을 해석한 것이다.

釋中孚九二爻義.

---

a　民=士農工商의 四民. 귀족·관리가 아닌 피지배자들.

同人先號咷 而後笑

"同人괘에서 '앞서 울부짖다가 뒤에는 웃는다' 했다.

子曰 君子之道

子[공자] 왈, 군자의 道는

或出或處 或黙或語

혹[혹시] 나가거나 머물거나, 혹[혹시] 침묵하거나 말하거나,

二人同心 其利斷金

두 사람이 마음을 합하면 날카로움이 쇠를 끊고,

同心之言 其臭如蘭

마음을 합한 말은 향기가 난초 같다고 하셨다.

朱熹의 『周易本義』 ____

同人☰ 괘 九五의 爻辭를 풀이한 것이다. 군자의 道는 처음에는 같지 않은 듯하지만, 그 뒤에는 실제로 간극이 없다. '쇠를 끊는다'·'난초 같다'는, 물건으로 군자 사이를 갈라놓을 수 없으며, 그 말에 의취가 있음을 말한 것이다.

釋同人九五爻義. 言君子之道 初若不同 而後實无間. 斷金如蘭 言物莫能間 而其言有味也.

初六 藉用白茅 无咎

初六은 "돗자리로 흰 띠풀을 사용하니 허물이 없다"고 했다.

子曰 苟錯諸地而可矣 *錯=處也. 陳設也.

子 왈[공자께서 말씀하시길], 진실로 땅바닥에 진설해도 괜찮거늘,

藉之用茅 何咎之有 愼之至也

띠풀을 깔았으니 무슨 허물이 있겠는가? 삼감이 지극하도다!

夫茅之爲物薄 而用可重也

대저 띠풀이란 하찮은 물건이지만 그 쓰임을 重(중)하게 여기니,

愼斯術也以往 其无所失矣

삼가 이런 방술로 나아가면, 덕을 잃음이 없을 것이다.

朱熹의『周易本義』

大過䷛괘 初六의 효사를 뜻풀이한 것이다.

釋大過初六爻義.

노겸군자 유종길
勞謙君子 有終吉

"노고에도 겸손한 군자는 끝내 吉함이 있다"고 했다.

자왈 노이불벌 유공이부덕
子曰 勞而不伐 有功而不德

子[공자] 왈, 노고에도 자랑하지 않고, 功을 세우고도 부덕하다고 하면,

후지지야
厚之至也

후덕함이 지극한 것이다.

어이기공하인자야
語以其功下人者也

이는 자기 공덕을 남에게 낮춤을 말한 것이다.

덕언성 예언공
德言盛 禮言恭

德은 풍성함을 말하고, 禮는 공경함을 말하며,

겸야자 치공이존기위자야
謙也者 致恭以存其位者也 *存=省也. 保其終也.

겸양은 공경을 다하여 그 자리의 끝을 보존하도록 성찰하는 것이다.

朱熹의『周易本義』

謙䷎괘 九三의 효사를 해석한 것이다. "德言盛"·"禮言恭"은 자기 덕이 성대하기를 바라고, 禮로써 상대를 공경하고자 함이다.

釋謙九三爻義. 德言盛 禮言恭 言德欲其盛 禮欲其恭也.

항룡유회
亢龍有悔

효사에 "꼭대기에 오른 龍은 회한만 남는다"고 했다.

자왈 귀이무위 고이무민
子曰 貴而无位 高而无民

子[공자] 왈, 귀하지만 지위가 없고 높지만 민중이 없으며,

現인재하위이무보

賢人在下位而无輔

현인들은 낮은 자리에 있어 보필하는 이가 없으니,

시이동이유회야

是以動而有悔也

이로써 움직이면 회한만 남는다.

朱熹의『周易本義』

乾☰괘 上九의 효사를 해석한 것이다. 이 문장은 의당『文言傳』에 속해야 한다. 이것은 아마 중복된 듯하다.

釋乾上九爻義. 當屬文言. 此蓋重出.

불출호정 무구

不出戶庭　无咎

爻辭에 "문밖을 나서지 않으면 허물이 없다"고 했다.

자왈 난지소생야 즉언어이위계

子曰 亂之所生也 則言語以爲階　＊階＝陛也. 導引也. 因也.

子[공자] 왈, 어지러움이 일어나는 것은 언어에서 빌미가 생기는 것이니,

군불밀즉실신 신불밀즉실신

君不密則失臣 臣不密則失身　＊密＝深也. 祕也. 神也. 秘密也.

군주가 주밀하지 못하면 신하를 잃고, 신하가 주밀하지 못하면 몸을 잃으며,

기사불밀즉해성

幾事不密則害成　＊幾＝殆也. 庶也.

매사에 주밀하지 못하면 손해를 입는 것이니,

시이군자 신밀이불출야

是以君子 愼密而不出也

이로써 군자는 삼가고 주밀하여 드러내지 않는다.

朱熹의『周易本義』

節☱괘 初九 효사의 뜻을 해석한 것이다.

釋節初九爻義.

자 왈 작 역 자 기 지 도 호
子曰 作易者 其知盜乎

子 왈[공자께서 말씀하셨다], 易을 지은 성인은 진실로 도적을 알았구나!

역 왈 부 차 승 치 구 지
易曰 負且乘 致寇至

易에서 가로되 짐을 지고 수레를 타니 도적을 불러들인다고 했다.

부 야 자 소 인 지 사 야 승 야 자 군 자 지 기 야
負也者 小人之事也 乘也者 君子之器也

짐을 지는 것은 소인의 일이요, 수레는 군자의 그릇이다.

소 인 이 승 군 자 지 기 도 사 탈 지 의
小人而乘君子之器 盜思奪之矣

소인이 군자의 그릇을 탔으니 도둑이 빼앗으려는 생각을 하는 것이다.

상 만 하 폭 도 사 벌 지 의
上慢下暴 盜思伐之矣

위는 오만하고 아래는 포악하니 도적이 침탈을 생각하게 된다.

만 장 회 도 야 용 회 음
慢藏誨盜 冶容誨淫   *慢=惰也. 疎也. *誨=曉教也.

소홀히 저장하면 도적을 가르치고, 얼굴을 단장하면 음란을 가르친다.

역 왈 부 차 승 치 구 지
易曰 負且乘 致寇至

易에 가로되, '짐꾼이 수레를 타니 도적이 든다'는, 도둑을 부름이다.

제9장

天一 地二 天三 地四
天數는 1이요, 地數 2요, 天數 3이요, 地數 4요,

天五 地六 天七
중앙의 天數는 5요, 地數 6이요, 天數 7이요

地八 天九 地十
地數 8이요, 天數 9요, 地數 10이다

『二程文集』

天一에서 地十까지의 문장은 "天數五 地數五" 위에 있어야 합당하나 책을 엮으면서 그 차례를 잃었다
[지금은 옮겨놓아 바로잡았다]. 하늘이 一로 數를 낳고[生數] 땅이 六으로 數를 이루니[成數], 위로 5개가 있
고 아래로 5개가 있어 둘이 5번 결합하면서 陰陽의 공덕을 이루어 만물이 변화하고 鬼神이 감응한다

自天一至地十 合在天數五地數五上. 簡編失其次也. 天一生數 地六成數 纔有上五者 便有下五者 二五合
而 成陰陽之功 萬物變化 鬼神之用[a]也

朱熹의『周易本義』

이 죽간은 본래 제10장의 머리에 있었지만 程子께서 여기에 있어야 마땅하다고 말해서 지금은 그 뜻을
따른다. 이는 천지의 수가 陽━은 홀수이고 陰╍은 짝수임을 말한 것이며 곧 河圖를 일컬은 것이다.
河圖의 위치를 보면 一六이 아래에 있고, 二七이 위에 있고, 三八이 왼쪽에 있고, 四九가 오른쪽에 있
고, 五十이 중앙에 있다.
이 문장으로 말한다면 중앙의 五는 어미의 뜻으로 확장되며, 다음 十은 아들의 의미로 확장되며, 다
음 一二三四는 四象의 자리가 되며, 다음 六七八九는 四象의 숫자가 된다. 四象의 자리로 말하면 老陽
인 一과 老陰인 四는 서북에 자리하고, 少陽인 三과 少陰인 二는 동남에 자리하고, 四象의 숫자인 六
七八九는 각각 동류인 一二三四와 밖에서 교제하여 섞인다.
〈本書의「朱子의 筮儀」에서 다시 설명한다.〉

此簡本在第十章之首 程子曰 宜在此 今從之. 此言天地之數 陽奇陰偶 卽所謂河圖者也. 其位一六居下
二七居上 三八居左 四九居右 五十居中. 就此章而言之則 中五爲衍母 次十爲衍子 次一二三四爲四象之
位 次六七八九爲四象之數. 二老位於西北 二少位於東南 其數則各以其類 交錯於外也.

---

a　用=通以.

〈本書의「茶山의 蓍卦傳」 ⑦에서 자세하게 설명한다.〉

천 수 오　지 수 오　오 위 상 득
天數五. 地數五. 五位相得

天數도 5개요, 地數도 5개며, 상하·좌우·중앙이 모두 홀짝으로 결합된다.

이 각 유 합　천 수 이 십 유 오　지 수 삼 십
而各有合 天數二十有五 地數三十

그리고 奇數(기수)와 偶數(우수)를 각각 합하면, 天數는 25(1+3+5+7+9)요 地數는 30(2+4+6+8+10)이다.

범 천 지 지 수 오 십 유 오
凡天地之數五十有五

무릇 천지의 수는 55이며,

차 소 이 성 변 화　이 행 귀 신 야
此所以成變化 而行鬼神也

이것이 변화를 일으키는 원인으로 귀신을 움직인다.

理가 있으면 氣가 있고, 氣가 있으면 數理가 있으며[不相雜 不相離], 귀신을 움직이는 것은 數理요 數理는 氣의 작용이다. 크게 넓힌 數인 五十은 그 數가 一에서 시작하여 五로 이루어진다. 작게 넓히면 十이 되고 크게 넓히면 五十이 된다. 五十은 數의 완성이고 완성은 움직임이 없다. 그러므로 하나를 덜어 49로 점을 친다. '하늘과 땅의 數는 55이고 이것이 변화를 이루고 귀신을 운행하게 하는 원인이라'고 말하였으니, 변화는 공덕을 말함이요 귀신은 음양의 감응을 말한다.

有理則有氣 有氣則有數 行鬼神者數也 數氣之用也. 大衍之數五十 數始於一 備於五. 小衍之而成十 大衍之則爲五十. 五十數之成也 成則不動 故損一以爲用. 天地之數五十有五 成變化而行鬼神者也. 變化言功 鬼神言用[a]

이 죽간의 글은 본래 "大衍……" 뒤에 있었다. 그러나 지금 살펴보면 마땅히 여기에 있어야 한다. 天數 다섯은 一三五七九인데 모두 홀수이다. 地數 다섯은 二四六八十인데 모두 짝수이다. "相得[서로 얻음]"은 一과 二, 三과 四, 五와 六, 七과 八, 九와 十이어서 모두 두 개의 數가 서로 合한다. 25는 홀수 다섯 개의 합이고, 30은 짝수 다섯 개의 합이다.

---

[a]　用=通以.

"變化"는 一이 변하여 물[水]을 낳고 그 짝인 六이 그것을 잉태하여[化: 胎孕] 성숙시키며, 二가 잉태하여 불[火]을 낳고 그 짝인 七이 변하여 성숙시키며, 三이 변하여 나무[木]를 낳고 그 짝인 八이 잉태하고 성숙시키며, 四가 잉태하여 쇠[金]를 낳고 九가 변하여 성숙시키며, 五가 변하여 흙[土]을 낳고 十이 잉태하여 성숙시킴을 말한다. "鬼神"이란 무릇 홀수와 짝수가 낳고 이룬 것이 굽히고 펴며[屈伸] 오고가며 [往來] 感通함을 말한다.

此簡本在 大衍之後 今按宜在此 天數五者 一三五七九 皆奇也. 地數五者 二四六八十皆偶也. 相得謂一 與二 三與四 五與六 七與八 九與十……皆兩相合. 二十有五者 五奇之積也 三十者五偶之積也. 變化謂一 變生水 而六化成之. 二化生火 而七變成之. 三變生木 而八化成之. 四化生金 而九變成之. 五變生土 而十 化成之. 鬼神謂凡奇偶生成之屈伸往來者.

茶山의 『周易四箋』 ____

〈本書의 「茶山의 蓍卦傳」 ⑧에서 자세하게 설명한다.〉

大衍之數五十
대 연 지 수 오 십

점을 칠 때 크게 펼치는 數는 50이며,[a]

其用四十有九
기 용 사 십 유 구

그 중에서 1은 太虛이므로 除하여 걸어놓고 나머지 49策을 쓴다.[b]

分而爲二 以象兩
분 이 위 이 이 상 양

49개의 점대를 임의로 둘로 나누어 陰陽 두 표준을 형상하며,

掛一以象三
괘 일 이 상 삼

걸어 놓은 하나의 策과 함께[둘로 나눈 蓍策(시책) 중 하나를 뽑아 䪓帶(독대)에 걸어둠으로써] 天·地·人 三才를 표상한다.

揲之以四 以象四時 *揲=손으로 네 개씩 집어 세다.
설 지 이 사 이 상 사 시

둘로 나눈 산대를 각각 네 개씩 덜어나간다. 이는 사계절을 형상한다.

歸奇於扐 以象閏 *奇=四揲하고 남는 산대. *扐=三指 사이에 끼워놓다.
귀 기 어 륵 이 상 윤

덜고 남은 산대[四揲하고 짝맞지 않은 나머지 산대]를 三指 양쪽에 끼워놓는다. 이는 윤달을 형상한다.

---

a 　五十策을 쓰는 이유; 天地의 數 55에서 중앙의 母數인 5를 제외한 數이다. 중앙의 母數 5는 無因·無爲이므로 제외한다. 또한 이는 天數 5에 地數 10을 곱한 것이기도 하다.(편역자 주)

b 　49策만을 운용하는 이유; 大衍의 數인 五十策에서 太虛인 1은 無爲이므로 걸어놓고, 49를 둘로 나누어 三才[天地人]를 형상화한다.(편역자 주)

朱熹의 『周易本義』

크게 넓힌 數인 50은 대개 河圖 중앙의 天數 5로써 地數 10을 곱해서 얻은 것이다. 占을 칠 경우에는 49개만 이용하는데 그친다. 대개 모두 이치와 추세가 자연에서 나오는 것일 뿐 사람의 지혜와 힘으로 덜고 보탤 수 있는 것이 아니다. "兩(양)"은 天과 地를 일컬으며, "掛(괘)"는 그 하나를 왼손 小指의 사이에 걸어놓는 일이며, "三(삼)"은 天地人 三才를 말하고, "揲(설)"은 집어내며 세는 일이다. "奇[짝 안 맞음]"는 네 개씩 집어낸 뒤의 나머지이고, "扐(륵)"은 왼손 무명지 사이에 끼우는 일이다.

大衍之數五十 蓋以河圖中宮天五 乘地十而得之. 至用以筮則 又止用四十有九. 蓋皆出於理 勢之自然 而非人之知力 所能損益也. 兩謂天地也 掛懸其一於左手小指之間也. 三 三才也 揲間而數之也. 奇所揲四數之餘也. 扐勒於左手中三指之兩間也.

"閏(윤)"이란 한 달을 만들고 나머지 날을 쌓아 두었다가 달을 하나 더 이루는 것이다. 남은 날을 쌓아 두었다가 5년에 두 번 윤달을 이룬다. 그러므로 5년에 두 번 윤달을 만든 뒤에도 남는 날은 별도로 쌓아나간다. 이는 마치 점칠 때 한 번 小刻(소각)에 掛(괘)한 다음에 왼쪽 산대와 오른쪽 산대를 각각 한 번씩 揲(설)하고 짝맞지 않은 나머지를 한 번씩 扐(륵)하는 것과 같은 이치이다. 그러므로 이 다섯 번[1 掛+左 1揲 1扐+右 1揲 1扐] 가운데 모두 두 번 扐한 연후에 별도로 한 번 掛한다.[a]

閏積月之餘日 而成月者也. 五歲之間再積日 而再成月. 故五歲之中 凡有再閏然後 別起積分. 如一掛之後 左右各一揲而一扐. 故五者之中 凡有再扐然後 別起一掛也.

茶山의 『周易四箋』

〈本書의 「茶山의 蓍卦傳」 ①~⑥에서 자세하게 설명한다.〉

---

[a] 편역자는 이 단락을 이해할 수 없다.

무릇 이 策數[시초의 數]는 四象에서 나왔으니, 대개 河圖의 4면을 보면 太陽은 一의 자리에 앉아 九와 연결되고, 少陰은 二의 자리에 앉아 八과 연결되고, 少陽은 三의 자리에 앉아 七과 연결되고, 太陰은 四의 자리에 앉아 6과 연결된다[아래의 河圖 참조].

凡此策數 生於四象 蓋河圖四面 太陽居一而連九 少陰居二而連八 少陽居三而連七 太陰居四而連六.

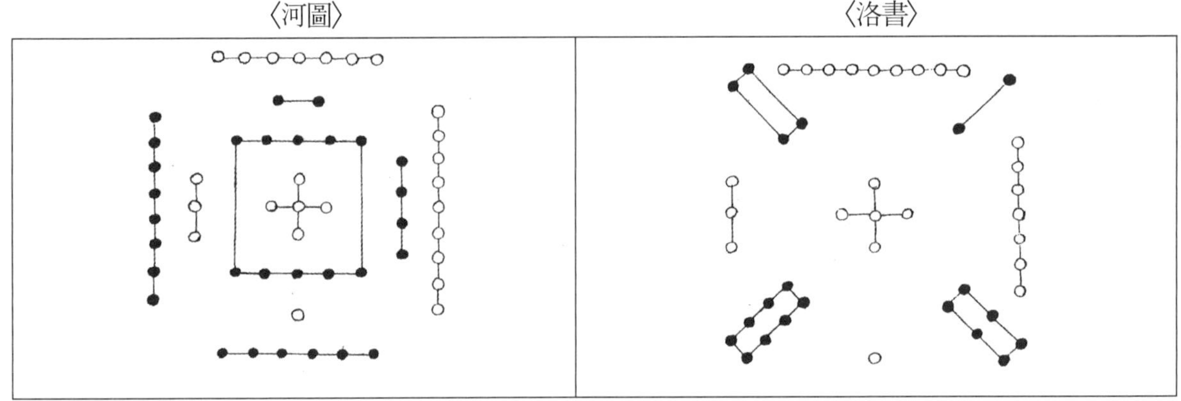

시초를 揲[집어내서 세는 법]하는 법은 三變하고 나머지를 합계하되, 그 처음 掛한 하나를 버리고 나머지를 셈한다. 나머지가 4이면 한 번 4揲 할 수 있으므로 홀수인 陽爻로 간주하며, 8이면 두 번 4揲 할 수 있으므로 짝수인 陰爻로 간주한다.

揲蓍之法則 通計三變之餘 去其初掛之一. 凡四爲奇 凡八爲偶.

편역자 주: 三變을 통하여 掛扐한 策數가 4 또는 5가 되면 4揲을 한 번할 수 있으므로 홀수이니 陽爻요, 8 또는 9가 되면 4揲을 두 번할 수 있으므로 짝수이니 陰爻이다[本書의 「朱熹의 筮儀」 참조].

홀수는 圓처럼 둘레가 지름의 3배요, 짝수는 네모처럼 둘레가 한 변의 4배이다. 三은 그 전체를 쓰고 四는 그 반을 쓰므로 합하여 셈하면 六七八九가 되고, 三變하고 그 蓍草(시초)의 數를 셈하면 역시 다 부합한다.

奇圓圍三 偶方圍四. 三用其全 四用其半. 積而數之則 爲六七八九 而第三變揲數策數 亦皆符會.

첫째, 3變이 모두 홀수이면 掛扐한 策의 數는 9策이고, 4揲도 역시 아홉 번이니 揲한 策數는 4×9=36이다. 이것은 (九와 연결되어) 一에 앉은 太陽이다.

蓋餘三奇則九 而其揲亦九 策亦四九 三十六 是爲居一之太陽.

둘째, 2變이 홀수이고 1變은 짝수이면 掛扐한 策의 數는 8策이고 4揲도 여덟 번이니 揲한 策數는 4×8=32이다. 이것은 (八과 연결되어) 二에 앉은 少陰이다.

餘二奇一偶則八 而其揲亦八 策亦四八 三十二 是爲居二之少陰.

셋째, 2變이 짝수이고 1變이 홀수이면 掛扐한 策의 數는 7策이고 4揲도 일곱 번이니 揲한 策數는 4×7=28이다. 이것은 (7과 연결되어) 三의 자리에 앉은 少陽이다.

二偶一奇則七 而其揲亦七 策亦四七 二十八 是爲居三之少陽.

넷째, 3變이 모두 짝수이면 掛扐한 策의 數는 6策이고 4揲도 여섯 번이니 揲한 策數는 4×6=24이다. 이것은 (六과 연결되어) 四에 앉은 老陰이다.

三偶則六 而其揲亦六 策亦四六 二十四 是爲居四之老陰.

이와 같이 그 변화·왕래·진퇴·離合의 오묘함은 모두 자연에서 나온 것이지 사람의 능력으로 된 것이 아니다. 少陰은 물러났으나 虛[비움]에 지극하지 못하고, 少陽(소양)은 나아갔으나 盈[채움]에 지극하지 못하다. 그러므로 이른바 乾策 216, 坤策 144는 오직 老陽과 老陰만을 써서 乾坤 6효의 策數를 계산한 것이다.[老陽(36×6효=216)+老陰(24×6효=144)=360] 나머지는 미루어 알 수 있을 것이다. "期"는 1년을 두른 것이니 무릇 365일과 4분의 1日이지만, 여기에서 360일이라 함은 특별히 成數만을 들어 개략적으로 말한 것일 뿐이다.

是其變化往來進退離合之妙 皆出自然 非人之所能爲也. 少陰退而未極乎虛. 少陽進而未極乎盈. 故此獨以老陽老陰 計乾坤六爻之策數. 餘可推而知也. 期周一歲也 凡三百六十五日四分日之一. 此特 擧成數而槪言之耳.

茶山의 『周易四箋』

〈本書의 「茶山의 蓍卦傳」 ⑨에서 자세하게 설명한다.〉

이 편 지 책　만 유 일 천 오 백 이 십
二篇之策 萬有一千五百二十

『주역』의 上·下 두 편에서 사용된 蓍策을 합하면 11,520개이다.

당 만 물 지 수 야
當萬物之數也

이는 만물의 數에 해당된다.

朱熹의 『周易本義』

"二篇"은, 『주역』의 上·下經을 이른다. 무릇 『주역』에는 陽爻가 192개이며, (여기에 老陽爻의 시초의 숫자인 36을 곱하면) 6912策을 얻는다[192×36=6912]. 陰爻도 192개이니, (여기에 老陰爻의 시초 숫자인 24를 곱하면) 4608策을 얻는다[192×24=4608]. 이를 합하면 11520의 策을 얻을 수 있다.

二篇謂上下經. 凡陽爻百九十二 得六千九百一十二策. 陰爻百九十二 得四千六百八策. 合之得此數.

茶山의 『周易四箋』

〈本書의 「茶山의 蓍卦傳」 ⑩에서 자세하게 설명한다.〉

시 고 사 영 이 성 역
是故 四營而成易

이러하므로 네 단계의 운영을 거쳐 한 번의 변화[易]을 이루고,

십 유 팔 변 이 성 괘
十有八變而成卦

18번의 변화로 하나의 卦[重卦]를 이룬다.

팔 괘 이 소 성
八卦而小成

(9變으로) 八卦를 조그맣게 이룬[內卦를 얻음] 다음에,

인 이 신 지 촉 류 이 장 지
引而伸之 觸類而長之

八卦를 중첩하여 64괘의 重卦를 펴고, 각각의 爻가 변동함으로써 450가지로 확장하니,

천 하 지 능 사 필 의
天下之能事畢矣

천하에 할 수 있는 일을 마칠 수 있다.

朱熹의 『周易本義』

"四營[네 번의 경영]"이란 시초 50개를 둘로 나누는 일[分二], 시초 하나를 새끼 손가락 사이에 거는 일[掛一], 나머지를 네 개씩 집어 덜어내는 일[揲四], 짝이 안 맞아 남는 것을 셋째 손가락 사이에[扐] 끼우는 일[歸奇]을 말한다. 易이란 변하고 바뀌는 것이니, 이를 한 번 변함[一變]이라 말한다. 세 번 변하여[三變] 한 개의 爻를 만들고, 18번 변하면 6개의 爻를 이루어 한 개의 卦가 완성된다.

四營謂 分二 掛一 揲四 歸奇也. 易變易也 謂一變也. 三變成爻 十八變則 成六爻也.

이르기를 이미 6爻를 만들었으면 그 爻들이 변하는지(老陽은 少陰으로, 老陰은 少陽으로) 변하지 않는지를 본다. 이로써 動하고 靜하게 되면 하나의 卦가 변할 수 있다. 그리고 8卦를 內卦·外卦로 겹치면 64괘가 되며[8×8=64], 이로써 길흉을 결정한다. 더 나아가 64괘를 內外로 겹치면 무릇 4096卦이다[64×64=4096].

謂已成六爻 而視其爻之變與不變. 以爲動靜則 一卦可變. 而爲六十四卦 以定吉凶 凡四千九十六卦也.

〈本書의「茶山의 蓍卦傳」⑪~⑫에서 자세하게 설명한다.〉

---

^{현 도 신 덕 행}
顯道神德行

도리와 신묘한 덕행을 드러내 밝히니,

^{시 고   가 여 수 작   가 여 우 신 의}
是故 可與酬酢 可與祐神矣 *酢=응대함.

이런 고로 더불어 응대할 수 있고 더불어 神明을 도울 수 있다.

『二程文集』 ________________________________

道를 顯彰(현창)하고 이로써 功德과 利用의 神妙함을 드러낸다. 그러므로 만 가지 변화에 더불어 응대할 수 있고 神의 妙用[묘용: 生成作用]을 대신할 수 있으니 이를 일러 德에 부합한다고 말한다. 사람이 도리에 따라 공덕을 이룸이 곧 천지의 화육을 협찬하는 것이다.[a]

顯明於道 而見其功用之神. 故可與應對萬變 可替祐於神道矣. 謂合德也. 人爲順理以成功 乃贊天地之化育也.

朱熹의『周易本義』 ________________________________

"道"는 말씀으로 말미암아 드러나고, "德行"은 數理(수리)로 신묘해지며, "酬酢(수작)"은 응대를 말한다. "祐神[神을 도움]"은, 神의 造化(조화)의 공덕을 돕는다는 말이다.

道因辭顯 行以數神. 酬酢謂應對 祐神謂助神化之功.

---

^{자 왈   지 변 화 지 도 자   기 지 신 지 소 위 호}
子曰 知變化之道者 其知神之所爲乎 *爲=行也. 治也.

子[공자] 왈, 변화의 道를 아는 자는 神이 하는 일을 안다.

---

a　편역자 주: 이른바 유교의 天地參與를 설명한 내용이다.

『二程文集』

"변화의 道를 알면 神이 하는 일을 안다"는, 위의 문장과 서로 연결해야 당연하고 아래에 있으면 당연하지 않다.

知變化之道則 知神之所爲也. 合與上文相連 不當在下.

朱熹의 『周易本義』

"變化之道[변화의 道]"는, 곧 위 문장의 數法[數의 법칙]이 이러하다는 뜻이다. 모두 사람이 할 수 있는 것이 아니므로 공자께서 감탄하셨는데, 門人(문인)이 '子曰'을 붙여서 위의 문장과 구별하였다.

變化之道 卽上文數法是也. 皆非人之所能爲. 故夫子歎之. 而門人加子曰 以別上文也.

이 9장은 천지와 大衍의 數와 '시초를 셈하여 괘를 찾는 법'을 말한 것이다. 그러나 역시 소략하다. 아마 그 상세한 것은 거북으로 점치는 관원과 시초로 점치는 관원들이 갖추고 있었겠지만, 지금으로서는 상고할 수 없고, 미루어 알 수 있는 것은 내가 지은 『易學啓蒙』에 갖추어 말했다.

此章言天地大衍之數 揲蓍求卦之法. 然亦略矣. 意其詳具於大卜筮人之官. 而今不可考耳. 其可推者啓蒙備言之.

제10장

역 유 성 인 지 도 사 언
易有聖人之道四焉

易에는 성인의 네 가지 道가 있으니,

이 언 자 상 기 사
以言者尙其辭

易으로써 말하는 자는 繫辭를 숭상하고,

이 동 자 상 기 변
以動者尙其變

易으로써 행동하는 자는 爻變을 숭상하고,

이 제 기 자 상 기 상
以制器者尙其象

易으로써 그릇을 만드는 자는 象을 숭상하고,

이 복 서 자 상 기 점
以卜筮者尙其占

易으로써 점치는 자는 占辭를 숭상한다.

『二程文集』 ____

말이란 도리를 진술하는 수단이다. '易으로써 말하는 자는 繫辭(계사)를 숭상한다'는, 도리를 구하는 자는 繫辭에 뜻을 두어야함을 이른다. '易으로 행동하는 자는 爻變을 숭상한다'는, 움직이면 변하니 변화를 따라서 움직이면 곧 道에 합당하다는 뜻이다. 기구를 만들고 일을 하는 자는 마땅히 象을 본받아야 하고, 길흉을 점치는 자는 마땅히 占辭를 상고해야 한다. 天命을 받기가 메아리 같아서 닥쳐올 일을 알아자리니 신봉하지 아니한가? '느껴 통한다'는 말은, 구해서 얻는 것이 지극히 정미함을 이른다.

言所以述理. 以言者尙其辭 謂於言求理者 則存意於辭也. 以動者尙其變 動則變也. 順變而動乃合道也. 制器作事 當體乎象. 卜筮吉凶 當考乎占. 受命如響 逐知來物 非神乎. 曰感而通 求而得 精之至也.

朱熹의 『周易本義』 ____

이상의 네 가지는 모두 변화의 道이니, 陰陽不測의 神이 하는 일이다.

四者皆變化之道 神之所爲者也.

是以君子 將有爲也 將有行也 *行=六行[孝·友·睦·姻·任·恤]. 巡狩也.
이것으로 군자가 장차 다스리고 六行을 펴고자 할 때

問焉而以言 其受命也 如嚮 *嚮=仝響.
점으로 묻고 말씀을 읽어 天命을 받음이 메아리 같고,

无有遠近幽深 遂知來物
遠近·幽深을 막론하고 장래의 일을 알게 될 것이다.

非天下之至精 其孰能與於此
천하에 지극히 정미함이 아니면 누가 이처럼 참여할 수 있겠는가?

『二程文集』

점을 쳐 호응함이나 제사에 흠향하는 것이나 역시 하나의 이치일 뿐이다. 시초와 거북껍질은 情이 없으나, 이로써 괘를 만들면 괘에는 길흉이 있게 된다. 蓍草(시초)와 거북껍질뿐만 아니라 이런 이치를 갖지 않은 것은 없다. 그처럼 이런 이치가 있기 때문에 이 이치로 물으면 그 호응함이 메아리 같다고 말한 것이다. 만약 邪心으로 괘와 象을 어긋나게 하여 물으면 곧 호응하지 않음은, 대개 이런 이치가 없기 때문이다. 오늘의 이치와 前日(전일)에 이미 정해진 이치는 하나의 이치일 뿐이다. 그러므로 호응하는 것이다. 제사에 흠향함도 역시 같은 이치이다. 귀신은 저들의 이치가 있으나, 나는 같은 이치로 응대하므로 흠향하는 것이다. 2개·3개의 이치는 용납되지 않으며, 이처럼 하나의 이치일 뿐이다.

卜筮之能應 祭祀之能享 亦只是一理. 蓍龜雖无情 然所以爲卦 而卦有吉凶 莫非有此理. 以其有是理也 故以是問焉 其應也如響. 若以私心 及錯ᵃ卦象而問之 便不應 蓋沒此理. 今日之理 與前日已定之理 只是一箇理. 故應也. 至如祭祀之享亦同. 鬼神之理在彼 我以此理向之 故享也. 不容有二三 只是一理也.

朱熹의『周易本義』

이는 繫辭(계사)를 숭상하고 점치는 일을 숭상한 것이다. 다시 말하면 사람이 시초로 易에 물어 괘사와 효사를 구하고, 그것으로 발언하고 일을 처리하면, 易이 사람의 명령을 받아 알려줌이, 마치 메아리가 소리에 응하는 것 같은데, 이로써 미래의 길흉을 결단한다.

위의 문장의 "以言[易으로써 말하면]"은, "以言者尙其辭[易으로서 말하는 자는 그 繫辭를 존숭한다]"의 그 '以言'과 뜻이 같다. "命"은 점치려고 할 때 시초에 告하는 말이다. 冠禮(관례)에서 날짜를 점칠 때 主禮가 오른쪽으로 조금 물러나 神明의 도움을 告함이 이것이다.

此尙辭尙占之事. 言人以著問易 求其卦爻之辭 而以之發言處事則 易受人之命 而有以告之 如嚮之應聲

---

a 錯(착)=雜也. 乖也. 牴牾不合也. 舛誤也.

以決其未來之吉凶也. 以言 與以言者尙其辭之以言 義同. 命則 將筮而告蓍之語. 冠禮筮日 宰自右贊命是也.

茶山의『周易四箋』

卜筮(복서)는 天命을 품부받기 위한 것이다. 그러므로 장차 어떤 일을 하고자 하거나 군사를 일으키려 할 때 그것을 점치는 것이다. 그런데 후세 사람들은 이와 달리 이미 일을 벌여놓고 卜筮(복서)를 하는데, 이는 天機(천기)를 엿보고 天意(천의)를 떠보는 일이니 큰 죄악이다. 天命 받들기를, 소리에 메아리가 울리듯 하여 태만하지 않는다면, 하늘의 도움을 받지 못할 일이 있겠는가?

卜筮者 所以稟天命也. 故將有爲將有行 而卜之筮之. 後世之人 旣有爲旣有行 乃卜乃筮. 是探天機而試天意 大罪也. 受命如饗 無敢怠慢 猶有不受天之祐者乎.

^{삼 오 이 변}
參伍以變 *參伍=交互也. 雜也.

여러 老陰·老陽을 뒤섞어 한 개를 찾아 變爻로 쓰고,

^{착 종 기 수　통 기 변}
錯綜其數 通其變

그 數를 섞고 모아 爻의 변화에 통달하면,

^{수 성 천 지 지 문}
遂成天地之文

드디어 天地의 文理(문리)를 이루게 되며,

^{극 기 수　수 정 천 하 지 상}
極其數 遂定天下之象

그 數理(수리)를 극진히 하여 天下의 표상을 결정한다.

^{비 천 하 지 지 변}
非天下之至變

이처럼 천하의 변통에 지극하지 못하면,

^{기 숙 능 여 어 차}
其孰能與於此

누가 점치는 일에 참여할 수 있겠는가?

朱熹의『周易本義』

이는 象을 짓는 일을 숭상한 것이다. 三變한다는 것은 아직 象이 정해지지 않은 것이다. "參"이란 세 번 헤아리는 것이고, "伍"란 다섯 번 헤아리는 것이다. 이는 이미 三變이 끝났으면, 다시 掛扐(괘륵)을 합한 策數[점대의 數]를 다섯 번 헤아려 한 획의 陰陽·老少를 결정한다는 뜻이다. 이처럼 한 변은 앞세우고 한 번은 뒤 세우며 다시 상고하고 조사함으로써 그 多寡(다과)의 실상을 살핀다.

此尙象之事 變則象之未定者也. 參者三數之也 伍者五數之也. 旣參以變 又伍以變 一先一後 更相考覈 以審其多寡之實也.

"錯(착)"은 주고받으며 갈마든다는 뜻이다, 한 번은 木格(목격)의 왼쪽 칸에 놓고 한 번은 오른쪽 칸에 놓음을 말한다. "綜(종)"은 모아 집어 든다는 뜻이다. 한 번은 숙이고 한 번은 드는 것을 말한다. 이는 역시 모두가 蓍草(시초)를 네 개씩 집어내는 셈을 하여 괘를 구하는 일이다. 대개 세 번 撰하여 양손의 策數를 걷는다. 이로써 얻은 한 획이 陰爻인지 陽爻인지 老爻인지 少爻인지를 정하고, 7策[少陽] · 8策[少陰] · 9策[老陽] · 6策[老陰]인지를 구명하여, 괘와 효가 動하는 象인지 靜하는 象인지를 정한다.

錯者交而互之 一左一右之謂也. 綜者總而挈之 一低一昂之謂也. 此亦皆謂撰蓍求卦之事. 蓋通三撰兩手之策 以成陰陽老少之畫 究七八九六之數 以定卦爻動靜之象也.

"參伍錯綜(삼오착종)"은 모두 古語로 '參伍'는 더욱 이해하기 어렵다. 살펴보면 荀子(순자)가 "적을 엿보아 변통을 마련하되 伍를 하고자 하면 參을 쓰라"고 말했고, 韓非子(한비자: 韓非)는 "同異의 언변을 살펴 붕당의 나뉨을 알고, 삼삼오오 짝짓는 징험으로써 진술된 말의 실천을 추궁한다"고 말했으며, 또 "參이 가까운 물건을 쓰면, 伍는 參과 결합한 것을 쓴다"고 말했다. 『史記』에서는 "반드시 셋이어야 하고 다섯으로 가라"고 말했으며, 또한 "삼삼오오 모여드니 잃지 않는다"고 말했다. 『漢書』에서는 "參伍로 그것을 매입해서 같은 것으로 서로 기준을 삼으니, 이는 足히 서로를 발명케 한다"고 말했다.

參伍錯綜 皆古語 而參伍尤難曉. 按荀子云 窺敵制變 欲伍以參. 韓非曰 省同異之言 以知朋黨之分. 偶參伍之驗 以責陳言之實. 又曰 參之以比物 伍之以合參. 史記曰 必參而伍之. 又曰參伍不失. 漢書曰 參伍其賈 以類相準 此足以相發明矣.

茶山의 『周易四箋』 ____

〈本書의 「茶山의 蓍卦傳」 ⑬에서 자세하게 설명한다.〉

역 무 사 야 무 위 야 적 연 부 동
易 无思也 无爲也 寂然不動

易은 생각도 없고 人爲도 없이 고요하여 부동하지만,

감 이 수 통 천 하 지 고
感而遂通 天下之故 *故=事也. 災患喪病也. *遂=通也. 盡也.

교감하여 천하의 事故를 형통하게 하니,

비 천 하 지 지 신 기 숙 능 여 어 차
非天下之至神 其孰能與於此

천하의 지극한 神明이 아니면 누가 여기에 참여하겠는가?

老子(노자)가 '無爲'하라고 말했다. 또 '無爲하면 爲 아님이 없다'고 말했다. 이는 마땅히 有爲해야 하되 '無爲를 써서' 하라는 뜻이니, 이는 곧 '有爲'를 하라는 것이다. 성인이 易을 지음에 일찍이 '無爲'하라고 말한 적이 없으나, 오직 無思[생각도 없고]·無爲[인위가 없다]라 말씀하였으니, 이는 作爲[지어내어 함]를 경계한 것이다. 그러나 곧 아래에서 "寂然不動 感而遂通 天下之故"라 하였으니, 이는 動과 靜의 이치를 말한 것일 뿐 한쪽으로 치우친 말씀이 아니다.

老子曰无爲. 又曰无爲而无不爲. 當有爲而以无爲爲之 乃是有爲爲之也. 聖人作易 未嘗言无爲. 惟无思也 无爲也. 此戒夫作爲者也. 然下卽曰 寂然不動 感而遂通 天下之故. 是動靜之理 未嘗爲一偏之說.

"寂然不動 感而遂通"은 天理가 구비되어 있어 원래 작은 흠결도 없는 것이니, 堯(요) 임금을 위해 보존해 주지도 않고 桀(걸) 임금을 위해 망하게 하지도 않는다. 父子·君臣의 떳떳한 의리는 바뀌지 않으니, 어찌 일찍이 움직였겠는가? 따라서 움직이지 않으므로 寂然不動이라고 말했다. 비록 움직이지 않지만 감응으로 소통하니, 감응은 밖에서 오지 않는다.

寂然不動 感而遂通者 天理具備 元无少欠. 不爲堯存 不爲桀亡. 父子君臣 常理不易 何曾動來. 因不動故 言寂然不動 感便通 感非自外來也.

"寂然不動"이란 만물의 형상이 삼대같이 이미 구비하여 있다는 것이고, "感而遂通"의 감응이란 '단지 이것이 안으로부터이니, 감응이 밖에서 하나의 물건이 와서 이것을 느끼는 것이 아니다.

寂然不動 萬象森然已具在. 感而遂通 感則只是自內. 感不是外面 將一件物來 感於此也.

"寂然不動 感而遂通"은, 이미 사람의 분수에 따른 일과 관련하여 말한 것이다. 만약 道에 대하여 論한다면 일체의 이치가 구비되어 있으니, 다시금 감응하거나 감응하지 못함을 말할 필요가 없다.

寂然不動 感而遂通 此已言 人分上事. 若論道則 萬理皆具 更不說感與未感.

"感而遂通 天下之故"는 그것이 적연하여 不動하기 때문이니, 작게는 사물이 이르고, 크게는 때에 따라 움직이지 않음이 없다.

感而遂通 天下之故 以其寂然不動 小則事物之至 大則无時而不感.

(程頤 門下의 4代 제자인) 呂大臨[字는 與叔]에게 이렇게 대답했다: 心[마음]은 하나이니, 體[본체]를 가리켜 '寂然不動'이라 말했고, 用[통용]을 가리켜 '感而遂通 天下之故'라 말했다.

答與叔書曰 心一也. 有指體而言者 寂然不動是也. 有指用而言者 感而遂通 天下之故是也.

朱熹의 『周易本義』

이러한 네 가지 易道를 본체로 말하면 세우기 위한 도구이며, 작용으로 말하면 行하기 위한 방법이다. "易"은 蓍草로 괘를 구하는 것을 지칭하며, "无思无爲"는 그것이 무심함을 말한 것이며, "寂然"은 감응하는 본체이고, '감응 소통'함은 고요한 본체의 작용이다. '人心(인심)'은 신묘한 것이니, 그 동정은 역시 이와 같다.

此 四者 易之體所以立. 而用所以行者也. 易指著卦. 无思无爲 言其无心也. 寂然者感之體. 感通者寂之用. 人心之妙 其動靜亦如此

^{부 역 성 인 지 소 이 극 심 이 연 기 야}
夫易 聖人之所以極深 而研幾也 *極深=精微. *研=審也. *幾=微也. 神妙也.

대저 易은 성인이 정미함을 극진히 하여 기미를 살피는 방법이다.

^{유 심 야 고 능 통 천 하 지 지}
唯深也故 能通天下之志

오로지 심원한 까닭에 천하의 뜻을 통할 수 있고,

^{유 기 야 고 능 성 천 하 지 무}
唯幾也故 能成天下之務

오로지 신묘한 기미이므로 천하의 事務를 이루며,

^{유 신 야 고 부 질 이 속 불 행 이 지}
唯神也故 不疾而速 不行而至

오로지 신명한 까닭에 서두르지 않아도 빠르며, 가지 않아도 이른다.

^{자 왈 역 유 성 인 지 도 사 언 자 차 지 위 야}
子曰 易有聖人之道四焉者 此之謂也

子[공자] 왈, 易에 성인의 네 가지 道가 있다고 함은 이를 이름이다.

『二程文集』

神은 빠름도 없고 미침[至]도 없다. 모름지기 이와 같이 말하는 것은, 이처럼 하지 않으면 만족하게 형용할 수 없기 때문이다.

神无速 亦无至 須如此言者 不如是 不足以形容故也.

朱熹의 『周易本義』

"研[궁구함]"은 살피는 것과 같고, "幾[조짐]"는 은미한 것이다. 깊음을 다하려는 목적은 정미함에 이르고자 함이요, 기미를 연구하는 목적은 변화에 이르고자 함이다. 뜻을 소통함으로써 업무를 이룸은 神明이 하는 것이다.

研猶審也. 幾微也. 所以極深者至精也. 所以研幾者至變也. 所以通志而成務者 神之所爲也.

이 10장은 9장의 뜻을 이어서 易의 쓰임이 이처럼 네 가지가 있음을 말한 것이다.

此章承上章之意 言易之用 有此四者.

제11장

자왈 부역하위자야
子曰 夫易何爲者也

子[공자] 왈, 대저 易은 무엇을 하는 것인가?

부역 개물성무
夫易 開物成務 *開=통달함. *務=事也. 勉也. 求也.

대저 易은 사물에 통달하여 힘써 이루고,

모천하지도 여사이이자야
冒天下之道 如斯而已者也 *冒=帽也. 盛也.

천하의 道를 감싸니 이것으로 그치는 것이다.

시고성인 이통천하지지
是故聖人 以通天下之志 *通=達也. 亨也. 不滯也. 平暢也. 傳達也.

그러므로 성인은 이로써 천하의 뜻을 소통하고,

이정천하지업
以定天下之業 *定=正也. *業=生業.

이로써 천하의 생업을 바르게 하며,

이단천하지의
以斷天下之疑 *疑=惑也. 難也.

이로써 천하의 의혹과 난제를 결단한다.

편역자 주: 여기(11장)에서 점치는 방법을 말하고 있다. 本書에 실려 있는 「朱子의 筮儀」와 「茶山의 蓍卦傳」을 함께 읽으면 좋다.

朱熹의『周易本義』____

"開物成務"는, 관리에게 점을 치도록 하여 길흉을 알고 사업을 이룬다는 뜻이다. "冒天下之道"는, 괘·효가 이미 베풀어지면 천하의 道가 모두 그 가운데 있다는 뜻이다.

開物成務 謂使人卜筮 以知吉凶 而成事業. 冒[a]天下之道. 謂卦爻旣設 而天下之道 皆在其中.

시고 시지덕 원이신
是故 蓍之德 圓而神

그러므로 蓍草(시초)의 덕은 원만하고 신통하며,

___

a　朱子는 '冒'를 덮는 것으로 해석했다.

卦之德 方而知

패의 덕은 방정하고 지혜로우며,

六爻之義 易而貢 *貢=獻功也. 告也.

六爻의 意義는 변화로써 알려준다.

聖人以此洗心 退藏於密 *藏=匿也. 懷也. 隱也. *密=秘也.

聖人은 이로써 마음을 씻고, 은밀한 곳에 물러나 몸을 감추며,

吉凶與民同患

吉하고 흉한 것을 민중과 함께 걱정하며,

神以知來 知以藏往 *藏=匿也. 懷也. 物小蓄也. *往=行也. 猶後也. 死也. 王也.

신명으로 미래를 알고, 지혜로써 과거를 기억한다.

其孰能與於此哉

그 누가 여기에 더불어 참여할 수 있겠는가?

古之聰明叡知神武 而不殺者夫 *武=止戈也. 勇也. 健也. 舞也.

옛날에 총명하고 지혜롭고 신통한 무술로 죽이지 않는 자일 것이다.

『二程文集』____

易은 '生生' 즉 낳고 살리는 것이라 했다. '천지가 자리를 베풀고 易이 그 가운데 행하니, 乾坤이 무너지면 易을 드러낼 수 없고, 易을 드러낼 수 없으면 乾坤이 혹 거의 그칠 것이다'라고 했는데, 易이란 필경 무엇인가? 또 가리켜 말하기를 '성인은 이것으로 마음을 닦고 물러나 은밀한데 숨는다'고 했다.(退藏[a]於密). 성인이 사람들에게 보이신 뜻이 여기에 이르면 깊고 또 밝은데, 끝내 사람들이 易을 이해하지 못함은 은밀하기 때문일 터인데, 이는 무슨 사항인가? 사람이 能(능)히 여기까지 이르러 깊이 생각하면, 의당 스스로 터득할 것이다.

生生之謂易 天地設位 而易行乎其中. 乾坤毀則 无以見易. 易不可見則 乾坤或幾乎息. 易畢竟是甚. 又指而言曰 聖人以此洗心 退藏於密. 聖人示人之意至此 深且明矣. 終无人理會易者也 此也密也. 是甚物. 人能至此 深思當自得之.

또 말씀하시기를 어찌 易을 터득한 후라면 은밀한 데로 퇴장할 줄을 모르겠는가? 은밀함은 소통의 근

---

a   程朱[程頤·朱熹]는 '藏'을 退藏[물러나 숨는다]으로 해석한다. 그러나 이는 道家的인 해석이다. 유가적인 성인[성왕]의 道에 맞지 않는다.

원이요 성인의 신묘한 처신이나, 지혜는 오로지 지난 일을 기억하는 것[藏往]이 아니다. 다만 易에서 '知來藏往' 즉 미래[來]를 알고 과거[往]를 기억한다는 것은, 蓍草와 占辭를 위주로 한 말이다.

又曰 安有識得易 不知退藏於密……密是用之源 聖人之妙處. 知不專爲藏往 易言知來藏往 主蓍卦而言.

朱熹의 『周易本義』

"蓍草(시초)의 덕이 '圓神' 즉 圓融하고 神妙하다"는, 방소에 구애됨이 없는 변화를 말한 것이다. "괘의 덕이 '方知' 즉 방정하고 지혜롭다"는, 사물에는 정해진 이치가 있음을 말한 것이다. '易貢'은, 괘·효를 변화시켜 사람에게 告함을 말해준다, 성인은 이 세 가지 덕을 체득·구현하여 티끌만한 얽매임도 없다. 일이 없을 때는 그 마음이 고요하여 사람이 엿볼 수 없고, 일이 있을 때는 신령한 지혜가 통하여 감응에 따라 호응하니, 이른바 점을 치지 않아도 길흉을 안다. '신묘한 武道는 죽이지 않는다'는, 그 이치를 터득하여 그런 흉기를 빌리지 않는다는 말이다.

圓神 謂變化无方. 方知 謂事有定理. 易以貢 謂變易以告人. 聖人體具三者之德 而无一塵之累. 无事則其心寂然 人莫能窺. 有事則 神知之用 隨感而應 所謂无卜筮 而知吉凶也. 神武不殺 得其理而不假[a]其物[b]之謂.

茶山의 『周易四箋』

점을 칠 때 50개의 시초를 사용하는데 天數 하나를 걸어놓고 7에 7을 곱한 49개의 시초만으로 연출하니 시초의 덕은 圓融(원융)하여 걸림이 없다. 陰陽의 두 표준이 四象으로 八卦로 다시 8괘에 8을 곱하여 64괘로 연출되면 네모꼴을 이루니, 卦의 덕이 방정하고 지혜롭다고 말한 것이다.

50개의 시초 중에서 無爲한 太虛(태허)를 상징하여 하나의 시초를 뽑아 점통에 다시 돌려 넣고, 나머지 49개의 시초에서 태극을 상징하여 하나를 뽑아 손가락에 걸고, 그 나머지를 음양을 상징하여 둘로 나누고, 사계절을 상징하여 4개씩 덜어내고, 나머지를 손가락에 끼우고 그것들을 헤아려서 爻(효)를 얻으니 그 추이와 전환이 일정하지 않음을 '시초의 원융함'이라 말한 것이다.

이처럼 덜어내고 끼우는 과정을 세 번하여 한 획을 얻고 6획을 쌓아 하나의 괘를 이루니, 중첩하여 무너지지 않음을 '괘의 방정함'이라 말한다.

七七 四十九 蓍之圓也. 八八 六十四 卦之方也. 分二 揲四 扐奇掛一. 而推轉不定者 蓍之圓也. 三變成畫 六積成卦. 而層纍不圮者 卦之方也.

6개의 爻란 괘가 변하여 바뀐다는 뜻이다. 三變하여 하나의 爻를 얻는데 純陽·純陰일 경우, 홀수는 老陽[九]이 되어 陰으로 바뀌고, 짝수는 老陰[六]이 되어 陽으로 바뀐다. 이는 그 뜻이 易의 근본인 변화에

---

a 　假=借也. 至也.

b 　物=物故[死]也.

충순한 것이다. 그러므로 공자는 "易以貢" 즉 '바뀜으로써 드러내 알려준다'고 말했다.

六爻者 卦之變易也. 純陽純陰 則奇者爲陰(老陽九). 偶者爲陽(老陰六). 此其義純乎變者也. 故曰易以貢.
…… 謂呈顯以告示之也.

시 이 명 어 천 지 도　이 찰 어 민 지 고
是以明於天之道 而察於民之故 *故=事也.

이로써 천도를 밝히고 민중의 일을 살피며,

시 흥 신 물　이 전 민 용
是興神物 以前民用 *前=導也.

이에 神物을 일으켜서 민중들이 쓰도록 인도하였다.

성 인 이 차 재 계　이 신 명 기 덕 부
聖人以此齋戒 以神明其德夫

성인은 이로써 재계하여 그 덕을 신묘하게 밝힌다.

『二程文集』

'성인은 이로써 물러나 은밀한 데 감춘다'는 말과 '이로써 齋戒하여 그 덕을 신명하게 한다'는 말은, 모름지기 완미·탐색함이 요청된다.

聖人 以此退藏於密 以此齋戒 以神明其德夫 要須玩索.

朱熹의 『周易本義』

神物이란 시초와 거북을 말한다. 맑고 순수하며 한결같이 함을 齋[潔齋]라 말하고, 숙연하여 놀라고 두려워함을 戒[齋戒]라 말한다. 하늘의 道를 밝게 하여 神物이 일어날 수 있음을 알았고, 民生의 사단을 살폈더니 그 神物의 쓰임이 있지 않으면 안됨을 깨닫고 그것을 먼저 열어 놓았다. 이로써 거북점과 산대점을 만들어서 사람들을 교화했다. 그리고 이것으로 재계하고 그 점괘를 살펴서 마음으로 측량하지 못하는 것도 신묘하게 밝히니 마치 귀신처럼 미래를 알 수 있게 되었다.

神物謂蓍龜. 湛然純一之謂齋 肅然警惕之謂戒. 明天道故 知神物之可興 察民故. 故知其用之不可不有.
以開其先. 是以作爲卜筮 以教人 而於此焉齋戒 以考其占 使其心神明不測如鬼神之能知來也.

시 고　합 호 위 지 곤　벽 호 위 지 건
是故 闔戶謂之坤 闢戶謂之乾

이런 고로 문을 닫음을 坤이라 하고, 문을 열음을 乾이라 하며,

일 합 일 벽 위 지 변　왕 래 불 궁 위 지 통
一闔一闢謂之變 往來不窮謂之通

한 번 닫고 한 번 열리니 變이라 하고, 오고 감에 막힘이 없으니 通이라 하고,

현 내 위 지 상　형 내 위 지 기
見乃謂之象 形乃謂之器 *乃=代名詞로서 '是·其'의 뜻이다.

이를 드러낸 것을 象이라 하고, 형체 지은 것을 器[그릇]라 하며,

제 이 용 지 위 지 법
制而用之謂之法 *制=斷也. *法=天下之程式也 萬事之儀表也(管子/明法解)

마름질하여 사용하는 것을 法[본받음]이라 하고,

이 용 출 입　민 함 용 지　위 지 신
利用出入 民咸用之 謂之神 *神=妙萬物爲言者. 治也. *出入=猶往來也. 猶去來也.

재화의 거래를 이롭게 하여 민중이 다함께 쓰니 神妙함이라 한다.

朱熹의『周易本義』

닫히고 열림은 動靜의 기틀이니, 坤을 먼저 말하는 것은 고요함으로 말미암아 움직이기 때문이다. 乾坤이 변통함은 가르치고 기르는 공덕이요, 象을 보고 그릇을 형태 짓는 것은 물건을 낳는 차례이며, 본받음[法]은 성인이 道를 닦기 위해 하는 것이며, 神이란 백성과 자연의 일상적인 運用이다.

闔闢動靜之機也. 先言坤者 由靜而動也. 乾坤變通者 化育之功也. 見象形器者 生物之序也. 法者聖人修道之所爲 而神者百姓自然之日用也.

시 고　역 유 태 극　시 생 양 의
是故 易有太極 是生兩儀

이런 고로 易에는 太極(태극)이 있고, 태극은 陰陽 兩儀를 낳고,

양 의 생 사 상　사 상 생 팔 괘
兩儀生四象 四象生八卦

兩儀[두 개의 표준]는 四象[네 개의 표상]을 낳고, 四象은 八卦를 낳고,

팔 괘 정 길 흉　길 흉 생 대 업
八卦定吉凶 吉凶生大業

八卦는 吉凶을 정하고, 길흉은 큰 사업을 낳는다.

朱熹의『周易本義』

一은 매양 二를 낳는 것은 자연의 이치이다. 易이란 음양의 변화요, 太極이란 그 조리이다[a] "兩儀[두 개

---

[a] 主氣論 내지 唯物論的이다.

의 표상]"란 처음으로 한 획을 만듦에 음양으로 나뉘기 때문이며, "四象[네 개의 상징]"은 다음으로 두 획을 만듦에 음양이 큼[老: 늙음]과 작음[少: 젊음]으로 나뉘기 때문이며, "八卦"란 다음으로 3획을 만듦에 天地人 三才의 象이 비로소 완비된 것이다. 이러한 몇 마디 말은 실로 성인께서 易을 만들 때 자연의 차례일 뿐, 털 한 올의 지혜와 힘도 빌리지 않고 이루어진 것이다. 괘의 획과 시초를 집어내서 셈하는 차례가 모두 그러한 것이다, 상세한 것은 『易學啓蒙』의 序例에서 보십시오.

一每生二 自然之理也. 易者 陰陽之變 太極者 其理也. 兩儀者 始爲一畫 以分陰陽. 四象者 次爲二畫以分太少. 八卦者 次爲三畫 而三才之象始備. 此數言者 實聖人作易 自然之次第 有不假絲毫智力而成者. 畫卦揲蓍 其序皆然 詳見序例啓蒙.

吉함도 있고 흉함도 있으니 이것이 큰 사업을 낳는다.

有吉有凶 是生大業

茶山의 『周易四箋』

〈本書의 「茶山의 蓍卦傳」⑭에서 자세하게 설명한다.〉

시 고 법 상 막 대 호 천 지
是故 法象莫大乎天地

이런 고로 본받을 象으로는 천지보다 큰 것이 없고,

변 통 막 대 호 사 시
變通 莫大乎四時

변하고 통하는 것으로는 四時보다 큰 것이 없으며,

현 상 저 명 막 대 호 일 월
縣象著明 莫大乎日月

象을 매달아 밝음을 드러낸 것으로는 일월보다 큰 것이 없고,

숭 고 막 대 호 부 귀
崇高 莫大乎富貴 *富貴=有天下履帝位

높이 숭상하는 것으로는 부귀보다 큰 것은 없고,

비 물 치 용 입 성 기
備物致用 立成器 *備=豊足也. *立=立象의 착간(立禮로 읽는 학자도 있음).

사물을 풍족케 하여 利用을 이루고, 象를 세우고 그릇을 만들어,

이 위 천 하 리 막 대 호 성 인
以爲天下利 莫大乎聖人

천하를 이롭게 다스림은 성인보다 큰 것이 없다.

탐 색 색 은 구 심 치 원
探賾索隱 鉤深致遠 *鉤=取也. 致也.

심오한 도리를 탐색하고 깊고 먼 곳에 이르며,

以定天下之吉凶 成天下之亹亹者 *亹=勉也.

이로써 천하의 길흉을 결정하고 천하가 힘쓰는 것을 이루는 것으로는,

莫大乎蓍龜也

易占(역점)·거북점보다 큰 것이 없다.

朱熹의『周易本義』

부귀는 천하를 소유하고 帝位에 앉음을 말한다. "備物致用 立成器"에서 '立'자 밑에 목적어가 빠진듯하다.[a] "亹亹(미미)"는 勉勉(면면)과 같다. 의심하면 게으르나 의심이 해소되었으므로 힘쓴다.

富貴 謂有天下履帝位. 立下疑有闕文. 亹亹者 猶勉勉也. 疑則怠決故勉.

茶山의『周易四箋』

〈本書의「茶山의 蓍卦傳」⑮에서 자세하게 설명한다.〉

是故 天生神物 聖人則之

이런 고로 하늘이 神物(신물)을 낳았기에 성인은 그것을 본받고,

天地變化 聖人效之

천지가 변화하므로 성인은 그것을 따르고,

天垂象見吉凶 聖人象之

하늘이 象을 드리우고 길흉을 드러내니 성인은 그것을 형상하고,

河出圖 洛出書 聖人則之

河水(하수)에서 그림인 河圖가 나오고, 洛水(낙수)에서 책인 洛書가 나왔기에 성인이 그것을 본받은 것이다.

易有四象 所以示也

易에 四象[四時의 표상]이 있는 것은 보여주기 위함이요,

繫辭焉 所以告也

繫辭(계사)를 붙인 것은 깨우쳐주기 위함이며,

---

[a] 節齋 蔡氏는 '象'자를 넣는 것이 마땅하다고 했다.

朱熹의『周易本義』

"四象"은 陰陽 老少를 말한다. "示"는, 사람들에게 자기가 얻은 卦와 爻를 보여줌을 말한다.

四象 謂陰陽老少. 示謂 示人以所値之卦爻.

이 11장은 오로지 점치는 것을 말한다.

此章專言卜筮

茶山의『周易四箋』

〈本書의 「茶山의 蓍卦傳」⑯에서 자세하게 설명한다.〉

제12장

역 왈 자 천 우 지 길 무 불 리
易曰 自天祐之 吉无不利.[a]

주역은 "하늘이 도우니 吉하여 이롭지 않음이 없다"고 했다.

자 왈 우 자 조 야
子曰 祐者助也

子 왈[공자께서 말씀하시길], '보우한다[祐]'는 말은 돕는다[助]는 뜻이며,

천 지 소 조 자 순 야 인 지 소 조 자 신 야
天之所助者 順也 人之所助者 信也

하늘이 돕는 것은 順理요, 사람이 돕는 것은 信義이며,

이 신 사 호 순 우 이 상 현 야
履信思乎順 又以尙賢也

신의를 행하고 순리를 생각하며 현자를 숭상하면,

시 이 자 천 우 지 길 무 불 리 야
是以自天祐之 吉无不利也

이를 하늘이 보우하기 때문에 吉하다.

朱熹의『周易本義』 ____

大有☲☰괘 上九 효사의 뜻을 풀이한 것이다. 그러나 여기에 있으면 붙일 곳이 없다. 혹시 이는 죽간이 흐트러진 것이 아닌가 생각된다. 제8장의 끝에 있어야 마땅하다.

釋大有上九爻義. 然在此无所屬 或恐是錯簡 宜在第八章之末.

자 왈 서 부 진 언 언 부 진 의
子曰 書不盡言 言不盡意

子[공자] 왈, 글은 말을 다 전하지 못하고, 말은 뜻을 다 전하지 못한다.

연 즉 성 인 지 의 기 불 가 견 호
然則 聖人之意 其不可見乎

그렇다면 성인의 뜻을 진실로 드러낼 수 없는가?

자 왈 성 인 입 상 이 진 의 설 괘 이 진 정 위
子曰 聖人立象以盡意 設卦以盡情僞

子[공자] 왈, 성인이 象을 세워 뜻을 다 펴고, 괘를 만들어 진정과 人爲(인위)를 다 펴며,

---

a   大有☲☰괘 上九의 효사와 동일하다.

朱熹의『周易本義』

말로 전하는 것은 얕고, 象이 보여주는 것은 깊다. 홀수·짝수의 두 획을 관찰하여 변화를 포함하고 窮(궁)하여 다함이 없으면 알 수 있을 것이다. '변하여 소통하고 북치면 춤춘다' 함은, 괘의 동정을 일로써 말한 것이다. 두 번의 "子曰"글자는 아마 그 하나는 衍文(연문)일 것이다. 대개 "子曰"이란 글자는 모두 後人(후인)이 덧붙인 것이므로 이런 착오가 있다. 근세에 발간된 周敦頤(1017-1073)의『通書』의 경우처럼 周子(周敦頤) 스스로 지은 책인데도 역시 관례대로 후인이 매 장마다 "周子曰"자를 붙여놓았다. 문답식 문장에도 붙여놓은 것이 꼭 이와 같다.

言之所傳者淺 象之所示者深. 觀奇偶二畫 包含變化 无有窮盡則可見矣. 變通鼓舞 以事而言. 兩子曰字 疑衍其一. 蓋子曰字 皆後人所加. 故有此誤. 如近世通書 乃周子所自作 亦爲後人 每章加以周子曰字. 其 設問答處 正如此也.

『二程文集』

乾은 건실하고 坤은 순하다. 사람도 역시 진실로 그러한 본체를 필경 벗어나지 못한다. 乾坤이 훼손되면 易을 볼 수 없음을 알아야 한다.

乾健坤順 人亦不曾果然體 認得 乾坤毁則 无以見易.

朱熹의 『周易本義』 ____

縕(온)은 쌓은 것[蓄]을 싸서[包] 잘 간직하는 것이다. 옷을 입어 몸을 잘 간직하는 것과 같다. 易이 간직한 것은 음양일 뿐이다. 무릇 陽은 모두 乾이고, 陰은 모두 坤이니, 괘를 긋고 자리를 정하면 乾坤·陰陽이 列(열)을 이루어 易의 본체가 세워진다. 乾坤이 훼손됨은 괘의 획을 세우지 못함을 말하고, 乾坤이 그침은 변화가 行해지지 못함을 말한다.

縕 所包蓄者 猶衣之著也. 易之所有陰陽而已. 凡陽皆乾 凡陰皆坤. 畫卦定位則 二者成列 而易之體立矣. 乾坤毁謂卦畫不立 乾坤息謂變化不行.

茶山의 『周易四箋』 ____

易은 陰陽이 바뀌는 것인데, 점을 칠 때 한 번 시책을 4揲(설)하는 것을 1變이라 하며, 3變하여 1획을 얻는 揲蓍法(설시법)을 易이라 한다. '乾坤이 열을 짓는다'는 말은, 점을 칠 때 시책을 둘로 나누어 木格(목격)의 좌우 大刻(대각)에 벌여 놓음이 天地를 상징하는 것임을 표현한다. '易이 그 가운데 있다'는 말은, 天地를 상징한 후에 시책 하나를 덜어내어 小指[새끼 손가락] 사이에 걸어놓아 天地人 三才를 상징하는 것을 표현한 것이다. 또 제7장에서 말한 "天地設位 而易行乎其中"이라는 문장도 모두 揲蓍法(설시법)을 말한 것이다.

易者陰陽也(字從日從月). 揲蓍一變之所得 謂之易(四營而成易). 乾坤成列者 謂分之爲二 以象兩而. 陽筴陰筴 相對成列也. 易立其中者 謂掛一之筴 特立乎陽筴陰筴之間也(並詳蓍卦解). 上文云 天地設位 而易行乎其中(第七章). 皆謂揲蓍之事也.

"縕(온)"은, 易에 乾坤이 있음이 마치 의복에 솜이 들어있는 것과 같다는 비유이다.

縕者 易之有乾坤. 猶衣之有絮也.

<table>
<tr><td>

시 고 형 이 상 자 위 지 도 형 이 하 자 위 지 기
是故 形而上者 謂之道 形而下者 謂之器

이런 고로 形而上(형이상)을 道라 말하고, 形而下(형이하)를 그릇이라 말한다.

화 이 재 지 위 지 변
化而裁之 謂之變

변화하고 마름질함을 變이라 하고,

추 이 행 지 위 지 통
推而行之 謂之通 *推=順遷也.

변화에 따라 운행함을 疏通(소통)이라 하며,

</td></tr>
</table>

> 거 이 조 지 천 하 지 민 위 지 사 업
> **擧而措之天下之民 謂之事業** *擧=取也. 企望之也. 起也. *措=施布也. 置也.
> 추켜들어 천하 만민에 펴는 것을 사업이라 말한다.

『二程文集』

형체가 있음은 모두 器[그릇]이고, 형체가 없는 것은 道라고 한다.

有形皆器也 无形爲道.

'형체이나 위로 상승한 것은 道라 말하고 형체이나 아래로 하강하는 것은 器이다'는 말은, 모름지기 이렇게 표명함으로써 器 역시 道요 道 역시 器임을 설파한 것이다.

形而上謂道 形而下謂器 須著[a]如此 說器亦道 道亦器也.

『繫辭傳』은 形而上인 것을 道라 하고, 形而下인 것을 器라 한다. 또 말하기를 하늘의 道를 세워 陰陽이라 하고, 땅의 道를 세워 柔·剛이라 한다. 사람의 道를 세워 仁·義라 한다. 또 말하기를 한 번 그늘지고[陰] 한 번 햇볕 드는 것[陽]을 道라고 말한다. 陰陽은 역시 形而下이지만 道라고 말했다. 오직 이 말만으로는 形而上과 形而下를 가장 분명하게 깨닫는 것을 가로막는다. 원래 단지 이것이 道이니 사람들은 말 없이도 인식할 필요가 있다.

繫辭曰 形而上者謂之道 形而下者謂之器. 又曰 立天之道 曰陰與陽 立地之道 曰柔與剛 立人之道曰 仁與義. 又曰 一陰一陽之謂道……陰陽亦形而下者也 而曰道者 唯此語截得上下最分明. 元來只此是道 要在人黙而識之也.

"形而上者 謂之道"와 같은 문장에서 '謂'자를 '之'자 아래로 옮겨 "謂之道"를 "之謂道"로 고칠 수 없다. 이것이 공자의 문장이다.

如形而上者謂之道 不可移謂字 在之字下. 此孔子文章.

형체가 상승한 것을 道라 하고 형체가 하강한 것을 器라 하는데, 혹자처럼 만약 맑고 비었으며 제일 큰 것을 道로 삼으면 이는 곧 器[그릇]를 말함이니 道가 아닐 것이다.

形而上者謂之道 形而下者謂之器. 若如或者 以淸虛一大謂爲道 乃以器言 非道也.

佛家에서는 음양·주야·생사·고금을 분별하여 인식하지 않는데, 어찌 形而上은 성인과 같다고 말할 수 있겠는가?

佛氏不識 陰陽晝夜生死古今. 安得謂之形而上者 與聖人同乎.

---

a　著=明. 表. 見. 顯 記述.

朱熹의 『周易本義』

朱熹의 『周易本義』

괘와 효, 음과 양은 모두 形而下이나 그 理[이치]는 道이며, 자연의 조화를 따라서 마름하여 만드는 것은 변화하는 義이다. "變"·"通" 두 글자는 위의 계사전 본문에서 하늘을 말했지만, [『周易本義』의] 이 문장에서는 사람을 말한다.

卦爻陰陽 皆形而下者 其理則道也. 因其自然之化 而裁制之變化之義也. 變通二字 上章以天言 此章以人言.

茶山의 『周易四箋』

위의 본문에서 말한 '變通(변통)'은 [제11장의] "變通 莫大於四時"라는 문장에서 분명히 밝혔듯이 四時의 변화를 가리키는 12辟卦(벽괘)가 50衍卦(연괘)로 퍼져나가는 變通을 염두에 두고 한 말임을 유의해야 한다. 예컨대 3陰괘와 3陽괘의 母卦인 否☷괘와 泰☲괘를 爻變하여 마름질하면 咸☷·恒☷·損☷·益☷괘가 되고(「推移表」의 三陽卦·三陰卦 참조), 2陽괘의 母卦인 臨☷·觀☷괘를 추이하여 운행하면 屯☷·蒙☷·頤☷·坎☷괘가 되는데 이를 "變通"이라고 말한 것이다.(「推移表」의 二陽卦 참조)

上文云 變通莫大乎四時. 變通者十二辟卦也. 化否泰而裁之 爲咸恒損益. 推臨觀而行之 爲屯蒙頤坎(並見推移表). 此之謂變通也.

---

^{시 고 부 상　성 인 유 이 현 천 하 지 색}
是故夫象 聖人有以見天下之賾 *賾=幽深難見.

그러므로 대저 象이란 성인께서 천하의 심오한 자취를 드러내고자,

^{이 의 제 기 형 용　상 기 물 의　시 고 위 지 상}
而擬諸其形容 象其物宜 是故謂之象

그 형용을 의제하여 그 물건에 알맞게 형상했으니 이를 象이라 한다.

^{성 인　유 이 현 천 하 지 동}
聖人 有以見天下之動

성인께서 또한 천하의 운동을 드러내고자,

^{이 관 기 회 통　이 행 기 전 례}
而觀其會通 以行其典禮 *會=理之所聚而不可遺處. *通=理之可行而無所礙處.

그 理의 會通함을 관찰하여 이로써 전례를 행하고,

^{계 사 언　이 단 기 길 흉　시 고 위 지 효}
繫辭焉 以斷其吉凶 是故謂之爻 *爻=效也. 變也.

말씀을 걸어놓고 길흉을 결단했으니, 이를 일러 爻(효)라 한다.

朱熹의 『周易本義』

『繫辭傳』(上) 8장의 첫머리 글을 중복하여 말함으로써 아래의 글을 일으킨다.

重出以起下文.

極天下之賾者 存乎卦

천하의 蘊奧(온오)를 극진히 함은 卦에 있고,

鼓天下之動者 存乎辭

천하의 활동을 고동치게 함은 繫辭에 있고,

化而裁之 存乎變

조화하여 마름질함은 變爻에 있고,

推而行之 存乎通

推移(추이)하여 운행함은 會通에 있고,

神而明之 存乎其人

신령스럽고 밝게 함은 사람에 있고,

黙而成之 不言而信 存乎德行

침묵 속에 이루고, 말하지 않고 신뢰함은 덕행에 있다.

『二程文集』

易에서 爻와 象을 따라서 변화를 論(논)하고, 변화를 따라서 神을 논하고, 神을 따라서 사람을 논하고, 사람을 따라서 덕행을 논했다. 대체로 易의 道를 통틀어 논했으니 '고요하면서 이루고 말하지 않아도 믿는 것은 덕행에 있음(黙而成之 不言而信 存乎德行)'을 말하는 것으로 마쳤다.

易因爻象論變化. 因變化論神. 因神論人. 論德行. 大體通論易道 而終於黙而成之 不言而信 存乎德行.

묻기를 『繫辭傳』은 "天道로써 말했고 『中庸』은 人事로서 말했으나 같지 않은 것 같습니다." 대답하기를 "같습니다." 『繫辭傳』은 비록 시작은 천지·음양을 따라서 말했지만, 끝내는 '묵묵히 천도를 이루고 말하지 않아도 신뢰함은 덕행에 달려 있음'을 말했다. 『中庸』에서도 역시 이르기를 '귀신이 덕을 행함이 성대하구나! 그것을 보려고 해도 보이지 않고 들으려 해도 들리지 않으나 사물에 체현함은 빠짐이 없구나. 천하 사람들로 하여금 心身을 깨끗이 하고 성대한 복장으로 제사를 받게 하니, 위에 있는 듯 좌우에 있는 듯 洋洋(양양)하구나!' 라고 말했다. 『詩經』에서도 '神이 오는 것도 헤아리지 못하는데 하물며 미워할 수 있겠는가? 대저 은미한 것이 드러남은 성실하여 가릴 수 없음이 이와 같구나!'라고 말했다. 이러한데 어찌 天道와 人道가 같지 않다고 하겠는가?

問 繫辭自天道言 中庸自人事言 似不同. 曰 同. 繫辭 雖始從天地陰陽言之. 然卒曰 黙而成之 不言而信 存乎德行. 中庸亦曰 鬼神之爲德 其盛矣乎. 視之而不見 聽之而不聞 體物而不可遺. 使天下之人 齊明[a]盛

---

a 齊明=不淨(부정)을 禁忌(금기)하여 심신을 깨끗하게 함.

服 以承祭祀. 洋洋乎 如在其上 如在其左右. 詩曰 神之格思ᵃ 不可度思 矧可射ᵇ思ᶜ. 夫微之顯 誠之不可
揜 如此夫. 是豈不同.

朱熹의『周易本義』

괘는 곧 象이요, 말씀[爻辭]은 곧 爻이다. 괘와 효의 변통하는 까닭은 사람에게 달려있고, 사람이 能(능)
히 신령스러워 그것을 밝힐 수 있는 것은 德에 달려있다.

卦卽象也 辭卽爻也. 卦爻所以變通者在人. 人之所以能神 而明之者在德.

〈비교·평가를 위한 자료〉

① **楊萬里의『誠齋易傳』**

『繫辭傳』(上) 12장의 글은 성인이 易을 지은 뜻이 64괘의 爻마다 산재해 있으나 그것을 乾坤 두 괘로
취합하여 밝혔다. 따라서 성인이 易을 이용하는 도리는 천하에 산재한 사업을 한 몸의 덕행에 달려있
음을 밝히는 것이다. 또 그는 말한다. 易에는 세 가지가 있는데 하나는 天易(천역)이요, 둘은 竹易(죽역)
이요, 셋은 人神[사람의 神明]이다. "하늘은 높고 땅은 낮으니 乾坤이 정해졌다(天尊地卑 乾坤定矣)"는 天
易을 말한 것이고, "글은 말을 다하지 못하고 말은 뜻을 다하지 못한다(書不盡言 言不盡意)"는 竹易을 말
한 것이고, "길흉은 사람에 달려 있고 그 사람은 덕행에 달려 있다(存乎其人 存乎德行)"는 人易(인역)을 말
한 것이다. 성인은 어떻게 易의 道를 행할 수 있는가? 神明으로 밝히고 말없이 이루면, 易은 하늘에 있
지 않고 著策(시책)에도 있지 않고 사람에 있게 된다.

誠齋楊氏曰 此章言聖人作易之意. 其散在六十四卦之爻 章其聚在乾坤之二卦. 聖人用易之道 其散在天下
之事業 其聚在一身之德行也. 又曰 易有三. 一曰天易 二曰竹易 三曰人神. 天尊地卑乾坤定矣 天易也. 書
不盡言 言不盡意 竹易也. 存乎其人 存乎德行 人易也. 聖人焉能行易之道 神而明之 默而成之 則易不在
天 不在竹 而在人矣.

ᵃ　思=(語氣詞)

ᵇ　射(역)=厭也.

ᶜ　思=(語氣詞)

2. 繫辭傳(계사전) (下)

<편역자 주>

『繫辭傳』下篇의 章數는 학자에 따라 다르다. 永樂帝本과 四庫全書는 上篇이 12장이므로 이에 맞추어서 12장으로 나누었다. 이러한 편제에 따라 本書에서도 12장으로 정리한다.

茶山의 『周易四箋』

王肅과 李鼎祚의 주석본은 모두 『繫辭傳』을 上·下로 나누고 있는데 아마도 田何가 易을 전수할 때부터 이미 그러했을 것이다. 본편 『繫辭傳』(上下)와 『象傳』(上下)·『象傳』(上下)을 아우른 6翼과 『大象傳』·『說卦傳』·『序卦傳』·『雜卦傳』의 4翼을 합하여 "十翼"이라 한다(『文言』은 古代의 字書이다).[a]

王肅 李鼎祚本 皆分上下傳 蓋自田何授易 已然矣 並上下象傳 上下象傳 爲六翼 唯大象傳(天行健之類) 及說卦 序卦 雜卦 各自一篇 合之爲十翼(文言者 古之字書)

———

[a] 편역자 주: 『繫辭傳』(上下)·『說卦傳』의 3翼만 『周易大全』 제1권에 싣고, 나머지는 뒤이어 펴낼 『周易大全』에 수록한다. (『雜卦傳』 제외)

제1장

팔 괘 성 렬　상 재 기 중 의
八卦成列 象在其中矣

八卦가 열을 지으니 象은 그 가운데 있고,

인 이 중 지　효 재 기 중 의
因而重之 爻在其中矣

이를 근거로 중첩하니 爻[變畫]가 그 가운데 있다.

朱熹의 『周易本義』

"成列[列을 이룸]"은 1번 乾☰, 2번 兌☱, 3번 離☲, 4번 震☳, 5번 巽☴, 6번 坎☵, 7번 艮☶, 8번 坤☷으로 列을 이룸을 말한다. "象"이란 괘의 몸을 형상한 것이다. "因而重之[이를 근거로 八卦를 중첩한다]"는 각각 한 괘를 근거로 삼고 그 위에 八卦를 차례대로 붙여서 64괘를 만드는 것[8×8=64]을 설명한다. "爻六爻也[효는 6爻이다]"는, (八卦의 경우 하나의 괘가 3효씩이니) 그것을 중복하여 넓힌 64괘는 각각 6효를 가지게 된다는 뜻이다.

成列 謂乾一 兌二 離三 震四 巽五 坎六 艮七 坤八之類. 象謂 卦之形體也. 因而重之 謂各因一卦 以八卦 次第加之 爲六十四也. 爻六爻也 旣重而後 卦有六爻也.

茶山의 『周易四箋』

이것도 역시 시초를 헤아려 괘를 만들어내는 방법을 말한다. "八卦成列[八卦가 열을 이룸]"은, 네 개씩 덜어내기를 세 번하면 1획을 얻으니 9揲을 하면 3획을 얻어 하나의 小成卦(소성괘)가 이루어지는데, 혹 震☳·艮☶괘 처럼 八卦들은 陰策과 陽策이 어울려 天·地·人 三才의 배열을 함께 만들어냄을 말한다. "因而重之[이어서 小成卦를 중첩한다]"는, 다시 아홉 번 4揲하여 3획을 더 얻어 도합 6획의 重卦를 이룸을 말한다. 예컨대 屯☵☳(水☵☳雷)괘와 蒙☶☵(山☶ ☵水)괘처럼, 별도로 八卦중 하나를 만드는 것이 아니라, 6획을 연이어 하나의 重卦를 만든다.

여섯 개의 획을 얻어 重卦를 이루면 그 각 획마다 그 숫자의 純雜을 살펴보면(세 번 揲蓍하여 掛扐한 시초가 모두 홀수이거나, 세 번 揲蓍하여 掛扐한 시초가 모두 짝수이면 '純'이라 한다), 그 爻의 변동 여부가 결정된다. 그러므로 八卦를 근거로 重卦가 이루어지면 그 가운데 변동되는 畫인 '老爻'가 있다고 말한 것이다.

此亦 論蓍卦之義也. 八卦成列者 謂九揲而得三畫 以成一卦. 或震或艮(八卦而小成之八卦也) 與陰策陽策 共成三才之列也(乾坤成列 而易立其中). 因而重之者 十有八揲 而得六畫 而成一卦. 或屯或蒙(卽重卦) 不是別爲一卦 只是連加六畫. 故曰因而重之也. 六畫旣成 觀其畫之順雜(三揲皆奇 或三揲皆偶 曰純) 而一爻之變動者可執. 故曰 爻在其中矣(當變之爻 在六畫之中).

만약 한 번 그려진 畫이 바로 爻가 된 것이라면, 內卦의 初畫부터 이미 一爻를 얻었다고 말했을 것이며, 두 번째 획을 얻었을 때도 二爻를 얻었다고 말했어야 하거늘, 어찌 重卦가 성립된 이후를 기다려 비로소 爻가 그 가운데 있다고 말했겠는가?

內卦가 이미 이루어졌으면 水·火·雷風·馬牛·羊豕의 象과 耳目·手足의 象은 드러났지만, 어느 획이 변할지? 어느 획은 변하지 않을 지를 아직 알지 못한다. 그러므로 다만 "象在其中" 즉 '象이 그 가운데 있다'고 말한 것이다.

포희(庖義)씨가 처음 획을 그릴 때는 卦와 畫이란 이름만 있었지 爻라는 개념은 아직 있지 않았다. "爻"는, 蓍草(시초)로 점치는 사람이 著策(시책)을 4撰(설) 한 뒤에, 六畫이 이미 성립하고 나면, 掛扐(괘륵)한 시책의 數가 홀수인지 짝수인지를 살펴서, 그 중에서 변화하는 획을 집어낸 뒤라야, 변하는 爻라는 이름을 붙이는 것이다.

若以一畫爲一爻 則內卦初畫之時 已得一爻. 及其再畫之時 又得二爻. 何待重卦之成而後 始謂之爻在其中乎. 內卦旣成(謂八卦成列) 則水火雷風 馬牛羊豕 耳目手足之象雖著, 而何畫之當變 何畫之不當變 未及知之. 故只云 象在其中.(庖義畫卦之初 只有卦畫 未有爻矣. 爻者 筮人撰著之後 六畫旣立. 察其數之奇偶 而執定其變之名也).

剛柔相推 變在其中矣

剛陽과 柔陰이 서로 밀어내고 옮기니 變化가 그 가운데 있고,

繫辭焉而命之 動在其中矣 *命=呼也. 名也.

말씀[辭]을 걸어놓고 呼名하니 운동이 그 가운데 있다.

朱熹의 『周易本義』

剛陽과 柔陰이 서로 옮겨서 卦와 爻가 변하니 이처럼 오고가고 서로 섞이면 나타내지 못할 것이 없다. 성인께서 이러한 변동을 좇아 모두 말씀을 붙여 놓았으니, 이로써 그 길흉을 점친다. 그런즉 점친다는 것은 변동하는 爻와 象을 만나는 것뿐이니 이것을 벗어날 수 없다.

剛柔相推 而卦爻之變. 往來交錯 无不可見. 聖人因其如此 而皆繫之辭 以命其吉凶.`則占者 所値[a]當動之 爻象 亦不出乎此矣.

茶山의 『周易四箋』

위의 본문 중 "剛柔相推(강유상추)하니 변화가 그 가운데 있다"는, 괘의 推移를 설명한 것이다. 즉 12辟

---

[a] 値=…을 만나다.

卦(벽괘)가 推移하여 50衍卦(연괘)로 펴지는데, 혹은 剛健한 陽━ 획을 밀어올리고 혹은 柔弱한 陰▪▪ 획을 밀어내리는 운동이 일어나면, 天地·四時의 두루 변천해가는 자취가 그 가운데 있다는 뜻이다. 이에 대해 글을 지어 붙여둠으로써 그 왕래를 卦·爻로써 가리켜주면 실제로 옮기고 변하는 운동의 정상이 그 가운데 있다는 뜻이다.

此又論推移之義也. 十二辟卦之推移 爲五十衍卦也. 或推其剛而升之 或推其柔而降之 則周流變遷之跡 在其中矣. 於是繫之以詞 而指其往來 則移易運動之情 在其中矣.

繫辭 가운데서 文王이 지은 彖詞는 오로지 12辟卦가 추이하는 象을 근거로 物象을 섞어 지은 글이다. 특히 12벽괘의 단사는 또한 陰陽이 소멸하고 성장하는 운동과 爻들이 서로 바꾸고 뒤집어지는 交易· 反對[反易]의 象만을 취하여 글을 지었다. 周公이 지은 爻詞는 12辟卦의 뿌리에서 해당 卦가 추이하여 나오는 과정에서 나타나는 象을 근거로 함과 아울러 해당 爻가 변하여 성립하는 之卦(지괘)의 象을 겸 하여 여러 物象을 섞어 글을 지은 것이다. 이것이 본문에서 말하는 '말을 붙여 呼名한다(繫詞命之)'는 의 미이다.

繫辭之文 彖詞(文王作) 則專據十二辟推移之象 而雜物成文. 十二辟之彖詞. 又據陰陽消長之運(如坤極消而 復一陽生). 及交易反對之義(如臨觀倒 則八月有兌). 而取象立文. 至於爻詞(周公作) 則本之以十二辟推移之象 兼之以本爻所變之象 而雜物成文, 此所謂 繫辭焉而命之也.

朱子께서 이르기를 "卦變은 역시 괘들이 만들어진 이후에 聖人이 이러한 象이 있음을 발견하고 彖詞에 서 밝히신 것이다"라고 하셨다. 그러므로 朱子의 말은 이른바 '말을 붙여 그것을 호명해준다'는 공자의 말씀을 부연 설명한 것이다.

朱子曰 卦變者(十二辟卦推移之法) 亦是有卦之後 聖人見得有此象. 故發於彖詞(朱子說止此). 此孔子所謂 繫 辭焉而命之者也.

여기에서 本文의 "命之"라는 공자의 말씀을 주목해야 한다. 이는 괘의 畫은 본래 情意가 없으므로 오 르고 내리며 왕래할 수 없지만, 文王과 周公이 관찰한 결과 64괘 속에는 정말로 12辟卦가 宗主가 되고 50衍卦는 모두 그 宗主의 변화의 象을 받아 전래된 것임을 발견한 것이다. 이에 말씀을 붙여 호명하니 변동의 법이 그 가운데 있게 되었다는 뜻이다.

命之也者 謂卦畫本無情意 非能升降而往來也. 文王周公 看此六十四卦之中 實實有十二辟卦 爲之宗主 而五十衍卦 皆來受變之象. 於是乎 繫之詞而命之 則變動之法 卽在其中矣.

朱子께서 이르기를, 〈卦變圖〉에 따르면 剛陽━이 오고 柔陰▪▪이 나가는 경우가 있는데, 이 역시 괘가 이미 이루어진 뒤에 의미를 찾아 미루어 설명하다보니, 이 卦가 저 卦로부터 내려온 것임을 발견했을 뿐, 진정 먼저 저 卦가 있은 연후에 바야흐로 이 卦가 생겼다는 뜻은 아니라고 했다. 古註에서 '賁(비)괘는 泰괘에서 왔다'는 해석을, 程子(程頤)는 잘못이라 했다. 程子는 泰䷊(地☷ ☰天)괘 는 乾☰괘와 坤☷괘를 결합하여 된 것만을 생각하고, "어찌 泰䷊(地☷ ☰天)괘가 변하여 賁䷕(山☶ ☲火) 괘가 되는 이치가 있을 수 있겠는가?"라고 말한다. 그러나 틀린 말임을 알지 못했다. 伏羲氏(복희씨)가 괘를 그릴 때는 64괘를 모두 일시에 완성했으니 비록 乾☰괘와 坤☷괘라 할지라도 역시 다른 괘들을 生成할 수 있는 이치가 없다고 생각했을 것이다. 그런데 만약 程子께서 文王과 孔子의 해설을 따랐다면, '종횡으로 굽히고 펴고 反轉 相生하면서 64괘가 서로 變動하는 이치가 不可(불가)하다'고 말하지는 않았을 것이다.[a]

朱子曰 如卦變圖(十二辟推移之法) 剛來柔進之類 亦是就卦已成後 用意推說 以見此卦 爲自彼卦而來耳. 非眞先有彼卦而後 方有此卦也. 古註說 賁卦自泰卦而來. 先儒非之(卽伊川) 以爲乾坤合而爲泰 豈有泰變爲賁之理. 殊不知 伏羲畫卦 則六十四卦 一時俱了. 雖乾坤亦無能生諸卦之理. 若如文王孔子之說 則縱橫曲直 反覆相生 無所不可.

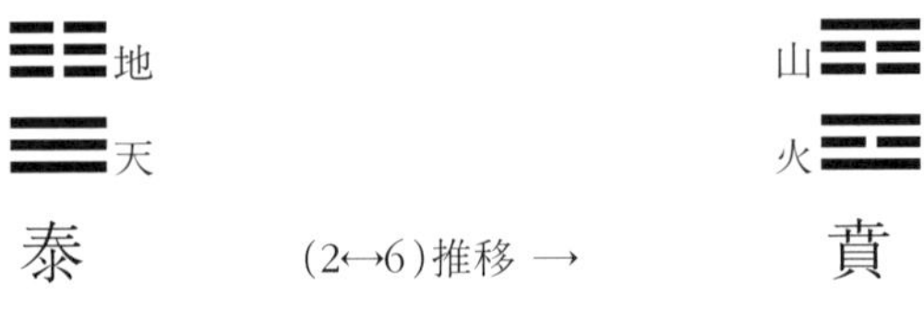

또한 朱子는 말한다: "伊川[程頤] 선생은 卦變說(괘변설)을 채택하지 않았기 때문에 도처에서 억지 해설을 한다." 예컨대 賁☲☶괘의 象傳을 설명하면서 '柔가 들어와서 剛을 꾸민다'고 말했으며, 无妄☳☰괘의 象傳을 설명하면서 '剛이 밖에서 들어와서 內卦의 중심이 되었다'고 말한다.

又曰 伊川不取卦變之說. 至柔來而文剛. 剛則自外來 而爲主於內. 諸處皆牽强說了.

살피건대 卦變圖(괘변도)는 朱子가 만년에 그린 것으로『周易本義』가 완성된 이후에 나왔다. 12벽괘의 推移法이 해와 별같이 명료한데, 다만 (兼畫하면 离☲괘가 되는) 中孚☴☱괘와 (兼畫하면 坎☵괘가 되는) 小過☶☳괘를 미처 辟卦(벽괘)로 채택하지 못한 것은 아쉬운 점이다. 그런데도 세상 사람들은 오히려 卦變說에 어두우니 어찌된 일인가?

案 卦變圖者 朱夫子晚年所作也(在本義旣成之後). 十二辟推移之法 昭如日星. 唯中孚小過 未經採用耳. 世猶昧昧 何哉.

---

a   편역자 주: 茶山이 비판한 요지는, 程子가 推移法을 반대했기 때문에 억지스럽게 설명했다는 점이다.

<ruby>吉凶悔吝者<rt>길 흉 회 린 자</rt></ruby> <ruby>生乎動者也<rt>생 호 동 자 야</rt></ruby>

吉凶과 悔吝은 卦와 爻의 운동에서 생긴다.

朱熹의 『周易本義』 ______________________________

吉凶[길하거나 흉한 것], 悔吝[후회하거나 한탄하는 것]은 모두 괘사에서 점치는 단어들이다. 그러나 그것들은 괘와 효의 변동을 좇은 이후에 반드시 드러난다.

吉凶悔吝 皆辭之所命也. 然必因卦爻之動 而後見.

茶山의 『周易四箋』 ______________________________

八卦는 본래 吉凶이 없는데 12벽괘의 비롯됨을 성찰하고 끝을 돌아보면[原始反終] 進退(진퇴)·消長(소장)하는 기미가 드러나고, 50衍卦로 사물이 무리로 나뉘어 昇降[오르고 내림]·往來[오고 감]하는 象이 드러나서 吉凶·悔吝이 여기에서 생겨난다. 善하게 변하면 吉한 것이고, 善하지 않게 변하면 흉한 것이다. 본래는 하자가 있으나 변하여 맑아지면 悔[후회하여 개과천선함]이고, 본래 하자가 있어 변했으나 괘 청해지지 않음이 吝[개과천선하지 못하여 한이 남음]이다.

만약 이러한 推移法을 고려하지 않고 다만 水-雷가 바뀌어 雷-水가 되고, 山-澤이 바뀌어 澤-山이 되는 것으로 끝낸다면 이는 64괘는 고사하고 64괘의 變化를 다 버리고 八卦로 그치는 것이다. 그러니 八卦 자체에 어찌 길흉이 있단 말인가?

八卦本無吉凶 十二辟卦 原始反終 而進退消長之機以著也. 五十衍卦 物以群分 而升降往來之象 以顯也 吉凶悔吝 於是乎生焉. 有善變而吉者 有不善變而凶者. 有本有疵 而變則淸者 是悔也. 有本有疵 而變不快者 是吝也. 苟使水雷之易 而爲雷水. 山澤之易 而爲澤山焉而已 則是亦八卦而止矣. 八卦有吉凶乎.

<ruby>剛柔者<rt>강 유 자</rt></ruby> <ruby>立本者也<rt>입 본 자 야</rt></ruby>

剛[강건]과 柔[유약]는 근본을 세운 것이요,

<ruby>變通者<rt>변 통 자</rt></ruby> <ruby>趣時者也<rt>취 시 자 야</rt></ruby> *趣=向也.

變하여 亨通함이란 계절의 변화를 따르는 것이다.

朱熹의 『周易本義』 ______________________________

강건함과 온유함은 각각 정해진 자리가 있다. 이것에서 저것으로 변동함은 때를 따르기 때문이다.

一 [a]剛一柔 各有定位. 自此而彼 變以從時.

茶山의 『周易四箋』

12辟卦에는 陰 -- 과 陽 - 이 동류끼리 모여 있다. 이처럼 陰 -- 과 陽 - 이 서로 흩어져 있지 않은 것이 辟卦(벽괘)의 특징이며, 이를 "근본을 세움[立本]"이라고 말한다. 五十衍卦(연괘)는 변화와 소통에 일정한 방소가 없다. 이를 가리켜 四時를 따르는 것[趣時]이라고 말한다.

十二辟卦 陰陽相聚 此立本者也. 五十衍卦 變通無方. 此趣時者也(變通配四時).

蓍草(시초)를 셈하여 괘를 만들 때, 어느 한 획이 老陽이 되면 少陰으로 변할 수 있으나 卦를 그릴 때는 우선 陽 - 획으로 그린다. 마찬가지로 老陰이 나와 少陽으로 바뀔 수 있지만 그 때도 괘는 우선 陰 -- 획으로 그린다. 왜냐하면 기본을 세워두기 위한 목적 때문이다. 基本이 선 이후에 變動이 일어날 수 있기 때문이다.

蓍卦有一畫之純(卽老陽老陰)可變爲陰 而猶作陽畫. 可變爲陽 而猶作陰畫者 亦所以立本也. 本立而後變起.

吉凶者 貞勝者也 *貞＝正也. 常也.
길흉이란 바름이 이기는 것이요,

天地之道 貞觀者也 *貞＝正也. 誠信也. *觀＝諦視也. 示也.
천지의 道는 바름을 보여주는 것이요,

日月之道 貞明者也
日月의 道는 바름을 밝히는 것이요,

天下之動 貞夫一者也 *夫＝(指示代詞) *一＝純也. 齊同也.
천하의 운동은 그것들을 한결 같이 바르게 함이다.

『二程文集』

천지의 道는 象을 드리워 사람들에게 보여주므로 貞觀[바름을 보여줌]이라고 말한 것이고, 해와 달은 항상 밝아 쉬지 않으므로 貞明[바름을 밝혀줌]이라고 말한 것이다.

天地之道 常垂象而示人. 故曰貞觀 日月常明而不息. 故曰貞明.

---

[a]　一＝全也.(語氣詞)

"貞"은 正[바름]이고 常[항상됨]이다. 사물은 바른 곳에 있으면 常[항상됨]이라 한다. 천하의 일은 吉하지 않으면 흉하고, 흉하지 않으면 吉하니 항상 서로를 이기며 그치지 않는다.

貞正也常也. 物以其所正 爲常者也. 天下之事 非吉則凶 非凶則吉 常相勝而不已也.

觀(관)은 示(시)이다. 천하의 운동은 그 변화가 무궁하다. 그러나 이치를 따르면 吉하고, 이치를 어기면 흉하다. 그런즉 바른 것이 常道(상도)임은 한결같은 이치일 뿐이다.

觀示也. 天下之動 其變無窮. 然順理則吉 逆理則凶. 則其所正而常者 亦一理而已矣.

부 건 확 연　시 인 이 의
夫乾確然 示人易矣 *確=健貌

대저 하늘은 乾이니 굳건하여 사람들에게 평이함을 보여주고,

부 곤 퇴 연　시 인 간 의
夫坤隤然 示人簡矣 *隤=壞也. 降也. 柔順貌

땅은 坤이니 유순하여 사람들에게 간략함을 보여준다.

확고하다는 것은 건실한 모습이요, 유연하다는 것은 순한 모습이니, 이른바 貞觀[바름을 보여줌]을 이른 것이다.

確然健貌 隤然順貌 所謂貞觀者也.

효 야 자　효 차 자 야　상 야 자　상 차 자 야
爻也者 效此者也 象也者 像此者也

爻는 이것을 본받은 것이요, 象은 이를 본 따 그려낸 것이다.

효 상 동 호 내　길 흉 현 호 외
爻象動乎內 吉凶見乎外

爻와 象은 안에서 움직임이요, 길흉은 밖에서 드러난 것이며,

공 업 현 호 변　성 인 지 정　현 호 사
功業見乎變 聖人之情 見乎辭

공적은 變[변화]으로 드러내고, 성인의 마음은 辭[말씀]로 드러낸다.

이는, 위의 글에서 乾坤이 보여주는 이치를 말한 것이다. '爻의 홀수와 짝수', '卦의 사라짐과 살아남'은

天地의 이치를 본받아 형상하기 위한 목적이다.

此謂 上文乾坤所示之理. 爻之奇偶 卦之消息 所以效而像之

"內[안]"는 蓍草(시초)로 괘를 만드는 마음을 말한 것이고, "外[밖]"는 蓍草로 만들어낸 괘의 외모를 말한 것이다. 시초를 네 개씩 덜어 셈하는 것을 變(변)이라 하는데 이는 곧 안에서 움직이는 변화이며, 만들어진 괘에 붙여놓은 卦辭는 밖을 보여주는 말씀이다.

內謂蓍卦之中 外謂蓍卦之外. 變卽動乎內之變 辭卽見乎外之辭.

천 지 지 대 덕   왈 생   성 인 지 대 보   왈 위
天地之大德 曰生. 聖人之大寶 曰位

천지의 대덕은 생명이요, 성인의 큰 보물은 王位이다.

하 이 수 위   왈 인
何以守位 曰仁

무엇으로 王位를 지키는가? 그것은 仁이다.

하 이 취 인   왈 재
何以聚人 曰財

무엇으로 사람을 모이는가? 그것은 財用이다.

리 재   정 사   금 민 위 비   왈 의
理財 正辭 禁民爲非 曰義

財用(재용)을 다스리고, 말씀을 바로잡고, 民衆의 잘못을 禁하는 것을 義라 한다.

朱熹의 『周易本義』 ____

"曰人"의 人을 요즘 책에서는 '仁'자로 개작했으나, 宋나라 때의 呂祖謙(여조겸)은 옛날대로 "人"으로 회복시켰다. 일반적으로 말하면 인민 대중이 아니면 더불어 나라를 지킬 수 없다는 뜻을 일컬었다.

曰人之人 今本作仁. 呂氏從古, 蓋所謂 非衆罔與守邦.

『繫辭傳』(下) 1장은 괘·효의 길흉과 조화의 功業을 말한 것이다.

此章 言卦爻吉凶 造化功業.

제2장

고 자 포 희 씨 지 왕 천 하 야
古者 包犧氏之王天下也

옛날에 포희씨가 천하를 다스릴 때

앙 즉 관 상 어 천 부 즉 관 법 어 지
仰則觀象於天 俯則觀法於地

하늘 우러러 象을 관찰하고 머리를 숙여 땅에서 法을 관찰하고,

관 조 수 지 문 여 　　 지 지 의
觀鳥獸之文 與(天)地之宜

새와 짐승의 무늬와 천지의 마땅함을 관찰하여,

근 취 제 신 원 취 제 물 어 시 시 작 팔 괘
近取諸身 遠取諸物 於是始作八卦

가까이는 몸에서 취하고 멀리는 사물에서 취하여 비로소 八卦를 만들었다.

이 통 신 명 지 덕 이 류 만 물 지 정
以通神明之德 以類萬物之情 *類＝肯也. 形象也. 比也. 法也.

이로써 神明의 덕을 통창하고. 만물의 실정을 形象했다.

작 결 승 이 위 망 고 이 전 이 어
作結繩而爲網罟 以佃以漁 *佃＝治田也. 田獵也.

새끼를 맺어 그물을 만들고 새와 물고기를 잡았는데,

개 취 제 리
蓋取諸離 *蓋＝是也. '盍'와 통한다(何不也). *離＝麗也. 羅也. 罹也.

이는 대체로 離☲괘에서 취한 것이다.

『二程文集』

"近取諸身"하면 하나의 몸에도 백 가지 이치가 구비되어 있으니 어떤 물건인들 이치가 없겠는가? 등[背]은 위에 있으므로 陽—이 되고, 가슴[胸]은 아래에 있으니 陰– –이 된다. 男女의 태어남도 이미 이런 象을 가지고 있다. 하늘에 五行이 있듯이 사람에게도 五臟이 있다. 心[마음]은 불[火]이다. 天地 사이의 熱氣가 붙어 그것에 올라타면 곧 건조해진다. 肝(간)은 나무[木]이다. 天地간의 風氣가 붙어 그것이 올라타면 반드시 쉽게 성낸다. 이를 미루어보니 五臟 역시 그렇다.

近取諸身 一身之上 百理具備 甚物是沒底. 背在上故爲陽. 胸在下故爲陰. 至如男女之生 已有此象. 天有五行 亦有五藏. 心火也. 着些天地間熱氣 乘之則便須發燥 肝木也. 着些天地風氣. 乘之則便須怒. 推之五藏亦然.

성인께서 그릇을 만드는데 괘를 보고나서 象을 안 것은 아니지만, 사람들을 象을 따라 그릇이 만들어졌음을 알지 못한다. 그러므로 괘에 의거함을 보여주려는 것뿐이다.

聖人制器 不待見卦而後知象, 以象人由之 而不能知之. 故因卦以示之耳.

宋代 王昭素(왕소소)의 『易論』에서 말하기를 여러 책에서는 대부분 "與地之宜" 문단은 "與"자와 "地"자 사이에 "天" 字가 있다고 했다. 구부리고 우러름[俯仰]은 멀기도 가깝기도 하며, 취하는 것이 한 가지가 아니지만, 그러나 모두가 陰陽의 쇠하고 성하는 양단을 징험하는 것에 불과할 뿐이다. 神明의 덕은 강건하거나 유순하며 움직이거나 그치는 성질과 같으며, 만물의 실정은 우레와 바람, 산과 못의 象과 같은 것이다.

王昭素曰 與地之間 諸本多有天字. 俯仰遠近 所取不一. 然不過以驗 陰陽消息. 兩端而已. 神明之德 如健順動止之性. 萬物之情 如雷風山澤之象.

그물은, 두 개의 그물코가 이어져 서로 도우므로 물건이 걸린다.[a]

兩目[b]相承[c] 而物麗焉.

복희씨가 괘를 그린 뜻이 지금 여기에서부터 발현되기 시작한다. 앞에서 논의한 것들은 모두 蓍卦(시괘: 蓍草를 뽑아 卦를 만듦)의 뜻을 거론한 것이다. 易의 이용을 말한다면, 그릇을 만드는 자들은 그 象을 숭상할 것이므로 먼저 八卦의 비롯됨을 말할 것이다. 대개 物象은 三畫인 八卦를 이용하지만 실은 복희씨 당시에 이미 64괘가 만들어졌다.

伏羲畫卦之義. 於此始發 前所論皆蓍卦之義也. 易之爲用 以制器者尙其象. 故先言八卦之始. 蓋以物象用三畫之卦也 其實伏羲當時 已作六十四卦.

朱子가 ["離"에 관하여] 이르기를 "두 눈[兩目]이 서로 이어져 있으니 사물이 걸려드는 것이다. 여러 개의 눈구멍이 그물을 이루니 그 그물을 들어 올리면 그물 눈이 펼쳐진다"고 말했다. 그리고 또한 離☲괘 下互의 巽☴은 새끼줄[繩]이고 上互의 兌☱는 잡아먹는[食] 象이니 그물로 수렵과 어렵을 하는 羅[그물]의 象이다. 下互의 巽☴林은 사냥하기에 적합하고, 上互의 兌☱澤은 고기 잡기에 마땅하니, 이로써 狩獵(수렵)과 漁獵(어렵)을 하는 象이라고 말하는 것이다.[d]

朱子曰 兩目相承(离爲目) 而物麗焉(麗字 從兩內. 是亦离目也. 兩目之下鹿罹焉). 衆目成網 所謂 網擧而目張也. 然且. 互巽爲繩(倒巽亦爲繩) 互兌爲食(顚兌亦爲食) 網之象也. 巽林宜佃 兌澤宜漁. 以佃以漁也.

---

a 편역자 주: 『說卦傳』은 "離爲目(離☲는 目이라 한다)"이라 했고, 『序卦傳』은 "離者麗也"라고 했다. 字典에서 離를 羅(라: 그물)·罹(리: 걸리다)로 풀이한다. 目[눈]은 孔竅(공규)의 뜻으로 쓰인다.

b 目=孔竅也.

c 承=繼也. 佐也.

d '離'자는 새[隹]가 걸린 모습이고, '麗'자는 사슴[鹿]이 걸린 모습이다.

(上离目)

上互兌☱食 〓〓 上互 顚巽☴林.繩

下互巽☴繩 〓〓 下互 顚兌☱澤.食

(下离目)

(兩目)**離**(火)

포 희 씨 몰　신 농 씨 작
包犧氏沒 神農氏作

包犧氏(포희씨)가 죽고 神農氏(신농씨)가 일어나자,

착 목 위 사　유 목 위 뢰
斵木爲耜 揉木爲耒

나무를 깎아 보습을 만들고, 나무를 휘어 쟁기를 만들어,

뢰 누 지 리　이 교 천 하
耒耨之利 以敎天下   *耒=쟁기. *耨=김매다.

김을 매는 이로움을 천하에 가르쳤는데,

개 취 제 익
蓋取諸益   *益=卦의 명칭.

이것은 益☴(風☴ ☳雷)괘에서 취한 것이다.

朱熹의 『周易本義』 ____

益☴괘의 두 몸은 모두 나무의 象이고, 상체인 巽☴은 들어간다[入]는 뜻이고, 하체인 雷☳는 움직인다는 뜻이다. 나무가 땅속으로 들어가 움직여 땅을 갈아엎는 쟁기는 천하의 이로움이 막대하다.

二體皆木 上入下動. 天下之益 莫大於此

茶山의 『周易四箋』 ____

따비는 쟁기[耒:뢰]의 끝에 붙어 있는 나무칼날이다. 쟁기 자루는 굽은 나무이다.

耜者 耒耑之木刃也. 耒者耜柄之曲木也(見字書)

益☴괘를 살펴보면 위는 巽☴柔木이고 아래는 震☳剛木이니 두 개의 나무가 함께 나타난다. 益☴괘의 아래 괘는 伏位로는 离☲(1奇-2偶-3奇)의 자리인데 『說卦傳』에 의하면 离☲는 刀(인: 큰칼)의 象이다. 그러므로 아래 괘의 震☳剛木은 날카롭게 깎인 나무이다. 益☴괘의 위 괘는 伏位로는 坎☵(4偶-5奇-6偶)의 자리인데 그 坎☵은 矯揉(교유: 주물러 바로잡다)의 象이다. 그러므로 위 괘의 巽☴柔木은 휜 나무[撓

木]이다.(震은 강한 나무이니 도끼로 깎아내고, 巽은 부드러운 나무이니 주물러 굽히는 것이다)

上巽下震 二木俱見. 然且. 下卦位离(一二三) 离則爲戈兵(說卦文). 震木用斲也. 上卦位坎(偶奇偶) 坎則爲撟揉(說卦文). 巽木用揉也(震剛木也 所以斤斲. 巽柔木也 所以手揉. 又巽爲撓).

巽☴柔木　巽☴入 ⇐(耒: 쟁기)
震☳剛木　震☳動 ⇐(耜: 보습)
益

推移表를 보면 益䷩괘는 否䷋괘에서 추이되어 왔다. 乾☰君이 巽☴命을 내려 坤☷民에게 告하니 王이 藉田(자전)[a] 행사를 통해 천하를 교화하는 모습이다. 이에 艮☶手로 쟁기를 잡고 坤☷土를 갈아엎고 震☳農事를 지으니 穀粟(곡속)이 풍성하여 巽☴利益이 3倍이다.

卦自否來(四之一) 乾君巽命(上本乾) 以告坤民(口向下) 敎天下也. 於是 艮手執耒(三五互) 坤土仰起(昔之下坤 今互坤) 則震稼蕃鮮 而巽利三倍矣.

乾☰君　上互巽☴命　　上互艮☶手　巽☴利
坤☷民　　　　　　　下互坤☷土　震☳稼. 穀粟
否　　　(1↔4) 推移 →　　　益

學圃(학포)가 말했다: 益䷩괘는 否䷋괘에서 추이되어 왔는데, "휘고 깎는다" 함은 모두 巽☴柔木을 가리킨 것이다. 그리고 剛陽━이 위에서 떨어지면서 坤陰╍을 갈라놓고 흩뜨리는 것을 "斲木(착목)"이라 한 것이다. 巽☴揉木(유목)은 본래 乾☰剛陽에서 온 것인데 巽☴工에 의해 휘어진 것이다 이를 "揉木"이라 말한 것이다.

學圃云 卦自否來 斲之揉之 皆巽木也(否互巽). 然剛自上墜(四之一). 剖而落[b]之 是斲木也. 因其本剛(上本乾) 巽以曲之(變爲巽). 是揉木也.

---

a 편역자 주: '藉田(자전)'은, 봄철에 나라에서 씨앗을 나누어주며 씨 뿌릴 시기를 공포하고, 왕이 손수 쟁기질을 하면서 씨를 뿌리는 행사이다. 〈참고문헌: ① 『國語』「周語」(上), ② 기세춘 지음 『論語講義』〉

b 落=散也.

일 중 위 시　치 천 하 지 민　취 천 하 지 화
日中爲市 致天下之民 聚天下之貨

한 낮에 장터를 열어 천하의 민중과 재화가 모여들게 하여,

교 역 이 퇴　각 득 기 소
交易而退 各得其所 *所=處地也. 可也.

교역한 뒤에 각각 자기의 소용됨을 얻게 된다.

개 취 제 서 합
蓋取諸噬嗑 *噬嗑=(卦의 名稱임)

이는 噬嗑䷔(火☲ ☳雷)괘에서 취한 것이다.

朱熹의 『周易本義』

한낮에 장터를 연다는 噬嗑 (서합) ䷔괘의 象은, 상체는 밝음이요[离☲日] 하체는 활동이다[震☳雷]. 또한 씹는 것[噬]을 장터의 象으로 삼고, 위아래 입술이 합하는 것[嗑:합]을 사고 파는 값이 합의·결정되는 象으로 삼았다.

日中爲市 上明而下動. 又借噬爲市 嗑爲合也.

茶山의 『周易四箋』

噬嗑䷔괘는 否䷋괘에서 推移되었는데, 噬嗑䷔괘를 살펴보면 离☲日이 중천에 떠오르고 震☳商旅人[a]이 길을 떠나는 중이니 아마 대낮에 장터가 문을 연 모양이다. 坤☷百姓들이 城邑(성읍)의 경계를 벗어나 멀리 나아가니(噬嗑䷔괘의 下卦인 '震☳떠돌이 장사꾼'의 1位가 멀리 否䷋괘의 5位로 推移하여 나아감) "천하의 민중을 유치함(致天下之民)"이라 말한 것이다. 乾☰의 財貨와 金玉이 교환되니 "천하의 재화가 모여든다(聚天下之貨)"고 말한 것이다. 柔陰--이 밖으로 나가고 剛陽—이 안으로 들어오니 피차 교환되어 "서로 교역하고 돌아간다(交易而退)"고 말한 것이다. 柔陰--이 나가서 中位를 얻고 剛陽—이 들어와서 剛位를 얻으니 "각각 그 소용됨을 얻는다(各得其所)"고 말한 것이다.

卦自否來(五之一) 离日中天(上本乾) 震旅行地(震爲行人 爲商旅) 日中爲市也(下本坤). 坤民遠出 踰其城邑(一之五) 致天下之民也 乾貨交輸 列其金玉(五之一) 聚天下之貨也(乾爲金爲玉). 柔往剛來 彼此交換(升降之) 交易而退也 柔往得中(一之五) 剛來得位(初爲剛) 各得其所也.

---

a　타향을 떠돌아 다니면서 장사를 하는 '떠돌이 장사꾼'.

乾☰金玉.財貨　　　　　上互坎☵水.通　　离☲日
坤☷邑.民↗　　　　　　下互艮☶山.退　　震☳商旅人

否　　　　　(5↔1) 推移 →　　　　　噬嗑

學圃(학포)가 말했다. 하늘[☰:乾]아래 땅[☷:坤]이 있어서 否䷋괘가 된다. 그러므로 천하를 일컬은 것이다.
學圃云 天下有地爲否. 故得稱天下(又云 震之穀粟 离之龜貝 皆市物)

先儒들은 12辟卦의 推移法이 文王에서 시작되고 周易만이 이를 계승했다고 말한다. 그러나 위의 글들을 보면 伏羲(복희)·神農(신농)·堯舜(요·순)이 기물을 제작함에 象을 중시하였고 역시 推移法을 적용하고 있었음을 알 수 있다. 이는 필시 推移法이 옛날부터 같은 것이었을 것이다. 그러므로 공자의 『繫辭傳』에서도 이처럼 神農氏(신농씨)를 지목하여 말할 수 있었을 것이다.
先儒 謂十二辟推移之法 始於文王 故唯周易有此法. 然羲農堯舜之制器尙象 仍用推移之法. 必其法自古同然. 故孔子之言如是也.

신 농 씨 몰 　 황 제 요 순 씨 작
神農氏沒 黃帝堯舜氏作
신농씨가 죽고 황제와 요순이 일어나자,

통 기 변 　 사 민 불 권
通其變 使民不倦
그 變化를 통창하여 民을 게으르지 않게 하고,

신 이 화 지 　 사 민 의 지
神而化之 使民宜之 *神=利用出入. 民咸用之.
利用出入하고 교화하여 民을 마땅하게 하였다.

역 　 궁 즉 변 　 변 즉 통 　 통 즉 구
易 窮則變 變則通 通則久
易은 궁하면 變하고, 變하면 通하고, 通하면 항구하니,

시 이 자 천 우 지 　 길 무 불 리
是以自天祐之 吉无不利
이로써 하늘이 보우하여 吉하고 이롭지 않음이 없으니,

황 제 요 순 　 수 의 상 　 이 천 하 치
黃帝堯舜 垂衣裳 而天下治
黃帝·堯舜이 치마를 드리우고 앉아 있어도 천하는 태평하였다.

개 취 제 건 곤
蓋取諸乾坤
이는 乾☰(天☰☰天)괘와 坤☷(地☷☷地)괘에서 취한 것이다.

____

程子[程頤]가 말했다. 성인은 교화를 위주로 한다. 예를 들면 禹임금께서 홍수를 다스린 것처럼, 순종하면 화목하게 대하고 이치로 다스린다. 옛날 복희씨가 어찌 의상을 늘어뜨리고 南面(남면)하며 無爲로 다스릴 수 없어 반드시 堯임금과 舜임금을 기다린 연후에야 無爲 정치를 했겠는가? 상고해보면 단지 한사람의 성인만으로도 모두 해낼 수 있었을 것이지만, 그러나 몇 세대를 기다린 연후에야 이루어진 것은 역시 때를 따른 것뿐이다.

程子曰 聖人主化 如禹之治水 順則當順之 治則順[a]治之. 古之伏羲 豈不能垂衣裳. 必待堯舜而後 垂衣裳 據如此事 只是一個聖人 都做得了. 然必須數世然後成 亦因時而已.

또한 말하길, 변동을 식별하고 교화를 아는 것이 어렵다고 한다. 고금의 풍기가 같지 않기 때문에 기구의 이용도 역시 다르다. 이 때문에 성인께서 변화에 통달하고 민중을 게으르지 않게 한 것은 각각 그 때를 따른 것뿐이다. 후세에 비록 기구를 만드는 자가 있다 할지라도 堯舜의 다스림에는 미칠 수 없다. 어쩌면 이런 시대를 당해서 風氣(풍기)가 열리지 않고 堯舜의 덕 또한 미칠 수 없다. 그러므로 三代[夏禹-殷湯-周文]의 다스림을 후세에 결단코 회복할 수 있는데도 無爲의 治를 쓰지 않는 것은 끝내 구차한 道일 것이다.

又曰 識變知化爲難. 古今風氣不同 故器用亦異. 是以聖人通變 使民不倦 各隨其時而已矣. 後世雖有作者 虞舜爲弗可及矣. 蓋當是時 風氣未開 而虞舜之德 又如此 故後世莫可及也. 故三代之治 後世決可復 不以三代爲治者 終苟道也.

朱熹의 『周易本義』____

乾坤은 변화하지만 인위적인 다스림이 없다[無爲].

乾坤 變化而無爲.

茶山의 『周易四箋』____

『繫辭傳』의 첫머리에서 이르기를 "하늘[天]은 높고 땅[地]은 낮아 귀천의 신분질서를 밝혀주었으니 천하가 다스려진다"라고 말했다. 여기에서 乾☰은 밖을 싸서 만물의 장막이 되어주니 그 象을 옷[衣]이라 하고, 坤☷은 아래를 치장하여 베와 비단의 씨줄과 날줄이 되니 그 象을 치마[裳]라 한다.

天尊地卑 貴賤以章 而天下治矣(見上傳首章) 乾包於外 爲萬物之帡幪. 故其象爲衣(荀九家). 坤飾于下(左傳云). 有布帛之經緯. 故其象爲裳(荀九家).

---

a   順=理也. 循也. 和也.

고 목 위 주 염 목 위 즙
刳木爲舟 剡木爲楫 *剡(염)=削也. (섬)=섬서성.

나무를 쪼개어 배를 만들고, 나무를 깎아 노를 만들어,

주 즙 지 리 이 제 불 통
舟楫之利 以濟不通

배와 노의 이로움으로 소통하지 못하는 곳을 건너게 하고,

치 원 이 리 천 하
致遠以利天下

멀리 운반케 함으로써 천하를 이롭게 하였으니,

개 취 제 환
蓋取諸渙

이는 渙䷺(風☴ ☵水)괘에서 취한 것이다.

朱熹의 『周易本義』

나무가 물 위에 있는 象이다. "致遠以利天下"의 여섯 글자는 아마도 後人(후인)이 붙인 衍文(연문)일 것이다.

木在水上也. 致遠以利天下 疑衍.

茶山의 『周易四箋』

刳(고)는 가르고 쪼는 것이다. 剡(염)은 깎아내는 것이다. 渙䷺괘는 否䷋괘에서 추이된 것이다. 否䷋괘 때는 巽☴의 나무가 몹시 두터웠다. 이것이 추이[否䷋괘의 2位에서 渙䷺괘의 4位로 推移]하여 渙䷺괘가 될 때 剛陽⚊ 하나가 떨어져나간다. 그리고 그 떨어져 나온 陽⚊으로 말미암아 震☳木[渙의 下互震]이 되었으니(渙괘의 2~4획) 이것으로 배[舟]를 만들어 下卦인 坎☵水에 띄운다. 공자는 이를 "나무를 갈라 배를 만든다(刳木爲舟)"고 말한 것이다. 또한 陽⚊爻 하나가 탈락하고 나머지 얇아진 上卦의 巽☴木으로 노[楫]를 만들고, 艮☶手[渙의 上互艮]로(渙괘의 3~5획) 저어나간다. 공자는 이를 "나무를 깎아 노를 만든다(剡木爲楫)"고 말한 것이다.

刳 剖破也. 剡 削殺也. 卦自否來 (四之二) 否之時 巽木頗厚 (否互巽而上三陽), 移之爲渙 則劈一剛而落之 (四之二) 爰作震舟(二四互) 浮之坎川(下今坎) 刳木爲舟也. 削一剛而薄之(四之二) 留爲巽楫(在舟上). 操以艮手(三五互) 剡木爲楫也(分爲二片曰刳 削而薄之曰剡也).

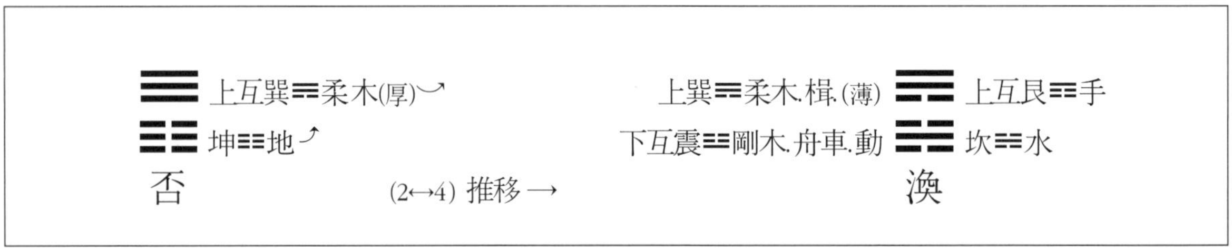

否䷋(天☰☷地)괘는 天地가 막힌 것이니 길이 막혀 피차 통하지 못했다. 渙䷺괘로 되면 震☳舟가 운행하니 坎☵의 물길이 사방으로 통하여 "통하지 못했던 곳을 건너게 된 것(濟不通)"이다. 剛陽━이 밖에서 안으로 들어오니 乾☰金玉의 교환으로 물자가 안으로 들어온 것이다. 이것을 "멀리 있는 것을 불러들인다(致遠)"고 말한 것이다. 否䷋괘 하체인 坤☷國에 剛陽━이 들어와 중앙을 實하게 하였으니 "천하를 이롭게 한 것(利天下)"이다.

否之時 道路否塞(與震道相反) 彼此不通(天地否). 今舟楫旣行(互震行) 坎道四通(說卦坎爲通). 濟不通也. 剛自外來(四之二) 金玉交輸(乾爲金爲玉) 是致遠也(致遠方之物). 坤國中實(否之坤今乃中剛) 利天下也.

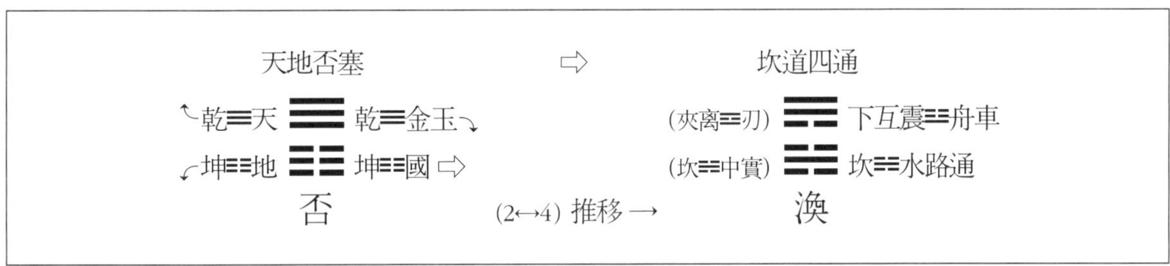

학포씨가 이르기를 否䷋괘가 추이해서 渙䷺괘가 되면 커다란 离☲刀(二~五획)이 끼게 된다. 이 离☲의 칼날이 '가르고 깎는 도구'가 된다.

學圃云 否之旣移 中成离刃(二五筴). 此其所以剖剡也.

^{복 우 승 마} ^{인 중 치 원}
服牛乘馬 引重致遠 *服=멍에들 메우나. 親也. 從也.

소와 말을 따르도록 길들여 무거운 물건을 멀리 나름으로써,

^{이 리 천 하} ^{개 취 제 수}
以利天下 蓋取諸隨

천하를 이롭게 하는 것은 대체로 隨䷐(澤☱☳雷)괘에서 취한 것이다.

『二程文集』

程子가 이르길, 소를 복역시키고 말을 타는 것은 모두 그 성품을 따라 그렇게 하는 것이다. 어째서 소를 타지 않고 말을 복역시키지 않는가? 이치상 不可(불가)하기 때문이다.

程子曰 服牛乘馬 皆因其性而爲之. 胡不乘牛而服馬乎. 理之所不可也.

隨䷐괘의 하체는 震☳雷이니 움직이는 象이고, 상체는 兌☱澤이니 즐거워하는 象이다.

下動上說.

「推移表」를 보면 隨䷐괘는 否䷋괘에서 추이된 것이다. 坤☷牛에 멍에를 얹어 뒤의 震☳車箱(차상)을
메우니[服] 이것을 "服牛(복우: 소에 멍에를 얹어 짐수레를 메우는 것)"라고 말했다. 乾☰馬 위에(上陽 → 初陽)
坤☷民을 실으니(初陰 → 上陰) 이것을 "乘馬(승마)"라고 말했다. 또한 馬[말]와 牛[소]는 멍에와 재갈이 아
니면 부릴 수 없다. 隨䷐괘 下互(2~4획)의 艮☶堅木으로 재갈과 멍에를 만들어 上互(3~5획)의 巽☴繩으
로 묶어야 한다[拘: 구속].

卦自否來(上之一) 坤牛之後(否下坤) 新駕震車(震剛在牛後). 是服牛也(駕車箱曰服). 乾馬之上(否上乾), 爰載坤
民(一之上), 是乘馬也(易例 凡柔乘剛 謂之乘).

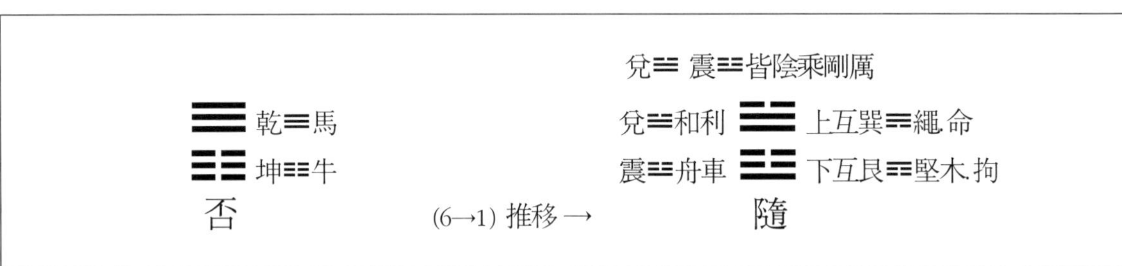

사물은 乾☰金[쇠]보다 무거운 것이 없다. 그 乾金(건금)의 上九를 끌어다가 坤☷國 안에 이르게 하니,
공자는 이 모습을 "무거운 것을 끌어온다(引重)"고 말한 것이다. 길은 경계 밖보다 먼 곳이 없다. 坤☷國
의 初六이 나라 밖 끝인 上六으로 나갔으니, 공자는 이를 보시고 "먼 곳에 이르렀다(致遠)"고 말한다.

物莫重於乾金 而引之 至於國內(上之一) 此引重也. 道莫遠於境外(否上剛 最在坤國之外) 而致之 至於最外(一
之上). 此致遠也(致遠方之外).

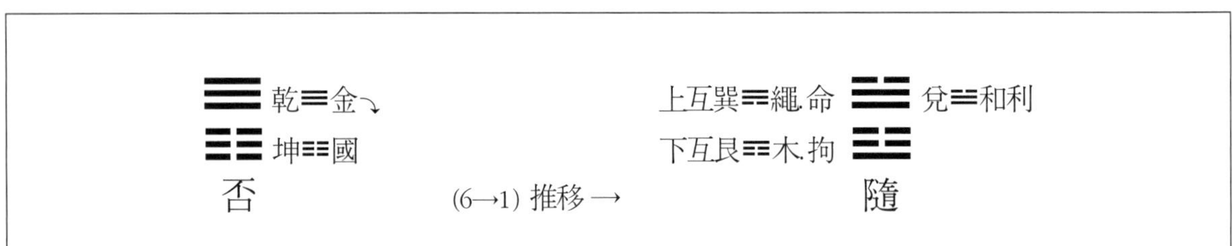

그리고 또한『說卦傳』에 의하면 (隨괘의) 下互인 艮☶手[손]를 구속의 象이라 하는데, 뿔 가로막대와 멍
에로 속박하지 않으면 소를 부리지 못한다. (隨괘의) 上互인 巽☴繩[먹줄]은 밧줄의 象인데, 밧줄로 재갈

을 물리지 않으면 말을 탈 수 없다. 이로써 坤☷民이 陽━爻을 얻었으니 공자는 "천하를 이롭게 한다(利天下)"고 말한다.

然且. 互艮爲拘(說卦文). 不以拘於楅軏 則牛不可服也(艮堅木爲軏). 互巽爲繩(說卦文) 不以繩而羈絡[a] 則馬不可乘也(巽爲繩 故曰引重) 坤民有得(得一陽) 利天下也.

중 문 격 탁　이 대 폭 객
重門擊柝 以待暴客 *擊=排去也. 切. *柝=딱딱이.

대문을 두 겹으로 하고 딱딱이를 치며 포악한 외부인[도둑]에 대비하니,

개 취 제 예
蓋取諸豫

이는 대개 豫☳☷(雷☳ ☷地)괘에서 취한 것이다.

朱熹의 『周易本義』

豫(예)는 예비한다는 뜻이다.

豫備之意.

茶山의 『周易四箋』

豫☳☷괘는 剝☶☷괘에서 推移된 것이다. 剝☶☷괘 때는 艮☶城門이 坤☷邑의 밖에 있어 外門이었다. 그러나 豫☳☷괘로 추이되면서 坤邑에 가까워진 內門이 된 것이다. 이를 "重門"이라 말한 것이다.

卦自剝來(上之四) 剝之時 艮城之門 最在坤邑之外(上一剛). 此只是外門也. 移之爲豫 則艮城之門 密邇坤邑(今互艮). 此重門也(卽內門).

剝	(6→4)推移 →	豫

艮☶外城門 / 坤☷邑 — 剝

震☳斗 / 坤☷斗柄 — 上互坎☵盜賊 / 下互艮☶內城門 — 豫

豫☳☷괘의 상체인 震☳의 나무는 가운데의 획▪▪이 虛하여 斗[말: 자루가 달린 용기]의 象이다. 또 震은 소

---

[a]　絡=縛也. 網也.

리를 잘 내는 德을 지니고 있으니 야경꾼의 딱딱이의 象이다. 이에 艮☶手로 坤☷柄[자루]을 잡고 艮☶성문 위에서 두드린다. 이를 "重門之柝(내문의 딱딱이)"이라고 말했다.

震木爲斗(易例也) 其德善鳴(說卦文). 柝之象也(卽刁斗). 爰以艮手 操其坤柄(說卦 坤爲柄) 于以擊之 艮門之上(二四艮) 重門之柝也.

또한 강과 내륙이 소통되면서 坎☵도적이 들이닥칠 것이니 난폭한 外人을 경계해야 한다. 그래서 "待暴(대폭)" 즉 '난폭자를 대비함'이라고 말한 것이다. 豫☷☳괘의 덕성이 豫(예비함)이니 난폭자에 대한 대비가 이와 같았다.

川陸旣通(楊氏云) 坎盜將至(三五互) 待暴客也. 卦德爲豫 故豫備如此

<table>
<tr><td>☶
☷</td><td></td><td>夾坎☵江.盜賊</td><td>上震☳斗</td></tr>
<tr><td></td><td></td><td>坤☷邑.內陸</td><td>下互艮☶手</td></tr>
<tr><td>剝</td><td>(6→4)推移 →</td><td></td><td>豫</td></tr>
</table>

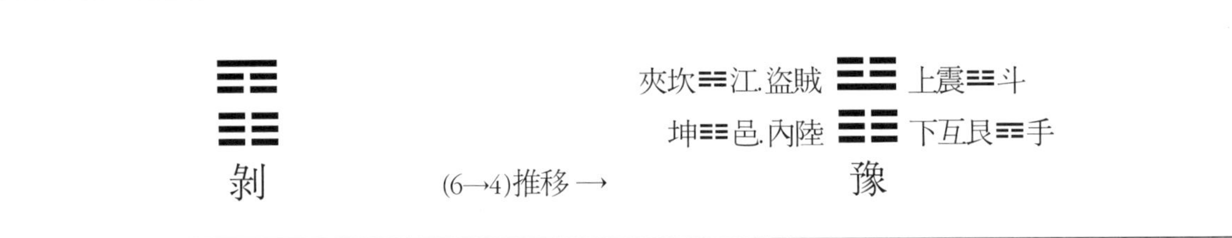

斷木爲杵 掘地爲臼 *地=底也. (語助辭)

나무를 잘라 공이를 만들고, 다시 밑을 파서 절구를 만들어,

臼杵之利 萬民以濟

절구와 공이의 이로움으로 만민의 굶주림을 구제하는 象이다.

蓋取諸小過

이는 대개 小過☳☶(雷☳☶山)괘에서 취한 것이다.

朱熹의『周易本義』

小過☳☶괘의 형상을 보면 하체인 艮☶山은 그침이고 상체인 震☳雷는 움직임이다.

下止上動

茶山의『周易四箋』

君辟[군주와 임금]괘가 대체로 그러한 것처럼 小過☳☶괘는 頤(이)☶☳괘를 交易(교역)한 것이다. 頤☶☳괘 때는 震☳木이 아래에서 무성하고 艮☶石은 땅속에 있지 않고 위에 들려있다. 小過☳☶괘로 교역되면 가지들이 절단되어 震☳木이 위로 들려져 속이 빈 절구[臼]의 공이처럼 된다. 이를 "斷木爲杵(단목위저)" 즉 나무를 잘라 공이를 만든다고 말한다.

卦以頤交(凡君辟之卦 多取交易). 頤之時 震木在下 其枝甚長(四陰皆木枝). 艮石在上(頤上艮). 不入地中(中互坤). 交而小過 則枝柯中斷(頤卦折其中). 震木高擧(今上震). 此斷木而爲杵也.

坤☷土가 위아래로 나뉘고 艮☶石이 石器처럼 아래로 굴러 떨어지니, 이를 "掘地爲臼(굴지위구)" 즉 밑을 파서 절구를 만든다고 말한다.

坤土中分(上下各二陰). 艮石下墜(今下艮). 此掘地而爲臼也.

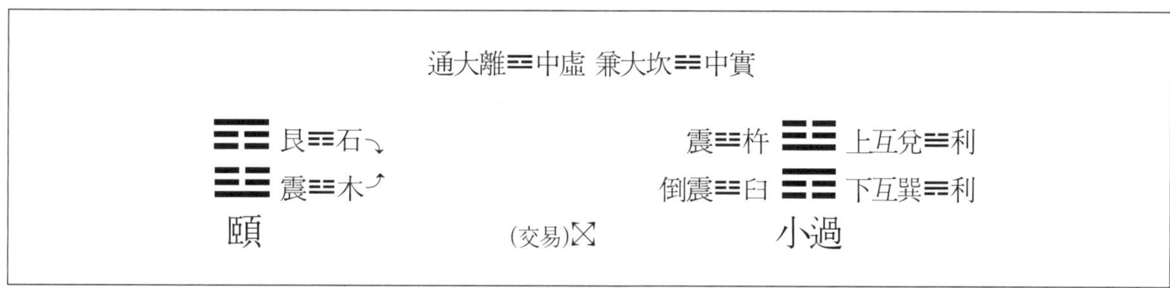

이에 震☳곡식 낱알이 위아래로 뒤집히며(倒震) 大坎☵큰 구덩이 속에 있으니, 절구와 공이의 이로움이다. 턱을 크게 벌리고 있는 頤☲꽤 때는 坤☷民이 곤궁했으나(中虛) 속이 실한 小過☳때는 坤☷民이 풍족해졌고(中實) 피차 서로 구제하니 이를 "萬民以濟(만민이제) 즉 만민이 이로써 구제된다고 말한다. 朱子께서 이르길, 小過괘의 형상을 보면 하체인 艮☶山은 그침이고 상체인 震☳雷는 움직임이니, 臼[절구]와 杵[공이]의 象이라 한다.

於是 震之穀粟 顚倒上下(下倒震) 於坎窌之中(中大坎) 臼杵之利也(互巽利). 頤之時 坤民空匱(中四陰) 今坤中實(中二剛) 彼此相濟(中坎川) 萬民以濟也. 朱子曰 下止上動 爲臼杵之象.

현 목 위 호 염 목 위 시
弦木爲弧 剡木爲矢

나무를 구부려 활을 만들고, 나무를 깎아 화살을 만들어,

호 시 지 리 이 위 천 하
弧矢之利 以威天下

활과 화살의 이로움으로 천하에 위엄을 떨친다.

개 취 제 규
蓋取諸睽 *睽＝張目也.

이는 대개 睽☲(火☲☱澤)괘에서 취했다.

괴리가 있은 연후에 위엄으로 그들을 복속시킨다.

睽乖然後 威以服之.

睽䷥괘는 中孚䷼괘에서 추이되었다. 中孚䷼괘의 巽☴木은『說卦傳』에 의하면 휘고 굽은 것이다. 中孚괘가 추이하여 睽䷥괘로 되면, 이 굽은 巽☴木이 睽䷥괘의 离☲火로 굽고 坎☵水에 담가서 바로잡는다. 또한 睽䷥괘 互坎☵의(3~5획) 中直처럼 直心이 되는데, 이로써 굽은 것에 줄을 걸어 활을 만든다. 이를 공자는 "弦木而爲弧(현목이위호)"라고 말한다. 또한 中孚䷼괘에서 巽☴木의 剛陽 하나[九五]가 깎여 내려가면 얇아져 离☲矢가 된다. 공자는 이를 "剡木爲矢(염목위시)" 즉 '나무를 날카롭게 하여 화살을 만든다'고 말한다.

卦自中孚來(四之五) 中孚之時 巽木撓曲(巽爲撓). 移之爲睽(四之五). 坎爲撟揉(說卦文). 又爲直心(坎中直). 以成弓弧(坎爲弓). 此弦木而爲弧也. 一剛旣削(五之四). 巽木又薄(今巽只一陽). 遂成离矢(离爲矢). 此剡木而爲矢也(古用木矢 非但肅愼有楛矢)

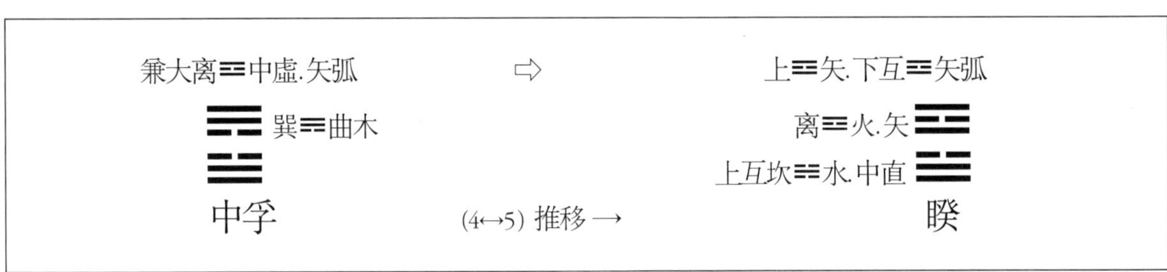

中孚䷼괘의 때에는 下互(2~4획)에 震☳東과 下卦에 兑☱西가 있었는데, 추이하여 睽䷥괘로 되면 上互(3~5획)는 坎☵北이고 下互(2~4획)는 离☲南이 된다. 동서남북이 다 모였으니 그야말로 천하가 구성된다. 여기에서 위로는 离☲의 武威와 아래는 兑☱의 엄정함으로 사방을 복속시키는 모습이 된다. 공자는 이를 "以威天下(이위천하)" 즉 '이로써 천하에 위엄을 떨친다'고 말한다.

中孚之時 旣有震兑(下互震) 移之爲睽 又成离坎(上互坎). 東西南北 乃天下也. 离武兑肅(火澤卦) 以服四方 威天下也.

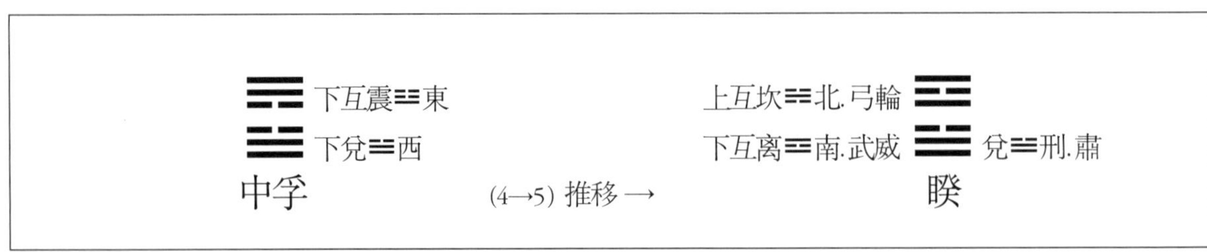

"睽(규)"는 "矢[화살]"자를 좇아 만든 글자이다. 뜻은 本卦를 보십시오.
睽字從矢. 義見本卦.

학포씨는 말했다. 弦(현: 활의 줄)은 絃(현: 새끼줄)이다. 中孚☲의 上卦는 본래 巽☴繩이었으므로 "弦[활의
줄: 시위]"의 뜻을 얻게 된다.
學圃云 弦者絃也. 上本巽繩. 故得以弦之.

上古 穴居而野處

上古[아주 옛날]에는 굴에서 살고, 들에서 居處했으나,

後世聖人 易之以宮室

후세에 성인께서 이를 궁실로 바꾸었고,

上棟下宇 以待風雨 *棟(동)=용마루. *宇=처마.

용마루를 올리고 처마를 내려 비바람에 대비했다.

蓋取諸大壯

이는 大壯☳(雷☳ ☰天)괘에서 취한 것이다.

『二程文集』

程子가 말했다. 상고시대에 민중은 모두 나무 위에 깃들여 살거나 동굴에서 거처했다. 후세에 기둥과
지붕을 얹은 집으로 바뀌었다. 둥지와 동굴을 버리고 변화할 수 있었던 것은 기둥과 지붕이 있는 집이
더 편리했기 때문이다.
程子曰 上古之時 民皆巢居而穴處. 後世易之以棟宇 而不以巢居穴處. 爲可變者 以棟宇之利故也.

朱熹의 『周易本義』

상체가 震☳雷이고 하체가 乾☰天인 大壯☳괘의 "壯"은 굳건하다는 뜻이다.
壯固之意.

茶山의 『周易四箋』

大壯☳괘는 遯☶괘가 전복된 것이다. 대개 辟卦(벽괘)는 전복함으로써 변화한다. 옛날 遯☶괘 때는 艮

☷窟에 巽☴入해서 살았다. 혹은 艮☶邑 밖에서 乾☰人들이 노숙하며 살았다. 공자는 이를 "穴居野處
(혈거야처)"라고 말한 것이다. 그러나 大壯☳괘에 이르면 震☳木을 가로지르고 이엉을 이은 집이 된다.
공자는 이를 "上棟下宇(상동하우)" 즉 '용마루를 올리고 처마를 내렸다'고 말한다. 사람들은 이제 하늘에
서 천둥이 치고 비바람이 내려도 무엇을 근심할 것인가?

卦以遯反(凡君辟之卦 或取反易). 遯之時 或於艮山之穴(彼下艮). 巽入以伏(彼互巽). 或於艮邑之外 乾人露處
(上無苫) 此穴居而野處也. 反之爲大壯(倒反之). 則震木上橫(上今震) 爰有苫茨(震二陰爲草). 是上棟也. 乾宇
穹窿 仰承橫木(上接震). 是下宇也(帡幪下覆 如屋宇). 雖雷鳴于天 風雨將至 又何憂焉.

『古工記』에 이르기를 棟[용마루]은 높이고 宇[처마]를 낮게 하면 빗물을 빨리 흘려보내고 낙수 물을 멀
리 떨어지게 한다고 하였으니, "棟"은 용마루이고 "宇"는 처마이다.

考工記曰 棟尊而宇卑. 則吐水疾而霤遠(謂落水遠瀉). 棟檁也(卽屋脊) 宇檐也(卽屋霤).

上古葬者 厚衣之以薪 葬之中野
아주 옛날의 장례는 풀로 두껍게 싸서 들 가운데 묻었을 뿐,

不封不樹 喪期无數
봉분도 없고 나무 표지도 심지 않고 상례 기간도 법도가 없었으나,

後世聖人 易之以棺槨
후세에 성인이 관곽을 쓰도록 풍습을 바꾸었다.

蓋取諸大過
이는 大過☱(澤☱ ☴風) 괘에서 취한 것이다.

朱熹의『周易本義』

주검을 보내는 것은 큰일이다. 그러나 후하게 함은 지나친 것이다.

送死大事 而過於厚.

大過☱☴괘는 遯☰☶괘에서 推移되었다. 遯☰☶괘 때에는 乾☰人이 艮☶窟·死의 위에 있으니, 아래의 互巽☴(2~4획)과 전체를 겸획한 大巽☴(1~6획)의 풀을 수의로 삼아 두껍게 감싸서 艮☶邑의 밖에 安置했다. 공자는 이를 "厚衣之以薪葬"이라 말했다. 遯☰☶괘를 보면 艮☶死한 乾☰人의 시신 위에는 坤☷土도 震☳木도 없으며, 네 개의 剛陽━이 중첩하고 있으니 한계와 절도조차 없다. 공자께서 이를 보시고 "봉분도 없고 나무 표지도 세우지 않았으며 喪祭 기간의 예법도 없었다(不封不樹 喪期无數)"고 말했다.

卦自遯來(二之上) 遯之時 乾人艮死(天山象). 遂以大巽之草(兼畫巽). 連作乾衣 置之艮邑之外(邑之外爲野). 此厚衣之以薪(巽本二陽 而遯之大巽四陽也. 故曰厚) 葬之中野也. 乾人之上 不見坤土(土成墳曰封). 亦無震木(木識墓曰樹). 四陽連疊 遂無限節(大過則上有一陰). 此不封不樹 喪期无數也.

그러나 大過☱☴괘로 추이되면 그 內卦는 巽☴木이고 그 德이 入으로 속 널[內棺]이 되고, 그 外卦인 兌☱口는 뒤집힌 巽☴木이니 덧널[外槨]이 된다. 공자께서 말한 "易之以棺槨" 즉 '관곽을 사용토록 장례법을 바꾸었다'는 이를 이르는 것이 아니겠는가? 虞仲翔(우중상: 虞翻의 字)은 이를 "乾☰人이 巽☴木 속으로 들어갔다"고 설명한다.

移之大過 則內卦正巽之木 其德爲入(巽爲入). 此內棺也. 外卦倒巽之木(雜卦云 大過顚也 故取倒巽) 其口不掩(兌爲口). 此外槨也(槨之制 上無天蓋). 易以棺槨 非謂是乎. 虞仲翔云 乾人入巽木.

兼大巽☴草

互巽☴草.包

艮☶窟.死

遯

(2→6) 推移 →

通大坎☵宮

倒巽☴木.入 ⇐外槨

巽☴木.入 ⇐內棺

大過

상고 결승 이치
上古 結繩而治

아주 옛날에 새끼를 묶어 뜻을 소통하며 다스렸으나,

후세 성인 역지 이서 계
後世聖人 易之以書契

후세에 성인이 이를 글자와 契券(계권)으로 바꾸었고,

백 관 이 치 만 민 이 찰
百官以治 萬民以察 *察=識也. 分辨也. 明也.

백관이 이로써 다스리니 만민의 분별이 밝아졌다.

개 취 제 쾌
蓋取諸夬

이는 夬☱(澤☱☰天)괘에서 취한 것이다.

성인께서 글자를 만들어 판단을 밝게 했다는 뜻이다.

明決之意.

이 章은 성인께서 기구와 글자를 만드는데 象을 숭상한 일을 말한 것이다.

此章 言聖人制器尙象之事.

茶山의 『周易四箋』 ____

夬괘는 자신이 辟卦이며, 그 어미는 본래 封土-邦國을 상징하는 곤괘의 뿌리에서 나왔다. 坤괘
에서 夬괘로 나아가면서 君子 즉 百官을 상징하는 陽이 나란히 성장하며 나아가는 모습으로 성
인이 백관을 통솔하는 象이다. 坤民이 이렇게 (夬괘로 나아가) 크게 변하면서 君子를 지향하니, 만민이
이로써 분별이 밝아졌다(萬民以察).

本以坤國(夬之本爲坤困). 衆陽齊進 此百官以治也(象君子有朝). 坤民丕不變 此萬民以察也.

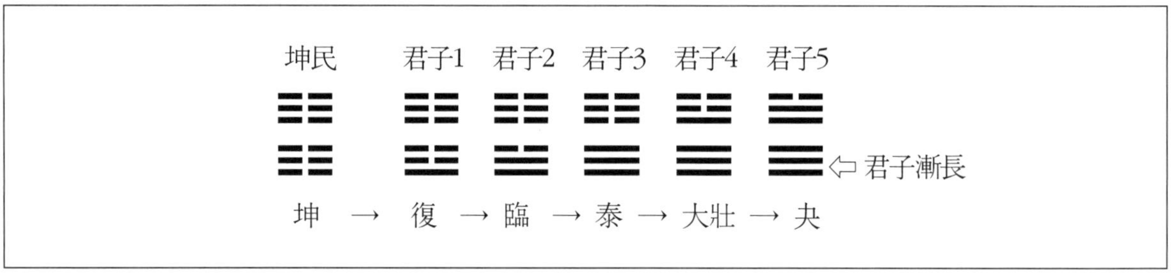

| | 坤民 | 君子1 | 君子2 | 君子3 | 君子4 | 君子5 |

坤 → 復 → 臨 → 泰 → 大壯 → 夬

⇦ 君子漸長

또한 夬괘는 姤괘를 뒤집어 만든 反易卦이다. 姤괘일 때 下卦인 巽은 陰 爻의 繩[새끼줄]이
하나였으나 두 개로 늘어나면 遯괘가 되고, 셋이면 否괘가 되고, 네 개면 觀괘가 된다. 이들 卦
속에는 모두 巽繩과 함께 艮의 手[손]로 새끼줄을 잡아맬 수 있다. 그래서 夬괘의 象에서 巽의
象인 "結繩以治(결승이치)"를 도출해 냈다.

夬者 姤之反也. 姤之時 下巽爲繩(姤下巽). 進而爲遯遯 又進而爲否爲觀 每得一繩(皆有巽). 以艮手而拘結
之(皆有艮). 此結繩而治也.

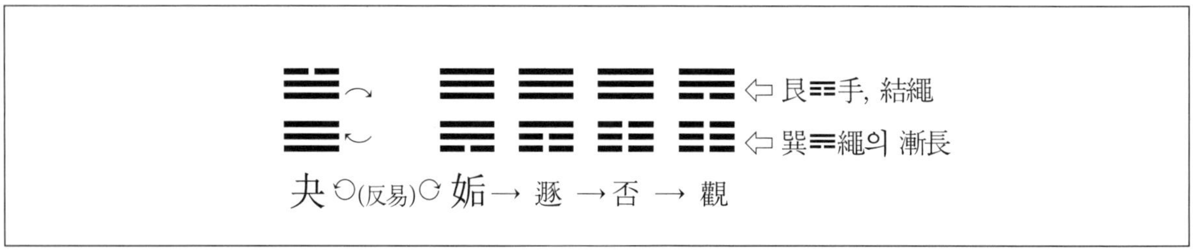

⇦ 艮手, 結繩
⇦ 巽繩의 漸長

夬 ○(反易)○ 姤 → 遯 → 否 → 觀

復䷗괘 이후 震☳竹에 坤☷書를 기록하고, 나아가 臨 → 泰 → 大壯 → 夬괘가 되면서 매번 兌☱金를 하나씩 더 얻으니 震☳竹에 契券(계권)을 새기는 象이 된다. 그래서 공자께서 이를 "易之以書契(역지이서계)" 즉 성인께서 結繩 방식을 '대쪽에 쇠로 글을 새기는 書契(서계)[a] 방식'으로 바꾸었다고 말했다.

自復以來(一陽生). 書坤文於震竹(坤爲文). 進而爲臨 又進而爲泰爲大壯 每得一兌(皆有兌) 刻之震木(兌爲金) 書契之象也(契之半分如兌決).

(坤地文) 　　兼大震☳竹　互震☳竹　互震☳竹　上兌☱金

☷　　☷　　☷　　☷　　☱
☷　　☱　　☱　　☱　　☱

下震☳竹　　下兌☱金　互兌☱金　互兌☱金　(乾天玉)

復　→　臨　→　泰　→　大壯　→　夬

---

[a]　편역자 주: 書契(서계); 글씨를 새긴 符節(부절)로 오늘날의 어음으로 발전했다.

제3장

시 고　역 자 상 야　상 야 자 상 야
是故 易者象也 象也者像也

이런 고로 易이란 象이요, 象이란 表像이다.

朱熹의 『周易本義』 ____

易은 卦의 形象(형상)이요, 이치를 본뜬 肖像(초상)이다.

易卦之形 理之似[a]也.

茶山의 『周易四箋』 ____

이처럼 성인이 器物(기물)을 만들 때 易象(역상)을 높이고 본받았다. 이로써 알 수 있듯이 易의 道란 象을 그려 보여준 것에서 벗어나지 않는다.

觀聖人制器 尙象之法 則知易之爲道 不外乎像象也(因其似而取爲象).

단 자 재 야　효 야 자　효 천 하 지 동 자 야
彖者材也 爻也者 效天下之動者也. *彖＝材也. 斷也.

彖이란 卦의 재료이며, 爻는 천하의 운동을 본뜬 것이다.

시 고　길 흉 생　이 회 린 저 야
是故 吉凶生 而悔吝著也.

그러므로 吉凶이 생기고, 悔吝이 나타나는 것이다.

朱熹의 『周易本義』 ____

彖은 한 卦의 재능을 말한 것이다. 본받는다는 것[效]은 모방이다. 뉘우치고 부끄러워함은 본래는 미미하지만 이로 인하여 처신이 補正된다.

彖言一卦之材也. 效放也. 悔吝本微 因此而著[b].

---

a　似(사)＝像也. 肖也.

b　著＝明也. 補也. 定也. 處也.

象辭는 좋은 재목과 같고, 六爻의 변화는 그 재목을 재단하여 기둥과 지도리를 만드는 것과 같다. 爻는 변화를 주도하며, 천하의 사물이 모두 변동함을 模像(모상)한 것이니, 吉凶·悔吝은 그 변동에서 생겨난다. 만약 爻의 변화가 없다면 吉凶·悔吝이 생겨날 이유가 없다.

象如美材 而六爻之變 則猶化而裁之 爲棟梁桹桌也. 爻主乎變 象天下之物皆動也. 吉凶悔吝 生於變動. 如其無變 吉凶悔吝 無由生矣.

陽卦多陰 陰卦多陽

陽괘는 陰이 많고, 陰괘는 陽이 많다.

其故何也 陽卦奇 陰卦偶

그 까닭은 무엇인가? 陽괘는 奇數[홀수]이고, 陰괘는 偶數(짝수)이기 때문이다.

朱熹의 『周易本義』

震☳·坎☵·艮☶은 陽卦라 하지만 모두 陽━ 爻는 한 개뿐이고(坎☵괘는 少陽☳에 陰╍을 더하여 2陰 1陽), 陰╍ 爻는 두 개이다. 巽☴·離☲·兌☱는 陰卦라 하지만 모두 陰╍ 효는 한 개뿐이고 陽━ 효는 두 개이다(離☲괘는 少陰☴에 陽━을 더하여 2陽 1陰). 무릇 陽卦는 모두 다섯 번 그려야 하니(━ ╍ ╍) 奇[홀수]이며, 陰卦는 모두 네 번 그려야 하니(━ ━ ╍) 偶[짝수]이다.

震坎艮爲陽卦 皆一陽二陰. 巽離兌爲陰卦 皆一陰二陽. 凡陽卦皆五畫. 凡陰卦皆四畫.

茶山의 『周易四箋』

朱子가 이르기를 震☳·坎☵·艮☶은 모두 陰╍이 두 개 이지만 陽卦가 되고, 巽☴·离☲·兌☱는 모두 陽━이 두 개이지만 陰卦라고 한다. 점을 칠 때 蓍卦法은 掛扐한 策이 한 번 陽數가 나오고 두 번 陰數가 나오면 陽畫(양획)이라 하고, 한 번 陰數에 두 번 陽數가 되면 陰畫(음획)이라 하는 것도, 역시 이런 뜻이다.

朱子曰 震坎艮皆二陰(爲陽卦). 巽离兌皆二陽(爲陰卦). 蓍卦之法 一陽二陰 爲陽畫(少陽七). 一陰二陽 爲陰畫(少陰八) 亦此義也.

其德行何也

그 德性과 運行은 어떤가?

陽一君而二民 君子之道也

陽[少陽의 경우]은 1君에 2民이므로 군자의 道요,

陰二君而一民 小人之道也

陰[少陰의 경우]은 2君에 1民이므로 소인의 道이다.

君主는 (君子이니) 陽이라 일컫고, 민중은 (小人이므로) 陰이라 한다.

君謂陽 民爲陰.

茶山의『周易四箋』 _______________________________

陽━획은 君이라 하고 陰▪▪획은 民이라 한다. 乾☰은 君이라 하고 坤☷은 民이라 한다. 震☳·坎☵·艮☶은 하나의 陽━君에 두 개의 陰▪▪民이니 군자의 道이며, 巽☴·离☲·兌☱는 두 개의 陽━君에 하나의 陰▪▪民이니 소인의 道라 한다.

陽畫爲君 陰畫爲民(乾爲君而坤爲民). 震坎艮 一陽而二陰也. 巽离兌 二陽而一陰也.

여덟 식구가 한 집에 살아도 군주는 한 사람만 있어야 하니 嚴父가 바로 군주가 되며, 다섯 사람이 같은 배를 타더라도 군주는 한 사람만 있어야 하니 뱃사공이 그 사람이다. 六軍(육군)이 함께 출정해도 그 원수는 오직 한 사람이며, 만민이 한 고을에 살아도 그 수령은 오직 한 사람이다. 집안이 어지러워지면 부인이 가정을 다스리고, 나라가 망하려면 아첨하는 寵臣(총신)이 기강을 범하여 명령이 여러 곳에서 나오니 민중의 뜻이 안정되지 않는다. 이것이 군자와 소인의 道가 판연히 다른 까닭이다.

八口同室 爰有一君 嚴父是也. 五人同舟 爰有一君 梢工是也. 六軍同征 其元帥唯一也. 萬民同邑 其令長唯一也. 家之將亂 婦人爲政. 國之將亡 嬖幸干紀 令出多門 民志不定. 此君子小人之道 所以判然而不同也.

제5장

易曰 憧憧往來 朋從爾思 *憧(동)=意不定也. *思=(語氣詞). 今와 비슷

易에 가로되, "동동거리며 가고 오면 벗들만 너를 따른다"고 했다.

子曰 天下何思何慮 *思=願也. 計慮也. 意志也. *慮=謀思也. 憂也.

子 왈[공자 가로되], 천하에 무엇을 꾀하고 무엇을 걱정하랴?

天下同歸而殊塗 一致而百慮

천하가 돌아갈 곳은 같으나 길은 다르며, 이룸은 하나인데 염려는 백 가지이니,

天下何思何慮

천하에 무엇을 꾀하고 무엇을 걱정할 것인가?

朱熹의 『周易本義』

이는 咸☷☳괘 九四의 효사를 따라서 해석한 것이다. 이치는 본래 둘이 아님이 분명한데 길이 다르니 생각이 백가지이다. 自然이 아닌 것이 없는데 무엇을 꾀하려고 걱정한단 말인가? 독단적 생각을 따르라 하면 따르는 자들도 도량이 협애해진다.

此引咸九四爻辭 而釋之. 言[a]理本无二 而殊塗百慮. 莫非自然. 何以思慮爲哉. 必思而從則 所從者亦狹矣.

日往則月來 月往則日來

날이 가면 달이 오고, 달이 가면 날이 오니,

日月相推 而明生焉

일월은 서로 밀어내며 밝음을 낳는다.

寒往則暑來 暑往則寒來

추위가 가면 더위가 오고, 더위가 가면 추위가 오니,

寒暑相推 而歲成焉

추위와 더위는 서로 밀어내어 세월을 이룬다.

---

a　言=(語氣詞)

> 왕 자 굴 야　래 자 신 야
> **往者屈也 來者信也** *信=伸也.
>
> 가는 것은 굽힘이요 오는 것은 펴는 것이니,
>
> 굴 신 상 감　이 리 생 언
> **屈信相感 而利生焉**
>
> 屈伸이 서로 감응하여 이로움을 낳는다.

朱熹의 『周易本義』

‘往來屈信’ 즉 가고 오고 굽히고 펴는 것은 모두 자연에 감응하는 변함없는 이치이다. 그러나 여기에 “憧憧[동동거림]”이란 두 글자를 더하면 사사로움이 들어간다. 기필코 이루어내려는 생각이 있으면 따르는 것이 있기 때문이다.

言往來屈信[a] 皆感應自然之常理. 加憧憧焉則 入於私矣. 所以必思而後 有從也.

> 척 확 지 굴　이 구 신 야
> **尺蠖之屈 以求信也** *蠖=자벌레. 뽕벌레.
>
> 뽕 벌레가 굽히는 것은 펴기 위함이요,
>
> 용 사 지 칩　이 존 신 야
> **龍蛇之蟄 以存身也**
>
> 용·뱀이 칩거하는 것은 몸을 보존하기 위함이다.
>
> 정 의 입 신　이 치 용 야
> **精義入神 以致用也**
>
> 뜻을 정미하게 하고 신명에 드는 것은 이로써 쓰임을 이룸이요,
>
> 이 용 안 신　이 숭 덕 야
> **利用安身 以崇德也**
>
> 쓰임을 이롭게 하고 몸을 편안히 함은 이로써 덕을 높임이다.
>
> 과 차 이 왕　미 지 혹 지 야
> **過此以往 未之或知也**
>
> 이를 지나치게 나아감은 지혜롭지 못할 것이니,
>
> 궁 신 지 화　덕 지 성 야
> **窮神知化 德之盛也** *窮=盡也. 究也.
>
> 신명을 다하고 造化를 아는 것이 덕의 성대함이다.

---

a　信= ‘伸’과 통용된다.

굽히고 펴는 연유로 말하면, 이는 동물이 왕래하는 이치이다. 또한 이로 미루어 말하면 배움에도 역시 자연의 기미가 있다. 정미하게 연찬하여 入神의 경지에 이르니 굽힘[屈]의 지극함이다. 결국 밖[外物·世上]을 다스리는 목적은 재용의 본바탕을 이루어 그것을 편리하게 사용하여, 가는 곳마다 편안하지 않은 곳이 없도록 함이니 폄[伸]의 지극함이다. 그러나 안[마음·家門]을 다스리는 목적은 덕의 자질을 높여 안과 밖이 서로 길러주고 서로 발전하고자 함이다.

因言屈信 往來之理 而又推以言 學亦有自然之機^a也. 精研其義 至於入神 屈之至也. 然乃所以爲出 而致用之本 利其施用 无適不安 信^b之極也 然乃所以爲入 而崇德之資 內外交相養 互相發也.

下學[하급의 배움]의 일은 義를 정미하게하고 재용을 편리하게 진력함이니, 서로 길러주고 서로 발전하는 기틀을 몸소 마련할 수 없다. 이보다 더 올라가려하면 역시 힘을 써 보아도 소용이 없다. 신명을 다하고 조화를 깨닫는 上學[상급의 배움]에 이르면 마침내 덕이 성대해지고 어짊이 익어지면 저절로 이루어진다. 그러나 깨닫지 못한 자는 나아가서 굽히고, 저절로 이루는 자는 들어와서 편다. 이는 역시 자연의 이치에 감응할 뿐이다. 北宋(북송)의 張載(장재) 선생이 가로되 氣에는 陰陽이 있어 밀고 나아가면서 점차로 造化하여 그 합일됨을 헤아릴 수 없으니 神이라 한다고 했다. 이상 네 구절은 모두 咸䷞괘 九四의 효사(憧憧往來 朋從爾思)의 뜻을 해석한 것이다.

下學之事 盡力於精義利用 而交養互發之機 身不能已. 自是以上 則亦无所用其力矣. 至於窮神知化 乃德盛仁熟 而自致耳. 然不知者 往而屈也 自致者 來而信也. 是亦感應自然之理而已. 張子曰 氣有陰陽 推行有漸爲化 合一不測爲神. 此上四節 皆以釋咸九四爻義.

易曰 困于石 據于蒺藜 *困=危難.

易에서 말하길, 바위에서 곤란하다고 가시덩굴에 의지하며,

入于其宮 不見其妻 凶 *妻=親之主也. 以女嫁人.

궁중에 들어가도 안주인을 알현할 수 없으니 흉하다.

子曰 非所困而困焉 名必辱

子[공자] 왈, 곤란할 것도 없는 바위 때문에 곤경을 치르니 명성이 반드시 욕되고,

非所據而據焉 身必危

의탁하지 말아야 할 곳에 의탁했으니 몸[身]이 반드시 위태롭다.

---

a   機=密也. 天文也.

b   信= '伸'과 통용된다.

既辱且危 死期將至

이미 욕되고 위태로워 죽음이 장차 이르렀으니,

妻其可得見耶

안 주인을 어찌 볼 수 있겠는가?

朱熹의『周易本義』

困䷮괘 六三 효사의 뜻을 해석한 것이다.

釋困六三爻義.

易曰 公用射隼 于高墉之上 *隼=새매. 맹금류.

易에서 말하길, 公께서 높은 담벼락 위의 새매를 쏘아,

獲之无不利

그것을 잡았으니 이롭지 않음이 없다.

子曰 隼者禽也 弓矢者器也

子[공자] 왈, 새매는 날짐승이고 화살은 그릇이며,

射之者人也

그것을 맞힌 者는 사람이다.

君子 藏器於身 待時而動

군자가 그릇을 몸에 품고 때를 기다려 움직이니,

何不利之有

어찌 이롭지 않음이 있겠는가?

動而不括 是以出而有獲 *括=檢也. 閉也.

움직임에 걸림이 없고 이로써 나아가 얻음이 있으니,

語成器而動者也

그릇을 이루고 나서 움직여야 한다는 속담을 말한 것이다.

朱熹의『周易本義』

括(괄)은 묶이고 가로막힘이다. 이는 解☷☵괘 上六 爻辭의 뜻을 해석한 것이다.

括結礙也. 此釋解上六爻義.

자 왈 소 인 불 치 불 인 불 외 불 의
子曰 小人不恥不仁 不畏不義

子[공자] 왈 소인은 不仁[어질지 않음]을 부끄러워 하지 않고, 不義를 두려워하지 않는다.

불 견 리 불 권
不見利不勸

이익됨이 있음을 보이지 않으면 善을 권장할 수 없고,

불 위 부 징
不威不懲

위엄을 보이지 않으면[위엄으로 누르지 않으면] 惡을 반성할 줄 모른다.

소 징 이 대 계 차 소 인 지 복 야
小懲而大誡 此小人之福也

그러므로 작은 징계로 크게 경계함이 소인의 福이다.

역 왈 구 교 멸 지 무 구 차 지 위 야
易曰 屨校滅趾 无咎 此之謂也. *校=桍也. *趾=足也.

易에서 말하길, '형틀을 차고 刖刑(월형: 발꿈치를 자르는 刑)을 받았으나 이제 허물이 없다'는, 이를 이름이다.

朱熹의『周易本義』

이는 噬嗑☲☳괘 初九 효사의 뜻을 해석한 것이다.

此釋噬嗑初九爻義.

선 부 적 부 족 이 성 명
善不積不足以成名

善을 쌓지 않으면 명성을 이루기에 부족하고,

악 부 적 부 족 이 멸 신
惡不積不足以滅身

惡을 쌓지 않으면 몸을 죽이기에 부족하다.

소 인 이 소 선 위 무 익 이 불 위 야
小人 以小善爲无益 而弗爲也

소인은 작은 善은 무익하게 여겨 善을 행하지 않고,

以小惡爲无傷 而弗去也
작은 惡쯤이야 해롭지 않다고 여겨 惡을 제거하지 않는다.

故惡積而不可掩 罪大而不可解
그러므로 惡이 쌓이면 숨길 수 없고, 죄가 커지면 풀려나지 못한다.

易曰 何校滅耳 凶 *何=儋也. 荷也.
易에서 "형틀을 쓰고 귀를 잘렸으니 흉하다"고 경계한 것이다.

朱熹의『周易本義』

이는 噬嗑 괘 上九 효사의 뜻을 해석한 것이다.

此釋噬嗑上九爻義

子曰 危者 安其位者也
子[공자] 왈, 위태롭다고 염려하는 자는 자기 지위를 편안케 하고,

亡者 保其存者也
망할 것을 염려하는 자는 자기의 명맥을 보존하며,

亂者 有其治者也
어지러움을 염려하는 자는 다스림을 지킬 수 있다.

是故 君子安而不忘危
그러므로 군자는 편안해도 위태로움을 잊지 않고,

存而不忘亡 治而不忘亂
존속해도 멸망을 잊지 않으며, 태평해도 어지러움을 잊지 않는다.

是以身安 而國家可保也
이로써 몸이 편안하고 나라와 가문을 보존할 수 있는 것이다.

易曰 其亡其亡 繫于苞桑
易에서 "망하겠지! 망하겠지! 뽕나무 떨기에 묶어둔다"고 말했다.

이는 否䷋괘 九五 효사의 뜻을 해석한 것이다.

此釋否九五爻義.

子曰 德薄而位尊 知小而謀大
^{자 왈 덕 박 이 위 존 지 소 이 모 대}

子[공자] 왈, 덕은 엷은데 지위는 높고, 지혜는 작은데 꾀는 크고,

力小而任中 鮮不及矣 *鮮=盡也. 善也.

힘은 작은데 임무가 무거우면 잘 미치지 못할 것이다.

易曰 鼎折足 覆公餗 *餗=鬻[죽]의 속자

易에서 말하길, 솥의 다리가 부러져 제후[공실]의 죽을 엎지르고,

其形渥凶 言不勝其任也 *渥=霑也. 濁也.

"얼굴을 붉히니[그 얼굴이 젖어] 흉하다"고 하니 그 임무를 이기지 못함이라.

이는 鼎䷱괘 九四 효사의 뜻을 해석한 것이다.

此釋鼎九四爻義.

子曰 知幾其神乎

子[공자] 왈, 기미를 아는 것이 신묘하구나!

君子 上交不諂

군자가 위로 교제함에 아첨하지 않고,

下交不瀆 其知幾乎 *瀆=垢濁也. 亂也. 慢也.

아래로 교제함에 오만하지 않으면 진실로 기미를 안다 할 것이다.

幾者 動之微 吉(凶)之先見者也

기미는 운동의 은미함이니 길흉이 먼저 드러난다.

君子 見幾而作 不俟終日

군자는 기미를 보고 일어나므로 종일 기다리지 않는다.

易曰

易은 말한다.

介于石 不終日 貞吉 *介=隔也. 堅確也. 夾也.

돌에 끼어도 절개가 있다면 종일 걸리지 않으리니 곧으면 吉하다.

介如石焉 寧用終日 *介=堅確也.

하기야 절개가 돌 같다면 어찌 종일 걸리겠는가?

斷可識矣 *斷=絶也. 分也. 決也.

기미를 알아 決斷을 분별할 수 있다는 뜻이다.

君子 知微知彰知柔知剛

군자는 은미함과 통창함을 알고 유약함과 강직함을 알기에,

萬夫之望 *望=慕也. 志願也.

모든 지아비들이 흠모한다.

『二程文集』____

기미를 먼저 발견하면 吉함은 다 아는 일이며, 발견하지 못하므로 凶에 이른다. '기미를 보고 일어나니 종일 기다리지 않는다(見幾而作不俟終日)'는, 지혜가 원만하다는 뜻이다. '절개가 돌 같다(介如石)'는, 이치가 미리 정해진 것이다. 그러므로 기미를 보고 일어났으니 어찌 종일 기다리겠는가?

先見則吉可知. 不見故致兇. 見幾而作不俟終日 知之圓也. 介如石理素定也. 故見幾而作 何俟終日哉.

朱熹의 『周易本義』____

이는 豫䷏괘 六二 효사의 뜻을 해석한 것이다. 『漢書』판본에는 '吉'자와 '之'자 사이에 '凶'자가 있다.

此釋豫六二爻義. 漢書 吉之之字 有凶間.

子曰 顏氏之子 其殆庶幾乎 *殆=危也. 將也. 近也. 始也. *庶幾=近道也.

子[공자] 왈, 안씨의 아들[顏子]이 거의 道에 가까운 듯하다.

유 불 선　미 상 부 지　지 지　미 상 복 행 야
有不善 未嘗不知 知之 未嘗復行也

不善이 있으면 깨닫지 못함이 없고[얼른 깨달았고], 알았으면 반복하지 않는다.

역 왈　불 원 복　무 지 회
易曰 不遠復 无祇悔 *祇=敬也. *祇=地祇. 適也. 病也.

易에서 말하길, 머지 않아 돌아오면 후회에 이르지 않으며,

원 길
元吉 *元(원)=善之長也.

善의 으뜸이니 吉하다.

朱熹의 『周易本義』 ____

"殆(태)"는 위태하다는 뜻이다. "庶幾(서기)"는 가깝다는 뜻이니 道에 가까움을 말한 다. 이는 復☷☳괘 初九 효사의 의미를 해석한 것이다.

殆危也. 庶幾近意 言近道也. 此釋復初九爻義.

천 지 인 온　만 물 화 순
天地絪縕 萬物化醇 *絪縕=氤氳(인온: 천지의 기운 덩어리). *醇=專厚也. 純一也.

천지의 기운 덩어리가 만물을 조화·순후하게 하고,

남 녀 구 정　만 물 화 생
男女構精 萬物化生 *構=結也. 合也.

남녀의 정기가 결합하여 만물을 화생한다.

역 왈　삼 인 행 즉 손 일 인
易曰 三人行則損一人

易에서 말하길, '세 사람이 길을 가면 한 사람을 잃고,

일 인 행 즉 득 기 우　언 치 일 야
一人行則得其友 言致一也 *一=統一也. 同也. 獨也.

'한 사람이 길을 가면 벗을 얻는다'는, 一致를 말한 것이다.

朱熹의 『周易本義』 ____

"絪縕(인온)"은 긴밀하게 얽혀있는 모양이고, "醇(순)"은 두껍게 응결됨이니 氣化를 말한 것이다. 이는 損☶☱괘 六三 효사의 뜻을 해석한 것이다.

絪縕交密之狀 醇謂厚而凝也. 言氣化者也. 化生形化者也. 此釋損六三爻義.

朱熹의 『朱子語類』 繫辭下 第四章 ____

朱子가 말한다. "天地氤氳"은 氣化의 상태를 말한다. 남녀의 精氣 맺음을 "形化"라 한다. 致一(치일)은

專一함을 말한다. 오직 專一한 까닭에 絪縕(인온)할 수 있다. 만약 전일하지 않으면 각자 이탈한다. "化醇(화순)"은 이미 氣化한 뒤에 化生하는 것이다. 氣化를 가리켜 草木이라 말함이 이것이다.

朱子曰 天地絪縕言氣化也. 男女構精言形化也.……致一專一也. 惟專一所以能絪縕ᵃ. 若不專一則 各自相離矣. 化醇是 已化ᵇ後化生 指氣化而言草木是也.

자 왈 군 자 안 기 신 이 후 동
子曰 君子 安其身而後動

子[공자] 왈, 군자는 몸을 편안히 한 후에 움직이고,

이 기 심 이 후 어 정 기 교 이 후 구
易其心而後語 定其交而後求

마음을 편히 한 후에 말하고, 교제를 결정한 후 찾는다.

군 자 수 차 삼 자 고 전 야
君子 脩此三者故全也

군자는 이 세 가지를 닦음으로써 온전한 것이다.

위 이 동 즉 민 불 여 야
危以動則 民不與也

위태로운데 움직이면 민중이 따르지 않고,

구 이 어 즉 민 불 응 야
懼以語則 民不應也

의구심에서 말하면 민중은 호응하지 않으며,

무 교 이 구 즉 민 불 여 야
无交而求則 民不與也 *與＝親也. 從也. 予人物也.

교제도 없이 요구하면 민중은 따르지 않는다.

막 지 여 즉 상 지 자 지 의
莫之與則 傷之者至矣

따르는 벗이 없으면 해치려는 자가 이를 것이다.

역 왈 막 익 지 혹 격 지
易曰 莫益之 或擊之 *益＝助也. 增進也.

易에서 말하길, 더 나아가지 말라! 혹 공격할지 모른다.

입 심 물 항 흉
立心勿恒 凶

세운 마음[마음 가짐]이 항상하지 못하니 흉하다.

朱熹의 『周易本義』 ____

이는 益☲☶괘 上九 효사의 뜻을 해석한 것이다.

此釋益上九爻義.

___

a 絪縕(인온)＝絪縕也.

b 已化는 氣化의 착오인 듯.

제6장

자 왈 건 곤 기 역 지 문 야
子曰 乾坤其易之門耶

子[공자] 왈, 乾坤은 易의 門인가?

건 양 물 야 곤 음 물 야
乾 陽物也 坤 陰物也

乾☰은 陽의 물건이고 坤☷은 陰의 물건이다.

음 양 합 덕 이 강 유 유 체
陰陽合德 而剛柔有體

陰德(음덕)과 陽德(양덕)이 결합하여 剛(강)하고 부드러운 형체를 이루어,

이 체 천 지 지 찬 이 통 신 명 지 덕
以體天地之撰 以通神明之德 *撰=集也. 具也. 數[物事]也.

이로써 천지의 잡다한 사물을 체현하고 신명의 덕을 소통한다.

『二程文集』

혹자는 '乾坤이 易의 門이지만 그 뜻을 알기 어렵고 여타의 괘는 쉽게 알 수 있다'고 말한다. 대답해 이르기를, 乾坤은 천지이니 만물이 어찌 천지 밖에서 나오겠는가? 道를 아는 사람이 통할하는데는 宗志가 있을 테니 그렇게 여길 것이다. 그런데 괘를 관찰할 때 '乾坤의 道는 간단하고 쉬우므로 그 繫辭(계사)도 평이하게 펴지만, 여타의 괘는 수시로 변화에 호응해서 취하고 버림이 무상하여 더욱 알기 어렵고, 乾坤의 道를 아는 것이 쉽다'고 한다면 오히려 옳은 말일 것이다.

或曰 乾坤易之門. 其義難知 餘卦則易知也. 曰 乾坤天地也 萬物烏有出天地之外者乎. 知道者 統之有宗 則然也. 而在卦觀之 乾坤之道簡易 故其辭平直, 餘卦隋時應變 取捨无常 尤爲難知也. 知乾坤之道者 以爲易則可也.

朱熹의 『周易本義』

모든 괘의 剛(강)하고 유약한 본체는 모두 乾坤의 덕을 결합해서 이루어진 것이다. 그러므로 乾坤이 易의 門이라고 말한다. 撰은 事物과 같은 뜻이다.

諸卦剛柔之體 皆以乾坤合德而成. 故曰乾坤易之門. 撰猶事也.

其稱名也 雜而不越

그 호칭하는 이름이야 잡다하지만 참월하지 않는 것은,

於稽其類 其衰世之意耶　*稽＝考也. 問也. *類＝種類相似.

그 비슷한 사례를 고려할 때, 쇠락한 세상[紂王의 시대]의 뜻일 것이다.

朱熹의 『周易本義』

만물은 비록 많으나 음양의 변화에서 나오지 않는 것이 없다. 그러므로 괘와 효의 의미는 비록 잡다하게 나와도 어긋나지 않는다. 그러나 태호 복희씨의 순박하고 질박했던 상고시대까지는 사려가 미치지 못하므로, "衰世之意[쇠한 세상의 뜻]"은 대개 文王·桀의 시대를 지칭한다.

萬物雖多 无不出於 陰陽之變. 故卦爻之義 雖雜出而不差謬. 然非上古淳質之時 思慮所及也. 故以爲衰世之意. 蓋指文王與桀之時也.

夫易 彰往而察來

대저 易이란 지난 일을 밝히고 오는 일을 살피며,

而微顯闡幽　*闡＝開也. 著明也.

드러난 것은 은미하게 하고[範疇化] 유원한 것은 천명하며,

開而當名辨物

열어 통하게 하여 이름을 붙이고 사물을 분별하고,

正言斷辭 則備矣　*備＝具也. 成也. 豊足也.

말을 바르게 하며 언사를 판단하는 것인 즉 모두 갖추었다.

朱熹의 『周易本義』

傳文의 "而微顯"은 아마 '而'자를 옮겨 '微顯而'로 되어야 마땅하고, "開而"의 '而'자도 역시 착오가 있는 것 같다.[a]

而微顯 恐當作微顯而. 開而之而 亦疑有誤.

---

[a] 편역자 주: "夫易 彰往而察來 微顯而闡幽 當名而辨物 正言而斷辭 則備矣"로 읽고 풀이한다.

기 칭 명 야 소 기 취 류 야 대
其稱名也小 其取類也大

그 명칭을 붙이는 것은 작지만 그 사례를 취함은 크며,

기 지 원 기 사 문
其旨遠 其辭文

그 취지는 원대하고 그 말과 글은 문채 있으며,

기 언 곡 이 중 기 사 사 이 은
其言曲而中 其事肆而隱 *肆＝極也. 直也. 市也. 極意敢言也.

그 말은 곡진하고 적중하며, 그 일은 극진하나 은미하니[개념화],

인 이 이 제 민 행 이 명 실 득 지 보
因貳以濟民行 以明失得之報 *貳＝疑也. 重複也[茶山은 佐·副의 뜻으로 풀이한다].

성인은 이를 부연하여 民의 행실을 匡濟(광제)하고 失과 得의 응보를 밝혔다.

朱熹의 『周易本義』

"肆"는 진열한다는 뜻이고, "貳"는 의혹이라는 뜻이다.

肆陳也 貳疑也.

이 章은 빠진 글과 의심스런 글자가 많아서 다 통할 수 없다. 後人(후인)들은 이를 모방했다.

此章多闕文疑字 不可盡通 後皆放此

茶山의 『周易四箋』

미미한 짐승이나 아주 작은 풀들 까지 거론되는 물건들은 비록 작지만, '같은 것을 좇아 정황을 비유하여 상징을 취함이 지대하다'는 정신이 易의 道이다. "貳"는 돕는다는 뜻이다. 성인께서는 卜筮(복서)의 방법을 써서 교화를 보충하여 민중을 正道로 인도한다. 善하면 福을 얻고 아니면 福을 잃으니 그 因果應報(인과응보)를 밝혀 민중을 빛이 들어오는 창문으로 인도한다.

微禽細草 稱物雖小 因類比況 取象至大 易之道也. 貳者佐也副也. 聖人以卜筮之法 佐其敎化 導民以正也.
善則得福 否則失之 明其報應 以牖民也.

제7장

易之興也 其於中古乎

易이 일어난 것은 中古 시대이니,

作易者 其有憂患乎

易을 지은 분[文王]에게 우환이 있었다.

『二程文集』

어진 이는 근심하지 않는다고 말한다. 또 이와 달리 주역을 지은이는 틀림없이 우환이 있었다고 말하니 모름지기 그 용처가 각각 다름을 알아야 한다. 천하에 단지 한 개의 '憂'자와 한 개의 '患'자가 있지만 이미 이 두 글자가 있으니 성인인들 어찌 우환이 없겠는가?

如言 仁者不憂 又却言 作易者其有憂患. 須要知用處各別也. 天下只有一箇憂字 一箇患字 旣有此二字 聖人安得无之.

朱熹의 『周易本義』

夏(하)나라·商(상)나라 말에 易의 道가 중간에 쇠미하더니 文王이 유리(羑里)의 獄[감옥]에 구속되어 彖辭(단사)를 붙이자 易의 道가 부흥했다.[a]

夏商之末 易道中微. 文王拘於羑里獄 而繫彖辭 易道復興.

是故 履 德之基也

그러므로 履☰(天☰ ☱澤≒禮)괘는 덕의 기초요,

謙 德之柄也

謙☷(地☷ ☶山)괘는 덕의 자루요,

復 德之本也

復☷(地☷ ☳雷)괘는 덕의 뿌리요,

---

a 편역자 주: 『彖傳』은 文王의 彖辭를 孔子가 해설한 글이다.

恒 德之固也

恒(雷☳ ☴風)괘는 덕의 견고함이요,

損 德之修也

損(山☶ ☱澤)괘는 덕의 닦음이요,

益 德之裕也

益(風☴ ☳雷)괘는 덕의 너그러움이요,

困 德之辨也

困(澤☱ ☵水)괘는 덕의 분별이요,

井 德之地也 *地=施也

井(水☵ ☴風)괘는 덕의 베풂이요,

巽 德之制也

巽(風☴ ☴風≒隱)괘는 덕의 절제이다.

朱熹의『周易本義』 ____

履(天☰ ☱澤)는 禮이니, 하늘은 위이고 연못은 아래로 정해진 분수가 바뀌지 않는 것처럼 반드시 이를 삼간 뒤라야 그 德도 이를 기초로 하여 세울 수 있다. 謙(地☷ ☶山)은 스스로 낮추고 남을 높이는 것이니 禮를 행하는 자는 마땅히 지켜야 실덕하지 않을 것이다. 아홉 개의 괘는 모두 처신을 반성하고 덕을 닦아 이로써 우환의 정사를 조처함에 차례가 있으니, 基[터]를 세우는 방법이요 柄[자루]은 유지·보존하는 방법이다. 復(地☷ ☳雷)은 마음 밖에 있지 않고 善의 단서를 보존함이다. 恒(雷☳ ☴風)은 지킴이 변치 않고 항상되어 장구한 것이다. 損(山☶ ☱澤)은 분노를 징계하고 욕심을 막음으로써 몸을 닦는 것이다. 益(風☴ ☳雷)은 개과천선하여 善함을 키우는 것이다. 困(澤☱ ☵水)은 이로써 자기의 능력을 시험하는 것이다. 井(水☵ ☴風)은 이로써 자기 있을 곳을 변하지 않는 것이다. 그러한 연후에 巽(風☴ ☴風)은 도리에 공손하고 따름으로써 일의 변화를 제어할 수 있다.

履禮也. 上天下澤 定分不易 必謹乎此 然後 其德有以爲基而立也. 謙者 自卑而尊人 又爲禮者之所當執持 而不可失者也. 九卦皆反身修德 以處憂患之事也 而有序焉 基所以立 柄所以持. 復者心不外 而善端存. 恒者守不變 而常且久. 懲忿窒慾以修身 遷善改過以長善. 困以自驗其力. 井以不變其所 然後能 巽順於理 以制事變也.

履和而至.

履(天☰ ☱澤)괘는 조화롭고 지극하며,

謙尊而光

謙(地☷ ☶山)괘는 존귀하고 빛난다.

復小而辨於物.

復(地☷ ☳雷)괘는 작지만 사물을 분별있게 한다.

恒雜而不厭

恒(雷☳ ☴風)괘는 잡다하지만 싫어하지 않는다.

損先難而後易.

損(山☶ ☱澤)괘는 우선은 어렵지만 뒤에는 쉬워진다.

益長裕而不設. *設=施陳也. 大也. 貪也.

益(風☴ ☳雷)괘는 항상 너그럽고 탐하지 않는다.

困窮而通.

困(澤☱ ☵水)괘는 궁하지만 통하고,

井居其所而遷 *遷=變易也.

井(水☵ ☴風)괘는 처소에서 안거하며 변한다.

巽稱而隱

巽(風☴ ☴風)괘는 칭찬을 빌지만 숨는다.

『二程文集』

"益괘는 항상 너그럽고 탐하지 않는다(益長裕而不設[a])"는, 이러한 이치가 있음에 따라 곧장 채우고 키우는 것을 말한다. "設[설치]'은 편찬하여 만드는 것이니 편찬하여 만들려면 人爲를 다스려야 한다.

益長裕而不設 謂因有此理 而就此充長之. 設是撰造 撰造則爲僞也.

朱熹의 『周易本義』

이는 『書經』의 九德과 같다. 履☰괘는 禮이니 세상을 강제하지 않고 일마다 지극하다, 謙☷은 스스로

---

a 편역자 주: 程子는 '不設'을 不作爲로 해석했다.

를 낮춤으로써 도리어 존귀하고 빛난다. 復☳☷은 陽이 은미하여 陰의 무리를 어지럽히지 않는다. 恒☳☴
은 난잡한 곳에 처해 있지만 常德을 싫어하지 않는다. 損☶☱은 앞서려고 하면 험난하지만 익숙해지면
쉬어진다. 益☴☳은 채우고 키울 뿐 조작하지 않는다. 困☱☵은 몸은 고달프지만 道는 형통하다. 井☵☴은
움직이지 않지만 사물을 이르게 한다. 巽☴☴은 사물을 헤아림이 마땅하지만 숨어 있어 드러나지 않는다.

此 如書之九德. 禮 非强世 然事皆至極. 謙 以自卑 而尊且光. 復 陽微而不亂於群陰. 恒 處雜而常德不厭.
損 欲先難 習熟則易. 益 但充長而不造作. 困 身困而道亨. 井 不動而及物. 巽 稱ᵃ物之宜 而潛隱不露.

이 이 화 행 겸 이 제 례
履以和行 謙以制禮

履☰☱(天☰ ☱澤)괘로써 행실을 조화롭게 하고, 謙☷☶(地☷ ☶山)괘로써 禮를 만들며,

복 이 자 지 항 이 일 덕
復以自知 恒以一德

復☷☳(地☷ ☳雷)괘로써 스스로 깨닫고, 恒☳☴(雷☳ ☴風)괘로써 덕을 한결 같이 하며,

손 이 원 해 익 이 흥 리
損以遠害 益以興利

損☶☱(山☶ ☱澤)괘로써 해로움을 멀리하고, 益☴☳(風☴ ☳雷)괘로써 이로움을 일으키며,

곤 이 과 원 곤 이 변 의
困以寡怨 井以辨義

困☱☵(澤☱ ☵水)괘로써 원망을 적게 하고, 井☵☴(水☵ ☴風)괘로써 의리를 분별하며,

손 이 행 권
巽以行權

巽☴☴(風☴ ☴風)괘로써 권세를 行한다.

"巽☴☴(風☴ ☴風)으로 권세를 행함(巽以行權)"이란 의리는 순리로 조처함이니 이로써 권세를 행하는 방도
이다.

巽以行權 義理所順處 所以行權.

朱熹의『周易本義』

"원망을 적게 한다(寡怨)"는, 원망과 허물을 적게 한다는 말이다. "義를 분별한다(辨義)"는, 편안해서 사
려할 수 있다는 말이다.

寡怨謂少所怨尤. 辨義謂安而能慮.

---

a　稱=銓也. 度也. 舉也.

이 章은 아홉 개의 괘를 세 번 진술해서 우환에 처신하는 도리를 밝힌 것이다.

此章三陳九卦 以明處憂患之道

제8장

易之爲書也 不可遠
易을 책으로 꾸미는 것[a]을 멀리할 수 없으나,

爲道也 屢遷 *屢=數也. 每也.
道로 삼는 것이 여러번 바뀌었다.

變動不居 周流六虛 *六虛=上下四方. 괘의 六位.
변화하고 움직여 안주하지 않고 六位를 周流[두루 흐름]하며,

上下无常 剛柔相易
오르고 내림이 無常(무상)하고 剛柔가 서로 바뀌니,

不可爲典要 *典=五帝之書也. *要=總也. 約也.
五帝 법전의 總約이라 할 수는 없다.

唯變所適
오직 변화를 따라갈 뿐이다.

朱熹의 『周易本義』

"遠[멀다]"은 잊었다는 말과 같다. "六虛를 周流한다(周流六虛)"는, 음양이 괘의 六位를 流行(유행)한다는 말이다.

遠猶忘也. 周流六虛 謂陰陽流行 於卦之六位.

茶山의 『周易四箋』

乾☰道가 변하여 姤☴괘로 坤☷괘로 되었다가 다시 復☳괘로 乾☰괘로 되돌아온다[「12辟卦 進退消長表」참조]. 그것으로 끝나지 않고 12벽괘는 각각 변천하여 50衍卦(연괘)로 확장된다. 또 50衍卦는 여섯 개의 爻가 오르고 내리며 剛과 柔가 서로 교환하며 다른 괘로 변하는데 이를 '之卦(지괘)' 또는 '變卦(변괘)'라 한다. 또한 점을 칠 때는 이들 變卦에서 推移(추이)의 과정을 소급하여 物象을 살핀다. 공자는 이를 "變動不居 上下无常"이라 말한다. 이처럼 거듭 변천하기를 그치지 않고 陰⚋과 陽⚊, 홀수와 짝수가 상호 교환하고 뒤집히니, 공자는 이를 "剛柔相易(강유상역)"이라고 말한다. 卦가 推移하지 않고 爻가 변동하지 않는 것은 易이 아니며 죽은 법이다.

---

a 편역자 주: 주역이 책으로 정형화된 때는 B.C. 7세기경이다.

乾道變化 爲姤 爲坤 爲復 爲乾(卽十二辟卦). 旣又遷之 以爲衍卦(屯蒙等). 又一遷動 爻變爲卦(如乾之姤等). 又於變卦之中 泝其推移(如屯之比 又自復剝來). 以觀物象. 此之謂 變動不居 上下无常也. 屢遷不已 陰陽奇偶 互換交翻. 此剛柔相易也. 卦不推移 爻不變動者 非易也死法也.

朱熹의『周易本義』

비록 스승의 보살핌이 없어도 항상 부모처럼 임하여 경계함이 지극하다. "方[방정]"은 道[도리]이다. 처음에는 붙인 말씀을 따라서 그 이치를 헤아리면 법칙과 常道가 있음을 발견할 것이다. 그러나 신묘해지고 밝아지는 것은 그 사람에게 달려있다.

雖无師保 而常若父母臨之 戒懼之至. 方道也. 始由辭而度其理 則見其有典常矣. 然神而明之則 存乎其人也.

제9장

역 지 위 서 야　원 시 요 종　이 위 질 야
易之爲書也 原始要終 以爲質也 *質=實體也. 卦體. *要=總也. 約也. 察也.

易이라는 책은 시작을 미루어 마침을 성찰하도록 담보하는 문서이다.

육 효 상 잡　유 기 시 물 야
六爻相雜 唯其時物也

여섯 개의 爻가 서로 섞임은 오직 天時(천시)와 사물이 그러하기 때문이다.

기 초 난 지　기 상 이 지　본 말 야
其初難知 其上易知 本末也

처음의 爻를 알기 어렵고, 맨 위의 爻가 알기 쉬운 것은 뿌리와 잎이기 때문이다.

초 사 의 지　졸 성 지 종
初辭擬之 卒成之終 *擬=摸像擬比. *成=安民立政也(周書/謐法). 解怨結好也(周禮/調人).

처음에는 흡사한 象으로 비유하고, 끝내는 解怨結好(해원결호)로 마친다.

朱熹의 『周易本義』

質(질)은 괘의 실체를 가리킨다. 괘는 반드시 처음과 끝을 거론한 이후에야 체질을 이루고 爻는 오직 때와 사물일 뿐이다. 이는 初爻와 上爻 두 개의 爻를 말한 것이다.

質謂卦體. 卦必擧其始終 而後成體. 爻則唯其時物而已. 此言初上二爻.

茶山의 『周易四箋』

六爻가 변동하면, 비록 각각 爻마다 하나의 變卦를 이루지만, 자리는 높고 낮음이 있고 일은 비롯됨과 끝이 있기 마련이다. 그러므로 성인은 효사를 지음에 初爻와 上爻는 호응하는 象으로 擬制하여 解怨結好(해원결호)를 이루게 한다. 가령 初爻를 발[足]이라 하고 꼬리[尾]라 하면, 上爻는 반드시 머리가 되고 정수리가 된다. 또한 初爻가 잠김이 되고 가까움이 되면, 上爻는 어둡고 멀다고 한다. 배우는 자가 처음에 初爻를 보면 그 뜻을 통달하기 어려우나, 上爻에 이르면 날이 밝듯이 쉽게 알 수 있다. 初爻는 뿌리이고 上爻는 가지와 잎이기 때문이다.

六爻之變 雖各成一卦. 位有卑高 事有始終. 故聖人之撰爻詞 初爻上爻 有擬有成[a] 假如 初爻爲趾爲尾 必其上爻爲首爲頂. 又如 初爻爲潛爲近 至於上爻 爲冥爲遠(見諸卦). 學者始觀初爻 其義難通. 及至上爻 曉然易知. 初爻爲本 上爻爲末也.

---

[a]　成=解寃結好.

若夫雜物撰德 辨是與非 *撰=數也.

만약 잡다한 사물의 덕성을 헤아리고 시비를 분별하려면,

則非其中爻不備 *備=成也. 豐足也. *中爻=속에 있는 互卦를 가리킴.

卦의 가운데 있는 2·3·4·5位 사이의 互卦를 살피지 않으면 충분하지 못할 것이다.

噫 亦要存亡吉凶 則居可知矣 *要=察也. 求也.

오! 또한 존망과 길흉을 찾으려면 앉아서도 알 수 있을 것이니,

知者觀其彖辭 則思過半矣

知者라면 彖辭만 살펴보아도 과반은 알아차릴 수 있을 것이다.

朱熹의 『周易本義』

이는 괘의 중앙에 있는 네 개의 효를 말한다. '彖'은 한 괘의 여섯 개 爻를 통일적으로 논한 것이다.

此謂卦中四爻. 彖統論一卦六爻之體.

〈비교 · 평가를 위한 자료〉

① 孔穎達의 『正義』

공영달은 『正義』에서 말했다. 易의 서책은 과반이 도덕을 순수하게 갖춘 사려깊은 것이다. 이 7장은 易書(역서)의 재질과 그 작용을 밝힌 것이다.

正義曰 易之爲書至思[a]過半矣. 此七章明易書體用也.

茶山의 『周易四箋』

"中爻"는 2·3·4·5位 등 '卦의 속에 있는 네 개 爻의 변화'를 말한다. 이것들은 正體와 互體를 결합하기도 하며[交錯], 혹은 두 互體가 결합하여 새로운 괘를 만들기도 한다[兩互作卦]. 이처럼 物象(물상)이 거듭 변화하면 여러 物象이 다 일어난다. 이와 같이 八卦가 서로 뒤섞이는 것을 "八卦相盪(팔괘상탕)"이라고 말한다. 그러므로 易의 오묘한 운용은, 中爻가 아니면 갖추어지지 않는다.

中爻者 二三四五之變也. 至於中爻 則正體互體 卦象交錯. 又或兩互成卦 物情屢遷(泰之兩互爲歸妹. 否之兩互爲漸). 諸變悉起 八卦相盪. 故易之妙用 非中爻不備也.

---

[a]　思=道德純備(書經/堯典).

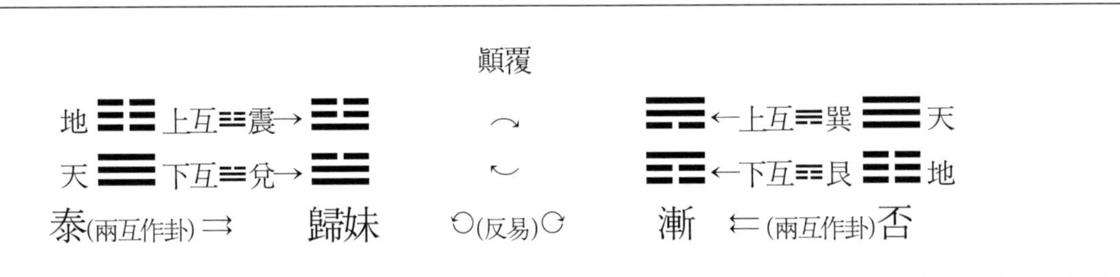

朱子께서 이르기를 "先儒(선유)들은 이 구절을 해석함에 互體說로 간주하였다. 互體說은 漢代 학자들이 많이 사용했으며 역시 폐기할 수 없다"고 말했다.

朱子曰 先儒解此 多以爲互體. 又曰 互體說 漢儒多用之.亦不可廢(胡炳文 洪邁 吳澄 並解之爲互體).

살피건대 荀九家들과 諸家들의 易說에서 互體를 논했는데, 王弼이 불쑥 나타나서 그것을 폐기했다. 이는 당시 何晏(190-249)·王弼 등 魏晉[曹操와 司馬懿의 나라]의 玄學家들이 권력을 농단하고 있었는데, 鍾會(225-264)가 『周易無互體說』(주역무호체설)을 지어 漢儒들을 비난하자, 덜떨어진 王弼이 잽싸게 이를 신복하고 따랐던 것이다. 만일 朱子가 거듭 밝히지 않았다면 互體說은 거의 잊혀져 사라졌을 것이다. 다만 『繫辭傳』의 이 구절은 中爻의 변동 일반을 말한 것이지 互體만을 논한 것은 아니다.

案九家諸易 皆論互體. 王弼獨起而廢之. 蓋以當時 鍾會著無互卦論 以譏漢儒. 而王弼儱侗[a] 遂遽信從耳. 苟非朱子重闡斯文 互體之說 幾乎熄矣. 雖然 此節乃指 中四爻之變動 非專論互體也.

彖詞(단사)는 根本을 세우기 위한 것이다. 근본을 세운 후에야 變卦가 따를 곳이 있다. 그러므로 여섯 爻의 변화는 모두 본래의 象에 의거하여 변화한다. 그러니 본래의 象을 모르고 어찌 변화를 알 수 있겠는가? 그러므로 彖辭의 뜻을 알면 爻辭에서 말한 변화도 쉽게 이해될 것이다.

彖所以立本也. 本立而後 變有所因也. 故六爻之變 皆自本象而變. 不知本象 何以察變. 故彖詞之義旣通 則爻詞之說其變者 亦迎刃而解矣.

이 여 사 동 공 이 이 위 기 선 부 동
二與四 同功而異位 其善不同

2효와 4효는 공적은 같으나 지위가 다르므로 그 善함이 같지 않다.

이 다 예 사 다 구 근 야
二多譽 四多懼 近也

二爻는 영예롭고 4爻는 위태롭다함은 군주의 자리[5효]와 가깝기 때문이다.

---

a 儱侗(롱동)=未成器.

柔之爲道 不利遠者

柔然(유연)한 陰의 다스리는 도리는 高遠(고원)한 것을 이롭다 하지 않고,

其要无咎 其用柔中也 *要=求也

그 求함이 허물이 없는 것은, 그 작용이 柔然하고 中位이기 때문이다.

朱熹의『周易本義』

이는 괘의 중앙에 있는 네 개의 爻를 말한다. 공덕이 같다 함은 모두 陰의 자리임을 말하며, 자리가 다르다 함은 멀고 가까움이 다르다는 것이다. 四爻(4효)는 군주에 가까우므로 위험이 많고, 유약한 陰은 멀리 떨어져 불리한데도 二爻는 영예가 많음은 유약한 爻가 中位를 얻었기 때문이다.

此以下論中爻. 同功謂皆陰位 異位謂遠近不同. 四近君故多懼. 柔不利遠 而二多譽者 以其柔中也.

茶山의『周易四箋』

(위의 본문에서) "가깝다(近)"는 것은 낮은 자리이며, "高遠하다(遠)"는 것은 높은 자리이다. 제2位와 제4位는 다같이 柔한 자리지만 그 지위가 같지 않다(2位는 民位, 4位는 大臣位이다) 제2위가 허다히 영예롭다는 것은 民의 자리에서 알맞게 낮추고 친근하기 때문이다.

近者卑位也 遠者尊位也. 二四同柔 而其位不同(二民位 四大臣位). 二之多譽 以其卑近也.

三與五 同功而異位

3효와 5효는 공적은 같으나 앉은 자리가 다르므로,

三多凶 五多功 貴賤之等也

다분히 3효는 흉하고 5효에 功이 있음은 貴賤(귀천)의 차등 때문이다.

其柔危 其剛勝耶 *勝=克也. 能也. 盛也.

유약한 陰이 자리하면 위태롭고, 剛한 陽이 자리하면 융성할 것이다.

朱熹의『周易本義』

3효와 5효는 똑같이 剛陽의 자리이지만 귀천이 같지 않다. 그러나 유약한 陰이 자리하면 위태롭고 오직 강건한 陽爻만이 이겨낼 수 있다.

三五同陽位 而貴賤不同. 然以柔居之則危 唯剛則能勝之.

剛陽의 다스리는 도리는 高遠한 것을 이롭다 한다. 5효가 공적이 많은 것은 그 자리가 尊貴하기 때문
이다. 柔陰이 3位에 앉으면 위험이 더욱 심하고, 剛陽(강양)이 3位에 앉으면 오히려 그보다는 낫다.

剛之爲道 利於遠者(利居尊) 五之多功 以其貴也. 以柔居三(陰居陽) 其危益甚(易例謂之厲). 以剛居三 猶勝於
彼也.

제10장

역 지 위 서 야　광 대 실 비
易之爲書也 廣大悉備

易이란 책은 넓고 커서 다 구비되었으니,

유 천 도 언　유 인 도 언　유 지 도 언
有天道焉 有人道焉 有地道焉

天道가 있고 人道가 있고 地道가 있다.

겸 삼 재 이　양 지 고 육
兼三才而 兩之故六

天地人의 三才를 아울렀으니 이를 둘로 겹치면 6位가 된다.

육 자 비 타 야　삼 재 지 도 야
六者非他也 三才之道也

그러므로 6位란 다른 것이 아니라 天地人 三才의 道이다.

朱熹의 『周易本義』

3획이 이미 갖추어져 이루어진 三才를 중첩하면 6획이 된다. 위로 두 개의 효는 하늘이라 하고, 중앙의 두 개의 효는 사람이라 하고, 아래로 두 개의 효는 땅이라 한다.

三畫已具 三才重之 故六. 而以上二爻爲天 中二爻爲人 下二爻爲地.

茶山의 『周易四箋』

이것을 6획의 重卦라 하면 天地人 三才가 두 번 이루어진 것이며, 이것을 二才라 하면 2획씩 묶어 세 번 중첩함으로써 三才를 이룬다.

以重卦則 三之兩成也. 以三才則 兩之三疊也(三才各二畫).

도 유 변 동　고 왈 효
道有變動 故曰爻

道는 변화와 운동이 있으니, 이를 爻라 말하고,

효 유 등　고 왈 물
爻有等 故曰物 *物=色也. 相也.

爻에는 遠近貴賤의 等差(등차)가 있으니 物相[사물의 형질]이라 말하고,

물 상 잡　고 왈 문
物相雜 故曰文

物象(물상)은 剛柔의 자리로 섞이니 이를 무늬[文]라 말하고,

그

文不當 故吉凶生焉

무늬는 마땅치 않게 자리 잡기도 하므로 길흉이 생긴다.

朱熹의 『周易本義』

"道에 변동이 있다(道有變動)"는, '卦가 한 몸'임을 말한다. "等"은, 원근 귀천의 차등을 말한다. "相雜"은, 剛의 자리와 柔의 자리가 갈마들며 섞이는 것이다. "不當"은, 효의 자리가 마땅치 않음이다.

道有變動 謂卦之一體. 等謂遠近貴賤之差. 相雜謂剛柔之位相間 不當謂爻不當位.

제11장

역 지 흥 야　기 당 은 지 말 세　주 지 성 덕 야
易之興也 其當殷之末世 周之盛德耶

易이 일어난 것은 殷의 말세와 周의 덕이 성해가던 시기에 해당하며,

당 문 왕 여 주 지 사 야
當文王與紂之事耶 *當=應也.

周나라의 文王과 殷나라 紂王(주왕)의 정사에 해당할 것이니,

시 고 기 사 위
是故其辭危

이런 까닭으로 文王의 繫辭는 위태롭다.

위 자 사 평　이 자 사 경
危者使平 易者使傾 *平=治也. 和也. 安定亂事也. *易=平也. 輕也. 無守禦之備也.

이에 易은 위태로운 것을 안정시키고, 安易한 자는 기울게 하니.

기 도 심 대　백 물 불 폐
其道甚大 百物不廢

그 道는 심히 커서 온갖 사물을 폐하지 않고,

구 이 종 시　기 요 무 구
懼以終始 其要无咎

끝과 처음을 戒愼恐懼(계신공구)하여 허물이 없기를 바란다.

차 지 위 역 지 도 야
此之謂易之道也

이를 일러 易의 道라고 말하는 것이다.

朱熹의 『周易本義』 ____

위태롭고 두려워하는 者가 평안을 얻고, 태만하고 안이한 者가 반드시 기울고 엎어지는 것이 易의 道이다.

危懼故得平安. 慢易則必傾覆 易之道也.

〈비교 · 평가를 위한 자료〉

① 楊萬里의 『誠齋易傳』

남송의 楊萬里(1124-1206)는 말했다. 앞서 말하기를 易은 中古에 일어났는데 당시에 우환 속에서 만들어졌으니, 공자의 뜻은 이미 文王 편에 있었다고 한다. 나는 이 말에 불만이다. 그런데 또한 이 글에서도 분명히 말하기를 易은 殷나라 말세에 周나라의 덕이 성할 때 일어났다고 했다. 이 말 역시 불만이다. 또 이름을 지목하여 문왕과 주왕이 패권다툼을 할 때의 일이라고 한다. 그런데 도리어 추호의 숨긴

뜻이 없다고 한다. 오! 하루아침에 굴기할 수 있는 천재일우의 요행을 만났으나 일가의 *私心*이 천하의 *公心*을 없애지 못했다는 말이다. 文王이 紂王을 만나지 않고 중니를 만났다면 공자에게는 천재일우의 요행이 아닌가? 紂는 殷나라 왕이고 공자는 周나라 사람이다. 그런데 공자는 殷나라를 말세라고 폄하하고 周나라의 덕이 盛하다고 기린다. 紂의 이름을 불러도 거리낌이 없고 文王을 王으로 칭찬하는 것으로 그치지 않는다. 그것이 진실로 一家에 대한 *私心*으로 천하의 *公心*을 없앤 것이 아니란 말인가? 위대한 文王의 성스러움인가? 위대한 공자의 *公心*인가?

誠齋楊氏曰 前言易興於中古 作於憂患. 仲尼之意 已屬之文王矣. 以爲未足也. 此章又明言 易興於殷之末世 周之盛德. 猶以爲未足也. 又指而名之曰 當文王與紂之事. 則无復秋毫隱情矣. 嗟夫 千載之屈 有幸逢一朝之伸. 一家之私 有不沒天下之公. 文王无遇於紂 而有遇於仲尼. 其千載之屈 有幸逢一朝之伸歟. 紂殷王也 仲尼殷後也. 而仲尼貶殷爲末世. 襃周爲盛德. 指紂之名而不諱 稱文王之王而不抑. 其不以一家之私 沒天下之公歟. 大哉文王之聖歟 大哉仲尼之公歟.

② 胡一桂의『周易本義 附錄纂疏』

胡一桂[宋元 교체기의 易學者]는 말했다. 孔子는 원래부터 易의 저자가 伏羲임을 분명하게 지목했고, 易이 일어난 것은 文王 때임을 분명하게 지목했다. 그리고 卦를 그리면서도 이런 사정 때문에 거듭 위태로움을 말했으니 만세의 日月이라고 할만하다. 다만 공자는 유독 짧게 한마디 말씀으로 周公의 효사를 따르고 있으니 애석한 일이다.

雙湖胡氏曰 夫子原易之作明指伏羲. 原易之興明指文王. 曰 畫卦因重辭危 可謂萬歲之日月. 獨少一言以及周公之爻. 惜哉.

제12장

夫乾 天下之至健也
^{부 건 천 하 지 지 건 야}

대저 乾은 천하의 지극히 강건함이니,

德行恒易 以知險
^{덕 행 항 이 이 지 험}

덕을 행함에 항상 平易하여 이로써 위험을 깨닫게 하고,

夫坤 天下之至順也
^{부 곤 천 하 지 지 순 야}

坤은 천하의 지극한 유순함이니,

德行恒簡 以知阻 *阻=小難也.
^{덕 행 항 간 이 지 조}

덕을 행함에 항상 간략하여 이로써 간난을 깨닫게 한다.

能說諸心 能研諸(侯之)慮 *研=窮究也. 審也. *侯之=(衍文)
^{능 열 저 심 능 연 저 려}

능히 人心으로 열복시키고 능히 사려로써 窮究하여,

定天下之吉凶 成天下之亹亹者 *亹=勉也. *成=就也.
^{정 천 하 지 길 흉 성 천 하 지 미 미 자}

천하의 길흉을 판정하고, 천하가 권면한 것을 성취한다.

朱熹의 『周易本義』

지극히 강건하면 행함에 어려움이 없으므로 쉽고, 지극히 유순하면 행함에 번잡하지 않으므로 간편하다. 그러나 일을 할 때는 모두가 어려움을 알고 쉽게 조처하지 않는다. 그래서 만약 우환이 있으면 강건한 자는 높은데서 아래로 임하여 그 험함을 알고, 유순한 자는 낮은데서 위로 달려가며 그 막힘을 안다. 대개 쉽게 하면서도 위험을 알면 위험에 빠지지 않고, 이미 간편하면서도 또 막힘을 알면 곤경을 당하지 않는다. 위태롭게 여기고 두려워할 수 있다면, 내가 쉽게 기울어지는 폐단이 없다.

至健則所行無難 故易. 至順則所行不繁故簡. 然其於事 皆有 以知其難 而不敢易以處之也. 是以若有憂患 則 健者如自高臨下 而知其險. 順者如自下趨上 而知其阻. 蓋雖易而 能知險則 不陷於險矣. 旣簡而又知阻則 不困於阻矣. 所以能危能懼 而无易吾之傾也.

'侯之' 두 글자는 필요 없이 덧붙여진 衍文(연문)이다. '마음으로 열복시킨다(說諸心)'는, 마음과 이치가 회통하는 것이니 乾의 일이다. '사려로써 궁구한다(研諸慮)'는, 도리를 따라 사려하여 살핀다는 것이니 坤의 일이다. 마음으로 열복시키므로 천하의 길흉을 판정하고, 사려로써 살피므로 천하의 권면함을 이룬다.

侯之二字衍. 說諸心者 心與理會 乾之事也. 研諸慮者 理因慮審 坤之事也. 說諸心 故有以定吉凶. 研諸慮 故有以成亹亹.

是故 ^{시고} 變化云爲 ^{변화운위} 吉事有祥 ^{길사유상} *云 = '雲[구름]'의 古字. 芸[盛貌]와 통용됨. *爲=行也. 治也. 施也.

이런 고로 변화는 베풂을 성대히 하고 吉한 일에는 상서로움이 있다.

象事知器 ^{상사지기} 占事知來 ^{점사지래} *知=諭也.

사물을 형상하여 그릇을 알고, 사물을 점쳐 미래를 안다.

朱熹의 『周易本義』

變化는 성대한 운행이므로 사물을 형상하여 그릇을 알고, 吉한 일에 상서로움이 있으므로 사물을 점쳐 미래를 안다.

變化云爲 故象事可以知器. 吉事有祥 故占事可以知來.

天地設位 ^{천지설위} 聖人成能 ^{성인성능} *能=勝任也. 善也.

괘를 그려 천지가 제자리를 잡으니 성인이 安民立政(안민입정)할 수 있고,

人謀鬼謀 ^{인모귀모} 百姓與能 ^{백성여능}

사람과 귀신이 함께 꾀하니 백성이 더불어 함께할 수 있다.

『二程文集』

하늘과 땅이 자리를 잡으니, 성인이 安民立政할 수 있다. 또한 성인이 天地 가운데서 운행하니, 이른바 天地人 三才라 한다. 하늘과 땅은 본래 하나이니 땅 또한 하늘이다. 다만 사람은 천지의 마음이 되니 마음이 움직이면 나뉘어져 하늘은 위라 하고 땅은 아래라 한다. 三才를 두 번 아우르므로 6효가 된다.

天地設位 聖人成能 且行乎天地之中 所以爲三才. 天地本一物也 地亦天也. 只是人爲天地心. 是心之動則 分了天爲上地爲下. 兼三才而兩之 故六也.

朱熹의 『周易本義』

하늘과 땅이 자리를 잡으니, 성인이 易을 지어 이로써 공덕을 이룬다. 이것을 사람이 꾀하고 귀신이 꾀하니, 비록 민중은 어리석으나 모두가 성인의 능력에 참여할 수 있다.

天地設位 而聖人作易 以成其功. 於是人謀鬼謀 雖百姓之愚 皆得以與其能.

^{팔 괘 이 상 고　효 단 이 정 언}
八卦以象告 爻彖以情言

八卦는 형상으로 알려주고, 爻辭(효사)와 彖辭(단사)는 실정으로 말해주고,

^{강 유 잡 거　이 길 흉 가 견 의}
剛柔雜居 而吉凶可見矣

강건함과 유약함이 섞여 앉았으니 길흉을 보여줄 수 있다.

朱熹의『周易本義』

"象"은 괘의 획을 말하는 것이고, "爻象"은 卦辭와 爻辭를 이르는 것이다.

象謂卦畫 爻象 謂卦爻辭.

茶山의『周易四箋』

"象"은『說卦傳』에서 말한 物象이며, "情"은 변동에서 생기는 실정이다.

象者 說卦之物象也. 情者 變動之所生也.

朱子께서 말했다. 王弼(왕필)은『周易略例』에서 '그 뜻이 진실로 剛健함에 상응한다면 하필 乾만이 말[馬]이겠는가? 爻가 참으로 유순함에 부합한다면 하필 坤만을 소[牛]라고 하겠는가?'라고 말했다. 그런데 그 의미를 따져보면 이는 곧 주역에서 象을 취함이 古例가 없고 단지『詩經』의 比·興이나『孟子』의 비유와 같은 것이 될 뿐이다. 만약 그렇다면『說卦傳』을 지은 것이 주역과 무관하게 되고,『繫辭傳』의 "가까이는 몸에서 취하고 멀리는 사물에서 취한다(近取諸身 遠取諸物)"는 말도 또한 쓸데없는 군소리가 될 뿐이다.

朱子曰 王弼以爲 義苟應健. 何必乾乃爲馬. 爻苟合順 何必坤乃爲牛(見略例). 觀其意 直以易之取象 無所自來. 但如詩之比興 孟子之譬喻而已. 如此則 是說卦之作 爲无與於易. 而近取諸身 遠取諸物 亦膽語矣.

살피건대 주자가 왕필을 비판한 말씀은 엄정하다. 12辟卦가 推移하지 않으면 物象이 부합하지 않고, 6爻가 변하지 않는다면 物象이 부합하지 않고, 互體를 활용하지 않으면 物象이 부합하지 않는다. 漢代의 荀九家(순구가)의 易說(역설)에서는 6爻가 변하지 않으니 비록 나머지 여러 방법을 갖추었으나 物象이 부합하지 않는다. 王弼과 韓康伯(한강백) 또한『說卦傳』의 物象을 따르지 않고, 老壯의 玄義(현의)를 전폭적으로 채용했으므로, 주역을 해석하는 여러 방법들이 모두 폐기되었고,『說卦傳』의 物象도 또한 수용되지 않게 되었다.

案 朱子之說嚴矣. 大抵 十辟[a]不推 則物象不合 六爻不變 則物象不合. 互體不用 則物象不合. 而九家之易 六爻不變 故諸法雖備 而物象不合. 於是 王輔嗣韓康伯 不以物象. 而全用老莊之旨 諸法悉廢 而說卦亦不收矣.

---

a　十辟은 十二辟의 착오.

변동이리언 길흉이정천
變動以利言 吉凶以情遷 *遷=移也. 變易也.

變動은 利로써 말하고, 길흉은 情으로 옮겨진다.

시고 애오상공 이길흉생
是故 愛惡相攻 而吉凶生

이런 고로 사랑과 미움으로 서로 공방하여 吉凶이 생기고,

원근상취 이회린생
遠近相取 而悔吝生 *悔=恨也. 咎也. *吝=恨惜也. 恥也.

멀고 가까운 것을 서로 취하여 悔吝(회린)이 생기며,

정위상감 이이해생
情僞相感 而利害生

실정과 허위가 서로 감응하여 利害가 생긴다.

범역지정 근이불상득
凡易之情 近而不相得 *得=知也. 足也. 相親悅也. 感恩也.

무릇 易의 마음은 가까워지면서도 이해하지 못하면,

즉흉혹해지 회차린
則凶或害之 悔且吝

흉하거나 해치며, 탓하거나 한탄한다.

朱熹의 『周易本義』 ____

"不相得[이해하지 못함. 마음을 얻지 못함]"은, 서로 싫어함을 말한다. 흉함·해침·후회·인색은 모두 이로 말미암아 생긴다.

不相得 謂相惡也. 凶害悔吝 皆由此生.

茶山의 『周易四箋』 ____

12개의 辟卦가 推移하지 않으면 吉凶이 생겨날 곳이 없고, 6爻가 변화하지 않으면 悔吝이 생겨날 곳이 없다. 무엇으로 易을 말할 것인가?

十辟[a]不推則 吉凶無所生. 六爻不變則 悔吝無所生矣. 何以云易.

장반자 기사참
將叛者 其辭慙

장차 배반할 者는 그 말이 부끄럽고,

____

a   十辟은 十二辟의 착오.

中心疑者 其辭枝 *枝＝兩枝也.

마음으로 의혹하는 자는 그 말이 갈라지고,

吉人之辭寡 躁人之辭多

吉한 사람의 말은 말 수가 적고, 조급한 사람의 말은 수다스럽고,

誣善之人其辭游 *游＝放縱也.

善人을 무고하는 사람은 그 말이 방종하고,

失其守者其辭屈

守節(수절)을 잃은 사람은 그 말이 비굴하다.

朱熹의『周易本義』

괘와 효에 붙인 말씀도 이와 같다.

卦爻之辭 亦猶是也.

〈비교·평가를 위한 자료〉

① **孔穎達의『正義』**

대저 乾은 천하에 말씀을 窮盡(궁진)하게 한다. 이는 제9장으로 여기에서 下卷 終篇이 끝난다. 易道의 아름다움을 다 밝히되, 아울러 易道의 愛憎·攻防[공격과 방어]·情僞[실정과 허위]·相感에서 吉凶·悔吝이 생기는 것을 밝혔다. 다만 人情이 같지 않으므로, 마름질한 말씀이 각각 다르다.[a]

夫乾天下之其辭屈 此第九章. 自此已下終篇末 總明易道之美. 兼明易道 愛惡相攻 情僞相感 吉凶悔吝 由此而生. 人情不等制辭各異也.

---

a　편역자 주: 孔穎達(공영달)은『繫辭傳』(下)가 제9章으로 끝난다고 말했는데, 本書는 永樂帝本의 편제에 맞춰『繫辭傳』의 (上)·(下)篇을 동일하게 12개의 章으로 편집했다.

3. 說卦傳(설괘전)

茶山의 『周易四箋』

漢나라의 史書에 이르기를 "진시황의 焚書(분서) 이후 周易이 없어졌는데, 「說卦」 세편을 漢 나라의 宣帝 때 河內의 한 여인이 낡은 집을 허물다가 발견했다"고 한다. (後漢書에 의하면 房宏 등은 이를 宣帝 泰和元年 때의 일이라고 한다)[a] 王充(왕충)은 그의 『論衡』에서 "孝宣帝 때에 河內의 여인이 낡은 집을 해체하다가 일실되었던 『易』·『禮』·『尙書』 각 1편을 발견하여 조정에 바쳤는데 宣帝는 박사에게 내려 보내 조사하도록 했다. 그 이후 『易』·『禮』·『尙書』가 각각 1편씩 증가되었다"고 말하고 있다. 그런데 그것이 세 편 혹은 한 편이라고 하여 그 편수가 명확하지 않고 혹은 「序卦」·「雜卦」를 포함하여 세 편이라고 한다. 吳幼淸(오유청)이 이르기를 "「說卦」는 공자 이전부터 있었던 글이다. 아마 『八索』과 같은 책을 공자께서 加筆刪定(가필산정)하여 『說卦傳(설괘전)』을 만들었을 것"이라고 말했다. 이치로는 그럴 듯하다.

漢史云 秦火之後 易亡. 說卦三篇 至宣帝時 河內女子 伐老屋得之(後漢書 房宏 等 以爲宣帝泰和元年事). 王充論衡云 孝宣之時 河內女子 發老屋 得逸易禮尙書各一篇. 奏之 宣帝 下示博士. 然後易禮尙書 各益一篇(隋書經籍志亦云) 但其或三或一. 篇數不明. 或云並序卦雜卦爲三篇. 吳幼淸云 說卦自昔有之. 如八索[b]之書 而夫子筆削之. 於理亦然.

易詞에서 象을 취한 것은 모두 『설괘전』에 근거한 것이다. 그러므로 『설괘전』을 읽지 않는 것은 곧 易詞의 한 글자도 이해할 수 없다는 뜻이니, 열쇠를 버리고 잠긴 문을 열려고 하는 것처럼 어리석기 그지없는 짓이다. 특히 漢儒들은 주역을 담론하면서 六爻의 변동을 알지 못하였으므로 龍(용)에 다가가서 牛[소]를 찾고, 雞[닭]을 잡고서도 馬[말]인가 의심하니, 우원하거나 천착할 뿐 하나같이 불합치한 곳으로 빠진다.

그러기에 王弼(왕필)같은 자가 나타나서 "爻가 진실로 유순함에 부합한다면 하필 坤을 牛라고 할 것이 무엇이며, 뜻이 진실로 강건함에 부응한다면 하필 乾을 馬라고 할 것이 무엇인가?"라고 호령하며 『설괘전』을 배격하고 쓰지 않으니 『주역』은 급기야 망하게 되었다.

아! 한스럽구나! 六爻(육효)가 이미 변했으면, 문자를 보고 象을 찾았다면, 얼음이 녹듯이 의문이 풀려 바로 이치가 따를 것인데, 어찌 歐陽脩(구양수) 같은 무리들이 "『說卦傳』이 孔子의 글이 아니다"고 억지

---

a   그러나 경북대 方仁 교수의 『譯註周易四箋』 8권(소명출판)에서 '宣帝 때는 泰和라는 年號가 없고 『後漢書』에서도 그런 구절을 확인할 수 없다'고 한다

b   편역자 주: 『春秋左傳』 「昭公12年」(B.C. 530):
左史倚相趨過 王曰 是良史也. 子善視之 是能讀三墳 五典 八索 九丘. 〈楚나라의 左史(좌사) 倚相(의상)이 그들 앞을 달려서 지나가자, 楚나라 王이 말하기를 "저 사람은 좋은 史官이니, 그대는 잘 보아두시오. 그는 『三墳』·『五典』·『八索』·『九丘』 등의 옛 책을 잘 읽을 수 있소"라고 하였다.〉
『三墳』은 三皇 시대의 기록이고, 『五典』은 五帝 시대의 기록이고, 『八索』은 八卦에 대해 쓴 것이고, 『九丘』는 洪範九疇에 관한 책이라 한다.

를 부리면서 그처럼 망령을 떨었단 말인가?

이에 여기에서 經文을 취하여[a] 간략하게 주석을 달았고, 荀九家(순구가)들의 新說은 바른 것도 있고 그른 것도 있으니 하나하나 좇아서 정정하였다. 또한 易詞에 근거가 있는 것을 취해서 요약하여 보충해 넣었다.

易詞取象 皆本說卦. 不讀說卦 卽一字不可解. 棄鑰匙而求啓門 愚之甚矣. 特以漢儒談易 不知六爻之變(不知乾之姤) 卽龍求牛 執雞疑馬 迂回穿鑿 一往不合. 故有王弼者 起而號曰 爻苟合順 何必坤乃爲牛 義苟應健 何必乾乃爲馬(又云 案文責卦 有馬無乾 則僞說滋漫). 於是 說卦擯不用 而易遂以亡矣. 嗟乎 六爻旣變 臨文求象 則渙然氷釋 怡然理順. 而歐陽修輩 謂非夫子之書 何其妄矣. 玆取經文 約略箋釋. 至如九家新說 有正有謬 逐一訂定. 又取易詞之有據者 略爲之補入焉.

---

a   편역자는 經文을 아래와 같이 글 상자 안에 넣음으로써, 經文과 經文이 아닌 것[經文에 대한 해설문 등]을 구분한다.

제1장

석 자 성 인 지 작 역 야
昔者 聖人之作易也

옛 성인께서 주역을 지었으니,

유 찬 어 신 명 이 생 시
幽贊於神明 而生蓍 *幽=隱也. 深也. *贊=見也. 引導也. 明白也.

은밀하게 神明의 인도를 받아 蓍草로 점치는 법을 고안해냈다.

『二程文集』

程子 왈, 은밀하게 神明(신명)의 인도를 받아 蓍草(시초) 占法을 낳았다 함은, 시초를 써서 卦를 求했다는 말일뿐, 시초가 있은 연후에 괘를 그렸다는 말이 아니다.

幽贊於神明 而生蓍 用蓍以求卦 非謂有蓍而後畫卦.

朱熹의 『周易本義』

'은밀하게 신명의 도움을 받는다' 함은 化育을 돕는다는 말과 같다. 『史記』 「龜策列傳」(구책열전)에서 이르기를 "천하가 화평함에 王道를 얻으니, 蓍草(시초)의 줄기가 한 길로 자랐고 그 떨기가 백 줄기로 가득하다"고 말했다.

幽贊神明 猶言贊化育. 龜策傳曰 天下和平 王道得而 蓍莖長丈 其叢生滿百莖.

茶山의 『周易四箋』

"生蓍[시초를 일으켰다]"는, 蓍策을 셈하여 점치는 법을 만들어냈다는 뜻이다. "蓍"는 쑥과에 속하는 풀이다. 『詩經』 「國風」에서 이르기를 "차가운 샘물이 흘러내려 한 털기 시초를 적신다"고 했으며, 陸機(육기)가 『詩疏』에서 주석하기를 "쑥과 흡사하고 청색으로 무리지어 자란다"고 했으니 특별히 신기한 풀이 아니다. 鄭玄(정현)이 주역의 여러 緯書(위서)를 편집한 『易緯(역위)』에 나오는 여러 가설은 모두 과장되고 허황된 것이라 믿을 수 없다.

生蓍 謂建立蓍筴之法也. 蓍者蕭蒿之屬. 國風云 冽彼下泉 浸彼苞蓍(朱子注云蓍筮草). 陸機詩疏曰 似藾蕭 青色科生(本草注云 其生如蒿 高五六尺 一本多者 至三五十莖) 殊非靈異之草也. 易緯諸說 皆夸誕不可信.

參天兩地 而倚數 *倚=依也. 立也.
_{삼 천 양 지 이 의 수}

三은 天數로, 二는 地數로 삼아 이를 따라 셈한다.

朱熹의 『周易本義』

하늘은 둥글고 땅은 모난다. 둥근 것은 하나의 지름을 세 번 둘러싼다. 3은 각각 하나의 홀수이므로 天을 3으로 셈한다. 모난 것은 하나의 변을 네 번 둘러싼다. 4는 2짝을 합한 것이므로 地를 2로 셈한다. 이처럼 易의 數理는 모두 天數는 모두 3으로 계산하고 地數는 모두 2로 계산하는 "三天兩地"를 의탁하여 일으킨 것이다.

그러므로 시초를 4개씩 덜어냄을 3번[세 번]하고 그 나머지 시초가 3번 모두 天數[홀수]이면 天數 3×3번=9이니 老陽이고, 3번 모두 地數[짝수]이면 地數 2×3번=6이니 老陰이며, 2번[두 번]은 地數[2를 적용]이고 1번[한 번]은 天數[3을 적용]이면 (2×2번)+(3×1번)=7이니 少陽이며, 2번은 天數[3을 적용]이고 1번은 地數[2를 적용]이면 (3×2번)+(2×1번)=8이니 少陰이라 한다.

天圓地方. 圓者一而圍三 三各一奇. 故參天而爲三. 方者一而圍四 四合二偶. 故兩地而爲二. 數皆倚此而起. 故揲蓍三變之末 其餘三奇則 三三而九. 三偶則 三二而六. 兩二一三則爲七. 兩三一二則爲八.

茶山의 『周易四箋』

天數(1, 3, 5, 7, 9)도 5[다섯] 개요, 地數(2, 4, 6, 8, 10)도 5개이다. 蓍策을 4개씩 덜어서 나머지 蓍策이 天數(1, 3, 5, 7, 9)를 얻은 경우는 모두 3을 적용하고, 地數(2, 4, 6, 8.10)를 얻은 경우에는 모두 2를 적용하니, 이를 "三天兩地"라고 말하는 것이다. 이렇게 하는 것은 어째서인가? 陰畫ᅳᅳ은 중앙이 단절되어 陽畫ᅳ의 3분의 2를 얻은 것이므로 陽畫ᅳ을 3으로 보고, 陰畫ᅳᅳ을 2로 보아, 이처럼 "三天兩地"로 數를 制定한 것이다.

天數五(一三五七九) 地水五(二四六八十). 而揲蓍掛一之策(法見前) 凡得天數者 雖一五七九 皆作三用(參天也). 凡得地數者 雖四六八十 皆作二用(兩地也), 此之謂 參天兩地也. 若是者何也. ᅳᅳ畫中斷 比之陽畫 適得三分之二(說見前). 故制其數如是也.

3차례의 揲蓍(설시)를 마친 결과, 한 번 天數를 얻고 두 번 地數를 얻으면[參天+(兩地×2)=7] 少陽인 七이 되며, 한 번 地數를 얻고 두 번 天數를 얻으면[兩地+(參天×2)=8] 少陰인 八이 되며, 세 번 모두 天數를 얻으면[參天×3번=9] 老陽九가 되고, 세 번 모두 地數를 얻으면[兩地×3번=6] 老陰六이 된다. 天과 地, 陰과 陽은 한 순간이라도 없을 수 없으므로 純陽이면 변하여 陰이 되고, 純陰이면 변하여 陽이 된다. 이것은 불변의 자연법칙인 것이다.

及旣三揲之後(三撰得一畫) 一得天 再得地者 爲少陽七(天三而地四). 一得地 再得天者 爲少陰八(地二而天六). 三撰皆天者 爲老陽九(三三也). 三撰皆地者 爲老陰六(二三也). 天地陰陽 不能缺一 故純陽則變陰 純陰則變

陽. 此自然之理也.

"倚"는 '의지한다' · '따른다'는 뜻이다. 1 · 5 · 7 · 9의 奇數는 바로 3이 된다는 것이 아니라 奇數의 기본인 3으로 의제하여 의탁한다는 뜻이다. 4 · 6 · 8 · 10의 偶數는 바로 2가 된다는 것이 아니라 偶數의 기본인 2로 의제하여 의탁한다는 뜻이다.

倚者 依也因也(又循也). 一五七九 非直三數也. 倚於三者也. 四六八十 非直二數也 倚於二者也.

관 변 어 음 양 　 이 입 괘
觀變於陰陽 而立卦
음양의 변화를 관찰하여 卦를 세우고,

발 휘 어 강 유 　 이 생 효
發揮於剛柔 而生爻
剛柔(강유)를 발휘하여 六爻로 생겨나게 한다.

茶山의 『周易四箋』

"陰陽"이란 시책의 數가 홀수인가 짝수인가를 관찰한다는 뜻이다. 홀수가 많으면 陰爻가 되고 짝수가 많으면 陽爻가 되니 이것은 변화를 본 것이다.

陰陽者 著數之奇偶也. 奇多則爲陰(再得天) 偶多則爲陽(再得地) 此觀變也.(奇偶互相變)

"剛柔"란 괘의 畫이 연결된 것인가 끊어진 것인가로 분별한 것이다. 같은 剛畫이라도 9는 변하고 7은 변하지 않으며, 같은 柔畫이라도 6은 변하고 8은 변하지 않으며, 같은 純陽 順陰의 획이라도 萬개의 著策 중에서 발기하여 드러나지 않으면 비록 자리를 옮긴다 해도 변하지 않는다. 공자는 이를 "剛柔(강유)를 발휘한 이후에야 하나의 爻가 생겨난다"고 말했다. "發"은 發起의 뜻이고 "揮"는 奮發의 뜻이니, "여러 著策이 고무되면 반드시 하나의 爻가 여러 畫 중에서 분기한다"는 뜻이다.

剛柔者 卦畫之連絶也. 同是剛畫 而九與七不同(七不變). 同是柔畫 而六與八不同(八不變). 同是純畫 而不見發於萬數之策 則雖動不變(法詳著卦解). 此發揮剛柔而後 一爻乃生也(卦變謂之爻). 發起也 揮奮也. 謂以萬數之策 鼓之舞之 則必有一爻 奮起於諸畫之中者也.

이제 이 문장을 상론하자면, 포희씨가 괘를 그릴 처음에는 본래 爻란 이름이 없었다. 다만 점치는 자가 시책을 4撰하며 점을 치자 그 후부터 純陽(순양)인 九와 純陰(순음)인 六은 變하는 것이 자연의 이치에 맞는 것을 알고 나서부터 그 畫를 爻라고 이름 붙인 것임을 확인할 수 있다.

今詳此文 則庖犧畫卦之初 本無爻名(不名爻). 唯筮人撲著之後 以純陽九 純陰六者 名之曰爻.

和順^화於^순道^어德^도 而^이理^리於^어義^의

易은 도덕으로 화순하게 하고, 義로써 다스리며,

窮^궁理^리盡^진性^성 以^이至^지於^어命^명

조리를 궁구하고, 天性을 다함으로써 하늘의 召命에 이르게 한다.

『二程文集』

도덕에 화응하여 따르는 것이 體라면, 義에 의거하여 다스리는 것은 用이다.

和順於道德 而理於義者 體用也.

"和順於道德 而理於義"를 보면 義가 곧 天道이니, 주역에서 말한 '理於義'와 한가지이다. 옳음을 구하는 것이 곧 義에 의거해 다스리는 것이다. 굳이 '理義[義로써 다스림]'라고 말한 것은, 求是[옳음을 추구함]라 말하는 것보다 쉽게 깨우칠 정도는 아니지만, 옳음을 추구하는 마음을 잠시라도 잊지 않아야만 '理와 義'임을 강조하기 위해서이다. 여기에서 말하는 "理"는, 사람들이 늘 말하는 이른바 '다스림'의 뜻과 같으며, 窮理한다는 '理'자와는 같지 않다.

和順於道德 而理於義 義卽是天道也. 易言 理於義一也. 求是卽爲理義. 言理義不如且言求是易曉. 求是之心 俄頃不可忘理與義. 此理云者 猶人言語之間 常所謂理者. 非同窮理之理.

궁리를 힘씀은 모름지기 천하 만물의 이치를 모두 궁리한다는 뜻이 아니며, 또한 하나의 이치만 궁리하여 얻으면 곧 도달함을 말한 것도 아니다. 다만 쌓임이 거듭되고 많아진 연후에는 자연스럽게 이치가 보이게 된다는 것이다.

所務於窮理者 非道須盡窮了 天下萬物之理 又不道是窮得一理便倒. 只是要積累多後 自然見去

"窮理盡性"은 천명에 이르는 방도이다. 그런즉 힘쓸 곳이 전혀 없으니 마치 『論語』에서 '음악으로 安民을 이룬다(成於樂)'[a]고 말한 것처럼, 음악을 하면 盡性이 이루어진다는 뜻과 동일하다.

窮理盡性矣 曰以至於命 則全无著力處 如成於樂 樂則生[b]矣之意同.

'窮理 盡性으로써 天命에 이른다' 함은 세 가지 일이 일시에 아울러 이루어지니, 원래 차례가 없다. 窮理를 앞의 일로만 만든다면 不可(불가)하다. 만약 진실로 천리를 궁리하여 터득한다면 곧 天性과 天命도 터득할 수 있을 것이다.

---

a 참고문헌: ① 興於詩 立於禮 成於樂.(論語/泰伯 9) ② 詩言志 歌永言.(書經/舜典) ③ 禮者表也.(荀子/天論) ④ 先王濟五味 和五聲也 以平其心 成其政也.(左傳/昭公 20년) *成=安民立政也.

b 生=成形也. 猶造也.

窮理盡性 以至於命 三事一時竝了 元无次序. 不可將窮理作知之事. 若實窮得理 卽性命亦可了.

그러나 '窮理 盡性으로써 天命에 이른다' 를 순서로 말하면 부득불 그렇겠지만 기실은 궁리하면 곧 성품을 다하고 천명에 이르게 된다.

如言窮理以至於命 以序言之 不得不然. 其實只是窮理 便能盡性至命也.

'窮理·盡性함으로써 天命에 이름(至命)'은 하나의 일이다. 단지 근본적으로 窮理면 곧 盡性이요, 단지 盡性이면 곧 至命이다. 마치 나무가 기둥이 됨은 이치[理]요, 나무가 곧거나 굽음은 성품이요, 그처럼 굽고 곧은 원인이 천명[命]인 것처럼, 理(리)-性(성)-命(명)은 하나일 뿐이다.

窮理盡性以至於命卽是一事. 才ª窮理便是盡性 才盡性 便至命. 如木可以爲柱理也. 其曲直者性也. 其所以曲直者命也. 理性命一而已.

理다 性이다 命이다 말하지만 이 세 가지는 일찍이 다른 것이 아니라, '窮理하면 盡性이요 盡性이면 知天命한다'는 뜻이니 天命은 天道와 같은 것이다. 그 작용으로 말하면 命이라 하며 그 命이란 造化를 일컫는다.

理也性也命也 三者 未嘗有異. 窮理則盡性 盡性則知天命矣. 天命猶天道也. 以其用言之 則謂之命, 命者造化之謂也.

이치라면 모름지기 궁리해야 하고, 성품이라면 모름지기 다해야 하지만, 命이라 하면 말할 수 없는 것이다. 단지 궁구하여 다하는 것만이 天命에 이르는 길이다.

理則須窮 性則須盡 命則不可言. 窮與盡只是至於命也

朱熹의 『周易本義』

"和順"이란 조화롭고 안온하여 괴리와 패역이 없다는 뜻을 통틀어 말한 것이다. "理"는 일을 따라 그 조리를 얻음을 쪼개서 말한 것이다. 천하의 이치를 궁구하고 사람과 사물의 성품을 다하여 天道에 합치하게 된다면, 이는 성인께서 주역을 지은 지극한 공적이다.

和順 從容无所乖逆 統言之也. 理謂隨事得其條理 析言之也. 窮天下之理 盡人物之性 而合於天道. 此聖人作易之極功也.

---

a 才=纔=겨우. 단지. 막.

제2장

석자 성인지작역야
昔者 聖人之作易也
옛 성인이 易을 만든 것은,

장이순성명지리
將以順性命之理
장차 天性과 天命의 도리를 따르고자 함이다.

시이입천지도 왈음여양
是以立天之道 曰陰與陽
이로써 天의 道를 세우고 陰陽이라 하고,

입지지도 왈유여강 입인지도 왈인여의
立地之道 曰柔與剛 立人之道 曰仁與義
地의 도를 세워 剛柔라 하고, 人의 道를 세워 仁義라 했다.

겸삼재이양지 고역육획이성괘
兼三才而兩之 故易六畫而成卦
天地人 3才를 아우르기를 두 번 하므로 易은 6획으로 卦를 이루며,

분음분양 질용유강
分陰分陽 迭用柔剛
음양으로 나누고 剛柔(강유)로 갈마들며 운용한다.

고 역육위이성장
故易六位而成章 *章=文理也.
그러므로 주역은 여섯 개의 자리로 文理(문리)를 이룬다.

『二程文集』

하늘의 道를 세우니 이를 陰陽이라 말하고, 땅의 道를 세우니 이를 剛柔라 말하고, 사람의 道를 세우니 이를 仁義라 말한다. 이 三才를 아울러 두 번하는 것은 두 번하지 않으면 쓸 수 없기 때문이다. 또 이르 기를 陰陽·剛柔·仁義는 단지 하나의 도리이다.

立天道曰陰與陽. 立地之道 曰柔與剛. 立人之道 曰仁與義. 兼三才而兩之 不兩則无用. 又曰 陰陽剛柔仁 義 只是一箇道理也.

공자가 仁을 말씀하실 때 義를 아울러 말한 적이 없다. 그러나 주역에서는 '사람의 道를 세워 仁과 義' 라고 말했고, 맹자가 仁을 말할 때는 반드시 義를 짝지어 말했다. 대개 仁은 體요 義는 用이다. 義는 用 이요 밖에 있는 것이 아님을 아는 자와는 더불어 도를 말할 수 있다. 세상의 義를 논하는 자들은 다분 히 義는 仁의 밖에 있다고 말하거나, 그렇지 않으면 仁과 義를 혼동하여 분별하지 못하니 仁義를 모르 는 것이다.

仲尼言仁 未嘗兼義. 於易曰 立人之道 曰仁義. 而孟子言仁 必以義配 蓋仁者體也 義者用也. 知義之爲用 而不外焉者 可與語道矣. 世之所論於義者 多外之 不然則 混而无別 非知仁義之說也.

사람의 道를 세워 仁義라 한다고 했으니 오늘날 돌아보면 人道가 廢(폐)했다는 말은 옳겠으나, 지금까지 폐기되지 않은 것은 오히려 常道(상도)를 붙잡고 있는 사람들이 있기 때문에 갑자기 폐기하지 못한다. 立人之道 曰仁義. 據今日合人道廢 則是. 今尙不廢者 猶只有秉彝 卒殄滅不得.

朱熹의 『周易本義』

三才를 아울러 두 번 한다는 것은 6畫을 묶어 말한 것이고, 또 細分하면 음양의 자리 사이에 섞여서 文理를 이룬다.

兼三才而兩之 總言六畫. 又細分之則 陰陽之位間 雜而成文章也.

茶山의 『周易四箋』

6획에 三才(삼재)를 배당하면 初畫은 剛位요 제2획은 柔位이니 이것이 地道이며, 제3획은 仁位이고 제4획은 義位이니 이것이 人道이며, 제5획은 陽位이고 제6획은 陰位이니 이것이 天道이다. 天道를 陰陽이라 함은 하늘과 불처럼 질료가 밝고 무형의 氣運으로 나타나 分辨(분변)할 수 있기 때문이다. 地道를 剛柔라 함은 땅과 물처럼 形體가 탁하고 有形의 형상이어서 잡을 수 있기 때문이다.

以六畫而配三才 則初剛二柔(此地道). 三義四仁(此人道). 五陽六陰(此天道). 謂之陰陽者 天火質淸 有氣可辨也. 謂之柔剛者 地水體濁 有形可執也.

易에서는 物象(물상)이 똑같은데도 繫辭(계사)가 전혀 다른 것은, 의당 三才의 자리를 서로 헤아려 탐색해야만 본래의 취지를 알 수 있다.

易凡物象正同 而立詞迥異者(與乾初九與九四 皆爲變異. 而在下位則爲潛龍 在中位則爲或躍). 宜以三才之位 參互究索 方得本旨.

위의 본문에서 "易六畫而成卦" 즉 '易은 6획으로 괘를 이룬다 '는 구절을 주목해서 살펴야 한다. "易은 六畫으로 괘를 이룬다"고만 말했지 六爻를 말하지 않는다.[a]

案此文云 六畫以成卦. 不云六爻.

[위의 글에서 "易六畫而成卦"와 "易六位而成章"을 말하고 있다. "易六位而成章"은, 주역은 여섯 개의 자리로 한 개의 文理를 이룬다는 뜻으로 이 문장도 주목해야 한다. (편역자 주)]

---

a　그 이유는 卦를 이룬 연후에 "畫"들이 변하는 경우에만 "爻"라고 말할 수 있기 때문이다.(편역자 주)

丘富國[宋末의 인물. 朱熹의 再傳弟子로 저술로는 『周易集解』와 『學易說約』이 있다]이 이르기를 무릇 易의 六位
는 初位奇·3位奇·5位奇는 陽位가 되고, 2位偶·4位偶·上位偶는 陰位가 된다. 初位에서 上位까지 陰
陽이 각각 절반[半]이므로, 공자는 이를 "分陰分陽"이라고 말했다. 그러나 그 자리를 차지하는 것은 陰
爻가 될 수도 있고 陽爻가 될 수도 있다. 그러므로 공자는 이를 "迭用柔剛" 즉 '剛柔를 갈마들며 운용한
다 '고 말했다. "迭用"이란 陰陽이 서로 겹치지 않고 간격을 두면서 갈마듦을 말한다. 그리고 三才는 각
각 한 부분의 陰陽을 갖추고 있으므로, 반드시 6位를 이룬 뒤에 한편의 문장을 이룰 수 있다.
承上文 丘富國云 凡卦初三五位爲陽 二四上位爲陰. 自初至上 陰陽各半 故曰分. 迭用者 謂陰陽相間也.
三才各具一部陰陽 故必也 六位而後成文.

제3장

<ruby>天地定位<rt>천 지 정 위</rt></ruby> <ruby>山澤通氣<rt>산 택 통 기</rt></ruby>

하늘과 땅이 제자리를 잡고, 산과 못이 서로 氣를 통하고,

<ruby>雷風相薄<rt>뇌 풍 상 박</rt></ruby> *薄=逼近也. 侵也. 雷從地而起 風自天而行 互相衝激也.

우레와 바람이 서로 부딪치고,

<ruby>水火不相射<rt>수 화 불 상 역</rt></ruby> <ruby>八卦相錯<rt>팔 패 상 착</rt></ruby> *射(사)=發矢也. (역)=厭也.

불과 물이 서로 꺼리지 않으니, 八卦가 서로 섞인다.

朱熹의 『周易本義』

邵雍(邵康節: 소강절)은 『皇極經世(황극경세)』 「觀物外」편에서 말했다: 『설괘전』제3장의 글은 복희 八卦의 자리를 말한 것이다. 乾☰은 남쪽에 자리하고, 坤☷은 북쪽에 자리하며, 離☲는 동쪽, 坎☵은 서쪽에 자리하고, 兌☱는 동남쪽에 震☳은 동북에 자리하고, 巽☴은 서남쪽에, 艮☶은 서북쪽에 자리해서, 八卦가 서로 교차·조합해서 64괘를 이루니, 이른바 先天의 학문이다.[a]

邵子曰 此伏羲八卦之位. 乾南坤北 離東坎西. 兌居東南 震居東北. 巽居西南 艮居西北. 於是八卦相交 而成六十四卦 所謂先天之學也.

茶山의 『周易四箋』

이는 天地[하늘과 땅]·水火[물과 불]·雷風[우레와 바람]·山澤[산과 연못]의 실제적 이치로써 八卦가 교역하여 64괘를 이루는 근본이치를 말한 것이다. 하늘이 높고 땅이 낮은 그 자리는 자연으로 정해진 것이다. 그러나 그 왕성한 기운이 위아래로 오르고 내리며 오고가며 어지럽게 섞이되 서로 어그러지지 않는다. 그러므로 온갖 변화가 일어나며 온갖 물건이 이루어진다. 성인은 이런 象을 관찰하고 이를 괘로 그렸다. 그리고 八卦와 八物[天地·水火·雷風·山澤]이 서로 交接(교접)하고 서로 어울려서 64괘를 이룬 것이다.

此言天地水火雷風山澤之實理 以明八卦交易 以成六十四卦之本義也. 天尊地卑 其位定矣. 然其氤氳之氣 升降上下 往來錯雜 不相違悖. 故萬變以興 萬物以成, 聖人觀此象 以畫卦. 故八卦八物 相交相摩 以成六十四卦也.

[八卦는 四象(사상)에서 나온 것이다: 편역자 주] (그러므로) 山·澤은 地·水가 이루어낸 것이고, 雷·風은 天·

---

a 편역자 주: 邵康節의 '先天方位圖'를 참조하시오.

火가 이루어낸 것이다. 높은 산 위에 간혹 큰 못이 있고, 큰 못 가운데 간혹 높은 산이 있으니 이것이 산과 못이 기운을 소통함이다. 빠른 우레와 세찬 바람이 같은 소리로 서로 호응하니 이것이 雷·風의 부딪침이다. 땅 속에 불이 운행하여 온천이 생기고, 물이 불의 기운을 받아 초목을 기르니 이것이 물과 불이 꺼리지 않음이다. 經文(경문)에서 비록 둘씩 짝을 지어 예를 들었으나 八卦의 八物은 모두 서로 통하고 결합하는 것이다. 하늘도 물과 섞일 수 있고, 우레도 산과 섞일 수 있으며. 땅·불·바람·연못이 종횡으로 顚倒[뒤집어짐]하기도 하며 모두 서로 통하고 섞일 수 있다. 그러므로 八卦는 모두 서로 交易(교역)하는 것이다.

山澤者 地水之所成也. 雷風者 天火之所成也. 高山之上 或有大澤(如白山) 大澤之中 或有高山(如君山) 是 山澤通氣也. 迅雷烈風 同聲相應 是雷風相薄也. 火行地中 厥有溫泉 水受火氣(日氣亦火氣) 乃長草木 是水 火不相斁也(射音斁厭也). 經文雖兩兩相配 而八卦八物 皆與之相通相合. 天可以錯於水. 雷可以錯於山. 而 地火風澤 縱橫顚倒 皆可以相通相雜. 故八卦皆相交也.

^{수 왕 자 순　지 래 자 역}
數往者順 知來者逆 *順=自震至乾爲順. *逆=自巽至坤爲逆.
지난 것을 헤아림은 順[따름]이고, 오는 것을 아는 것은 逆[맞음]이다.

^{시 고 역 역 수 야}
是故易逆數也 *逆=迎也. 拒也. 度也(謂先事預度之也). *數=運命也. 筮也. 理也.
이런 고로 易이란 미래를 맞이하는 數理이다.

朱熹의 『周易本義』____

아래의 伏義八卦次序圖에 따르면 하나의 陽이 처음 돌아오는 少陰인 4번 震☳元에서 始生이 일어나니 3번 離☲, 2번 兌☱를 지나서 陽이 지극한 太陽인 1번 乾☰에 이르는 것은 이미 생긴 괘를 셈하는 順數 이고, 하나의 陰을 처음 만나는 少陽인 5번 巽☴命으로부터 6번 坎☵, 7번 艮☶을 거쳐 陰이 지극한 太 陰인 8번 坤☷에 이르는 것은 생기지 않은 괘를 미루어 셈하는 逆數이다. 또한 易이 괘를 낳는 것은 乾 → 兌 → 離 → 震 → 巽 → 坎 → 艮 → 坤으로 차례를 삼으니[伏義八卦次序圖] 모두 나아갈 미래를 맞이 하기 위해 헤아리는 逆數이다.

起震而歷離兌 以至於乾 數已生之卦也. 自巽而歷坎艮 以至於坤 推未生之卦也. 易之生卦則 以乾兌離震 巽坎艮坤爲次 故皆逆數也.

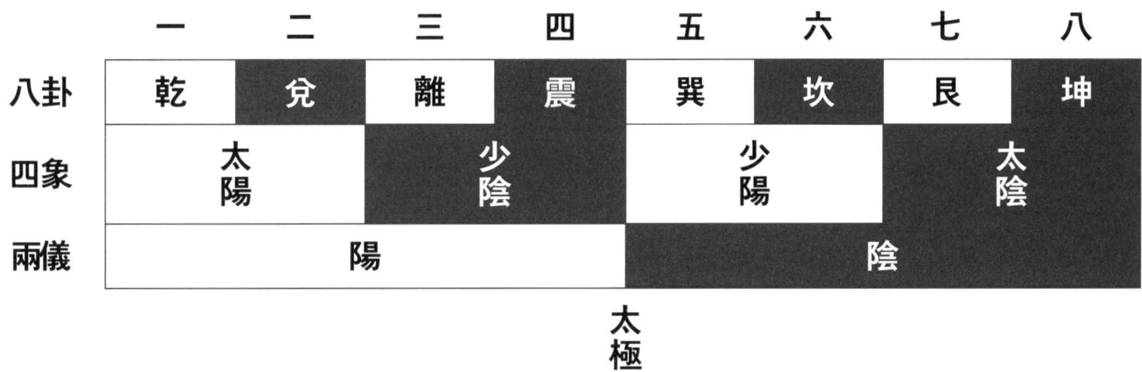

茶山의 『周易四箋』

初畫으로부터 6畫으로 올라가니, 이것이 逆數[맞이하는 셈법]이다. 姤▤괘로부터 坤▤괘에 이르는 陰이 長盛하는 운동[陰長]도, 復▤괘로부터 乾▤괘에 이르는 陽이 長盛하는 운동[陽長]도 매양 아래로부터 위로 나아가니 역시 逆數이다.[아래의 도해를 참조하시오]

自初數之 以六爲上. 此逆數也. 自姤至坤 自復至乾 其陰陽消長 每自下達上 亦逆數也.

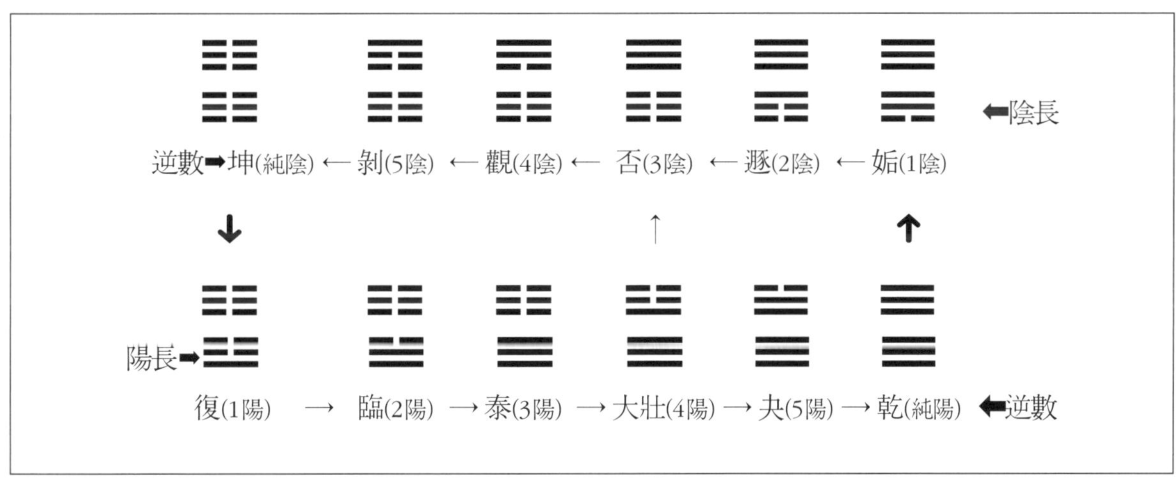

제4장

뇌 이 동 지　풍 이 산 지
雷以動之　風以散之
우레로써 운동하고, 바람으로써 흩어지고,

우 이 윤 지　일 이 훤 지
雨以潤之　日以烜之　*烜=빛나다. 마르다. '暅(훤)'으로 표기하기도 한다.
비로써 적셔주고, 해로써 마르게 하고,

간 이 지 지　태 이 열 지
艮以止之　兌以說之
산으로써 그치게 하고, 연못으로 기쁘게 하고,

건 이 군 지　곤 이 장 지
乾以君之　坤以藏之　*君=尊也. 群也.
乾으로 무리 짓게 하고, 坤으로 저장하게 한다.

朱熹의 『周易本義』

여기에서도 괘의 자리가 서로 짝이 되는 것은 위의 문장과 같다.

此卦位相對 與上章同

茶山의 『周易四箋』

이상은 괘의 덕성이다. 성인이 易을 설명함에 다분히 서로 짝을 지어 함께 발현시켜 미루어 통하도록 했다. 乾☰이 군주라면 坤☷은 臣道임을 곧 알 수 있다. 离☲를 이미 日이라 했다면 곧 坎☵은 月의 象임을 알 수 있다.

此卦德也. 聖人說易 多令互發 而推通之. 乾以君之 則便知坤之爲臣道也. 离旣爲日 則便知坎之有月象也.(艮爲止則震爲行. 坤爲藏則乾爲施. 坎爲潤則离爲燥.)

〈『說卦傳』 4장을 정리한 표〉

卦　　分類	震☳　雷	巽☴　風	离☲　火·日	坤☷　地	兌☱　澤	乾☰　天	坎☵　水·雨	艮☶　山
傳文	起動	入伏	麗上	柔順	說現	剛健	陷下	止靜
	動之	散之	烜之	藏之	說之	君之	潤之	止之
聯想	行	命	日·燥	臣道	和	君道·施	月	留

제5장

제 출 호 진　　　제 호 손
帝出乎震 齊乎巽 *齊=同等也. 戒潔也.

天帝(천제)는 震☳雷에서 나오고, 巽☴風에서 潔齋(결재)하고,

상 견 호 리　　　치 역 호 곤
相見乎離 致役乎坤 *役=事也. 營也.

離☲明에서 서로 보고, 坤☷地에서 사역을 이루고,

열 언 호 태　　　전 호 건
說言乎兌 戰乎乾 *言=號令也.

兌☱澤에서 즐겁게 담화하고, 乾☰天에서 싸우고,

노 호 감　　　성 언 호 간
勞乎坎 成言乎艮 *勞=勞力. 慰勞.

坎☵水에서 勞力하고[노고를 위로하고], 艮☶山에서 말씀을 이룬다.

朱熹의 『周易本義』 ________________________________

"帝[임금]"는, 하늘의 主宰者이다. 邵康節(소강절) 선생께서 가로되, "이 괘의 方位圖는 文王이 정한 것이다." 이른바 後天의 학문이라는 것이다.

帝者天之主宰. 邵子曰 此卦位乃文王所定. 所謂後天之學也.

"하느님[帝]이 震☳에서 나온다(帝出乎震)'는 말은, 만물을 발생시킨 것이 곧 主宰者(주재자)라는 뜻이다. 그런데 한편으로 "巽☴에서 가지런히 다스린다(齊乎巽)"고 말했으니 이해할 수 없다. 離☲는 중앙이 빈 밝음이니 可(가)히 南方의 卦라 할만하다. 그러나 坤☷이 西南에 안서한다는 말은 성립되지 않는다. 西北方은 땅이 없고 西方은 위엄과 죽음의 땅이다. 어떻게 만물이 즐거워하는 곳이라 말할 수 있는가? 乾☰이 西北이란 것도 이해할 수 없다. 어떻게 그 속에 음양이 단지 들어와서 서로 핍박하겠는가? 또한 "勞乎坎"의 '勞'자는 去聲(거성)으로 慰勞(위로)의 뜻과 같은데, '만물이 모두 여기로 돌아가 숨는다'는 말은 도리어 安存(안존)과 慰勞(위로)와 달리 거리가 멀다.

帝出乎震 萬物發生便是他主宰. 從這裏出齊乎巽 曉不得. 離中虛明 可以爲南方之卦. 坤安在西南不成. 西北方無地. 西方肅殺之地. 如何云 萬物之所說. 乾西北也不可曉. 如何陰陽只來 這裏相薄. 勞乎坎 勞字 去聲 似乎慰勞之意. 言萬物皆歸藏於此 去安存慰勞他.

묻기를 "乾☰에서 싸운다(戰乎乾)"는 말은 무슨 뜻입니까? 朱子가 대답하기를, 이 문구는 무릇 깨닫기 어려운데 아마 위엄과 죽임의 시절이므로 乾으로 싸운다고 말했을 것이다. 묻기를 어째서 그것을 陰陽이 서로 핍박한다(陰陽相薄)고 말했습니까? 朱子가 대답하기를, 모두가 陽爻인 乾☰괘이지만 방위가 西北이므로 '陰陽相薄(음양상박)'이라고 말한 것은 아마 이 때문일 것이다. 그러나 처음부터 이해할 수 없다.

問戰乎乾何也. 曰此處大抵難曉 恐是箇肅殺收成底時節. 故曰戰乎乾. 問何以謂之陰陽相薄. 曰乾陽也乃
居西北 故曰陰陽相薄 恐是如此也. 見端的未得.

"坎☵에서 노고를 위로한다(勞乎坎)"는 말은 만물이 휴식한다는 뜻을 설명한 것이고, "艮☶山으로 말씀
을 이룬다(成言乎艮)"는, 만물의 끝나고 비롯되는 곳을 설명한 것이다. 艮☶은 만물이 끝을 마치고 비롯
됨을 이루는 원인이니, 마치 봄과 겨울이 교체됨과 같으므로 그 자리가 東北에 있다고 말한 것이다.
勞乎坎 是說萬物休息底意. 成言乎艮 艮在東北是說萬物終始處. 艮也者萬物之所以成終而成始也. 猶春
冬之交 故其位在東北.

〈비교 · 평가를 위한 자료〉

① 『朱子語類』「易十三」 說卦
朱子가 "하느님[帝]이 震☳에서 나오고 더불어 만물도 震☳에서 나온다."고 말했다. 이는 단지 兩段說
(양단설)[a]이며 文王의 괘를 설명한 것이다.
朱子曰 帝出乎震 與萬物出乎震. 只這兩段說文王卦.

茶山의 『周易四箋』

朱子는 帝를 天의 主宰者(주재자)라 말했다. 따라서 "出乎震"은 (단순하게) 震에서 나옴이 아니라 '天帝가
만물을 낳음에 반드시 震의 덕성으로 산출한다'는 뜻이다. 震·离·兌·艮은 東西南北을 가리키는 네 개
의 正卦이며 그 덕은 元·亨·利·貞이다. 震☳東方의 덕은 元이므로 仁을 체득하여 足(족)히 남을 기를
수 있으므로 '처음 나옴[始出]'이 된다. 离☲南方의 덕은 亨이니 모임이 아름다워 足히 禮에 합치할 수
있으므로 '서로 만남[相見]'이 된다. 兌☱西方의 덕은 利이므로 만물을 이롭게 하면 足히 뜻을 조화시킬
수 있으므로 '기쁜 말[說言]'이 된다. 坎☵北方의 덕은 貞이니 足히 바르고 건실하게 일을 주간할 수 있
으므로 '노고'를 뜻하는 卦가 된다.
朱子曰 帝者天之主宰(本義云). 出乎震者 謂天之生物 必出之以震德也(東方仁配春). 四正之卦 其德則元亨
利貞也. 體仁足以長人. 故爲始出(出字象屮出凵中). 嘉會足以合禮. 故爲相見(禮生於相見). 利物足以和義. 故

---

a　兩段說:
"陰陽을 총괄하면 하나의 兩端일 뿐이니, 陰 중에도 陰陽이 있고 陽 중에도 陰陽이 있다."(朱子語類/권94) · "一은 하나의 도리
이나 兩端이 있다."(朱子語類/권98)는, 朱子의 兩端說을 말해준다. 이는 "陰陽 兩端이 순환하여 그치지 않음으로써 天地의 大
義를 세운다."(正蒙/太和)는 張載의 兩端說을 계승한 것이다. 성리학에서 陰陽은 不相離 · 不相雜하는 '둘이면서 하나'라고 말
하며, 주역에서는 一陰一陽하는 것을 道라고 한다. 이는 모두 사물의 모순 · 대립은 보편적인 것으로 오히려 이러한 兩端이야
말로 천지만물의 운동변화의 근원이라 생각한다. 모택동은, 이처럼 相反相成하는 兩點論이 서양의 辨證法을 표현한 것으로
이해한다.(「모택동 어록」 참조) '段'은 부분을, '端'은 始 · 本을 강조하지만 비슷한 뜻을 가지고 있다. (편역자 주)

爲說言(悅者和之至). 貞固足以幹事. 故爲勞卦(從事則有勞).

萬物出乎震 震東方也 *文王의 八卦方位圖에 따른 것임.
만물은 震☳에서 나오며 방위로는 震☳은 동방이다.

齊乎巽 巽東南也
巽☴에서 가지런히 齋戒(재계)하며 巽☴은 동남이다.

齊也者 言萬物之潔齊也 *齊=戒潔也. 中正也. 和也.
齋戒(재계)란 만물이 깨끗하고 바르게 되는 것을 말한다.

離也者明也 萬物皆相見 南方之卦也
離☲는 밝음이다. 만물은 이로써 相見하며, 南方의 괘이다

聖人南面而聽天下
성인께서 南面하여 천하 정사를 듣는 것은,

嚮明而治 蓋取諸此也
밝음을 향도하여 다스리는 것이니, 대개 여기에서 취한 것이다.

坤也者地也 萬物皆致養焉
坤☷이란 땅이다. 만물이 모두 이로써 養生된다.[西南의 卦로]

故曰致役乎坤 *役=事也. 營也.
그러므로 坤으로 役事를 이룬다고 말한 것이다.

『二程文集』 ____

艮☶은 그침이고 낳음이다. 그치면 生하고 그치지 않으면 낳지 못한다. 이처럼 艮이 만물을 끝마치고 시작하게 한다. 또한 말하기를 음양이 소멸하고 자라는 사이에는 끊어져 단절되는 이치가 없다. 그러므로 서로 붙잡아주고 실수를 덮어주며 만물을 끝마치고 시작하게 하니, 만물은 艮☶에서 성장한다. 이것이 신묘함을 다하는 것이니, 모름지기 그런 이치를 연마하고 궁리해야 한다.

艮止也生也. 止則便生 不止則不生. 此艮終始萬物. 又曰 陰陽消長之際 无截斷絶之理. 故相攙[a]掩過 終始萬物 萬物盛乎艮. 此儘神妙 須研窮這箇理.

---

a 攙=刺也. 扶也.

위의 문장은 帝를 말했고, 아래의 문장은 만물이 上帝를 따라서 들고남을 말한 것이다.

上言帝 此言萬物之隨帝以出入也.

위의 제5장까지는 대개 古文[文王의 彖辭와 周公의 爻辭]이고, 제6장부터는 공자께서 古文을 해석한 傳이다. "齊"는 경건하게 齋戒(재계)함이다. 그러므로 易詞에서 "제사를 올리면 吉하다"고 할 경우 모두 巽☴의 형체가 있다. "离☲"는 문명이고 다스림이다. 그러므로 易에서 "천하를 다스린다"·"일을 수행한다"·"질병을 치료한다"고 말할 때는 모두 离☲의 형체가 있다. 또한 离☲는 얼굴이 되니 南面의 뜻이 된다.[따라서 다스림의 뜻으로 확장된 것이다.]

上章蓋古文 此以下夫子之釋義也. 齊者齋戒也. 故易詞凡言祭祀之吉 皆有巽體(齊者整也 又壹也). 离者治也. 故易凡言治天下 治事治疾 皆有离體(反之則坎亂). 又离爲面(革之云 革面以有下离) 南面之義也.

兌正秋也. 萬物之所說也 *秋=西方也. 嚴志也.

兌☱는 바로 가을이니 만물이 悅服(열복)하는 곳이다.

故曰 說言乎兌

그러므로 兌☱에서 말씀을 悅服한다고 말한 것이다.

戰乎乾 乾西北之卦也 *戰=龍戰于野.

'乾☰에서 싸운다'함은, 乾이 西北 방향의 괘이니,

言陰陽相薄也

음과 양이 서로 핍박함을 말한 것이다.

坎者水也 正北方之卦也

坎☵은 물이다. 바로 北方의 괘이며,

勞卦也 萬物之所歸也 *勞=勤也(『爾雅』). 苦也(『論語』).

수고와 위로의 괘이며 만물이 귀의하는 곳이다.

故曰勞乎坎. *勞=賚也(『管子』). 賚[a]也.

그러므로 坎☵에서 은사를 내려준다고 말한 것이다.

---

a　주역의 井괘 大象傳의 "君子以勞民勸相"의 '勞'를 '賚(뢰: 은덕을 내림)'로 해석할 수 있다. *賚(뢰)=賜也(『說文』). 予也

艮東北之卦也
간 동 북 지 괘 야

艮☶은 東北의 괘이다.

萬物之所成終 而所成始也 *始=女之初也. 猶生也.
만 물 지 소 성 종 이 소 성 시 야

만물이 끝마침을 이루는 곳이며, 생명의 비롯됨을 완성하는 곳이다

故曰 成言乎艮
고 왈 성 언 호 간

그러므로 艮☶에서 말씀을 이룬다고 말한 것이다.

『二程文集』

남북의 위치가 정해지는 원인은 坎☵괘와 離☲괘에 달려있다. 坎☵水와 离☲火는 또한 사람이 안배해서 얻은 것이 아니므로 자연이 아닌 것이 없다.

南北之位 所以定者 在坎離也. 坎離又不是人安排得來 莫非自然也.

朱熹의 『周易本義』

위에서 帝['帝出乎震'과 관련된 上帝]를 말했는데, 이는 만물이 帝[上帝]를 따라 출입함을 말한 것이다.

上言帝 此言萬物之隨帝以出入也.

이 章[제5장]은 괘의 자리에 관한 해설을 추론한 것인데, 상세하지 않은 곳이 많다.

此章所推卦位之說 多未詳者.

茶山의 『周易四箋』

震☳에서 시작하고 艮☶에서 마침은 易의 기본논리이고 관점이다. 復☷☳괘에서 陽━ 하나가 처음 생겨나니 乾☰괘가 이를 근원으로 삼으며(邵康節은 이를 '天根'이라 한다), 剝☶☷괘에서 陽━ 하나가 종말을 이룸에 坤☷괘가 이를 문으로 삼는다(鄭玄은 이를 저승의 문[冥門]이라고 하였다). 그러므로 『繫辭傳』의 "처음을 살피고 끝을 돌이켜보아 생사의 도리를 안다"는, 만물이 震☳에서 나서 艮☶에서 죽음을 말한다.

始於震 終於艮 此一部易之大經大義也. 復一陽之始生 而乾以爲根(邵子云天根). 剝一陽之成終 而坤以爲門(鄭玄云冥門). 故曰 原始反終 而知死生之說(大傳文). 生於震 而死於艮也.

坎☵은 '歸'의 象이라 한다. 그러므로 주역에서 말한 "歸妹" 즉 '누이를 시집보낸다'거나, "歸而逋(귀이포)" 즉 '돌아가서 숨는다'고 말하는 것은, 모두 坎☵歸의 象이 있기 때문이다. 또한 "艮☶에서 말을 이

(『爾雅』). (편역자 주)

룬다(成言乎艮)"고 하므로 艮은 말[言]이 된다. 무릇 약속이나 맹서의 말을 경계하는데 艮☶誠의 象을 쓰기 때문이다. 여러 학자들은 爻變을 알지 못하여 난데없이 "乾은 말[言]이다. 震은 말[言]이다" 하는데 얼마나 잘못인가?

坎爲歸. 故易凡言 歸妹 歸而逋(訟九二)之類 皆以坎象(九家不能用). 又成言乎艮 故艮則爲言(凡警戒約誓之言多用艮象). 諸家不知爻變 輒云 乾爲言 震爲言. 何其謬也.

『설괘전』에 나오는 八卦의 方位[아래의 方位圖 참조]는 비록 섞이고 들쑥날쑥한 것 같지만 오히려 오묘한 뜻이 담겨 있다. 대개 四正卦[震☳東-木, 兌☱西-金, 离☲南-火, 坎☵北-水]는 이동하거나 바꾸는 것을 용납하지 않는다. 그러나 이처럼 四維卦[乾☰西北-天, 坤☷西南-地, 巽☴東南-風, 艮☶東北-山의 四隅卦]를 論한다면, 艮☶은 나아가 坤☷이 되므로 坤괘의 반대편에 자리하고, 巽☴은 乾☰에서 물러난 것이므로 乾의 반대편에 자리한다. 艮☶은 이미 끝이므로 의당 시작인 震☳東이 먼저 있어야 한다. 이런 까닭에 東北에 자리했다. 巽☴은 이미 바람과 호령이 되므로 의당 (우레와 장수인) 震☳東의 뒤에 있어야 한다. 이런 까닭에 東南에 자리한 것이다.

八卦方位 雖若參錯 却有妙旨. 盖四正之卦 無容移易(木金火水配東西南北). 而若論四維之卦 則艮進爲坤 故與坤對冲[a](艮如剝). 巽自乾退 故與乾對冲(巽如姤). 艮旣爲終 宜在震先 此其所以東北也. 巽旣爲號 宜在震後 此其所以東南也.

邵雍(邵康節)의 先天圖는 옛 전적을 조사해보아도 끌어들일 전거가 없다. 특히 乾坤을 두 귀퉁이에 배치하는 것은 아마 '체면을 손상할까' 염려했으므로 그 자리를 위와 아래로 바르게 했을 뿐이다.

邵堯夫 先天圖 稽之古典 未有援據. 特以乾坤之爲兩維 恐損體面. 故正其位於上下耳.

그러나 八卦에서 象을 취함은 본래 품위 손상 따위에 구애되거나 골몰함이 있을 수 없다. 말[馬]이라 하거나 소[牛]라고 하더라도 더럽다고 생각하지 않는다. 귀퉁이에 앉거나 바르게 앉거나 어찌 정해진 자리가 있겠는가? 文王이 정한 괘의 자리는 복희씨로부터 받았는데, 누가 복희씨 시절에 과연 이런 先天 方位圖가 있는 것을 보았단 말인가?

然八卦取象 本不拘滯. 爲馬爲牛 不以爲褻. 居維居正 安有定位. 文王卦位 受之伏羲. 孰見伏羲之時 果有此先天方位耶(或曰 木生火 必以風 故巽介之. 水生木 必以土 故艮介之. 金生水 必以天一 故乾介之. 火生土 土生金 無所資外. 故离坤兌相承. 案此說未允)

---

a 冲=虛也. 和也. 至也. 衝也.

〈伏羲 ⇨ 邵康節의 先天 方位圖〉
〈文王 ⇨ 說卦 後天 方位圖〉

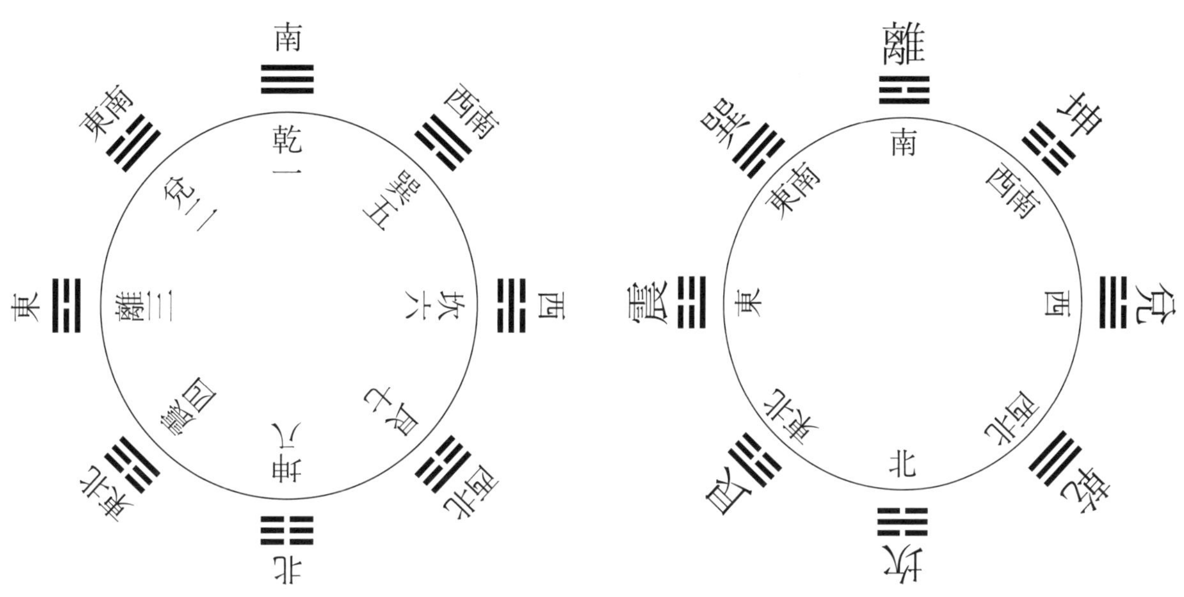
南
乾一
兌二
離三
震四
巽五
坎六
艮七
坤八
東南
西南
東
西
東北
西北
北
離
南
坤
兌
巽
震
東南
西南
東
西
坎
艮
東北
西北
北

神也者 妙萬物而爲言者也 *妙=神化不測也. '眇[成: 다하다. 완료하다]'와 통용됨.
神이란 만물을 이루는 신묘함을 말한 것이다.

動萬物者 莫疾乎雷
만물을 움직이는 것으로는 우레만큼 빠른 것은 없고,

撓萬物者 莫疾乎風
만물을 흔드는 것으로는 바람 만큼 빠른 것은 없고,

燥萬物者 莫熯乎火 *熯=火氣也.
만물을 말리는 것으로는 불보다 뜨거운 것은 없고,

說萬物者 莫說乎澤
만물을 열복시키는 것으로는 연못만큼 기쁘게 하는 것은 없고,

潤萬物者 莫潤乎水
만물을 윤택하게 하는 것으로는 물만큼 적셔주는 것은 없고,

終萬物始萬物者 莫盛乎艮
만물을 마치고 비롯되게 하는 것으로는 산만큼 성대한 것은 없다.

故 水火相逮 雷風不相悖 *『說卦傳』3장의 "雷風相薄 水火不相射" 참조
그러므로 물과 불은 서로 붙좇고, 우뢰와 바람은 서로 어그러지지 않고,

山澤通氣 然後能變化 旣成萬物也
산과 연못이 氣를 통한 뒤라야 능히 변화하고 만물을 다 이룰 수 있다.

朱熹의 『周易本義』 ____

이 章에서는 八卦 가운데 乾坤을 뺀 여섯 卦[여섯 자식과 관련된 卦]의 상징을 위주로 말함으로써, 만물을 생성하는 神妙한 작용을 나타냈다. 그러나 괘의 자리와 차례는 제5장의 학설을 사용했으므로 그 뜻이 상세하지 않다.

此去乾坤 而專言六子. 以見神之所爲. 然其位序 亦用上章之說 未詳其義.

震☳長男, 坎☵中男, 艮☶少男, 巽☴長女, 离☲中女, 兌☱少女 등 여섯 자식들의 덕은 모두 부모에게서 받았으므로, 父母인 乾☰·坤☷은 말하지 않았다.

六子之德 皆受之於父母. 故不言乾坤.

이는 천지간의 실제 이치이다. 따라서 64개의 重卦가 서로 쫓고 서로 어그러지지 않는 것도, 천지간의 실제 이치와 자연히 서로 부합하기 때문이다.

此天地之間 實理也. 重卦之相逮不相悖(祥見前). 與天地之間實理 自然相合.

제7장

朱熹의 『周易本義』 ____

이 章은 八卦의 성정을 말한 것이다.

此言八卦之性情.

茶山의 『周易四箋』 ____

『說卦傳』은 易辭의 訓詁(훈고)이다. 한 글자 한 구절이 모두 어두운 거리를 밝히는 등불이니 易을 익히며 공부하는 자는 마땅히 한 글자마다 검토 음미해야 한다.

說卦者 易詞之詁訓也. 其一字隻文 皆昏衢之明燭 玩易者宜字字考驗.

『雜卦傳』에서 말하기를 "乾은 강건하고 坤은 유약하며, 震은 일어남이고 坎은 그침이며, 兌는 나타남이고 巽은 엎드려 숨는 것이며, 离는 올라감이고 坎은 내려감"이라 했다. 이는 마땅히 참고해야 한다.

雜卦傳曰. 乾剛坤柔 震起也 艮止也 兌見而巽伏也 离上而坎下也(宜參看).

『繫辭傳』(下)에서 말하기를 巽☴은 칭찬하고 숨는 것이라 했다. 또 이르기를 巽☴은 權勢를 행하는 것이라 말한다. 이는 重卦를 말한 것이다.

繫下傳曰. 巽稱而隱. 又曰 巽以行權(此重卦之德)

〈『說卦傳』 5~7장을 정리한 표〉

分類＼卦	震 東	巽 東南	离 南	坤 西南	兌 西	乾 西北	坎 北	艮 東北
四時	春	〃	夏	〃	秋	〃	冬	〃
四德	仁 元	〃	禮 亨	〃	義 利	〃	智 貞	〃
聯想 확장	起動 生始 長子 人主	伏入 齊 齋戒 整, 壹	上, 麗 嘉會 相見 南面 治	柔順 致養 致役	現 利物 和裂 說言	剛健 戰 嚴父	下 陷 堅固 勞苦 亂歸	止 終 成言

제8장

건 위 마 곤 위 우
乾爲馬 坤爲牛

乾괘는 말로 삼고(天↔馬), 坤☷괘는 소로 삼고(地↔牛),

진 위 용 손 위 계
震爲龍 巽爲雞

震☳괘는 龍으로 삼고(雷↔龍), 巽☴괘는 닭으로 삼고(風↔雞),

감 위 시 이 위 치
坎爲豕 離爲雉

坎☵괘는 돼지로 삼고(水↔豕), 離☲괘는 꿩으로 삼고(火↔雉),

간 위 구 태 위 양
艮爲狗 兌爲羊

艮☶괘는 개로 삼고(山↔狗), 兌☱괘는 羊으로 삼는다(澤↔羊).

朱熹의 『周易本義』

八卦를 멀리 사물에서 취하면 이와 같다

遠取諸物如此

茶山의 『周易四箋』

乾☰은 震☳을 시작으로 陽이 성장하여 이루어진 것이고(乾은 三震이 쌓인 것), 震☳은 陰--이 陽━을 올라타고 있는 모습이니, 乾의 덕성을 말[馬]이라 말한 것이다. 坤☷은 巽☴으로 말미암아 이루어진 것이고(坤은 三巽이 쌓인 것), 사물을 위에 싣고 나르는 모습이니, 坤☷의 덕성을 소[牛]라고 말한다.

乾由震成(積三震). 震乘剛者也 故其德爲馬. 坤由巽成(積三巽) 巽載物者也(見大象傳 坤卦解) 故其德爲牛.

乾☰馬의 象은 오히려 坤☷괘에서는 "牝馬"로 나타나고, 震☳龍의 象은 오히려 乾☰괘의 "潛龍勿用"으로 드러난다. 진실로 易의 원리는 변화를 위주로 하는 것이므로, 그 本卦를 소급해보고 그 변화를 잘 살펴야 한다. 그런데도 荀九家는 乾☰을 龍이라 하니 어찌 잘못이 아닌가? 乾☰괘의 六龍은 復☷☳괘에서 夬☱☰괘까지 매번 震☳龍을 하나씩 더해 마침내 乾☰괘를 형성한다. 그런데 지금 荀九家들은 뚝 잘라서 乾을 龍이라 말하니 얼마나 고집스럽고 무미건조한 설명인가?

乾馬之象 著於坤卦(云牝馬). 震龍之象 發於乾卦. 誠以易之爲道 主乎變化. 故遡其本而察其變. 乃荀九家 所謂乾爲龍者 何其謬也. 乾之六龍 正以自復至夬 每得一震 以成乾卦也(義見乾之象). 今謂之乾爲龍 何其 木强而寡味也.

荀九家는『荀慈明集』의「九家易解」10권과『文獻通考』등 여러 史書에서 거론되는 漢儒들을 말한다.
〈『文獻通考』陳氏의 說에 의하면,「九家易解」는 漢나라 때 淮南王 劉安이 역술가 9인을 초빙하였고, 荀爽(字는 慈明)이
그들의 易說을 집해한 것이라 하며, 지금은 逸失되었다.〉 陸德明의『經典釋文』序錄에서 九家의 이름을 열거했
는데 京房·馬融·鄭玄·宋衷·虞翻·陸績·姚信·翟子玄·荀爽 등 九人이다. 胡震亨에 의하면 淮南王 劉
安이 스스로 "9인 스승의 道訓 두편이 있다"고 하였으니, 이들은 荀爽 등의 九家와는 다른 분들이므로
결국 荀爽이 集解했다는 陳氏의 주장은 오류가 된다. 누가 옳은지 알 수 없거니와「九家易解」도 이미
일실되었는데, 朱子는 陸德明의『經典釋文』에 인용된 것에 의거하여 채록하였다. 지금 여기에서는 九
家의 여러 글을 취하여 해당 부분에 나누어 붙이되 그것을 바로 잡았다.
荀九家者 荀慈明集 九家易解十卷. 見諸史志(文獻通考 引陳氏說云 漢淮南王安 聘明易者九人 荀爽嘗爲之集解).
陸氏釋文序 列九家名氏 卽 京房 馬融 鄭玄 宋衷 虞翻 陸績 姚信 翟子玄 荀爽 等九人也(蔡介夫云 淮南九
人 撰道訓二十篇 號曰 九師易). 胡震亨云 淮南自云 九師有道訓二篇. 並非荀爽九家 遂以陳說爲誤 未可知也.
但其書已亡. 朱子亦據陸氏釋文所引 蒐錄之也(今案其文 如坤爲牝 离爲牝牛之等. 直據易詞了 無開發之妙. 當是京
房已後自刱. 非古來相傳之正旨也). 今取九家諸文 分附而訂正也.

荀九家에 의하면 离☲는 날아가는 새라 하고 암소라 한다. 坎☵은 여우라 한다. (또한 乾☰은 龍이라 하
고, 震☳은 사슴·고라니라 하고, 巽☴은 황새라 한다. 艮☶은 여우·호랑이라고 한다) 虞翻은 巽☴을 물고기라 한다.
(또한 离☲는 학·새매라 하고. 艮☶은 이리라 한다)
내 생각으로는 "離"는 隹[새]를 따른 것이며, "禽[날짐승]"은 离를 따른 글자이므로, 离☲를 飛鳥라 한 것
은 알만하다.『左傳』「昭公 5년」條에는 순수한 离☲는 소[牛]라고 했다. 離䷝괘의 象辭에서도 암소를
기른다고 했고, 坎☵은 여우[狐]라 하고 巽☴은 물고기[魚]라고 했다. 이런 것들은 분명한 증거가 있으
니 믿을 만하다.
荀九家离爲飛鳥 爲牝牛 坎爲狐(又乾爲龍 震爲麞鹿 爲鵠. 巽爲鸛. 艮爲狐爲虎). 虞氏曰 巽爲魚(又离爲鶴爲隼 艮
爲狼) 鏞案 離字 從隹. 又禽字從离. 离爲飛鳥審矣. 左傳云 純离爲牛(昭五年). 離之象曰 畜牝牛 坎狐巽魚
亦多明驗. 若是者可信也.

乾☰을 龍이라 한 것이 잘못임은 앞서 이미 말했다. 离☲는 飛鳥가 되고 巽☴은 潔白이 되는데, 中孚(風
☴ ☱澤)를 겸획하면 大离☲큰 새가 되며, 上卦는 巽☴潔白이 되므로 鶴이라 한 것이다. 그리고 아래에
互震☳雷鳴이 끼어 있으므로 鶴이 운다고 말한 것이다. 그런데 저들의 말대로 다시 震☳까지도 鶴이라
한다면 무엇으로써 울겠는가?
乾龍之謬 前已言之. 离爲飛鳥 而巽爲潔白. 故中孚所以爲鶴(中孚爲大离 鶴亦大鳥). 下有互震. 故所以爲鳴
鶴(震善鳴). 若復以震爲鶴 則何以鳴矣.

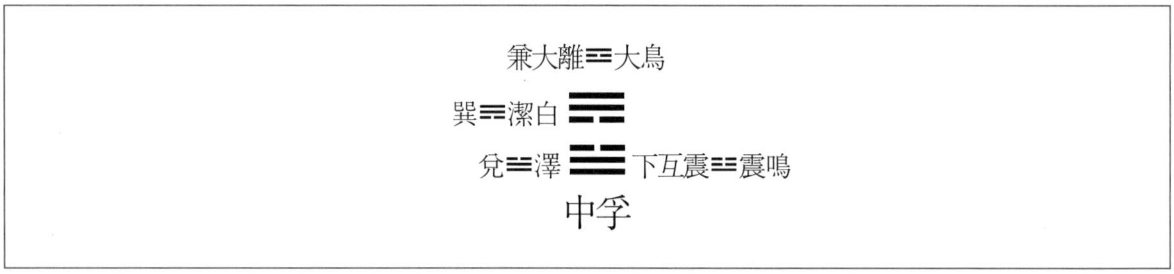

兼大離☲大鳥

巽☴潔白

兌☱澤　下互震☳震鳴

中孚

또한 离☲는 날아가는 새인데 坎☵川 위로 날아간다면 이는 기러기[鴻]일 것이다. 离☲는 날아가는 새인데 거기에 더해 벼락같이 달려드는 재능까지 겸했다면 이는 새매[隼]일 것이다. 위와 같이 알 수 있듯이 震☳이나 巽☴ 하나만으로 어찌 새가 될 수 있겠는가?〈마찬가지로 离☲飛鳥 하나만으로는 鶴이나 새매[隼]가 될 수 없다.〉 그리고 荀九家가 말하는 고니[鵠]·황새[鸛]는 주역에 아예 없는 말이니 나머지는 더 변론할 필요도 없다.

且离爲飛鳥 而漸于坎川之上 則鴻也(謂漸卦). 离爲飛鳥 而兼之震擊之才 則隼也(謂解卦). 徒震徒巽 安能爲鳥哉(徒离亦不能爲鶴爲隼). 若鵠與鸛 易詞之所無也(吳澄云 鵠當爲鶴 鸛當爲鴻). 餘不足辨.

巽☴潔白　上互离☲飛鳥

艮☶山　下互坎☵水.川

漸

震☳雷.動

坎☵水.川　下互离☲飛鳥

解

또한 상고하건데 虞翻의 易說에서 坤을 코뿔소와 호랑이라 말한 것은 아마도 乾☰괘 九五의 文言에 나오는 "風從虎"라는 말 한마디를 근거로 한 말일 것이다. 그래서 諸家(제가)들은 乾-龍, 坤-虎를 지어내서 대비함으로써 八卦의 象을 완결하고 싶어한다.〈그들은 同聲相應함은 風·雷요, 同氣相求함은 山·澤이요, 水流火就함은 坎·离라 하는데, 만약 坤이 虎[호랑이]가 된다면 八卦가 모두 갖추어질 수 있다는 것이다.〉 그러나 乾☰은 본래 龍이 아니며, 또한 유순한 坤☷이 어찌 사나운 호랑이가 되겠는가?

又案 虞氏易 有所謂 坤爲兕虎. 蓋以乾九五之文言 有風從虎一語. 而諸家 欲以乾龍坤虎 作爲比對 了八卦之象也(諸家云 同聲相應風雷也 同氣相求山澤也 水流火就坎离也. 若坤爲虎 可了八卦云). 然乾本非龍 坤又何虎(坤柔非虎猛).

〈정약용의 補充〉

震☳괘와 坎☵괘는 乾☰馬의 剛陽▬ 하나를 얻어 모두 말[馬]이 될 수 있었다. 巽☴괘와 离☲괘는 坤☷牛의 柔陰▬▬ 하나를 얻었는데, 유독 소[牛]가 될 수 없단 말인가? 그러므로 小畜☴괘의 九二와 遯☶괘의 六二에서는 모두 巽☴을 소[牛]라고 했으니 이를 증거한 것이다. 兌☱는 이미 小牛인 양[羊]이라 했으니, 그 반대인 艮☶은 의당 小馬인 당나귀[驢]라 한 것이다. 다만 당나귀는 易詞에서 말한 바는 없다.

震坎二卦 得乾之一剛 皆得爲馬(見下文). 巽离二卦 得坤之一陰 獨不爲牛乎. 故小畜之九二 遯之六二 皆以巽爲牛(遯本大巽. 六二又變巽) 可驗也. 兌旣爲羊(似牛而小者) 艮當爲驢(似馬而小者). 但驢易詞之所無也(侯果云 离爲黃牛. 此則非也).

巽☴의 덕성은 부드러움·屈伸(굴신)이니 그 象을 꿈틀거리는 벌레[蟲]라 한다. "風"자가 '虫'자를 따른 것도, 巽☴을 風이라 한 것도 본래 이유가 있었다. 그러므로 內卦에 巽☴虫을 머금은 蠱䷑(山☶ ☴風)를 벌레[虫]라고 命名한 것이다. 蹇䷦괘는 觀䷓(巽☴ ☷坤)괘에서 추이되었는데, 蹇䷦괘의 象을 자벌레[蠖]라고 한 것은 모두 증험이 있다.

巽德柔屈 其象爲蠕蜎之蟲(非甲蟲飛蟲). 風字從虫 本有由也(巽爲風). 故內巽之體 實爲蠱卦. 蹇自觀來(咸之蹇) 其象爲蠖(觀上巽) 皆可驗也(易大傳 咸九四 又以震爲蛇).

[아래의 도해에서 확인할 수 있듯이 '절름발이도 걸을 수 있다(跛能履)'고 한 것은 母卦인 觀괘의 巽☴風-虫이 蹇(건)괘로 播性(파성)되었기 때문이다: 편역자 주]

屯䷂괘의 六三은 坎☵鹿이 앞[上卦]에 있기에 그것을 "卽鹿"이라 말했고, 离☲禽[a]이 屯괘에 끼어있으므로 "從禽"이라 말한 것이다. 이는 坎☵의 象이 사슴[鹿]임을 명확하게 증거한다. 그런데도 荀九家들은 아무 전거도 없이 屯괘의 震☳을 사슴이라고 오인했는데, 그들이 爻變을 알지 못했기 때문이다.

屯之六三 坎鹿在前. 而謂之卽鹿 謂之從禽. 此坎爲鹿之明驗也. 九家 以震爲鹿 何據矣(屯本有震 而九家不

---

a 아래의 도해와 같이 屯괘의 六三이 爻變하여 이루어진 旣濟괘의 上互가 离☲禽이다. (편역자 주)

知爻變).

<table>
<tr><td>☷
☳
坎☵豕鹿
夾大离☲兵戈

屯(六三爻變) →</td><td>坎☵豕鹿
离☲兵戈

旣濟　　上互离☲禽
下互坎☵弓弩</td></tr>
</table>

『禮記』「曲禮」편에 이르기를 "左靑龍右白虎"라고 하였거니와, 震☳이 龍이면 그 반대편인 兌☱는 虎이다. 그러므로 履䷉(乾☰ ☱兌)괘와 革䷰(澤☱ ☲火)괘의 괘사에서도 모두 兌☱를 호랑이라 말한 것이다.
曲禮云 左靑龍而右白虎. 震爲龍 則兌虎也(兌爲右). 故履革之詞 皆以兌爲虎(朱震 來知德亦皆以兌爲虎).

제9장

건 위 수　곤 위 복
乾爲首　坤爲腹

乾☰괘는 머리로 삼고(天↔首), 坤☷괘는 배로 삼고(地↔腹),

진 위 족　손 위 고
震爲足　巽爲股

震☳괘는 발로 삼고(雷↔足), 巽☴괘는 정갱이로 삼고(風↔股),

감 위 이　이 위 목
坎爲耳　離爲目

坎☵괘는 귀로 삼고(水↔耳), 離☲괘는 눈으로 삼고(火↔目),

간 위 수　태 위 구
艮爲手　兌爲口

艮☶괘는 손으로 삼고(山↔手), 兌☱괘는 입으로 삼는다(澤↔口).

朱熹의 『周易本義』

八卦를 가까운 몸에서 취하면 이와 같다

近取諸身如此

茶山의 『周易四箋』

乾☰이 군주노릇을 했으므로 머리[首]라 한 것이요, 坤이 저장했으므로 배[腹]라 한 것이다. 상세한 것은 諸家들이 주석했다.

乾以君之 故爲首. 坤以藏之 故爲腹(餘詳諸家注)

荀九家들은 艮을 코[鼻]라 하고(兌는 광대뼈와 뺨이라 한다) 虞翻(우번)은 艮을 꼬리[尾]라 한다.〈坤은 엄지 손가락[拇]이라 하고, 坎은 엉덩이[臀]라 하고, 艮은 등짝[背]이라 하고 가죽[皮]이라 한다.〉

荀九家 艮爲鼻(又兌爲輔頰). 虞氏曰 艮爲尾(又坤爲拇 坎爲臀 艮爲背爲皮).

管輅(관로)는 이르기를 코는 "얼굴 산"이라 했는데 그 象이 그럴듯하다. 艮을 꼬리라 했는데 遯괘·旣濟괘·未濟괘의 易詞에 징표가 있다. 그러나 또한 易例에서는 初畫을 꼬리라 한다.

管輅云 鼻爲面山(朱子亦云然).於象宜也. 艮之爲尾 易詞有徵(遯·旣·未).然易例又以初畫爲尾.

兌爲輔頰 未有明驗. 拇者足之大指也. 本屬震象(震爲足). 坤之爲拇 不亦謬乎(咸與解). 臀者中孚之象也(姤夬困). 坎何以爲臀乎.

兌☱가 광대뼈임은 명확한 증거가 없다. "拇"는 발의 엄지가락이다. 발[足]은 본래 震☳의 象이니, 坤☷이 엄지가 된다는 말은 오류가 아니겠는가? 엉덩이는 中孚[兼大离☲]괘의 象이니 그 반대인 坎☵이 어찌 둔부가 되겠는가?

兌爲輔頰 未有明驗. 拇者足之大指也. 本屬震象(震爲足). 坤之爲拇 不亦謬乎(咸與解). 臀者中孚之象也(姤夬困). 坎何以爲臀乎.

이제 아래와 같이 보충한다:
坤☷은 살갗[膚]이고, 震☳은 수염[鬚]이며, 坎☵은 등짝[背]이며, 离☲는 얼굴[面]이다.

今補 坤爲膚. 震爲鬚. 坎爲背. 离爲面.

剛陽은 뼈[骨]라하며 柔陰은 살갗[膚]이라 한다.(膚肉은 身體의 土와 같다) 그러므로 坤☷을 살갗이라 한 것이다. 兌☱口 위에 震☳草가 무성하면 그 象은 수염이다. 背[등짝]는 "北肉"이다. 艮(☶ ☶)괘의 괘사에서 "艮其背"라 말한 것은 互坎☵背가 끼어있기 때문이다. 그런데 虞翻은 이를 보지 못하고 곧 艮을 背라고 말했으니 잘못이다.

剛者爲骨 柔者爲膚(又膚肉於身爲土) 坤爲膚也(噬嗑·剝). 兌口之上 震草蕃鮮 其象鬚也(賁六二). 背者北肉也(字從北). 艮之云 艮其背 以互坎也. 虞仲翔 直以艮爲背 非矣(离爲面見前).

제10장

건 천 야　고 칭 호 부
乾天也　故稱乎父

乾☰괘는 하늘이므로 아비라 부르고 (天↔父),

곤 지 야　고 칭 호 모
坤地也　故稱乎母

坤☷괘는 땅이므로 어미라 부르고(坤↔母),

진 일 색 이 득 남　고 위 지 장 남
震一索而得男　故謂之長男　＊索＝求也. 揲蓍以求爻也.

震☳괘는 제1變의 揲蓍로 얻은 爻가 陽[男]이 되니 장남이라 말하고(震雷☳↔長男),

손 일 색 이 득 녀　고 위 지 장 녀
巽一索而得女　故謂之長女

巽☴괘는 제1變의 揲蓍로 얻은 爻가 陰[女]이 되니 장녀라 부르고(巽風☴↔長女),

감 재 색 이 득 남　고 위 지 중 남
坎再索而得男　故謂之中男

坎☵괘는 제2變의 揲蓍로 얻은 爻가 陽[男]이 되니 中男이라 부르고(坎水☵↔中男),

이 재 색 이 득 녀　고 위 지 중 녀
離再索而得女　故謂之中女

離☲괘는 제2變의 揲蓍로 얻은 爻가 陰[女]이 되니 中女라 부르고(離火☲↔中女),

간 삼 색 이 득 남　고 위 지 소 남
艮三索而得男　故謂之少男

艮☶괘는 제3變의 揲蓍로 얻은 爻가 陽[男]이 되니 少男이라 부르고(艮山☶↔少男),

태 삼 색 이 득 녀　고 위 지 소 녀
兌三索而得女　故謂之少女

兌☱괘는 제3變의 揲蓍로 얻은 爻가 陰[女]이 되니 少女라 부른다(兌澤☱↔少女).

朱熹의『周易本義』 ________________________________

"索"은 수색하여 찾는 것이니, 蓍草(시초)를 네 개씩 덜어내며 셈하여 爻를 찾는 것이다. 男女는 八卦 중에서 한 개의 陰-- 을 가진 괘를 女子로 지칭하고, 한 개의 陽— 을 가진 괘를 男子로 지칭한 것이다.

索求也. 謂揲蓍而求爻也. 男女 指卦中一陰一陽之爻而言.

茶山의『周易四箋』 ________________________________

八卦의 次序(차서)는 父-母-長-少로 질서 있어 어지럽지 않다. 易詞도 上章·下章이 조금도 어지럽지 않은 것은, 복희씨 이래로 인류의 질서가 본래 그러했음을 알 수 있다.

八卦之序 父母長少 秩然不紊. 上章下章 不少參錯. 可見伏羲以來 其倫次本然也.

<文王 八卦 次序圖>

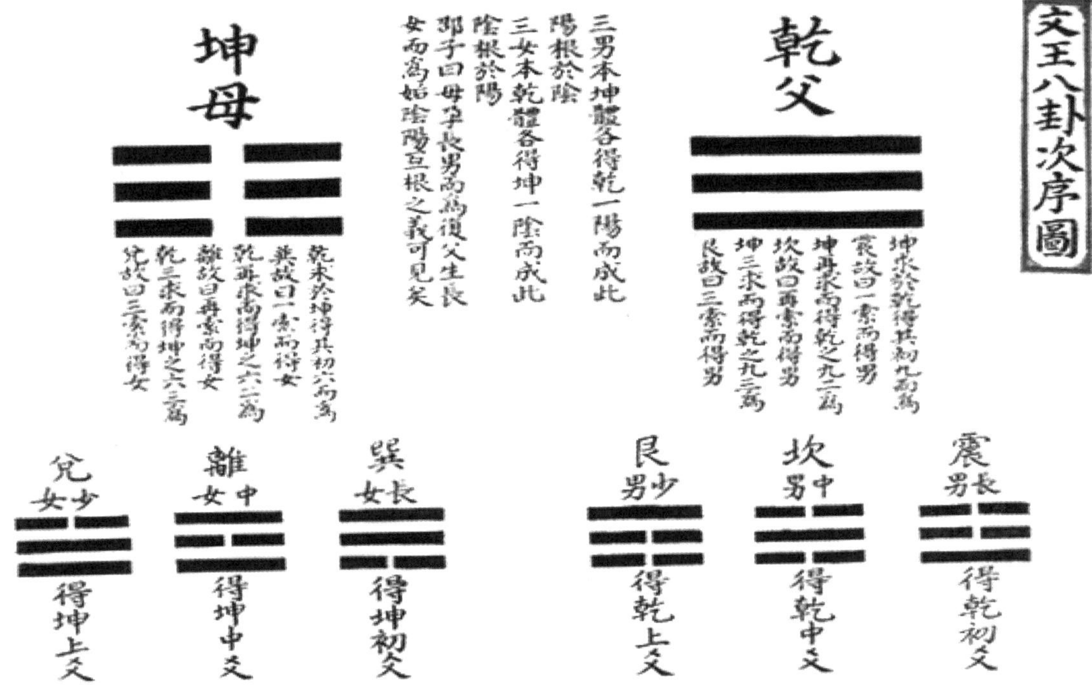

그런데도 邵雍(邵康節) 등 오늘의 학자들은 [一乾 → 二兌 → 三离 → 四震 → 五巽 → 六坎 → 七艮 → 八坤으로 次序를 매기며] "二兌澤"·"參离火"를 ['伏羲씨의 先天圖'라고 오인하며] 하늘이 내린 經으로 여기고 있으니 이 또한 미혹이 아니겠는가?

今之學者 二兌澤 參离火 認作天經 不亦惑與.

<伏羲 八卦 次序圖>

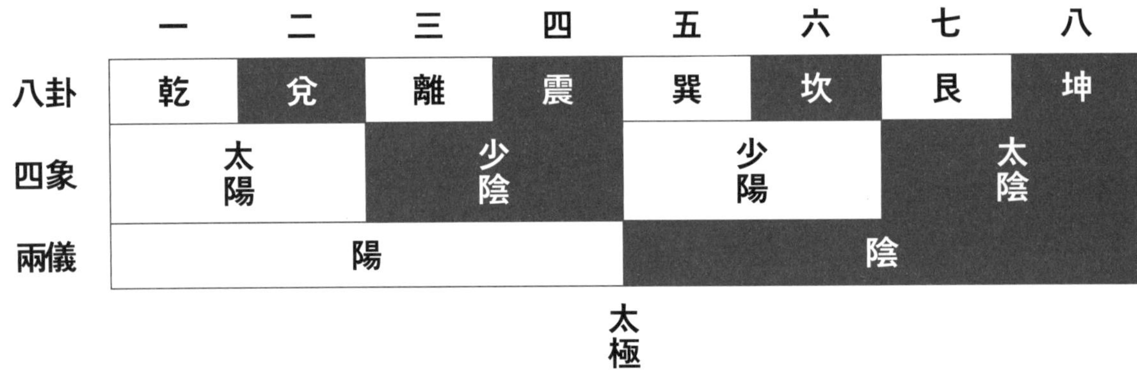

乾☰은 아비[父]라 한다. 그러나 小過䷽괘의 경우는 坎☵中男에서 생겼으니 乾☰父를 祖父(조부)라 해야 할 것이다.

乾則爲父. 然小過之卦 生於坎男 則以乾爲祖(見本卦).

蠱패의 上[上九]剛은 泰괘의 乾父에서 왔으며 그 자리가 艮死이니 先考[돌아가신 아비]가 되어야 한다. 이처럼 象은 유동적이므로 일정하지 않은 것이다.

蠱之上剛 自乾爲艮 則以乾爲考(艮爲死. 死曰考). 易象之流動 不定如此

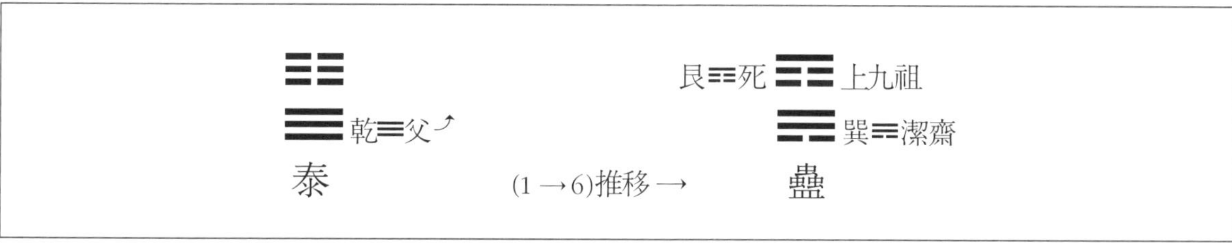

虞翻의 『易說』에서 震을 지아비[夫]라 하고 兄이라 하며, 巽은 지어미[妻]라 하고, 兌는 자매[妹]라 한다.

〈虞氏易〉 震爲夫爲兄. 巽爲妻. 兌爲妹.

坎中男, 离中女, 艮少男, 兌少女는 각각 夫婦를 이룬다. 반드시 震長男과 巽長女만 그런 것이 아니다. 震이 兄이 되는 경우에는 离와 兌는 누이가 되며, 兌가 누이가 되는 경우에는 震과 坎은 모두 兄이 된다. 그러나 이처럼 반드시 두 개의 象이 함께 나타나는 경우에만 이런 象을 취할 수 있으며, 단독으로 龍이 되고 羊이 되는 사례와는 같지 않다.

坎离艮兌 各成夫婦. 不必震巽爲然也. 震爲兄則 离兌皆妹也. 兌爲妹則 震坎皆兄也. 然若此類 必兩象具現然後 方可取象(如歸妹卦 上有震兄 故兌得爲妹). 與爲龍爲羊之例不同.

〈『說卦傳』 8~10장을 정리한 표〉

卦 分類	一 乾天	二 坤地	三 震雷	四 巽風	五 坎水	六 离火	七 艮山	八 兌澤
卦德	健	順	動	入	陷	麗	止	說
人倫	父	母	長男	長女	中男	中女	少男	少女

卦 分類	一 乾天 ☰	二 坤地 ☷	三 震雷 ☳	四 巽風 ☴	五 坎水 ☵	六 离火 ☲	七 艮山 ☶	八 兌澤 ☱
人品	賓	衆人	君子	主人	盜	武人	小人	巫
遠取	馬 潛龍	牛 牝馬	龍	鷄 虫 魚	豕 鹿 狐	雉 飛鳥 禽	狗 小馬	羊 小牛 騾 虎
近取	首	腹 膚	足 鬚	股	耳 背	目 面	手 鼻	口 頰
物色	大赤	黑	蒼	白	赤			
器物	金玉	釜	簋	繩	弓	甲冑	節	瓶
雜物	氷	布	稼	臭	血	墉	門闕	剛鹵

제11장

건 위 천　위 환　위 군　위 부　위 옥　위 금
乾爲天 爲圜 爲君 爲父 爲玉 爲金

乾☰괘를 하늘, 둥근 원[圓圜], 군주, 아비, 구슬, 쇠라 하고,

위 한　위 빙　위 대 적
爲寒 爲冰 爲大赤 *赤=赫也. 空盡無物. *大赤=純陽의 빛깔(茶山). 깃발(楊愼)

추위, 얼음, 큰 空虛라 부르거나,

위 양 마　위 노 마　위 척 마　위 박 마
爲良馬 爲老馬 爲瘠馬 爲駁馬

좋은 말, 늙은 말, 수척한 말, 얼룩말이라 부르고,

위 목 과
爲木果

나무와 과실을 상징한다.

『二程文集』

『說卦傳』에서 乾에 대해서 비록 天이라 하고 金이라 하고 玉이라 하고, 심지어 얼룩말·좋은말·나무·과일 같은 것이라 말하지만, 어찌 天을 다 말할 수 있겠는가? 이런 것들은 만물의 情狀을 분류한 것이다. 그러므로 공자는 그것을 類推하여 밝히고자 말씀하시기를, 이 괘는 천문 지리에서는 무슨 물건이고, 조수와 초목에서는 어떤 물건이고, 몸과 사물에서는 무슨 물건이라고 각각 예를 든 것이므로 모두다 말한 것은 아니다. 배우는 사람이 종류마다 접촉하여 찾는다면 생각나는 것이 절반은 넘을 것이다. 그렇지 않으면『說卦傳』을 서술한 것이 무슨 소용이 있겠는가?

說卦於乾 雖言爲天. 又言爲金爲玉 以至爲駁馬爲良馬爲木果之類 豈盡言天. 若此者所謂類萬物之情也. 故孔子推明之曰 此卦於天文地理則爲某物. 於鳥獸草木則爲某物. 於身於物則爲某物. 各以例擧不盡言也. 學者觸類而求之 則思過半矣. 不然說卦所敍何所用之.

朱熹의 『周易本義』

後漢의 荀爽(순상)이 지은『九家易』에는 위 문장 아래에 '爲龍 爲直 爲衣 爲言'의 글귀가 더 붙어 있다.

荀九家此下 有爲龍爲直爲衣爲言.

茶山의 『周易四箋』

乾☰이 玉이라 金이라 하는 것은 그 재질이 정미하고 강건하기 때문이다. 乾☰을 추위와 얼음이라 하는 것은 세 개의 陽━은 세 개의 陰╌이 엉켜 붙었기 때문이다. 坤☷괘 初六의 "履霜堅冰은 陰始凝也"

라 한 爻辭(효사)도 이를 근거로 말한 것이다. 大赤은 純陽의 색이다. 楊愼(1488-1559. 『升庵集』이 전한다)
이 이르기를 "大赤은 깃발의 명칭이며, 『周禮』 「春官宗伯」 巾車에서 '象路에는 大赤의 깃발을 세운다'
고 했으며, 『禮記』 「明堂位」에서 '周나라의 大赤'이라 한 것이 그 증거"라고 했으나, 그런 解義는 잘못
이다.

爲玉爲金者 其體精剛也. 爲寒爲氷者 以三陰之凝合也. 坤初六用之(孔穎達云 寒氷西北之地氣). 大赤純陽之
色也. 楊升菴云 大赤旗名. 周禮 象路建大赤(巾車文). 明堂位 周之大赤是也(左傳祝鮀云 昔成王 分康叔 以少帛
綪茷. 杜云 綪茷大赤旗也). 其義非也.

"良馬"의 '良'은 본연의 善함이다. 訓育이나 익힘을 빌리지 않은 것이다. "老馬"는 늙은 말이다. '三陽'은
老陽이라 한다. "瘠(척)"은 살이 빠져 수척한 것이다. 易例에서 柔畫은 살갗[膚]이라 하고 剛畫은 뼈[骨]
라 한다. 乾☰은 뼈만 있고 살이 없기 때문에 수척하다고 말한 것이다. 무릇 易에서 야위었다고 말한
경우는 모두 乾☰이 있기 때문이다. 얼룩말[駁馬]은 붉은색에 배가 흰색인 것을 말한다. 햇빛은 본래 흰
색인데 大赤을 아우르면 그 象을 駁이라 말한다. 董眞卿과 吳幼淸은 "駁"으로 읽고 호랑이나 표범을 잡
아먹는 맹수로 풀이하지만 잘못이다. 木果는 둥근 것이 허공에 매달려 있어 하늘의 象이다.

良者本然之善(如良能之良) 不假馴習也(乾之陽剛 非有稟受 故曰良) 老馬駁馬也 三陽爲老陽也(如坤之云 子母
牛). 瘠者肉消也. 易例 柔畫爲膚 剛畫爲骨(見噬嗑). 乾卦有骨而無膚 所以爲瘠(易凡言羸 皆以乾). 駁馬駒白
之馬也(爾雅云). 陽光本白(反坤黑) 兼之大赤 其象駁也. 董眞卿 吳幼淸 訓作猛獸 非矣(爾雅云 駁如馬鋸牙食
虎豹). 木果體圓懸空 其象天也.

京房(경방)의 책에는 瘠(척)을 柴(시)로 기록했고, 陸德明의 책에는 駁(박)이 駹(방: 얼굴과 이마가 흰 말)으
로 쓰여 있다.

京房本 瘠作柴(聲誤也) 陸德明本 駁作駹.

荀九家의 견해에 따르면 乾의 象을 옷이라 하고(또한 곧음이라 하고 말씀이라 한다) 虞씨는 乾을 悳·사람·
가득함·큰 수레라 했다. (또한 베풂이라 하고 갑주라 했다.)

荀九家 乾爲衣(又爲直爲言). 虞氏曰 乾爲悳 爲人 爲盈 爲大車(又爲施爲甲).

〈荀九家의 乾象에 대한 茶山의 補正〉

悳(덕)이란 글자 생김처럼 直心이다. 乾☰·坎☵은 모두 直心[중심이 곧음]이므로 直이라 하고 悳이라 한
것도 역시 같다. 큰 수레[大車]는 하늘처럼 회전하는 물건이다. 위는 乾☰이고 아래는 巽☴으로 서로 象
을 연결하면 그 덕을 베풂이 된다.(乾을 言이라 하고 甲이라 한 것은 크게 잘못된 것이다).

德者直心也(字從直從心). 乾坎皆直心. 故其爲直爲悳 亦同也. 大車圓轉之物也(大有則以乾爲車) 上乾下巽
交互成象 則其德爲施(爲言爲甲大非也)

지금 아래와 같이 보충한다:

乾의 象은 화살[矢], 계단[階], 교외[郊 또는 廣野], 족장[宗], 빈객[賓], 야윔[羸], 부유[富], 백색[白]이 된다
(또는 띠풀·성냄이라 한다).

今補 乾爲矢 爲階 爲郊(又爲野) 爲宗 爲賓 爲羸 爲富 爲白(又爲茅爲忿).

馬融과 王肅은 함께 离☲도 화살이 된다고 했다(离☲는 飛鳥의 象인데 화살까지 연상한 것이다). 대개 解☷☵괘 九二의 "得矢", 旅☲☶괘 六五의 "亡矢", 噬嗑☲☳괘 九四의 "得矢"는 모두 离☲화살이 있기 때문이다. 그러나 그 象들을 깊이 들여다보면 모두 乾☰괘 一陽▬의 곧음을 가리킨 것임을 알 수 있다. 오직 乾☰괘만이 아니라 모든 陽▬획은 다 화살이 되는 것이다.

馬融 王肅並云 离爲矢(取飛鳥之象). 蓋以解九二之得矢(有互离). 旅六五之亡矢(有上离). 噬嗑九四之得矢也(有上离). 然 黙觀其象 皆指乾一陽之直者也(乾其動也直.又質剛而體圓). 不唯乾也 凡陽畫爲矢也.

升☷☴괘 六五의 효사에서 "升階"라 말한 것은 六五가 효변하여 井☵☴괘의 九五가 됨을 가리킨다. 그런데 井☵☴괘는 泰☷☰괘에서 初九가 九五로 올라가 推移한 卦이니 이는 乾☰階에서 올라온 셈이다. 그러므로 효사에서 "升階"라고 말한 것이다.

升之井曰 升階(升六五). 井自泰來(一之五). 升自乾階(泰下乾). 故爻詞如是也.

또한 張衡[a]의 『思玄賦』에서 "옥 계단을 밟고 가파른 산정을 오른다"고 노래했는데, 역시 遯☰☶(天☰ ☶山)괘에 乾☰階가 있기 때문이다. 옛 제도에 계단은 3층으로 되어 있었는데 乾☰의 三획에 이런 象이 있기 때문일 것이다. "郊"는 하늘에 제사를 드리는 곳이다.

又張衡 思玄賦云 蹈玉階之嶕峥. 亦以遯之有乾階也(思玄賦妙合易象). 古制階有三級 乾之三畫有是象也. 郊者 祭天之所也.(又坤邑之外爲野. 故易詞或以乾爲野)

乾☰을 父라 하고, 아비 쪽 혈연을 宗이라 한다. 그러므로 易詞에서 乾☰을 만나면 매양 宗이라 말하는 것이다. 여러 학자들은 이러한 의미를 알지 못하여 乾을 '衆[군중]' 혹은 '崇[한데 모음]'이라 해석하니 얼마나 잘못인가? 옛날에는 손님을 乾方인 西北쪽에 앉혔다. 西北은 乾의 방위이다. 그러므로 易例에서

---

a 張衡(72-139)은 楊雄(양웅: 주역을 모방한 『太玄經』의 저자)과 쌍벽을 이룬 後漢의 경학자로 『周易訓詁』·『思玄賦』등이 전한다.

乾☰을 손님으로 삼는다. 그러나 반드시 乾☰과 巽☴이 함께 있은 뒤라야 賓客이 된다. 巽☴은 東南쪽이니 主人의 자리이다. 만일 주인이라는 자리가 없으면 손님이란 이름도 붙일 곳이 없기 때문이다. "贏(리)"는 瘦瘠(수척)하다는 뜻이다. 坤☷陰이 黑이면 乾☰陽은 白이다. 또 巽☴風을 白이라고들 하는데 그렇다면 乾☰陽은 純白이다.

乾則爲父. 父黨爲宗(同姓曰宗. 本自公族始). 故易詞 每遇乾 則言宗(如同人于宗). 諸家不達此義 或訓爲衆 或訓爲崇. 何其謬也. 古者 坐賓於西北(見鄕飮酒義). 西北者乾方也. 故易例乾爲賓(如需上六 觀六四). 然必乾巽俱有而後 乾乃爲賓(巽爲主人位). 蓋以主人之位不立 則賓之名 無所傅[a]也 贏者瘠也(義見上). 坤黑則乾白(又金色本白). 又巽多白 則乾爲純白也.

震☳草·巽☴草가 乾☰三脊을 아우르게 되면 그 象은 띠 풀[茅]이 된다. 옛날에 띠풀은 세 개의 줄기가 있는 三脊茅(삼척모)[b]를 귀하게 사용했다. 損䷨괘의 大象傳에서는 乾☰의 象을 恣이라 했다.

震巽之草. 兼之以乾三脊. 則其象爲茅(泰否與大過). 古者茅用三脊也. 損大象以乾爲恣.

	傳文	天. 君. 父. 圜. 玉. 金. 寒. 冰. 大赤. 良馬. 老馬. 瘠馬. 駁馬. 木果. 三脊. 茅. 恣.
乾 ☰	荀九家	衣. 直. 德
	茶山	矢. 階. 郊. 宗. 賓. 贏. 富. 白.
	聯想 확장	首. 王. 野. 剛健. 骨. 室. 宇. 貨. 君子. 大人. 大車. 盈. 施. 戰.

坤爲地 爲母 爲布 爲釜 爲吝嗇 爲均 * 均=井田法(정전법)과 관련하여 '畇(균: 밭을 일구다)'과 通한다.

坤☷괘를 땅·어미·베풂·솥·인색함·균일함이라 하고,

爲子母牛 爲大輿 爲文 爲衆 爲柄

인자한 어미 소·큰 수레·무늬·민중·칼자루가 되고,

其於地也 爲黑

그것이 땅에서는 흑색이 된다.

---

a 傅: '附'와 통용된다. 甫. 敷. 陳也.

b 편역자 주: 三脊茅의 이름은 菁茅(정모)이며 泰山의 天祭에 돗자리로 썼다고 한다. (『管子』「菁茅謀」)

『九家易』에는 위 문장 아래에 '암말, 헤맴[迷], 方所, 주머니, 치마, 누렁이, 비단, 漿類(장류)라 한다'는 글귀가 덧붙여 있다.

荀九家 有爲牝 爲迷 爲方 爲囊 爲裳 爲黃 爲帛 爲漿.

茶山의『周易四箋』 ____

고대에는 들을 구획하고 고을을 나눔에 있어 모두 井자 모양으로 했다.『禮記』「王制」에서 이른바 '四方百里'·'四方十里'라고 한 것이나,『周禮』「考工記」에서 이른바 '九經九緯의 法'은 모두 선왕들이 토지를 관리하던 방식이다. 또한 經[세로]·緯[가로]를 교차시키는 것은 布帛(포백)의 씨줄과 날줄의 모습이 되므로 坤을 布帛[베와 비단]이라 한 까닭이다.

古者畫野分州 皆爲井地, 王制所謂 方百里方十里. 及考工記所云 九經九緯之法. 皆先王所以治地也. 經緯相交者 布帛之象. 此坤之所以爲布爲帛也.

고대에 釜(부: 솥)를 䯈(부: 가마솥)로도 표기했는데 鬲(력: 다리굽은 솥)이나 鼎(정: 솥)과 달리, 다리가 없고 아가리가 오므라진 가마솥이다. 坤☷은 아래에 震☳처럼 다리가 없으니 그 象이 가마솥이라 한 것이다. 이 가마솥은 아가리가 넓어지는 鼎(정)과 달라서 받아들이기만 하고 베풀지 않으니, 그 德性이 인색하다고 말한 것이다.

釜古作䯈. 無足之鍑也. 下無震足(上如震) 其象䯈也(孔氏云 釜所以成熟物). 受而不施 其德吝嗇也(上文云 坤以藏之).

均(균)은 旬(순)과 통용되는데 旬은 十이다. 十은 가로 세로를 교차시킨 모양으로 井田을 상징하므로 易例에서는 十을 地數로 삼는다. 그래서 (井田法을 연상하여) 坤의 象을 畇(균: 개간한다)와 상통하는 "均"으로 설정했다.

均與旬通(見周禮). 旬者十數也(一經一緯 則其文爲十). 故易例 地數皆十也(又與畇通, 周禮有土均之法)

〈비교·평가를 위한 자료〉

① 孔穎達의『正義』

『宋本十三經注疏』에 수록된『周易正義』를 쓴 孔穎達(공영달: 574-648. 공자의 32代孫)은, 땅이란 본래 生育을 맡은 어미이므로,『說卦傳』의 "子母牛(자모우)"는 새끼 낳는 소[孳牛: 자우]를 가리킨 것으로 해석한다.『九家易』은 이르기를 만물이 서로 섞여 있으므로 坤☷은 文樣(문양)의 象이라 했다. (茶山은 重卦 坤☷☷은 흡사 6글자가 2줄로 늘어선 12글자의 象이라고 말한다). "柄[자루]"은 만물을 낳는 뿌리이며, "黑"이란『書經』「禹貢(우공)」에서 말한 黑墳(흑분: 검고 비옥한 흙)과 같은 뜻이다.〈兌☱괘의 物象이 '剛鹵(강로)'인 까닭은, 柔陰이 剛位에 앉아 剛陽을 올라타고 있어, 위태롭고 生物[物을 낳음]하지 못하기 때문이다. 坤☷☷괘의 "生物之根"과는 대비되므로 의당 참고해야 한다.〉

孔氏曰 子母牛者 孶牛也(卽母牛). 九家易云 萬物相雜 故文(案坤卦 恰有兩行文 十二字之象). 柄[a]者 生物之根 (大傳云 謙德之柄. 此以坤爲柄也) 黑者 如禹貢所云 黑墳也(當與兌剛鹵參看)

② 荀九家의 坤☷ 物象

荀九家들은 坤의 象을 치마, 비단, 황색 고을이라 한다. (또한 방정함, 혼미함, 어지러움, 음료, 주머니라 하였다). 虞翻은 坤의 상을 신민, 제후국, 공허함, 더위라고 한다. (또한 그릇, 귀신, 죽음, 봄풀이 갑주를 터트리지 못하고 꼬부려짐, 더위라 한다).

荀九家 坤爲裳. 爲帛. 爲黃. 爲邑.(又爲方 爲迷 爲亂 爲漿 爲囊). 虞氏曰 坤爲臣民. 爲國. 爲虛. 爲暑.(又爲器 爲鬼 爲死 爲乙 爲晦). (정약용『周易四箋』「說卦傳」11장)

③ 荀九家의 坤象에 대한 茶山의 補正 (정약용『周易四箋』「說卦傳」11장)

"坤☷괘가 앞서 혼미했다"는, 坤괘에 앞선 剝☶괘에 있는 艮☶山이 지름길이기 때문이다. "復☳괘는 혼미하던 것이 돌아왔다"는, 혼미해서 떨어져나갔던 艮☶山의 陽—이 坤☷괘 안으로 돌아왔기 때문이다. 이는 坤☷괘나 復☳괘 자체가 혼미하다는 뜻이 아니고 모두가 艮☶山의 徑路(경로: 지름길) 때문이다. 그러므로 迷途(미도)라고 말한 것이지 坤☷地가 어찌 길을 잃고 헤맨 적이 있었던가?

坤之先迷(自剝而爲坤) 復之迷復(復上六爲剝) 皆以艮也. 艮爲徑路 故爲之迷途. 坤何嘗失路哉(詳二卦).

坤괘를 鬼神(귀신)이라 했는데 이것도 艮☶死 때문이다. 艮☶이면 죽음이고 죽으면 귀신이 된 것이지, 坤☷地가 어찌 죽은 물건이 된 적이 있었던가?

艮則爲死 死則爲鬼 坤何嘗死物哉(萬物終於艮).

坎☵은 离☲治의 반대이다. 그러므로 坎☵의 덕성은 亂[어지러움]이다. 坎☵은 또한 물이다. 그러므로 그 物象이 역시 미음이 된다. 萃☱☷(澤☱ ☷地)괘의 "終亂(끝내 어지러움)"·渙☴☵(風☴ ☵水)괘의 "汗號(한호: 險阨의 호령)"는, 坤☷ 때문이 아니라 坎☵險 때문이다. 坤☷地에 어찌 이런 象이 있었던가?

坎與离反 故其德爲亂(反离治). 坎亦爲水 故其物爲漿(汗液也). 萃之終亂 渙之汗號 皆以坎也. 坤何嘗有是哉.

위는 비고 아래는 막힌 물건은 바야흐로 양식을 담을 수 있는 그릇이 될 수 있다. 坤☷괘의 象을 "주머니를 묶는다(括囊: 괄낭)"고 말한 것은, 坤☷이 밑을 묶은 震☳으로 변했기 때문이다. 즉 坤☷布에 震☳糧[양식]을 받아 넣었기 때문에 그 象을 주머니라 한 것이다. 어찌 坤☷ 혼자 공연히 주머니가 될 수 있단 말인가?

上虛下塞 方得爲器. 坤之括囊 以變震也. 坤布而受震糧 其象爲囊(坤有底曰囊). 徒坤 豈足以爲囊哉.

---

a　柄=本也. 殺生之制也.

또한 乾·坤의 象을 甲·乙이라 말한 것은 震☳東方에서 만물이 태어남을 표현한 것이다. 즉 "甲"·"乙"은, 초목의 씨앗이 처음 땅을 뚫고 나올 때 겉껍질을 터트리지 못하고 甲冑(갑주)처럼 머리에 쓰고 꼬부라져 나오는 모습을 따라서 상형한 글자이다. 甲·乙이 어찌 乾·坤에 관여하겠는가?

又甲乙者 震方之生物也(字從草木始甲坼句生). 於乾坤何與哉.

荀九家는 坤의 象을 "어둠[晦]"이라 했는데, 이는 兌☱西方의 象이다. 『書經』「堯典」에서 西方을 어둠의 곳이라 했다.

晦者昧也 兌之象也(堯典西爲昧).

총괄하면 荀九家들은 爻變法을 몰랐다. 그러므로 매양 艮☶·坎☵·震☳의 物象을 끌어와서 坤☷의 物象으로 삼았다. 艮☶·坎☵ 震☳의 세 괘는 모두 그 하나의 剛陽━만 변하면 곧 純陰인 坤☷이 되기 때문이다.

總之 九家不知爻變. 故每以艮坎震 三卦之物 引之爲坤卦之物也. 三卦皆變其一剛 卽成純坤.

④ 茶山의 '坤' 物象 補充 (정약용 『周易四箋』「說卦傳」11장)

坤☷地는 밭[田], 벗[朋], 살갗[膚], 따스함[溫]이 된다.(또한 坤은 甘味가 되고 慾心이 된다)

今補 坤爲田 爲朋 爲膚 爲溫(又爲甘爲慾).

봄 사냥의 예법은 본래 짐승들의 밭농사 폐해를 없애기 위한 목적이 있었다. 그러므로 괘에 坤☷田과 함께 車馬(차마)나 弓矢(궁시)의 象이 있으면 그 점괘는 사냥이 된다.

벗[朋]이란 둘씩 어울려 짝을 이루는 것이다. 坤☷의 세 개 陰획은 둘씩 어울려 짝을 이루므로 '朋'의 象이 있기 때문이다. 坤☷을 朋(붕)이라 한 사례는 豫䷏괘 九四 爻辭의 "朋盍簪(붕합잠: 비녀로 머리카락을 모으듯이 벗을 결집시킨다)"과 蹇䷦괘 九五 爻辭의 "大蹇朋來(대건붕래: 크게 험난하나 벗이 돌아온다)"에서 볼 수 있다. 또한 『漢書』「食貨志(식화지)」에 의하면, 조개껍질 한 쌍을 '朋'이라 한다. 그러므로 이런 뜻을 빌려 象을 삼은 사례로는 損䷨괘 六五와 益䷩괘 六二에서 말한 '十朋之龜(십붕지구)ª'가 이런 경우이다.

畋獵之禮 本所以除田害也. 故卦有坤田 而兼有車馬之象(或弓矢) 則其占爲畋也(坎亦有田象) 朋者 兩比成耦也. 坤之三陰 兩兩相比. 故有朋象(見豫蹇). 又兩貝爲朋(見漢志) 故因亦假借爲象. 損益之云 十朋之龜 是也(膚之義見前).

『左傳』「昭公 十二年」의 南蒯(남괴)의 점에서[本書의 「春秋觀占補注」 참조] 子服惠伯(자복혜백)의 말을 통하여, 坤의 象을 따스함이라 했다. 대개 乾을 寒[추움]이라 하니 그 반대인 坤은 溫[온화함]의 象이 된다. 또한 『書經』「洪範(홍범)」에서 土는 단맛을 만든다고 했다. 그런데 易例에서는 반드시 坤☷土에 兌☱舌

---

a 편역자 주: ① 坤☷의 세 개 陰획이 둘씩 어울려 짝을 이루는 朋의 象이 坤의 地數인 '十'과 결합된 十朋. ② 이 十朋이 함께 어울려 거북점[龜]을 친다. ③ 十朋의 龜는 『書經』「周書」大誥에서 "寧王 遺我大寶龜 紹天明(나라를 편안하게 하신 王께서 나에게 大寶龜를 물려주시어 天命을 잇게 하셨다)"의 '大寶龜'이다.

[혀]을 겸해야만 단맛의 象으로 본다. 또한 坤☷의 象을 욕심이라 한 것은 損䷢괘의 大象傳에 나타난다.

左傳 南蒯之筮(昭十二年) 子服惠伯之言 以坤爲溫(坤之比) 蓋乾爲寒 則坤溫也. 洪範 土味作甘. 然其在易例 必兼之以兌舌. 方得爲甘(見臨節) 爲慾之義. 見損大象.

坤 ☷	傳文	地. 母. 衆. 母牛. 布. 文. 柄. 釜. 吝嗇. 大輿. 黑土. 均(井田).
	荀九家	國. 邑. 牝. 臣民. 方. 黃. 裳. 囊. 帛. 虛. 暑. 帛. 漿.
	茶山	黑. 田. 朋. 膚. 溫. 甘. 慾.
	聯想 확장	腹. 安. 順. 柔. 弱. 黃牛. 革. 躁. 妃. 境. 厚. 臣道. 藏之. 致役. 致養.

震爲雷 爲龍 爲玄黃 爲旉 *旉=布也. 分也. *茶山은 旉를 藪로 읽는다

震☳괘는 우레·용·玄黃(현황)·베풂이라 하고,

爲大塗 爲長子 爲決躁 爲蒼筤竹 爲萑葦 *決=突也. *萑葦=갈대.

큰 길·어른·저돌적인 것·푸른대·갈대라고도 말한다.

其於馬也 爲善鳴 爲馵足 (荀爽本에서는 '馵'가 '朱'로 됨) *馵足=足[발]이 흰 말.

말에 대해서는 잘 우는 것·발이 흰 것,

爲作足 爲的顙 *的=白也.

발을 쳐드는 것·이마가 흰 것이라 말하고,

其於稼也 爲反生

농사에 대해서는 되살아난 것이라 말하고,

其究爲健 爲蕃鮮 *究=窮極也. 竟也. 學究也.

끝내는 건실한 것·무성한 것·고운 것을 말한다.

朱熹의 『周易本義』

『九家易』에는, 위의 문장 아래에 '玉, 고니[鵠], 북[鼓]이라고도 한다'는 글귀가 덧붙여져 있다.

荀九家 有爲玉 爲鵠 爲鼓.

虞翻(우번)과 干寶(간보: 東晉人. 京旁의 漢易을 계승하여 陰陽術數的인 易注를 냄)의 易傳에서는 龍을 駹(방: 이마가 흰 靑馬)로 읽고 푸른색으로 새겼다. 대저 坤☷牛 兌☱羊이 자주 나타나는 것은 바로 說卦傳의 글로 오래전부터 있어왔기 때문이다. 乾☰龍도 마찬가지로 공자께서 따르고 덧붙이기까지 한 경문을 어찌 바꾸려한단 말인가?

虞翻干寶之易 以龍爲駹 訓爲蒼色(李鼎祚本 又作駹) 夫坤牛兌羊 多有複見 正以說卦之文 自昔有之. 夫子從而增潤之也 何必改經.

"玄黃"은 坤☷黃帛의 몸에 天玄을 물들인 색이다. '勇(부)'는 꽃이다. '薂'로 쓰기도 한다. 震☳의 象은 陽春의 和氣가 뿌리에 돌아와 꽃과 잎이 다시 살아나는 모습이다. 그런데 姚信(요신)은 "勇"를 전일함으로 새기고 虞翻(우번)은 아예 '專'자로 바꾸어버렸으니 크게 잘못이다.

玄黃者 坤帛之體 而染之以天玄也.(吳澄云 得乾初畫爲玄). 勇者花也 亦作薂(古文 勇與華莩通) 陽和反于根 而花葉復生也(大過震爲華). 姚信訓爲專一. 虞仲翔改勇爲專(李鼎祚亦然) 大謬矣.

震☳大途(대도: 큰 길)는 艮☶徑(경: 지름길)의 반대이다. 震의 象을 "決躁(결조: 튀어나옴)"라 한 것은 雷動(뇌동)을 말한다. 陸農師(陸佃: 1042-1102)는 蒼筤(창랑)을 어린 대나무로 해석했다.

大途者 艮徑之反也(吳云前無壅). 決躁者 雷也. 陸農師云 蒼筤幼竹也.

震☳의 象을 "善鳴" 즉 말[馬]이 잘 운다고 말한 것은 震☳雷의 소리를 따른 것이다. 謙☷☶괘 六二와 上六의 효사에서 말한 "鳴謙(명겸)"이나. 豫☷☳괘 初六에서 말한 "鳴豫(명예)"는 모두 震☳雷鳴[우레 소리]를 내포하고 있기 때문이다. "鼻足(주족)"이란 뒷다리의 왼쪽 발이 흰 말을 가리키는데, 이것이 震☳의 象이다. "作足(작족)"이란 말이 두 발을 나란히 들어 올려 포효하는 모습인데, 이것이 震☳의 象이다. 『詩經』「魯頌」에서 말한 "思馬斯作(사마사작)"이 이런 모습일 것이다. "的顙(적상)"이란 이마의 털이 백색인 말을 가리키는데, 震☳은 乾☰의 첫 번째 剛陽━을 얻었기 때문이다. 『詩經』「秦風」車鄰(거린)에서 말한 "有馬白顚(백전: 이마에 백호가 휘날리는 말)"이 이런 모습일 것이다.

善鳴者雷也. 鳴謙鳴豫 皆以震也. 鼻足者 後左足之白也(爾雅云) 震之象也(左足者震也. 後白者初剛也). 作足者 雙足齊擧也(吳幼淸云 足超起). 魯頌云 思[a]馬斯作 的顙者白顚也(爾雅云). 得乾首之初剛 是白顚也(秦風云 有馬白顚)

震☳의 象을 "反生"이라 한 것은 復生[다시 살아남] 또는 翻生(번생: 꼬부려져 살아남)이다. 八卦에서 震☳괘는 12벽괘의 復☷☳괘에 해당한다. 艮☶에서 剛陽━이 탈락해 陽━이 모두 없어진 坤☷☷이 되었다가, 震☳에 이르러 하나의 陽━이 다시 돌아와 살아난 것이니, 이를 "反生"이라 말한 것이다. 宋衷(東漢末의 인물. 『周易宋氏注』가 전해지고 있다)은 이르기를 "反生"은 콩의 배아가 떡잎을 머리에 쓰고 꼬부라져 나오는

---

a　思=(語氣詞).

것이라 했다.

反生者復生也 又翻生也, 八卦之有震卦 猶十二辟之有復卦. 自艮而坤 三陽都盡. 至震而一陽復生. 此之謂反生也(虞氏偶得譌本 以反爲阪 訓之爲陵阪之生. 大謬). 宋衷云 反生者 枲豆之屬 帶甲生者(謂萌芽 自下而上 反句向生).

『周易乾坤鑿度(주역건곤착도)』[a]에 의하면 사물은 시작이 있고 장성한 때가 있고 끝이 있다는 것인데, 대개 上畫을 究極(구극: 종말·끝)이라 한다. 震☳이 장성하면 兌☱가 되고 그 끝은 乾☰이 된다. 그리고 乾의 상은 健實이므로 震☳의 상을 그 끝은 健實하다고 말한 것이다.

乾鑿度云 物有始有壯有究(究極也). 蓋以上畫爲究也. 震壯爲兌 其究爲乾. 乾者健也. (巽究爲坤. 故其究爲躁)

⑤ 荀九家의 '震' 物象 批判 (정약용 『周易四箋』 「說卦傳」 11장의 '震' 項)

荀九家(순구가)들은 震☳의 象을, 입이 위로 향한 장군[仰缶: 앙부]으로 보았다 〈또한 玉, 북[鼓]이라 한다〉. 虞飜(우번)은 震☳을 제후·주인·행진이라 했다(또한 음악·작품으로 보았다).

荀九家 震爲仰缶. (又爲玉爲鼓) 虞氏曰 震爲侯 爲主 爲行. (又爲樂 爲作)

震☳의 象을 바리[盂]나 장군[缶]이라 한 것은 漢儒들에게서 자주 나타난다. 그러나 離☲괘·坎☵괘·比☷☵괘·井☴☵괘의 효사를 살펴보면 반드시 坤☷土나 艮☶土에 震☳器가 결합해야만 장군[缶]이 될 수 있다. 장군[缶]은 대개 土器이기 때문이다.

震爲盂缶 屢見漢儒之說. 然稽之易詞 必以坤艮之土 合於震器而後 方得爲缶(离坎與比井皆然). 蓋缶者土器也.

益☴☳괘 六三의 효사에서 말한 "告公用圭(고공용규: 公侯에게 王命을 전할 때 옥 부절을 쓴다)", 鼎☲☴괘 上九의 효사에서 말한 "鼎玉鉉(정옥현: 솥의 옥 귀고리)"은, 모두 乾☰玉이 오르고 내린 것을 가리킨다. 일찍이 震☳을 玉이라 한 적이 있었던가?

益六三之用圭(圭亦玉) 鼎上九之玉鉉 皆乾玉之所升降(義詳本卦箋). 震何嘗爲玉哉.

"가죽 소리"라는 뜻의 鼓[북소리]는 혹 离☲의 象이다. 中孚☴☱(兼大离☲)괘 六三의 효사에 "或鼓或罷(혹고혹파)"라 한 것은 中孚☴☱는 속이 텅 빈 大离☲의 형상에 震☳雷鳴(뇌명: 우레 소리)을 내포하고 있기 때문이다. 그러나 "두드린다"는 뜻의 鼓[북]는 의당 艮☶手가 있어야 한다. 荀九家들이 震☳을 鼓[북]라 말한 데는 또 무슨 근거가 있겠는가?

革音之鼓. 或是离象(中孚之六三) 扣擊之鼓. 宜以艮手(離九三). 震之爲鼓 又何據矣.

震☳動은 兌☱口와 나란히 있을 때는 言行의 "行"이 되고, "艮☶山止와 번갈아 나타나면 行止의 "行"이

---

a   四庫全書에 수록되었으나 撰者는 미상인 讖緯書. 다만 漢代 鄭玄(127-200)의 注가 붙어있다: 편역자 주.

된다. 豫☰☰괘의 大象傳에서 "作樂[음악을 만들다]"이라 말한 것은, 모두 震☰☰雷의 善鳴(선명)이 坎☰☰律과 艮☰☰節을 아울렀기 때문이다. 震☰☰雷 혼자 부질없이 어찌 音樂을 만들었겠는가? 兌☰☰口이면서 震☰☰鳴을 아우르면 그 象을 노래[歌]라고 하는 것처럼, 易에서 象은 이웃과 아울러 취하는 것이다. 그러므로 易을 쉽게 말해서는 안된다.

兌震並有 則爲言行之行. 艮震交現 則爲行止之行. 至於豫大象之作樂. 蓋以善鳴之震. 兼之以坎律艮節也. 徒震何足以作樂哉. 兌口而兼震鳴 則其象爲歌(中孚離). 易象之兼取如此 不可易言也.

⑥ 茶山의 '震' 物象 補充 (정약용『周易四箋』「說卦傳」11장의 '震' 項)

震☰☰의 象은 초목·배·수레·주머니·말[斗]·깃발·제기가 된다.(또는 광주리가 된다) 그리고 震의 象은 帝[王·天帝]·행인·노인·군자·스승·장수·어짊·왼쪽이 된다(또는 수립·폐쇄·머리라 한다).

今補 震爲草木 爲舟車 爲囊 爲斗 爲旗 爲簋(又爲筐) 爲帝 爲行人 爲老人 爲君子 爲師 爲將帥 爲仁 爲左.(又爲立 爲閉 爲首)

震의 木은 배[舟]가 될 수 있지만, 다만 반드시 坎☰☰川을 아울러야 그 象이 나타난다.『春秋左傳』「閔公元年」(B.C. 661년)의 畢萬(필만)의 점과『國語』「魯僖二十四年」(B.C. 636년)의 晉文侯의 점에서도 모두 震☰☰을 車[수레]라 하였는데, 주역의 말씀과도 부합한다. 震☰☰을 囊[주머니]이라 한 것은 앞에서 설명했다.

震木爲舟. 然必兼之以坎川(或兌澤). 其象乃現也. 左傳畢萬之占. 國語文侯之筮(司空季子語) 皆以震爲車. 其在易詞 亦相合也.(爲囊義見前)

豫☰☰괘와 관련된『繫辭傳』(下) 2장의 "重門擊柝"에서 震을 딱딱이[柝]의 象[a]이라 하는데, 여기에 곡식을 담으면 말[斗]이 된다.〈즉 기斗(조두: 바라)를 말한 것이다〉『春秋左傳』「僖十五年」(B.C. 645년)에 의하면, 晉 獻公이 딸 伯姬를 秦에 시집보내는 점을 쳤는데 歸妹☰☰(雷☰☰ ☰☰澤)가 睽☰☰(火☰☰ ☰☰澤)로 변하는 점괘가 나왔나. 짐지는 관리인 史蘇(사소)가 震☰☰을 수레와 깃발로 해설했다. 이는 아마도 震의 色인 玄黃을 대나무 장대에 게양하면 깃발의 象이 된다고 본 것 같다. 또한 어린 대나무 껍질로 그릇을 엮어 곡식을 담았고 이를 祭器(제기)로도 사용했을 것이다. 그래서 震☰☰竹을 簋(궤: 祭器)까지 연상한 것이다.

震器納禾 其象斗也. 豫之大傳. 以震爲柝. 柝亦斗也(卽기斗). 左傳史蘇之占 以震爲旗. 蓋以玄黃之色 揭之蒼莨之竿 其象爲旗也. 蒼莨之竹 制之爲器(上空而下塞) 以受禾稼 其象爲簋也.(筐亦然)

震☰☰은 乾☰天의 長子이니 天子 또는 皇帝라 한다. 공자는『說卦傳』에서 "帝出乎震(제출호진)"이라 했으니 역시 上帝로 생각하는 것이다(豫괘 大象傳을 참조하시오). 震☰☰은 大途(대도)이고 雷動(뇌동)하여 나타나니 이는 行人이요 商旅(상려: 장사치)이다. 震은 始生(시생)으로 (生育의 공적을 이룬 끝에) 연륜이 가장 오래인 老人이 된다.

震者天之長子 所以爲帝(爲天子). 帝出乎震 亦以爲上帝也(豫大象). 行出大途 是行人也(復大象謂之商旅). 倫

---

a   편역자 주: 豫☰☰괘의 상체인 震☰☰의 나무는 가운데의 畫인 ☰☰이 虛하여 斗[말: 자루가 달린 용기]의 象이다. 또 震은 소리를 잘 내는 德을 지니고 있으니 야경꾼의 딱딱이[柝]의 象이다.〈『周易四箋』繫辭傳 (下) 2장 해설 참조〉

序最長 是老人也(見大過).

또한 震☳괘는 剛健한 陽━이 겸양하여 스스로 아래에 앉았으니 君子의 道이다. 연륜과 덕성이 높으니 可(가)히 스승[師]이 될 만하다. 뭇 柔弱한 陰╍의 무리들을 앞으로 몰아가니 가히 將帥(장수)가 될 만하다. 震☳동방은 만물을 낳으니 그 덕성이 仁慈(인자)하다. 東方은 南面(남면)한 임금으로서는 왼쪽이다.[a]
謙而自卑(剛在下) 君子道也. 年德旣尊 可以爲師(見蒙卦). 前驅烝徒(領二陰) 可以爲將帥也(見師卦). 東方生物 其德仁也. 東則爲左.

震☳雷[우레]는 떨쳐 일어남이다. 일어나서 剛陽━을 밟고 있으니 그 象은 확고하게 서있는 立象(입상)이다. 恒䷟괘와 大過䷛괘에서 그 용례를 볼 수 있다.
震起也. 起而履剛 其象立也(恒 大過).

艮☶은 '開門(개문)'이니 그 반대로 아래가 막힌 震☳은 '閉門(폐문)'이 된다. 그러므로 復䷗괘의 大象傳에서 夏至와 冬至에는 관문을 폐쇄한다고 말한 것도 復䷗괘의 아래가 震☳閉門이기 때문이다. 坤䷁괘 六四의 文言傳에서 "天地閉(천지폐)"라고 말한 것도 復䷗괘 六四의 之卦인 豫䷏괘의 위에 震☳閉門이 있기 때문이다.『國語』「晉語」魯僖二十四(B.C. 636년)에 晉의 公子 重耳(중이)가 손수 점을 쳐 屯䷂괘가 豫䷏괘로 변하는 점괘를 얻었는데 "막혀서 통하지 못하니 불길하다"고 해석한 것도 마찬가지이다. 震괘는 艮괘의 반대인데 艮☶괘는 아래가 열려 있고 震☳괘는 아래가 막혀 있기 때문에 닫혀있다고 말하는 것이다,
艮爲開門(艮下通). 震則爲閉(震下塞). 故復之大象曰 至日閉關(復下震). 坤六四之傳曰 天地閉(豫上震). 國語 晉重耳之筮 遇屯之豫曰 閉而不通(豫上震) 皆以震爲閉也. 震以艮反(艮門倒) 艮門下塞(下一剛) 所以閉也.

乾☰天의 四德인 元亨利貞(원형리정)으로 살펴보면, 震☳을 元으로 삼으며 元을 善의 으뜸이라 했으니 '元'은 머리[首]라는 뜻이다. 그러므로 易例(역례)에서도 역시 震☳을 머리로 삼는다.
案四德 以震爲元. 元者善之長也 元者首也. 故易例 震亦爲首(見旣濟初九).

震 ☳	傳文	雷. 龍. 玄黃. 旉. 大塗. 長子. 決躁. 蒼莨竹. 萑葦. (於馬)善鳴. 馵足. 作足. 白顙. (其究)健. (於稼)反生. 蕃鮮.
	荀九家	侯. 主.(行·作·仰缶는 근거 없음)
	茶山	草木. 舟車. 囊. 斗. 旗. 簋. 筐. 帝. 行人. 老人. 君子. 師. 將帥. 首. 仁. 左. 起. 立. 閉門.
	聯想 확장	器. 髮. 鬚. 商旅. 老夫. 賢. 易. 穀粟. 擊. 出生. 春. 元. 始. 動. 甲坼. 林. 威. 蛇. 好爵.

巽爲木 爲風 爲長女 爲繩直 爲工 爲白

巽☴괘는 나무·바람·장녀·먹줄의 곰음·기술자·흰색이라거나,

爲長 爲高 爲進退 爲不果 爲臭 *臭: 虞翻本은 '嗅'로 표기한다.

크고 높음·진퇴·不果[과감하지 못함]·냄새라고도 한다.

其於人也 爲寡髮 爲廣顙 爲多白眼

사람에 대해서는 머리털 적음·넓은 이마·흰자가 많은 눈이라고 하며,

爲近利市三倍 其究爲躁卦 *躁(조)=速也

利를 가까이 하니, 장터에서 세 배[三倍]의 이득[이익]을 얻는다. 끝내는 조급함으로 귀결되는 象을 드러내는 卦가 된다.

朱熹의 『周易本義』

『九家易』에는, 위의 문장 밑에 '楊[버들], 鸛[황새]이라고도 한다'는 글귀가 붙어 있다.

荀九家 有爲楊 爲鸛.

茶山의 『周易四箋』

두 가닥을 꼬아서 규합한 것이 繩(새끼·먹줄)이다. 먼저 꼬였다가 곧게 펴는 것이 繩(승)의 덕성이므로 巽☴을 "繩直(승직: 먹줄의 곰음)"이라 말한 것이다. 또한 巽☴入은 震☳動의 商旅(상여)와는 반대로 어느 한곳에 머물며 나다니지 않으므로 그 象을 百工이라 말한 것이다.

以二條 而糾合者繩也. 先搓而後 伸直者繩也(先分而後合). 入而不行 其象百工也(與震之商旅相反).

巽☴에서 만물이 청결하고 가지런히 되니 그 덕성이 흰색이 되는 것이다. 보통은 기둥 한 개에 주춧돌도 한 개인데 巽☴은 버팀목[楂柱: 지주]이 두 개이니 길고 높은 것이 된다.

萬物潔齊 其德白也. 楂用二股(下耦畫) 長而高也.

巽☴을 八卦의 陰陽消長(음양소장)으로 보면 陽━이 전진하다가 陰╍이 돌아오니 물러나는 모습이다. 그러므로 巽☴風을 "과감하지 못하다(不果)"고 말한 것이다. 또한 巽☴風[바람]·草[풀]는 본래부터 바람을 머금었으니, 巽☴草를 '香臭(향취)'라고 말한다.

陽進復退(自乾而爲巽) 是不果也. 巽草含風 是爲臭也(虞翻云 風至知氣. 故巽爲臭).

대저 震☳과 巽☴은 모두 草木인데 巽☴은 陰爻가 하나뿐이므로 숱이 적은 寡髮(과발: 적은 머리카락)이라고 일컬어진다. 鄭玄(127-200)은 인체에 털이 있듯이 마찬가지로 땅에는 지엽이 가는 풀이 있는 것이라고 말했다.

蓋震巽皆草. 而巽只一陰. 故謂之寡髮也(鄭康成云 髮在人體 猶靡草在地).

巽☴은 위가 크고 아래가 작으니 그 얼굴에서 이마가 넓은 것이다(廣顙: 광상). 한편 离☲目은 가운데
가 陰黑이고 위아래가 陽白인데 비해 巽☴目은 아래가 陰黑이고 위는 흰자위가 많다. 그러므로 巽☴을
"多白眼(다백안: 흰자위가 많은 눈)"이라고 말한 것이다.
上大下小(陰曰小) 其面廣顙也. 黑掩在下(陰爲黑) 其眼多白也(何氏訂詁[a]云 离目上下白 而黑居中. 巽目黑掩在下.
是白多也)

巽☴괘의 모습을 보면 뿌리[本]는 단 하나의 陰⚋인데 가지[枝: 利益]는 두 개의 陽━이다. 天數는 3이
고 地數는 2이니[三天兩地], 3[天數]×2[枝]=6[利益]이 되므로 6[利]÷2[本]=3이니 이익이 세배[三倍]라고
말한 것이다.
本只一陰 末得二陽. 參天兩地 其利三倍也(參天兩地 則本二而末六也)

위의 『說卦傳』 傳文은 巽☴의 象을 "其究爲躁卦(기구위조괘)"라 했다. 이는 震☳괘는 陽━이 성장하여
결국 三震의 乾☰이 되고, 그 반대인 巽☴은 陰⚋이 성장하여 三巽의 坤☷이 된다. 그런데 震☳雷는 밖
으로 분출하는 躍動(약동)함이고, 巽☴風은 안으로 들어오는 隱伏(은복)함이다. 따라서 결국 乾☰의 躍
動은 건실하다고 말하고 坤☷의 불안정한 擧動은 조급하다고 말한 것이다. 그러므로 傳文(전문)에서 말
한 "其究爲躁卦"는, 巽☴이 결국에는 坤☷의 조급함으로 귀결된다는 뜻이다.
躁者坤之象也.

〈비교 · 평가를 위한 자료〉

① 荀九家의 '巽' 物象
巽☴은 楊柳(양유)의 象이다. 虞飜(우번)이 말하기를, 巽☴은 흰 띠풀 · 꾸러미 · 호령 · 명령이 된다고 했다.
荀九家 巽爲楊. 虞氏曰 巽爲杞 爲白茅 爲包 爲號 爲命.(又爲處 爲舞)

巽은 柔木(유목)이다. 버드나무 · 구기자 나무라 한 것은 그 덕성이 연하여 구부러지기 때문이다. 泰☷☰
괘에서 巽☴을 띠풀이라 했고, 否☰☷괘에서는 震☳을 띠풀이라 했다. 虞翻은 흰 띠풀[白茅]이라 했는데,
이는 大過☱☴괘 初六에서 말한 "藉用白茅(자용백모)"를 근거로 한말이다. 또한 巽☴을 "包"라 한 것은 巽
☴繩으로 띠풀을 묶으면 그 象이 선물 꾸러미 같기 때문이다.
巽柔木也. 爲楊爲杞 其性撓也(大過 姤). 泰以巽爲茅 否以震爲茅(見本卦) 其云白茅者 據大過也. 以繩束茅
其象苞苴也(詩所云 白茅包之).

巽☴의 象을 號令(호령)이라 했는데 "號(호)"에는 두 가지 뜻이 있다. 하나는 敎令이고 하나는 絶叫(절규)
라는 뜻이다. 그러므로 兌☱口와 巽☴命을 함께 갖추어야 "號"라고 말할 수 있다. 巽☴은 兌☱口가 아

---

a　「何氏訂詁」는 何楷(明末의 經學者)의 「古周易訂」를 말함.

래로 향하고 있으므로 그 象이 命令이 된다.

號有二義. 一是敎令(此去聲) 一是呼叫(此平聲). 故或兌或巽 俱可爲號(兌爲口). 巽者 兌口之向下者也(有俯諭之象) 故其象爲命令.

虞翻(우번)은 巽☴風을 "處(머물다)"라고 했는데 이는 잘못이다. 小畜䷈괘 上九의 爻辭에서 "旣雨旣處(기우기처)"라 한 것은, 小畜䷈(風☴ ☰天)의 巽☴風·進退 때문이 아니라, 그것이 爻變하여 坎☵家·處로 변했기 때문이다. 虞翻은 爻變을 알지 못했기 때문에, 巽을 "處"로 일컬은 것이 오류이다.

小畜之云 旣雨旣處. 以變坎也(旅九四亦然). 仲翔不知爻變 乃謂之巽爲處 謬矣.(舞易詞之所無也)

② 茶山의 '巽' 物象 補充 (정약용 『周易四箋』 「說卦傳」 11장의 '巽' 項)

巽☴의 象은 藥(약)·積載(적재)·숨어 엎드림[隱伏]·베풂·主人이라 한다.

今補 巽爲藥 爲載 爲隱伏 爲施 爲主人.

巽☴은 본래 초목인데 향취를 겸했으니 그 象을 藥이라 한 것이다. 無妄䷘괘 九五 小象傳(소상전)의 "无妄之藥(무망지약)"에서 그 사례를 볼 수 있다. 또한 巽☴은 陰•이 아래에서 엎드려 있고 위에는 무거운 陽━이 거듭 실려 있으니 그 덕성을 "積載하는 것"으로 말한 것이다.

本以草木 兼之香臭 其象藥也(見无妄). 陰伏於下 重任在上 其德載也(義見坤大象).

『繫辭傳』(下) 7장에서 "巽稱而隱(巽☴은 칭찬을 받아 불러도 사양하며 숨는다)"라고 했다. 『雜卦傳』에 이르기를 "巽伏也(巽☴은 伏의 象이다)"라고 했다. 또한 달아남·숨음·들어옴이라 한다. 이것이 隱伏(은복)이다. 또한 巽☴은 乾☰이 자기 財富를 덜어 아래에 하사하는 것이다. 이를 베풂이라 한다.

大傳云 巽稱而隱(乾初九龍德而隱). 雜卦云 巽伏也(又爲遯 爲潛 爲入). 是隱伏也. 乾損其富 以錫其下(向下而損之). 是爲施也.

향음주례(十三經注疏/儀禮/鄕飮酒禮)에 따르면 주인은 東南쪽에 앉고 빈객은 西北쪽에 앉는다. 東南쪽은 巽☴方이다. 그리고 주인을 보조하는 자를 "僎(선)"이라 하는데, "巽(손)"을 따라 만들 글자이다. 그래서 巽☴의 象을 主人이라 한 것이다.

古禮 主人坐於東南.(見鄕飮酒禮). 東南者巽方也. 故輔主人者 謂之僎(字從巽). 巽者主人也.

巽 ☴	傳文	木. 風. 長女. 繩直. 工. 白. 長. 高. 進退. 不敢. 香臭. (於人)寡髮. 廣顙. 近利市三倍. 多白眼. (其究)躁卦.
	荀九家	楊. 杞. 鶴. 茅. 包. 號令. 命.
	茶山	藥. 載. 隱伏. 施. 主人.
	聯想 확장	入. 伏. 散之. 潔齋. 整. 主人. 股. 鷄. 草. 柔木. 天命. 利. 撓. 潔白. 讓. 魚. 鱟. 密雲. 楫. 豶豕. 牛. 邪.

감 위 수　위 구 독　위 은 복　위 교 유　귀 궁 륜
坎爲水 爲溝瀆 爲隱伏 爲矯輮 爲弓輪 *矯=正也. 直也.

坎☵괘는 물·개울·숨어 엎드림·교정·활·바퀴라 하고,

기 어 인 야　위 가 우　위 심 병
其於人也 爲加憂 爲心病

사람에게서는 걱정을 더하고, 마음 아프고,

위 이 통　위 혈 괘　위 적
爲耳痛 爲血卦 爲赤 *卦=兆也.

귀앓이·피 흘릴 조짐·붉은색이라 말하며,

기 어 마 야　위 미 척　위 극 심
其於馬也 爲美脊 爲亟心 *亟=急也. 敬也.

말에 대해서는 미끈한 허리, 급한 마음,

위 하 수　위 박 제　위 예
爲下首 爲薄蹄 爲曳

머리를 떨굼, 얇은 굽, 끌려감이라 말한다.

기 어 여 야　위 다 생
其於輿也 爲多眚

수레에 대해서는 고장이 많고,

위 통　위 월　위 도
爲通 爲月 爲盜 *月=闕也.

통하고, 이지러지고, 도둑이 든다고 하고,

기 어 목 야　위 견 다 심
其於木也 爲堅多心 *心=植物莖髓.

나무에 대해서는 속이 굳어있다고 말한다.

朱熹의『周易本義』 ____

『九家易』에는, 위의 문장 아래에 '궁궐·법률·옳음·기둥·떨기·여우·납가새·형틀이 된다'는 글이 붙어 있다.

荀九家 有爲宮 爲律 爲可 爲棟 爲叢棘 爲狐 爲蒺藜 爲桎梏.

茶山의『周易四箋』 ____

坎☵을 溝瀆(구독: 하수도)이라 함은 田水[灌漑水路]를 말한 것이다. 그러므로 坎☵은 水田이 된다. "隱伏"이라 함은 陽━ 획이 陰┅┅ 획 속에 숨어 있기 때문이다.

溝瀆者田水也. 故坎亦爲田(說見下). 隱伏者 陽隱在中也.

坎☵을 "矯輮(교유: 굽은 것을 바로잡음)"라 함은 위아래서 주물러 가운데 陽━ 획이 바르게 돌아가게 한 것이다. "弓輪"이라 함은, 활에 화살 하나를 걸어두고 있는 모습이기 때문이다. '수레바퀴'라 한 것은 물이 땅위를 흐르는 것을 연상한 것이다.

矯輮者 揉其上下 而歸於中直也. 爲弓者 中銜一矢也. 爲輪者 象水之行地也(古詩云 車如流水).

坎☵을 "加憂(가우: 근심을 더함)"와 "心病[심장병]"이라 한 것은 속에 가시가 박힌 꼴이기 때문이다. "血"이라 한 것은 피는 물과 같이 흐르기 때문이다. 坎☵을 "赤[적색]"이라 한 것은 大赤(대적: 짙은 적색)인 乾☰의 중앙을 얻었기 때문이다.

爲憂爲病者 中有梗也. 爲血者 血之流行如水也. 爲赤者 得乾之中陽也(吳澄云).

坎☵을 '아름다운 등골'·'마음의 안정'이라 한 것은 중앙의 강건한 陽이 中位와 正位에 앉아있기 때문이다.

美脊者 中剛也(坎北方於身爲脊). 亟心者 中正也(荀爽本作極心. 荀云極中也).

坎☵을 '머리를 떨군다[下首]'라 한 것은, 물이 흘러가는 象[모습]과 관련된다. 坎☵을 "薄蹄(박제: 얇은 발굽)"라 한 것은, 坎☵의 위아래가 2陰 4點이어서 모두 작고 무르기 때문이다. 坎☵을 '고달프게 끌다[曳]'로 삼은 것은, 역시 온갖 장애를 뚫고 흘러가는 강물에서 얻은 상징이다.

下首者 水行之象也. 薄蹄者 四點皆小也(二陰爲四點). 曳亦流水之象也.

坎☵을 잦은 눈병[眚]이라 한 것은, 눈을 상징하는 离☲괘와 반대이기 때문이다.

目疾爲眚 反於离則 多眚也.

坎☵은 위아래로 막힘이 없으니 길에서 통했다("爲通")고 말한 것이다. 坎☵의 剛陽━이 陰╍ 속에 숨어 있어 음험하니 그 象을 도둑("爲盜")이라 한 것이다.

上下無墊 於道爲通也. 隱而內險 其象爲盜也.

〈비교·평가를 위한 자료〉

① 荀九家의 '坎' 物象 (『周易四箋』「說卦傳」11장의 '坎' 項)

坎☵괘의 象을 宮室·法律·意志라 한다.(또한 용마루·가시나무떨기·납가새·질곡이 된다고 한다) 虞翻(우번)은 坎☵의 象을 酒[술], 의심이라 한다.(그는 또한 신뢰·절름발이라 한다) 干寶(간보)의 易傳에서는 坎☵괘를 夜[밤]라 했다.

荀九家 坎爲宮 爲律 爲志(又爲棟 爲叢棘 爲蒺藜 爲桎梏) 虞氏曰 坎爲酒 爲疑.(又爲孚 爲蹇. 干寶易 又爲夜)

坎☵괘의 象은 사물이 돌아가 의지할 처소이다. 그런데 그 처소에 용마루 기와가 있고 처마가 있으니 宮室이다. 坎☵은 中正하고 안은 곧으니 이는 법률이다. 大過☵괘에서 巽☴을 棟[용마루]이라 했고, 大壯☳괘에서 震☳을 棟[용마루]이라 했고, 또 坎☵을 棟[용마루]이라 함은 근거가 없다.

物之所歸 有甍有翼(中剛如屋脊) 其象宮也. 中正內直 是法律也. 大過以巽爲棟 大壯以震爲棟. 坎之爲棟

未有據也.

易詞(역사)에서 象을 취할 때 대부분 두 괘를 아울러 살핀다. 坎☵水는 비록 험하지만 巽☴木을 겸하지 않았다면 가시나무 떨기라 할 수 없고, 巽☴草를 겸하지 않았다면 납가새가 될 수 없으며, 震☳股와 艮☶手를 겸하지 않았다면 桎梏(질곡: 족쇄와 수갑)으로 판단할 수 없었을 것이다. 荀九家들은 象을 오로지 한 괘에만 배속시키니 오류가 심하다.

易詞取象 多兼二卦. 坎雖險矣 不兼巽木 不得爲叢棘(坎上六, 叢棘 險木也). 不兼巽草 不得爲蒺藜(困六三, 蒺藜險草也) 不兼震艮 不得爲桎梏(蒙初六, 桎梏刑法之木也) 專屬一卦謬甚矣.

荀九家들은 坎의 象을 의심이라 하면서도 또 미쁨이라고 한다. 그러나 천하에 가장 상반되는 것은 의심과 믿음일 것이다. 이미 의심된다고 하면서도 또 어찌 믿음직스럽다고 말할 수 있는 이치가 어디에 있단 말인가?

中孚☲괘는 겸획하면 커다란 离☲虛心이 된다. 그런데 이처럼 전체로 坎☵直心이 없는데도 왜 有孚(유부:미쁨이 있다)라 할까? 무릇 사람의 心志란 속이 비면 서로 믿지만 속에 가시 같은 물건이 꽉 차면 서로 의심하기 때문이다. 다시 말하면 离☲처럼 마음[中心]을 비우면 서로 신뢰하고, 坎☵처럼 마음[中心]이 굳어있으면 서로 의심한다는 것을 알 수 있다.

需☱괘에서 有孚(유부)라 말하고(3~5획의 互离), 그 반대인 訟☶괘서도 有孚라 말하는데(2~4획의 互离), 이런 경우는 坎☵疑[의심]와 离☲信[신뢰]이 함께 있는 경우이다. 觀☷괘에서 有孚를 말하고, 損☶괘에서도 有孚를 말한다. 그런데 이는, 위아래의 전체를 통틀어 坎☵直心은 전혀 보이지 않지만, 爻變하여 离☲虛心이 생기거나 큰 모습으로 离☲의 虛心이 끼어있기 때문에 신뢰를 말한 경우이다. 坎☵에서 有孚를 말한 것은 坎☵때문이 아니라, 오히려 바로 2~5효가 큰 离☲를 이루어 虛中하기 때문이다. 일찍이 坎☵直心을 有孚라고 말한 적이 있었던가? 坎☵直心을 "有孚"라고 말한 것도 잘못이지만, 坎☵險을 "蹇[절름발이]"이라 말하는 것은 더더욱 잘못이다.

孚者信也. 天下之最相反者 疑與信也. 旣云爲疑 又何爲孚 有是理哉. 中孚者大离也 通體無坎 又何爲孚也(凡人心志 中虛則相孚. 中有物梗之則相疑). 需曰有孚. 訟曰有孚. 然猶坎离俱存也. 觀曰有孚, 損曰有孚. 若是者 通體上下 不見坎形. 又何爲孚也. 習坎之云有孚. 正以虛中(二五夾). 坎何嘗有孚哉. (坎爲蹇益謬)

干寶[a]는 坎☵을 夜[밤]라 했는데 이는 잘못이다. 해가 땅위에 있는 것을 이미 낮이라 했으면, 해가 땅 아래에 있으면 바야흐로 夜[야밤]이 되어야 한다. 그런데 부질없이 坎☵ 혼자 어찌 야밤이라 할 수 있겠는가?

다시 말하면 离☲火는 日을 상징하므로, 그 반대인 坎☵水는 月이라 하지만, 그것이 때를 말하는 것은 아니라는 뜻이다. 즉 离☲日이 땅위에 떠 있으면 낮이고 땅속에 있으면 밤인 것이다. 따라서 坎☵月이 땅 위에 떠있으면 밤이고, 땅 속에 들어가면 낮인 것이다. 또한 모든 重卦의 下卦는 숨은 离☲位이고(奇

-偶-奇) 上卦는 숨은 坎☵位(偶-奇-偶)이다. 그리고 卦象과는 별도로 1획은 아침이고, 2획은 낮이고, 3획은 저녁이며, 4·5·6획은 밤이라 한다.

日在地上 旣以爲晝(晉之象). 則日在地下 方可爲夜. 徒坎豈足以爲夜哉. (唯下卦位离 故爲朝晝夕三時. 上卦位坎 故占之以夜. 此別是一例 與物象不同)

② 茶山의 '坎' 物象 補充 (정약용 『周易四箋』「說卦傳」11장의 '坎' 項)

坎☵은 밭[田]이라 하고, 돌[石]이라 하고, 띠를 두른다[帶] 하고, 기름지다[膏] 하고, 공경[敬], 앎[知], 김새[幾微], 처소[處], 어지러움[亂]이라 한다.

今補 坎爲田 爲石 爲帶 爲膏.(又於鳥爲翼) 爲敬 爲知 爲幾 爲處 爲亂.(又爲衆)

坎☵은 坤☷土의 가운데로 한줄기 물이 흐르니 이는 田의 형상이다. 고대에는 田자를 '畋(전: 사냥)'자로도 사용했으니, 사냥이란 농사를 해치는 짐승을 없애는 것이다. 그러므로 坤☷과 坎☵의 象은, 占칠 때는 사냥[畋]이라 한다. 師䷆(地☷ ☵水) 恒䷟(雷☳ ☴風) 解䷧(雷☳ ☵水)괘에서 그 사례를 볼 수 있다.

坤土之中 一道水行. 此田象也. 古以田爲畋(所以去田害). 故坤坎之象 其占爲畋也(師 恒 解).

坎☵은 險인데 사물 중에 험상궂은 것은 바위만한 것도 없다. 그러므로 豫䷏(雷☳ ☷地)의 六二와 困䷮(澤☱ ☵水)의 六三 효사에서 坎☵을 石[돌]이라 했다.〈吳澄은 말한다: 艮☶山의 剛陽은 땅[坤의 흙] 위의 바위이니 山頂의 작은 바위이요, 坎☵水의 剛陽은 땅[坤의 흙] 속에 있으니 平地의 큰 바위인 셈이다.〉

坎險也. 物之險者 莫如石(險與巖嵒通). 故豫之六二. 困之六三. 以坎爲石也(吳澄云 艮剛在坤土之上 象山頂之小石. 坎剛在坤土之中 象平地之大石).

坎☵의 중앙인 剛陽━이 坤☷의 복부를 가로질러 있으니 그 象은 허리띠의 모습이다. 坎☵水를 기름지다[膏]고 말한 것은, 坎☵雨로 적셔주니 윤택하다는 뜻이며, 坎☵血이 엉킨 액체를 표현한 것이다.

坎之中剛 橫于坤腹之中(又得乾衣之中剛) 其象帶也. 膏者雨澤也 血液也(屯與鼎).

小過䷽괘를 겸획하면 大坎☵이 되며, 중앙의 剛陽━은 대강 새의 몸통이고 위아래의 네 개의 陰╍획은 날개모양이라 날아가는 새의 象이다. 漸䷴괘와 明夷䷣괘에서 날개깃을 말한 것은 모두 坎☵을 끼고 있기 때문이다.

小過者大坎也. 而有飛鳥之象. 蓋其中剛爲鳥身 四陰爲鳥翼也(漸之云 羽儀以變坎也. 明夷之云 垂其翼 亦以互坎).

坤䷁괘 六二의 文言에서 "敬畏함으로써 안을 바르게 한다(敬以直內)"고 말한 것은 六二가 九二로 효변하여 坎☵敬[공경]으로 바뀜을 말한다. 需䷄괘 上六의 '공경하면 마침내 吉하다(敬之終吉)'도 坎☵敬에 따른 것이다. 知[분별]은 智慧(지혜)와 통용되며 坎☵水의 덕성이다.

敬以直內 坤之坎也(需上六亦敬). 知與智通 坎之德也(北方之水德).

坎☵의 弓弩(궁노)에는 가운데에 剛陽━의 발사장치가 감추어져 있으니, 幾微(기미)가 숨어있는 형국이다. 屯☵괘 六三의 효변과 豫☷괘 六二의 효변에서 幾微(기미)를 나타내 보인다.

坎之弓弩 中伏機牙(中一剛). 幾之微也. (見屯六三. 豫六二).

☵☵ 坎☵豕	坎☵豕	上互离☲禽	
☳☳ 震☳林	离☲兵	下互坎☵弓弩	
屯(六三爻變) →		旣濟	

	上互坎☵險知	☳☳ 震☳動起	
	下互离☲目見	坎☵幾微	
豫(六二爻變) →		解	

坎☵宮은 만물이 돌아가는 곳이니 그 가문에 집을 마련한다. 그러므로 坎☵은 거처가 된다. 또한 坎☵은 离☲治의 반대이니. 坎☵은 혼란의 象이 된다.

物之所歸 爰宅其家(坎爲宮) 坎爲處也. 反於离治 其象亂也.

魏晉代에 杜預(두예: 222-284)의 『左傳注(좌전주)』에서 坎☵을 衆이라 했는데, 易詞에는 증거가 없다.(그러나 『白虎通義(백호통의)』에서도 坤☷과 坎☵을 다 같이 衆이라 했다.)

左傳杜注 以坎爲衆(白虎通云 坤爲衆 水亦爲衆). 在易詞無驗.

坎 ☵	傳文	水. 溝瀆. 隱伏. 矯輮. 弓輪. 加憂. 心病. 耳痛. 血兆. 赤(誅滅). (於馬)美脊. (於馬)亟心. (於馬)下首. (於馬)薄蹄. (於馬)曳. (於輿)多眚. 通. 月. 盜. (於木)堅多心.
	荀九家	宮. 律. 志. 酒. 疑.
	茶山	田(畋). 石. 帶. 膏. 鳥翼. 敬. 知. 幾. 處. 亂. 衆.
	聯想 확장	雨. 陷. 潤之. 冬. 智. 中男. 豕. 家. 剛直. 堅固. 直心. 德. 法. 道. 事. 庸. 勞貞. 毒. 馬. 木. 背. 病. 憂. 漿. 畋. 川. 泉. 害. 險. 穴. 狐. 患. 大石.

이 위 화　위 일　위 전　위 중 녀　위 갑 주　위 과 병
離爲火 爲日 爲電 爲中女 爲甲冑 爲戈兵

离☲괘는 火·日·電·中女·甲冑(갑주)·戈兵(과병)이라 하고,

기 어 인 야　위 대 복　위 건 괘
其於人也 爲大腹 爲乾卦 *乾=燥也.

사람에 대해서는 큰 배[大腹]라 하고, 건조하는 괘라 하고,

위별 위해 위라 위방 위귀
爲鱉 爲蟹 爲蠃 爲蚌 爲龜 *鱉=金鷄. *蠃=소라. *蚌=조개.

또는 자라[鱉]·게[蟹]·소라[蠃]·조개[蚌]·거북[龜]이라 하며,

기 어 목 야 위 과 상 고
其於木也 爲科上槁 *科=條也. 虞翻本은 '折'로 표기한다.

나무에 대해서는 가지의 위가 말랐다고 한다.

朱熹의 『周易本義』

『九家易』에는, 위의 문장 아래에 '암말이라고도 한다'는 글이 더 붙어 있다.

荀九家 有爲牝牛.

茶山의 『周易四箋』

갑주·칼·창과 같은 병기는 모두 离☲처럼 강하고 딱딱한 것이 겉을 싸고 있어 안을 스스로 지키는 象이다. 离☲는 中年의 女人이고 복부가 크니 그 象이 잉태한 모습이다. 벌레 중에서 甲胄를 두르고 있는 甲殼類(갑각류)는 모두 离☲의 象이다.

甲胄戈兵 皆剛在外 以自衛也(故离又爲衛) 中女而大腹 其象孕也(漸九三 以离爲孕). 蟲而甲胄 离之象也(剛在外).

科[가지]는 나뭇가지인데, 나무가 离☲처럼 속이 비면 마르고, 가지도 반드시 위부터 말라죽는다. 『周易本義附錄纂疏』를 지은 胡一桂(호일계)는 科를 둥지로 해석한다.

科者條也. 木枵中而燥暵 則條必上槁也(胡庭芳以科爲巢).

〈비교 · 평가를 위한 자료〉

① 荀九家의 '离' 物象 (『周易四箋』 「說卦傳」 11장의 '离' 項)

离☲의 象을 화살이라 했다.(馬融과 王肅도 그렇게 말한다) 虞翻(우번)은 离☲의 象을 도끼·여름[夏]이라고 말했다.(그는 또한 그물[網]이라고도 말했다). (干寶의 『易傳』에서 离를 낮[晝]이라고 말했다).

离爲矢(馬融 王肅云) 虞氏曰 离爲斧.(又爲網) 爲夏(干寶易爲晝)

易例에서는 陽━획은 대개 화살이 되지만, 역시 离☲가 반드시 화살이 되는 것은 아니다. 『繫辭傳』(下) 2장에서 "나무를 날카롭게 깎아 화살을 만든다(剡木爲矢)"고 말한 것처럼, 오직 나무를 离☲刀[칼]으로 날카롭게 깎아내야만 화살이 된다. 그러나 찾는 卦象은 오직 离만을 지목한 것이다. 睽☲(火☲ ☱澤)괘 上九 효사에서 离☲를 弧[활]라고만 말했지 矢[화살]라고는 말하지 않은 것이 그런 사례이다.

易例 凡陽畫爲矢.(乾爲矢) 亦未必离爲矢. 唯剡木爲矢. 求之卦象 唯离是指也.(睽上离)

도끼 역시 하나의 병기이다. 우번은 离☲를 그물이라고 말했는데, 이는 필시 『繫辭傳』을 근거로 그렇게 말했을 것이다. 이는 重离☲☲괘는 2~4획의 互卦가 巽☴繩(승)이기 때문에 그물이라고 말한 것이다. 그러나 3획인 离☲는 이미 巽☴繩이 없는데 무슨 수로 그물이 되겠는가? 만약 离☲가 새가 되고 또한 그물이 된다면, 이는 새와 그물이 함께 살아가는 꼴이니, 천하의 새들은 모두 그물속의 참새 신세가 될 터인데 어찌 그것이 가능한 일이겠는가?

斧亦戈兵也.(見旅巽) 仲翔之云 离爲網 必據大傳 而云然也. 然重离之卦 本有巽繩(二四互) 故得以爲網.(小過初六亦巽繩) 三畫之离 旣無巽繩 何以爲網. 若离爲鳥 又爲網罟 則是鳥之與網 與生俱生. 天下之鳥 無非投羅之雀矣. 惡可乎哉.

② 茶山의 '离' 物象 補充 (『周易四箋』「說卦傳」 11장의 '离' 項)

离☲는 담장[墉]·감옥[獄]·방한(防閑)·고달픔·쓴맛[苦]·다스림[治]·예의[禮]·성신[誠]·관용[寬]·분별[辨]·사관[史]·武人이라 한다.

今補 离爲墉 爲獄 爲防閑 爲苦 爲治 爲禮 爲誠 爲寬 爲辨.(又爲喜 爲嘉) 爲史 爲武人.(又爲孚)

坎☵을 궁궐이라 한 것은 중앙이 높이 솟았기 때문이고, 离☲가 담장이 되는 것은 안은 낮고 밖은 높이 솟아 있어 밖을 방비하는 모습이기 때문이다. 同人☰☲괘와 解☵☳괘에서[2~4획의 互离] 그 사례를 볼 수 있다. 같은 이유로 离☲는 또한 밖에서 가로 막는 防閑(방한)의 뜻이 부가된다. 家人☴☲괘 初九의 "閑有家(한유가)"즉 집을 방비하여 보존함이 이것이다. 乾☰☰괘 九二 文言의 "閑邪(한사)"와 旣濟☵☲괘 大象傳의 "豫防(예방)"도 이런 사례이다.

坎爲宮 以中隆也.(象屋脊) 离爲墉 以外防也.(同人解) 故离亦爲防閑. 家人之閑有家 是也.(乾九二爲閑邪 旣濟爲豫防)

离☲의 防閑(방한)이 이미 엄격해져서 밖을 에워싸고 안은 비었으니 그 형상을 監獄(감옥)이라 한다. 先儒(선유)들이 모두 坎☵을 감옥이라 한 것을 이해할만 하다. 또한 离☲는 남방의 불이고 불은 쓴맛을 내니, 쓴맛은 离☲의 덕성이다. 節☵☱괘 上六의 之卦[變卦]인 中孚☴☱를 겸획하면 大离☲이므로 "苦節(고절)"즉 고달픈 절조라고 말한다.

防閑旣嚴 外圍而中空. 其象獄也.(先儒皆以坎爲獄疏矣) 火味作苦 离之性也.(節上六)

离☲火는 남방이며 王은 南面(남면)하며 다스리니, 离의 象을 "修[닦음]"즉 다스림이라 말한다. 또한 离☲는 日이요 目이요 相見이니 나아가 嘉會(가회)의 象이다. 그리고 相見과 嘉會[아름다운 모임]에는 반드시 禮[예의]에 부합하니 离☲虛心의 덕성이다. 또한 离☲는 앞서 말한대로 防閑이니, 사악함을 막고 誠信을 보존하는 것이 离☲虛心의 信義이다. 乾☰☰괘 九二의 之卦는 同人☰☲괘이고, 九五의 之卦는 大有☲☰괘인데 모두 离☲의 相見과 信義를 내포하고 있으므로 "利見大人(리견대인)"이라 말한 것이다. 특히 文言傳에서 乾괘 九二에 대해 "庸言之信(용언지신)"이라며 离☲虛心의 誠信을 가리켜 말한다.

南面爲治 离之修也. 嘉會合禮 离之德也.(萬物皆相見) 閑邪存誠 离之信也.(乾九二)

离〓는 두루 넓고 속이 비었으니 离는 寬待(관대)한 象이다. 앞서 말한 것처럼 乾〓괘 九二의 之卦는 同人〓인데 이는 하늘 아래의 횃불이므로 乾괘의 文言에서 "德博而化(덕박이화)"라고 말한 것이 이를 말한다. 또한 离〓는 光明(광명)이고 그 모양이 乾〓을 둘로 분별하여 중앙을 가르니, 离〓의 象을 분별이라고 말한 것이다.

普博中恢 离之寬也.(乾九二) 分別中斷 离之辨也.(此義 屢見於易詞)

离〓光明이고 文彩(문채)가 찬연하니 이를 史官(사관)의 象이라 한다. 그 사례로 巽〓괘는 2~6획이 夾离〓를 이루고 있으므로 이 모습을 "用史巫(용사무: 점치는 관리와 무당을 채용함)"라고 말한 것이다. 离〓는 또한 甲冑(갑주)와 戈兵(과병)이며 防閑(방한)이므로 그 象을 스스로를 지키는 武人이라 말한 것이다. 그 사례를 보면 履〓괘는 전체적으로 大离〓의 象이며, 유일한 陰〓 획인 중앙의 六三이 효변하여 乾〓 王이 되므로 "武人爲于大君(무인위우대군: 무인을 대군으로 삼는다)"이라고 말한 것이다.

离文燦然 是史臣也.(巽九二) 甲冑自防 亦武人也.(履六三)

离〓文明은 嘉(가: 아름다움), 喜(기쁨) 즉 아름다움과 기쁨이다. 그런데도 虞翻(우번)은 乾〓을 "嘉"라 하고, 蜀才[晉의 학자인 范長生]는 震〓을 "喜"라 한다. 이는 그들이 爻變을 몰랐기 때문에 이러한 착오에 이른 것이다. 离〓는 喜이고, 그 반대로 坎〓은 憂[우: 근심]일뿐, 震〓喜는 결코 성립될 수 없다.

离則爲嘉. 仲翔以乾爲嘉. 蜀才以震爲喜. 總由不知爻變 錯迷如此耳.(离喜反坎憂)

또한 离〓를 孚(부: 미쁨)의 象이라 한다. 원래 중심이 빈 것 즉 '虛中'을 孚(부: 알을 품음)라고 한다. 虛中한 것이 물에 들어가면 그 물건은 '浮漂'가 된다. "浮"자가 孚를 따르는 것도 그 때문이다. 虛中의 고을을 둘러쌓는 外城을 "郛(부: 外城)"라고 쓰는 것도 이런 까닭이다. 갈대청 '부[莩]', 오줌 '포[脬]'〈쌀겨 '부[稃]', 거룻배 '부[稃]'〉 등도 모두 虛中의 孚를 따른 글자이다. 이처럼 易에서 孚[미쁨]를 드러낼 때는 다분히 离〓虛心이 있기 때문이다. 그러나 혹시 二爻와 五爻가 서로 감응하면 离〓가 없어도 미쁘게 감응한다고 말한다.

虛中曰孚. 虛中而入於水 則其物爲浮.(字從孚) 虛中而圍於邑 則其名爲郛.(字從孚) 莩脬ᵃ亦然.(亦虛中) 易之有孚 多以离也. 然或二五相應 亦爲孚感.

학포씨가 이르기를, 离〓를 담장이라 말하기 때문에 "籬(리: 울타리)"자를 괘 이름인 離(리)를 따라서 만든 것이다. "籬(리)"는 대나무 담장이라는 뜻이고, "欐(리)"는 나무 담장이라는 뜻이다.

學圃云 离爲墻. 故籬字從離. 籬者竹墻也.(一作欐 以木爲墻也)

ᵃ 脬=稃·稃.

离 ☲	傳文	火. 日. 電. 中女. 甲冑. 戈兵. 腹. 乾燥. 鱉. 蟹. 蠃. 蚌. 龜. (於木)科上槁.
	荀九家	弧矢. 斧. 夏.
	茶山	墉. 籬. 獄. 防閑. 苦. 南面. 治. 目. 相見. 喜. 嘉會. 禮. 虛心. 誠信. 孚. 寬. 辨. 文明. 史.
	聯想 확장	麗. 暄之. 夏. 南. 禮亨. 雉. 武人. 鼓. 革化. 別. 福. 孚格. 牛. 衛. 戎. 光. 刃. 孕. 絶. 阻. 志. 祉福. 禽. 佳. 火鳥. 飛. 飛鳥.

간 위 산　　위 경 로　　위 소 석　　위 문 궐　　위 과 라
艮爲山 爲徑路 爲小石 爲門闕 爲果蓏

艮☶괘는 산·샛길·작은 돌·궐문·나무와 풀의 열매라 하고,

위 혼 시　위 지　위 구　위 서
爲閽寺 爲指 爲狗 爲鼠 　*狗=拘의 착간. 譬也.

문지기[閽]·내시[寺]·손가락[指]·개[狗](혹은 굽음: 拘)·쥐[鼠],

위 검 훼 지 속
爲黔喙之屬

부리나 주둥이가 검은 짐승이라고 한다.

기 어 목 야　위 견 다 절
其於木也 爲堅多節

나무에 대해서는 견고하고 마디가 많다고 한다.

朱熹의 『周易本義』

『九家易』에는, 위의 문장 아래에 艮의 물상으로 "코, 호랑이, 여우" 등 세 개를 추가하여 기록해 놓았다.

荀九家 有爲鼻 爲虎 爲狐.

茶山의 『周易四箋』

震☳의 길은 앞이 트여있어 큰길이라 하고, 艮☶의 길은 앞이 막혀있어 좁은 길이다.

震道前通 所以爲大途也. 艮道前窮 所以爲徑路也(徑路迷途也).

나무 열매는 과실(果)이라 하고, 풀의 열매는 蓏(라: 풀열매)라 한다. 震☳이 꽃이 되는 것은 陽의 시작이기 때문이고, 艮☶이 과실이 되는 것은 陽의 완성이기 때문이다.

木實曰果 草實曰蓏.(與瓜字不同) 震爲花者 陽之始也. 艮爲果者 陽之成也.

(艮☶山은 문을 지키는 象이다.) 문지기[閽]·내시[寺]·개[狗]는 모두 문을 지키는 수단이다. 주둥이가 검은

짐승은 여우와 이리의 족속이다.

閣寺與狗 皆所以守門也.(艮爲守) 黔喙者狐狼之屬也.(虞氏云)

艮☶山은 그침인데 사물이 성장을 멈추고 기운을 온축하면 절도가 생기는 것이다. 이러한 마디가 있으면 堅實하고 誠實하게 된다. 그러므로 易例에서 '節約' '節儉' '貞節' '苦節'등의 象은 모두 艮☶에서 연유된 것이다.

艮止也. 物止則有節.(草木竹箭 皆以止成節) 有節則堅貞. 故易例 凡節約 節儉 貞節 苦節. 皆以艮也.

虞翻(우번)의 책에는 "狗"자가 '拘'로 되어 있다. 李鼎祚(이정조)의 책에도 마찬가지이다. 우번은 '狗'자가 중복으로 나타나는 것으로 보아 拘의 착간이라고 본 것이다. 그에 따르면 손을 굽히고 펴서 물건을 구부리는 것이라 했으나, 내 의견은 拘는 攣[오그라듦]의 뜻으로 새겨야 한다. 易詞에서 말한 "攣如(련여)"는 모두 艮☶을 拘로 새겼기 때문이다.

虞翻本 狗作拘.(李鼎祚本同) 仲翔曰 指屈伸制物爲拘.(狗爲複見. 故必以爲拘) 按拘者攣也. 易詞之云攣如 皆以艮拘也.

〈비교 · 평가를 위한 자료〉

① 荀九家의 '艮' 物象 (『周易四箋』 「說卦傳」 11장의 '艮' 項)

荀九家들은 艮☶의 象을 귀신 · 명부(冥府)라 했다. 虞翻은 艮☶을 성채 · 종묘 · 追求의 象이라 했다.

荀九家 艮爲鬼. 爲冥(鄭玄云), 虞氏曰 艮爲城. 爲宗廟. 爲求.

만물은 艮☶에서 끝맺는데 죽으면 귀신이 된다. 그 사례가 睽☲괘 上九 효사에 "載鬼一車(재귀일거)"이다. 睽☲괘 上九가 효변하면 歸妹☳괘가 되는데, 남녀 婚姻의 괘이므로 상괘인 震☳이 전도된 艮☶少男의 象을 취하기 때문에 "載鬼一車"라 말한 것이다.

또한 艮☶死괘를 살펴보면 하나의 剛陽━이 위에 장막을 드리우고 있으니, 그 象이 冥府(명부)를 연상케 한다. 그러므로 반드시 上爻 이후에야 冥府의 象이 된다. 升☷괘 上六의 之卦인 蠱☴(艮☶冥 · 巽☴高)의 '冥升(명승: 어둠에 오름)'그리고 豫☳괘 上六의 之卦인 晉☲(离☲喜 · 互艮☶冥)의 '冥豫(명예: 어둠의 화락)'가 그런 사례이다.

物以艮終. 死爲鬼也.(見睽卦) 一剛上冪 其象冥也. 然必上爻而後 乃爲冥也.(見升豫)

艮☶은 坤☷邑의 외곽을 剛陽━이 방위하고 있는 象이니 성곽이라고 말한 것이다. 그러므로 艮☶은 귀신이 깃들이는 성곽이니 그 象을 廟堂(묘당)이라 말한다.

坤邑外剛 其象城也.(泰上六) 鬼神攸盧 其象廟也.(渙之象)

『雜卦傳』에서 말했다. 臨☷괘와 觀☴괘의 뜻은 혹은 내어주고 혹은 간구하는 것이라 했다. 臨☷괘를 겸획하면 大震☳이고 觀☴괘는 겸획하면 大艮☶이 된다. 그러므로 易例는 艮☶을 干求(간구)함이라 한

다.('求'라는 글자는 ☶에 干을 조합한 것이다)

雜卦云 臨觀之義 或與或求. 觀者大艮也.(兼畫艮) 故易例 艮爲求.(求字 先畫艮卦. 次以物干ᵃ之)

② 茶山의 '艮' 物象 補充 (『周易四箋』 「說卦傳」 11장의 '艮' 項)

艮☶은 고을[邑]·평상[牀]·여관[廬次]이라 한다.(또는 흙이라 한다) 또한 미혹[迷]·지킴[守]·훈계[誡]·후퇴[退]·아동[童]·소인(小人)·종복[僕]이라 한다.(또는 나무뿌리라 한다)

今補 艮爲邑. 爲牀, 爲廬次. (又爲土), 爲迷. 爲守. 爲誡, 爲退, 爲童, 爲小人. 爲僕. (又於木爲根)

艮☶을 살펴보면 坤☷衆이 거처한 곳을 밖으로 구역을 경계 짓는 모습이니 고을의 모습이다. 无妄䷘괘 六三의 효사인 "邑人災(읍인재)"는 괘 속에 있는 艮☶을 邑人으로 본 것이다. 또한 艮☶의 모습을 보면 剛陽━이 위에 놓여있고 그것을 네 개의 다리로 버티고 있는 꼴이니 평상[牀]이라 한 것이다.

坤衆之居 外有限域 其象邑也(無妄之六三). 一剛上橫 楮而四股. 其象牀也(剝與巽)

"廬(여)"는 艮☶의 담장에 의하여 위를 가린 것이다. 이와 달리 坎☵은 하나의 척추가 중앙에 높이 세워지고 양 날개를 펼친 모양이므로 궁궐이라 한 것이다. 반면에 艮☶은 위에 하나의 도리만 가로질러 놓고 그에 따라 덮개를 비스듬히 늘어뜨린 것이므로 그 象이 초막이라고 말한 것이다. 예컨대 剝䷖괘 上九의 "小人剝廬(소인박여)"와 旅䷷괘 九三의 "旅焚其次(여분기차)"는 艮☶의 象을 廬次(여차: 주막의 장막에 머물다)로 본 사례이다.

廬者 倚於墻而爲蔽也.(艮爲墻) 又坎一脊中隆 兩翼分張. 故其象爲宮室. 艮則 上橫一桁 而順勢斜下. 故其 象爲廬次.(剝與旅)

艮☶의 좁은 길은 앞이 가로막혀 있으니 艮☶의 象을 昏迷(혼미)함이라 한다. 또한 兌☱言은 艮☶終에서 이루어지는데 마디가 있고 제한이 있으니 그 말은 훈계가 된다. 또한 遯䷠괘가 隱遁(은둔)을 뜻하게 된 것은, 君子를 상징하는 陽이 (小人을 상징하는 陰▪▪으로 성장하는) 小人 세력에 의해, (遯䷠괘의 下卦인) 艮☶에서부터 밀려나기 때문이다. 그러므로 艮☶을 물러남[退]의 象이라고 말한다. 또한 震☳木의 가지는 위로 향하고 있으나 그 반대인 艮☶의 가지는 아래로 향하고 있으므로 艮☶을 뿌리[根]의 象이라 한 것이다.("退"와 "根"의 글자는 '艮'을 따라 만들어진 글자이다)

徑路前塞 迷之象也. 成言乎艮 有節有限 其言爲誡也. 遯之方遯 陽以艮退(遯下艮) 艮爲退也.(字從艮) 震木 枝條向上(上二陰) 艮木枝條向下(下二陰) 艮者根也.(字從艮)

『說卦傳』에서 兌☱少女를 妾(첩)이라 했듯이 그 반대인 艮☶少男은 童僕이라 한다. 그리고 少男은 童이라 부르기도 하며 小人으로 연상이 확장되기도 한다. 그 사례를 보면 旅䷷괘의 六二와 九三의 효사에서 "得童僕(득동복)"·"喪其童僕(상기동복)"을 말한 것은 艮☶少男을 가리킨다.

---

a 干(간)=犯也. 求也.

兌旣爲妾 艮則僕也.(旅二三)

학포씨가 말했다. (習)坎☵괘 象傳의 "設險以守國(설험이수국)", 震☳괘 象傳의 "出可以守宗廟社稷(출가이 수종묘사직)"은, 艮☶을 守城(수성)의 象으로 해설한 것이다. 그리고 遯☶괘 六二의 "執用黃牛(집용황우)", 萃☶괘 初六의 "一握爲笑(일악위소)", 隨☶괘 上六의 "拘係之(구계지)", 渙☶괘 初六의 "用拯(용증: 빠진자를 구해냄)"은, 모두 艮☶을 手象[손(手)과 관련된 象]으로 쓴 것이다. 이처럼 艮☶을 내포한 괘의 괘사에서 빠짐없이 艮☶手로 보았으니, 이처럼 치밀한 易書[易經의 이치]를 쉽게 말할 수 있겠는가?

學圃云 坎之守國. 震之守廟.(艮爲守) 遯執 萃握. 隨拘. 渙拯.(艮爲手) 皆用艮象. 可易言哉.

艮 ☶	傳文	山. 徑路. 小石. 門闕. 果蓏. 閽. 寺. 指. 狗. 鼠. 黔喙之屬(狐·狼). (於木)堅多節. 止. 節(節約·節儉·貞節·苦節)
	荀九家	鼻. 虎. 狐. 終止. 死. 鬼. 冥. 城. 宗廟. 求.
	茶山	邑. 牀. 廬次. 土. 迷. 守. 誡. 退. 童. 小人. 僕. 根.
	聯想 확장	東北. 成言. 小男. 手. 簡. 開門. 居. 戒. 瓜. 冠. 肱. 篤實. 冪. 毛. 木. 迷路. 尾. 小. 承. 尸. 邑人. 墻. 亭毓. 蔽. 限.

朱熹의 『周易本義』

『九家易』에는, 兌의 象으로 전범[常]·볼[輔]·뺨[頰]의 象을 덧붙이는 글이 붙어 있다.

荀九家 有爲常 爲輔頰.

이 11장은 八卦의 상징성을 넓힌 것이다. 그러나 그 가운데는 알 수 없는 것이 많다. 經文(경문)에서 찾아도 역시 다 합치되지 않는다.

此章 廣八卦之象. 其間多不可曉者. 求之於經 亦不盡合也.

『周禮』「春官」에 의하면 '무당을 통솔하는 司巫(사무)는 제사 지낼 때 신주단지[共匰主(공단주: 匰은 신주를 모시는 단지)]를 받들어 모신다'고 했다. 남자 무당은 山川 제사를 담당하고 여자 무당은 액막이 푸닥거리를 주관한다. 대개 祭禮(제례)에서는 밖의 일은 무당을 쓴다. 兌☱는 少女이니 비천한 여자이므로 "巫[무당]"라고 말하는 것이다.

周禮 司筮祭祀 則共匰主.(又男巫掌望祀 女巫掌袚除) 凡祭祀之禮 外事用巫也.(兌女之卑者)

乾☰은 원만한 것인데(乾☰의 맨위에 있는 剛—이 --로 절단되어), 지금은 兌☱로 변했으니 이를 毀折(훼절)이라고 말한다. "附決(부결)"의 '決'은 缺과 같은 뜻이다. 圓滿하던 乾☰이 兌☱에서 陽— 하나가 결여되었으니, 이를 "附決" 즉 붙어있던 것이 떨어져나갔다고 말한다.

乾之滿盈 今毀其上(折上剛) 是毀折也.(又巽爲高爲長 兌與巽相反) 決者缺也. 乾之圓滿 今乃缺之.(虧上剛) 是附決也.

『周禮』「地官司徒」의 草人(초인)은 파종에 알맞은 토질을 관리하는데, 거름을 뿌리되[糞種] 발효 숙성한 즙을 사용하며, 붉고 굳은 땅에는 牛糞[쇠똥]을 쓰고, 짠맛의 갯펄에는 狟糞[오소리 똥]을 쓰는데,『史記』「貨殖列傳」에서 말한 "齊나라 지역의 潟鹵[갯펄·소금밭]는 바로 剛鹵(강로)를 뜻한다. 이처럼 剛鹵의 땅은 兌☱의 모습처럼 外柔內剛(외유내강)하니 兌☱괘의 象으로 삼았다.

周禮 草人云 凡糞[a]種 騂剛用牛[b].(土赤而性剛) 鹹潟用貆.(潟鹵也) 貨殖傳曰 齊地潟鹵是也. 剛鹵之地 外柔內剛 兌之象也.

〈비교 · 평가를 위한 자료〉

① 荀九家의 '兌' 物象 (『周易四箋』「說卦傳」11장의 '兌' 項)

앞에서 朱子도 언급했지만 荀九家들은 兌☱의 象을 전범[常]이라 했다. 虞翻(우번)의 易注에서는 兌☱를 형벌 받은 사람[刑人]·구멍[孔穴]이라고 말한다.

兌爲常. 虞氏易 兌爲刑人. 爲孔穴.

보통 刑罰은 秋官에 속한다. 兌☱는 쇠[金]이어서 '肅殺(숙살)'이 형벌의 象과 비슷하다고 여긴 虞翻은, 易詞에서 离☲火를 '刑'이라 말했다. 이러한 虞翻의 說은 잘못이다. 그 사례로 豊䷶괘 大象傳의 "折獄致刑(절옥치형)"과 旅䷷괘 大象傳의 "明愼用刑(명신용형)"은 모두 离☲를 형벌의 象으로 보았으니 잘못이다. 坎☵이면 窨[구덩이]의 象인데, 虞翻이 兌를 孔穴[구멍]이라 하니 무슨 근거로 그러는지 모르겠다.

刑者秋官也. 兌金肅殺 似爲用刑之象. 然其在易詞 离則爲刑(豊旅之大象). 虞說非也. 坎則爲窨 兌爲孔穴

---

a 鄭玄 注: 凡糞種者 皆謂煮取汁也. 鄭司農云 用牛以牛骨汁 漬其種也.

b 一說은 "用牛"를 '牛骨汁으로 種子를 적셔준다'고 해석한다.

又何據也.

② 茶山의 ‘兌’ 物象 補充 (정약용 『周易四箋』 「說卦傳」 11장의 ‘兌’ 項)

茶山은 兌☱의 象을 쇠[金]·식사[食]·소매[袂]·의로움[義]·은둔하는 處士[幽人]·脫失(탈실)이라 했다.〈또한 돌[石]·그믐[晦]·위태로움[厲]이라 했다〉

今補 兌爲金. 爲食. 爲袂. 爲義. 爲幽人. 爲脫失.(又爲石 爲晦 爲厲)

乾☰衣[의복]의 맨위에 있는 剛━이 ⚋로 절단된 兌☱는 그 입이 터졌으니, 그 象을 袂(메: 소매)라 한다. 마치 玉에 구멍이 뚫리면 玦(결: 패옥)이 되는 것처럼, 衣口[윗도리의 소매 입구]를 ‘袂’라고 말한 것이다. 또한 震☳을 이미 仁이라고 했으니, 兌☱는 곧 義이다.(兌는 ‘宜’가 된다.)

乾衣而缺其口 則其象爲袂.(如玉之缺者爲玦) 衣口曰袂也. 震旣爲仁 兌則義也.(兌爲宜)

兌☱는 西方의 幽昧(유매)의 땅이다. 少女의 德을 지니며 그윽함과 정절을 귀중하게 여기는 處女이다. 그러므로 兌☱의 象이 드러난 사람이 幽人[‘處女’와 같은 ‘處士’]이다. 또한 兌☱는 밖이 虛한 陰⚋ 획으로 방비가 없는 모양이니 소홀하면 상실하게 되는 象이다. 즉 兌는 ‘脫[벗어남]’이 된다. ‘脫’자는 ‘兌’를 따른 것이다.

兌者 西方幽昧之地(堯典西爲昧) 又少女之德 貴於幽貞. 故其人爲幽人.(處士如處女) 剛不外防.(上一陰) 脫則失之 兌爲脫也.(字從兌)

晦(회: 그믐)란 어두운 것이다. 예컨대 隨☳☱괘 大象傳의 “嚮晦入宴息(향회입연식)” 즉 날이 저물어 어두워지면 집에 들어가 안식한다는 象은 兌☱를 晦로 본 것이다. 그러나 易詞에서는 간혹 兌☱가 아닌데도, 어두움 등의 ‘厲’를 말하는 경우가 있다. 예컨대 明夷☷☲괘의 大象傳에서 “用晦而明(용회이명)” 즉 민중에 나아갈 때는 어둠을 써서 밝게 인도한다는 象을 말한 것은, 兌☱가 아니지만 땅속에 해가 들어있기 때문에 “晦”라고 말한다. ‘厲(려)’는 위태롭다는 뜻이다. 兌☱의 형상을 보면 하나의 유약한 陰⚋이 강건한 陽━을 올라타고 있으니 위태롭기 그지없는 모습이다.

晦者昧也.(隨明夷之大象 皆以兌爲晦) 厲者危也 一陰乘剛 危之至也. 然其在易詞 或有非兌 而言厲者.

兌 ☱	傳文	澤. 少女. 巫. 口舌. 毀折. 附決. 妾. 羊. (於地)剛鹵.
	荀九家	常. 輔頰. 刑人. 孔穴.
	茶山	金. 食. 袂. 義. 宜. 幽人. 脫失. 石. 晦昧. 厲.
	聯想 확장	見. 悅. 西方. 說言. 秋. 義理. 瓶. 祿. 白. 肅. 壅滯. 利. 澤虎. 號. 和. 穫. 水.

(附見) 兼互取象之法(『周易四箋』, 「說卦傳」에 덧붙이는 글)

附記: 互卦를 겸하여 象을 취하는 방법

주역의 말씀에서 物象을 취하는 방법으로 대부분 두 개의 괘를 서로 섞은[兼互] 다음에 그 兼한 것을 命名하여 物象으로 삼는 사례가 많다. 또한 세 개의 卦 혹은 네 개의 卦를 섞어 象[物象]으로 삼기도 한다. 공자께서 이른바 성인의 뜻은 卦辭에서 나타난다고 하였거니와 바로 당연히 이러한 방법에서 그 卦辭의 뜻을 찾아내야 한다. 그러나 荀爽·虞翻 등의 여러 易學者들은 爻變을 알지 못했으므로 성인의 취지를 찾지 않고, 매양 하나의 物象만을 지목하여 오로지 하나의 卦에 귀속시켰다. 후배학자들도 성인의 經文에서 고증하지 않고, 이들의 학설만을 가볍게 믿었으니, 성인의 뜻이 끝내 세상에 드러나지 못했다.[아래에서 그 중 몇 가지 사례를 든다.]

易詞之取物象 多有兼互二卦 而命之爲物者.(或兼互三四卦 以爲象) 夫子所云 聖人之情 見于辭者 正當於此乎求之. 乃荀虞諸家 不知爻變 不求聖旨 每指一物 專屬一卦. 後之學者 不考驗於經文 而輕信儒說. 則聖人之情 卒無以顯於世矣.

[重卦의 物象은, 그 正卦와 그것의 之卦·互卦·夾卦·通卦는 물론이거니와 母卦·反易卦를 살펴야 한다: 편역자 주] (예컨대) 巽☴齊·离☲誠에 坤☷牛[犧牲] 혹은 艮☶廟를 내포하여 연결시키면 '祭祀'의 象이 된다.

巽齊离誠 而或坤或艮者 爲祭祀(坤牛而艮廟)

(하나의 重卦 속에) 艮☶少男과 兌☱少女가 결합되어 있으면 혼인을 의미한다.

艮兌之合 爲婚媾(合少男少女)

아래는 离☲火이고 위는 坎☵水인데, 여기에 兌☱食 혹은 坤☷養이 연결되면 음식을 불로 끓이는 象이 된다. 예컨대 需䷄괘에는 上坎☵水, 上互离☲火, 下互兌☱食, 下坤☷養이 내포되어 있으므로 大象傳에서 "飮食宴樂"이라고 말한다.

下离上坎 或兌或坤者 爲亨飪.(离火坎水 又兌食坤養)

卦에 乾☰天이 있고 혹 离☲誠과 巽☴齊가 아울러 있으면, 천제를 올리는 郊[祭天: 하늘에 제사 지냄]의 象이다.

卦有乾天 而或兼离巽者 爲郊.(祭天也)

坤☷괘와 艮☶괘의 흙이 坎☵水를 결합하고 있으면 진흙이라 한다.(需䷄괘 九三의 "需于泥"는 그 之卦인 節䷻괘의 上坎☵水와 上互艮☶土가 결합한 것을 말한다. 震䷲괘 九四의 "遂泥"는 震괘 3~5획의 上互坎☵水와 그 之卦인 復䷗괘의 上坤☷土를 아울러 말한다.)

坤艮之土 合以坎水者 爲泥.(需與震)

坎☵괘의 法律에, 艮☶手와 震☳足이 단단한 나무를 만나면 질곡이라 한다.(蒙䷃괘 初六의 "用說桎梏", 噬

噬䷔괘 初九의 "屨校滅趾"와 上九의 "何校滅耳"는 이런 사례이다.)

坎之法律 而艮手震足. 以當堅木者. 爲桎梏(蒙 噬嗑)

모든 괘에서 4~6획의 上卦를 坎月의 자리로 삼으며, 이를 伏位(복위)라 한다. 만약 伏位에 兌괘가 앉아 있다면, 그 兌☱괘는 아직 가득 차지 않아, 乾☰圜에 이르지는 못했어도 거의 보름달에 가까워졌으므로, 이를 "月幾望(월기망)"이라 말한다.(小畜䷈괘 上九의 효사, 歸妹䷵괘 六五의 효사, 中孚䷼괘 六四의 효사에서 "月幾望"을 말한 것은, 모두 兌☱괘를 내포하고 있기 때문이다.)

坎月之位(四五六) 兌猶未盈. 而幾乎乾圜者. 爲月幾望(見小畜 歸妹 中孚)

离☲담장이 가로막고 있는데 겸하여 震☳竹을 얻으면 대나무 울타리가 된다.

离垣之防 而兼得震竹者 爲藩籬.

둥둥 떠 있는 震☳木을 坎☵川이나 兌☱澤에 띄우고, 그 위에 巽☴風이 있다면 배[舟]의 象이 된다.

汎震木於坎川.(或兌澤) 而上有巽風者 爲舟.

무릇 易詞에서 말한 物象이 『說卦傳』의 原經[원래의 經典]에 없는 경우는 모두 두 卦 이상을 아울러[兼하여] 象을 취한 것이니, 이러한 방법으로 物象을 찾으면 易詞의 한 글자도 막혀 통하지 못하는 경우가 없을 것이다.

凡易詞之物 不在說卦之原經者 皆兼互以取象. 以是法而求之 無一字之礙滯不通矣.

易例는 3획의 八卦가 아닌 1획과 2획을 취하여 物象으로 삼는 경우가 있다. 무릇 ━은 화살, ╍은 피부, ▅은 평상, ╍은 신발이나 올라탄 것[乘]이라 한다. 사례가 많아서 다 지목할 수 없을 정도이다.

易例 又有未滿二畫 而取之爲象者. 凡 ━ 爲矢. ╍ 爲膚. ▅ 爲牀. ╍ 爲履(又爲乘) 不能悉指.

제2부.　程朱의 傳義

1. 備旨具解 原本周易 凡例[a]

『周易』은 上經·下經 두 편과 공자가 붙였다고 전해지는 이른바 十翼(십익)이라 불리는 彖傳(上·下), 象傳(上·下), 繫辭傳(上·下), 文言傳(문언전), 說卦傳(설괘전), 序卦傳(서괘전), 雜卦傳(잡괘전)의 10편이 각각 별도의 책으로 묶여 있었다. 西漢의 費直(비직)이 처음으로 彖傳(단전)과 象傳(상전)으로 經文(경문)을 해석하여 뒤에 붙였다. 鄭玄(정현)과 王弼(왕필)이 그것을 받들어 다시 卦와 爻의 아래에 나누어 붙이고, 乾괘·坤괘의 文言을 삽입하여 처음으로 '彖曰'·'象曰'·'文言曰'이라는 문구를 첨가함으로써 經文과 구별하였다. 이로부터「繫辭(계사)」이하 孔子의 傳文들을 마치 옛것처럼 대를 이어 따르니, 이것이 今易(금역)이라 하는 것이다. 程子[程頤]께서 이 今易을 해석한 책이 이른바『伊川易傳』이다.

한편 嵩山(숭산) 晁說之(조열지)가 처음으로 古經을 考訂(고정)하여 8권으로 정리하였고, 東萊(동래) 呂祖謙(여조겸)이 이들 經文을 두 권으로 묶고, 傳文 10권을 합쳐 정본으로 만들었으니, 이것이 古易(고역)이라 부르는 것이다. 朱子[朱熹]께서 지은『周易本義』는 呂祖謙의 古易을 따른 것이다.

그러나 程子(程頤)의『程傳(伊川易傳)』과 朱子(朱熹)의『本義(周易本義)』가 이미 아울러 유행했으니 諸家의 定本이 제 각각 같지 않았다. 그러므로 이제 이 책에서는『程傳』을 元本으로 따르되『本義』를 중복하여 나란히 따르는 것으로 결정했다. 무릇 經文은 모두 평행으로 쓰고『程傳』과『本義』는 한 글자 내려서 씀으로써 구별하게 했으며,「繫辭」이하에는『程傳』이 붙어있지 않으므로 한결같이 朱子의『本義』가 정한 章과 치례를 따라서 24권으로 총 정리했다.

周易上下經二篇 孔子十翼十篇 各自爲卷. 漢費直 初以彖象釋經 附於其後. 鄭玄王弼宗之 又分附卦爻之下. 增入乾坤文言. 始加彖曰象曰文言曰 以別於經. 而繫辭以後 自如其舊 歷代因之 是爲今易. 程子所爲作傳者是也. 自嵩山晁說之 始考訂古經 釐爲八卷. 東萊呂祖謙乃定爲經二卷傳十卷 是爲古易. 朱子本義從之. 然程傳本義 旣已竝行 而諸家定本 又各不同. 故今定從程傳元本 而本義仍[b]以類從. 凡經文皆平行書之 傳義則低一字書以別之. 其繫辭以下 程傳旣闕則 壹從本義所定章次 總釐爲二十四卷云.

『程傳』은 王弼(왕필)本에 의거했다. 다만『程傳』(의 해설문)은 六十四괘에만 들어 있고『繫辭傳』이하에는 붙어있지 않다. 그래서 이 책에서는 董楷(동해)의 사례를 본받아서 呂祖謙(여조겸)이 수집한 經의 해

---

a　편역자 주:「備旨具解 原本周易 凡例(비지구해 원본주역 범례)」는, 明나라 永樂帝(영락제)의 칙명으로 (『伊川易傳』·『周易本義』를 중심으로)『周易傳義大全(주역전의대전)』을 찬술할 때, 편집방향·참고자료 처리 과정을 서술한 범례[일러두기]의 글이다.

b　仍(잉)=因也. 重也. 頻也.

설로 보충했다. 다만 '程子曰'이라고 구분하는 註를 달아『程傳』과 구별했다.

程傳據王弼本. 只有六十四卦 繫辭以後无傳. 今法天台董氏例 以東萊呂氏所集經說補之. 仍只稱程子曰 分註書之 別於傳也.

程子의『伊川易傳』과 朱子의『周易本義』의 간행본에 간혹 오탈한 字句가 있으면 교정하여 바로잡았다. 傳文이 양쪽에 다름이 있을 경우에는 東萊 呂祖謙의 古易을 따랐다.

程傳本義刊本 間有脫誤字句 今合諸本 讐校歸正. 其傳有兩存同異者則 係東萊呂氏舊例云.

『二程文集』의「遺書(유서)」·「外書(외서)」,『朱子文集』의「語類(어류)」에 주역을 언급한 것이 있으면, 이제 두 책〈董楷의『周易傳義附錄』과 董眞卿(동진경)의『周易會通』〉을 취합해서 서로 考訂하되,『程傳』·『本義』에 합당하고 發明이 있는 것을 취한 뒤에, 각기 나누어『程傳』·『本義』다음에 나누어 주석하고 '程子曰'·'朱子曰'을 앞에 써넣어 구별했다.

程子의 두「序文」·「上下篇義(상하편의)」, 朱子의「圖說·「五贊(오찬)」·「筮儀(서의)」, 아울러 (程子·朱子 두 분이 經文을 설명한)「易說綱領(역설강령)」에 대해서는 程朱學者인 董楷·董眞卿의『附錄』및 (朱熹가 직접 지은)『易學啓蒙(역학계몽)』을 해설한 여러 저서까지 참고하고 취하여 별도의 義例를 만들어 책머리에 나열하니 저절로 한권의 책이 되었다.

二程文集 遺書外書 與朱子文集語類 有及於易者. 今合天台董氏 鄱陽董氏附錄二本 參互考訂 取其與傳 義相合 而有發明者 各分註其次 仍以程子朱子曰別之. 其程子二序上下篇義. 朱子圖說五贊筮儀. 竝二家 說經綱領. 則參取二董附錄 及啓蒙諸書 別爲義例 列於篇端, 自爲一卷云.

諸家의 학설은 한결같이『程傳』·『本義』를 조종으로 삼아 절충하되, 그 말씀·논지의 정순함, 이치와 象의 밝고 마땅함을 아울러 취하여,『程傳』·『本義』뒤에 나누어 주석하여『程傳』·『本義』를 보조하도록 했다. 그것의 同異와 得失은, 先儒인 胡一桂·胡炳文이 일찍이 論訂(논정)한 것을 상세히 가리고 붙여서 드러냈다.

諸家之說 壹宗程傳本義折衷 並取 其辭論之精醇 理象之明當者 分註二氏之後 以羽翼之. 而其同異得失 先儒雙湖胡氏 雲峰胡氏 嘗論訂者 亦詳擇而附著焉.

經文 가운데의 문자에 합당한 音이 있는 것은, 이제 董楷의 사례를 따르되, 呂祖謙의 音과 訓(훈)을 참고해서 바로 그 아래에 붙여두었다. 간혹『程傳』·『本義』에 音讀(음독)이 다른 것이 있으면 분명하게 식별했다.

經中文字 有當音者 今從天台董氏例. 參考呂氏音訓 直附其下. 間有傳義 音讀異者則 明識別之.

經文의 구절을 나누는 구두점이『程傳』·『本義』사이에 동일하지 않은 곳이 있었는데, 이제『本義』로써 정정하여 통일했다.

經文圈點句絶 傳義間有不同處 今壹以本義爲正.

明 永樂 十三年(1415년) 十月 初一日

1) 奉勅 編輯諸臣 職名

翰林院學士 兼左春坊大學士 奉政大夫　　臣 胡 廣

奉政大夫 右春坊右庶子 兼翰林院侍講　　臣 楊 榮

奉直大夫 右春坊右諭德 兼翰林院侍講　　臣 金幼孜

翰林院侍講 修撰 承務郎　　臣 蕭時中

翰林院侍講 修撰 承務郎　　臣 陳 循

翰林院侍講 編修 文林郎　　臣 周 述

翰林院侍講 編修 文林郎　　臣 陳 全

翰林院侍講 編修 文林郎　　臣 林 誌

翰林院侍講 編修 承事郎　　臣 李 貞

翰林院侍講 編修 承事郎　　臣 陳景著

翰林院侍講 檢討 從仕郎　　臣 余學夔

翰林院侍講 檢討 從仕郎　　臣 劉永淸

翰林院侍講 檢討 從仕郎　　臣 黃壽生

翰林院侍講 檢討 從仕郎　　臣 陳 用

翰林院侍講 檢討 從仕郎　　臣 陳 璲

翰林院 五經博士 迪功郎　　臣 王 進

翰林院 典籍修職佐郎　　臣 黃約仲

翰林院 庶吉士　　臣 涂 順

奉議大夫 禮部郎中　　臣 王 羽

奉議大夫 兵部郎中　　臣 童 謨

奉訓大夫 禮部員外郎　　臣 吳 福

奉直大夫 北京刑部員外郎　　臣 吳嘉靜

承直郎 刑部主事　　臣 黃 裳

承德郎 刑部主事　　臣 段 民

承直郎 刑部主事　　臣 洪 順

承直郎 刑部主事　　臣 沈 升

承德郎 刑部主事　　臣 章 敞

承德郎 刑部主事　　臣 楊 勉

承德郎 刑部主事　　臣 周 忱

承德郎 刑部主事　　臣 吳 紳

文林郎 廣東道監察御使　　臣 陳道潛

承事郎 大理寺 評事　　　　臣 王　選
文林郎 太常寺 博士　　　　臣 黃　福
修職郎 太醫院 御醫　　　　臣 趙友同
迪功佐郎 北京國子監 博士　臣 王復原
泉州府 儒學教授　　　　　　臣 曾　振
常州府 儒學教授　　　　　　臣 廖思敬
蘄州府 儒學學正　　　　　　臣 傅　舟
濟陽縣 儒學教諭　　　　　　臣 杜　觀
善化縣 儒學教諭　　　　　　臣 顏敬守
常州府 儒學訓導　　　　　　臣 彭子斐
鎮江府 儒學訓導　　　　　　臣 留季安

2)「備旨具解 原本周易 凡例」에 인용된 先儒의 姓氏

國名	姓氏	名	字	稱號	其他
漢	孔氏	安國	子國		
	劉氏	歆	子駿 潁叔		劉向의 子(?-23)
	揚氏	雄	子雲	成都	
	鄭氏	玄	康成	高密	
魏	董氏	遇	季直	華陰	
	王氏	弼	輔嗣	山陽	
吳	虞氏	翻	仲翔	餘姚	
晉	韓氏	伯	康伯	長社	
齊	劉氏	瓛	子珪	沛郡	
北魏	關氏	朗	子明	晉陽	
唐	孔氏	穎達	仲達	冀州	
宋	陳氏	搏	圖南	希夷	
	胡氏	旦	周父	渤海	
	陸氏	秉	端夫		
	孫氏	復	明復	泰山	
	胡氏	瑗	翼之	安定	
	石氏	介	守道	徂徠	
	歐陽氏	脩	永叔	廬陵	
	錢氏	藻	醇老	姑蘇	
	劉氏	彝	執中	長樂	
	陳氏	皋	希古		
	于氏	弇			
	邵子	雍	堯夫	百源	康節은 諡號
	張子	載	子厚	橫渠	
	王氏	安石	介甫	臨川半山	『臨川先生文集』
	王氏	逢	會之	廣陵	
	司馬氏	光	君實	涑水	
	程子	顥	伯淳	明道	
	程子	頤	正叔	伊川	
	蘇氏	軾	子瞻	東坡	

國名	姓氏	名	字	稱號	其他
宋	呂氏	大臨	與叔	藍田	
	晁氏	說之	以道	嵩山	
	龔氏	原	深夫	括蒼	
	房氏	審權			
	張氏	汝明	祖舜	盧陵	
	謝氏	良佐	顯道	上蔡	
	游氏	酢	定夫	廣平	
	楊氏	時	中立	龜山	
	尹氏	焞	彥明	和靖	
	張氏	繹	思叔	壽安	
	郭氏	忠孝	立之	兼山	
	張氏	汝弼	舜元	莆田	
	凌氏	唐佐	公弼	新安	
	耿氏	南仲	希道	開封	
	李氏	春年	仲永		
	閻氏	彥升			
	李氏	開	去非	小舟	
	李氏	光	泰發	上虞	
	朱氏	震	子發	漢上	
	劉氏	翔	圖南	浦城	
	王氏	大寶	元龜	海陽	
	郭氏	雍	子和	白雲	
	都氏	潔	聖與	丹陽	
	鄭氏	剛中	漢章	北山	
	程氏	迥	可久	沙隨	
	鄭氏	東卿	少梅	合沙	
	鄭氏	厚	景韋	莆田	
	閭邱氏	昕	逢辰	麗水	
	洪氏	邁	景盧	容齋	
	劉氏	槩	仲平	東明	

國名	姓氏	名	字	稱號	其他
宋	鄭氏	汝諧	舜擧	東谷	
	楊氏	萬里	廷秀	誠齋	
	蘭氏	廷瑞	惠卿	漁樵	
	馮氏	當可	時行	縉雲	
	王氏	宗傳	景孟	童溪	
	林氏	栗	黃中	福清	
	袁氏	樞	機仲	梅巖	
	朱子	熹	元晦	考亭	
	張氏	栻	敬夫	南軒	
	呂氏	祖謙	伯恭	東萊	
	王氏	炎	晦叔	雙溪	
	項氏	安世	平父	平庵	
	李氏	舜臣	子思	隆山	
	蔡氏	元定	季通	西山	
	劉氏	爚	晦伯	雲莊	
	易氏	祓	彥章	山齋	
	陳氏	淳	安卿	北溪	
	黃氏	榦	直卿	勉齋	
	潘氏	柄	謙之	瓜山	
	董氏	銖	叔重	盤澗	
	陳氏	埴	器之	潛室	
	蔡氏	淵	伯靜	節齋	
	蔡氏	沈	仲默	九峰	
	李氏	過	季辨	西溪	
	馮氏	椅	儀之	厚齋	
	毛氏	璞	伯玉	瀘川	
	柴氏	中行	與之	恕齋	
	張氏	洽	元德	清江	
	眞氏	德秀	景元	西山	
	魏氏	了翁	華父	鶴山	

國名	姓氏	名	字	稱號	其他
宋	潘氏	夢旂	天錫		
	劉氏	彌劭	壽翁	習靜	
	錢氏	時	子是	融堂	
	饒氏	魯	仲元	雙峰	
	馮氏	去非	可遷		
	蔡氏	模	仲覺	覺軒	
	沈氏	貴珤	誠叔	毅齋	
	趙氏	汝騰	茂實	庸齋	
	趙氏	汝楳			
	方氏	逢辰	君錫	蛟峰	
	董氏	楷	正叔	天台	
	黃氏	以翼	宗台	永春	
	楊氏	文煥	彬夫		
	徐氏	幾	子與	進齋	
	翁氏	泳	永叔	思齋	
	邱氏	富國	行可	建安	
	吳氏	綺	忠猷	三山	
	徐氏	直方	立大	古爲	
	陳氏	友文		隆山	
	胡氏	次焱	濟鼎	婺源	
	汪氏	深	所性		
	謝氏	枋得	君直	疊山	
	熊氏	禾	去非	勿軒	
	史氏	詠	自亨	水東	
	吳氏	應回			
	路氏	純中			
	鄭氏	正夫			
	王氏	湘卿			
	范氏	念德	伯崇		
	姚氏	小彭			

國名	姓氏	名	字	稱號	其他
宋	冷氏				以上 6人 世次 未詳
金	單氏	渢			
	雷氏	思	西仲	渾源	
元	許氏	衡	仲平	魯齋	
	胡氏	方平	師魯	玉齋	
	吳氏	澄	幼清	臨川	
	程氏	文海	鉅夫		
	胡氏	允		潛齋	
	齊氏	夢龍	覺翁	節初	
	程氏	龍	舜俞	苟軒	
	胡氏	一桂	庭芳	雙湖	
	胡氏	炳文	仲虎	雲峯	
	程氏	眞方	道大	新安	
	張氏	清子	希獻	中溪	
	徐氏	之祥	麒父	方塘	
	王氏	希朝	愈明	葵初	
	余氏	芑舒	德新	息齋	
	龍氏	仁夫	覯復	廬陵	
	董氏	眞卿	季眞	鄱陽	

2. 易傳序

易은 변하여 바뀐다는 뜻이다. 때를 따라 변하고 바뀜으로써 道를 따르는 것이다. 그 글의 됨됨이는 광대하여 모두 갖추었고, 이로써 장차 본성과 천명을 따르고, 밝음과 어둠을 통하여 사물의 진정을 다하게 하고, 사물을 크게 펴서 時務를 이루는 道를 보여주니, 성인께서 후세를 걱정하심이 可(가)히 지극하다고 말하는 것이다.
易變易也 隨時變易以從道也. 其爲書也 廣大悉備 將以順性命之理 通幽明之故 盡事物之情 而示開物成務之道也. 聖人之憂患後世 可謂至矣.

비록 가버린 옛날은 멀지만 오히려 남긴 경전은 여전하거늘, 앞선 선비들은 뜻을 잃고 말만 전했기 때문에, 뒤에 배우는 사람은 말만 암송하고 뜻을 잃었으니, 秦나라 이래로 전승이 없었다. 내가 천년 후에 태어나서 이 글이 어두워지고 인멸됨을 슬퍼하여, 장차 후세사람으로 하여금 흐름을 더듬어 근원을 찾도록 함이 이 易傳(역전)을 지은 까닭이다.
去古雖遠 遺經尙存. 然而前儒 失意以傳言. 後學誦言而忘味. 自秦以下 蓋无傳矣. 予生千載之後 悼斯文之湮晦 將俾後人 沿流而求源. 此傳所以作也.

易에는 네 가지의 성인의 道가 있다. 易으로써 말하는 자는 그 辭[繫辭]를 숭상하고, 易으로써 행동하는 자는 그 變動[爻變·推移]을 숭상하고, 易으로써 기구를 만들려는 자는 그 象[형상]을 숭상하고, 易으로써 점을 치려는 자는 그 占辭를 숭상한다. 吉凶消長(길흉소장)의 이치와 진퇴·존망의 道가 辭에 갖추어져 있으니, 그 辭를 미루어 괘를 고찰하면 變化를 알 수 있고, 象과 占도 그 가운데 있다.
易有聖人之道四焉 以言者尙其辭. 以動者尙其變. 以制器者尙其象. 以卜筮者尙其占. 吉凶消長之理 進退存亡之道 備於辭. 推辭考卦 可以知變 象與占在其中矣.

군자는 한가할 때 易의 象을 관찰하고 易의 繫辭(계사)를 완미하며, 군자가 활동할 때는 易의 변화를 관찰하고 易의 占辭를 완미한다. 繫辭를 얻었더라도 그 의미하는 바를 통달하지 못하는 자도 있으나, 繫辭를 얻지 못하고서 그 의미하는 바를 통할 수 있는 사람은 없다. 지극히 은미한 것은 이치이고, 지극히 현저한 것은 象이다. 體와 用이 한 근원이며 현저한 것과 은미한 것에 다름[간격]이 없다. 모이고 통함을 관찰하여 그 典禮(전례)를 행하면 繫辭에 갖추어지지 않은 것이 없다. 그러므로 잘 배운 사람은 말을 반드시 가까운 데서부터 찾는다. 비근한 것을 가볍게 여기는 사람은 말을 깨달은 것이 아니다. 내가 易傳을 지어 전하고자하는 것은 辭[聖人의 말씀]이다. 말씀에 연유하여 그 의미를 깨달음은 사람들에게 달려 있다.
君子 居則觀其象 而玩其辭. 動則觀其變 而玩其占. 得於辭 不達其意者有矣. 未有不得於辭 而能通其意者也. 至微者理也 至著者象也. 體用一源 顯微无間. 觀會通 以行其典禮 則辭无所不備. 故善學者 求言必自近. 易於近者 非知言者也. 予所傳者辭也. 由辭以得其意 則在乎人焉.

宋나라 元符 2년 기묘년(1099년) 정월 庚申일에 河南의 程頤(正叔)가 서문을 씀.
有宋元符二年己卯 正月 庚申. 河南 程頤正叔 序

3. 易序

易이란 책은 卦와 爻와 그것에 대한 彖辭와 象辭의 뜻을 갖추어 천지만물의 정상을 드러낸 것이다. 성인께서는 천하의 미래를 염려하심이 진실로 지극하다. 먼저 천하에 그 물건들을 開張(개장)하고, 뒤에는 천하의 時務를 이룬다. 이런 까닭에 그 數理를 다하여 천하의 형상을 정하고 그 형상을 드러내 천하의 길흉을 정하여, 64괘의 384효가 모두 이로써 천성과 천명의 도리를 따르며 변화의 도를 다한다.

易之爲書 卦爻彖象之義備 而天地萬物之情見. 聖人之憂 天下來世 其至矣. 先天下而開[a]其物 後天下而成其務[b]. 是故極其數 以定天下之象. 著其象 以定天下之吉凶. 六十四卦 三百八十四爻 皆所以順性命之理 盡變化之道也.

흩어지면 이치에서 만 가지로 달라지며, 통합하면 도리에서 둘로 갈라짐이 없다. 그렇기 때문에 易에는 太極이 있어 이것이 陰陽 兩儀(양의)를 낳는다. 大極은 道이고 兩儀는 陰陽이며, 음양은 하나의 道이며 太極은 無極이다. 만물이 생겨나면 陰을 지고 陽을 안았으니, 太極이 있지 않음이 없고, 兩儀가 있지 않음이 없으니, 천하의 기운이 교감하여 변화가 무궁하다. 형체가 한 번 생명을 받아 정신[神]이 한 번 그 지혜를 드러내면 마음과 행위가 나오고 만 가지 실마리가 일어나니, 易은 이로써 길흉을 결정하고 큰 사업을 낳는다.

散之在理則有萬殊 統之在道則无二[c]致 所以易有太極 是生兩儀. 太極者道也. 兩儀者陰陽也 陰陽一道也. 太極无極也. 萬物之生 負陰而抱陽 莫不有太極 莫不有兩儀 絪縕交感 變化不窮. 形一受其生 神一發其智 情偽[d]出焉 萬緒起焉 易所以定吉凶 而生大業.

그러므로 易은 陰陽의 道이고, 卦는 음양의 물건이고, 爻는 음양의 운동이니, 卦가 비록 같지 않을지라도 같은 것은 奇數(기수)의 偶數(우수)이고, 爻가 같지 않을지라도 같은 것은 九[陽]와 六[陰]이다. 이런 까닭에 64개의 卦는 形體가 되고 384개의 爻는 서로 그 運用이 되어서, 멀리는 六合[上下四方]의 밖에 있고 가까이는 내 몸 안에 있으니, 순식간의 찰나·미세한 동정에도 괘의 형상이 있지 않은 곳이 없으며, 爻의 뜻이 있지 않은 곳이 없다. 지극하도다! 易이여! 그 道는 지극히 커서 감싸지 못할 것이 없고, 지극히 신묘하여 존재하지 않는 곳이 없다.

故 易者陰陽之道也. 卦者 陰陽之物也. 爻者 陰陽之動也. 卦雖不同 所同者奇偶. 爻雖不同 所同者九六. 是以六十四卦 爲其體 三百八十四爻 互爲其用. 遠在六合之外 近在一身之中. 暫於瞬息 微於動靜 莫不有卦之象焉. 莫不有爻之義焉 至哉易乎. 其道至大而无不包 其用至神而无不存.

---

a　開=張也. 施也.

b　務=事也. 時務也.

c　二=謂乾坤也. 謂異端也.

d　僞=詐也. 爲也.

때[時]는 진실로 시작부터 하나만 있는 것이 아니고, 괘는 시작부터 정해진 象이 있는 것이 아니다. 일은 진실로 시작부터 궁함이 있는 것이 아니고, 爻는 역시 시작부터 정해진 자리가 있는 것이 아니다. 때문에 한 때 '卦를 찾으면 변함이 없다'는 생각에 구애되면 易[변화]이 아니다. 하나의 일로 爻를 밝히면 막히어 통하지 못함으로 易이 아니다. 이른바 卦·爻·象·象의 뜻만을 알고 卦·爻·象·象의 運用이 있음을 모르면 역시 易이 아니다.

그러므로 정신의 운용과 心術(심술)의 운동을 체득하여 천지와 더불어 그 덕에 配合하고, 일월과 더불어 그 밝음에 배합하고, 四時(사시)와 더불어 그 질서에 배합하고, 귀신과 더불어 그 길흉을 배합한 연후에야 可(가)히 易을 안다고 할 수 있을 것이다.

時固未始有一. 而卦未始有定象. 事固未始有窮. 而爻亦未始有定位. 以一時而索卦 則拘於无變 非易也. 以一事而明爻 則窒而不通非易也. 知所謂卦爻象象之義 而不知有卦爻象象之用 亦非易也. 故得之於精神之運 心術之動 與天地合^a其德 與日月合其明 與四時合其序 與鬼神合其吉凶然後 可以謂之知易也.

비록 그렇지만 易에 卦가 있으니 易은 이미 象形된 것이고, 卦에 이미 爻가 있으니 괘는 이미 드러난 것이다. 이미 상형되고 드러난 것이니 안다고 말할 수 있다. 그러나 상형되지 않고 드러나지 않은 것은 이름을 불러 찾을 수 없다. 그렇다면 이른바 易이란 결국 어찌 하자는 것인가? 이것이야말로 易을 배우는 자가 깨달아야 할 몫이다.

雖然 易之有卦 易之已形者也. 卦之有爻 卦之已見者也. 已形已見者 可以言知. 未形未見者 不可以名求. 則所謂易者 果何如哉. 此學者所當知也.

〈편역자 주〉
이 글에는 저자를 표시하는 명문이 없다. 정설은 朱子의 글이라 하지만. 程子께서 쓴 것이라는 주장이 유력하다.

---

a　合=齊也.

4. 上下篇義

① 세상에서는 오래전부터 伊川[程頤] 선생이 이 글을 지은 것이라고 믿고 있다. 그러나 학자에 따라서는 『伊川文集』에 실리지 않았다고 하여 믿지 않는 이도 있다. 그러나 元末에 〈諸家(제가)를 널리 논급한 『周易會通』을 저술한〉 鄱陽 董眞卿은, '上下篇의 내용으로 보건대 程子[程頤]가 아니면 이런 정도의 수준에 이른 자가 없으니 程子의 글이 맞다'고 주장한다.
② 이 글은 64괘를 上·下편으로 나눈 기준을 설명한 것이다. 64괘의 명칭을 암기하지 않으면 주역을 읽을 수 없다. 연구자나 전문가가 아니면 이 글을 읽지 않아도 무방하다. (편역자 주)

乾☰괘와 坤☷괘는 天地의 道이고 陰陽의 근본이다. 그러므로 上篇(상편)의 머리로 삼는다. 坎☵水와 離☲火는 陰陽이 물질을 이루므로 上篇의 끝마침으로 삼는다. 咸☱괘와 恒☳괘는 夫婦의 道이며 생육의 근본이므로 下篇(하편)의 머리로 삼는다. 未濟☲괘는 离☲火·坎☵水의 結合이고, 旣濟☲괘는 坎☵水·离☲火의 交際이다. 이처럼 결합하고 교제하여 만물을 낳으며 陰陽의 공덕을 이루므로 下篇의 끝마침으로 삼는다.

乾坤天地之道 陰陽之本. 故爲上篇之首. 坎離陰陽之成質. 故爲上篇之終. 咸恒夫婦之道 生育之本. 故爲下篇之首. 未濟坎離之合 旣濟坎離之交 合而交則生物 陰陽之成功也. 故爲下篇之終.

두 篇의 卦(괘)로 나누어진 다음에 그 뜻을 추론함으로써 차례를 만들었으니, 『序卦傳』이 이것이다. 괘의 나눔은 陰陽을 법칙으로 쓴 것이니 陽—이 盛(성)한 것은 上篇에 자리하고 陰--이 盛한 것은 下篇에 자리한다. 이른바 盛하다는 것은 혹은 卦로써 말하고 혹은 爻로써 말한다. 그러나 괘와 효에서 취하는 뜻은 같지 않음이 있다. 剝☶괘의 경우 卦로써 말하면 陰--이 성장하여 陽—이 떨어져나가는 象이지만, 爻로써 말하면 陽—이 위로 올라가 지극히여, 한 개이 陽—이 뭇 陰--들의 주인이 되는 象이다. 大壯☳괘의 경우 卦로써 말하면 陽—이 성장하며 씩씩한 象이지만, 爻로써 말하면 陰--이 위에서 盛한 象이 된다. 그 쓰임이 그 장소에 따라 각각이지만 서로 방해하지 않는다.

二篇之卦 旣分而後 推其義以爲之次 序卦是也. 卦之分則以陰陽. 陽盛者居上 陰盛者居下. 所謂盛者 或以卦 或以爻 卦與爻取義有不同. 如剝 以卦言則 陰長陽剝也. 以爻言則 陽極於上 又一陽爲衆陰主也. 如大壯 以卦言則 陽長而壯. 以爻言則陰盛於上. 用各於其所 不相害也.

乾☰은 아비이니 이보다 높은 것이 없고, 坤☷은 어미이니 乾☰ 말고는 적수가 없다. 그러므로 괘에 乾☰이 있는 것은 상편에 자리하고, 坤☷이 있는 괘는 하편에 자리한다.
그러나 復☳은 陽—이 생기는 괘요, 臨☱은 陽—이 커가는 괘요, 觀☴은 陽—이 盛한 괘요, 剝☶은 陽—이 지극한 괘이니, 모두 비록 坤☷이 있으나 상편에 자리한다.
그리고 姤☴는 陰--이 생기는 괘요, 遯☶은 陰--이 커가는 괘요, 大壯☳은 陰--이 盛한 괘요, 夬☱는 陰--이 지극한 괘이니, 비록 乾☰이 있으나 하편에 있다.
그 나머지는 乾☰이 있으면 모두 상편에 있으니, 泰☷·否☰·需☵·訟☰·小畜☴·履☱·同人☲·大

有䷌·无妄䷘·大畜䷙의 괘가 그렇다.

乾父也 莫亢焉. 坤母也 非乾无與爲敵也. 故卦有乾者居上篇. 有坤者居下篇. 而復陽生 臨陽長 觀陽盛 剝陽極則 雖有坤而居上. 姤陰生 遯陰長 大壯陰盛 夬陰極. 則雖有乾而居下. 其餘有乾者 皆在上篇. 泰否需訟小畜履同人大有无妄大畜也.

坤☷이 있음에도 상편에 있는 괘는 모두 陽─이 하나 있는 괘들이다. 괘가 5陰 1陽이므로 하나의 양─이 주인이 된다. 그러므로 1陽의 괘는 모두 상편에 있으니, 師䷆·謙䷎·豫䷏·比䷇·復䷗·剝䷖괘가 이것이다. 그 나머지 坤☷이 있는 괘는 모두 하편에 있으니, 晉䷢·明夷䷣·萃䷬·升䷭괘가 그렇다.

有坤而在上篇 皆一陽之卦也. 卦五陰而一陽 則一陽爲之主. 故 一陽之卦 皆在上篇 師謙豫比復剝也. 其餘有坤者 皆在下篇 晉明夷萃升也.

卦 중에서 1陰 5陽의 卦는 모두 乾☰이 있으며 또한 陽─이 많고 성하다. 비록 뭇 陽─이 하나의 陰╍을 좋아하나 좋아하는 것으로 그칠 뿐, 하나의 陽─이 뭇 陰╍의 주인이 되는 경우와는 같지 않다. 王弼은 하나의 陰╍이 주인이 된다고 말하지만 잘못이다. 그러므로 하나의 陰╍이 있는 괘는 모두 상편에 있으니, 小畜䷈·履䷉·同人䷌·大有䷍괘가 그렇다.

卦一陰五陽者 皆有乾也. 又陽衆而盛也. 雖衆陽說於一陰 說之而已 非如一陽爲衆陰主也. 王弼云 一陰爲之主非也. 故一陰之卦 皆在上篇 小畜履同人大有也.

卦 중에서 두 개의 陽─이 있는 괘에 坤☷이 있으면 하편에 자리한다. 小過䷽는 비록 坤☷은 없으나 陰╍이 지나친 괘이므로 하편에 있다. 그 나머지 2陽의 괘는 모두 한 개의 陽이 아래에서 생겨 위로 올라가 달성한 것이다. 또한 두 괘의 몸에서 모두 陽─이 주관하니 陽─이 盛한 것이다. 그러므로 모두 상편에 있으니, 屯䷂·蒙䷃·頤䷚·習坎䷜괘가 그렇다.

卦二陽者 有坤則居下篇. 小過雖无坤 陰過之卦也 亦在下篇, 其餘二陽之卦 皆一陽生於下 而達於上. 又二體皆陽 陽之盛也 皆在上篇 屯蒙頤習坎也.

'陽─이 아래에서 생겼다' 함은 震☳·坎☵이 下卦에 있음을 말한다. 震☳은 아래에서 생겼고 坎☵은 가운데서 시작한다. '위로 올라가 창달했다' 함은 한 개의 陽─이 위에 이르러 혹 正位[바른 자리]를 얻음을 말한다. '아래에서 생겨 위에서 달성했다'함은 陽─이 창달하여 盛한 것이다.

반면에 陽─이 아래에서 생겨 위로 창달하지 못하고, 또한 陰╍은 많고 陽─은 적으며, 다시 正位를 잃은 경우는 陽─이 약한 것이다. 震䷲괘와 解䷧괘가 이런 경우이다.

위에 陽─이 있고 아래에 陽─이 없는 것은 근본이 없다. 艮䷳괘와 蹇䷦괘가 이런 경우이다. 震☳·坎☵·艮☶은 卦로 말하면 陽─이지만, 爻로 말하면 모두 비로소 변화가 미미한 것이고, 震☳의 위와 艮☶의 아래는 陽─이 없고 坎☵은 陽─이 구덩이에 빠졌으니, 모두 盛한 것이 아니다. 오직 習坎䷜은 陽─이 위에서 창달한 것이다. 그러므로 盛하다고 한 것이다.

陽生於下 謂震坎在下. 震生於下也 坎始於中也, 達於上 謂一陽至上 或得正位也. 生於下而上達 陽暢之盛也. 陽生於下 而不達於上 又陰衆而陽寡 復失正位 陽之弱也. 震也解也.

上有陽而下无陽 无本也. 艮也塞也. 震坎艮 以卦言則陽也. 以爻言則 皆始變微也. 而震之上 艮之下无陽 坎則陽陷 皆非盛也. 惟習坎則陽上達矣. 故爲盛.

陰❙❙이 두 개인 卦[대성괘]에 乾☰이 있으면 陽❙이 盛한 것을 알 수 있다. 需☰·訟☰·大畜☰·无妄☰괘가 이런 경우이다. 2陰의 卦 중에서 乾☰이 없어도 盛한 괘는, 大過☱·離☲괘이다. 大過☱괘는 陽❙이 중앙에서 盛하고 상하의 陰❙❙은 약하다. 頤☶괘는 陽❙이 상하에 자리하여 陰❙❙에게 기강이 되니, 陽❙과 大가 지나친 셈이다.

이와 반대로 陰❙❙이 상하에 있어도 陽❙을 主制[마름질을 주관함]할 수 없으면 도리어 약하다. 반드시 상하에 각각 二陰이 있고, 중앙에 오직 陽❙이 두 개뿐이면 그제야 陰❙❙이 이긴다. 小過☳괘가 이런 경우이다. 大過☱[陽❙이 이기는 것]·小過☳[陰❙❙이 이기는 것]라는 이름이 지어진 까닭을 알 수 있다.

離☲괘의 경우는 상하로 离☲가 중복되었으니, 상하는 陽❙이며 가운데로 하나의 陰❙❙이 실제로 붙어 있으니 陽❙이 盛한 것이다. 그 나머지 陰❙❙이 둘인 괘는, 상하 두 몸에 모두 陰❙❙이 있으면 陰❙❙이 盛하므로, 모두 하편에 있다. 家人☲·睽☲·革☱·鼎☲·巽☴·兌☱·中孚☲괘가 이런 경우이다.

卦二陰者 有乾則陽盛可知 需訟大畜无妄也. 无乾而爲盛者 大過也離也. 大過陽盛扵中 上下之陰弱矣. 陽居上下則 綱紀扵陰 頤是也.

陰居上下 不能主制扵陽 而反弱也. 必上下各二陰 中唯兩陽然後爲勝 小過是也. 大過小過之名可見也. 離則 二體上下皆陽 陰實麗焉 陽之盛也. 其餘二陰之卦 二體俱陰 陰盛也 皆在下篇. 家人睽革鼎巽兌中孚也.

卦 중에서 세 개의 陰❙❙과 세 개의 陽❙인 경우는 맞수가 되니, 의리로써 이기는 것으로 한다. 陰❙❙과 陽❙, 높고 낮음의 의리와 남과 녀, 어른과 젊음의 차례는 천지의 큰 법도이다. 陽❙이 陰❙❙보다 젊지만 위에 앉으면 이기는 것으로 한다.

蠱☶괘는 少男☶이 長女☴ 위에 앉았고, 賁☶괘는 少男☶이 中女☲위에 있으니, 모두 陽❙이 盛하다. 坎☵은 비록 陽❙이 주인이 되는 괘이지만, 陽❙이 陰❙❙ 가운데 빠져있는 것이고 또한 陰괘가 중복되면 陰❙❙이 盛한 것이다. 그러므로 陰❙❙과 陽❙은 맞수이어서 坎☵이 들어있는 것은 모두 하편에 있다. 困☱·井☵·渙☴·節☵·旣濟☲·未濟☲괘가 이런 경우이다.

卦三陰三陽者敵也 則以義爲勝. 陰陽尊卑之義 男女長少之序 天地之大經也. 陽少扵陰而居上則爲勝. 蠱少陽居長陰上 賁少男在中女上 皆陽盛也. 坎雖陽卦 而陽爲陰所陷溺也 又與陰卦重 陰盛也. 故陰陽敵 而有坎者 皆在下篇. 困井渙節旣濟未濟也.

혹자는 이르기를 한 몸에 坎☵이 있으면 오히려 陽❙이 물구덩이에 빠졌다고 하면서도, 두 개의 몸이 모두 坎☵인 習坎☵의 경우는 도리어 陽❙이 盛하다고 함은 무엇 때문인가? 그 이유를 말하면 한 몸에 坎☵이 있으면 陽❙이 陰❙❙ 가운데 빠지고 또 陰❙❙이 중첩하여 두터워진다고 하지만, 두 몸 모두 坎☵이면 陽❙이 아래에서 생겨 위로 올라가 창달하며 또한 두 몸이 모두 陽❙으로서 주인이니 可(가)히 盛하다 할 것이다.

或曰 一體有坎 尙爲陽陷. 二體皆坎 反爲陽盛 何也. 曰一體有坎 陽爲陰所陷 又重扵陰也. 二體皆坎 陽生扵下 而達扵上 又二體皆陽 可謂盛矣.

남자가 여자 위에 있는 것은 의리상 常道(상도)이니 성대하다고 할 것이 못된다. 만약 正位를 잃고 陰
▪▪이 도리어 尊位에 앉으면 약하다. 그러므로 五位에 陰▪▪이 자리한 恒䷟·損䷨·歸妹䷵·豊䷶괘는
모두 하편에 있다.

여자가 남자 위에 있으면 陰▪▪이 이긴 것이니 무릇 여자가 위에 앉은 괘는 모두 하편에 있다. 咸䷞(少
女☱ ☶少男)·益䷩(長女☴ ☳長男)·漸䷴(長女☴ ☶少男)·旅䷷(中女☲ ☶少男)·困䷮(少女☱ ☵中男)·渙䷺(長
女☴ ☵中男)·未濟䷿(中女☲ ☵中男)괘가 이런 경우이다.

그러나 오직 隨䷐(少女☱ ☳長男)괘와 噬嗑䷔(中女☲ ☳長男)괘는 남자가 여자의 아래에 자리했으나 여자
가 남자를 이긴 것이 아니다.[그러므로 상편에 있다] 그러므로 隨䷐괘의 象傳에 이르기를 "강한 것이 유약
한 것 아래로 내려왔다(剛來而下柔)"고 말했으며, 噬嗑䷔괘의 象傳에 이르기를 "유약한 것이 中位를 얻
어 위로 나아갔다(柔得中而上行)"고 말한 것이다. 어른 陽━은 어린 陰▪▪이 맞설 수 있는 상대가 아니다.
장남이 중녀·소녀의 아래로 내려갔을 뿐이다. 그러므로 내려갔다고 한 것이다.

男在女上 乃理之常 未爲盛也. 若失正位 而陰反居尊則弱也. 故恒損歸妹豊 皆在下篇. 女在男上 陰之勝
也. 凡女居上者 皆在下篇. 咸益漸旅困渙未濟也. 唯隨與噬嗑則 男下女 非女勝男也. 故隨之象曰 剛來而
下柔. 噬嗑象曰 柔得中而上行. 長陽非少陰可敵 以長男下中少女. 故爲下之.

만약 어른과 젊은이가 적수로서 세력이 같다면, 陰▪▪이 위에 있으면 僭越(참월)하고 陽━이 아래에 있
으면 약해진다. 咸䷞(少女☱ ☶少男)괘와 益䷩(長女☴ ☳長男)괘가 이러한 부류이다. 咸䷞괘는 역시 여자
에게 내려가는 象이 있으나, 이는 장남으로써 소녀에게 내려가는 것이 아니라 두 젊은이[少男·少女]가
서로 교감하여 어울림이니 참월하게 되는 원인이다. 그러므로 곧아야 이롭다[利貞]고 경계한 것이다.
困䷮(少女☱ ☵中男)괘는 비록 여자가 남자보다 젊지만 陽━이 물구덩이에 빠져있고 陰▪▪의 엄폐를 당
하니 서로 내려갈 뜻이 없다.

若長少敵 勢力侔則 陰在上爲陵ᵃ 陽在下爲弱. 咸益之類是也. 咸亦有下女之象. 非以長下少也 乃二少相
感以相與 所以致陵也. 故有利貞之戒. 困雖女少於男 乃陽陷而爲陰掩 无相下之義也.

小過䷽괘는 두 개의 陽━이 네 개의 陰▪▪ 가운데 앉았으니 陰▪▪이 盛하다고 한다. 그런데 中孚䷼괘
는 두 개의 陰▪▪이 네 개의 陽━ 가운데 앉았는데도 陽━이 盛하다고 말하지 않는 것은 어째서입니
까? 그 까닭을 말하면, 陽━의 몸은 實한 것인데 中孚䷼괘는 중앙이 虛하기 때문이다. 그렇다면 頤䷚
괘 중앙의 네 개의 陰▪▪은 왜 虛하다고 하지 않는 것입니까? 그 까닭은, 頤䷚괘의 두 개의 몸은 모두
陽━이 주인이 되는 陽괘인데, 本과 末이 모두 陽━이므로 지극히 盛하다. 반면에 中孚䷼괘는 두 개
의 몸이 모두 陰▪▪이 주인이 되는 陰괘인데, 위아래가 각각 두 개씩의 陽━이니 本과 末의 형상을 이
루지 못했으며, 그 가운데가 虛하여 中孚괘라 하니 陰▪▪이 盛함을 알 수 있다.

小過 二陽居四陰之中 則爲陰盛. 中孚 二陰居四陽之中 而不爲陽盛 何也. 曰陽體實 中孚中虛也. 然則 頤
中四陰 不爲虛乎. 曰頤二體皆陽卦 而本末皆陽 盛之至也. 中孚 二體皆陰卦 上下各二陽 不成本末之象
以其中虛. 故爲中孚陰盛可知矣.

---

a　陵=大也. 隆也. 犯也.

5. 易說綱領

1) 程子[程頤]의 말씀

높은 하늘이 싣고 있으나 소리도 냄새도 없으니 그 몸을 易이라 말하고, 그 이치를 道[Dao]라 말하고. 그 作用을 神靈이라 말한다.
上天之載 無聲無臭 其體則謂之易 其理則謂之道 其用則謂之神.

陰••과 陽━이 닫히고 열리는 것이 곧 易이요, 한 번 닫히고 한 번 열리는 것을 變이라 말한다.
陰陽闔闢 便是易 一闔一闢謂之變

그것을 易이라 命名한 데 이치가 있으니, 만약 안배하여 정했다면 다시 무슨 이치가 있겠는가? 天地 陰陽의 변화는 마치 두 짝의 맷돌처럼 오르고 내리며 채우고 비우며 강하고 부드러워 처음부터 일찍이 멈추거나 쉰 적이 없으니, 陽━은 항상 채우고 陰••은 항상 덜어내므로 가지런하지 않다. 비유하자면 맷돌이 돌아가면 이빨이 도무지 가지런하지 않는 것 같다. 도리어 가지런하지 않기에 수 만 가지 변화가 생기는 것이다, 그러므로 물건이 가지런하지 못한 것이 물건의 성정인데도, 莊子는 억지스럽게 齊物의 모습만 보았다. 그러나 물건은 끝내 가지런하게 되지 않는다. 邵雍[1011-1077: 字는 堯夫. 諡號는 康節]이 이르기를 "구멍을 진흙으로 바르면 끝내 붙어있겠지만 물건을 가지런히 하면 결국은 다툼뿐이다"라고 하였다.
命之曰易 便有理. 若安排定 則更有甚理. 天地陰陽之變 便如二扇磨 升降盈虛剛柔 初未嘗停息 陽常盈 陰常虧 故便不齊. 譬如磨旣行 齒都不齊. 旣不齊便生出萬變. 故物之不齊 物之情也. 而莊周强要齊物. 然而物終不齊也. 堯夫有言 泥空終是著 齊物到頭爭.

易 가운데서 말한 것은, 단지 '돌아가고 돌아오는 것'·'가고 오는 것'·'오르고 내리는 것' 뿐이다.
易中只言 反復往來上下.

易을 일으켜 운용하는 사람은 하늘·땅, 밤·낮으로부터 곤충·초목의 미세한 것까지 부합하지 않는 것이 없다.
作易者 自天地幽明 至于昆蟲草木微細 無不合.

성인의 道는 河圖(하도)·洛書(낙서)에 비로소 획을 올려놓은 것에 그쳤으나 곧 그 의리를 드러냈다. 후세 사람들이 重卦를 만들고 말씀을 걸어놓고 뜻을 구했으나 아직도 그 이치를 알지 못하는 것 같다.
聖人之道 如河圖洛書 其始止於畫上 便出義. 後之人旣重卦 又繫辭求之 未必得其理.

토끼를 파는 사람을 보고 이르기를, 성인이 河圖와 洛書를 발견하고 八卦를 그렸으나 어찌 반드시 河

圖와 洛書 뿐이겠는가? 단지 이 토끼를 보고도 역시 八卦를 그릴 수 있다. 數理(수리)도 이 가운데서 일어날 수 있다. 옛 성인께서는 다만 神物(신물)의 지극히 현저한 것만을 취했을 뿐이다. 하찮은 풀과 나무에서도 역시 數[數理]를 발견할 수 있다.

因見賣兎者曰 聖人見河圖洛書 而畫八卦. 然何必**ᵃ**圖書. 只看此兎 亦可作八卦. 數便此中可起. 古聖人只取神物之至著者耳. 只如樹木 亦可見數.

제자인 張閎中(장굉중)이 묻기를, 易의 뜻은 본래 數에서 일어났습니까?

程子 왈, 義理가 수리에서 일어났다는 말은 잘못이다. 理[이치]가 있은 연후에 象[형상]이 있고, 象이 있은 연후에 數가 있다. 易은 象을 좇아 數를 알았기 때문에 그 뜻을 얻으면 象과 數는 그 가운데 있다. 반드시 象의 은미함을 궁리하고 數의 세세함을 다하고자, 갈래를 찾고 末節(말절)을 좇는 것은 術家(술가)들이 숭상하는 것일 뿐 儒士들이 힘쓸 일은 아니다. 管輅(관로)와 郭璞(곽박)의 학문이 이렇다. 또 이르기를 理[이치]는 형체가 없으므로 象[형상]을 좇아 밝혔으니, 理는 辭[말씀]에서 드러난다. 그런즉 辭를 따라서 象을 볼 수도 있다. 그러므로 그 의리를 얻으면 象과 數는 그 가운데 있다고 말하는 것이다.

張閎中問易之義 本起於數. 曰謂義起於數則非也. 有理而後有象 有象而後有數. 易因象以知數. 得其義則 象數在其中矣. 必欲窮象之隱微 盡數之毫忽. 乃尋流逐末 術家之所尙 非儒者之所務也. 管輅郭璞之學是也. 又曰 理无形也. 故因象以明理 理見乎辭矣 則可由辭以觀象. 故曰 得其義則 象數在其中矣.

邵雍[邵康節]께서 일러 말하기를, "易數(역수)를 알아야 하늘을 안다고 하는 것은 易理(역리)를 알아야 하늘을 안다는 뜻이다." 邵康節 선생의 말씀을 되풀이하면, 모름지기 易理(역리)를 알아야 하늘을 알 수 있다는 뜻이다.

謂堯夫曰 知易數爲知天 知易理爲知天. 堯夫云還 須知易理爲知天.

제자인 尹焞(윤돈: 1070-1142)이 물었다. "易은 乾坤 두 괘면 되는 것 아닙니까?"

程子 왈, 성인이 64괘와 384개의 효를 설치했어도 후세의 사람들은 아직도 깨닫지 못했는데 乾坤 두 괘만으로 어찌 다할 수 있겠는가? 이미 말이 나왔으니 그대는 누가 위와 같은 일을 만들어냈다고 생각하는가? 대답하기를 성인이 만들었다고 생각합니다. 또 말씀하시기를 만약 성인이 만들었다면 역시 乾坤 두 괘조차 필요치 않을 터인데 하물며 64괘는 더더욱 필요치 않았을 것이다. 그런데도 왜 만들었단 말인가?

尹焞問 易乾坤二卦 斯可矣. 曰 聖人設六十四卦 三百八十四爻. 後世尙不能了. 乾坤二卦 豈能盡也. 旣而曰 子以爲何人分**ᵇ**上事. 對曰 聖人分上事. 曰 若聖人分上事則 乾坤二卦亦不須**ᶜ** 況六十四卦乎.

---

a　必=專也. 審也.

b　分=制也.

c　須=需也. 用也.

易을 보는 데는 또한 때를 아는 것이 요점이다. 무릇 한 괘의 六爻는 사람마다 쓰임이 있다. 聖人에게는 성인의 쓰임이 있고, 현인에게는 현인의 용도가 있고, 衆人에게는 중인의 용도가 있고, 학자에게는 학자의 용도가 있고, 군주에게는 군주의 용도가 있고, 신하에게는 신하의 용도가 있으니 통하지 않는 곳이 없다.

看易 且要知時. 凡六爻人人有用. 聖人自有聖人用 賢人自有賢人用 衆人自有衆人用 學者自有學者用 君有君用 臣有臣用 无所不通.

易을 보는 데는 모름지기 때를 본 연후에는 효의 재질을 좇아 관찰해야 한다. 한 爻 사이에도 항상 여러 의미가 포함되어 있으니, 성인께서는 항상 그 중요한 것을 취하여 그것으로써 繫辭(계사)를 붙였다. 또한 易 중에 이미 말한 것이 많으면 '말한 적이 없는 것'을 취하는 경우가 있으나, 이것이 반드시 중요한 일은 아니다. 또한 그 때를 말하는 것도, 그 효의 재능이 미치지 못할 경우에는 모두 실제 당면한 정황을 참고하셨으니, 모름지기 우선 괘를 보고 계사를 징험하고 체득해야 한다.

觀易 須看時然後 觀逐爻之才. 一爻之間 常包函數意 聖人常取其重者 而爲之辭. 亦有易中 言之已多 取其未嘗言者 亦不必重事. 又有且言其時 不及其爻之才 皆臨^a時參考 須先看卦 乃看得繫辭

대저 괘와 효를 처음 세울 때 뜻을 이미 갖추어 놓았다. 즉 성인께서 별도로 뜻을 일으켜 섞고 종합한 것이니, 아마 춘추시대 이전에 이미 규칙을 세워 놓았을 것이다. 근래 이후에 이르자 易書는 완전히 별종이 되었다. 일반적으로 서적은 별도의 의미를 얻게 되는 것이 다반사라고 할지라도, 앞선 易例[역의 규칙]에 비추어 본다면 결단코 뜻을 잃어버렸다.

大抵卦爻始立 義旣具. 卽聖人別起義 以錯綜之. 如春秋時已前 旣已立例. 到近後來 書得全別. 一般事 便書得別有意思. 若依前例觀之 殊^b失之也.

무릇 책을 볼 때는 각각 안으로 들어가는 문이 있으니 『詩經(시경)』·『易經(역경)』·『春秋(춘추)』는 문구를 좇아서 보는 것은 옳지 않으며, 『書經』·『論語』는 문구를 좇아서 보는 것이 옳다. 성인이 마음 쓰신 깊은 곳은 오로지 繫辭(계사)에 있으며, 詩傳·書傳은 격언이다.

凡看書 各有門庭 詩易春秋 不可逐句看 尙書論語 可以逐句看. 聖人用意深處 全在繫辭. 詩書乃格言.

옛날에 易을 배우는 자들은 모두 전수자가 있었다. 그러나 성인께서 易經을 지은 것은 본래 道[도리]를 밝히고자 함이었다. 오늘날 사람들이 만약 먼저 의리를 밝히지 않는다면, 易經을 다루는 것[簡칩]은 不可(불가)하다. 이들은 대체로 전수받은 의리를 깨닫지 못한 자들이라고 일컬어질 뿐이다. 繫辭는 본래 易을 밝히는 것이니, 만약 괘의 의리를 구하는 것을 우선하지 않으면 繫辭를 보아도 체득할 수 없을 것이다.

---

a　臨=涖也. 治也. 制也.

b　殊=決也. 絶也. 甚也.

古之學者 皆有傳授. 如聖人作經 本欲明道. 今人若不先明義理 不可治經. 蓋不得傳授之義云爾. 如繫辭 本欲明易 若不先求卦義 則看繫辭不得.

易學(역학)은 뒷날 曾子와 子夏가 지극히 높은 경지에 도달했다. 孟子를 따라서도 易을 볼 수 있다.
易學後來 曾子 子夏 煞ᵃ到上面也. 由孟子 可以觀易.

오늘날 사람들은 周易을 보면서도 모두 그것이 무슨 물건인지 알지 못하고, 다만 천착하는 데만 관심을 둔다. 만약 생각이 미숙하면 더불어 하나라도 덕을 첨가하는 데로 나아가면서도 역시 많아지는 것을 깨닫지 못하고, 또한 하나라도 덕을 감소시키는 데로 나아가면서도 역시 적어지는 것을 깨닫지 못한다. 비유하자면 이는 절름발이가 무엇인줄 모르는 것과 같다. 만약 한쪽 다리를 없애면서 이것이 적은 줄을 모르고, 한쪽 다리를 더 보태면서 이것이 많을 줄을 모르는 것과 같다. 만약 알았다면 스스로 더하거나 없애는 일을 할 수는 없었을 것이다.
今時人看易 皆不識得 易是何物. 只就上穿鑿. 若念得不熟. 與就上添一德 亦不覺多. 就上減一德 亦不覺少. 譬如不識此兀子 若減一隻脚 不覺是少. 添一隻脚 亦不知是多. 若識則 自添減不得也.

易은 모름지기 말없이 인식하고 마음으로 통하는 것이다. 다만 글의 뜻만 궁리하면 부질없이 힘만 소비하는 것이다.
易須是黙識心通. 只窮文義 徒費力.

2) 朱子[朱熹]의 말씀

聖人께서 처음에 易을 지을 때 아마도 우러러 하늘을 보고 굽어 땅을 살펴보시고, 천지 사이에 가득 찬 것은 모두 한 번 그늘지고 한 번 햇볕 드는 이치가 아님이 없음을 깨달았다. 이치가 있으면 象이 있고 象이 있으면 그 속에 數理가 있음은, 하도(河圖)·낙서(洛書)만 그런 것이 아니다.
聖人作易之初 蓋是仰觀俯察 見得盈乎天地之間 无非一陰一陽之理. 有是理則有是象. 有是象則其數便自在這裏. 非特河圖洛書爲然.

대체로 말하면 이른바 數라는 것은 다만 氣를 한계 지워 나누고 처소를 절도 있게 하는 것이다. 陽━을 얻으면 반드시 홀수이고 陰╍을 얻으면 반드시 짝수이다. 무릇 사물은 다 그렇지만 河圖·洛書가 특별히 정교하고 현저할 뿐이다.
蓋所謂數者 秖是氣之分限節度處 得陽必奇 得陰必偶. 凡物皆然 而圖書爲特巧而著耳.

---

a　煞=極也. 甚也.

이에 성인께서 그것을 따라서 괘를 그렸다. 처음엔 단지 하나의 홀수를 그려 陽━을 상징하고, 하나의 짝수를 그려 陰▪▪을 상징한 것뿐이었다. 다만 초목이 자라나듯 1개의 가지가 2개로 자라나고, 2개가 4개로 자라나고, 4개가 자라나서 8개의 가지를 갖는 나무가 된다. 또 이에 2배를 하면 곧 16이다. 아마도 그것이 조짐은 없었는데 무궁한 수가 이미 갖추어져 있어, 안배를 기다리지 않아도 그 추세대로라면 그치지 않을 것이다.

於是聖人因之而畫卦. 其始也 只是畫一奇 以象陽. 畫一偶 以象陰而已. 但才[a]有兩 則便有四 才有四則便有八. 又從而再倍之 便是十六. 蓋自其无朕之中 而无窮之數已具 不待安排 而其勢有不容已者.

괘와 획이 이미 세워지면 곧 그 속에 길흉이 있다. 대개 이 음양이 오고가며 사귀고 섞이는 일이 생기는 사이에, 榮枯盛衰(영고성쇠)를 에워싼 合·不當의 不同[같지 않음]이 있다. 合當함을 자라나게 하는 者는 곧 세상사의 主人이 되고, 合當함을 소멸시키려 하는 者는 곧 세상사의 客이 되니, 세상사에는 當[합當]과 그 부정[不當]의 차이가 어떤 경우에도 있을 수 있다. 合當한 者는 善이 되고 不當한 者는 惡이 된다. 즉 그것의 주객과 선악을 분별하면 길흉이 나타난다. 그러므로 "八卦가 길흉을 정한다"고 말하는 것이다.

卦畫既立 便有吉凶在裏. 蓋是陰陽 往來交錯於其間 其時則有消長之不同. 長者便爲主 消者便爲客. 事則有當否之或異. 當者便爲善 否者便爲惡. 即其主客善惡之辨 而吉凶見矣. 故曰 八卦定吉凶.

길흉이 이미 결정되면 어긋나지 않으니, 이로써 일을 세우면 사업의 성대함이 이로부터 생긴다. 이는 성인께서 易을 짓고, 민중들에게 占筮(점서)를 가르쳐 천하의 어리석음을 개명함으로써, 천하의 뜻을 결정하고, 천하의 政事(정사)를 이룸이 이와 같았기 때문이다. 다만 伏羲氏(복희씨)로부터 윗대는 단지 주역의 6획만 있었으므로 아직 문자로 전해질 수 없었다. 文王과 周公에 이르러서야 거기에 말씀을 붙였다. 그러므로 성인께서 괘를 펴고 象과 繫辭를 관찰하여 길흉을 밝히셨다고 말하는 것이다.

吉凶既決定而不差 則以之立事 而大業自此生矣. 此聖人作易 敎民占筮而以開天下之愚 以定天下之志 以成天下之事者如此. 但 自伏羲而上 只有此六畫 而未有文字可傳. 到文王周公 乃繫之以辭. 故曰 聖人設卦 觀象繫辭焉 而明吉凶.

아마도 괘가 그어지기 전에 천지자연의 법칙을 관찰하고 그것을 따라 형상하고 획을 그렸을 것이다. 급기야 이미 획을 그리고 나니, 한 卦는 저절로 한 卦의 象을 가지게 되었고, 그 象은 개개의 형상과 유사하다고 말하게 되었다. 그러므로 성인께서 그 象에 대하여 이름을 지었다. 爻의 進退로 이름 지은 것으로는 剝▤▦괘와 復▦▤괘의 부류가 있고, 괘의 형태와 닮은 것으로 이름 붙인 것으로는 鼎▤▦괘(火▦▦木)와 井▤▦(水▦▦ ▦▦木)의 부류이다.

이는 복희씨가 괘의 온전한 모습에 대하여 개개의 명칭을 세운 것이 이와 같았을 것이다. 급기야 文王께서 괘의 전체의 형상을 관찰하고 彖辭[卦의 덕과 뜻을 말함]를 지었고, 周公께서 괘와 효의 변화를 보시

---

a 才=초목(草木)의 새싹이 땅에서 돋아나는 모양을 나타낸 글자임.

고 爻辭[爻에 대한 말씀]를 지었다. 그러자 길흉의 象이 더욱 드러났던 것이다.

蓋是卦之未畫也 因觀天地自然之法 象而畫 及其旣畫也 一卦自有一卦之象 象謂有箇形似也. 故聖人卽其象而命之名. 以爻之進退而言則 如剝復之類. 以其形之肖似而言則 如鼎井之類. 此是伏羲卽卦體之全 而立箇名如此. 及文王觀卦體之象 而爲之象辭. 周公視卦爻之變 而爲之爻辭. 而吉凶之象益著矣.

대부분 천하의 道는 다만 선악일 뿐이다. 다만 앉은 자리가 같지 않고, 처한 때가 이미 다르며, 그 기미가 심히 미미하니, 다만 천하의 사람을 다스리는 것만으로는 깨닫게 할 수 없었다. 그렇기 때문에 성인께서 이와 같은 점치는 법을 통하여 사람들을 깨우쳐 주시고, 사람들로 하여금 안거할 때는 象을 관찰하고 繫辭를 완미하고, 움직일 때는 변화를 관찰하고 占辭를 완미함으로써, 시비·득실의 갈림길에서 혼미하지 않게 하셨다. 이 때문에 이 易書(역서)를 夏(하)나라·商[殷]나라·周(주)나라에서 모두 사용했다. 그 말하는 것이 비록 같지 않고, 그 말씀으로 비록 다 드러낼 수 없을 지라도, 모두 점치는 관리로 하여금 관장케 하여 거북점과 시초점을 사용케 하였기 때문에, 繇辭者(주사자: 점사의 전문가)라고 일컫는 자들도 생겨났다. 『春秋左傳』의 기록을 보면 옛사람이 주역을 사용한 곳이 많음을 발견할 수 있다.

大率天下之道 只是善惡而已. 但所居之位不同 所處之時旣異 而其幾甚微. 只爲天下之人 不能曉會. 所以聖人 因此占筮之法 以曉人. 使人居則 觀象玩辭 動則觀變玩占 不迷於是非得失之途. 所以是書夏商周皆用之. 其所言雖不同 其辭雖不可盡見. 然皆太卜之官掌之 以爲占筮之用. 有所謂繇辭者. 左氏所載尤可見古人用易處,

대개 이른바 "象"은, 모두 이처럼 대중이 모두 알 수 있는 물건을 빌려, 이 일의 이치를 형용함으로써 사람들로 하여금 취하고 버릴 것을 깨닫게 하려는 것뿐이다. 그러므로 伏羲씨로부터 文王·周公에 이르기까지 비록 간략하거나 상세하거나 거북점·시초점을 이용한 것은 매한가지였다. 대체로 점치는 중에 처치하는 방도이자 일의 도리가 곧 그 속에 들어있기 마련이다. 그러므로 그 법이 거칠고 얕은 것 같지만 그 사람의 현명하고 우둔함에 따라서 모두 그 쓰임을 얻는 것이다.

蓋其所謂象者 皆是假此衆人共曉之物 以形容此事之理 使人知所取舍而已. 故自伏羲而文王周公 雖自略而詳 所謂占筮之用則一. 蓋卽那占筮之中 而所以處置 是事之理 便在那裏了. 故其法 若粗淺而 隨人賢愚 皆得其用.

원래는 文王께서 비록 象과 辭를 정해두었으나 모두 가설이며, 이런 처지에서는 이렇게 처치함이 합당할 것이라고 말했고, 처음부터 어떤 사물에 붙여 고정하지 않았다. 그러므로 하나의 卦 하나의 爻가 足(족)히 무궁한 사물을 포함할 수 있다. 다만 한 가지 사물을 지정하여 그 이면을 설명할 수 없다. 한 가지 일을 지정하여 말한 경우도 있으니, '제후를 세움이 이롭다'·'제사를 지냄이 이롭다'는 부류가 이런 경우이다. 기타는 모두 한 가지 일을 지정하여 말한 것이 아니다. 이는, 주역은 그 쓰임이 해당되지 않음이 없고 보편적이지 않음이 없음을 보여주기 때문이다. 단지 '보는 사람이 어떻게 쓰느냐?'를 헤아릴 뿐이다.

蓋文王 雖是有定象有定辭. 皆是虛說 此箇地頭 合是如此處置. 初不黏著物上. 故一卦一爻 足以包無窮之事. 不可只以一事指定 說他裏面也. 有指一事說處 如利建侯 利用祭祀之類, 其他皆不是指一事說. 此所

以見易之爲用 無所不該 無所不徧. 但看人如何用之耳.

孔子에 이르러서 바야흐로 순전히 이치로 말하기 시작했다. 비록 복희씨와 文王의 본래 의도는 아니지만 사물에 대해 이치로써 설명한 것은 역시 같다고 보는 것이 옳을 것이나, 다만 孔子의 말이 곧 文王의 말이라 하는 것은 옳지 않다.

到得夫子 方始純以理言. 雖未必是羲文本意 而事上說理 亦是如此 但不可便以夫子之說 爲文王之說也.

천지간에 이와 별도의 무슨 일이 있겠는가? 단지 이것은 음양 두 글자뿐이다. 이로 볼 때 무슨 사물이든지 이 두 글자를 벗어날 수 없다. 단지 신상의 체질을 보아도 잠시 안목을 열면 陰이 아니면 곧 陽일 것이다. 주밀하게 끼어 그 속에 있을 뿐 도무지 별개의 사물로 붙어있지 않는다. 仁이 아니라면 바로 義이며, 剛健함이 아니라면 바로 柔弱함이다. 단지 스스로 분발하여 앞으로 향하면 곧 陽이요 재능을 거두고 물러나면 곧 陰이다. 생각건대 추세와 형편상 재질이 動的이면 陽이고, 재질이 靜的이면 陰이다. 별도로 보는 것을 배제하라는 것이 아니고, 단지 한 번 움직이고[動] 한 번 고요한[靜] 것이 곧 陰이고 陽이다.

天地之間 別有甚事. 只是陰與陽兩箇字. 看是甚麼物事 都離不得. 只就身上體看 才開眼 不是陰便是陽. 密挼ᵃ挼在這裏 都不著得別物事. 不是仁便是義. 不是剛便是柔. 只自家 要做ᵇ向前 便是陽. 才收退便是陰. 意思 才動便是陽 才靜便是陰. 未消別看. 只是一動一靜便是陰陽.

복희씨는 단지 이처럼 괘를 그려서 사람들에게 보여주시되, 단지 하나의 陰--과 陽—만으로는 모든 이치를 다 갖추게 하기는 부족할 수 있으므로, 陰陽을 섞고 종합하여 64괘와 384효를 만드셨다. 처음에는 다만 허다한 卦와 爻들뿐이었으나, 뒤에 성인이 나오셔서 여러 말씀들을 그 밑에 붙여놓았다. 다른 책(册)들은 원래 어떤 일이 있게 되자 이것의 도리를 설파해낸 것이다. 그러나 易書는 아직 이런 일이 있지 않을 때 먼저 가탁하여 이미 그 속내를 말씀해 놓은 것이다.

伏羲只因此畫卦 以示人. 若只就一陰一陽 又不足以該衆理. 於是錯綜 爲六十四卦 三百八十四爻. 初只是許多卦爻 後來聖人 又繫許多辭在下. 如他書則 元有這事 方說出這箇道理. 易則未曾有此事 先假託都說在這裏.

또한 陰陽은 氣라고 말씀하셨으니 재질에 理가 있으면 곧 이 理를 따르는 氣가 있으며, 재질에 氣가 있으면 곧 氣를 따라서 理가 있다는 말이다. 그러므로 천하에 만사 만물 중에 어느 것이 理에서 나오지 않았으며, 어느 것이 '氣인 陰陽'에서 나오지 않았겠는가?

又曰 陰陽是氣 才有此理 便有此氣. 才有此氣 便有此理. 天下萬事萬物 何者不出於此理. 何者不出於陰陽.

---

a　挼(찰)=逼也.

b　做(주)=作也.

易은 다만 陰陽이 섞이고 종합하며, 사귀고 바꾸며, 대신하고 변하는 것이다. 莊生[莊子를 貶稱한 것]이 지은 『莊子』「天下」에서 易에 대하여 말하기를, "道[Dao]를 陰陽이라 말한다(易 以道陰陽)"고 지적했으니 발견이 없다고 할 수 없다. 홀수와 짝수, 강건함과 유약함을 곧 陰陽으로 간주하여 만든 것이 易이기 때문이다.

易只是 陰陽錯綜交換代易. 莊生曰易 以道陰陽 不爲无見. 如奇偶剛柔 便只是陰陽 做了易.

易은, 陰陽이 굽히고 펴며 때를 따라 변화하고 바뀌는 것이다. 대저 옛날이나 지금이나 크게 닫히고 열리고 작게 닫히고 열리는 것이 있는데, 지금 사람들은 易을 설명함에 도무지 모범을 드러내 밝힌 것이 없다. 성인께서 64괘를 단지 陰陽과 奇偶[홀수와 짝수]로 그려놓았다지만, 陰陽과 古今이 된 까닭이라고 말한 것이 바로 이러한 도리이다.

易是 陰陽屈伸 隨時變易. 大抵古今 有大闔闢小闔闢. 今人說易 都無着模. 聖人便於六十四卦 只以陰陽 奇偶寫出來. 至於所以 爲陰陽爲古今 乃是此道理.

龜山 楊時가 季魯의 집을 지날 때 季魯(계노)가 易에 대해 물었다. 龜山(구산)은 한 장지를 펴고 몇 개의 동그라미를 그리고 먹을 써서 그 절반을 먹칠했다. 그리고 '이것이 바로 易이다'라고 말했다. 이 설명이 지극히 옳다. 易은 단지 한 번 그늘[陰]지고 한 번 햇볕[陽]들며 여러 모양을 만들어 보여주기 때문이다.

龜山過黃亭詹季魯家. 季魯問易. 龜山取一張紙 畫箇圈子 用墨塗其半. 云這便是易. 此說極好. 易只是一陰一陽 做出許多般樣.

깨끗하고 고요하고 정미한 것을 일러 易이라 하는 이도 있다. 이로 보면 어떤 사물에 이끌리거나 붙지 않고, 단지 허공에 매달듯이 한결같이 도리를 말하니, 각각 실제 일에 붙잡혀서 말하는 다른 글과는 비교할 수 없다고 한다. 이런 까닭으로 훗날 도가들이 그것을 취하여 老子와 한 부류로 만들었다. 아마 이것은 노자의 말씀일 뿐, 일에 대하여 말씀한 周易이 아니다. 또한 깨끗하고 고요하며 정미한 것이라면 이것은 손수 범접할 수도 없을 것이다.

潔靜精微之謂易 自是不惹着事. 只懸空說一樣道理 不比似他書 各着事上說. 所以後來道家取之 與老子 爲類 便是老子說話也 不就事上說. 又曰潔靜精微 是不犯[a]手[b].

묻기를, 卦 아래의 말씀을 彖辭(단사)라 하는데 『左傳』에서 繇辭(주사)라고 말한 것은 어째서입니까? (朱子가) 답하기를, 이는 오직 彖辭이다. 그러므로 공자께서 "아는 자가 그 彖辭를 보면 생각이 절반을 넘는다"고 했다. 예컨대 '元亨利貞'은 文王께서 괘의 아래에 붙여놓은 말씀으로, 이로써 한 괘의 길흉을 판단하신 것이므로, "彖辭"라 이름붙였다. "彖"은 '斷'의 뜻이다. 陸德明(육덕명)이 五經을 音으로 해석한 글에서 말한 것은 文王의 '彖經(彖의 經)'이다. '彖曰 大哉乾元'이하의 글은 孔子께서 이 經文을 해석한

---

a　犯=勝也. 觸也.

b　手=取也.

말씀인데 역시 '象'이라 했으니, 이것이 이른바 '象傳(象의 傳)'이다. 爻 아래에 붙은 말씀 중 "潛龍勿用"은 周公께서 붙여놓은 말씀으로 한 爻의 길흉을 판단한 것이다. 乾卦 아래에 붙인 '象曰 天行健 君子以自彊不息'은 이른바 '大象의 傳'이요, 乾괘 初九 아래의 '象曰 潛龍勿用 陽在下也'는 '小象의 傳'이라 하며 모두 孔子께서 지은 것이다.

"天尊地卑" 이하는 공자께서 文王의 繫辭를 해설한 '繫辭傳'인데도 한결같이 易經의 대체적인 凡例를 통론한 것이므로, 이것을 붙일만한 經이 없어서 독자적으로 『繫辭上傳』·『繫辭下傳』으로 나누었다. 『左傳』에서 말한 '繇(주)'라는 글자는 옆에 '계(系)'를 붙였으므로 이는 역시 繫辭를 말한 것 같다. '繫辭'는 卦 밑에 붙인 말씀이다.

問 卦下之辭 爲彖辭 左傳以爲繇辭何也. 曰此只是彖辭. 故孔子曰 知者觀其彖辭 則思過半矣. 如元亨利貞 乃文王所繫 卦下之辭. 以斷一卦之吉凶 此名彖辭. 彖斷也. 陸氏音中語 所謂彖之經也. 大哉乾元以下 孔子釋經之辭 亦謂之彖 所謂彖之傳也. 爻下之辭 如潛龍勿用 乃周公所繫之辭 以斷一爻之吉凶也. 天行健 君子以自强不息 所謂大象之傳. 潛龍勿用陽在下也 所謂小象之傳 皆孔子所作也. 天尊地卑以下 孔子所述繫辭之傳 通論一經之大體凡例 无經可附 而自分上繫下繫也. 左氏所謂繇字 從系 疑亦是言繫辭. 繫辭者 於卦下繫之以辭也.

周子(周敦頤: 周濂溪)의 『通書』에 이르기를, '높으신 성인의 정미한 살핌으로 괘를 그려 보여주시고, 성인의 온축함을 괘를 따라 발현하셨다'고 했다. 精[a][정미한 살핌]은 성인의 本意이고, 縕(온축: 깊은 뜻)은 쌓인 그것을 주위에 드러내는 도리이다. '易에 太極이 있고, 이것이 陰陽 兩儀를 낳고, 兩儀는 四象을 낳고, 四象이 八卦를 낳는다'는 말은 성인의 本意이다. 『文言傳』·『繫辭傳』 등과 같은 공자의 말은 모두 성인의 本意를 따라서 발현한 것일 뿐이니, 똑 같은 무게로 보아서는 안된다.

通書云 聖人之精 畫卦以示. 聖人之縕 因卦以發. 精是聖人本意 縕是偏傍帶來道理. 如易有太極 是生兩儀 兩儀生四象 四象生八卦 是聖人本意底 如文言 繫辭等 孔子之言. 皆是因而發底. 不可一例作重者.

易에 象이 있는 것은 그것을 취한 연원이 있고 그것을 추측해나가면 소용됨이 있으니 구차하게 붙여놓은 말이 아니다. 그러나 漢나라의 儒士[선비]들이 반드시 그 연원을 궁구하려 했으나, 이미 막히고 흐려져 통하지 못했다. 魏晉[魏나라·晉나라] 때는 王弼(왕필) 이후로 그 소용됨을 바로 전진시키려 했으나 또한 疏略(소략)하고 근거가 없었다. 두 경우 모두 잘못은, 한편으로 치우침으로써 의심되는 것을 보류해 두지 못하고 멸절시킨 과오에 있다.

易之有象 其取之有所從 其推之有所用 非苟爲寓言也. 然兩漢諸儒 必欲究其所從則 旣滯泥而不通. 王弼以來 直欲推其所用 則又疏略而無據. 二者皆失之一偏 而不能闕其所疑之過也.

또 한 가지 사례를 논한다면, 乾☰은 말[馬]이고 坤☷은 소[牛]라 했음은 『說卦傳』에 분명한 문자가 있으며, 말은 강건하고 소가 유순함은 사물에 있어 상식적인 이치이다. 만약 그렇다면 『說卦傳』의 문자

---

a　精=細也. 審也.

를 감안하여 괘를 규명해보면, 屯䷂괘에서 馬을 말하지만 乾☰이 없고, 離䷝괘에서 牛를 말하지만 坤☷이 없으며, 乾䷀괘에서 말한 六龍은 혹시 震䷲괘로 의심한 것이고, 坤䷁괘에서 말한 암말은 마땅히 乾☰馬로 돌려야 하는가? 이는 모두 알 수 없는 것들이다.

且以一端論之 乾之爲馬 坤之爲牛 說卦有明文矣. 馬之爲健 牛之爲順 在物有常理矣. 至於案文責卦 若屯之有馬而無乾. 離之有牛而無坤. 乾之六龍則 或疑於震. 坤之牝馬則 當反爲乾. 是皆有不可曉者.

이 때문에 漢나라의 선비들은『說卦傳』에서 찾다가 못 찾으면, 드디어 서로 더불어 창안하여 互卦(호괘)·變卦(변괘)·五行(오행)·納甲(납갑)·飛伏(비복)[a]의 법을 만들었다. 이것을 서로 섞어 찾으면 다행으로 우연히 합치되기도 한다. 그러나 그 설명이 비록 자세하지만 통할 수 없는 것은 끝내 통하지 않으며, 통할 수 있는 것도 또한 이것저것 억지로 붙이고 깊이 파는 것이어서 자연의 형세에 맞지 않는다. 비록 한두 가지는 그럴듯하여 정교한 설명을 기다리지 않아도 믿음직스러운 것 같다. 그렇지만 위로 의리의 본원과 상관이 없고 아래로 人事(인사)를 의뢰할 만한 훈계가 없다. 그런즉 하필 고심하고 힘써 여기에서 구하고 반드시 깨우치려 하겠는가?[b]

是以 漢儒求之說卦而不得 則遂相與創 爲互體 變卦 五行 納甲 飛伏之法 參互以求 而幸其偶合. 其說雖詳. 然其不可通者 終不可通. 其可通者 又皆傳會穿鑿 而非有自然之勢. 雖其一二之適然 而無待於巧說者 爲若可信. 然上無所關於義理之本源 下無所資於人事之訓戒. 則又何必苦心極力 以求於此 而欲必得之哉.

그러므로 王弼은 이르기를 '의리가 진실로 건실함에 부응하면 어찌 반드시 乾☰만을 말[馬]이라 하고, 爻가 진실로 順理에 부합하면 어찌 반드시 坤☷만을 소[牛]라 하겠는가?' 라 했다. 程子는 또 이르기를, 理는 무형이므로 象을 빌려 義를 현창했을 뿐이라고 했다. 이는 그것이 先儒[옛 선비]들의 완고함과 지리멸렬함의 잘못을 타파하고, 후학들에게 繫辭(계사)·占辭(점사)를 완미하는 방법을 열기 위한 목적이라면 지극하다 하겠다.

故王弼曰 義苟應健 何必乾乃爲馬. 爻苟合順 何必坤乃爲牛. 而程子亦曰 理無形也. 故假象以顯義. 此其所以破先儒膠固支離之失. 而開後學玩辭玩占之方 則至矣.

그러나 그 의도를 살펴보면 또한 직설적으로 易에서 취한 象이 유래한 곳을 덮고 없애기 때문에, 단지『詩經』의 比·興이나『맹자』의 비유와 같은 것처럼 되어버린다. 이와 같다면『說卦傳』을 지은 것이 易에 도움이 되지 않게 되며, '가깝게는 몸에서 취하고 멀게는 사물에서 취한다'는 말도 군더더기가 될 뿐이다. 아마도 그들의 말에는 미진함이 있는 것 같다. 내 생각으로는 易에서 취한 象은 원래 반드시 유래가 있으며, 그에 대한 설명이 반드시 점치는 관리들에게는 이미 갖추어져 있었을 것으로 생각된다. 그러나 지금 돌아보니 다시 상고할 수 없어서 잠시 비워두고, 곧바로 繫辭 중의 象에 의거해서, 그 象 속에 있는 뜻을 찾아 이로써 훈계로 삼고 길흉을 결단하게 하는 것으로 만족해야 한다. 또는 王弼·

---

a 飛伏: 漢代의 점치는 법으로 '飛'는 미래, '伏'은 과거를 뜻함.『京氏易傳』·『易漢學』에서 전하고 있음.(편역자 주)

b 편역자 주: 이 글은, 朱子가「爻變表」를 만들기 전에 쓴 것으로 만년의 易論과 맞지 않다.

程子와 더불어 나의 『周易本義』에서 언급한 것을 따라도 좋다. 굳이 그 象의 유래를 반드시 깊이 탐구할 것까지는 없다. 그러나 역시 象이 가설이라고 단정하거나 황급히 잊고 버리고자 함은 옳지 않다.

然觀其意. 又似直 以易之取象 無復有所自來. 但如詩之比興[a] 孟子之譬喩而已. 如此則 是說卦之作爲 无所與於易. 而近取諸身 遠取諸物者 亦剩語矣. 故疑其說亦若有未盡者. 因竊論之 以爲易之取象 固必有所自來. 而其爲說 必已具於太卜之官. 顧今不可復考 則姑闕之. 而直據辭中之象 以求象中之意 使足以爲訓戒 而決吉凶. 如[b]王氏程子與吾本義之云者 其亦可矣. 固不必深求其象之所自來. 然亦不可謂假設 而遽欲忘之也.

복희씨께서 八卦를 그리시니, 단지 몇 개의 획이지만 천하 만물의 이치를 다 갖추었다. 배우는 자들이 辭[말씀]에서 깨달은 것은 얕고 象[상징]에서 깨달은 것이 깊은데도, 王弼·伊川[程頤]이 모두 象을 不信했기 때문에, 어쩌면 오늘날처럼 감히 象說[象의 說]을 따르지 않는지도 모른다. 다만 道를 설명하다가 미치지 못하면, 象을 보여주고 잠시 象 아래에 붙인 象說을 따르면, 뚫고 파는 (어리석은) 짓을 모면한다. 그래서 내가 일찍이 易의 象說을 지었으니, 대체로 간단한 것으로 번잡한 것을 다스렸으며, 번잡한 것으로 간단한 것을 막지는 않았다.

伏羲畫八卦 只此數畫 該盡天下萬物之理. 學者於言上 會得者淺 於象上會得者深. 王輔嗣伊川 皆不信象 如今 却不敢如此說. 只可說道 不及 見這箇了 且從象以下說 免得穿鑿. 某嘗作易象說 大率以簡治繁 不以繁御[c]簡.

易의 象에 세 가지 모양이 있는 것 같다. 첫째, 본래 획에는 스스로 象이 있으니 홀수 획은 陽━을 상징하고, 짝수 획은 陰╍을 상징한다. 둘째, 실제로 사물에서 취한 象이 있으니 乾坤과 여섯 아들처럼 乾☰天, 坤☷地, 震☳雷, 巽☴風, 艮☶山, 兌☱澤, 坎☵水, 离☲火의 부류를 상징함이 이러한 경우이다. 셋째, 단지 성인께서 자의적으로 어떤 물건의 象을 취해서 그 뜻을 밝혀주는 것이니, '백마가 나는 듯하다'·'귀신을 한 수레 실었다'는 부류가 이러한 경우이다.

易之象 似有三樣. 有本畫自有之象 如奇畫象陽 偶畫象陰是也. 有實取諸物之象 如乾坤六子 以天地雷風之類象之 是也. 有只是聖人以意 自取那象 來明是意者 如白馬翰如 載鬼一車之類 是也.

易을 볼 때 만약 이처럼 정해진 象에 비추어본다면, 재미가 곧장 있지만 만약 다만 그냥 공중에 매달고 보면, 역시 아무런 생각도 나지 않을 것이다. 또한 이르기를, 易을 해설하여 이치를 얻으면 象과 數가 그 가운데 있다고 말한다. 진실로 옳은 말이다. 그렇다면 도리어 모름지기 흐름을 거슬러 올라가 관찰하되, 먼저 象과 數를 보고 적당한 때 아래로 내려와 바야흐로 이치를 설득해야, (잘못하는 쪽으로) 달아나지 않는다. 그렇지 않고 일에 實證(실증)이 없으면 헛된 이치로 易은 어긋난다.

---

a　편역자 주: 『詩經』은, 내용에 따라 風[민요]·雅[의식에 사용하는 大雅. 연회에 사용하는 小雅]·頌[祭禮의 무용곡]으로 분류하고, 형식에 따라 興[사물을 말해 연상시킴]·比[비유로 표현]·賦[사실을 표현]로 분류한다.

b　如=從隨也. 而也.

c　御=禦也.

看易 若是 靠定象去看 便滋味長. 若只恁地懸空看 也ᵃ沒甚意思. 又曰 說易得其理 則象數在其中 固是. 如此然 泝ᵇ流以觀 却須先見象數 的當下落 方說得理 不走作. 不然 事無實證 則虛理易差也.

上古 시절에 민심이 어두워 길흉이 있는 곳을 알지 못했다. 그러므로 성인께서 易을 만들어 그들에게 점치는 것을 가르쳐 吉하면 행하고 흉하면 피하도록 했다. 이것이 "開物成務" 즉 물건을 베풀어 安民立政을 힘쓰는 도리이다. 그러므로 『繫辭傳』(上) 11장에 이르기를, '(聖人이) 易으로써 천하의 志向하는 바를 소통하고, 천하의 生業을 안정시키고, 천하의 의문을 판단한다'고 하였으니, 바로 이를 말한 것이다.
上古之時 民心昧然 不知吉凶所在. 故聖人作易 教之卜筮 吉則行之 凶則避之. 此是開ᶜ物成務之道. 故繫辭云 以通天下之志. 以定天下之業. 以斷天下之疑. 正謂此也.

처음에는 다만 占만 있었고 글은 없었다. 왕왕 요즘 사람들이 사용하는 '火珠林占法'ᵈ을 써서 점치는 것과 그 과정이 비슷했을 것이다. 다만 주역의 爻는 사용했으나 주역의 繫辭는 사용하지 않았다. 즉 古人(고인)들이 점칠 때는 繫辭를 기다리지 않고도 길흉을 드러냈음을 알 수 있다. 孔子에 이르러, 또한 사람들이 그렇게 되는 까닭을 알지 못할까 염려하였다. 그래서 또다시 爻를 쫓아 해석하여 이르기를, 이 爻가 吉한 까닭은 中正하기 때문이고 이 爻가 흉한 까닭은 부당한 자리이기 때문이라고 분명하게 말해주어 사람들이 易을 알게 하였다. 『文言傳』과 같은 종류는 도리어 또다시 옛날의 도리를 드러내어 밝힌 것이고, 文王의 本意는 아니지만 이것을 알아야 易을 바르게 배울 수 있다.
初但有占而無文. 往往如今人用火珠林 起課者相似. 但用其爻而不用其辭. 則知古人占不待辭 而後見吉凶. 至孔子 又恐人不知其所以然. 故又復逐爻解之. 謂此爻所以吉者 謂以中正也. 此爻所以凶者 謂不當位也. 明言之 使人易曉爾. 至如文言之類 却又就上面 發明道理 非是聖人本意. 知此方可學易.

성인의 周易이란 한질의 책은 모두 虛構의 상징을 빌려서 펴놓은 말씀이다. 그 까닭은 대체로 천하의 이치를 만약 바른 말로 표출하는 것은, 단지 한 사건에만 적용되는 작품이지만, 오직 상징으로 말하면 점칠 때를 당하면 무슨 일을 보아도 모두 호응을 얻을 수 있기 때문이다.
聖人一部易 皆是假借虛設之辭 蓋緣天下之理 若正說出 便只作一件用. 唯以象言 則當卜筮之時 看是甚事 都來應得.

上古(상고) 시대의 易은 바로 利用厚生[재용을 이롭게, 삶을 후하게]이었다. 周나라의 易에서 비로소 正德[바른 덕]의 의미를 가지게 되었다. 즉 '利貞'은 이로움은 곧고 바름에 있음을 사람들에게 가르치는 것이

---

a 也=亦也.

b 泝(소)=逆流上. 順流下.

c 開=張也.

d 편역자 주: 火珠林 占法은 세 개의 동전을 여섯번 흔들어 괘를 만든다. 蓍草(시초)를 준비하지 못했을 때 이처럼 銅錢·윷·주사위로 점을 칠 수도 있다. 前漢 시대의 京房(경방: 姓은 李氏. 字는 君明)이 지은 『八宮卦次六十四卦』에서 五行·干支·世應·妻財·子孫·父母·官鬼를 배합하여 길흉을 판단했다.

요, '貞吉'은 곧고 바르면 吉함을 가르치는 것이다. 공자에 이르러 도리를 설득함이 더욱 많아졌다.

上古之易 方是利用厚生. 周易始有正德意. 如利貞是敎人利於貞正. 貞吉是敎人貞正則吉. 至孔子則 說得
道理又多.

易은 단지 卦와 象들을 설정함이며, 이로써 길흉을 밝힘일 뿐이니, 다시 다른 말이 없다. 또 이르기를,
易은 도리를 가지고 있는 卦의 影像(영상: 그림자)이다. 易은 점치기 위해 만든 것이지만 많은 도리가 바
로 그 속에 있다.

易只是設箇[a]卦象 以明吉凶而已 更無他說. 又曰 易是箇有道理底卦影. 易以卜筮作 許多理便也在裏.

易은 본래 점치는 책이었고 후인들도 점치기 위한 것에 그친다고 생각했다. 王弼에 이르러 老莊으로
해석함으로써, 후세 사람들도 덩달아 주역을 모두 도리로 생각했고 점치는 책으로 생각하지 않게 되었
으니 이도 잘못이다. 상상해보면 당초 복희씨가 괘를 그렸을 때는, 우연히 '하나는 陽━이고 둘은 陰
••인 것'을 발견하고 그것을 따라서 획을 그렸고, 그 이면을 넓혀 단지 陽━은 吉하고 陰••은 흉하다
고 했을 뿐 문자는 없었다. 그 뒤에 文王께서 그것을 깨닫지 못함을 보시고 그들을 위해 象辭를 지으셨
다. 혹은 점을 쳐서 爻의 이름을 알았어도 깨닫지 못했으므로, 周公(주공)께서 그들을 위해 爻辭를 지으
셨다. 그래도 또 깨닫지 못하므로, 공자께서 그들을 위해 十翼을 지으셨으니, 모두가 당초의 뜻을 풀이
한 것이다. 오늘날의 사람들은 卦·爻를 보지 않고 繫辭만 보니, 이는 마치 형법의 계통은 보지 않고 형
법책의 차례만 보는 것과 같다. 어찌 깨달을 수 있겠는가? 오늘날의 사람들이 모름지기 점치는 책으로
易을 본다면 바르게 깨달을 것이나, 그렇지 않으면 易을 알 수 없을 것이다.

易本卜筮之書 後人以止於爲卜筮. 至王弼用老莊解 後人便只以爲理 而不以爲卜筮亦非. 想當初伏羲畫卦
之時 偶見得一是陽 二是陰 從而畫 放那裏 只是陽爲吉 陰爲凶 无文字. 後文王見其不可曉 故爲之作象
辭. 或占得爻處[b] 不可曉 故周公爲之作爻辭. 又不可曉 故孔子爲之作十翼. 皆解當初之意. 今人不看卦爻
而看繫辭 是猶 不看刑統 而看刑統之字例也 安能曉. 今人須以卜筮之書看之方得. 不然 不可看易.

易은 단지 점치기 위하여 만든 것이다. 그러므로 『周禮』「春官」 宗伯下에서 (점치는 관리로 下大夫인) 太
卜이 連山易(연산역)·歸藏易(귀장역)·周易(주역)의 三易을 관장한다고 말하고 있다. 옛사람들은 점치는
관리를 여러 사람 세웠다. 秦나라는 옛날과 멀지 않았으므로, 주역이 또한 점치는 책이라 하여 焚書(분
서: B.C. 213년)·坑儒(B.C. 212년)의 참변을 모면할 수 있었다. 요즘 사람들은 易이 겨우 점치는 책이라고
말하면 곧 주역을 모욕하는 것이라 생각한다. 공자께서 허다하게 도리를 말한 것을 보고, 곧 '易이란
다만 도리를 설파한 것'이라 생각한다. 특히 吉凶·悔吝을 말한 것은, 모두 이치가 있고 사람을 가르치
려는 뜻이 內在하지 않음이 없음을 알지 못한다. 오늘날 이치를 이해하기 어렵게 된 까닭도 모두가 이
러한 점치는 법이 없어졌기 때문이다.

---

a　箇=(量詞) 得과 비슷함.

b　處=名也.

易只是爲卜筮而作. 故周禮分明言 太卜掌三易連山歸藏周易. 古人於卜筮之官立之凡數人. 秦去古未遠 故周易亦以卜筮 得不焚. 今人才說易是卜筮之書 便以爲辱累了易. 見夫子說許多道理 便以爲易 只是說 道理. 殊不知其言吉凶悔吝 皆有理而其敎人之意 无不在也. 而今所以難理會時 蓋緣亡了那卜筮之法.

만약 점치는 관리[太卜]들이 세 종류의 易法을 관장한다고 했다면, 그들은 連山易·歸藏易·周易에 따른 별도의 점치는 법을 알고 있었을 것이다. 주역의 占法도 지금은 上經·下經 두편만 있고 그 많던 법을 모두 발견할 수 없으니, 易을 이해하기 어려운 까닭이다. 요즘 사람들은 도리어 말하기를, 聖人이 道理를 말했고 그 속에 점치는 말씀이 있다고 말한다. 별도로 도리를 說한 후에 그 말씀을 따라 어떻게 점치는 법을 만들어냈다는 말인가?
如太卜掌三易之法 連山歸藏周易 便是別有理會. 周易之法 而今却只有上下經兩篇 皆不見許多法了. 所以難理會ª. 今人却道 聖人言理 而其中因有卜筮之說 他說理後說從 那卜筮上來做麽.

易은 단지 사람들에게 점치는 법을 주어 이로써 의혹을 결단하게 한 것이다. 만약 도리에 따라 마땅히 해야 한다면 결단코 해야 한다. 만약 도리에 따라 마땅히 하지 말아야 한다면 스스로 하지 말아야 할 것이니, 어찌 다시 점을 쓰겠는가? 그러나 한 가지 일에 혹 吉하고 혹 凶할 수 있다. 이처럼 두 갈래 道理의 갈림길에서는 대처할 수 없으므로 점을 이용하는 것이다.
易只是與人卜筮 以決疑惑. 若道理當爲 固是便爲. 若道理不當爲 自是不可做 何用更占. 却是有一樣事 或吉或凶 兩岐道理 處置不得 所以用占.

요즘 학자들은 易은 본래 점치기 위해 지었다고 말하는 것을 꺼린다. 당연히 의리를 위해 지었다고 가장하려 한다. 과연 의리를 위해 지은 것이 당연하다. 어째서 『中庸』·『大學』의 글처럼 한 건의 문자로 바로 조술하여 의리를 말함으로써 사람들을 깨우칠 일이지, 굳이 당연하게 八卦를 그린 것은 무엇이란 말인가?
今學者諱言 易本爲卜筮作. 須要說做 爲義理作. 若果爲義理作時ᵇ 何不直述一件文字 如中庸大學之書 言 義理以曉人. 須時畫八卦則甚.

陽ー효는 다분히 吉하고 陰◦◦효는 다분히 흉하지만 또한 그것이 처한 지위가 어떤지 보아야 하다. 이처럼 易에서는 대개 陽ー은 吉하고 陰◦◦은 흉하지만, 간혹 陽ー이 흉하고 陰◦◦이 吉한 것도 있으니 무슨 까닭인가? 일반적으로 말하면 당연히 해야 할 것이 있고, 마땅히 하지 말아야 할 것이 있다. 만약 당연히 해야 할 것을 하지 않고, 당연히 하지 말아야 할 것을 한다면, 비록 陽ー이라도 역시 흉하다.
陽爻多吉 陰爻多凶 又看他所處之地位如何. 易中大槪陽吉而陰凶. 間亦有陽凶 而陰吉者何故. 蓋有當爲 有不當爲, 若當爲而不爲 不當爲而爲之. 雖陽亦凶.

---

a　理會=理解하다.

b　時=有常也. 是也.

易 가운데서는 오히려 곧으면 吉하며, 곧지 않은 것이 吉한 경우는 있을 수 없다. 도대체 곧은 것이 이롭다고 말했을 뿐, 곧지 않은 것을 이롭다고 말한 적이 없다. 점을 쳐서 乾괘를 얻었다면 원래 크게 형통한 것이지만, 바로 아래에서는 곧아야 이롭다고 말한다. 종합해서 말하면 바르면 이롭고 바르지 못하면 이롭지 않다는 말씀이야말로 지극한 이치의 저울추요 수레이며, 성인의 지극한 가르침이 그 가운데 있다. 대략 易은 군자를 위해 설립한 것이요, 소인과 도적이 절취해서 쓸 수 있는 것이 아니다. 횡거 張載의 '易은 君子를 위한 지략이요 小人을 위한 계책이 아니다'는 말은 지극히 옳다.

易中却是貞吉 不曾有不貞吉. 都是利貞 不曾說利不貞. 如占得乾卦 固是大亨 下則云利貞. 蓋正則利 不正則不利. 至理之權輿 聖人之至敎 寓其間矣. 大率是爲君子設 非小人盜賊所得竊取而用. 橫渠云 易爲君子謀 不爲小人謀 極好.

易에서 '利'라는 글자가 많음은, 점치는 자를 위해 저술했기 때문이다. '이로움은 큰 내를 건너는 것'은, 배를 운행함이 이롭다는 뜻이다. '갈 데가 있으면 이롭다'는, 앞장서 길을 열면 이롭다는 뜻이다. '제사를 이용하면 이롭다'·'제사를 올리면 이롭다'는, 제사를 점치면 吉하다는 뜻이다. '사냥에서 여우 세 마리를 잡았다'·'사냥에서 三品을 얻었다'는, 사냥을 점치면 이롭다는 뜻이다. '公께서 천자에게 봉헌하면 이롭다'는, 朝覲[조회에서 알현함]을 점치면 吉하다는 뜻이다. '제후를 세우면 이롭다'는, 군주를 세우는 일을 점치면 이롭다는 뜻이다. '보존하고 안전하기 위해 나라를 옮기면 吉하다'는, 나라를 옮기는 이사 점을 치면 吉하다는 뜻이다. '나라 안의 不義함을 誅伐하면 이롭다'는, 침벌을 점쳐서 吉한 점사를 얻은 사례이다.

易中利字 多爲占者設. 如利涉大川 是利於行舟也. 利有攸往 是利於啓行也. 利用祭祀 利用享祀 是卜祭吉. 田獲三狐 田獲三品 是卜田吉. 公用享于天子 是卜朝覲吉. 利建候 是卜立君吉. 利用爲依ᵃ遷國 是卜遷國吉. 利用侵伐 是卜侵伐吉之類.

요즘 사람들이 읽는 易을 세 등급으로 나누어 볼 수 있다. 복희씨의 易은 彖辭(단사)·象辭(상사)·文言傳(문언전) 등의 여러 말씀이 없었어도, 易의 본뜻을 바르게 드러냈으니 단지 점치는 데 쓰려고 지었기 때문이다. 복희씨처럼 괘를 그린다면 어찌 그 속에 많은 문자와 말이 있었겠는가? 단지 어느 괘는 어떤 象이 있다는 것뿐이다. 乾은 純陽☰의 象이 있고 坤은 純陰☷의 象이 있을 뿐이다. 오늘날 사람들이 易을 설명하면 乾坤의 象을 밝히지 않고 먼저 乾坤의 이치를 곧장 설명하기 때문에, 말씀에서 얻는 것은 도대체 情理(정리)가 없다.

今人讀易 當分爲三等看. 伏羲之易 如未有許多彖象文言說話 方見得易之本意 只是要作卜筮用. 如伏羲畫卦 那裏有許多文字言語. 只是某卦有某象. 如乾有乾之象 坤有坤之象而已. 今人說易 未曾明乾坤之象 便先說乾坤之理. 所以說得都无情理.

文王·周公에 이르러 64괘로 나누었으며, 乾☰은 '元亨利貞'이요 坤☷은 '元亨利牝馬之貞'이라는 글귀

가 첨가되었다. 이는 일찍이 복희씨의 뜻이 아니고, 나중에 文王과 周公께서 일반적인 도리로써 스스로 내놓으신 말씀이다. 그런데 이는 사람들에게 점을 치라고 권유하는 말씀과 마찬가지이다. 마치 점을 쳐 乾卦를 얻으면 '크게 형통하지만 바르게 하는 것이 이롭다'고 말하는 것과 같다. 孔子에 이르러 易에 붙여 彖傳·象傳·文言傳을 지었고 元亨利貞을 乾의 四德(사덕)으로 삼았으니, 이 또한 文王의 易이 아니다.

及文王周公 分爲六十四卦. 添入乾元亨利貞 坤元亨利牝馬之貞 早不是伏義之意. 已是文王周公 自說出一般道理了. 然猶是就人占處說. 如占得乾卦 則大亨而利於正耳. 及孔子繫易 作彖象文言 則以元亨利貞 爲乾之四德. 又非文王之易矣.

易의 讀法(독법)에 관하여 나 혼자 가만히 質疑(질의)한다. 괘·효의 말씀은 본래 점을 쳐서 길흉을 판단하고 훈계함을 갖추는 것이다. 그런데 彖傳·象傳·文言傳을 지음에 이르자 비로소 길흉에 따라 훈계하려는 뜻으로, 그 의리를 미루어 말씀하여 밝히게 되었을 것이다.

그 뒤의 사람들은 다만 孔子께서 의리를 말씀하신 것만 보고, 다시 文王·周公의 본의를 근원적으로 추론하지 않고, '점치는 것은 비루하기 때문에 언급할 것이 못된다'고 생각한다. 이 때문에 그들의 말이 마침내 일상생활에서 사용하는 실정과 멀어지게 되었다. 모두 억지로 끌어 붙여 맞추고 왜곡하며 하나의 일에 치우쳐 주장하며 말하니, '다시금 包含(포함: 쌓넣음)·該貫(해관: 빠짐 없이 상세히 통함)·曲暢(곡창: 자세히 통달함)·旁通(방통: 曲盡함)하는 오묘함'이 없어졌다.

讀易之法 竊疑 卦爻之辭 本爲卜筮者 斷吉凶而具訓戒. 至象象文言之作 始因其吉凶 訓戒之意 而推說其義理以明之. 後人但見孔子所說義理 而不復推本 文王周公之本意 因鄙卜筮 以爲不足言. 而其所以言者 遂遠於日用之實類. 皆牽合委曲 偏主一事而言 无復包含該貫 曲暢旁通之妙.

만일 단지 이와 같다면 성인께서 당시 스스로 별도로 책을 지어 의리를 밝히고 이로써 후세를 가르칠 수 있었을 것이다. 어찌 卦와 象을 빌려 의탁하고 이처럼 어렵고 깊으며 은미한 말씀을 하였겠는가? 그러므로 이제 무릇 한 卦·한 爻를 읽고자 한다면, 바로 점을 쳐서 얻은 것을 따라서, 마음을 비우고 그 괘사·효사가 가리키는 것을 찾아, 길흉·가부를 결단한 연후에, 그 象이 그러한 까닭을 고찰하고 그 이치가 그러한 까닭을 찾아 사업에 미루어 보면, 위로는 왕공으로부터 아래로는 서민에 이르기까지 修身(수신)·治國(치국)의 방도로 삼아 모두가 이용할 수 있을 것이다. 내 생각으로는, 이처럼 구하면 文王·周公·孔子 세분 성인께서 남겨준 뜻을 알 수 있을 것 같다.

若但如此則 聖人當時 自可別作一書 明言義理 以詔後世. 何用假託卦象 爲此艱深隱晦之辭乎. 故今欲凡 讀一卦一爻 便如占筮所得 虛心以求 其辭義之所指 以爲吉凶可否之決 然後 考其象之所以然者 求其理之所以然者 推之於事 使上自王公 下至民庶 所以修身治國 皆有可用. 私竊以爲 如此求之 似得三聖之遺意.

孔子의 易은 文王의 易이 아니고, 文王의 易은 伏義氏의 易이 아니며, 伊川[程頤]의 易傳은 스스로 程씨의 易이다. 그러므로 배우는 사람은 또한 古易에 의지하되 차례대로 먼저 본문을 읽으면 본래의 취지가 드러날 것이다.

孔子之易 非文王之易, 文王之易 非伏義氏易. 伊川之易傳 自是程氏之易也. 故學者 且依古易 次第先讀

本文則 見本旨矣.

周易을 볼 때는 모름지기 아직 괘를 그리기 이전에 이것이 어떻게 모양을 낳았는지를 살펴보아야 한다. 도리어 그 속의 많은 卦·爻·象·數가 어긋나지 않고 모두가 이처럼 부합됨을 주목해야 한다. 괘를 아직 그리기 전에는 곧 寂然不動(적연부동)하여 희로애락이 발현하기 전의 마음이니, 다만 저마다 지극히 虛靜(허정)할 뿐이다. 홀연 그처럼 지극한 虛靜 속에서 저마다 개별적인 象을 가지고 있으면서 이것이 교제·운동하며 바야흐로 많은 象·數·吉凶·道理를 도출해 말하게 된다. 그렇기 때문에 『禮記』에서 이르기를, 깨끗하고 고요하며 정미한 것이 易의 가르침이라 말했다. 대개 易이 글로 된 것은, 虛靜한 空에서 만들어져 나왔다.

看易 須是看他 未畫卦已前. 是怎生模樣. 却就這裏 看他許多卦爻象數 非是杜撰[a] 都是合如此 未畫已前 便是寂然不動 喜怒哀樂未發之中. 只是箇至虛至靜而已 忽然在這至虛至靜之中 有箇象 方說出許多象數 吉凶道理. 所以禮曰 潔靜精微易敎也. 蓋易之爲書 是懸空做出來.

『書經』과 같은 책은, 바로 진실로 그러한 저마다 政事(정사)와 계획이 있어 바야흐로 글을 지은 것이다. 『詩經』은, 바로 진실로 저마다 그런 인정과 풍속이 있어 바야흐로 그러한 詩를 지은 것이다. 그러나 易經(역경)은, 도리어 기왕지사는 아무것도 없는데 단지 虛靜한 空에 떠서 지어낸 것이다. 아직 爻가 그려지기 이전의 易에 있는 것은, 혼연한 하나의 이치이며 사람에 있는 것은 깊고 고요한 一心[한 마음]이다. 이미 爻가 그려진 뒤에는 바야흐로 그 爻가 어떤 것인가, 또 그 爻가 어째서 그러한지를 알아볼 수 있다. 모두가 이처럼 지극히 虛靜한 가운데 허다한 象·數가 만들어져 나왔으니, 이야말로 진실로 신령한 까닭이다.

如書 便眞箇有這政事謀謨 方做出書來. 詩便眞箇有這人情風俗 方做其詩來. 易却都无這已往底事 只是 懸空做底. 未有爻畫之先 在易則渾然一理 在人則 湛然一心. 旣有爻畫 方見得這爻是如何 這爻又是如何 然. 而皆是就這至虛至靜中 做出許多象數來. 此其所以靈.

易은 모름지기 섞고 종합하여 보면, 천하의 일이 여기에서 나오지 않은 것이 없다. 善惡·是非·得失로부터 屈伸(굴신)·消長(소장)·盛衰(성쇠)에 이르기까지, 무슨 일을 보더라도 모두가 여기서 나온다. 복희씨 이전에는 어떻게 점을 치는지 몰랐으나, 복희씨에 이르러 陰陽 두 개로 괘를 그려 사람들에게 보여주고, 사람들에게 이것으로 길흉화복의 점을 치도록 하였다. 1획은 陽━이라 하고 2획은 陰╍이라 했으며, 1획은 奇[홀수]요 2획은 偶[짝수]로 하여 八卦를 만들기에 이르렀고, 또 그것을 섞고 모아 64괘를 만드니 총 384효이었다. 문왕께서 또 여기에 彖辭[판단의 말씀]를 지어 붙이시고 이로써 그 뜻을 풀어주셨으니, 陰陽의 消長·盛衰·屈伸의 이치가 아닌 것이 없다. 성인을 배우는 목적은, 이를 배우는 것뿐이다.

易須是錯綜看. 天下事无不出於此 善惡是非得失 以至於屈伸消長盛衰 看甚事 都出於此 伏羲以前 不知 如何占考. 至伏羲 將陰陽兩箇 畫卦以示人 使人於此 占考吉凶禍福. 一畫爲陽 二畫爲陰 一畫爲奇 二畫

---

[a] 杜撰=근거없는 저술. 허구나 조작.

爲偶 遂爲八卦. 又錯綜爲六十四卦 凡三百八十四爻. 文王又爲彖辭 以釋其義 无非陰陽消長盛衰屈伸之
理. 聖人之所以學者 學此而已.

易은 가장 보기 어렵다. 그 글의 됨됨이가 광대하며 다 갖추어져 오만가지 이치가 포함되어 없는 것이
없다. 하지만 그 실상은 옛날의 점치는 글이므로, 단지 이치를 설명할 필요 없이 象·數로 역시 말할 수
있었다. 처음부터 한편에 치우쳐 머물러 있은 적이 없었다.
易最難看 其爲書也 廣大悉備 包涵萬理 无所不有 其實是古者卜筮書. 不必只說理 象數亦可說. 初不曾滯
於一偏.

내가 근자에 易을 보았더니, 성인께서 본래 많은 애를 쓰고 번잡스러움이 없었음을 알았다. 이로부터
후세에는 하나같이 망령된 뜻을 증감하여 편리한대로 하나의 학설을 지어내고, 이로써 억지로 그 뜻을
통하려 하기 때문에, 성인께서 말한 經文(경문)의 취지가 더욱 밝혀지지 못함을 알았다.
某近看易 見得聖人本无許多勞攘ᵃ 自是後世 一向妄意增減 便要作一說 以强通其義 所以聖人經旨 愈見
不明.

또한 만일 易을 풀이한다면 다만 '虛(허)'자를 첨가하여, 과오에 영합함을 버려야만 의미하는 바를 터
득하는데 유리할 터이다. 그런데 오늘날 사람들은 易을 풀이하는데 오히려 '虛'자를 버리고 '實(실)'자
를 첨가하려한다. 결국 이는 그것[實]을 빌려서 자기의 뜻과 학설을 만드는 것이다. 또한 혹자의 학설
이 자기의 학설을 파기할까봐 걱정하니 그 추세가 지리멸렬하지 않을 수 없으며, 다시 한 학설을 만들
어 그것을 보호하며 아끼니 천만가지로 說해도 易과는 전혀 상관이 없다. 이 易의 글은 본래 자세히 살
피기 어려운 物[書物]이라서 작고 공교롭게 설법하려 해도 옳지 않고, 또는 거대 담론으로 설법하려 해
고 옳지 않다.
且如解易 只是添虛字 去ᵇ迎過 意來便得. 今人解易 乃去添他實者 却是借他 做己意說了. 又恐或者一說
有以破之 其勢不得不支離. 更爲一說 以護吝之 說千說萬 與易全不相干. 此書本是難看底物 不可將小巧
去說 又不可將大話去ᶜ說.

易을 자세히 살펴보기 어렵다고 하는 것은, 다른 글과 비교할 수 없기 때문이다. 易에서 말하는 하나
의 물건은 진짜로 하나의 물건이 아니다. 만일 易에서 龍(용)을 말했다면 그것은 진짜 용이 아니다. 만
약 다른 글이라면 眞[참]은 實[실]이므로 孝悌(효제)라고 했으면 곧 효제이며, 仁이라고 했으면 곧 仁이
다. 그러나 易 가운데는 깨닫지 못할 곳이 많다. 易을 자세히 살펴보기 어려운 것은, 개개의 언어로 형
용하여 터득할 수 없기 때문이다. 대체로 爻에 대한 말씀은 개별적인 影像[그림자]을 설명한 것이지만,

---

a   攘(녕)=어수선함. 어지러움. 어지럽힘. 소란함. 소란하게 함.

b   去=除去함.

c   去=다른 동사의 앞에 붙여 무슨 일을 해보겠다는 語氣詞.

그 속에 보편적인 象[形相: Idea(이데아)]을 품고 있어서 포용하지 못할 것이 없다.

易難看 不比他書. 易說一箇物 非眞是一箇物. 如說龍 非眞龍. 若他書則眞是實 孝悌便是孝悌 仁便是仁. 易中多有不可曉處. 易難看 無箇言語可形容得. 蓋爻辭是說箇影 象在那裏 无所不包.

易을 자세히 살펴보려면 모름지기 의당 4일에 한 개의 괘를 보는 것이 좋다. 하루는 繫辭[卦辭]·象辭[象傳의 말씀]·象辭[象傳의 말씀]를 보고, 이틀 동안은 六爻(육효)를 보고 4일째는 통합적으로 헤아려 보면 비로소 자세할 것이다. 또 이르기를 尹焞[和靖: 1070-1142]이 易을 배우는데 하루에 한 爻만 보았다고 한다. 이는 사물을 한 조각만 이루는 것이다. (爻들이) 곧장 움직이며 드러나도 모두 조각들로만 이루어져 있으니, 어떻게 한 爻만 보고 깨달을 수 있겠는가? 그래서 또 이르기를 먼저 乾·坤 두 괘에 대해 본뜻을 보아 체득하면 뒷부분은 모두 통하는 길이 있다고 말한다.

看易 須著ᵃ四日 看一卦. 一日看卦辭象象 兩日看六爻 一日統看 方子細. 又曰和靖學易 一日只看一爻. 此物事成一片. 動著便都成片 如何看一爻得. 又曰先就乾坤二卦上 看得本意了 則後面皆有通路.

易은 대개 사람들이 삼가 두려워하고 닦고 반성하고자함이다. 이제 易을 배울 때에는, 반드시 事端(사단)을 만나기를 기다려 점을 치는 것이 아니라 항상 경계함이 있어야 한다. 다만 평상시에는 易을 완미하되 거기에서 설파한 도리가 자신의 가문·처지·지위에 부합되는지 어떤지를 살펴보아야 한다. 그러므로 이르기를, 거처할 때는 그 象을 보고 그 象辭[象의 말씀]를 완미하고, 움직일 때는 爻의 변화를 보고 그 占과 관련된 爻辭(효사)를 완미하라고 말한 것이다. 孔子께서 이른바 易을 배웠다 함은, 바로 평일에 항상 배웠음을 말한 것이다. 생각해보면 성인께서 읽는 것은 사람들이 읽었다고 하는 것과는 다르다. 생각해보면 성인의 흉중에는 易의 이치가 평 뚫려 털 한 올도 가림이 없는 것 같다. 그러므로 이르기를 가히 크게 過失(과실)이 없다고 말한 것이다.

易大槪欲人 恐懼修省. 今學易 非必待 遇事而占 方ᵇ有所戒. 只平居玩味 看他所說道理 於自家所處地位 合是如何. 故云 居則觀其象 而玩其辭 動則觀其變 而玩其占. 孔子所謂學易 正是平日 常常學之. 想見聖人之所讀 異乎人之所謂讀. 想見胸中 洞然於易之理 无纖毫蔽處. 故云 可以无大過.

易을 읽는 방법은, 먼저 정식 경문을 읽고 깨닫지 못하면 象傳·象傳·繫辭傳으로 풀이해야 한다. 또 말하기를, 易의 爻辭는 예언의 말씀[籤辭: 길흉의 비결을 말한 예언의 기록]과 같다. 묻기를, 易을 어떻게 읽어야 합니까? 대답하기를, 다만 마음을 비우고 그 뜻을 찾는 것이 요구되며, 자기의 견해를 고집하지 말 것이 요구된다. 다른 글을 읽는 것도 마찬가지이다.

讀易之法 先讀正經. 不曉則 將象象繫辭來解. 又曰 易爻辭如籤辭. 問易如何讀 曰 只要虛其心 而求其義. 不要執己見. 讀他書亦然.

---

a　著=明也. 宜也.

b　方=旁也. 常也.

묻기를, 易을 읽었는데도 흡족하게 적셔지듯 통할 수 없는 것은 어째서인가? 대답하기를, 이것은 모름지기 이처럼 마음이 비어 밝고 편안하고 고요해야, 자연의 도리와 소통하여 비로소 많은 뜻과 이치를 포함하고 망라하여 터득할 수 있을 것이다. 대개『易經』은『詩經』·『書經』과 비교할 수 없다.『易經』은 천하 후세의 무궁무진한 사리를 다 설파한 것이지만, 다만 "兩"이라는 하나의 글자가 곧 하나의 도리이다.[a] 또한 사람들이 모름지기 천하의 많은 일의 변화를 경험하고 易을 읽으면, 비로소 각자 하나의 도리가 있음을 알고 정밀하게 살펴 시작부터 바를 것이다. 이제 경험이 미진하고 이 마음이 대단히 虛明(허명)하고 寧靜(영정)하지 못하면 어찌 깨달을 수 있겠는가? 이는 스스로 힘쓰지 않으면 안되는 것이다.

問讀易未能浹洽何也. 曰 此須是此心虛明寧靜 自然道理流通 方包羅得許多義理. 蓋易不比詩書 他是說盡天下後世无窮无盡底事理. 只一兩字 便是一箇道理. 又人須是 經歷天下許多事變 讀易方知 各有一理 精審端正. 今旣未盡經歷 非是此心 大段虛明寧靜 如何見得. 此不可不自勉也.

또 대답하기를 지금처럼 일찍이 많은 지난 일을 경험하지 않고는 도무지 스스로 파악하여 그 도리를 드러내지 못한다. 만약 설령 보았다 하더라도 갑자기 그것을 수용할 수 없을 것이다. 공자께서도 만년에야 주역을 좋아했다고 하니, 주역이란 글은 갑자기 이해할 수 없는 것임을 알 수 있다.

又曰 如今 不曾經歷得許多事過[b] 都自揍他道理不着. 若便去看也 卒未得他受用. 孔子晩而好易 可見這書 卒未可理會.

묻기를,『周易本義』는 어째서 오로지 점치는 것을 위주로 했습니까? 대답하기를, 장차 모름지기 正文을 숙독하고 註解(주해)는 보지 마시오. 원래 古易은 彖傳·象傳·文言傳이 각각 하나씩 독립해 있었으나, 王弼에 이르러 비로소 爻辭와 합하여 하나가 되었는데, 후세의 儒士들은 감히 본래대로 이동시키지 못했다. 지금 여기에서 갑자기 설명하기 어려우나 正文을 오래 숙독하면 스스로 깨달을 것이다.

問 易本義 何專以卜筮爲主. 曰 且須熟讀正文 莫看註解. 蓋古易彖象文言 各在一處. 至王弼 始合爲一. 後世諸儒 遂不敢與移動. 今難卒說 且須熟讀正文 久當自悟.

묻기를,『周易本義』의 卦辭를 풀이한 것을 읽고 만약 분명하게 이해했다면 象辭의 뜻도 자명해질 것입니다. 다만 모름지기 간략하게 이것이 卦義[괘의 뜻]요 卦象[괘의 상징]이요 卦體[괘의 체질]요 卦變[괘의 변동]임을 찾아 밝히려고 다시 내려가 각주까지 달 필요는 없을 듯한데요.
대답하기를, 나도 당초 이 책을 지을 때는 바로 그렇게 하려고 했다. 대체로 象傳은 본래 易經의 卦辭를 풀이한 것인데, 만약 卦辭를 분명하게 보았다면 象傳도 역시 볼 수 있을 것이다. 다만 이후에 지나치거나 미치지 못한 것들을 다시 정돈하려고 했으나, 지금 풀이한 것이 나의『周易本義』와 같을지 어떨지는 알 수 없다.

---

a　東洋의 辨證法인 兩點論(양점론) 또는 陰陽 辨證法을 말하는 것 같다: 편역자 주.

b　過=(접미사) 過去事.

問 讀本義所釋卦辭 若看得分明 則象辭之義亦自明. 只須略提破ᵃ 此是卦義 此是卦象卦體卦變 不必更下注脚矣. 曰 某當初作此文字時 正欲如此 蓋象傳 本是釋經之卦辭 若看卦辭分明 則象亦可見. 但後來 要重整頓過未及 不知今所解者 能如本意否.

또 대답하기를, 내가 『周易本義』를 지을 때 文王의 卦辭는 단지 큰 벼리를 文王의 卦辭에 의거하여 간략하게 설명하려고 했고, 그것이 그렇게 된 까닭에 대해서는 오히려 공자의 象辭 중에서 발명했다. 또한 大畜䷙괘 卦辭의 "大畜利正 不家食吉 利涉大川"같은 경우는 오로지 "점을 쳐 大畜괘를 얻은 자는 '가문에서 녹을 먹지 않는 것이 이롭고 바르며'(利正不家食) '큰 내를 건너는 것이 吉하고 이롭다(吉利於涉大川)"고 했다. 그런데 "剛陽━이 올라가고 현자를 숭상한다(剛上尙賢)"는 象辭에 이르자, 공자께서 각각 주인공이 있는 것으로 발명하고 爻의 象傳도 또한 그렇게 했다. 이와 같이 했다면 文王의 本意도 잃지 않고 공자의 뜻도 드러낼 수 있을 것이다. 다만 지금은 정돈할 겨를이 없을 뿐이다.
又曰 某作本義 欲將文王卦辭 只大綱依文王卦辭略說. 至其所以然之故 却於孔子象辭中發之. 且如大畜利貞 不家食吉 利涉大川 只是 占得大畜者 爲利正不家食 而吉利於涉大川. 至於剛上而尙賢等處 乃孔子發明 各有所主 爻象亦然. 如此則 不失文王本意 又可見孔子之意. 但而今未暇整頓耳.

내가 한질의 易書를 풀이해본 결과는 이렇다. 단지 이것은 점치는 글로 지은 것이었는데, 요즘 사람들의 설명이 너무 정밀하여 (내가) 다시 본래대로 굵고 거칠게 되돌리려 했으나 할 수 없었다. 나의 학설이 비록 거친 것 같지만, 도리어 정미함으로 들어갈 수 있으며 정미한 뜻이 그 속에 있다. 만약 나의 학설을 깨닫는다면 복희씨·文王의 易이란 것이 본시 이와 같으며, 원래 많은 도리가 있는 것이 아니라는 점을 환하게 알게 되니, 비로소 易의 본뜻을 잃지 않을 것이다. 지금은 성인께서 易을 만든 本意를 깨닫지 못하니, 편리한대로 먼저 도리를 말함으로써, 비록 즐겁고 풍요로워 설령 호감을 얻더라도, 다만 주역과는 원래 상관이 없다.
某解一部易 只是作卜筮之書. 今人說得來太精了 更入粗不得. 如某之說雖粗 却入得精 精義皆在其中. 若曉得某說 則曉得義文之易 本是如此 元未有許多道理在 方不失易之本意. 今未曉得聖人作易之本意 便先要說道理 縱饒說得好 只是與易元不相干.

나의 『周易本義』가 간략한 것은 당시에 다만 요약해서 기록하여 싣되 글 뜻을 겸하게 했다. 程子와 선비들이 모두 강설했으므로 나는 다만 어맥 중에서 간략하게 그들의 의사를 이끌어냈을 뿐이다.
근래 趙汝梅(趙子欽: 南宋 太宗의 8世孫)의 편지를 받았는데, 이르기를 『論語』·『孟子』는 너무 상세하고 易의 말씀은 너무 간략하다고 말했다. 이는 비유컨대 촛불의 초롱 같아서 한줄기의 골격을 붙이면 한 방면의 밝음을 막을 것이지만, 만약 그 장애물을 모두 제거하면 전체가 광명하게 되리니 더욱 좋을 것이다. 대개 책의 저술도 이와 같아서 상세하게 설명할 수 없는 것이다.

ᵃ　꺼내고 파헤쳐 진상을 밝힘.

某之易簡略者 當時 只是略搭ᵃ記兼文義. 伊川及諸儒皆說了 某只就語脈中 略牽過這意思. 近得趙子欽書 云語孟說極詳. 易說太略. 此譬如燭籠 添一條骨 則障了一路明. 若能盡去其障 使之統體光明 乃更好 蓋 著不得詳說也.

易을 자세히 살펴보려면 먼저 나의『周易本義』를 보고 나서 程子의『伊川易傳』을 보면서 서로 참고하라. 만일 다른 易書를 보지 않고 먼저 나의『周易本義』해설을 보면 도리어 쉽게 볼 수 있을 것이니, 대체로 다른 학설에 골몰하지 않을 것이기 때문이다.
看易 先看某本義了 却看程傳 以相參考. 如未看他易 先看某說 却也易看. 蓋不爲他說所汩故也.

---

6. 易本義圖
– 朱子의 '易本義圖'說

1) 河圖와 洛書

〈河圖〉　　　　　　　　　　　　　　　〈洛書〉

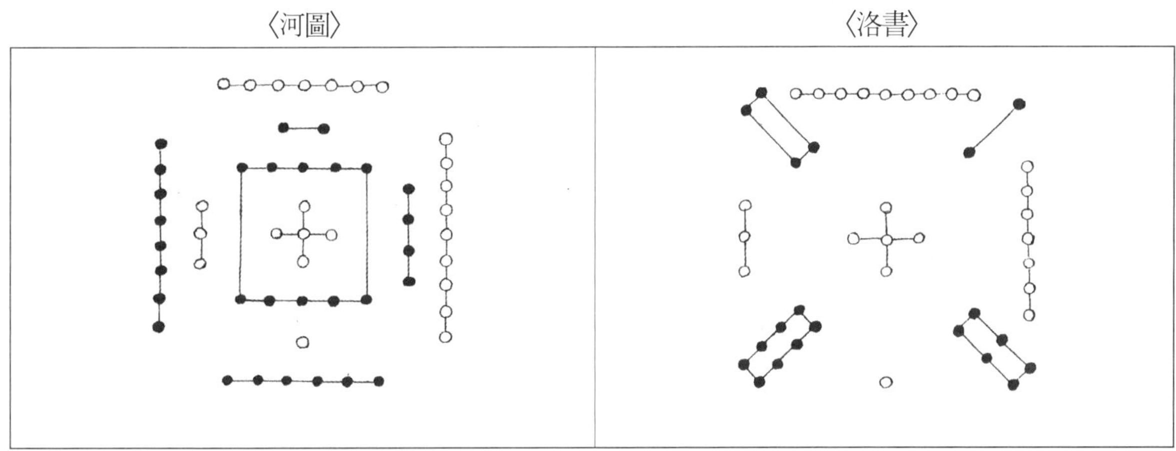

위는 『繫辭傳』에서 말한 것을 드러내 보여주는 그림으로, 河水에서 나온 〈河圖(하도)〉이고 洛水에서 나온 〈洛書(낙서)〉인데, 성인이 그것을 본받았다. 또 이르기를 하늘 하나, 땅 둘, 하늘 셋, 땅 넷, 하늘 다섯, 땅 여섯, 하늘 일곱, 땅 여덟, 하늘 아홉, 땅 열이니 하늘 수가 5개이고 땅 수가 5개이다. 다섯 자리에 모두 陰▪▪은 陽━을 얻고 陽━은 陰▪▪을 얻었으며, 陰陽을 끼리끼리 결합하면 天數는 25이고 地數는 30이니 무릇 천지의 수가 55이다. 이것이 변화를 이루고 귀신을 살피는 방법이며, 이것이 河圖의 數理이다. 洛書는 대체로 거북이 象을 취했다. 그러므로 그 數는 9를 머리에 이고 1을 발로 밟았으며, 왼쪽은 3이고 오른쪽은 7이며, 2와 4는 어깨가 되고 6과 8은 발이 된다.

右繫辭傳曰 河出圖洛出書. 聖人則之. 又曰 天一地二 天三地四 天五地六 天七地八 天九地十. 天數五地數五. 五位相得 而各有合 天數二十有五. 地數三十. 凡天地之數 五十有五. 此所以成變化 而行[a]鬼神也. 此河圖之數也. 洛書蓋取龜象 故其數 戴九履一 左三右七 二四爲肩 六八爲足

蔡元定[朱熹의 門人: 1135-1198]의 말을 따르면 河圖·洛書의 象은 西漢의 孔安國(공안국)·劉歆(유흠), 魏의 關郎[北魏의 儒學者. 『關氏易傳』을 지음], 北宋의 邵雍[邵康節] 때부터 모두 이처럼 말했다. 北宋 중엽의 劉牧에 이르러 '先天易'·'後天易'이 비롯되면서 그 명칭을 諸家들이 따르게 되었다. 그러므로 지금까지 그것을 반복하며 모두 옛것을 따른다.

---

a　行=通也. 用也. 察也.

蔡元定曰 圖書之象 自漢孔安國 劉歆 魏關郎子明 有宋康節先生邵雍堯夫. 皆謂如此 至劉牧始兩易 其名
而諸家因之. 故今復之 悉從其舊.

〈附錄〉[a]

孔安國[孔子의 후예: 西漢의 經學者. 訓詁學의 開祖]이 말하기를, '河圖'란 伏羲氏(복희씨)가 천하에 왕 노릇
할 때 河水에서 龍馬(용마)가 나타나자 마침내 그 무늬를 본받아 八卦를 그렸다고 한다. '洛書'란 禹임
금이 치수할 때 신령스런 거북이가 등에 무늬를 짊어지고 열을 지어 나타났는데, 그 무늬의 數가 아홉
이었다. 드디어 禹임금이 이로써 차례를 만들고 아홉 가지 법도[洪範九疇(홍범구주)]를 만들었다고 한다.
孔氏安國曰 河圖者 伏羲氏王天下 龍馬出河 遂則其文 以畫八卦. 洛書者 禹治水時 神龜負文 而列於背有
數至九. 禹遂因而第之 以成九類.

(西漢의 古文 經學派를 개창한) 劉歆(유흠)이 말하기를, 복희씨가 하늘을 繼統(계통)하여 왕 노릇을 할 때 河
圖를 받아 획을 그리시니 八卦가 이것이다. 禹임금이 홍수를 다스릴 때 洛書를 받아 본받고 진열하시
니 洪範九疇(홍범구주)가 이것이다. 河圖·洛書는 서로 씨줄·날줄이 되고, 八卦와 九章[b]은 서로 겉과 속
이 된다.[c]
劉氏歆曰 伏羲氏 繼天而王 受河圖而畫之 八卦是也. 禹治洪水 賜洛書 法而陳之 九疇是也. 河圖洛書相
爲經緯 八卦九章相爲表裏.

關郞(관랑)의 『關氏易傳』에서 이르기를, 河圖의 무늬는 7이 앞이고 6이 뒤이며, 8이 왼쪽이요 9가 오른
쪽이다. 이에 비해 洛書의 무늬는 9가 앞이고 1이 뒤이며, 3이 왼쪽이고 7이 오른쪽이며, 4는 앞의 왼
쪽이고 2는 앞의 오른쪽이며, 8은 뒤의 왼쪽이고 6은 뒤의 오른쪽이라고 말했다.
關氏郞曰 河圖之文 七前六後 八左九右. 洛書之文 九前一後 三左七右 四前左二前右 八後左六後右.

象數學(상수학)을 창립한 邵子(邵康節)가 이르기를, 둥근 원은 별[星]을 상징한다. 책력의 실마리인 숫자
가 여기서 비롯된 것이다. 모난 것은 땅을 상징한다. 고을을 구획하고 땅을 井田으로 구획하는 법은,
이것을 모방한 것이다. 원래 둥근 원은 河圖의 숫자이며 모난 것은 洛書의 무늬이다. 그러므로 복희씨
와 文王께서 그것을 따라서 易을 만들었고, 禹임금과 箕子께서 그것을 차례지어 홍범구주를 지으셨다
고 말했다.
邵子曰 圓者星也 曆紀之數 其肇於此乎. 方者土也. 畫州井地之法 其放於此乎. 蓋圓者 河圖之數. 方者洛
書之文. 故羲文因之而造易. 禹箕敍之而作範也.

朱子가 이르기를, 천지 사이는 하나의 氣일 뿐이다. 그것이 나뉘어 둘이 되면 陰陽이 되고, 五行의 조

---

a   편역자 주: 董楷(동해)의 『周易傳義附錄』과 董眞卿(동진경)의 『周易會通』을 인용·考訂한 것이다.

b   2진법인 四象과 5진법인 五行을 결합한 數理에 관한 글.

c   六十干支(60간지): 10진법인 하늘의 10干과 12진법인 땅의 12支를 결합한 것.(편역자 주)

화와 만물의 시작과 끝이 이것에 관여되지 않는 것이 없다. 그러므로 河圖의 자리는 1과 6이 머리를 함께하여 北에 자리하고, 2와 7은 무리가 되어 南에 자리하고, 3과 8은 길을 같이하여 東에 자리하고, 4와 9는 벗이 되어 西에 자리하고, 5와 10은 서로 지켜 중앙에 자리한다. 종합해서 말하면 그런 數가 된 까닭은, 한 번 그늘지고[陰] 한 번 햇볕[陽]드니 한 번은 홀수요 한 번은 짝수가 됨으로써, 五行을 두 번 한 것에 불과할 뿐이다.

朱子曰 天地之間 一氣而已. 分而爲二 則爲陰陽 而五行造化 萬物始終 无不管於是焉. 故河圖之位 一與六 共宗而居乎北. 二與七 爲朋而居乎南. 三與八同道而居乎東. 四與九爲友而居乎西. 五與十相守而居乎中. 蓋其所以爲數者 不過一陰一陽 一奇一偶 以兩其五行而已.

이른바 "天"은, 陽이 가볍고 맑아 올라가 자리한 것이다. 이른바 "地[땅]"는, 陰이 무겁고 탁하여 내려가 자리한 것이다. 陽數는 홀수이므로 1·3·5·7·9로서 모두 하늘에 속하니, 이른바 5개의 天數라 한다. 陰數는 짝수이므로 2·4·6·8·10으로서 모두 땅에 속하니, 이른바 5개의 地數라 한다. 天數와 地數는 각자 무리를 지으려고 서로를 찾는다. 이른바 다섯 자리가 서로를 얻는다고 한 것이 그것이다.

所謂天者 陽之輕淸 而位乎上者也. 所謂地者 陰之重濁 而位乎下者也. 陽數奇故 一三五七九 皆屬乎天. 所謂天數五也. 陰數偶 故二四六八十 皆屬乎地. 所謂地數五也. 天數地數 各以類而相求 所謂五位之相得者然也.

하늘이 1로써 水를 낳으니, 땅은 6으로써 그것을 이룬다. 땅이 2로써 火를 낳으니, 하늘이 7로써 그것을 이룬다. 하늘이 3으로써 木을 낳으니, 땅은 8로써 그것을 이룬다. 땅이 4로써 金을 낳으니, 하늘은 9로써 그것을 이룬다. 하늘이 5로써 土를 낳으니, 땅은 10으로써 그것을 이룬다. 이것을 또한 이른바 '각각 결합하는 것이 있다'고 말한 것이다.

天以一生水 而地以六成之. 地以二生火 而天以七成之. 天以三生木 而地以八成之. 地以四生金 而天以九成之. 天以五生土 而地以十成之. 此又其所謂各有合焉者也.

다섯 개의 홀수를 합하면 25가 되고, 다섯 개의 짝수를 합하면 30이 된다. 이 두 개를 합하면 55가 된다. 이것이 河圖의 전체 숫자이니 모두 공자의 뜻이고 유가들의 학설이다. 洛書에 대하여 비록 공자가 말하지 않았지만, 그의 『象傳』과 학설은 이미 앞서 갖추어져 있으니 그것을 꿰뚫어 볼 수 있다. 유흠(劉歆)이 말한 듯 ' 河圖·洛書는 날줄·씨줄이요 안과 밖이 됨을 알 수 있다.

積五奇而爲二十五. 積五偶而爲三十. 合是二者 而爲五十有五. 此河圖之全數. 皆夫子之意 而諸儒之說也. 至於洛書 雖夫子之所未言 然其象其說 已具於前 有以通之 則劉歆所謂 經緯表裏者可見矣.

혹자가 묻기를, 河圖·洛書의 數·위치가 동일하지 않은 까닭은 어째서입니까? 대답하기를, 河圖에서는 5개의 生數[a]로써 5개의 成數[b]를 통어하게 하였고, 그 처소를 같게 하였다.[c] 원래 그 온전한 것을 들

---

a 날것의 數: 1·2·3·4·5

b 주변의 生數에 중앙의 5를 더한 數. 즉 1+5=6·2+5=7·3+5=8·4+5=9·5+5=10.

c 1과 1+5는 北, 2와 2+5는 南, 3과 3+5는 東, 4와 4+5는 西, 5와 5+5는 中.

어 사람들에게 보여줌으로써 그 변하지 않는 數 즉 常數의 본체를 말했다.

洛書에서는 5개의 홀수로써 4개 짝수를 통어하고 각각 그 居所에 자리하였다.[a] 원래 陽을 주인으로 하여 陰을 통어함으로써, 비로소 그 변하는 數 즉 變數가 이용되기 시작한다.

或曰 河圖洛書之位與數 所以不同何也. 曰河圖 以五生數 統五成數 而同處其方[b]. 蓋揭其全 以示人 而道其常數之體也. 洛書 以五奇數 統四偶數 而各居其所. 蓋主於陽 以統陰而 肇其變數之用也.

묻기를, 모두 5를 중앙에 자리하게 한 것은 어째서 입니까? 대답하기를, 무릇 數의 비롯됨은 한 번 그늘지고[一陰] 한 번 햇볕 드는 것[一陽]일 뿐이었다. 陽의 象은 圓[○]인데, 圓은 지름이 1이면 둘레는 3이다[π=3.14]. 반면 陰의 象은 네모[□]인데 네모는 지름이 1이면 둘레는 4이다. 둘레가 3인 圓[○]은 陽 ▬[한 줄기]을 세 차례[參] 한 것이므로 '參天'이라 한다. 둘레가 4인 네모[□]는 陰▬▬[두 줄기]을 두 차례[兩] 한 셈이니 "兩地"라 한다. 그래서 "參天兩地"라고 말한 것이다. 그리고 參과 兩을 합하면 5가 되므로, 河圖·洛書의 數는 모두 5를 중앙으로 삼은 것이다.

曰其皆以五 居中者何也. 曰凡數之始 一陰一陽而已矣. 陽之象圓. 圓者徑一而圍三. 陰之象方 方者徑一而圍四. 圍三者 以一爲一. 故參其一陽而爲三. 圍四者 以二爲一 故兩其一陰而爲二. 是所謂 "參天兩地" 者也. 三二之合則爲五矣. 河圖洛書之數 所以皆以五中爲也.

그러나 河圖는 生數를 주인으로 삼았다. 그러므로 그 중앙은 5를 위한 자리가 되었고 또한 5方에 生數의 象을 갖추게 되었으니, 그 아래 지점[한 점]은 天一의 象이요, 그 위 지점은 地二의 象이요, 그 왼쪽 지점은 天三의 象이요, 그 오른쪽 지점은 地四의 象이요, 그 중앙 지점은 天五의 象이 자리했다,

洛書는 奇數를 주인으로 삼았다. 그러므로 그 중앙은 5를 위한 자리가 되었고, 또한 5方에 奇數의 象을 갖추게 되었다. 즉 그 아래 지점은 역시 天一의 象이요, 그 왼쪽 지점은 역시 天三의 象이요, 그 중앙 지점은 역시 天五의 象이 자리했으며[여기까지는 河圖와 같음], 그 오른쪽 지점은 天七의 象이요, 그 위 지점은 天九의 象이 자리했다[이 두 지점은 河圖와 다르다. 7과 9는 奇數이지만 生數가 아니고 成數이다]. 洛書의 數와 자리는 河圖와 모두 세 곳은 동일하고 두 곳은 다르다. 원래 陽은 바뀔 수 없으나 陰은 바뀔 수 있는 것이요, 成數[天七과 天九]는 비록 陽이지만 본래 낳은 것은 역시 陰이다.[c]

然 河圖 以生數爲主. 故其中之 所以爲五者 亦具五生數之象焉. 其下一點 天一之象也. 其上一點 地二之象也. 其左一點 天三之象也. 其右一點 地四之象也. 其中一點 天五之象也. 洛書以奇數爲主 故其中之所以爲五者 亦具五奇數之象焉. 其下一點 亦天一之象也. 其左一點 亦天三之象也. 其中一點 亦天五之象也. 其右一點則 天七之象也. 其上一點則 天九之象也. 其數與位 皆三同而二異. 蓋陽不可易 而陰可易. 成數雖陽 固亦生之陰也.

---

a　生數는 5方에 자리하고 成數는 生數 곁의 모서리에 자리했다.

b　方=處所.

c　成數 7은 陰인 2에 중앙의 5를 더한 것이고, 成數 9는 陰인 4에 중앙의 5를 더한 것이기 때문이다. (편역자 주)

묻기를, 중앙의 五는 원래 다섯 방위를 상형한 숫자입니다. 그러면 5의 됨됨이는 어떤 것입니까? 대답하여 가로되, 數理로 말하면 5는 하나의 圖[도설]를 관통하는 것으로, 안을 따라 밖에 미치고, 각각 열매를 쌓음에 실마리가 되는 數이다[五進法].

그러나 (生數를 위주로 하는) 河圖의 1·2·3·4는 각각 五象本方[a]인 5의 밖 4方에 앉았고, 6·7·8·9·10은 각각 五를 따라서 數를 얻었으므로〈(5+1), (5+2), (5+3), (5+4), (5+5)〉그 生數인 1·2·3·4·5의 밖에 붙어있다.

(奇數를 위주로 하는) 洛書의 1·3·7·9는 각각 五象本方[五行의 象들의 중앙본부]인 5의 밖 4方에 앉았고, 짝수인 2·4·6·8은 각각 同類(동류)를 따라서 奇數의 곁 모서리에 붙어 있다.[b] 대개 중앙은 주인이 되고 밖은 객이 되며, 바른 자리는 군주라 하고 곁자리는 신하라 하였으니 역시 각각 條理(조리)가 있어 어지럽지 않다.

曰 中央之五 固爲五數之象矣 然則其爲數也奈何. 曰以數言之 則通乎一圖 由內及外 固各有積實 可紀之數矣. 然河圖之一二三四 各居其五象本方之外. 而六七八九十者 又各因五而得數 以附于其生數之外. 洛書之一三七九 亦各居其五象本方之外. 而二四六八者 又各因其類 以附于奇數之側. 蓋中者爲主 而外者爲客. 正者爲君 而側者爲臣. 亦各有條 而不紊也.

묻기를, 그 많고 적음이 같지 않으니 어째서입니까? 대답하기를, 河圖는 온전함을 위주로 한다. 그러므로 10으로 끝나고 奇數와 偶數의 자리가 각각 5方으로 균등하다. 그러나 그 실적[쌓인 열매]으로 논한다면 偶數는 30이니 남고, 奇數는 25이니 모자란 것을 나타나게 된다.

반면에 洛書는 변화를 위주로 한다. 그러므로 9로 끝나고, 그 자리와 실적이 모두 奇數는 남고 偶數는 모자란다.[c] 반드시 중앙의 5를 비운 뒤라야 음양의 數가 20으로 균등하여 치우침이 없게 된다.

曰 其多寡之不同 何也. 曰 河圖主全. 故極於十 而奇偶之位均. 論其積實然後 見其偶贏而奇乏也. 洛書主變. 故極於九 而其位與實 皆奇贏而偶乏也. 必皆虛其中也 然後陰陽之數 均於二十 而无偏爾.

묻기를, 그 차례가 같지 않은 것은 어째서입니까? 대답하기를, 河圖가 출현하는 차례를 말하면 처음에 아래에서 시작하여 → 다음은 위로 올라가고 → 다음은 왼쪽으로 → 다음은 오른쪽으로 나아가서 → 중앙으로 복귀하였다가 → 또다시 아래에서 시작한다. 그 운행을 차례로 말하면, 동쪽에서 시작해서 → 다음은 남쪽으로 → 다음은 중앙으로 → 다음은 서쪽으로 → 다음은 북쪽으로 나아서 왼쪽방향으로 한 바퀴 돌아서 또다시 동쪽에서 시작한다. 그 生數는 안에 있는데, 陽은 下左에 앉았고 陰은 上右에 앉아 있다. 그것의 成數는 밖에 있는데, 陰은 下左에 앉았고 陽은 上右에 앉아있다.

曰 其序之不同何也. 曰 河圖以生出之次言之則 始下次上 次左次右 以復于中 而又始于下也. 以運行之

---

a　五象: 五行의 象으로서 河圖·洛書의 중앙에 위치한 다섯 개의 점. 本方: 근본적인 방위라는 뜻으로 河圖·洛書의 중앙본부.(편역자 주)

b　2는 +5하여 7을 낳았으므로 7의 곁에 붙어 있고, 4는 +5하여 9를 낳았으므로 9의 곁에 붙어 있고, 6은 1이 +5하여 낳았으므로 1의 곁에 붙어 있고, 8은 3이 +5하여 낳았으므로 3의 곁에 붙어 있다.(편역자 주)

c　奇數의 자리는 5方이고 실적은 25이며, 偶數는 자리는 4개의 곁방이고 실적은 20이다.(편역자 주)

次言之則 始東次南 次中次西 次北 左旋一周 而又始于東也. 其生數之在內者則 陽居下左 而陰居上右也.
其成數之在外者則 陰居下左 而陽居上右也.

洛書의 차례를 보면, 陽數는 북쪽을 머리로 해서 → 다음은 동쪽으로 → 다음은 중앙으로 → 다음은 서
쪽으로 → 다음은 남쪽으로 나아가고, 陰數는 서남쪽을 머리로 하여 → 다음은 동남쪽 → 다음은 서북
쪽 → 다음은 동북쪽으로 나아간다. 종합해서 말하면, 북쪽을 머리로 하여 → 서남쪽 → 동쪽 → 동남
쪽 → 중앙 → 서북쪽 → 서쪽 → 동북쪽으로 나아가다가 → 남쪽에서 끝난다. 그 운행을 보면, 水克火
→ 火克金 → 金克木 → 木克土 순서를 따라 오른쪽 방향으로 한 바퀴 돌아서 다시 土克水로 운행한다.
이 역시 각각 설명들이 있다.

洛書之次 其陽數則 首北 次東 次中 次西 次南. 其陰數則 首西南 次東南 次西北 次東北也. 合而言之則
首北 次西南 次東次東南次中 次西北 次西 次東北 而究于南也. 其運行則 水克火 火克金 金克木 木克土
右旋一周 而土復克水也. 是亦各有說矣.

묻기를, 7·8·9·6의 數의 방위가 같지 않은 것은 무엇 때문입니까? 대답하기를, 河圖에서 6·7·8·9는
이미 그것을 낳은 生數인 1·2·3·4의 밖에 붙어 있다. 이에 陰陽·老少·進退·饒乏〈풍요(7 → 9)와 결
핍(8 → 6)〉이 결정된다. 9의 경우는 1·3·5의 합이므로 북쪽[1]에서 동쪽[3]으로, 동쪽에서 중앙[5]을
거쳐 서쪽[4]으로 가서, 4의 밖에서 이루어진다. 6의 경우는 生數 2와 4의 합이다. 그러므로 남쪽[2]에
서 서쪽[4]으로, 서쪽에서 북쪽으로 가서, 1의 밖에서 이루어진다[1+5=6이므로]. 7의 경우는, 9가 서쪽으
로부터 남쪽으로 물러난 것이다. 8의 경우는, 6이 북쪽으로부터 동쪽으로 나아간 것이다. 이는 또한 陰
陽·老少가 서로 그 거처의 변화를 간직한 것이다. 洛書의 가로·세로는 각 15이며, 7·8·9·6이 갈마
들며 소멸하고 커진다. 중앙의 5를 비우고 10을 나누면 1이 9를 머금고, 2가 8을 머금고, 3이 7을 머금
고, 4가 6을 머금으며 세 번 섞여서[예: 1+4, 2+3 5+0] 다섯 번 모이면[예: 1+9, 2+8, 3+7, 4+6, 5+5], 어디든
지 그 합을 만나지 못할 곳이 없다. 이는 변화가 끝이 없어 오묘하게 되는 까닭이다.

日 其七八九六之數不同何也. 日河圖六七八九 旣附於生數之外矣. 此陰陽老少進退饒乏之正也. 其九者
生數一三五之積也. 故自北而東 自東而西 以成于四之外. 其六者 生數二四之積也. 故自南而西 自西而北
以成于一之外. 七則 九之自西而南者也. 八則六之自北而東者也. 此又陰陽老少互藏其宅之變也. 洛書之
縱橫十五 而七八九六 迭爲消長. 虛五分十 而一含九 二含八 三含七 四含六 則參伍錯綜[a] 无適而不遇其
合焉. 此變化无窮之所以爲妙也.

그러면 성인께서 본받은 것은 무엇입니까? 대답하기를, 河圖를 본받은 것은 그 중앙을 비운 것이고, 洛
書를 본받은 것은 그 實數를 모아 묶은 것이다. 河圖의 5와 10을 비운 것이 太極이요, 奇數 20과 偶數
20은 兩儀이고, 1·2·3·4로 6·7·8·9를 만든 것이 四象이고, 四方의 합을 쪼개서 乾·坤·離·坎을 만
들고 네 모퉁이의 공백을 보충하여 兌·震·巽·艮을 만든 것이 八卦이다. 洛書의 열매는 (편역자가 아래

---

a   『繫辭傳』(上) 10장의 "參伍以變 錯綜其數"의 줄임말.(편역자 주)

의 글 상자를 통하여 제시하는 '洪範九疇'와 같이) 하나는 五行이요, 둘은 五事요, 셋은 八政이요, 넷는 五紀요, 다섯은 皇極이요, 여섯은 三德이요, 일곱은 稽疑요, 여덟은 庶徵이요 아홉은 福極이다. 이로써 그 자리와 數가 더욱 밝아졌다.

然則聖人之則之也 奈何 曰則河圖者 虛其中. 則洛書者 總其實也. 河圖之虛五與十者太極也. 奇數二十偶數二十者兩儀也. 以一二三四 爲六七八九者 四象也. 析四方之合 以爲乾坤離坎 補四隅之空 以爲兌震巽艮者 八卦也. 洛書之實 其一爲五行 其二爲五事 其三爲八政 其四爲五紀 其五爲皇極 其六爲三德 其七爲稽疑 其八爲庶徵 其九爲福極. 其位與數尤曉然矣.

〈위의 문장과 관련된 참고 자료〉

洪範九疇의 9개 조항(書經/ 周書/ 洪範)

① 五行: 水·火·木·金·土의 이용후생

洪範九疇(홍범구주)의 첫째는 五行입니다. 오행의 하나는 물을 다루는 것이요, 둘은 불을 다루는 것이며, 셋은 나무를 다루는 것이요, 넷은 쇠를 다루는 것이며, 다섯은 흙을 다루는 것입니다. 물은 적시고 내려가며, 불은 태우고 올라가며, 나무는 굽고 곧으며, 쇠는 따르고 바뀌며, 흙은 가꾸고 거둡니다.

初一曰 五行……五行 一曰水 二曰火 三曰木 四曰金 五曰土. 水曰潤下 火曰炎上 木曰曲直 金曰從革 土爰稼穡

② 五事: 貌恭(모공)·言從(언종)·視明(시명)·聽聰(청총)·思睿(사예)

홍범구주의 둘째는 五事(오사)를 삼가 사용하는 것이니, 하나는 외모요, 둘은 언사요, 셋은 보는 것이요, 넷은 듣는 것이요, 다섯은 생각하는 것입니다. 외모는 공손해야 하며, 말은 이치를 따라야 하며, 보는 것은 밝아야 하고, 듣는 것은 총명해야 하고, 생각은 슬기로워야 합니다. 공손하면 정중해지고, 이치를 따르면 어질어지고, 밝으면 지혜로워지고, 총명하면 지모가 있게 되고, 슬기로우면 성스러워집니다.

次二曰 敬用五事. 一曰貌 二曰言. 三曰視 四曰聽 五曰思. 貌曰恭. 言曰從. 視曰明. 聽曰聰. 思曰睿. 恭作肅. 從作乂. 明作哲. 聰作謀. 睿作聖.

③ 八政: 食(식)·貨(화)·祀(사)·司空[국토]·司徒[문교]·司寇[법무]·賓[외교]·師[군사]

홍범구주의 셋째는 八政(팔정)를 힘써 행하는 것이니,

하나는 먹는 것이요, 둘은 재화요, 셋은 제사요,

넷은 땅을 다스림이요, 다섯은 교육이요,

여섯은 죄를 다스림이요, 일곱은 빈객을 접대하는 선린외교요,

여덟은 국방입니다.

次三曰 農用八政. 一曰食 二曰貨 三曰祀 四曰司空. 五曰司徒. 六曰司寇 七曰賓 八曰師.

④ 五紀: 歲(세)·月(월)·日(일)·星辰(성신)·歷數(역수)

홍범구조의 넷째는 五紀(오기)를 맞게 쓰는 것이니, 하나는 해요, 둘은 달이요, 셋은 날이요, 넷은 별이요, 다섯은 曆法의 계산입니다.

次四曰 協用五紀. 一曰歲 二曰月 三曰日 四曰星辰 五曰曆數.

⑤ 皇極: 中正大道

홍범구주의 다섯째는 皇極(황극)을 세우는 법칙입니다.

황극이란 황제가 만민의 중앙의 법도를 세우는 것이니,

때맞추어 五福을 거두고 펴서 서민들에게 베풀어주면,

서민들도 당신의 중앙을 따르고 지켜줄 것입니다.

서민들이 간사한 붕당을 짓지 아니하고,

관리들이 친척에게만 덕을 베풀지 않고 황제를 중앙으로 받들 것입니다.

서민들 중에는 모사하고 다스리고 지키기를 잘하는 이들이 있을 것이니,

그대는 이들을 아껴 등용하십시오.

혹시 중앙을 따르지 않더라도 죄에 빠지지 않았으면,

허물하지 말고 포용하십시오.

온화한 얼굴을 하시고 "나는 덕을 좋아한다"고 말하는 자에는 복을 내리십시오.

때가 되면 이들이 진실로 황제를 위대한 중앙으로 사모할 것입니다.

의지할 곳 없는 외로운 이들을 학대하지 말고, 높고 밝은 인재를 공경하십시오.

관리의 능력과 의욕을 실행하도록 장려하면 나라가 창성할 것이며,

무릇 그들 바른 사람들을 부유하게 하고 녹을 주십시오.

당신이 그들 관리를 너희 가문에 호의를 갖도록 부리지 못하면,

때가 오면 관리들은 오히려 일부러 죄를 짓고 떠날 것입니다.

그대가 덕을 좋아하지 않는 자에게 복을 내리면,

그들은 그대에게 재앙을 가져다 줄 것입니다.

기울고 치우침이 없이 왕도의 정의를 따르십시오!

좋아하든 싫어하든 사심 없이 왕도를 따르십시오!

치우침과 파당이 없으면 왕도는 대양처럼 넓을 것이며,

파당과 치우침이 없으면 왕도는 물처럼 공평할 것이며,

내치고 편애함이 없으면 왕도는 바르고 곧을 것이다.

그리하여 중앙들을 회맹시키면 중앙들은 귀의할 것이니,

그들이 이르기를 황제의 명령은 도리이고 교훈이니,

상제님의 가르침이라 말할 것입니다.

또한 서민들이 중앙의 말씀을 교훈으로 시행함으로써,

천자의 광명에 다가가려할 것입니다.

그들이 이르기를 천자는 민중의 부모가 되셨으니,

천하 만민중의 王 노릇을 해야 한다고 말할 것입니다.

次五曰 建用皇極. 皇極 皇建其有極. 斂時五福 用敷錫厥庶民 惟時厥庶民于汝極 錫汝保極. 凡厥庶民 無有淫朋 人無有比德 惟皇作極. 凡厥庶民 有猷有爲有守 汝則念之. 不協于極 不罹于咎 皇則受之. 而康而色曰 予攸好德 汝則錫之福 時人斯其惟皇之極. 無虐煢獨 而畏高明. 人之有能有爲 使羞其行 而邦其昌. 凡厥正人 旣富方谷. 汝弗能使有好于而家 時人斯其辜. 于其無好德 汝雖錫之福 其作汝用咎 無偏無陂 遵王之義 無有作好 遵王之道 無有作惡 尊王之路. 無偏無黨 王道蕩蕩 無黨無偏 王道平平 無反無側 王道正直. 會其有極 歸其有極. 曰 皇極之敷言 是彝是訓 于帝其訓. 凡厥庶民 極之敷言 是訓是行 以近天子之光. 曰 天子作民父母 以爲天下王.

⑥ 三德: 正直(정직)·剛克(강극)·柔克(유극)

홍범구주의 여섯째는 다스림에 三德(삼덕)을 쓰는 것입니다.

삼덕의 하나는 바르고 곧음이요, 둘은 강함으로 이김이요,

셋은 부드러움으로 이기는 것입니다.

평화롭고 강녕하면 정직할 것이요,

우애하지 않는 자를 권면하려면 강함으로 이겨야 하며,

우애하는 자를 화합하려면 부드러움으로 이겨야 합니다.

沈潛(침잠)하면 강함으로 이겨야 하며,

높고 밝으면 부드러움으로 이겨야 합니다.

오직 임금만이 복을 내리고, 임금만이 위엄을 부리며,

임금만이 벼슬과 녹을 내릴 수 있습니다.

신하가 복을 내리고 위엄을 부리며 벼슬·녹을 내리는 일은 없습니다.

만약 신하가 복을 내리고 위엄을 훔치고 爵祿(작록)을 내리면,

그 피해는 너희 가문에 미치고, 재앙은 너희 나라에 미칠 것입니다.

관리가 치우치고 편벽되고 파당을 지으면 민중이 넘보고 어긋날 것입니다.

次六曰 乂用三德. 三德 一曰 正直 二曰 剛克 三曰 柔克. 平康正直 彊弗友 剛克. 燮友柔克 沈潛剛克 高明柔克 惟闢作福 惟闢作威 惟辟玉食. 臣無有作福作威玉食 臣之有作福作威玉食 其害于而家 凶于而國. 人用側頗僻 民用僭忒.

⑦ 稽疑: 卜筮(복서)

홍범구주의 일곱째는 稽疑(계의)를 밝게 쓰는 것입니다.

이는 卜筮人(복서인)을 두어 天命(천명)을 점치게 하는 것입니다.

비 옴, 개임, 구름 낌, 햇볕 듦, 점괘가 서로 바뀐다고 말하거나,[a]

곧아 吉하다거나 혹은 후회하고 부끄럽다고 말합니다.[b]

---

a　卜占의 소관사항임.

b　筮占의 소관사항임.

그대에게 큰 의혹이 있으면 그대의 마음에 물어보고,

卿士[公卿과 官吏]에게 물어보고,

庶人(귀족이나 관리)들에게 물어보고,

그래도 풀리지 않으면 卜占(복점)이나 易占(역점)에 물어 보십시오.

그대가 좋고 卜占과 易占이 좋다하고 庶民(士農工商)들이 좋다하면,

이것을 大同(대동)이라 합니다.

그리하면 자신도 평안하고 자손들도 吉兆(길조)를 만날 것입니다.

그대가 좋다하고 卜占도 易占도 좋다하면, 卿士와 庶民이 반대해도 吉합니다.

卿士도 좋다하고 거북점도 易占도 좋다하면, 그대와 庶民이 반대해도 吉할 것입니다.

庶人이 좋다하고 卜占도 易占도 좋다하면, 그대와 卿士들이 반대해도 吉합니다.

그대와 卜占이 좋다 해도 易占·卿士·庶民이 싫어한다면, 內事는 吉하지만 외부의 일은 흉합니다.

卜占과 易占이 모두 庶人과 어긋나면, 조용히 있으면 吉하고 움직이면 흉합니다.

次七曰 明用稽疑 稽疑 擇建立卜筮人 乃命卜筮. 曰雨 曰霽 曰蒙 曰驛 曰克 曰貞 曰悔……汝則有大疑 謀及乃心 謀及庶人 謀及卜筮. 汝則從 龜從 筮從 卿士從 庶民從. 是之謂大同. 身其康彊 子孫其逢. 汝則從 龜從 筮從. 卿士逆 庶民逆 吉. 卿士從 龜從 筮從. 汝則逆 庶民逆 吉. 庶民從 龜從 筮從. 汝則逆 卿士逆 吉. 汝則從 龜從. 筮逆 卿士逆 庶民逆 作內吉 作外凶. 龜筮共違于人 用靜吉 用作凶.

⑧ 庶徵: 雨[비]·暘[개임]·燠[더위]·寒[추위]·風[바람]·時[歲月日의 갈마듦]

홍범구조의 여덟째는 庶徵[여러 징험]을 잘 쓰는 것입니다.

여러 징험이란 비, 화창함, 더위, 추위, 바람, 시절입니다.

다섯 징조가 갖추어지고 질서가 있으면 초목이 번창할 것입니다.

한쪽만 너무 풍성해도 흉하고 한쪽만 너무 빈약해도 흉합니다.

아름다운 징조를 말합니다:

임금이 엄숙하면 때맞추어 비를 내리고,

임금이 어질면 때맞게 날이 개고,

임금이 지혜가 밝으면 때맞추어 더위가 찾아오고,

임금이 사려 깊으면 때맞추어 추위가 오고,

임금이 성스러우면 때맞추어 바람이 부는 것입니다.

나쁜 징조를 말합니다:

임금이 경망스러우면 장마가 오래가고, 임금이 참람하면 가뭄이 오래가고,

임금이 빈들거리면 무더위가 오래가고, 임금이 조급하면 추위가 오래가고,

임금이 몽매하면 바람이 오래 부는 것입니다.

이르기를 왕은 한 해를 살펴 반성하고, 중앙의 관리는 한 달을 살펴 반성하고,

지방의 관리는 하루 일진을 살펴 반성한다고 합니다.

세월·날·절후가 변함없이 갈마들면 백곡이 성숙하고,

다스림이 밝고 준재들이 드러나고 가정이 평강합니다.

해·달·날·절후가 갈마듦이 어긋나면 백곡이 성숙하지 못하고,

다스림이 어둡고 준재들이 숨고 가정이 평강하지 못합니다.

뭇 민중들은 별과 같습니다.

바람을 좋아하는 별도 있고 비를 좋아하는 별도 있으며,

해와 달이 운행하니 겨울과 여름이 있습니다.

달이 별을 따라야만 바람과 비가 내립니다.

次八日 念用庶徵. 庶徵 日雨 日暘 日燠 日寒 日風 日時. 五者來備 各以其叙 庶草蕃廡. 一極備 凶. 一極
無 凶. 日休徵 日肅 時雨若. 日乂 時暘若. 日晳 時燠若. 日謀 時寒若. 日聖 時風若. 日咎徵 日狂 恒雨若.
日僭 恒暘若. 日豫 恒燠若. 日急 恒寒若. 日蒙 恒風若. 日 王省惟歲 卿士惟月 師尹惟日. 歲月日時無易
百穀用成. 乂用明 俊民用章 家用平康. 日月歲時旣易 百穀用不成. 乂用昏不明 俊民用微 家用不寧. 庶民
惟星. 星有好風 星有好雨. 日月之行 則有冬有夏. 月之從星 則以風雨.

⑨ 五福: 壽(수)·富(부)·康寧(강녕)·好德(호덕)·考終命(고종명)

홍범구주의 아홉째는 五福으로 권면하고, 六極으로 위엄을 나타내는 것입니다.

오복(五福)이란 하나는 長壽요, 둘은 富裕함이요, 셋은 健康함이요,

넷은 훌륭한 덕을 닦음이요, 다섯은 늙어서 죽는 것입니다.

육극(六極)이란 하나는 단명·횡사·요절이요, 둘은 질병이요, 셋은 근심이요,

넷은 가난이요, 다섯은 흉악함이요, 여섯은 병약한 것입니다.

次九日 嚮用五福. 威用六極. 五福 一曰 壽 二曰 富 三曰 康寧四曰 攸好德 五曰 考終命. 六極 一曰凶短
折 二曰疾 三曰憂 四曰貧 五曰惡 六曰弱.

(이어서) 대답하기를, 洛書가 그 중앙의 5를 비우면[虛] 또한 주역의 太極이며, 홀수와 짝수가 각각 20
개가 자리를 차지했으니 또한 주역의 兩儀이다. 1·2·3·4는 건너편의 9·8·7·6을 머금고 중앙의 5
을 품어 종횡으로 네 쌍의 15가 되었고, 그것이 서로 엇갈리어 7·8, 9·6 등 네 쌍이 되었으니 또한 주
역의 四象이다. 네 방향이 바르므로 乾·坤·離·坎이 되었고, 네 모서리가 치우쳤으므로 兌·震·巽·艮
이 되었으니 또한 주역의 八卦이다. 河圖의 1·6은 水가 되고, 2·7은 火가 되고, 3·8은 木이 되고, 4·9
는 金이 되고, 5·10은 土가 되니 곧 洪範의 五行이요, 天數·地數가 합하여 55가 되니 또한 九疇의 細
目(세목)이다. 이는 곧 洛書는 周易이 될 수 있고, 河圖는 또한 洪範九疇가 될 수 있다는 뜻이니, 지혜롭
다면 그림[河圖]은 글[洛書]이 되지 못하고, 글[洛書]은 그림[河圖]이 되지 못한다고 어찌 말할 수 있겠는
가?

日 洛書而虛其中五 則亦太極也. 奇偶各居二十 則亦兩儀也. 一二三四 而含九八七六 縱橫十五 而互爲
七八九六 則亦四象也. 四方之正 以爲乾坤離坎 四隅之偏 以爲兌震巽艮 則亦八卦也. 河圖之一六爲水
二七爲火 三八爲木 四九爲金 五十爲土. 則固洪範之五行. 而五十五者 又九疇之子目也. 是則洛書固可以
爲易. 而河圖亦可以爲範矣 又安知圖之不爲書 書之不爲圖也耶.

대답하기를, 그 시기는 비록 先後가 있고 그 數는 비록 많고 적음이 있겠지만 '理'는 하나일 뿐이다. 다만 주역은 복희씨가 먼저 河圖를 통해 터득했기 때문에 처음에는 洛書에 대비할 일이 없었고, 洪範九疇는 禹임금이 洛書에서 홀로 터득한 것이므로 반드시 河圖와 견주며 지나간 일을 詳考(상고)하지 않았을 뿐이다. 게다가 河圖에서 10을 비우면 洛書의 45라는 數이고, 중앙의 5를 비우면 大衍(대연)의 數인 50이 되며, 5와 10을 합하면 洛書의 종횡으로 합한 15라는 數가 되며, 5와 10을 곱하면 大衍數[大衍의 數]가 된다. 洛書의 중앙 5는 스스로 또 5를 머금고 있으니, 小衍數(소연수)인 10을 얻고, 이어서 전반적인 大衍數인 50과 通하게 되며, 5와 10을 합하면 15를 얻어 河圖의 數와 通하게 된다. 조금이라도 이를 밝게 알면, 가로눕고 비스듬하든 굽고 곧든 모두 통하지 않는 곳이 없으니, 河圖와 洛書가 또 어찌 先後가 있고 피차[피차간]에 틈새가 있겠는가?

曰是其時 雖有先後 數雖有多寡 然其爲理 則一而已. 但易乃伏羲之先得乎圖 而初无所待於書. 範則大禹之所獨得乎書 而未必追考於圖爾. 且以河圖而虛十 則洛書四十有五之數也. 虛五則 大衍五十之數也. 積五與十 則洛書縱橫十五之數也 以五乘十 以十乘五 則又皆大衍之數也. 洛書之五 又自含五 則得十而 通爲大衍之數矣. 積五與十 則得十五 而通爲河圖之數矣. 苟明乎此 則橫斜曲直 无所不通. 而河圖洛書又豈有先後 彼此之間哉.

西山 蔡元定이 말하기를, 고금의 傳記에 의하면 孔安國·劉向·劉歆·班固 때부터 모두가 河圖는 (하늘이) 복희씨에게 수여했고 洛書는 禹임금에게 하사한 것이라고 생각해왔다. 關子明 郞과 邵康節 雍도 모두 10으로 河圖를 만들고 9로 洛書를 만들었다고 생각했다. 원래 大傳[『繫辭傳』]에서 이미 天數 25 地數 30 도합 55를 天地의 數로 진술했고, 『書經』「洪範」에서도 분명하게 말하길, '하늘이 禹임금에게 洪範九疇를 하사했다'고 했다. 그리고 九宮의 수는 9를 이고 1을 밟고, 왼쪽은 3이요 오른쪽은 7이며, 2와 4는 어깨가 되고, 6과 8은 발이 되었으니 바로 거북 등껍질의 象이라 했다.

西山蔡氏曰 古今傳記 自孔安國劉向父子班固 皆以爲河圖授羲 洛書錫禹. 關子明邵康節 皆以爲十爲河圖 九爲洛書, 蓋大傳旣陳 天地五十有五之數. 洪範又明言 天乃錫禹洪範九疇 而九宮之數 戴九履一 左三右七 二四爲肩 六八爲足 正龜背之象也.

오로지 劉牧(유목)만이 9로서 河圖를 만들었고 10으로써 洛書를 만들었다는 의견을 希夷〈희이: 陳搏(진단)〉에 의탁하여 말하지만, 결국 先儒들의 옛 학설과는 합치되지 않는다. 또한 大傳[『繫辭傳』]을 인용하며 '河圖·洛書가 모두 복희씨 때 나왔다'고 생각하고, 河圖와 洛書를 바꾸어 배치하는 것은 결코 뚜렷한 증거가 없다. 다만 '복희씨가 河圖·洛書를 아울러 취했다'는 말은, 주역과 洪範의 數가 진실로 서로 表裏가 되니 의심스럽게 여길만하다. 그러나 실제로 천지의 이치는 하나일 뿐이니, 비록 고금과 선후가 같지 않더라도 그것이 이치라면, (天地의 이치가) 둘이 있다는 것은 용납될 수 없다. 그러므로 복희씨가 다만 河圖에만 의거하여 易을 지었다면, 洛書를 미리 보았을 리가 없지만 영접하듯이 洛書와 부합했던 것이다. 禹임금이 다만 洛書에 의거하여 洪範을 지었다면, 역시 河圖를 쫓아 궁구하지 않았겠지만 암암리에 河圖와 부합했던 것이다. 그 까닭은 무엇인가? 정말 이 이치 이외에는 다시 다른 이치가 없기 때문이다.

唯劉牧意見 以九爲河圖 十爲洛書 託言出於希夷. 旣與先儒舊說不合. 又引大傳 以爲二者皆出於伏羲之

世. 其易置圖書 並无明驗. 但謂伏羲兼取圖書 則易範之數 誠相表裏 爲可疑耳. 其實 天地之理一而已矣. 雖時有古今先後之不同 而其理則 不容有二也. 故伏羲但據河圖 以作易則 不必預見洛書而已 逆與之合矣. 大禹但據洛書 以作範則 亦 不必追考河圖而已 暗與之符矣. 其所以然者 何哉. 誠以此理之外 无復它理故也.

그러나 단지 이뿐만 아니다. 『書經』 「虞書」 舜典에 의하면 律呂(율려)에는 5聲과 12律[六律·六呂]이 있으니, 그것을 곱하면 결국 60이다. 날짜를 세는 이름인 10干 12支도 그것을 서로 곱하면 역시 60이 된다. 이 두 가지는 물론 주역 이후에 나온 것이고, 그것의 數를 일으키는 것은 각각 같지 않지만, 주역의 陰陽 蓍策의 數를 老少로 서로 배합하면 모두 60이 되니, 부절이 부합하듯이 같지 않음이 없다. 아래로 運氣·參同[參同契(참동계)]·太一의 屬[부류·무리]에 이르면, 비록 말할 만한 것이 못되지만 또한 相通하지 않음이 없으니, 모두 자연의 이치이기 때문이다.

然不特此耳 律呂有五聲十二律 而其相乘之數 究於六十. 日名有十幹十二支 而其相乘之數 亦究於六十. 二者皆出於易之後. 其起數又各不同. 然與易之陰陽策數 老少自相配合 皆爲六十者 无不若合符契也. 下至運氣參同太一之屬 雖不足道 然亦无不相通 蓋自然之理也.

〈편역자 주〉 위의 문장과 관련된 참고 자료

1. 五聲＝ 宮(궁) 商(상) 角(각) 徵(치) 羽(우)

2. 12律呂

    ① 六律＝ 黃鐘(11월) 太簇(태족: 1월) 姑洗(고세: 3월) 蕤賓(유빈: 5월) 夷則(이칙: 7월) 無射(무사: 9월)

    ② 六呂＝ 大呂(12월) 夾鐘(2월) 仲呂(4월) 林鍾(6월) 南呂(8월) 應鍾(10월)

3. 運氣

    ① 五運＝ 甲己는 土運. 乙庚은 金運. 丙辛은 水運. 丁壬은 木運. 戊癸는 火運.

    ② 六氣＝ 子午는 少陰君火. 丑未는 太陰濕土. 寅申은 少陽相火. 卯酉는 陽明燥金. 辰戌은 太陽寒水. 巳亥 闕陰風木.

4. 參同契

    주역의 爻象(효상)을 인용해서 丹藥(단약)을 만드는 술법이다. '參'이란 섞인다는 뜻이고, '同'이란 通한다는 뜻이며, '契'는 合한다는 뜻으로, 周易과 丹藥이 이치와 뜻이 通하고 合한다는 의미이다.

5. 太一

    周易을 讖緯(참위)로 이용하여 기후와 길흉을 판단하는 占法이다.

가령 지금 세상에 河圖·洛書를 갖고 나와 다시 數를 나타난다 해도 그 數는 역시 반드시 부합할 것인데, 그렇다고 이를 근거로 복희씨가 오늘을 골라서 易을 지었다고 말할 수 있겠는가? 『繫辭傳』에서 이

른바 ‘河水에서 河圖가 나왔고 洛水에서 洛書가 나왔으며 성인께서 그것을 본받았다’는 말은, 역시 일
반적으로 성인들이 易·洪範을 지은 것은 ‘그 근원이 모두 하늘의 뜻을 나타낸 것’을 강조하기 위함이
다. 이는 마치 ‘점치는 자[卜筮者]들이 그 점을 숭상하여 시초와 거북이보다 큰 것이 없다’고 말함과 같
을 뿐, 주역의 글에 어찌 거북이[龜]와 (그것으로) 점치는 법[卜]이 있었겠는가? 역시 그 이치가 둘이 아
님[근본이 다르지 않음]을 말할 뿐이다.

假令今世 復有圖書者出. 其數亦必相符. 可謂伏羲有取於今日 而作易乎. 大傳所謂河出圖洛出書 聖人則
之者 亦汎言聖人 作易作範 其原皆出於天之意. 如言以卜筮者尙其占 與莫大乎蓍龜之類. 易之書 豈有龜
與卜之法乎. 亦言其理無二而已爾.

朱子가 말하기를, 세상에 전해지듯 1에서 9에 이르는 숫자는 河圖가 되었고, 1에서 10에 이르는 숫
자는 洛書가 되었다고 하지만, 이는 정반대로 배치한 것이다. 내가 『易學啓蒙』에서 상세히 밝혔지
만, 최근에 戴德(대덕)이 편찬한 『大戴禮』「明堂」편을 읽어보니,[a] 제도를 말한 부분에 (2·9·4), (7·5·3),
(6·1·8)의 숫자가 나오는데, 鄭玄(정현)의 註에서 이르기를 ‘거북 무늬를 본받았다’고 했다. 이 한 가지
증험을 가지고 漢나라 사람들은 굳이 이처럼 9의 數理를 洛書로 삼은 것이다.

朱子曰 世傳 一至九數者 爲河圖 一至十數者爲洛書 正是反而置之. 予於啓蒙 辨之詳矣. 近讀大戴禮明堂
篇 言其制度 有曰 二九四 七五三 六一八. 鄭氏註云 法龜文也. 得此一證 則漢人固 以此九數者 爲洛書矣.

또 말하기를, 河圖·洛書를 믿을 수 없다는 학설은 歐陽脩(구양수) 이래 이미 있었다. 그러나 이들의 異
說은 『書經』「顧命」·『繫辭傳』·『論語』에 모두 河圖·洛書에 대한 말이 있어서 끝내 견뎌내지 못했다.
그리고 여러 선비들이 전하는 河圖·洛書의 숫자는, 비록 서로 바뀌는 경우는 있으나 어긋남이 없으며,
數를 따라 헤아리고 추리하면 縱橫[가로 세로]·曲直[굽고 곧음]이 모두 법도에 바르니, 파괴하고 제거할
수 없다.

又曰 夫以河圖洛書 爲不足信. 自歐陽公以來 已有此說. 然終无奈 顧命繫辭論語 皆有是言. 而諸儒所傳
二圖之數 雖有交互 而无乖戾. 順數逆[b]推 縱橫曲直 皆有明法 不可得而破除也.

河圖에 대하여 말하면, 주역의 ‘天一로부터 地十에 이름’과 부합하고 天地의 55(五五) 숫자를 싣고 있으
니, 원래 周易이 여기에서 나온 것이다. 洛書는, 洪範[書經/ 周書/ 洪範]의 첫 번째 項부터 아홉 번째 項에
이르는 ‘아홉가지 범주[九疇]’에 부합하여, 九疇의 숫자를 갖추었으니 원래 洪範이 여기에서 나왔다.

至如河圖 與易之天一至地十者合 而載天地五十有五之數 則固易之所自出也. 洛書與洪範之初一至次九
者合 而具九疇之數 則固洪範之所自出也.

『繫辭傳』에서 비록 복희씨가 河圖를 받아보고 易을 지었다고 말하지는 않았으나, 이른바 ‘우러러 하늘
을 보고 굽으려 땅을 살펴 가까운데서 취하고 먼데서 취했다’고 했으니, 어찌 河圖가 그 가운데의 하나

---

a　지금 전해지는 『禮記』는 戴聖이 편찬한 『小戴禮』이다.

b　逆=度也.

가 아니라고 할 수 있겠는가? 대저 성인이 易을 만들 때 본받은 것이 처음부터 한 가지 단서만은 아닐 것이다. 그러나 象을 본받은 규모를 보건대 반드시 가장 친근하고 절실한 곳이 있었을 것이다. 혼돈의 太古 시대에도 천지 사이의 陰陽의 기운에 비록 각각 象이 있었으나, 처음에는 일찍이 숫자는 없었을 것이다. 河圖가 나타난 이후부터 55(五五)의 숫자가 奇偶로 생성되었음을 분명하게 볼 수 있었다. 이는 성인만의 지혜가 깊이 발현된 때문이고, 범상한 기상으로 깨닫거나 흉내 낼 수 있는 것이 아니다.

繫辭 雖不言伏羲受河圖而作易. 然所謂仰觀俯察 近取遠取. 安知ᵃ河圖非其中之一事耶. 大抵聖人制作 所由初非一端. 然其法象之規模 必有最親切處. 如鴻荒ᵇ之世 天地之間 陰陽之氣 雖各有象. 然初未嘗有數也. 至於河圖之出然後 五十有五之數 奇偶生成 粲然可見. 此其所以深發聖人之獨智 又非汎然氣象之所可得 而擬也.

이로써 우러러 하늘을 보고 구부려 땅을 살펴 멀리서 찾고 가까이서 취하여 河圖를 얻기에 이르렀고, 이후부터 兩儀·四象·八卦의 陰陽, 홀수·짝수를 알고 말할 수 있었다. 비록 『繫辭傳』에서 논한 것처럼 성인이 주역을 지음에 본 딴 것은 하나가 아니겠지만, 河圖를 얻은 이후에 결정되었다는 결론을 방해하지 않는다.

是以 仰觀俯察 遠求近取 至此而後 兩儀四象八卦之陰陽奇偶 可得而言. 雖繫辭所論 聖人作易之由者非一 而不害其得此 而後決也.

또 말하기를, 『繫辭傳』의 문자로 河圖·洛書를 자세히 보면, 모두 성인이 그것을 취하여 八卦를 만들었고 九疇를 출현시켰음을 알 수 있다. 이제 그 象을 관찰해보면 그 중앙을 비워[河圖] 易을 만들었고, 그 중앙을 채워[洛書] 洪範을 만들었다. 그것이 易이 된 까닭은 이미 앞 단락에서 설명했다. 河圖·九疇의 象, 洛書·五行의 數는 속일 수 없으니, 아마 그 말이 經書가 아닌 緯書에서 나왔을지라도, 洪範이 된 이유로 취하지 않을 수 없다.

又曰 以大傳之文 詳之河圖洛書 蓋皆聖人所取 以爲八卦者. 而九疇亦竝出焉. 今以其象觀之 則虛其中者 所以爲易也. 實其中者 所以爲洪範也. 其所以爲易者 已具於前段矣. 所以爲洪範則 河圖九疇之象 洛書五行之數 有不可誣者 恐不得以其出於緯書 而略ᶜ之也.

옛사람이 주역을 만든 그 기묘함을 설명할 수 없다. 太陽의 數는 9요, 少陰의 數는 8이요, 少陽의 數는 7이요, 太陰의 數는 6이라는 것을 처음에는 그 숫자가 왜 그런지를 알지 못했다. 원래 숫자는 단지 10이었으나 太陽은 1에 자리했기에 그 자신을 除(제)한 것이 바로 9개이고, 少陰은 2에 자리했기에 그 자신을 제한 것이 바로 8개이고, 少陽은 3에 자리했기에 그 자신을 제한 것이 바로 7개이고, 太陰은 4에 자리했기에 그 자신을 제한 것이 바로 6개이다. 이러한 조처는 도대체 사람들이 일찍이 알아보지 못했다.

---

a　知=爲也.

b　鴻荒=洪荒=혼돈·몽매한 太古時代.

c　略=不以道取.

古人做易 其巧不可言. 太陽數九 少陰數八 少陽數七 太陰數六. 初亦不知其數如何恁地. 元來ᵃ 只是十數.
太陽居一 除了本身 便是九箇. 少陰居二 除了本身 便是八箇. 少陽居三 除了本身 便是七箇. 太陰居四 除
了本身 便是六箇. 這處都不曾有人見得.

묻기를, '老陽·少陰·少陽·老陰이 자신이 자리한 1·2·3·4를 버리면 곧 9·8·7·6의 숫자가 된다'는
말씀은, 이제 선생의 『易學啓蒙(역학계몽)』을 보니 '陽은 나아가고 陰은 물러난다'는 학설도 이와 같은
것이겠지요? 대답하기를, 말씀하신 進退說(진퇴설)도 또한 이와 같으니, 사람들이 강압이나 교화로 進
退를 신뢰하는 것이 아니다. 다만 이를 10으로 말하면, 앞에서 설명한 것처럼 크게 억지스러운 점이 분
명해질 것이다. 만약 15로 말하면, 9는 곧 6이 짝하고 7은 곧 8로 짝하는 것을 깨달을 때, 사물의 측면
에서도 좋은 짝이라면 지극히 미묘해질 것이다.
問老陽少陰少陽老陰 除了本身一二三四 便是九八七六之數. 今觀啓蒙 陽進陰退之說也 是如此. 曰他進
退亦是如此. 不是人去强教他進退. 但是以十言之 則如前說 大故分曉. 若以十五言之 則九便對六 七便對
八 曉得時 這物事也好則劇.

묻기를, 河圖를 살펴보면 이러한 숫자를 확정적으로 알려줍니까? 대답하기를 천지는 말하지 못하는 것
이라 성인을 빌려서 말한다. 만약 천지가 스스로 말을 한다면 설득하는데 좋은 점이 있었을 것이지만
河圖와 洛書 같은 것은 단지 천지를 획으로 나타냈을 뿐이다.
問看河圖上 此數控ᵇ定了 曰天地只是不會說 倩ᶜ他聖人出來說. 若天地自會說話 想更說得好在. 如河圖
洛書 便是天地畫出底.

甘叔懷(감숙회: 朱子의 제자)에게 이르기를, 일찍이 河圖·洛書를 자주 살펴보았는가? 일[事端]이 없을 때
보는 것이 좋다. 한참동안 자기 마음이 흘러가도록 하면 감화를 얻을 것이다.
謂甘叔懷曰 曾看河圖洛書數否. 无事時好看 且得自家心流轉得動.

2) 伏羲 八卦 次序之圖

아래의 〈伏羲 八卦 次序圖(복희 팔괘 차서도)〉는 『繫辭傳』에서 말한 '易에는 태극이 있고, 이것이 兩儀를
낳고, 兩儀는 四象을 낳고, 四象이 八卦를 낳는다'는 이치를 표현한 그림이며, 邵子[邵康節]가 말한 '1이
나뉘어 2가 되고, 2가 나뉘어 4가되고 4가 나뉘어 8이 된다'는 것이다. 『說卦傳』에서 말한바 '易은 수
를 헤아리는 것'이며, 邵子가 말한 '乾1 兌2 離3 震4 巽5 坎6 艮7 坤8'을 말한 것이다. 乾에서 坤에 이

---

a　元來=原來.

b　控=告也.

c　倩=好美(천), 假借(청)

르기까지 모두 아직 생겨나지 않은 괘를 얻은 것이고, 四時를 헤아려서 미루어 본뜬 것이며, 뒤의 〈64 卦 次序圖〉도 이것을 준거한 것이다.(伏羲 八卦 次序圖의 자리를 흑백으로 그린 것은 본래 古法[옛 방법]이 아니다. 다만 이로써 쉽게 깨달을 수 있고 또한 이렇게 함으로써 흑백의 뜻을 깃들인 것이다. 뒤의 64卦 次序圖 역시 이를 모방한 것이다.)

右繫辭傳曰 易有太極 是生兩儀 兩儀生四象. 四象生八卦. 邵子曰 一分爲二 二分爲四 四分爲八也. 說卦傳曰 易逆[a]數也. 邵子曰 乾一 兌二 離三 震四 巽五 坎六 艮七 坤八. 自乾至坤 皆得未生之卦 若逆推四時之比[b]也 後六十四卦次序倣此(黑白之位本非古法. 但今欲易曉. 且爲此以寓之耳. 後六十四卦次序倣此).

〈附錄〉

朱子가 말한다: 太極은, 象·數의 形象이 이루어지지 않았지만, 그 이치가 이미 갖추어져 있어서 ('太極'이라는) 호칭을 가지게 되었다. 형체·그릇은 이미 갖추고 있지만, 그 이치는 조짐이 없는 명목일 뿐이며, 河圖·洛書는 모두 중앙을 비운 象이다. 하지만 太極이 갈라져 비로소 하나의 홀수[―]와 하나의 짝수[--]가 생기니, 한 획이 둘로 갈라져 兩儀[두 개의 표상]가 되었으며, 그 숫자는 陽은 1이고[―] 陰은 2[--]이니, 河圖·洛書에 있는 홀수·짝수가 이것으로 표상되었다.

朱子曰 太極者 象數未形 而其理已具之稱 形器已具 而其理无朕之目. 在河圖洛書 皆虛中之象也. 太極之判 始生一奇一偶 而爲一畫者二 是爲兩儀. 其數則 陽一而陰二. 在河圖洛書 則奇偶是也.

兩儀인 陽―·陰-- 위에 각각 하나의 홀수[―]와 하나의 짝수[--]가 생겨나서 두 획을 만들면 네 개가 되니 이를 '四象'이라 한다. 四象의 자리는 太陽은 1의 자리이고, 少陰은 2의 자리이고, 少陽은 3의 자리이고, 太陰은 4의 자리이다. 그 숫자로 太陽은 9이고, 少陰은 8이고, 少陽은 7이고 太陰은 6이다. 河圖로 말하면 6은 1이 중앙의 5를 얻은 것이고, 7은 2가 5를 얻은 것이고, 8은 3이 5를 얻은 것이고, 9는 4가 5를 얻은 것이다. 洛書로 말하면 9는 10에서 1을 떼어낸 나머지이고, 8은 10에서 2를 떼어낸 나머지이고, 7는 10에서 3을 떼어낸 나머지이고, 6은 10에서 4를 떼어낸 나머지이다.

---

a 逆=度也.

b 比=견주다. 모방하다. 對하다.

兩儀之上 各生一奇一偶 而爲二畫者四 是謂四象. 其位則 太陽一 少陰二 少陽三 太陰四, 其數則 太陽九 少陰八 少陽七 太陰六. 以河圖言之則 六者 一而得於五者也. 七者 二而得於五者也. 八者 三而得於五者也. 九者 四而得於五者也. 以洛書言之則 九者 十分[a]一之餘也. 八者 十分二之餘也. 七者 十分三之餘也. 六者 十分四之餘也.

四象의 위에 각각 하나의 奇數나 偶數를 올려놓아 3획을 만들면 8개가 된다. 이에 天地人 三才가 8로써 큰 벼리를 갖추었으니 이를 "八卦"라고 명명했다. 그 자리는 乾☰은 첫째, 兌☱는 둘째, 離☲는 셋째, 震☳은 넷째, 巽☴은 다섯째, 坎☵은 여섯째, 艮☶은 일곱째, 坤☷은 여덟째이다. 河圖에 있어서는 乾·坤·離·坎은 밖에서 4方으로 나뉘어 자리하여 實하며[實은 成數를 말함], 兌·震·巽·艮은 안에서 4方으로 나뉘어 자리하여 虛하다[虛는 生數를 말함]. 洛書에 있어서 乾·坤·離·坎은 4正方으로 나뉘어 자리하였고, 兌·震·巽·艮은 四隅[네 모퉁이]로 나뉘어 자리하였다.

四象之上 各生一奇一偶 而爲三畫者八. 於是三才略[b]具 而有八卦之名矣. 其位則 乾一 兌二 離三 震四 巽五 坎六 艮七 坤八. 在河圖則 乾坤離坎 分居四實 兌震巽艮 分居四虛. 在洛書則 乾坤離坎 分居四方 兌震巽艮 分居四隅也.

'易에 太極이 있고, 이것이 兩儀를 낳고, 兩儀가 四象을 낳고, 四象이 八卦를 낳음'에 관하여 질문했다. 이에 朱子가 대답했다: 이는 太極이 괘를 그려 만들었다는 說이다. 당연하게도 아직 괘를 그리기 이전의 太極은 다만 한 개의 혼돈의 도리이며, 그 이면에는 陰陽·剛柔·奇偶가 포함되어 있지 않은 바가 없다. 급기야 하나의 홀수와 하나의 짝수를 그리기에 이르자 이것으로 兩儀가 생겨났고, 다시 하나의 홀수 획 위에 하나의 홀수 획을 더하니 이것이 陽 중의 陽이다. 또 하나의 홀수 획 위에 하나의 짝수 획을 더하니 이것이 陽 중의 陰이다. 또한 하나의 짝수 획 위에 하나의 홀수 획을 더하니 이것이 陰 중의 陽이다. 또 하나의 짝수 획 위에 하나의 짝수 획을 더하니 이것이 陰 중의 陰이다. 이를 일러 四象이라 한다.

問易有太極 是生兩儀 兩儀生四象 四象生八卦. 曰 此太極却是爲畫卦說 當未卦畫前 太極只是一箇混淪底道理. 裏面包含 陰陽剛柔奇偶 无所不有. 及畫一奇一偶 是生兩儀 再於一奇畫上 加一奇 此是陽中之陽. 又於一奇畫上 加一偶 此是陽中之陰. 又於一偶上 加一奇. 此是陰中之陽. 又於一偶上 加一偶. 此是陰中之陰. 是謂四象.

이른바 '八卦'란 하나의 象 위에 兩儀가 있고[번갈아 겹치고], 매 象마다 각각 하나의 홀수와 하나의 짝수를 첨가한 것이다. 혹 말하기를 한 개의 획이면 儀[표준]가 되고[陰⚋ 陽⚊], 두 개의 획이면 四象[네 개의 표상]이 되고[太陽⚌ 少陰⚍ 少陽⚎ 太陰⚏], 세 개의 획이면 八卦가 된다[乾☰ 兌☱ 離☲ 震☳ 巽☴ 坎☵ 艮☶ 坤☷]. 四象은, 春夏秋冬·金木水火·東西南北과 같으니, 추론하지 못할 것이 없다.

所謂八卦者 一象上有兩儀 每象各添一奇一偶 便是八卦. 或說 一爲儀 二爲象 三爲卦. 四象如春夏秋冬 金木水火 東西南北 无不可推矣.

------

a　分=離也. 割也.

b　略=擧其大綱. 方略.

김상봉의 數易[b]

구 분	괘 명	괘 상	음양 2 진수
양 의	양 음	─ - -	1 0
4 상	노양 소음 소양 노음		11 01 10 00
8 괘	건 태 이 진 손 감 간 곤		111 011 101 001 110 010 100 000
64 괘	건위천 ⋮ 곤위지		1 1 1 1 1 1 ⋮ ⋮ 0 0 0 0 0 0

10 진수	2 진수
1	1
2	10
3	11
4	100
5	101
6	110
7	111
8	1000
9	1001
10	1010
11	1011
12	1100
13	1101
14	1100
15	1111
16	10000
17	10001
⋮	⋮
∞	∞

伏羲 八卦 二進數　　　　컴퓨터의 二進數

〈참고 자료〉②

數易으로 풀이한 伏羲 八卦 次序圖

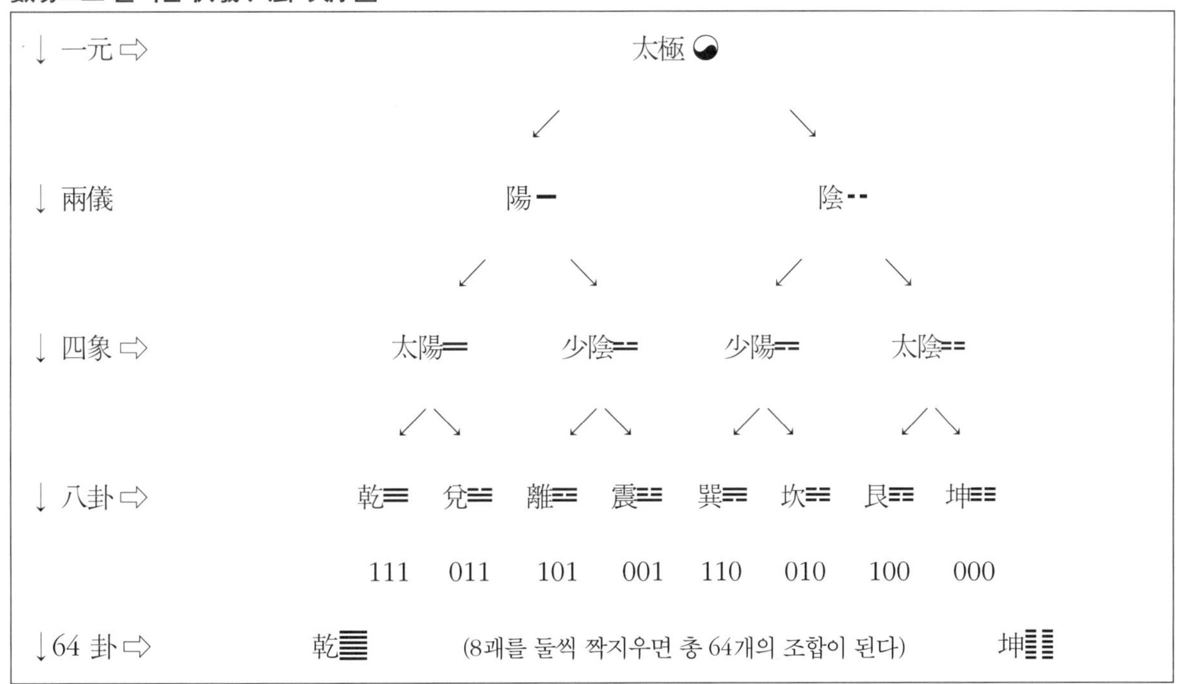

---

a　아래의 그림들은, 편역자가 제공하는 참고 자료이다.

b　이하의 도해들은, 故 甕山 김상봉 선생이 지은 『數易』(은행나무)에서 인용한 것이다. 선생은 함경북도 출신으로 독일의 뮌헨대학에서 정밀공학을 전공한 과학자이다. 편역자가 한남대 인돈학술원에서 周易을 강의할 때, 어느 도예가의 초청으로 옹기 가마 곁에서 선생을 만나뵙고 가르침을 받았다.

數易으로 풀이한 伏羲 八卦 생성과정 설명도

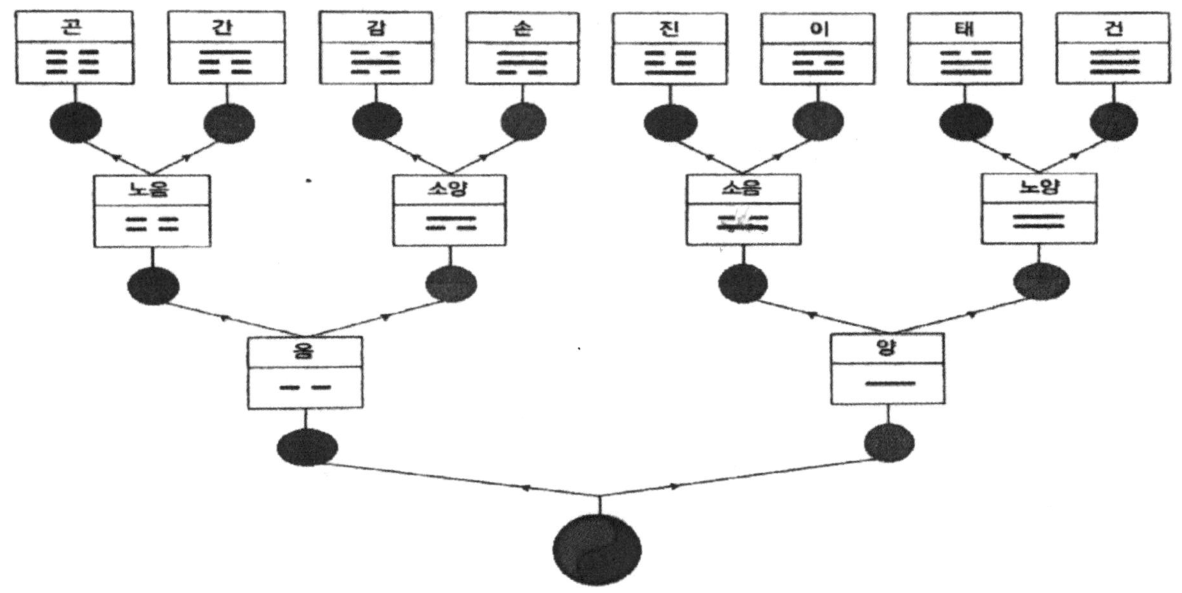

복희 8괘 연쇄 2분도

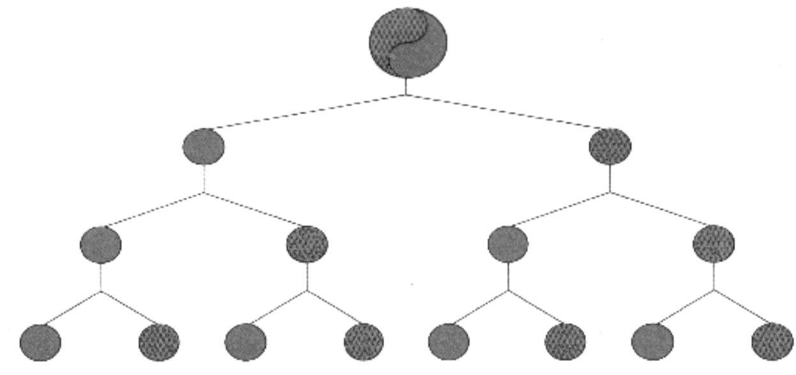

프랙탈 연쇄 2분도

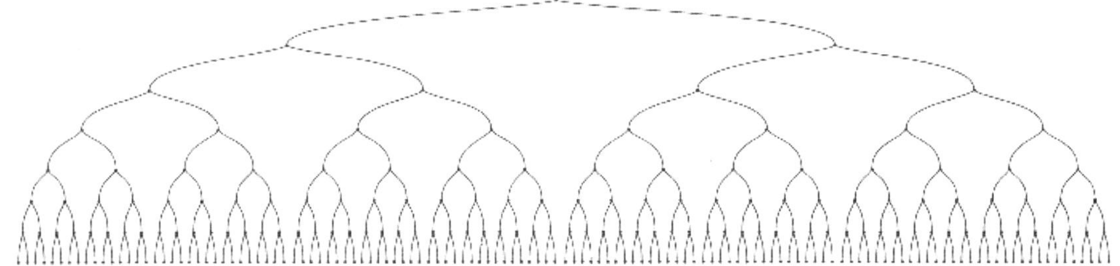

주역과 연관이 있는 프랙탈 형상

메뚜기의 기관

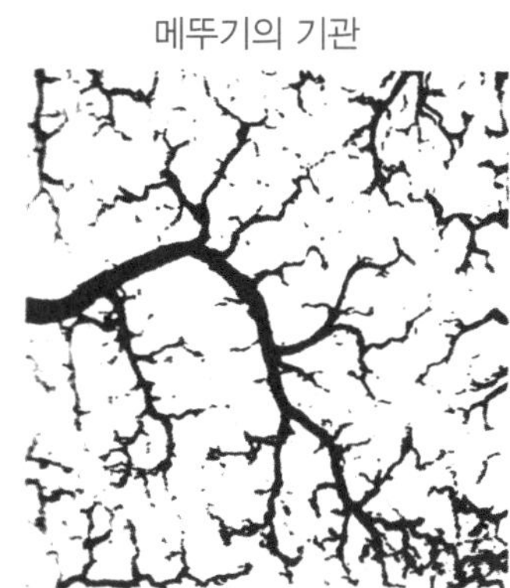

사람의 폐 구조

나뭇가지의 프랙탈 형상

컴퓨터로 자동 작도한 프랙탈 입체상

〈伏羲 八卦 方位圖〉

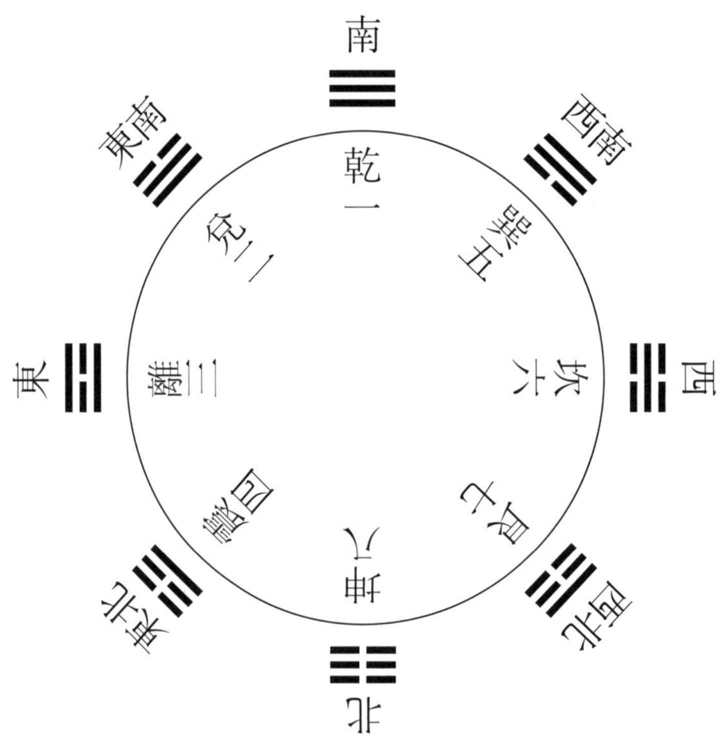

위의 그림에 대하여 『說卦傳』에서 말하길, 천지가 자리를 정하고, 산과 연못이 氣를 통하고, 우레와 바람이 서로를 끌어들이듯, 물과 불이 서로 싫어하지 않으니 八卦가 서로 섞인다. 지난 일을 헤아리는 것은 따르고자 함이요, 오는 일을 아는 것은 맞이하고자 함이다. 邵子[邵康節]가 말하기를, 乾은 南, 坤은 北, 離는 東, 坎은 西, 震은 東北, 兌는 東南, 巽은 西南, 坎은 西北方이라 했다. 震에서 乾에 이르니 順[따름]이라 하고, 巽에서 坤에 이르니 逆[맞이함]이라 한다. 뒤의 〈64괘 方位圖〉도 이를 준거한 것이다.

右 說卦傳曰 天地定位 山澤通氣 雷風相薄[a] 水火不相射[b] 八卦相錯. 數往者順 知來者逆.[c] 邵子曰 乾南 坤北 離東 坎西 震東北 兌東南 巽西南 艮西北. 自震至乾爲順 自巽至坤爲逆. 後六十四卦方位倣此

〈附錄〉

邵子[邵康節]가 가로되, 乾坤은 縱[세로]으로 서있고, 여섯 아들이 橫[가로]으로 기어 다니는 것이 易의 근본이다. 또 가로되, 震☳은 비로소 陽━이 陰╍과 교제하여 陽━이 태어난다. 巽☴은 陰╍이 비로

---

[a] 薄=至也. 致也.

[b] 射=厭也(싫어할 "역"). 致也.

[c] 逆=迎也. 度也. 拒也.

소 陽━을 녹이니 陰--이 태어난다. 兌☱는 陽━의 자라남이요, 艮☶은 陰--의 자라남이다. 震☳·兌☱는 하늘━ 위의 陰--이고, 巽☴·艮☶은 땅-- 속에 있는 陽━이다. 그러므로 震☳·兌☱의 경우 위는 陰--이고 아래는 陽━이다. 巽☴·艮☶의 경우 위는 陽━이고 아래는 陰--이다. 天은 생명의 비롯됨이라 말하므로 陰--이 올라가고 陽━이 내려오면 交泰[교접하여 형통함]의 뜻이 된다[泰䷊괘]. 地는 이미 이룬 것이라 말하므로, 陽━이 올라가고 陰--이 내려오면 尊卑의 자리가 된다[否䷋괘]. 乾☰·坤☷이 상하의 자리를 정하자, 坎☵·離☲가 좌우의 문에 도열하니, 天地가 열리고 닫히는 곳이요, 日月이 출입하는 곳이다. 봄·여름·가을·겨울, 晦朔(회삭: 그믐과 초하루)·弦望(현망: 초승달과 보름)[a], 晝夜의 장단 등 (天地·日月) 운행의 度數·盈縮(영축: 차고 기울음)이 이에 말미암지 않은 것이 없다.

邵子曰 乾坤縱而六子橫 易之本也. 又曰 震始交陰而陽生. 巽始消[b]陽而陰生. 兌陽長也. 艮陰長也. 震兌 在天之陰也 巽艮 在地之陽也 故 震兌 上陰而下陽. 巽艮上陽而下陰. 天以始生言之 故陰上而陽下 交泰之義也. 地以旣成言之 故陽上而陰下 尊卑之位也. 乾坤定上下之位. 坎離列左右之門. 天地之所闔闢. 日月之所出入. 春夏秋冬 晦朔弦望 晝夜長短 行度盈縮 莫不由乎此矣.

또 가로되 이 한 節은 복희씨의 八卦를 밝힌 것이다. '八卦가 서로 섞인다'는, 주고 받으며 서로 섞여 64괘를 이루는 것을 밝힌다. '지난 일을 헤아림이 順[따르는 것]이라 함은, 하늘을 따르며 행한다는 뜻이고, 이것은 왼쪽으로 선회하며 헤아린다. 이는 모두 이미 생긴 괘이므로 '지난 일을 헤아린다'고 말한 것이다[數往]. '내일을 아는 것이 逆[나아가 맞이함]'이라 함은, 하늘을 영접해 행한다는 뜻이다. 이는 오른쪽으로 선회하며 헤아린다. 이는 모두 아직 생기지 않은 괘이므로 '오는 일을 안다'고 말한 것이다[知來]. 대저 易의 數는 맞이함으로 말미암아 이루어진다. 이 한 節은 河圖를 직접 해석한 것이니, 이처럼 四時를 맞이할 줄 안다는 것을 이르는 말이다.

又曰 此一節 明伏羲八卦也. 八卦相錯者 明交相錯 而成六十四也. 數往者順 若順天而行 是左旋也. 皆已生之卦也 故云數往也. 知來者逆 若逆天而行 是右行也. 皆未生之卦也. 故云知來也. 夫易之數 由逆[c]而成矣. 此一節直解圖意 若逆知四時之謂也.

盤澗[朱子의 門人. 董銖는 이름. 『易書注』를 남김]이 묻자, 朱子께서 다음과 같이 대답했다: 先天圖의 曲折(곡절)과 상세한 그림의 뜻을 물었는데, 이같이 乾1에서부터 生數까지는 세로로 배열되다가 가로로 추이하여 중앙의 5에서 生數를 맞이해 成數를 만들어 나아감으로써 坤8에 이르렀으니, 이는 온전히 자연이다. 그러므로 『說卦傳』에서 "易은 逆數"라고 말한 것이다. 이는 앞에 제시한 그림처럼 4각형의 河圖를 둥근 원으로 그리면 모름지기 이렇게 해야만 바야흐로 陰陽의 消長(소장)과 차례를 드러낼 수 있다. 비록 조금 개입하여 안배한 탓에, 인위적이지만 역시 자연의 이치가 아닌 것이 없다. 겨울부터 夏至까지는 順[따름]이 되니, 아마도 앞일을 맞이하는 逆數와는 상반된다. 반면 여름부터 冬至까지는 逆[맞이함]

---

a '晦朔弦望'은 『漢書』에 나오는 말이다.

b 消=爍也.

c 逆=迎也. 拒也.

이 되니, 아마도 앞일을 맞이하는 逆數와 동일하다. 여기서 말하는 左右는 오늘날 天文에서 말하는 좌우와는 같지 않으니, 아마도 中央을 따라서 그 시작하는 처음을 분별하면 좌우의 추세가 있는 것과 같다.

朱子答董銖曰. 所問先天圖曲折 細詳圖意. 若自乾一 橫排(排=安置也 推移也)至坤八 此則全是自然. 故說卦云 易逆數也(皆自己生 以得未生之卦). 若如圓圖 則須如此 方見陰陽消長次第(震一陽 離兌二陽 乾三陽. 巽一陰 坎艮二陰 坤三陰). 雖自稍涉安排然 亦莫非自然之理. 自冬至夏至爲順 蓋與前逆數者相反(皆自未生 而反得已生之卦). 自夏至冬至爲逆 蓋與如前逆數者同. 其左右 與今天文說左右不同 蓋從中而分其初 若有左右之勢爾(自北而東爲左. 自南而西爲右.).

또 말하기를, "易은 역수(逆數)"라는 邵康節 선생의 말씀은 아직은 통할 수 있으나, 단 4각형인 河圖에서는 한결같이 모두 逆數이다. 만약 둥글게 그려진 복희씨의 〈八卦 次序圖〉를 보면 단지 절반만 逆數이니 어째서인지 알 수 없다.

又曰 易逆數也 以康節說 方可通. 但方圖則 一向皆逆. 若以圓圖看 又只是一半逆 不知如何.

西山 蔡元定이 가로되, 복희씨의 법에 의하면, 子 방향의 중간으로부터 午 방향의 중간까지를 陽方이라 한다. 이곳에 자리한 네 개의 괘[震☳ 離☲ 兌☱ 乾☰]를 살펴보면, 初爻는 네 개가 모두 陽─이며, 中爻는 앞의 두 개는 모두 陰╌이고 뒤의 두 개는 모두 陽─이다. 上爻는 1번 爻는 陰╌이고, 2번 爻는 陽─이고, 3번 爻는 陰╌이고, 4번 爻는 陽─이다.

午 방향의 중간으로부터 子 방향의 중간까지를 陰方이라 한다. 이곳에 자리한 네 개의 괘[巽☴ 坎☵ 艮☶ 坤☷]를 살펴보면, 初爻는 네 개가 모두 陰╌이며, 中爻는 앞의 두 개는 陽─이고 뒤의 두 개는 陰╌이다. 上爻는 1번 爻는 陽─이고, 2번 爻는 陰╌이고, 3번 爻는 陽─이고, 4번 爻는 陰╌이다. 陽方[震☳ 離☲ 兌☱ 乾☰] 중에서 中爻가 먼저 陰╌이고 뒤에 上爻가 陽─인 경우인 離☲괘를 보면 陰╌에서 陽─이 나온다[水에서 火가 나온다]. 陰方[巽☴ 坎☵ 艮☶ 坤☷] 중에서 中爻가 먼저 陽─이고 뒤에 上爻가 陰╌인 경우인 坎☵괘를 보면 陽─에서 陰╌이 생긴다. [火에서 水가 생긴다]. 그 차례가 震☳에서 시작하여 坤☷에서 끝나는 것은 陰陽의 성쇠로써 數를 삼은 것이다.

西山蔡氏曰 其法 自子中至午中爲陽. 初四爻皆陽. 中前二爻皆陰 後二爻皆陽. 上一爻爲陰 二爻爲陽 三爻爲陰 四爻爲陽. 自午中至子中爲陰. 初四爻皆陰. 中前二爻爲陽 後二爻爲陰. 上一爻爲陽 二爻爲陰 三爻爲陽 四爻爲陰. 在陽 中上二爻 則先陰而後陽 陽生於陰也. 在陰 中上二爻 則先陽而後陰 陰生於陽也. 其序始震終坤者 以陰陽消息 爲數也.

4) 伏羲 六十四卦 次序之圖

앞에서 제시한 〈伏羲 八卦 次序圖〉는, 곧 『繫辭傳』(下) 1장에서 말한 "八卦成列[八卦가 列(열)을 이루다]"를 그린 것이고, 아래의 그림[伏羲 六十四卦 次序圖]은 곧 『繫辭傳』(下) 1장에서 말한 "因而重之[곱하여 거듭함]"를 그린 것이다. 그러므로 아래의 3획은 앞의 그림[伏羲 八卦 次序圖]에서 보여준 八卦이며, 위의 3획은 각각 그 次序대로 중복하여 아래의 下卦를 따르니, 上8괘와 下8괘가 각각 펼치기를 8번 하게 된

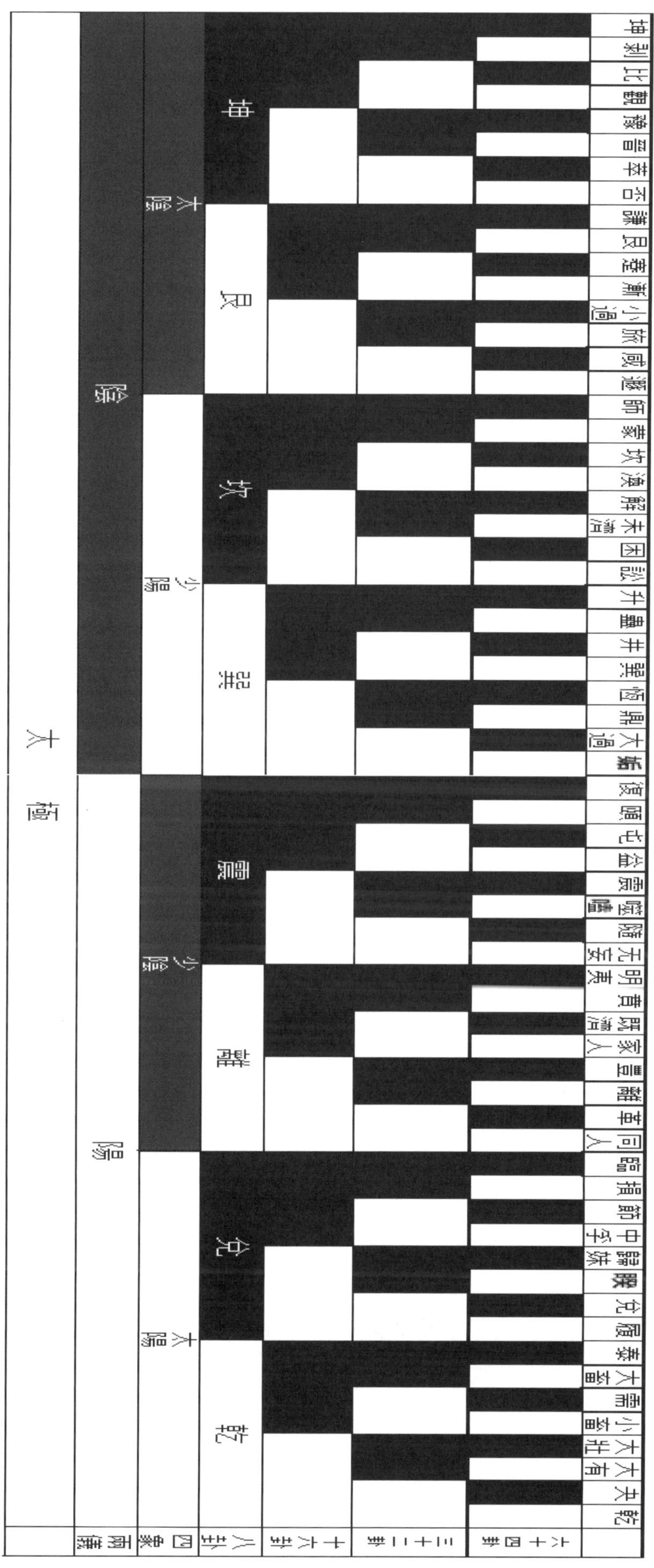

다[8×8=64]. 이같이 좇아 나아가서 爻가 점점 생겨나면, 邵子[邵康節]가 말한 것처럼 8이 분할하여 16이 되고, 16이 분할하여 32가 되고, 32가 분할하여 64가 되니, 본받고 형상하는 자연의 신묘함을 더욱 드러낸다.

右前八卦次序圖 卽繫辭傳所謂 八卦成列者. 此圖 卽其所謂 因ª而重之者也 故下三畫 則前圖之八卦 上三畫則 各以其序重之. 而下卦因亦各衍 而爲八也. 若逐爻漸生 則邵子所謂 八分爲十六. 十六分爲三十二. 三十二分爲六十四者. 尤見法象 自然之妙也.

〈附錄〉

朱子 가로되, "易에는 太極이 있으며, 이것이 兩儀[음양 두 표준]를 낳고, 兩儀[━ ━━]는 四象[▤ ▥ ▦ ▧]을 낳고, 四象이 八卦[☰ ☱ ☲ ☳ ☴ ☵ ☶ ☷]를 낳는다"는 이 한 구절은, 공자께서 '복희씨가 자연의 형체와 차례를 八卦로 그렸음'을 밝혀낸 것으로 가장 절실하고 요긴한 말씀이다. 고금에 주역을 말씀한 사람으로 오직 邵康節·程明道[程顥] 두 선생만이 그것을 알 수 있었다. 그러므로 邵康節 선생의 "1이 분화해서 2가 되고, 2가 분화해서 4가 되고, 4가 분화해서 8이 되고, 8이 분화해서 16이 되고, 16이 분화해서 32가 되고, 32가 분화해서 64가 된다"는 말씀은, 마치 뿌리에 줄기가 있고 줄기에 가지가 있듯이, 커질수록 더욱 작아지고, 가늘어질수록 더욱 번성하는 모습이다. 明道[程顥] 선생이 나오셔서 한 번 곱절하는 법을 추가함으로써 공자의 말씀을 열어 밝히셨으니, 可(가)히 가장 적절하고 중요한 가르침일 것이다.

朱子曰 易有太極 是生兩儀 兩儀生四象 四象生八卦 此一節乃孔子發明伏羲畫卦 自然之形體次第 最爲切要. 古今說者 惟康節明道二先生 爲能知之. 故康節之言曰 一分爲二 二分爲四 四分爲八 八分爲十六 十六分爲三十二 三十二分爲六十四. 猶根之有幹 幹之有枝 愈大則愈少 愈細則愈繁 而明道先生 以爲加一倍法 其發明孔子之言 又可謂最切要矣.

아마도 河圖·洛書로 논한다면, 太極은 허공 가운데의 형상이요, 兩儀는 陰·陽, 奇·偶의 형상이다. 四象은, 河圖의 경우 1은 중앙의 5를 합한 6과 同席하여 결합했고, 2는 5를 합한 7과 同席하여 결합했고, 3은 5를 합한 8과 同席하여 결합했고, 4는 5를 합한 9와 同席하여 결합하여 四象을 이루었다. 洛書의 경우 1이 9를 머금었고, 2는 8을 머금었고, 3은 7을 머금었고, 4는 6을 머금었으니 여기에서도 四象을 이루었다. 八卦는, 河圖의 경우 밖에 있는 네 개의 實數(실수)와 안에 있는 네 개의 虛數(허수)로 둘러싸서 八卦를 이루었다. 洛書의 경우 네 개의 奇數가 바른 방향에 자리하고 네 개의 偶數가 모서리 방향에 자리하여 八卦를 이루었다.

蓋以河圖洛書論之 太極者虛中之象也. 兩儀者 陰陽奇偶之象也. 四象者河圖之一合六 二合七 三合八 四合九. 洛書之 一含九 二含八 三含七 四含六也. 八卦者 河圖 四實四虛之數 洛書 四正四隅之位也.

---

a 因=乘也.

괘의 획으로 말하면, 太極은 象과 數가 아직 형체가 없는 전체적인 본체이다. 兩儀는 ⚊을 陽이라 하고, ⚋을 陰이라 하니 陽數는 하나이고 陰數는 둘이다. 四象은 陽 위에 陽이 하나 생기니 ⚌로 표상하며 太陽이라 일컫고, 陽⚊ 위에 陰⚋이 하나 생기니 ⚎로 표상하며 少陰이라 일컫고, 陰⚋ 위에 陽⚊이 하나 생기니 ⚍로 표상하며 少陽이라 일컫고, 陰⚋ 위에 陰⚋이 하나 생기니 ⚏로 표상하며 太陰이라 일컫는다. 四象이 이미 세워졌으면 太陽은 1의 자리에서 9를 품고, 少陰은 2의 자리에서 8을 품고, 少陽은 3의 자리에서 7을 품고, 太陰은 4의 자리에서 6을 품는다. 이것이 9·8·7·6의 成數가 정해지는 연유이다.

八卦는 太陽⚌ 위에 하나의 陽⚊이 생기면 ☰로 표상하며 乾이라 명명하고, 하나의 陰⚋이 생기면 ☱로 표상하며 兌라 명명하고, 少陰⚎ 위에 하나의 陽⚊이 생기면 ☲로 표상하며 離라 명명하고, 하나의 陰⚋이 생기면 ☳로 표상하며 震이라 명명하고, 少陽⚍ 위에 하나의 陽⚊이 생기면 ☴로 표상하며 巽이라 명명하고, 하나의 陰⚋이 생기면 ☵으로 표상하며 坎이라 명명하고, 太陰⚏ 위에 하나의 陽⚊이 생기면 ☶으로 표상하며 艮이라 명명하고, 하나의 陰⚋이 생기면 ☷이라 표상하며 坤이라 명명한다. 邵康節 선생의 先天圖說(선천도설)에서, 이른바 '乾一 兌二 離三 震四 巽五 坎六 艮七 坤八'은 아마도 이를 일컬었을 것이다.

以卦畫言之 太極者象數未形之全體也. 兩儀者 ⚊爲陽 ⚋爲陰 陽數一而陰數二也. 四象者 陽之上 生一陽則 爲⚌而 謂之太陽. 生一陰則 爲⚎ 而謂之少陰. 陰之上 生一陽則 爲⚍而 謂之少陽. 生一陰則 爲⚏ 而 謂之太陰也. 四象旣立則 太陽居一而含九. 少陰居二而含八. 少陽居三而含七. 太陰居四而含六. 此六七八九之數 所由定也.

八卦者 太陽之上 生一陽則 爲☰而名乾. 生一陰則 爲☱而名兌. 少陰之上 生一陽則 爲☲而名離. 生一陰則 爲☳而名震. 少陽之上 生一陽則 爲☴而名巽. 生一陰則 爲☵而名坎. 太陰之上 生一陽則 爲☶而名艮. 生一陰則 爲☷而名坤. 康節先天之說 所謂 乾一 兌二 離三 震四 巽五 坎六 艮七 坤八者 蓋謂此也.

八卦 위에 다시 각각 '한 번은 陰⚋' '한 번은 陽⚊'이 생기면, 4획의 그림이 16개에 이른다. 經文에는 비록 글이 없지만 邵康節 선생이 말씀한 '8이 분할하여 16이 된다'는 것이 이를 말한다. 다시 4획 위에 각각 '하나의 陰⚋' '하나의 陽⚊'을 더하여 5획의 그림이 되면 32개가 생긴다. 經文에는 비록 없지만 邵康節 선생의 '16이 분할하여 32가 된다'는 말씀이 이를 말한다. 또다시 5획 위에 각각 '하나의 陰⚋' '하나의 陽⚊'이 더해지면 6획의 그림이 되어 64개가 생긴다[속칭 '一生二法(일생이법)'이라 한다]. 八卦를 서로 중복시켜서도 64괘를 얻을 수 있으며[속칭 '一貞八悔法(일정팔회법)'이라 한다], 그 64괘는 각각 先天圖說에서 말한 '乾一 兌二 離三 震四 巽五 坎六 艮七 坤八'의 어느 하나를 가지고 있음을 앞의 〈伏羲六十四卦 次序圖〉에서 볼 수 있다.

至於八卦之上 又各生一陰一陽則 爲四畫者 十有六. 經雖无文 而康節所謂 八分爲十六者此也. 四畫之上 又各生一陰一陽則 爲五畫者 三十有二. 經雖无文 而康節所謂 十六分爲三十二者此也. 五畫之上 又各生一陰一陽則 爲六畫之卦 六十有四. 而八卦相重 又各得 乾一 兌二 離三 震四 巽五 坎六 艮七 坤八之 次 其在圖可見矣.

천지간에 太極과 陰陽이 신묘하게 생성하지 않은 것이 없다. 성인께서 하늘을 우러러보고 땅을 굽혀 살피시어 멀리서 찾고 가까이서 취하였음은, 원래 초연하여 말없이 마음에 부합함이 있었던 것이다. 그러므로 陰陽의 兩儀로 분할하기 이전에, 혼연한 태극은 兩儀·四象·64卦의 이치가 이미 그 속에 빛나고 있었던 것이다. 태극이 분할한 것이 兩儀라 하는데, 태극은 줄지 않고 원래 그대로의 태극이요 兩儀는 본래의 兩儀라는 뜻이다. 兩儀가 분할한 것이 四象이라 함은, 兩儀는 다시 태극이 되고. 四象은 다시 兩儀가 되는 還元的(환원적)이라는 뜻이다.[a]

이로부터 추론하면 4가 8이 되고, 8이 16이 되고, 16이 32로 되고, 32가 64로 되듯이 백천만억에 이르기까지 무궁할 것이다. 비록 본뜨고 그려서 보여주는 것이라 선후가 있고 인위적으로 나타낸 듯 하지만, 이미 정해진 형상과 이미 이루어진 추세가 원래부터 이미 혼연한 가운데 갖추어져 있었으니, 그간에 털끝만한 사려와 작위도 용납되지 않는다.

天地之間. 莫非太極陰陽之妙[b]聖人仰觀俯察 遠求近取 固有超然而默契於心矣. 故自兩儀未分 渾然太極 而兩儀四象六十四卦之理 已粲然於其中. 太極分而兩儀則 太極固太極 兩儀固兩儀也. 兩儀分而四象則 兩儀又爲太極 而四象又爲兩儀矣.

自是而推 四而八 八而十六 十六而三十二 三十二而六十四. 以至於有百千萬億之无窮. 雖見於模畫 若有先後而出於人爲. 然其已定之形 已成之勢 固已具於渾然之中 而不容毫髮思慮作爲 於其間也.

梅巖(매암) 袁樞(원추)에게 대답해 말씀하시기를, 성인께서 易을 지은 근원을 명쾌하고 분명하게 알려고 하면, 책머리에 있는 橫圖(횡도)를 보는 것보다 좋은 방법은 없을 것이다. 처음 2획만 있을 때부터 점차 일어나서 6획이 가득할 때까지 이른 뒤에는, 그 先後·多寡(다과)로 차례가 생겨나고 위치가 분명해지면 辭說(사설)을 쓰지 않아도 여기에서 알아볼 수 있으니, 비로소 64괘가 온전하게 천리와 자연을 안배하여 나온 것임을 알 수 있다. 성인께서는 단지 분명하게 깨달았으므로, 근본을 의지해서 그려낸 것일 뿐 원래부터 털끝만큼도 지식과 노력을 첨가한 것이 없었다.

答袁樞曰 要見得聖人作易根原 直截分明 不如且看 卷首橫圖. 自始初 止有兩畫時 漸次看起 以至生滿六畫之後 其先後多寡 旣有次第 而位置分明 不費辭說. 於此看得 方見六十四卦 全是天理自然 挨排出來. 聖人只是見得分明 便只依本畫出. 元不曾用 一毫智力添助.

묻기를, 네 번째 효와 다섯 번째 효는 무엇을 위주로 이름을 지어야 합니까? 대답하기를, 첫 번째 효는 儀(의)라 하고, 두 번째 효는 象이라 하고, 세 번째 효는 卦라 하니, 八卦가 갖추어진다. 이 八卦 위에 만일 돌아가며 차례대로 각각 음양의 한 획을 더하기를 세 번 반복하여 쌓으면 재차 八卦를 이루게 되어, 八卦를 倂列(병렬)한 64괘의 이름을 갖게 된다. 만약 빠르게 하려고 八卦를 두루 하나씩 八卦 위에 더하면, 당연히 그 자리에 맞는 이름을 얻어야 한다. 그러나 겨우 4획일 때는 아직 外卦를 이루지 못했으므로 이름을 지어줄 수 없다. 다시 말하면 제4획은 八卦를 太極으로 삼고 다시 태어난 兩儀이고, 제5획은 八卦의 四象이요, 제6획은 八卦의 八卦라고 말할 수 있을 것이다.

問 四爻五爻者 何所主名. 曰 一畫爲儀 二畫爲象 三畫爲卦 則八卦備矣. 此上若旋次 各加陰陽一畫 則積

---

a　후대의 사람들은 還元(환원)을 부인한다.

b　妙=神化不測也. '眇[成]'와 통용됨.(神也者妙萬物而爲言者也: 說卦傳 제6장)

至三重 再成八卦者 八方有六十四卦之名. 若徑 以八卦徧 加乎一卦之上 則亦如其位 而得名焉. 方其四畫時 未成外卦 故不得而名之耳. 又曰 第四畫者 以八卦爲太極 而復生之兩儀也. 第五畫者 八卦之四象也. 第六畫者 八卦之八卦也.

또 朱子는 詩에서 다음과 같이 말하고 있다:

모든 선비들이 易을 담론하지만 거짓되고 분분하여,

번잡한 가지만 보고 근본은 보지 못 하는구나!

象을 본다고 공연히 수고롭게 互體(호체)[a]만 미루어 보고,

繫辭(계사)를 음미한다고 또 빈말만 떠들어댄다.

한 뿌리에서 두 줄기가 나올 수 있음을 알면,

비로소 천만대 자자손손 요긴함을 믿을 것이다.

사람을 위해 절박했던 包犧[복희씨]의 의도를,

아득히 천년을 흘렀으니 누구와 의논할거나!

又詩曰 諸儒談易謾紛紛 只見繁枝不見根. 觀象徒勞推互體, 玩辭亦是逞空言. 須知一本能雙幹 始信千兒與萬孫 喫緊包犧爲人意. 悠悠千古向誰論.

5) 伏羲 六十四卦 方位之圖

지금까지 朱子의 「易本義圖」에서 설명한 복희씨의 네 개의 그림[伏羲八卦次序圖, 伏羲八卦方位圖, 伏羲六十四卦次序圖, 伏羲六十四卦方位圖]은, 그 圖說(도설) 모두 邵康節(소강절)에게서 나왔다. 원래 邵康節은 李之才(이지재: 字는 挺之)에게서 배웠고, 挺之(정지)는 穆脩(목수: 字는 伯長)에게서 배웠고, 伯長(백장)은 華山[본명은 陳摶 字는 圖南 號는 希夷[b]에게서 배웠는데, 이것이 바로 先天易學(선천역학)이라 말하는 것이다. 아래의 그림[伏羲 先天 六十四卦 方圓圖]의 밖에 분포되어 있는 圓에서, 乾은 午方[南]을 맞아 다하고, 坤은 子方[北]을 맞아 다하고, 離는 卯方[東]을 맞아 다하고, 坎은 酉方[西]을 맞아 다하니, 陽━은 子方[北]에서 생겨나 午方[南]에서 마치고, 陰은 午方[南]에서 생겨나 子方[北]에서 마친다. 그리하여 陽은 南[남쪽]에 있고, 陰은 北[북쪽]에 있다.

반면에 위의 方圓圖 안쪽에 네모지게 분포된 부분에서, 乾은 西北에서 시작하고 坤은 東南에서 다한다. 陽━은 北에 있고 陰╍은 南에 있다. 圓[위의 方圓圖 밖의 圓 부분]과 네모[위의 方圓圖 안쪽의 네모진 부분]는 陰陽이 對待[서로 맞수로 서로를 기다리는 관계]하는 숫자이다. 밖에 있는 圓은 陽━이 되고, 가운데 있는 네모는 陰╍이 되니, 圓은 움직여 하늘이 되고, 네모는 고요하여 땅이 된다.

---

a　편역자 주: 한 괘의 2·3·4효로 만들 수 있는 괘를 '互體'라 하고, 3·4·5효로 만들 수 있는 괘를 '約象'이라 한다, 또는 約象까지 포함하여 互體라 부르기도 한다. 互體가 十翼에 보이지 않는 것으로 보아, 漢나라의 鄭玄으로부터 나온 듯하다.

b　편역자 주: '希夷'는, 宋太祖가 神仙術家인 陳摶(진박)에게 내린 號이다. 字는 圖南. 陳摶의 先天易學의 道脈을 보면, 魏伯陽 → 種離 → 呂洞賓 → 陳摶 → 种放 → 穆脩 → 李之才 → 邵康節로 이어졌다. 陳摶의 先天 太極圖는 周敦頤(주돈이)에게 영향을 주었다.

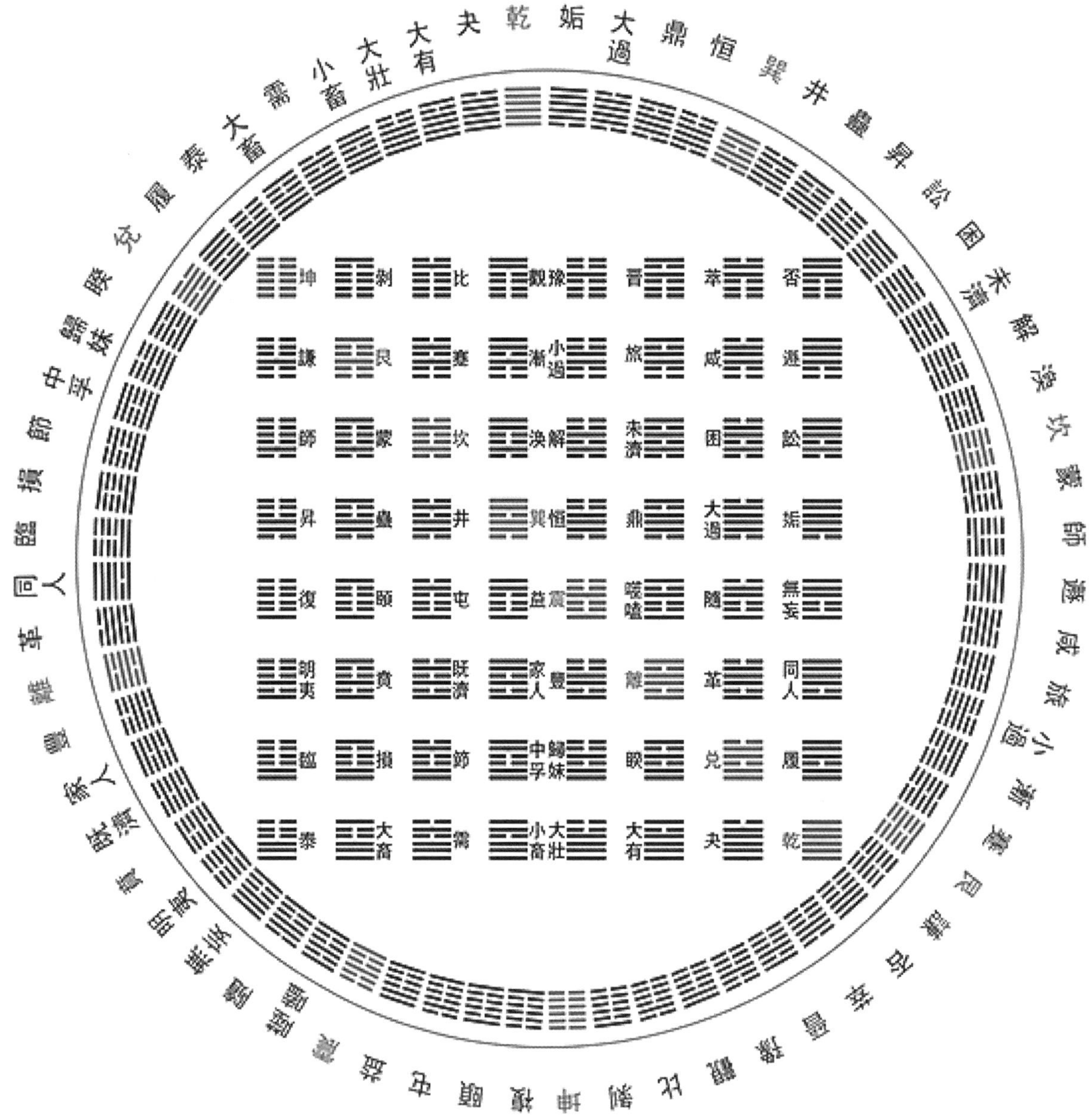

右 伏羲四圖 其說皆出於邵氏. 蓋邵氏得之李之才挺之 挺之得之穆脩伯長 伯長得之華山希夷先生陳搏圖南者. 所謂先天之學也. 此圖圓布者 乾盡午中 坤盡子中 離盡卯中 坎盡酉中. 陽生於子中 極於午中. 陰生於午中 極於子中. 其陽在南 其陰在北. 方布者 乾始於西北 坤盡於東南 其陽 在北 其陰 在南 此二者 陰陽對待之數 圓於外者 爲陽 方於中者 爲陰 圓者動而爲天 方者靜而爲地者也.

〈附錄〉

邵康節 선생이 말씀하셨다. 태극이 이윽고 분할하여 兩儀[━ ▪▪]가 세워지고, 양━이 올라가 음▪▪에 교접하고, 음▪▪이 내려가 양━에 교접하니 四象이 생긴다. 양━이 음▪▪에 교접하고 음▪▪이 양━에

교접하여 하늘의 四象을 낳고, 剛이 柔에 교접하고 柔가 剛에 교접하여 땅의 四象을 낳으며, 八卦가 서로 섞인 뒤에 만물이 생겨난다.

이런 까닭에 1이 갈라져 2가 되고, 2가 갈라져 4가 되고, 4가 갈라져 8이 되고, 8이 갈라져 16이 되고, 16이 갈라져 32가 되고, 32가 갈라져 64가 된다. 마치 뿌리에 줄기가 있고 줄기에 가지가 있듯이 커질수록 작아지고, 작아질수록 번성하는 것과 같다. 이런 까닭에 乾☰으로 가르고, 坤☷으로 합하고, 震☳으로 키우고 巽☴으로 소산시키니, 커지면 나뉘고, 나뉘면 소산하고, 소산하면 합한다. 乾☰과 坤☷은 변하지 않는 자리이고, 震☳과 巽☴은 한 번 교접한 것이고, 兌☱·離☲·坎☵·艮☶은 재차 교접한 것이다. 그러므로 震☳은 양—이 적고 음‥이 오히려 많으며, 巽☴은 음‥이 적고 오히려 양—이 많으며, 兌☱·離☲는 陽—이 浸潤(침윤)하여 많아지는 것이고, 坎☵·艮☶은 陰‥이 침윤하여 많아지는 것이다.
邵子曰 太極旣分兩儀立矣. 陽上交於陰 陰下交於陽 而四象生矣. 陽交於陰 陰交於陽 而生天之四象. 剛交於柔 柔交於剛 而生地之四象. 八卦相錯而後 萬物生焉. 是故 一分爲二 二分爲四 四分爲八 八分爲十六 十六分爲三十二 三十二分爲六十四. 猶根之有幹 幹之有枝. 愈大則愈少 愈細則愈繁. 是故 乾以分之 坤以翕之. 震以長之 巽以消之. 長則分 分則消 消則翕也 乾坤定位也. 震巽一交也 兌離坎艮再交也. 故震陽少而陰尙多也 巽陰少而陽尙多也. 兌離陽浸多也 坎艮陰浸多也.

또 말씀하기를, 無極(무극) 이전에는 음‥이 양—을 머금고, 象이 있은 이후에는 양—이 음‥을 갈라놓으니, 음‥은 양—의 어미이고, 양—은 음‥의 아비가 된다. 그러므로 어미[☷]가 장남[☳]을 잉태하면 復☷☳괘가 되고, 아비[☰]가 장녀[☴]를 낳으면 姤☴☰괘가 된다. 이로써 陽—은 復☷☳괘에서 일어나고, 陰‥은 姤☴☰괘에서 일어난다. 또 말하기를 陽—이 陰方 속에 있으면 陽—을 맞으러 운행하고[逆行], 陰‥이 陽方 속에 있으면 陰‥을 맞으러 운행한다[逆行].[a] 陽—이 陽方 속에 있거나, 陰‥이 陰方 속에 있으면 모두 따르며 운행한다[順行]. 이는 참으로 지극한 도리이니, 위의 〈64괘 방위도〉를 살펴보면 발견할 수 있다.
又曰. 無極之前 陰含陽也. 有象之後 陽分陰也. 陰爲陽之母 陽爲陰之父. 故母孕長男而爲復 父生長女而爲姤. 是以陽起於復 而陰起於姤也. 又曰 陽在陰中 陽逆行. 陰在陽中 陰逆行. 陽在陽中 陰在陰中 則皆順行. 此眞至之理 按圖可見矣.

또 말하기를, 양—이 돌아온 復☷☳괘에서 양—이 가득한 乾☰괘까지의 陽方은 양—효가 모두 112개이고, 姤☴☰괘에서 坤☷괘까지 음‥효가 모두 80개이다. 반면에 음‥이 돌아온 姤☴☰괘에서 음‥이 가득한 坤☷괘까지의 陰方은 음‥효가 112개이다. 復☷☳괘에서 乾☰괘까지 음‥효가 모두 80개 이다. 또 말하기를 坎☵괘·離☲괘는 음‥과 양—의 한계이다. 그러므로 離☲괘는 寅方[正東方]에 해당하고 坎☵괘는 申方[正西方]에 해당하니, 숫자가 항상 한계를 넘는 것은 陰·陽이 넘치기 때문이다. 그러나 숫자를 쓰는 것은 중간을 넘지 않기 때문이다.[b]

---

a 陽方을 '陽房'으로, 陰方을 '陰房'으로 표기하기도 한다.

b 편역자 주: 八卦는 숫자가 있으나, 64괘는 숫자로 표시하지 않는다.

又曰 復至乾 凡百一十有二陽 姤至坤 凡八十陽. 姤至坤 凡百一十有二陰 復至乾 凡八十陰. 又曰 坎離者 陰陽之限也. 故離當寅 坎當申 而數常踰之者 陰陽之溢也. 然用數不過乎中也.

또 〈64괘 方位圖〉를 詩로 읊은 『大易吟』에서는 다음과 같이 말한다:

하늘(乾☰)과 땅(坤☷)이 자리를 잡으니,

막힘(否☲)과 편안함(泰☳)은 反轉하는 부류이고,

산(艮☶)과 못(兌☱)이 서로 氣를 통하니,

덜어서(損☶) 고르게(咸☴)하는 의로움을 드러낸다.

바람(巽☴)과 우레(震☳)가 서로 두드리니,

항상(恒☳) 더해주려고(益☴) 뜻을 일으킨다.

불(離☲)과 물(坎☵)이 서로 베풀어주니,

이미 물을 건넜으나(旣濟☲) 아직 구제하지 못한다(未濟☳).

네 개의 象이 서로 교제하니 16가지 일을 이루고,

八卦를 서로 섞으니 64괘가 되는구나!

又大易吟曰 天地定位 否泰反類. 山澤通氣 損咸見義. 風雷相薄 恒益起意. 水火相射[a] 旣濟未濟 四象相交
成十六事 八卦相盪 爲六十四.

또한 詩에서 말했다.

이목이 총명한 남자의 몸을 조물주께서 내려주셨으니 나는 가난하지 않다.

모름지기 달 궁전[月宮]을 탐색해야만 사물을 알 수 있거늘,

하늘 뿌리[天根]를 답사하지 않고 어찌 사람을 알리오?[b]

하늘(☰)이 바람(☴)을 만나는 姤☴괘에서 月宮을 보며,

땅(☷)이 우레(☳)를 만나는 復☳괘에서 天根을 보리라!

天根과 月宮을 한가로이 노니소서!

---

a　射(사)=發射. 釋也(풀다)/ 射(역)=厭也.

b　天根과 月宮= 陰方과 陽方을 지칭한 것이다:
〈伏羲 六十四卦 方位圖〉의 바깥에 있는 둥근 그림인 圓圖를 보면, 상달인 10월卦인 坤☷이 다하고 陽이 돌아오는 復☳괘에서부터 상행하여 불의 괘인 離☲괘의 문턱을 지나 乾☰괘까지를 '陽方'이라 하는데, 여기에서는 '天根'이라 표현한다. 부드러움[柔]이라고는 하나도 없는 잔인한 4월괘인 乾☰이 다하고 陰이 돌아오는 姤☴괘에서부터 하행하여 물의 괘인 坎☵괘의 문턱을 지나 坤☷괘까지를 '陰方'이라 하는데, 여기에서는 '月宮'이라 표현한다.
乾을 향한 上行은 하늘을 따르는 운행이므로 順行이라 말하기도 하며, 坤을 향한 下行은 땅을 맞이하기 위해 하늘에서 멀어지는 것이므로 逆行이라 말하기도 한다. 그러나 하늘을 향해 올라가기만 할 수 없으므로, 땅으로 내려왔다가 다시 하늘로 올라가는 순환운동을 거스르는 운행이라고 표현함은 어색하다. 여기에서 順行은 '따르는 운행'으로, 逆行은 '맞이하는 운행'으로 번역한다.(편역자 주)

천지사방·삼라만상[36宮][a]이 모두 봄이로구나!

又詩曰 耳目聰明男子身 洪均賦予不爲貧. 須探月窟方知物 未躡天根豈識人. 乾遇巽時觀月宮 地逢雷處見天根. 天根月窟閒來往 三十六宮都是春.

朱子가 말했다. 밖으로 두른 둥근 그림에서 乾☰이 남쪽에 있고, 坤☷은 북쪽에 있다. 그런데 안쪽의 네모 그림에서는 반대로 坤☷이 남쪽에 있고, 乾☰이 북쪽에 있다. 乾☰괘의 자리는 陽━ 획이 많이 모이게 되고, 坤☷괘의 자리는 음╍ 획이 많이 모이게 된다. 이는 陰陽은 각각 동류끼리 모이기 때문이니, 역시 자연의 法과 象이 아닌 것이 없다.

朱子曰 圓圖 乾在南坤在北. 方圖 坤在南乾在北. 乾位陽畫之聚爲多 坤位陰畫之聚爲多. 此陰陽之各以類而聚也. 亦莫不有自然之法象焉.

또 말하기를, 밖을 두른 둥근 그림[圓圖]은 하늘을 형상한다. 한 번은 하늘을 따라 올라가는 順行을 하고, 한 번은 하늘에서 땅으로 내려가는 逆行을 하며, 끝없이 流行(유행)하는 중에 陽方·陰方이 마주하며[맞서며] 상대방[對]을 기다리는[待] '對待(대대) 관계'를 유지한다. 예를 들면 陽方의 震☳이 下卦로 들어가 있는 여덟 개의 괘[八卦]와 陰方의 巽☴이 下卦로 들어가 있는 여덟 개의 괘[八卦]의 모든 爻들이 서로 陰↔陽으로 맞수가 되는 부류와 같다,

又曰 圓圖象天. 一順一逆 流行中有對待. 如震八卦 對巽八卦之類.

〈圓圖의 對待 관계〉

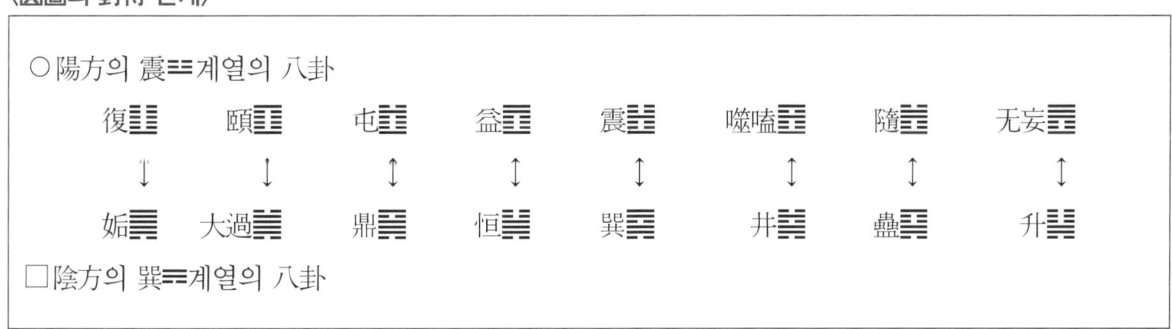

---

a 36宮=天地四方(천지사방)·삼라만상:

〈伏羲 八卦 方位圖〉에서 보면 南方의 乾1과 北方의 坤8을 합하면 9가 되고, 東方의 離3과 西方의 坎6을 합하면 9가 되며, 東南의 兌2의 西北方의 艮7을 합하면 9가 되며, 東北方의 震4와 西南方의 巽5를 합하면 9가 되니, 천지사방의 수를 합하면 36궁이 된다. 또한 64괘 가운데, 전복되어도 똑같은 모습이어서 뒤집어 쓸 수 없는 괘로는, 重天乾䷀ 重地坤䷁ 山雷頤䷚ 重水坎䷜ 重火離䷝ 澤風大過䷛ 風澤中孚䷥ 雷山小過䷽의 8宮이 있고, 64괘에서 8宮을 제외한 나머지 56괘는 모두 상하를 전복했을 뿐인데[例: 屯䷂이 전복되면 蒙䷃이 된다], 이를 2등분하면 28宮이 된다. 위의 두 개의 宮을 합하면 36궁이 된다. (편역자 주)

안으로 네모진 그림[方圖]은 땅을 형상한다. 여기에서는 하늘을 따르는 順行은 없고, 하늘에서 멀어지
며 땅을 맞이하는 逆行만 있다. 모든 괘들이 일정한 자리에서 변함없는 가운데 사각형[方圖]의 上邊(상
변)은 陰方으로, 下邊(하변)은 陽方으로 나뉘어 대각선으로 상대방[對]을 기다리는[待] 對待 관계를 유지
한다. 예를 들면 下邊 陽方의 乾☰계열 八卦와 上邊 陰方의 坤☷계열 八卦의 모든 爻들이 陰↔陽으로
대치하며 맞수가 되는 부류와 같다. 이것이 곧 圓圖와 方圖의 분별점이다.

方圖象地 有逆无順 定位中有對待 四角相對 如乾八卦 對坤八卦之類. 此則方圓圖之辨也.

〈**方圖의 對待 관계**〉

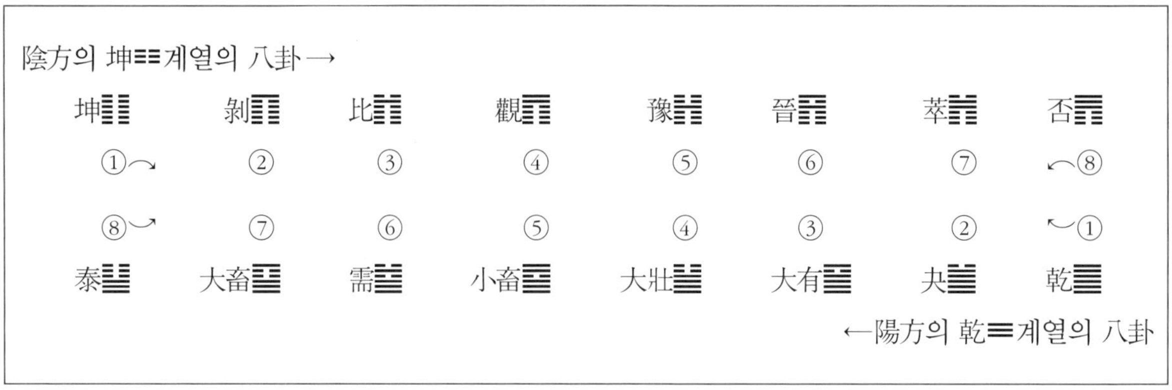

陰方의 坤☷계열의 八卦 →

坤☷	剝☷	比☷	觀☷	豫☷	晉☷	萃☷	否☷
①↷	②	③	④	⑤	⑥	⑦	↶⑧
⑧↷	⑦	⑥	⑤	④	③	②	↶①
泰☰	大畜☰	需☰	小畜☰	大壯☰	大有☰	夬☰	乾☰

←陽方의 乾☰계열의 八卦

둥근 그림[圓圖]은 하늘을 형상한 것이다. 하늘은 둥글고 운동하며 땅의 밖을 둘러싼다. 반면에 네모 그
림[方圖]은 땅을 형상한 것이다. 땅은 모나고 움직이지 않으며 하늘 가운데 갇혀있다. 圓圖는 天道의 陰
陽이고 方圖는 地道의 剛柔이다. 陽方의 震☳ 離☲ 兌☱ 乾☰은, 圓圖에서는 하늘의 陽이고 方圖에서는
땅의 강건함[剛]이 된다. 陰方의 巽☴ 坎☵ 艮☶ 坤☷은, 圓圖에서는 하늘의 陰이고 方圖에서는 땅의 부
드러움[柔]이 된다. 땅의 도리[地道]는 하늘을 받들어 운행하며, 땅의 剛柔로써 하늘의 陰陽에 호응하니,
이치가 동일하다. 다만 하늘을 형상한 圓圖에서 한 번은 하늘을 따르고자 順行하다가 한 번은 땅을 맞
이하고자 逆行함은 괘의 기운이 운행하는 이유이다. 땅을 형상한 方圖에서 오직 땅을 맞이하고자 逆行
을 위주로 함은 괘와 획이 이루어지는 이유이다.

圓圖象天者 天圓而動 包乎地外. 方圖象地者 地方而靜 圍乎天中. 圓圖者 天道之陰陽. 方圖者 地道之柔
剛. 震離兌乾 爲天之陽 地之剛. 巽坎艮坤 爲天之陰 地之柔. 地道承天而行 以地柔剛 應天之陰陽 同一理
也. 特在天者 一逆一順 卦氣所以運, 在地者 惟主乎逆 卦畫所以成耳.

묻기를, 邵康節이 '先天의 학문은 心法이니 그림은 모두 중앙을 따라 일어나고 萬化萬事(만화만사)가 마
음에서 생긴다'고 말했는데 어째서입니까? 대답해 가로되, 그림[伏羲64괘 方位圖] 중앙의 빈 백지부분이
곧 태극이요, 初爻가 32개 陽方과 32개 陰方으로 나뉜 것이 곧 兩儀이며[32陰+32陽=64卦], 두 번째 효가
陰方에서 16개의 음--효와 16개의 양─효로, 陽方에서 16개의 음--효와 16개의 양─효로 나뉜 것이
곧 四象이며〈陰方(16陰+16陽)+陽方(16陰+16陽)=64卦〉, 세 번째 효는 四象마다 여덟 개의 음--효와 여덟
개의 양─효로 나뉜 것이 곧 八卦이다〈4×(8+8)=64卦〉. 또 대답해 가로되, 萬物萬化(만물만화)가 모두

그 속에서 흘러나온 것이니, 이것이 心法이며, 모두 중앙의 태극을 따라서 일어난 것이다.

問 邵子云 先天之學心法也. 圖皆從中起 萬化萬事生于心何也. 曰 其中白處 便是太極. 三十二陰 三十二陽 便是兩儀. 十六陰 十六陽底 便是四象. 八陰八陽底 便是八卦. 又曰 萬物萬化 皆從這裏流出 是心法. 皆從中起也.

물어 가로되, 邵康節이 '그림[伏羲 64괘 方位圖]에는 비록 글이 없어도 내가 종일 말하는 것이 모두 이 그림을 이탈하지 않는다'고 말씀하셨는데 무엇 때문인가? 대답해 가로되, 先天圖를 지금 그리는 자들은 1년 운세로 말하지만, 만약 크게 고금의 129,600년 즉 혼돈으로 시작해서 다시 혼돈으로 돌아오는 우주 1元으로 말해도 역시 이 범위일 뿐이며, 작게는 하루 12시로 말해도 역시 이 범위일 뿐이다. 모두 復䷗卦를 따라 올라가며 확장 추론을 일으킨 것이다.

또 가로되, 달로 말하면 坤䷁괘로부터 震䷲괘까지는 초생달이 뜨는 초3일이고, 兌䷹괘에 이르면 上弦달이 뜨는 초8일이고, 乾䷀괘에 이르면 보름달이 뜨는 15일이고, 巽䷸괘에 이르면 달이 이지러지기 시작하는 18일이고, 艮䷳괘에 이르면 下弦달인 23일이고, 坤䷁괘에 이르기까지는 그믐달인 30일이다.

問 圖雖無文 吾終日言之 不離乎是 何也. 曰 先天圖今所寫者 是以一歲之運言之. 若大而古今十二萬九千六百年 亦只是這圈子ᵃ. 小而一日十二時 亦只是這圈子. 都從復上推起去. 又曰 以月言之 自坤而震 月之始生初三日也. 至兌則月之上弦初八日也. 至乾則 月之望十五日也. 至巽則月之始虧十八日也. 至艮則 月之下弦二十三日也. 至坤則 月之晦三十日也.

또 가로되, 하루에는 하루의 운세가 있고 1년에는 1년의 운세가 있다. 크게는 천지의 시작과 끝, 작게는 사람과 사물의 태어남과 죽음, 멀리는 고금의 세상변화가 모두 이것에서 벗어나지 않는다. 다만 하나의 차고 기울음, 소멸·번성하는 이치일 뿐이다. 예컨대 納甲法[아래의 편역자 주를 참고하시오]에 따르면 乾☰괘는 甲과 壬을 거두어들이고, 坤☷괘는 乙과 癸를 거두고, 離☲괘는 己를 거두고, 坎☵괘는 戊를 거두고, 巽☴괘는 辛을 거두고, 震☳괘는 庚을 거두고, 兌☱괘는 丁을 거두고, 艮☶괘는 丙을 거두어들임도 역시 이것이다.

又曰 一日有一日之運. 一歲有一歲之運. 大而天地之終始 小而人物之生死 遠而古今之世變. 皆不外乎此 只是一箇盈虛消息之理. 如納甲法 乾納甲壬 坤納乙癸 離納己 坎納戊 巽納辛 震納庚 兌納丁 艮納丙 亦是此

〈편역자 주〉 納甲法

納甲法은 西漢의 京房(B.C. 77-37)과 삼국 시대의 虞翻(164-233)의 易說인데, 편역자는 믿지 않는다. 卜筮家(복서가)들은 卦·爻를 干支(간지)와 五行에 분배하는 이 방법으로 점을 친다.

ᵃ 子=(접미사) 예:帽子. 椅子. 卓子.

八卦	天平	五行	五方	日	月
乾≡(內)	甲	木	東	15日	望
坤☷(內)	乙			29日	晦
艮☶	丙	火	南	23日	下弦
兌☱	丁			8日	上弦
坎☵	戊	土	中		
離☲	己				
震☳	庚	金	西	3日	上新月
巽☴	辛			16日	旣望
乾≡(外)	壬	水	北		
坤☷(外)	癸				

易을 '변하고 바뀐다[變易]'는 뜻으로 훈독하거나, '사귀고 바뀐다[交易]'는 뜻으로 훈독하기도 하는데, 이는 넓게 보면 '변한다'는 뜻이니, 先天圖[伏羲 先天 64괘 方位圖]를 보면 곧 알 수 있다. (이 先天圖의) 東邊[동쪽 가]에 있는 괘의 初畫(초획)은 모두 陰▪▪효인데, 西邊[서쪽 가]에 있는 괘의 初畫이 모두 陽━효로 東西가 짝을 이루고 있다[東西의 對待 관계]. 이처럼 동쪽은 괘의 뿌리가 모두 陽━爻이니 陽方이라 하고, 서쪽은 괘의 뿌리가 모두 陰▪▪爻이므로 陰方이라 한다. 그런데 원래는 陽方인 동쪽의 陰▪▪획은 본래 모두 서쪽에서 온 것이고, 陰方인 서쪽의 陽━획은 모두 동쪽에서 온 것이다. 예를 들면 姤≣괘가 서쪽의 陰方 첫자리에 있는 까닭은, 동쪽 다섯 획의 양━효가 건너온 때문이며, 復≣가 동쪽 陽方의 첫자리에 있는 까닭은 서쪽 다섯 획의 陰▪▪효가 건너온 때문이다. 이는 이른바 '상호 널리 교류하여 이룬다'는 것이다. 易의 변화는 비록 다반사이지만, 이것이야말로 '제1變'이다.

易訓變易 又訓交易. 是博易之義. 觀先天圖便可見. 東邊一畫陰 便對西邊一畫陽. 蓋東一邊 本皆是陽 西一邊 本皆是陰. 東邊陰畫 本皆是自西邊來 西邊陽畫 都是自東邊來. 姤在西 是東邊五畫陽過來. 復在東 是西邊五畫陰過來. 互相博易而成. 易之變雖多般 然此是第一變.

또 말하기를, 陽 가운데 陰이 있고 陰 가운데 陽이 있다. 양쪽[兩邊]이 交易하여 각각 서로 맞수가 된다. 실제로 이것이 저리 가고 저것이 이리 오는 것이 아니라, 다만 그 象이 그렇다는 것이다.[a] 그러나 성인께서 당초에 이처럼 생각한 것이 아니다. 다만 한 개의 陽━과 한 개의 陰▪▪을 그렸고, 그 괘마다 다시 두 개씩 생겨난 것이다. 즉 한 개의 陽━爻 위에, 또 한 개의 陽━과 한 개의 陰▪▪이 생겨나고, 한 개의 陰▪▪爻 위에, 한 개의 양━과 한 개의 음▪▪이 생겨난 것이다. 단지 이처럼 관리해 나가자 자연히 1이 2가 되고, 2가 4가 되고, 4가 8이 되고, 8이 16이 되고, 16이 32가 되고, 32가 64개의 효가 된 것이며,

---

a 이와 같이 朱子는 推移法을 부정한다.(편역자 주)

이미 이루어진 64효를 편리하게 이처럼 정리한 것이다. 모두가 천지 본연의 생성이 원래 이와 같으니, 다만 요점이 성인의 손을 빌려 그려져 나왔다.

又曰 陽中有陰 陰中有陽 兩邊交易 各各相對. 其實非此往彼來. 只是其象如此 然聖人當初 亦不恁地思量. 只是畵一箇陰 畵一箇陽. 每箇便生兩箇. 就一箇陽上 又生一箇陽一箇陰. 就一箇陰上 又一箇陰一箇陽. 只管恁地去 自一爲二 二爲四 四爲八 八爲十六 十六爲三十二 三十二爲六十四. 旣成便如此齊整. 皆是天地本然之妙 元如此 但略假聖人手 畵出來.

묻기를, 先天圖는 자연의 象과 數를 가지고 있다는데 복희씨께서는 당초부터 그런 것을 알았을까요? 대답하기를, 어떠했는지는 알 수 없어도, 다만 안의 橫圖(횡도: 方圖를 칭함)는 드러나 있는 것에 의거해 그렸기 때문에 비교적 자연스럽다. 밖의 圓圖는 곧장 그 중간을 꺾어 둘로 나누어, 이곳으로 오는 것은 奇數의 陽方이고 저쪽으로 가는 것은 偶數의 陰方이라 했는데, 이는 약간 조작적이고 그다지 원초의 그림에 의거하지 않은 측면이 있다. 복희씨는 당초 太極 밑에 陰陽이 있다는 것을 발견하고, 곧 1이 2를 낳고, 2가 4를 낳고, 4가 8을 낳음을 알았을 것이다. 그러나 이 원리를 추론해서 이런 것들을 만들어 냈다 할지라도, 이처럼 가지런하게 정돈될 줄은 깨닫지 못했을 것이다.

問 先天圖 有自然之象數. 伏羲當初亦知其然否. 曰 也ª不見得如何. 但橫圖據見在底畵 較自然. 圓圖便是就這中間 拗做兩截 恁地轉來底是奇. 恁地轉去底是偶. 有些造作. 不甚依他 元初畵底. 伏羲當初 也只見太極下面 有箇陰陽. 便知得 一生二 二又生四 四又生八. 恁地推去 做成這物事 不覺成來 却如此齊整.

葉永卿(섭영경)에게 답하여 가로되, '先天圖'說은 모름지기 먼저 64괘를 받들어 하나의 橫道[方圖를 칭함]를 만드려면 震☳→巽☴·復☷☳→姤☰☴괘의 交錯(교착)이 바로 중간에 있어야 한다. 먼저 復☷☳괘에서 震☳괘를 거쳐 却行[逆行 또는 下行으로 표기하기도 한다]하여 乾☰괘에 이르고, 다음은 姤괘에서 巽☴괘를 거쳐 順行하여 坤☷괘에 이른다. 설령 (橫圖를 풀어) 圓圖로 만든다 해도 봄·여름·가을·겨울, 晦朔(회삭: 그믐과 초하루)·弦望(현망: 초승달과 보름), 낮과 밤, 저녁과 旦(단: 해 돋을 무렵) 등 모두가 차례를 가지게 될 것이니 이것이 「64卦 次序圖」를 그린 중요한 취지이다.

(또한 64괘와 384개의 효 가운데 그 절반인) 왼쪽방향 陽方의 192개효는 본래 모두 陽━효이며, 오른쪽 방향인 陰方 192개 효는 본래 모두 음╍효이다. 이에 좌우의 陰陽이 맞수로 바라보며[對待 관계를 이루며], 서로 도우며 널리 바뀌어 이러한 그림[伏羲 先天 64괘 方位圖]을 이루게 되었다. 만약 이 그림 중앙의 빈 백지 부분인 太極을 따라서 일어나 양 끝으로 향하는 順行(순행)·逆行(역행)ᵇ이 없이 다만 머리를 따라서 꼬리에 이르게 했다면, 이러한 취지들이 모두 통하지 못했을 것이다. 시험 삼아 이 같은 의도를 미루어 나아간다면 의당 스스로 드러나고 체득할 것이다.

---

a 也=(접속사) …해도. …할뿐더러. 또…하다.

b 편역자 주: 橫圖는 方圖이니 모난 땅을 위주로 하는 그림이고, 圓圖는 둥근 하늘을 위주로 하는 그림이다. 그러므로 橫圖에서는 땅을 향해 올라가는 운행을 '順行'이라 하고, 하늘을 향해 내려가는 운행을 '却行(각행)'이라 한다. 반면에 圓圖에서 하늘을 향해 올라가는 운행을 '順行'이라 하고, 땅을 향해 내려가는 운행을 '逆行'이라 한다. 이처럼 주역에서는 하늘을 향하든지 땅을 향하든지 불문하고 上行은 順行이요 下行은 逆行이라고 한다.

答葉永卿曰 先天之說 此須先將[a]六十四卦 作一橫圖 則震巽復姤 正在中間. 先自震復 却[b]行以至於乾乃 自巽姤 而順行以至於坤. 便[c]成圓圖 而春夏秋冬 晦朔弦望 晝夜昏旦 皆有次第 此作圖之大指[d]也. 又左方 百九十二爻本皆陽. 右方百九十二爻本皆陰. 乃以對望. 交相博易 而成此圖. 若不從中起 以向兩端 而但 從頭至尾 則此等類 皆不可通矣. 試用此意推之 當自見得也.

〈先天圖〉는 복희씨의 본래 그림이고, 邵康節이 스스로 지은 것이 아니다. 비록 (先天圖에) 말이 없지만 구비한 것이 대단히 넓다. 무릇 지금의 주역 가운데 한 글자 한 뜻도 그 가운데서 유출되지 않은 것이 없다.
先天乃伏羲本圖 非康節所自作, 雖无言語 而所該甚廣. 凡今易中一字一義 无不自其中流出者.

묻기를, 先天圖가 太極圖(태극도)와 같지 않은 것은 무엇 때문인가? 대답하기를, 太極圖는 중앙의 빈 것 이 곧 太極이다. 그 圖說[太極圖에 관한 설명]이 중앙을 따라 일어나니, 지금의[先天圖의] 方圖에서처럼 중 앙에 막힌 곳이 있다는 것과는 아예 부합되지 않는다. 도리어 밖으로 방출되기를 기다려 취한 [先天圖 의] 圓圖는 兩邊[오른쪽의 陰方과 왼쪽의 陽方]에서 생긴다는 것이다. 이는 곧 陰은 陽을 뿌리로 하고, 陽은 陰을 뿌리로 한다는 것이다. 先天圖에는 맞수인 相對[對待 관계의 '對']가 있으나, '중앙을 따라 나온다'는 太極圖는 맞수인 相對가 없다[對待 관계가 없다]는 점에서 兩者가 같지 않다.
問 先天圖與太極圖 不同如何. 曰 中間虛者 便是太極. 他[e]圖說從中起 今不合方圖 在中間塞. 却待取出放 外. 他兩邊生者 卽是陰根陽 陽根陰. 這箇有對. 從中出者无對.

묻기를, 先天圖는 어째서 옮겨져 方圖를 방출하여 아래에 놓았습니까? 대답하기를, 이는 내가 끄집어 내서 방출한 것이다.[f]
問 先天道 如何移出方圖在下. 曰 是某挑出.

---

a　將=거느리다. 보양하다. 받들다. 낳다. 청하다.

b　却=물러나다. 물리치다.

c　便=설령…하더라도.

d　指=主旨. 意圖.

e　他=(語氣詞)

f　朱子의 先天圖가 존재하는지 알 수 없다. (편역자 주)

6) 文王 八卦 次序之圖

〈文王 八卦 次序圖〉

文王八卦次序之圖

〈附錄〉

朱子께서 가로되, 坤☷이 乾☰을 찾아가 그의 初九를 얻어 震☳이 되었다. 그러므로 첫 번째 밧줄[a]로 남자를 얻었다고 말한 것이다. 乾☰이 坤☷에게 찾아가 初六[처음의 陰]을 얻어 巽☴이 되었다. 그러므로 첫 번째 밧줄로 여자를 얻었다고 말한 것이다. 坤☷이 재차 찾아가 乾☰의 九二[두 번째 陽]를 얻어 坎☵이 되었다. 그러므로 두 번째 밧줄로 남자를 얻었다고 말한다. 乾☰이 재차 찾아가 坤☷의 六二[두 번째 陰]를 얻어 離☲가 되었다. 그러므로 두 번째 밧줄로 여자를 얻었다고 말한 것이다. 坤☷이 재삼 찾아가 乾☰의 九三[셋째 陽]을 얻어 艮☶이 되었다. 그러므로 새번째 밧줄로 남자를 얻었다고 말한다. 乾☰이 재삼 찾아가 坤☷의 六三[셋째 陰]을 얻어 兌☱가 되었다. 그러므로 세 번째 밧줄로 여자를 얻었다고 말한 것이다. 또 '乾☰이 坤☷을 찾아가 여자를 얻고, 坤☷이 乾☰을 찾아가 남자를 얻었다'는, 처음 괘를 그릴 때부터 그렇게 하려고 한 것이 아니고, 단지 괘를 그린 연후에 이러한 형상을 발견했을 뿐이라는 말이다.

朱子曰 坤求於乾 得其初九 而爲震. 故曰 一索[b]而得男. 乾求於坤 得其初六而巽 故曰 一索而得女 坤再求 而得乾之九二 以爲坎. 故曰 再索而得男. 乾再求 而得坤之六二 以爲離. 故曰 再索而得女. 坤三求 而得乾之九三 以爲艮. 故曰 三索而得男. 乾三求 而得坤之六三 以爲兌. 故曰 三索而得女. 又曰 乾索於坤 而得女. 坤索於乾 而得男. 初間畫卦時 不是恁地. 只是畫卦後 便見有此象耳.

———

a　索(삭=새끼줄. 밧줄/ 색=두려움. 찾음)을 밧줄로 새겼는데, 이는 대대로 이어지는 질긴 혈연관계를 형상한 것이다. (편역자 주)

b　索=밧줄. 수색하다.

〈文王 八卦 方位圖〉

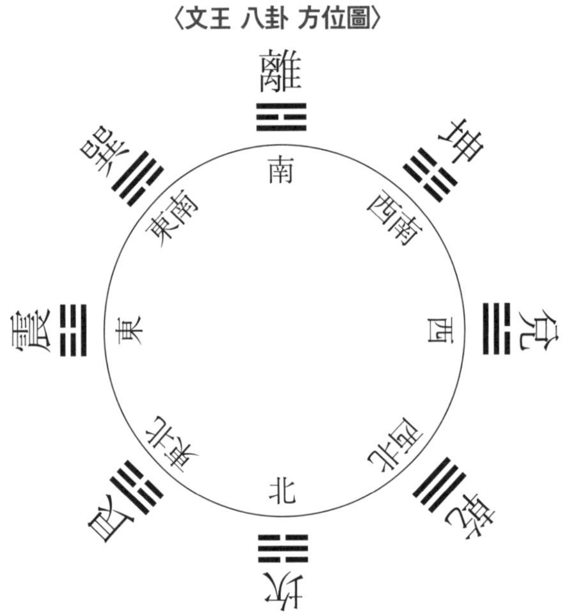

위의 〈文王 八卦 方位圖〉는, 『說卦傳』에서 말한 것을 드러내 보여주는 그림이다. 邵子[邵康節]가 말하기를, 이는 文王의 八卦로서 本體를 말하는 先天의 학문에 이용의 자리를 끌어들인 後天의 학문이라 한다. 右見說卦. 邵子曰 此文王八卦. 乃入用之位 後天之學也.

〈附錄〉

邵子[邵康節]가 말하기를, 文王이 易을 지은 것은 지극하다. 그것은 천지의 功能[공적을 이루는 능력]을 밖으로 드러냈다. 그러므로 乾☰天과 坤☷地가 교제하여 泰䷊泰平이 되었고, 坎☵水와 離☲火와 교제하여 既濟䷾로 救濟하게 되었다. 乾☰天은 虛하여 子時(자시)에 낳고, 坤☷地는 實하여 午時(오시)에 낳고, 坎☵水는 寅時(인시)에 다하고, 離☲火가 申時(신시)에 다하게 한 것은 天時에 호응한 때문이다. 乾☰을 서북으로 옮기고 坤☷을 서남으로 물러나게 한 것은, 震☳長男이 정사를 맡고 巽☴長女가 어미를 대신하게 한 것이고, 坎☵水와 離☲火가 乾坤이 물려준 자리를 얻고, 兌☱少女와 艮☶少男이 짝이 되게 한 것은, 땅의 방정함에 호응한 때문이다.[a] 王法은 이것으로 다한 것이다.

邵子曰 至哉 文王之作易也. 其得天地之用[b]乎. 故乾坤交而爲泰 坎離交而爲既濟也. 乾生於子 坤生於午 坎終於寅 離終於申 以應天之時也. 置乾於西北 退坤於西南 長子用事 而長女代母, 坎離得位 而兌艮爲偶 以應地之方也. 王者之法 其盡於是矣.

---

a　편역자 주: 兌☱少女와 艮☶少男의 짝을 兌☱少女와 震☳長男의 짝으로 바꾸어야 한다는 주장도 있으나 따르지 않는다.

b　用=안의 本體가 밖으로 드러난 형태. 功能.

또 말하기를, 易이란 것은 한 번 그늘지고 한 번 햇볕 드는 것이다. 震☳長男과 兌☱少女는 처음으로
교제하는 것이므로 아침저녁의 자리를 담당하고, 坎☵中男과 離☲中女는 교제가 극진한 것이므로 子
時와 午時의 자리를 담당하고, 巽☴長女와 艮☶少男은 교제하지 않고 음양이 섞였으므로 쓰임 중에서
치우친 자리를 담당하고, 乾☰과 坤☷은 순수한 陽과 陰이므로 쓰이지 않는 자리를 담당했다.
又曰 易者一陰一陽之謂也. 震兌始交者也. 故當朝夕之位. 坎離交之極者也 故當子午之位. 巽艮不交 而
陰陽猶雜也 故當用中之偏. 乾坤純陽純陰也 故當不用之位也.

또 말하기를, 西南方인 兌☱少女·離☲中女·巽☴長女는 陽━을 많이 얻은 자이고, 東北方인 艮☶少
男·坎☵中男·震☳長男은 陰╍을 많이 얻은 자이다[이들은, 서북방에 옮겨 앉은 乾☰父의 아들들이다]. 이 때
문에 天地의 쓰임[利用]이 된다. 乾☰은 극진한 양━이요 坤☷은 극진한 음╍이니, 이 때문에 쓰이지
않는다. 또 말하기를 震☳長男과 兌☱少女는 가로[橫]로 통하고, 나머지 여섯 괘은 세로[縱]로 통하니
易의 쓰임[利用]이다.
又曰 兌離巽得陽之多者也. 艮坎震得陰之多者也. 是以爲天地用也. 乾極陽坤極陰 是以不用也. 又曰 震
兌橫而六卦縱 易之用也.

朱子께서 梅巖(매암) 袁樞(원추)의 질문에 대답하여 말씀하셨다. 보내주신 (편지의) 가르침에 이르기를,
"겨울과 봄은 陽이 되고 여름과 가을은 陰이 된다" 하셨으니, 文王의 八卦圖로 논평한다면 서북쪽으로
옮겨 앉은 乾에서 震☳東方에 이르기 까지는 모두 아비와 세 아들의 자리이다〈乾☰父 → 坎☵中男 →
艮☶少男 → 震☳長男〉. 동남쪽의 巽☴에서부터 서방의 兌☱에 이르기까지는 모두 어미와 세 딸의 자
리이다〈巽☴長女 → 離☲中女 → 坤☷母 → 兌☱少女〉. 그러므로 坤☷·蹇☵·解☵괘의 '彖辭'에서 "모
두 동북은 陽方이 되고, 서남은 陰方이 된다 했으며, 겨울과 봄은 陽이 되고 여름과 가을은 陰이 된다"
하였으니, 이 또한 하나의 학설입니다.
朱子答袁樞曰. 來喩謂 冬春爲陽 夏秋爲陰, 以文王八卦論之則 自西北之乾, 以至東方之震 皆父與三男之
位也. 自東南之巽 以至西方之兌 皆母與三女之位也. 故坤蹇解卦之彖辭 皆以東北爲陽方 西南爲陰方. 然
則謂冬春爲陽 夏秋爲陰 亦是一說.

다만 『說卦傳』에서 乾☰을 西北이라 했으나[文王의 八卦 方位圖와 일치함] 陰이 서쪽에서 끝나지 않을 수
있고, 巽☴을 東南이라 했으나 陽이 동쪽에서 끝나지 않을 수 있다고 했습니다. 역시 보내주신 서신으
로 이를 미루어 보건데 『說卦傳』의 글은 '彖辭'와 서로 表裏가 되어 따른 것이며, 이 그림 또한 文王으
로부터 나왔음을 알 수 있습니다. 다만 이것도 스스로 하나의 학설이며, 〈12卦 卦時圖〉[a][아래의 그림 참

---

a　12卦 卦時圖(십이괘 괘시도):

12 소식괘(消息卦)를 12월, 28수(宿), 24절기(節氣)와 서로 짝지어 만든 도식(圖式)이다. 12괘를 시계 바늘 방향으로 배열하
여 음양소장(陰陽消長)을 표시한다. 복(復)은 일양(一陽)이 다시 돌아오니 자(子)가 되고 11월이다. 임(臨)은 이양(二陽)이
승(升)하니 축(丑)이 되고 12월이다. 건(乾)에 이르러 순양(純陽)이 되어 사(巳)가 되고 4월이다. 구(姤)는 일음(一陰)이 자라
기 시작하니 오(午)가 되고 5월이다. 곤(坤)에 이르러 순음(純陰)이 되어 해(亥)가 되고 10월이다. 복(復)을 동지(冬至)에 두
고, 태(泰)를 입춘(立春)에, 대장(大壯)을 춘분(春分)에, 건(乾)을 입하(立夏)에, 구(姤)를 하지(夏至)에, 비(否)를 입추(立秋)

〈12卦 卦時圖〉

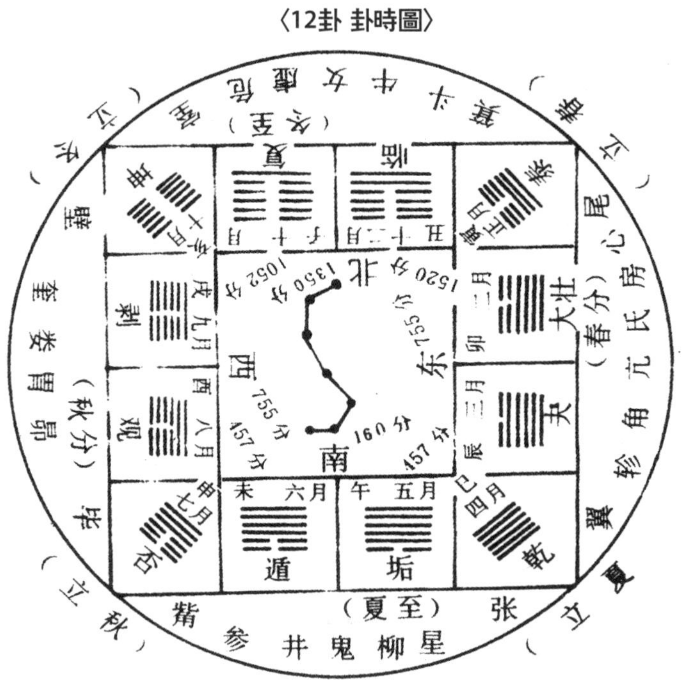

조] 등의 다른 학설과는 각각 서로 통하지 않을 뿐입니다.

但說卦 又以乾爲西北則 陰有不盡乎西. 以巽爲東南則 陽有不盡乎東. 此亦以來書之說推之 而說卦之文 適與彖辭 相爲表裏. 亦可以見 此圖之出於文王也. 但此自是一說. 與他說十二卦之類 各不相通耳.

또 말씀하셨다. 邵康節의 설명에 의하면 ‘先天圖’는 복희씨가 그린 易이고, ‘後天圖’는 文王께서 복희씨의 〈先天圖〉를 부연한 易이다. 복희씨의 易은 처음에 문자가 없었고 단지 하나의 그림만 있었으나, 여기에 象·數를 붙임으로써 천지만물의 이치와 陰陽·始終의 변화가 갖추어지게 되었다. 文王의 易은 곧 지금의 周나라 易이고 공자께서 傳을 지어 해설하신 것도 이 주역이다.

又曰 據邵氏說 先天者 伏羲所畫之易也 後天者 文王所演之易也. 伏羲之易 初无文字 只有一圖 以寓其象數 而天地萬物之理 陰陽始終之變具焉. 文王之易 卽今之周易 而孔子所爲作傳者是也.

孔子께서 이미 文王의 易을 따라 傳文을 지었기 때문에, 그 논점이 오로지 文王의 易을 위주로 한 것은 당연하다. 그러나 복희씨가 처음으로 그려낸 易을 미루어 본받지 않고, 다만 中半(중반)으로부터 따라 학설을 일으킨다면, 옛날로 올라가 지금의 근원을 알 수 없다. 그러므로 十翼(십익) 가운데, 〈『繫辭傳』(下) 1장의 “八卦成列(八卦가 열을 지으니)……因而重之(이를 근거로 중첩한다)〉, 太極·兩儀, 四象·八卦, 〈天☰ 地☷ 山☶ 澤☱ 雷☳ 風☴ 水☵ 火☲〉와 같은 부류는, 모두 복희씨가 그린 易의 의도를 본받은 것이다. 그래서 나는 『易學啓蒙』「原卦畫」의 한 편에서 역시 두 분의 뜻을 구분하여, 복희씨를 앞에 놓고 文王은 뒤에 놓았다. 반드시 성인께서 易을 만든 근본을 알려고 한다면, 마땅히 복희씨가 그린 畫을 궁구해야 한다. 만약 단지 지금의 易書의 글자와 뜻을 알려고 한다면, 단지 문왕의 經文과 공자의 傳文을

에, 관(觀)을 추분(秋分)에, 곤(坤)을 입동(立多)에 둔다. 28수(宿)는 시계 바늘 역(逆) 방향으로 배열하고 12괘를 분납(分納)한다. 〈金勝東 편저 『易思想辭典』(부산, 부산대학교 출판부, 1998) 610쪽.〉

찾는 것으로 충분하다. 그러므로 두 가지는 처음부터 서로 훼방하지 않으며, 또한 둘을 서로 섞어도 잡스럽지 않을 것이다.

孔子 旣因文王之易 以作傳則 其所論固 當專以文王之易爲主. 然 不推本伏羲始畫之易 只從中半說起 不識向上根原矣. 故十翼之中 如八卦成列 因而重之 太極兩儀 四象八卦 而天地山澤雷風水火之類 皆本伏羲畫易之意. 而某於啓蒙 原卦畫一篇 亦分兩義 伏羲在前文王在後. 必欲知聖人作易之本. 則當考伏羲之畫. 若只欲知 今易書文義 則但求之文王之經 孔子之傳足矣. 兩者初不相妨 而亦不可以相雜也.

또 말하기를, 처음 획을 그리기 전부터 여섯 획이 가득하게 조처되기까지를 설명한 것이, 邵康節이 말한 先天의 학문이다. 괘가 이루어진 뒤에 각각 한 가지 뜻으로 미루어 설명한 것이, 이른바 邵康節이 말한 後天(후천)의 학문이다, 예를 들면 『繫辭傳』·『說卦傳』의 三才의 道[天道인 陰陽, 地道인 剛柔, 人道인 仁義의 학설]과 六位[여섯 개 爻의 지위]의 학설이, 곧 이른바 後天의 학문이라는 것이다. 先天·後天이 각각 스스로 하나의 뜻을 이루었고, 後天의 학설 중에도 뜻을 취함이 같지 않은 점이 많으나, 피차 저절로 서로 훼방하지 않으니, 한 가지를 고집해서 백가지를 廢(폐)할 수는 없다.

又曰 自初 未有畫時. 說到六畫滿處者 邵子所謂先天之學也. 卦成之後 各因一義推說 邵子所謂後天之學也. 如繫辭說卦 三才六位之說 卽所謂後天者也. 先天後天 旣各自爲一義. 而後天說中 取義又多不同. 彼此自不相妨 不可執一而廢百也.

西山 蔡元定(채원정)이 말했다. 복희 八卦는 數理의 자연이고, 문왕 八卦는 致用(치용)에 그것을 드러낸 것이다. 혹자가 이르기를 先天은 곧 천지가 그렇게 된 원인을 모사한 것이니 천리에 순수하게 호응한 것이라 했다. 반면에 後天은 천지의 당연한 도리를 정돈하여 人事(인사)를 마땅하게 하는 것이다. 이런 뜻은 참으로 좋다. 그러나 先天이 어찌 인사가 아니겠느냐? 後天 역시 천리 자연이다. 돌아보면 본체를 밝히는 '明體(명체)'와 功能을 이용하는 '致用(치용)'이 같지 않으나, 明體·致用 두 가지는 서로 없어서는 안된다. 그러므로 공자께서 "帝出乎震〈'帝(天帝)'가 우레에서 나온다: 이 '帝'는 後天에 속한다〉"이 나오는 『說卦傳』5장을 해석하실 때, 先天으로 六子〈八卦에서 父母인 乾坤卦를 제외한 6子女의 괘(震☳·巽☴·離☲·兌☱·坎☵·艮☶괘)〉의 致用을 또한 설명하셨다. 邵子[邵康節]가 "帝出乎震"을 文王께서 정한 것이라 했으나, 이제 連山易(연산역)을 보니 艮☶괘를 머리로 삼아 山의 기운으로 만물이 처음과 끝을 이룬다고 생각했으므로,[a] 아마도 옛날에도 역시 이것[공자처럼 先天으로 致用을 설명함]이 있었던 것 같다.

西山蔡氏曰. 伏羲八卦 是數之自然. 文王八卦 乃是見之於用. 或謂先天 乃模寫天地所以然. 純乎天理者也. 後天乃整頓天地所當然之理. 參[b]以人事. 此意固好. 然 先天豈非人事. 後天亦是天理之自然. 顧有明體致用之不同 二者不可相无. 故夫子 釋帝出乎震一章 又以先天說六子之用也. 邵子以帝出乎震 爲文王所定. 今觀連山 首艮以萬物成終成始. 恐古亦有此矣.

---

a   편역자 주: 連山易은 古易[連山·歸藏·周易]의 하나로 夏易이라는 說, 그보다 앞선 神農氏의 易이라는 說이 있다. 漢나라의 초기에 이미 없어져 전해지지 않는다. '連山'은 山의 기운이 하늘과 이어진다는 뜻으로, 艮(☶ ☶)괘를 首卦[머리 卦]로 한다는 점이 특징이다.

b   參=宜也. 分也.

8) 朱子의 「卦變圖」

『彖傳』에서 혹 卦變으로 설명하는데, 이제 이 그림을 만들어 그것을 밝힌다. 『彖傳』은 원래 易 가운데 하나의 뜻일 뿐, 卦를 그리고 易을 지은 본래의 취지는 아니다.

彖傳 或以卦變 爲說 今作此圖 以明之. 蓋易中之一義 非畫卦作易之本指也.

① 凡一陰一陽之卦 (各六皆自復姤而來)

一陽卦

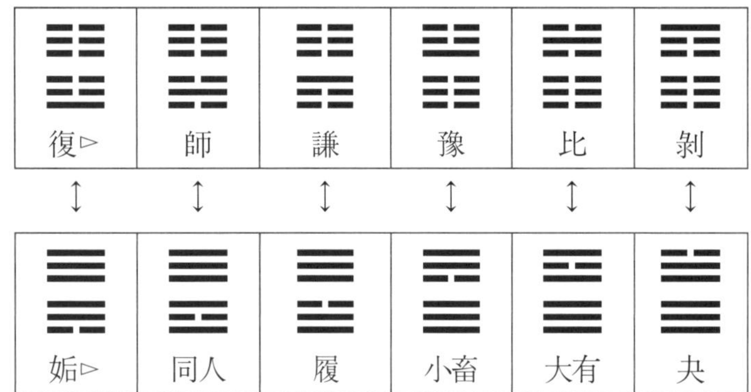

一陰卦

② 凡二陰二陽之卦 (各十有五 皆自臨遯而來)

二陽卦					二陰卦				
臨▷	明夷	震	屯	頤	遯▷	訟	巽	鼎	大過
12月 辟卦 ↑	升	解	坎	蒙	6月 辟卦 ↑	无妄	家人	離	革
		小過	蹇	艮			中孚	睽	兌
		閏月 辟卦 ↑	萃	晉			閏月 辟卦 ↑	大畜	需
			8月 辟卦 ⇨	觀				2月 辟卦 ⇨	大壯

③ 凡三陰三陽之卦 (各二十 皆自泰否而來)

三陽卦

泰▷	歸妹	節	損
↑ 正月 辟卦	豐	旣濟	賁
		隨	噬嗑
			益
	恒	井	蠱
		未濟	困
			渙
		咸	旅
			漸
		7月 辟卦 ⇨	否

三陰卦

否▷	漸	旅	咸
↑ 7月 辟卦	渙	未濟	困
		蠱	井
			恒
	益	噬嗑	隨
		賁	旣濟
			豐
		損	節
			歸妹
		正月 辟卦 ⇨	泰

④ 凡四陰四陽之卦 (各十有五 皆自大壯觀而來)

四陽卦

大壯▷	需	大畜
↑ 2月 辟卦	兌	睽
	閏月⇨	中孚
	革	離
		家人
		无妄
	大過	鼎
		巽
		訟
	↑ 6月 辟卦	遯

四陰卦

觀▷	晉	萃
↑ 8月 辟卦	艮	蹇
	閏月⇨	小過
	蒙	坎
		解
		升
	頤	屯
		震
		明夷
	↑ 12月 辟卦	臨

⑤ 凡五陰五陽之卦 (各六 皆自夬剝而來)

五陽卦		五陰卦	
夬▷	大有	剝▷	比
↑ 3月 辟卦	小畜	↑ 9月 辟卦	豫
	履		謙
	同人		師
⇨ 5月 辟卦	姤	⇨ 10月 辟卦	復

위와 같이 朱子의 卦變圖(괘변도)는 아홉 개이다. 천지자연의 易이 있고, 伏羲(복희)씨의 易이 있고, 文王·周公의 易이 있고, 孔子의 易이 있다. 복희씨 이전에는 모두 문자는 없고 그림·畫(획)만 있었으니, 우선 깊이 음미해야만 易을 지은 근원과 정미한 의미를 발견할 수 있다. 文王 이후부터 문자가 있었으니 곧 지금의 주역이다. 그러니 독자들은 역시 각각 본문의 정보로 다가 가야하며, 孔子의 설명을 곧 文王의 말이라고 하는 것은 옳지 않다.

右易之圖九. 有天地自然之易. 有伏羲之易. 有文王周公之易. 有孔子之易. 自伏羲以上 皆无文字 只有圖畫. 最宜深玩 可見作易本原精微之意. 文王以下 方有文字 卽今之周易. 然讀者 亦宜各就本文消息. 不可便以孔子之說 爲文王之說也.

〈附錄〉

제자인 董銖(동수)가 스승에게 물었다. 근래에 卦變을 조금 고찰해보았습니다. 彖辭와 비교해 볼 때, 『說卦傳』에서 말한 變卦는 모두 9괘이며 대개 괘가 이루어진 까닭을 말했습니다. 彖辭에서는 괘가 이루어진 이유를 취하지 않았으니, 곧 위치가 변한 爻를 말하지 않았습니다. 程子께서는 오로지 乾坤으로써 卦의 변화를 말씀했습니다. 그러나 단지 이것은 상하의 두 괘가 모두 변한 경우는 통할 수 있지만, 단지 한 괘만 변한 경우는 통하지 않습니다. 두 개의 體質이 변한 경우는 모두 7개인데 隨 蠱 賁 咸 恒 漸 渙괘가 이것이며, 한 체질만 변한 것은 두 개로 訟 无妄이 이것입니다. 7

괘 중에는 剛이 柔에 내려가는 이치를 취한 부류도 있고, 剛爻는 올라가고 柔爻는 내려오는 이치를 취한 부류도 있으나, 모두 설명이 통할 수 있습니다. 하지만 한 체질만 변한 경우에는 온 까닭을 밖으로부터 왔다고 하였으니, 그 설명은 납득하기에는 막힘이 있습니다. 모든 卦의 變化는 모름지기 두 개의 형질이 오르고 내리며 변화하는 것을 관찰해야만 비로소 괘를 이루게 된 연유를 알 수 있을 것입니다.

董銖問 近略考卦變. 以象辭考之 說卦變者凡九卦 蓋言成卦之由. 凡象辭不取 成卦之由 則不言所變之爻. 程子專以乾坤言變卦. 然只是上下兩體 皆變者可通. 若只一體變者則不通. 兩體變者凡七卦 隨蠱賁咸恒漸渙是也. 一體變者兩卦 訟无妄是也. 七卦中取剛來下柔 剛上柔下之類者可通. 至一體變者 則以來爲自外來. 故說得有礙 大凡卦變 須觀兩體 上下爲變 方知其所由以成之卦.

朱子 가로되, 바로 이 지점에서 그 설명을 받아들이는데 막힘이 있는 것이다. 또 程子의 『易傳』에서 賁䷼괘에 대해 이르기를 "어찌 乾☰과 坤☷이 중첩하여 泰䷊卦가 되고, 다시 泰괘로부터 변하여 賁䷼괘가 되는 이치가 있겠는가?"라고 말씀하셨다. 만약 그 설명대로라면, 이른바 "乾☰과 坤☷이 변하여 여섯 자식 괘[震☳長男, 坎☵中男, 艮☶少男, 巽☴長女, 離☲中女, 兌☱少女]가 되고, 八卦가 중첩하여 64괘가 된다"는 말씀처럼 모두가 乾坤으로 말미암아 변한 것이니, 程子의 『易傳』은 맞지 않고 통하지 않는다.

朱子曰. 便是此處說得有礙. 且程傳賁卦所云 豈有乾坤重而爲泰. 又自泰而變 爲賁之理. 若其說果然 則所謂 乾坤變而爲六子 八卦重而爲六十四. 皆由乾坤而變者. 其說不得而通矣.

대개 있다고 말하면 다 함께 있는 것이다. 한 획으로부터 둘이 갈라지고, 둘이면 넷, 넷이면 여덟으로 분할되니 八卦가 이루어진다. 8이면 16으로, 16이면 32로, 32면 64로 분할하여 重卦가 갖추어진다. 그러므로 八卦가 있으면 반드시 64괘가 있다[因果關係]. 이것이 邵康節의 이른바 '先天'이다. 만약 "震☳괘 하나를 구했으니 남자를 얻었다"는 그 이하의 말씀은, 곧 이미 이 震☳괘가 있음을 알고 震☳괘에 따라 이런 뜻을 낸 것이니, 모두 이른바 後天의 학문이다.

蓋有則俱有. 自一畫而二 二而四 四而八 而八卦成. 八而十六 十六而三十二 三十二而六十四 而重卦備. 故有八卦則有六十四矣. 此康節所謂先天者也. 若震一索ᵃ 而得男以下 乃是已有此卦了 就ᵇ此卦生出此義 皆所謂後天之學也.

오늘날 이른바 "卦變"이란 역시 괘가 있은 뒤에 성인께서 이런 象을 발견하고 象傳과 卦辭에 발표한 것이다. 그런데 어찌 乾坤이 중첩되어 이처럼 괘가 되었으니, 다시 변화시켜 다른 괘를 만들 수 없다고 하겠는가? 만약 先天을 논한다면 1개의 卦도 또한 없을 것이니, 이미 괘를 그린 다음에 乾一 兌二 離三 震四 巽五 坎六 艮七로 변화하고 끝자리에는 坤에 이르고, 또 어찌 乾坤이 변하여 여섯 자식 卦가 되는 이치가 있겠는가? 무릇 지금 周易에서 말한 것들은 모두 後天의 易일 뿐이다. 이로써 알 수 있듯이 邵康節의 先天·後天의 설명이야말로 가장 功(공)이 있다고 할 것이다.

---

a 索=求也.

b 就=從也. 由也.

今所謂卦變者 亦是有卦之後 聖人見得有此象 故發於彖辭. 安得謂之 乾坤重而爲是卦 則更不可變 而爲他卦耶. 若論先天 一卦亦无. 旣畫之後 乾一兌二離三震四 至坤居末. 又安有乾坤變 而爲六子之理. 凡今易中所言 皆是後天之易耳. 以此見得 康節先天後天之說 最爲有功.

太極·兩儀·四象·八卦는 복희씨가 괘를 그린 法式(법식)이다. 『說卦傳』 3장의 "천지가 자리를 정하고 (天地定位)"부터 4장의 "坤으로써 감춘다(坤以藏之)"까지는, 복희씨께서 八卦의 자리를 그려 보여준 것이다. 5장의 "天帝는 震[우레]에서 나온다(帝出乎震)"부터는 문왕께서 복희씨가 이미 만들어놓은 괘에 나아가 그 의미를 추론한 말씀이다. 예를 들면 卦變圖의 "剛이 오고 柔가 나아간다(剛來柔進)"는 부류와 같은 말씀 역시 괘가 이미 만들어진 뒤에 뜻으로 미루어 설명하고자 '이 괘의 됨됨이는 저 괘로부터 유래되었음'을 드러냈을 뿐, 진실로 '먼저 저 괘가 있은 연후에 이 괘도 있게 되었다'는 것은 아니다.

太極兩儀四象八卦者 伏羲畫卦之法也. 說卦天地定位 至坤以藏之 以見伏羲所畫八卦之位也. 帝出乎震以下 文王卽伏羲已成之卦 而推其義類之辭也. 如卦變圖 剛來柔進之類 亦是就卦已成後 用意推說 以見此爲自彼卦而來耳. 非眞先有彼卦而後 方有此卦也.

옛 주석에서 말하기를 賁패는 泰패에서 왔다고 했다. 先儒[옛 선비]들은 그것을 부정했다. 乾·坤이 결합하여 泰패를 만들었으니, 어찌 泰괘가 다시 변하여 賁(비)괘가 되는 이치가 있겠느냐고 생각했기 때문이다. 오히려 그들이 알지 못했다. 만약 복희씨가 괘를 그린 것으로 논한다면, 64괘가 일시에 완비되었으므로 비록 乾·坤이라 할지라도 역시 모든 괘들을 낳을 수 있는 이치가 없을 것이다. 그러나 만약 文王과 孔子의 설명을 따르면, 굽고 곧음을 자유자재로 반복하여 서로 낳는 것이 不可(불가)하지 않을 것이다. 요컨대 안목의 융통성에 달려있다. 구애되고 흐려짐이 없다면 통하지 않음이 없을 것이다.

古註說 賁卦自泰卦而來. 先儒非之 以爲乾坤合而爲泰. 豈有泰復變爲賁之理. 殊不知 若論伏羲畫卦 則六十四卦一時俱了 雖乾坤 亦无能生諸卦之理. 若如文王孔子之說 則縱橫曲直 反覆相生 无所不可. 要在看得活絡 无所拘泥 則无不通耳.

程子는 卦變說(괘변설)을 취하지 않는다. 그렇다면 "柔陰이 와서 剛陽을 꾸민다""剛陽이 밖에서 들어와서 안에서 주인이 된다"는 등 여러 곳에서 모두 견강부회하여 설명한 것이 될 뿐이다. 王弼(왕필)의 卦變說도 또한 변화를 얻음이 부자연스럽다. 나[朱子]의 설명은 도리어 깨달음을 얻었으니, 자연스럽게 氣와 象을 가지게 된 것은 단지 한 개의 爻를 교환한 때문이다. 성인께서 본래 이와 같이 괘를 만든 것이 아니라, 괘를 만들고 나면 스스로 이러한 象이 있게 된 것이다.

伊川 不取卦變之說. 至柔來而文剛 剛自外來 而爲主於內 諸處皆牽强說了. 王輔嗣卦變 又變得不自然. 某之說却覺得 有自然氣象. 只是換了一爻. 非是聖人 合下作卦如此 自是卦成了 自然有此象.

漢上 朱震(주진: 1072-1138)이 말한 易의 卦變은 단지 변함이 세 효로 그치니 卦辭와는 통하지 않는 점이 많이 있다. 내가 고쳐 통하지 않는 점을 다 제거하였으므로 이제 통하게 되었다. 无妄패 彖辭를 예로 들면 "剛爻가 밖에서 와서 안에서 주인이 된다(剛自外來而爲主於內)"고 설명했는데, 이는 단지 无妄

䷅괘의 강건한 양─인 初爻는 訟䷅괘의 강건한 양─효인 2효가 아래로 내려온 것이란 뜻이며〈訟䷅
(2⌒1)推移 → 无妄䷘〉, 晉䷢괘 象辭를 예로 들면 "柔한 효가 나아가 올라간 것(柔進而上行)"이라 설명했
는데, 이는 晉䷢괘의 柔陰▪▪인 5효는 觀䷓괘의 柔陰▪▪인 4효가 밀치고 올라간 것이란 뜻이다.〈觀䷓
(4⌒5)推移 → 晉䷢〉. 이러한 類를 朱震의 괘변설은 설명할 수 없다.

朱漢上易卦變 只變到三爻而止. 於卦辭多有不通處. 某更推盡去 方通, 如无妄 剛自外來而爲主於內. 只
是初剛自訟二移下來. 晉柔進而上行 只是五柔自觀四挨上去. 此等類 按漢上卦變 則通不得.

괘는 두 가지 樣態(양태)로 태어난다. 兩儀와 四象을 따라 겹치고 더해 생겨난 것이 있고, 괘 가운데서
효를 서로 교환하여 스스로 한 괘를 낳는 것이 있다. 효를 교환하여 이룬 卦란 두 효를 바꾼 것에 지
나지 않는다. 이러한 變卦를 程子께서도 밝혀냈으나 "강건한 양─이 와서 중앙을 얻었다(剛來而得中)"
는 데 이르러서는 도리어 미루어 적용하지 않았다. 대체로 義利上(의리상)으로 보아야할 것으로는, 예
를 들면 "강건한 양─이 밖에서 와서 중도를 얻었다(剛自外來而得中)"는 대목과 "일부분의 강건한 양─
이 올라가 부드러운 음▪▪을 꾸민다(分剛上而文柔)"는 대목에 지나지 않고, 그 나머지를 보면 대부분 점
치는데 사용하는 사례가 많다. 賁䷕괘가 변해서 節䷮괘로 변하는 象은〈賁䷕ (6⌒5)(3⌒2)重推移 → 節
䷮〉, 비록 긴요한 것은 없지만, 후면에 있는 몇 곳의 象辭를 이와 같이 보지 않으면 유래한 곳이 없으니
이해할 수 없다.[a]

卦有兩樣生 有從兩儀四象 加倍生來底. 有卦中互換 自生一卦底. 互換成卦 不過換兩爻. 這般變卦 伊川
破之 及到那 剛來而得中 却推不行. 大率在就義理上看 不過如剛自外來而得中. 分剛上而文柔 等處. 看
其餘 多在占處用也. 賁變節之象 這雖无緊要. 然後面有數處象辭 不如此看 无來處解不得.

---

a   편역자 주: 茶山은 12辟卦만이 母卦가 되어 推移하는 것으로 본다. 그러므로 이러한 重推移를 인정하지 않는다.

7. 朱子의 「五贊」

① 〈原象〉 (원상)

太一이 비로소 갈라지니, 陰은 내려가고 陽을 올라간다.	太一肇判 陰降陽升.
陽은 하나 ━ 로 베풀고, 陰은 짝 ╍ 으로 이어 받는다.	陽一以施 陰兩而承.
오로지 황제 복희씨가 하늘을 우러러 보고 땅을 굽어 살펴	惟皇昊羲 仰觀俯察.
홀수와 짝수로 진열하니 두 표준이 설비되었다.	奇偶旣陳 兩儀斯設.

이미 줄기가 가지를 치니 하나가 각각 둘을 낳고,	旣幹乃支 一各生兩.
음과 양이 서로 섞임으로써 네 개의 표상이 세워진다.	陰陽交錯 以立四象
홀수에 홀수를 더하니(⚌) 양의 양이라 말하고,	奇加以奇 曰陽之陽
홀수에 짝수를 더하니(⚍) 양이 음으로 무늬지고,	奇而加偶 陽陰以章.
짝수에 홀수를 더하니(⚎) 안은 음이고 밖은 양이요.	偶而加奇 陰內陽外.
짝수에 짝수를 더하니(⚏) 음과 음이 모였다.	偶復加偶 陰與陰會.

둘은 하나로 나뉘고 하나는 다시 둘을 낳으니,	兩一旣分 一復生兩
삼재[天地人]가 눈 안에 있고, 팔괘는 손바닥을 가리킨다.	三才在目 八卦指掌
홀수 홀수에 홀수이니(☰) 처음 1번은 乾[하늘]이라 말하고	奇奇而奇 初一曰乾
홀수 홀수에 짝수이니(☱) 兌[연못]는 다음 2번이다.	奇奇而偶 兌次二焉
홀수 짝수에 홀수이니(☲) 다음 3번은 離[불]라고 말한다.	奇偶而奇 次三曰離
홀수 짝수에 짝수이니(☳) 네 번째는 震[우레]으로 따른다.	奇偶而偶 四震以隨
짝수 홀수에 홀수이니(☴) 巽[바람]의 자리는 5번 차례이다.	偶奇而奇 巽居次五
짝수 홀수에 짝수이니(☵) 坎[물]은 6번에서 보인다.	偶奇而偶 坎六斯覿
짝수 짝수에 홀수이니(☶) 艮[산]의 자리는 7번 차례이다.	偶偶而奇 艮居次七
짝수 짝수에 짝수이니(☷) 坤[땅]은 8번으로 마친다.	偶偶而偶 坤八以畢.

첫 획은 표준이 되고, 가운데 획은 표상이 되며,	初畫爲儀 中畫爲象
上畫(상획)은 괘를 이루니 人文이 이로써 밝아진다.	上畫卦成 人文斯朗
이를 거듭하여 1은 곧음이고 8은 후회이니,	因而重之 一貞八悔
64괘로 안을 좇아 밖을 통달한다.	六十四卦 由內達外
爻를 서로 바꾸어 몸을 만드니 이것은 가고 저것이 온다.	交易爲體 往此來彼
易이 변동함은 이용을 위함이니 때로는 고요하고 때로는 움직인다.	變易爲用 時靜時動.

三皇·五帝를 지나 夏禹에 전하고 商湯을 거치면서도,	降帝而王 傳夏歷商
점은 있으나 문자가 없었으니 민중이 이용함에 밝지 못함에,	有占无文 民用弗章

문왕께서 象辭를 붙이고, 주공께서 爻辭를 붙이셨다. 　文王繫象 周公繫爻

八卦圖를 보면, 乾·坤 두괘는 순수하고 나머지 여섯괘는 음양 교접의 괘이다. 　視此八卦 二純六交

乾〓괘는 아비이고 坤〓〓괘는 어미이며, 　乃乾斯父 乃坤斯母

震〓〓·坎〓〓·艮〓〓은 사내애이고 巽〓〓·離〓〓·兌〓는 계집애이다. 　震坎艮男 巽離兌女

離〓〓火는 남방, 坎〓〓水는 북방, 震〓〓雷는 동방, 兌〓澤은 서방, 　離南坎北 震東兌西

乾〓·坤〓〓·艮〓〓·巽〓〓괘는 四維[네모서리]에 자리했으니, 　乾坤艮巽 位以四維

점치는 관리와 樂師(악사)를 세우고 '周나라 易(周易)'이라 이름하였다. 　建官立師 命曰周易

공자께서 易의 말씀을 전수했으니 이를 十翼(십익)이라 한다. 　孔聖傳之 是爲十翼

진시황의 분서를 당해서도 타지 않고 宋나라에 와서 밝혀졌으니, 　遭秦弗爐 及宋而明

邵雍[邵康節]은 복희의 괘그림을 전하고 程頤(정이)는 周易의 經文을 부연하여, 　邵傳義畫 程演周經

象이 진설되고 數理가 정렬되며 말씀이 극진하고 이치를 얻었으니, 　象陳數列 言盡理得

억만년이 지나도 변하지 않는 법식을 영원히 드러낸 것이다. 　彌億萬年 永著常式.

② 〈述旨〉(술지)

옛날 상고 시대에는 세상이 질박했고 민중은 순박하여, 　昔在上古 世質民淳

是非를 분별하지 않했고 利害도 분명하지 않았다. 　是非莫別 利害不分

기풍이 이미 방자해지자 이에 성인이 나오셨으며, 　風氣旣開ᵃ 乃生聖人

총명·예지하고 부류를 벗어나 무리를 뛰어넘으셨으니, 　聰明睿知 出類超群

하늘을 우러러 땅을 굽어 살펴 비로소 홀수·짝수를 그려서, 　仰觀俯察 始畫奇偶

그들에게 점치는 법을 가르쳐 可否를 판단케 하시고, 　教之卜筮 以斷可否

군주와 樂師(악사)가 되어 다스리고 바라지를 뚫고 문을 열어, 　作爲君師 開鑿戶牖

민중의 이용이 미혹되지 않으니 常道(상도)를 지킴이 있었다. 　民用不迷 以有常守

중고 시대로 내려오니 세상이 변하고 풍속이 바뀌어, 　降及中古 世變風移

순후·질박함을 잃어 민중의 거짓됨이 날로 자심해졌다. 　淳澆質喪 民僞日滋

공경하는 文王께서 폭군의 잔학한 환난을 당해서, 　穆穆文王 身蒙大難

국토를 편안케 하고 천명을 즐거워하며 세상의 환난을 생각하여, 　安土樂天 惟世之患

卦의 대의를 본받아 괘 아래에 판단의 말씀[象辭: 卦辭]을 붙이셨다. 　乃本卦義 繫此象辭

그리하여 周公에 이르자 여섯 爻에 의지하여, 　爰及周公 六爻是資

일을 좇아 가르침을 베풂이 간절하고 상세하여, 　因事設教 丁寧詳密

반드시 中道와 正道만이 형통하여 吉함을 가르쳤고, 　必中必正 乃亨乃吉.

---

a　開=解也. 肆也.

자식에게는 효를 말하고, 신하에게는 忠을 말했으며　　語子惟孝 語臣則忠

심오함을 끌어올리고 은미함을 천명함이 대낮 같았다.　　鉤深闡微 如日之中

그러나 末世(말세)에 이르러서는 술수에 현혹되어,　　爰曁[a]末流 淫於術數

신묘하다는 거북이를 빌려 속임수를 일삼고,　　僂句[b]成欺

부정한 일을 점치는 것은 잘못이다.　　黃裳[c]亦誤.

위대한 공자께서 만년에 주역을 좋아하시어,　　大哉孔子 晩好是書

책을 맨 가죽 끈이 세 번 끊어진 것은,　　韋編旣絶

8宮·8世를 뒤지어 찾아 재난을 물리치려는 것이다.　　八索[d]以祛

[편역자가 제시하는 아래의 '八宮卦次圖'를 참조하시오]

이에 彖傳과 象傳을 짓고 十翼(십익)을 붙이시니,　　乃作彖象 十翼之篇.

오로지 의리를 써서 경전의 말씀을 해명하셨다.　　專用義理 發揮經言

安居할 때는 象·繫辭를 살피고, 活動할 때는 卦變·占을 살펴,　　居省象辭 動察變占

보존과 멸망, 나아감과 물러남, 오르고 내림, 날고 잠김에,　　存亡進退 陟降飛潛

말씀마다 털끝만치도 틀어지고 어긋남이 없었다.　　曰亳曰釐 匪差匪繆

공자께서 "내가 몇 년 더 주역공부를 한다면 큰 허물은 없을 것"
이라고 말씀하셨는데,　　假[e]我數年 庶无大咎

삼가 3대의 성인이신 伏羲·文王·周公·孔子의 一心(일심)으로,　　恭惟三古 四聖一心

象을 드리우고 밝게 비추어 천년을 여기까지 왔으나,　　垂象炳明 千載是臨.

이제 배우는 자들은 처음을 근본으로 삼지 않으니,　　惟是學者 不本其初

文[문자]·辭[繫辭]·象[상징]·數[數理]에 방자하거나 구애되었다.　　文辭象數 或肆或拘

아! 나 小子는 미미하고 또한 견문이 좁아서,　　嗟予小子 旣微且陋

평생을 앙모하고 연찬한들 어찌 헤아리고 어찌 궁구할까?　　鑽仰[f]沒身 奚測奚究

경계하지 않으면 황당하고 써놓지 않으면 더욱 잊을 것 같아,　　匪警滋荒 匪識滋漏[g]

쓸 것[용도(쓰임새)가 있는 것]은 유지하고 의문은 남겨두어 감히 후세에 전한다.　　維用存疑 敢曰垂後.

---

a　　曁(기)=及也.

b　　僂句=神龜를 훔침(左傳/召公 25年)

c　　黃裳=不正事를 점치다.(左傳/召公 12年)

d　　索=求也. 數也.

e　　假=借也. 容也.

f　　鑽仰=仰之彌高 鑽之彌堅(論語/子罕)

g　　漏=易忘也.

<八宮卦次圖>

	八宮卦							
八純 上世	乾	震	坎	艮	坤	巽	離	兌
一世	姤	豫	節	賁	復	小畜	旅	困
二世	遯	解	屯	大畜	臨	家人	鼎	萃
三世	否	恒	既濟	損	泰	益	未濟	咸
四世	觀	升	革	睽	大壯	无妄	蒙	蹇
五世	剝	井	豐	履	夬	噬嗑	渙	謙
游魂	晉	大過	明夷	中孚	需	頤	訟	小過
歸魂	大有	隨	師	漸	比	蠱	同人	歸妹

<편역자 주>

① 文王의 八卦次序圖는 乾坤을 2宮으로 삼고, 乾宮에서 陰爻 한 개씩 3索하여 3女를 낳고, 坤宮에서 陽爻 한 개씩 3索하여 三男을 낳는다.

② 그러나 漢易의 대표자인 京房(B.C. 77-37)의 八宮卦說은, 위의 그림과 같이 八卦의 重卦를 八宮으로 삼고, 8宮이 각각 8索함으로써 8世를 이어가는 것으로 상정하여 64괘를 다시 배열한다.

③ 〈明筮〉 (명서)

준거할 數의 근원으로 "3은 天이요 2는 地"라 했으니,	倚[a]數之元 參天兩地.
이를 널리 펴 다하면 50의 숫자가 갖추어지는데,	衍[b]而極之 五十乃備.
이를 '大衍數(대연수)'라고 하며, 하나를 비워 쓰지 않으므로	是曰大衍 虛一无爲[c]
진실로 다스려 쓰는 것은 49개의 蓍草(시초)이다.	其爲用者 四十九蓍.

손에 맡겨 49개 시초를 둘로 나누어 오른쪽 큰 칸에 놓고,	信手平分 置右於几
오른쪽 蓍策 중 하나를 취해 왼쪽 小指에 걸어놓는다[괘(掛)].	取右一蓍 掛左小指
이어 오른쪽 손으로 왼쪽의 시책을 네 개씩 덜어낸다[설(揲)].	乃以右手 揲左之策
네 개씩 덜어내고 나머지는 손가락 사이에 끼운다[초륵(初扐)].	四四之餘 歸之于扐
처음 끼운 왼쪽 손가락은 无名指(무명지) 사이이다.	初扐左手 无名指間
다음은 오른쪽 蓍策을 4揲(설)하고 再扐(재륵)한다.	右策左揲
掛扐(괘륵)한 시책들을 내려놓으면 손가락은 편안하다.	將指是安.

再扐한 시책과 小指에 걸어둔[掛] 시책을 합산하면,	再扐之奇[d] 通掛之算
5策(책) 아니면 9策(책)이 된다. 이것을 "一變"이라 한다.	不五則九 是爲一變
이처럼 掛하고 扐한 나머지 蓍策을 다시 사용하여,	置此掛扐 再用存策
掛策(괘책)·揲策(설책)을 하되 一變의 방식을 다시 준용한다.	分掛揲歸 復準前式
세 번째도 이와 같이 하면 나머지는 역시 4책이나 8책이 된다.	三亦如之 奇皆四八.

이처럼 一變·二變·三變이 완료되면 그 숫자를 살펴본다.	三變旣備 數斯可察
숫자를 살펴본 뒤 그것을 분별하는 방법은 어떻게 하는가?	數之可察 其辨伊[e]何
4개나 5개면 적다[少]하고(▬), 8개나 9개면 많다[多]고 한다(▬▬).	四五爲少 八九爲多
세 번 모두 적으면[少가 셋이면] 九(參天×세 번)가 되니, 이것을 '老陽'이라 하고,	三少爲九 是曰老陽
세 번 모두 많으면[多가 셋이면] 六(兩地×세 번)이 되니 '老陰'에 해당한다.	三多爲六 老陰是當
한 번은 적고(參天×1=3) 두 번은 많으면(兩地×2=4) '少陽'의 七인데,	一少兩多 少陽之七
왜 八은 少陰인가?	孰八少陰
적음[少]이 두 번(參天×2=6) 많음[多]이 한 번(兩地×1=2)이기 때문이다.	少兩多一

---

a 倚=依也. 立也. 準也.

b 衍=布也. 廣也.

c 无爲=無極을 상징함.

d 奇=不偶也. 餘也.

e 伊(이)=因也.

이렇게 하여 初爻를 이미 얻으면 다시 앞의 시초를 통합하여,　既得初爻　復合前蓍

49개의 시초로 앞에서 初爻를 얻은 것과 똑같이 한다.　四十有九　如前之爲.

三變하여 하나의 효를 얻는 것이므로 총 18變을 해야만,　三變一爻　通十八變

6효가 발휘되어 괘의 본체가 드러날 수 있다.　六爻發揮　卦體可見.

老[늙음]가 다하면 변하고, 少[젊음]는 그 常[항상]을 지킨다.　老極而變　少守其常

6효가 모두 젊음[少의 常]을 지키면, 彖辭가 이에 해당한다.　六爻皆守　彖辭是當

變하는 하나의 늙은 효[老爻]이면 그 爻만 보지만,　變視其爻[a]

둘이면[두 개의 爻가 변하면] 首尾를 아울러본다.　兩兼首尾[b]

變하는 늙은 효[老爻]가 셋에 이르면 두 괘의 몸[本卦와 之卦]으로 점을 치고,　變及三爻　占兩卦體

늙음[老]이 4효나 5효이면 그 잔존한 효를 보고 점을 치되,　或四或五　視彼所存

4효인 경우는 2효가 남고, 5효인 경우는 1효가 남으니,　四二五一

2효이면 分界 因緣으로 점치고, 1효이면 專一 純篤으로 점친다.　二分一專

모두 늙음[變하는 老爻]이면 다른 卦로 되니, 새것을 이루고 옛것은 무너진다.　皆變而他　新成舊毁

죽으면 태어나고 차면 비우니 이것[本卦]을 버리고 저것[之卦]을 보라!　消息盈虛　舍此視彼.

乾의 점은 9를 쓰고[用九], 坤의 점은 6을 쓰며[用六][c]　乾占用九　坤占用六

형통하면[泰괘] 不仁에 막힘[否괘]을 경계하고,　泰愕[d]匪人

만나면[姤괘] 돌아옴[復괘]을 기뻐한다.　姤喜來復

④ 〈稽類〉 (계류)

八卦의 象은 『說卦傳』에서 상세하게 말했으나,　八卦之象　說卦詳焉

경전을 살펴보면 그 쓰임이 專一하지 않다.　考之於經　其用弗專

彖辭는 뜻[情理]으로 말하고 象辭는 象으로 告하니,　彖以情言　象以象告

오직 이것들로 찾으면 그 요점을 체득할 것이다.　唯是之求　斯得其要

乾☰은 건실하니 하늘이 운행하는 길이며, 坤☷은 지순한 땅의 순종이다.　乾健天行　坤順地從

震☳은 활동이니 우레라 하고, 巽☴은 들임이니 나무와 바람이다.　震動爲雷　巽入木風

坎☵은 險(험)함이니 물이요 샘이며 또한 구름이고 비이다.　坎險水泉　亦雲亦雨

離☲는 빛남이니 문명이요 번개요 해요 불이다.　離麗文明　電日而火

艮☶은 그침이니 山이 되고, 兌☱는 즐거움이니 연못이 된다.　艮止爲山　兌說爲澤

이것으로 거론하면, 그 요점을 체득할 수 있을 것이다,　以是擧之　其要斯得.

---

a　以下는 茶山의 占法과 다르다.

b　茶山의 견해에 따르면, 두 개의 爻 중 하나의 爻만 爻變(효변)한다.

c　乾卦의 用九와 坤卦의 用六을 말한 것이다.

d　愕(악)=相遇驚也. 阻礙不依順也.

무릇 괘의 여섯 爻의 자리는 홀수·짝수로 다르며, 　凡卦六虛[a] 奇偶殊位

홀수는 陽이고 짝수는 陰으로 각각 그 부류로 삼으니 　奇陽偶陰 各以其類

각각 부류에 맞는 자리면 '正'이라 하고, 2位·5位는 '中'이라 한다. 　得位爲正 二五爲中

2位는 신하요 5位는 군주이며, 初位는 시작이고 上位는 끝이다. 　二臣五君 初始上終

貞[곧음]과 悔[후회]에 따라 卦의 體[몸체]가 나누어지고, 爻는 자리로써 호응하니, 　貞悔體分 爻以位應

陰陽이 서로를 찾으면 그 正道(정도)를 얻을 것이다. 　陰陽相求 乃得其正

무릇 陽은 착한[정숙한] 것이라 군자가 자리하는 곳이고, 　凡陽斯淑 君子居之

무릇 陰은 사특한 것이라 소인의 所爲(소위)이다. 　凡陰斯慝 小人是爲

常道(상도)는 동류로 찾지만, 변화는 例規로 헤아리지 못한다. 　常可類求 變非例測

그러나 常道가 없으면 어찌 변화가 있겠는가? 　非常曷變

이것을 삼가 본보기로 삼으리라! 　謹此爲則

⑤ 〈警學〉 (경학)

주역을 읽는 방법은 먼저 마음을 바르게 하고, 　讀易之法 先正其心

엄숙한 용모로 단정히 앉아서 경건하게 임하여야 한다. 　肅容端席 有翼其臨

괘와 효에서 점을 쳐 얻은 바가 있다면, 　于卦于爻 如筮斯得

象과 말씀을 빌려 나의 표준으로 삼아야 한다. 　假彼象辭 爲我儀則.

글자는 교훈을 따르고 구절은 그 실정을 맞이하고, 　字從其訓 句逆其情

일은 그 이치를 따르고, 뜻은 平正心으로 나아가야 한다. 　事因其理 意適其平[b].

"사악하다, 착하다"라고 말할 때는 눈으로 본대로 말하고, 　曰否[c]曰臧 如[d]目斯見

"그치라! 행하라!"라고 말할 때는 발로 실천한대로 따라야 한다. 　曰止曰行 如足斯踐

너그럽게 한다고 소략하지 말고, 엄밀히 하되 궁색하지 말라! 　毋寬以略 毋密以窮

완고하지 말고 착하게 하며, 기필코 하려고 하지 말고 소통하라! 　毋固而可 毋必而通

平易하고 엄숙하며 겉으로부터 속까지 　平易從容 自表而裏

일관됨에 이르면 만사는 하나의 이치이다. 　及其貫之 萬事一理

이치가 바르면 이미 실제한 것이고, 일 한 뒤에는 비움을 숭상하라! 　理定旣實 事來尙虛

쓰임과 호응을 비로소 소유하고, 몸은 다 실었지만 본래 無이니, 　用應始有 體該[e]本無

實을 稽考(계고)하여 虛를 기다리며, 본체를 보존하여 쓰임에 응하라! 　稽實待虛 存體應用

---

a　虛=次也. 無也.

b　平=平正也. 坦也. 平易也.

c　否(비)=邪惡也.

d　如=從隨也.

e　該=載也.

옛것을 붙잡고 지금을 어거하고, 고요함으로 운동을 제어하며,　　　　執古御今 由靜制動.
맑고 고요하며 정미하라! 이것을 일러 易이라 하는 것이다.　　　　潔靜精微 是之謂易
본체[理實]가 나에게 있으면, 활동은 항상 吉함이 있으리라!　　　　體ᵃ之在我 動有常吉

옛날에 程子께서 周公을 계승하고 공자를 이었으니,　　　　在昔程氏 繼周紹孔
심오한 뜻과 광대한 벼리에 별들이 북극성을 두 손 맞잡고 공경하듯 진열했으나,　　　　奧指宏綱 星陳極拱
오직 이것만은 가르쳐주지 않고 후인을 기다렸으므로,　　　　唯斯未啓 以俟後人
내[朱子]가 어리석고 소략하지만 감히 여기에 기술하여 펴노라!　　　　小子狂簡 敢述而申.

---

a　體=理實也.

8. 朱子의 「筮儀」

筮儀(서의)는, 筮竹(서죽)에 글자를 새겨 넣지 않은 경우에 점치는 법이다. 숫자가 새겨진 점대를 준비할 때는 茶山의 「蓍卦傳(시괘전)」을 적용하면 좋다.(편역자 주)

1) 점치는 의식

① 땅을 골라 처소를 깨끗이 하고 점치는 방을 마련하고 남쪽으로 창문을 낸다.

방 중앙에 책상을 놓는데 길이는 5척, 폭은 3척이 좋다.

擇地潔處 爲蓍室南戶 置床于室中央(長五尺 廣三尺)

② 점대는 50개가 소용되며 쑥대 줄기로 만든다.

노란 수건으로 싸서 검은 색 주머니에 넣고 대나무 점 통에 넣어둔다.

점 통은 책상 북쪽에 놓는다. 점 통은 지름 3寸이 좋고, 높이는 蓍策(시책)의 길이와 같게 하되 절반은 아래 통에 가리고 절반은 뚜껑 아래로 드러나게 하는 것이 좋다.

蓍五十莖 韜以纁帛 貯以皁囊 納之櫝中 置于牀北(圓徑三寸. 如蓍之長 半爲底 半爲蓋下)

③ 木格(목격)을 짜서 책상 위에 놓는데, 위치는 점통의 남쪽, 책상의 절반 북쪽에 놓는다.

設木格于櫝南 居牀二分之北.

〈木格〉[a]

左 大刻	第1 小刻	第2 小刻	第3 小刻	右 大刻

④ 香爐(향로) 하나를 목격의 남쪽에 놓고, 그 남쪽에 香合(향합)을 놓는다.

매일 향불을 피워 치성을 드리며, 점을 칠 때는 깨끗이 소제한다.

벼루·물통·붓·먹·칠판을 하나씩 준비하여 향로 東쪽 위에 놓아둔다.

置香爐一于格南 香合一于爐南 日炷香致敬 將筮則灑掃拂拭.

滌硯一 注水 及筆一 墨一 黃漆板一 于爐東東上.

⑤ 점을 치는 자는 재계하고 의관을 깨끗이 한 다음에 北面하여 손을 씻고 분향하고 공경을 드린다. 점

---

a 목격은 결제함과 같은 것으로, 좌우 두 개의 大刻과 세 개의 小刻 등 다섯 칸으로 분할한다.(편역자 주)

치는 자는 北面하고 알현의 의례를 한다. 만약 남에게 점을 치게 할 때는, 점 主人(주인)이 분향하고 조금 물러나 北面하고 서 있으면, 점치는 사람이 앞으로 나가 책상 앞에 약간 西南 방향으로 서서 命(명)을 받는다. 점 주인이 점 칠 사안을 말하면. 이를 듣고 "점을 치겠습니다"라고 말하며 수락한다. 점 主人은 오른쪽으로 돌아 西向하여 서고, 점치는 사람은 오른쪽으로 돌아 北向하여 선다.

筮者齋潔衣冠 北面盥水 焚香致敬. 筮者北面見儀禮.

若使人筮則 主人焚香畢 少退北面立.

筮者進立於牀前 少西南向 受命

主人直述所占之事 筮者許諾.

主人右還西向立 筮者右還北向立

⑥ 점치는 사람이 두 손으로 점통을 받들어 목격의 남쪽과 향로의 북쪽 사이에 놓고, 점통에서 점대를 꺼낸다. 주머니와 전대를 풀어 점통 동쪽에 놓는다.

점대 50개를 두 손으로 잡고 香爐 위에서 훈증한다.

兩手奉櫝 蓋置于格南爐北 出著于櫝. 去囊解韜[a] 置于櫝東

合五十策 兩手執之 熏於爐上

⑦ 다음과 같이 명한다. "그대를 빌리고자 筮竹[점대]을 받들었으니 常道 있으소서!

○○官 ○○人이 지금 무슨 일을 하고자 하온데 ○○하여 그 可否(가부)를 알 수 없어 신령께 묻사오니, 그 길흉·득실·悔吝(회린)·憂虞(우우: 근심과 기쁨)를 신령께서 밝게 告(고)해 주소서!"

그리고 나서 오른 손으로 점대[策] 하나를 취해 다시 점통에 넣는다.

命之曰 假爾奉筮有常 假爾奉筮有常

某官姓名 今以某事 云云 未知可否 爰質所疑 于神于靈.

吉凶得失 悔吝憂虞 惟爾有神 尙明告之.

乃以右手 取其一策 反於櫝中

數가 의지하는 기본은, '하늘은 셋이고[三天] 땅은 둘이다[兩地]'는 명제이다.

그것을 끝까지 펴나가면 50에 이르는데, 이를 "大衍"이라 말한다.

太虛인 1은 無爲이어서 점을 칠 때 사용하지 않으므로, 사용하는 점대는 49策이다.

倚數之元 參天兩地

衍而極之 五十乃備 是曰大衍.

虛一無爲 其爲用者 四十九著.

---

a　韜(도)=劍衣. 緩也. 藏也.

2) 점괘를 뽑는 순서[筮順]

① 第 一變
第1營

두 손으로 점대 49책을 둘로 나누어 목격의 좌우 두 大刻(대각)에 놓는다.

이는 天·地를 상징한다.

以左右手 中分四十九策 置格之左右兩大刻(此第一營. 所謂分而爲二 以象兩者也)

第2營

다음은 왼 손으로 왼쪽 대각의 점대를 집어 든다.

그리고 오른 손으로 오른쪽 대각의 점대 하나를 집어, 왼손의 새끼 손가락에 걸어둔다.

이는 天·地·人 三才를 상징한다.

次以左手取左大刻之策執之.

而以右手取右大刻之一策 掛于左手之小指間(所謂掛一以象三者也)

第3營

다음은 오른 손으로 왼쪽 손의 점대를 네 개씩 덜어낸다.(이것을 '四揲(사설)'이라 한다)

이는 四時를 상징한다.

次以右手四揲 左手之策(所謂揲之以四 以象四時者也).

다음은 왼 손에 남은 점대가 1 혹은 2 혹은 3 혹은 4가 되는데,

그것을 왼손 무명지 사이에 끼운다.(짝이 맞지 않은 나머지를 손가락에 끼우는 것은 윤달을 상징한다)

次歸其所餘之策 或一或二或三或四

而扐之左手无名脂間(所謂歸奇於扐 以象閏者也).

다음은 오른 손으로 덜어낸 점대를, 왼쪽 대각으로 되돌려 놓는다.

次以右手反過揲之策 於左大刻.

第4營

그리고 계속해서 우측 대각의 점대를 집어, 제3營에서 한 것처럼 왼손으로 四揲한다.

遂取右大刻之策執之 而以左手四揲之.

다음은 그 나머지 점대를, 먼저처럼 왼손 中指(중지) 사이에 끼운다.

다음은 四揲한 점대를 오른쪽 대각으로 되돌려 놓는다.

次歸其所餘之策 如前而扐之 左手中指之間(所謂再扐 以象再閏者也).

次以右手 反過揲之策 於右大刻.

그리고 왼손의 1掛(괘)와 2扐(륵)한 策을 합쳐 제1 小刻(소각)에 놓는다. 이것을 '제1變'이라 한다.

而合左手一掛二扐之策 置於格上第一小刻. 是爲一變.

〈第 1變의 結果〉

(一變所餘之策)

左[왼쪽]에 1이면, 右[오른쪽]에는 반드시 3이다.(扐4)

左에 2가 남으면, 右에는 역시 2가 남는다.(扐4)

左에 3이 남으면, 右에는 반드시 1이 남는다.(扐4)

左에 4가 남으면, 右에는 역시 4가 남는다.(扐8)

합산하면 제1 小刻에 놓인 점대는 5策[扐4 + 掛1]이 아니면 9策[扐8 + 掛1]이 된다.

左一則右必三(扐4),

左二則右亦二(扐4),

左三則右必一(扐4),

左四則右亦四(扐8).

通掛一之策 不五則九.

5策인 경우 이것은 한 번 四揲할 수 있는 수량이므로 홀수[奇]로 보고,

9策인 경우 두 번 四揲할 수 있는 수량이므로 짝수[偶]로 본다.

홀수 즉 陽일 확률은 3이고, 짝수 즉 陰일 확률은 1이다.

五以一其四而爲奇.

九以兩其四而爲偶 .

奇者三而偶者一也.

② 第 二變

두 번째로 두 손으로 좌우 大刻의 蓍草를 합한다. 그러면 반드시 44策 혹은 40策이 된다.

再以兩手 取左右大刻之著 合之(或四十四策 或四十策).

제 1變에서 한 것처럼 4營을 거쳐 그 掛扐(괘륵)된 蓍草[새끼손가락에 1策과 무명지·중지에 扐한 策]를 제2 小刻에 놓는다. 이를 '제 2變'이라 한다.

復四營 如第一變之儀 而置其掛扐之策 於格上第二小刻.

是爲二變.

〈結果〉

(二變所餘之策)

左에 1이면, 右에는 반드시 2이다.(扐3)

左에 2가 남으면, 右에는 반드시 1이 남는다.(扐3)

左에 3이 남으면, 右에는 반드시 4가 남는다.(扐7)

左에 4가 남으면, 右에는 반드시 3이 남는다.(扐7)

합산하면 제2 小刻에 놓은 策은 반드시 4策[扐3+掛1]이 아니면 8策[扐7+掛1]이 된다.

左一則右必二(扐3),

左二則右必一(扐3),

左三則右必四(扐7),

左四則右必三(扐7).

通掛一之策 不四則八.

4策인 경우, 이것을 한 번 四揲할 수 있는 수량이므로 홀수로 보고,

8策인 경우, 두 번 四揲할 수 있는 수량이므로 짝수로 본다.

홀수[陽]일 확률과 짝수[陰]일 확률은 각각 4분의 2이다.

四以一其四而爲奇.

八以兩其四而爲偶.

奇偶各得四之二焉.

③ 第 三變

또 다시 좌우 대각에 남아 있는 시초를 합한다.

이번에 남은 시초는 40策 혹은 36策 혹은 32策의 세 가지 경우가 될 것이다.

又再取左右大刻之著合之(或四十策 或三十六策 或三十二策).

다시 제 2變에서 한 것처럼 4營을 하여 손가락에 낀 시초를 합하여 제3 소각에 놓는다.

이것을 '제 3變'이라 한다.

復四營如第二變之儀 而置其掛扐之策 於格上第三小刻.

是爲三變.

〈結果〉

(三變所餘之策)

제 3變의 결과는 제 2變과 동일하다.

三變餘策 與二變同

④ 成爻

三變을 마쳤으면 세 개의 小刻에 있는 괘륵된 策들을 헤아려, 맞는 爻를 칠판에 그린다.

三變旣畢 乃視其三變所得掛扐過揲之策 而畫其爻於版.

앞에서처럼 괘륵된 시초의 숫자가 5나 4인 경우는 홀수이며, 9나 8인 경우는 짝수이다.
掛扐之數 五四爲奇. 九八爲偶.

① 괘륵된 시초가 세 번 모두 홀수 즉 陽이면,
괘륵한 시초는 모두 13策이고 四揲된 시초는 36策일 것이다.
이런 때는 '老陽'이라 말하고, '□'字로 표시하며 '重(중)'이라고 읽는다.
掛扐三奇 合十三策 則過揲 三十六策. 而爲老陽. 其畫爲 □ 所謂重也.

② 괘륵된 시초가 두 차례 홀수[陽], 한 차례 짝수[陰]이면,
괘륵한 시초는 모두 17策이고 四揲된 시초는 32策일 것이다.
이런 때는 '少陰'이라 말하고 ▪▪로 표시하며 '析(석)'이라고 읽는다.
掛扐兩奇一偶 合十七策 則過揲 三十二策. 而爲少陰. 其畫爲 ▪▪ 所謂拆也.

③ 괘륵된 시초가 두 번 짝수[陰], 한 번 홀수[陽]이면,
괘륵한 시초는 모두 21策이고 四揲된 시초는 28策일 것이다.
이런 때는 '少陽'이라 말하고 ━로 표시하며 '單(단)'이라고 읽는다.
掛扐兩偶一奇 合二十一策 則過揲二十八策. 而爲少陽. 其畫爲━ 所謂單也.

④ 괘륵된 시초가 세 번 모두 짝수[陰]이면,
괘륵한 시초는 모두 25策이고 四揲된 시초는 24策일 것이다.
이런 때는 '老陰'이라 말하고, 乂로 표시하며 '交(교)'라고 읽는다.
掛扐三偶 合二十五策 則過揲二十四策. 而爲老陰. 其畫爲乂 所謂交也.

⑤ 老陽이 나오면 少陰으로, 老陰이 나오면 少陽으로 변동하므로 變爻라고 한다.
此老陰老陽之所以爲變爻也.
이와 같이 매번 三變하여 爻[初爻]를 이루어낸다.
如是每三變而成爻.

⑤ 成卦
初爻를 얻었으면, 모든 시책을 다시 합하여 49개를 만들고 위와 같이 반복한다.
三變으로 한 爻가 결정되므로, 18變을 해야 6爻가 탄생되고[3變×6爻=18變] 하나의 卦의 몸이 나타난다.
늙으면 변하는 것이라 老陽은 少陰으로, 老陰은 少陽으로 변하지만,
少陽과 少陰은 변하지 않는다.
6爻가 다 변하지 않으면, 주역의 象辭(단사)가 합당할 것이다.

爻가 변하면 두 괘를 머리와 꼬리로 아울러 관찰해야 한다.

이에 그 卦의 변화를 고찰하여, 그 일에 대한 길흉을 점친다.

旣得初爻 複合前蓍 四十有九 如前之爲.

三變一爻 通十八變 六爻發揮 卦體可見.

老極而變 少守其常.

六爻皆守 彖辭是當.

變視其爻 兩兼首尾.

乃考其卦之變 而占其事之吉凶.

⑥ 禮畢

禮를 마치면 시초를 전대로 싸서 주머니에 수습하고, 점 통에 넣은 다음에 덮개를 덮고, 붓·벼루·먹·흑판을 거둔다. 다시 분향하여 치성을 드린 다음에 물러난다.

만약 남을 시켜 점을 친 경우에는, 점 主人이 분향하고 시초에 읍한 다음에 물러난다.

韜蓍襲之 以囊入櫝加蓋 斂筆硯墨版.

再焚香致敬而退.

如使人筮 則主人焚香 揖筮者而退

제3부.　茶山의『周易四箋』

◎ 題戊辰本

① 내가 甲子년[1804년] 冬至날 康津(강진)의 謫所(적소)에서 주역을 본격적으로 읽기 시작하였고, 여름에 집필하기 시작하여 겨울에 마쳤다. 이것이 甲子本(갑자본) 8권이다.

余於甲子陽復之日(嘉慶九年癸亥冬) 在康津謫中 始讀易 是年夏 始有箚錄之工 至冬而畢(凡八卷) 此甲子本也.

② 갑자본은 推移(추이)·物象(물상)·互體(호체)·爻變(효변)의 네 가지 뜻은 구비되었으나 조략하고 완전치 못하여 폐기해버리고 그 이듬해에 개정하여 편찬했다. 이것이 乙丑本(을축본) 8권이다. (이 책은 羅州 바다[흑산도?]에 있다.)

甲子本 四義雖具 粗略不完 遂毀之 厥明年 改撰之(亦八卷) 此乙丑本也.(此本在羅州海中)

③ 乙丑년 겨울에 學稼(학가: 長子인 丁學淵)가 찾아와서 寶恩山房[大興寺의 末寺인 高聲寺]에 함께 머물 때, 이전의 책에서 취하지 않았던 兩互(양호)·交易(교역)의 象을 취하여 모두 개정하여 이듬해 봄에 마쳤다. 이것이 丙寅本(병인본) 16권이다. (이 책은 廣州에 있다.)

乙丑冬 學稼至 偕棲寶恩山房. 以前本 不取兩互及交易之象 悉改之(十六卷) 至春而畢 此丙寅本也(此本在廣州)

④ 丙寅本은 '播性(파성)의 留動(유동)하는 뜻'에서 빠진 것과 오류가 많아, 學稼에게 원고 수정을 맡겼으나 마치지 못하고 여주로 돌아갔으므로, 李學來로 하여금 마치게 했다. 이것이 丁卯本(정묘본) 24권이다. (기실은 역시 丙寅本이다.)

丙寅本 於播性留動之義 多有闕誤. 故又令學稼易稿 未卒而北還. 令李鶴來竣工.(爲二十四卷) 此丁卯本也(其實此亦丙寅本)

⑤ 丁卯本은 말씀의 조리가 정미하지 못하고 象의 뜻에 오류가 많았다. 戊辰(무진)년 가을에 내가 學圃(학포: 次子인 丁學游)와 함께 귤원에 있을 때 學圃에게 脫稿하도록 했다. 이것이 이른바 戊辰本(무진본) 24권이다.[a]

丁卯本 詞理未精 象義多誤. 戊辰秋 余與學圃 在橘園 令圃脫稿.(亦二十四卷) 此所謂戊辰本也.

---

a　편역자 주: ① 甲子本(1804년) 8권. ② 乙丑本(1805년) 8권. ③ 丙寅本(1806년) 16권. ④ 丁卯本(1807년) 24권. ⑤ 戊辰本(1808년) 24권.

1. 茶山의「蓍卦傳」

朱子의「筮儀」(서의)를 시행할 때는 數字가 없는 점대[筮竹]만으로 충분했지만, 茶山의「蓍卦傳」을 시행하려면 天地의 數를 새겨놓은 釁策(흔책)을 준비해야 한다. (편역자 주)

『주역』은 점치는 데 목적이 있다. 그런데도 점치는 시초를 펼쳐 괘를 구하는 방법이 전해지지 않는다. 다만『繫辭傳』(上)에 한두 가지 점대의 운용에 대한 설명이 있어 그것만으로도 전체내용을 파악할 수 있다. 그러므로 朱子(주자)께서도 이르기를 "『周禮』에 의하면 揲蓍法(설시법: 蓍草를 네 개씩 덜어내며 셈하는 방법)은 太卜(태복)이 관장하였으며 그 방식이 치밀하고 분명했겠지만 현재는 알 수 없다. 다만『繫辭傳』에 나오는 몇 구절에 의거하여 그 대체적인 방식을 소략하나마 짐작할 수 있기에 지금 여기서 그것을 유추하여 설정했으니 역시 통하지 못할 것은 없겠다"라고 했다. 〈朱子는 또 이르기를 "『繫辭傳』에서 말한 蓍卦法은 그 대략을 해설한 것뿐이며 따로 글이 있었을 것이다. 그러나 현재는 볼 수 없다. 예컨대『繫辭傳』의 '分而爲二(분이위이) 以象兩(이상양)'의 경우도 앞부분의 '分而爲二(나누어 둘을 만든다)'는 문구는 蓍卦法의 本文이고, 뒷부분의 '以象兩(이로써 하늘과 땅을 상징한다)'는 문구는 공자가 本文을 해석한 글로 보아야 한다"고 했다.〉 지금 이 글도『繫辭傳』의 揲蓍法에 관련된 문구를 가려내어 따로 하나의 편을 만들고 간략하게 해설을 붙인 것이다.

돌아보면 漢나라 이래로 緯書(위서)들이 크게 유행하여 그릇된 해석이 공공연히 유포되어 잘못을 전승하고 오류를 되풀이하여 현재까지 이르고 있다. 만약 통설이라 해도 周公과 孔子의 뜻에 어긋남이 있다면 감히 시비를 가리지 않을 수 없다.

易所以筮也. 然其所爲布筴求卦之法 未有傳者. 唯繫辭上傳 有一二策說 其義者 猶可以領其大體. 故朱子曰 揲蓍之法 周禮領於太卜. 其法必甚詳密 今不可見. 獨賴大傳 有此數句. 可以略見彷彿. 而今推之 亦無不可通.(又云 繫辭言蓍法 大抵只是解其大略. 今不可見. 但如分而爲二. 是本文. 以象兩 是孔子解文也) 今取大傳 蓍卦之文 別爲表章 略加疏釋. 顧自兩漢以來 緯書大興 謬義公行 承訛習誤 迄至于今. 若其有乖 於周公孔子之義者. 不敢不辨.

〈편역자 주〉 아래에 나오는 16개의 글 상자 안의 本文은『繫辭傳』(上)의 9·10·11장에서 발췌한 것이다.

---

① 大衍之數五十 其用四十有九

점을 칠 때 크게 펼치는 大衍(대연)의 數는 50이지만, 그 중에서 1은 太虛(태허)이므로, 除하여 걸어 놓고 나머지 49策을 쓴다.

'衍(연)'은 '물이 넘쳐 퍼져나간다'는 뜻이다. '大衍'은 결국 "50衍卦(연괘)"를 말한다. 64괘 중에 12辟卦(벽괘)는 四時(사시)에 배당되고 中孚·小過괘는 두 번의 윤달[再閏]에 배당된다. 그 나머지 50卦[64卦-12

辟卦-2閏卦=50]는 12벽괘와 윤달괘에서 퍼져나간 것이므로 周나라때 부터 '衍卦'라 부르게 된 것이다. 14개의 卦[12벽괘+2閏卦]를 펼쳐 50개의 衍卦로 확장되는 방식은, (뒤의)「推移表」에서 상세하게 설명한다. 이 50衍卦 말고는 大衍이라는 것이 따로 있지 않다.

大衍者 衍卦之謂也. 六十四卦之中 十二辟卦 配之於四時 中孚小過 配之於再閏. 餘五十卦 周人謂之大衍. 蓋謂此五十卦者 皆受變於十四卦 而衍之爲卦也.(法詳推移表) 故曰 大衍非五十卦之外 別有所謂大衍者存焉也.

"其用四十有九"의 49는 『繫辭傳』(上) 11장에서 말한 "蓍策(시책)의 덕은 원만하고 신명스럽다(蓍之德圓而神)"에 해당되는 숫자이다. 7×7=49라는 숫자는 모나지 않고 원만하여 7 이외에는 나뉘지 않는다. 절반으로 나눌 수 없고, 4로 쪼갤 수 없고, 6으로 풀 수 없고, 8로 자를 수 없고, 10으로 가를 수 없으며, 3등분·5등분·9등분 할 수도 없다. 그래서 특별히 49라는 숫자로서 시책을 운용하는 수[用數]로 삼은 것이다. 그러나 그 바탕이 되는 수는 50이다. 50개의 蓍策 가운데 임의로 하나를 뽑아 제외하여 數를 일으키는 근본으로 삼은 것이다. 결국 50개의 시책이 전부 사용되지 않는 것은 아니다.

其用四十有九者 蓍之德圓而神. 七七四十九 圓而不方. 無以半分. 無以四破. 無以六解. 無以八劈. 無以十析. 亦無以三分五破. 故特以是 爲蓍筴之用數也. 然其體數 則五十也. 五十之中 任抽其一除之 爲起數之本.(自二三至於千萬 其本乃起於一) 則五十之策 未嘗不全用也.

혹자는 묻기를 점통에 다시 넣어 사용하지 않는 그 하나의 점대는 太極을 상징한 것이 아닌가?
(茶山의 답변):
太極이란 天地水火의 태반이다. 그러므로 태극에는 天地水火가 모두 포함되어 빠짐이 없는 것이다. 그런데 50개 시책에서 한 개를 가려 낸 50분의 1을 어찌 全體인 太極에 해당한다고 말할 수 있겠는가? 그 하나는 數가 일어나는 기초로 삼은 것일 뿐이다. 시초로 점치는 것은 數를 위주로 하기 때문이다.(北魏 關浪의 『易傳』에서도 "天數는 一에서 조짐이 비롯된다"고 말했다.)

或曰 除其一而不用者 是太極之象乎. 曰太極者 天地水火之胚胎也. 天地水火 於是乎包含無漏矣. 今五十策而除其一 僅得五十分之一 烏足以當太極哉. 是以爲起數之本耳. 筮主於數.(關郎易傳亦云 天數兆於一)

　　분 이 위 이　이 상 양
② 分而爲二 以象兩
49개의 시책[점대]을 임의로 둘로 나누어 天地·陰陽 두 표준을 표상한다.

朱子는 『周易本義』에서 "둘[兩]은 하늘과 땅을 말하는 것"이라 했으며, 『易學啓蒙』에서도 49개의 시초를 임의로 둘로 나눔은 천지를 상징하는 것이라 말했다. 49개의 시책을 임의로 둘로 나누면, 한쪽은 반드시 홀수가 되고 한쪽은 반드시 짝수가 된다. 홀수는 天數이며 짝수는 地數이다. 그런데 宋.元代의 玉

齋 胡方平은 "왼손은 하늘을 상징하고 오른손은 땅을 상징한다"고 했으나 이는 틀린 말이다. 어찌 왼손에는 반드시 홀수를 얻고 오른손에는 반드시 짝수를 얻을 수 있겠는가? 이러한 설명은 잘못이다.

朱子曰 兩謂天地也(本義云) 四十有九 信手中分 各置一手 以象兩.(啓蒙云) 四十九策 信手中分則 其一必成奇數 其一必成偶數.(假如一手得十九 則其一手必得三十) 奇者天數也 偶者地數也. 胡玉齋(名方平) 謂左手象天 右手象地 非矣. 豈左手必得奇數 而右手必得偶數乎. 其說非矣.

'걸어둔다[掛]'는, 가려낸 한 개의 시책을 韇(독: 50개의 시책을 넣어두는 통)과 韇을 매다는 끈 사이에 걸쳐두는 일이다. 천지를 상징하는 시책을 나눈 다음 그 중에서 짝수를 얻은 陰策(음책)에서 임의로 하나를 뽑아내어 그것을 독과 끈 사이에 걸어두는 것이다.[a]

掛者 掛之於韇帶之間也.(韇者五十策所藏之櫝) 象兩之策. 旣分(分置筮席之左右) 就其陰策(得偶數之策)之中 任抽其一(信手取) 掛之於韇帶之間也.(帶所以繫韇)

그것을 "掛"라고 말하는 것은 이로 말미암아 卦를 이루기 때문이다. 그래서 그 글자도 手와 卦를 결합해서 만든 것이다. 다음의 "揲(설)"자와 "扐(륵)"자와는 전혀 다른 것으로, 50개의 策 중에서도 그 掛一[걸어 놓은 하나의 策]은 卦의 결실이기 때문이다. 시책이 掛一에 들어가지 않은 것은 괘를 이루는 요소가 아니다. 그러나 이번의 掛一은 權掛[잠시 과정 중에 걸어 두는 것]일뿐 正掛가 아니다.

謂之掛者 卦由此成. 故其文從卦.(字從手從卦) 與揲扐二字 迥然不同. 五十策之中 此爲結卦之實(如華之結實) 策之不入於掛一者 非所以成卦也. 然此番之掛 仍是權掛.(姑掛之) 非正掛也.(說見下)

朱子의 『周易本義』에서도 "象三"은 天地人 三才를 상징한다고 말했다. 陽策[홀수]으로 하늘을 상징하고, 陰策[짝수]으로 땅을 상징하며, 掛一[걸어둔 하나의 策]은 사람을 상징한다. 그것이 반드시 하나의 策인 까닭은, 점의 주관자는 한 사람이기 때문이다.

朱子曰 三三才也.(天地人也 本義云) 陽策以象天(奇數者) 陰策以象地(偶數者) 掛一之策 以象人.(掛之於天策地策之間) 其必一策者 筮之所主者 一人也.(雖兆民之事 所主者君一人)

---

a 편역자 주: 이 지점에서 朱子의 筮儀와 다르다. 즉 朱子는 左手의 시책을 四揲할 때는 右手의 시책에서 하나를 집어내어 걸어둔다[掛一]고 하였다. 左右 시책의 偶數·奇數를 묻지 않는다. 그런데 茶山은 그 掛一이 人을 상징한다면 그 人이 하늘에서 나오느냐 땅에서 나오느냐에 따라 '偶數에서 抽出하느냐 奇數에서 抽出해야 하느냐'가 결정된다고 보았다. 그래서 茶山은 '人은 地에서 나오므로 掛一을 右手 즉 偶數에서 해야 한다'고 말했다.

朱子께서 "오른손에서 뽑은 책 하나를 왼손의 새끼손가락 사이에 걸어둔다"고 말한 것도, 좌우를 불문하고 陰策에서 하나를 취한다는 뜻과 같은 것으로 읽어야 한다. 사람을 상징하는 시책을 반드시 陰策에서 취하는 이유는, 성인의 道가 陰을 억누르고 陽을 북돋우어(抑陰而扶陽) 천지 사이에 陽이 항상 주체가 되고 陰은 와서 그 명령을 듣도록 하고자 함이다.[a] 그러므로 천지를 상징하는 시책이 이루어지면 또한 그 陰策을 홀수로 바꾸어 두 개 묶음의 陽策이 되어도 이것을 합하면 하나의 陰策[짝수]을 이루니 천지음양의 數에 한편으로 치우치게 하는 바가 없다.

朱子謂 掛右手之一策 亦取一於陰策之意也.(今不問左右手 唯陰策是取) 其必取之於陰策之中者 聖人之道 抑陰而扶陽 欲使天地之間 陽常爲主 而陰來聽命. 故兩儀之策旣立 卽令陰策又變爲奇數(取一策) 兩奇旣立(謂取一之後) 合成一偶.(兩奇則一偶) 則天地陰陽之數 實未嘗有所偏勝也.

"掛一"의 방법을 이 방법에 의하지 않는다면 "歸奇於扐" 즉 '四揲한 뒤에 짝이 안 맞는 나머지를 손가락 사이에 끼운다'는 傳文의 구절을 이해할 수 없게 된다. 왜냐하면 49策을 둘로 나눈 陰策의 數가 혹은 24개 혹은 20개 혹은 16개 혹은 12개인 경우에는 짝이 맞지 않은 나머지가 없는데 어떻게 '歸奇於扐'을 할 수 있겠는가?

掛一之法 若不依此 則歸奇於扐 一節不可通(義見下). 何者 所分陰策之數 若爲二十四(四六也) 或爲二十(四五也) 或爲十六(四四也) 或爲十二(四三也) 則揲之以四(法見下) 無復零奇之可落也. 何以再扐哉.

『儀禮』「士冠禮」에서 이르기를, 筮人(서인)은 점대를 잡고 櫝(독: 점통)의 뚜껑을 열어 아울러 잡는다고 했고, 「少牢饋食禮(소뢰궤식례)」에서는 점치는 史官(사관)이 왼손엔 점대를 잡고 오른 손으로 점통의 뚜껑을 열고 나머지 점대를 잡고서, 점을 치라는 명을 받으면 사관은 점통을 내려놓는다. 이어 왼손으로 점대를 잡고 오른손으로 점통을 잡고 두드려 신명을 격동시킨다. 그리고 점치라는 명령을 복명하여 조술하며 점통을 내려놓고 서서 점을 친다. 점을 다 치고 나면 점대를 점통에 넣는다.

『周禮』와『儀禮』에 注疏를 붙인 賈公彦(가공언)에 의하면, 櫝(독)은 가죽으로 만들고 두 부분으로 되었는데, 하나는 아래에서 위를 받드는 것이고 다른 하나는 위에서 아래를 덮어주는 것이다. 이처럼 두 부분으로 되어있으므로 두 개의 櫝이 서로 합쳐진 이후에 그것을 연결하는 끈이 반드시 필요하다.

士冠禮云 筮人執筴 抽上櫝 兼執之(鄭玄云 櫝藏筴之器也. 今藏弓矢者 謂之櫝丸也). 少牢禮云 史左執筮 右抽上櫝 兼與筮執之(筮者蓍策也). 旣受命 史抽上櫝. 左執筮〈句〉 右兼執筮〈句〉 以擊筮(鄭玄云 擊之以動其神). 旣述命 乃釋櫝立筮(士坐筮). 旣占史櫝筮(兼執卦).

賈公彦曰 櫝有二. 其一從下向上承之. 其一從上向下韜之也(又云櫝用皮). 旣有二櫝 則二櫝相合之後 必有聯結之帶也.

혹자가 묻기를 "掛"란 왼손에 걸어두는 것인데, 지금은 점통 사이에 걸어둔다고 하니 옳은 말인가? 대답하기를 "掛一"이란 사람을 상징하는 것이다. 사람은 하늘과 땅 사이에 존재하는데, 만약 왼손에 걸어

---

a　편역자 주: 이는 陽尊陰卑의 봉건사상이지만 이것을 男尊女卑가 아니라, 君子와 小人 또는 善人과 惡人으로 보아야 할 것이다.

둔다면 天策과 地策 사이에 있지 않으니, 사람을 상징한다고 하겠는가?

或曰 掛者 掛之於左手也. 今謂之掛於韇間 可乎. 曰 掛一 所以象人也. 人在天地之間. 若掛之於左手 則
不在乎天策地策之間矣. 其象人乎.

두 묶음[둘로 나눈 산대]을 각각 네 개씩 덜어내어 셈하는 것은 四時[사계절]를 표상한다.

揲(설)이란 한 묶음씩 잡고 헤아려 보는 것이다. 朱子는 『周易本義』에서 먼저 오른 손에 있는 시책을 한
곳에 놓아두고 나서 오른손으로 왼손의 시책을 네 개씩 덜어내며 헤아리고, 또한 왼손에 있던 시책을
한 곳에 놓아두고 나서 왼손으로 오른손의 시책을 헤아린다고 말했다. 그러나 왼손의 시책이든 오른손
의 시책이든 모두 筮席(서석)의 위에 놓여 있다는 점을 고려한다면, 그것들을 네 개씩 헤아릴 때 왼손으
로 잡고 오른손으로 헤아리면 그만이지 번거롭게 바꿀 필요는 없을 것이다.

揲閱持也.(一作揲) 朱子曰 揲數之也. 謂先置右手之策于一處 而以右手 四四而數左手之策. 又置左手之策
于一處 而以左手 四四而數右手之策也.(出大全) 今擬左策右策 皆在筮席之上.(古筮必有席) 其揲之也 左策
右策 皆以右手數之. 不必紛紛然交易也.

四時란 12벽괘이다. 대체로 무릇 陰陽이 나뉘어졌듯이 天地水火의 기운이 四時에 나뉘어 운행한다. 그
러므로 易이 道로 삼는 것은 12벽괘를 四時에 분배하는 것이다. 그래서 시책을 덜어내는 방법 또한 四
時를 상징한 것이다. 그것이 반드시 네 개씩 셈하는 것은 한해의 차례가 변천하는 것도 반드시 四時의
변천을 상징하기 때문이다. 올해도 하나의 四時이며 내년도 하나의 四時이니 시책을 네 개씩 數를 셈
하는 것에는 이러한 상징이 있다.

四時者 十二辟卦也(自子月復卦 以至亥月坤卦). 大凡 陰陽旣判 而天地水火之氣 分行於四時(天地水火四氣也
以配四時). 故易之爲道 以十二辟卦 分配四時 而揲蓍之法. 又象四時 其必四四而數之者 象歲序之遷變 必
以四時也. 今年一四時 明年一四時 蓍策之四四閱數 有是象也.

대저 천지 사이에 일월성신의 운행, 산천초목, 들짐승·날짐승부터 인간이 나고 자라고 활동하고 쉬는데
이르기까지 四時의 변천을 따르지 않음이 없다. 그러므로 『周易』이라는 책의 전체적인 체계와 활용은 오
직 12辟卦의 변화와 운동에 있을 뿐이다.[a] 그래서 蓍策을 헤아리는 방법 또한 반드시 이를 형상화했다.

蓋唯天地之間 日月星辰之行 山川草木 鳥獸之類 以至吾人之生養動止 莫不隨四時而變遷. 故一部易 全
體大用 唯在乎十二辟卦之變動往來. 而揲蓍之法 必又象之也.

---

a 『周易四箋』「括例表」에서 '十二辟卦 進退 消長表'를 참조하시오.

네 개씩 덜어내며 셈하는 四揲이 끝나면 나머지 떨어진 시책을 제외하고 다시 옛 방법대로 정리하되, 둘로 나누어 놓음으로써 兩儀를 상징하도록 원래의 좌우 小格에 안치한다.

旣揲之後 去其零策 仍照舊整理. 分而爲二 以象兩. 安置于左右原處.

위 傳文의 "奇"란 짝이 안 맞는 數이니 陽數이며 또 나머지 떨어진 數를 '奇'라고 한다. 앞서 掛一할 때 陰策 중에서 一[하나]을 취해 걸어둔 것인데, 그 左策을 네 개씩 덜어내면 짝이 안 맞는 나머지 數[零數]는 한 개 아니면 세 개이며, 그 右策의 나머지 數[零數]도 한 개 아니면 세 개이다. 이는 零數이며 陽數이니, 그것을 짝 안 맞을 "奇"라고 말한다.

奇者陽數也.(不偶曰奇也) 又零數曰奇也. 前掛一之時 取一於陰策之中 而掛之.(說見前) 於是乎 揲之以四 則左策所零之數 非一則必三也.(不滿四謂之零數) 右策所零之數亦 非一則必三也.(左三則右一 右三則左右一) 旣是零數 又是陽數. 此之謂奇也.(兼二義)

朱子 가로되, "扐(륵)"은 四揲하고 떨어진 나머지인 零奇(영기)를 왼손 셋째 손가락 사이의 양쪽에 재갈을 물리는 것이다. 재갈을 물린다 함은 머물러있게 한다는 뜻이다. 이를 일러 四揲하고 남은 蓍策을 잠시 손가락 사이에 머물러있게 한다는 뜻이다. 요컨대 四揲을 마친 뒤에는, 이제 당연히 陰策과 陽策으로 天地를 상징하는 본래 법도는 엄연해야 하기 때문에, 지금은 잠시 손가락 사이에서 머물러 있게 할 뿐이라는 뜻이다.

朱子曰 扐 勒於左手中 三指之兩間也.(本義云) 勒者止住之意. 謂此零餘之策 今姑止住 於手指之間也. 蓋以揲四之事雖畢 今當整理 其陰策陽策 以嚴象兩之本法.(分置于左右原處) 故今姑扐住 於指間也.

윤달은 中孚괘와 小過괘를 말한다. 12벽괘는 12달에 배당되니, 윤달의 卦가 따로 없어서는 안된다. 中孚☱☴괘는 2획씩 겸획하면 큰 离☲日이 되고, 小過☶☳괘는 2획씩 겸획하면 큰 坎☵月이 된다. 해와 달의 운행주기는 그 차이로 인해 쪼가리가 남게 되니, 이것으로 윤달을 만들고 日月을 상징하는 中孚괘와 小過괘를 윤달에 배속한 것이다. 그러므로 시책을 四揲하여 四時를 상징하고 나머지 쪼가리를 취하여 손가락사이에 끼움으로써, 中孚괘와 小過괘의 두 윤달의 상을 표상한 것이다.

閏者 中孚小過 二卦之謂也. 十二辟卦 分配於十二月 則不可無閏月. 中孚者大离也.(兼畫之离卦) 离者日也.(說卦云) 小過者大坎也.(兼畫之坎卦) 坎者月也.(說卦云) 日月之有畸贏 而閏月以成. 此二卦所以配之於閏月也. 故揲蓍之後 又取其四時之餘(揲以四) 零奇之數 而歸之扐中 以象二卦之象也.

괘를 구하는 방법이 이와 같은 것은, 우리가 구하려는 것이 64괘 중의 하나임을 말한다. 그러므로 우선 50개의 시책을 사용함으로써 50衍卦의 象을 모방한 것이다. 50衍卦가 어디에서 생겨났는가를 생각해 보니 이는 12벽괘가 펼쳐진 것이다. 그런데 12벽괘는 12달을 표상하며, 또 12달은 四時를 말하므로 네 개씩 헤아려 덜어내는 방법으로 모방한 것이다.

그러고 나니 四時가 있으면 어찌 윤달이 없겠는가? 생각이 미쳐, 또 四揲의 나머지를 손가락사이에 끼우는 것으로써, 해와 달의 운행의 차이로 남는 것을 윤달로 만드는 법을 모방한 것이다. 이상 세 가지의 著卦法에는 64괘의 象이 모두 들어 있다. 이에 천지신명이 여기에서 그 象들을 가지고 비로소 64괘 중에서 하나를 가리켜준다. 그 뜻은 비록 은미하지만 『繫辭傳』에서 분명히 밝혀놓았으니, 邪曲된 단서를 만들어 옛 성인이 이루어놓은 제도를 어지럽히는 것은 옳지 않다.

求卦之法如是者 謂吾之所求獲者 卽六十四卦之中一卦也. 故五十衍卦之象 必先摸擬之 以爲策.(五十策) 旣而曰 是五十卦者 何從生乎. 是唯十二辟之所衍也. 於是乎 復爲揲四之法 以象之.(十二辟卦卽四時) 旣而曰 有四時 豈可無閏月乎.(堯典云 以閏月定四時) 於是乎 復爲歸奇之法以象之.(象中孚小過) 卽此三法之中 六十四卦之象 悉悉俱存矣. 神明於此 始可以執其象 而指其一也. 其義雖微 其文至著 不宜枉生端緖 以亂古人之成制也.

후대에 와서는 "歸奇"의 방법은, 나머지 시책이 네 개이든 두 개이든 막론하고 四揲할 때 가장 끝에 揲한 나머지를 奇數로 간주하여 손가락 사이에 끼운다. 그러나 偶數를 어찌 奇數라 말할 수 있는가? 나머지가 二인 경우는 오히려 나머지[零奇]라고 말할 수 있겠지만, 四의 경우 揲四法에서 본래부터 零奇가 아니다. 그런데도 어찌 零奇라고 말할 수 있겠는가? 그러므로 "掛一"은, 陰策 중에서 하나를 뽑음이 의심할 여지가 없이 분명하다고 말할 수 있다.

後來歸奇之法 毋論或四或二. 凡四揲之時 最末之揲(左右策皆然) 謂之奇數 而歸之扐中.(凡再扐) 偶數豈可曰奇數乎.(二四皆不奇) 二猶可矣.(猶可云零奇) 四則於揲四之法 本非零數(亦滿四) 豈可曰零奇乎. 掛一之時 取一於陰策之中 可謂灼然無疑矣.

⑥ 五歲再閏故 再扐而後掛

5년마다 두 번 윤달이 오므로, 再扐한 이후에 韇帶(독대)에 걸어둔다[두 번 끼워 놓은 산대를 합쳐 小刻에 걸어 놓는다].

금년 冬至로부터 5년 뒤의 冬至까지 그 사이는 62개월이 된다. 그러므로 매 5년마다 반드시 두 번의 윤달을 두어야 한다. 이에 따라 周易도 역시 乾坤 이하 62괘이며 하나의 괘는 한 달에 해당하므로 그 사이에 두 번의 윤달이 있어야 한다. 그러므로 中孚괘와 小過괘로서 두 번의 윤달에 호응하게 한 것이다.

自今年冬至 距後五年冬至 其間每可爲六十二月. 故五歲必置在閏.(此大略) 易自乾坤以下 亦六十二卦. 每以一卦當一月 則其間不可無再閏也. 故中孚小過 以應再閏也.

再扐[두 번 손가락에 끼운다]이란 왼쪽의 시책을 네 개씩 헤아려 덜어낸 나머지를 취하여 손가락사이에 끼우고[1개 또는 3개이다], 이어서 오른쪽 시책을 四揲한 뒤에 나머지를 손가락 사이에 끼우는 것[세 개 또는 한 개이다]을 말한다. 이렇게 再扐의 절차가 끝나면 이미 四揲한 좌우의 시책[점대]을 합하여 筭席 위에 가지런히 놓아둔다. 다음으로 손가락 사이에 끼워둔 4枚(매)의 시책을 취하여 임의로 하나의 시책을 뽑아서 최종 하나를 걸기 위한 용도로 삼고 나머지 3책을 버린다.

再扐者 先揲左策訖 取其奇而扐之.(或一或三者) 次揲右策訖 取其奇而扐之.(或三或一者) 再扐旣訖 取已揲過之兩筴(左右策) 整頓安置于席上.(分左右) 次取所扐之策四枚(一與三合之得四) 任抽其一(信手取) 以爲掛一之用.(棄其三)

四揲을 시작하기 이전에 독대 사이에 걸어두었던 시책 하나와 방금 뽑은 시책 하나를 합쳐서 어루만지고 돌린 다음에 그 중 하나를 뽑아서 그 시책에 새겨진 숫자를 書板에 기록한 뒤 역시 독대 사이에 걸어둔다. 이것을 『繫辭傳』에서 "再扐而後掛"라고 말한다. 앞서 걸어두었던 것을 '權掛'라 하고 이번에 걸어둔 것을 '正掛'라고 부른다. 이러한 절차를 세 번 반복해야 비로소 하나의 획이 이루어진다. 이것을 "三變"이라 말한다. 한 번 홀수이고 두 번 짝수이면 陽畫이 되고, 한 번 짝수이고 두 번 홀수이면 陰畫이 된다. 再次 점치는 것이나 세 번째 점치는 것이나 처음 점치는 절차와 똑같이 한다.

於是 取前所掛之一筴.(揲四之前所掛者) 與今所抽之一筴.(再扐後所抽) 合同摩轉.(令不容私意) 擢其一而掛之.(亦於韇帶間) 此之謂再扐而後掛也. 此之謂正掛也.(前所掛者權掛也) 於是乎 稽其數之幾何. 而書之於版上.(卦人取筮人所掛之策 考其數而書之) 如是者三 始成一畫.(此之謂三變) 凡一奇二偶爲陽.(立陽畫) 一偶二奇爲陰.(立陰畫) 再筮三筮 並與初筮同.(亦除其一分爲二揲以四 歸其奇 掛其一)

괘를 구하는 방식이 이와 같이 세밀함은, 이른바 太一이 둘로 갈라지니 천지가 위아래로 늘어서고 사람이 그 가운데 處(처)하며, 四時가 변천하고 日月이 운행하는데 있다. 그리고 萬物이 이에 따라 오르고 내리며 進退·消長하며, 인간의 희로애락·성패득실·死生禍福(사생화복)의 情狀(정상)이 일어나는 기운의 변화[幾微]도 이에 따라 생기지 않음이 없기 때문이다. 그러므로 성인께서 괘를 구하려 할 때 그 象을 세움으로써 천지신명으로 하여금 그 象에 의거하여 괘를 지목해 줄 것을 바랐다. 이처럼 성인께서 괘를 구하는 방법은 그 취지와 의미가 미묘하니 진실로 털 한 오리라도 쉽게 바꾸는 것은 옳지 않다.

求卦之法 如是者 謂太一旣判(分爲二) 天地成列(以象兩) 人處其中.(掛一以象三) 而四時遷變(揲以四) 日月運行(中孚小過以成閏) 萬物於此 升降往來(自十二辟爲衍卦) 進退消長.(自復至乾 又自姤至坤) 而一切喜怒哀樂 成敗得失 死生禍福之情之機 莫不由是而生焉. 故聖人者 立其象於求卦之時 使神明依其象而指之. 此其微旨妙義 誠不可移易 其一毫也.

〈질문 · 답변〉

① 혹자가 묻기를, 후대에 전해져 오늘날 까지 통용되는 방식은 걸어둔 시책과 손가락사이에 긴 시책을 통틀어 계산하여 그 奇數와 偶數를 판정한다. 그런데 그대는 단지 걸어둔 하나의 시책[掛一]만을 취하여 그 奇數와 偶數를 살핀다고 하니 과연 이것이 옳은가?

茶山의 답은 이렇다. 掛한 것이 곧 卦이다. 卦를 만드는 방법이 掛하는 것이다. 卦를 이루는 원인은 掛에 있지 揲과 扐에 있는 것이 아니다. 어찌 통틀어 계산하여 卦를 만든단 말인가?

或曰 後來之法 通計掛扐之策 以定奇偶. 而今 只取掛一之策 而稽其奇偶 可乎. 曰 掛也者卦也.(字從卦) 所以成卦者 掛也. 揲與扐 非所以成卦也. 何得通計.

② 혹자가 또 묻기를, 전래의 방법은 一變에 다만 한 번 掛한다고 말했다. 그러므로 『繫辭傳』에서도 "再扐而後掛(재륵이후괘)"라고 말했다. 그런데 그대는 掛二하니 이는 제 2變의 掛라고 해야 할 것이다. 그럼에도 이르기를 하나는 權掛이고 두 번째는 正掛라고 말하니 옳은 것인가?

又曰 後來之法 一變 只有一掛. 故經文 再扐而後掛. 釋之爲第二變之掛. 今云 權掛正掛可乎.

茶山의 답은 이렇다. 『繫辭傳』의 기록은 단지 一變의 일을 말한다. 그리고 "再扐"도 一變 내에서의 再扐이다. 一變도 마치지 못했는데 가로 질러 二變을 논의했다면 어찌 옳은 해석이겠는가? 그러므로 『繫辭傳』은 먼저 "掛一"이라고 말하고 끝에 또다시 "再扐而後掛"라고 말한 것이다. 經文의 의미를 자세히 살펴보면 분명히 앞선 "掛一"은 權掛이고 再扐한 후의 "掛一"은 正掛이다.

曰 經文所記 只是一變之事. 再扐是一變之內再扐也. 不了一變 而徑論二變 烏可乎哉. 故經文 先言掛一(以象三) 終云 再扐而後掛. 詳玩文義 明是前掛者 爲權掛 而再扐之後掛者 爲正掛也.

③ 혹자가 또 묻기를 전래의 방식은 一揲한 후에는 第一揲에서 남겨진 시책[44策이나 40策]으로 다시 四營의 방법을 실행한다. 지금 再揲·三揲을 수행하는데, 그대는 그 때마다 여전히 49개 시책을 모두 사용한다고 하니 이것이 옳은가?

又曰 後來之法 一揲之後 卽取第一揲所餘之策(或四十四策. 或四十策) 復行四營之法.(程迵云) 今於再揲三揲之時 亦全用四十九策可乎.

茶山이 대답했다. 공자는 『繫辭傳』에서 "그 사용하는 시책은 49책이다"라고 말씀하셨다. 그런데 공자도 말씀하지 않은 것을 어찌 법식이라고 만들어낼 수 있단 말인가? 시종일관 49개 전부를 사용해야만 "나머지 짜투리를 손가락에 낀다[歸奇]"·"하나를 걸어둔다[掛一]"는 經文과 부합하게 된다.

曰 孔子之言 曰 其用四十有九. 孔子之所不言 何得刱法乎. 全用四十有九然後 歸奇掛一 方合經文矣.

④ 혹자가 또 묻기를, 再扐한 策은 4枚이고 앞서 걸어두었던 시책 한 개를 합하여 5枚를 굴려 그 중에서 한 개를 뽑아 취하면 어째서 안 됩니까? 그리고 그대는 왜 군이 4枚 중에서 하나를 골라 뽑고, 걸어두었던 한 개의 시책을 합한 두 개의 시책 중에서 한 개를 골라 뽑아 걸어둔다고 합니까?

又曰 再扐之策四枚也.(三與一) 與前所掛之一策.(合成五) 合成摩轉 而擇取其一 有何不可. 而必於四枚之中 擇取其一. 又執二枚之策(前所掛一策. 後所抽又一策) 而擇一以掛乎.

茶山이 대답했다. 앞서 걸어둔 한 개의 시책은 四時를 상징한 것 중에서 하나를 뽑아낸 것이고, 뒤에 뽑아낸 시책 한 개는 再閏(재윤)을 상징하는 것 중에서 하나를 뽑아낸 것이다. 이것은 64괘의 정기를 총괄하여 그 정령을 발탁하기 위함이다. 이는 은미하고 오묘한 뜻을 표현한 것으로, 참으로 물 샐 틈이 없고 전혀 병폐가 없으니 어찌 쉽게 바꿀 수 있겠는가? 만약 다섯 개의 시책을 모두 취해 혼합하여 뒤섞는다면, 이는 四時의 정기[精]가 한 개이고 윤달의 정기는 네 개이니 윤달의 시책이 너무 크고 무겁지 않겠는가?

曰 前所掛一策 是於四時之中 抽其一者也.(後四枚屬閏) 合四時再閏之策.(十二辟卦 及中孚小過) 而又擢其一. 所以總握六十四卦之精 而又拔其英也. 此其微旨妙義 眞所謂 絶滲漏而無病敗 安能移易哉. 若全取五枚(前掛之一 及扐策之四) 而合同摩轉. 則是四時之精一枚 而再閏之精四枚也 不亦閏月之策 太麤太重乎.

⑦ 天一地二 天三地四 天五地六 天七地八 天九地十
（천일지이　천삼지사　천오지육　천칠지팔　천구지십）

天數는 1·3·5·7·9 등 5개요, 地數는 2·4·6·8·10 등 5개이다.

위 經文의 "天一" "地二"의 문구는 蓍策(시책)의 몸체에 새겨진 숫자를 말한다. 점치는 龜甲(귀갑)도 있는 그대로 사용하는 것이 아니라 荊燋(형초: 가시나무 횃불)로 그슬리고 칼로 깎아서 그 陽이 잠기는 "沈陽(침양: 잠긴 陽; 『左傳』「哀公 9年」)" · "山陵(산릉: 산무덤; 『左傳』「襄公 10年」)" 등 120가지의 조짐을 변별하였다.(『周禮』「春官宗伯」의 '太卜'을 참조하시오) 蓍策도 자연 상태로 쓰는 것이 아니다. 『禮記』「月令」에 '蓍策에 희생의 피를 바른다'고 했고, 『周禮』「春官宗伯」에 "해가 바뀌면 초봄에 시책을 새 것으로 바꾸는 '相簭(상서)'의 법이 있다(簭人掌三易……凡國之大事 先簭後卜 上春相簭.)"고 했다. 이로 볼 때 蓍策의 몸에 숫자를 새겨 놓았음을 실제로 시험할 수 있다.

此蓍體所著之數也. 龜不徒用 必以荊燋灼之(燋所以然火) 又以契刀刻之.(鑿龜而鍥之) 以辨其沈陽山陵(見左傳) 等一百二十之兆.(見周禮) 蓍策亦何得以天成之質 而用之乎. 故月令有釁筴之文. 周官有相簭之法 斯可驗也.

하나 하나의 시책에 각각 天地의 숫자를 새겨 넣고 피를 발라놓았는데, 이를 釁策(흔책)이라 한다. "一"을 새긴 점대가 다섯 개이고, "二"를 새긴 점대가 다섯 개이고, 三·四·五·六·七·八·九·十을 새긴 점대가 각각 다섯 개씩이다. 이를 大衍의 策이 50이라고 한다.[a] 만약 점대에 숫자가 새겨지지 않고 자연 그대로 사용한다면 四揲하여 나머지를 손가락에 끼운 점대는 1책 혹은 2책, 3책 혹은 4책을 벗어나지 못할 것이다. 그렇다면 天五 地六 이상은 어디에 쓰고자 경문에 기록했다는 말인가? 이처럼 歸奇(귀기)의 숫자도 맞지 않거니와, 掛一(괘일)의 점대도 매양 한 개이니 미리 정해놓은 것과 같고, 掛한[걸어 놓은] 다음에도 매양 한 개뿐이니 세 번 掛一한들 세 개가 될 뿐이니, 이것이 어찌 "여러 시책을 펴서 헤아린 이후에 1획을 얻는 것"이라 하겠는가? 이는 이른바 "글자 없는 비석"과 같을 뿐이다.

---

a   편역자 주: 釁策은 天數 다섯 개(1·3·5·7·9), 地數 다섯 개(2·4·6·8·10)를 각각 5枚씩 하니 大衍의 시책이 50枚가 된다.

每著一筴 各刻以天地之數.(礜筴者 塗血於刻處) 刻一之筴五枚也. 刻二之筴五枚也. 三四五六七八九十 各具五枚. 此之謂大衍之策五十也. 苟無礜刻之數 而用其天質. 則揲之以四 歸奇於扐 不出乎一二三四之外. 五六以上 將安用之 而經文若是哉. 歸奇之數 猶有出入矣. 至於掛一之策 每掛必一(止一策) 未掛之前 其一已定. 旣掛之後 其一尙然. 三掛之後 其一爲三. 此何待布筴揲著 而後得之哉. 此所謂沒字碑也.

대저 걸어두는 하나의 著策이 나온 다음에야 그 새겨진 숫자를 살펴서 음효와 양효를 분명히 알 수 있다. 그러므로 여기에서 명백하게 말하고 있거니와 1·3·5·7·9는 天數라 하였으니 일률적으로 陽數 3을 적용할 수 있고, 2·4·6·8·10은 地數라 하였으니 일률적으로 陰數 2를 적용할 수 있다. 여기에서 "掛一"의 시책 하나에는, 위 天地의 수 10의 이치가 있음을 분명히 말할 수 있다. 점대에 수를 새겨놓지 않았다면 어찌 天5와 地6이 될 수 있고 무슨 수로 天7·地8·天9·地10이라 할 수 있겠는가? 정말 기나긴 꿈길이다.

蓋以掛一之策旣出 始可以稽其刻 而察其數也. 故於是乎 明言之曰 一三五七九 是天數也. 可作陽數用, 二四六八十 是地數也 可作陰數用. 是其掛一之策 一枚之內 明有此十數 可謂之理也. 如無所刻 何以爲五六 何以爲七八九十乎. 眞大夢矣.

⑧ 天數五. 地數五. 五位相得 而各有合.
(천 수 오 지 수 오 오 위 상 득 이 각 유 합)

天數 5개, 地數 5개이다. 다섯 자리는 서로를 얻으니 각각 부합함이 있다.

[天數가 5개 地數가 5개이며, 上下·左右·中央이 모두 홀짝으로 결합되니. 奇數와 偶數를 각각 합하면]

天數二十有五. 地數三十 凡天地之數 五十有五.
(천 수 이 십 유 오 지 수 삼 십 범 천 지 지 수 오 십 유 오)

天數 25(1+3+5+7+9)이고 地數 30(2+4+6+8+10)이니 天地의 數의 합계는 55이다.

此所以成變化 而行鬼神也.
(차 소 이 성 변 화 이 행 귀 신 야)

이는 변화를 일으키는 원인으로 귀신을 움직인다.

[이는 변화를 이루고 귀신이 그 뜻을 운용하는 수단이다.]

대저 掛一한 점대가 나오면 비로소 그 새겨진 數를 살필 수 있으니 그 數를 서판에 기록하고, 두 번째로 四揲하고 掛一하여 서판에 기록하고, 세 번째로 四揲하고 掛一하여 서판에 기록한다. 이처럼 세 번 기록한 숫자를 합산하여 그 총수를 얻는다.(예컨대 가령 처음은 天1을 얻고, 두 번째는 地4를 얻고, 세 번째는 天7을 얻었다면 그 합계는 12가 된다.) 그러므로 여기에서는 합산하는 준칙을 세워 따르도록 한 것이다.

蓋以掛一之策旣出 始可以稽其數(卽上節) 其數旣書(書于版) 再揲三揲 凡三書其數.(書于版) 其數旣積(三之合) 合計之而得其總數.(假如 初得一 再得四 三得七 則都數爲十二) 故於此 立合計之率 而令人按行也.

"5位가 서로 얻음이 된다(五位相得)"는, 天一과 地六이 서로 얻음이 되고 地二와 天七이 서로 얻음이 됨을 말한다. 그리고 "각각 부합함이 있다(各有合)"는, 陽位와 陰位가 다섯 쌍이니 각각 부합함이 있음을 말한다.

五位相得者 謂一與六相得. 二與七相得也. 而各有合者 謂陽位旣五. 陰位亦五. 故各有所合也.

무릇 '천지의 수가 55'라 함은, 미묘한 이치가 숨겨져 있는 것이 아니라 掛一의 점대에 새겨진 숫자를 합산하는 방법을 보여줄 뿐이다. 즉 하나의 획을 이루려면, 三變의 결과 추출된 점대의 숫자를 합산해야 한다. 이 때 뒤섞여 있는 음양의 숫자들을 같이 합쳐서 계산하는 방법을 제시한 것이다. 그 일례로 天數 5위와 地數 5위를 합하면 55가 되는 것과 같이 하라는 뜻이다.

凡天地之數 五十有五者 非有微妙隱奧之理. 只是示合計之法者也. 謂一畫旣成 通計三變之時 其參錯陰陽之數 而合同算計之法. 一如天數五地數五之 合之爲五十有五也.

위 傳文의 "변화를 이룬다(成變化)"는, 三變으로 나온 숫자들이 모두 홀수를 얻거나 모두 짝수를 얻으면 그 획이 곧 변함을 말한다. 三變으로 나온 숫자들이 홀수와 짝수로 뒤섞여 있으면 그 획은 변하지 않는다. 이처럼 음양이 변동하는 법칙은, 天數와 地數가 각각 '5'라는 숫자 안에서 기원함을 설명한 것이다.

成變化者 謂三變之數 並得奇數 或並得偶數 則其畫卽變.(詳見下) 或奇偶參錯 則其畫不變. 陰陽變動之法 起於天地五數之內也.

위 傳文의 "귀신을 운용한다(行鬼神)"는, 시책을 누차 네 개씩 헤아려 象·數가 거듭 변천하면, 귀신이 그 권능을 부려서 마침내 적의한 괘·효를 지시한다는 말이다. 다시 말하면 귀신으로 하여금 괘와 효를 얻으려는 그 뜻을 실행할 수 있게 한다는 취지이다. 그런데 漢儒들은 이 구절을 곡해하여 천지의 조화를 바꾸고 귀신을 마음대로 부릴 수 있다는 식으로 말한다. 이에 '納甲'이니 '飛伏'이니 하는 說이 나오고 讖緯(참위)로 전락하여 허무맹랑하게 되었으며, '九宮'이니 '風角'이니 하는 잡술이 모두 성인의 경전을 빙자하게 되었으니, 어찌 그 개탄스러움을 이루다 말할 수 있으리오!

行鬼神者 謂著策屢揲 象數屢移 則鬼神得以操其權(操著策多少之權) 而竟指其所宜得之卦 所宜得之爻也 謂使鬼神得行其志也. 漢儒誤解此文 謂可以奪造化 而役鬼神. 於是 納甲飛伏之說作 而讖緯邪誕 九宮風角之術 莫不藉口於聖經 可勝歎哉.

漢代 이래 이 경문을 해석하는 자들이 물과 불이 생성한다는 說에서 벗어나지 못하고, 도리어 大衍(대연)의 數와 혼동하여 하나로 생각했다. 대저 大衍의 數는 분명히 50이고 天地의 數는 분명히 55이다. 大衍의 數는 시책의 형체를 나타내는 숫자이고, 天地의 數는 시책의 운용을 나타내는 숫자이다. 經文은 혁혁하여 일월처럼 밝혀주고 있다.

自漢以來 疏釋此經者 不出於水火生成之說 而却與大衍之數 混之爲一. 夫大衍之數 明明是五十也. 天地之數 明明是五十有五也. 彼乃著策之體數(策五十). 此乃著策之用數(刻於著策 以爲用). 經文赫然 昭如日星.

한 번의 四揲을 一變이라 하고, 3變을 하면 한 획이 성립하고, 18變으로 6획의 重卦가 성립한다. 그런데 그 6획이 모두 陰陽이 뒤섞여 성립된 것이라면 그 괘는 변하지 않는다.(之卦가 없는 경우이다.) 그러나 만약 그 6획 중에서 純畫(老陽이나 老陰을 말함)이 하나 있다면 그 괘는 바로 변한다.(예컨대 屯䷂괘 初九가 純陽이라면, 그 初九는 初六으로 변하여 比䷇괘로 바뀐다.)

一揲一變(陰陽參錯謂之變) 凡三變而一畫立.(陰多則爲陽畫. 陽多則爲陰畫) 三變一畫 凡六畫而一卦成.(十有八變而成卦) 而此六畫 皆以陰陽 參錯而成.(假如初揲得一 再揲得四 又揲得六. 而爲奇畫者 是參錯而成也) 則其卦不變.(無之卦) 若其六畫之內 或有純畫.(純陰而純陽) 則其卦卽變.(假如屯之初九 其在三揲之時 俱得奇數 則屯卦卽變 爲屯之比)

이렇게 하나의 획이 純인 경우는, 그 획이 곧 변하니 다시 수고할 필요 없이 犢策(독책)만으로 점을 칠 수 있다. 그러면 만약 한 괘에서 2~3개 혹은 4~5개의 純畫이 나오면 다시 變爻(변효)를 구하는 竹策(죽책)으로 한 개의 變爻만을 찾아야 한다. 한 괘는 단지 한 개의 爻만이 변하는 것이기 때문이다. 이것이 바로 11,520개의 竹策을 설치해 둔 이유이다.

一畫純者 本畫卽變(屯初九純陽 則初九變) 不用再勞 便可犢筴而占之.(不復用) 其或二三畫皆純 或四五畫皆純者. 再將求變之策(詳下章) 以求一爻之變.(一卦只變其一爻) 此萬一千五百二十策之所以設也.

純陽을 '九'라고 하는 것은 무엇 때문인가? 시책의 수를 헤아리는데 參天兩地에서 參天의 天數[1·3·5·7·9]는 모두 3으로 擬制(의제)하고, 地數[2·4·6·8·10]는 모두 2로 擬制한다는 易例를 기준으로 하기 때문이다. 만약 세 차례 四揲을 하여 얻어진 掛一(괘일)의 시책에 새겨진 숫자가 모두 홀수를 얻었다면, 이는 天數三을 세 번 얻은 셈이므로 參天×3번=9가 아니겠는가? 그래서 陽─爻를 '九'로 표기한다.

純陽之謂之九 何也. 著策之數 參天(凡天數 皆謂之三)兩地(凡地數 皆謂之二) 以爲法.(見說卦) 三揲之所掛一者 皆得刻奇之策 則是得天數者三也. 天數皆三(參天故) 三三非九乎.(純則三)

純陰을 '六'이라 하는 것은 무엇 때문인가? 세 차례 四揲을 하여 세 번 모두 짝수를 얻었다면 이는 地數를 얻음이 세 번이므로 兩地×3번=6이 아니겠는가?

純陰之謂之六 何也. 三揲之所掛一者 皆得刻偶之策 則是得地數者三也. 地數皆二(兩地故) 二三非六乎.(純則三)

陽이 섞인 少陽─을 '7'이라 하는 것은 무슨 이유인가? 세 차례 四揲한 끝의 나머지를 걸어놓은 著策이 두 번은 짝수를 새긴 것[地數]을 얻었고, 한 번은 홀수를 새긴 것[天數]을 얻었다면, (兩地×2번) + (參天×1번)=7이니 그 數는 7이 아니겠는가?

雜陽者少陽也. 少陽之謂之七何也. 三揲之所掛一者 再得地數之策(刻偶者) 一得天數之策.(刻奇者) 參天兩地 其數非七乎.(二二三)[a]

陰이 섞인 少陰을 '8'이라 하는 이유는 무엇인가? 세 차례 四揲한 끝의 나머지를 걸어둔 著策이 두 번

---

a   3+2+2=7

은 홀수를 새긴 天數의 점대[1·3·5·7·9]를 얻었고, 한 번은 짝수를 새긴 地數의 점대[2·4·6·8·10]를 얻었다면, (參天×2번)+(兩地×1번)=8[參天兩地]이니 그 數는 8이 아니겠는가?

雜陰者少陰也. 少陰之謂之八何也. 三揲之所掛一者 再得天數之策(一三五七九) 一得地數之策.(二四六八十) 參天兩地 其數非八乎.(三三二)[a]

天數[홀수]는 다섯 개이지만 모두 '參'으로 나타내고, 地數[짝수]도 다섯 개이지만 모두 '兩'으로 나타내는 이른바 "參天兩地"는 무슨 까닭인가? 괘의 한 획을 세 단락으로 나누어 보면, 陰획--은 두 개의 조각으로 이루어진 하나의 段[단락]이고(즉 3분의 2를 차지하고 있다), 그 가운데 한 段은 비워져 쓰지 않으니 어찌 세 개의 段 중에서 두 개의 段만 얻은 것이 아닌가? 陽획━은 세 개의 段을 모두 얻는다. 가령 황금 세 斤(근)을 예로 들면, 陽획━은 세 斤을 모두 얻은 것이다. 陰획--은 단지 두 斤만 얻은 것이니, 그 數가 각각 '參天'·'兩地'로 됨이 또한 마땅하지 않은가?

天數之必以參 而地數之必以兩 何也. 卦之一畫 可作三段看. 試論 陰畫--其左右二片 各占一段.(占三分之二) 其中央一段 虛而不用. 豈非只得其二段者乎. 陽畫 則全得其三段矣. 假令 黃金三斤(一段當一斤) 則陽畫全得三斤. 陰畫只得二斤. 其數之參天而兩地 不亦宜乎.

> 건 지 책 이 백 일 십 유 육　　　곤 지 책　백 사 십 유 사
> ⑨ 乾之策 二百一十有六. 坤之策 百四十有四.
> (1획 3變×6획=18變을 통하여 얻은) 乾☰天의 시책은 216개이고, 坤☷地의 시책은 144개이다.
>
> 범 삼 백 유 육 십　당 기 지 일
> 凡三百有六十 當期之日.
> 天地의 시책은 216+144=360개이니, 1년의 날 수[日數]에 해당한다.

이는 6획이 이루어진 후에 여러 획이 모두 純畫일 경우 그 중에서 하나만 爻變해야하므로 그 추출 방법을 말한 것이다. 상론은 아래와 같다.

此六畫旣成之後 或數畫皆純 則用以求一爻之變者也.(詳下方)

老陽 또는 純陽의 수는 9를 쓰고, 易數의 규칙은 4時를 쓴다. 그래서 1變은 4揲을 4營해야 이루어지고, 3變을 해야 1획이 얻어진다. 그러므로 老陽 1획을 얻으려면 老陽의 數인 9에 4를 곱한 數인 36개의 시책을 四揲해야 한다.(老陽數9×4揲=36策) 따라서 乾☰괘 6획을 얻기 위해 四揲한 策數는 36×6=216개이다.

老陽之數九(卽純陽) 而易數之率(律)用四.(揲之以四 又四營成易) 九乘以四 則四九三十六.(每一陽爻 得三十六

---

[a]　3+3+2=8

策) 乾卦六爻(六老陽) 凡得策二百一十有六.(九之積)

반면에 老陰 또는 純陰의 수는 6을 쓰고, 易數의 규칙은 4時를 쓴다. 그러므로 老陰 1획을 얻으려면 老陰의 수인 6을 4번 곱한 수인 24개의 시책을 四揲해야 한다.(6×4揲=24策) 따라서 坤☷괘의 6획을 얻기 위해 四揲한 策數은 24×6=144개이다.[a]

老陰之數六(卽純陰) 而易數之率(律)用四.(象天地水火) 六乘以四 則四六二十四(每一陰爻 得二十四策) 坤卦六爻(六老陰) 凡得策 一百四十有四.(六之積)

가령 예를 들면 한 번 점을 쳐서 乾☰괘를 얻었는데 그 初九과 九二 두 획 모두 老陽이라면 두 爻 중에서 하나만 골라야 한다. 그럴 때는 별도로 준비된 竹策(죽책) 통을 열고 乾初九의 竹策(죽책) 36매와 乾九二의 竹策(죽책) 36매를 뽑아 합친 후 그것을 섞어 비비고 돌려 역시 4揲한다. 그리고 나머지 죽책 4枚(매)를 취하여 다시 몇 차례 비비고 돌려서 손이 가는대로 하나를 뽑아 掛者(괘자)에게 건네준다. 掛者는 거기에 새겨진 숫자를 읽으며 卦를 그린다. 만약 初九의 竹策(죽책)을 뽑았다면 初九가 變爻가 되고, 九二의 竹策을 뽑았다면 九二가 變爻로 된다. 이상의 과정을 이른바 "參伍以變(참오이변)"[b]이라 한다.

假令 一筮之間 其卦遇乾. 而其初畫 與弟二畫 俱得老陽.(三掛皆奇曰老陽) 則筮人抽上韇(藏筴器) 取乾初九之策 三十六枚.(四九三十六) 乾九二之策 三十六枚.(合爲七十二) 合同滾轉.(和合之) 亦四四揲之.(勿分而爲二) 取末後之策四枚 數回摩轉.(照前法) 任抽其一(信手取) 以授卦者.(畫卦人) 若是初九之策 則初爻變.(乾之姤) 若是九二之策 則第二爻變.(爲同人) 此所謂參伍以變也.

大衍의 점대는 반드시 蓍草(시초) 줄기를 사용하지만, 위의 經文(경문)에서 "乾之策(건지책)"·"坤之策(곤지책)"의 '策'은 혹시 대나무로 만든 점대일 것이다. 그러므로 經文은 여기에서 처음으로 '策'이라는 글자를 사용했을 것이다. 아마도 이 竹策(죽책) 위에는 각각 표제가 새겨져 있었을 것이다. 표제는 "乾初九"·"乾九二"가 약간씩이고 여타도 이처럼 새겼을 것이다. 만약 그렇지 않다면 經文에서 무엇 때문에 "乾之策幾何(건지책기하)"·"坤之策幾何(곤지책기하)"라고 말했겠는가? 천연자료에 글자가 없는 점대를 蓍草 통에 혼동하여 저장하고 비밀스럽게 "乾之策"·"坤之策"이라고 불렀다면, 천하에 이런 맹랑한 일은 없을 것이다.

大衍之策 必用蓍莖. 而此策 或是竹筴. 故經文至此 始用策字.(筴字從竹. 若始終皆用蓍莖 則不應從竹也. 籌筴等 亦從竹) 蓋於竹策之上 各有標題. 題乾初九者若干枚.(三十六) 題乾九二者若干枚.(三十六) 餘皆倣此也. 若云不然 經文何以云 乾之策幾何 坤之策幾何哉. 天成沒字之策 混同藏之 於蓍櫝之中. 而隱然號之 曰乾之策坤之策. 天下無此孟浪也.

64괘의 근본인 乾☰·坤☷을 제외한 모든 괘들은 비록 여섯 개의 효가 모두 純畫(순획)이 되어도, "用

法"ª을 벗어버리고 반드시 한 개의 효변을 구해서 점을 친다. 즉 乾☰·坤☷ 두 괘는 만약 여섯 개의 효가 모두 純畫이면 여섯 개가 모두 변하니 죽책을 다시 펼쳐서 한 개의 變爻(변효)를 구하는 번거로운 과정을 거치지 않는다. 즉 乾괘의 用九는 坤괘로 되고 坤괘의 用六은 乾괘로 되니, 여러 획이 한꺼번에 변하여 物象(물상)들이 어지러워지는 폐단이 생기지 않는다. 그래서 周公(주공)이 효사를 지음에 오직 乾·坤 두 괘에만 각각 用九와 用六을 말했고, 다른 괘에서는 '用法'이 없는 것이다.

諸卦雖六爻俱純(皆老陽老陰) 用法掉脫 必求一爻之變(說見下). 而乾坤二卦 若六爻俱純 卽六爻俱變. 不待布策而求變. 故周公之撰爻詞 獨於乾坤二卦 有用九用六. 他卦無此法也.

다시 말하면 비록 乾·坤 두 卦라도 2~3개가 純畫을 얻거나 4~5개가 純畫을 얻은 경우, 用九는 坤☷이 되고 用六은 乾☰이 되는 '用法'을 버리고 그 중에서 하나의 爻만 골라 爻變를 구해야 한다. 그래서 周公의 爻詞[爻辭]는, 그러한 경우 번잡스런 爻變을 인정하지 않았으며, 經文이나 占辭(점사)를 붙여놓지 않았다. 그리하여 여러 爻가 번잡스럽게 변함으로써 物象이 뒤틀리는 혼란이 없었다. 대저 여러 爻가 어지럽게 변동하면 이목과 수족이 비뚤어져 성립할 수 없고, 말과 소, 양과 돼지가 뒤바뀌어 성립하지 않는다. 그러므로 주역에서 여러 爻가 어지럽게 움직이는 법이 없다. 그런데 焦贛(초공: 漢代의 인물. 『焦氏易林』을 지음)·郭璞(곽박: 東晉代의 인물. 五行·天文·卜筮·風水의 大家 『爾雅』·『山海經』에 注를 단 古文 학자임)의 무리들이 간교하고 방자하게 어지러운 爻變法을 지어냈으나, 본래 주역에는 그것을 말한 占辭는 없다.

且雖乾坤二卦 若二三畫得純 或四五畫得純者 亦用法掉脫(法見前) 以求一爻之變而已. 故周公之撰爻詞 不爲數三爻雜變者 而立文立占. 蓋以諸爻亂動 則物象乖錯 耳目手足喎斜不成 馬牛羊豕顚蹐不立. 故周易無此法也. 焦贛郭璞之倫狡獪恣睢 遂刱諸爻亂動之法. 周易無此繇也.

⑩ ^{이 편 지 책} 二篇之策 ^{만 유 일 천 오 백 이 십} 萬有一千五百二十.

주역의 上下 두 편의 蓍策은 11,520개이니,

^{당 만 물 지 수 야} 當萬物之數也.

만물의 數에 해당한다.

64괘에서 陽— 획은 192개인데[384획(64卦×6畫)÷2=192] 모든 획을 老陽 9로 간주하고 그것에 易數 4를 곱하면(곱하는 뜻은 앞을 볼 것), 매 1획마다 36책을 얻어야 한다[9×4=36]. 陽획은 총192획이므로 합산하

---

a　편역자 주: "用法"이란 乾☰卦의 6爻가 모두 老陽인 경우 坤☷괘로 변하는 '用九法'과 坤☷괘의 6爻가 모두 老陰인 경우 乾☰괘로 변하는 '用六法'을 지칭한다. 이 경우는 天地激變의 특별한 예외이고, 여타의 62괘는 "用法"을 쓰지 않는다.

면 6,912책이다[36×192=6912]. 64괘의 陰▬▬ 획도 총192획인데 이를 모두 老陰 6으로 간주하고 그것에 易數 4를 곱하면(곱하는 뜻은 앞을 볼 것), 매 1획마다 24책을 얻어야 한다[6×4=24]. 총 192개의 陰획을 합산하면 4,608책이다[24×192=4608]. 64괘의 陰획과 陽획이 얻은 策數는 도합 11,520개이다. 이 모두 는 여러 純畫 중에서 하나의 효변을 찾아내는데 쓰이는 방법이다.

六十四卦 其陽畫 一百九十二.(通乾卦計之) 皆以老陽之九 而乘之以四.(義見前) 則每一畫 得三十六策.(四九 三十六) 合之爲 六千九百一十二策也. 其陰畫 亦一百九十二.(通坤卦計之) 皆以老陰之六 而乘之以四. 則 每一畫 得二十四策.(四六 二十四) 合之爲 四千六百八策也. 通計陰陽爻之所得 則其策爲 萬一千五百二十. 皆所以求一爻之變者也.

陽畫 192개 ×36(1획의 陽효를 얻는데 四揲한 策數)=6,912개

陰畫 192개 ×24(1획의 陰효를 얻는데 四揲한 策數)=4,608개

-------------------------------------- 64괘의 총 畫=384개. 총 竹策=11,520개.

가령 한 번 점을 쳐서 얻은 괘가 屯☳☵괘인데 그 初九가 老陽이고 六二가 老陰인 경우를 만났다면, 筮 人은 그 가운데서 하나를 선택하기 위해, 점대 통을 열고 屯-初九의 죽책 36枚[4×9=36]와 屯-六二의 죽책 24枚[4×6=24]를 꺼내 도합 60枚를 두루 섞은 후 四揲을 한다. 마지막 4揲한 4枚를 취하여 비비고 굴려서 임의로 하나를 추출한다. 그 결과 初九의 죽책이 뽑히면 屯☳☵괘의 初九가 변하여 比☷☵괘가 되 고, 六二의 죽책이 뽑히면 屯☳☵괘의 六二가 변하여 節☵☱괘가 된다. 이것을 일러 "參伍以變(참오이변)"이 라 한다.

假令 一筮之間 其卦遇屯 而其初畫 與第二畫 俱得純畫.(初得老陽 第二得老陰) 則筮人抽上韇 取屯初九之策 三十六枚.(四九 三十六) 屯六二之策二十四枚.(四六 二十四) 合同滾轉(合得六十策) 亦四四揲之(易數皆用四) 取 末後之策四枚(法如前) 任抽其一. 若是初九之策 則初爻變.(屯之比) 若是六二之策 則第二爻變.(屯之節) 此 所謂參伍以變也.

오! 옛부터 지금까지 주역을 해설한 자는 한없이 많다. 그러나 경문에서 말한 11,520策에 대하여 끝내 연구하여 그 發用處를 알려고 한 적이 없었다. 그런즉 버려진 대로 그만이었다. 대저 11,520개의 죽책 을 영구히 살아나지 못하게 蓍室에 감추어두고, 말하기를 "이것은 만물의 象이라고 말하니, 천하에 이 러한 망령이 없다. 천지의 만물은 용도에 합당하지 않은 물건은 하나도 없다. 그렇다면 11,520개의 죽 책도 역시 모름지기 소용될 곳이 반드시 있을 것이다.

嗟呼 古往今來 說易者何限. 而萬一千五百二十之策 終不肯一番推究 以知其所發用 則已而已而矣. 夫以 萬一千五百二十之策 藏之蓍室 永久不動. 曰 此萬物之象. 天下無此妄也. 天地萬物 無一物不當其用 則 萬一千五百餘策 亦必有所須用者也.

<편역자 주>

실제로 11,520개의 점대를 만들라는 뜻은 아닐 것이다. 北京에서 만난 어느 교수는 64괘의 총획수대로 384개의 시책[64괘×6획=384획]을 사용하는 점술가를 본적이 있다고 말했다. 384策은 아래와 같다.

〈384策 일람표〉

乾	坤	屯	蒙	需	訟	師	比
乾上九	坤上六	屯上六	蒙上九	需上六	訟上九	師上六	比上六
乾九五	坤六五	屯九五	蒙六五	需九五	訟九五	師六五	比九五
乾九四	坤六四	屯六四	蒙六四	需六四	訟九四	師六四	比六四
乾九三	坤六三	屯六三	蒙六三	需九三	訟六三	師六三	比六三
乾九二	坤六二	屯六二	蒙九二	需九二	訟九二	師九二	比六二
乾初九	坤初六	屯初九	蒙初六	需初九	訟初六	師初六	比初六

小畜	履	泰	否	同人	大有	謙	豫
小畜上九	履上九	泰上六	否上九	同人上九	大有上九	謙上六	豫上六
小畜九五	履九五	泰六五	否九五	同人九五	大有六五	謙六五	豫六五
小畜六四	履九四	泰六四	否九四	同人九四	大有九四	謙六四	豫九四
小畜九三	履六三	泰九三	否六三	同人九三	大有九三	謙九三	豫六三
小畜九二	履九二	泰九二	否六二	同人六二	大有九二	謙六二	豫六二
小畜初九	履初九	泰初九	否初六	同人初九	大有初九	謙初六	豫初六

隨	蠱	臨	觀	噬嗑	賁	剝	復
隨上六	蠱上九	臨上六	觀上九	噬嗑上九	賁上九	剝上九	復上六
隨九五	蠱六五	臨六五	觀九五	噬嗑六五	賁六五	剝六五	復六五
隨九四	蠱六四	臨六四	觀六四	噬嗑九四	賁六四	剝六四	復六四
隨六三	蠱九三	臨六三	觀六三	噬嗑六三	賁九三	剝六三	復六三
隨六二	蠱九二	臨九二	觀六二	噬嗑六二	賁六二	剝六二	復六二
隨初九	蠱初六	臨初九	觀初六	噬嗑初九	賁初九	剝初六	復初九

无妄	大畜	頤	大過	坎	離	咸	恒
无妄上九	大畜上九	頤上九	大過上六	坎上六	离上九	咸上六	恒上六
无妄九五	大畜六五	頤六五	大過九五	坎九五	离六五	咸九五	恒六五
无妄九四	大畜六四	頤六四	大過九四	坎六四	离九四	咸九四	恒九四
无妄六三	大畜九三	頤六三	大過九三	坎六三	离九三	咸六三	恒九三
无妄六二	大畜九二	頤六二	大過九二	坎九二	离六二	咸六二	恒九二
无妄初九	大畜初九	頤初九	大過初六	坎初六	离初九	咸初六	恒初六

遯	大壯	晉	明夷	家人	睽	蹇	解
遯上九	大壯上六	晉上九	明夷上六	家人上九	睽上九	蹇上六	解上六
遯九五	大壯六五	晉六五	明夷六五	家人九五	睽六五	蹇九五	解六五
遯九四	大壯九四	晉九四	明夷六四	家人六四	睽九四	蹇六四	解九四
遯九三	大壯九三	晉六三	明夷九三	家人九三	睽六三	蹇九三	解六三
遯六二	大壯九二	晉六二	明夷六二	家人六二	睽九二	蹇六二	解九二
遯初六	大壯初九	晉初六	明夷初九	家人初九	睽初九	蹇初六	解初六

損	益	夬	姤	萃	升	困	井
損上九	益上九	夬上六	姤上九	萃上六	升上六	困上六	井上六
損六五	益九五	夬九五	姤九五	萃九五	升六五	困九五	井九五
損六四	益六四	夬九四	姤九四	萃九四	升六四	困九四	井六四
損六三	益六三	夬九三	姤九三	萃六三	升九三	困六三	井九三
損九二	益六二	夬九二	姤九二	萃六二	升九二	困九二	井九二
損初九	益初九	夬初九	姤初六	萃初六	升初六	困初六	井初六

革	鼎	震	艮	漸	歸妹	豐	旅
革上六	鼎上九	震上六	艮上九	漸上九	歸妹上六	豐上六	旅上九
革九五	鼎六五	震六五	艮六五	漸九五	歸妹六五	豐六五	旅六五
革九四	鼎九四	震九四	艮六四	漸六四	歸妹九四	豐九四	旅九四
革九三	鼎九三	震六三	艮九三	漸九三	歸妹六三	豐九三	旅九三
革六二	鼎九二	震六二	艮六二	漸六二	歸妹九二	豐六二	旅六二
革初九	鼎初六	震初九	艮初六	漸初六	歸妹初九	豐初九	旅初六

巽	兌	渙	節	中孚	小過	既濟	未濟
巽上九	兌上六	渙上九	節上六	中孚上九	小過上六	既濟上六	未濟上九
巽九五	兌九五	渙九五	節九五	中孚九五	小過六五	既濟九五	未濟六五
巽六四	兌九四	渙六四	節六四	中孚六四	小過九四	既濟六四	未濟九四
巽九三	兌六三	渙六三	節六三	中孚六三	小過九三	既濟九三	未濟六三
巽九二	兌九二	渙九二	節九二	中孚九二	小過六二	既濟六二	未濟九二
巽初六	兌初九	渙初六	節初九	中孚初九	小過初六	既濟初九	未濟初六

대저 18變을 하여 하나의 괘를 이루는 사이에 한 개 이상의 획이 함께 純陰과 純陽이 되는 경우도 없을 수 없다. 만약 이런 경우 장차 어찌해야 하는가? 이런 경우 서너 개의 획을 함께 변동시켜야 할까? 周公께서는 이런 경우의 효사를 짓지 않았으니 어디에서 해당되는 占辭를 살펴야 할까? 이런 문제를 해결하기 위해 11,500여개의 죽책을 만들어 쓸 수밖에 없었다.

그에 대한 揲法(설법)과 掛一法[掛一하는 방법]을 비록 經文에서는 발견할 수 없지만, 요점은 4를 易數로 쓰는 것이 준칙이라는 것이다, 그러므로 마땅히 四揲함이 합당할 것이다. 일찍이 50개의 시책을 사용할 때도 四揲한후 掛一한 것처럼 의당 4책에서 하나를 뽑아야 할 것이다. 오! 어찌 그러하지 않겠는가?

大抵 十有八變之間 不能無數三畫俱純者 如果有數三畫俱純者 其將若之何. 將數三畫俱變乎. 周公之所不作 當於何而視繇也. 萬一千五百餘策 不能不有作也. 其揲閏之法 雖不經見 要之以四而爲率矣. 故宜以四而揲之也. 旣扐而掛其一(謂大衍策初掛時) 亦嘗執四而抽一矣. 故宜於四而擢之也. 嗟乎 豈不然哉.

〈편역자 주〉

편역자가 위와 같은 384策을 구비하기 어려우므로, 12개의 蓍策(시책)만으로 하나의 變卦를 선택하려고 한다. 12개의 蓍策은 다음과 같다.

純陽策 6枚	上九	九五	九四	九三	九二	初九
純陰策 6枚	上六	六五	六四	六三	六二	初六

〈질문 · 답변〉

① 혹자가 물었다. 점괘로 九를 얻었으면 老陽이니 벌써 陰-- 획으로 변해버린 것이고, 六을 얻었으면 老陰이니 이미 陽— 획으로 변한 것이다. 이미 변해버린 후에는 本卦로 돌아가는 이치는 없다. 11,520개의 죽책은 다만 하나의 효를 지적하기에는 足(족)하지만, 여러 효를 本卦로 되돌리기에는 부족하다. 이미 변해버린 효들은 역시 장차 그것들의 점사들을 모두 아울러 관찰하라는 뜻이 아니겠는가?

或曰 筮旣得九 業已變陰. 筮旣得六 業已變陽. 旣變之後 無由反本. 萬一千五百二十 只足以指一爻 而不足以回諸爻. 於旣變 亦將並觀其繇詞乎.

茶山이 대답했다. 어찌 그런 예측이 있었겠는가? 6획 중에서 老陽인 9와 老陰인 六이 유일하다면 이는 본래 神明(신명)이 가리킨 것이라고 보아야 한다. 만약 六位에 九[老陽]와 六[老陰]이 다수여서 11,520개의 죽책을 발휘하여 그 중의 하나를 추출했다면, 그것도 역시 신명이 가리킨 것이다. 爻가 변하고 변하지 않는 것은 오직 신명이 판단할 일이다. 신명이 지목하지 않은 것이면 비록 老陽·老陰이라도 변하지 않는다. 九는 비록 老陽이지만 아직 陽이 아닌 것은 아니며, 따라서 당연히 陽—畫으로 보아야 한다. 六은 비록 老陰이지만 아직 陰이 아닌 것은 아니며, 따라서 당연히 陰-- 畫으로 보아야 한다. 점치는 자는 純陰(순음)과 純陽(순양)이 여럿인 경우에는 神明이 판단해야지 또 어찌 그 사이에 인위적인 간섭을 끼어들게 하겠는가?

曰 豈有是哉, 六位之中 九六者唯一 則此固神明之所指也. 若六位之內 九六者多 而萬數之策 發揮而表著之 亦神明之所指也. 其變其貞 唯神是聽. 非神所指 則雖九六 而不變也. 九雖老陽 未嘗非陽 仍當以陽畫看也. 六雖老陰 未嘗非陰 仍當以陰畫看也. 筮者於此 唯神是聽 又安能容人力 於其間哉.

② 혹자가 물었다. 神明이 나에게 무슨 사단을 알려주려 한다면, 여섯 자리 안에서 어찌 老陽인 九와 老陰인 六을 여럿 얻게 함으로써 괘의 象을 현혹시킨단 말인가?

曰 神苟欲告我以故 則六位之內 豈可使多得九六 以眩卦象哉.

茶山이 대답했다. 이는 그렇지 않다. 九와 六이 하나일 때는 그것으로 사안을 점치는데, 그 점칠 사안의 득실이 적의하고 간단하고 빠르며 구애될 것이 없기 때문이다. 그러나 九와 六이 하나가 아니면 점친 득실이 분분하여 서로 맞지 않는 병통이 있을 것이니 神明은 이런 경우도 마음에 둔 것이다. 점치는 것은 數를 셈하는 것이다. 무릇 3變해야 한 획을 얻고 18變해야 하나의 괘를 얻는데, 그 사이에 얻은 天地의 數를 당연히 합산하여 계산함으로써 日月의 빠르고 지체됨을 정하고, 혹 사람과 사물의 많고 적음을 헤아려 알아낸다. 神明은 이런 사정도 마음에 둔 것이다.

曰 是不然. 九六者唯一 則以之占事 其所以占得失者 宜亦簡徑而無礙. 九六者非一 則其所以占得失 宜亦紛紜而有梗 神意在是矣.(後世占法 有所謂兄弟發動者. 多得九六者 其占或當如此) 且筮者數也 凡十八變之間 所得天地之數(一二至九十) 又當合而計之 以定日月遲速 或測人物之多少. 神意在是矣.

③ 혹자가 물었다. 九를 얻고 六을 얻어도 오히려 갑자기 爻變하는 것이 아니라면, 비록 한 획만 純畫을 얻은 경우에는 어찌 11,520개의 죽책을 쓰지 않고 지름길로 급하게 효변한 점사로 점을 치는가?

或曰 得九得六 而猶未遽變. 則雖獨得純者 豈可使不經萬策 而徑占其繇乎.

茶山이 대답했다. 卜筮(복서)의 의의는 天命을 받기 위함이다. 變化이든 淸靜(청정)이든 오직 神明의 소임이다. 우리가 어찌 관여하겠는가? 六畫 중에서 홀로 純畫을 얻어 爻가 변동함은 귀신이 하는 일이니 우리가 어찌 관여하겠는가? 經文이 말한 筮法(서법)대로 한다고 해도, 가령 屯䷂괘 初九가 홀로 純畫이면 만개의 죽책을 쓰는 방법을 택한다 해도 역시 屯䷂괘 初九의 죽책 36枚를 四揲하여 하나를 추출할 것이니 필경 발탁되는 것은 屯䷂괘 初九를 벗어나지 않을 것이다. 이처럼 결과가 똑같을 것인데 쓸데없이 왜 만개의 竹策를 四揲하여 하나를 추출하는 번잡한 일을 또 할 것인가? 그래서 곧바로 효변하도록 할 뿐이니 의심할 바가 없다.

曰 卜筮之義 紹天命也. 其變其靜 唯神是聽. 吾何與於其間哉. 六畫而獨得純 則此爻之變 鬼神之所爲也 吾何與哉. 雖以筮法言之 假如 屯初爻獨得九 其揲萬數之策 亦將單取 其屯初九之策 三十六枚. 而揲之抽 之 畢竟所發 不外乎屯初九. 則亦何用揲之抽之. 此其所以直變之 而不疑也.

⑪ 是故 四營而成易

그러므로 네 단계의 운영을 거쳐 한 번의 변화(易)를 이루고,

十有八變而成卦

18번의 변화로 하나의 괘[重卦]를 이룬다.

朱子가 『周易本義』에서 말했다. 四營이란 ① 50개의 시책을 두 부분으로 나누고, ② 하나를 걸어두고 [掛一] ③ 4개씩 헤아려 덜어내며[四揲] ④ 짝이 맞지 않은 나머지를 손가락 사이에 끼우는 것[扐]이라고 했다. '易'이란 한결같이 변하는 것이다. '易'이라는 글자는 日과 月을 합성해 만든 글자이다. 해와 달은 陰과 陽을 대표한다. 그러므로 한결같이 변화하여 陰과 陽이 드러나게 함을 일러 易이라 말하는 것이다.

朱子曰 四營謂 分二 掛一 揲四 歸奇也.(經文 於此四箇事 皆有象字) 易者一變也. 易之爲文日月也.(字從日從 月) 日月者陰陽也. 故一變旣而陰陽著者 謂之易也.

經文에서 말한 "四營而成易"은 朱子의 『周易本義』로 말하면 "四營而成一變"을 의미한다.[朱子의 「筮儀」 참조] '易'은 곧 '變'이다. 따라서 1畫은 三變[즉 12營]을 해야 얻어지는 것이니, 6획을 이루려면 18변[3變 ×6획=18變]을 해야 하나의 卦를 얻는다.

三變而一畫成.(三揲爲三變) 十八變則六畫成. 故始得一卦.

⑫ 八卦而小成 引而伸之 *引＝演也. 長也.

(9變으로) 八卦를 조그맣게 이룬 다음에[內卦을 얻음] 八卦를 중첩하여 64괘의 重卦를 펴고,

觸類而長之 天下之能事 畢矣 *觸＝牴也. 動也

각각의 爻가 변동함으로써 동류들이 450가지로 확장하니, 천하에 할 수 있는 일을 마칠 수 있다.

朱子가 이르기를, 경문에서 "八卦而小成(팔괘이소성)"이라 한 것은 九變을 하면 3획을 이루어 內卦를 얻

는다는 뜻이라고 설명했다.

朱子曰 謂九變而成三畫 得內卦也.

經文에서는 매양 單卦를 八卦라고 부른다. 기실은 震☳괘나 兌☱괘처럼 단지 하나의 괘를 얻은 것을 가리킬 뿐, 여덟 개의 卦를 아울러 지칭한 것이 아니다. 이것이 경문의 例規(예규)이다.

經文之例 每以單卦 名之曰八卦. 其實或震或兌 只指所得之一卦. 非並其八也. 此文例也.

內卦가 이루어지면 또 끌어당기고 전개하여 이로써 外卦를 이룬다. 重卦가 이루어지면 또 그 비슷한 것을 촉발하여 그것을 길러 키운다. 이는 老陽인 九와 老陰인 六을 찾아내서, 그 효를 각각 少陰으로 少陽으로 변동시킴으로써, 本卦와 之卦의 妙用[신묘한 운용]을 아우름을 말한다. 本卦와 之卦는 형체가 서로 비슷하므로 "觸類(촉류)"라고 말한다. 이처럼 64괘를 길러 450괘[a]의 변동한 象을 드러낸다. 그러므로 經文에서는 이를 "觸類而長之(촉류이장지)"라고 말한다.

內卦旣成 又引而展之 以成外卦.(伸展也) 重卦旣成 又觸動其相似者 而滋長之. 此謂 察九六之純 而求一爻之變 以兼二卦之妙用也.(本卦與之卦爲二) 本卦(句)之卦 其形相類.(乾與姤相似) 故曰觸類也. 六十四卦 滋之爲四百五十.(乾坤得十六卦[b] 屯蒙以下 得四百三十四卦. 合之爲四百五十. 乾坤之外 每六爻得六卦 並本卦而爲七) 故曰觸類而長之也.

〈질문·답변〉

① 혹자가 물었다. 『國語』에 보이는 "重耳筮反國[훗날 晉文公이 된 공자 重耳(중이)가 고국으로 돌아감을 점치다]"의 점친 사례에는 "貞屯悔豫(정준회예)"라는 점사가 나온다. 이는 本卦인 屯☳☵괘가 豫☳☷괘로 변한 것이므로, 屯(준)괘의 初九·六四·九五가 어지럽게 爻變한 것을 보여주고 있다. 또한 『春秋左傳(춘추좌전)』에 보이는 "穆姜筮出宮(목강서출궁)"의 점친 사례에는 "艮八之隨(간팔지수)"라는 점사가 나온다. 이는 艮☶☶괘 少陽[八]이 隨☱☳괘로 변한다는 것이므로, 屯괘의 六二 少陰만이 변하지 않고 나머지 5획은 모두 어지럽게 변한 것을 보여주고 있다. 이처럼 모든 효가 亂動(난동)하는 것을 증거하고 있다. 그런즉 64괘가 변하여 4,096개의 之卦를 만든다는 학설은 焦贛(초공)이 억측으로 만든 것이 아님을 알 수 있다. 그런데 그대는 다만 64괘를 기르면 450괘로 된다고 주장하니, 혹시 무슨 증거라고 있단 말인가?

或曰 國語有 貞屯悔豫之卦.(重耳筮反國) 是六爻之內 三爻(初 四 五)亂動也. 左傳有 艮八之隨之卦(穆姜筮出宮) 是五爻皆動 而唯一畫不動也.(第二畫) 諸爻亂動 其證如此 則六十四卦之變之 爲四千九十六卦.(每一卦 得變爲六十四) 不是焦延壽之臆觚也. 今但滋之 爲四百五十 抑何據也.

茶山이 대답했다. 『國語』「晉語」에 보이는 "貞屯悔豫 皆八(정준회예 개팔)"의 점사는 설명한대로 屯☳☵괘

의 初九·六四·九五가 함께 爻變하여 豫☷☳괘로 변한 경우이다. 그런데 이에 대해 南宋 때의 程迥(정형)은 그의 『周易古占法』에서 설명하기를 "屯괘의 六二·六三·上六이 변하지 않았으므로 "皆八 즉 모두 少陰이다"고 말했다. 그런 구차한 설명은 유치하다. 내가 보건대 屯☵☳괘의 初효·4효·5효가 일시에 함께 변동했다면, 그것을 屯九로 말할 수도 있고 屯六으로 말할 수도 있는데, "皆八"이라고 말할 수 있겠는가? 1卦의 6개 효에서 절반은 변동하고 절반은 고요하여 혼륜한 경우 그것을 기록하여 "皆八" 이라고 한다면 천하에 그런 문장은 없을 것이다. 또한 『春秋左傳』의 "艮八之隨(간팔지수)"라는 점사도 역시 마찬가지이다. 이는 夏(하)나라·商(상)나라 때의 舊法(구법)임이 분명하다. 그러므로 魏晉(위진) 때의 杜預(두예: 222-284)가 "連山易(연산역)과 歸藏易(귀장역)은 七과 八을 사용하여 점을 친다"고 말했을 것이다. 그는 손수 『春秋(춘추)』를 주석했으므로 당시 관청에서 占치는 法을 분명히 알았을 것이다.

曰 據晉語云 貞屯悔豫 皆八.(少陰數) 說者曰 屯卦之二三上爻 皆不變動. 故謂之八.(沙隨易說云) 此暗啞之言也. 以余觀之 屯卦之初四五爻 一時俱動. 謂之屯九可也(初五皆陽爻) 謂之屯六可也(四本陰爻) 謂之皆八可乎. 一卦六畫之中 半動半靜而混圇 書之曰皆八 天下無此文也. 卽所謂艮之八亦然. 此明是夏商之舊法. 故杜征南云 連山歸藏 以七八占. 杜君親註春秋 明知當時官占之法.

『春秋左傳』에 나오는 官占은 다음과 같이 모두 한 爻만 변한다:
① 陳敬仲의 점에서는 觀☴☷괘를 얻었으나 六四의 효변으로 否☰☷괘로 변한다.
② 畢萬의 점에서는 屯☵☳괘를 얻었으나 初九의 효변으로 比☵☷괘로 변한다.
③ 成季友의 점에서는 大有☲☰괘를 얻었으나 六五의 효변으로 乾☰☰괘로 변한다.
④ 晉伯姬의 점에서는 歸妹☳☱괘를 얻었으나 上六의 효변으로 睽☲☱괘로 변한다.
⑤ 晉文公의 점에서는 大有☲☰괘를 얻었으나 九三의 효변으로 睽☲☱괘로 변한다.
⑥ 崔武子의 점에서는 困☱☵괘를 얻었으나 六三의 효변으로 大過☱☴괘로 변한다.
⑦ 叔孫豹의 점에서는 明夷☷☲괘를 얻었으나 初九의 효변으로 謙☷☶괘로 변한다.
⑧ 孔成子의 점에서는 屯☵☳괘를 얻었으나 初九의 효변으로 比☵☷괘로 변한다.
⑨ 南蒯의 점에서는 坤☷☷괘를 얻었으나 六五의 효변으로 比☵☷괘로 변한다.
⑩ 陽虎의 점에서는 泰☷☰괘를 얻었으나 六五의 효변으로 需☵☰괘로 변한다.

(위와 같은 『春秋左傳』의 官占 사례를 보면) 모두 本卦에서 한 개의 효가 변함으로써 之卦로 바뀐 경우이다. 이로서 알 수 있듯이 한 개의 爻만이 변함으로써 象을 어지럽게 하지 않는 것이 주역의 규칙임이 명확하다. 그러므로 앞서 말한 "屯之豫(준지예: 屯☵☳괘의 之卦인 豫☷☳괘)"·"艮之隨(간지수: 艮☶☶괘의 之卦인 隨☱☳괘)"는 夏나라·商나라 때의 舊法임을 알 수 있다. 周易에는 그러한 亂動의 법이 없다. 만약 주역에 이런 난동의 법칙이 있었다면, 周公에게 그것에 대한 繫辭(계사)가 있었을 것이다.

如陳敬仲 觀之否.(莊二十二年) 畢萬 屯之比.(閔元年) 成季友 大有之乾.(閔二年) 晉伯姬 歸妹之睽.(僖十五年) 晉文公大有之睽.(僖二十五年) 崔武子 困之大過.(襄二十五年) 叔孫豹 明夷之謙.(昭五年) 孔成子 屯之比.(昭七年) 南蒯 坤之比.(昭十二年) 陽虎 泰之需.(哀八年) 皆一爻有變. 而其法明確. 故知所謂 屯之豫 艮之隨者 皆是夏商之舊法. 周易無此法也. 周易有此法 則周公其有詞矣.

⑬ <ruby>參伍以變<rt>참 오 이 변</rt></ruby> *參伍=交互也. 雜也.

여러 개의 老陰·老陽이 나오면 뒤섞어 한 개를 찾아 變爻(변효)로 쓰고,

<ruby>錯綜其數 通其變 遂成天地之文<rt>착 종 기 수　통 기 변　수 성 천 지 지 문</rt></ruby> (虞翻·陸績本 文作爻)

그 數를 섞고 모아 爻의 변화에 통달하면 드디어 천지의 文理(문리)를 이루게 되며,

<ruby>極其數 遂定天下之象<rt>극 기 수　수 정 천 하 지 상</rt></ruby>

그 數理(수리)를 극진히 하여 천하의 표상을 결정한다.

여기에서 "參(참)"은 더불어 한다는 與(여)의 뜻이고, "伍(오)"는 갈마든다는 互(호)의 뜻이다.(參伍는 모두 同列의 명칭이다). "錯(착)"은 差(차: 어긋남)·雜(잡: 섞임)의 뜻이고, "綜(종: 모음)"은 베틀에 올린 실의 가닥을 뜻한다. "通其變" 즉 그 변화를 통달한다 함은, 여섯 개의 효를 서로 참작하여 그 變爻(변효)를 찾는 일을 말한다. "極其數" 즉 그 數를 극진히 함은, 萬數(만수)의 죽책을 발휘하여 여러 개의 효가 어지러이 변동해도 그 중에서 하나의 變爻를 얻음을 말한다. "天地의 무늬(天地之文)"란 陰陽의 爻를 말하는 것과 같다. (爻는 效이니 天地의 무늬를 본받은 것이다) "天下의 象(天下之象)"이란 이른바 만물의 정황이다. 그러니 한 개의 효가 변하면, 物象의 왕래와 존망이 이에 따라 정해지는 것으로 擬制(의제)하여 점친다.

參與也.(又物不齊曰參差) 伍猶互也.(參伍皆同列之名) 錯差也.(又雜也) 綜機縷也(絲縷之差錯者曰縒綜) 通其變 謂於六畫之中 參互彼此 而求其當變者也(六畫相通 故曰通) 極其數 謂用萬數之策 究極發揮 而得其必變者 也(諸爻亂動 而只變一爻) 天地之文 猶陰陽之爻也(爻者效也 效天地之文) 天下之象 所謂萬物之情也 一爻旣變 物象之往來存亡者 乃可定也.

『荀子』「議兵(의병)」에서 "적의 술수와 동향을 규찰하여 변화를 제어하려니 복합적으로 참작하려고 했다"고 했고, 「成相」에서 "복합적으로 판단하여 분명하고 엄격하게 상벌을 시행하라"고 했다. 『韓非子』「備內」는, "동조하거나 이의를 제기하는 것을 살펴 붕당의 분열을 감지해야 하며, 또한 여러 가지로 증험하여 진언한 정책의 실적을 책임지도록 해야 한다"고 했다. 『史記』「太史公自序」는, "복합적으로 참작하여 실수가 없다"고 했으며, 『漢書』「趙廣漢傳」은, "가격을 복합적으로 참작하였더니 동류로써 서로 준거가 되었다. 또 말 값을 물으려면 먼저 소 값을 물었고 복합적으로 참작하여 실익을 얻었다"고 했다. 그러므로 楊倞(양경)의 「荀子」註釋은, '伍參(오참)'을 '雜'과 같은 뜻으로 새겼다.[a]

荀子曰 窺敵制變 欲伍以參.(又成相詞云 參伍明謹 施賞刑) 韓非子曰 省同異之言 以知朋黨之分 偶參伍之驗 以責陳言之實.(又參之以比物 伍之以合參) 史記曰 必參而伍之.(又曰參伍不失) 漢書曰 參伍其賈 以類相準.(又云 欲問馬先問牛 參伍之以得其實) 楊倞 荀子注曰 伍參猶雜也(朱子曰 參者三數之 伍者五數之)

---

a　朱子는 "參伍"에 대하여 '參'은 3으로 셈하는 것이고, '伍'는 5로 셈하는 것이라 했다.(편역자 주)

⑭ 易有太極 是生兩儀.
易에는 太極(태극)이 있고, 太極은 두 개의 표준[陰陽의 兩儀]을 낳고,

兩儀生四象 四象生八卦.
兩儀[두 개의 표준]는 네 개의 표상[四象]을 낳고, 四象은 八卦를 낳고,

八卦定吉凶 吉凶生大業.
八卦는 길흉을 정하고, 길흉은 대업[큰 사업]을 낳는다.

"太極"이란 50개의 죽책이 아직 나뉘지 않은 것이다. "兩儀(양의)"란 (49개의 죽책을) 두 부분으로 나눔으로써 天地를 표상한 것이다. "四象"이란 죽책을 네 개씩 덜어냄으로써 4時[春·夏·秋·冬]를 표상하는 것이다. "八卦"란 內卦와 外卦가 혹은 震☳이거나 혹은 兌☱라고 말하는 경우이다.

太極者 五十策之未分者也.(三極未著 故名曰太極) 兩儀者 分而爲二 以象兩者也.(儀容也法也) 四象者 揲之以四 以象四者也.(象 形也 似也) 八卦者 內卦外卦之 或震或兌者也.(卽八卦而小成之八卦)

"太極"이란 64괘가 아직 발현·구별되지 않은 혼돈의 상태를 말한다(五十策 속에 64괘의 배아가 갖추어져 있다고도 한다). "兩儀"란 乾·坤 두 괘가 天地를 상징하여 64괘의 표준이 됨을 말한다. "四象"은 天地가 水火의 象으로 확장되고, 그 辟卦로 분배되어 春夏秋冬의 四時를 표상함을 말한다. "八卦"는 四象(天地水火)에 陰▬▬효와 陽▬효를 다시 더해 萬象[만물상]의 표준으로 확장시켜, 震☳괘와 坎☵괘로 屯䷂의 象을 이루고, 坎☵괘와 艮☶괘로 蒙䷃의 象을 이룬다.(그러므로 八卦가 길흉을 결정한다고 말한다.)

太極者 六十四卦之混圖無別也.(五十策之中 具六十四卦之胚胎) 兩儀者 乾坤二卦之儀倣也.(八卦之乾坤) 四象者 十二辟卦分配 四時之象似也.(天地水火配四時) 八卦者 震坎以成屯 坎艮以成蒙者也.(故曰八卦定吉凶)

"極(극)"은 원래 용마루[屋極]이다. 용마루는 집의 척추이다. 하나의 마룻대가 척추처럼 여러 개의 서까래가 그것을 의지하여 갈라져 나오니, 大衍의 策과 같다. 이처럼 太極이 중심이 되어 兩儀·四象이 갈라져 나온다. "皇極"이란 말도 같은 뜻이다.

極也者 屋極之義. 屋極者 屋脊也.(卽甍脊) 一棟爲之脊 而衆桷分出. 亦猶大衍之策 爲之極. 而兩儀四象 皆於是乎分出也.(與皇極同義)

"儀(의)"는 형용한다는 뜻이다. 마찬가지로 渾天儀(혼천의)는 渾天(혼천:운행하는 하늘)을 형용한 것일 뿐, 바로 혼천 그 자체는 아니다. 黃道儀(황도의)도 黃道를 형용한 것일 뿐, 바로 黃道 그 자체는 아니다. 著策(시책)을 나누어 둘로 만드는 것은, 天地를 형용하기 위한 것일 뿐 天地 그 자체는 아니다.(儀는 본보기·헤아림의 뜻이다. "이 물건은 저 물건을 모방한 것이다"라고 이른다.)

儀也者 形容也. 如渾天儀 爲渾天之形容而已 非直渾天也. 黃道儀 爲黃道之形容而已 非直黃道也. 著策之分而爲二者 爲天地之形容而已 非直天地也.(又儀 法也 度也. 謂以此物法彼物)

"象"이란 비슷하게 모방한 것이다. 시책을 4개씩 덜어내며 셈하는 것을 四時의 象徵이라고 말하는 것도, 그러는 사이에 희미하지만 비슷하게 거동하는 것이다. 大傳[『繫辭傳』]에서는 象을 像[초상]이라 말한다.

象也者像似也. …… 著策之揲之以四者 謂四時之象 依俙彷佛於此間也(大傳云象者像也)

이처럼 "太極"·"兩儀"·"四象"·"八卦"라는 명칭이 著策을 나누고 헤아리는 과정에서 만들어진 명칭인 것은 의심의 여지없이 확연한데, 易을 설명하는 학자들은 포희씨가 괘를 그리는 방법이라고 생각한다. 그리되면 형용하여 모방한다는 "儀"와 표상한다는 "象"이라는 글자를 훈독할 수 없게 된다. 왜냐하면 포희씨가 처음에 陰陽 두 개의 획을 그린 것은, 八卦를 제정함에 있어 眞本인데, 이를 형용한 것이라고 말할 이치가 없기 때문이다. 다음으로 陰陽 兩儀에 네 개의 획을 더하여 二획괘를 만든다.(⚌太陽 ⚎少陰 ⚍少陽 ⚏太陰) 이는 八卦를 제정하는데 실제로 이용한 것이니, 이를 표상이라고 말할 이치가 없기 때문이다.

此其爲著策分揲之名 確然無疑. 而說易之家 乃以爲庖犧畫卦之法. 則儀象二字不可訓也. 何者 庖犧畫卦之初 先畫兩畫(卽一陽一陰) 是於八卦之制 已屬眞本. 名之爲儀 無義也.(非但形容而止也) 次加四畫(卽二畫之卦) 是於八卦之體 遂爲實用. 名之爲象無義也.(非但傚似而止也)

대저 성인의 경전을 읽고 성인의 道를 구하려는 자는, 가장 먼저 글자의 뜻·명칭·실제를 정미하게 따져서 考究(고구)해야 하며 함부로 해석할 수 없다. 어찌 더구나 경문에서 "四象이 八卦는 낳는다"고 한데 이어 "八卦가 길흉을 정한다"고 말하고 있는가? 포희씨가 비로소 획을 그릴 처음에는 시책을 쓰거나 점친 것도 아니었을 터인데, 八卦가 길흉을 정한다는 말을 어떻게 해석해야 할지 문제에 부닥친다. 乾⚌ 坤⚏ 震⚍ 巽⚎ 坎☵ 离☲ 艮☶ 兌☱에는 본래 吉凶(길흉)이 없으며 悔吝(회린) 또한 없다. 그렇다면 길흉이 어디에서 정해지며 大業이 어디에서 생겨나겠는가?

夫讀聖經而求聖道 其字義名實 最宜精核 不可漫滅如是也. 何況 八卦之下 繼之云 八卦定吉凶. 庖犧始畫之初 非筮非占. 其云 八卦之定吉凶者 當作何解. 乾坤震巽坎离艮兌 本無吉凶 亦无悔吝. 吉凶安所定矣. 大業安所生矣.

비록 그렇지만 太極 兩儀 四象 八卦의 뿌리를 당연히 실체를 考究(고구)해보아야 한다. 원래 이는 주역이 나오기 이전에 "太極"이 존재했으므로 大衍(대연)의 易이 그것을 모방할 수 있었다. 이른바 天地와 四時가 먼저 있었기 때문에, 점칠 때 그것을 모방하여 50개의 大衍(대연)의 시책을 둘로 나누고 네 개씩 덜어내는 이른바 四揲을 할 수 있었다. 또한 이른바 하나가 둘을 낳고, 둘이 넷을 낳고, 넷이 여덟을 낳는 것도, 그러한 이치가 먼저 있었기 때문에, 천지를 포괄하여 範疇化(범주화)하려는 성인이 그 법칙을 본받아 八卦를 그릴 수 있었다.

雖然 曰太 曰兩 曰四 曰八之本 仍當體究. 蓋此易興之前 先有所謂 太極者存焉 故大衍之易 得以傚彼 而有之也.(有太極) 先有所謂 兩與四者存焉 故分而二 揲之四者 得以象彼 而爲之也. 又所謂 一生兩 兩生四 四生八者 先有其理 故範圍天地者 得以效法 而爲之也.

그렇다면 하나인 太極은 무엇인가? 태극은 天地의 母胎(모태)이다. "둘[兩]"은 무엇인가? 가볍고 맑은 것이 위에 자리하고, 무겁고 탁한 것이 아래에 자리하니 이를 일러 "둘"이라 한다. "넷[四]"은 무엇인가? 天地水火(천지수화)처럼 체질이 각각 나뉘고 자리와 차례에 등급이 있으니, 이를 일러 "넷"이라 한다. 넷이 이미 세워지면 하늘·불이 서로 벗하여 우레·바람으로 태어나고, 땅·물이 서로 친하여 산·못이 이루어지니, 이는 넷이 여덟[八]을 낳는 원인이다. 그러니 八卦가 八이란 이름을 가진 까닭이 여기에 있다. 太極者誰也. 天地之胚胎也. 兩者誰也. 輕淸者位乎上(天) 重濁者位乎下(地) 此之謂兩也. 四者誰也. 天地水火 體質各分 位次有等 此之謂四也.(表記云 天火尊而不親 地水親而不尊) 四者旣立 天火相與 而雷風以生(天包火爲雷 又火與天爲風) 地水相比 而山澤以成.(水削土爲山 又土圍水爲澤) 此四之所以生八. 而八卦之所以八在是也.

그런데 하나가 둘을 낳고, 둘이 넷을 낳고, 넷이 여덟을 낳는 것으로 괘를 만듦은, 포희씨가 八卦를 그릴 때 의제하고 표상하여 그렇게 한 것이다. 반면에 大衍(대연)의 數를 '極[太極]'으로 삼고, 乾坤을 '兩[天地]'으로 삼고, 十二辟卦(벽괘)를 '四時'로 삼고, 震☳이나 巽☴을 '八'에 배당하여 卦[重卦]를 만들었다. 이는 筮人(서인)이 점을 칠 때 의제하고 표상하여 그렇게 한 것이다. 前者에서 포희씨가 四氣를 표상했고, 後者에서 筮人이 四時를 표상했다. 이는 四氣의 운행을 四時에 배당한 것이다. 前者에서 복희씨가 '八' 전체를 八卦라 했으나, 後者의 筮人은 八卦의 하나 혹은 두 개[震☳ 혹은 巽☴]만 八卦라 하니, 前者에서 法象(법상: 본받을 표상)을 구비하여, 後者에서 이치·의미를 드러낸 것이다. 然一生兩 兩生四 四生八 而爲卦者 庖犧畫八之時 所儀象而爲之也. 大衍之數以爲極.(當太極) 乾坤之卦以爲兩.(當天地) 十二辟卦以爲四.(當四時) 或震或巽以當八(不必全有八) 而爲卦者.(爲重卦) 筮人擊蓍之時 所儀象而爲之也. 彼象四氣(卽天地水火) 此象四時者(卽春夏秋冬) 四氣之運 而配四時也. 彼以全八爲八卦(伏羲之八卦) 此以八卦之一二卦爲八卦者(或震或巽只二卦) 法象具而理義顯也.

⑮ 是故 法象莫大乎天地,

그러므로 본받은 象으로는 천지보다 큰 것이 없고,

變通莫大乎四時

변화하여 소통함은 四時보다 큰 것이 없고,

縣象著明莫大乎日月.

표상을 높이 걸어 밝음을 드러냄은 해와 달보다 큰 것이 없다.

天地는 兩儀로 형용되며 모든 괘의 父母가 된다.(八卦의 乾☰과 坤☷이 그렇다.) 그러므로 天地는 본받을 형상 중에서 가장 앞선 것이다. 四時는 주역의 12벽괘로 형용되는데, 이 12벽괘의 爻가 變動하여 50개의 衍卦로 된다. 그러므로 "變通이 四時보다 큰 것이 없다"고 말한 것이다. 日月은 주역에서는 中孚괘와 小過괘이다. 中孚䷓괘를 겸획을 하면 大离☲日이 되고, 小過䷽괘를 兼畫하면 大坎☵月이 되기 때문이다. 그리고 그 坎☵과 离☲의 나머지 짜투리를 모아서 두 번의 윤달을 이룬다. 그러므로 "日月著明(일월저명)" 즉 日月이 맑음을 나타낸다고 말한다. 이는 모든 著卦(시괘: 시초로 괘를 찾는 법)의 정미한 뜻이다.

天地者 兩儀之所儀也. 爲諸卦之父母.(八卦之乾坤) 故法象最先也.(法象只是儀字之注脚) 四時者 十二辟卦也. 十二辟卦 變之爲五十衍卦. 故曰 變通莫大也. 日月者 中孚小過也. 大离之日(中孚爲兼离) 大坎之月.(小過爲兼坎) 積坎离之畸贏 以成再閏.(二卦 自坎離而變) 故曰 日月著明也. 此皆著卦之精義也.

四象은 춘하추동의 사계절의 상징으로 곧 12벽괘를 말한다. 시책을 四揲하는 것도 이를 상징한다. 만약 四象을 老陽☰ 少陰☳ 少陽☶ 老陰☷의 명칭이라고 한다면, 그 陰陽에 설명의 글귀를 붙일[繫辭] 필요가 없을 것이다.

四象謂四時之象 卽十二辟卦也. 揲之以四 所以象此也. 若云 四象是老少陰陽之名. 陰陽亦無所繫辭矣.

2. 四箋小引

茶山이 주역을 새롭게 해석하는 방법으로 네 가지가 있음을 발견했으나, 사단이 날까 염려하여 그 '새로움'은 朱子를 비판한 것이 아님을, 이 글에서 변명하고 있다. 당시는, 朱子와 관련하여 한 글자라도 다르게 말하면 斯文亂賊(사문난적)으로 찍혀 죽음을 각오해야 하는 文字獄(문자옥)의 시대이었다. 이러한 시대 상황 속에서 죄인으로 유배된 정약용이, 이러한 글을 집필한 것은 순교를 각오한 결단이었다. (편역자 주)

① 推移(추이)

朱子의 '卦變圖(괘변도)'는 推移法을 따른 것이다. (이 推移法은 『周易本義』에서 말한 卦變과 같지 않다.)[a] 다만 卦變圖에서 閏月괘인 中孚☲괘[겸획하면 离☲日]와 小過☵괘[겸획하면 坎☵月]를 辟卦(벽괘)에 포함시키지 않았을지라도, 推移는 朱子의 뜻이기도 하다.

朱子卦變圖 卽此法也(與本義之言 卦變不同) 唯中孚小過 不入辟卦. 然推移者 朱子之義也

② 物象(물상)

朱子는 大壯☳괘의 3효-4효-5효로 만들어지는 上互(상호)인 兌☱를 羊이라 해설했고,(朱子『周易本義』大壯괘 六五를 보시오) 旅☶괘의 上卦인 离☲를 雉[꿩]으로 해설했다.(朱子『周易本義』旅괘 六五를 보시오) 이로 볼 때 物象은 『說卦傳』을 따라야 한다는 것이 朱子의 뜻이기도 하다.

朱子於大壯 以兌爲羊(見六五) 於旅卦 以离爲雉.(見六五) 物象之從說卦者 朱子之義也

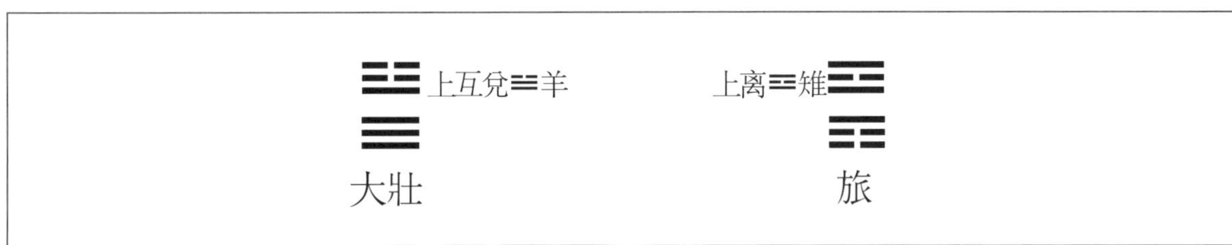

③ 互體(호체)

朱子께서 互體를 폐지할 수 없다고 말했다.〈『繫辭傳』(下) 9장: '若夫雜物撰德 辨是與非 則非其中爻 不備'를 참고

---

a　朱子의 『周易本義』는, 이 卦變圖 이전에 집필한 것으로 '推移法을 부정하는 논지'를 펴고 있으니 유의해야 한다. (편역자 주)

할 것. 여기에서 '中爻'란 互體·夾體를 모두 지칭한다.〉 또 이르기를 『春秋左傳』도 분명히 互體를 사용했다고
말했다. (「春秋 官占補註」의 '陳敬仲之筮'를 참조하시오) 이로 볼 때 互體는, 朱子의 뜻이기도 하다.
朱子曰 互體不可廢(見大傳 雜物撰德之章) 又曰 左傳分明用互體.(指陳完之筮) 互體者 朱子之義也.

④ 爻變(효변)

朱子 가로되, 한 개의 효가 변할 경우를 만나면 本卦(본괘)가 之卦(지괘)로 변한 爻辭로써 점친다. (朱子
의 『易學啓蒙』을 보시오) 점치는 법이 이미 그러하다면, 주역 經傳의 취지도 마땅히 같다. 이로 볼 때 爻變
論은 朱子의 뜻이기도 하다.
朱子曰 遇一爻變 以本卦之變爻詞[a]占(見啓蒙) 占法旣然 經旨宜同. 爻變者 朱子之義也

병인년(1806년) 곡우날(4월20일) 아침에 籜皮旅人(탁피여인: 정약용)[b] 짓다.
丙寅年 穀朝 籜皮旅人 題

---

a　戊辰本(무진본)에는 '辭'로 되어 있다. 정약용이 '爻辭·卦辭'의 '辭'를 '詞'로 표현하는 경우가 많다.

b　籜皮旅人: 묵은 죽순 껍질처럼 새 순을 위해 벗겨져 흩어지는 나그네. (편역자 주)

括例表 (上)

〈序論〉

〈第一箋〉推移

    (1) 六卦爲四時之本表

    (2) 坎离爲兩閏之本表

    (3) 十二辟卦進退消長表

    (4) 一陽之卦推移表

    (5) 一陰之卦推移表

    (6) 二陽之卦推移表

    (7) 二陰之卦推移表

    (8) 三陽之卦推移表

    (9) 三陰之卦推移表

    (10) 推移表直說

〈第二箋〉物象

    (11) 說卦物象表

    (12) 說卦方位圖

    (13) 說卦表直說

〈第三箋〉互體

    (14) 互體表

    (15) 大互表

    (16) 兼互表

    (17) 倒互表

    (18) 位伏表

    (19) 牉合表

    (20) 兩互作卦表

    (21) 互體表直說

〈第四箋〉爻變

    (22) 爻變表

    (23) 爻變表直說

易에는 네 가지 법이 있다. 하나는 推移(추이)요, 둘은 物象(물상)이요, 셋은 互體(호체)요, 넷은 爻變(효변)이다. 推移란 무엇인가? 冬至(동지)에 이르면 하나의 陽━이 비로소 생기는데, 그 괘를 '天根의 부활'이라고 하는 復䷗괘라 한다. 陽━爻는 復䷗괘를 시작으로 臨䷒·泰䷊·大壯䷡·夬䷪괘로 자라나서 乾䷀괘에 이르면 6획의 陽━이 완성된다. 夏至(하지)에 이르면 하나의 陰╍이 비로소 생기는데, 그 괘를 '달이 굴속에 숨어있는 月窟'이라 부르는 姤䷫괘라 한다. 陰╍爻는 姤䷫괘를 시작으로 遯䷠·否䷋·觀䷓·剝䷖괘로 자라나서 坤䷁괘에 이르면 6획의 陰╍이 완성된다. 이것이 이른바 四時의 괘이다. (한 卦에 한 달을 배정)

易有四法 一曰推移 二曰物象 三曰互體 四曰爻變. 推移者 何也. 冬至一陽始生 其卦爲復(即天根) 爲臨爲泰(爲大壯 爲夬) 以至於乾 則六陽乃成. 夏至 一陰始生 其卦爲姤(即月窟) 爲遯爲否(又爲觀 爲剝) 以至於坤 則六陰乃成. 此所謂四時之卦也(一卦配一月)

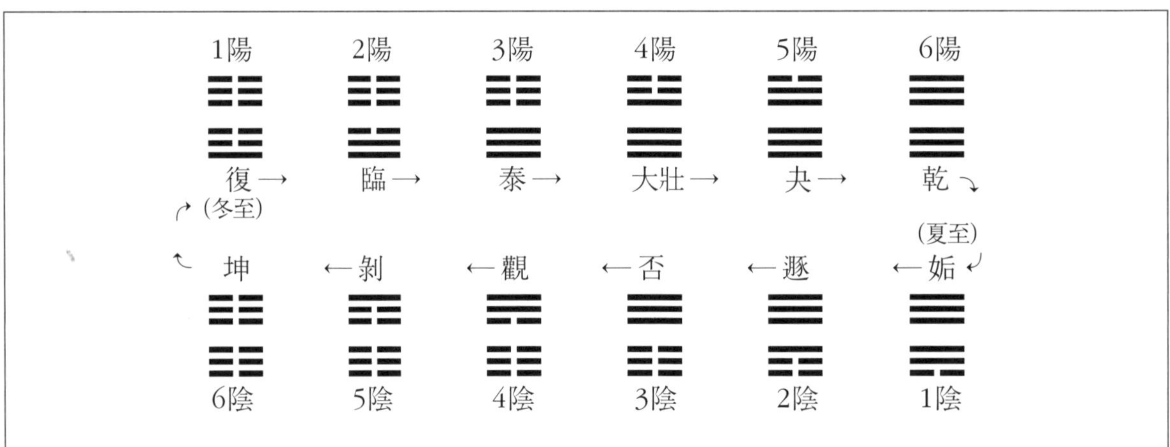

小過䷽괘는 큰 坎☵괘이다.(小過괘를 2획씩 겹치면 坎☵괘가 됨) 中孚䷼괘는 큰 离☲日괘이다.(中孚괘를 2획씩 겹치면 离☲괘가 됨) 『說卦傳』의 글에 의하면, 坎☵月과 离☲日은 12개월을 셈하고 남은 우수리[奇]를 모아서 배정하고 윤달로 삼는다. 이를 이른바 '再閏卦'라 한다.

小過者大坎也(兼畫坎) 中孚者大离也.(兼畫离) 坎月离日(說卦文) 積奇爲閏.(月與日取積 分以爲閏) 此所謂 再閏之卦也.

四時의 괘를 京房[a]은 12辟卦(벽괘)라 했다. 여기에서 나는 乾≡·坤☷ 두 괘를 제외하고 별도로 再閏卦인 小過䷽·中孚䷼괘를 취하여 12벽괘를 보충하려고 한다. 12벽괘는 剛柔를 나누고 그것을 널리 펴면 50衍卦가 만들어진다.(즉 무리로 나눈 괘) 이것이 이른바 '大衍之數 50'이다. 이처럼 12벽괘가 50衍卦로 확장되는 것을 일러 '推移(추이)'라고 말한다.

四時之卦 京房謂之十二辟卦. 今擬除乾坤二卦 別取再閏 以充十二辟卦. 十二辟卦 分其剛柔 衍之爲五十衍卦(卽群分之卦) 此所謂 大衍之數五十. 此之謂推移也.

物象이란 무엇인가? 『說卦傳』에서 이른바 乾괘는 말[馬]이고, 坤괘는 소[牛]이고, 坎괘는 돼지[豕]이고, 离괘는 꿩[雉]이라는 등의 상징을 物象이라 한다. 文王과 周公이 괘사·효사를 짓고 주역을 편찬함에 한 글자 한 문장마다 모두 物象을 취했으니, 『說卦傳』을 버리고 易을 해석하려는 것은 六律(육율)을 버리고 음악을 만들려고 하는 것과 같다. 이것을 物象이라고 한다.

物象者何也. 說卦傳所云 乾馬 坤牛 坎豕 离雉之類是也. 文王周公之撰次易詞 其一字一文 皆取物象. 舍說卦而求解易. 猶舍六律 而求制樂. 此之謂物象也.

互體(호체)란 무엇인가? 64重卦가 이미 만들어지면 6획이 서로 연결되어, 2획~4획(下互)·3획~5획(上互)에서 각각 하나의 괘가 성립되니, 이를 일러 互體라 한다. (우선 간략하게 말한 것이고, 아울러 아래의 표에서 상론한다.)

互體者何也. 重卦旣作 六體相連 自二至四 自三至五. 各成一卦 此之謂互體也(姑略之. 並詳下表)

爻變이란 무엇인가? 乾≡괘 陽━爻인 初九가 陰--효로 변한 것이 乾의 之卦인 姤䷫괘이다. 坤☷괘 陰--爻인 初六이 陽━효로 변한 것이 坤의 之卦인 復䷗괘이다. 이를 일러 爻變이라 한다.

爻變者何也. 乾初九者 乾之姤也. 坤初六者 坤之復也. 一畫旣動 全卦遂變. 此之謂爻變也.

이제 위의 네 가지 법을 취하여 열고 배열하여 도표를 만들어, 편리하게 비교·완미하도록 하였으니 다음과 같다.(重卦의 消長하는 이치는 본래 八卦의 消長에 갖추어져 있다. 그러므로 먼저 八卦의 消長을 드러냄으로써 그 근본을 밝혔다)

今取四法 開列爲表. 俾便比玩 如左(重卦消長之理 本具於八卦. 故先著八卦之消長 以昭其本)

---

a   京房(경방): B.C. 77년-37년. 西漢人. 京房學을 개창함. 姓은 李씨. 字는 君明.

〈第一箋〉推移

(1) 六卦爲四時之本表

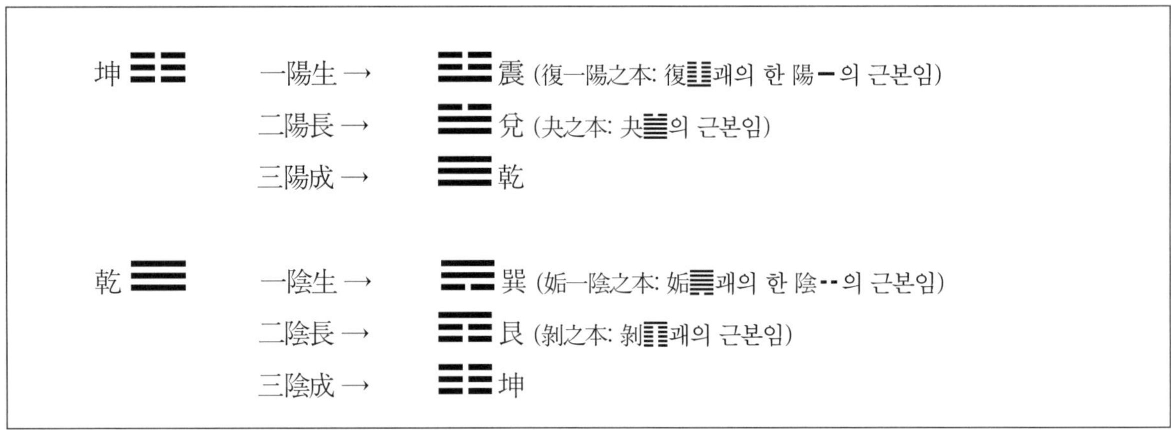

12벽괘의 進退(진퇴)와 消長(소장)은, 그 근본이 이미 八卦에 나타나 있다. 각각 하나의 괘로써 2개월을 담당하니 역시 四時 1년이다.[a]

十二辟卦之進退消長 其本已著於八卦. 每以一卦當二月 亦四時也.

(2) 坎离爲兩閏之本表

14벽괘 중에서 오직 윤달卦인 小過[겸획하면 坎괘가 됨]·中孚[겸획하면 离괘가 됨]괘는 쇠하고 자라남을 받아들이지 않으며, 八卦 중에서는 坎·离괘만이 쇠하고 자라남을 받아들이지 않는다. 대체로 괘의 형태가 中正하고 始終이 없다면, 四時의 차례에도 해당될 곳이 없다. 『繫辭傳』(上) 9장의 "5년마다 윤달이 있다(五歲再閏)"는 말씀이 그러하며, 이는[小過·中孚괘] 坎水·离火를 뿌리로 한다.

十四辟卦之中 唯小過中孚 不受消長. 八卦之中 唯坎离 不受消長. 蓋其卦形 中正无所始終 其於四時之序 无所當焉. 大傳所云 五歲再閏者 小過中孚 以坎离爲本也.

---

a　八卦에서 坎·离 두 괘를 제외한 6卦×2개월=12개월이 된다.

한 바퀴 돌고 다시 시작하며 四時가 운행한다.

周而復始 四時行焉.

坤 爲本			乾 爲本		
一陽生	復	子月卦	一陰生	姤	五月卦
二陽長	臨	丑月卦	二陰長	遯	六月卦
三陽長	泰	寅月卦	三陰長	否	七月卦
四陽長	大壯	卯月卦	四陰長	觀	八月卦
五陽長	夬	辰月卦	五陰長	剝	九月卦
六陽成	乾	巳月卦	六陰成	坤	十月卦
坎 爲本	小過	閏月卦	离 爲本	中孚	閏月卦

(4) 一陽卦 推移表[b]

그래서 一陽의 괘는 모두 剝괘와 復괘에서 오르거나 내려간 것이며, 一陰의 괘는 모두 姤괘와

---

a 편역자 주: 西漢의 京房은 11월에서 이듬해 10월까지를 12辟卦[王卦]로 삼았다. 茶山은 乾괘·坤괘는 天地의 뿌리가 되는 괘이지만 純陰·純陽이라 공허한 것이므로, 卦變圖에서도 別外로 취급한다. 그러므로 (坎水를 兼畫한 大坎인) 小過괘와 (离火를 兼畫한 大离인) 中孚괘를 윤달의 괘로 삼고 12벽괘에 끌어들여 총 14개의 괘를 辟卦로 삼는다.

b 이 節 이하의 원문 맨 앞의 〈直說〉이라는 표기는, 원래 「推移表 直說」에 있었던 내용을 이 곳으로 옮겨 왔음을 알린다.

夬☰괘에서 오르거나 내려간 것이다.(방법을 알려면 위의 表를 보시오) 師·謙·豫·比괘는 復☷·剝☶괘가
추이한 것이다.

〈直說〉於是乎 一陽之卦 皆自剝復而升降之. 一陰之卦 皆自姤夬而升降之(法見表) 師謙豫比者 復剝之所
推移也.

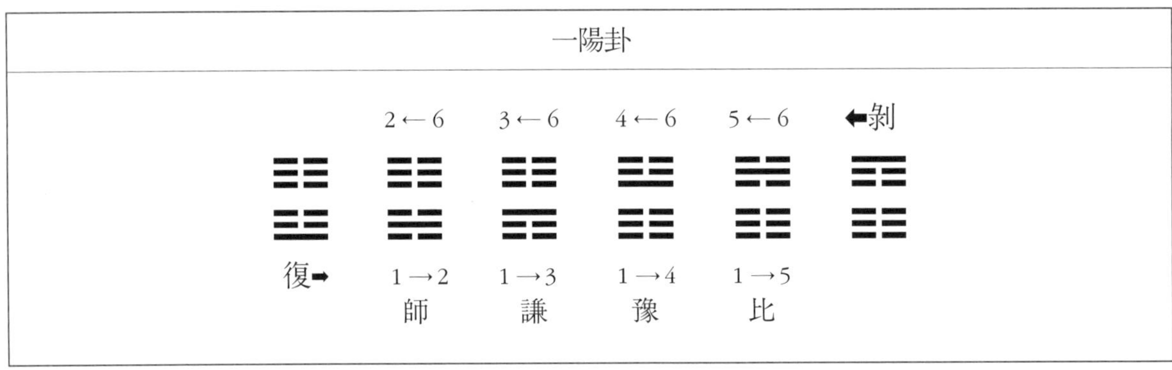

위의 표에서 1 → 2로 표기한 것은 復☷괘의 初爻인 剛陽━이 위로 올라가서 2位(위)에 앉았다는 뜻이
다(初爻가 나아가 2位로 들어온다). 2←6로 표기한 것은 剝☶괘의 上爻[6位]인 剛陽━이 아래로 내려가서
2위에 앉는다는 뜻이다(2爻가 나아가고 대신 上畫이 들어온다). 나머지는 이 사례를 준거한다.

右云 一之二者 謂復之初剛 升而爲二也(初往二來) 其云上之二者 謂剝之上剛 降而爲二也(二往上來) 餘倣此

(5) 一陰卦 推移表

同人☰·履☱·小畜☴·大有☲의 一陰괘는 모두 姤☴괘와 夬☱괘에서 추이된 것이다.

〈直說〉同人 履 小畜 大有者 姤夬之所推移也.

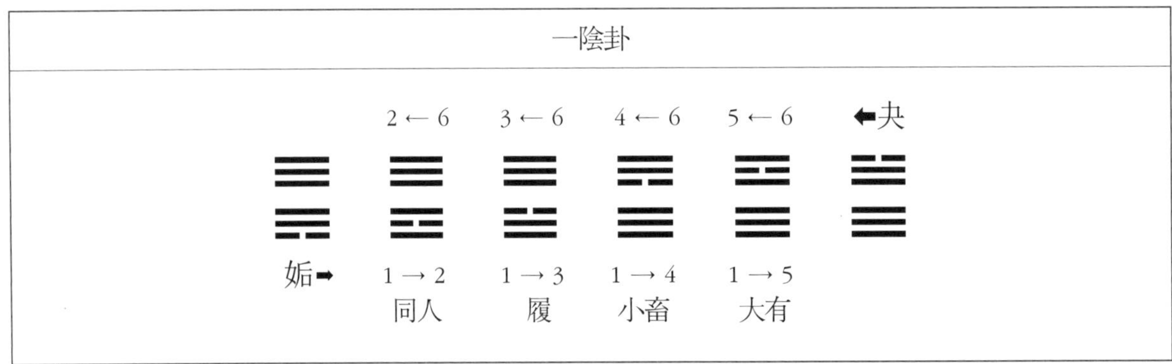

위의 표에서 1 → 2, 2←6로 표기한 것은, 위의 一陽卦의 사례와 동일하다(姤卦가 夬卦로 推移하는 것을 가

리킨다). 다만 爻가 가는 것만 말하고, 오는 것은 말하지 않는 것은 하나의 양━효와 음━효가 그 괘의
주인이 되기 때문이다(易의 법식은 적은 것이 그 卦의 주인이 되기 때문이다). 나머지는 이 사례를 준거한다.
右云 一之二 上之二者 例同上.(指姤夬) 只言其之 而不言其來者 一陽一陰 爲卦主也.(易例 少者爲卦主) 餘
倣此

(6) 二陽卦 推移表

二陽의 괘는, 모두 臨☷☱·觀☷☴·小過☶☳괘에서 오르거나 내려간 것이다.
〈直說〉二陽之卦 皆自臨觀小過 而升降之.

辟卦를 부연한 衍卦 중에서 2陽의 괘는 12개이다. 그 중에서 네 개의 괘(屯·蒙·頤·坎)는 臨괘와 觀괘에
서 推移된 것이며, 네 개의 괘(升·解·震·明夷)는 臨괘와 小過괘에서 추이된 것이며, 네 개의 괘(萃·蹇·
晉·艮)는 觀괘와 小過괘에서 추이된 것이다.
衍卦之中 二陽之卦十二也. 其四 臨觀之所推移也(卽屯蒙頤坎) 其四 臨小過之所推移也(卽升解震明夷卦) 其
四觀小過之所推移也(卽萃蹇晉艮)

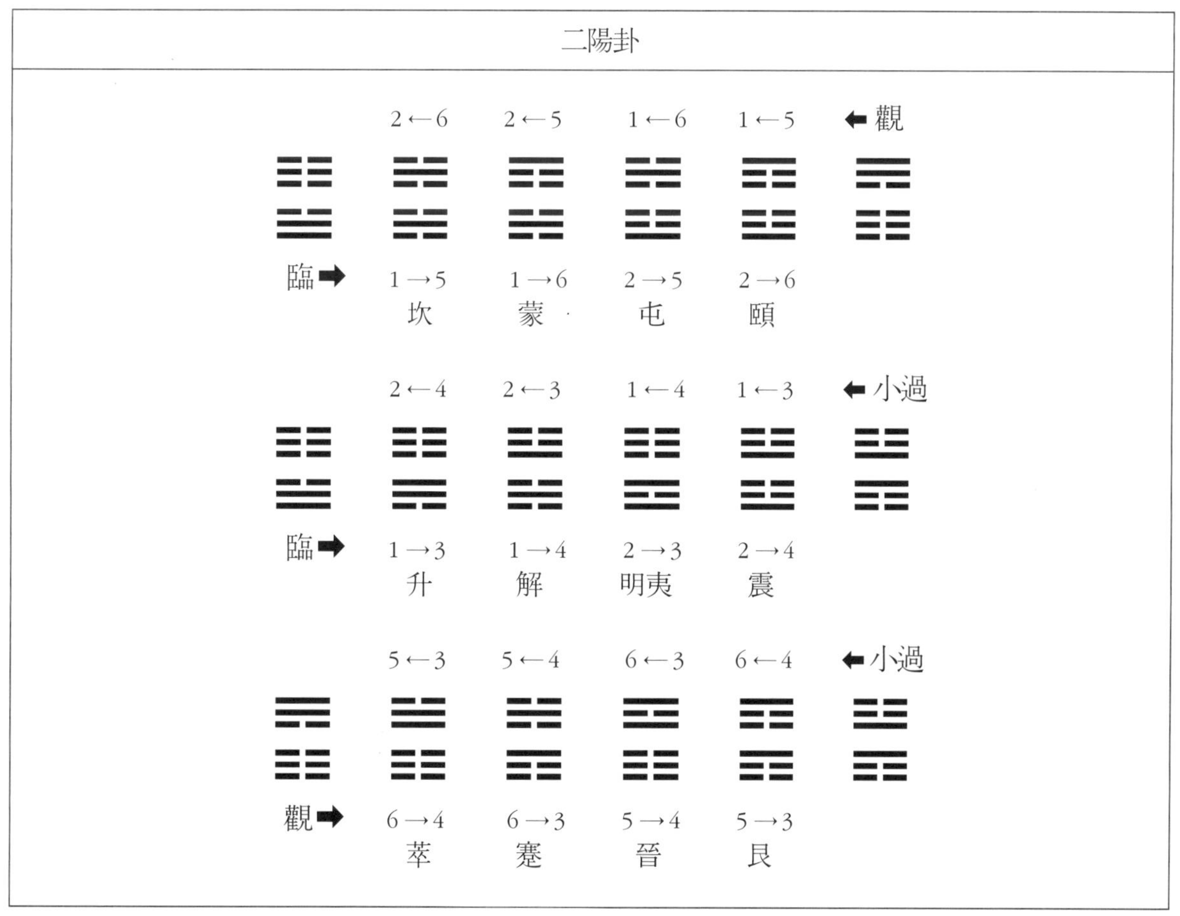

(7) 二陰卦 推移表

辟卦를 부연한 衍卦 중에서 2陰의 괘는 12개이다. 二陰의 괘는 모두 遯**☳**·大壯**☳**·中孚**☲**괘에서 오르거나 내려간 것이다. 그 중에서 네 개의 괘(鼎·革·離·大過)는 遯괘와 大壯괘에서 推移된 것이며, 네 개의 괘(訟·无妄·巽·家人)는 遯괘와 中孚괘에서 추이된 것이며, 네 개의 괘(需·大畜·睽·兌)는 大壯괘와 中孚괘에서 추이된 것이다

〈直說〉二陰之卦十二也. 二陰之卦 皆自遯大壯中孚 而升降之. 其四 遯大壯之所推移也(鼎革離大過) 其四 遯中孚之所推移也(訟无妄巽家人) 其四 大壯中孚之所推移也(需大畜睽兌)

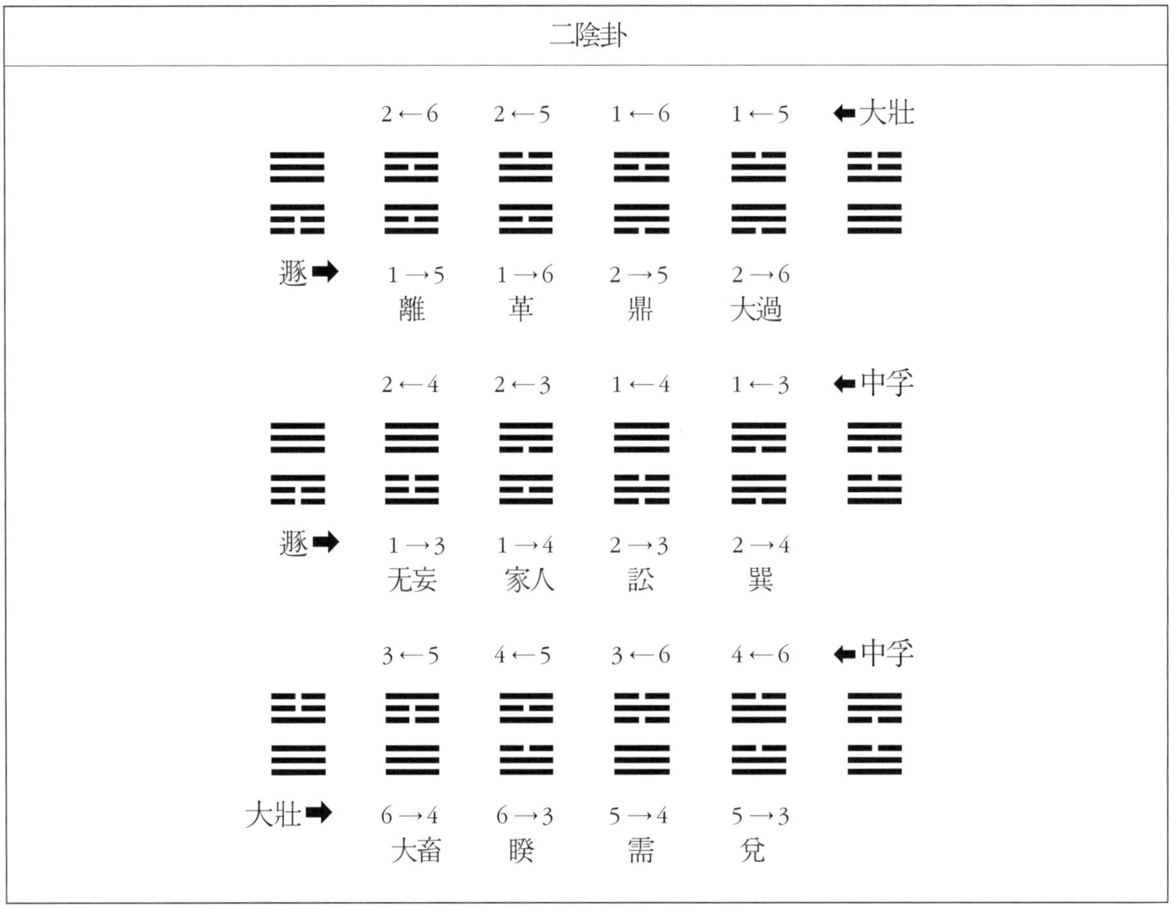

二陰卦				
	2←6	2←5	1←6	1←5 ←大壯
遯➡	1→5 離	1→6 革	2→5 鼎	2→6 大過
	2←4	2←3	1←4	1←3 ←中孚
遯➡	1→3 无妄	1→4 家人	2→3 訟	2→4 巽
	3←5	4←5	3←6	4←6 ←中孚
大壯➡	6→4 大畜	6→3 睽	5→4 需	5→3 兌

(8) 三陽卦 推移表

三陽의 괘는 모두 泰**☷**괘에서 나왔다. 三陰의 괘는 모두 否**☰**괘에서 나왔다.

泰**☷**괘 역시 三陰이 있지만 三陽이 內卦에 있으므로 陽괘라고 하는 것이다. 否**☰**괘 역시 三陽이 있지만 三陰이 內卦에 있으므로 陰괘라고 하는 것이다.

〈直說〉三陽之卦 皆自泰來. 三陰之卦 皆自否來. 泰亦三陰 然三陽在內. 故謂之陽卦也. 否亦三陽 然三陰在內. 故謂之陰卦也.

泰☷☰괘로부터 나온 괘는 9개이다. 2개의 陽이 下卦에 있고 上卦에 1개의 陽을 확보하면, 모두 泰☷☰괘
에서 나온 것이다.

從泰來者九卦也. 二陽存於下 而上得一陽者 從泰來者也.(恒·井·蠱·豊·旣濟·賁·歸妹·節·損)

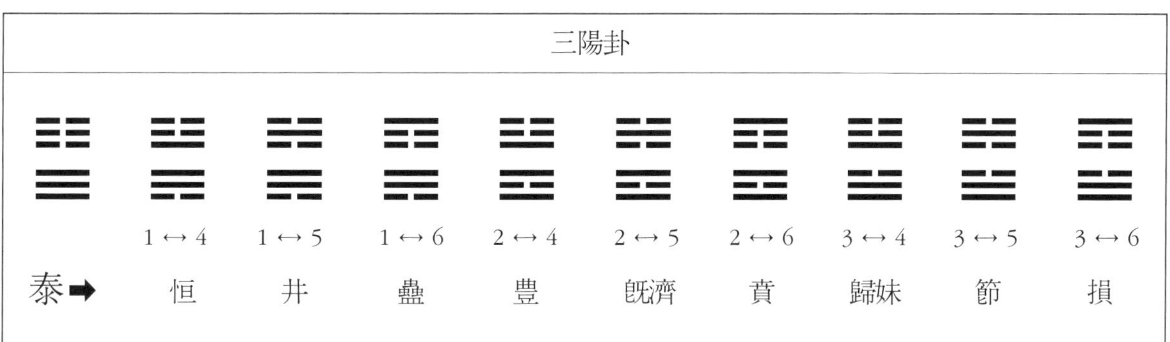

(9) 三陰卦 推移表

否☰☷괘로부터 나온 괘도 9개이다. 2개의 陰이 下卦에 있고 上卦에 1개의 陰을 확보하면, 모두 否☰☷괘
에서 나온 것이다.

〈直說〉 從否來者九卦也. 二陰存於下 而上得一陽者 從泰來者也.(咸·困·隨·旅·未濟·噬嗑·漸·渙·益)

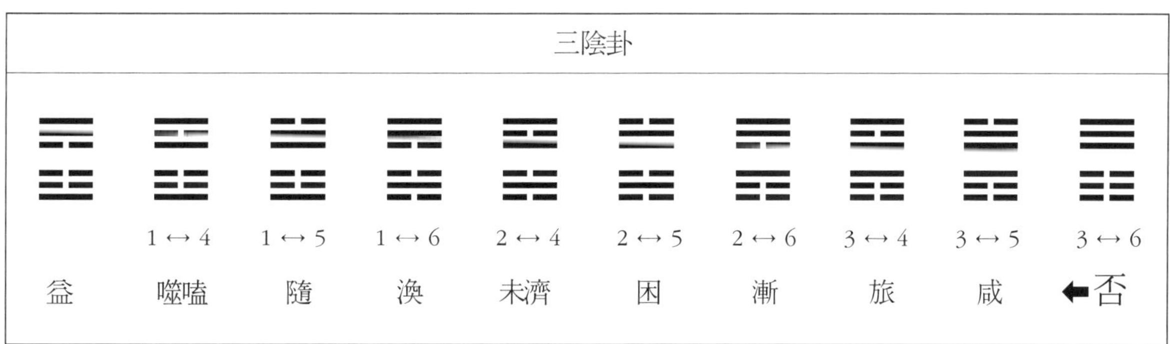

(10) 推移表 直說

乾坤者 父母之卦也.

乾☰괘와 坤☷괘는 부모의 괘이다.

乾괘와 坤괘가 비록 모든 괘의 부모라고 해도, 그 推移하는 변화로 말하면, 乾☰괘는 坤☷괘에서 변했

으며, 乾괘를 앞선 것이 夬▤괘이다(그 의미는 乾괘의 象辭에서 상론한다). 坤▤▤괘는 乾▤괘에서 변했으며,
坤괘를 앞선 것은 剝▤괘이다(그 의미는 坤괘의 象辭에서 상론한다).
乾坤 雖爲諸卦之父母. 語其變則 乾由坤變 先乎乾者夬也 (義詳乾之象) 坤由乾變 先乎坤者剝也 (義詳坤之象)

復·臨·泰·大壯·夬者
復(一陽)·臨(二陽)·泰(三陽)·大壯(四陽)·夬(五陽)괘는,

由坤而變之. 進乎乾者也.
坤▤▤에서 변한 것이며, 乾▤괘로 나아간다..

商나라의 易은 坤▤▤괘를 머리로 삼는다. 그러므로 그것을 일러 '歸藏易(귀장역)'이라 말한다(『說卦傳』에
서 이르기를 '坤괘는 貯藏함'이라 했다). 坤▤▤이 기초를 먼저 세운 연후에 하나의 陽━이 돌아와 비로소 일
어날 수 있으니, 그것을 '天根'이라 말한다(坤괘는 乾괘의 뿌리이다).
商易 以坤爲首 故謂之歸藏. (說卦云 坤以藏之) 坤基先立 然後復一陽 始有所起. 此之謂天根也 (乾之本)

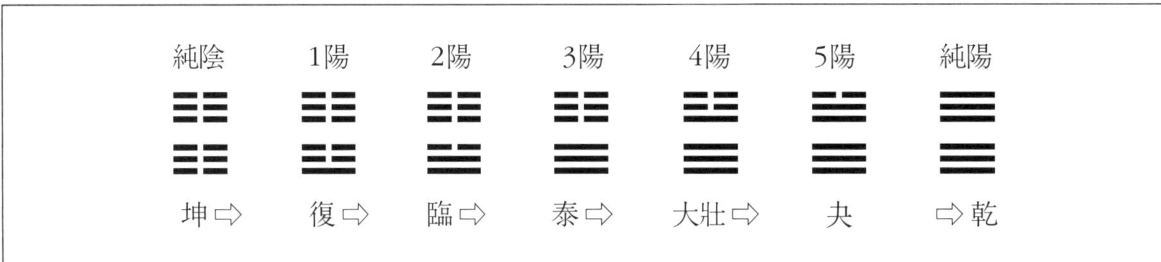

姤·遯·否·觀·剝者
姤·遯·否·觀·剝괘는,

由乾而變之. 進乎坤者也.
乾▤에서 변한 것이며, 坤▤▤괘로 나아간다.

復▤괘로부터 夬▤괘까지, 姤▤괘로부터 剝▤괘까지는 총 10괘이다. 이는 漢나라의 유가들이 辟卦

(벽괘)라고 말하는 것이다("辟"이란 군주 또는 주인을 뜻한다). 이들 10개의 괘는 나아가고 물러나며, 쇠해지고 커지며, 한바퀴 돌고 다시 시작하니 1년 4계절[春夏秋冬]의 象이다.[앞의 (3) 〈12辟卦 進退 消長表〉를 참조하시오]

自復至夬 自姤至剝 凡得十卦. 此漢儒所謂辟卦也.(辟者君也主也) 進退消長 周而復始 四時之象也.

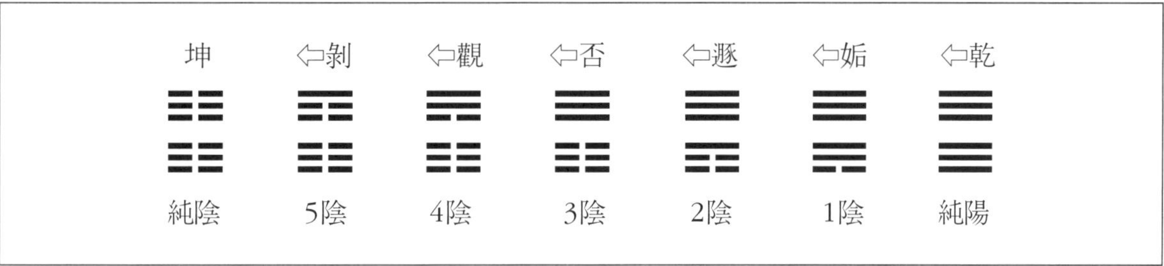

小過 中孚者 由坎離而變之

小過☳☳·中孚☴☱괘는 坎☵☵·離☲☲괘에서 변하였으며,

復爲坎離者也.

다시 坎☵☵·離☲☲괘로 돌아온다.

天[乾괘]·地[坤괘]·水[坎괘]·火[离괘]는 흑암의 기운이 분별되며 저절로 형질이 이루어진 것으로, 배합·변화를 받아들이지 않는다(雷[震괘]·風[巽괘]·山[艮괘]·澤[兌괘]은 火·天·水·地에서 생긴 것이다). 그러므로 乾☰天·坤☷地·坎☵水·离☲火는 易의 四正이라 한다(치우치고 바르지 못한 震·巽·艮·兌와는 같지 않다).

天地水火者 溟涬之分 而自成形質 不受和化者也.(雷風山澤生於火天水地) 故乾坤坎离 爲易四正.(不似震巽艮兌之偏畸不正)

군주와 같은 辟卦에 坎☵水와 离☲火는 없어서는 안된다. 小過☳☳는 大坎☵水이고 中孚☴☱는 大离☲火괘이다. 『繫辭傳』은, 이 때문에 小過☳☳괘와 中孚☴☱괘를 두 개의 윤달괘의 象으로 삼았다.

君辟之卦 不可無坎离也. 小過者 大坎也(兼畫三). 中孚者大离也(兼畫三). 大傳以此 爲再閏之象.

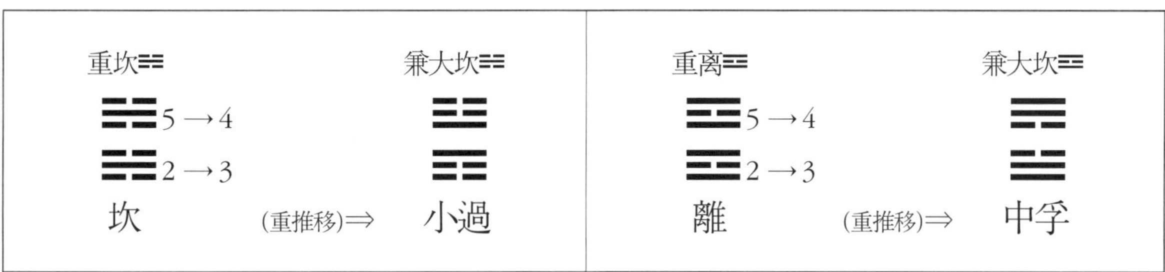

〈중략〉[a]

이상을 총괄하면 四時의 괘는 12개이고, 再閏의 괘는 2개이다. 이 14개의 괘를 부연하여 만들어지는 괘는 50개이다. 그러므로 『繫辭傳』에서 '大衍(대연)의 數가 50'이라고 말한 것이다.

그 형체로 말하면 64괘는 각각 스스로 형체를 이루었다. 형상으로 말하면 64괘는 다른 괘에서 변화하지 않은 것이 없다. 예컨대 乾☰괘는 坤☷괘로부터 변화한 것이며, 坤☷괘는 乾☰괘로부터 변화한 것이다. 이를 일러 易이라고 말한다.

總之 四時之卦十二也. 再閏之卦二也. 於此十四而衍之 爲卦者五十也. 故曰大衍之數五十. 論其體則 六十四卦 各自成形. 語其象則 六十四卦 無不受變於他卦.(乾由坤變 坤由乾變) 此之謂易.

推移의 의미는 漢나라의 유생들도 모두 말할 수 있었고, 朱子의 卦變圖도 그 도리를 물려 받았다. 순상(128-190)과 우번(164-233)도 모두 추이를 위주로 하였으며, 세대를 거치며 전승되어 異論(이론)이 없었다. 주자의 卦變圖도 모두 본받은 바 있는데, 오직 小過·中孚괘만 누락시켜 받아들이지 않았다.(朱子의 『周易本義』에서 推移의 의미를 드러낸 곳에 간혹 『易學啓蒙』의 〈卦變圖〉와 합치되지 않는 데가 있다. 아마도 『周易本義』가 『易學啓蒙』의 〈卦變圖〉보다 먼저 이루어졌기 때문으로 보인다.)

推移之義 漢儒皆能言之. 朱子卦變圖 卽其遺也. 荀爽虞飜之等 皆主推移. 歷世相承 未有岐貳. 朱子卦變圖 蓋有所本 唯小過中孚 闕而不收也(本義所著推移之義 或與卦變圖不合. 蓋本義先成也)

---

a 　중략된 부분은 括例表(괄례표)의 해당되는 도표의 머리〈앞의 (4) 一陽卦 推移表, (6) 二陽卦 推移表, (7) 二陰卦 推移表, (8) 三陽卦 推移表〉에 옮겨 놓았다.

〈第二箋〉物象

(11) 說卦 物象表[a]

〈『說卦傳』8~10장을 정리한 표〉

	一 乾天	二 坤地	三 震雷	四 巽風	五 坎水	六 离火	七 艮山	八 兌澤
卦德	健	順	動	入	陷	麗	止	說
人倫	父	母	長男	長女	中男	中女	少男	少女
人品	賓	衆人	君子	主人	盜	武人	小人	巫
遠取	馬 潛龍	牛 牝馬	龍	鷄 虫 魚	豕 鹿 狐	雉 飛鳥 禽	狗 小馬	羊 小牛 羭 虎
近取	首	腹 膚	足 鬒	股	耳 背	目 面	手 鼻	口 頰
物色	大赤	黑	蒼	白	赤			
器物	金玉	釜	簹	繩	弓	甲冑	節	瓶
雜物	氷	布	稼	臭	血	墉	門闕	剛鹵

(12) 說卦 方位圖

說卦 方位圖	方位表		五行	四時	四德
	正東震	出	木	春	仁
	東南巽	齊	木		
	正南离	相見	火	夏	禮
	西南坤	致役	土		
	正西兌	說言	金	秋	義
	西北乾	戰	金		
	正北坎	勞	水	冬	智
	東北艮	成言	土		

---

a 앞의 『說卦傳』 8~10장의 物象을 정리한 표와 동일하다. (편역자 주)

(13) 說卦表 直說

八卦始畫之初 說卦並興.

八卦를 처음 그릴 때 說卦도 동시에 일으킨 것이다.

* "說卦"란 공자가 지은 『說卦傳』이전부터 있었던 古文을 지칭한다.(편역자 주)

先儒들은 "說卦"는 공자가 지은 것이라 말하지만 깊고 세밀한 본체를 究明하는 논의가 아니다. 태호 복희씨가 物象을 취하지 않을 작정이었다면 원래부터 八卦를 만들지 않았을 것이다. 그렇지 않다면 부질없이 소용도 없는 괘를 그렸단 말인가?

"說卦"란 복희씨가 처음 괘를 그릴 때는 천문을 살피고 땅의 이치를 굽어보며, 멀리는 사물에서 취하고 가까이는 신체에서 취하여, 그 象을 완상하여 이름을 지었으니, 이름과 신명이 부합되는 것이다. 그런데 공자를 기다려서야 그 象이 나왔다고 말할 수 있겠는가?

先儒謂 說卦爲孔子所作 非深密體究之論也. 不取物象 則八卦元不必作.(徒卦無所用) 說卦者 庖犧畫卦之初 仰觀天文(坎离爲月日) 頫察地理(艮兌爲山澤) 遠取諸物(乾坤爲馬牛) 近取諸身.(艮震爲手足) 玩其象而命之. 名以與神明 約契者也 而俟孔子哉.

說卦方位之序 唐虞之所不易.

『說卦傳』의 방위의 차례는 堯舜 때도 변함이 없었다.

『書經』「虞書」堯典에서 堯임금은 희씨와 화씨의 직분에 관하여 다음과 같이 언급한다. 봄[東] 농사·여름[南] 농사·가을[西] 추수·겨울[北] 밭갈이는 흡사 『說卦傳』에서 말한 四方卦의 방위 순서와 서로 상응하고,「舜典」에서 말한 巡狩(순수)하는 차례도 역시 그러함을 볼 수 있다.[a] 이로 볼 때도 "說卦"라는 글이, 문왕이나 공자 이전의 세상에서부터 본래 있었음을 알 수 있다. 离☲는 東方이고 坎☵은 西方이라는 邵雍[邵康節]의 伏羲 八卦 方位說은 옛 경전에 근거가 없다.

堯典義和之職 東作南訛 西成朔易 恰與四方卦之方位相順. 舜典 巡守之序 亦然可見. 說卦之書 自前世而固有也. 离東坎西之說 於古經無據.

---

a　2월엔 東方, 5월엔 南方, 8월엔 西方, 11월엔 北方으로 巡狩했다.

夏나라의 易은 艮☶山을 머리로 시작하니 이름을 連山이라 했고, 商나라의 易은 坤☷地를 머리로 시작하니 이름을 歸藏이라 했으니 이로써 說卦傳이 변하지 않았음을 알 수 있다.

夏易首艮 而名曰連山(艮爲山) 商易首坤 而名曰歸藏(坤以藏) 以是知其然也.

『說卦傳』 제1장 1절의 "옛날 성인이 易을 만듦에 神明을 깊은데서 인도하여 시초를 만들었다"에서부터 3장 2절의 "易은 다가올 것을 맞이하여 셈하는 것이다" 까지가 공자의 傳文이고, 『說卦傳』5장 2절의 "만물은 震☳에서 나온다"에서부터 6장의 "만물을 이루는데서 그친다"까지가 공자의 傳文이다.

昔者聖人之作易也 幽贊於神明 而生蓍. 止易逆數也. 此孔子傳文也. 又自萬物出乎震 止旣成萬物也. 此孔子傳文也.

예를 들면 乾☰布을 옷이라 하고, 坤☷帛을 누런 치마라 하고, 震☳竹을 대나무 祭器라 하고, 坎☵處를 宮家라 하는 사례들은, 비록 正文은 없지만 易詞를 상고해보면 모두 증좌가 있다.

如 乾爲衣 坤爲裳 震爲簋 坎爲宮之類 雖無正文 考之易詞 皆有左證.

널리 취할 수 있는 것으로는 예컨대 震☲帥를 깃발[旗]이라 하고, 离☲孚를 소[牛]라 하고, 坤☷地를 따뜻함[溫]이라 하고, 坎☵直心을 충심[忠]이라 하는 것들이 이런 사례이다.

如震爲旗 离爲牛 坤爲溫 坎爲忠之類.

그러나 荀九家의 경우 예컨대 坎☵을 여우라 하거나 离☲를 飛鳥(비조)라 한 것은 믿을만하다. 하지만 乾☰을 龍(용)이라 하고 坤☷을 昏迷(혼미)라 하고 坎☵을 桎梏(질곡)이라 한 사례는 모두 와전된 것으로 진실을 잃었다. 살피지 않으면 안 될 것이다. (아울러 說卦傳에서 상론할 것이다)

如坎爲狐 离爲飛鳥 其可信者也. 如乾爲龍 坤爲迷 坎爲桎梏之類 皆譌謬失眞 不可不察(並詳說卦傳)

震☳·巽☴의 초목이 坎☵險毒(험독)을 만나면 가시덩굴이라 하고, 离☲의 飛鳥(비조)가 巽☴潔白(결백)을 만나면 두루미라 하고, 또한 3획에 미달하는 爻를 취하여 象을 만든 사례는 여기에서 다 지적할 수 없을 정도이다.

震巽之草木 而得坎之險毒者 爲蒺藜叢棘(坎困詞) 离之飛鳥 而得巽之潔白者 爲鶴(中孚詞) 又有未滿三畫 而取之爲象者(凡陽畫爲矢 陰畫爲膚) 今不能悉指.

〈第三箋〉互體

(14) 互體表(호체표)

하나의 重卦의 6爻 중에서 상하 正卦 이외에 2-3-4효로 만들어지는 3획괘를 '互體(호체)'라 하고, 3-4-5효로 만들어진 별개의 3획괘를 '約象(약상)'이라 한다. 또 約象까지를 포함하여 모두 互體라 부르기도 하는데, 아래를 '下互(하호)' 위를 '上互(상호)'라 부른다. 여기에서는 몇 개의 사례만 적시했지만 모든 괘의 互體를 취하는 방법은 이를 준거하면 된다.

凡自二至四 謂之下互. 自三至五 謂之上互. 其取物象 與正卦同.(諸卦取互體 皆倣此)

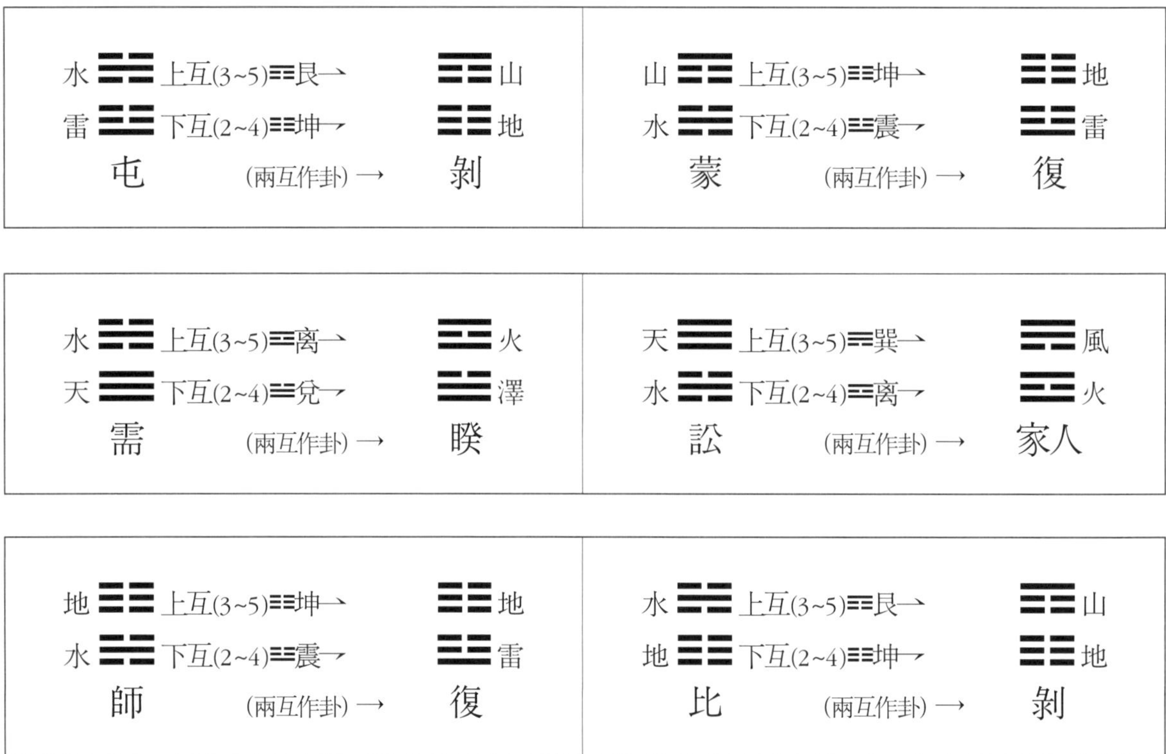

(15) 大互表(대호표)

무릇 중앙이 강한 것을 坎==이라 하고, 중앙이 虛한 것을 离==라고 한다. 그러므로 12辟卦 이외의 모든 괘들은 이처럼 坎==互體와 离==互體가 있다. 다른 모든 卦에서 '大體'를 찾는 방법은 이를 준거하면 된다.[a]

---

[a] 편역자 주: 뒤이어 나오는 '大互體'가 혼동되지 않도록 '夾體(협체)'라고 표기한다.

凡剛中者爲坎 虛中者爲离. 故十二辟卦之外 皆有此坎离.(諸卦取大體 皆倣此)

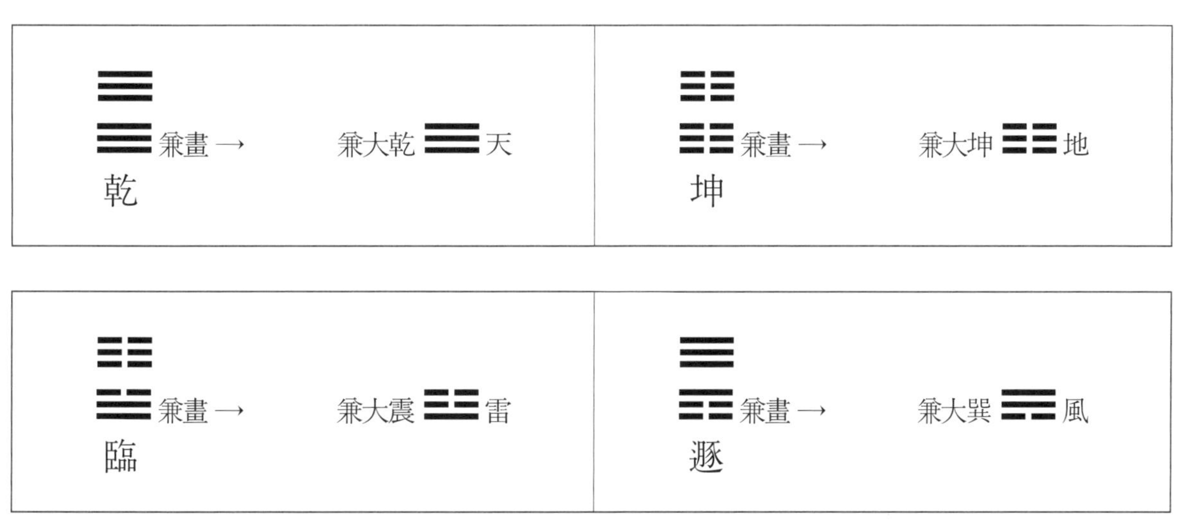

(16) 兼互表(겸호표)[只八卦]

두 효씩 묶어 3才로 만든 것이다. 다음의 여덟 개의 卦 뿐이다.
右所謂兼三才而兩之.

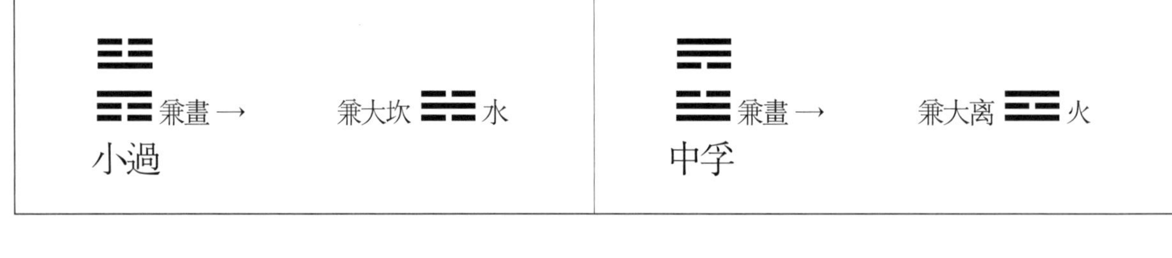

(17) 倒互表(도호표)[只六卦]

아래의 여섯 괘는 反對卦가 없으므로[無反對卦], 뒤집힌 괘를 互體로 취한다.
下六卦無反對 故取倒體.

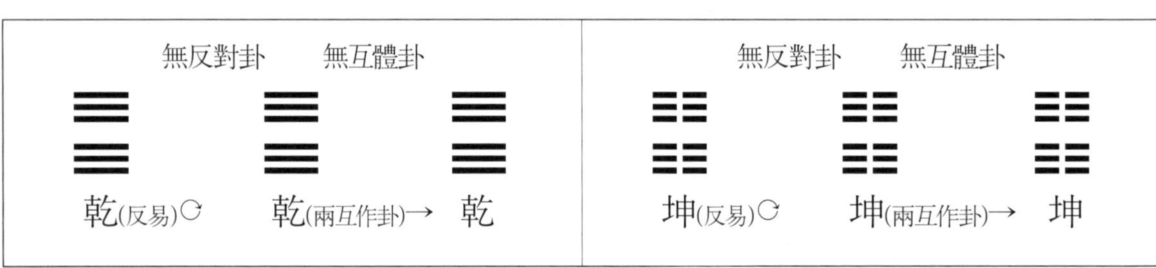

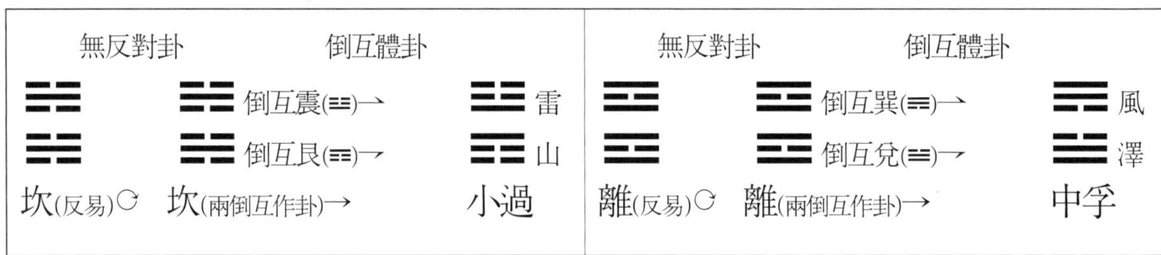

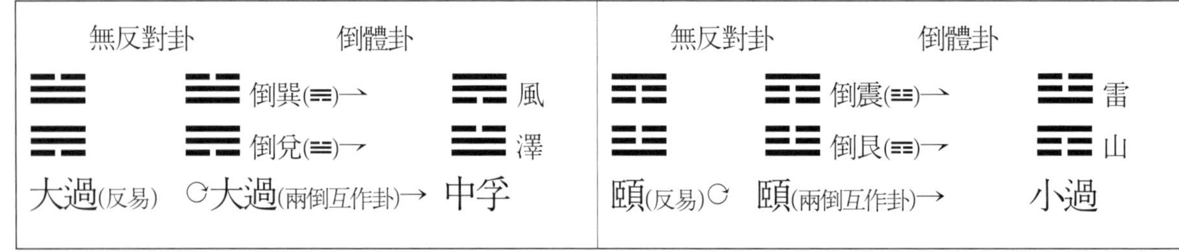

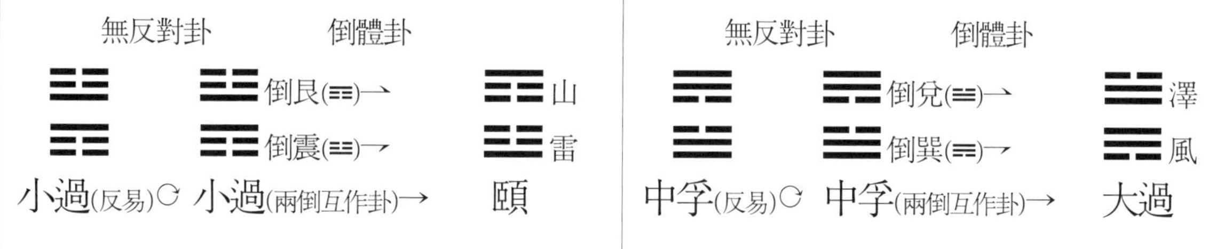

(18) 位伏表(위복표)

모든 괘의 伏體(복체)는 아래와 같은 방법을 취한다.

諸卦取伏體 皆倣此

乾	☰	4·5·6位는 偶奇偶이므로 坎☵位 1·2·3位는 奇偶奇이므로 离☲位
坤	☷	4·5·6位는 陰陽陰이므로 坎☵位 1·2·3位는 陽陰陽이므로 离☲位
震	☳	〃 〃 上坎位 〃 〃 下离位
巽	☴	〃 〃 上坎位 〃 〃 下离位
坎	☵	〃 〃 上月位 〃 〃 下日位
離	☲	〃 〃 上夜位 〃 〃 下畫位
艮	☶	〃 〃 上坎位 〃 〃 下离位
兌	☱	〃 〃 上坎位 〃 〃 下离位

(19) 牉合表(반합표) [少南少女之配合. 老婚同.]

少男·少女가 결합하는 婚配(혼배)에 관한 점은, 象을 취하는 방식이 아래와 같다. 老婚의 경우도 똥일하다.

婚配之占 取象如此

漸		上顚兌☱少女 下正艮☶少男	(漸괘) 象曰 女歸吉也
歸妹		上顚艮☶小男 下正兌☱少女	見本卦.『周易四箋』序卦傳 歸妹卦에 다음과 같은 문구가 있다: "兌女在內 艮壻外至(胖合就倒象)."
隨		上正兌☱少女 下顚艮☶小男	爻變. 屯괘 六四의 爻辭: "求婚媾".『周易四箋』屯괘 六四: "艮壻在此(下倒艮) 兌女在彼(隨上兌) 婚媾之卦."
蠱		上正艮☶少男 下顚兌☱少女	爻變. 蒙괘 六三의 爻辭: "勿用取女見金夫". 『周易四箋』蒙괘 六三: "兌女在內(下倒兌) 艮壻在外(蠱上艮) 婚配之卦."
咸		上正兌☱少女 下倒震☳長男	爻變. 大過괘 九二의 爻辭: "老夫得其女妻"
恒		上倒艮☶少男 下正巽☴長女	爻變. 大過괘 九五의 爻辭: "老婦得其士夫". 『周易四箋』大過괘 九五: "下巽老婦也(長女卦) 今配倒艮(胖合故必取倒象) 得士夫也(艮少男)"
否		上互倒兌☱少女 下互正艮☶少男	互卦에 의한 胖合의 一事例[하나의 사례]이다. 易詞에 혼인 관련 내용이 없다.(편역자 주)
泰		上互倒艮☶少男 下互正兌☱少女	易詞에 혼인 관련 내용이 없다. 茶山은,『周易四箋』泰괘 九三에서 泰괘를 兩互作卦(양호작괘)하면 歸妹괘가 된다고 설명한다.(편역자 주)

(20) 兩互作卦表(양호작괘표)

兩互作卦(양호작괘)는 아래의 16개 卦뿐이다. 그리고 16개의 卦가 4卦씩 포섭한다.[16×4=64괘]

兩互作卦 只此十六 右十六卦 各攝四卦.

乾	䷀	乾䷀의 兩互作卦(上互☰☰下互) 大過䷛의 兩互作卦(上互☰☰下互) 姤䷫의 兩互作卦(上互☰☰下互) 夬䷪의 兩互作卦(上互☰☰下互)
坤	䷁	坤䷁의 兩互作卦(上互☷☷下互) 頤䷚의 兩互作卦(上互☷☷下互) 復䷗의 兩互作卦(上互☷☷下互) 剝䷖의 兩互作卦(上互☷☷下互)
大過	䷛	離䷝의 兩互作卦(上互☰☰下互) 小過䷽의 兩互作卦(上互☶☳下互) 豊䷶의 兩互作卦(上互☰☰下互) 旅䷷의 兩互作卦(上互☰☰下互)
頤	䷚	坎䷜의 兩互作卦(上互☷☷下互) 中孚䷼의 兩互作卦(上互☳☴下互) 渙䷺의 兩互作卦(上互☷☷下互) 節䷻의 兩互作卦(上互☷☷下互)
復	䷗	蒙䷃의 兩互作卦(上互☷☷下互) 師䷆의 兩互作卦(上互☷☷下互) 臨䷒의 兩互作卦(上互☷☷下互) 損䷨의 兩互作卦(上互☷☷下互)
剝	䷖	屯䷂의 兩互作卦(上互☷☷下互) 比䷇의 兩互作卦(上互☷☷下互) 觀䷓의 兩互作卦(上互☷☷下互) 益䷩의 兩互作卦(上互☷☷下互)
姤	䷫	同人䷌의 兩互作卦(上互☰☰下互) 遯䷠의 兩互作卦(上互☰☰下互) 革䷰의 兩互作卦(上互☰☰下互) 咸䷞의 兩互作卦(上互☰☰下互)
夬	䷪	大有䷍의 兩互作卦(上互☰☰下互) 大壯䷡의 兩互作卦(上互☰☰下互) 鼎䷱의 兩互作卦(上互☰☰下互) 恒䷟의 兩互作卦(上互☰☰下互)

解	䷧	謙䷎의 兩互作卦(上互☷☵下互) 艮䷳의 兩互作卦(上互☷☵下互) 明夷䷣의 兩互作卦(上互☷☵下互) 賁䷕의 兩互作卦(上互☷☵下互)
蹇	䷦	豫䷏의 兩互作卦(上互☵☶下互) 震䷲의 兩互作卦(上互☵☶下互) 晉䷢의 兩互作卦(上互☵☶下互) 噬嗑䷔의 兩互作卦(上互☵☶下互)
家人	䷤	訟䷅의 兩互作卦(上互☲☵下互) 履䷉의 兩互作卦(上互☲☵下互) 困䷮의 兩互作卦(上互☲☵下互) 兌䷹의 兩互作卦(上互☲☵下互)
睽	䷥	需䷄의 兩互作卦(上互☵☲下互) 小畜䷈의 兩互作卦(上互☵☲下互) 井䷯의 兩互作卦(上互☵☲下互) 巽䷸의 兩互作卦(上互☵☲下互)
歸妹	䷵	泰䷊의 兩互作卦(上互☵☲下互) 蠱䷑의 兩互作卦(上互☵☲下互) 大畜䷙의 兩互作卦(上互☵☲下互) 升䷭의 兩互作卦(上互☵☲下互)
漸	䷴	否䷋의 兩互作卦(上互☲☵下互) 隨䷐의 兩互作卦(上互☲☵下互) 无妄䷘의 兩互作卦(上互☲☵下互) 萃䷬의 兩互作卦(上互☲☵下互)
旣濟	䷾	解䷧의 兩互作卦(上互☲☵下互) 睽䷥의 兩互作卦(上互☲☵下互) 歸妹䷵의 兩互作卦(上互☲☵下互) 未濟䷿의 兩互作卦(上互☲☵下互)
未濟	䷿	蹇䷦의 兩互作卦(上互☵☲下互) 家人䷤의 兩互作卦(上互☵☲下互) 漸䷴의 兩互作卦(上互☵☲下互) 旣濟䷾의 兩互作卦(上互☵☲下互)

(21) 互體表直說(호체표 직설)

중 괘 기 성 육 획 상 연
重卦旣成 六畫相連.

八卦를 겹쳐 重卦가 이미 만들어지면 6획이 서로 연결되므로,

어 시 호 호 괘 기 언
於是乎 互卦起焉.

이때 上·下卦를 아우르는 互卦가 일어난다.

八卦만 있을 때는 비록 각각 형태를 이루지만 이미 重卦가 만들어지고 나면 2·3·4·5位가 곧장 서로 연결되므로 두루뭉술해져 한계가 없어진다. 여기에서 互卦가 일어나는 이유이다. 易에 붙은 말씀은 모두 互體(호체)를 이용한 것이다. 옛 춘추시대의 관청의 점에서도 모두 互體를 말한다. 晉나라의 玄學者(현학자)인 種會(종회: 225-264)가 『周易無互體論(주역무호체론)』을 짓고 九家[a] 易(구가역)을 비난하자 王弼(왕필)이 동조하여 따랐으며, 이 때문에 互體論[互體에 관한 이론]이 폐지되었다. 朱子께서 이르기를 互體 즉 中卦(중괘)는 폐기할 수 없다고 말했으며, 胡炳文(호병문: 1250-1333; 元代의 雲峯胡氏.)·洪邁(홍매: 생몰연대 미상; 宋代의 인물로 朱子보다 앞선 것 같다.) 역시 互體를 폐기할 수 없다고 했다.

八卦之時 雖各成形. 旣成重卦 則二三四五 直相連綴 漫無界限. 此互卦之所以起也. 易詞皆用互體. 故春秋官占 皆論互體. 至晉鍾會 著無互卦論 以譏九家. 王弼從而和之. 此互卦之所以廢也. 朱子曰 互體不可廢. 胡炳文 洪邁 亦以互體爲不可廢.

대 체 자 호 체 지 대 자 야
大體者 互體之大者也.

大體[大互體][b]란 互體가 확대한 것으로,

유 감 리 취 언
唯坎离取焉.

오직 坎☵괘·离☲괘만 취한다.[c]

丁若銓 兄의 易에는 두 가지 관점이 있는데, 하나는 類聚[같은 것들이 모여듦]요 둘은 群分[무리로 나뉨]이

---

a　淮南九師라는 설과 荀氏에게 배운 九學者라는 설이 있다. 『九家易集注』(淸의 黃奭이 일실된 것들은 모아 편집함)가 전해진다.

b　편역자 주: 앞의 '(15) 大互表'에서 밝혔듯이, 互體와 大互體의 혼동을 방지하기 위하여 大互體를 '夾體(협체)'라고 표기한다.

c　편역자 주: 이러한 坎☵괘·离☲괘를 '夾(협)'이라고 표기한다.

라 말한다. 12벽괘는 그 모여듦[聚]이니 그 본체 안에는 모두 乾☰·坤☷이 있다(辟卦에 坎☵·离☲가 없다). 50개의 시초로 괘를 만드는 것[50衍卦]은 나뉨[分]이니, 그 본체 안에는 모두 坎·离가 있다(어느 한 괘도 坎·离가 없는 괘는 없다). 두 개의 柔陰▪▪을 날개로 삼고 중앙을 實하게 하면 坎☵이요(大坎이라 한다), 두 개의 剛陽▬을 빗장으로 삼고 중앙을 虛하게 하면 离☲이다(大离라 한다). 어찌 3획이라야만 坎☵·离☲라 하겠는가?

仲氏曰 易有二觀 一曰類聚 二曰群分. 十二辟卦 其聚者也. 故其本體之內 皆有乾坤.(無坎离) 五十衍卦 其分者也. 故其本體之內 皆有坎离.(無一卦無坎离者) 兩柔爲之翼 而實其中則坎也.(謂大坎) 兩剛爲之扃 而虛其中 則离也.(謂大离) 何必三畫者 爲坎离乎.

兼體者 通一卦而 取互者也.

兼體[兼互]라는 것은 한괘를 통틀어 互體로 취하는 것이다.

重卦旣成 位分三等(天·人·地).

重卦가 이미 이루어져도 자리는 여전히 세 등급(天·人·地)으로 나뉜다.

兼三位而 兩之亦八卦也.

三位로 아울러도 2효씩 나아가면 역시 여덟 개의 괘[乾·坤·臨·遯·小過·中孚·觀·大壯괘]이다.

세상에서는 重卦를 두 부분으로 나누어 보지만(上卦와 下卦), 성인께서는 주역을 말하면서 "周流六虛 上下無常"〈두루 上下四方에 유행하지만 오르고 내림에 常道가 없다(『繫辭傳』(下) 8장)〉이라고 하였다. 그러므로 互體이든 大體이든 象을 취하면 그만이다. 또한 여섯 개의 획을 세 부분으로 나누어 등급을 정하고 天·人·地 三才(삼재)의 자리에 배당하되 三才로 아우르도록 2획씩 묶으면 乾▤(乾☰)·坤▤(坤☷)·臨▤(震☳)·遯▤(巽☴)·小過▤(坎☵)·中孚▤(离☲)·觀▤(艮☶)·大壯▤(兌☱)의 여덟 괘가 되는데, 이것 역시 3획의 八卦임이 엄연하다(兼互表).

世以重卦 分作兩截看.(上下卦) 乃聖人之談易也 周流六虛 上下无常.(大傳文) 故互體大體 唯象是取. 又以六畫 分之爲三級 以當三才之位(天人地) 兼三才而兩之 則乾坤臨遯等八卦 儼亦三畫之八卦也.

師▤괘 上六의 老陰(노음)이 少陽(소양)으로 변하면 蒙▤괘가 되는데, 師▤괘 上六의 효사에 이르기를 "大君有命(大君이 命을 내림)"이라 했는데, 이 "大君"은 '君臨(군림)'한다는 뜻으로 蒙▤괘가 臨▤괘로부터 온 것임을 말한다. 臨▤괘의 兼互(겸호)는 震☳雷이며 人君의 상징이므로, 그런 효사가 붙었다.

師之蒙曰 大君有命. 大君者臨也.(謂蒙自臨來) 臨其非震乎.(震人主)

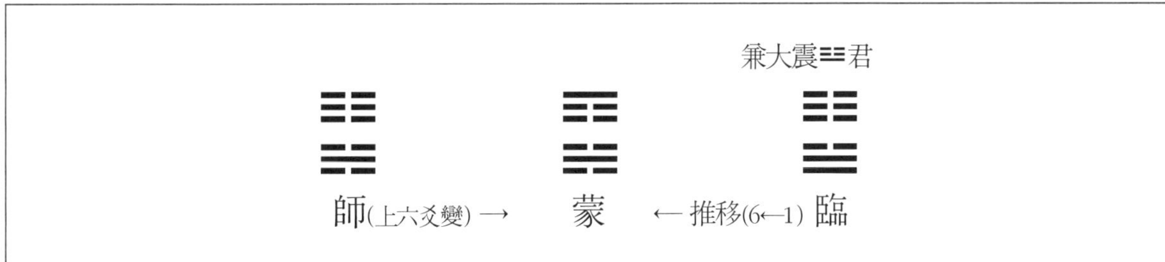

乾☰괘 初九의 老陽이 少陰으로 변하면 姤☴괘가 되는데, 乾☰괘 初九의 『文言傳』에 이르기를 "遯世无悶(둔세무민: 세상을 숨어 사니 苦悶이 없다)"이라고 했으니, 姤☴괘가 遯☶괘로 나아감을 지칭한 것이다. 『文言傳』의 "遯世(둔세)"는 巽☴隱伏(은복)을 표현한 것인데, 姤☴괘의 아래가 巽☴隱伏일뿐더러 遯☶괘의 兼互(겸호)는 大巽☴隱伏(은복)이 아닌가?

乾之姤曰 遯世无悶.(孔子云) 遯世者巽也.(巽爲隱爲潛) 遯其非巽乎.

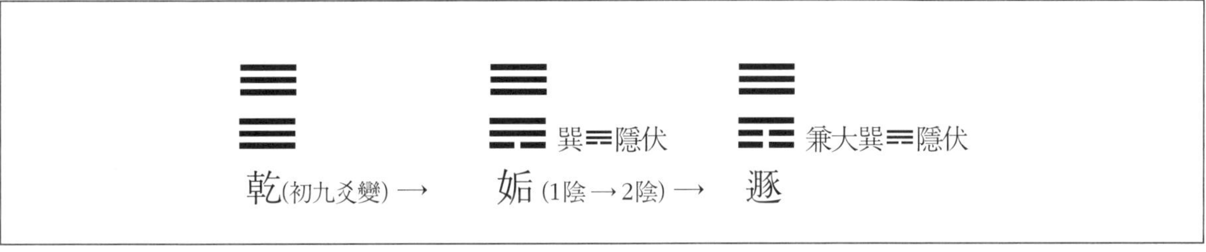

坎☵이면 眚(생: 작은 허물)이 된다. 그래서 "眚"은 小過(소과)를 뜻한다. 小過☳괘를 겸획하면 大坎☵眚이 아닌가?

坎則爲眚. 眚者小過也. 小過非坎乎.

离☲는 誠信(성신)이라 한다. 离☲를 '믿음직스럽다'함은, 마음을 비운 虛心(허심)이기 때문이다. 그러니 中孚☵괘를 겸획하면 离☲虛心이 아닌가?

离則爲孚.(离爲信) 孚者中虛也. 中孚非离乎.

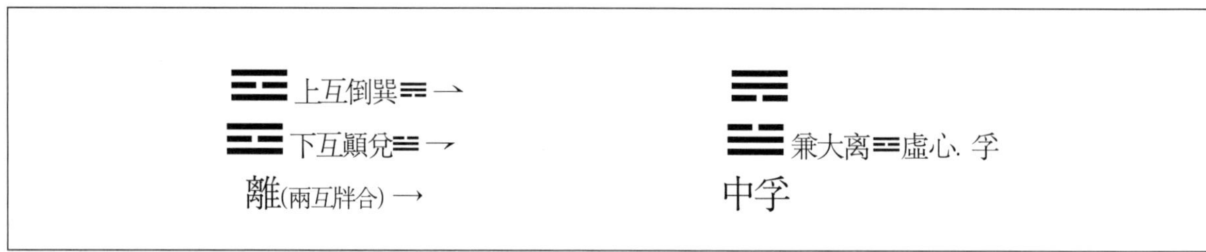

觀䷓은 門闕(문궐: 門·闕門이 비었다)인데, 艮☶도 門闕이니[앞의 『說卦傳』8~10장을 정리한 物象表 참조] 觀䷓괘를 겸획하면 艮☶城門이 아닌가?

觀者門闕[a]也 艮爲門闕(說卦文) 觀其非艮乎.

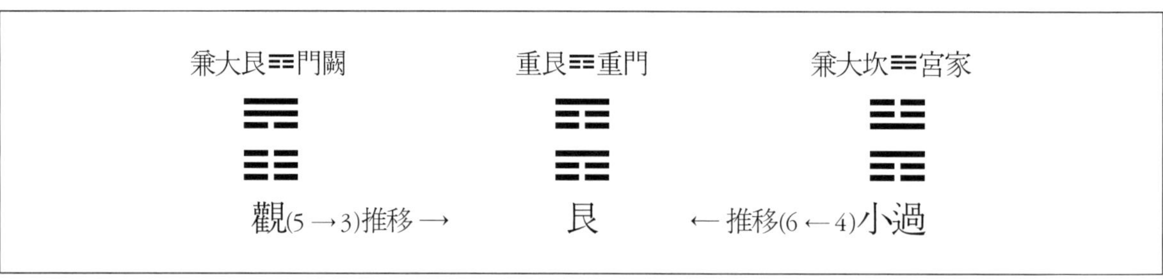

兌☱괘는 羊(양)이다. 大壯䷡괘의 효사에서 순전히 羊의 상징을 쓰고 있으니, 大壯䷡괘를 겸획하면 兌☱괘가 아닌가? (朱子도 大壯괘는 兌괘와 유사하여 羊의 象이 있다고 말했다.)

兌者羊也 大壯爻詞 純用羊象. 大壯非兌乎(朱子曰 大壯似兌 有羊象焉)

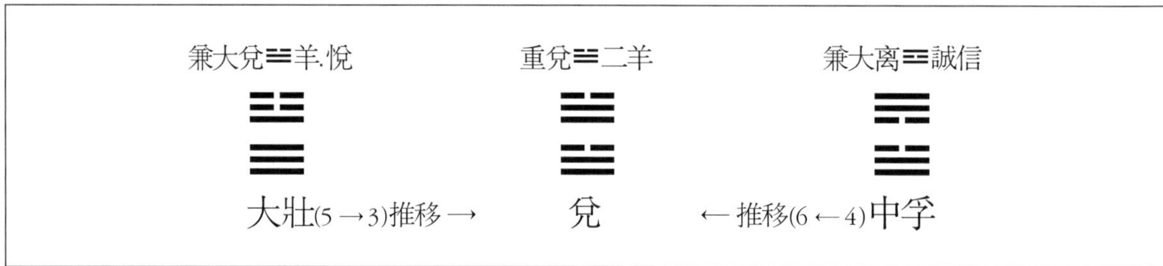

---

a   闕=門觀也.(『爾雅』曰 觀謂之闕) 虛也. 缺也.

倒體者

패를 뒤집어 살펴보는 '倒體'는,

卦才欲全用也.

괘의 재질이 온전히 쓰이기를 바라기 때문이다.

64괘 중에서 뒤집어도 똑 같아 反對卦(반대괘)를 취할 수 없는 卦가 여덟 개이다.(乾☰·坤☷·坎☵·離☲·頤☶·大過☱·中孚☴·小過☳) 乾☰·坤☷괘는 지극히 순수하여 이미 反對卦가 없으며, 互體卦 역시 없다. 그 나머지 여섯 괘는 단지 正體(정체)만 취하므로 그 괘의 재질을 취함에 미진한 곳이 있다. 그러므로 성인께서는 그것을 뒤집어[顚倒] 象을 취한다. 원래 괘의 형체는 그것을 顚倒(전도)해도 본래의 象이 아닌 것이 없으니, 그 顚倒된 몸을 살펴봄은 이치에 합당하다.

六十四卦之中 其不取反對者 八卦也.(乾·坤·坎·離·頤·大過·中孚·小過) 乾坤至純 旣无反對 亦无互體. 而其餘六卦 只取正體 則其卦才之用 有所未盡. 故聖人使之 顚倒而取象. 蓋其卦形 顚之倒之 無非本象. 則其取倒體 於理爲允也.

『雜卦傳(잡괘전)』에서 말하기를 大過☱괘는 顚倒한 것이라 했다[顚倒해도 동일한 大過괘이다]. 頤☶괘의 효사는 顚倒에 대해 거듭 말했다(坎☵괘·離☲괘 등 다른 괘에 대해서도 모두 경전에서 증언하고 있다). 이는 성인께서도 일찍부터 倒體[전도된 體形]를 취해 점을 쳤다는 명백한 증좌이다.

雜卦傳曰 大過顚也. 頤之爻詞 再言顚頤.(坎離等卦 亦皆有經證) 此聖人取倒體之明驗也.

伏體者 筮主於數.

伏體[숨겨진 형체]는, 數理(수리)를 위주로 하는 筮占(서점)에서,

據其位而考其數.

그 의거한 자리의 數가 陰인지 陽인지를 고찰한다.

坎离之形 雖不現於其外

坎괘·离괘의 형체는 비록 밖으로 드러나지 않지만,

坎离之數 實伏其中

坎괘·离괘의 數理는 그 실체를 그 가운데 숨겨두고 있다.[a]

---

a 离☲는 奇陽-偶陰-奇陽이며, 坎☵은 偶陰-奇陽-偶陰이다. (편역자 주)

易에는 두 가지 관점이 있다. 하나는 卦德이고, 둘은 卦數[a]이다. "卦德"이란 乾☰天과 坤☷地가 나누어 부여한 것이고, "卦數"란 坎☵水와 离☲火가 점거한 자리이다. 64괘에서 강건한 陽━획은 모두 乾☰天에서 부여한 것이고, 유약한 陰╍획은 모두 坤☷地에서 부여한 것이니, 64괘는 어느 하나도 乾·坤의 범위에 갇혀있지 않은 것이 없다.

한편으로 64괘의 모든 下卦(1位-2位-3位)는 奇·偶·奇이므로 离☲火의 伏位이고, 모든 上卦(4位-5位-6位)는 偶·奇·偶이므로 모두 坎☵水의 伏位이다. 그러므로 64괘는 모두 坎☵·离☲의 관할에 포함되지 않는 것이 없다. 이와 같이 되는 것은 무엇 때문인가? 天·地·水·火는 易의 四柱(사주)[b]이기 때문이다. 그러므로 易의 四柱가 모든 괘에 분포되어 그 象과 數를 주관함이 이와 같다.

易有二觀 一曰卦德 二曰卦數(一至六). 卦德者 乾坤之所分賦也. 卦數者 坎离之所占據也. 六十四卦 其剛畫皆乾 其柔畫皆坤 則六十四卦 無一不圍於乾坤之範圍也. 六十四卦 其下卦皆离(1奇-2偶-3奇) 其上卦皆坎(4偶-5奇-6偶) 則六十四卦 無一不函於坎离之管轄也. 若是者 何也. 天地水火 易之四柱也. 故其分布諸卦 而主其象數如此

그것으로 날짜를 점치면 下卦는 낮이 되고(初爻는 日出이고 二爻는 日中[한낮]이고 三爻는 日昃[日沒]이라 한다), 上卦는 밤이 된다(夬괘의 九二 효사 참조). 또한 그것으로 달을 점치면 下卦는 시절이 되고(震☳은 봄이고, 离☲는 여름이다) 上卦는 달이라 하는데, 모두 坎☵水·离☲火의 자리로써 점친다.(『說卦傳』에서 이르기를 离☲火는 日이라 하고 坎☵水는 月이라 한다.)

以之筮日 則下卦爲晝(故初爲日出. 二爲日中. 三爲日昃) 上卦爲夜(夬九二) 以之筮月 則下卦爲時(震春而离夏) 上卦爲月(兌在上 爲月幾望) 皆以坎离之位也.(說卦云 离爲日 坎爲月)

반 합 자 혼 구 지 상 야
胖合者 婚媾之象也.

반쪽이 결합하는 胖合의 방법은 혼인의 象이다.

고 범 혼 구 지 괘 기 소 남 소 녀
故凡婚媾之卦 其少男少女

그러므로 무릇 혼인의 괘는 少男[艮☶]과 少女[兌☱] 중에,

다 일 도 이 일 정
多一倒而一正(亦有不然者)

대개 하나는 뒤집어 보고 다른 것은 바르게 본다(그렇지 않은 경우도 있다).

* 이하는 모두 앞의 〈胖合表〉를 참조하시오. (편역자 주)

---

a　1位에서 6位까지의 數.

b　이 문장의 '四柱'는, 四柱命學[年月日時의 四柱에 干支를 붙여 八字를 살펴봄]의 '四柱'와 다른 '四主[네 가지 중요한 요소]'를 뜻한다.(편역자 주)

歸妹䷵괘의 경우에 上卦는 震☳長男이지만 艮☶少男으로 뒤집혀[顚倒] 外卦에서 사위로 온 것이므로 [위의 〈胖合表〉 참조], 歸妹(귀매)의 象이라 한 것이다(여자 집에서 혼주가 된다). 漸䷴괘는 上卦인 巽☴長女가 兌☱少女로 전도되어 內卦인 艮☶少男에게 시집가는[女歸] 象이라 한 것이다(사위의 집에서 혼주가 된다).

歸妹則 艮壻自外至. 故爲歸妹之象.(女家爲主人) 漸則兌女自外至 故爲女歸之象.(壻家爲主人)

咸䷞괘와 恒䷟괘도 역시 男女가 함께 있으며 서로 따르는 추세이지만 반쪽으로 결합하지는 않는다. 다만 부부가 가정을 잘 다스리는 象이 될 수는 있지만, 혼인의 짝으로 혼례를 행하는 象이 되지는 못한다. 그러므로 大過䷛ 九二의 효사("老夫得其女妻")는 咸䷞괘의 (下艮☶이 전도된) 震☳長男과 兌☱少女가 결합하는 경우이고, 大過䷛ 九五의 효사("老婦得其士夫")는 恒䷟의 下巽☴長女가 (上震☳이 전도된) 艮☶少男과 결합함을 거론한 것이다. 이는 모두 胖合[반쪽끼리 결합]의 정미한 뜻을 보여주는 사례이다.

如咸恒之類 雖亦男女俱存 其勢相順 不相胖合. 但可爲夫婦正家之象. 不可爲婚配行禮之象. 故大過爻辭 以咸爲震兌之合(下倒震) 以恒爲巽艮之合(上倒艮) 此皆胖合之精義也.

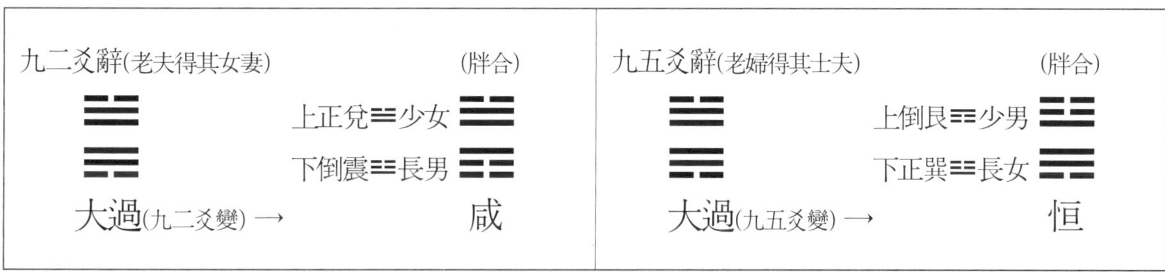

양 호 작 괘 자
兩互作卦者

上互와 下互로 卦를 만드는 것은,

기 취 호 체　자 연 성 괘
旣取互體 自然成卦.

이미 *互體*를 취하게 되면 자연스럽게 괘를 이루는 것이지,

비 구 위 시 공 교 야
非苟爲是工巧也.

구차하게 이처럼 교묘한 방법으로 조작한 것은 아니다.

兩互로 괘를 만든 것은 성인께서 미래에 민중들이 이용하게 하려는 목적이며, 또한 민중들의 어긋난 생각을 금지하기 위한 목적이다. 가령 혼인할 가문에서 점을 쳤는데 크게 경사스런 泰䷊괘를 얻었을 때, 政事(정사)에 관한 것만 있고 혼인의 象이 없으면, 민중이 이용하기에 불편할 것이다. 그래서 上下

의 互卦를 만들어 곧 歸妹䷵괘를 얻었다면, 민중이 이용함으로써 이치를 깨닫게 될 것이다.
兩互作卦 聖人所以前民用也. 亦所以禁民邪也. 假如 婚姻之家 筮遇泰卦 未有交媾之象 民用不便. 而兩
互作卦 卽成歸妹 則民用以通也.

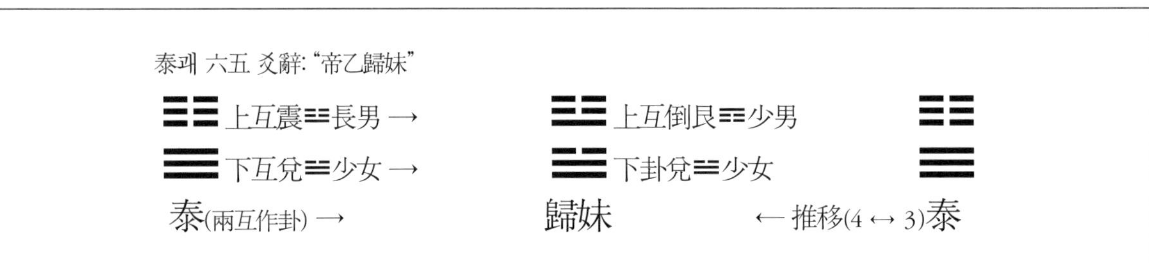

또 예를 들면 부정한 일로 점을 쳐서 吉한 점괘를 얻었다면, 두 互卦로 괘를 만들어 불길한 象을 취해 보여주어야 한다. 그러므로 无妄䷘괘의 象詞에서 "其匪正有眚"(그것이 옳지 않으면 재앙이 생긴다)이라고 말했다(无妄괘를 兩互作卦하면 漸괘가 된다). 兩互괘에서 재앙이 있다고 일러준다면 민중의 마음에 간사함이 생기겠는가? 모든 괘에서 兩互괘를 취하여 象으로 삼는 것은 대개 이 때문이다.
又如不正之事 筮遇吉卦. 則兩互作卦 看取不吉之象. 故无妄之象曰 其匪正有眚.(兩互漸) 謂兩互有眚也 民志其有邪乎. 諸卦取兩互爲象 蓋以是也.

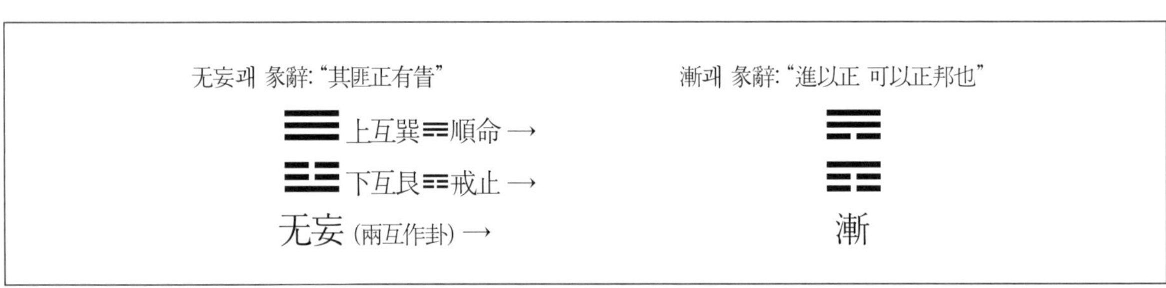

臨川 吳氏(名: 澄. 字: 幼淸)가 이르기를, 泰䷊괘는 兩互로 괘를 만들면 歸妹䷵괘가 되므로, 두 괘의 六五에 "帝乙歸妹(제을귀매)"라는 효사가 똑같이 들어있다고 한다(『周易傳義大全』을 보시오).
吳幼淸云 泰之兩互爲歸妹 故六五曰 帝乙歸妹(見大全)

宋나라 시대에 金나라 군주 完顔亮(완안량)이 도적이 쳐들어오자 점을 쳤는데 隨䷐괘를 얻었다. 점치는 자가 가로되 '兩互를 쓰면 漸䷴괘가 나온다'고 했다. 역시 兩互作卦法(양호작괘법)을 쓴 것인데, 여기에서도 오직 중간의 네 개의 爻만을 兩互로 취하고 初爻와 上爻는 취하지 않았다.
宋時金主 完顔亮入寇 筮之遇隨卦. 占者曰 兩互爲漸. 亦此法也. 然惟中四爻取兩互(大傳云 雜物撰德 非中
爻不備) 初與上不取也.

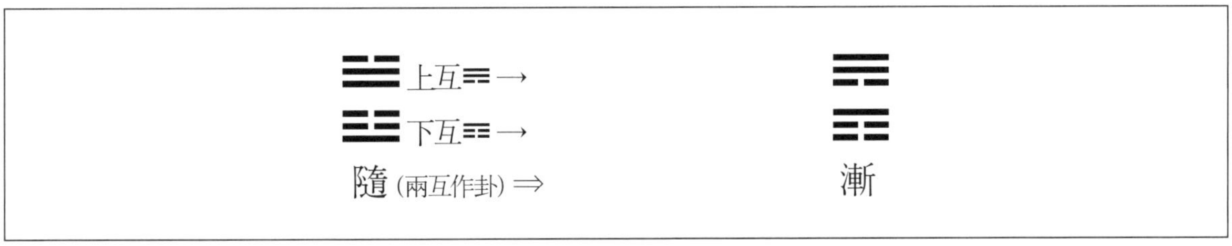

上互☳→
下互☶→
隨 (兩互作卦) ⇒　　　　　　　　漸

〈第四箋〉 爻變

(22) 爻變表

모든 괘에서 6효의 변화는 각각 아래의 사례를 표준으로 한다.
諸卦六爻之變 皆倣此

用九·用六은 오직 乾괘와 坤괘에만 있다.
用九用六 唯乾坤有之.

아래처럼 모든 괘에서 여섯 개의 爻가 변하여 각기 하나의 괘를 이룬다. 그러므로 64괘의 384爻는 기실은 384괘인 셈이다.
右六爻 各成一卦 故三百八十四爻 其實三百八十四卦也.

乾(건)		
	用九(6爻가 모두 老陽) → 모두 少陰으로 爻變.	地 / 地　坤(곤)
	上九(老陽) → 少陰으로 爻變.	澤 / 天　夬(쾌)
	九五(老陽) → 少陰으로 爻變.	火 / 天　大有(대유)
	九四(老陽) → 少陰으로 爻變.	風 / 天　小畜(소축)
	九三(老陽) → 少陰으로 爻變.	天 / 澤　履(이)
	九二(老陽) → 少陰으로 爻變.	天 / 火　同人(동인)
	初九(老陽) → 少陰으로 爻變.	天 / 風　姤(구)

坤(곤) 地地	用六(6爻가 모두 老陰) → 모두 少陽으로 爻變.	天 天	乾(건)
	上六(老陰) → 少陽으로 爻變.	山 地	剝(박)
	六五(老陰) → 少陽으로 爻變.	水 地	比(비)
	六四(老陰) → 少陽으로 爻變.	雷 地	豫(예)
	六三(老陰) → 少陽으로 爻變.	地 山	謙(겸)
	六二(老陰) → 少陽으로 爻變.	地 水	師(사)
	初六(老陰) → 少陽으로 爻變.	地 雷	復(복)
屯(준) 水雷	上六(老陰) → 少陽으로 爻變.	風 雷	益(익)
	九五(老陽) → 少陰으로 爻變.	地 雷	復(복)
	六四(老陰) → 少陽으로 爻變.	澤 雷	隨(수)
	六三(老陰) → 少陽으로 爻變.	水 火	旣濟(기제)
	六二(老陰) → 少陽으로 爻變.	水 澤	節(절)
	初九(老陽) → 少陰으로 爻變.	水 地	比(비)

䷿ 火 水 未濟(미제)	上九(老陽) → 少陰으로 爻變.	䷧ 雷 水	解(해)
	六五(老陰) → 少陽으로 爻變.	天 水	訟(송)
	九四(老陽) → 少陰으로 爻變.	山 水	蒙(몽)
	六三(老陰) → 少陽으로 爻變.	火 風	鼎(정)
	九二(老陽) → 少陰으로 爻變.	火 地	晉(진)
	初六(老陰) → 少陽으로 爻變.	火 澤	ㅋ睽(규)

(23) 爻變表 直說(효변표 직설)

효 자 변 야 　 불 변 비 효 야
爻者變也　不變非爻也.

爻는 변한다. 변하지 않는다면 爻가 아니다.

卦는 한 줄·두 줄·세 줄·네 줄로 그리고, 그것을 "畫(획)"이라 말한다(또 그것을 位[자리]라고도 한다). 그 1획·2획·3획·4획이 변하는 것을 일러 "爻(효)"라고 한다. "爻"란 交[사귐]이니, 陰陽의 交易(교역)을 일컫는 것이다. 오늘날 사람들이 '畫'을 '爻'라고 인식하고 있으니 처음부터 이미 잘못이다.

卦畫之一二三四 謂之畫(亦位也) 其一二三四之變者謂之爻. 爻者交也 謂陰陽交易也. 今人認畫爲爻 頭腦已誤也.

점치는 법에서는 老陽(노양)은 □('重'이라 말한다)로 그리고, 老陰은 乂('爻'라고 말한다)로 그린다. 乂(예)란 交[교역]이다. 乂를 거듭하면 '爻(효)'라 일컫는 것이다. '爻'라는 글자는 처음에 그것을 만들 때부터 원래 陰陽交易(음양교역)의 뜻을 위주로 한다. 그런데 반대로 변하지 않는 것을 爻라고 하면 옳다 하겠는가?

筮法 老陽其畫口(謂之重) 老陰其畫爲乂(謂之交) 乂者交也. 重乂則爲爻也. 爻字 初作之時 原主陰陽交易之義. 而反以不變者爲爻 可乎.

구 자 노 양 야　　육 자 노 음 야
九者老陽也 六者老陰也.

'九'는 老陽을 표시하고, '六'은 老陰을 표시한 것이다.

노 무 불 변
老無不變

늙은 것은 변하지 않음이 없다.

즉 구 육 자 기 변 지 명
則九六者旣變之名.

그런즉 九와 六의 표기는 이미 변화의 명칭이다.

불 변 비 구 육 야
不變非九六也.

변하지 않으면 九와 六이 아니다.

점치는 법은 三掛[a]하여 세 번 모두 天數(奇數: 1·3·5·7·9)를 얻으면 그것을 '九'로 표기한다(天數는 3으로 대표되니 3×3=9). 三掛하여 모두 地數(偶數: 2·4·6·8·10)를 얻으면, 그것을 '六'으로 표기한다(地數는 2이므로 2×3=6). 이처럼 세 번 거듭하는 까닭에 늙었다[老]고 한다.

천지간에 한 순간도 陰이 없을 수 없고, 또한 한 순간도 陽이 없을 수 없으므로, 순수한 陽이면 곧 陰으로 변하고, 순수한 陰이면 곧 陽으로 변한다.

筮法 三掛皆得天數(一三五七九) 則其數爲九(參天故) 三掛皆得地數(二四六八十) 則其數爲六(兩地故) 此其所以爲老也. 天地之間 不可一刻而無陰. 亦不可一刻而無陽. 故純陽則直變爲陰. 純陰則直變爲陽.

그러므로 다음과 같이 말해야 한다. '初九'는, 처음 획이 老陽이므로 변동하여 陰--이 됨을 일컫는다. '初六'은, 처음 획이 老陰이므로 변동하여 陽―이 됨을 일컫는다. 그런즉 周公께서 爻辭를 처음 쓸 때부터 이미 변동할 몸을 원래의 주인으로 삼고 그 物象을 이용했다. 爻變을 모른다면, 周公의 효사를 읽을 수 없다.(예컨대 乾괘 初九의 "潛龍"은 老陽인 初九가 변한 巽☴隱伏의 物象이며, 坤괘 初九의 "履霜"은 老陰인 初九가 변한 震☳雷動의 物象이다.)

其曰 初九者 謂初畫動而爲陰也. 其曰 初六者 謂初畫動而爲陽也. 則周公撰詞之初 原主旣變之體 而用其物象(如 潛龍爲變巽之物. 履霜爲變震之象). 不知爻變則 不可以讀周公之詞也.

---

a　편역자 주: 掛(괘)는 시초를 네 개씩 덜어내고 그 나머지를 손가락에 걸어두는 일이다.

좌 전 채 묵 지 대 　 기 시 확 증
左傳 蔡墨之對 旣是確證.

『春秋左傳』에서 채묵의 답변은, 이미 爻變을 확실히 증거한다.

이 춘 추 관 점 지 　 인 경
而春秋官占之 引經

그리고 『春秋左傳』의 官占에서 주역의 경문을 인용하여,

위 의 자 　 우 개 가 증
爲義者 又皆可證.

爻變의 뜻을 말했으니, 거듭하여 모두 증명되었다.

『春秋左傳』「昭二十九年」(B.C. 513년)에 의하면, (龍에 대한 토론에서 龍의 實在를 주장하는) 蔡墨(채묵)은 『周易』을 인용하여 변론했다. 이르기를 乾괘가 姤괘로 변하는 乾괘 初九의 효사는 "潛龍勿用(잠룡물용)"이라 했고, 同人괘로 변하는 乾괘 九二의 효사는 "見龍在田(현룡재전)"이라 했고, 大有괘로 변하는 乾괘 九五의 효사는 "飛龍在天(비룡재천)"이라 했고, 夬괘로 변하는 乾괘 上九의 효사는 "亢龍有悔(항룡유회)"이라 했고, 坤괘로 변하는 乾괘 用九에서는 "見群龍无首(현군룡무수)"라 했다. 또한 坤괘가 剝괘로 변하는 坤괘 上六의 효사에서 "龍戰于野(용전우야)"라고 말했다.

蔡墨曰. 周易有之 在乾之姤 曰 潛龍勿用. 其同人曰 見龍在田. 其大有曰 飛龍在天. 其夬曰 亢龍有悔. 其坤(乾六爻皆變) 曰 見群龍无首吉. 坤之剝曰 龍戰于野.(昭二十九年)

『春秋左傳』에서 卜史(복사)들이 占을 친 사례를 살펴보면, 陳敬仲(진경중)이 觀괘의 之卦(지괘)인 否괘를 얻은 경우, 晉(진)나라의 백희가 歸妹괘의 之卦인 睽괘를 얻은 경우 등 셀 수 없이 많다. 그러나 이는 실제로 점을 친 경우이고 점을 치지 않으면서도 앞에서 말한 蔡墨의 사례처럼 다만 주역의 經文을 말한 경우도 있다. 『春秋左傳』「宣公 十二年」에서 荀首(순수)가 말하듯이 師괘가 臨괘로 바뀌는 (師괘) 初六의 효사에서 "師出以律 否臧凶"이라는 구절을 인용하고, 『春秋左傳』「襄公 二十八年」에서 游吉(유길)이 말하듯이 復괘가 頤괘로 바뀌는 (復괘) 上六의 효사에서 "迷復凶(미복흉)"이라는 구절을 인용한 일이 爻變을 증거한다.

春秋卜史之筮. 若陳敬仲之觀之否. 晉伯姬之歸妹之睽. 不可勝數. 然此猶筮也. 亦有非筮非占 而徒然誦易. 如蔡墨之例者. 荀首之言曰 在師之臨 '師出以律 否臧凶'.(宣十二年) 游吉之言曰 在復之頤 曰 '迷復凶'.(襄二十八年)

이로 볼 때 '九'나 '六'이라 말한 것은, 곧바로 變卦[之卦를 말함]를 지칭함을 분명히 알 수 있다. 여섯 개의 爻가 변동하여 각각 하나의 괘가 되니, 384개의 爻는 384개의 괘가 된다. 요즘 사람들처럼 여섯 개의 효를 배열한 64괘만이 한 괘의 온전한 몸체를 이룬다고 생각하니 가당키나 한 일인가?

由是觀之 曰九曰六之 直指變卦審矣. 六爻之動 各成一卦 三百八十四爻者 三百八十四卦也.(變卦謂之爻). 今人 欲排[a]比六爻 以成一卦之全體 而可乎.

---

a　排=列也. 斥也.

그러나 漢나라 이후로 爻變說이 단절되어 계승한 사람이 없었다.

이것이 易이 어둡고 눈멀게 된 까닭이다.

12辟卦와 그것의 확장인 50衍卦의 推移, 『說卦傳』의 物象, 互體를 널리 취하는 것. 이 세 가지 부분은 漢代에 九家의 易에서도 말한바 있었으나, 爻變의 의의는 漢代부터 지금까지 끊어져 그림자조차 없어졌다. 이것이 易이 읽을 수 없게 된 까닭이다.

辟衍之推移也 說卦之物象也 互體之博取也 此三者 九家諸易 皆能言之. 至於爻變之義 自漢至今 絶無影響. 此易之所以不可讀也.

효가 변하지 않으면 推移의 법도 통할 수 없게 된다.

이것이 推移라는 주역의 해석법이 폐지된 까닭이다.

효가 이미 변하면 之卦(지괘)를 붙잡고(之卦는 爻이다), 그 推移 운동을 거슬러 올라간다. 가령 乾☰괘의 九四가 爻變하면 小畜☴이 되고 小畜은 姤☴괘에서 왔다(姤괘의 初爻가 4의 자리로 올라간다). 그러므로 그 象은 도약이 된다(姤괘의 下卦인 巽☴股가 위로 뛰어넘은 것이다).[a] 만약 爻變을 모른다면 小畜괘가 본래 姤괘에서 온 것임을 모른다. 이것이 推移法이 폐기된 까닭이다.

爻之旣變 又執之卦(之卦者爻也) 遡其推移. 假如 乾之九四小畜也. 小畜自姤來.(一之四) 故其象爲躍.(巽股超于上) 若不知爻變者 不知小畜本自姤來. 故推移之法 因亦不明. 此推移之所以廢也.

---

a   그래서 乾괘 九四의 효사에서 "或躍在淵"이라 했다.

乾☰馬(마)는 이미 巽☴鷄(계)로 변동했는데, 아직도 乾☰만을 고집다면 닭을 붙잡고 말이라고 단정하는 것이 아닌가? 坤☷牛(우)는 이미 震☳龍(용)으로 변했는데, 아직도 龍을 소라고 우기는 것이 아닌가? 坎☵豕(시)는 이미 兌☱羊(양)으로 변동했는데, 돼지를 버리고 羊을 담론한다고 성내고, 离☲雉(치)는 이미 艮☶狗(구)로 변했는데, 꿩을 버리고 개를 담론한다고 개탄한다. 이것[이러한 병폐]이 王弼(왕필)의 이론[爻變說을 폐기한 王弼의 이론]이 제기된 까닭이다.[a]

乾旣變巽 尙以乾看 不亦執鷄 而疑[b]馬乎 坤旣變震 尙以坤求 不亦瞻龍 而疑牛乎. 坎旣變兌 嗔舍豕而談羊. 离旣變艮 慨去雉而論犬. 此王弼之所以起也.

荀九家(순구가)들은 효변을 몰랐기 때문에 오히려『說卦傳』을 고집했다. 그러므로『說卦傳』에 견강부회하고 천착하여 한길로 매진했으나 (효사와는) 합치되지 않았다. 오직 [효변하지 않는 占辭인] 象詞[卦辭]에만 합치됨을 알았다. 荀九家들은『說卦傳』이 象詞와 교묘히 합치됨을 발견하고『說卦傳』을 버릴 수 없었다. 반면에 王弼[c]은, 효사와 합치되지 않음을 발견했으나,『說卦傳』을 이용하여 그 까닭을 진실로 궁구하려 하지 않았다. 단지 죄를 묻는다면 그들이 爻變을 몰랐던 탓이다.

九家不知爻變 猶執說卦. 故其說傳會穿鑿 一往不合. 唯象詞得合也. 九家見象詞之巧合 而不忍舍說卦. 王弼見爻詞之不合. 而不欲用說卦 苟究其故. 只坐爻變之不知也.

---

a   王弼이 爻變을 버렸기 때문이다.

b   疑(응)=定也. 한 자리에 안정함.

c   曹操의 양자인 何晏(190-249)은 玄學을 창도하는데 어린 천재인 王弼을 이용했고, 王弼은 총애에 감읍하여 꼭두각시의 역할을 하다가 23세(226-249)에 요절했다. (편역자 주)

이 때문에 互體法도 폐기되었던 것이다.

시험 삼아 논의해보자. 屯䷂괘의 六二가 효변하면 節䷻괘가 된다. 따라서 屯䷂괘 下互(2~4획)의 坤☷牛가 節䷻괘 下互(2~4획)의 震☳龍으로 변한다. 이에 周公이 龍을 상징으로 말했는데, 효변을 모르는 王弼은 牛를 말하지 않는다고 괴이하다 여겼으니, (급기야) 互體(호체)를 폐지한 것이 아닌가?

試論 屯卦六二變 則互坤變 而爲互震矣. 周公方且談龍 王弼怪其非牛. 互體不廢乎.

屯䷂괘의 六三이 변하면 旣濟䷾괘로 된다. 따라서 屯䷂괘 上互(3~5획)의 艮☶犬이 旣濟䷾에서는 离☲雉로 변한다. 周公은 여전히 雉[꿩]를 상징으로 고집할 것이고, 왕필은 개[犬]를 잃는다고 탄식할 테니, 互體를 폐지한 것이 아닌가? 그러므로 互體가 폐지된 것은 爻變을 알지 못하기 때문이라고 말했다.

屯六三變 則互艮變 而爲互离矣. 周公方且執雉. 王弼歎其失犬 互體不廢乎. 故曰互體之廢 由不知爻變.

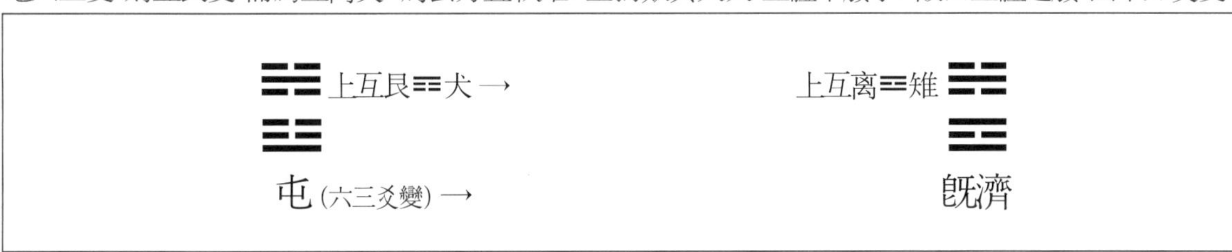

천하의 일은 동쪽에서 잃었으나 서쪽에서는 얻기도 하며, 안은 밝으나 밖이 어두운 경우도 있다. 그러므로 『詩經』에서 「國風(국풍)」의 뜻을 通達(통달)하지 못한 자가 혹 「小雅(소아)」의 취지를 알고, 『書經』에서 「周書(주서)」의 글귀를 깨우치지 못한 자가 혹 「虞書(우서)」의 글을 아는 경우도 있다. 그러나 주역에 이르러 爻變의 법을 通達하지 못하면, 한권 주역책의 64괘·384효가 빠짐없이 모두 어긋나고 배반된다. 陰을 陽이라 인식하고, 陽을 陰이라 인식하는 등 한 개의 爻도 괴리와 배반을 모면하는 요행조차 있을 수 없다. 주역의 경우에도 득실과 명암의 차이가 있을 뿐이라는 식으로 논할 수 있겠는가?

天下之事 有失於東 而得於西者. 有明於內 而暗於外者. 故不達國風之義者 或知小雅之旨. 不曉周書之句者 或知虞書之文. 至於周易 不達爻變之法 則一部易 六十四卦 三百八十四爻 悉悉乖反. 認陰爲陽 認陽爲陰 無有一爻 倖而免於乖反者. 其又有得失明暗之可論哉.

括例表 (下)

〈序論〉

推移法이라는 正法 이외에 또한 세 가지 易法[三易]이 있다.
첫째, 상하의 괘가 교체되는 "交易(교역)",
둘째, 여섯 개의 획이 모두 반대로 변하는 "變易(변역)",
셋째, 괘 전체가 뒤집어지는 "反易(반역)"이 있다.
이는, 포희씨가 괘를 처음 그린 八卦를 중첩하여 重卦를 만들었음을 근거로 변용해보는 것이다.

推移正義之外 尙有三易. 一曰交易 二曰變易 三曰反易. 庖犧畫卦之初 因八爲重.

泰(地☷ ☰天)괘의 상하를 바꾸면 否(天☰ ☷地)괘로 되고, 益(風☴ ☳雷)괘의 상하를 바꾸면 恒(雷☳ ☴風)괘로 되는데 이런 경우를 "交易"이라 일컫는다. 또한 6位가 모두 변하면 陰은 陽으로, 陽은 陰으로 그 덕성이 相反된다. 이러한 경우로 屯(水☵ ☳雷)괘의 덕성이 변하여 鼎(火☲ ☴風)괘로 되고, 蒙(山☶ ☵水)괘의 덕성이 변하여 革(澤☱ ☲火)괘로 되는 것을 "變易"이라 일컫는다. 卦의 몸이 顚倒(전도)되면 다른 하나의 卦를 보여주는데, 需(水☵ ☰天)괘가 뒤집히면 訟(天☰ ☵水)괘로 되고, 師(地☷ ☵水)괘가 뒤집히면 比(水☵ ☷地)괘로 되는 경우로, 이를 "反易"이라 일컫는다.

泰交爲否. 益交爲恒. 此之謂交易也. 六位皆變 厥德相反. 屯變爲鼎 蒙變爲革. 此之謂變易也. 卦體顚倒 又見一卦. 需反爲訟. 師反爲比. 此之謂反易也.

周易이 道로 삼는 바는 오직 변화를 따라가는 것이다. 이상의 三易도 때를 따라 이용할 것이니, 이에 열고 나열하며 표를 만들어 편하게 완상할 수 있도록 비치했다. 그러나 절실히 필요한 것이 아니므로 下經의 첫머리에 기록해두어 推移의 正法과 혼동되어 분별하기 어렵지 않게 했다.[a]

易之爲道 唯變所適. 三易之義 亦時用之. 茲開列爲表 以備居玩. 然非所急也 錄于下經之首 俾不與推移

---

a　茶山의 『周易四箋』은, 위의 세 가지 유형[三易] 이외에도 복합된 모형들을 보여주고 있으나, 너무 복잡하고 실제 점치는 데 필요한 것이 아니므로 여기에서는 생략한다. (편역자 주)

正義混淆難分也.

(24) 交易表

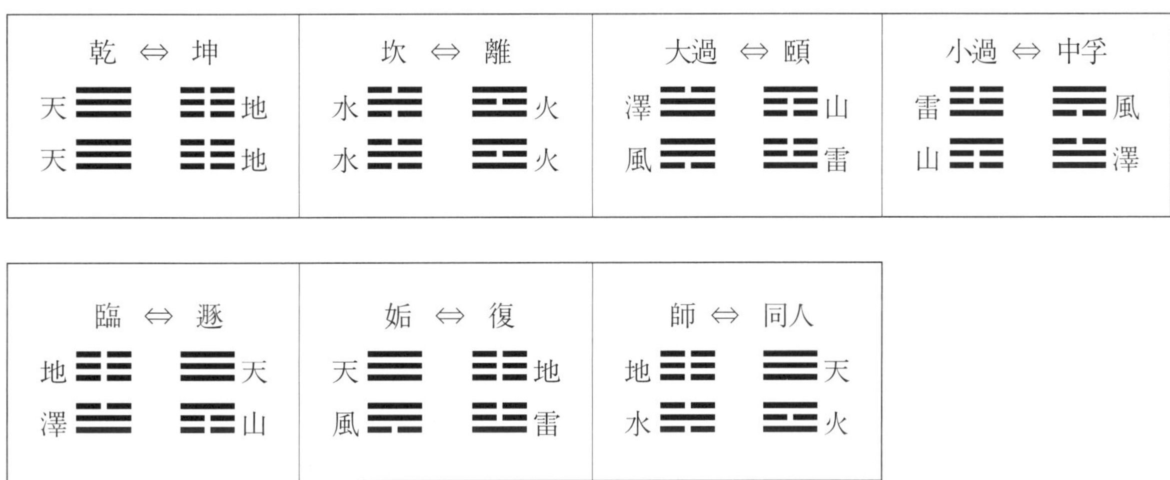

(25) 變易表 (陰⇔陽)

(26) 反易表

(주역에서 괘를 배열한 순서는, 전반적으로 反易의 방법을 사용했다.) 易詞에서도 反易의 뜻을 밝히고 있다. 師
䷆괘 九二 효사의 "王三錫命"과 比䷇괘 九五 효사의 "王用三驅"는, 두 괘가 反易된 것임을 밝혀주고 있
다. 또한 損䷨괘 六五 효사의 "十朋之龜"와 益䷩괘 六二 효사의 "十朋之龜"도, 두 괘가 反易된 것을 밝
히고 있다. 또 夬䷪괘 九四 효사의 "臀無膚"와 姤䷫괘 九三 효사의 "臀無膚"도 이러한 反易의 의미를
밝힌 것이다. 이상에서 알 수 있듯이 反易卦에서는 제2획과 제5획, 제3획과 제4획이 서로 호응한다.
反易之義 易詞屢致意焉. 加師九二之王三錫命 比九五之王用三驅 明此義也. 損六五之十朋之龜 益六二
之十朋之龜 明此義也. 夬九四之臀無膚 姤九三之臀無膚 明此義也. 反易之卦 二五相照 三四相互也.

〈上經 十八宮 反易表〉(反易者 24괘 + 反易해도 同一한 6괘=도합 30괘)

乾☰乾	坤☷坤	頤☶頤	大過☱大過	坎☵坎	離☲離
天　天	地　地	山　雷	澤　風	水　水	火　火

←反易해도 同一한 6괘

屯 ☵ 蒙	需 ☵ 訟	師 ☷ 比
水　　山 雷　　水	水　　天 天　　水	地　　水 水　　地

小畜☴履	泰 ☷ 否	同人☰大有
風　　天 天　　澤	地　　天 天　　地	天　　火 火　　天

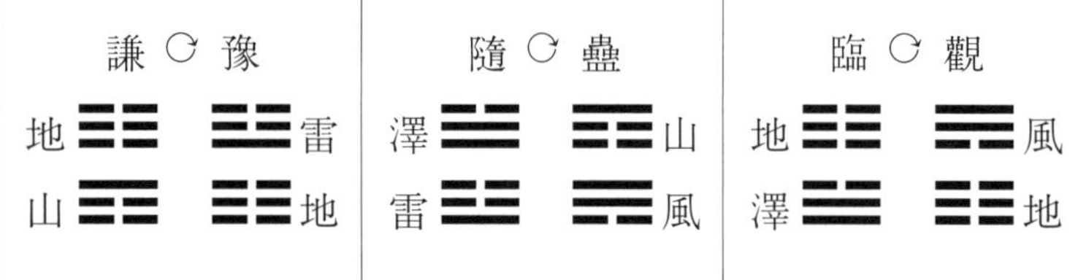

謙 ☷ 豫	隨 ☱ 蠱	臨 ☷ 觀
地　　雷 山　　地	澤　　山 雷　　風	地　　風 澤　　地

噬嗑☲賁	剝 ☶ 復	无妄☰大畜
火　　山 雷　　火	山　　地 地　　雷	天　　山 雷　　天

← 反易卦 24괘

〈下經 十八宮 反易表〉(反易者 32괘+反易해도 同一한 2괘=도합 34괘)

咸 ☱ 恒	遯 ☰ 大壯	晉 ☲ 明夷	家人☴睽
澤　　雷 山　　風	天　　雷 山　　天	火　　地 地　　火	風　　火 火　　澤

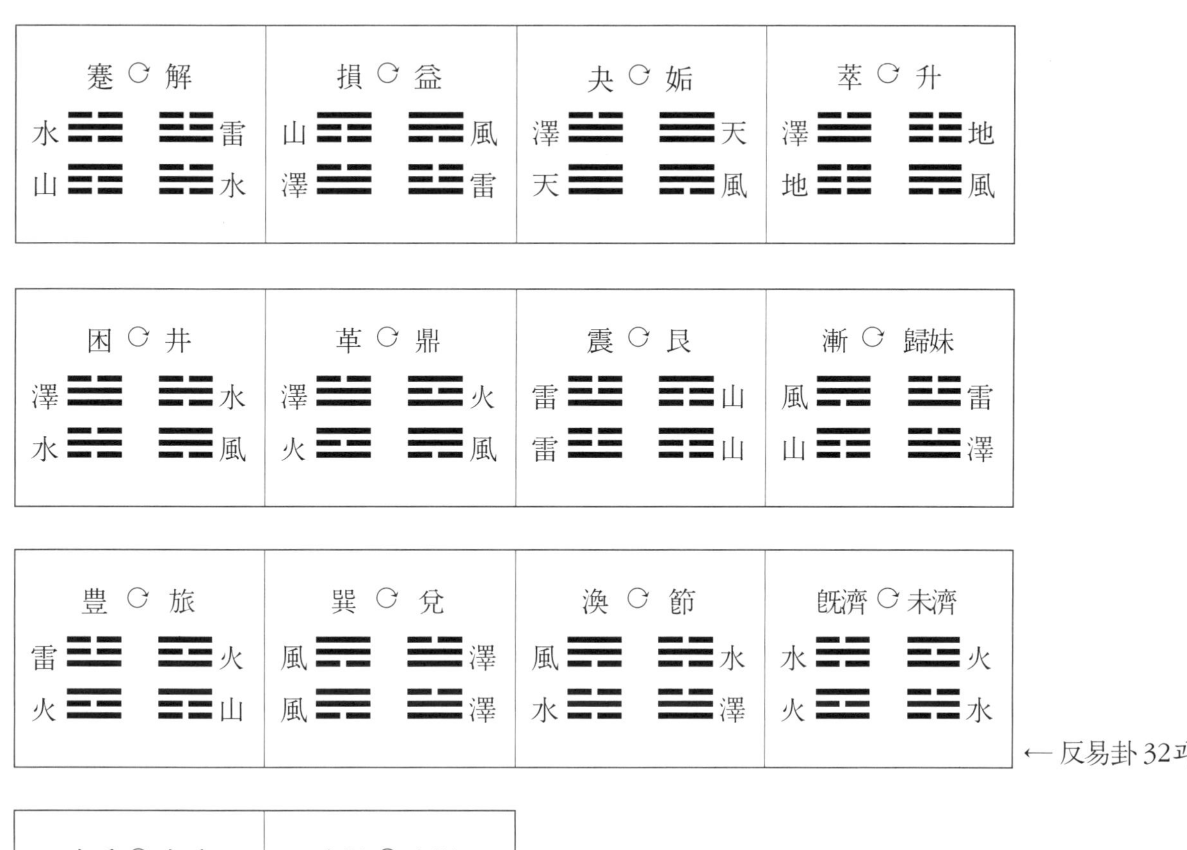

← 反易卦 32괘

← 反易해도 同一한 2괘

讀易要旨

一曰 抽象(추상)

첫째, 抽象[象을 뽑아냄]이다.

易의 목적은 점치는 것이다. 하나의 卦와 하나의 爻는 각각 萬事·萬物의 象을 갖추고 있으니(변하지 않는 것을 卦라 말하고, 변하는 것을 爻라 말한다). 천하의 萬事·萬物을 점치면, 모두 이러한 괘·효의 이치와 만나게 되어 있다. 문왕과 주공께서는 萬象 가운데서 그 하나의 象을 뽑아 '繇詞(주사)' 즉 점치는 말씀으로 삼았다. 그러므로 괘·효는 만사만물에 호응하는 재능이 있으나 그 繇詞로는 萬事·萬物을 다 지시할 수 없다,

예를 들자면 乾괘 初九 효사의 "潛龍勿用(잠룡물용)"은, 그것으로써 군자가 처하고 나가는 일과 나아가고 물러남의 길흉을 점치면 부합하겠지만, 그것으로 혼인·제사·도읍건설·나라 옮기는 일 등을 점친다면 "潛龍勿用"의 효사는 준거가 되지 못한다.

易所以筮也. 一卦一爻 各具萬事萬物之象(不變曰卦. 變曰爻) 筮天下之萬事萬物 皆有遇此卦此爻之理. 文王周公 於萬象之中 抽其一象 以爲繇詞. 故以卦以爻 則有應萬事萬物之才 而其繇詞 則不能該萬事萬物. 假如 乾初九之潛龍勿用. 以之筮 君子出處 進退之吉凶. 則合矣. 以之筮 婚姻祭祀建都遷國之等 則此詞不可準也.

二曰 該事(해사)

둘째, 該事[마땅한 사례를 찾아 두루 아우름]이다.

성인께서 이미 하나의 象을 뽑아서 占詞를 말했으나 또 한편으로 배우는 자들이 하나의 象에 집착하여 변통을 알지 못할까 저어했다. 그래서 간혹 하나의 占詞에 몇 가지 사례를 섞어서 논의했다. 그러나 실제로 卦·爻들에서 논의할 수 있는 象이 이런 몇 가지 사례에 그치는 것은 아니다.

가령 屯䷂괘 六二 효사의 이른바 "乘馬班如(승마반여)"는 '定婚女(정혼녀) 때문에 재난을 당한다'는 점사요, 또 "匪寇婚媾(비구혼구)"는 '나라끼리의 선린으로 우환에 대비하라'는 점사요, 또 "十年乃字(십년내자)"는 '부인이 아이를 낳아 기른다'는 점사이다. 이 세 가지 사례는 각각 스스로 이루어진 (맥락이 다른) 문장이라서 말의 문리가 서로 연속되지 않는다. 그런데 그것을 『書經』이나 『史記』처럼 읽으면 곧바로 통하지 않는다.

聖人旣抽一象而爲詞. 又恐學者執此一象 不知變通. 故或於一繇之內 雜論數事. 其實此卦此爻可論之象 不止此數事. 假如屯六二 其云 乘馬班如者 女難之占也. 其云 匪寇婚媾者 隣國備患之占也. 其云 十年乃字者 婦人産育之占也. 三事各自成文 詞理不相連續. 讀之如書史 便不可通.

三曰 存質(존질)

셋째, 存質[본질을 보존함]이다.

성인께서는 이처럼 이미 여러 사례를 섞어 논의하지만 또 한편으로 배우는 사람들이 이러한 몇 가지 象에 집착하여 변통을 알지 못할까 염려하였다. 그래서 간혹 卦辭(괘사)에서 단지 卦의 덕성만 드러내어 그 본질을 보존하고자 구체적인 사물을 논의하지 않았다. 혹은 효사에서 단지 아름다움과 허물만 드러내고, 그 길흉은 미정으로 남겨두려고 사물을 논하지 않는다. 이와 같이 한 것은 무슨 까닭인가? 한 가지 사물도 결코 논하지 않는 것은, 만사를 호응함에 장애가 없게 하려는 까닭이다.

예컨대 乾䷀괘의 '元亨利貞(원형리정)', 大有䷍괘의 '元亨', 隨䷐괘의 '元亨利貞', 遯䷠괘의 '亨小利貞(형소리정)', 大壯䷡괘의 '利貞(리정)', 鼎䷱괘의 元吉亨(원길형)'. 兌䷹괘의 '亨利貞(형리정)' 등의 경우가 이러한 사례이다. 효사에서는 恒䷟괘 九二의 '悔亡(회망)', 大壯䷡괘 九二의 '貞吉(정길)', 解䷧괘 初六의 '无咎(무구)', 萃䷬괘 九四의 '大吉无咎(대길무구)' 등의 경우가 이러한 사례이다.

聖人旣雜論數事 又恐學者 執此數象 不知變通. 故或於卦詞 只著卦德 而存其質 而不論事物. 或於爻詞

只著休咎[a] 以存其占 而不論事物. 若是者何也. 竝一事而不論 所以應萬事 而無礙也. 如乾元亨利貞. 大有元亨. 隨元亨利貞. 遯亨小利貞. 大壯利貞. 鼎元吉亨. 兌亨利貞之類是也. 其在爻詞 則恒九二之悔亡. 大壯九二之貞吉. 解初六之无咎. 萃九四之大吉无咎之類是也.

四曰 顧名(고명)

넷째, 顧名[괘의 이름을 돌아봄]이다.

괘의 이름을 붙이는데 본래 정해진 법칙은 없다. 그것이 八卦 본래의 덕성으로, 陰陽消長(음양소장)의 추세로, 推移와 往來의 정상으로 이름을 붙인 괘는, 그 繇詞[占辭]에는 비록 그런 의미가 없더라도, 그 繇詞로 점을 칠 때는 반드시 그렇게 이름붙인 본래의 象을 살펴야만 한다. 반면에 직접적으로 사물의 형체를 취하거나, 괘로 곧장 나아가 象을 뽑아내 우연스럽게 이름을 붙인 경우는(예컨대 歸妹괘의 경우), 그 繇詞에 비록 그런 의미가 인용되었다 해도 모든 점에 통하는 보편적인 象으로 삼을 수 없다.

卦之命名 本無定則. 其以八卦之本德 及陰陽消長之勢 推移往來之情 而名之者. 其繇詞雖無此義 以之爲筮 須觀命名之本象. 至於直取物形 及卽卦抽象 而偶以命名者.(如歸妹) 其繇詞雖用此義 不可爲諸筮之通象也.

① 본괘의 덕성으로 이름을 얻은 사례로는, 상하에 같은 單卦(단괘)가 중첩된 경우로 다음과 같은 卦들이 있다(乾☰·兌☱·離☲·震☳·巽☴·坎☵·艮☶·坤☷괘).

② 陰陽의 消長(소장)으로 이름을 얻은 사례로는, 陽➖이 회복한 것을 復䷗이라 했고, 陽➖이 크게 씩씩하니 大壯䷡이라 한 경우이다.

③ 推移의 뜻으로 이름을 얻은 경우로는, 訟䷅괘의 이름은 中孚䷼괘를 뿌리로 하였기 때문이고, 萃䷬괘의 이름은 小過䷽괘를 뿌리로 한 때문이니 이와 같은 사례이다.[「推移表」를 참고하시오]

④ 직접 사물의 형상을 취하여 命名한 사례로는, 井䷯괘와 鼎䷱괘가 이러한 부류이다.

⑤ 괘에서 직접 象을 뽑아낸 사례로는, 짝을 만나는 것으로 이름을 지은 家人䷤(長女☴ ☲中女)·歸妹䷵(長男☳ ☱少女)괘가 이러한 부류이다.

以本德而得名者 如八卦之重卦是也. 以陰陽之消長而得名者 如復之謂復. 大壯之謂大壯是也. 其以推移之義而得名者 如訟之名 本於中孚. 萃之名 本於小過是也. 其直取物形 而名之者 如井鼎之類是也. 其卽卦抽象 而偶以命名者 如家人歸妹之類是也(並義詳本卦)

오라비가 누이를 시집보냄(以兄嫁妹)은, 歸妹䷵괘에 있는 많은 象 가운데 하나의 象에 불과하고, 여섯 爻에 붙은 효사가 비록 모두 歸妹를 말하고 있지만, 반드시 嫁妹가 근본적인 象이고 다른 事象(사상)은 손님[客과 같은 象]이 되는 것은 아니다. 혼인에 대해 점칠 때는 의당 이 점사를 쓰겠지만, 만약 제사와 전쟁에 대해 점을 쳐서 이 괘를 만났다면, 이 점사로는 점을 치지 못할 것이다.

---

a 休咎＝吉凶.

以兄嫁妹 其在雷澤之卦 不過萬象之中一象也. 六爻之詞 雖皆言歸妹 未必嫁妹爲本象 而他事爲客也. 筮婚姻者 當用此詞. 若於祭祀 戰伐之筮 而遇此卦者 不可以此詞占之也.

五曰 播性(파성)

다섯째, 播性[본성이 전파되어 보존됨]이다.

卦가 변하는 것은 爻가 변하기 때문이니, (爻가 변하면) 그 物象과 사정이 本卦와 크게 달라진다. 그러나 變卦의 성질과 기품[性氣]은 모두 본괘를 위주로 한다. 만약 본괘의 性氣를 버리고 오로지 變卦(之卦)의 物象을 쓴다면 크게 잘못된 것이다. 그러므로 성인께서는 효사에서 그 잘못을 다스리고자, 반드시 본괘의 性氣가 파종된 그 뿌리를 돌아보게 한 것이다.

卦變爲爻 則其物象事情 與本卦大異也. 然其性氣皆主本卦. 若舍本卦之性氣 而專用之卦之物象.(之卦者變卦也) 則大悖也. 故聖人於爻詞 必爲之播本卦之性氣 俾顧其本.

가령 本卦가 升䷭괘이고 그 六五가 변한 井䷯괘, 또는 上六이 변한 蠱䷑괘인 경우는 이 之卦들도 모두 본괘의 上昇하는 象을 취한다. 비록 낮게 내려오는 象이 있더라도(井䷯괘는 泰䷊괘에서 推移된 것인데 陰인 5효가 1의 자리로 내려온 것이다), 본괘의 품성인 올라가는 升(승)의 성질이 아니므로 고려하지 않는다[아래의 표를 참고하시오].

假如本卦是升 則之井之蠱(升五六) 皆取升上之象(井自泰來 一升五) 雖有卑降者不顧焉(井亦自泰來 柔自五降而不取焉)

本卦 → 之卦		(推移) ← 辟卦	
升(六五爻變) → 井		井　　← 推移(1↔5)　　泰	不顧⤴(1⇍5)　↰(5⇐1)
升(上六爻變) → 蠱		蠱　　← 推移(1↔6)　　泰	不顧⤴(1⇍6)　↰(6⇐1)

本卦가 復䷗괘이고 之卦가 震䷲괘이거나 屯䷂괘인 경우는 모두 剛陽一이 돌아온다는 象을 취한다. 震䷲괘는 臨䷒괘를 辟卦로 하여 推移된 것인데 內卦의 陽一이 外卦로 나가는 경우이니, 復[돌아옴]이 아니므로 고려하지 않는다.

本卦是復 則之震之屯(復四五) 皆取來復之象(震自小過來 剛自三反) 雖有出往者 不顧焉(震亦自臨來 剛自內出

而不取焉)

本卦 → 之卦		推移 ← 辟卦	
復(六四爻變)→	震	震　　　陽爻反	← 推移(1←3)小過
復(六五爻變)→	屯	震　不顧　陽爻出	← 推移(4←2)臨

그러므로 需괘의 여섯 개의 爻는 모두 음식접대의 뜻을 취했고, 賁괘의 여섯 개의 爻는 모두 아름다운 문채의 결[理]을 포함한다. 이는 本卦의 성품과 기질이 之卦에 파종됨으로써 본래의 덕을 계승했기 때문이다.

故需之六爻 盡取需待之義. 賁之六爻 悉含賁文之理. 皆所以播本卦之性氣 以撰其德也.(多不能悉指)

六曰 留動(유동)

여섯째, 留動[卦主일 경우 변동을 보류함]이다.

한 개의 획이 이미 움직이면 전적으로 괘는 변하기 마련이다. 그러므로 성인께서 효사를 편찬할 때 그 오르고 내리며 가고 오는 정황이 변하는 象을 모두 취한다. 그러나 괘에서 주인이 되는 爻는 또한 그 주인을 보위하기 위하여 변동을 그치고 오로지 推移(추이)되기 이전의 本象(본상)을 사용한다. 이로써 이 획이 괘의 주인임을 밝히는 것이다. 이 또한 한 가지 사례이다.

一畫旣動 全卦遂變. 故聖人之撰爻詞 其升降往來之情 皆取變象. 然於卦主之爻 又爲之留其所動 不逐其變 而專用推移之本象. 以明此畫之爲卦主. 此又一例也.

또한 師괘 九二 효사의 "王三錫命(왕삼석명: 왕이 세 번 은사를 명함)"과 比괘 九五 효사의 "王用三驅(왕용삼구: 왕이 사냥할 때는 한 방향을 터놓고 세방향에서만 말을 몰아나감)"는, 之卦(지괘)의 象이 아니라 本卦인 師·比괘의 主人이 母卦(모괘)에서 추이되는 象을 말한 것이다. 이처럼 이른바 留動(유동)하면 九二·九五가 卦의 主人임을 증명하는 것이다.

如師九二之王三錫命(取自復剝來之象) 比九五之王用三驅(亦取復剝象) 皆所謂留動以明主也.

辟卦 (推移) → 本卦 (爻變) → 之卦		
復 (1 → 2) 推移	師 (九二爻變) → 〔卦主留動〕	坤
剝 (6 → 5) 推移	比 (九五爻變) → 〔卦主留動〕	坤

또한 謙䷎괘 九三[之卦: 坤䷁] 효사의 "有終(之卦를 말하지 않고, 本卦의 艮☶終의 象을 취했음)"과 豫䷏괘 九四[之卦: 坤䷁] 효사의 "由豫(九四로 말미암아 順而動인 豫괘가 성립됨)"는, 九三·九四가 유일한 陽━효로서 卦主이므로 爻變한 象을 취하지 않은 사례이다.

又如謙九三之有終.(取艮終) 豫九四之由豫(由此以成豫) 皆不取爻變之象者也(多不能悉指)

이러한 사례는 반드시 고래부터 전승된 占法 본연의 모습일 것이다. 그러므로 周公께서도 爻辭를 지을 때 이와 같이 했다. 대개 점치는 자가 이미 이런 卦를 만나거나 卦主인 爻를 만나면 神明(신명)이 가리키는 것이 정녕 여기에 있음을 알아야 한다. 그러므로 점은 本卦의 획을 사용하고 다시 變爻(변효)를 상고하지 않았던 것이다.

若此類 必古來筮法本然. 故周公撰詞如此也. 蓋以筮家旣遇此卦 又遇此爻 則神明所指 丁寧在此. 故占之以此畫 不復考變也.

七曰 缺本(결본)

일곱째, 缺本[본성을 누락시킴]이다.

성인께서 이미 근본을 위해 본성을 파종했으나, 한편으로는 배우는 자들이 오로지 性氣[성품과 기질]에만 매달려 변통을 알지 못할까 염려하였다. 그러므로 간혹 여섯 개의 爻 가운데 한두 개 효사에서 아예 본성을 누락시켜 거론하지 않았다. 그렇지만 실은 이들 爻에 근본의 性氣가 없다는 것은 결코 아니다. 예를 들면, 屯䷂괘 六四 효사에서 屯(준)을 언급하지 않았고, 蒙䷃괘 六三 효사에서 蒙(몽)을 언급하지 않았고, 需䷄괘 上六 효사에서 "需(수)"를 언급하지 않았고, 訟䷅괘 六三 효사에서 訟(송)을 언급하지 않는 등 이 같은 사례는 많아서 다 지적할 수도 없다.

聖人旣爲之播性. 又恐學者 專執性氣 不知變通. 故或於六爻之內 其一二爻之詞 缺其本性 而不必擧論. 其實此一二爻未嘗無本性氣也. 如屯六四不言屯. 蒙六三不言蒙. 需上六不言需. 訟六三不言訟之類是也.(多不能悉指)

八日 用拙(용졸)

여덟째, 用拙[졸렬한 것을 이용함]이다.

易에 붙인 말씀과 物象은 교묘하게 부합되지 않는 것이 없다. 그러나 때로는 취한 象이 협애하고, 쓰인 물건이 군핍하며, 졸렬하고 껄끄러워[澁] 모자란 듯하다. 하지만 여기에 바로 크나큰 교묘함이 깃들어 있다. 대개 점술가들이 갖가지 일에 잡다한 점을 치는데 어찌 그 많은 괘마다 그에 교묘히 부합되는 상징을 얻을 수 있겠는가? 반드시 象을 취하는 법이 상세하고 두루 갖추어져 법도를 완벽하게 구비한 연후에야 비로소 민중들을 인도하여 사용할 수 있을 것이다. 그러므로 성인께서 간혹 평탄하고 정교하게 부합되는 물건을 버려두고, 별도로 졸렬한 象을 찾아 효사를 짓는데 사용한 것은, 모두 점치는 사례를 보여주기 위한 방편이었다.

易詞物象 無不巧合. 然有時乎 取象狹隘 用物窘乏. 有若拙澁 而寡能者. 此正大巧之所寓也. 蓋以筮家 雜筮萬事 安得每卦巧合萬象. 必其取象之法 委曲周備 無法不具 而後方可以前[a]民用也 故聖人或捨其平坦巧合之物 而別求拙劣之象 用撰厥詞. 皆所以示筮例也.

屯☷☳괘 六二의 효사에서 구차하게 坎☵中男을 취하여 兌☱少女에게 짝지어주고(屯괘가 六二 爻變으로 節괘로 바뀜), 그것을 일러 "匪寇婚媾(비구혼구)"라 했다.

屯之六二 苟取坎男 以配兌女(屯之節) 而謂之婚媾.

賁☶☲괘 六四(賁괘가 離괘로 감)의 효사는, 구차하게 옛날의 震☳長男을 취해서(離☲괘가 推移된 大壯☳☰괘의 上震☳長男) 지금의 离☲中女와 짝지어주고, 이를 일러 "匪寇婚媾(비구혼구)"라 했다(구차하게 老夫를 中女에 짝지워줌). 이것이 곧 "用拙(용졸)"의 방법이다.

賁之六四 苟取昔震(大壯之上震) 以配今离(賁之離) 而謂之婚媾(苟以老夫配中女) 卽所以用拙也.

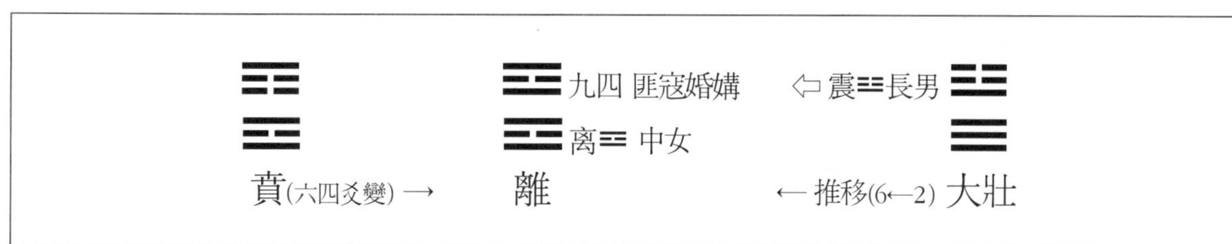

---

a 前=導也.

履☱괘 六三[효사: "眇能視 跛能履"]의 경우 두 互卦(호괘)로 괘를 만들면 家人☲괘가 되어 두 발을 가지게 된다.(家人괘의 1·2爻가 하나의 발이 되고, 3·4爻가 또 하나의 발이 되어, 두 사람이 한 몸이 되는 형상이다.『說卦物』의 〈物象表〉에 의하면, 震☳은 天時로는 雷이고 신체로는 足과 肝이다.)

履之六三 以家人爲有兩足(一與二爲震 又三與四爲震)

同人☲괘의 象辭[卦辭: "同人于野 亨 利涉大川"]에서 剛陽━이 못 위로 올라가고, 柔陰╌이 못 아래로 추락하기 때문에 큰 냇물을 건너는 것이 이롭다고 했다. 이 역시 庸拙(용졸)한 물건을 상징으로 쓴 경우이다.

同人之象 以剛躋[a]澤上(自夬來 二之上) 爲利涉大川 亦所以用拙也.(多不能悉指)

九曰 雙溯(쌍소)

아홉째, 두 개의 母卦로 소급해서 보는 것이다.

괘가 두 母卦를 가지면(否괘와 泰괘로부터 온 3陰괘와 3陽괘는 一母이고, 그 외에는 모두 2母卦이다), 그 괘사도 반드시 그 기본을 쌍방으로 거슬러 올라가 그 象을 두 개로 드러낸다(두 개의 뿌리에 한 구절씩 기술된다). 그 효사도 之卦[變卦를 지칭함]를 붙잡고, 나아가서 그 之卦의 근본(之卦의 두 母卦)을 쌍방으로 소급하여, 그것을 녹이고 결합하여 말씀[爻辭]을 짓는다. 만약 이것이 易을 밝히는 道라고 한다면 推移를 벗어나지 않는다.

卦有二母者(不自否泰者 皆有二母也) 其卦詞必雙溯其本 而兩著其象(二本各一句) 其爻詞則 又執之卦.(之卦者

---

a 躋=登也.

變卦) 雙溯其本.(之卦之二母) 而鑄合爲詞. 若是者 明易之爲道 不外乎推移也.

사례를 들자면, 頤䷚괘 괘사의 "觀頤(관이)"는, 觀䷓괘에서 유래된 象이다(5효가 初位로 내려감). 또 頤䷚괘 괘사의 "自求口實(자구구실)"은, 臨䷒괘에서 나온 象이다(2효가 6位로 올라감).

如頤之卦詞 其云 觀頤者 自觀來之象也(五之一) 其云 自求口實者 自臨來之象也.(二之上)

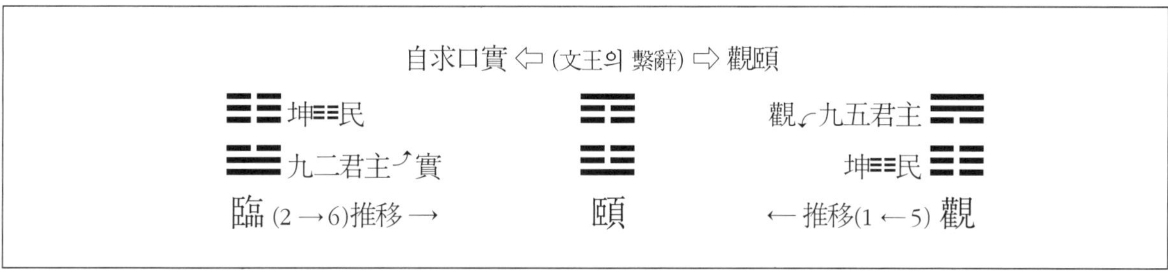

또 예를 들면, 乾䷀괘 九四의 효사에서 "或躍在淵(혹약재연)"이라 했다. 이 "躍[도약]"이란 글자는 (乾䷀괘 九四가 효변한) 小畜䷈괘의 어미卦[母卦]인 姤䷫괘에서 나왔다(巽☴風의 정강이가 위로 도약함). "淵[연못]"이란 글자는 小畜䷈괘의 母卦인 夬䷪괘에서 나왔다(夬괘의 上體가 兌☱澤이기 때문이다).

又如 乾之小畜曰 或躍在淵. 躍自姤來也(巽股超于上) 淵自夬來也(夬上澤)

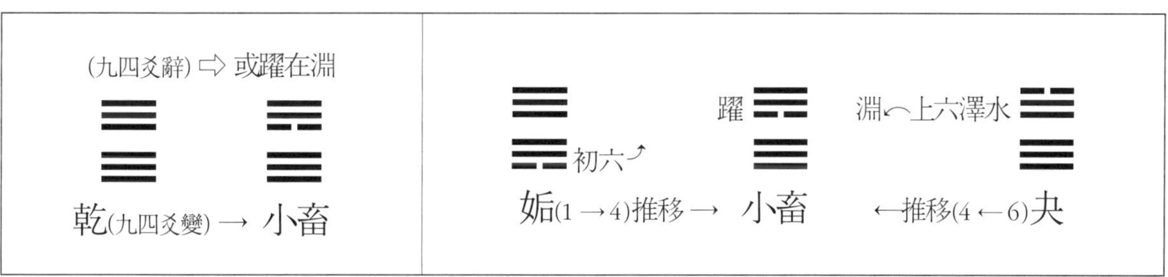

豫䷏괘로 변하는 坤䷁괘 六四 효사에서 "括囊无咎(괄낭무구)"라 했다. 이 "囊[주머니]"은, (坤䷁의 之卦인) 豫䷏괘의 母卦인 復䷗괘에서 나왔고(復괘의 하체인 震☳囊을 말한 것임), "括[묶음]"은, 豫䷏괘의 母卦인 剝䷖괘에서 나왔다(剝괘의 上體인 艮☶手를 말한 것임).

坤之豫曰 括囊无咎. 囊自復來也(復下震爲囊) 括自剝來也.(剝上艮爲手)

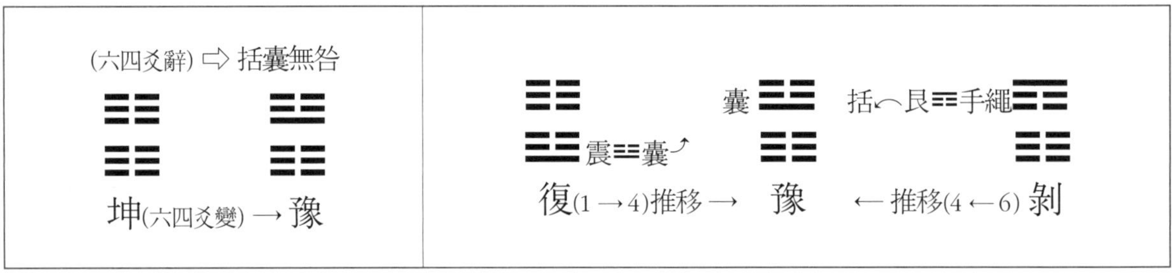

坤(六四爻變) → 豫　　　　復(1→4)推移 → 豫　　←推移(4←6) 剝

十日 疊現(첩현)

열째, 疊現[거듭 드러냄]이다.

이 괘와 저 괘가 그 物象이 서로 같으면, 그 占辭도 간혹 앞선 글을 반복하여 사용함으로써 그 物象을 드러낸다. 만약 이와 같다면 모든 卦·爻가 무릇 이 物象을 갖추었다면 그 占辭도 같을 수 있음을 밝혀 준다.

此卦彼卦 其物象相同者 其繇詞 或疊用前文 以現其象. 若是者 明諸卦諸爻 凡具此物象者 其占可同也.

예컨대 小畜☴괘의 象辭[卦辭]와 小過☶괘 六五 爻辭에서 다같이 "密雲不雨(밀운불우)"라 하였는데, 이 두 괘는 모두 互卦에서 巽☴風의 物象을 만들기도 하고 兌☱澤雨의 物象을 만들기도 한다. 하지만 坎☵水·雨의 物象을 이루지는 못한다.

如小畜之象 小過之六五 皆云 密雲不雨者 二卦皆爲巽爲兌[a] 而不成坎雨也.

小畜☴괘 上九, 歸妹☳괘 六五, 中孚☲괘 六四의 효사에서 모두 "月幾望(월기망)"을 말한다. 이것들은 모두 坎☵雨·月의 자리에 있는데, 그 아래에 있는 兌☱澤·新月이 이지러져 가득차지 못했지만, 거의 滿月인 乾☰乾의 乾燥期에 이르렀기 때문이다(뜻은 本卦의 아래에서 詳論한다).

小畜上九 歸妹六五 中孚六四 皆云月幾望者. 三卦皆坎月之位(四五六) 兌缺未盈 而幾乎至於乾圓也(義詳本卦下)

---

a　兌☱澤는 雨의 物象도 있으므로 艮의 착간으로 읽는다.

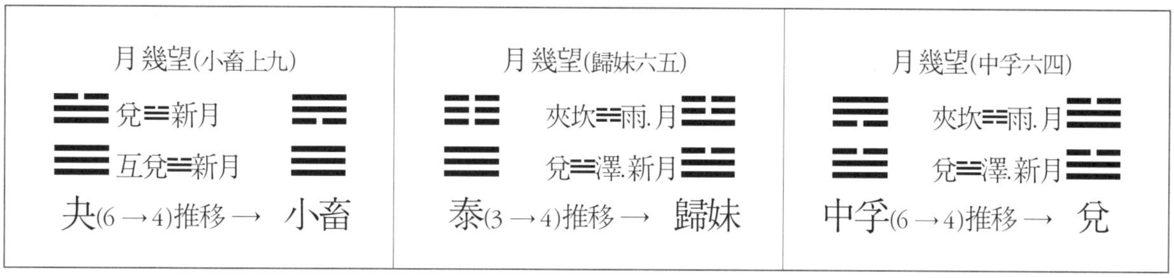

<table>
<tr><td>月幾望(小畜上九)

兌☱新月

互兌☱新月

夬(6→4)推移 → 小畜</td><td>月幾望(歸妹六五)

夾坎☵雨.月

兌☱澤.新月

泰(3→4)推移 → 歸妹</td><td>月幾望(中孚六四)

夾坎☵雨.月

兌☱澤.新月

中孚(6→4)推移 → 兌</td></tr>
</table>

十一曰 比德(비덕)

열한 번째, 比德[구체적인 事物을 거론하지 않고 德性만 비교함]이다.

성인께서 본괘의 德性을 파종하는 중에도 사물을 아울러 지적해 주셨다〈예컨대 需☲☵괘 九五 爻辭의 "需于酒食(술과 음식을 구하다)"이 그러한 사례이다〉. 사물을 지적해서 말하면 부득불 한편에 치우쳐 얽매이고, 뭇사람의 마음을 통어할 수 없게 된다.

그러므로 간혹 여섯 개의 爻를 배열하고 비교하고 피차 대조하여, 爻마다 두 글자의 爻詞를 만들고, 이로써 괘의 덕성을 드러낼 뿐, 사물을 논하지 않는 경우도 있다. 이렇게 하면 모든 일을 점 치되, 모두 이 두 글자만 써서, 그 일의 대체적인 것을 점칠 수 있다.

聖人於播性之中 兼指事物.(如需九五之需于酒食) 旣指事物 則不得不偏係一事 而有不能統馭衆情. 故或有排比六爻 彼此讐校 爲二字詞 以顯卦德 而不論事物者. 若是者 諸事之筮 皆可以此二字 占其大體也.

예를 들면 臨☷☱괘의 初九·九二를 "咸臨", 六三을 "甘臨(감임)", 六四를 "至臨(지임)", 六五를 "知臨(지임)", 上六을 "敦臨(돈임)"이라 해설한 것이나, 兌☱☱괘의 初九를 "和兌(화태)", 九二를 "孚兌(부태)", 六三을 "來兌(래태)". 九四를 "商兌(상태)", 上六을 "引兌(인태)"라고 말한 사례가 이런 종류이다.

또 復☷☳괘 6효의 사례를 보면 큰 맥락은 '比德'이다. 復괘 初九의 "不遠復(불원복)", 六二의 "休復(휴복)", 六三의 "頻復(빈복)", 六四의 "獨復(독복)", 六五의 "敦復(돈복)", 上六의 "迷復(미복)" 등의 효사들이 그렇다. 그런데 유독 上六의 효사에서 比德과 아울러 事物인 災眚(재생)과 敗戰(패전)을 지적한다. 이는, '比德'을 효사로 삼은 괘일지라도 일찍이 만사·만물에 物象이 없지 않다는 것을 다시 밝히기 위함이다.

如臨之云 咸臨 甘臨 至臨 知臨 敦臨. 兌之云 和兌 孚兌 來兌 商兌 引兌之類 是也. 又如 復卦六爻 大抵比德. 獨於上六 兼指事物. 又所以明比德爲詞之卦 未嘗無萬事萬物之象也.

十二曰 詠物(영물)

열두 번째, 詠物[사물을 읊조림]이다.

易을 말하는 문장은 象(상)을 말한 것이 있고 占(점)을 말한 것이 있다. 占은 어떤 구체적인 일을 지시하는 것이어서, 혼인의 점과 제사 점은 서로 통하지 않는다. 반면에 象은 은미함을 표현하는 것이어서,

풀·나무·새·짐승의 움직임과 수레·기물·의복의 변화는 모두 만사에 통용되는 보편적인 象이 될 수 있다. 그러므로 사물[물건]을 읊조리는 '詠物(영물)'과 구체적인 일을 지시하는 '指事(지사)'는 『詩經』의 시형식인 比(비)·興(흥)과 하나 같이 똑같다.[a] 예컨대 말·소·양·돼지처럼 人事(인사)에 관련 있는 것에 이르면, 혹자는 일반적인 象이라 할 것이고 혹자는 구체적인 사건이라 할 것이니, 역시 이러한 분별이 있기 마련이다.

易詞之文. 有象有占. 占以指事 婚媾之占 不能通祭祀. 象以表微[b] 艸木鳥獸之動 車輿器服之變 皆可以爲萬事之通象. 故詠物喩事 一似風詩之有比興也. 至如馬牛羊豕之有關人事者. 或爲通象 或爲指事 此又有分也.

예를 들면 乾☰괘 5爻의 "飛龍在天(비룡재천: 나는 용이 하늘에 있다)"·中孚☲괘 2효의 "鳴鶴在陰(명학재음: 우는 학이 그늘에 있다)"·大過☱괘 2효의 "枯楊生稊(고양생제: 버드나무 고목에서 꽃이 핀다)"·否☷괘 5효의 "繫于苞桑(계우포상: 뽕나무 떨기에 메어둔다)"은 모두 흡사 『詩經』의 興體이다. 예컨대 大壯☳괘 3효의 "羝羊觸藩(저양촉번: 숫양이 울타리를 들이 받는다)"·大畜☶괘 5효의 "豮豕之牙(분시지아: 돼지의 이빨을 제거하다)"는 두루 통하는 보편적인 象이다. 大壯☳괘 5효의 "喪羊于易(상양우역: 장터에서 羊을 잃다)"·无妄☳괘 3효의 "行人得牛(행인득우: 행인이 소를 얻었다)"의 사례는 이미 象이라 하지만 또한 占辭로 될 수 있다.

如飛龍在天 鳴鶴在陰 枯楊生稊 繫于苞桑之類 是皆興體也. 如羝羊觸藩 豮豕之牙 仍是通象. 至如喪羊于易 行人得牛之類 既可爲象 亦可爲占.

十三曰 建維(건유)

열셋째, 建維[벼리를 세움]이다.

易에 네 개의 벼리[四維]가 있다. 乾☰·坤☷·坎☵·离☲가 이것이다. 64괘의 陽━획은 모두 乾☰을 근본으로 하고, 陰╍획은 모두 坤☷을 근본으로 하는데, 이 乾·坤이 두 개의 벼리[維]이다. 또 64괘의 윗몸[上卦]은 모두 坎☵水의 자리에 그려진 획이고〈4획(偶)-5획(奇)-6획(偶)〉, 아랫몸[下卦]은 모두 离☲火의 자리에 그려진 획이니〈1획(奇)-2획(偶)-3획(奇)〉, 이 坎·离가 또한 두 개의 벼리[維]이다. 그러므로 易의 대의는 陰·陽의 升降(승강: 오르고 내림)을 벗어나지 않은 即 하늘[乾]과 땅[坤]을 체현했기 때문이다. 만약 점을 치려면 또한 반드시 '亨[소통]'·'貞[곧음]'이라는 두 글자로써 큰 벼리[維]를 세운다. 즉 이것으로 불[离]과 물[坎]을 살펴본다(불이 밝으면 소통이라하고, 물이 맑으면 곧다고 한다).

易有四維. 乾坤坎离是也. 六十四卦 其陽畫皆本於乾 其陰畫皆本於坤 此二維也. 六十四卦 其上卦皆位於坎(四五六) 其下卦皆位於离(奇偶奇) 此二維也. 故易之大義 不出乎陰陽之升降 即所以體乾坤也. 若其爲占 則又必以亨貞二字 立其大綱. 即所以察离坎也.(离亨而坎貞)

---

a 『詩經』의 六義: 『詩經』305편의 내용을 風[민간의 노래]·雅[궁중·관아·선비의 노래]·頌[제례 음악]으로 분류하고, 형식을 賦·比·興으로 분류한다. 賦는 말하고자 하는 뜻을 사실적으로 표현하고, 比는 비유로 뜻을 깨닫게 하고, 興은 사실로 뜻을 연상케 하여 감흥을 일으키는 형식이다. (편역자 주)

b 微＝無形. 精妙. 匿也.

무릇 陽─爻가 위에 있으면 順理라 하고(巽☴德), 陰--이 剛한 것을 올라타면[陽爻를 올라타거나 奇數의 자리에 앉음: 편역자 주] 위태롭다고 하니(兌☱德), 이로써 乾☰天과 坤☷地를 세운다. 离☲虛心(허심)은 誠信(성신)이고, 坎☵直心(직심)은 恭敬(공경)이며, 誠信으로써 하늘에 感通(감통)하니 亨通(형통)이라 말하고, 恭敬으로써 일을 主幹(주간)하니 貞(정)이라 말한다. 이처럼 강건함과 유약함이 교감함을 미쁨[孚]이 있다고 말하니, 이는 坎☵水와 离☲火를 드러내기 위함이다.

凡陽在上曰順.(巽之德) 陰乘剛曰厲(兌之德) 所以立乾坤也. 离以爲誠 坎以爲敬 誠以格天曰亨. 敬以幹事曰貞. 而剛柔交感 謂之有孚(剛柔應) 所以著坎离也(只离亦爲孚)

十四曰 辨位(변위)

열넷째, 辨位[자리를 분별함]이다.
자리의 명칭에 네 가지가 있다. 첫째는 三才(삼재)의 자리라고 말한다. 1~2효는 땅의 자리, 3~4효는 사람의 자리, 5~6효는 하늘의 자리라고 하는 것이다. 둘째는 二氣(이기)의 자리로 말한다. 1효·3효·5효는 陽·剛의 자리이고 2효·4효·6효는 陰·柔의 자리라고 말하는 것이다. 셋째는 貴賤(귀천)의 자리로 말한다. 1~2효는 민중으로, 3~4효는 신하로, 5효는 군주로, 6효는 하늘이라 말하는 것이다. 넷째는 內外(내외)의 자리로 말한다. 1~3효 즉 下體는 나[我]이고, 4~6효 즉 上體는 적수로 삼는다. 物象(물상)이 비록 동일해도 그 卦詞(괘사)가 같지 않고, 그 卦詞가 같아도 그 吉凶(길흉)이 다름은 오로지 그 자리가 다르기 때문이다. 마땅히 정밀하게 살펴야 하는 이유이다.

位之名有四. 其一曰 三才之位. 一二地 三四人 而五六爲天位 是也. 其二曰 二氣之位. 一三五爲陽爲剛 二四六爲陰爲柔 是也. 三曰 貴賤之位. 一二爲民 三四爲臣 五爲君 六爲天 是也. 四曰 內外之位. 一二三 爲我 四五六爲敵 是也. 物象雖同 而其詞不同 其詞亦同 而其吉凶不同者 專由其位之不同. 所宜精察也.

시험삼아 말해보자. 乾☰괘의 初爻와 4爻가 각각 변하면 상하 똑같이 巽☴으로 변하지만, 초효를 "潛龍(잠룡)", 4효를 "躍龍(약룡)"이라 말하는 것은 그들의 자리 때문이다. 2효와 5효가 변하면 각각 균등하게 离☲로 되는데, 2효를 "見龍(현룡)", 5효를 "飛龍(비룡)"이라 말하는 것은 그들의 자리 때문이다,

試論 乾卦初與四 均爲變巽. 而初曰潛龍, 四曰躍龍者 以其位也. 二與五 均爲變离. 而二曰見龍, 五曰飛龍者 以其位也.

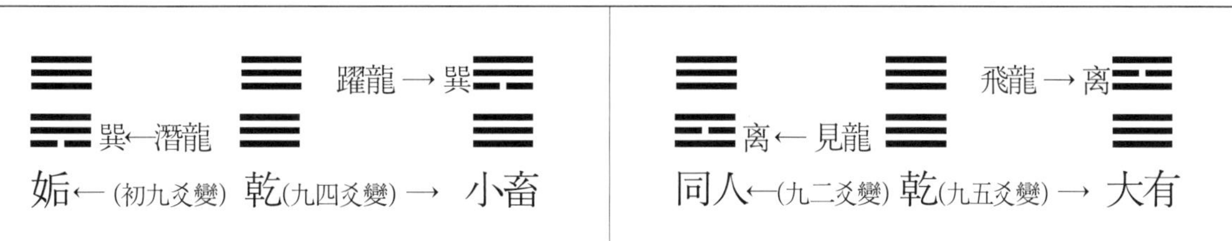

大傳[『繫辭傳』의 별칭]에서 이르기를, 2효는 다분히 영예롭고, 3효는 다분히 흉하고, 4효는 다분히 두렵

고, 5효는 다분히 功(공)이 있다는 말씀은, 괘사에 징험해보면 착착 부합한다. 예컨대 陽━이 陰의 자리에 앉고 陰╍이 陽의 자리에 앉아 있어서 길흉이 같지 않음에 관하여, 공자의 『象傳』(단전)에서 말씀해주셨다.

大傳曰 二多譽 三多凶 四多懼 五多功. 驗之易詞 鑿鑿符合. 至如陽居陰位 陰居陽位 而吉凶不同者 孔子象傳備言之.

十五曰 寓義(우의)

열다섯째, 寓義[깃들어 있는 의리를 살펴야한다]이다.

易은 점치는 것을 위주로 한다. 그러나 의리가 깃들어 있으니, 성인께서 進退(진퇴)·消長(소장)의 추세를 관찰하시고(乾坤 두 개의 父母괘와 12辟卦의 추이표를 보라!), 昇降(승강)·往來(왕래)하는 象[50 衍卦]을 완미하면 그 사이에 의리가 깃들어 있다.[a] 그러나 文王과 周公의 말씀은 그 의리가 깃든 곳이 은미하여 분명치 못하거나 드러나지 않는다. 공자의 『象傳』에 이르러서야 오로지 의리를 열어 보였으니, 그 효사의 은미함을 『文言傳』과 『繫辭傳』으로 推論(추론)·演出(연출)하여 警戒(경계)하신 것이다. 『大象傳』[b]에 이르자 점치는 일과 상관없이 순전히 居觀(거관: 安居하며 觀照함)의 용도로 되었으니, 『大象傳』을 따라 易經의 道를 구하면 의리를 얻을 수 있을 것이다.

易主於筮. 而義理寓焉. 聖人察進退消長之勢(十二辟) 玩升降往來之象(五十衍) 而寓義理於其間. 然文王周公之詞 其義所寓 隱而不彰 微而不著. 至孔子象傳則 專闡義理. 其爻詞之微隱者 文言大傳又推演 而爲之戒. 至於大象傳 則不干筮家 而純爲居觀之用 因傳以求經 則義可得矣.

"文言"이란 乾·坤괘에 붙인 爻辭들이다(漢나라의 유사들이 그것을 「文言」이라 말했다). 그것을 大傳[『繫辭傳』]에서도 인용하는데 中孚괘 九二의 효사(鳴鶴在陰), 同人괘 九五의 효사(先號咷而後笑), 大過괘 初六의 효사(藉用白茅无咎)가 그러한 사례이다.

文言者乾坤諸爻也(漢儒謂之文言) 其在大傳者. 如中孚九二 同人九五 大過初六之類是也.

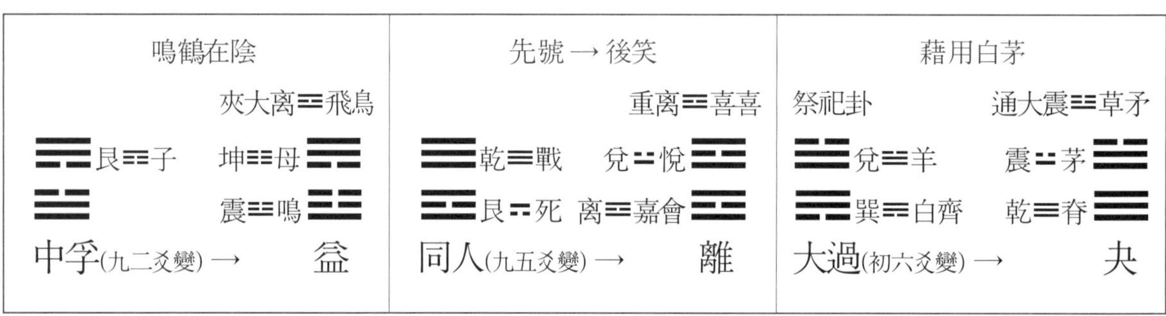

---

a　50개의 蓍草(시초)로 四揲(사설)·掛扐(괘륵)을 연출해도 다 의리가 깃들어 있다. (편역자 주)

b　卦의 밑에 붙은 象傳을 大象傳, 爻의 밑에 붙은 象傳을 小象傳이라 칭한다. (편역자 주)

十六日 考占(고점)

열여섯째, 考占[점을 상고함]이다.

괘와 효의 象은 본래 정해진 길흉은 없다. 여자를 취함이 吉하다 해도, 그 점으로 나라를 정벌하면 반드시 흉하지 않은 것은 아니다. 祭祀(제사)에 吉하다 해도, 그 점사로 냇물을 건너면 반드시 흉하지 않은 것은 아니다. 군자가 만나면 吉한 것도 소인에게는 해로울 수 있고, 군자가 만나면 해로운 것도 소인에게는 이로울 수 있다. 무릇 易에서 길흉을 말한 것이라도 모든 점에서 통용되는 점사로 삼아서는 안된다.

卦爻之象 本無定吉 亦無定凶. 吉於取女者 以之伐國 未必不凶. 吉於祭祀者 以之涉川 未必不凶. 君子遇之而吉者 或害於小人. 君子遇之而凶者 或利於小人. 凡易詞之言吉凶者 不可爲諸筮之通占也.

(純陰인 坤☷괘에 陽—이 돌아온) 復☷괘로부터 시작하여, 臨☷괘·夬☰괘를 거쳐 (陽—이 極에 이르는 4월의) 乾☰괘에 이르면[앞의 「12辟卦 進退 消長表」참조], "乘龍御天(승룡어천)"의 象이라 한다. 다시 (乾☰괘에 陰--이 돌아오는) 姤☰괘로부터 시작하여, 剝☶괘를 거쳐 (陰--이 極에 이르는 10월의) 坤☷괘에 이르면[「12辟卦 進退 消長表」참조], "履霜堅氷(이상견빙)"의 象이라 한다. 이는, 의리는 동일하지만 길흉이 같지 않은 경우이다. 屯☵괘의 象辭에서 전쟁을 점치며 '나아가지 말라!'고 말했고, 군주를 세우는 占에서 '제후를 세움이 이롭다'고 말했다. 이는, 卦의 象이 동일하지만 그 길흉이 같지 않는 사례이다.

自復臨而至夬乾 在乾卦爲乘龍御天之象. 在坤卦爲履霜堅氷之象. 此同一義理 而吉凶不同也. 屯之象 在行役之筮 則勿用有往. 在立君之筮 則利用建候. 此同一卦象 而吉凶不同也.

坤☷괘 六五의 "黃裳元吉"(황상원길: 누런 치마이니 크게 길하다), 隨☳괘 卦辭의 "元亨利貞(원형리정)"은 본래 크게 吉한 점이라 한다. 그러나 남괴(『春秋左傳』「昭公 十二年」참조)와 목강(『春秋左傳』「襄公 九年」참조)의 점에서는, 위[坤괘 六五, 隨괘 卦辭]와 같은 繇詞(주사)를 얻었지만 크게 흉하다고 말했다. 이는 동일한 占辭라도 길흉이 같지 않은 사례이다. 屯☵괘 九五 효사는 "小貞吉 大貞凶(小事는 곧아 吉하고, 大事는 곧아 흉하다)"을 말했고, 否☰괘 六二 효사는 "小人吉 大人否(小人은 吉하고 大人은 막힌다)"라고 말했다. 모두 이런 사례를 보여주기 위한 것이다.

坤之黃裳元吉 隨之元亨利貞 本爲大吉之占. 而在南蒯穆姜之筮 則大凶. 此同一繇詞而吉凶不同也. 屯九五之言 小貞吉大貞兇. 否六二之言 小人吉大人否. 皆所以示此例也.

十七日 認字(인자)

열일곱째, 認字[글자의 뜻을 인식함]이다.

易經의 뜻을 알려고 하면 우선 글자의 뜻을 확인해야 한다. 모든 경전도 그렇거니와 易經이 더욱 심하다. 예컨대 '亨'·'貞'·'悔'·'吝' 등의 글자 뜻도 오히려 다분히 명백하지 않다. 또한 예컨대 『序卦傳』·『雜卦傳』에서 말한 괘의 뜻이란 것도, 괘의 뜻일 뿐 글자의 뜻은 아니다. 그런데 후세에 字典(자전)으로 괘의 뜻을 아울러 기록하고 글자의 뜻으로 삼은 것은 큰 오류이다.

欲得經旨 先認字義. 諸經皆然 而易爲甚. 如亨貞悔吝之等 字義尙多不白. 又如 序卦雜卦之言卦義者 是

卦義也非字義也. 而後世字書 並錄爲字義 大謬矣.

‘亨(형)’은 교감하여 소통함(感而遂通)이다[다음의 『易例比釋』을 참조하시오]. 그러나 亨의 본래 뿌리는 离☲火의 德性이다. 그러므로 음식을 끓인다는 ‘烹(팽)’은 ‘亨(형)’과 통한다(鼎괘를 보라). 음식을 끓이는 일은 잔치[燕]와 제사[享(향)]를 위함이다. 그러므로 燕享(연향)의 ‘享(향)’은 역시 ‘亨’[感而遂通에서 遂通의 亨: 편역자 주]과 통한다(隨괘와 升괘를 보라).
亨者感而遂通也(見比釋) 然亨本爲离火之德 故烹飪之烹得與亨通(見鼎卦) 烹飪所以燕享. 故燕享之享 亦與亨通(見隨升)

“貞”에 구별되는 세 가지 뜻이 있다.
첫째, “利貞(리정)”의 ‘貞’이다. 이 때 貞은 ‘事[일]’의 뜻이다. 바르지 못한 일은 감히 점칠 수 없으므로, 일을 일컬어 貞이라 할 때의 貞은 “正[바름]”의 뜻으로 확장된다. 또 일을 주간하는 법은 반드시 견고해야 하므로, 일을 일컬어 貞이라 할 때의 貞은 “固[굳셈]”의 뜻으로 확장된다.
둘째, “貞節(정절)”의 ‘貞’이다.(예를 들면 屯괘 六二 효사에서 ‘여자가 정절을 지켜 아들을 낳아 기르지 못했다’고 말한 경우와 같다.)
셋째, “貞悔(정회)”의 ‘貞’이다. 그러나 貞悔에는 두 종류가 있다. 괘가 변하면 ‘悔’라 말하고, 괘가 변하지 않으면 ‘貞’이라 말하는데, 이는 『書經』「洪範」‘稽疑’의 뜻이다.〈『國語』에서 이른바 ‘貞屯(정준)’·‘悔豫(회예)’라 한 것이 이러한 사례이다.〉 또한 內卦를 ‘貞’이라 하고, 外卦를 ‘悔’라 말한다. 『左傳』에서 蠱☴☶괘의 下體를 貞風☴, 上體를 悔山☶ 이라 한 것이 이러한 사례이다.
貞之別有三. 其一曰. 利貞之貞. 貞者事也. 不正之事 不敢以筮 故謂事爲貞 貞者正也.(如小貞吉 大貞凶) 又幹事之法 必以堅固 故謂事爲貞 貞者固也. 其二曰 貞節之貞.(如云 女子貞不字) 其三曰 貞悔之貞. 而貞悔有二種. 卦變曰悔. 不變曰貞. 此洪範之義也.(國語所謂 貞屯悔豫者是也) 又內卦曰貞 外卦曰悔. 左傳 以蠱爲貞風悔山之卦 是也.

과오를 고치면 ‘悔(회)’라 말하고, 고치지 않으면 ‘吝(린)’이라 말한다. 그러므로 卦와 象이 함께 변하면 ‘悔’라 하고, 괘는 이미 변했는데 象은 오히려 변하지 않으면 ‘吝’이라 일컫는다. 이는 또한 易經의 大義이다.(매양 마음으로 잊지 않으면 ‘悔’라 하고, 입으로 과오를 꾸미기만 하는 것을 ‘吝’이라 한다.)
改過曰悔 不改過曰吝. 故卦象俱變 則謂之悔. 卦旣變而象猶不變 則謂之吝. 此又易經之大義也.(每心不忘 曰悔. 口舌文過曰吝)

『序卦傳』에서 이르기를 屯☳☵괘는 가득참이요, 蠱☴☶괘는 事端(사단)이요, 臨☱☷괘는 커짐이라 했다. 이러한 사례들은, 『雜卦傳』에서 이른바 比☵☷괘는 즐겁고, 師☷☵괘는 우울하고, 謙☷☶괘는 가볍고, 豫☳☷괘는 게으르다고 말한 것 등과 다르지 않다. 이상은 모두 괘의 의미인데, 그것을 글자의 의미로 인식하는 것은 오류이다.
序卦云 屯者盈也. 蠱者事也. 臨者大也. 若此類 與雜卦所云 比樂師憂 謙輕豫怠之等 無以異也. 皆是卦義 認之爲字義 則謬矣.

十八日 察韻(찰운)

열여덟째, 察韻[韻字(운자)를 살핌]이다.

易詞[易의 말씀들]의 韻法(운법)은 가장 엄격하고 가장 정미하다. 그러나 그 格律이 자주 변하여 가장 찾기가 어렵기도 하다.

易詞韻法 最嚴最精. 而其格律多變 最難尋索.

대개 하나의 점사(占辭: 繇詞) 안에서 한 두 글자가 번번이 和韻(화운)하지만 두 세 구절이 和韻하는 것도 있다. 두 세 占辭끼리 서로 따르며 和韻하기도 한다(乾괘의 2효·3효·4효·5효가 그러한 사례이다).

蓋一繇之內 有一二字輒韻者. 有二三句乃韻者. 有二三繇相承以韻者(乾二三四五)

또는 여섯 개의 爻 모두가 서로 따르며 和韻하는 경우도 있다.(坤괘의 여섯 爻가 그러한 사례이다)

有全六爻相承而叶者.(坤六爻)

또는 3~4개의 점사에서 중첩된 글로 서로 따르며 韻(운)을 맞추는 경우도 있으며(蒙괘와 復괘가 그러한 사례이다), 괘사와 효사가 서로 따르며 韻을 맞추는 경우도 있다.(坤괘와 蒙괘 등이 그러한 사례이다)

有三四繇疊文相承以叶者(如蒙卦復卦) 有卦詞與爻詞相承以叶者(坤蒙等)

또는 간혹 3~4개의 점사들이 각각 여러 개의 구절을 가지고 있을 때, 위의 구절은 위의 구절끼리 韻을 맞추고, 아래의 구절은 아래의 구절끼리 韻을 맞춘다.(坤괘의 1효·2효·3효·4효가 그러한 사례이다)

又或三四繇 各有數句者 其上句與上句叶 下句與下句叶(坤一二三四)

혹은 하나의 繇詞(주사)안에 여러 구절이 있을 경우, 그 말씀이 빛나고 견실하고 아름다운 것은 서로 따르며 韻을 맞춘다. 다만 글자 짓는 법이 짧게 끊어지는 경우, 예컨대 '吉凶'·'悔吝'·'无咎'등의 글자는 번번이 韻을 맞추지 않는다.(乾괘의 3효·4효가 그러한 사례이다)

或一繇之內 凡有數句 而其詞釆堅美者 相承叶韻. 其字法零碎 如吉凶悔吝无咎等字 仍不叶韻(乾三四)

그 중 간혹 옛 음운과 지금 음운이 원래 같지 않음이 있으니, 살펴 다루어야 할 곳이 있다. 그런데 후세의 완고한 시골 선비들이 망령되게 叶韻(협운)[a]說을 지어내고, 商(상)음을 角(각)음이라 하고 喉(후)음을 齒(치)음이라 하는 등 잡설이 어지럽게 나와, 그간 이어졌으나 이러한 무리들은 모두 믿을 수 없다.

其或古韻今韻 元有不同者 在所審理, 而後世拘曲之士 妄造叶韻之說. 指商爲角 變喉爲齒者 又紛然雜出 湏洞其間 凡如此類 悉不可信.

시험 삼아 乾·坤 등 몇 괘에 대해 살펴보자. 乾괘의 彖辭에서 '亨(hēng)'과 '貞(zhēng)'은 叶韻(협운)이

---

a 편역자 주: 어떤 音韻(음운)의 글자가 때로는 다른 音韻과 통용되는 일을 '叶韻(협운)'이라고 부른다. 예컨대 『周易』離괘 九三의 "日昃之離 不鼓缶而歌"에서 "이(離)"와 "가(歌)"는 원래 通韻(통운)이 아니지만, "이(離)"의 韻을 "가(歌)"의 韻에 통용되게 하여 "歌"와 韻을 맞추는데, 이 경우에 "離"의 韻은 叶韻이다.

다. 乾괘 初九["潛龍 勿用"]의 '龍(lóng)'과 '用(yòng)'도 叶韻이다.〈用(yòng)'의 音은 庸(yōng)이다. 『詩經』「小雅」 '小旻'에 이르기를 "謀臧不從 不臧覆用(계책이 좋은데도 따르지 않고, 좋지 않은 계책은 오히려 쓰인다)"이라 했다.〉 그 다음으로 乾괘 2효의 '田(전)', 3효의 '乾(건)', 4효의 '淵(연)', 5효의 '天(천)'은 叶韻이다. 上九·用九 효사의 '悔(huǐ)'와 '首(shǒu)'는 叶韻이다('悔(huǐ)'의 音은 虎(hǔ)이다. 모두 上聲이다).

試論 乾坤等數卦. 乾之彖亨貞叶. 其初九龍用叶(用音庸. 詩云 謀臧不從 不臧覆用) 其次 田乾淵天叶.(利見大人 爲剩句) 上九用九 悔首叶(悔音虎 皆上聲)

坤괘 彖辭[卦辭]의 '亨'·'貞'도 叶韻이다, 坤괘의 여섯 爻辭의 앞쪽 문구에서 "앙" 발음이 나는 初爻의 상(霜), 六二의 방(方), 六三의 장(章), 六四의 낭(囊), 六五의 상(裳)과 上六의 황(黃)은 叶韻이다. 坤괘 1~4 爻辭의 뒷쪽 문구[第二句]의 지(至: 初六), 리(利: 六二), 사(事: 六三), 예(譽: 六四)도 叶韻이다.
坤之彖 亨貞叶. 其六爻 霜方章囊裳黃叶. 其二句 至利事譽叶.

蒙괘 1효·2효·4효·5효의 "發蒙"·"包蒙"·"困蒙"·"童蒙"은 글자를 중첩하여 서로를 따른다. 蒙괘의 가운데인 3효에 '躬(gōng)'자를 하나 끼워 넣었다.
蒙卦則 發蒙 包蒙 困蒙 童蒙 以疊文相承. 而中爻揷一躬字.

坤괘 彖辭[卦辭]의 有攸 '往(wǎng)', 初六 효사의 '霜(shuāng)', 六二 효사의 '方(fāng)' 등의 글자는 叶韻이다.〈往은 平聲이다. 小畜괘 彖傳의 尙 '往(wǎng)'과 施未 '行(háng)'은 叶韻이다. 또 太玄經에 이르기를 "喪其 '芳(fāng)'无攸 '往(wǎng)'"이라 말했다.〉 또 坤괘 彖辭[卦辭]의 後得 '主(zhǔ)'와 (坤괘) 初六의 至, 六二의 利 등의 글자는 叶韻이다('主'는 去聲이다). 蒙괘 彖辭[卦辭]의 初筮 '告(gào)'·再三 '瀆(dú)', (蒙괘) 初六 효사의 用說桎 '梏(gù)'은 叶韻이다. 이러한 사례들은 또한 卦와 爻가 韻을 서로 따르는 증거이다.
坤之彖 有攸往 與爻詞之霜方等字叶.(往平聲, 小畜之傳 尙往 與施未行叶. 又太玄經云 喪其芳 无攸往) 後得主 與至利等字叶.(主去聲) 蒙之彖 初筮告再三瀆. 與爻詞之 用說桎梏叶. 此又卦爻相承之證也.

乾괘 3~4효의 '无咎(무구)', 蒙괘 六三효의 '无攸利(무유리)', 蒙괘 4~5효의 '吝(린)'·'吉(길)'등의 글자는 이른바 짧게 부서져 叶韻이 되지 못하는 것이다.
乾三四之无咎 蒙六三之无攸利. 蒙四五之吝吉等字. 此所謂零碎 不叶韻者也.

用(yòng)의 音은 庸(yōng)이다. 往(wǎng)의 音은 汪(wāng)이다. 慶(qìng)의 音은 羌(qiāng)이다. 厲(lì)의 音은 列(liè)이다. 옛 음운이 본래 그러했으니 모두 널리 근거를 댈 수 있다. 만약 이러한 종류들이 音韻學者(음운학자)들의 학설이라면 믿어도 좋을 것이다.
用之音庸 往之音汪 慶之音羌 厲之音列. 古韻本然 皆有博據. 若此類 韻家之說可信也.

그러나 만약 다음과 같은 경우에 이르면, 예컨대 蹇괘 初六의 "往蹇來譽(왕건래예)" 중 '蹇(jiǎn)'의 音을 '許(xǔ)'로 고친다거나〈'往蹇'과 (蹇괘 六二의) '王臣蹇蹇'은 중첩된 글자로 서로 따른 것이며, '來譽'와 (蹇괘 六二의) '匪躬之故'는 韻을 맞춘 것이다.〉, 噬嗑괘 初九에서 말한 "滅趾无咎(멸지무구)" 중 '咎(jiù)'의 音을 '以(yǐ)'로 고치는 등 이런 종류가 셀 수 없이 많은데, 이는 고루한 儒士(유사)들의 곡해일 뿐이다.

至若 蹇初六曰 往蹇來譽 則改蹇音而爲許.(往蹇與王臣蹇蹇 疊文相承. 來譽與匪躬之故 叶) 噬嗑初九曰 滅趾无
咎 則改咎音 而爲以(滅趾與滅鼻 相承无咎 則零碎而不叶) 若此類不可勝數. 此陋儒之曲解也.

察韻[音韻을 살핌]이 참으로 정밀하다면 句節(구절)을 나누는데 착오가 없을 것이다. 句節을 나눔에 착오
가 없다면 경전의 취지가 밝아질 것이다. 이 또한 배우는 자라면 마땅히 十分[넉넉히] 밝혀야할 대목이다.

察韻苟精 則絶句無錯. 絶句無錯則 經旨以明. 此又學者所宜十分明目者也.

易例比釋(一)

(1) 元亨利貞

(2) 亨利貞

(3) 元亨

(4) 亨

(5) 利貞

(6) 元吉

(7) 貞吉

(8) 貞凶

(9) 永貞

(10) 居貞

(11) 艱貞

(12) 安貞

(13) 女貞

(14) 君子貞

(15) 幽人貞

(16) 雜貞

(17) 可貞

(18) 貞吝

(19) 貞厲

(20) 厲

(21) 吝

(22) 悔

(23) 无悔

(24) 悔亡

(25) 无咎

(26) 有孚

(27) 征吉

(28) 征凶

(1) 元亨利貞(원형 리정)[只六卦]

乾 ☰(天) ☰(天)　　元亨 利貞

坤 ☷(地) ☷(地)　　元亨 利牝馬之貞

屯 ☵(水) ☳(雷)　　元亨利貞 (彖曰 大亨貞)

隨 ☱(澤) ☳(雷)　　元亨 利貞 (彖曰 大亨貞)

臨 ☷(地) ☱(澤)　　元亨利貞 (剛中而應 大亨以正)

无妄 ☰(天) ☳(雷)　　元亨利貞 (剛中而應 大亨以正)

革 ☱(澤) ☲(火)　　元亨利貞 (文明以說 大亨以正)

"亨(형)"이란 天時(천시) 즉 하늘의 때에 알맞음이다(『文言傳』에서 '亨者嘉之會也' 즉 亨은 아름다운 모임이라 했다). "貞(정)"[a]이란 人事이다(『文言傳』에서 '貞者事之幹也' 즉 貞은 일의 주간이라 했다). 易이 道로 삼는 바는, 민중의 쓰임을 앞세우고 일에 임하여 점을 침으로써 하늘의 밝음을 잇는 것이다.

하늘 마음[天心]에 통하여 받들지 않으면 時運(시운)이 通하지 않고, 사람의 노력을 다하지 않으면 일의 功(공)을 이룰 수 없다. 그러므로 "亨"을 말하고 "貞"을 말하는 것이 점치는 법의 큰 관점이다. 점을 쳐서 "亨"이라 말하면 천명이 이미 통했음을 알 수 있고, 점을 쳐서 "貞"이라 말하면 일을 바르게 주간하여 공적이 지속 가능함을 알 수 있다. 易의 大義(대의)는 바로 '亨[소통]'·'貞[일]'이라는 두 글자에 달려 있으니, 天時와 人事는 이것으로 점친다.

亨者天時也(嘉之會) 貞者人事也.(事之幹) 易之爲道 前民用也. 臨事而筮 紹天明也. 不享[b]天心則時運不通 不致人力 則事功不集[c] 故曰亨 曰貞 爲占法之大觀也. 占而曰亨 則知命之旣通也. 占而曰貞 則知事之有

---

a　貞＝卜問也.(『說文』). 幹事.(『大戴禮』). 正也.(『書經』).

b　享＝獻也. 受也. 奉上也.

c　集＝成也. 取也.

功也. 易之大義 正在乎亨貞二字. 天時人事 於此乎占之也.

"元[a]亨利貞"이 비록 네 가지 덕이라 하지만, 점치는 법에서는 오직 "亨"이 점을 판단하는 말이 될 수 있다. 즉 비록 "貞"은 용례일뿐이지만 ("亨"과) 같지 않으니 "貞吉"·"利貞"의 경우처럼, 반드시 다른 글자를 부착해야만 비로소 占詞가 된다. "貞" 하나로는 점사가 될 수 없다. "元"·"利" 두 글자에 이르면 의미가 더욱 공허하다. "元吉(원길)"·"元永貞(원영정)"·"利建侯(이건후)"·"利用獄(이용옥)" 등 매양 占에 의해서만 덕성을 드러내고, 혹은 일에 의지해야만 쓰이게 된다('元'자와 '利'자가 매양 앞에 나온다). 이처럼 "元"·"利" 는, 점을 판단하는 말로 쓰이는 "亨"과 같지 않음을 모두 증험할 수 있다.
元亨利貞 雖若四德. 然其在占法 唯亨字可爲斷詞. 卽雖貞字例已不同 如貞吉利貞之類 必附著他字 方爲占詞. 單貞無可占也. 至如元利二字 字義尤虛. 若元吉 元永貞 利建侯 利用獄之類 每依占以著德(元字每在上) 或依事以爲用(利字每在上) 不似亨字之爲斷詞 皆可驗也.

그런데 특별히 『文言傳』에서 "元亨利貞"을 四德으로 동등하게 나열하고, 이를 四時의 象에 배당했다(朱子는 '元'을 봄, '亨'을 여름이라 말했다). 그러므로 여러 학자들이 易을 설명하면서, 매양 元亨利貞을 세워 四柱(사주)로 삼으려 하니, 결국 다분히 막히고 장애가 되어 통하지 않게 되었다(朱子는 伊川[程頤]이 '仁義禮智' 四德에 집착했다고 비평했다). 또한 혹자는 여타 卦[屯·隨·臨·革괘]의 "元亨利貞"은 二德[亨과 貞]이지만, 乾·坤괘는 (元亨利貞의) 四德을 온전히 갖추었다고 말한다. 그렇지만 역시 통하지 않는 논의이다.
特以文言之詞 平列四德 以配四時之象(朱子曰 元爲春 亨爲夏) 故諸家說易. 每欲立之爲四柱 便多窒礙不通(朱子曰 伊川泥那四德) 又或謂 諸卦之元亨利貞(如屯隨臨革)爲二德(亨與貞). 乾坤則四德全備. 亦不通之論也.

공자의 象傳에서 "元亨"은 곧 "始而亨"이라 하고, "利貞"은 곧 "乃利貞"이라 하여 둘씩 묶어 말했을 뿐 네 개로 쪼갠 적이 없다. 文王의 卦詞[彖辭를 지칭]에서 "元亨"을 하나의 구절로, "利貞"을 하나의 구절로 보았음을 알 수 있다. 점치는 법에서도 연거푸 "元亨利貞"이란 "大亨以貞[크게 형통함은 곧기 때문이다]"이라고 말했을 뿐이다. 그러므로 '亨'·'貞' 두 글자가 특히 서로 叶韻(협운)한다는 점 역시 그 증거이다. 이에 대한 朱子의 뜻이 진정 확실하고 치밀하여 바꿀 수 없다.(朱子가 말했다: 사람들은 단지 공자께서 乾·坤의 『文言傳』에서 元亨利貞을 四德으로 해석하고, 다른 괘에서 단지 "大亨以貞"이라고만 말한 점에 주목하고, 乾·坤의 四德이 다른 괘와 달리 더욱 중요하다고 설명하려 한다. 그렇지만 필경 모두가 占辭일 뿐이다.)
孔子象傳 元亨則曰始而亨. 利貞則曰乃利貞 混合言之 未嘗四破. 可見文王卦詞 元亨爲一句 利貞爲一句. 其在占法 仍是大亨以貞而已. 故亨貞二字 特相叶韻 亦其驗也. 朱子之義 眞確縝密 不可易也(朱子曰 人只見夫子於乾坤文言 解作四德 他卦只云 大亨以正 便要於乾坤四德 說較大於他卦 畢竟皆占詞也)

坤卦[坤이 상징은 牛이고, 乾의 상징은 馬이다]의 '牝馬[암말]'의 비유'는 비록 '利貞'에 붙어 있으나, 기실은 坤☷의 '元亨'과 乾☰의 '元亨'은 상반된다. 乾☰의 경우 震☳이 '元'이지만, 坤☷의 경우 巽☴이 '元'으로 되기 때문이다. 역시 馬에도 牝馬(빈마)가 있듯이 牛에도 牝牛(빈우)가 있는 것과 같다. 특히 "亨"이란

---

a　元=氣之始也. 여기에서는 元氣를 뜻한다. 일반적으로 天地·日月·男女 등 陰陽의 근원을 통칭한다.

時運[天時]이고 "貞"이란 事功[人事]이니, 소[牛]를 부리고 말[馬]을 타며 무거운 짐을 끌고 멀리 이르는 일이 事功에 속하므로 '利貞'에 대한 비유이지만, 기실 '牝馬' 두 글자는 '利貞'뿐만 아니라 '元亨'까지도 밝게 비추어 준다.

牝馬之喩 雖在利貞. 其實坤之元亨 亦與乾相反(巽爲元) 亦如馬之有牝馬也.[a] 特以亨者時運也 貞者事功也.(天時與人事) 服牛乘馬 引重致遠 屬於事功. 故喩之於利貞 其實牝馬二字 照徹元亨.(與乾反)

무릇 시초 점에서 '利牝馬之貞(이빈마지정)'의 점사를 만나면, 반드시 陰의 道가 크게 형통하여 陰의 功德(공덕)도 이롭고 바르다. 한 나라에서는 女后(여후)가 형통하고, 한 집안에서는 主母(주모)가 형통한다. 君臣 관계를 점쳐 이 점괘를 얻으면 臣下(신하)와 奴僕(노복)에 이롭고, 부리고 타는 소·말을 점치면 새끼 밴 암컷을 이용함이 이롭다(『說卦傳』에 따르면, 坤괘는 새끼 밴 암소가 된다고 했다). 이처럼 坤☷괘의 덕은 모두 乾☰괘의 덕과 하나 같이 상반된다. 그러므로 ('利貞'에 속한) "牝馬" 두 글자가 "元亨"까지 아울러 비춰준다고 말한 것이다.

凡筮而遇是者 必陰道大亨. 而陰功利貞也. 在一國則 女后之亨也. 在一家則 主母之亨也. 以筮君臣則 利於臣僕. 以筮服乘則 利用牸牝(說卦坤爲子母牛) 皆與乾卦之德 一一相反. 故曰牝馬二字 並照元亨也.

臨☷☱괘의 "元亨利貞"에 대하여 공자께서 "점점 자란다(浸而長)"고 말했다. 遯☰☶괘의 "亨小利貞(형소리정)"에 대하여 공자께서 "점점 자란다(浸而長)"고 말했다. 이로 볼 때 臨☷☱괘의 "元亨"은 陽━道의 '亨'이고, 遯☰☶괘의 "亨"은 陰╍道의 '亨'이다(陰은 '小'를 말한다). 그러므로 공자께서 매양 "元亨"을 '大亨(대형)'이라 가르쳤다. '大'라 함은 陽━을 말한다. 여타는 乾괘에서 상론할 것이다

臨曰 元亨利貞, 孔子曰 浸而長. 遯曰亨小利貞. 孔子曰 浸而長. 以此觀之 臨元亨者 陽道之亨也. 遯亨者 陰道之亨也.(陰曰小) 故孔子每以元亨 訓爲大亨. 大者陽也. 餘詳乾卦.

(2) 亨利貞(형 리정)

蒙	☶ (山)	亨 利貞	(以亨行 時中也)
	☵ (水)		
同人	☰ (天)	亨 利君子貞	(中正以應)
	☲ (火)		
離	☲ (火)	利 貞亨	(柔麗乎中正 故亨)
	☲ (火)		

---

a　이 구절은 뒤에 탈락이 있는 듯하다. (편역자 주)

咸	☱ (澤) ☶ (山)	亨 利貞 (二氣感應 以相與)
恒	☳ (雷) ☴ (風)	亨 利貞 (剛柔皆應)
遯	☰ (天) ☶ (山)	亨 小利貞 (當位而應 與時行也)
萃	☱ (澤) ☷ (地)	亨 利貞 (剛中而應 聚以正也)
兌	☱ (澤) ☱ (澤)	亨 利貞 (說以利貞 順乎天應乎人)
渙	☴ (風) ☵ (水)	亨 利貞 (剛來而不窮 柔得位乎外)
小過	☳ (雷) ☶ (山)	亨 利貞 (過以利貞 與時行也)
旣濟	☵ (水) ☲ (火)	亨 小利貞 (亨 小者亨也 利貞剛柔 正而位當也)

『文言傳』을 살펴보면 "元亨利貞"은 분명 震☳·离☲·兌☱·坎☵의 덕이다. 그러나 易詞를 고찰해보면 그 쓰임의 사례가 일치하지 않는다. 혹은 2효와 5효가 서로 호응함을 '亨'이라 하고, 혹은 합당하고 바른 자리에 자리함을 '貞'이라 한다. 혹은 괘에 震☳善이 있는데 '元亨'이라 칭하지 않으며, 괘에 兌☱和가 없는데도 '利貞'의 호칭을 얻는다. 离☲가 아닌데 '亨'이라 하고, 坎☵이 아닌데 '貞'이라 하는 사례는 하도 많아서 거론할 수조차 없다.

稽之文言 元亨利貞 明是震离兌坎之德. 然考之易詞 其例不一. 或二五相應 而謂之亨. 或當位正位 而謂之貞. 或卦有震善 而不稱元亨. 或卦無兌离 而得稱利貞. 不离而亨. 非坎而貞者 又不可枚擧.

요컨대 天地·人事의 通·不通과 固[굳건한가]·不固[굳건하지 못한가]는, 오직 卦德의 크고 작음에 달려 있으니, 정해진 형식에 구애되지 말아야 한다. "亨"이란 通(통)함이다. 그러나 공자의 彖傳과 小象傳을 조용히 완상하면, 다분히 가르침은 (天時에 알맞게) 行함을 위한 것이라 하였으니, 독자들은 詳考(상고)해야 한다.

要之 天時人事之通與不通 固與不固 唯在卦德之大小. 不可拘也. 亨者通也. 然默玩孔子之傳 多訓爲行, 讀者詳之.

遯▦괘와 旣濟▦괘에서 모두 "亨小利貞(형 소리정)"이라 했는데, 공자가 遯▦괘에서 "小利貞"을 묶어
한 구절로 했으니, 旣濟▦괘도 의당 그렇게 읽어야 한다(朱子는 旣濟괘의 "亨小"를 한 구절로 삼았다). 공자
께서도 旣濟▦괘에서 "亨은 '小者'가 형통한 것"이라 말했다. 그렇다면 遯▦괘에서 말한 "亨"도 역시
'小者亨'이라야 한다. 성인의 글에는 이것저것이 함께 갖추어져 있어 사람들로 하여금 미루어 통하게
하였다. 이것이 내가 『易例比釋(역례비석)』을 지은 까닭이다.

遯與旣濟 皆云亨小利貞. 而孔子於遯 以小利貞爲句. 旣濟宜亦然也(朱子於旣濟 以亨小爲句) 孔子於旣
濟曰 亨小者亨也. 若然 遯之云 亨 亦小者亨也. 聖人之文 彼此互備 使人推通. 此易例比釋所以作也.

(3) 元亨(원형)

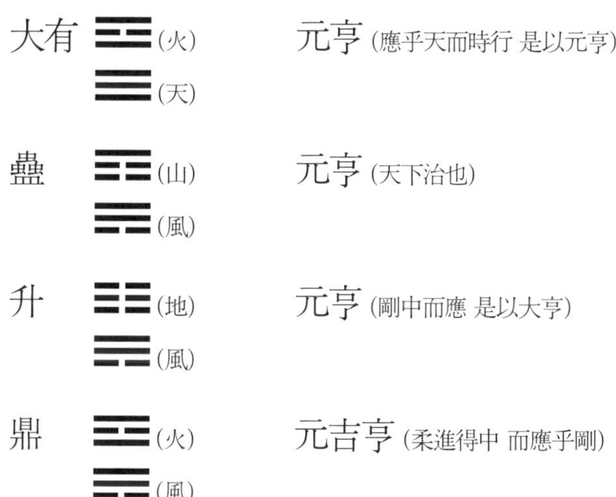

元은 始[시작함]요 大요 君이다. 蠱▦괘·升▦괘·鼎▦괘는 그 근원으로 거슬러 올라가면 모두 震▭의
착함을 품고 있다(本卦를 보라). 그런 까닭에 元亨(원형)이다.

元者始也大也君也. 蠱與升鼎 泝其本則 皆有震善(見本卦) 所以元亨.

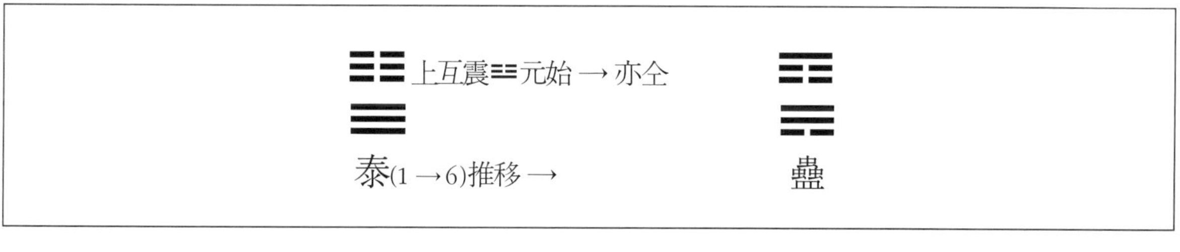

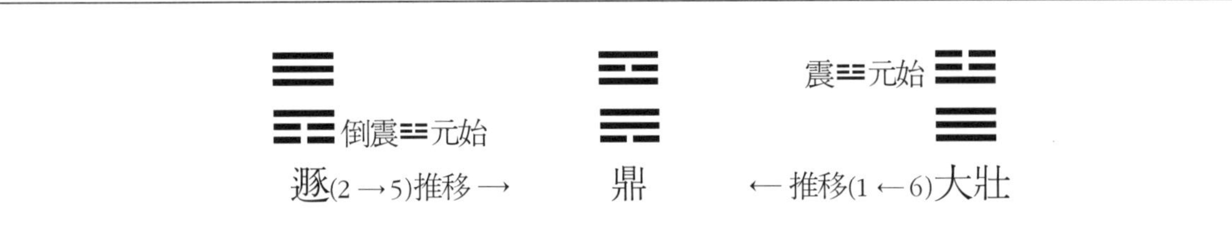

大有☲괘는 특별하여 六五가 군주의 자리가 된다. 그러므로 "元亨"이라는 칭호를 얻었다. 이것도 하나의 사례이다. 鼎☲괘·大有☲괘의 『象傳』에서 모두 "行(행)"을 말하고 있다〈공자께서 "柔進而上行"이라 말했는데, 이는 遯☲괘의 六二[柔爻]가 鼎☲괘의 六五로 上行(2→5)함을 말한다.〉. 이처럼 '亨(형)'은 '行(행)'이다.
大有則 特以五爲君位 故得稱元亨 此一例也. 鼎大有之傳 皆言其行(鼎云 柔進而上行) 亨者行也.

(4) 亨(형)

需　☵(水)　　亨 (以正中也)
　　☰(天)

小畜　☴(風)　　亨 (剛中而志行 乃亨)
　　　☰(天)

履　☰(天)　　亨 (說而應乎乾 是以亨)
　　☱(澤)

泰　☷(地)　　亨 (天地交而萬物通)
　　☰(天)

謙　☷(地)　　亨 (天道下濟而光明 地道卑而上行)
　　☶(山)

噬嗑　☲(火)　　亨 (柔得中而上行)
　　　☳(雷)

賁　☶(山)　　亨 (柔來而文剛 故亨)
　　☲(火)

復　☷(地)　　亨 (剛反動而順行)
　　☳(雷)

大過 ䷛ (澤)　　　亨 (巽而說行 乃亨)
　　　　　 (風)

坎 ䷜ (水)　　　亨 (以剛中也)
　　　 (水)

困 ䷮ (澤)　　　亨 (困而不失其所亨)
　　　 (水)

震 ䷲ (雷)　　　亨 (恐致福也)
　　　 (雷)

豊 ䷶ (雷)　　　亨 (明以動)
　　　 (火)

旅 ䷷ (火)　　　小亨 (柔得中乎外)
　　　 (山)

巽 ䷸ (風)　　　小亨 (中正而志行)
　　　 (風)

節 ䷻ (水)　　　亨 (剛柔分而剛得中)
　　　 (澤)

未濟 ䷿ (火)　　　亨 (柔得中也)
　　　　 (水)

위의 17개 卦 가운데 离☲의 德인 嘉會[가상한 모임]가 없는 것은 泰䷊·謙䷎·復䷗·大過䷛괘의 네 개 괘이다. 泰䷊괘의 『象傳』에서 "만물이 통한다(萬物通)"고 했는데 '亨'이란 곧 通이다. 謙䷎괘는 "上行"이라 했고, 復䷗괘는 "순리로 행한다(以順行)"고 했고, 大過䷛괘는 "공손하고 기쁘게 행한다(巽而說行)"고 했는데, 여기에서 '亨'은 곧 行이다.

右諸卦之中 其無离德之嘉會者 泰謙復大過四卦也. 泰之傳曰萬物通 亨者通也. 謙曰上行. 復曰以順行. 大過曰巽而說行. 亨者行也.

离☲文明의 덕성인 아름다운 모임[嘉會]을 통하여 震☳君子답게 行한다면, 그 占詞도 형통할 것이다. 그러나 혹시 이런 象이 있다 해도 형통함을 얻지 못하는 것은 重卦(중괘)의 德性이 그렇지 않기 때문이다.

离德嘉會 震通行 則其占亨也. 然或雖有此象 而不得爲亨者 卦德有未然也

否 ☰(天)　　　(六二) 亨 (不亂群也)　　　.
　　☷(地)　　　(初六) 亨 (志在君也)

大畜 ☶(山)　　　(上九) 亨 (道大行也)
　　☰(天)

節 ☵(水)　　　(六四) 亨 (承上道也)
　　☱(澤)

否☷괘와 大畜☶괘는 卦(괘)의 德性이 형통하지 못한데도, 그 爻(효)의 德性은 형통함을 얻었다. 節☵
괘의 경우는 卦辭(괘사)에서 이미 형통하다고 말했는데 六四의 爻辭(효사)에서 다시 말한 것은 卦의 德
性이 비록 형통하다해도 爻마다 각각 그 象을 마땅히 살펴야 함을 밝혀준다. 모든 卦辭와 爻辭에서 비
록 형통하다고 언급하지 않았다 해도, 이를 미루어 깨달을 수 있는 것이다.
否與大畜 卦德未亨 而爻乃得亨也. 若節六四 則卦旣云亨. 爻又言之者 明卦德雖亨 爻象宜察也. 諸卦爻
詞 雖不云亨 可推而知也.

(5) 利貞(이정)

大畜 ☶(山)　　　利貞 (剛上而尙賢 大正也)
　　☰(天)

大壯 ☳(雷)　　　利貞 (大者正也)
　　☰(天)

漸 ☴(風)　　　利貞 (往有功也)
　　☶(山)

中孚 ☴(風)　　　利貞 (乃應乎天也)
　　☱(澤)

明夷 ☷(地)　(六五) 利貞 (明不可息也)
　　☲(火)

損 ☶(山)　(九二) 利貞 (中以爲志也)
　　☱(澤)

鼎 ☲(火)　(六五) 利貞
　　☴(風)

程子께서 말씀하셨다: 여러 괘는 대부분 '利貞'이란 말을 가지고 있다. 그러나 그 쓰임은 간혹 같지 않다. 바르지 못한 일을 겪을까 염려하여 경계하는 의미〈損괘 九二 小象傳: 中正함으로써 뜻을 이룬다(中以爲志也)〉, 그 일이 반드시 곧아야만 그 적의함을 얻는다는 의미〈大畜괘 彖傳: 강건한 陽이 올라가고 현자를 숭상하니 크게 바르다(剛上而尙賢……大正也)〉, 이로운 까닭은 그것이 바르기 때문이라는 의미〈漸괘 彖傳: 밖으로 나아가면 공적이 있다(往有功也)〉로 말한 경우이다.

程子曰 諸卦多有利貞 而所施或不同. 有涉不正之疑 而爲之戒者(損九二是也) 有其事必貞 乃得其宜者(大畜是也) 有言所以利者 以其有貞也.(漸是也)

내[정약용] 생각은 이렇다: "貞(정)"은 '正(정)'이다. 점칠 때의 의미는 하늘을 받들어 밝히는 것이니, 애초에 부정한 일은 감히 점을 치지도 못한다. 그러므로 일을 바르게 하라는 뜻이다. 이처럼 "貞"은 '事(사)'이니 "利貞(이정)"은 일을 감당하기에 마땅하다는 뜻이다. 군자의 일은 가는 곳마다 바르지 않음이 없어야 한다. '이러한 괘를 얻으면 바르게 해야 하고, 저러한 괘를 얻으면 바르게 하지 않아야 한다'는 그런 이치는 천하에 없다.

鏞案 貞者正也. 卜筮之義 紹天明也. 不正之事 不敢以筮. 故謂事爲貞. 貞者事也 利貞者宜幹ᵃ也. 君子之事 無往不正. 遇此卦則宜正. 遇彼卦則不宜正 天下無此理也.

同人☰☲괘에서 "利君子貞(이군자정)"이라 말했고, 否☷☰괘에서 "不利君子貞(불리군자정)"이라 말했다. (이러한 경우 '貞'을 '正'으로만 해석한다면) 장차 곤경에 처한 군자가 '正[바름]을 지킴'이 마땅치 않다고 해석해야 하는가? 또 "可貞"이라 말하고, 또 "不可貞'이라 말하기도 하는데, 점을 쳐서 '不可貞'을 얻으면 장차 스스로 바르고자하는 것이 不可(불가)하다는 말인가? 여러 괘에서 "貞凶(정흉)"을 말한 경우가 매우 많다. 군자의 의리가 凶을 피하고 吉을 좇는 것이라면, 점을 쳐서 '貞凶'을 얻으면 장차 正道를 어기고 吉함을 추구해야 하는가?

同人則曰 利君子貞. 否則曰 不利君子貞 將否塞之時 君子不宜守正乎. 有曰可貞(坤六三之等). 有曰不可貞(蠱九二之等). 筮遇不可貞之卦者 將不可以自正乎. 諸卦言貞凶者甚多. 君子之義 辟凶趨吉 則筮遇貞凶者 將違於正 而求吉乎.

다만 "利貞"을 '宜正[적의하고 바름]'으로 새긴다면 64괘 384효가 '利貞' 아님이 하나도 없을 것이다. 어찌 특별히 大畜·大壯·漸·中孚 등의 卦만 비로소 '宜正'을 얻었다고 하겠는가? 이상 살펴보았듯이 "利貞"이란 '일을 감당하기에 마땅함'을 말하는 것이다.

苟以利貞訓爲宜正 則六十四卦 三百八十四爻 無一而非利貞. 奚特大畜大壯漸中孚之等 始得爲宜正乎. 利貞也者 宜幹事之謂也.

괘의 象으로 말하면 혹은 坎☵堅固(견고) 때문이거나, 혹은 卦의 體質(체질)이 中正하기 때문이거나, 坤

ᵃ 幹=堪其任也.

==役事(역사) 때문이거나, 艮==成終(성종) 때문이거나, '利貞'의 점사가 나온 용례가 일정하지 않다. 요컨대 坎==괘는 수고로운 괘이다(『說卦傳』의 글에서 말하는 坎德은 陷·勞·中男이다). 伏位로 보면,[a] 坎位(감위)인 上卦에 坎==이 자리했으므로 견고한 中正의 덕을 취한다. 다분히 坎==괘가 上卦에 있으면 독자들은 주밀하게 살펴야 한다.

以卦象則 或以坎德之堅固. 或以卦體之中正. 或致役乎坤 或成終乎艮 其例不一. 要之 坎者勞卦也.(說卦文) 上卦位坎(四五六) 故其取堅固中正之德 多在上卦 讀者詳之

(6) 元吉(원길)

坤	==(地) ==(地)	(六五) 元吉 (文在中也)
訟	==(天) ==(水)	(九五) 元吉 (以中正也)
履	==(天) ==(澤)	(上九) 元吉 (大有慶也)[b]
泰	==(地) ==(天)	(六五) 元吉 (中以行願也)
復	==(地) ==(雷)	(初九) 元吉 (以修身也)[c]
大畜	==(山) ==(天)	(六四) 元吉 (有喜也)[d]
離	==(火) ==(火)	(六二) 元吉 (得中道也)
損	==(山) ==(澤)	(彖辭) 元吉 (其道上行) / (六五) 元吉 (自上佑也)

---

a   편역자 주: 伏位로 말하면 下卦는 모두 离位이고(1奇-2偶-3奇), 上卦는 모두 坎位이다(4偶-5奇-6偶).

b   中正은 아니지만 禮의 卦에서는 上王을 높이니까…

c   中正은 아니지만 震君이 돌아왔으므로…

d   中正은 아니지만 陽이 축적되는 시절에 陰으로 커다란 离==흙를 이루니까…

益	䷩ (風)	(九五) 元吉 (大得志也)
	(雷)	(初九) 元吉 (下不厚事也)
井	(水)	(上六) 元吉 (大成也)[a]
	(風)	
鼎	(火)	(彖辭) 元吉 (柔進得中 而應乎剛)
	(風)	
渙	(風)	(六四) 元吉 (光大也)[b]
	(水)	

"元"이란 始[시원]·大[큼]·君[군주]의 뜻이다. 만물은 震☳에서 시작한다(『說卦傳』의 글이다). 陽━의 道는 始原(시원)이고 커짐이다. 이 때문에 人主로 삼는 것이다. 그러므로 '震☳이 올라가는 吉함'을 '元吉'이라고 말한다. 5효는 군주의 자리인데, 또 간혹 陽이 中位를 얻으니 '元吉'이라 한다. 이처럼 한 가지 용례가 아니다.

元者始也大也君也. 萬物始乎震(說卦文) 陽道始大 以爲人主. 故震移之吉 卽爲元吉. 五爲君位. 故又或以得中爲元吉. 不一例也.

(7) 貞吉(정길)

需	(水)	(彖辭) 貞吉 (位乎天位 以中正也)
	(天)	(九五) 貞吉 (以中正也)
比	(水)	(六四) 貞吉 (以從上也)
	(地)	(六二) 貞吉 (不自失也)
否	(天)	(初六) 貞吉 (志在君也)
	(地)	
謙	(地)	(六二) 貞吉 (中心得也)
	(山)	

---

a 中正은 아니지만, 물을 밖으로 퍼내야 우물의 德이므로…

b 中正은 아니지만 離散(이산)의 시절에 正位를 얻고 군왕을 잘 護從하니까…

豫　☳(雷)　(六二) 貞吉 (以中正也)
　　☷(地)

隨　☱(澤)　(初九) 貞吉 (不失也)
　　☳(雷)

臨　☷(地)　(初九) 貞吉 (志行正也)
　　☱(澤)

頤　☶(山)　(象辭) 貞吉 (養正則吉也)
　　☳(雷)

咸　☱(澤)　(九四) 貞吉 (未感害也)
　　☶(山)

遯　☰(天)　(九五) 貞吉 (以正志也)
　　☶(山)

大壯　☳(雷)　(九四) 貞吉 (尙往也)
　　☰(天)　(九二) 貞吉 (以中也)

晉　☲(火)　(六二) 貞吉 (以中正也)
　　☷(地)　(初六) 貞吉 (獨行正也)

家人　☴(風)　(六二) 貞吉 (順以巽也)
　　☲(火)

蹇　☵(水)　(象辭) 貞吉 (以正邦也)
　　☶(山)

解　☳(雷)　(九二) 貞吉 (得中道也)
　　☵(水)

損　☶(山)　(上九) 貞吉 (大得志也)
　　☱(澤)

姤　☰(天)　(初六) 貞吉 (柔道牽也)
　　☴(風)

升　☷(地)　(六五) 貞吉 (大得志也)
　　☴(風)

巽 ䷸ (風)　　　(九五) 貞吉 (位正中也)
　　　(風)

未濟 ䷿ (火)　　　(六五) 貞吉 (其暉吉也)
　　　　　　　　(九四) 貞吉 (志行也)
　　　(水)　　　(九二) 貞吉 (中以行正也)

"貞"이란 '正'이다. 正한 일이 아니면 감히 점을 치지 않는다. 그러므로 점치는 事[일]를 일러 貞이라 하는 것이다. 점을 쳐 묻는 것은 모두 正事이다. 正事의 점에서 얻은 괘의 덕이 中正이라면 '正事의 吉함'이다. 그러므로 얻은 점괘의 2효와 5효가 中正하거나, 혹은 坎☵·离☲괘의 中正을 얻으면 "貞吉"이라고 말할 수 있다.

貞者正也. 不正之事 不敢以筮. 故謂事爲貞. 筮之所問 皆正事也. 正事之筮 而卦德中正 則正事之吉也. 故二五中正 或坎离中正 則得云貞吉,

'貞吉'이란 일을 감당함이 吉하다는 것이다. 이 괘를 얻은 자가 바르면 길하다는 뜻이 아니다. 비록 이 괘['貞吉'의 괘]가 아니라도 바르면 吉하다. 예를 들면 頤䷚괘 象傳에 이르기를 "養正則吉(양정즉길)"이라 했는데, '먹이고 기르는 일은 본래 正道를 잃지 않으면 頤䷚괘를 만나 吉하게 된다'는 뜻이지, '頤䷚괘를 만난 후에 기름[養]이 바르고 吉하다'는 뜻이 아니다.

貞吉者幹事之吉也. 非謂 遇此卦者 正則吉也. 雖非此卦 正則吉矣. 頤之傳曰 養正則吉. 謂頤養之事 本不失正 則遇頤而吉. 非謂 遇頤而後 養正則吉也.

(8) 貞凶(정흉)[a]

師 ䷆ (地)　　　(六五) 貞凶 (使不當也)[b]
　　　(水)

隨 ䷐ (澤)　　　(九四) 貞凶 (其義凶也)[c]
　　　(雷)

剝 ䷖ (山)　　　(六二) 貞凶 (未有與也)
　　　(地)　　　(初六) 貞凶 (以滅下也)[d]

---

a　일 처리가 고지식하여 흉하다.

b　中央이지만 柔陰이며 측근이 모두 小人이니까…

c　中正하지 못하고 隨의 시절에 九五와 呼應하지 못하니까…

d　正位가 아니며 호응할 자가 없고 아래를 헐기 때문이다.

頤　 ䷚ (山)　　　　(六三) 貞凶 (道大悖也)[a]
　　　　　(雷)

恒　 ䷟ (雷)　　　　(初六) 貞凶 (始求深也)[b]
　　　　　(風)

巽　 ䷸ (風)　　　　(上九) 貞凶 (正乎凶也)[c]
　　　　　(風)

節　 ䷵ (水)　　　　(上六) 貞凶 (其道窮也)[d]
　　　　　(澤)

中孚　 ䷼ (風)　　　　(上九) 貞凶 (何可長也)[e]
　　　　　(澤)

"貞凶(정흉)"이란 비록 바른 일[正事]이라도 역시 흉하다는 것이다. 貞凶의 卦라도 일찍이 中正의 象이 없는 것은 아니다. 그러나 그 卦德(괘덕)과 卦象(괘상)이 각각 같지 않음이 있다. 그러므로 혹은 貞吉(정길)이 되고 혹은 貞凶(정흉)이 된다. 剝䷖괘 初六·六二 효사인 "蔑貞凶(멸정흉)"에서 의당 "蔑(멸)"을 앞의 구절에 붙이고 "貞凶(정흉)"을 한 구절로 묶어야 한다.

貞凶者 雖正事而亦凶也. 貞凶之卦 未嘗無中正之象(坎离之中正) 然其卦德卦性 各有不同. 故或爲貞吉 或爲貞凶也. 剝之兩爻 宜亦貞凶爲句 蔑字屬上句

(9) 永貞(영정)

坤　 ䷁ (地)　　　　(用六) 利永貞. (以大終也)[f]
　　　　　(地)

---

a　正位가 아니고 윗턱에 끼인 음식이니까…

b　正位가 아닌데, 定婚者(정혼자)를 버리고 여러 남자를 따르므로…

c　겸손의 시절에 上王 행세를 하므로…

d　正位이지만 절제해야 하는 시절에 궁극에 처했으므로…

e　正位가 아니고 中心에서 지나친 겉껍질이므로…

f　用六은 乾괘로 변하여 健陽으로 끝을 맺으니까…

比 ䷇ (水)　　　　　(彖辭) 元永貞 (以剛中也)**a**
　　　(地)

賁 ䷕ (山)　　　　　(九三) 永貞吉 (終莫之陵也)**b**
　　　(火)

益 ䷩ (風)　　　　　(六二) 永貞吉 (自外來也)**c**
　　　(雷)

萃 ䷬ (澤)　　　　　(九五) 元永貞 (志未光也)**d**
　　　(地)

艮 ䷳ (山)　　　　　(初六) 利永貞 (未失正也)**e**
　　　(山)

小過 ䷽ (雷)　　　　(九四) 勿用永貞 (終不可長也)**f**
　　　(山)

"永貞"은 國事(국사)와 사업이 오래 지속된다는 뜻이다. 『周禮』「春官」宗伯下에 의하면 '大祝(대축)'이라는 관직은 여섯가지 제사의 축문을 관장하며, 이로써 복을 빌고 國運의 '永貞'을 빈다고 했다.

六祝의 첫째는 順祝(순축)이다〈鄭司農(後漢의 古文학자로 이름은 鄭衆). 그에 따르면 順祝은 豊年을 기원하는 일이다〉. 둘째는 年祝(연축)으로 永貞을 기원한다. 셋째는 吉祝(길축)으로 福祥(복상)을 기원한다. 넷째는 化祝(화축)으로 재난과 전쟁이 그치도록 기원한다. 다섯째는 瑞祝(서축)으로 알맞은 때에 비가 내리고 태풍·가뭄이 그치기를 기원한다. 여섯째는 筴祝(협축)으로 죄와 질병이 멀리 달아나도록 기원한다. 鄭玄(정현)이 이르기를, '永'은 長이고 '貞'은 正이다. 多福(다복)을 빌고 바른 天命을 받아 대를 이어가기를 祈求(기구)하는 것이라 했다.〈賈氏에 따르면 鄭玄이 말한 "歷年得正命"이란 곧 "永貞을 祈求함"을 뜻한다. 永貞을 빈다는 것은 하늘이 허락한 수명에 관한 일이다. 그러므로 "年祝"은 '求永貞'에 해당됨을 알 수 있다.〉

永貞者 久長之事也. 周禮春官 大祝掌六祝之辭 以祈福祥 以求永貞. 一曰 順祝(鄭司農云 豊年也) 二曰 年祝(鄭云 求永貞) 三曰 吉祝(鄭云 祈福祥) 四曰化祝(鄭云 弭災兵) 五曰瑞祝(鄭云 逆時雨 寧風旱) 六曰筴祝(鄭

----

a 　陽이 돌아와 尊位에서 中正하므로…

b 　下卦인 离☲虛心의 윗자리에 앉아 上九를 따르므로…

c 　아래로 내려와서 中正하며 九五를 따르므로…

d 　兌☱澤의 물 속에 있어서 아직 밝지 못하나 尊位에 中正하니까…

e 　발에 멈추니[움직임이 초기에 그치니] 삼가하며 廟堂에서 禮義 바르니까…

f 　小人이 지나침의 시절을 당하여 큰 위험인 大坎☵險에 빠지니까…

云 遠[a]罪疾) 鄭玄云 永長也 貞正也. 求多福 歷年得正命也.(賈云 歷年得正命 卽求永貞也. 祈永貞是命年之事. 故知年祝 當求永貞也)

내[정약용] 생각은 조금 다르다. 大祝(대축)의 여섯 가지 축문은 모두 永貞을 기원하는 것이다. 『周禮鄭司農解詁』를 남긴 鄭司農(?-83)은 유독 年祝(연축)에만 永貞을 배속시켰지만 반드시 그렇지 않다. 年祝은 王業(왕업)의 길고 짧음이고, 化祝은 교화의 느리고 빠름이다. 『左傳』宣公 3년條에 의하면 周나라 成王께서 郟鄏(겹욕)을 왕도로 정하고 九鼎[b]을 안치한 뒤에 왕업의 수명을 점쳤더니 700년이었고 世數(세수)를 점쳤더니 30대를 이어갈 것이라는 점괘를 얻었다. 또 僖公(희공) 31년條에 의하면 衛(위)나라가 帝丘(제구)로 도읍을 옮기고 왕업을 점쳤더니 3백년이라 했다고 한다. 이는 모두 年祝의 永貞이다. 『論語』「子路」에 이르기를 "선한 군주가 나라를 다스리면 백년을 가고 또한 殘賊(잔적)을 이기고 살상을 제거할 수 있다"고 했다. 또 이르기를 왕도를 펴는 경우라도 반드시 1세대 이후에나 어질게 된다고 말했다. 만약 禮를 제정하고 정사를 펼 때 그 가부를 점친다면, 이는 化祝이 기원한 "永貞"이다. 順祝과 吉祝의 경우는 그 뜻이 전해지지 않아 상론할 수 없다.

鏞案 六祝之辭 皆是求永貞也. 鄭司農獨以年祝屬之永貞. 未必然也. 年祝者 歷年之長短也. 化祝者 敎化之遲速也. 左傳曰 定鼎郟鄏 卜年八百[c] 卜世三十. 又曰 衛遷于帝丘 卜年三百(僖三十一) 此年祝之永貞也. 論語曰 善人爲邦百年 亦可以勝殘去殺. 又曰 如有王者 必世而後仁. 若於制禮發政之時 筮其便否 則此化祝之永貞也. 若順祝吉祝之等 其義未傳 不可詳也.

(10) 居貞(거정)

屯	(水) (雷)	(初九) 利居貞	(志行正也)[d]
隨	(澤) (雷)	(六三) 利居貞	(係丈夫 失小子也)[e]
頤	(山) (雷)	(六五) 居貞吉	(順以從上也)[f]

---

a 遠=逋逃也.

b 九鼎(구정): 禹王이 홍수를 다스려 九州를 획정하고 九州의 쇠를 모아 주조한 솥이다. 이후 王業의 상징물이 되었다. (편역자 주)

c 8백은 7백의 착오.

d 간난의 시절에 군자가 下放(하방)되지만 민중을 얻으므로…

e 따름의 시절에 소인을 잃어도 군자에 의리를 지키므로…

f 유약한 몸으로 존위에 앉아 上九의 군자[어진 師傅(사부)]를 따르므로…

咸 ䷞ (澤)　　　(六二) 居吉 (順不害也)**a**
　 　(山)

革 ䷰ (澤)　　　(上六) 居貞吉**b**
　 　(火)

"居貞(거정)"이란 거처를 옮기는 일이다. 『春秋左傳』「昭公三年」에 "거처의 좋고 나쁨을 점치는 것이 아니라 좋은 이웃인지 점친다"는 속담을 인용하고 있다. 『楚辭』(초사)에 이사를 점치는 노래가 있다. 이로써 옛사람들은 이사할 때 반드시 점을 쳤음을 알 수 있다. 그렇지만 만약 거처의 생활이 바르고 뜻이 굳다면, 어디를 간들 이롭지 않음이 없을 것이다. 어찌 특별히 점을 쳐서 이 괘를 얻은 다음에야 그 이로움을 비로소 알겠는가? 대개 坎☵宮·家를 곧 거처라 한다. 그러나 卦象의 해석에 있어 혹자는 艮☶止의 象을 거처라 하고, 혹자는 坤☷安의 象을 거처라 한다. 한 가지 용례가 아니다.

居貞者 遷居之事也. 春秋傳曰 匪居是卜 唯隣是卜. 楚辭有卜居之賦. 古人遷居 必有卜筮可知也. 若夫居正以固志 則無往不利. 奚特筮遇是卦 而後始知其利哉. 坎則爲居 然其在卦象 或以艮止 或以坤安 不一例也.

(11) 艱貞(간정)

泰 ䷊ (地)　　　(九三) 艱貞 (无咎)**c**
　 　(天)

人有 ䷌ (火)　　　(初九) 艱則无咎 (無交害也)
　 　(天)

噬嗑 ䷔ (火)　　　(九四) 利艱貞 (未光也)
　 　(雷)

大畜 ䷙ (山)　　　(九三) 利艱貞 (上合志也)
　 　(天)

大壯 ䷡ (雷)　　　(上六) 艱則吉 (咎不長也)
　 　(天)

---

a　定婚者(정혼자)를 기다리며 안거하니, 망령됨에 얽이는 불상사가 없으므로…

b　교만한 小人이 얼굴을 바꾸어 군왕을 따르므로(小人革面 順以從君也…

c　象曰 无往不復 天地際也

明夷 ䷣ (地)　　　(象辭) 利艱貞 (晦其明也)[a]
　　　(火)

"艱貞(간정)"이란 힘들고 위험한 일이다. 『春秋左傳』에 이르기를, 훗날 패자가 된 晉[진나라]의 공자 重耳(중이)는 19년 동안 외국을 떠돌며 험하고 어려운 일을 겪었다고 한다. 이런 때에 만약 점을 쳐서 물었다면 '艱貞(간정)'이라고 말했을 것이다.

艱貞者 艱險之事也. 春秋傳曰 重耳在外十九年 險阻艱難 備嘗之矣. 于此之時 若有筮問 則謂之艱貞也.

明夷䷣괘의 象傳에 이르기를, 文王께서 大難(대난)을 당하여 이를 이롭게 전환하는데 明夷(명이)로써 했고, 箕子께서 안으로 난관에 봉착하여 능히 정도를 지키는데 明夷[밝은 해가 땅속에 숨듯이]로써 했다. 文王과 箕子의 시절에 간난을 구제한 방략을 점친 것을 '艱貞'이라 말했다. 만약 그것을 간난 속에서도 정도를 굳게 지킨다는 뜻으로만 말한다면, (明夷괘의 象傳이) 온전하게 풀이될 수 없다. 卦象(괘상)으로 말하면, 혹 坎☵險이 갑자기 평탄해지고, 혹 兌☱의 기울던 연못이 평평해지면, 이롭다하고 吉하다고 한다. 그러나 卦德(괘덕)으로 살피면 그 用例가 한 가지가 아니다.

明夷之傳曰 以蒙大難 文王以之, 內難而能正 箕子以之. 文王箕子之時 筮其所以濟難之術 則謂之艱貞也. 若謂之艱難正固 則不可解也. 以卦象則 或坎險忽夷 或兌陂旣平 則爲利爲吉. 然唯[b]卦德是察 不一例也.

(12) 安貞(안정)

坤 ䷁ (地)　　　(象辭) 安貞吉 (應地無疆)
　　　(地)

訟 ䷅ (天)　　　(九四) 安貞吉 (不失也)
　　　(水)

"安貞(안정)"이란 '안정된 일'이다. "安"의 글자 됨은, 방안에 있는 여인을 상징한다. 이 때문에 坤䷁의 德[덕성]에 상응한다.

安貞者 安靜之事也. 安之爲字 象女在室中 所以應坤德也.

訟䷅괘 九四가 (陰으로 변하면) 渙䷺괘로 변한다. 渙괘는 否䷋괘에서 왔으니, 否괘 下卦의 坤☷이 渙괘

---

a　　象曰 明入地中 明夷. 內文明而外柔順. 以蒙大難 文王以之. 利艱貞 晦其明也. 內難而能正其志 箕子以之.

b　　唯=猶以也.

의 坎☵으로 되었다. 이 때 坤☷德의 상징인 안정된 성품이 파종되어 잃지 않았으니 安貞[안정된 일]이
라 한 것이다.[a] 또한 『書經』 「洪範」[b]에서 "用靜吉(고요한 婦德을 쓰니 吉하다)"이라고 말했다. 주역의 安貞
吉(안정길)은 바로 「洪範」의 '用靜吉(용정길)'과 같은 뜻이다.
訟九四 渙也. 渙自否來 以坤爲坎 所以爲安貞也. 洪範曰 用靜吉. 安貞吉者 用靜吉也.

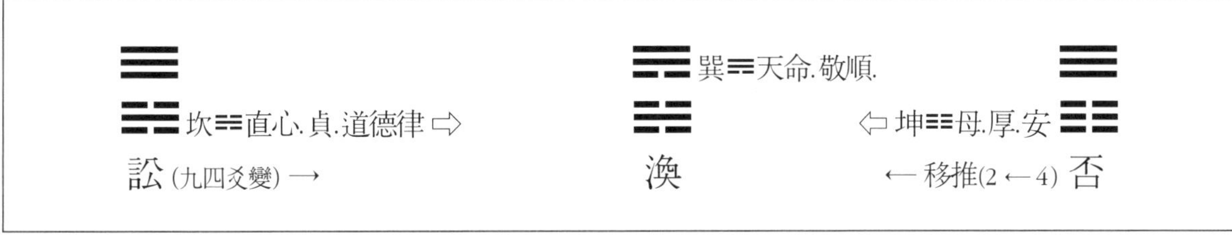

(13) 女貞(여정)

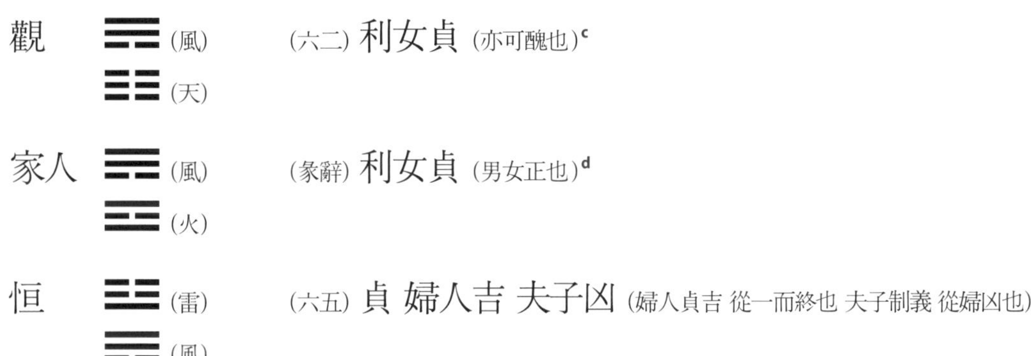

"女貞"이란 '부녀자의 일'이라는 뜻이다. 부녀자의 일은 부드럽고 순종함을 귀하게 여긴다. 그러므로
괘에 巽☴겸손·순종이 나타나면 "利女貞[이로운 것은 女人의 일]"이라고 한다. 觀☴괘 六二의 小象傳[e]에
서 "亦可醜也(역가취야)"라고 말한 것은 闚觀[훔쳐보기] 때문이다. 小象傳(소상전)의 문장형식이 본래 두
구절로 포괄하므로, 기실 "闚觀(규관)"이 一事[한가지 일]이고 "利女貞(이여정)"이 또 하나의 一事이다. 만
약 '貞'을 '正'이라고만 훈독하면, 여인이 곧고 바르면 어디를 가든지 이롭지 않음이 없으니, 특별히 觀
☴괘·家人☲괘만 그렇게 되지 않는다.
女貞者 婦女之事也. 婦女之事 貴於柔順. 故卦以巽順 則利女貞也. 觀六二之傳曰 亦可醜也者 以闚觀也.

---

a　정약용의 『讀易要旨』 5항인 「播性」을 참조하시오.

b　洪範九疇를 칭함.

c　觀괘의 六二가 효변한 渙☴괘에는 巽☴白眼·艮☶門·坎☵盜가 있기 때문이다.

d　初九인 少男과 六四인 少女의 호응, 六二인 中女와 九五인 中男의 호응을 말한다.

e　爻辭 아래에 붙인 "象曰" 이하의 구절. 공자가 효사를 象으로 설명한 글을 칭한다. (편역자 주)

傳之文例 本括二句 其實闚觀一事也 利女貞一事也. 若訓貞爲正 則女之貞正 無往不利. 不特觀與家人爲然也.

(14) 君子貞(군자 정)

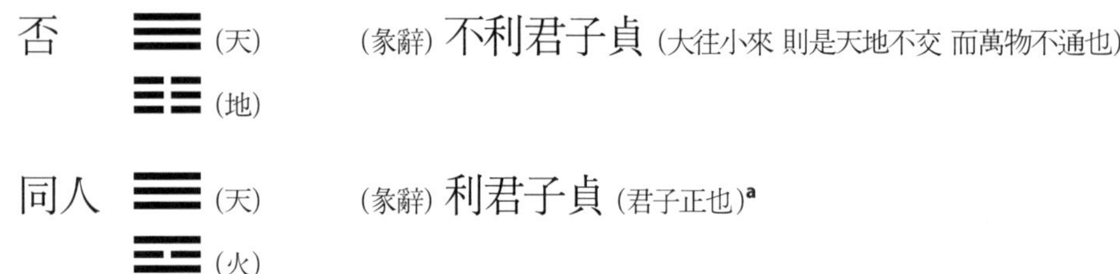

否　(天)(地)　(彖辭) 不利君子貞 (大往小來 則是天地不交 而萬物不通也)

同人　(天)(火)　(彖辭) 利君子貞 (君子正也)[a]

"君子의 貞"이란 군자가 할 일이다.
君子貞者 君子之事也.

(15) 幽人貞(유인 정)

履　(天)(澤)　(九二) 幽人貞吉[b]

歸妹　(雷)(澤)　(九二) 利幽人之貞[c]

"幽人貞"이란 산림처사의 일을 점친 것이다.
幽人貞者 山林幽隱之人 所筮事也.

---

a　君子의 사사로움이 없는 '同人于野'만이 天下大同을 이룰 수 있으므로...

b　草野의 君子가 '人不知不慍'하므로...

c　'女賢而 配不良(여인은 어진데 신랑은 불량함)'이므로...

(16) 雜貞(잡정)

師   ䷆ (地)(水)   (彖辭) 貞丈人吉 (能以衆正)

困   ䷮ (澤)(水)   (彖辭) 貞大人吉 (以剛中也)

旅   ䷷ (火)(山)   (彖辭) 旅貞吉

巽   ䷸ (風)(風)   (初六) 利武人之貞

升   ䷭ (地)(風)   (上六) 利于不息之貞 (消不富也)

屯   ䷂ (水)(雷)   (九五) 小貞吉 大貞凶

"師貞(사정)"이란 군사에 관한 일이요, "困貞(곤정)"이란 곤란한 일이요, "旅貞(여정)"이란 여행자의 일이다. 부정한 일은 감히 점치지 말아야 한다. 그러므로 卦德(괘덕)이 바르면 점치는 자가 그 올바름을 받는다. 만약 부정한 일로 점을 쳐서 비록 '貞吉'의 괘를 얻으면, 비록 "貞吉"이라고 말 할지라도 그 점은 징험이 없다. 이는 성인이 일을 '事'라 쓰지 않고 '貞'이라고 쓰는 숨은 의도이다.

師貞者 師旅之事也. 困貞者 困阨之事也. 旅貞者 旅人之事也. 不正之事 不敢以筮 故卦德之正 筮者受之也. 若以不正之事 筮遇貞吉之卦 則縱云貞吉, 其占不驗. 此聖人謂事爲貞之微意也.

그러므로 공자의 傳에서 매양 '貞'을 正이라 가르치지만(師괘의 象傳에서 "貞은 正"이라고 함), 기실 '貞'은 事이며, "貞吉"은 '일을 바르게 감당하니 길하다'는 뜻이다.

故孔子之傳 每訓貞爲正(師之傳曰 貞正也) 其實貞者事也. 貞吉者 幹事之吉也.

『周禮』「春官宗伯」下에서, "太卜[官名]은 무릇 나라의 大事인 군주를 세우거나 나라를 옮기는 '大貞'에 대하여 직접 신령한 거북을 태워서 점을 친다. 小事 때 太卜은 점치는데 임석하고 왕을 대리하여 주관한다. 또한 小宗伯[官名]은 무릇 나라의 大事엔 옥과 비단을 봉헌한다."고 기록한다(여기에서 '貞'을 '事'로 註釋했다). 이 기록에 의거하면 "大貞"은 '大事'이고 "小貞"은 '小事'를 지칭함이 분명하다. 만약 屯䷂괘 九五 효사의 "小貞吉 大貞凶(小貞은 吉하고 大貞은 凶하다)"에서, "貞"을 '正'으로 읽어 "小正而吉 大正而凶(작은 바름은 吉하고, 크게 바르면 凶하다)"이라고 해석하면, 점을 쳐서 이 점괘를 얻은 자는, 장차 第一(제일) 우선해야할 의리는 버려두고 반드시 차선의 가치를 추구할 것이니, 그릇됨[오류]이 너무 심하다.

周禮太卜 凡國大貞則作龜(立君遷國爲大貞) 小事則淢卜(代王主其卜) 又小宗伯 凡國大貞則奉玉帛(注以貞爲
事) 據此大貞者大事也 小貞者小事也. 若云 小正而吉 大正而凶 則筮而遇是者 將置第一等義理 必求其次
乎. 謬甚矣.

(17) 可貞(가정)

坤 ䷁ (地) (六三) 可貞 (以時發也)
　　 (地)

无妄 ䷘ (天) (九四) 可貞 (固有之也)
　　 (雷)

損 ䷨ (山) (象辭) 可貞 (其道上行)
　　 (澤)

蠱 ䷑ (山) (九二) 不可貞 (得中道也)
　　 (風)

節 ䷻ (水) (象辭) 不可貞 (其道窮也)
　　 (澤)

明夷 ䷣ (地) (九三) 不可疾貞 (乃大得也)
　　 (火)

"可"하다는 것은 근근이 할 만하다는 뜻이다. "可貞(가정)"은 "利貞(리정)"의 다음 차례이며, 비록 일을 주
간하기에 적의하지는 않지만, 일을 할만 하다는 뜻이다. "可貞" 다음은 "貞吝(정린)"이고, 그 다음은 "貞
厲(정려)"이고, 그 다음은 "不可貞(불가정)"이고, 가장 아래는 "貞凶(정흉)"이며, 가장 좋은 것은 "貞吉(정
길)"이다.

可者僅可之意. 可貞者 利貞之次也 雖未宜幹 猶可爲事也. 其次貞吝也. 其次貞厲也. 其次不可貞也. 最下
者貞凶也. 最好者貞吉也.

易의 도리는 우선 민중이 이용하는데 있다. 어떤 사단을 당해서 점을 침은, 그것의 有利·不利를 알기
위함이다. 그러므로 성인께서는 卦德과 爻象(효상)에 대해 세밀한 것까지 비교하여, 그 등급을 나누어
놓음이 이와 같다.

易之爲道 前民用也. 臨事而筮 欲知其利鈍[a]也. 故聖人於卦德爻象 較其錙銖 而分其等級如是也.

---

a 鈍=不利也.

(18) 貞吝(정린)

泰 ䷊ (地)   (上六) 貞吝 (其命亂也)[a]
     (天)

恒 ䷟ (雷)   (九三) 貞吝 (无所容也)[b]
     (風)

晉 ䷢ (火)   (上九) 貞吝 (道未光也)[c]
     (地)

解 ䷧ (雷)   (六三) 貞吝 (又誰咎也)[d]
     (水)

"吝(린)"이란 작은 허물을 고치지 않는 것이다. 사람이 과오를 고치지 않음을 일러 "吝"이라고 말한다. 그러므로 괘에서도 흠집을 고치지 않음을 역시 "吝"이라고 말한다. 그러한 吝의 태도로 일을 주간하면 방해되는 구태를 끝내 청산하지 않아 이롭게 주간할 수 없다. 그러므로 "貞吝(일을 함에 과거의 잘못을 고치지 않음)"이라 말한 것이다. 卦象으로 보면, 혹은 陰 **이 陽의 자리에 앉거나, 혹은 柔弱한 陰 **이 剛健한 陽 ━을 올라타거나, 혹은 艮의 어긋나고 미혹됨이 옛날과 같거나, 혹은 坎의 험난한 재앙에도 반성하지 못함을, 모두 吝[한스러운 치욕]의 象으로 삼는다.

吝者 小疵不改也 人不改過 謂之吝. 故卦不改疵 亦謂之吝也. 以之幹事 則舊所妨礙者 終不淸脫 不能利幹, 故曰貞吝也. 以卦象則 或陰居陽位 或以柔乘剛 或艮迷如舊 或坎眚不悛 皆爲吝象也.

(19) 貞厲(정려)

訟 ䷅ (天)   (六三) 貞厲 (從上吉也)
     (水)

小畜 ䷈ (風)   (上九) 貞厲 (有所疑也)
     (天)

---

a   泰平 세월의 끝자락에 있으니 '城復于隍'이다.

b   九三은 震雷動이어서 不恒其德(德이 항구하지 못함)이니…

c   晉이 지나쳐 '維用伐邑(벼리를 위해 고을을 정벌함)'이니 '道未光(고을 정벌은 광영이 아님)'이라…

d   '負且乘 致寇至(짐을 지고 수레를 타며 스스로 적을 불러들임)'이니 누구를 탓하랴?

履　☰(天)　　　(九五) 貞厲 (位正當也)
　　☱(澤)

噬嗑 ☲(火)　　　(六五) 貞厲 (得當也)
　　☳(雷)

大壯 ☳(雷)　　　(九三) 貞厲 (君子罔也)
　　☰(天)

晉　☲(火)　　　(九四) 貞厲 (位不當也)
　　☷(地)

革　☱(澤)　　　(九三) 貞厲
　　☲(火)

旅　☲(火)　　　(九三) 貞厲 (其義喪也)
　　☶(山)

"厲"는 위태롭다는 뜻이다. 易의 用例에서 유약한 陰▪▪이 강건한 陽━을 올라타는 경우가 "厲"이다. 그러므로 兌☱괘는 "厲"가 된다(이 경우가 가장 많다). 그러나 혹은 陰▪▪이 剛陽의 자리에 앉거나, 혹은 陰▪▪이 올라가고 陽━이 내려오는 것도 역시 "厲"가 될 수 있다. 또한 간혹 하나의 剛陽━이 홀로 높으면 그 象이 높아 위태로운 것도 역시 "厲"가 되듯이(晉괘의 九四, 頤괘의 上九의 경우), 한 가지 사례가 아니다. 이처럼 일을 주간하면 위태로워 편안하지 못하다. 그러므로 그 점괘는 "貞厲(일처리가 위태롭다)"이다.

厲者危也. 易例 柔乘剛爲厲. 故兌則爲厲.(此最多) 然或陰居陽位 或陰升陽降 亦可爲厲. 又或一剛孤高 其象鬼危者 亦得爲厲.(晉九四 頤上九) 不一例也. 以之幹事 危殆而不安. 故其占貞厲也.

(20) 厲(려)

乾　☰(天)　　　(九三) 厲 无咎
　　☰(天)

蠱　☶(山)　　　(初六) 厲 終吉
　　☴(風)

復　☷(地)　　　(六三) 厲 无咎
　　☳(雷)

大畜	(山)(天)	(初九) 厲 (不犯災也)
頤	(山)(雷)	(上九) 厲吉 (大有慶也)
遯	(天)(山)	(九三) 厲 (有疾憊也) / (初六) 厲 (不往何災也)
晉	(火)(地)	(上九) 厲吉 (道未光也)
家人	(風)(火)	(九三) 悔厲吉 (未失也)
睽	(火)(澤)	(九四) 厲无咎 (志行也)
夬	(澤)(天)	(彖辭) 厲 (其危乃光也)
姤	(天)(風)	(九三) 厲无大咎
震	(雷)(雷)	(六五) 厲 (危行也) / (六二) 厲 (乘剛也)
艮	(山)(山)	(九三) 厲 (危薰心也)
漸	(風)(山)	(初六) 厲 无咎
兌	(澤)(澤)	(九五) 厲 (位正當也)
小過	(雷)(山)	(九四) 厲 (終不可長也)
旣濟	(水)(火)	(上六) 厲 (何可久也)

“厲吉(려길)”이란 옛날엔 위태로웠으나 지금은 평안하다는 것이다. “厲无咎”는, ‘비록 위태롭지만 허물은 없다’는 뜻이다. 易의 用例에서 사례를 찾으면, 兌☱괘의 유약한 陰▪▪이 강건한 陽━을 올라탐을 “厲”라고 칭하는 사례가 십중팔구이다. 그 까닭은 무엇인가? 신하가 군주를 능멸하지 않고, 아녀자가 지아비를 넘보지 않고, 천한 자가 귀한 자를 비방하지 않고, 어리석은 자가 어진 자를 억누르지 않아야 하니, 이는 유약함이 강건함을 올라탄 것처럼 위험한 길이다.

厲吉者 昔危而今安也. 厲无咎者 雖危而无尤也. 易例 兌乘剛而稱厲者 十居八九. 此其故何也 臣不陵君 女不跨夫 賤不妨貴 愚不據賢 柔之乘剛 危之道也.

(21) 吝(린)

屯	☵ (水) ☳ (雷)	(六三) 往吝 (窮也)
蒙	☶ (山) ☵ (水)	(六四) 吝 (獨遠實也) (初六) 以往吝
同人	☰ (天) ☲ (火)	(六二) 吝
蠱	☶ (山) ☴ (風)	(六四) 吝 (往未得也)
觀	☴ (風) ☷ (地)	(初六) 君子吝 (小人道也)
賁	☶ (山) ☲ (火)	(六五) 吝 終吉 (有喜也)
大過	☱ (澤) ☴ (風)	(九四) 吝
咸	☱ (澤) ☶ (山)	(九三) 往吝 (亦不處也)
家人	☴ (風) ☲ (火)	(九三) 終吝 (失家節也)
姤	☰ (天) ☴ (風)	(上九) 吝 (上窮吝也)

困　☱(澤)　(九四) 吝有終 (有與也)
　　☵(水)

巽　☴(風)　(九三) 吝 (志窮也)
　　☴(風)

未濟　☲(火)
　　　☵(水)　(初六) 吝 (亦不知極也)

噬嗑　☲(火)　(六三) 小吝 (位不當也)
　　　☳(雷)

萃　☱(澤)　(六三) 小吝
　　☷(地)

易이란 성인께서 과오를 고쳐 의롭게 되도록(改過遷義) 인도하려는 목적이다. 그러므로 공자께서 "나에게 몇 년 만 더 주어졌더라면 마침내 易의 공부를 마쳤을 것이며 큰 과오를 범하는 일은 거의 없었을 것"이라고 말씀하셨다. 이것으로 改過遷義의 효험을 증명할 수 있다. 잘못을 고치는 것을 "悔(회)"라 말하고, 고치지 않는 것을 "吝(린)"이라 말하니 "悔吝(회린)"은 易 전문가의 大義이다. 혹 陰▪▪효가 剛陽(강양)의 자리에 앉거나, 陽▬효가 柔陰(유음)의 자리에 앉는 경우에, 괘가 이미 변했는데도 오히려 개전하지 않을 때 그 占辭는 吝이 된다. 또는 혹 간난 속의 혼미이거나 즐거움 속의 위태로움인데도 여전히 고치지 않으면, 역시 吝이 된다. 이처럼 그 用例가 일정하지 않다.

易者 聖人所以改過遷義也. 故孔子曰 假我數年 卒以學易 庶無大過矣. 斯可驗也. 改過曰 悔. 不改過曰 吝. 悔吝者 易家之大義也 或陰居陽位 陽居陰位者 卦旣變遷 猶不悛改 則其占爲吝. 又或艱迷兌厲 依然不改 亦得爲吝. 不一例也.

(22) 悔(회)

乾　☰(天)　(上九) 有悔 (盈不可久也)
　　☰(天)

豫　☳(雷)　(六三) 悔遲有悔 (位不當也)
　　☷(地)

蠱　☶(山)　(九三) 小有悔 (終无咎也)
　　☴(風)

家人 ䷤ (風)　　(九三) 悔厲吉 (未失也)
　　　　(火)

困 ䷮ (澤)　　(上六) 動悔有悔 (吉行也)
　　　　(水)

鼎 ䷰ (火)　　(九三) 悔終吉
　　　　(風)

사람이 후회하면 장차 고치기 때문이다. 그러므로 易의 用例를 보면 象에 變改(변개)가 있으면 그것을 "悔(회)"라 한다. 점치는 자는 '變卦(변괘)'를 곧 '悔卦(회괘)'라 한다. 『國語』에서 말한 "貞屯悔豫"(정준회 예: 本卦인 屯괘가 효변하여 豫괘가 된 것)는 이를 말한다.

人之有悔 將以改也. 故易例 象有變改 謂之悔也. 筮家直以變卦 謂之悔卦. 國語所云 貞屯悔豫是也.

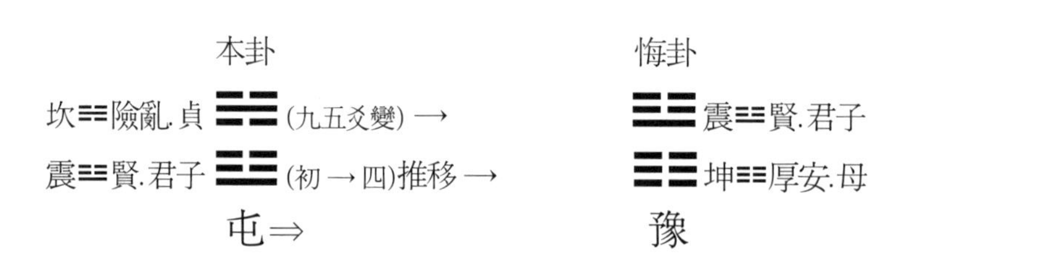

(23) 无悔(무회)

同人 ䷌ (天)　　(上九) 无悔 (志未得也)
　　　　(火)

復 ䷗ (地)　　(六五) 无悔 (中以自考也)
　　　　(雷)　　(初九) 无祗悔 (以修身也)

咸 ䷞ (澤)　　(九五) 无悔 (志末也)
　　　　(山)

大壯 ䷡ (雷)　　(六五) 无悔 (位不當也)
　　　　(天)

渙 ䷺ (風)　　(六三) 无悔 (志在外也)
　　　　(水)

未濟 ䷿ (火)   (六五) 无悔 (貞吉也)
       (水)

卦에는 세 번의 변화가 있다. 첫째, 母卦인 乾坤이 변한 12辟卦(벽괘)를 뿌리로 삼는 것이고, 둘째는 12 벽괘가 변하여 50衍卦(연괘)가 되는 것이고, 셋째는 50연괘의 효들이 변하여 새로운 6효가 만들어진다. 이것이 三變이다. 두 번 變하면 悔卦이며, 세 번 變하여 12벽괘의 本象(본상)으로 되돌아가면 그 점괘가 无悔(무회)이다. 이처럼 변화에 호응하여 일을 행하면 悔改(회개)할 일이 없다는 뜻이다.

辟卦의 경우는 또한 벽괘의 상괘와 하괘를 뒤바꾸는 交易卦(교역괘)를 본상으로 삼는다. 교역괘는 또한 벽괘에서 왔으니 역시 三變이다. 가령 예를 들자면 觀䷓괘는 升䷭괘를 교역한 것이고, 升䷭괘는 臨䷒괘에서 推移(추이)되어 온 것이니, 일찍이 三變이 없은 적은 없다.

卦有三變 本以辟卦 變而爲衍卦 又變而爲六爻. 此三變也. 再變而悔者 三變之後 反其本象. 則其占爲无悔. 以之行事 則無可悔改也. 辟卦則 又以交易之卦爲本象. 交易之卦 又自辟卦來 亦三變也. 假如 觀以升交 升自臨來 未嘗無三變也.

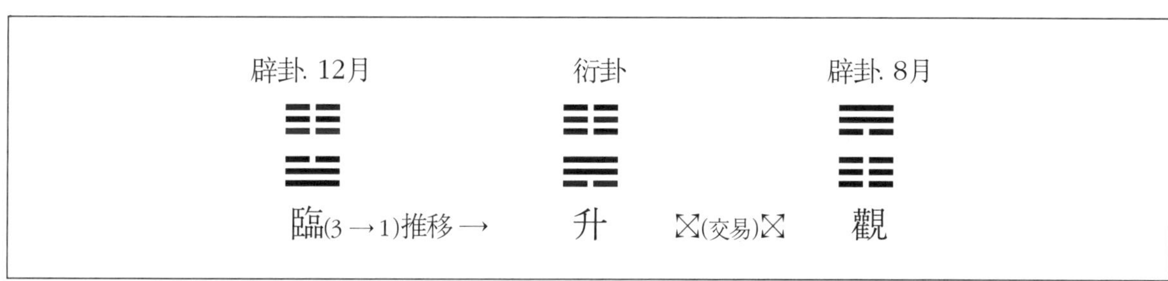

(24) 悔亡(회망)

咸 ䷞ (澤)   (九四) 悔亡 (未感害也)
       (山)

恒 ䷟ (雷)   (九二) 悔亡 (能久中也)
       (風)

大壯 ䷡ (雷)   (九四) 悔亡
       (天)

晉 ䷢ (火)   (六五) 悔亡 (往有慶也)
       (地)   (六三) 悔亡 (志上行也)

家人	(風) (火)	(初九) 悔亡 (志未變也)
睽	(火) (澤)	(六五) 悔亡 (往有慶也) (初九) 悔亡
夬	(澤) (天)	(九四) 悔亡
萃	(澤) (地)	(九五) 悔亡 (志未光也)
革	(澤) (火)	(彖辭) 悔亡 (革而當) (九四) 悔亡 (信志也)
艮	(山) (山)	(六五) 悔亡 (以正中也)
巽	(風) (風)	(九五) 悔亡 (位正中也) (六四) 悔亡 (有功也)
兌	(澤) (澤)	(九二) 悔亡 (信志也)
渙	(風) (水)	(九二) 悔亡 (得願也)
節	(水) (澤)	(上六) 悔亡 (其道窮也)
未濟	(火) (水)	(九四) 悔亡 (志行也)

"无悔"와 "悔亡"은 큰 뜻에는 다르지 않은데, 혹은 叶韻(협운) 혹은 문장의 語勢(어세) 때문이다.

无悔與悔亡 大義不殊. 或以叶韻 或以文勢也.

전체가 뒤집어진 반대의 괘는 2효와 5효가 서로 조응한다. 그래서 巽괘의 九五와 兌괘의 九二는 모두 똑같이 "悔亡"이라 말한다[위의 사례 표를 참조하시오]. 巽괘 九五가 변하여 蠱(艮 巽)괘가 되었고, 兌괘 九二가 변하여 隨(兌 震)괘가 되었으니, 모두 震·巽·艮·兌를 구비하였고 兼畫하면 大离의 象이 되어(隨괘와 蠱괘에 모두 大离의 象이 있다), 中孚괘의 大离의 옛 象은 변하지 않는다.(兌괘·巽괘는 모두 二陰괘이며, 二陰괘의 辟卦인 中孚괘에서 왔다. 그래서 悔亡이라 한 것이다.)

反對之卦 二五相照. 巽九五. 兌九二. 皆云悔亡者. 巽變爲蠱 兌變爲隨 皆以震巽艮兌 兼爲大离(隨蠱皆大离)
不變中孚之舊象也(兌巽皆自中孚來).

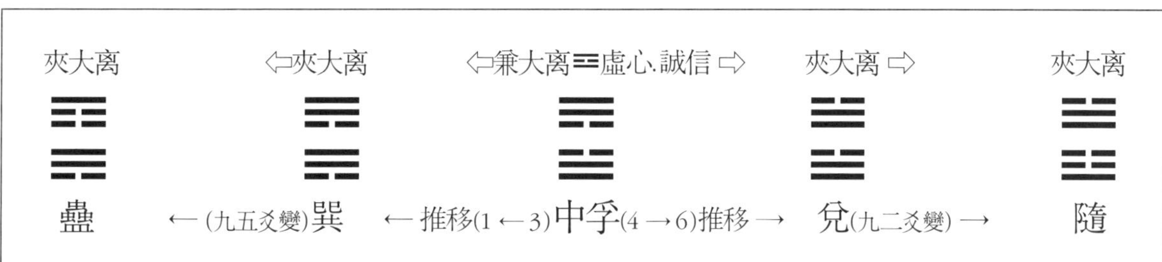

또한 未濟(离 坎)괘의 경우 下卦인 坎이 离의 자리에 있어(1奇-2偶-3奇) 乾괘에 해당하고(一획과 三획은 陰효이지만 剛한 자리이고, 二획은 剛한 陽효이므로), 上卦의 离는 坎의 자리에 있어(4偶-5奇-6偶) 坤에 해당한다(4획과 6획은 陽효이지만 柔한 자리이고 5획이 陰효이므로). 이로써 上地·下天의 泰괘에 해당하므로 그것을 일러 "悔亡"이라 한다.

又有坎在离位(一二三) 以當乾卦(一與三位剛也 其二畫剛也) 离在坎位(四五六) 以當坤卦(四與六位柔也 其五畫柔也) 而謂之悔亡者.

또한 살펴보면 "悔亡"이라는 문구는 咸괘·恒괘에서 부터 나오기 시작하는데(주역의 上經에는 "悔亡"이라는 문구가 나오지 않는다), 독자들은 이 점을 상세하게 살펴야 한다.〈『漢書』「藝文志」에서 "施讎(시수)·孟喜(맹희)·梁丘(양구)의 易經에는 간혹 '无咎'나 '悔亡'이 빠져 있지만, 오직 費直(비직)의 易經은 古文과 동일하다"고 말했다.〉

又按 悔亡之文 自咸恒而有之.(上經无悔亡) 覽者詳之.(藝文志云 施孟梁丘之易 或脫去无咎悔亡 唯費氏經 與古文同)

(25) 无咎(무구)

① 彖辭에서 말한 无咎

師 (地) (水)　　(彖辭) 无咎 (毒天下而民從之)

比 (水) (地)　　(彖辭) 无咎 (以剛中也)

隨 ䷐ (澤)　　(象辭) 无咎
　　　 (雷)

復 ䷗ (地)　　(象辭) 无咎 (以順行)
　　　 (雷)

恒 ䷟ (雷)　　(象辭) 无咎 (久於其道也)
　　　 (風)

損 ䷨ (山)　　(象辭) 无咎 (其道上行)
　　　 (澤)

困 ䷮ (澤)　　(象辭) 无咎 (以剛中也)
　　　 (水)

艮 ䷳ (山)　　(象辭) 无咎 (上下敵應 不相與也)
　　　 (山)

『繫辭傳』(上) 3장에서 "无咎(허물이 없다)함은 과오를 잘 고치는 것(善補過)이다"고 말했다. 卦에서 허물이라 함은 일정한 규칙이 없다. 혹은 유약한 것이 강한 것을 올라 타거나, 혹은 陰 ··이 陽 ━의 자리에 앉거나, 혹은 陰 ··효 때문에 陽 ━이 쇠하는 경우 모두 재앙·허물이 된다. 혹은 변화하여 이치를 따르거나, 혹은 변화하여 합당한 자리가 되거나, 혹은 剛陽 ━이 밖[外卦]에서 되돌아오면 그것을 "无咎"라고 말한다. 또 혹은 卦의 몸이 훼손되어 그 본래 형체를 잃었는데, 변화하여 보완되면 역시 "无咎"라고 말한다.

大傳曰 无咎者 善補過也. 卦之愆尤 不一其規. 或柔乘剛 或陰居陽 或以陰而消陽 皆爲眚咎. 或變而順理 或變而當位 或剛自外反 則謂之无咎. 又或卦體毁壞 失其本形者 變而補之 亦云无咎也.

象辭에서 "无咎"라는 말은, 辟卦의 허물이 推移(추이)되면서 无咎로 된 것이다. 또 혹은 辟卦의 象辭에서 "无咎"는, 교역되어 반대로 된 象을 취한 것이다. 예를 들면 豫䷏괘 때는 九四가 陽 ━효로써 유약한 陰數(음수)의 자리에 앉았으니 허물이었으나, 復䷗괘로 交易되면 九四가 初九로 바뀌어 正位를 얻었으니(初九는 剛陽이 奇數에 앉음), 허물이 없어진 것이다. 또 剝䷖괘 때는 上九가 陽 ━효로서 유약한 6位에 앉았으니 허물이었으나, 반대로 뒤집혀[反易] 復䷗가 되면 上九가 初九로 바뀌어 正位를 얻었으니, 역시 허물이 없어진다.

象詞之言无咎者 辟卦之咎移之 爲无咎也. 又或辟卦之象言无咎者(復之象) 又以交易反易而取象. 豫之時 以陽居陰(剛居四) 復乃无咎也.(四交而爲一) 剝反爲復 亦无咎也.

┌───┐

　　　　　九四不正位 ╲　　　　　　　　　╱上九不正位

　　　　　　　　　　陽正位　　　陽正位

　　　豫　　　⋈(交易)⋈　　　復　　　↻(反易)↻　　　剝

└───┘

② 주역 上經의 爻辭에서 말한 无咎

乾　(天)　（九四）无咎 (進无咎也)
　　(天)　（九三）无咎 (反復道也)

坤　(地)　（六四）无咎 (愼不害也)
　　(地)

需　(水)　（初九）无咎 (未失常也)
　　(天)

師　(地)　（六五）无咎
　　　　　（六四）无咎 (未失常也)
　　(水)　（九二）无咎

比　(水)
　　(地)　（初六）无咎

小畜　(風)　（六四）无咎 (上合志也)
　　　(天)

履　(天)　（初九）无咎 (獨行願也)
　　(澤)

泰　(地)　（九三）无咎
　　(天)

否　(天)　（九四）无咎 (志行也)
　　(地)

同人　(天)
　　　(火)　（初九）无咎

大有　(火)　（九四）无咎 (明辨晢也)
　　　　　　（九二）无咎
　　　(天)　（初九）无咎 (無交害也)

豫　☳(雷)　　　　（上六）无咎
　　☷(地)

蠱　☶(山)
　　☴(風)　　　（初六）无咎 （意承考也）

　　　　　　　　（上六）无咎 （志在內也）
臨　☷(地)　　　（六四）无咎 （位當也）
　　☱(澤)　　　（六三）无咎 （旣憂之 咎不長也）

　　　　　　　　（六五）无咎 （得當也）
噬嗑　☲(火)　　（六三）无咎 （位不當也）
　　　☳(雷)　　（六二）无咎
　　　　　　　　（初九）无咎

賁　☶(山)　　　（上九）无咎 （上得志也）
　　☲(火)

剝　☶(山)　　　（六三）无咎 （失上下也）
　　☷(地)

復　☷(地)　　　（六三）无咎
　　☳(雷)

无妄　☰(天)　　（九四）无咎 （固有之也）
　　　☳(雷)

頤　☶(山)　　　（六四）无咎 （上施光也）
　　☳(雷)

　　　　　　　　（上六）无咎 （不可咎也）
大過　☱(澤)　　（九五）无咎
　　　☴(風)　　（初六）无咎 （柔在下也）

坎　☵(水)　　　（九五）无咎 （中未大也）
　　☵(水)　　　（六四）无咎

離　☲(火)　　　（上九）无咎
　　☲(火)　　　（初九）无咎

乾☰괘의 3효·4효의 효사에서 모두 "无咎"라고 말한 이유는, 履☱괘는 夬☱괘에서 왔는데(6효가 3효

자리로 간다), 推移해도 兌☱澤의 象을 잃지 않았기 때문이다. 小畜☴괘는 姤☴괘에서 왔는데(1효가 4효 자리로 간다), 추이해도 巽☴風의 象을 잃지 않았기 때문이다(孔子는 "나아가면 허물이 없다"고 말했다).

乾三四之皆云 无咎者 履自夬來(上之三) 移不失兌也. 小畜自姤來(一之四) 移不失巽也.(孔子曰 進无咎)

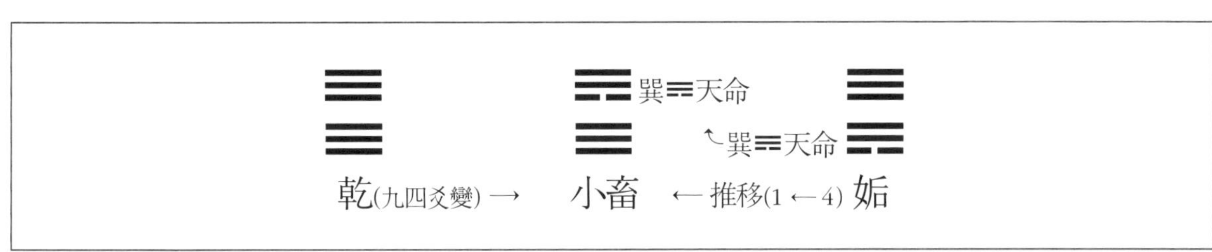

그러므로 위에서 예시했듯이 需☵괘는 中孚 때의 옛 巽☴의 象을 잃지 않고(中孚괘 때의 舊巽☴象), 師☷괘는 震☳의 象을 잃지 않았기 때문에(復괘 때의 하체 震☳象) 모두 "无咎"라고 말한 것이다. 그래서 공자께서는 두 괘의 小象傳에서 모두 "옛 象을 잃지 않았다(未失常)"고 말한 것이다. 이로써 爻變과 推移를 증험할 수 있을 것이다.

故需不失巽(中孚之舊巽). 師不失震(復之時下震). 皆云无咎. 而孔子於二卦 皆云 未失常(常 舊也) 可驗也.

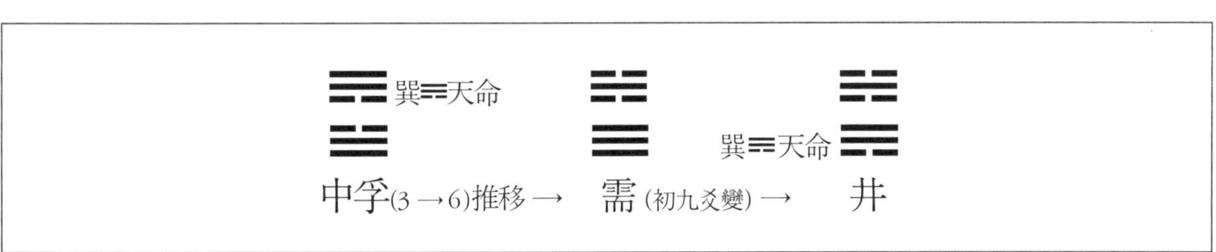

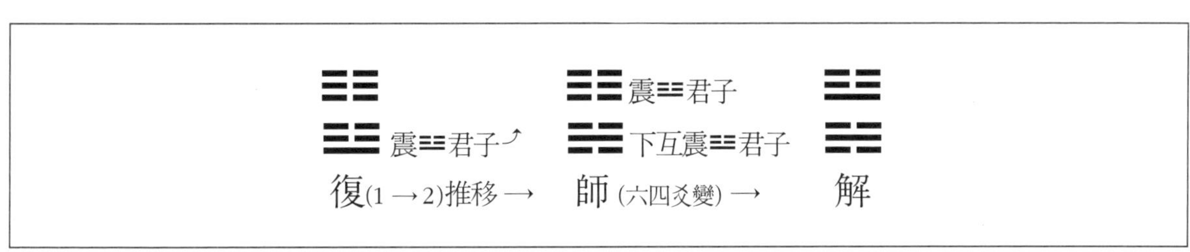

噬嗑䷔괘의 六五는 爻變으로 보완되어 乾☰을 얻고(否괘 때의 옛 乾☰), 賁䷟괘의 上九는 효변으로 보완
되어 坤☷을 얻는다(泰괘 때의 옛 坤☷). 그런즉 모두 “无咎”라 한 것이다.〈否괘와 泰괘, 噬嗑괘와 賁괘는 본래
反易[서로 뒤집어진 것]이다.〉

噬嗑 六五 補之得乾.(否之時舊乾) 賁之上九 補之得坤.(泰之時舊坤) 則皆云 无咎.(二卦 本反易)

<table>
<tr><td>乾☰君王</td><td>乾☰君王</td><td></td></tr>
<tr><td>否(1→5)推移 →</td><td>噬嗑 (六五爻變) →</td><td>无妄</td></tr>
</table>

<table>
<tr><td>坤☷民土</td><td>坤☷民土</td><td></td></tr>
<tr><td>泰(2→6)推移 →</td><td>賁 (上九爻變) →</td><td>明夷</td></tr>
</table>

大過䷛괘는 大壯䷡괘에서 왔다. 그러므로 大過의 初六이 효변하며 보완되어 다시 乾이 된다(大壯괘 下
體의 乾☰으로 되돌아간다). 大過괘 九五가 효변하면 보완되어 다시 震이 된다(大壯괘 上體의 震☳으로 되돌아
간다). 그런즉 모두 옛 모습을 復原(복원)할 수 있는 효사를 “无咎”라고 말한 것이다.

大過之卦 自大壯來. 故初六補之爲乾.(大壯之下乾) 九五補之爲震.(大壯之上震) 則皆云 无咎.

<table>
<tr><td>辟卦</td><td>衍卦</td><td></td></tr>
<tr><td></td><td>九五 효변 ⇨</td><td></td></tr>
<tr><td></td><td>初六 효변 ⇨</td><td></td></tr>
<tr><td>大壯(5→1)推移 →</td><td>大過</td><td>大壯(復原)</td></tr>
</table>

離䷝괘는 遯괘와 大壯괘로부터 왔다. 그러므로 離䷝괘의 初九가 효변하며 보완되어 遯䷠괘 下體의
艮☶이 復原되고, 離䷝괘의 上九가 효변하며 보완되어 大壯䷡괘 上體의 震☳이 復原된다. 그런 즉 모
두 “无咎”라고 말한 것이다. 이들 사례는 모두 지나침을 잘 보완함(善補過)을 뜻한다.

離自遯大壯來 故初九補之爲艮.(遯下艮) 上九補之爲震.(大壯之上震) 則皆云 无咎. 此善補過之義也.

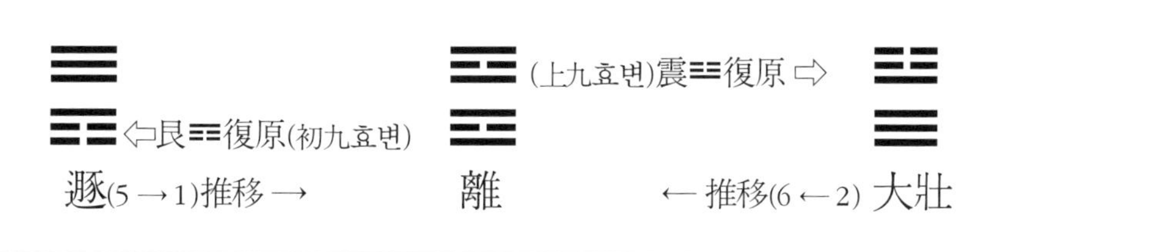

내[정약용]가 『周易四箋』에서 단지 剛柔(강유)와 順逆(순역)의 뜻을 취하여 "无咎"를 해석했다. 그러나 이처럼 推移·爻變에 따른 母卦(모괘)·之卦(지괘)의 괘사·효사를 비교 분석하는 방법 또한 无咎의 뜻이 있으니, 학자들은 의당 지면관계상 설명하지 못한 여타의 경우도 미루어 통달해야 할 것이다.

余於易箋 只取剛柔逆順之義 以釋无咎. 而若其比玩之法 又有斯義. 學者宜推通乎其餘也.

③ 주역 下經의 爻辭에서 말한 无咎

晉 （火） （上九） 无咎 (道未光也)
　 （地） （初六） 无咎 (未受命也)

暌 （火） （九四） 无咎 (志行也)
　 （澤） （九二） 无咎 (未失道也)
　 　 （初九） 无咎

解 （雷）
　 （水） （初六） 无咎 (剛柔之際 義无咎也)

損 （山） （上九） 无咎 (人得志也)
　 （澤） （六四） 无咎 (亦可喜也)
　 　 （初九） 无咎 (尚合志也)

益 （風） （六三） 无咎 (固有之也)
　 （雷） （初九） 无咎 (下不厚事也)

夬 （澤） （九五） 无咎 (中未光也)
　 （天） （九三） 无咎 (終无咎也)

姤 （天） （上九） 无咎
　 （風） （九二） 无咎

升 （地） （六四） 无咎 (順事也)
　 （風） （九二） 无咎 (有喜也)

困　　(澤)
　　(水)　　(九二)无咎 (中有慶也)

井　　(水)　　(六四)无咎 (修井也)
　　(風)

革　　(澤)　　(六二)无咎 (行有嘉也)
　　(火)

鼎　　(火)
　　(風)　　(初六)无咎 (以從貴也)

震　　(雷)　　(上六)无咎 (畏鄰戒也)
　　(雷)

艮　　(山)　　(六四)无咎 (止諸躬也)
　　(山)　　(初六)无咎 (未失正也)

漸　　(風)　　(六四)无咎 (順以巽也)
　　(山)　　(初六)无咎 (義无咎也)

豊　　(雷)　　(九三)无咎
　　(火)　　(初九)无咎 (過旬災也)

巽　　(風)
　　(風)　　(九二)无咎 (得中也)

渙　　(風)　　(上九)无咎 (遠害也)
　　(水)　　(九五)无咎 (正位也)

節　　(水)　　(六三)无咎
　　(澤)　　(初九)无咎 (知通塞也)

中孚　　(風)　　(九五)无咎 (位正當也)
　　(澤)　　(六四)无咎 (絶類上也)

小過　　(雷)　　(九四)无咎
　　(山)　　(六二)无咎

既濟　　(水)
　　(火)　　(初九)无咎 (義无咎也)

未濟 ䷿ (火)　　　　　(上九) 无咎
　　　 (水)

晉䷢괘는 小過䷽괘에서 왔다(小過괘의 3획이 6획으로 가며 교역됨). 晉䷢괘의 初六과 上九가 효변하며 보완하면 小過䷽의 震☳군자를 회복한다. 그것을 无咎라고 말한 것이다.
晉自小過來(三之上) 初六上九 補之得震(小過之舊震) 而謂之无咎.

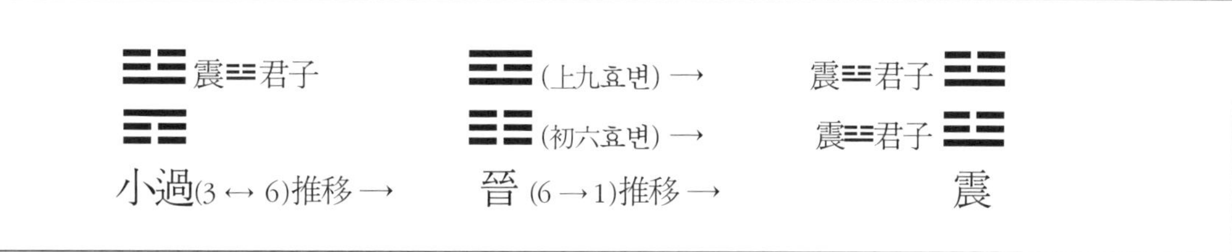

〈편역자 주〉 위는, 朱熹의 爻變表에 따라 설명한 表이다.

升䷭괘는 小過䷽괘에서 왔는데(4 → 2), 升䷭괘 九二가 효변하면 艮☶을 얻고, 六四가 효변하면 震☳을 얻는다(본래의 雷山 小過䷽를 복원한다). 이처럼 복원되는 것을 无咎라고 말한다.
升自小過來.(四之二) 九二補之得艮 六四補之得震.(本雷山) 而謂之无咎.

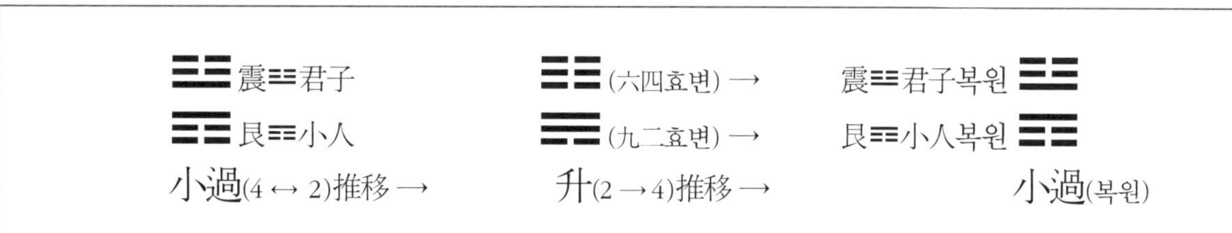

〈편역자 주〉 위는, 朱熹의 爻變表에 따라 설명한 表이다.

睽䷥괘는 大壯䷡괘에서 왔는데(6 → 3), 睽䷥괘 九二가 효변하면 본괘인 大壯괘의 震☳을 회복한다. 그것을 无咎라고 말한다. 그래서 공자께서는 道를 잃지 않는다(未失道)고 말한다(震☳을 道라 한 것이다). 이것들은 모두 과오를 잘 보완했다(善補過)는 뜻이다.
睽自大壯來.(上之三) 九二補之得震.(大壯之上震) 而謂之无咎. 則孔子曰 未失道也.(震爲道) 此皆善補過之義也.

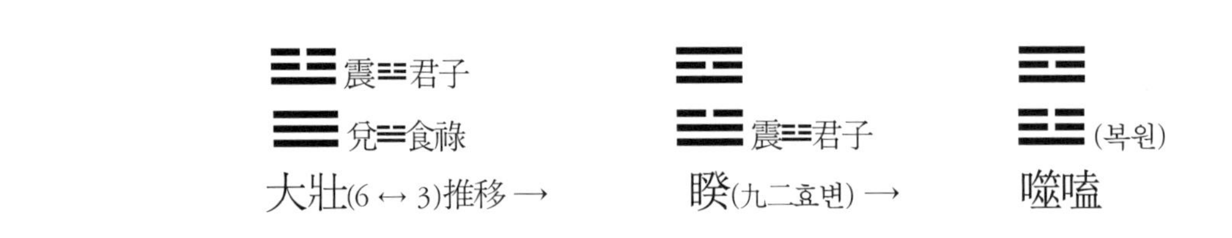

損卦는 泰卦에서 왔는데, 損卦의 初九가 효변하면 未濟괘의 坎外柔로 되는데, 이는 泰卦의 하체인 乾外剛의 상대 짝이다. 損卦의 六四가 효변하면 未濟괘의 离가 되는데, 이는 泰卦의 상체인 坤外柔의 상대 짝이다. 이러한 것들을 "无咎"라고 말한다. 이 또한 하나의 사례이다.

損自泰來 初九則 坎以當乾(一與三位剛) 六四則 离以當坤.(四與六位柔) 而謂之无咎.(泰下乾上坤) 此又一例也.

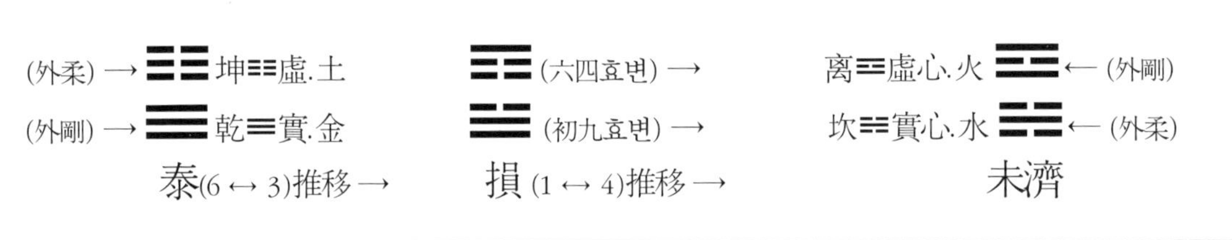

〈편역자 주〉 위는, 朱熹의 爻變表에 따라 설명한 表이다.

睽卦의 初九 효사에 "喪馬勿逐自復(상마물축자복: 말을 잃었는데 쫓아가지 않더라도 제 스스로 돌아온다.)"이라 한 것 역시 坎馬[睽괘의 初九가 爻變한 未濟괘의 坎馬]를 乾馬(睽괘의 上九가 大壯괘의 3位로 推移된 乾馬)의 상대 짝으로 보고 "无咎"라고 말한 것이다.

睽初九 亦以坎馬 當乾馬.(大壯之下乾)

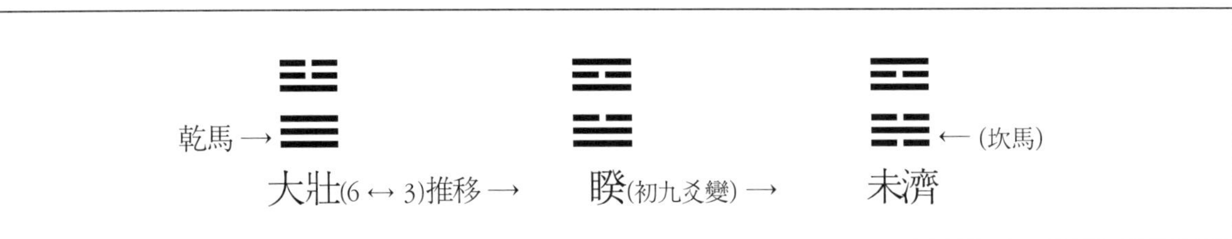

④ 특별한 사례의 无咎

萃　☱(澤)　(上六) 无咎 (未安上也)
　　☷(地)　(九五) 无咎 (志未光也)
　　　　　(九四) 无咎 (位不當也)
　　　　　(六三) 无咎 (上巽也)
　　　　　(六二) 无咎 (中未變也)
　　　　　(初六) 无咎

위와 같이 萃☷괘의 여섯 개 효사는 모두 无咎를 말한다. 이는 곧 민중을 교화하여 과오를 보완하기 위한 목적이다. 萃☷는 모여들어 문란하여 天下 쟁란의 坎☵大盜(대도)가 되므로, 변화만이 곧 進展이기 때문이다.(小過괘때부터 大盜이었으며 萃괘로 되어서도 흩어지지 않음) 그러나 참으로 잘 改過·補完하면 역시 无咎한 사람들이다.

萃之六爻 皆言无久 卽所以敎民補過也. 萃者天下之大盜也.(自小過時爲大盜 萃而不散) 苟善補矣 亦无咎之人也

兼大坎☵盜　　　夾大坎☵盜

☷　　兌☱澤和　☳九四爻變 → 坎☵盜가 되지만, 九五의 直心 法律을 따르면 无咎하다.
☷　　坤☷地順 ☷

小過(5 ↔ 3)推移 →　　萃

易의 450개 繇詞(주사) 가운데 "无咎"란 말이 98개이다. 그 사례를 미루어보면 허물을 가지고 있는 자는 드물다. 사람이면 누군들 과오가 없겠는가? 고치는 것을 귀하다고 한다. 성인께서 이에 스스로 善해지는 길을 활짝 열어 만민을 인도하니 그 취지가 은미하고도 깊다.

易四百五十繇 而其无咎者 九十八也. 以其例而推之 有咎者鮮矣. 人孰無過 改之爲貴. 聖人於此廣開 自善之路 以導萬民. 其旨淵乎微矣.

蠱　☶(山)
　　☴(風)　(九三) 无大咎 (終无咎也)

姤　☰(天)
　　☴(風)　(九三) 无大咎

큰 것은 陽이다. 坎☵이 乾☰에 상당하기 때문이다(坎☵의 1효·3효는 자리가 강건하고 2효는 剛陽이다). 그러므로 큰 허물이 없다고 말한다.

大者陽也. 坎以當乾 (一與三位剛) 故无大咎也.

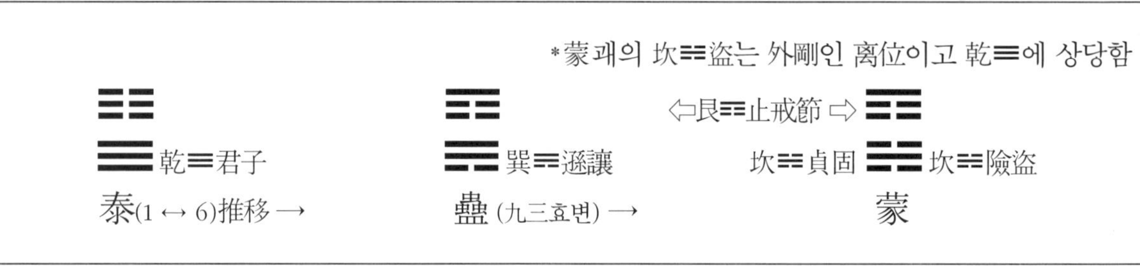

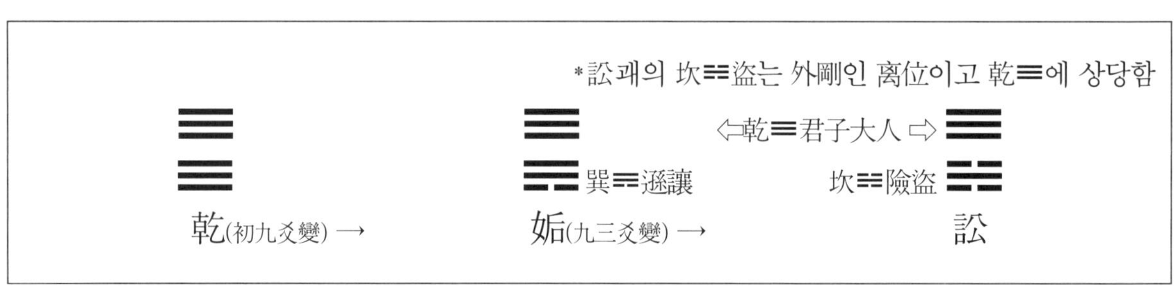

蠱☶☴괘의 兩互로 괘를 만들면 歸妹☳☱괘가 된다. 歸妹☳☱의 六三 효가 변하면 大壯☳☰괘가 되니 乾☰君子가 보완한다. 이로 볼 때도 역시 蠱☶☴의 九三에서 "无咎"라고 한 것을 이해할 수 있다.

蠱之兩互 又爲歸妹. 歸妹六三補之爲乾 亦无咎也.

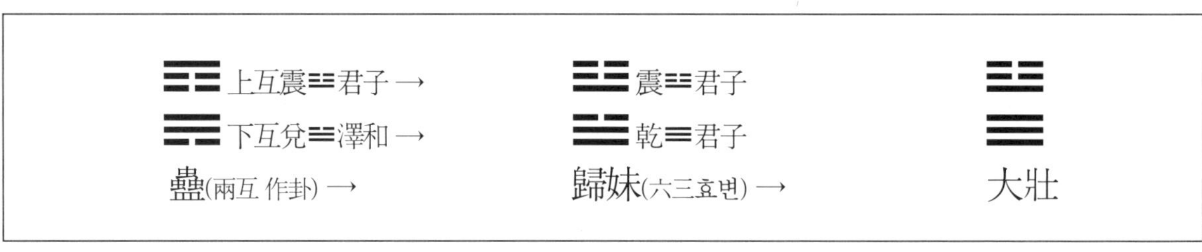

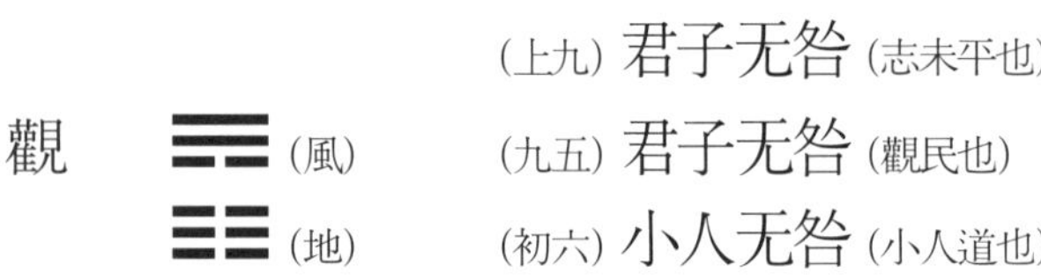

"觀☴☷"이란 (卦象의) 위에서 아래를 관찰하는 것이다. 觀☴☷괘를 겸획하면 艮☶괘가 되는데, 위에서 아

래를 내려다보려고 震☳이 艮☶으로 전도된 모습이다. 그리고 爻를 살펴보면 初六은 陰▪▪효로 艮☶小人이 되고 九五와 上九는 陽━효로 震☳君子일 것이다.(觀괘의 上九가 爻變한 比괘의 上互艮이 전도되어 震☳君子가 된다.) 觀☴☷괘 初六의 "小人"은 艮☶을 지칭하고, 九五·上九의 "君子"는 震☳을 지칭한다.

觀者自上而觀下也. 自上觀下則 震艮顚倒. 故初六爲艮 五六爲震也(上九則互震倒)小人者艮也 君子者震也.

<table>
<tr><td>觀(上九爻變) →</td><td>比</td><td>上互艮☶小人 → 顚倒 ⇨ 震☳君子</td></tr>
<tr><td>觀(九五爻變) →</td><td>剝</td><td>上艮☶小人 → 顚倒 ⇨ 震☳君子</td></tr>
<tr><td>觀(初六爻變) →</td><td>益</td><td>下震☳君子 → 顚倒 ⇨ 艮☶小人</td></tr>
</table>

小畜 (風)(天) (初九) 何其咎 (其義吉也)

隨 (澤)(雷) (九四) 何咎 (明功也)

睽 (火)(澤) (六五) 往何咎 (往有慶也)

夬 (澤)(天) (初九) 爲咎 (不勝而往咎也)

"何咎(하구)"는 无咎와 같은 뜻이다. 夬☰☱괘 初九의 占辭(점사)는 의당 姤☰☴괘의 上九와 같아야 한다. 그런데 夬☰☱괘의 경우는 咎[有咎]가 되고, 姤☰☴의 경우는 无咎가 된다. 그 까닭은 夬☰☱괘는 주인이 아래에 있어(初爻를 지칭. 초효가 주인이 됨) 상대가 나를 이기기 때문이다(兌의 金象이 巽의 木象을 이긴다).
何咎猶无咎也. 夬初九之占 當與姤上九同. 然夬爲咎 姤爲无咎者 夬則卦主在下.(初爻 初爲主) 爲敵所克也.(兌金克巽木)

☱	☱ 兌(金象)	
☰	☴ 巽(木象) → 주인 → 有咎	
夬(初九爻變) →	大過	

☰	☱ 兌(金象) → 주인 → 无咎	
☴	☴ 巽(木象)	
姤(上九爻變) →	大過	

(26) 有孚(유부)

① 이하는 彖辭에 나오는 "有孚"의 사례이다.

需 ☵(水) ☰(天)　　(彖辭) 有孚 (以正中也)

訟 ☰(天) ☵(水)　　(彖辭) 有孚 (剛來而得中也)

觀 ☴(風) ☷(地)　　(彖辭) 有孚 (下觀而化也)

坎 ☵(水) ☵(水)　　(彖辭) 有孚 (不失其信)

損 ☶(山) ☱(澤)　　(彖辭) 有孚 (其道上行)

夬　　☱(澤)　　　　(象辭) 孚號
　　　☰(天)

革　　☱(澤)　　　　(象辭) 乃孚 (革而信之)
　　　☲(火)

"孚(부: 미쁨)"란 信이다. 誠實하면 반드시 신뢰한다. 그러므로 中心을 비우는 것을 "孚"라 한다. 이것이
中孚☰괘라고 이름 지은 까닭이다. 그러므로 易의 用例에서 离☲虛心(허심)이 있으면 "有孚"라 한다.
그런데 간혹 二획과 五획이 相應하는 것을 역시 "有孚"라 말하기도 한다. 위에 예시된 것처럼 觀☰괘
의 象辭가 그런 경우이다. 夬☰괘의 象辭에서 "孚號(부호: 信賴로 부른다)"라고 말한 것 역시 履☰괘와의
交易 때문이며(澤天 ⇨ 天澤), 履☰괘는 离☲虛心의 형상 때문이다.
孚者信也. 誠則必信. 故虛中爲孚. 此中孚之所以名也. 故易例离則有孚. 然或二五相應 亦云有孚.(剛柔應)
觀卦是也. 夬之孚號 則又以履之交易(天澤交) 履者离也.(通卦爲离形)

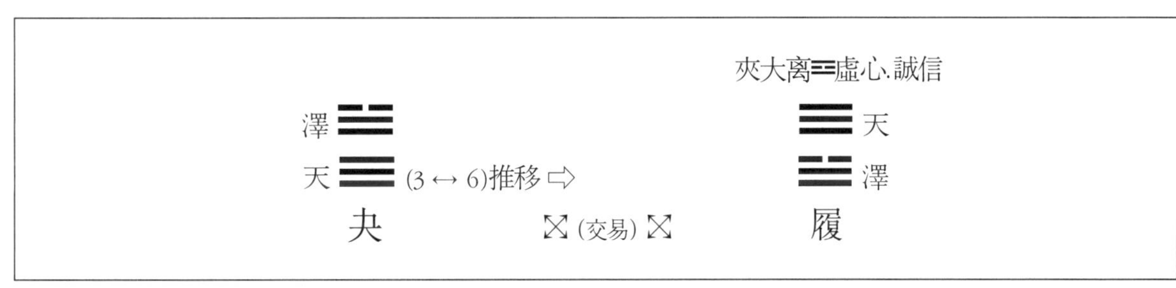

祭祀(제사)의 의의는 반드시 정성과 미쁨으로 해야 한다. 그러므로 有孚(유부)는 제사에 대한 점괘이다.
그런데 혹은 이웃나라와의 교류도 반드시 신의로써 감화해야한다. 小畜☰괘 九五의 "有孚攣如(유부련
여: 신뢰로 손잡다)"가 이것이다. 군자가 세상을 다스림에도 반드시 신의로 해야 감화된다. 革☱괘 象辭
의 "已日乃孚(이일내부: 하루만에 감화된다)"가 이것이다. "孚"란 誠信(성신)에 감화된 결과이다.
祭祀之義 必以誠信. 有孚者 祭祀之占也. 然或 隣國相交 必以信孚. 小畜所謂 有孚攣如是也. 君子御世
必以信孚. 革所謂已日乃孚 是也. 孚者感化也.

② 이하는 爻辭에 나오는 "有孚"의 사례이다.

比　　☵(水)
　　　☷(地)　　　　(初六) 有孚

小畜　☴(風)　　　　(九五) 有孚 (不獨富也)
　　　☰(天)　　　　(六四) 有孚 (上合志也)

| 隨 | ䷐ (澤) | (九四) 有孚 (明功也) |
| | | (雷) | |

隨　䷐(澤)　(九四) 有孚 (明功也)
　　　(雷)

大壯　䷡(雷)
　　　(天)　(初九) 有孚 (其孚窮也)

家人　䷤(風)　(上九) 有孚 (反身之謂也)
　　　(火)

解　䷧(雷)　(六五) 有孚 (小人退也)
　　(水)

益　䷩(風)　(九五) 有孚 (勿問之矣)
　　(雷)　(六三) 有孚 (固有之也)

萃　䷬(澤)
　　(地)　(初六) 有孚

井　䷯(水)　(上六) 有孚 (大成也)
　　(風)

革　䷰(澤)　(九五) 有孚
　　(火)　(九四) 有孚 (信志也)
　　　　　(九三) 有孚 (又何之矣)

豐　䷶(雷)
　　(火)　(六二) 有孚 (信以發志也)

中孚　䷼(風)　(九五) 有孚 (位正當也)
　　　(澤)

未濟　䷿(火)　(上九) 有孚
　　　(水)　(六五) 有孚 (其暉吉也)

이상의 괘들은 离☲虛心의 誠信을 품고 있기 때문에 孚[미쁨]라 한 것이다(혹은 兼畫하여 离☲가 되는 大离의 경우와 互卦하여 离☲가 된 경우도 포함된다). 오직 大壯䷡괘 初九의 경우는 여섯 획의 자리가 모두 陰陽으로 상응하기 때문에 有孚라 한 것이다(大壯은 初九가 爻變하여 恒괘가 됨).

諸卦並以离孚.(或大离互离) 唯大壯初九 以六位皆應.(雷風恒) 謂之有孚也.

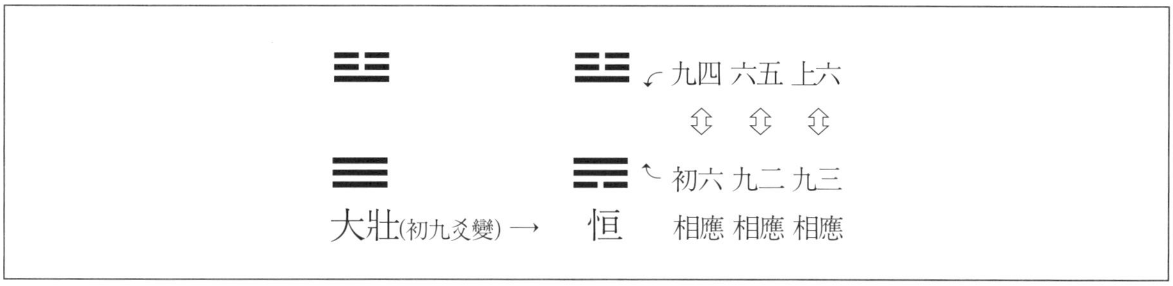

中孚☲괘의 여섯 爻에 모두 有孚가 있지만, 유독 九五에서만 말한 것은, 小畜☲괘 九五와 그 象이 의
당 같음을 밝힌 것이다(中孚괘의 九五와 小畜괘 九五의 효사에서 모두 "有孚攣如"를 말하고 있다).
中孚六爻 皆宜有孚. 唯九五言之者 明小畜九五 其象宜同也.(皆有孚攣如)

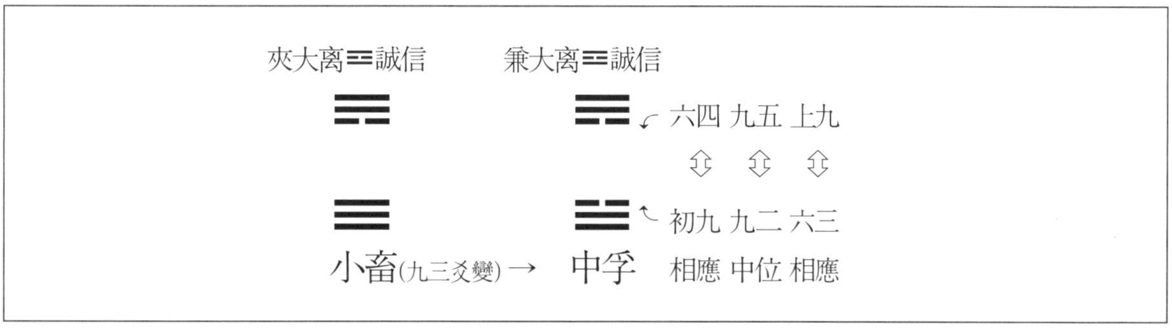

③ 이하는 有孚와 관련된 기타 "孚"의 사례이다

泰　　(地)　　(六四) 以孚 (中心願也)
　　　(天)　　(九三) 其孚

大有　(火)　　(六五) 厥孚交如 (信以發志)
　　　(天)

隨　　(澤)　　(九五) 孚于嘉 (位正中也)
　　　(雷)

睽　　(火)　　(九四) 交孚 (志行也)
　　　(澤)

解　　(雷)　　(九四) 朋至斯孚 (未當位也)
　　　(水)

姤　　(天)
　　　(風)　　(初六) 孚

萃　≣(澤)

　　≣(地)　　　　(六二) 孚 (中未變也)

升　≣(地)

　　≣(風)　　　　(九二) 孚 (有喜也)

兌　≣(澤)　　　　(九五) 孚于剝 (位正當也)

　　≣(澤)　　　　(九二) 孚兌 (信志也)

위의 괘들은 중앙이 虛한 离≡虛心 때문에 "孚"라고 말한 것이다. 오직 泰≣괘의 九三과 六四, 升≣괘
의 九二는 모두 兩互괘인 歸妹≣괘에서 离≡誠信을 얻어 "孚"라고 말한 것이다(本卦를 보시오).

諸卦並以离孚. 唯泰之三四 升之九二 皆以兩互之卦 得有离誠也.(見本卦)

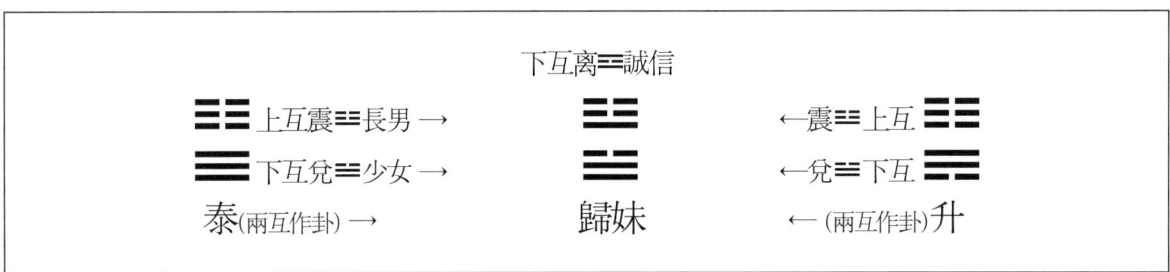

姤≣괘(天風) 의 경우는 初六이 추이하면 小畜≣괘(風天)로 되는데 이는 姤≣괘(天風) 상하의 괘를 교
역한 괘이기도 하다. 小畜≣괘에서는 본래 離≡虛心(허심) 孚가 있으며, 또 剛位[강건한 奇數의 자리]에
있던 陰‐‐효가 柔位[유약한 偶數의 자리]인 4위로 推移함으로써 正位를 얻고 陰陽으로 호응하므로 "孚"
라고 말한다.

姤之初六 又以小畜交易(風天交). 本有离孚(小畜有离形). 亦有正應也(一四應).

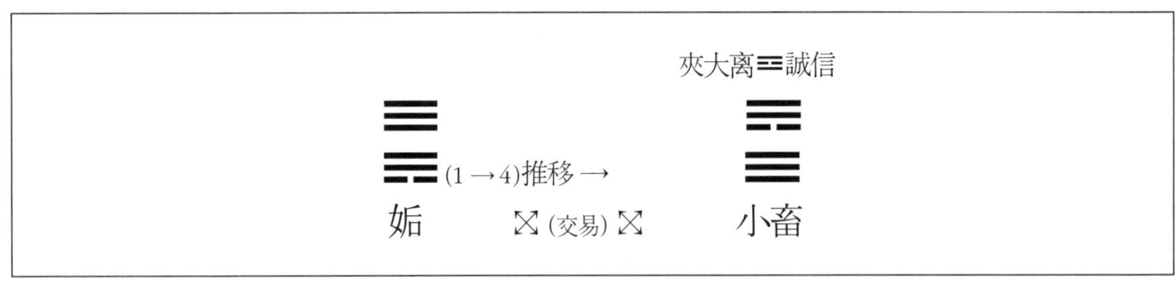

④ 이하는 "有孚"에 반대되는 사례이다

晉 　(火)
　　(地)　　　　(初六) 罔孚 (未受命也)

萃 　(澤)　　　(九五) 匪孚 (志未光也)
　　(地)

晉䷢괘의 初六에도 离☲孚가 없는 것이 아니고, 萃䷬괘 九五에도 正位의 호응이 없는 것이 아니다. 그러나 "匪孚(비부)"·"罔孚(망부)"라고 한 것은 卦의 덕성과 爻의 형상에 단점이 있기 때문이다(本卦를 보시오).
晉初六 未嘗無离孚也. 萃九五未嘗無正應也. 然而不孚者 卦德爻象 有未然也.(見本卦)

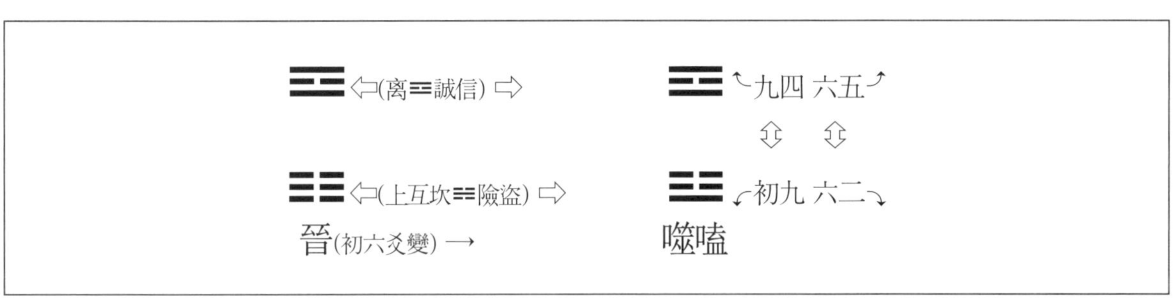

(27) 征吉(정길)

泰 　(地)
　　(天)　　　(初九) 征吉 (志在外也)

升 　(地)　　　(象辭) 南征吉 (志行也)
　　(風)

困	䷜(澤)	(上六) 征吉 (吉行也)
	(水)	
革	(澤)	
	(火)	(六二) 征吉 (行有嘉也)
歸妹	(雷)	
	(澤)	(初九) 征吉 (相承也)

"征"이란 정벌한다는 뜻이다(위에서 아래를 치는 것을 "征"이라 한다). 옛날에는 제후들이 인접국을 자주 정벌하는 일이 있었다. 나라의 大事(대사)이므로 반드시 점을 쳐서 결단했다. 그러므로 "征吉(정길)"·"征凶(정흉)"이라는 점의 사례를 자주 보여준다. 그런데 후인들이 易을 해설하면서, 혹자는 征(정)을 "行(행)"으로 새기고, 혹자는 "進(진)"으로 훈독하니 역시 잘못이 아니겠는가?

征者伐也.(上伐下曰征) 古者諸侯接隣 數有征伐 國之大事 必以筮決. 故征吉征凶 屢示占例. 乃後之說易者 或訓爲行 或訓爲進 不亦謬乎.

離䷝괘의 上九에서 "王用出征(왕용출정: 왕이 정벌에 나섰다)"이라 했고, 謙䷠괘의 上六에서 "利用行師 征邑國(이용행사 정읍국: 군사를 이용하여 고을과 나라를 정벌했다)"이라 했으며, 復䷗괘의 上六에서 "至于十年 不克征(지우십년 불극정: 십년에 이르도록 정벌하지 못한다)"이라 했다. 무릇 易에서 말하는 "征(정)"은 '征伐'의 '征'이 아닌 것이 없으니, "征吉"·"征凶"을 어찌 달리 해석할 수 있겠는가? 만약 여행자의 占이라면 易詞에서 "行(행)"이라 말하거나 "往(왕)"이라 말하는 경우가 셀 수 없이 많지만, 이를 "征吉"·"征凶"과 혼동하여 분별하지 못한다면 옳지 않다.

離之上九曰 王用出征. 謙之上六曰 利用行師 征邑國. 復之上六曰 至于十年不克征. 易凡言征 無非征伐之征(漸九三云 夫征不復 亦從征者之占也) 則征吉征凶 豈有異釋哉. 若夫行者之筮 其在易詞 曰行曰往者 不可勝數. 不可與征吉征凶 混而不分也.

卦의 형상으로 보면, 혹은 卦主[괘의 주인]의 존망에 따라 길흉을 점치거나, 物性의 相克(상극)으로 승패를 점치기도 한다. 그러나 水克火(수극화)·火克金(화극금)·金克木(금극목)에 대하여 易詞에 징험한 일이 있으나, 木克土(목극토)·土克水(토극수)에 대해서는 결코 그림자도 없다.

以卦象則 或以卦主之存亡 占其吉凶. 或以物性之相克 占其勝敗. 然水克火 火克金 金克木 則易詞有徵. 至於木克土 土克水則 絶無影響.

옛 성인은 실제적인 이치를 징험해 이로써 점을 치는 법식으로 삼았다. 그러나 후대에 와서 術數家(술수가)들이 늘리고 첨가해서 '相克相生(상극상생)'의 說을 만들었을 뿐이다.

『春秋左傳』「哀公 九年」에 의하면, 晉(진)나라의 조앙이 鄭(정)나라를 구원하기 위해 점을 쳐서 '물이 불에 달려들며 만나는 점괘'를 얻었다. 이에 史龜(사구)는 "이는 물이 陽을 침몰시키는 沈陽의 점괘이니

可(가)히 병사를 일으켜도 좋을 것"이라고 말했다〈沈陽(침양)은 불인 陽이 물을 만나 가라앉는다는 뜻이다〉. 史墨(사묵)은 "炎帝(염제: 神農씨)는 불을 발명한 祖師인데, 姜씨들이 그 후예입니다. 물은 불을 이기는 것이니〈宋나라 왕실의 姓이 子씨이니 물에 해당됨〉 불에 해당하는 姜씨 姓의 나라를 정벌함이 可할 것입니다"라고 말했다.

또한 史墨이 趙簡子(조간자)에게 대답하며 말했다: "庚午(경오)날에는 해의 기운이 변하기 시작할 것입니다. 불[火]이 쇠[金]를 이기므로 金의 晉나라는 불에 해당하는 楚(초)나라를 이기지 못할 것입니다."(昭公 31年)

이처럼 水克火·火克金에 대해서는 징험이 있다.

古之聖人 驗諸實理 以爲占例. 而後之術數家 增衍添補 以爲相克相生之說耳. 春秋傳 晉趙鞅卜救鄭.(哀九年) 遇水敵火.(杜氏云 水火之兆) 史龜曰 是謂沈陽.(火陽得水沈) 可以興兵. 史墨曰 炎帝火師 姜姓其後也. 水勝火 伐姜則可.(宋子姓爲水) 又史墨對趙簡子曰 庚午之日 日始有謫. 火勝金 故弗克.(昭三十一年) 水克火 火克金則有徵矣.

(28) 征凶(정흉)

小畜 ䷈ (風)／(天)　　　(上九) 征凶 (有所疑也)

頤 ䷚ (山)／(雷)　　　(六二) 征凶 (行失類也)

大壯 ䷡ (雷)／(天)　　　(初九) 征凶 (其孚窮也)

損 ䷨ (山)／(澤)　　　(九二) 征凶 (中以爲志也)

困 ䷮ (澤)／(水)　　　(九二) 征凶

革 ䷰ (澤)／(火)　　　(上六) 征凶
　　　　　　　　　　　(九三) 征凶

震 ䷲ (震)／(震)　　　(上六) 征凶 (雖凶无咎)

歸妹 ䷵ (雷)／(澤)　　　(彖辭) 征凶 (位不當也)

未濟 (火)
(水)　　　(六三) 征凶 (位不當也)

困䷮괘의 九二에서 "征凶(정흉)"이라 했고, 上六에서 "征吉"이라 했다. 困䷮괘는 否䷋괘로부터 왔는데
否䷋괘의 六二는 올라가고 上九는 내려왔다(6효가 2효로 내려옴). 이편이 흉하면 저편은 吉하다.
困之九二曰 征凶. 其上六曰 征吉. 自否而移 二往上來(上之二) 此凶則彼吉也.

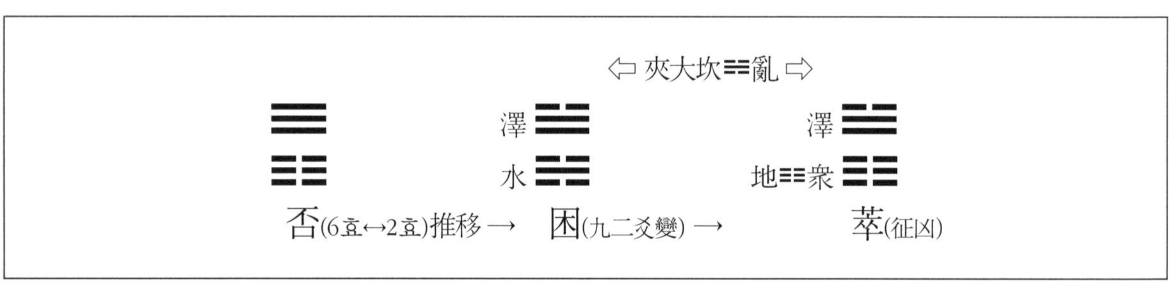

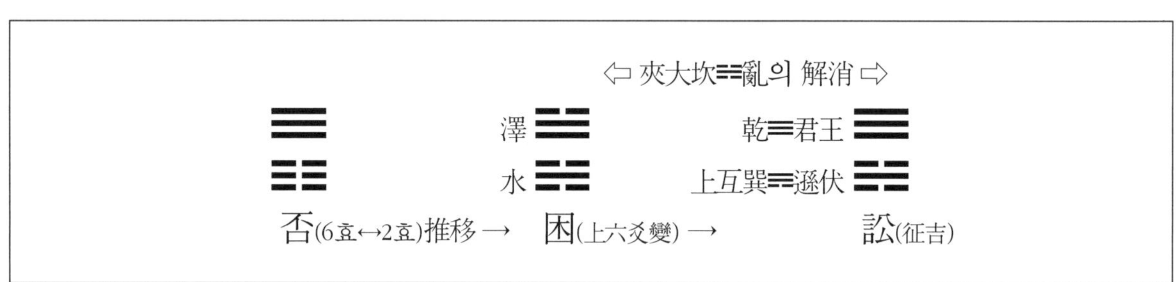

革䷰괘의 六二에서 "征吉"이라 했고, 上六에서 "征凶"이라 했다. 革䷰괘는 大壯䷡괘로부터 推移하여
(2효가 5효로 간다) 아래에서 火를 얻었으니, 火克金이다[征吉]. 또 遯䷠괘로부터 推移하여(6효가 1효로 간
다), 위에서 金을 얻었으니, 쇠가 불을 만난 것이다[征凶].
革之六二曰 征吉. 其上六曰 征凶. 自大壯移(二之五) 火克金也.(下得火) 自遯而移(上之一) 金遇火也(上得金)

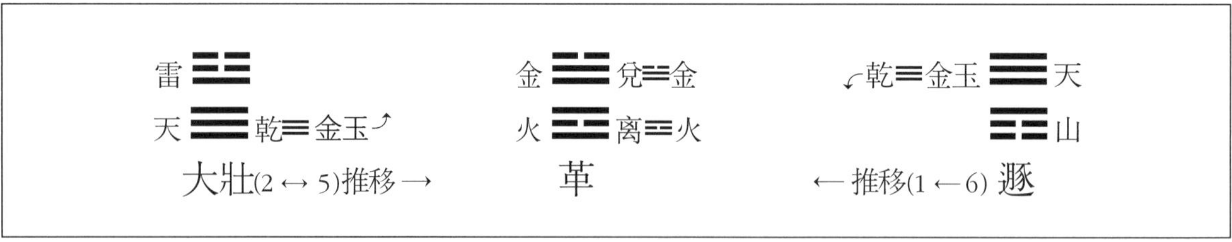

伏位(복위)의 경우 下卦의 자리는 离☲位(1奇-2偶-3奇)이고, 上卦의 자리는 坎☵位(4偶-5奇-6偶)이다. 下

卦는 오른쪽〈고대에는 左[왼쪽]를 높였다〉이고, 上卦는 왼쪽 자리이다(右는 서쪽이고 左는 東쪽이다). 동서남북
은 모두 용례가 있다. 南征(남정)은 吉하고, 北征(북정)은 凶하다("南征吉"은 升괘의 象辭이다).

下卦位离(一二三) 上卦位坎.(四五六) 下卦位右(古尙左) 上卦位左.(右西而左東) 東西南北 皆有例也. 南征之
吉 北征之凶也.(升之象)

易例比釋(二)

(1) 利見大人

(2) 利涉大川

(3) 利有攸往

(4) 祭祀

(5) 婚媾

(6) 疾病

(7) 福

(8) 歲月日

(9) 東西南北

(10) 无不利

(11) 无攸利

(1) 利見大人(이견대인)

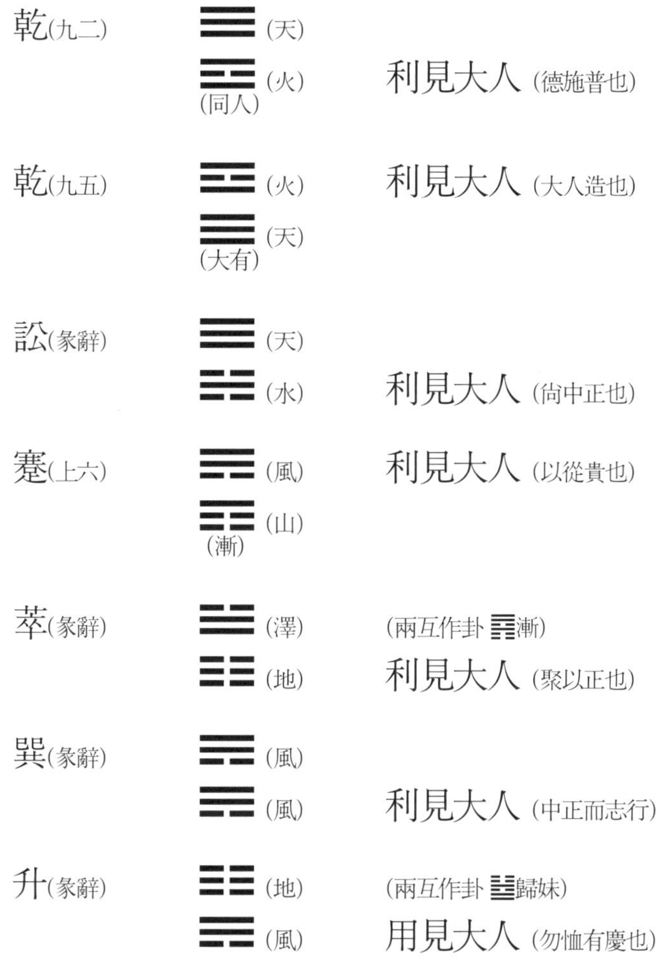

大人(대인)이란 군주이고 그를 알현하는 자는 臣下이다. 『說卦傳』에서 乾☰은 군주라 하고, 离☲目은 相見(상견)이라 한다. 그러므로 괘에 乾☰과 离☲가 있으면 바야흐로 군주를 알현하는 占辭(점사)가 된다.
大人者君也 其見者臣也. 說卦 乾則爲君 离則相見. 故卦有乾离 方爲見君之占.

乾☰괘는 원래 논할 수가 없고, 漸괘·訟괘·巽괘(蹇괘는 효변하여 漸괘가 된다) 등은 본래 否☷괘·遯☶괘에서 왔고 모두 위에 있는 乾☰이 군주가 된다. 그리고 离☲相見에서 서로 만난다. 그러나 신하가 있은 이후에나 군주를 알현할 수 있으니, 柔弱(유약)한 陰位(음위)가 臣[신하]이 된다. 乾☰괘의 九二와 九五는 모두 陽━효이지만 그 중의 하나는 柔位이므로 신하가 된다.[a]
乾固毋論 漸與訟巽(蹇之漸) 本自否遯來 皆以上乾爲君.(否遯本上乾) 而相見乎离也. 然有臣而後 可以見君. 柔者爲臣也. 乾之二五 皆以一陰爲臣.

---

a　특히 九二는 陽효이지만 伏位로는 陰-柔의 자리에 있으므로 신하가 된다. (편역자 주)

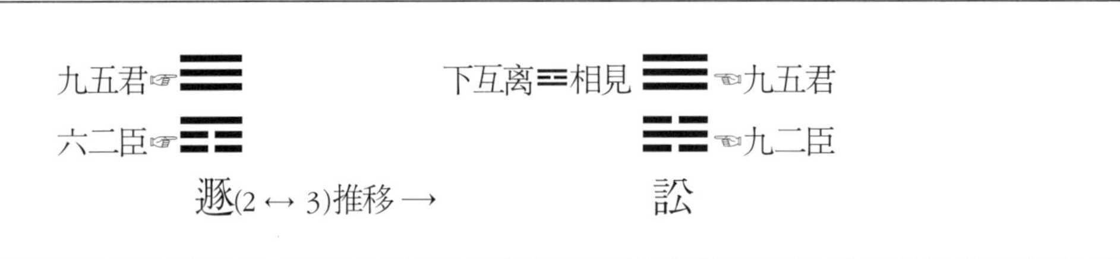

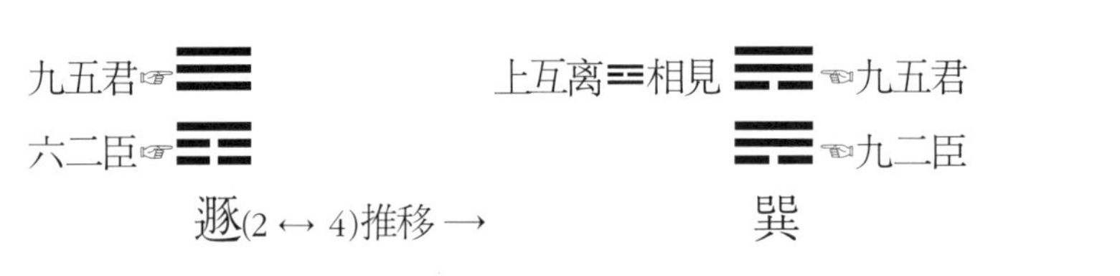

(萃괘·升괘에 乾君·离相見도 없는데 "利見大人"이라 말한 것은 무슨 까닭인가?)

萃괘의 兩互괘는 漸괘이고, 升괘의 兩互괘는 歸妹괘인데, 漸괘·歸妹괘는 모두 乾君·离相見을 가지고 있다(그것의 母卦인 否卦·泰卦때부터 乾이 있었다). 그러므로 "利見大人"이라는 占辭를 얻을 수 있음은, 이러한 두 가지 사례밖에 없다. 이를 "利見"이라 함은, 兌·巽의 九二-中德의 利로움 때문이다.

萃兩互漸也. 升兩互歸妹也. 漸與歸妹皆有乾离(否泰時有乾) 故得見大人 無二例也. 謂之利見者 以兌巽也.

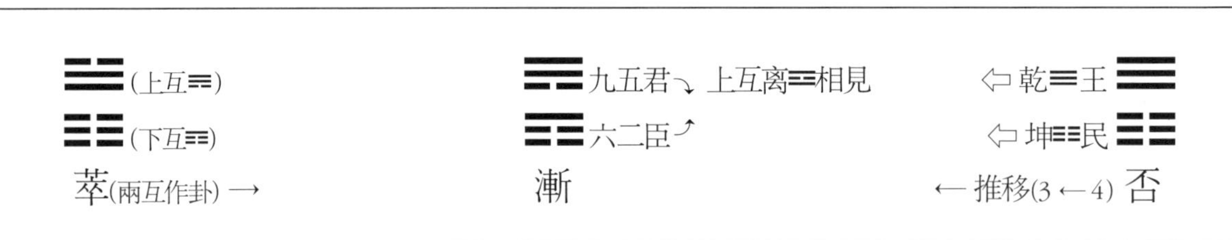

(2) 利涉大川(이섭대천)

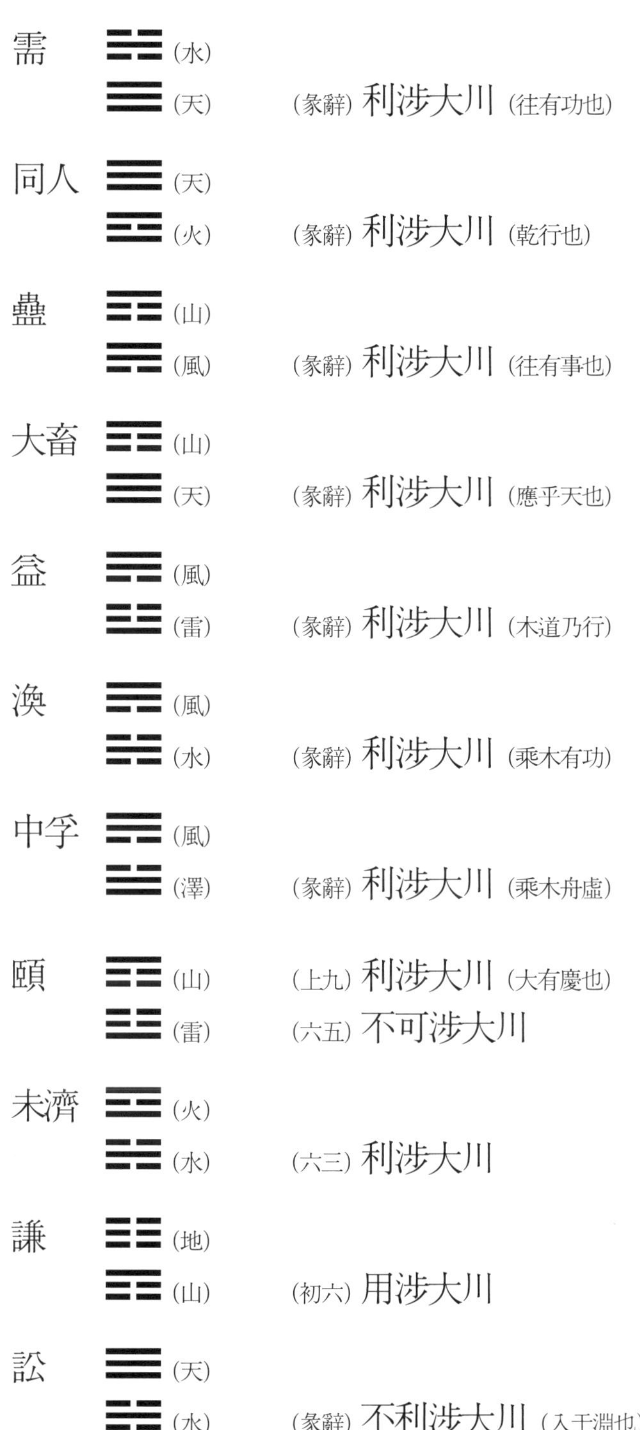

需 (水)(天)	(彖辭) 利涉大川	(往有功也)
同人 (天)(火)	(彖辭) 利涉大川	(乾行也)
蠱 (山)(風)	(彖辭) 利涉大川	(往有事也)
大畜 (山)(天)	(彖辭) 利涉大川	(應乎天也)
益 (風)(雷)	(彖辭) 利涉大川	(木道乃行)
渙 (風)(水)	(彖辭) 利涉大川	(乘木有功)
中孚 (風)(澤)	(彖辭) 利涉大川	(乘木舟虛)
頤 (山)(雷)	(上九) 利涉大川 (大有慶也) / (六五) 不可涉大川	
未濟 (火)(水)	(六三) 利涉大川	
謙 (地)(山)	(初六) 用涉大川	
訟 (天)(水)	(彖辭) 不利涉大川	(入于淵也)

위험을 무릅쓰거나 모험을 감행하는 것을, 군자는 삼가고 두려워한다. 그러므로 큰 강을 건너려면 반드시 점을 쳐 계고한 다음에 결정한다. 이는 삼가 신중함이 지극하기 때문이다. 또한 혹시 목전에 간난과 우환을 당했을 때 좋은 신하의 보좌를 받아 시절을 구제하는 것일 수도 있다. 『書經』에 이르기를 "마치 큰 냇물을 건너려는데 나루터가 없다", 또 이르기를 "만약 거대한 강을 건너고자 할 때 너로 하

여금 배와 노를 삼겠다"라고 말했다. 이로 볼 때 여러 괘에서 말한 "利涉大川"은, 이미 냇물을 건너는데 전용한 점사이었으나, 역시 시절을 구제하는 일반적인 상징일 것이다. 괘의 상징으로는 坎☵川이나 兌 ☱澤이 될 수도 있고, 交易(교역)이나 推移(추이)일 수도 있으니 한 가지 사례만이 아니다.

乘危涉險 君子畏之. 故將涉大川 必以筮稽 愼之至也. 又或艱憂在前 良佐濟時. 書曰 若涉大川 其無津涯. 又曰 若濟巨川 用汝作舟楫. 諸卦之云 利涉大川 旣可爲涉川之專占 亦可爲濟時之通象也. 其在卦象 或以 坎川 或以兌澤 或以交易 或以推移 不一例也.

(3) 利有攸往(이유유왕)

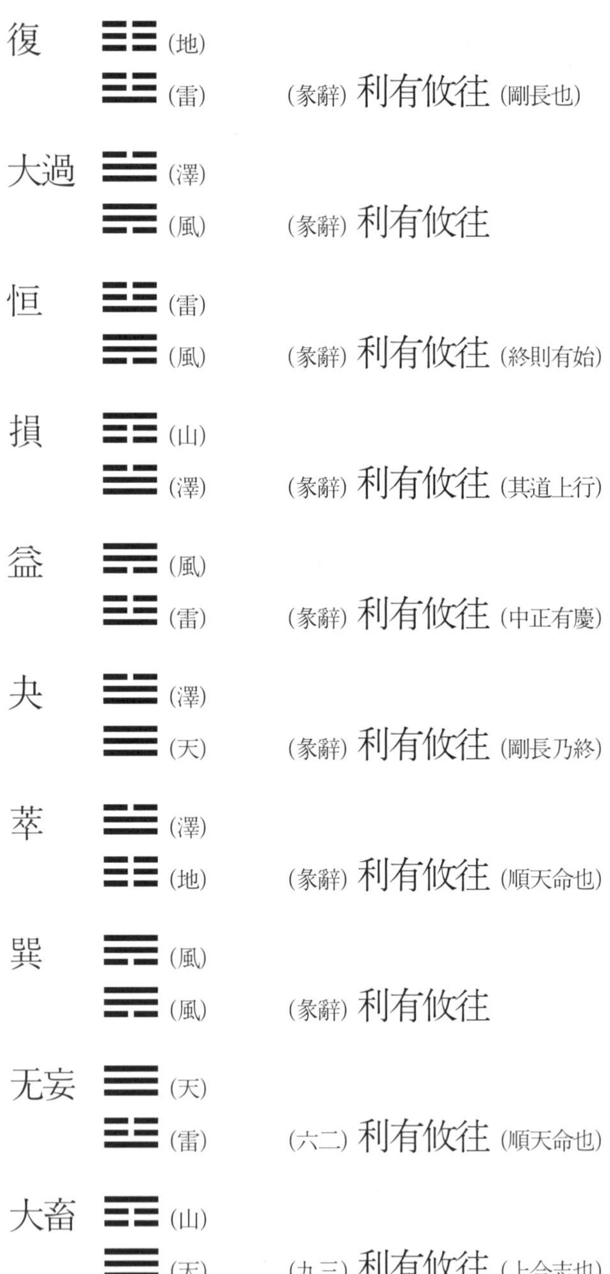

復 ☷(地)　☳(雷)　(彖辭) 利有攸往 (剛長也)

大過 ☱(澤)　☴(風)　(彖辭) 利有攸往

恒 ☳(雷)　☴(風)　(彖辭) 利有攸往 (終則有始)

損 ☶(山)　☱(澤)　(彖辭) 利有攸往 (其道上行)

益 ☴(風)　☳(雷)　(彖辭) 利有攸往 (中正有慶)

夬 ☱(澤)　☰(天)　(彖辭) 利有攸往 (剛長乃終)

萃 ☱(澤)　☷(地)　(彖辭) 利有攸往 (順天命也)

巽 ☴(風)　☴(風)　(彖辭) 利有攸往

无妄 ☰(天)　☳(雷)　(六二) 利有攸往 (順天命也)

大畜 ☶(山)　☰(天)　(九三) 利有攸往 (上合志也)

損　　☶(山)
　　　☱(澤)　　　(上九) 利有攸往 (大得志也)

賁　　☶(山)
　　　☲(火)　　　(彖辭) 小利有攸往 (天文也)

이는 使臣(사신)으로 멀리 떠나는 자들의 점괘이다. 大傳[『繫辭傳』]에 이르기를 "君子가 政事(정사)를 결단하거나 사신으로 갈 때 점을 쳐서 물어보면, 天命을 받음이 메아리 같다"고 했다. "利有攸往"이란 이것을 말한다. 卦象으로 보면, 밖으로 나가서 지위나 도리(震의 도리를 얻는 것)를 얻거나, 혹은 兌☱利·巽☴利처럼 卦德 자체가 나아감이 이로운 경우도 있으니, 한 가지 사례만이 아니다. 이롭다고 말함은, 兌☱利·巽☴利의 九二-中德 때문이다. 象辭는, 外卦에서 내려옴도 역시 "往(왕)"이라고 간혹 말한다.

此行者之占也. 大傳曰 君子將有爲也 將有行也 問焉其受命如響 此之謂也. 其在卦象 或往而得位 或往而得道(得震道) 或卦德利往 不一例也. 謂之利者 以兌巽也.(兌爲利 巽爲利市) 象詞則 自外而來(自上降) 亦或云往.

四時의 괘인 12辟卦(벽괘)의 경우 그 다음 달의 괘를 往(왕), 즉 나아갈 곳이라 한다. 그러므로 坤☷괘의 "君子有攸往(군자가 나아갈 곳이 있다)"은, 坤☷괘가 장차 復☷괘로 나아간다는 뜻이다. 더 정확하게 말하면, 復☷괘의 震☳君子가 乾☰괘를 거쳐 姤☴괘로 나아가서 끝내는 坤☷괘로 돌아온다는 것이다. 또한 復☷괘의 "利有攸往"은, 臨☷괘로 나아감을 말한다. 공자는 이에 대해 剛陽━이 자라기[剛長] 때문이라고 말했는데, 剛長(강장)은 臨☷괘를 말한 것이다. 또한 夬☰괘의 "利有攸往"은, 乾☰괘로 나아감을 말한 것이다. 공자는 이에 대해 "剛長乃終(강장내종)" 즉 剛陽━의 자라남이 종점에 왔다고 했는데, 이는 夬☰괘가 乾☰괘로 나아감을 말한다. 그리고 姤☴괘의 初六에서 "有攸往見凶(유유왕견흉)" 즉 갈 곳이 있어도 흉함을 당할 것이라 했는데, 이는 장차 遯☶괘로 나아가기 때문이다. 그래서 遯☶괘 初六에서 "勿用有攸往(물용유유왕)" 즉 갈 곳이 있어도 가지 말라고 한 것이다. 또한 剝☶괘에서 "不利有攸往(불리유유왕)" 즉 나아갈 곳이 있음은 이롭지 않다고 말한 것은, 剝☶괘가 坤☷괘로 나아가기 때문이다.

四時之卦 又以次月之卦爲往. 故坤曰 君子攸往者 以將復也.(震君子 往于坤國) 復曰 利有攸往者 以將臨也 (孔子曰剛長也 剛長者臨也) 夬曰 利有攸往者 以將乾也.(孔子曰 剛長乃終 謂將乾也) 姤初六曰 有攸往見凶者 以將遯也.(遯 初六云 勿用有攸往) 剝曰 不利有攸往者 以將坤也.

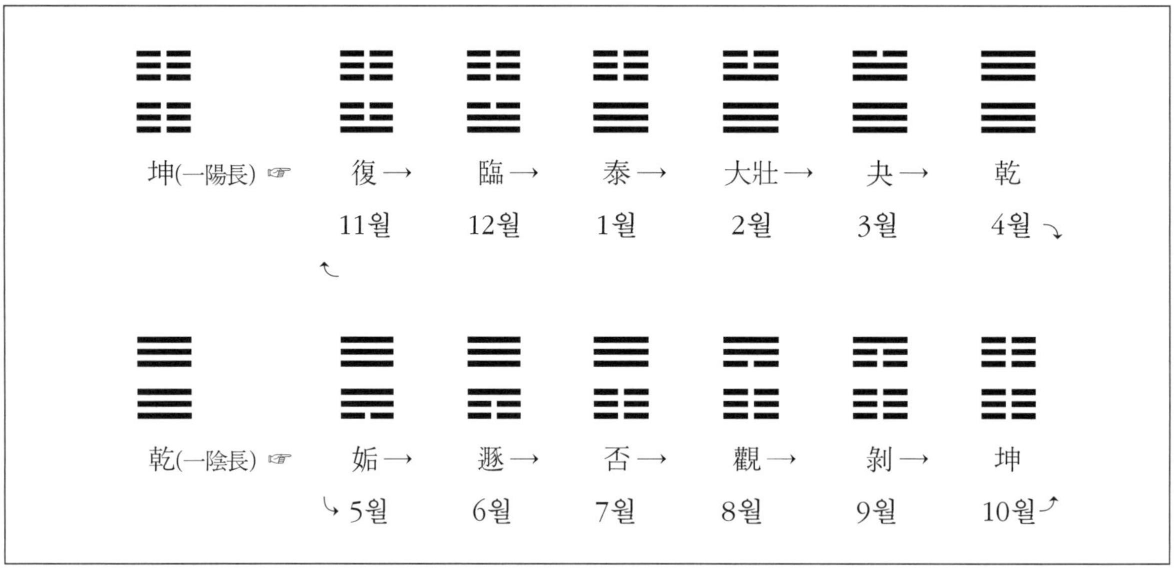

성인께서는 陰陽 消長(소장)의 기미를 자세히 살피시어, 그것으로써 나가고 처함, 나아가고 물러남의
요점으로 삼았다. 그러므로 復☷☳괘에서 剝☶☷괘까지 수미일관 경계하심이 이처럼 명백하고 깊고 간절
하였다.

聖人於陰陽消長之機 必審必察 以之爲出處進退之要. 故自復至剝 首尾立戒. 若是其深切著明也.

坤 ☷(地)
　☷(地)　　　(象辭) 君子有攸往

解 ☳(雷)
　☵(水)　　　(象辭) 有攸往 夙吉

大有 ☲(火)
　　☰(天)　　(九二) 有攸往 无咎

明夷 ☷(地)
　　☲(火)　　(初九) 有攸往 有言

姤 ☰(天)
　☴(風)　　　(初六) 有攸往 見凶 (姤初六 爲卦主 爻詞如象詞)

剝 ☶(山)
　☷(地)　　　(象辭) 不利有攸往

无妄 ☰(天)
　　☳(雷)　　(象辭) 不利有攸往

屯　(水)
　　(雷)　　(彖辭) 勿用有攸往

遯　(天)
　　(山)　　(初六) 勿用有攸往

"불리하다 쓰지 말라!"·"흉함을 볼 것이다" 등의 占辭는, 대개 艮山의 미로에서 길을 잃기 때문에, 불리함을 경계하는 것이었다. 혹은 屯괘의 象詞처럼 坎險이 앞을 가로막으니 가지 말라고 경계하기도 한다. 그러므로 无妄괘의 象辭에서도 그 兩互괘인 漸괘의 하체가 艮山·迷이므로 不利하다고 말했다. 그러나 卦德이 만약 좋으면 역시 象은 고정된 것이 아니므로, 損괘의 경우처럼 上體에 艮山이 있어도 "利往"이 될 수 있다.

不利勿用 見凶之占. 槪以艮迷失道 戒其不利, 或以坎險在前 戒之勿往(屯之象). 故无妄之象 亦以兩互爲漸 爲不利也(漸下艮). 然卦德苟善 亦無定象 損雖上艮 亦利往也.

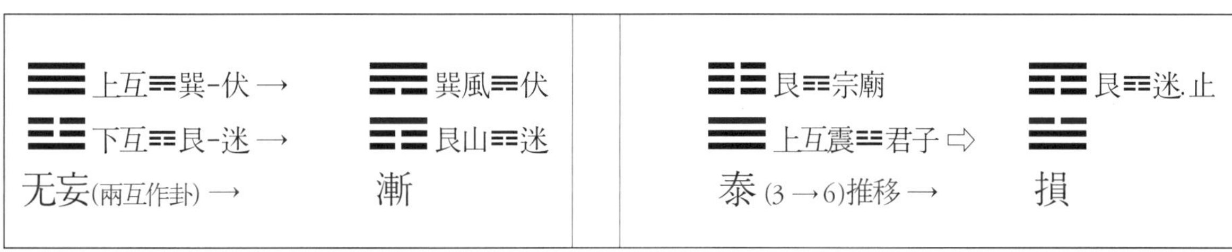

(4) 祭祀(제사)

困　(澤)
　　(水)　　(九二) 利用享祀

困　(澤)
　　(水)　　(九五) 利用祭祀 (受福也)

萃　(澤)
　　(地)　　(彖辭) 王假有廟 (致孝享也)

渙　(風)
　　(水)　　(彖辭) 王假有廟 (王乃在中)

隨　(澤)
　　(雷)　　(上六) 王用享于西山

升　☷(地)　(六四) 王用享于岐山
　　☴(風)

萃　☱(澤)
　　☷(地)　(六二) 孚乃利用禴

升　☷(地)
　　☴(風)　(九二) 孚乃利用禴

旣濟　☵(水)　(九五) 不如西鄰之禴祭 (吉大來也)
　　　☲(火)

古人들의 제사는 모두 날짜를 점쳐 거행한다. 이것들은 그 占辭들이다. 제사의 의의는 오직 정성과 청결이다. 그러므로 离☲로써 미쁨에 이르고, 巽☴으로써 청결하게 齋戒(재계)해야만 그 점이 吉하게 된다. 혹은 艮☶門을 묘당으로 생각하고, 혹은 坤☷牛를 희생으로 생각하고, 혹은 坎☵直心을 공경으로, 兌☱饋(궤)를 祭需(제수)로 올리는 등 오직 卦德을 본보기로 할뿐이다. 한 가지 사례만이 아니다.
古人祭祀 皆筮日而行之. 此其繇也. 祭祀之義 唯誠唯潔. 故离以孚格 巽以潔齋 其占乃吉也. 或以艮爲廟 或以坤爲牲 或坎以敬之 或兌以饋之. 唯視卦德 不一例也.

제사의 점은 이것으로 그치지 않는다. 혹 희생에 대해 점친 것도 관계가 있지만 여기에서는 생략한다. 무릇 [앞의 『易例比釋』(一)의 26項에서 말한] "有孚"는 모두 祭祀에 관한 占辭이다.
祭祀之占 不止是也. 或係筮牲(中孚姤) 玆不具著 又凡有孚 皆祭祀之占也.

(5) 婚媾(혼구)

屯　☵(水)　(六四) 求婚媾往 (明也)
　　☳(雷)　(六二) 匪寇婚媾

震　☳(雷)　(上六) 婚媾有言
　　☳(雷)

賁　☶(山)　(六四) 匪寇婚媾 (終无尤也)
　　☲(火)

睽　☲(火)　(上九) 匪寇婚媾
　　☱(澤)

蒙 ䷃ (山)
　 ䷃ (水)　(九二) 納婦吉

咸 ䷞ (澤)
　 ䷞ (山)　(彖辭) 取女吉 (二氣感應)

漸 ䷴ (風)
　 ䷴ (山)　(彖辭) 女歸吉

泰 ䷊ (地)　(六五) 帝乙歸妹
　 ䷊ (天)

歸妹 ䷵ (雷)　(六五) 帝乙歸妹 (以貴行也)
　 ䷵ (澤)

婚媾(혼구)의 점은 少男과 少女의 반쪽들이 결합(艮☶少男과 兌☱少女의 결합)하는 것이 正道라 한다. 그러나 세상에는 再娶(재취)도 있고 再嫁(재가)도 있어, 반드시 늙고 젊음이 모두 같을 수 없다. 그러므로 震☳괘와 賁䷕괘 六四의 효사처럼 震☳老夫가 离☲中女를 얻는 경우도 있고, 屯䷂괘 六二의 효사처럼 坎☵中男이 兌☱少女를 얻는 경우도 있으니, 모두가 민중의 삶을 우선하려는 목적이다.
婚媾之占 以少男少女之胖合 爲正(艮兌合) 然世有再娶 亦有再嫁 未必長少皆均也. 故震賁兩爻 以震而取离(老夫得中女) 屯之六二 以坎而取兌(中男得少女) 皆所以前民用也.

歸妹괘의 여러 爻들은 모두 혼구의 점사로 쓸 수 있다. 다만 "帝乙歸妹"는 반드시 六五의 효사에서만 쓸 수 있다. 五位는 군주의 자리이기 때문이다.
歸妹諸爻 皆可以婚媾. 而帝乙歸妹 必以六五者. 五位君也.

大過 ䷛ (澤)　(九五) 老婦得其士夫
　 ䷛ (風)　(九二) 老夫得其女妻

蒙 ䷃ (山)
　 ䷃ (水)　(六三) 勿用取女 (行不順也)

姤 ䷫ (天)
　 ䷫ (風)　(彖辭) 勿用取女 (不可與長)

咸██괘는 이미 하체가 艮☶少男인데 그 母卦인 大過██괘 九二의 효사에서 "老夫(노부)"라고 말한 까닭은, 艮☶이 뒤집혀 震☳長男이 된 것으로 간주했기 때문이다. 또한 恒██괘는 이미 상체가 震☳長男인데, 그 母卦인 大過██괘의 九五에서 "少士[젊은 사내]"로 지칭되었다. 이 경우는 반대로 (恒괘의 上體인) 震☳이 艮☶少男으로 뒤집힌 것으로 간주하기 때문이다. 이처럼 혼배(婚配)의 괘는 뒤집힌 것을 취하여 결합시킨다. 나머지는 본괘에서 드러날 것이다.

咸旣下艮(大過之九二) 指爲老夫.(爲倒震) 恒旣上震(大過之九五) 指爲少士者.(爲倒艮) 婚配之卦 取倒合也. 餘見本卦.

(6) 疾病(질병)

豫 ██(雷)
██(地)　(六五) 貞疾 恒不死 (中未亡也)

復 ██(地)
██(雷)　(象辭) 出入无疾 (以順行)

无妄 ██(天)
██(雷)　(九五) 无妄之疾 (勿藥有喜)

損 ██(山)
██(澤)　(六四) 損其疾 (亦可喜也)

鼎 ██(火)
██(風)　(九二) 我仇有疾 (愼所之也)

豊　☳(雷)
　　☲(火)　　　(六二) 往得疑疾

兌　☱(澤)　　　(九四) 介疾有喜 (有慶也)
　　☱(澤)

遯　☰(天)
　　☶(山)　　　(九三) 繫遯有疾 (憊也)

질병의 점은 죽고 사는 문제가 아니라, 약을 써서 병을 치료함이 이로운지 해로운지 점치는 것이다. 无妄☳괘 九五의 효사인 "无妄之疾(무망지질)"이 곧 이런 뜻이다. 그러므로 坎☵질병을 巽☴藥으로 离☲治하여 震☳生을 얻었다면, 그 점은 吉하다. 혹시 艮☶迷路(미로)가 끝나고(艮☶은 죽음이 된다) 巽☴天命이 중간에서 끊기면, 그 점은 흉하다. 遯☶괘 九三의 "繫遯有疾(계둔유질: 묶이거나 숨어 있으면 병이 난다)"은 乾☰馬[말]의 질병이다.

疾病之筮 非占死生. 用藥治病 而占其利害也(无妄九五卽此義) 故坎之疾病 巽以爲藥 离以治之 震以生之 其占爲吉. 或艮徑遂終(艮爲死) 或巽命中絶 其占凶也. 遯九三馬疾也(見本卦)

또한 小畜☴괘 六四의 "有孚血去", 渙☴괘 上九의 "渙其血", 巽☴괘 九二·上九의 "巽在牀下"는, 모두 질병을 점친 것이다. 아울러 본괘도 보아야 한다.

又如小畜之有孚血. 渙上九之渙其血. 巽兩爻之巽在牀下. 皆疾病之占也. 並見本卦.

(7) 福(복)

泰　☷(地)
　　☰(天)　　　(九三) 于食有福

晉　☲(火)
　　☷(地)　　　(六二) 受茲介福 (以中正也)

井　☵(水)
　　☴(風)　　　(九三) 並受其福

既濟　☵(水)
　　　☲(火)　　　(九五) 實受其福 (吉大來也)

泰　☷(地)
　　☰(天)　　　(六五) 以祉元吉 (中以行願)

否　☰(天)　　　(九四) 疇離祉 (志行也)
　　☷(地)

易例(역례)에서 坎☵은 근심이고 离☲는 기쁨이니, 그 덕이 상반된다. 그러므로 坎☵은 형법·질병이 되고 离☲는 복지가 된다. 福(복)은 하늘에서 내리는 것이므로, 卦象에서도 역시 위로부터 떨어지는 象이 반드시 있어야만 바야흐르 福象(복상)이라 한다.(柔陰도 위에서 내려오면 역시 떨어지는 福象이 된다)
易例 坎憂离喜 其德相反. 故坎爲刑法(爲疾病) 离爲祉福也. 福自天降. 故其在卦象 亦必有隕自上(柔自上來 亦爲隕) 而後 方爲福象也.

공자께서도 經文 이외에서 간혹 福을 말했다. 謙☷☶괘 象辭의 "福謙(복겸)", 困☱☵괘 九五 小象傳(소상전)의 "受福(수복)", 震☳☳괘 象傳·初九 小象傳의 "致福(치복)", 噬嗑☲☳괘 初九와 관련된 『繫辭傳』(下) 5장의 "小人之福(소인지복)"은, 모두 비교하여 완상할만하다.
孔子 於經文之外 亦或言福. 謙之福謙(謙之象) 困之受福(困九五) 震之致福(象與初九文) 噬嗑之言小人之福 (初九傳) 皆可以比玩也.

(8) 歲 · 月 · 日

① 歲(세)

同人　☰(天)
　　　☲(火)　　　(九三) 三歲不興 (安行也)

坎　☵(水)　　　(上六) 三歲不得 (失道凶)
　　☵(水)

困　☱(澤)
　　☵(水)　　　(初六) 三歲不覿 (幽不明也)

豊　☳(雷)　　　(上六) 三歲不覿 (自藏也)
　　☲(火)

漸　☴(風)　　　(九五) 三歲不孕
　　☶(山)

既濟　☵(水)
　　　☲(火)　　　(九三) 三年克之 (憊也)

未濟 ䷿ (火) 　　　(九四) 三年有賞 (志行也)
　　　(水)

屯 ䷂ (水)
　　　(雷) 　　　(六二) 十年乃字 (反常也)

復 ䷗ (地) 　　　(上六) 十年不克征 (反君道也)
　　　(雷)

頤 ䷚ (山)
　　　(雷) 　　　(六三) 十年勿用 (道大悖也)

易例에서 해와 날을 점칠 때는 모두 『說卦傳』의 方位圖(방위도)를 써서 차례대로 셈한다.[東方인 震에서 시작하여 시계방향으로 → 巽 → 离 → 坤의 순서로 셈한다. 『說卦傳』의 方位圖는 아래의 〈文王 八卦 方位圖〉와 같다: 편역자 주]

장구한 일[永貞]을 점칠 때는 1宮(궁)이 1年에 해당되고, 가까운 일[近事]을 점칠 때는 1宮이 1日에 해당된다. 그 외에 다른 방식은 없다.

(漸䷴괘의 九五 효사에서 "三歲不孕(삼세불잉)"이라 한 것은 무슨 연유인가?)

漸䷴괘는 본래 下卦가 艮☶인데, 艮☶에서 巽☴까지 가려면, 모름지기 艮☶・震☳・巽☴의 3宮을 거쳐야 비로소 离☲孕胎를 만나게 되기 때문이다. 그러므로 漸䷴괘 九五의 爻辭에서 "三歲不孕"이라고 말한 것이다. 다른 괘들도 이와 같이 셈한다.

易例 占歲占日 皆以說卦方位 順序數之(震而巽) 筮永貞則 以一宮當一歲. 筮近事則 以一宮當一日. 無二例也. 漸本下艮 自艮至巽 須歷三宮(艮震巽) 始以离孕 故曰 三歲不孕(又有別義見本卦) 諸卦倣此

〈文王 八卦 方位圖〉

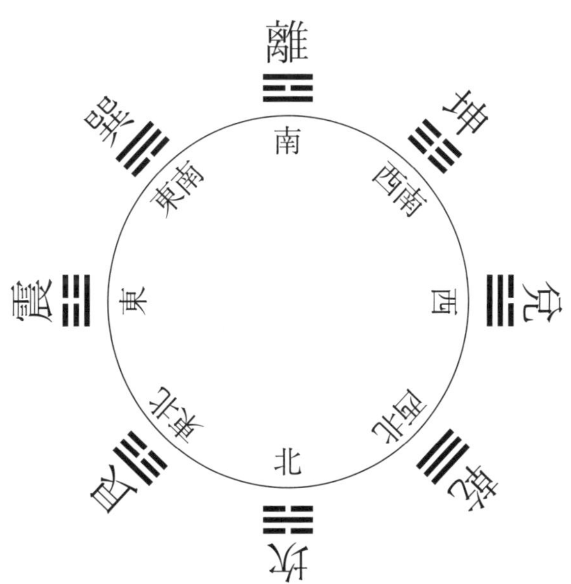

『春秋左傳』「僖公 十五年」에 의하면, 晉伯 姬가 점을 쳤는데 이르기를 '6년 뒤에 그가 도망갈 것'이라고 했다. 이 역시『說卦傳』의 方位圖를 이용하여 '6년'을 셈하여 말한 것이다. 두 가지 사례 말고는 다른 방도가 없다.

春秋傳 晉伯姬之筮(僖十五年) 云六年其逋. 亦以說卦方位 謂之六年(詳見官占注) 無二例也

위에 예시된 屯괘·復괘·頤괘 효사의 "十年"은, 이들 괘의 下體가 모두 震이며, 上體 혹은 上互體가 모두 艮이기 때문이다. 위의 〈文王 八卦 方位圖〉에서 알 수 있듯이, 艮에서 옆의 震에 이르면 이미 2년이 되고, 震에서 시계방향으로 다시 艮에 이르면 8년이 되므로 도합 10년이라 말한 것이다. 그러나 반드시 坤이 있어야만 바로 10이라고 할 수 있다. 地數가 10이기 때문이다. 屯괘·復괘·頤괘를 보면 坤地가 숨어 있음을 알 수 있다.

其曰十年者 卦有震艮 則自艮至震 旣爲二年 自震至艮 又爲八年. 故得爲十年. 然必有坤而後 方得爲十者.(屯復頤) 地數十也.(古者畫地爲井 方十里百里 至于千里)

上互艮☶方 震☳方 下互坤☷方 屯(六二爻變) →	上互艮☶方 下互震☳方 節

坤☷方 上互坤☷方 震☳方 下互坤☷方 復(上六爻變) →	艮☶方 震☳方 頤

艮☶方 上互坤☷方 震☳方 下互坤☷方 頤(六三爻變) →	艮☶方 上互震☳方 賁

② 月(월)

臨　☷(地) 　(象辭) 八月有凶 (消不久也)
　　☱(澤)

| 小畜 | ☴(風)☰(天) | (上九) | 月幾望 (君子征凶) |

小畜 ☴(風) ☰(天)　　(上九) 月幾望 (君子征凶)

歸妹 ☳(雷) ☱(澤)　　(六五) 月幾望

中孚 ☴(風) ☱(澤)　　(六四) 月幾望 (馬匹亡)

(이미 설명한 것처럼) 12벽괘는 四時에 해당되므로, 이로써 달[月]을 점칠 수 있다. 臨☷☱괘의 象辭에서, 遯☰☶괘를 八月이라 한 것이 그 사례이다.[이는 周나라의 月曆으로 말한 것이다: 편역자 주]

十二辟卦 旣配四時 則可以占月. 臨之象 以遯爲八月是也

夏曆	1	2	3	4	5	6	7	8	9	10	11	12
十二 辟卦名	泰	大壯	夬	乾	姤	遯	否	觀	剝	坤	復	臨
地支	寅	卯	辰	巳	午	未	申	酉	戌	亥	子	丑
기타	夏正									秦正	周正	殷正

그러나 위의 표는 12벽괘 뿐이므로, 점을 쳐서 12벽괘를 얻지 못한 채 衍卦(연괘)를 얻었을 때는 달[月]을 점칠 수 없다. 그래서 『說卦傳』에 의거하여 震☳東·离☲南·兌☱西·坎☵北을 春·夏·秋·冬으로 간주하여 月占을 친다. 예컨대 益괘 初九의 "利用爲大作"은, 震☳을 春[봄]으로 본 것이다〈大作은 東作 또는 春作[봄 농사]이다〉. 旣濟괘 九五의 "不如西鄰之禴祭"는, 离☲를 夏[여름]으로 본 것이다〈『周禮』에 의하면 禴은 夏祭[여름 제사]이다〉. 无妄괘 六二의 "不耕穫(불경확)"은, 兌☱를 秋로 본 것이다. 明夷괘 九三의 "于南狩(우남수)"는, 坎☵을 冬[겨울]으로 본 것이다〈冬獵[겨울 사냥]을 '狩'라 한다〉.

然若遇衍卦 無以占月. 據說卦 震离兌坎 爲春夏秋冬. 故益曰利用大作者 震爲春也.(卽東作)旣濟曰 不如西鄰之禴祭者 离爲夏也.(禴夏享也 見周禮) 无妄曰 不耕穫者 兌爲秋也. 明夷曰 于南狩者 坎爲冬也(冬獵曰狩)

益(初九爻變) → 觀(周曆10月)　　震☳春→　　　　　　既濟(九五爻變) → 明夷　　坎☵冬→　離☲夏　　離☲夏

无妄(六二爻變) → 履　　震☳春→　兌☱秋　　　　　明夷(九三爻變) → 復(周曆正月)　　下互坎☵冬→　震☳春

모든 괘의 上卦는 4偶-5奇-6偶이므로, 伏位로 坎☵괘의 자리[坎位]이다. 또한 坎☵은 달[月]을 상징하는 괘이다. 달의 자리에 乾☰을 얻으면 둥글게 되므로 보름달[正望]이다. 달의 자리[坎位]인 上卦에 兌☱가 앉으면, '月幾望[거의 보름달]'이라 한다.

上卦位坎(四五六) 坎月之位 得乾爲圓(說卦文) 則月正望也. 故兌在坎位 則月爲幾望.(幾乎至乾圓)

이런 방식으로 미루어 나가면 다음과 같다:

巽☴이 坎位에 앉으면, 보름달이 지나서 이미 기울기 시작하는 月旣望(월기망: 달이 보름이 막 지난 때)이 된다. 震☳이 坎位에 앉으면, 달이 빛을 내기 시작하는 月生明(월생명: 초승달)이 된다. 艮☶이 坎位에 앉으면, 달이 장차 지는 月將晦(월장회: 그믐달)이 된다. 坤☷이 坎位에 앉으면, 어둠이 지극한 晦之極(회지극: 그믐밤)이 된다.

그러므로 離☲日이 上卦 즉 坎月의 자리에 앉으면, 月蝕(月食)의 象이 된다. 鼎☲괘 九三의 "方雨虧(방우휴: 바야흐로 비가 오고 달이 이지러진다)"의 '虧[이지러짐]'가 月食을 의미한다.[이를 정리한 달(月)의 消長은 아래의 表와 같다: 편역자 주]

以是推之 巽在坎位 則月旣望也(自乾而爲巽) 震在坎位 則月生明也(自坤而爲震) 艮在坎位 則月將晦也 坤在坎位 則晦之極也. 故離在坎位 則爲月食之象. 鼎之九三曰 方雨虧(卽未濟) 虧者月食也.

坎位에 乾	坎位에 巽	坎位에 艮	坎位에 坤	坎位에 震	坎位에 兌	坎位에 离
☰	☴	☶	☷	☳	☱	☲
月正望	月旣望	月將晦	晦之極	月生明	月幾望	月食

(위의 예문에서 보다시피, 小畜[上九 효사]·歸妹[六五 효사]·中孚[六四 효사]괘에 모두 "月幾望"이라는 문구가 있다: 편역자 주)

小畜·履괘는 모두 夬괘에서 나왔는데, 夬괘의 때에 兌☱가 坎位에 앉으며 月幾望이 되었다.[따라서 이들 괘의 伏坎位인 上卦에 모두 兌☱月幾望이 포함되어 있다: 편역자 주]

小畜與履(中孚六四履也) 皆自夬來 夬之時 兌在坎位也.

③ 日(일)

革　☱(澤)
　　☲(火)　　(彖辭) 已日乃孚 (革而信之)

明夷　☷(地)　(初九) 三日不食
　　☲(火)

震　☳(雷)
　　☳(雷)　　(六二) 七日得

既濟　☵(水)
　　☲(火)　　(六二) 七日得 (以中道也)

蠱　☶(山)
　　☴(風)　　(彖辭) 先甲三日 後甲三日 (終則有始 天行也)

巽　☴(風)
　　☴(風)　　(九五) 先庚三日 後庚三日

革☲괘 彖辭의 "巳日(이일)"은 하루를 말한다. 离☲가 离☲의 자리인 下卦에 있으니 단지 하루이다. 위의 예문의 3일·7일도 모두 『說卦傳』의 方位圖에 따라서 셈한 것이며, 다른 사례는 없다. 예컨대 復☷☳괘에서 "七日來復(칠일래복)"이라 했는데, 이 또한 7개월을 7일로 본 것이다(姤괘의 5월부터 復괘의 11월까지). 이는 『說卦傳』의 方位圖와는 다른 별개의 방식이다. 오직 12辟卦만이 이 방식을 사용한다.

巳日者 一日也. 离在离位(一二三) 只一日也. 三日七日 皆以說卦方位 順序數之 無二例也. 若復之云 七日來復. 是又以七月爲七日.(自姤五月 至子月) 別是一例 唯辟卦用此例也.

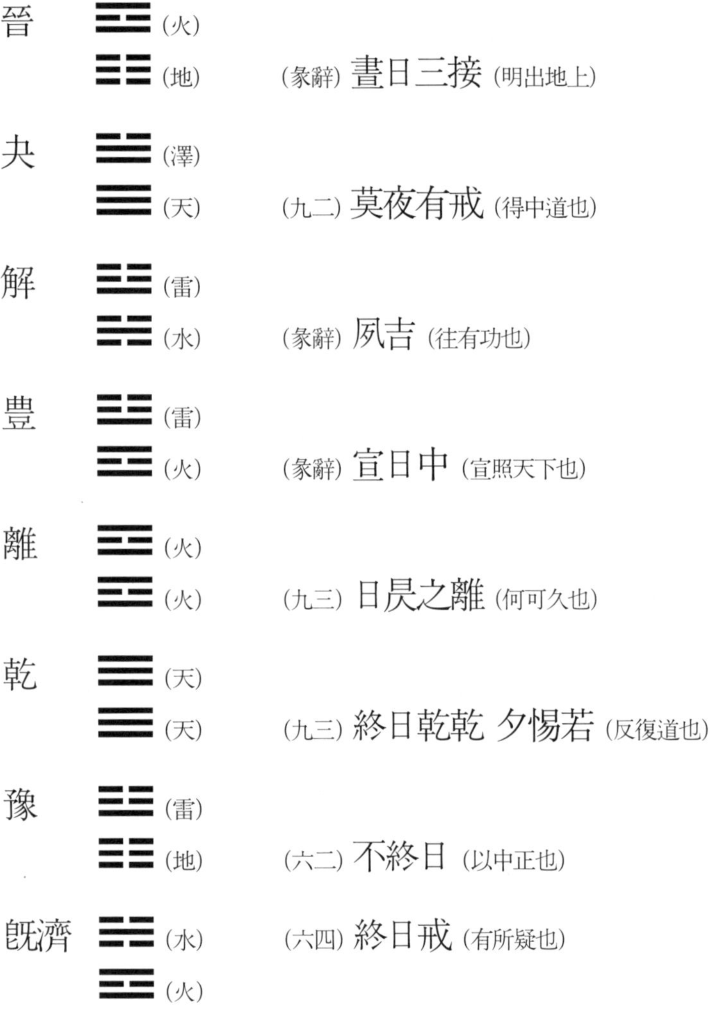

晉 ☲(火) ☷(地) (象辭) 晝日三接 (明出地上)

夬 ☱(澤) ☰(天) (九二) 莫夜有戒 (得中道也)

解 ☳(雷) ☵(水) (象辭) 夙吉 (往有功也)

豐 ☳(雷) ☲(火) (象辭) 宣日中 (宜照天下也)

離 ☲(火) ☲(火) (九三) 日昃之離 (何可久也)

乾 ☰(天) ☰(天) (九三) 終日乾乾 夕惕若 (反復道也)

豫 ☳(雷) ☷(地) (六二) 不終日 (以中正也)

既濟 ☵(水) ☲(火) (六四) 終日戒 (有所疑也)

晉☷☲괘는 离☲日이 땅위에 있으므로 낮이라 한다. 明夷☷☲는 해가 땅 속에 숨었으므로 밤이다(本卦의 설명을 보라).

晉以日在地上 爲晝(火地晉) 明夷者夜也(見本卦)

易例에서 下卦는 숨은 离☲괘이다(奇-偶-奇). 그러므로 그 3획을 아침[朝·夙], 정오[午], 저녁[夕]의 三時로 본다. 上卦는 숨은 坎☵괘이다(偶-奇-偶). 또한 坎☵은 앞서 말한 것처럼 달[月]의 자리이다.

夬괘의 九二 효사에서 正午라고 말하지 않고 "夜(莫夜)"라고 했다. 이는, 夬☰괘의 變卦인 革☰괘가 '大
壯☰괘 上卦[月之位]의 六五에서 내려온 것'이기 때문이다. 이로써 5位를 '夜'라고 말한 까닭을 알 수
있을 것이다.

易例 下卦位离(一二三) 故以其三畫 爲朝午夕三時(夙朝也) 上卦位坎.(四五六) 故革自大壯來(五之二) 以五爲
夜(爲中夜) 可推而知也.

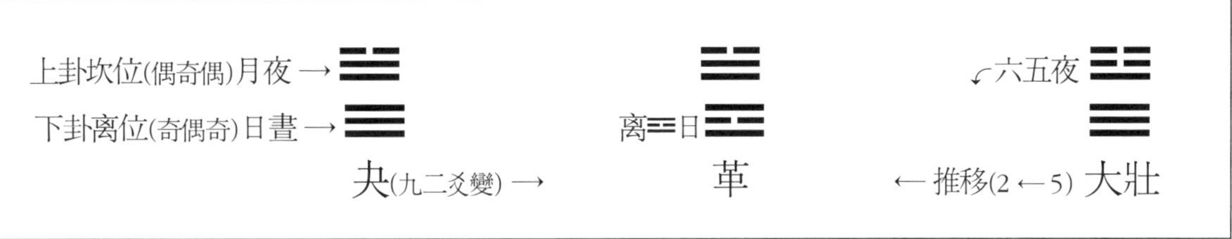

위의 예문의 旣濟☵괘 六四에서 "終日戒"라 한 까닭은, (旣濟☵의 變卦인) 革☰괘가 遯괘의 1획[初朝를 상
징]과 6획[終夜를 상징]이 오르고 내리며 자리를 바꾸어 이루어졌는데, 역시 艮☶山 위의 달[易例]을 상징
하는 上爻 6획이 기울어 내려감을 하루가 마친 것으로 보기 때문이다.

旣濟云 終日戒者. 革自遯來 亦以下艮 爲終日也.

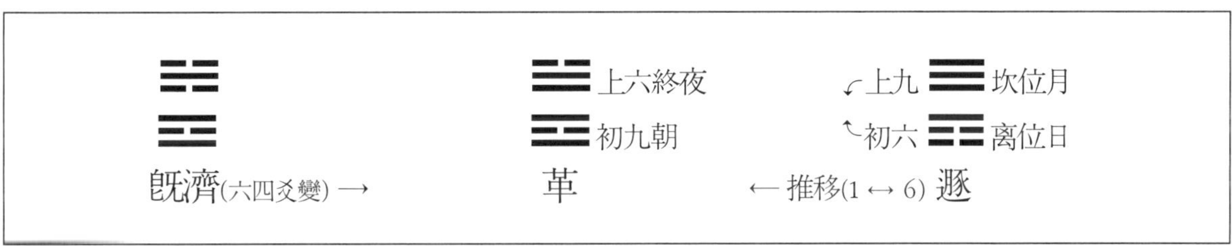

(9) 東西南北(동서남북)

旣濟 ☵(水) ☲(火)　(九五) 東鄰殺牛 不如西鄰之禴祭

明夷 ☷(地) ☲(火)　(九三) 于南狩 (乃大得也)

升 ☷(地) ☴(風)　(彖辭) 南征吉 (志行也)

既濟 　(水)

　(火) 　　(九三) 伐鬼方

未濟 　(火) 　　(九四) 伐鬼方 (志行也)

　(水)

易詞에서 八方(팔방)의 사례는 모두 『說卦傳』의 方位 즉 〈文王 八卦 方位圖〉를 따른 것이다. 예컨대 小畜괘의 象辭·小過괘 六五의 "自我西郊(자아서교)", 隨괘 上六의 "享于西山(향우서산)"은 모두 괘 가운데 兌西方이 있기 때문이다. 坤괘·蹇·解괘에서 말한 "西南·東北" 역시 坤西南·艮 東北을 가리킴이 분명하다.

易詞八方之例 皆遵說卦方位. 小畜小過之自我西郊. 隨上六之享于西山 皆以兌爲西. 坤與蹇解之西南東 北 亦指坤艮. 無可疑也.

小畜　　　　　　⌒兌西　　　　　　　　小過(六五爻變) →　　　⇦兌西

小畜　　　←推移(4←6) 夬　　　　　　　　　　　　　　　　咸
(小畜象詞:自我西郊)　　　　　　　　　　　　(小過六五爻詞:自我西郊)

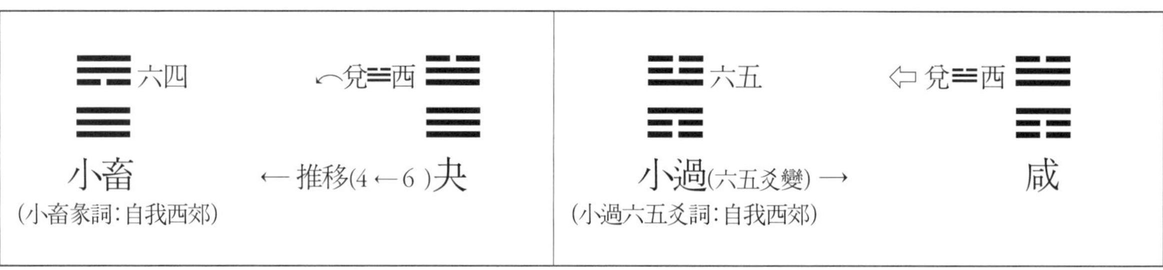

隨(上六爻變) →　　　　　遯　　　　　剝(陽消) →　　　　　坤
(隨上六爻詞:享于西山)　　　　　　　　　　　　(坤象詞:西南得朋 東北喪朋)

坎北　上互离東　　　　　　坤西南　　　　　震東生

坤西南 ↗ 艮迷尸 艮東北　　　震東　　　↖坎北險

觀(6→3)推移 →　　　　蹇　　　　　復(1→4)推移 →　　　　解
　　　　　(蹇象詞:利西南 不利東北)　　　　　　　　　(解象詞:利西南)

(10) 无不利(무불리)

坤 ☷☷ (地)
　　☷☷ (地)　　(六二) 无不利 (地道光也)

屯 ☵☵ (水)　　(六四) 无不利 (明也)
　　☳ (雷)

大有 ☲ (火)　　(上九) 无不利
　　☰ (天)

謙 ☷ (地)　　(六五) 无不利
　　☶ (山)　　(六四) 无不利 (不違則也)

臨 ☷ (地)
　　☱ (澤)　　(九二) 无不利

剝 ☶ (山)　　(六五) 无不利 (終无尤也)
　　☷ (地)

大過 ☱ (澤)
　　☴ (風)　　(九二) 无不利

遯 ☰ (天)　　(上九) 无不利 (无所疑也)
　　☶ (山)

晉 ☲ (火)　　(六五) 无不利 (往有慶也)
　　☷ (地)

解 ☳ (雷)　　(上六) 无不利
　　☵ (水)

巽 ☴ (風)　　(九五) 无不利 (位正中也)
　　☴ (風)

易例에서 兌☱澤과 巽☴風은 '利[이로움]'라고 한다. 그러나 괘의 덕성이 善하게 변하면, 비록 兌☱澤과 巽☴風을 잃더라도, 여전히 "无不利(무불리)"라고 한다. 또한 易例에 의하면, 坎☵險(험)은 도적·질병으로 해석되니 해롭다고 한다. 그러나 괘의 덕성이 이미 좋으면, 비록 坎☵이 있더라도 害(해)가 될 수 없으므로, 역시 "无不利"라고 말한다.

易例 兌巽爲利. 然卦德善變者 雖失兌巽 亦无不利. 又據易例 坎則爲害(坎爲盜爲病) 然卦德旣好 雖有坎而無害. 亦所謂无不利也.

(11) 无攸利(무유리)

蒙 　☶(山)
　　☵(水)　　(六三) 无攸利 (行不順也)

臨 　☷(地)
　　☱(澤)　　(六三) 无攸利 (位不當也)

无妄 ☰(天)　　(上九) 无攸利 (窮之災也)
　　☳(雷)

頤 　☶(山)
　　☳(雷)　　(六三) 无攸利 (道大悖也)

恒 　☳(雷)
　　☴(風)　　(初六) 无攸利

大壯 ☳(雷)　　(上六) 无攸利
　　☰(天)

萃 　☱(澤)
　　☷(地)　　(六三) 无攸利.

歸妹 ☳(雷)　　(上六) 无攸利
　　☱(澤)　　(象辭) 无攸利 (柔乘剛也)

未濟 ☲(火)
　　☵(水)　　(象辭) 无攸利 (不續終也)

『說卦傳』에서 兌☱澤의 象을 '利'라고 했다. 『文言傳』에서 "兌는 義의 和"라고 했다. 和하면 이롭게[利] 된다. 그래서 '和'·'利'의 두 글자는 모두 '禾[벼]'를 따라 만들어진 것이다. 간혹 그 卦의 德性이 순리를 따르지 않으면, 비록 兌☱利를 가지고 있어도 이롭지 않다[不利]. 혹은 전에 兌☱괘가 있었으나 지금은 상실한 경우에도 모두 "无攸利(무유리)"라고 말하는 경우도 있다. 『說卦傳』에 의거하면, 巽☴ 역시 '利' 가 된다. 그러므로 易例에서 예전의 巽☴을 상실한 경우에도 역시 '无攸利'라고 한다.

兌者義之和也. 和則爲利(兩字皆從禾) 或其卦德不順者 雖有兌而不利. 或前有兌 而今失者 皆所謂无攸利 也. 據說卦 巽亦爲利. 故易例 失其舊巽者 亦謂之无攸利.

春秋 官占補註

(1) 陳敬仲之筮(진경중지서)

(2) 畢萬之筮(필만지서)

(3) 成季之筮(성계지서)

(4) 秦伯伐晉之筮(진백 벌진지서)

(5) 伯姬嫁秦之筮(백희 가진지서)

(6) 晉侯納王之筮(진후 납왕지서)

(7) 王子伯廖之語(왕자 백료지어)

(8) 知莊子之語(지장자지어)

(9) 晉侯鄢陵之筮(진후 언릉지서)

(10) 穆姜東宮之筮(목강 동궁지서)

(11) 崔杼取姜之筮(최저 취강지서)

(12) 游吉如楚之語(유길 여초지어)

(13) 叔孫豹之筮(숙손표지서)

(14) 衛靈公之筮(위령공지서)

(15) 南蒯之筮(남괴지서)

(16) 蔡墨對龍之言(채묵 대룡지언)

(17) 陽虎救鄭之筮(양호 구정지서)

(18) 重耳反國之筮(중이 반국지서)

(19) 董因迎公之筮(동인 영공지서)

(20) 成公歸晉之筮(성공 귀진지서)

(1) 陳 敬仲(진경중)之筮

「莊公 二十二年」(B.C. 672년)

① 『春秋左傳』 원문 요약

陳(진)나라 厲公(여공)의 아들 공자 完(완: 사후에 敬仲이란 이름이 주어졌음)이 정변을 피해 齊(제)나라로 망명했다. 그 전에 경중이 어렸을 무렵 周나라 太史(태사)가 그의 장래에 대해 주역으로 점을 치니, 觀䷓괘가 否䷋괘로 변한다는 점괘가 나왔다. 태사는 이 점괘를 다음과 같이 풀이했다:

"점괘는 吉합니다. 나라의 광영을 볼 것이요, 왕의 빈객이 되면 이로울 것이다(觀國之光 利用賓于王: 觀卦 六四의 爻辭). 이 분은 陳나라의 군주를 대신하여 나라를 보존할 것입니다. 그런데 그것은 나라 안에서가 아니라 다른 나라에서 그럴 것입니다. 빛이란 멀리 다른 곳에서 빛나는 것입니다. 觀䷓괘의 坤☷은 흙이고, 巽☴은 바람이니, 巽☴風이 乾☰天으로 변해서 坤☷土 위에 艮☶山이 있는 모습입니다. 그리고 산에는 巽☴材木(재목)이 무성하고 乾☰天이 그것을 덮어주며, 그 땅 위에 살고 있는 격입니다. 그래서 '觀國之光 利用賓于王(관국지광 이용 빈우왕)'이라 한 것입니다. 제후가 천자를 알현함에 뜰 안에 백가지 물건을 늘어놓고 玉帛(옥백)을 받으니, 천지의 아름다움이 다 갖추어진 모습입니다. 그러나 자신이 아니라 후손이 그렇다는 것입니다. 그리고 대지에 바람이 나타나는 격이라 이 나라가 아니라 姜씨의 나라[齊나라]에서 그렇게 될 것입니다. 姜씨는 태악(太岳)의 후손이기 때문입니다. 산악은 하늘과 짝하는 것이므로 이보다 더 클 수 없습니다. 陳나라가 쇠하면 齊나라 姜씨의 자손이 장성할 것입니다."

陳나라가 비로소 망함에 이르자 陳桓子[陳敬中의 5세손 陳無宇]는 齊나라에서 성장했다. 陳나라가 망한 뒤에는 成子(陳敬中의 8세손 陳常. 陳恒 또는 田常이라 부르기도 한다)가 齊나라의 정권을 차지했다.[a]

② 정약용 『周易四箋』 해설 요약

姤䷫괘 이후부터 君☰道가 소멸하기 시작하여 觀䷓괘에 이르면 坤☷國에 군주가 소멸지경에 이른다. 觀䷓괘를 전체적으로 보면 艮☶終의 형상이라 天命이 다하게 되니 나라가 망할 형상이다. 이때에 觀䷓괘가 변하여 否䷋괘가 되면서 없어졌던 乾☰君主가 다시 복원된다. 그래서 이것을 이른바 "代陳有國(대진유국: 陳나라 대신에 다른 나라를 차지함)"의 象이라 한 것이다.

---

a 편역자 주: 지금 소개하는 莊公 22년(B.C. 672년)의 占은 『春秋左傳』에 나타나는 최초의 官占 기록으로서, 주역이 오늘의 모습으로 정립된 시기를 가리는데 중요한 자료이다.

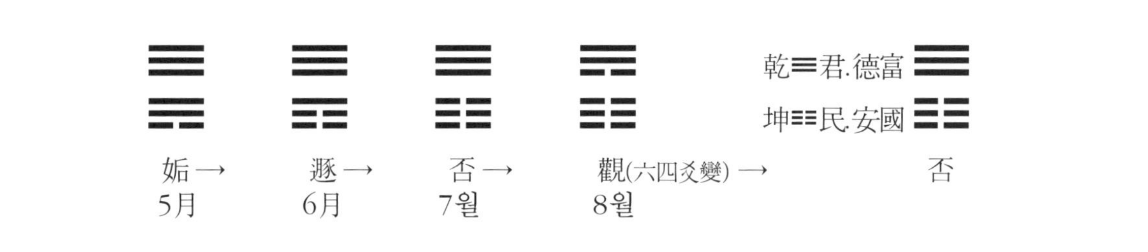

(2) 畢萬(필만)之筮

「閔公 元年」(B.C. 661년)

① 『春秋左傳』 원문 요약

晉(진) 獻公이 군사를 일으켜 耿(경)나라·霍(곽)나라·魏(위)나라를 멸망시켰다. 右軍 대장 畢萬(필만: 周나라 文王의 아들인 畢公 高의 후손)은 그 전공으로 魏나라의 땅을 받고 대부가 되었다. 그 전에 필만이 晉나라를 섬기는 문제를 가지고 점을 치니, 屯☵(水☵ ☳雷)의 괘가 比☵(水☵ ☷地)괘로 변하는 점괘를 얻었다. 辛廖(신요)는 점 풀이를 다음과 같이 말했다:

"吉합니다. 屯(준)은 처한 자리가 단단하고 태평함을 말하고, 比(비)는 궁중에 들어 군신이 결속함을 말합니다. 그는 반드시 번창할 것입니다. 震☳우레가 변하여 坤☷土가 되고, 수레가 말을 따르고, 발이 땅 위에 안정되며, 형이 장남으로써 보존하고, 어미가 사람들을 싸안으니 만민이 따르게 됩니다.[a] 屯☵괘가 변하여 比☵괘가 되어도 上卦의 坎☵志는 바뀌지 않으니 만민의 힘이 합하여 나아가 굳건히고, 지위가 태평하여 만민의 생사여탈의 권한을 가지는 제후가 될 점괘입니다. 제후의 자손이 반드시 복귀할 것입니다."

② 『周易四箋』 해설 요약

比☵괘를 보면 하체는 坤☷이니 화합이요, 상체는 坎☵이니 간난에서 단련된 견고함이요, 上互卦는 艮☶이니 山城이다. 이것들은 모두 군주의 덕이다.

周公이 지은 효사는 그 전형적인 사례를 특별히 제시한 것일 뿐이다. 그가 제시한 몇 마디 효사로써 그 괘가 머금고 있는 세상의 이치와 정상을 다 포착하고 그 심오한 이치를 다 표현했다고 말할 수는 없다. 그러므로 점을 치는 관리는, 周公의 효사 이외에 사건에 따라 때에 알맞은 象을 취하여 적용한다.

---

a 震☳雷는 車·足·兄의 상징으로, 坤☷土는 馬·母·衆의 상징으로 보았다.(편역자 주)

'車'·'馬'·'兄'·'母'는 비록 효사에서 거론되지 않지만 卜史(복사)인 辛廖(신요)가 유추하여 점을 친 것이다.

屯괘는 二陽괘로서 臨괘와 觀에서 推移된 것이다(「二陽卦 推移表」 참조). 臨괘의 시절엔 大震이 주인이 되고 그 주인은 公侯(공후)이다. 이 점의 主人인 畢萬(필만)으로서는 그 공후는 자기의 선조인 畢公(필공) 高(고)라고 생각했다. 한편 그 臨괘는 辟卦(벽괘)로서 陽一이 성장하여 泰괘로 純陽의 乾로 되면 극점에 이르고, 다시 陰이 돌아와 姤괘가 되고 陰이 자라면서 姤괘로 遯괘로 觀괘로 나아가는데, 觀괘에 이르면 그 하체인 坤에 군주가 없으니 공후의 나라는 망하고, 그 상체는 巽橈[꺾임]이니 자손도 쇠퇴한다. 그러나 觀괘가 屯괘로 바뀌면 하체가 만물이 비롯되는 震이 되니 公侯(공후)가 다시 일어난다. 이것은 畢萬의 선조인 畢公(필공) 高(고)가 회복된다는 것을 의미한다.

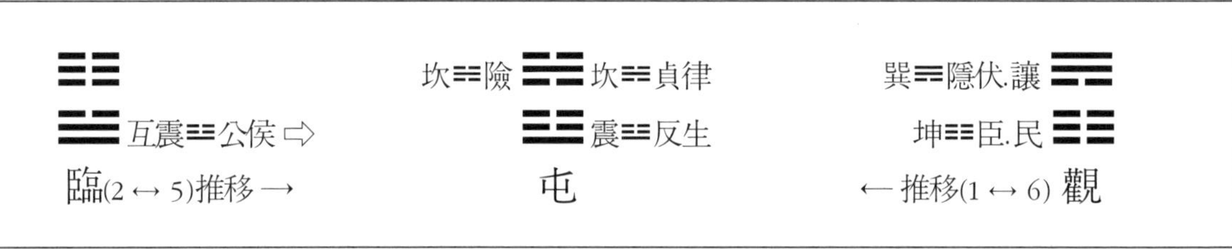

그런데 屯괘가 比괘로 바뀌는 占辭를 얻었으니, 比괘는 一陽의 괘로서 復괘로부터 왔으므로 復괘의 하체인 震의 公侯(공후)가 5位로 올라가 君主로 복귀한 것이다.

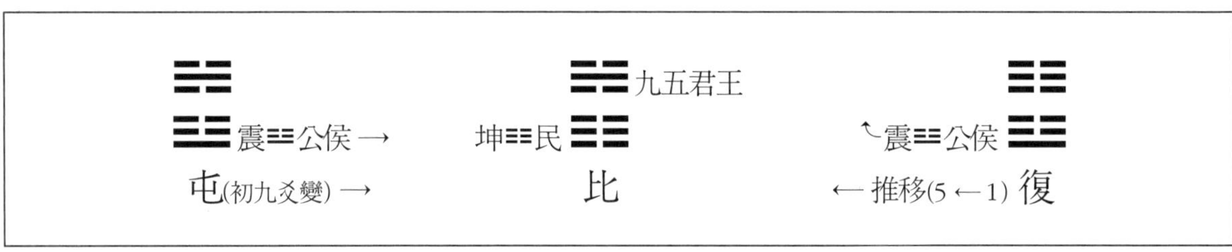

(3) 成季(성계)之筮

「閔公 二年」(B.C. 660년)

① 『春秋左傳』 원문 요약

莊公(장공)의 뒤를 이은 閔公(민공)이 二年만에 피살되었다. 成季(성계: 莊公의 막내 동생)는 僖公(희공)을 데리고 邾(주)나라로 피신했다가 나라 안으로 돌아와 僖公을 군주로 세웠다. 이에 앞서 成季가 장차 출생하려 할 때, 桓公이 상대부 卜楚丘(복초구)에게 거북점을 치게 했더니 다음과 같이 말했다:

"남자이고 이름은 友(우)입니다. 그를 낳았을 때 손바닥에 글자의 무늬가 있었는데 '友'자 이었습니다. 그래서 그것으로 이름을 지었습니다. 그 분은 군주의 오른편에 자리 잡고 집정관에 앉아 군주의 가문을 도울 것입니다. 그리고 그분의 季(계)씨 가문이 망하게 되는 날에는, 노나라가 번영하지 못할 것입니다."

桓公이 다시 주역점을 치게 하니, 大有☲(火☰☰天)괘가 乾☰(天☰☰天)괘로 변하는 점괘가 나왔다. 태사가 말했다. "吉합니다. 예전과 같이 아버지에게로 돌아가는 괘이니, 군주의 지위에 있는 분과 같이 존경을 받을 것입니다."

② 『周易四箋』 해설 요약

杜預(222-284)는 말했다. 乾☰괘는 군주와 아비를 뜻한다. 그런데 大有☲괘 상체의 离☲가 변하여 乾☰이 되었으니, 유약한 군주가 강건한 신하의 도움을 받아 강건해진다는 것을 의미한다. 그러므로 점을 치는 주인인 成季는, 아비인 桓公의 자리를 회복하고, 군주와 같은 공경을 받을 것이다.

大有☲괘의 上九는 강건한 陽━효로 막내아들의 象이며, 상체인 离☲는 伏位로서 偶-奇-偶의 坎位[險陷]의 자리에 앉았으면서도 중앙이 유약했으나, 乾☰괘로 바뀌면서 중앙이 강건한 陽━효를 얻었으니 공경을 받는다.

伏位坎☵險難 ䷍ 六五柔君 ⇨　　　　　　九五剛君 ䷀
乾☰大人剛直 ⇨　　　　　　乾☰道德君子

大有(六五爻變) →　　　　　　　　乾

(4) 秦伯伐晉(진백벌진)之筮

「僖公 十五年」 (B.C. 645년)

蠱 ▶ (之卦 없음)

① 『春秋左傳』 원문 요약

晉[晉나라]의 惠公(혜공)이 秦(진)나라의 도움으로 자기 나라로 들어간 후에 약속한 땅을 주지 않았다. 또한 晉(진)에 기근이 들자 秦은 좁쌀을 수출해 주었으나, 반대로 秦에 기근이 들자 晉은 양곡의 수출을 막았다. 그래서 秦伯[秦나라의 백작]이 晉侯[晉나라의 후작]를 치게 되었다. 이 때 秦의 卜徒父(복도보)가 주역 점을 치니 蠱䷑(山☶☴風)괘가 나왔다. 점치는 관리가 다음과 같이 말했다:

大吉입니다. 적은 세 번 패전하고 우리는 晉의 군주를 사로잡을 것입니다. 점괘는 蠱䷑괘입니다. 이 괘의 象은 "千乘三去 三去之餘 獲其雄狐(千乘國[a]이 세 번 패하고 세 차례 퇴각한 뒤에 숫여우를 잡는다)"입니다. 여우는 속이는 동물[蠱]이니 잡히는 군주는 侯爵(후작)의 나라인 晉의 군주가 분명합니다. 蠱䷑괘의 貞[변함 없음]은 巽☴風이고 그 悔[변하는 것]는 艮☶山입니다. 시절은 가을인데 우리가 과실을 떨어뜨리고 나서 그 나무의 재목을 취하는 격입니다.

② 『周易四箋』 해설 요약

蠱䷑괘 下互[2~4획]의 兌☱와 上互[3~5획]의 震☳으로 괘를 만들면 歸妹䷵괘가 된다. 歸妹괘의 內卦인 兌☱金은 秦(진)나라이고[內는 我이다], 外卦인 震☳木은 晉(진)나라이다[外는 敵手이다]. 쇠가 나무를 이기듯이 秦나라가 晉나라를 이긴다.

歸妹䷵괘는 본래 泰䷊괘에서 推移된 것인데, 歸妹䷵를 보면 震☳戰車가 坎☵險水 속으로 빠지는 象이다. 泰䷊괘를 보면, 坤☷은 본래 乾☰이 세 번 敗壞된 것이다[乾☰ ⇨ 巽☴ ⇨ 艮☶ ⇨ 坤☷]. 그래서 乾은 千乘의 나라[戰車 1000대를 가질 수 있는 나라]이고 坤은 百乘의 나라[戰車 100대를 보유할 수 있는 나라][b]이며, 晉은 秦에 세 번 패한다고 말한 것이다. 실제로 晉惠公은 세 번이나 패하여 韓原(한원)으로 후퇴했으며, 그곳에서 秦穆公[秦나라의 목공]에게 사로잡혔다.

---

a　1,000대의 戰車를 가질 수 있는 나라.

b　千乘·百乘:
周나라는 1773개의 諸侯國으로 구성된 연합제 국가이다. 제후국들의 영토 규모에 따라 군사의 數를 제한함으로써 民生을 보존하려는 封建制의 기본 법제를 유지했으나, 戰國時代에 이르자 유명무실해졌다. 조선은 千乘國을 자처했고 이에 따라 10만 養兵을 요구할 수 있었다. 일본은 稅收할 糧穀의 수량에 따라 군사의 數를 제한했다.
"戰車 1대에는 말 4마리, 소 12마리, 甲士 3명, 卒 72명과 이에 따른 병장기를 갖추어야 한다. 그러므로 전차 1대에 100명 정도가 따라 붙어야 한다. 따라서 1000乘이면 10만명의 軍勢(군세)를 말한다." (漢書/刑法志/丘乘法) (편역자 주)

蠱䷏괘에서 보면, 秦나라를 지목하는 下卦 巽☴은 바람이고 下互인 兌☱는 가을이니, 秦나라는 秋風(추풍)의 象이다. 반면에 上卦는 艮☶山이고 上互는 震☳木이니, 晉나라는 山木의 象이다. 秋風의 秦나라가 山木인 晉나라를 공격하니, 이기지 못함이 없다. 또한 蠱䷏의 正卦로 풀이하면, 바람이 산에 나무의 과실을 흔드는 것과 같다. 互卦로 풀이하면, 兌☱金이 震☳木을 치는 것과 같다. 卦象이 이와 같으니 晉나라가 패배함을 예상하는 것은 당연하다.

(5) 伯姬嫁秦(백희가진)之筮

「僖公 十五年」(B.C. 645년)

① 『春秋左傳』 원문 요약

晉 獻公(헌공)이 딸 伯姬(백희)를 秦에 시집보내는 것에 대해 시초점을 치게 했다. 歸妹䷵(雷☳ ☱澤)가 睽䷥(火☲ ☱澤)로 변하는 점괘가 나왔다. 점치는 관리 史蘇(사소)[a]는 다음과 같이 해석했다:

"불길하옵니다. 歸妹(귀매)괘 上六의 爻辭에 이르기를, '남자가 양을 칼로 찔러도 피가 나오지 않고(士刲羊无血), 여자가 들고 있는 바구니에 하사품이 없다(女承筐无實)'고 했습니다.[b] 서방의 이웃나라가 책망하여 몰아붙여도 약속을 어겼으므로 할 말이 없게 되었습니다. 歸妹[누이를 시집보내다]의 괘가 睽[눈흘기다]의 괘로 변한다는 것은 도와줄 사람이 없다는 뜻입니다. 歸妹䷵괘의 震☳雷[우레]가 离☲火[불]로 변함은, 우레가 불이 된 것이므로 불기운이 성해진다는 뜻입니다. 그러므로 瀛(영)씨의 秦나라가 姬(희)씨의 晉나라를 쳐부수고, 震☳車[수레]의 바퀴 테가 벗겨지고〈車說其輹(거탈기복)〉, 불이 군기를 태워버리는 격이니, 군사를 진군하면 불리하고 晉[진나라]의 종묘가 있는 언덕에서 패할 것입니다."

이후에 晉 惠公(혜공)이 秦나라에 인질로 있을 때 탄식하며 말하기를 "先君[晉 獻公]께서 史蘇(사소)의 점괘를 따랐던들 내가 이 지경까지는 이르지는 않았을 것"이라고 했다. 옆에서 모시고 있던 韓簡(한간)이 말했다: "龜卜(귀복)점은 象이고 蓍草(시초)점은 數이옵니다. 事物이 있고난 연후에 形象이 있고, 형상이 있고난 연후에 數가 있는 것입니다. 先君(선군)의 悖德(패덕)이 이미 運數(운수)에 영향을 미치지 않았겠습니까? 史蘇의 점괘를 따르지 않은 것이 어찌 재앙을 더 보탰겠습니까?"

---

a 원래 姓은 封土의 명칭과 官의 명칭을 따서 王이 하사한 것이므로, 史蘇는 史官인 蘇를 말한다.

b 歸妹괘의 上卦인 震☳雷는 長男·士·竹을 상징하고, 下卦인 兌☱澤은 少女·羊을 상징한다. (편역자 주)

② 『周易四箋』 해설 요약

秦나라의 嬴(영)씨는 水姓이고 晉나라의 姬(희)씨는 火姓이다. 睽☲(火☴☱澤)괘는 두 개의 离☲火 사이
에서 坎☵水로 불길을 진화하는 형국이니, 水姓인 嬴씨의 秦나라가 火姓인 姬씨의 晉나라를 패퇴시킨
다고 말한 것이다.

上离☲火　上互坎☵水　　　☜ 秦國의 嬴氏＝水性

下兌☱澤　下互离☲火　　　☜ 晉國의 姬氏＝火性

睽

睽☲괘는 大壯☳괘에서 나왔다. 大壯☳괘에서 乾☰의 수레바퀴가 완전하고 실하니, 上卦인 震☳舟車
로써 운행한다. 그러나 大壯☳괘의 下卦인 乾☰의 陽剛 하나가 6효로 올라가고 6효의 유약한 陰효가 내
려온 睽☲괘에서는 바퀴의 테 하나가 빠진 꼴이 된다. 그리하여 "車說其輹(거탈기복)"이라고 말한 것이다.

大壯☳괘에서 上卦의 震☳이 깃발이므로 玄黃색이었는데 추이되어 睽☲괘로 되면, 睽의 上卦인 离☲
火에 의해 깃발이 불타기 때문에 "火焚其旗(화분기기: 불이 깃발을 불사른다)"고 말한 것이다. 내[정약용]가
조사해보니 『說卦傳』에서 震☳을 깃발로 말한 적은 없으나, 震☳을 보고 있노라면 坤☷帛의 아래를 강
한 막대로 받들고 있으며 그 색깔이 현황인 것은 용이나 짐승 그림이니 그 象은 깃발이다.

大壯☳괘에서 震☳長子가 군대를 통솔하니 군대의 일이 吉했으나, 睽☲괘로 추이되면 震☳長男이 없
어져버리니 "不利行師(불리행사)"라고 말한 것이다.

☲☲	离☲中女　互坎☵陷　　⇦ 震☳舟車.長男.旗 ☳☳	
☱☱	兌☱少女　兌☱脱失輹　　⇦ 乾☰大車 ☰☰	
歸妹(上六爻變) →	睽	← 推移(6←3) 大壯

"宗丘(종구)"는 높은 언덕[崇丘(숭구)]이다. 睽☲괘는 中孚☴괘로부터 推移되었는데, 上互에 艮☶山이
있고 巽☴ 또한 높음의 뜻이니, 이것이 이른바 "崇丘"이다. 그러나 中孚☴로부터 睽☲괘로 되면 山崇
(산숭)도 雷動(뢰동)도 모두 무너지니, 崇丘에서 패한 것이다. 崇丘는 秦나라와 晉나라 사이에 있는 『春
秋左傳』의 '韓原(한원)'을 말한다.

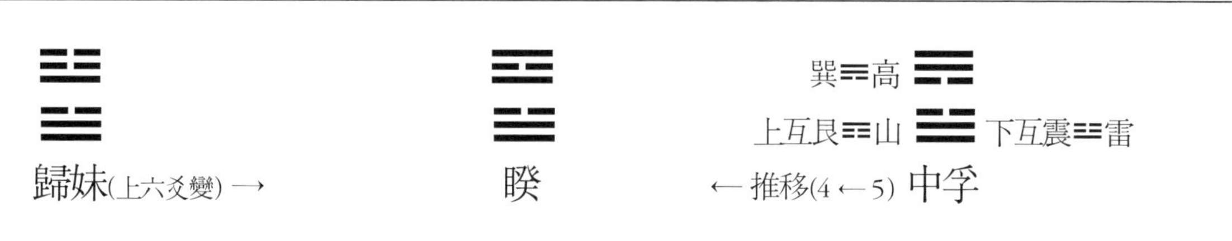

杜預(두예)가 말했다. 점은 길흉을 알고자 할 뿐 길흉을 바꿀 수 없다. 이 경우에도 先君인 晉獻公(진나라 헌공)의 패덕으로 말미암은 것이지, 시초점이 길흉을 낳은 것은 아니다.

(6) 晉侯納王(진후납왕)之筮

「僖公 二十五年」(B.C. 635년)

① 『春秋左傳』 원문 요약

天子가 왕자 帶[大叔]의 난을 당해 鄭나라에 머물고 있을 때, 秦나라의 伯爵[穆公]이 河上에 군사를 출동시켜 천자를 서울로 돌려보내려 했다. 그 때 狐偃(고언)이 晉나라 侯爵[文公: 重耳]에게 말했다: "제후들을 따르게 하려면 천자를 위하는 일보다 좋은 방도는 없습니다. 제후들에게 신의를 선양시키는데 지금이 좋은 기회입니다."

이에 文公은 거북점을 치게 했다. 점치는 관리 卜偃(복언)이 말했다:

"吉합니다. 옛날 黃帝 軒轅氏가 炎帝 神農氏와 阪泉(판천)에서 싸울 때[a] 얻었던 점괘와 똑같은 징조가 나왔습니다."

文公은 "黃帝가 당한 일을 내가 어찌 감당하겠는가? 시초점을 쳐보라!"고 했다.

점괘는 大有☲(火☰☰天)의 괘가 睽☲(火☱☱澤)의 괘로 변하는 것으로 나왔다.

卜偃은 다음과 같이 풀이했다:

"吉합니다. 제후가 천자에게 대접을 받을 점괘입니다. 싸움에 이기고 천자에게 대접을 받으니, 이보다 吉한 것이 어디 있겠습니까? 이 점괘는 乾☰天이 兌☱澤으로 변하여 离☲日을 받들고 있습니다. 이는 天子가 마음을 낮추어 군주를 영접하는 것이니, 이 역시 좋지 않습니까? 또한 大有☲와 睽☲의 관계도 역시 거북점과 같습니다.(大有괘는 乾☰王이 离☲侯의 아래에서 겸손한 모습이다.)

---

[a] 蚩尤天王(치우천왕)이 黃帝 軒轅씨를 응징한 涿鹿(탁록)의 전투는 그 이후의 일이다.

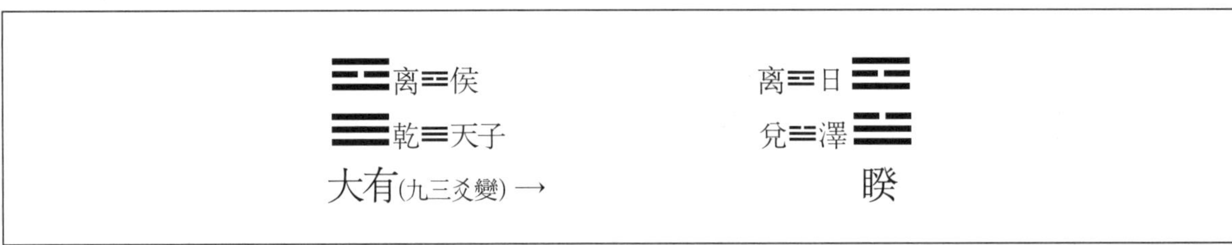

이에 晉 文公은 秦 穆公의 進軍을 만류하고, 자신이 천자가 있는 곳으로 내려가 왕을 영접하여 서울로 입성하였다. 그리고 난을 일으킨 왕자 大叔(대숙)을 잡아 처형하였다. 文公이 천자를 알현하자 천자는 술을 내리고 폐백을 하사하셨다.

② 『周易四箋』 해설 요약

睽☲괘는 大壯☳괘에서 추이되었다. 大壯☳괘에서 乾☰王이 內卦에 있고 震☳제후[侯]가 外卦에 있어 서로 만나지 못했다. 그러나 大壯괘가 추이하여 睽☲괘로 되면 乾의 剛陽━ 하나가 밖으로 나가니, 이를 "天王出居(천왕출거)"라고 말한다. 이로써 제후 震☳이 离☲로 바뀌는데, 그 离☲火가 姬姓(희성)인 鄭나라에 해당되어 "居于鄭(거우정)"이 된다.

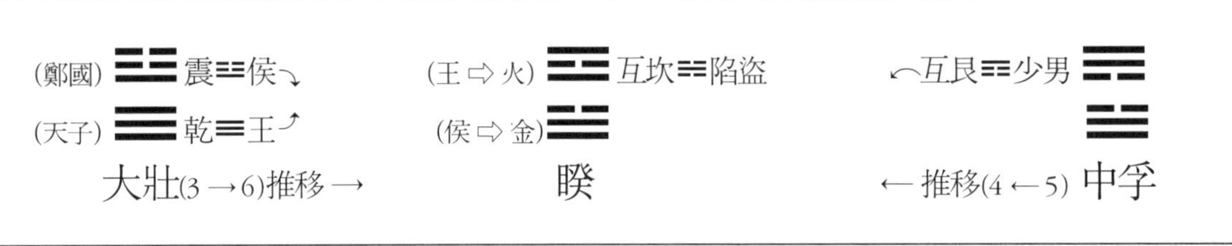

또한 睽☲괘는 中孚☴괘에서 추이되었다. 본래 中孚에 있던 艮☶少男이 안으로 들어가면서 추이된 睽☲괘에서는 坎☵도적의 소굴에 빠진다. 이는 왕자 大叔이 왕위를 노리는 도적이 된 現狀과 같다. 그러나 왕이 이미 밖으로 피신해 있으니, 괘에서는 통상과는 반대로 內卦가 적이 된다. 현재 睽괘에서 外卦의 王은 불[火]이고 內卦는 쇠[金]이니, 안의 적을 이기고 반란은 진압된다.

(7) 王子伯廖(왕자백료)之語 *不筮而占吉凶

「宣公 六年」 (B.C. 603년)

① 『春秋左傳』 원문 요약

[宣公 6년(B.C. 603년)] 겨울에 楚(초)나라가 鄭(정)나라를 쳐 성을 빼앗고 돌아갔다. 鄭나라의 공자인 曼滿(만만)이 楚나라 왕자이며 대부인 백료(伯廖)에게 자기도 공경[卿]이 되고 싶다고 말했다.

백료는 다른 사람에게 말하기를 "曼滿은 덕이 없으면서 욕심이 많다. 이는 『周易』[a]에서 말하는 豊䷶(雷☳☲火)괘가 離䷝(火☲☲火)괘로 변함과 비유되는데, 豊䷶괘 上六의 爻辭(豊其屋 蔀其家 闚其戶 闃其无人 三歲不覿 凶)처럼 가옥을 너무 풍요롭게 꾸미며 집안을 가려 삼년동안 사람을 보지 못하리니 흉한 꼴이다. 과연 그의 예언대로 1년 사이에 鄭나라 사람이 공자 曼滿을 죽였다.

② 『周易四箋』 해설 요약

杜預가 이르기를, '周易은 변화를 논구하는 것이므로, 위의 사례처럼 비록 점을 치지 않을지라도 반드시 변화로써 그 뜻을 말한다'고 했다.

豊䷶괘는 泰䷊괘로부터 추이되었는데, 2효의 陽이 豊괘의 4효로 뛰어올랐으나 역시 正當한 位를 얻지 못했다. 離䷝괘는 大壯䷡괘로부터 추이된 것인데 大壯䷡의 九二가 뛰어올라 離괘의 上九가 되었으나 역시 正當한 位를 얻지 못했다. 曼滿이 공경이라는 높은 자리를 성급하게 욕심낸 일은, 이런 꼴이 되리라 예언한 것이다.

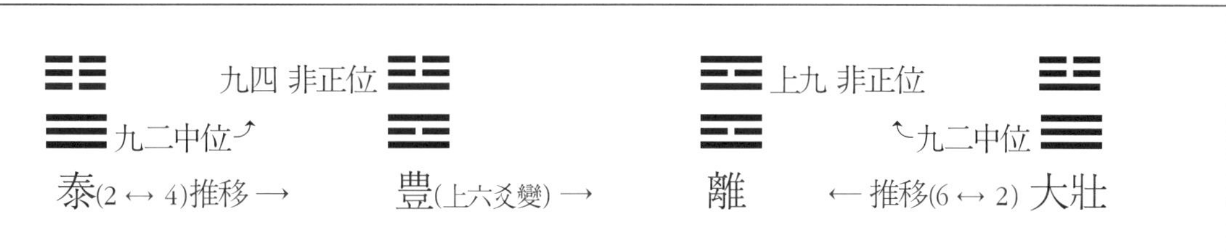

(8) 知莊子(지장자)之語 *亦不筮而占吉凶〈역시 筮占(서점)을 치지 않고 吉凶(길흉)을 점친 사례임〉

「宣公 十二年」(B.C. 597년)

---

a　편역자 주: 이때부터 처음으로 "周易"이라는 글자가 나타난 점이 눈길을 끈다. 그러므로 이 무렵에 '周易'이라는 책이 만들어졌다고 추측할 수 있다.

① 『春秋左傳』 원문 요약

[宣公 12년(B.C. 597년)] 봄에 楚나라의 子爵(자작)인 莊王이 鄭나라의 도읍을 함락시켰다. 楚의 莊王은 鄭나라와 화평을 맺고, 공자 良(량)을 인질로 삼아 30리를 물러났다.

그 때 晉나라의 구원병이 당도했다. 회군하려는 晉의 桓子(환자)가 말했다: "鄭나라를 구원하는 일이 아니라면 우리 민중을 수고롭게 할 필요가 있겠는가?"

옆에 있던 上軍大將인 隨武子(수무자)가 말했다: "좋은 말씀입니다. 제가 들은 바로는 '무력을 씀에는 틈을 보아 출동시킨다' 했습니다. 德(덕)·刑(형)·政(정)·法(법)·禮(예)가 제대로 되어 있으면 대적할 수 없으므로 정벌하지 않습니다. 楚나라가 鄭나라를 친 것은 배반에 대한 응징이고, 굴복하자 용서했으니 덕과 형벌을 잘 베푼 것입니다."

그러나 中軍副將인 彘子(체자)는 반대했다: "안됩니다. 우리 편의 제후를 잃으면 패자로서의 위신이 추락하고, 적이 눈앞에 있는데도 싸우지 않으면 우리 군사가 약함을 보이는 것이며, 적이 강하다고 물러난다면 대장부가 아닙니다." 이렇게 말한 뒤에 그는 자기의 군사만을 이끌고 혼자 황하를 건너갔다.

그러자 下軍大夫인 知莊子(지장자)가 다음과 같이 말했다: "지금 진격하는 군대는 위태롭습니다. (『주역』에서 臨䷒괘에로의 爻變을 일으킨) 師䷆괘의 初六 효사에 이르기를, '군대의 출진은 군율의 통제가 있어야 하는데, 그 통제가 거부당했으니 흉하다〈師出以律 否臧凶(사출이율 비장흉)〉'라고 했습니다. 물줄기가 흐르지 않는 것을 臨䷒괘라 하는데, 대장이 있음에도 그의 명령을 따르지 않음이 臨괘의 경우이므로 반드시 패할 것입니다."

이에 司馬(사마)로 출전한 韓獻子(한헌자)가 桓子(환자)에게 말했다: "彘[彘子] 장군은 우리 군사의 元首입니다. 명령을 따르지 않은 것은 물론 彘(체) 장군의 죄입니다. 그러나 우리 편의 제후를 잃고 우리 군대를 잃는 것은 장군[桓子]의 죄입니다. 진격하는 것보다 더 좋은 방법은 없습니다. 싸움에 이기지 못하는 경우 장군[桓子] 혼자서 죄를 둘러쓰는 것보다 우리 여섯 사람이 같이 무릅쓰는 것이 좋지 않겠습니까?"

이렇게 점괘를 무시하고 군사가 모두 황하를 건넜다. 그 결과 晉나라 군사는 邲(필)에서 대패했다.

② 『周易四箋』 해설 요약

杜預가 말했다: "坎☵이 衆이라고 하는데ᵃ 師䷆괘의 坎☵險의 直心·貞固가 臨䷒괘의 兌☱澤悅·幽人으로 변했으니, 이는 험난함 속에서 단련된 강고함이 유약함으로 변한 것이다. 또한 坎은 坎川인데 兌澤으로 변했으니, 이로써 냇물이 막힌 꼴[물줄기가 흐르지 않는 臨䷒괘]이 되었다.

『說卦傳』에 의하면, 만물은 坎☵으로 돌아가는데 지금 坎☵이 없어졌으니 이는 "衆散"이요, (師괘의) 坎☵中男의 강성함이 (臨괘의) 兌☱少女의 "柔弱"함으로 변했다. 그래서 『春秋左傳』에서 "衆散爲弱(중산위약)"이라고 말했다. 또한 坎☵水는 通함이었는데, 지금 坎☵水가 이미 막히니, 이로써 소통이 막혔다. 그래서 『春秋左傳』에서 "川壅爲澤(천옹위택)" 즉 '川[내]이 막혀 澤[못]이 된다'고 말한 것이다.

---

a 편역자 주: 『說卦傳』에서 坤을 衆이라 했다. 『國語』 「晉語」 四에서 '坎을 勞·水·衆(坎 勞也 水也 衆也)]이라 했다.

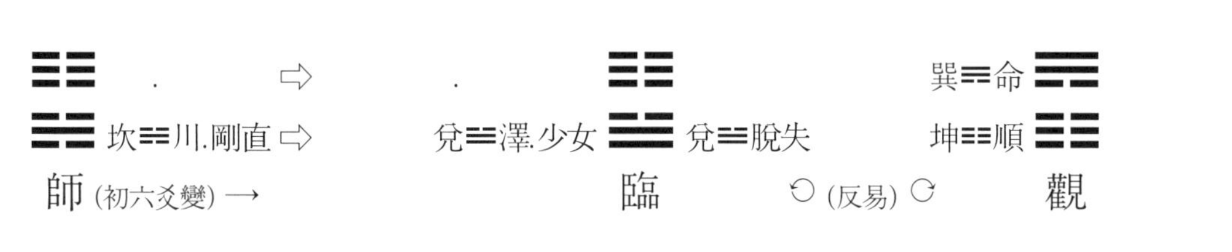

臨䷒괘는 觀䷓괘의 反易괘이다. 觀䷓괘는 坤☷柔順과 巽☴恭遜이어서 順命의 괘인데, 臨䷒괘는 이와
반대이다. 그래서 『春秋左傳』에서 "不行[坎☵水·川이 兌☱의 脫失(탈실)로 변하여, 흐르지 않는 '不行'의 兌☱澤
(연못)이 됨]"이라고 말했다.

(9) 晉侯鄢陵(진후언릉)之筮

「成公 十六年」(B.C. 575년)

復 ▶ (之卦 없음)

䷗

① 『春秋左傳』 원문 요약

[成公 16년(B.C. 575년)] 6월에 晉나라와 楚나라의 군사가 鄢陵(언릉)에서 대치하고 있었다. 이 때 晉侯[晉
나라의 侯爵]의 측근들이 모두 말했다: "우리 나라의 뛰어난 太宰(태재)였던 白州犁(백주리)가 楚나라에
붙었고 또 군사가 많으니 우리가 당할 수 없습니다."
그러자 楚에서 晉으로 망명한 苗賁皇(묘분황)이 晉나라 군주에게 말했다: "楚나라의 정예부대는 중군에
속해 있는 楚王의 친위병 뿐입니다. 그러므로 우리 정예부대를 나누어 楚軍의 좌우군을 치십시오. 그
리고 삼군의 병력으로 楚王의 친위부대를 공격하십시오. 楚軍은 반드시 대패할 것입니다."
이에 晉王은 시초점을 치게 했다. 史官[卜史]이 다음과 같이 말했다: "吉합니다. 復䷗(地☷☷☳雷)의 점괘
가 나왔습니다. 점괘를 풀이하면 '남쪽 나라[a]가 쭈그러지고, 그 왕에게 활을 쏘니 눈을 맞추었다(南國蹙
射其元王 中厥目)'입니다. 楚는 반드시 패합니다."
이에 晉侯가 그 말을 따랐고 결국 승리했다.

② 『周易四箋』 해설 요약

復䷗괘는 豫䷏괘로부터 交易(교역)되었다. 이때 北方에서 剛陽━이 내려가니 南方을 정벌하는 모양
이다. 따라서 北國은 영지가 확장되고[陰을 한 개 얻음], 南國은 영지가 줄어든다[陰을 한 개 잃음]. 그래서

---

a 晉은 北國이고 楚는 南國이다.

『春秋左傳』에서 "南國蹙(남국척)"이라 말했다. 게다가 坎☵의 활을 취해 震☳王을 쏘니 "射其元王(사기원왕)"이라 말했다. 下卦는 원래 伏位(1奇-2偶-3奇)가 모두 离☲目인데, 화살이 눈에 명중하므로 "中厥目(중궐목)"이라 말한 것이다.

(10) 穆姜東宮(목강동궁)之筮

「襄公 九年」(B.C. 564년)

① 『春秋左傳』 원문 요약

[襄公 9년(B.C. 564년)] 여름에 成公(성공)의 생모이며 襄公(양공)의 조모인 穆姜(목강)이 東宮(동궁)에서 훙거했다. 穆姜이 동궁으로 옮길 때 시초점을 치니, 艮☶괘가 八로 변하는 점괘가 나왔다(艮之八).

史官[卜史·太史]이 말했다: "이것은 艮☶(山☶ ☶山)괘에서[두 번째 畫만 변하지 않고 다른 畫이 변하여] 隨☱(澤☱ ☳雷)괘로 변한 것입니다. 隨괘에는 나간다는 의미가 있습니다(隨其出也). 小君께서는 속히 이 동궁을 빠져나가십시오!"[a]

이에 穆姜이 다음과 같이 말했다: 그럴 수 없소. 이는 주역에서 말한 것으로 '隨괘는 元亨利貞이면 허물이 없다(隨 元亨利貞 無咎)'고 말했소. 元은 본체의 으뜸이요(元 體之長也), 亨은 아름다움의 모임이요(亨 嘉之會也), 利는 의로움의 조화요(利 義之和也), 貞은 만사의 근간(貞 事之幹也)이라는 것입니다.[b]

그러므로 仁을 몸에 갖추면 사람의 우두머리가 될 수 있고, 덕을 아름답게 하면 禮에 합당할 수 있고, 만물을 이롭게 하면 義에 조화로울 수 있고, 정절이 굳으면 만사를 주관할 수 있는 것이오. 그러므로 속일 수가 없습니다. 그런데 지금 나는 난리에 가담했소. 이처럼 나에게 네 가지 덕[元·亨·利·貞]이 없

---

a　편역자 주: 焦贛이 지은 『易林』의 '艮之隨' 점사는 "慈母赤子 相餒不食(자비로운 어미와 어린아이가 서로 먹여주려 하지만 먹을 수 없다)"라고 말했다.

b　편역자 주: 이 문장은 『文言傳』에서도 똑같다. 『文言傳』은 『春秋左傳』의 기사보다 뒤이므로 『春秋左傳』을 옮겨 놓은 것 같다.

으니, 어찌 (元·亨·利·貞을 갖춰 无咎한) 隨☲☰괘가 내 운수가 되겠소. 내가 악한 짓을 했는데 어찌 허물이 없겠소? 나는 반드시 여기에서 죽겠습니다. 나는 떠날 수 없소.

② 『周易四箋』 해설 요약

杜預가 말했다: 穆姜(목강)은 叔孫(숙손)씨 宣伯(선백)과 음행을 일삼으며 成公을 폐위하려고 하였으므로 동궁으로 쫓겨나 유폐되었다. 『周禮』에 따르면, 太卜은 「連山易(연산역)」·「歸藏易(귀장역)」·「周易(주역)」을 관장했으므로 세 가지 易書(역서)를 혼용했을 것이다. 그리고 「連山」·「歸藏」의 두 易書는 7과 8로 점을 쳤으므로, '艮之八'을 얻었다고 말했다.[a] 穆姜이 이러한 古占이 불길하다고 여길까 염려한 太史가 다시 周易으로 점을 쳐서 隨☲☰괘를 얻고, 이를 '艮☶☶의 之卦'라고 말하며 점을 친 듯하다.

그러나 周易에서는 오직 한 개의 爻만이 변하는 것을 원칙으로 한다. 그래서 周公께서도 爻詞를 지으면서 한 爻의 변화에 의거해 象을 관찰하고 占詞를 붙여두었다. 만일 한 번의 시초점에서 여러 개의 爻로 변한다면, 卦德과 物象이 뒤섞여 周公과 공자의 지혜로도 조화롭게 정리할 수 없었을 것이다. 그래서 『春秋左傳』에 기록된 官占의 경우에도, 여기의 '艮之隨(艮의 之卦인 隨괘)' 이외에는 모두 한 개의 爻만이 변한 경우뿐이다. 어찌 '艮之隨' 같은 사례가 또 있을 수 있겠는가? 이로 볼 때 『春秋左傳』의 '艮之隨'와 『國語』「晉語」의 '屯之豫' 등은 夏商[夏나라·商나라] 시대의 舊法이 분명하고, 『周易』에는 이런 사례가 보이지 않는다.

그런데 焦贛(초공: 前漢 末期의 易術家인 焦延壽이다)이 『易林』에서 교활하고 허황한 說을 제기하며, '하나의 괘가 변하여 64괘가 되고 64괘가 연역하여 4,096괘[64×64=4,096]가 된다'고 했다.[b] 이로부터 위대한 성인[문왕·주공·공자]이 쓰신 책이 점쟁이들의 방술로 전락되었다.

살피건대 卜史(복사)는 夏·商의 古法으로 점을 쳤기에 '隨 其出也'라고 말했고, 穆姜은 주역으로 점을 쳤기에 '是於周易(시어주역)'이라 했다. 그런데 둘 다 隨☲☰괘의 의미만 논하고 艮☶☶괘의 덕을 살피지 않는 점에서 보면, 주역의 變爻를 풀이하는 사례와 다름을 알 수 있다.
앞에서 언급했듯이 『春秋左傳』에서 말한 隨괘의 '元亨利貞'의 뜻이 현존의 『주역』에 있는 공자의 「文言」의 글과 같은데, 당시 태어나지도 않은 孔子의 글을 穆姜이 인용한 것은 당연히 아닐 터이다. 그래서 나[정약용]는 「文言」이란 공자의 말이 아니고, 고대에 있었던 한 종류의 字書라고 설명했다.〈坤괘에 나오는 "文言曰"이라는 세 글자는 王弼(왕필)이 첨가한 것이다.〉

---

a 　편역자 주: 艮☶☶괘는 止·終·死의 象이며, 7·8은 少陽·少陰이라 變卦가 없다.

b 　편역자 주: 『周禮』의 三易[連山·歸藏·周易]에 대한 언급인 "其經卦皆八"은, 三易 모두 줄기는 8괘이고 나뉘면 모두 64괘라는 뜻이다.〈太卜掌三易之法 一曰連山 二曰歸藏 三曰周易. 其經卦皆八 其別皆六十有四(周禮/春官/宗伯下)〉 이에 따르면 焦贛의 주장은 근거가 없다.

(11) 崔杼取姜(최저취강)**之筮**

「襄公 二十五年」(B.C. 548년)

① 『春秋左傳』 원문 요약

齊나라의 棠(당) 고을을 다스리는 대부가 죽었는데, 그의 아내 姜씨는 동곽언의 누님이었다. 동곽언은 崔武子[名은 杼]의 가신이었다. 崔杼(최저)는 姜씨를 아내로 맞이하려고 동곽언에게 부탁했다. 그러나 동곽언은 "나는 환공의 후손이고 당신은 丁公의 후손이므로 同姓이니 아니 된다."며 거부했다. 그래서 崔杼가 시초점을 쳤더니 困☵☱(澤☱☵水)괘가 大過☱☴(澤☱☴風)괘로 변하는 점괘가 나왔다.

史官들은 모두 吉하다고 말했다. 그러나 陳文子(진문자)에게 물으니 다음과 같이 말했다: "지아비는 바람을 따르고 바람은 妻(처)를 떨어뜨리는 괘이니, 아내로 맞이할 수 없습니다. 그리고 괘사에 이르기를 '돌에 걸려 고난을 받고(困于石) 가시나무에 의지하며(據于蒺藜) 집에 들어가도 아내가 보이지 않으니(入于其宮 不見其妻) 흉하다'고 했습니다. '돌에 걸려 고난을 당한다'는 나아가되 물을 건널 수 없다는 뜻이고, '가시나무에 의지한다'는 믿는 자에게 상처를 입는다는 뜻이며, '집에 들어가도 아내가 보이지 않으니 흉하다'는 돌아갈 곳이 없다는 뜻입니다."

이 말을 들은 崔杼는 "그 여자는 과부인데 무슨 害가 되겠소? 그런 액운은 전 남편이 모두 당했을 것이다"라고 말하고, 그 여자를 아내로 맞았다. 그러나 齊나라의 군주인 莊公(장공)이 그의 집을 자주 드나들면서 그 여자와 통정하니, 崔杼는 군주를 원망하게 되었다. 그런데 莊公은 자기를 시종하던 賈擧(가거)를 매질하고 그 뒤에도 그를 가까이 두었다. 崔杼는 원한을 품고 있던 賈擧와 짜고 莊公을 죽였다. 2년 뒤에 崔杼의 가문은 제나라의 慶封(경봉)에 의해 멸망했고, 慶封의 가문도 吳나라로 도망했다.

② 『周易四箋』 해설 요약

困☵☱괘는 否☰☷괘로부터 推移된 것으로, 否괘 6위의 강건한 陽━이 내려와 물구덩이로 들어가니 물을 건너지 못한다. 그래서 『春秋左傳』에서 "往不濟(왕부제: 가더라도 물을 건너지 못한다)"라고 말했다.

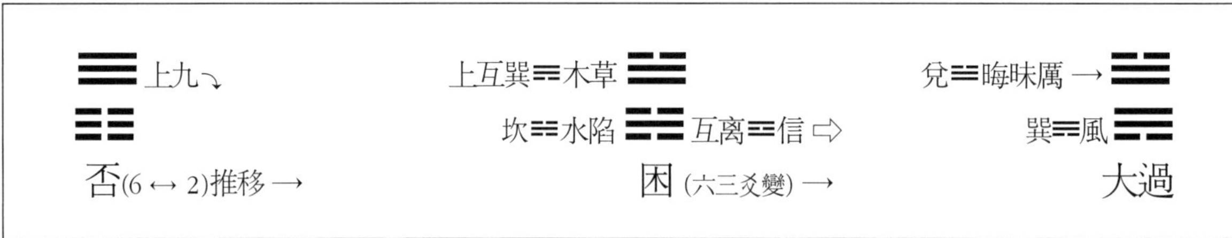

또한 困䷜괘 下卦의 坎☵險·上互의 巽☴가시덩굴[蒺藜]로 험난하지만 下互의 离☲信을 지키므로, 『春秋左傳』에서 "믿는 것에 상해를 입는다(所恃傷)"고 말한 것이다.

困䷜괘가 大過䷛괘로 추이하면 困窮(곤궁)했던 시절의 안식처인 坎☵宮이 없어지므로, 『春秋左傳』에서 巽☴風처럼 "돌아갈 곳이 없다(無所歸)"고 말한 것이다.

(12) 游吉如楚(유길여초)之語
「襄公 二十八年」(B.C. 545년)

① 『春秋左傳』 원문 요약
鄭나라 군주의 사신인 游吉(유길)이 楚나라를 예방하고 돌아와 보고했다: "楚나라의 군주는 곧 죽을 것입니다. 그는 정치와 덕에 힘쓰지 않으면서 패자가 되어 제후들을 지배할 생각만 하니 오래 살 수 있겠습니까? 『주역』에서 보았는데 復䷗(地☷☳☳雷)괘가 頤䷚(山☶☳☳雷)괘로 변하는 점괘[復괘 上六]의 爻辭에는 "돌아감이 미혹되니 흉하다(迷復凶)"고 했습니다. 이는 楚나라 군주를 이르는 말일 것입니다. 그는 지금 覇者(패자)의 지위로 복귀하기를 소망하지만 그 근본을 버렸으니 복귀할 방도가 없을 것입니다. 이야말로 돌아감이 미혹된 것이니 흉사가 없을 수 있겠습니까? 조만간 군주께서 친히 가셔서 장례 행차를 보내주고 돌아오시면 楚나라 사람들의 마음을 쾌유케 할 것입니다."

② 『周易四箋』 해설 요약
頤䷚괘는 臨䷒괘에서 추이되었는데, 臨䷒괘의 九二가 頤괘의 上九로 올라가서 下卦의 震☳제후에게 군림하려 하지만, 본래의 復䷗괘의 근본인 天根(천근)을 버리고 새로운 군주를 모시라 하니 어찌 혼미하지 않겠는가? 또한 頤괘의 上九는 이미 궁극에 있어 돌아갈 곳이 없고, 艮☶은 이미 죽음에 임박했으니 오래 갈 수 없다.

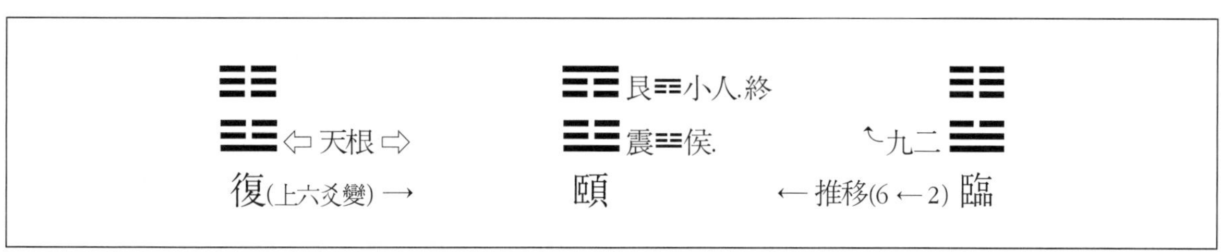

頤䷚괘는 또한 小過䷽괘에서 交易되었다. 옛 小過䷽ 때는 大坎☵宮(궁)으로 돌아갈 곳이 있었지만, 頤䷚괘로 交易되니 坎☵宮이 없어지고 大离☲의 모습으로 변했으니, 『春秋左傳』에서 "復歸無所(복귀무소: 복귀하고 싶어도 갈 곳이 없다)"고 말한 것이다.

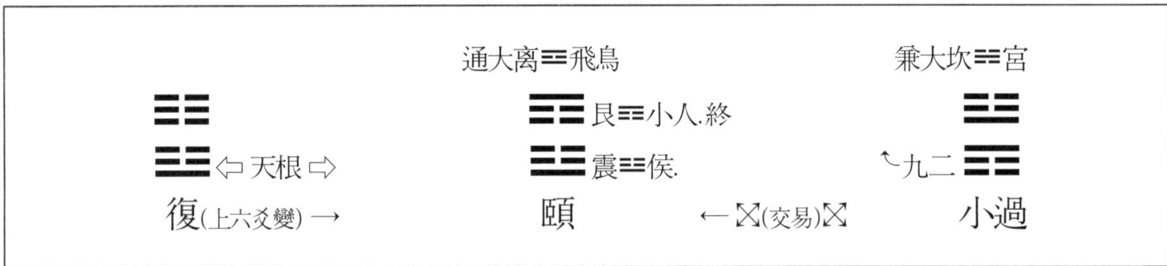

(13) 叔孫豹(숙손표)之筮

「昭公 五年」(B.C. 537년)

① 『春秋左傳』 원문 요약

叔孫(숙손)씨 가문의 후계자인 叔孫豹(叔孫穆子: 숙손목자)는 牛(우)를 사환으로 삼아 가문의 일을 맡아보게 했다. 그러나 牛는 숙손 가문을 어지럽히고 훗날 자기가 차지하려고 흑심을 품었다. 牛는 叔孫豹가 아들 仲壬(중임)을 후계자로 세우려하자 그를 죽이고, 서자인 昭子(소자)를 후계자로 삼았다.

昭子가 가문의 후계자의 자리에 올라 가문의 사람들을 모아놓고 말했다: "우리 가문의 사환이었던 牛는 우리 가문을 어지럽혀 적자를 죽이고 서자인 나를 가문의 후계자로 세웠다. 그리고 가문의 영유지를 나누어주며 죄를 면하려 하고 있다. 그를 빨리 죽여야 한다."

牛는 도망했으나 국경을 지키는 관소에서 죽었다.

孔子는 이를 두고 다음과 같이 말했다: "이는 보통사람이 할 수 있는 일이 아니다. 옛말에 이르기를 '위정자는 사사로운 공로에 상을 주지 않고, 사사로운 원한에 벌을 주지 않는다'고 했다."

이에 앞서 叔孫豹가 출생할 때 그의 부친인 莊叔(장숙)이 周易으로 시초점을 치게 했다. 점괘는 明夷䷣(地☷☲火)괘가 謙䷎(地☷☶山)괘로 변하는 것으로 나왔다.

史官인 卜楚丘(복초구)가 다음과 같이 말했다:

"이분은 나라를 떠났다가 돌아와 가문의 제사를 계승할 것입니다. 그러나 참언하는 '牛'라는 자를 데리고 들어와 그 때문에 굶주려 죽을 것입니다. 明夷(명이)는 해[日]입니다[해가 땅 속에 숨었다가 떠오르는 것].

하루를 헤아림은 十干(십간)으로 합니다. 이는 신분 등급인 十位[a]에 해당합니다. 日中은 맨 위이니 王의 때이며, 食日[아침 식사 때]은 제후[公]의 때이며, 平旦[해가 솟으려는 때]은 卿大夫의 때입니다. 明夷의 괘는 해가 밝았지만 아직 환하지 못하므로 平旦이니 卿大夫의 때입니다. 그러므로 이분은 공경이 되어 가문의 제사를 이을 것이라 했습니다. 明夷☷☲괘의 下卦인 离☲日은 物象으로 雉[꿩]에 해당하므로 明夷 初九 爻辭에 '어스름에 새가 날아간다(明夷于飛)'고 했고, 날이 밝지 않았으므로 '날개를 축 늘어뜨린다(垂其翼)'고 했습니다. 또한 해가 뜨면 활동하므로 '군자가 길을 떠난다(君子于行)'고 말했습니다. 또한 復☷☳괘의 初九가 추이하여 謙☷☶괘의 九三이 되었고(1 → 3), 그 九三을 十干時(십간시)[b]로 보면 平旦(평단)에 해당하므로 '삼일 굶주린다(三日不食)'고 말했습니다.[c] 明夷☷☲괘의 离☲는 불이며, 謙☷☶괘의 艮☶은 山입니다. 이는 离☲火[불]로 山을 태우니 山이 무너지는 모습입니다. 山이 무너짐은, 사람의 경우에 艮☶成言이 무너진 것이니 讒言(참언)이 됩니다. 그래서 明夷괘 初九의 효사에서 '가는 곳이 있고 주인에 대해 말이 있다(有攸往 主人有言)'고 말했습니다. 그리고 离☲는 또한 牛[소]를 나타내므로 참언하는 사람의 이름을 '牛'라 한 것입니다."[d]

② 『周易四箋』 해설 요약

謙☷☶괘는 剝☶☷괘로부터 交易되었다. 交易될 때 剝괘 上九의 剛陽━이 밖에서 다시 謙괘의 坎☵宮으로 복귀하니, 이를 『春秋左傳』에서 "장차 떠나갔다가 되돌아올 것(將行而歸)"이라고 말했다.

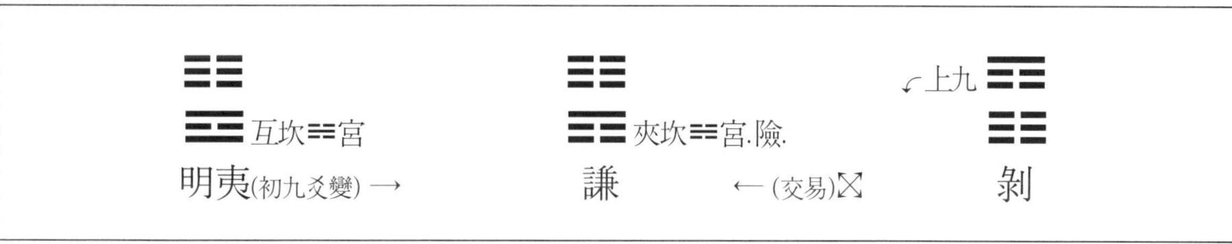

또한 謙☷☶괘는 復☷☳괘로부터 推移되었는데(1 → 3), 復☷☳괘에서는 長子였으며 謙☷☶괘에서는 坎☵의 귀신을 받드니, 이를 『春秋左傳』에서 "爲子祀(위자사: 돌아와 당신을 위해 제사를 주관하여 가문을 이음)"라고 말했다. 또한 艮☶에서 말이 이루어지는데[『說卦傳』의 物象表 참조], 그 말이 험악한 坎☵에서 행해지니 참언이 되며, 艮☶이 剝☶☷괘의 上九에서 왔으니[剝괘에서 謙괘로 交易되면, 剝괘의 上卦인 艮☶이 외부에서 들어옴], 『春秋左傳』에서 "以讒人入(이참인입)"이라 말했다.

---

a　十位: 왕(王)-공(公)-경(卿)-사(士)-조(皁)-여(輿)-예(隸)-요(僚)-복(僕)-대(臺)

b　十干時: 日中 → 食時 → 平旦 → 鷄鳴 → 夜半 → 人定 → 黃昏 → 日入 → 晡時 → 日昳

c　十二支時: 子時(夜半; 오후11시-오전1시) 丑時(鷄鳴) 寅時(平旦) 卯時(日出) 辰時(食時) 巳時(隅中)/ 午時(日中; 오전11시-오후1시) 未時(日昳) 申時(晡時) 酉時(日入) 戌時(黃昏) 亥時(人定)

d　편역자 주: 여기 『春秋左傳』에서 인용한 효사는, 현재 전해지는 주역의 효사와 일치한다. 이 기사는 B.C. 537년의 사건이므로, 이때 이미 주역의 효사가 기록으로 전해지고 있었음을 알 수 있다.

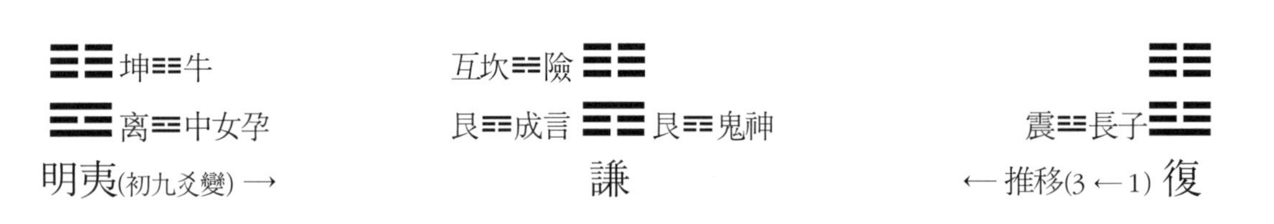

또한 明夷☷☲괘의 下卦인 离☲中女가 아이를 품고 坤☷의 소(牛)를 낳으니, 『春秋左傳』에서 "其名曰牛(기명왈우)"라고 말했다.

그리고 明夷☷☲괘는 臨☷☱괘에서 推移되었는데, 臨☷☱괘의 下卦인 兌☱의 음식이 明夷☷☲로 옮기면서 离☲火에 타버려 상실된다. 더하여 明夷☷☲괘가 謙☷☶괘로 爻變되면서 离☲火가 艮☶止로 변했으니, 만물은 艮☶死에서 종말을 맞이하므로[『說卦傳』], 이를 『春秋左傳』에서 "卒以餒死[마침내 굶주려 죽는다]"고 말했다.

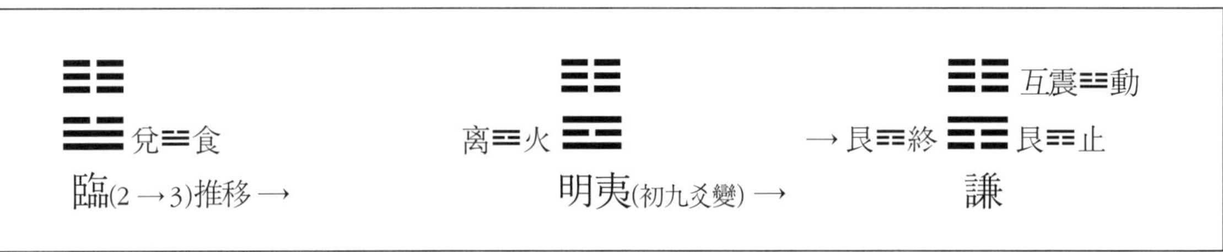

또한 謙☷☶괘의 上互가 震☳雷이니 움직이려 하고, 아래는 艮☶止이니 『春秋左傳』에서 "飛不翔[날려고 해도 높이 날지 못한다]"이라고 말했다.

또한 明夷☷☲괘는 小過☳☶卦에서 推移되었다. 小過☳☶의 때에는 날개가 중심을 가지런히 했는데, 明夷☷☲에서는 한쪽으로 치우쳐 있으니, 높이 쳐들지 못하고 날개가 넓지 못하다. 『春秋左傳』의 "垂不峻(수부준)"·"翼不廣(익불광)"은 이를 지적한 말이다.

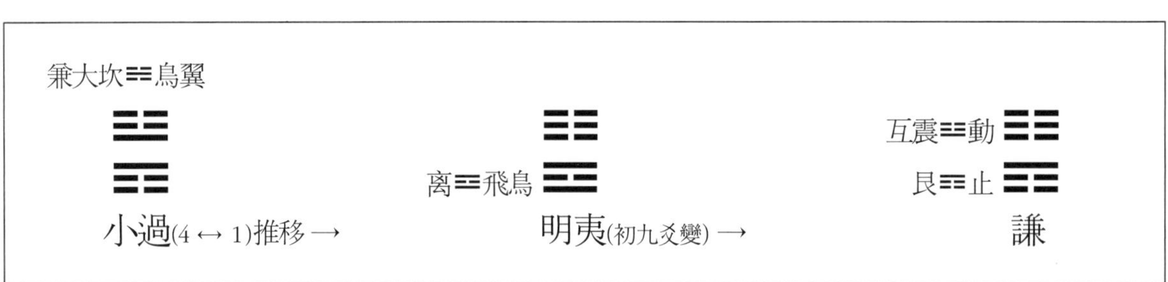

(14) 衛靈公(위령공)之筮

「昭公 七年」(B.C. 535년)

① 『春秋左傳』 원문 요약

衛(위)나라 襄公(양공)의 부인 姜씨는 아들을 낳지 못했고, 애첩인 婤姶(주압)이 孟縶(맹집)을 낳았다. 그러나 맹집은 발이 불구로 걸음을 잘 걷지 못했다.

집정자인 孔成子(공성자)가 하루는 꿈을 꾸었는데, 衛나라의 선조인 康叔(강숙)이 나타나 이르기를 "너는 元(원)을 군주로 세워라. 내가 너희 손자인 어(圉)와 사구(史苟)로 하여금 그를 돕게 할 것이다"고 말했다. 그리고 같은 날 史朝(사조)도 꿈을 꾸었는데 역시 康叔이 나타나 "내가 네 아들 구(苟)와 네 손자 어(圉)에게 명해서 元을 돕게 하겠노라"고 말했다. 그런데 마침 婤姶이 둘째 아들을 낳으니, 꿈에서 이른 대로 이름을 元[훗날의 靈公]이라 했다.

孔成子가 주역으로 시초점을 치며 "元(원)이 부디 衛나라를 차지하여 사직을 주관하게 하소서!"라고 말했다. 점괘는 屯䷂(水☵ ☳雷)괘가 나왔다.

그는 다시 빌면서 "저는 孟縶을 군주로 세우려고 하오니 부디 경사롭게 하소서!"라고 말하고, 쑥대를 뽑으니 屯䷂괘가 比䷇(水☵ ☷地)괘로 변하는 점괘를 얻었다. 그는 점친 결과를 史朝에게 보였다. 그러자 史朝는 다음과 같이 말했다: "屯䷂괘의 괘사에서 '元亨'이라 했으니, 元을 군주로 세우는 것이 좋습니다. 무엇을 의심합니까?"

孔成子가 반문하기를, " '元善之長也'라 했으니 元亨의 '元'은 長子를 가리키는 것이 아닙니까?"

史朝가 말했다: "선조인 姜叔이 이름을 '元'이라 지었으니 오히려 元을 長子로 삼을 수 있습니다. 또한 점괘에서 '利建侯'라 했는데, 長子 승계[嗣]는 '建侯'에 해당되지 않습니다['建(세운다)'이므로 승계한다는 '嗣'가 아닙니다]. 또한 屯䷂ 初九의 효사에 '利居貞'이라 했으니, 政事(정사)에 초연하여 안거함이 이로운 자는 다리가 불편한 맹집에 해당될 것입니다."

결국 孔成子는 史朝의 말에 따라서 元을 군주로 세웠다. 그가 곧 靈公이다.

② 『周易四箋』 해설 요약

屯䷂괘의 初九 효사에 '磐桓(반환) 利居貞(리거정)'이라 했는데 '磐桓'[a]은 다리가 약하는 뜻이다.[b]

---

a '盤桓'으로 된 판본도 있다. 혼용된다.

b 편역자 주: 屯괘의 初九는 밑에 있고 위로 陰이 가로막고 있으며, 上卦는 坎☵險이니 머뭇거린다는 뜻이다. 그러나 여기에서는 初九가 바로 爻變하여 比괘의 下卦인 坤☷이 되므로 '比괘의 다리가 약하다'는 뜻으로 해석했다.

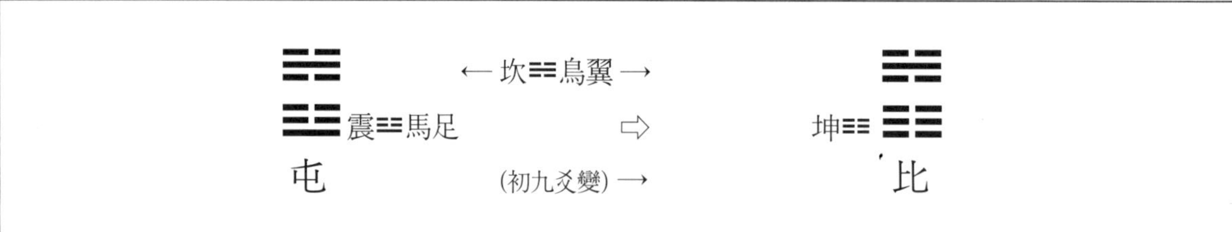

(15) 南蒯(남괴)之筮

「昭公 十二年」(B.C. 530년)

① 『春秋左傳』 원문 요약

魯나라의 季平子(계평자)가 南蒯(남괴)를 예우하지 않자 費(비)땅에서 반란을 일으켰다. 그의 속셈을 미리 알아챈 마을 노인이 남괴의 집 앞을 지나면서 탄식을 하며 말했다: "불쌍하구나! 안되었다. 생각은 깊은데 꾀는 천박하구나! 몸은 가까운데 뜻은 멀었구나! 가신이 군주를 도모하니 이런 자가 있는가?"

남괴는 거사하기 전에 자기 속셈을 감추고 남몰래 숫대점을 쳐 보았다. 坤☷(地☷ ☷地)괘가 比☵(水☵ ☷地)괘로 변하는 점괘를 얻었다. 坤괘 六五 효사에서 "누런 치마이니 元이 吉하다(黃裳元吉)"고 하니, 그는 크게 吉하다고 생각했다. 그래서 惠伯(혜백)에게 보이고 "내가 무슨 일을 하면 좋을까?"하고 물으며 마음을 떠 보았다.

그러자 惠伯이 다음과 같이 말했다: "황색은 중앙의 색이어서 忠(충)을 나타내고, 裳[치마]은 아래를 장식하는 것이어서 信(신)을 나타내는 것이며, 元은 善의 으뜸을 뜻합니다. 그러므로 충성스럽지 못하면 黃이 아니고, 아래 사람이 공손하지 않으면 裳이 아니며, 행함이 善하지 않으면 元이 될 수 없소. 이 세 가지 덕을 갖추지 않으면 이 점괘의 吉함에 해당되지 않는 것이오. 그리고 주역으로 (도리에 어긋나는) 험한 일을 점을 치면 안되는 것입니다."

② 『周易四箋』 해설 요약

'和'는 順이니 坤☷地의 덕이요, 貞은 正이니 坎☵直心의 덕이다. 比☵괘의 上卦인 坎☵은, 伏位로 보아도 坎☵인데(4偶-5奇-6偶) 중앙이 陽剛 ━ 이어서[直心: 忠] 마음이 강직하므로 그 덕성이 忠이다. 下卦인 坤☷은 和順한데다 伏位로는 离☲이니(1奇-2偶-3奇), 마음속을 비웠으므로[虛心] 그 덕은 信이다.

<table>
<tr><td colspan="2">

☷ 坤☷虛弱 ⇨   坎☵中實.貞勞 ☵
☷ 坤☷虛弱 ⇨   坤☷和順.厚安 ☷ (伏位离☲中虛)
坤(六五爻變) →   比

</td></tr>
</table>

(16) 蔡墨對龍之言(채묵 대룡지언)

「昭公 二十九年」(B.C. 513년)

① 『春秋左傳』 원문 요약

[昭公 29년(B.C. 513년)] 가을에 龍이 晉나라의 도읍인 絳(강)의 교외에 나타났다.

太史인 蔡墨(채묵)이 말했다: "옛날 사람은 龍을 길렀습니다. 舜임금은 龍을 기르는 사람에게 董(동)의 姓을 하사하고 氏는 豢龍(환룡)이라 했습니다. 禹임금 때는 御龍氏(어룡씨)가 네 마리의 龍을 길렀습니다. 만약 龍이 없다면 『周易』에서 龍을 언급했겠습니까? 乾☰의 初九가 姤☴괘로 변하는 '乾之姤'에서 '潛龍勿用(잠룡물용)'이라 말했습니다. 乾괘의 九二가 同人☲괘로 변하는 '乾之同人'에서 '見龍在田(현룡재전)'이라 말했습니다. 乾괘의 九五가 大有☲괘로 변하는 '乾之大有'에서 '飛龍在天(비룡재천)'이라 말했습니다. 乾괘의 上九가 夬☱괘로 변하는 '乾之夬'에서 '亢龍有悔(항룡유회)'라 말했습니다. 乾괘의 모든 爻가 坤☷로 변하는 用九에서 '見群龍(견군룡)'이라 말했습니다. 坤☷괘의 上六이 剝☶괘로 변하는 '坤之剝'에서 '龍戰于野(용전우야)'라 말했습니다. 만약 아침 저녁으로 龍을 보지 못했다면 누가 그런 物象(물상)을 말할 수 있었습니까?"

春秋左傳(蔡墨의 말) ⇦		⇦ 周易(周公의 爻辭)	
乾☰之姤☴	潛龍勿用	乾☰初九	潛龍勿用
乾☰之同人☲	見龍在田	乾☰九二	見龍在田
乾☰之大有☲	飛龍在天	乾☰九五	飛龍在天
乾☰之夬☱	亢龍有悔	乾☰上九	亢龍有悔
乾☰用九坤☷	見群龍	乾☰用九	見群龍
坤☷之剝☶	龍戰于野	坤☷上六	龍戰于野

② 『周易四箋』 해설 요약

『春秋左傳』은 『公羊傳』·『穀梁傳』 이후에 나왔지만, 劉歆(유흠: 劉向의 子; B.C.46-A.D.23년)과 賈逵(가규: 賈誼의 9世孫; A.D.30-101년) 등은 일찍부터 주석을 하면서 서로 계승했으므로, 蔡墨의 답변을 先儒들도 보았을 것이다. 여기에서 보았듯이 先儒들이 '乾之姤'처럼 『주역』 卦의 6爻마다 本卦와 之卦의 卦名을 붙였음을 분명히 알 수 있다. 다만 荀九家들이 다투어 일어나 마침내 주역의 宗志(종지)를 잃어버렸고, 세 분의 성인[文王·周公·孔子]이 전승해온 爻變(효변)의 본래 의미가 천년 동안 어둠에 묻혀 있었다. 이 또한 괴이한 일이 아닌가?

(17) 陽虎救鄭(양호구정)之筮

「哀公 九年」 (B.C. 486년)

① 『春秋左傳』 원문 요약

晉나라의 趙鞅(조앙)이 鄭나라를 구원하는 문제에 대해 거북점을 치니, 물(水)이 불(火)에 달려드는 징조가 나타났다.

史龜(사귀)가 말했다: "이 징조는 陽氣가 陰氣에 잠기는 이른바 侵陽(침양)이라 합니다. 炎帝 神農씨의 후손인 姜(강)씨의 齊(제)나라를 치는 것이 이롭고, 성이 子(자)씨이고 商(상)의 후손인 宋(송)나라를 치는 것은 不吉(불길)합니다."

史墨(사묵)이 말했다: "우리 군주인 趙鞅의 본성인 嬴(영)씨는 江물의 이름이고 宋나라의 子(자)씨는 물의 方位입니다. 그러므로 서로 범할 수 없습니다. 물은 불을 이기므로 火師인 炎帝(염제)씨의 후손인 姜(강)씨의 나라인 齊나라를 치십시오."

史趙(사조)가 말했다: "이 징조는 江에 물이 가득하여 물에서 노닐 수 없는 형국입니다. 鄭나라는 죄를 짓고 있으니 구원하는 것이 不吉합니다."

그 때 陽虎(양호)가 易으로 시초점을 치니, 泰☷(地☰☰天)괘가 需☵(水☰☰天)괘로 변하는 점괘를 얻었다. 陽虎는 점괘를 다음과 같이 풀이했다: "宋나라는 지금 吉한 운을 맞고 있으니 대적할 수 없습니다. 宋나라의 조상인 微子는 商王 帝乙(제을)의 元子이며, 宋나라와 鄭나라는 인척입니다. 泰☷괘의 六五 효사에서 '帝乙(제을)의 원자가 누이를 (鄭나라로) 시집보내니 吉하고 福이 있다(帝乙歸妹 以祉元吉)'고 했습니다. 우리가 반대편에 서면 어떻게 吉運[吉한 운수]을 맞겠습니까?"

그래서 晉의 趙鞅이 鄭나라를 구원하는 일을 그만두었다.

(18) 重耳反國(중이반국)之筮

「僖公 二十四」(B.C. 636년)

① 『國語』「晉語」四(重耳親筮得晉國)의 원문 요약

晉나라의 懷公(회공)이 秦나라에서 탈출해 晉나라로 복귀했다. 이에 秦나라의 穆公(목공)이 楚나라에
피신해 있던 公子 重耳(중이)를 불러들였다. 重耳는 직접 시초점을 치면서, "내가 晉나라를 다스리기를
바란다"고 말했다. 점괘는 屯☷☳괘의 貞[內卦]과 豫☳☷괘의 悔[外卦]를 얻었는데, 모두 8[少陰數]이었다.
점치는 관리들이 모두 말했다: "不吉합니다. 막혀서 불통이며 爻들도 無爲입니다."[a]

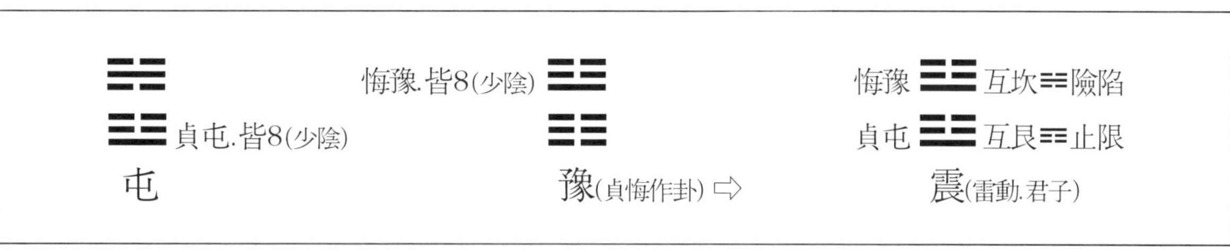

② 『周易四箋』 해설 요약

韋昭(위소)가 말했다: "內卦를 '貞'이라 하고 外卦를 '悔'라고 합니다. 屯☷☳괘·豫☳☷괘 속에 있는 震☳의
두 개의 陰▪▪이 한쪽은 貞[屯卦의 內]에 있고 한쪽은 悔[豫괘의 外]에 있으니, 모두 爻자가 8이어서 움직
이지 않습니다. 그러므로 모두 '八'(少陰數)이라 한 것입니다. 이 때 점치는 관리들이, 連山易이나 歸藏
易을 사용하여 점을 쳐서 두 괘를 얻었으므로, 모두 '不吉하다'고 말했습니다."

그런데 司空(사공)인 季子(계자)는 (위와 달리) 말했다: "吉합니다. 『주역』에서는 모두 '利建侯(이건후)'라
고 했습니다. 나라를 얻지 못한다면 어찌 제후를 세운다고 말할 수 있겠습니까? 나라를 얻을 징조입
니다. 震☳은 車[수레]이며 坎☵은 水이고 坤☷은 土地입니다. 屯☷☳괘의 屯(준)은 厚德함이고, 豫☳☷괘
의 豫(예)는 즐거움을 상징합니다. 戰車가 안팎으로 줄을 잇고 물이 좋고 땅은 기름지니, 수확[艮은 과실
을 상징함]을 즐거워하는 象입니다. 만약 晉나라를 얻는 것이 아니라면, 무엇이 이 점괘에 해당되겠습니
까? 豫☳☷괘의 점괘를 보면, 坤☷民의 무리가 따르고 震☳의 무력의 위세가 있으니 '利建侯'라고 말하는
것입니다."

---

[a]　离☲文明의 治가 없기 때문에...

易例에 따르면 震☳은 닫힘이고, 반대로 艮☶은 열림이며, 坎☵은 통함이 된다[『說卦傳』 참조]. 그러나 屯☳☵괘가 豫☳☷괘로 변하면 上卦에 震☳閉만 있고 坎☵通은 없어지니 [『國語』「晉語」의 원문에서 말하는] "閉而不通(폐이불통: 막혀 통하지 못함)"이다. 이로 볼 때 『說卦傳』은 連山易(연산역)·歸藏易(귀장역)·周易(주역)의 三易이 공통으로 사용한 것임을 알 수 있다.

(19) 董因迎公(동인영공)之筮

「文公 元年」(B.C. 637년)

① 『國語』「晉語」四(秦伯納重耳于晉)의 원문 요약

秦(진)나라의 穆公(목공)이 公子 重耳를 晉(진)나라로 귀환시켰다. 이에 晉의 대부인 董因(동인)이 황하까지 나와 公子를 맞이하였다.

公子가 묻기를 "내가 이 물을 무사히 건널 수 있겠는가?"

董因이 다음과 같이 대답했다: "臣이 이일로 점을 쳐보았는데 '泰☰之八'을 얻었습니다. 이는 하늘은 올라가고 땅은 내려와서 배합하고 소통하니(天地配亨) 형통한 점괘입니다. 이것은 작은 것은 떠나고 큰 것이 들어온다(小往大來)는 뜻입니다. 어찌 건너지 못하겠습니까?"

급기야 공자 重耳(중이)는 황하를 건넜고, 수도인 絳(강)에 입성하여 즉위했다. 이분이 文公이다.

② 『周易四箋』 해설 요약

韋昭(위소)가 말했다. 泰䷊괘의 陰‑‑효는 변동하지 않았으니, 그 少陰의 숫자인 '八'이라고 한 것이다.
"小往大來(소왕대래)"의 '小'는 懷公(회공)을, 大는 重耳(중이) 즉 文公(문공)을 비유한 것이다.

沙隨(사수) 선생 程逈(정형)이 말했다. 泰䷊괘의 1‑2‑3효는 老陽인 九로써 少陰인 八로 변하고, 4‑5‑6
효는 그대로 不變하여 八이 되니 '泰䷊之八'이라 말한 것이다.

내[정약용]가 살피건대, 주역에 "天地配亨"이란 말이 없으니, 틀림없이 連山[연산역]이나 歸藏[귀장역]의
말이다. 그러나 "小往大來"는 주역에서 비롯된 말이다. "小往(소왕)"은 懷公이 도망가는 象이고, "大來
(대래)"는 文公이 入國하는 象이다.

또한 내가 고찰해보면, 程逈이 말한대로 '泰䷊괘의 4‑5‑6位의 陰효가 변하지 않으므로 八이 된다'는
말은 옳다. 그러나 '1‑2‑3位의 老陽이 변하여 8이 된다'는 말은 옳은가? 점을 칠 때 시초를 四揲(사설:
시책을 네 개씩 덜어내고 나머지를 손가락 사이에 끼워놓는 일)하여 남은 시초가 두 번은 天數 3을 얻고 한 번은
地數 2를 얻는 경우(3×2+2=8) 즉 '八'이 되는 경우를 少陰의 爻라고 한다[朱子의 「筮儀」 참조]. 하물며 세
개의 陽一효에 어찌 7[少陽]은 없고, 반드시 9[老陽]만 되어야 하는가? '泰之八'은 (夏나라·商나라 시대의)
옛 法일 뿐 『周易』에는 흔적도 없다.

(20) 成公歸晉(성공귀진)之筮

「宣公 二年」(B.C. 607년)

① 『國語』 「晉語」의 원문 요약

晉나라의 成公이 귀국하려할 때, 조정에서 이 일로 시초점을 쳤는데 乾☰이 否䷋로 변하는 점괘를 얻
었다(遇乾之否). 이를 해석하여 가로되 "짝을 짓지만 끝이 없다. 군주가 세 번 배출될 것이다"라 했다.
또한 이 괘를 '반드시 周나라에서 군주를 세 번 취한다[맞이한다]'고 풀이했다.

② 『周易四箋』해설 요약

韋昭가 말했다. 세 개의 爻가 세 번 변했으므로 군주가 세 번 周나라에서 나온다고 한 것이다. 내[정약용]가 살피건대, "乾之否[乾괘가 否괘로 변함]"는 역시 夏나라·商나라의 옛 점치는 법이다. 否☷☰괘는 泰☰☷괘의 交易으로 이루어진 卦이다. 泰☰☷괘일 때는 天地가 서로 교섭하여 짝하는데, 否☷☰괘에서는 하늘이 위로 올라가 버리고 땅이 아래로 내려가 버리므로 등을 돌리는 모습이라 짝하지 못한다. 그래서 "不終[끝이 없다: 잘 끝맺지 못함]"이라 말한 것이다.

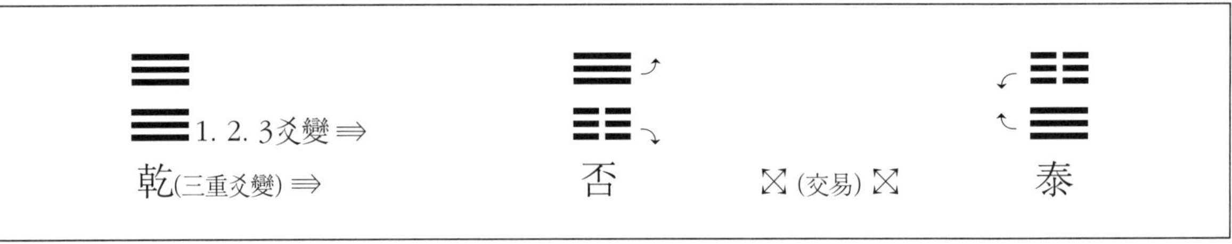

제4부.　보론

1. 陰陽思想

1) 음양사상의 발전

인류는 하늘과 땅, 해와 달과 별을 보며 무한한 우주에 대한 동경과 상상력을 키워왔다. 그러면서 점점 보편적인 개념들을 만들어냈다. 天地에서 음양(陰陽)을, 해와 달에서 宇宙라는 개념을 발전시켰다. 陰陽이라는 개념의 발견은 인류사에 획기적이며 위대한 업적이다.

한대(漢代)에 저술된 자전(字典)인 『說文』에 의하면 중국인들이 '陰陽'이라는 글자를 처음 만들었을 때는 '양지'와 '그늘'이라는 구체적인 사실을 지칭했다고 한다. 그렇다면 언제부터 陰陽이라는 보편적인 개념으로 발전되었을까?

周易의 八卦(팔괘)를 그렸다는 伏羲氏(복희씨)가 陰(음) -- 과 陽(양) — 의 기호를 사용했다면 三皇[伏羲·神農·黃帝] 시대부터 음양 개념이 사용되었을 것이다. 중국의 시조이며 처음으로 국가를 열었다고 말하는 黃帝(황제) 軒轅氏(헌원씨)가 陰陽을 다스렸다고 『淮南子(회남자)』에서 기록하고 있다. 이것이 神話라 할지라도 周易의 괘를 그렸다는 복희씨가 음 -- 과 양 — 의 기호를 사용했다면, 三皇 시대부터 음양개념이 정립되었다고 보아야 한다. 그 후 B.C. 2200년경에 舜 임금은 음악장관[典樂]을 임명하고 律로 聲을 조화[律和聲]하라고 말하는데, 이는 바로 陽 6律과 陰 6呂의 12律을 가리킨다. 舜 임금 이후 1000년이 지난 B.C. 1140년경에 周文王이 羑里(유리)에 유폐되었을 때, 복희씨의 팔괘에 문자를 붙였다고 하니, 적어도 이때부터는 陰陽 개념이 오늘날과 같은 모습으로 정립되었을 것이다. 周나라 宣王(선왕) 원년[B.C. 827년]에 虢(괵)나라의 文公이 陰陽 二氣를 말했고, 周나라 幽王(유왕) 2년[B.C. 780년]에 대부 伯陽父(백양보)가 陰陽의 질서와 地震(지진)에 대해 말한 기록으로 볼 때 陰陽思想(음양사상)이 면면히 이어져 왔음을 알 수 있다. 기원전 7세기 중반의 管子(관자)는 밤과 낮, 4계절의 교체를 陰陽의 작용으로 이해했다. B.C. 5세기의 墨子(묵자)도 管子의 뒤를 이었다. 管子에 이어 B.C. 517년에 鄭子産(정자산: B.C. 580~522)은, 하늘에는 陰陽·風雨(풍우)·晦明(회명)의 六氣(육기)가 있고, 땅에는 金·木·水·火·土의 五行(오행)이 있다는 유물론적인 발언을 한다.

(說文[a]/通訓)
陰이란 구름만 보이고 해가 나타나지 않는 것이다. 陽은 구름이 개이고 해가 나타난 것이다.
陰(숲)者 見雲不見日. 陽(昜)者 雲開而見日.

(國語/周語 上) *周宣王 元年(B.C. 827년)
陽氣가 함께 올라오니 땅이 기름지고 운동한다. 陰陽이 분포하니 우레와 번개가 나타나고 잠긴다.
陽氣俱蒸 土膏其動……陰陽分布 震雷出滯.

---

a　漢나라의 許愼(허신: 58-147)이 지은 『說文解字』.

(國語/周語 上) *周 幽王 二年(B.C. 780년)

대저 천지의 氣는 그 질서를 잃지 않는다. 만약 그 질서를 어기면 민중이 어지럽다. 陽이 엎드려 분출하지 못하고 陰이 궁색하여 증발하지 못하는데서 지진이 일어난다.

夫天地之氣 不失其序 若過ᵃ其序 民亂之也 陽伏而不能出 陰迫而不能烝 于是有地震.

(春秋左傳/ 僖公 十六年) *B.C. 644년

봄에 宋(송)나라에 다섯 개의 운석이 떨어졌다. 周(주)나라의 내사인 叔興(숙흥)이 이르기를, 이것은 陰陽의 사건일 뿐 吉凶이 생기는 것은 아니다.

隕石于宋五⋯⋯周內史叔興⋯⋯是陰陽之事也 非吉凶所生也.

(春秋左傳/ 昭公 元年) *B.C. 541년

晉의 제후가 秦의 의사 和에게 물었다: 여자를 가깝게 하지 말란 말이오?

醫師(의사): 절제해야 합니다.⋯⋯하늘에는 六氣가 있어, 그것이 내리면 五味를 낳고, 피어나면 五色이 되고, 부르면 五聲이 됩니다. 그러나 지나치면 여섯 가지 병이 됩니다. 六氣는 陰陽·風雨·晦明이며, 이것이 나뉘면 사계절이 되고, 차례 지우면 五行이 되며, 지나치면 재앙이 됩니다. 陰이 지나치면 寒疾(한질)에 걸리고, 陽이 지나치면 열병에 걸리고, 바람이 지나치면 손발 떠는 병이 되고, 비가 지나치면 배앓이 병이 되고, 어둠이 지나치면 정신병이 되고, 밝음이 지나치면 심장병이 됩니다.

公曰 女不可近乎 對曰 節之⋯⋯天有六氣 降生五味 發爲五色 徵ᵇ爲五聲 淫生六疾. 六氣曰 陰陽風雨晦明也 分爲四時 序爲五節ᶜ 過則爲菑 陰淫寒疾 陽淫熱疾 風淫末疾 雨淫腹疾 晦淫惑疾 明淫心疾.

(管子/乘馬)ᵈ

춘하추동 四時(사시)는 陰陽의 推移(추이)이며, 시절의 장단은 陰陽의 이용이며, 낮과 밤이 바뀌는 것은 陰陽의 조화이다. 그런즉 陰陽은 바른 것이지만, 비록 바르지 않아서 남는다 해도 덜어낼 수 없고, 모자라도 더할 수 없다. 이처럼 천지는 陰陽을 덜고 더할 수 없는 것이다. 그런즉 정치를 바르게 할 수 있는 것은 땅 뿐이다. 그러므로 토지의 경계를 바르게 하지 않을 수 없다.

春秋冬夏 陰陽之推移也 時之短長 陰陽之利用也 日夜之易 陰陽之化也 然則陰陽正矣 雖不正 有餘不可損 不足不可益也 天地莫之能損益也 然則 可以正政者地也 故不可不正也.

(墨子/辭過) *墨子(B.C. 479-381)

무릇 天地를 두르고 四海(사해)를 감싸는 주머니에는, 하늘과 땅의 본질인 陰陽의 조화가 있지 않은 곳

---

a 　過=失也. 踰之也.

b 　徵=召也. 驗也.

c 　五節=五行.

d 　편역자 주:『管子』라는 책은 戰國時代 齊國의 稷下學者들이 지은 著作의 總集이다. 그런데「乘馬」편은 管仲(?-B.C. 645)의 遺說이라는 것이 정설이다.

이 없다. 이것은 비록 성인이라도 바꿀 수 없다. 무엇으로 그것을 알 수 있는가? 성인들이 전해주었다. 天地는 上下라 하고, 四時는 陰陽이라 하고, 人情은 男女라 하고, 禽獸(금수)는 암수라 말하는 것이니, 진실로 천지의 본질은 비록 선왕들도 바꿀 수 없었던 것이다.

凡回於天地之間 包於四海之內 天壤之情 陰陽之和 莫不有也 雖至聖不能更也 何以知其然 聖人有傳 天地也則曰上下 四時也則曰陰陽 人情也則曰男女 禽獸也則曰牡牝雄雌也 眞天壤之情 雖有先王不能更也

(淮南子/覽冥訓) * 黃帝 시대(B.C. 4000년)

옛날 黃帝가 천하를 다스릴 때 泰山(태산)에서 목축을 하며 그들을 돕는 궁리를 했다. 일월의 운행을 분별하여 陰陽의 氣를 다스리니 사계절의 변화에 절도가 있었고, 音律(음률)과 曆書(역서)의 법을 바르게 하여 남녀를 분별하고 상하를 밝게 하고 귀천을 차등하니 강자가 약자를 겁탈하지 않고 다수가 소수를 폭압하지 않았다. 이로써 인민은 명을 보존하고 일찍 죽지 않았다.

昔者黃帝治天下 而力牧太山 稽[a]輔之 以治日月之行律 治陰陽之氣 節四時之變 正律歷之數 別男女異雌雄 明上下 等貴賤 使强不掩弱 衆不暴寡 人民保命而不夭.

(淮南子/天文訓) *『淮南子』를 지은 劉安(B.C. 179-122년)

하늘이 떨어질 때는 형체가 없이 혼돈 엄숙했으므로 太昭[최초의 밝음]라 말한다. 道는 無인 虛廓(허곽)에서 시작되었다. 虛廓은 宇宙[空間과 時間]를 낳고, 宇宙는 氣를 낳고, 氣에는 은하처럼 形象이 있게 했다. 맑고 밝은 기가 널리 퍼져 하늘이 되었고, 무겁고 탁한 기가 응고되어 땅이 되었다. 하늘과 땅이 精氣(정기)를 합하여 陰陽이 되었고, 陰陽의 전일한 精氣가 四時가 되었고, 四時의 흩어진 精氣가 만물이 되었다.

天墜未形 馮馮翼翼[b] 洞洞灟灟[c] 故曰太昭 道始於虛廓 虛廓生宇宙 宇宙生氣 氣有涯垠[d] 淸陽者 薄靡而爲天 重濁者 凝滯而爲地……天地之襲精 爲陰陽 陰陽之專精爲四時 四時之散精爲萬物.

2) 管子와 子産[e]의 유물론적 陰陽五行說

인류 최초의 철학자라 일컬어지는 희랍의 탈레스(Thales)는 B.C. 600년경에 "만물은 물"이라고 주장했

---

a　稽=考也. 至也. 稽留.

b　馮馮翼翼(풍풍익익)=混同. 流動貌.

c　洞洞灟灟(동동촉촉)=엄숙한 모양.

d　垠=銀也. 分限也. 形象也.

e　子産(자산: 본명은 鄭成子; B.C. 580-522년)은 三代(夏·殷·周) 노예제 사회의 지배 이념인 天命論(천명론)에 반대하고 '天人分異說(천인분이설)'을 언급했다. 전국시대의 荀子(순자: B.C. 313-238년)는 이를 계승하여, 殷나라 왕족출신인 箕子(기자)의 「洪範(홍범)」에서 언급된 음양 오행설을 빌어(本書 권두의 「저자 읽기」를 참조하시오), 인격적인 神 개념 대신 '六氣五行說(육기오행설)'이라는 자연법칙을 강조했다. 그 뒤에 五行說은 전국시대에 크게 유행하게 된다. 子産은 미신적인 참위를 반대하여 "天道는 멀고 人道는 가깝다"는 유명한 말을 남겼다.(편역자 주)

다. 그러나 이보다 100여 년 앞서 管子는 만물의 본원은 물이요, 생명은 사물의 精氣라고 말했다. 그에 의하면 생명의 근원은 물의 정기며 그 기(氣)의 변화가 형체를 이룬다. 그리고 이러한 사상을 정치론으로 확대하여, 민중의 氣를 공경하여 지키는 것을 德이라 했다.

(管子/권14/水地)

땅은 만물의 본원이며 모든 생명의 근원이다. 물은 땅의 혈기이니 근육과 혈맥을 통하여 흐르는 것과 같다. 그러므로 물은 만물의 재질을 온전하게 한다. 이처럼 물은 만물의 본질이며, 생명의 담즙인 것이니, 혹시 그것을 얻지 못하면 생명을 잃는다. 그러므로 채우지 않는 것이 없고 있지 않는 곳이 없으니 천지를 이루어낸다. 또한 만물을 저장하고 금석을 산출하니 모든 생명을 이루어낸다. 그러므로 이르기를 "水神"이라 한다.

地者 萬物之本原 諸生之根菀[a]也. 水者地之血氣, 如筋脈之通流者也. 故曰水具[b]材也. 是以 水者萬物之準[c]也. 諸生之淡[d]也. 違[e]非得 失之質也. 是以無不滿 無不居也 集[f]於天地 而藏於萬物 産於金石 集於諸生. 故曰 水神也.

(管子/권14/水地)

사람은 물이다. 남녀의 정기가 합하는 것도 물이 흐르는 모양이다. 그러므로 물은 만물의 본원이며 모든 생명의 종실이라고 말하는 것이다.

人 水也. 男女精氣合 而水流形……故曰 水者何也 萬物之本原也 諸生之宗室也.

(管子/内業)

모든 사물은 精氣가 있어야 생명을 유지할 수 있다. 아래로 오곡을 기르고 위로 별들을 벌려 놓으며, 이것이 천지간에 흐르면 귀신이라 하고, 가슴 속에 간직하면 성인이라 한다. 이런 고로 民의 精氣는 밝으면 하늘에 떠있는 것 같고, 어두우면 못 속에 숨은 것 같고, 출렁이면 바다에 있는 것 같고, 죽으면 내 몸에 있는 것 같다. 그러므로 이 정기는 힘으로 머물게 할 수 없고, 오직 덕성으로써 안정시킬 수 있으며 소리쳐 부를 수 없고 음악으로 맞을 수밖에 없는 것이다. 이 정기를 공경하여 지키고, 잃지 않는 것을 일러 덕성을 다스린다고 말한다.

凡物之精 此則爲生. 下生五穀 上爲列星 流於天地之間 謂之鬼神 藏於胸中 謂之聖人. 是故民氣 杲乎如登於天 杳乎如入於淵 淖乎如在於海 卒乎如在於己. 是故此氣也 不可止以力 而可安以德 不可呼以聲 而

---

a　菀(울)=積也. 通苑.

b　具=全也.

c　準=倣也. 同也. 質也.

d　淡=通痰(胸中液也).

e　違= '或'字와 같음. 轉也.

f　集=成也.

可迎以音. 敬守勿失 是謂成德.

鄭나라의 先大夫(선대부)인 子産(자산)에게 들은바, 대저 禮란 하늘의 常道요 땅의 宜利요 민중이 이행할 것이라 했소. 天地에 常道가 있으면 民衆이 實하고, 民衆이 實하면 하늘이 밝고, 땅이 天理를 품부받은 본성으로 말미암아 六氣(육기)를 낳고 五行(오행)을 운행한다. 이것은 五味(오미)로 숨쉬고 五色(오색)으로 나타내고 五聲(오성)으로 형상된다. 이것이 거짓되면 어둡고 어지러워 民衆은 자기 본성을 잃는다. 이런 고로 禮를 만들어 그것을 받든다.
聞諸先大夫子産曰 夫禮 天之經也 地之義也 民之行也. 天地之經而民實 則之則天之明 因地之性 生其六氣[a] 用其五行[b]. 氣爲五味[c] 發爲五色[d] 章爲五聲[e]. 淫則昏亂 民失其性 是故爲禮以奉之.

점쟁이 裨竈(비조)는 자기 말대로 하지 않으면, 鄭나라에 또 한 번 큰 불이 날 것이라고 경고했다. 鄭나라 사람들은 그를 불러 굿을 하려고 하였다. 그러나 子産은 이를 반대하였다. 그는 말하기를, 天道는 멀고 人道는 가까우니 서로 미칠 수 없는 것이다. 어찌 점쟁이가 天道(천도)를 안다고 할 수 있는가? 裨竈가 天道를 안다고 하는데, 말이 많다 보니 혹시 맞는 말이 어찌 없겠는가?
裨竈曰 不用吾言 鄭又將火. 鄭人請用之 子産不可.……子産曰 天道遠 人道邇 非所及也. 何以知之 竈焉知天道 是亦多言矣 豈不或信.

3) 周易과 음양사상

『周易』은 唯物論的인 陰陽論(음양론)을 기본으로 하는 占書이다. 그러므로 음양론이 없으면 주역은 성립될 수 없다. 주역의 모든 담론은 음양론이라 할 수 있다. 다만 주역은 음양론을 기호화한 것이 특색이다. 즉 陽을 하나 또는 奇數로, 남자의 성기로 상징하여 ━로 기호화한다. 陰은 둘 또는 偶數로, 여자의 성기를 상징하여 ╺╸로 기호화한다. 그리고 陰╺╸ 陽━을 조합하여 四象을 만든다. 四象은 太陽⚌ 少陰⚏ 少陽⚎ 太陰⚏ 이다. 그리고 四象을 조합하여 八卦를 만든다. 그리고 八卦를 조합하여 64卦를 만든다. 그리고 占策을 뽑아 64卦를 정하고 그 卦辭(괘사)를 읽어 점을 친다. 그러므로 周易은 전적으로 陰陽論의 기호학인 셈이다.

---

[a]　天有陰陽風雨晦明

[b]　地有金木水火土

[c]　酸鹹辛苦甘

[d]　靑黃赤白黑

[e]　宮商角徵羽

4) 『道德經』과 음양사상

이러한 周易의 天地 陰陽 개념은 老子의 『道德經』에 이르러 형이상학적 一者인 道, 또는 無極(무극)이
라는 개념으로 발전한다. 이로부터 음양이라는 唯物論的인 氣(기) 개념이 관념화·신비화되기 시작한
다. 『周易』에서 '한 번 햇볕 들고[陽] 한 번 그늘지는[陰] 것이 道'라고 했으며, 음양의 상위 개념을 無極
이라 한다.

구체적으로 말하면, 공자를 따르는 儒家들은 주역에서 말하는 天地의 四德인 "元亨利貞" 중에서 천지
음양의 소통·공감을 뜻하는 '亨'을 취하여, 천하의 禮法의 一統을 위한 正名論을 주장했다. 한편 老子
를 따르는 道家들은 "元亨利貞" 중에서 '元'을 취하여, 천지 자연의 상보적인 질서를 강조하고 유가들
의 正名論을 반대하는 '無爲自然의 無名'論을 주장했다.

『莊子』에 이르러 음양 개념에 '動靜(동정)'이 덧붙여져 그 외연이 확대된다. 莊子는 陽-動이 하늘이며
陰-靜이 땅이며, 陰이 지극하면 陽-天이 되고, 陽이 지극하면 陰-地로 변한다고 보았다. 이것이 太極
圖說(태극도설)의 연원이다.

『繫辭傳』(上) 5장

한 번 陰하고 한 번 陽하는 것을 道라고 말한다.

一陰一陽之謂道.

(『道德經』 6장)

골짜기의 神(신)은 죽지 않는다. 이를 현묘한 암컷이라 한다. 현묘한 암컷의 문은 천지의 뿌리이니, 면
면히 존재하여 아무리 써도 마르지 않는다(곤궁해지지 않는다).

谷神不死 是謂玄牝. 玄牝之門 是謂天地根 綿綿若存 用之不勤.

(『道德經』 42장)

道[無極]는 一者[太極]을 낳고, 一者[太極]는 二[陰陽]를 낳고, 二는 三[三才: 天地人]을 낳고, 三은 萬物을
낳는다. 만물은 陰을 업고, 陽을 품어, 氣가 충만하여 조화를 이룬다.

道生一 一生二 二生三 三生萬物. 萬物負陰而抱陽 沖氣以爲和.

(『道德經』 28장)

그 수컷[天:陽]을 알고 그 암컷[地: 陰]을 지키면 천하의 生命水(생명수)인 시냇물이 된다. 천하의 시냇물
이 되면, 변하지 않는 德[자연의 德]이 떠나지 않아 갓난아기[童心]로 돌아간다. 흰 것[밝음·분별·有名]을
알고 검은 것[混沌·無名]을 지키면 천하의 天文이 된다. 천하의 天文이 되면 변함없는 德[자연의 德]에 어
긋나지 않아 無極[是非의 분별이 없는 混沌의 道]으로 돌아간다. 열매의 영화를 알고 뿌리의 곤욕을 지키면
천하의 골짜기[谷神:母神]가 된다. 天下의 골짜기[谷神]가 되면 변함없는 常德에 自足해져 질박한 自然
[無爲自然]으로 돌아간다. 질박한 자연을 잃으면 그릇[器의 局量]이 된다. 성인이 그릇[局量]을 이용하여
순종하는 군자를 만든다. 그러므로 크게 裁斷(재단)하는 것은 깎지 않는 자연이다.

知其雄守其雌 爲天下谿. 爲天下谿 常德不離 復歸於嬰兒. 知其白 守其黑 爲天下式. 爲天下式 常德不忒
復歸於無極. 知其榮守其辱 爲天下谷. 爲天下谷 常德乃足 復歸於樸. 樸散則爲器 聖人用之 則爲官長. 故
大制不割.

(『莊子』天道) *莊子(B.C. 369-286)

그러므로 하늘의 즐거움[天樂]을 아는 자는, 살아서는 하늘의 운행[자연의 운행]에 따르고, 죽어서는 사
물에 同化한다. 靜하면 陰과 덕을 같이하고, 動하면 陽과 흐름을 같이한다. 그러므로 天樂(천락: 하늘 즐
거움)을 아는 자는, 하늘을 원망하지 않고 사람을 비난하지 않고, 사물에 묶이지 않고 귀신을 책하지 않
는다. 그러므로 이르기를 그 움직임은 하늘이요, 그 고요함은 땅이며, 한 번 마음이 정해지면 천하를
호령한다고 말한다.

故曰 知天樂者 其生也天行 其死也物化. 靜而與陰同德 動而與陽同波. 故知天樂者 無天怨 無人非 無物
累 無鬼責. 故曰 其動也天 其靜也地 一心定而王天下.

(莊子/田子方)

陰이 지극하면 엄정해지고 陽이 지극하면 혁혁해진다. 엄정해진 陰은 하늘로 진출하고, 혁혁해진 陽은
땅으로 발양한다. 陰陽·천지가 交通하고 조화를 이루어 만물이 생성된다. 혹은 벼리[維綱]가 되는 듯하
지만, 그 형태를 나타내지 않는다.

至陰肅肅 至陽赫赫. 肅肅出乎天 赫赫發乎地 兩者交通成和 而物生焉.或爲之紀 而莫見其形.

5) 유교와 음양사상

漢代에 이르러 董仲舒(동중서)는, 이러한 唯物論的인 陰陽思想과 참위설을 공자의 經學(경학)에 붙여 敎
理化함으로써, 經學을 緯學(위학)으로 만들어 종교화한다. 그는 '陽尊陰卑(양존음비)'·'陽善陰惡(양선음
악)'을 주장함으로써, 음양사상에 도덕률을 결합시킨다. 그 후 음양사상은 천지만물과 도덕을 설명하는
기본개념으로 정착하게 되었다. 급기야 점치는 책인 『周易』을 陰陽論과 道德論으로 해석하기 시작한
다. 그것이 이른바 "十翼(십익)"이라고 불리는 글이며, 그때부터 占書(점서)가 經書(경서)로 되어, 오늘날
우리가 보는 『周易』에 이른다.

(春秋繁露/基義) *『春秋繁露』를 지은 董仲舒(B.C. 179-B.C. 104)

만물은 결합하지 않은 것이 없으니 각각 陰과 陽을 함유한다. 陽과 陰은 서로를 아우른다. 君臣·父子·
夫婦의 道는 모두 陰陽의 道를 아우르며 취한 것이다.

物莫無合 而合各有陰陽 陽兼於陰 陰兼於陽. 夫兼於妻 妻兼於夫 父兼於子 子兼於父 君兼於臣 臣兼於君
君臣父子夫婦之義 皆取諸陰陽之道.

(黃帝内經/素問/陰陽應象大論)

陰陽을 천지의 道라 함은, 만물의 벼리요, 변화의 부모이며, 生死(생사)가 비롯된 근본임을 말하는 것이

다. 陰陽을 神明의 곳간이라 하는 것은, 병을 치료하려면 반드시 그 뿌리에서 찾아야하기 때문이다. 그러므로 陽이 쌓이면 하늘이 되고 陰이 쌓이면 땅이 되듯, 陰은 고요하고 陽은 떠들썩하며, 陽은 낳고陰은 기르며, 陽은 맹렬한 기세로 나아가고 陰은 저장한다. 陽은 기운으로 변하고 陰은 형체를 이룬다.

陰陽者 天地之道也. 萬物之綱紀 變化之父母 生殺之本始 神明之府也 治病必求于本. 故積陽爲天 積陰爲地 陰靜陽躁 陽生陰長 陽殺陰藏 陽化氣 陰成形.

6) 성리학과 음양사상

宋代에 이르러 周子[周敦頤]는 陰陽을 太極이라는 상위 범주로 통합하였다. 程子[程頤]·朱子[朱熹]에 이르러 太極을 理로, 음양을 氣로 관념화한 理氣說로 존재론을 정립함으로써, 人性을 설명하는 性理學[人性은 天理를 稟賦받은 것이다]으로 발전한다. 太極이란 개념은 老子의 無極에서 無를 제거한 것으로, 이미漢代의 『淮南子』에서 그 골격이 짜였음을 알 수 있다. 다만 淮南子는 '太極'이라는 신조어를 만들지 않고 '太上之道(태상지도)'라고 말했다.

(淮南子/原道訓) *太極概念의 誕生
太上의 道(太上之道)는 만물을 낳지만 所有하지 않으며, 조화로운 모습을 이루지만 主宰(주재)하지 않는다. 道[Dao]가 나뉘어 陰陽이 되고, 陰陽이 합하고 변화하여 만물을 낳는다. 하늘을 덮고 땅을 실으며, 우주를 가득 채우며, 끝이 없고 형체가 없는 것은 陰陽을 머금은 氣이다.

太上之道 生萬物而不有 成化象而弗宰. 道分而爲陰陽 陰陽合化而萬物生. 覆天載地 充塞宇宙 無限無形 含陰陽的氣.

〈**周敦頤(1017-1073)의 「太極圖說」**〉
無極이 곧 太極이고(太極本無極), 太極이 動하면 陽이 生하고, 動이 至極하면 靜하여 陰을 生한다. 靜이지극하면 다시 動한다. 이처럼 動靜은 서로 뿌리가 되고 陰陽으로 나뉘어 두 표준이 선다. 陽이 변하고陰이 합하여 水·火·木·金·土를 낳고, 이 五氣의 펴짐을 따라 春夏秋冬의 四時가 운행된다. 五行은 하나의 陰陽이다. 陰陽은 하나의 太極이다. 太極은 본래 無極이다.

無極而太極 太極動而生陽 動極而靜. 靜而生陰 靜極而復動 一動一靜互爲其根. 分陰分陽兩儀立焉. 陽變陰合 而生水火木金土 五氣順布 四時行焉. 五行一陰陽也 陰陽一太極也 太極本無極也.

(二程全書/伊川語錄) *伊川語錄의 주인공인 程頤(1033-1107)
하늘에서는 命이 되고, 사물에서는 理가 되고, 사람에게는 性이 되고, 몸에서 주재하면 心이라 하지만그 實은 모두 하나이다.

在天爲命 在物爲理 在人爲性 主於身爲心 其實一也.

朱熹: 우주 사이는 하나의 '理'가 있을 뿐이다. 天이 그것을 얻어 하늘이 되고, 地가 그것을 얻어 땅이 되고, 무릇 우주 안의 생명체는 각각 그것을 얻어 '性'이 된다. 그것을 펴면 三綱(삼강)이 되며, 그것을 벼리로 하면 五常[仁·義·禮·智·信]이 된다. 모두가 理의 운동이니 없는 곳이 없다.

宇宙之間 一理而已. 天得之爲天 地得之爲地. 而凡生于天地之間者 又各得之以爲性. 其張之爲三綱 其紀之爲五常. 蓋皆此理之流行 無所適而不在.

7) 음양론의 현대적 의의

① 周易은 인류가 발명한 기호체계

인류는 다른 동물과 달리 언어를 발명했고, 또 언어를 눈으로 볼 수 있게 하는 기호로서 문자를 발명했다. 그러나 문자만으로는 세계의 사물을 유형화·도형화 하기에는 부족했다. 그리고 언어·문자는 자의적·임의적이어서, 그것으로 사물을 재단하기에는 충분하지 못했다. 그래서 인간은 언어·문자 이외에 그림·소리로 物象·감정을 표현하고자 했다.

이러한 의미에서 『주역』은, 天·地, 陰·陽이라는 대칭적인 것을 두 가지 기호, 즉 ▬ ▬▬ 으로 상징화하고 이를 체계적으로 조합하여 64개의 기호를 만듦으로써 온갖 사물을 형상화하여 그 의미를 해석해 보려는 노력의 산물이다. 따라서 이는 언어·문자보다는 數理的·합리적인 기호체계라고 보아야 한다. 서양의 근세에 이르러 양극 + 음극 - 이라는 기호를 발견했지만, 그것이 64개의 記號群(기호군)으로 발전되지 않았다.

그러나 그것으로 세계의 만물·만사를 다 유형화·형상화할 수 있다고는 말할 수 없다. 다만 인류는 앞으로도 자의적·임의적인 언어·문자라는 기호 이외에 더 합리적·체계적인 다른 기호를 찾으려고 노력할 것이다. 그런 의미로 볼 때, 주역은 하나의 '기호에 대한 귀중한 인류의 문화유산'이라고 말할 수 있다.

『繫辭傳』(上) 12장

子曰 書不盡言 言不盡意

子[공자] 왈, 글은 말을 다 전하지 못하고, 말은 뜻을 다 전하지 못한다.

然則 聖人之意 其不可見乎

그렇다면 성인의 뜻을 진실로 드러낼 수 없는가?

子曰 聖人立象以盡意 設卦以盡情僞

子[공자] 왈, 성인이 象을 세워 뜻을 다 펴고, 괘를 만들어 진정과 人爲(인위)를 다 펴며,

繫辭焉 以盡其言 變而通之以盡利

繫辭(계사)를 붙여 그 말을 다하며, 蓍策으로 變하고 소통하여[筮竹(서죽)으로 점을 쳐 그것을 통창하게 함으로써] 이로움을 다하고,

고 지 무 지 이 진 신
鼓之舞之以盡神
북치고 춤추게 하여 신명을 다하게 했다.

② 周易과 우주론

이처럼 음양론이나 음양의 역동적인 체계를 정리한『주역』은 상상적인 기호로 표현한 우주론이다. 서양에서도 갈릴레오 이전에 과학적 우주론은 없었다. 그러나 물리적 개념인 음양의 二氣論(이기론)이 도덕적 범주로 연결됨으로써 인간의 도덕을 우주질서 속으로 통합하여 天人合一(천인합일) 사상이 나온데 긍정적인 측면이 있다. 그러나 이로 인해 물리적 개념들이 도그마로 됨으로써 과학발전의 질곡이 된 점은 부정적인 측면이다. 더구나 전국시대의 생명에 대한 극도의 위기의식으로 말미암아, 주역이 방술로 발전함으로써 미신처럼 변질되었다. 그리하여 음양사상이 원시적인 수준에서 벗어나지 못하였고, 동양사람을 모두 미신 신봉자·점술가로 비춰지게 한 점은 치명적이다.

이처럼『주역』이 우주론에서 방술로 발전함으로써, 동양철학에서 존재판단과 당위판단을 구분하지 못하는 폐단이 생겼다. 더욱이 성리학에 이르기까지 理라는 하나의 범주에 인과법칙·당위법칙을 포괄함으로써, 철학·과학의 발전을 가로막았다. 신분차별·남녀차별의 정치적 도그마를 영원히 불변하는 천지 자연의 常道(상도)라고 인식한 점이, 대표적인 사례이다.

원래 易이란 천지만물의 변화·운동, 즉 생명운동을 표상한 글자이다. 天의 靜易(정역)은 모으는 것이고 動易(동역)은 펴는 것이며, 地의 靜易은 닫음이고 動易은 열림이다. 따라서 삶은 動易이고 죽음은 靜易이다. 이러한 天地의 動靜 개념이 음양론을 흡수함으로써 주역으로 발전했다.

『繫辭傳』(上) 5장

낳고 살아가는 것을 易이라 한다.

生生之謂易

『繫辭傳』(上) 6장

대저 乾이란 靜하면 전일하고 動하면 곧다. 이로써 크게 생성한다. 대저 坤이란 靜하면 닫히고 動하면 열린다. 이로써 널리 살린다.

夫乾 其靜也專 其動也直 是以大生焉. 夫坤 其靜也翕 其動也闢 是以廣生焉.

程子가 말했다: 위로 하늘이 실은 것은 소리도 냄새도 없다. 그 체현을 易이라 하고, 그 이치를 道라 하며, 그 운용을 神이라 한다. 陰과 陽이 닫히고 열리는 것이 곧 易이며, 한 번 닫히고 한번 열리는 것을 變이라 한다.

程子曰 上天之載 無聲無臭. 其體則謂之易 其理則謂之道 其用則謂之神. 陰陽闔闢 便是易. 一闔一闢謂 之變. (程子·朱子의『易說綱領』)

毛澤東(모택동)은 음양론에 대해 다음과 같이 말한다:

옛 중국인들은 一陰一陽을 道라고 말한다. 이는 陰은 있으나 陽이 없거나, 반대로 陽만 있고 陰이 없는 존재는 있을 수 없다는 것으로, 고대의 兩點論(양점론)이다. 또한 우리들 중국인들이 항상 말하는 相反相成은, '相反的인 것에는 늘 同一性이 있음'을 설명한다. 이는 변증법을 말한 것으로 형이상학과는 다르다. (毛澤東 選集/五卷)

③ 물리학자가 본 周易의 陰陽論

『數易』의 저자인 김상봉 박사는 북한과 독일에서 정밀공학을 전공한 뒤에 미국에서 활동했다. 그는 귀국한 뒤 계룡산 근처에서 도자기를 굽고 있을 때 一夫의 正易을 접하면서, 주역을 과학적으로 연구했다. 그는 (한남대에서 주역을 강의하던) 필자를 불러 담론하기도 했다. 그는 다음과 같이 말했다:

"서양과학으로서의 量子力學에서 모든 입자는, 質量은 같지만 電荷(전하)는 정반대인 자기 음양대칭 짝으로서의, 반입자를 가진다고 설명한다. 또한 이 둘이 만나면 에너지를 방출하면서 사라진다고 말한다. 즉 물질과 반물질이 마주치면 둘 다 없어져 버리는 것이다. 그러나 동양과학인 象數易學(상수역학)의 양효와 음효가 만날 때는, 사라지지 않고 음양대칭을 이루며 함께 공존한다."(김상봉 『數易』 78쪽.)

또 그는 편역자에게 음양을 2進數 0과 1로 설명하면서, 易의 卦象을 '디지털 數象'으로 대체하는 '김상봉 數易'을 그려 보여주었다.

김상봉 數易은, 本書에 실린 「易本義圖」의 두 번째 章인 '伏羲 八卦 次序之圖'의 참고자료에 있으므로, 여기에서는 생략한다.

2. 五行說과 甲乙論

1) 오행설의 기원

五行에 관한 기록은, 周武王(주나라 무왕) 때인 B.C. 1100년경에 箕子(기자)의 洪範九疇(홍범구주) 가운데 제1 범주를 "五行"이라고 한 것이 처음이다. 이 기록에 의하면, B.C. 2200년경 堯임금이 禹[훗날 舜임금을 이어 王이 되었음]의 아비 鯀(곤)에게 治水를 명했는데, 五行을 어지럽혀 실패했다고 한다. 그러므로 五行은 堯임금 때부터 사람이 살아가는데 필요한 五材이었다. 이처럼 五行은 5元素(원소)가 아닌 五材(오재)의 운용을 의미했다. 다만 實證史學에 물든 사람들은, '기원전 2000천년 경에 쇠[金]를 다룰 수 있었는가'하며 의심할 수도 있다. 인류 최초로 실증을 중시했던 司馬遷(B.C. 145-86년)의『史記』첫머리에 蚩尤[치우 천왕]을 묘사하면서 銅頭鐵額(동두철액)이라 표현한 것을 보면, 청동기로 만든 투구와 갑옷을 입은 듯하다. 蚩尤·堯舜의 시대는, (이집트에서 2.5톤의 바윗돌 270만개를 쌓아 높이 146미터의 거대한 왕의 무덤인) 피라미드를 조성하던 때이니, 그 때쯤이면 인류가 청동기를 사용했을 것으로 추정할 수 있다. 이에 대한 實證은 고고학자의 소관이지만, 反證이 없는 한 기록을 믿어야 한다. B.C. 1000년 이전의 중국은, 밭[土]에 물[水]을 대고, 불[火]을 놓아 나무[木]를 태워 밭을 일구고, 쇠[金]를 녹여 연장을 만드는 문명을 일구었다. 箕子가 洪範九疇에서 말한 오행(五行)은 이를 말한다. 그러므로 정확히 말하면 요즘 점쟁이들이 말하는 五行說은 箕子가 말한 五行이 아니며, 또한『周易』과 아무런 상관이 없는 鄒衍(B.C. 305 ?-240 ?)이 말한 '方術的(방술적)인 五行'說이다.

(書經/夏書/甘誓)

有扈氏(유호씨)가 五行을 위력있게 경멸하고 三正[a]을 거들떠보지 않으니, 하늘이 그 命을 끊었다.

有扈氏威侮五行 怠棄三正 天用勦絶其命.

(書經/周書/洪範)

箕子(기자)께서 말했다: 내가 듣건대 옛날에 鯀(곤)이 홍수를 막고자 五行을 어지럽게 배치하니, 天帝가 [하느님께서] 진노하여 洪範九疇를 내려주지 않으시니 彝倫(이륜: 天理와 人倫)이 무너지고 鯀은 귀양살이에서 죽었다. 그의 아들 禹(우)가 대를 이어 치수 사업을 일으키자, 하늘이 禹에게 洪範九疇를 내려 주시어 天理와 人倫이 베풀어졌다.[b]

箕子曰 我聞在昔 鯀陻洪水 汨陳其五行 帝乃震怒 不畀洪範九疇 彝倫攸斁. 鯀則殛死壞也 禹乃嗣興 天乃錫禹 洪範九疇 彝倫攸敍.

---

a 三正=공자는 '夫婦別·父子親·君臣嚴'이라고 해석했다.

b 이는 周武王 때(B.C. 1122년~)의 기록이나, 그 내용은 禹王 때(B.C. 2205년~)를 말하고 있다. (편역자 주)

(書經/周書/洪範)

洪範九疇의 첫째는 五行이니 水·火·木·金·土이다. 물은 아래로 흘러가면서 윤택하게 한다. 그래서 짠맛이 난다. 불은 위로 타오른다. 그래서 쓴맛이 난다. 나무는 굽거나 곧다. 그래서 신맛이 난다. 쇠는 단련하여 모양을 바꿀 수 있다. 그래서 매운 맛이 난다. 흙은 식물을 자라게 한다. 그래서 단맛이 난다.
一 五行 : 一曰水 二曰火 三曰木 四曰金 五曰土. 水曰潤下 潤下作鹹. 火曰炎上 炎上作苦. 木曰曲直 曲直作酸. 金曰從革 從革作辛. 土爰稼穡 稼穡作甘.

(墨子/經下)

五行 가운데 항상 이기는 것은 없다. 五行은 서로 사이가 좋기 때문이다.
五行毋常勝 說在宜.

(淮南子/9卷/主術訓)

대저 불을 뜨겁지만 물이 그것을 끌 수 있다. 쇠는 강하나 불이 그것을 녹인다. 나무는 강하지만 도끼가 그것을 벤다. 물은 흐르지만 흙이 그것을 막는다. 오직 조물주는 어떤 물건으로도 이길 수 없다.
夫火熱而水滅之. 金剛而火銷之. 木强而斧伐之. 水流而土遏之. 唯造化者 物莫能勝也.

이처럼 五行說은 陰陽 개념이나 易에서 추론한 개념이 아니었다. 다만 戰國末에 鄒衍(추연)이 五行을 도덕적인 五德(水德·火德·木德·金德·土德)으로 외연을 확장했고, 秦漢시대에 동중서(董仲舒)가 맹자의 仁義禮智(인의예지) 4德과 信(신)을 더해 五德으로 삼고 五行과 연결시켰으며, 宋代에 周子(周敦頤: 1017-1073)가 陰陽이 五行을 낳는 것으로 연결시켰다. 이처럼 五行은 일상에서 자연의 이용이었던 것이 자연의 운행 법칙으로 발전했으며 뒤에 가서는 도덕법칙으로 변해갔다.

(周敦頤의 「太極圖說」)

陽이 변하고 陰이 합하여 水·火·木·金·土를 낳고, 이 五氣의 펴짐을 따라 春夏秋冬의 四時가 운행된다. 五行은 하나의 陰陽이다. 陰陽은 하나의 太極이다. 太極은 본래 無極이다.
陽變陰合 而生水火木金土 五氣順布 四時行焉. 五行一陰陽也 陰陽一太極也 太極本無極也.

2) 鄒衍의 五德終始說(오덕종시설)

① 역사결정론은 운명론이었다

鄒衍은 陰陽 두 기운의 쇠퇴와 생장의 모순·변화의 과정을 깊이 고찰하는 가운데, 五行의 相克(상극)·相生(상생) 이론을 이용하여 사회현상을 관찰하고 분석하는 '五德終始說(오덕종시설)'을 제시했다. 그는 먼저 五行에 도덕적 속성을 부여하여 五德으로 개변한 다음, 오행의 相生相克 이론을 모델로 歷史變遷(역사변천)을 설명한다. 이것은 自然의 필연적인 因果關係(인과관계)를, 歷史의 相補的(상보적)인 對待關係(대대관계)에 대입시켜, 歷史決定論(역사결정론)을 만든 것으로, 서양에서 말하는 이른바 '변증법'의 소박한 모습이라고 말할 수도 있다.

그러나 五德終始說은, 자연에 대한 이론인 五行相勝說(오행상승설)을 이론적 토대로 삼고, 다른 한편으로 괴이한 현상을 통해 신비한 하늘의 의지를 빌어 사회·역사를 설명한다. 이는 자연과 사회의 질적인 구별을 없애는 것으로, 뒷날 呂不韋(여불위: B.C.?-235년)와 董仲舒의 天人感應說(천인감응설)에 이론적 토대를 제공했다. 그러나 결국 신비주의적 숙명론으로 변질되고 말았다.

(白虎通ª/五行)

五行이 어째서 왕을 바꾸는 원인이 되는가? 五行은 서로 돌아가며 相生하므로 시작과 끝이 있기 때문이다. 木은 火를 낳고, 火는 土를, 土는 金을, 金은 水를, 水는 木을 낳는다. 五行이 서로 相克(상극)하는 까닭은 천지의 본성이다. 많음이 적음을 이긴다. 그러므로 물은 불을 이긴다. 정밀함은 견고함을 이긴다. 그러므로 불이 쇠를 이긴다. 강한 것은 약한 것을 이긴다. 그러므로 쇠가 나무를 이긴다. 專一(전일)한 것은 산만한 것을 이긴다. 그러므로 나무는 흙을 이긴다. 實(실)한 것은 虛(허)한 것을 이긴다. 그러므로 흙은 물을 이긴다. 불은 陽이며 군주의 象이고, 물은 陰이고 신하의 象이다.

五行所以更王何. 以其轉相生 故有終始也. 木生火 火生土 土生金 金生水 水生木……五行所以相害者 天地之性 衆勝寡 故水勝火也. 精勝堅 故火勝金. 剛勝柔 故金勝木. 專勝散 故木勝土. 實勝虛 故土勝水 也. 火陽 君之象也. 水陰 臣之義也.

(文選/59卷/ 沈休文齊故安陸昭王碑)

鄒衍이 말한다: 五德은 이기지 못하는 것에 따라간다. 虞나라는 土德, 夏나라는 木德, 殷나라는 金德, 周나라는 火德이다.

鄒子曰 五德從所不勝 虞土 夏木 殷金 周火.

(史記/孟子荀卿列傳)

하늘과 땅이 나뉜 이래 五德이 서로 옮겨갔으며, 다스림이 각각 이에 마땅하게 되었으며 징조도 여기에 부응했다.

稱引天地剖判以來 五德轉移 治各有宜. 而符應若玆.

(史記/歷書)

이 때 오직 鄒衍만이 五德의 轉移(전이)를 밝혀 흥망성쇠를 분별할 수 있다는 소문이 퍼졌다. 그는 제후들에게 역시 秦(진)나라에 의해 六國(육국)이 망할 것임을 예언했으며, 전쟁이 빈번한 것은 또한 至尊(지존)이 오를 때가 얼마 남지 않음을 말한다고 했다. 결국 그의 예언대로 숨 돌릴 틈도 없이 역시 五德相勝(오덕상승)의 추이에 따라 六國(육국)이 넘어졌다. 秦始皇(진시황)은 水德의 상서로움을 얻었기 때문이라고 생각하고 황하의 이름을 德水로 고쳐 부르게 하고, 10월을 정월로 삼고, 흑색을 숭상하도록 했다.

---

a 『白虎通』: 漢初인 A.D. 79년에 白虎觀에서 왕공을 비롯한 관료·학자들이 거국적으로 모여 經典을 토론한 내용을 班固 등이 編撰한 책으로, 經學에 참위설을 더해 緯學으로 가는 시발점이라 할만하다. (편역자 주)

是時獨有鄒衍 明於五德之傳 而散消息之分. 以顯諸侯 而亦因秦滅六國. 兵戎極煩 又升至尊之日淺. 未暇遑也. 而亦頗推五勝 而自以爲獲水德之瑞 更名河曰德水 而正以十月 色上黑.

(呂氏春秋/13卷/應同) *『呂氏春秋』를 지은 呂不韋(여불위: B.C. ??-235)

무릇 제왕이 될 자가 장차 흥하려면, 하늘은 반드시 먼저 민중들에게 상서로운 조짐을 나타낸다. 黃帝 軒轅(헌원) 때는, 하늘이 큰 지렁이·땅강아지를 보여주었다. 軒轅은 "土氣가 勝(승)한다"고 말하고, 黃色을 숭상하며 모든 政事에서 土를 본받았다. 禹[우왕] 때는, 하늘이 먼저 겨울에도 초목이 쇠락하지 않음을 보여주었다. 禹임금은 "木氣가 勝한다"고 말하고, 靑色을 숭상하며 모든 일에 나무를 본받았다. 湯 임금[탕왕] 때는, 하늘이 먼저 금빛 칼이 물에서 나옴을 보여주었다. 湯임금은 "金氣가 勝한다"고 말하고 白色을 숭상하며 모든 일에 쇠를 본받았다. 文王(문왕) 때는, 하늘이 먼저 불을 보여주었다. 붉은 새가 丹書를 물고 周의 사직단에 앉는 것을 보여주었다. 文王은 "火氣가 勝한다"고 말하고, 赤色을 숭상하며 政事에서 불을 본받았다. 불을 대신하는 것은 반드시 물이 될 것이다. 하늘은 또한 水氣가 勝하는 것을 보여줄 것이다. 그러므로 흑색을 숭상하고 물을 본받아야 한다. 물의 기운이 이르렀으나 알지 못하면, 天數[하늘의 운수]는 장차 土氣로 옮아 갈 것이다.

凡帝王者之將興也. 天必先見祥乎下民. 黃帝之時 天先見大螾大螻. 黃帝曰 土氣勝. 土氣勝 故其色尙黃. 其事則土. 及禹之時 天先見草木秋冬不殺. 禹曰 木氣勝. 木氣勝 故其色尙靑 其事則木. 及湯之時 天先見金刃生於水. 湯曰 金氣勝. 金氣勝 故其色尙白 其事則金. 及文王之時 天先見火 赤鳥銜丹書. 集于周社 文王曰 火氣勝. 火氣勝 故其色尙赤 其事則火. 代火者必將水 天且先見水氣勝. 水氣勝 故其色尙黑 其事則水. 水氣至而不知 數備將徙于土.

② 자연과학 발전을 저해

陰陽說(음양설)과 五行說(오행설)을 종합하고 크게 유행시킨 陰陽家(음양가)의 대표자는 鄒衍이다. 그러나 그가 자연과학이었던 五行을 미래를 예측하는 方術(방술)로 바꾸어 놓음으로써, 이후의 과학 발전을 가로막는 결정적 영향을 끼쳤다.

鄒衍(추연)은 齊나라 사람이고, '騶衍(추연)'으로도 쓴다. 그는 荀子(순자)보다 약 40년 연상으로 齊의 稷下學宮(직하학궁)에 유학했으며, 그 후 여러 나라를 유세하였고 燕(연)나라 昭王(소왕)의 스승이 되었다. 그러나 『荀子』·『莊子』·『呂氏春秋』『尸子』·『淮南子』 등 전국시대의 문서들에서 나타나는 수많은 학파들 속에 추연의 이름은 끼어 있지 않았다.

이처럼 추연이 철저히 무시된 것은 어인 일일까? 그 제자들은 이른바 비술을 전하는 "方士"라는 이름으로 최초로 역사에 등장하는데, 秦의 呂不韋(여불위)에게 가담해 秦(진)의 통일을 돕고 국정에 영향을 미치기도 했다. 그리고 후세에 부정적이지만 커다란 영향을 끼친 것도 분명하다.

『韓非子』飾邪(식사)편은 추연을 비판하고 있다: "추연이 燕나라에서도 거북 껍질에 구멍을 뚫고 쑥대를 세어 점을 쳤더니 점괘가 크게 吉하다고 나왔다. 그래서 燕나라는 趙나라를 공격했다. 하지만 아무런 공적도 세우지 못하고 나라를 유지하는 길을 망쳤다."

그러나 역사 기록에 의하면, 韓非子(한비자)의 비난과 달리, 昭王은 趙나라 공략정책을 채택하지 않고, B.C. 284년에 樂毅(악의)로 하여금 燕(연)·秦(진)·魏(위)·韓(한)·趙(조)의 연합군으로 齊(제)를 공격하여 70여개의 城을 빼앗아 거의 멸망시켰다.

(史記/孟子荀卿列傳)

鄒衍(騶衍)은, 나라를 다스리는 군주들이 갈수록 법도를 벗어나고 사치해져 덕을 숭상하지 않음을 보고, 『詩經』「大雅」에서 말한 것처럼 자신을 바르게 해야 백성에게 德을 펼칠 수 있다고 생각했다. 이에 陰陽이 늘어나고 줄어듦과 괴변이 일어나는 것을 깊이 관찰했다.

騶衍睹有國者益淫侈. 不能尚德 若大雅整之於身 施及黎庶矣. 乃深觀陰陽消息. 而作怪迂之變

③ 소박한 실증주의적 경향

추연의 방술이 이후 과학발전에 장애가 되었다고는 하나, 그의 오행설은 소박하지만 유물론이라고 말할 수 있다. 추연은 천지가 물질로 이루어졌으며 발생과 발전의 역사를 가지고 있다고 생각했다. 그에 의하면, 天은 자연적·물질적일 뿐 신비적이거나 의지를 가진 하늘이 아니다. 이는 소박한 유물주의의 맹아이다. 老莊이 "天은 시작도 끝도 없다"고 말하는 바와 전혀 다르다. 그의 학문적 태도는 먼저 작은 것을 경험하여 큰 것으로 나아가고, 더 큰 것을 추리해 나가는 방법을 사용했다. 이는 인식론에서 획기적인 것으로써 소박하나마 실증주의적이라고 말할 수 있다.

(史記/孟子荀卿列傳)

추연의 말은 너무 넓고 커서 실정에 맞지 않았지만, 반드시 작은 것에서 시작하여 한없이 큰 것으로 추리해 나간다. 먼저 지금부터 먼 옛날 황제에 이르기까지 학자들이 말하는 것을 서술하고, 세상의 성쇠의 대세를 비교했다. 거기서부터 길흉·법령·제도를 기록하고, 더 나아가 천지가 생기기 이전의 근원을 고찰하고 규명할 수 없는 것까지 미쳤다. 먼저 중국의 명산대천·온갖 생물·진귀한 산물을 나열하고, 나아가 사람들이 볼 수 없는 해외의 것에 이르기까지 남김없이 열거하였다.

其語閎大不經 必先驗小物 推而大之 至於無垠. 先序今以上至黃帝. 學者所共術 大幷世盛衰. 因載其機祥度制 推而遠之. 至天地未生 窈冥不可考而原也. 先列中國名山大川 通谷禽獸水土所殖 物類所珍. 因而推之 及海外人之所不能睹.

3) 董仲舒의 五常說(오상설)

董仲舒(동중서)의 五行論을 五常說이라 호칭한다. 이는 '行'에 원래 '道(Dao)'라는 뜻이 있기도 하지만, 인간의 生産 행위인 五行을 다섯가지 常道로 보았기 때문이다. 그는 天道와 人倫을 동일시했다. 동중서는 人間事를 五行論으로 해석한다. 이처럼 유물론적인 五行論을 '天帝의 五德'으로 관념화함으로써, 우주와 인간사를 설명하는 이론을 '五常說'이라 한다. 여기에서 '常'은 常道를 뜻한다.

五常說에 따르면 천지의 운행과 인간의 역사는 五行의 상극상생의 법칙에 따라 이루어진다. 마찬가지로 인간정신과 그 산물인 도덕률은 당연히 天道에서 나온 것이 된다. 이러한 五常說은, (음양오행설을 孔孟의 五德에 결합시킨) 鄒衍의 五德終始說을 儒敎의 宇宙論으로 교리화한 것이다.

그에게 인간의 역사·사회를 포함한 자연계는 모두 하느님의 뜻[天志]을 실현하는 陰陽 五行에 의한 의지적이고 목적적 활동이다. 그러므로 자연 질서에도 도덕적 속성이 부여된다. 자연과 인간의 모든 조화의 근원은, 天志의 五官인 五行의 德에 지나지 않는다. 이처럼 陰陽 五行은 天志[하느님 의지]의 활동이므로, 방위·계절·맛뿐만 아니라 官職·仁義禮智까지 음양오행으로 설명한다. 이처럼 동중서의 인격신 天帝의 특징은, 유물론적인 자연섭리로서의 天然을 天帝의 德性으로 통합시킨데 있다.

그는 유교의 德治主義(덕치주의)도 음양론으로 해석한다. 德을 陽으로, 法을 陰으로 비교하고 陽尊陰卑 사상에 의해 德尊法卑(덕존 법비)로 풀이한다. 그러므로 군주가 덕을 앞세우고 법을 뒤로하면 陰陽五行의 운행이 고르며, 만약 군주가 부덕하면 이변이 생긴다는 것이다. 따라서 음양오행의 운동을 알면 天志의 실현인 天道를 알 수 있다고 말한다.

(春秋繁露/五行相生)

천지의 氣는 합하면 하나가 되고, 분별하면 陰陽이 되고, 구분하면 四時가 되고, 벌여 놓으면 五行이 된다.

天地之氣 合而爲一 分爲陰陽. 判爲四時 列爲五行.

(春秋繁露/天地陰陽) * 陰陽五行은 天道

그러므로 陰陽의 들고 남, 實하고 虛한 곳을 밝히는 일은, 하느님의 뜻[天志]을 관찰하려는 것이다. 五行의 本末(본말)·順逆(순역)·大小·廣狹(광협)을 분별하는 일은, 하느님의 道[天道]를 관찰하기 위한 수단이다.

是故 明陰陽入出實虛之處 所以觀天之志. 辨五行之本末順逆小大廣狹 所以觀天道也.

(春秋繁露/陰陽義)

봄은 기쁜 기운이므로 낳고, 여름은 즐거운 기운이므로 기르고,
가을은 성난 기운이므로 죽고, 겨울은 슬픈 기운이므로 감춘다.
이 4가지 氣는 하늘과 사람이 똑같이 가지고 있다.

春喜氣也故生 夏樂氣也故養 秋怒氣也故殺 冬哀氣也故藏. 四者天人同有之.

(春秋繁露/五行對) * 五行相生說

하늘엔 五行이 있으니 木火土金水가 이것이다. 나무[木]는 불[火]을 낳고, 불은 흙[土]을 낳으며, 흙은 쇠[金]를 낳고, 쇠는 물[水]을 낳으며, 물은 나무[木]를 낳는다. 물은 겨울을 다스리고, 쇠는 가을을 다스리며, 흙은 초여름을 다스리고, 불은 여름을 다스리고, 나무는 봄을 다스린다. 봄은 생명을 주관하고, 여름은 성장을 주도하며, 초여름은 양생을 주관한다. 가을은 거두는 것을 주관하고, 겨울은 저장을 주관한다. 저장은 겨울이 완성되는 것이다.

天有五行 木火土金水是也. 木生火 火生土 土生金 金生水(水生木). 水爲冬 金爲秋 土爲季夏(火爲夏) 木爲春. 春主生 夏主長 季夏主養 秋主收 冬主藏. 藏冬之所成[a]也.

---

a　成=安民立政.

行은 운행이니 그 운행이 같지 않으므로 五行이라 한다. 五行은 五官이니, 서로 좇으면 相生하고 이간하면 相克한다. 그러므로 政事를 함에 거역하면 어지럽고 따르면 다스려진다. 東方은 木이요 농사의 근본이다. 司農(사농)은 仁을 높인다. 南方은 火요, 조정의 기초를 세운다. 군사를 맡은 司馬(사마)는 智를 높인다. 中央은 土이며 군주와 관리이다. 법전을 만드는 司營(사영)은 信義를 높인다. 西方은 金이요 도리를 키우는 司徒이다. 교육 담당인 司徒(사도)는 義理를 높인다. 北方은 물이요 법을 집행하는 司寇이다. 형벌을 맡은 司寇(사구)는 禮를 높인다.

行者行也. 其行不同 故謂之五行. 五行者五官也. 比相生 而間相勝也. 故爲治 逆之則亂 順之則治. 東方者木 農之本 司農尙仁.⋯⋯南方者火也 本朝 司馬尙智.⋯⋯中央者土 君官也 司營尙信.⋯⋯西方者金 大理 司徒也 司徒尙義.⋯⋯北方者水 執法司寇也 司寇尙禮.

그러나 董仲舒의 陽尊陰卑(양존음비) 사상은 허구요 가설일 뿐이다. 이는 〈漢高祖 이래 누적되었던 太后(태후)들의 孝를 앞세운〉 女人天下(여인천하)의 적폐를 차단하기 위한 武帝의 고육지책이 급기야 유교의 교리가 됨으로써, 남녀차별 종교로 비난받게 되었고, 인류사에 커다란 죄인으로 비판받았다.

天道의 큰 것은 陰陽에 있다. 陽은 德이 되고, 陰은 法이 된다. 법은 죽음을 주관하고, 덕은 생명을 주관한다.

天道之大者在陰陽 陽爲德 陰爲刑 刑主殺 而德主生.

음양은 사람의 법을 다스린다. 음은 형벌의 기운이요, 양은 덕의 기운이다. 그러므로 하늘의 이치는 양을 높이고 음을 높이지 않으며, 덕을 힘쓰고 형벌을 힘쓰지 않는다. 정사를 다스림에 형벌로 군림하는 것은, 하늘을 거역함이니 왕도가 아니라고 말한다.

陰陽理人之法也. 陰刑氣也. 陽德氣也. 是故天數 右[a]陽而不右陰. 務德而不務刑. 爲政而任 謂之逆天非王道也.

惡의 부류는 모두 陰이 되며, 善의 부류는 모두 陽이 된다. 陽은 덕이 되며, 陰은 형벌이 된다. 형벌은 德으로 돌아가 덕을 따르게 하기 위한 권도인 법이다. 그러므로 陽은 天의 덕이요, 陰은 天의 형벌이라 말하는 것이다. 陽氣는 따뜻하고 陰氣는 차니, 陽氣는 주고 陰氣는 빼앗는다. 陽氣는 어질고 陰氣는 사나우니, 陽은 너그럽고 陰은 조급하다. 陽氣는 사랑하고 陰氣는 미워하니, 陽은 낳고 陰은 죽인다. 그러므로 陽은 항상 實位에 거하며 盛하도록 행하고, 陰은 항상 空位에 거하며 衰하도록 행한다.

惡之屬盡爲陰 善之屬盡爲陽 陽爲德 陰爲刑. 刑反德而順于德 亦權之類也 故曰 陽天之德 陰天之刑也 陽氣暖而陰氣寒 陽氣予而陰氣奪 陽氣仁而陰氣戾 陽氣寬而陰氣急 陽氣愛而陰氣惡 陽氣生而陰氣殺 是故

---

a　右=上. 尊. 尙也.

陽常居實位而行于盛. 陰常居空位而行于末.

4) 연암과 담헌의 五行論

(湛軒書/鑿山問答) *『湛軒書』를 지은 洪大容(1731-1783)

虛子: 하늘은 五行의 氣요, 땅은 五行의 質입니다. 하늘이 氣를, 땅이 質을 갖추어주므로 만물이 생성되며, 그것으로 충분한데 어찌 태양에 전속시키려 합니까?

實翁: 舜임금·禹임금 때는 水·火·金·木·土·穀을 六府라 말했고, 『周易』에서는 天·地·水·火·雷·風·山·澤을 八象이라 말했고, 『書經』「洪範」에서는 水·火·金·木·土를 五行이라 말했고, 『佛經』은 地·水·火·風을 四大라 말했습니다. 이처럼 고인들은 때에 알맞게 말하고자 만물의 總名을 지어냈으나, 여기에 한 개라도 더하고 줄일 수 없다고 말한 것은 아닙니다. 다만 천지만물이 이러한 數理에 對偶함이 있을 뿐입니다. 그러므로 五行의 數理는 원래 定論이 아닙니다. 그런데 術家는 이를 祖宗으로 삼아, 河圖·洛書로 견강부회하고, 주역의 象으로 천착하고, 生剋(상극)이니 飛伏(비복)이니 하며, 이리저리 돌리고 얽어 장황하게 술수를 부리지만, 결국 그런 이치는 없습니다.

虛子曰 天者五行之氣也. 地者五行之質也. 天有其氣 地有其質 物之生成. 自有其具 豈其專屬於日乎. 實翁曰 虞夏言六府 水火金木土穀是也. 易言八象 天地水火雷風山澤是也. 洪範言五行 水火金木土 是也. 佛氏言四大 地水火風是也. 古人隨時立言 以作萬物之總名. 非謂不可加一 不可減一. 天地萬物適有此數也. 故五行之數 原非定論. 術家祖之 河洛以附會之. 易象以穿鑿之 生剋飛伏. 支離繚繞 張皇衆技 卒無其理.

(燕巖集/洪範羽翼序) *『燕巖集』을 지은 朴趾源(1737-1805)

내가 약관 시절에 동내 서당에서 『書經』을 배우는데, 「洪範」편을 이해하기 어려워 선생에게 물어보았다.

선생: 이것은 어려운 글이 아니다. 이해하기 어렵게 된 까닭은, 선비들이 그것을 어지럽혔기 때문이다. 무릇 五行이란 하늘이 부여하고 땅이 기른 것을, 사람이 얻어 쓰는 것이다. 禹임금이 차례지우고 武王(무왕)과 箕子(기자)가 문답한 것도. 그 사업은 사물의 덕을 바르게 하고 利用厚生(이용후생)을 구비함에 불과하며, 그 용처는 사람마다 中正(중정)·和穆(화목)함으로써 천지가 바르게 자리하여 만물을 기르는 공덕을 벗어나지 않는다.

余弱冠時 受商書里塾. 苦洪範難讀 請于塾師. 曰 此非難讀之書也. 所以難讀者有之 世儒亂之也. 夫五行者 天之所賦 地之所蓄 而人得以資[a]焉. 大禹之所第次[b] 武王箕子之所問答 其事則 不過正德利用厚生之具. 其用則 不出乎中和 位育[c]之功而已矣.

---

a 資=利用也.

b 次=第也. 列也.

c 位育=天地位焉 萬物育焉(『中庸』)

(燕巖集/洪範羽翼序)

漢代의 학자들[鄒衍·董仲舒 등]이 길흉화복의 미신을 믿어, 어떤 일은 반드시 다른 일의 징조가 된다고 생각했으므로, 五行을 분배하고 추리하여 허황한 소리를 하였다. 그것이 유행하여 陰陽卜筮(음양복서)와 점성술로 둔갑하여, 讖緯儒學(참위유학)의 학설로 미신화했다. 그래서 세 성인[禹王·武王·箕子]의 본뜻과 크게 괴리되었는데, 鄒衍의 五行相生說은 그 괴리의 극에 달한 것이다. 그러므로 五行相生의 본뜻은 서로 어미·자식이라는 뜻이 아니라, 서로 의지하고 이용해야 살아갈 수 있다는 뜻이다. 물질이 아닌 것이 어디 있으랴만 유독 五行이라고 말한 것은, 그것으로 만물을 통괄하여 그 덕행을 지칭한 것뿐이다.

漢儒篤信休咎[a] 乃以某事必爲某事之徵 分配推演 樂其誕妄. 流而爲陰陽卜筮之學 遁而爲星曆[b] 讖緯之書 遂與三聖之旨 大相乖謬 至於五行相生之說 而極矣. 故相生者非相子母也 相資焉以生也. 何莫非物也 獨以行言者 統萬物而稱其德行也.

5) 정약용의 五行論과 甲乙論

陰陽은 그늘진 음지와 햇빛 드는 양지를 나타내는 개념에서 발전하여, 천지를 상징하는 개념으로 발전한 것이다. 다시 말하면 음양론은, 陰陽을 원초적 氣인 太極으로 형상화하고 그것이 자기 운동으로 하늘과 땅을 낳았고, 하늘과 땅이 만물을 낳았다는 사상을 말한다. 또한 '四象(사상)'은 '天地陰陽'의 四氣를 상징하고, '八卦'는 天地(천지)·水火(수화)·雷風(뇌풍)·山澤(산택)의 八物을 상징할 뿐이다. 또한 '五行'도 湛軒(담헌) 홍대용과 楚亭(초정) 박제가 등이 이미 언급한 것처럼, 고대의 인간생활에서 일용하는 물건으로 그 중 중요한 나무·불·흙·물·쇠의 다섯 가지 물건을 말함에 불과하다.

(與猶堂全書 2집/제4권/中庸講義補)

지금 내[정약용]가 살피건대, 陰陽의 명칭은 日光의 照(조)와 掩(엄)에서 나온 것이므로, 해가 가리면 陰이요 비추면 陽일 뿐 본래 體質(체질)이 없다. 이처럼 陰陽이란 明(명)과 闇(암)의 두 象일 뿐이니, 원래 이것을 만물의 부모로 삼을 수 없다. 다만 북극에서 남극까지 천하만국이 東이라 하고 西라 하며, 日의 출입 시각이 만 가지로 각각 같지 않으나, 照掩(조엄) 음양의 이치는 만국이 조금도 다르지 않다. 그러므로 성인이 易을 지음에 있어, 陰陽의 대립과 의존[對待]을 天道·易道로 삼았을 뿐이요, 陰陽이 어찌 만물의 부모가 될 만한 체질이 있겠는가?

今案陰陽之名 起於日光之照掩 日所隱曰陰 日所映曰陽 本無體質. 只有明闇 原不可以爲萬物之父母. 特以北自北極 南至南極 天下萬國 或東或西 其日出入時刻 有萬不同. 而其所得陰陽之數 萬國皆同 毫髮不殊. 故聖人作易 以陰陽對待 爲天道 爲易道而已. 陰陽曷嘗有體質哉.

---

a   休咎(휴구)=길흉화복.

b   星曆(성역)=점성술.

왕이 묻는다: 天은 음양오행으로써 만물을 조화·생성하고, 氣는 형체를 이루고 理 역시 부여받았다고 했다. 만약 그렇게 말한다면, 性에는 당연히 기질을 겸한다고 보아야 하지 않겠는가?

신하인 내[정약용]가 대답했다: 天道는 넓고 크며 物理는 은미하여 쉽게 추측할 수 없습니다. 하물며 五行이란 만물 중에 다섯 가지 물건일 뿐인데, 이것이 만물을 낳는다고 말하기에는 어렵지 않겠습니까?

御問曰 天以陰陽五行化生萬物 氣以成形 理亦賦焉. 旣曰 此性字當兼氣質看耶. 臣對曰 天道浩大 物理眇隱 未易推測. 況五行不過萬物中五物. 而以五生萬物 不亦難乎.

이와 같이 한 번 그늘지고 한 번 볕듦을 道라고 말하는 것은『周易』을 해설한 易傳에 근원한 것으로, 天道를 말할 뿐, 人道는 아니며. 易占을 치는 道를 말할 뿐, 天道는 아니다. 어찌『中庸』에서 갈파한 人道인 '率性(솔성)의 道'를 易道인 '一陰一陽의 道'에 귀속시킬 것인가?

若云一陰一陽之謂道 本之易傳 則是言天道 不是人道. 是言易道 不是天道. 豈可以吾人率性之道. 歸之於一陰一陽乎.

한마디로 말하여 五行이나 六甲은 원래부터『周易』과는 아무런 상관이 없는 것이었다.『周易』은 陰陽 二進法(이진법)이고, 五行은 五進法(5진법)이고 六甲은 十進法과 12進法이므로 서로 맞을 리가 없다. 그런데도 후인들은 이것들은 연결시키려 했다. 그래야만 더욱 복잡해지고 신비한 점술이 될 수 있기 때문이다. 그러므로 本書는 五行 六甲을『周易』에 연결하려는 불합리하고 미신적인 시도들을 일체 배격했다. 편역자는 현재『周易』의 대가라고 자처하며 이를 五行六甲(오행육갑)의 占術(점술)에 덧붙여 신비화하고 있는 曆術家(역술가)들을 믿지 않는다.

甲乙의 10干(간)과 子丑의 12支(지)는 古人들의 날짜를 기록하는 方法에 불과한 것이다. 그것이 후세에 方術(방술)·雜術(잡술)·讖緯(참위)·怪力(괴력)의 誣說(무설), 太乙(태을)·九宮(구궁)·奇門(기문)·六任(육임)·遁甲(둔갑)의 法術이 되어, 풍수·택일·雜筮(잡서)·雜占(잡점)·數占(수점)·산대점·점성술과 더불어, 생사의 기밀을 분별하고 吉凶의 징조를 판정하며, 혹은 衝犯(충범)을 살피며 宜忌(의기)를 분별한다고 하여, 千世를 의혹케 하고 萬民을 속이니, 이것들은 한결같이 甲乙(갑을)·子丑(자축)으로 근본을 삼는다.

甲乙之類十 子丑之類十二 古人所以紀日也. 後世方技雜術 讖緯怪力之說. 若太乙九宮 奇門六任 遁甲之法. 與夫風水 擇日 雜筮 雜占 推數筭命 星曜斗數之等 其所以辨生殺之機 定吉凶之兆. 察其衝[a]犯[b] 別其宜忌[c]. 以之惑千世 而誣兆民者. 壹以是甲乙子丑爲之宗幹.

---

a　衝=돌파.

b　犯=침범.

c　忌=戒也.

(與猶堂全書 1집/제11권/甲乙論 2)

내가 생각하건대 黃帝 헌원씨와 제곡씨 이래, 曆法(역법)은 누차 변했다. 漢나라 이전은 논하지 않더라도, 漢 무제가 만든《太初曆(태초역)》, 魏 문제가 만든《黃初曆(황초역)》, 晉 우희가 세운《歲差法(세차법)》, 宋 하승천이 만든《元嘉曆(원가역)》, 唐 현종 때 一行이 만든《大衍曆(대연역)》, 宋 태종 때 吳昭素가 만든《乾元曆(건원역)》, 元 세조 때 곽수경이 만든《授時曆(수시역)》이 있다.

이들은 큰 것이다. 이 밖에도, 채옹이 만든《四分曆(사분역)》, 魏나라 조조 때의《太和曆(태화역)》, 魏나라 명제 때의《景初曆(경초역)》, 晉 무제 때의《泰始曆(태시역)》, 周 무제 때의《天和曆(천화역)》, 隋 문제 때의《皇極曆(황극역)》, 唐나라 숙종 때의《至德曆(지덕역)》, 唐나라 대종 때의《五紀曆(오기역)》, 五代 때의《欽天曆(흠천역)》, 宋나라 태조 때의《應天曆(응천역)》, 金나라 때의《知微曆(지미역)》등 曆法(역법)의 종류는 셀 수 없이 많다.

余惟軒嚳[a]以來 曆法屢變. 自漢以上勿論. 漢武帝作太初曆. 魏文帝作黃初曆. 晉虞喜立歲差法. 宋何承天作元嘉曆. 唐一行作大衍曆(玄宗時). 宋吳昭素作乾元曆(太宗時). 元郭守敬作授時曆(世祖時) 此其大者也. 四分曆(蔡邕作) 太和曆(曹魏初) 景初曆(魏明帝) 泰始曆(晉武帝) 天和曆(周武帝時) 皇極曆(隋文帝時) 至德曆(唐肅宗) 五紀曆(唐代宗時) 欽天曆(五代時) 應天曆(宋太祖時) 知微曆(金時)之類 又不可勝數.

이로 볼 때 무릇 앞선 史官이 1월이라 말한 것이, 혹은 2월이 될 수도 있고, 9월이 혹 8월일 수도 있다. 만약 윤달의 차이를 감안한다면 歲末(세말)의 경우는, 2년이라 칭한 것이 3년이 될 수도, 8년은 7년이 될 수도 있다. 郭璞(곽박: 276-324)은 모든 술법의 조상인데, 그는 晉나라 曆法을 사용해 길흉을 점쳤고, 袁天綱(원천강)과 李淳風(이순풍)은 唐나라 曆法을 사용해 길흉을 점쳤으니, 이 曆法을 오늘의 曆法에 덮어씌운들 맞을 리가 있겠는가? 그들의 말이 거짓되고 요망함은 이로써 분명하다.

由是觀之 凡前史之稱正月者 或是二月. 其稱九月者 或是八月. 若其置閏之差 或在歲末則 其稱二年者 或是三年. 其稱八年者 或是七年. 郭璞者諸術之祖也. 郭璞用晉曆 以定其吉凶. 袁天綱 李淳風 用唐曆以定吉凶. 以此法而冒之於今曆 其有合邪. 其言之罔誕虛妄 於是乎著明矣.

(與猶堂全書 1집/제11권/風水論 1)

어버이를 장사지내려면 대개 풍수쟁이를 끌어들여, 吉地를 가려 묘 자리를 정한다. 丁子[정약용]가 이르기를 이것은 禮가 아니라고 했다. 할배와 아비를 매장하고 복을 바라는 것은 효자의 마음이 아니다. 비록 이치가 있다는 사람도 있을 것이나, 역시 반드시 그렇다는 것은 이치에 맞지 않다. 영웅호걸이 그 총명·위엄·재능으로 일세를 통솔하고 만민을 부리기에 충분할지라도, 그가 살아서 조정에 앉아 있을 때에도 오히려, 그 자손을 비호하지 못하여 혹은 죽고 혹은 廢疾(폐질)에 걸린다. 하물며 무덤 속의 해골이 산천의 좋은 땅을 차지한들, 어떻게 그 자손에게 복록을 내릴 것인가?

---

a　軒嚳(헌곡)=黃帝와 帝嚳(제곡).

葬親者 率延地師 相吉地以定其宅兆[a]. 丁子曰 非禮也. 薶[b]其親以徼[c]福 非孝子之情也. 雖然有此理 亦唯曰 無此理也. 英豪傑特之人 聰明威能 足以馭一世 而役萬民者. 生而坐乎明堂之上 猶不能庇其子孫 或殤焉 或廢疾焉. 塚中枯骨 雖復據山河形勢之地顧 何以澤其遺胤哉.

(與猶堂全書 1집/제11권/風水論 1)

郭璞(곽박)은 죄 없이 참형을 당한 뒤 시체가 물속에 던져졌으며, 道詵(도선)과 無學(무학)은 중이 되어 종사가 끊어졌으며, 李義信(이의신)과 湛宗(담종)은 일점의 혈육도 없다. 지금도 그들을 따르는 풍수쟁이들은 모두 일생토록 빌어먹고 자손들도 번창하지 못한다.

郭璞 以非罪誅身埋水中. 道詵無學之等 皆身爲髡[d] 覆其宗祀 李義信 湛宗無血胤 今之滔滔者 皆終身丏[e]乞 而其子孫不昌.

---

a 兆(조)=塋域也.

b 薶(매)=埋也.

c 徼(요)=求也.

d 髡(곤)=머리를 깎이는 형벌.

e 丏=빌 "개". 거지 "갈". 가릴 "면".

3. 時間論 · 生命論

1) 生命에 대한 관심

인류사에서 요즘처럼 너도나도 건강 문제, 이른바 養生(양생)을 가장 중요한 과제로 생각했던 시대도 없었을 것이다. 심지어 밥그릇·김치 냉장고까지 '바이오(bio)'이어야 한다고 야단법석인 세상이다. 그 래서인지 "생명이란 무엇인가?"라는 질문은 "나는 누구인가?"라는 질문과 함께, 가장 우리와 가깝고 너무도 평범하고 자명하지만 새삼스러운 질문처럼 여겨진다. 그러나 실제로 생명 문제는 우리들에게 너무도 멀고 너무도 이색적이며 아직도 해답이 없는 질문임을 깨닫고 놀란다.

지구의 탄생은 46억 년 전으로 추정되며 현재 알려진 최고의 생물화석은 32억 년 전의 藍藻類(남조류) 화석이라고 한다. 생명이 탄생된 지 32억년이 흘렀다는 것이다. 그런데 놀랍게도 32억년을 지속한 생명에 대해 아직도 해답을 못 찾고 있다. 인간은 유일하게 자기를 의식하면서도 남과의 공동체를 의식하는 동물 즉 類的存在(유적존재: Gattungswesen)라고 한다. 그럼에도 불구하고 자기 생명에 대해 이처럼 무관심 할 수 있었던 것은 무슨 곡절이 있을 듯하다.

고대에는 오늘날보다 더 생명에 대한 경외감을 가진 듯하다. 그러기에 피라미드(pyramid) 같은 거대한 무덤을 쌓았을 것이다. 오히려 고대에는 생명론이 모든 것을 지배한 듯하다. 고대인들은 사람이 죽으면 사람의 생명은 神(신)이 된다고 믿었다. 그래서 더욱 경배했을 것이다. 그런데 어느 날 어떤 낯선 사람이 신의 대리인이라고 자칭하면서, '자기가 모시는 신이 이 세계를 지배하고 또한 모든 인간의 생명을 낳고 기르고 주재하는 유일한 신'이라고 주장하면서, '자기가 믿는 그 神이야말로 위대하고 무섭고 힘이 제일 센 신이라'고 힘주어 말했다. 그러자 사람들은 그 사람의 말을 믿게 되었고, 그 이후로는 자기의 神性(신성)을 스스로 포기했다. 그로부터 사람들은 자기의 생명은 뒷전이고 이제 그 높고 유일한 신만을 생각하게 되었다. 이제 우리 생명은 그 유일신의 생명을 나누어 가진 것뿐이며, 낳고 죽고, 병들고 즐겁고, 귀하고 천하게 됨도 그 유일신이 결정하는 것으로 믿게 되었다. 그러므로 인간은 소외되고 운명의 신을 공경할뿐 다시금 내 생명이 무엇인가를 묻지 않게 되었다.

지배자들은 제사장들을 시켜 하늘의 섭리와 운명론을 퍼뜨렸다. '내가 언제든지 호명할 수 있는 운명의 신이 너희를 점지해 주었고 무서운 징벌을 내릴 수도 있다'고 겁을 주었다. 사람들은 태어날 때부터 내 운명은 이미 예정되고 결정되어 있어 신에게 빌지 않고는 하나라도 보태거나 뺄 수 없는 것이라고 생각하게 되었다. 이제 사람들은 신전을 지키는 제사장들에게 복종하면서도, 가끔 몰래 운명을 미리 훔쳐보기 위해 야바위꾼인 暗賣商(암매상)을 찾아가 점을 쳐보는 구경꾼으로 만족해야 했다.

그러나 이제 우리는 묻지 않을 수 없다. 생명이란 무엇인가? 과연 그것은 운명적으로 예정되어 있는가?

2) 運命論

"運命(운명: fate)"이란 말은, 동양이나 서양이나 숙명 또는 죽음의 뜻으로 사용되었다. "運命論(운명론:

fatalism)'이란 '창조주인 신에 의해 세계와 인간의 미래가 예정되어 있어 인간의 의지와 노력으로는 어쩔 수 없다'는 주장을 말한다.

또한 '세계는 자연의 필연적인 법칙에 의하여 운행된다'는 결정론(determinism) 또는 역사 법칙주의도, 인간이 역사의 주역임을 부정한다는 점에서 운명론에 가깝다. 이러한 결정론은 운명의 여신 '튜케(Tyche)'의 이름을 따서 '타이키즘(Tychism)'이라 부르는 것도 이 때문이다. 한편 운명론자나 결정론자뿐 아니라 보통 사람들은 무심코 '행운'·'불운'을 말한다. "運(fortune)"이란 어떤 신비한 운동을 말하는 것으로, 우연히 인간의 운명에 간섭한다는 '偶然論(우연론: accidentalism)'도 운명론에 가깝다. 이러한 운명론을 따르는 사람들은 자신의 운명을 신에게 또는 점쟁이에게 묻지 않을 수 없다.

그러나 易은 운명론을 말하지 않고 미래가 태어날 때부터 결정되어있다고 말하지도 않는다. 특히『周易』의 저자인 文王·周公을 비롯하여 召公·呂望 등 周나라의 개국 공신들은, 폭군 紂왕의 운명론에 대항해야 했으므로, 그들은 '운명론'과는 상극이었다.

(墨子/非儒)

유가들은 운명론을 고집하며 주장하기를, 오래 살고 일찍 죽은 것, 부유하고 가난한 것, 편안하고 위태한 것, 태평하고 어지러운 것, 이것들은 본래부터 하늘이 정한 운명이어서, 덜고 더할 수 없다고 말한다. 儒家들이 이러한 운명론으로 道를 삼고 가르친 것은 천하 인민을 해치는 짓이다.

有强執有命 以說議 曰 壽夭貧富 安危治亂 固有天命 不可損益.……而儒者以爲道敎 是賊天下之人者也.

(墨子/非命中)

召公[奭] 역시 운명론을 다음과 같이 비난했다:

삼갈지니! 天命(천명)은 없다. 오직 나는 사람을 높이므로 말을 지어내지 않는다. 운명은 하늘에서 내려온 것이 아니고 스스로 얻는 것이다. 商[商 나라]과 夏[夏 나라]의 詩書(시서)에서도 '운명론은 폭군이 지어낸 것'이라고 말했다.

於召公之非執命亦然曰 敬哉 無天命. 惟予二[a]人而無造言 不自降天自我得之. 在於商夏之詩書曰 命者暴王作之

(墨子/非命中)

옛 三代의 포악한 임금들은 반드시 말할 것이다. 망하는 것도 내 운명 때문이었고, 곤궁해진 것도 내 운명 때문이었다고! 이러한 운명론을 번거롭게 꾸며 민중을 교화하여, 순박한 사람들을 어리석게 만든 지가 오래되었다.

昔者三代之暴王……必曰 我命故且亡 我命固且窮 繁飾有命 以敎衆 愚朴人久矣.

(墨子/非命上)

오늘날 고집스럽게 운명론을 말하는 자들은, 천하의 義를 제거하기 위해 민중들이 낙담하게 만든다. 민중들이 낙담하도록 유세하는 것은, 천하의 義人을 없애려는 술책이다. 그렇다면 義人을 윗 자리에

---

a　二=上의 古字.

앉히려는 노력은 무엇 때문이란 말인가? 말하건대 의로운 자가 윗자리에 있어야 반드시 천하가 다스려질 것이며, 하느님과 산천 귀신들도 제사를 받들 주인[祭主]을 가질 것이며, 만민이 크게 이로움을 입을 것이다.

今用執有命者之言 是覆天下之義……百姓之諄也. 說百姓之諄者 是滅天下之人也. 然則所爲欲義在上者何也. 曰 義人在上天下必治. 上帝山川鬼神必有幹主. 萬民被其大利.

(莊子/大宗師)

하늘은 사사로이 덮어주지 않고 땅은 사사로이 실어주지 않는다. 天地가 어찌 사사로이 나를 가난하게 하겠는가?

天無私覆 地無私載. 天地豈私貧我哉.

(荀子/天論) *天은 자연법

하늘은 사람이 추위를 싫어한다고 겨울을 거두어가지 않고, 땅은 사람이 먼 것을 싫어한다고 넓이를 폐하지 않는다. 그러므로 군자는 변함없이 그것을 체현할 뿐이다.

天不爲人之惡寒也輟冬. 地不爲人之惡遼遠也輟廣.……君子有常體矣.

(荀子/天論) *天人分異說

하늘의 운행은 常道(상도)가 있을 뿐, 堯(요)임금을 존속케 하고 桀(걸) 임금을 멸망케 하지 않는다.
常道에 따라 다스리면 吉하고 常道를 어지럽히면 흉할 뿐이다. 산업을 힘쓰고 소비를 절검하면 하늘도 가난하게 할 수 없고, 순리로 양생하고 때에 알맞게 행동하면 하늘도 병들게 할 수 없고,
道를 따르고 배반하지 않으면 하늘도 재앙을 내릴 수 없다. 그러므로 하늘과 사람의 각각의 분수를 밝히면, 至人[지극한 인간]이라고 한다.

天行有常 不爲堯存 不爲桀亡. 應之以治則吉 應之以亂則凶. 彊本而節用 則天不能貧. 養備而動時 則天不能病. 修ᵃ道而不貳ᵇ 則天不能禍.……故明於天人之分 則可謂至人矣.

(荀子/天論) *祈雨祭는 文化

기우제를 지내면 비가 오는 것은 무슨 까닭인가? 아무런 까닭이 없다. 기우제를 지내지 않아도 비가 오는 것과 같다. 일식·월식을 하면 회복되기를 빌고, 가뭄이 들면 기우제를 지내고, 占을 친 연후에 큰일을 결정하는 것은, 그것으로 해결된다고 생각해서가 아니라, 그것을 문화로 꾸미는 것뿐이다. 그러므로 군자는 그것들을 문화로 생각하고, 百姓들은 귀신의 신통력이라 생각한다.

---

a 修=循의 잘못.

b 貳=倍也.

雩[a]而雨何也 曰 無佗也. 猶不雩而雨也. 日月食而救之 天旱而雩 卜筮然後決大事. 非以爲得求也 以文[b]之也. 故君子以爲文 而百姓以爲神.

(春秋繁露/身之養重於義)

하늘은 만물을 낳고, 만물로써 사람을 기른다. 하늘은 사람을 낳고, 사람으로 하여금 義와 利를 낳게 한다. 利로써 몸을 기르고, 義로써 마음을 기른다.

天之生物也 以養人. 天之生人也 使人生義與利. 利以養其體 義以養其心.

(唐柳先生集/권31/答劉宇錫天論書) *柳宗元의 天人不相預說

내 생각으로는 번성과 재앙은 모두 하늘의 일이고, 법제와 패란은 모두 사람의 일이다. 각자의 사업을 각각 운행할 뿐 하늘과 사람은 서로 미치지 않는다. 그래야만 흉풍과 치란이 나오는 것을 규명할 수 있을 것이다.

余則曰 生殖與災荒皆天也. 法制與悖亂 皆人也. 二之[c]而已 各事各行不相預[d]. 而凶豊理亂出焉究之矣.

(劉夢得文集/권12/天論上) *劉宇錫의 天人相勝說

하늘과 사람은 실제로 서로 다르다. 하늘은 형체 중에서 큰 것이요, 사람은 동물 중에서 빼어난 것이다. 하늘이 능한 것을 사람은 능하지 못하고, 사람이 능한 것을 하늘 또한 능하지 못한 것이 있다. 그러므로 나는 하늘과 사람은 서로의 장점을 교환한다고 말한다. 그래서 하늘의 道는 생식에 있고 그 쓰임은 강약에 있으며, 사람의 道는 法制(법제)에 있으며 그 쓰임은 是非에 있다할 것이다. 그러므로 하늘의 능함은 만물을 낳는 것이요, 사람의 능함은 만물을 다스리는 데 있다.

天與人實相異. 天有形之大者也. 人動物之尤者也. 天之能 人固不能也. 人之能 天亦有所不能也. 故余曰 天與人交相勝爾. 其說曰 天之道在生植 其用在彊弱. 人之道在法制 其用在是非.……故曰 天之所能者 生萬物也. 人之所能者 治萬物也.

(劉夢得文集/권12/天論中)

내 진실로 말하노니 만물이 무궁한 까닭은, 서로의 장점을 서로 교환하고 이용하기 때문이다. 하느님과 인간은 만물 중에서 뛰어난 존재일 뿐이다.

吾固曰 萬物之所以爲無窮者 交相勝而已矣 還相用而已矣. 天與人萬物之尤者耳.

---

a　雩(우)=夏祭樂於赤帝.

b　文=以文飾政事而已.

c　之=就也. 用也.

d　預=及也.

3) 墨子의 時間 · 生命

墨子는 생명을 하느님이 창조한 것이라고 말했으나, 한편으로는 現象學(현상학)으로 파악하기도 했다.
그에 의하면, 생명은 물질적인 형체와 정신적인 지각이 머문 곳이며, 시간적인 우주[宙]와 공간적인 우
주[宇]가 분리되지 않고 충만하려는 운동이다. 그는 생명을 공간[宇]과 시간[宙], 즉 宇宙의 운동으로 파
악했다. 묵자에게 죽음은 단지 운동의 정지이다. 죽음은 공간의 이동이 없으며 따라서 시간도 없다. 묵
자가 보기에 죽음 이후의 來世도 還生도 永生도 없으며, 天堂도 極樂도 武陵桃源도 없다.

(墨子/經說/上) *묵자의 宇宙論
시간[久]은 다른 시각들이 충만한 것이며, 공간[宇]은 다른 장소들이 충만한 것이다. 시간[久]은 옛날과
지금을 합한 것이며, 공간[宇]은 동서남북을 덮은 것이다.
久彌異時也. 宇彌異所也. 久古今旦莫. 宇東西家南北.

(尸子/下卷) *尸佼(B.C. 390~330)
四方 上下를 宇[공간]라 하고, 지난 옛날과 오는 미래를 宙[시간]라 한다.
天地四方 曰宇. 往古來今 曰宙.

(莊子/庚桑楚)
실체이지만 처한 곳이 없는 것을 공간[宇]이라 하며, 오랜 것이지만 그 근본을 표시할 수 없는 것을 시
간[宙]이라 한다.
有實而無乎處者 宇也. 有長而無本剽者 宙也.

(淮南子/齊俗訓)
지난 옛날과 미래와 지금을 宙(주)라 하고, 사방과 상하를 宇(우)라 한다.
往古來今謂之宙. 四方上下謂之宇.

(墨子/經說下/上列 15)
대우주. 우주공간은 이동 · 변화한다. 시간에 대해 말하는 것이다. 대우주 공간은 이동해도 역시 우주
안에 있으니, 우주의 남북은 아침에도 있고 저녁에도 있다. 공간의 이동이 시간이다.
長宇 宇或[a]徙 說在久. 長宇徙而有處宇. 宇南北在旦 有在莫 宇徙久.

(墨子/經說下/下列 23)
행동은 시간을 따르게 한다. 선후에 대해 말하는 것이다.

———
a　或=域의 古字.

운행. 길을 가는 자는 반드시 가까운 곳을 먼저가고 먼 곳은 뒤에 간다.

멀고 가까움은 '길이[長]'요, 먼저하고 뒤에 함은 '시간[久]'이다. 민중의 행실이 닦여지는 데는 반드시 시간이 필요하다.

行循以久 說在先後 行 行者 必先近而後遠 遠近修ª也 先後久也 民行修 必以久矣.

(墨子/經說上) *生命論

생명은 형체[육체]와 지각의 처소이다.

生 刑與知處也.

(墨子/經說上)

생명은 시간적인 우주[宙]에 충만하려는 운동이므로, 생명에서 공간적인 우주[宇]와 지각이 분리될 수 없다.

生 盈久. 生 商ᵇ不可必ᶜ也.

(墨子/經說上)

생명의 탄생은 시간과의 마주침이다. 始[생명의 탄생·비롯됨]. 시간은 이미 주어진 有의 시간도 있고, 주어지지 않은 無의 시간도 있다. 생명은 이미 주어지지 않은 無의 시간과의 마주침이다. 죽음은 다만 (時空이 분리되어) 운동을 정지시키는 것이다.

始 當時也. 始. 時或有久 或無久. 始當無久. 盡 但止動.

(墨子/經說下)

공간적인 우주의 운동이 바로 시간적인 우주이다.

宇徙 久.

이처럼 묵자는 생명론에서 생명의 본질인 영혼이나 정신에 관해 말하지 않는다. 이런 점에서 19세기의 현상학이나 生철학자들과 상통한다. 그들은 생명이란 더 이상 거슬러 올라갈 수 없는 근원적 현상이므로 생명의 본질은 형이상학적으로 궁구할 수 없다고 말하며 생명 현상 또는 인간의 실존을 사색의 중심에 둔다. 특히 묵자가 생명의 창조성을 강조한 것이나 하느님의 사랑을 언급한 부분은, 20세기 生철학의 대표자인 베르그송(1859-1941)을 연상하게 한다.

---

a　修=長也[길이].

b　商=宇의 잘못.

c　必=分極.

4) 周易과 生命

易이란 글자의 원래 뜻은 변화 즉 운동인데, 周易에서는 "易"을 '生生'이라고 풀이한다. 生生은 '생명 살림' 혹은 '살림 살이'라 새길수 있다. 그러므로 易은 운동이며 생명이라는 뜻을 포함하고 있다. 그리고 '動'뿐만 아니라 '靜'도 易이다. 天의 靜易은 모으는 것이고 動易은 펴는 것이며, 地의 靜易은 닫음이고 動易은 열림이다. 그러므로 죽음이란 삶의 수렴운동, 즉 삶의 반대방향 운동이다.

또한 易의 운동은 일정한 법칙성이 있으며, 그 운동법칙을 卦(괘)로 표현한다. 陽과 陰은 五行이라는 물질성과 太極(태극)이라는 정신성을 모두 내포하는 '氣(기)'이다. 太極(태극)은 '道' 또는 '理'라고 부르기도 하는 原動子(원동자)이며 氣는 運動子(운동자)이다. 즉 太極이라는 원동자가 氣라는 물질적 운동자를 낳는다. 다시 말하면 道는 물질의 근원인 氣의 운동 원리이다. 성리학에서는 이러한 氣의 운동법칙을 理라고 말하는 理氣論(이기론)을 정립한다.[理氣論에 관하여, 졸저『性理學槪論』을 참조하시오]

이로 볼 때 周易에서 생명현상을 氣라고 하는 활력의 운동이라고 보는 것 같다. 그러므로 주역의 생명론은 生氣說(생기설)의 일종이라고 보아도 무방하다. 다만 주역의 氣는 분명히 물질적 질료에 해당되므로 서양의 生氣說에서처럼 비물질적인 힘[energy]만을 의미하는 것은 아니다. 그렇다고 氣를 물질적인 힘으로만 말할 수도 없다. 氣는 저 혼자 운동하는 것이 아니라 항상 理가 따라 다니기 때문이다.(性理學에서 理와 氣는 不相雜하지만 不相離한 것이라고 말한다.)

그렇지만 아인슈타인의 질량-에너지 등가법칙(아인슈타인의 질량-에너지공식인 E=mc2)으로 보면, 12세기에 등장한 성리학의 理氣論은 18세기 서양학자들이 말하는 生氣說(vitalism) 혹은 活力說(활력설)과 유사한 것 같다.(生氣說은, 다음 6항의 '서양 고전의 生命論'을 참조하시오)

이처럼 氣는 理의 규칙성을 배제하지 않는다. 그러므로 氣의 운동을 8괘와 64괘라는 조합으로 모형화할 수 있었다. 다만 氣의 운동은, 자연법칙에 따를 뿐 운명적으로 미리 결정되었거나 神이 제 마음대로 주재하는 것은 아니다. 따라서 주역에서 점을 치는 일은, 예정된 운명을 알아보는 것이 아니고, 氣의 운동법칙을 따라 운동의 가능한 방향을 예측해 보는 것에 지나지 않는다.

『繫辭傳』(上) 6장

乾의 실질은 靜하면 專一(전일)하며, 動하면 펴 크게 낳으며, 坤이 靜하면 닫히고, 動하면 열려, 널리 생명을 낳는다.

夫乾 其靜也專 其動也直 是以大生焉. 夫坤 其靜也翕 其動也闢 是以廣生焉.

『繫辭傳』(上) 5장

부유함을 大業(대업)이라 말하고, 날마다 새로워짐을 盛德(성덕)이라 이르며, 生生[생명살림 즉 살림살이]을 易이라 말한다.

富有之謂大業 日新之謂盛德 生生之謂易.

『繫辭傳』(上) 11장

그러므로 문을 닫는 것을 坤(곤)이라 하고, 문을 여는 것을 乾(건)이라 한다.

是故 闔戶謂之坤. 闢戶謂之乾.

(思問錄/內篇) *『思問錄』을 지은 王夫之(1619-1692)
한 번 動하고 한 번 靜하는 것을 열고 닫힌다고 말한다.
닫음이 盛(성)하면 열리고, 열림이 성하면 닫힌다. 모두 운동이다. 낙담하여 정지해 버리면 죽음이다.
靜이란 '動의 靜'일뿐 不動이 아니다.
一動一靜 闔闢之謂也. 緣闔而闢 緣闢而闔 皆動也. 廢然之靜 則是息矣. 靜者動靜 非不動也.

5) 儒敎의 生命觀

儒家의 天人一體說(천인일체설)은 天과 人은 하나이지만 天은 大宇宙요 인간은 小宇宙일 뿐이라는 신념
이다. 그러므로 天과 人은 일방적이 아니라 상호 감응하며 천하를 一家로 이루어 냄이 당연한 도리라
는 것이다. 따라서 王뿐만이 아니라 모든 사람이 하늘에서 품부 받은 본성을 다함이 바로 天地公事(천
지공사)에 참여하는 일[天地參與]이 되며, 이에 반해 하느님과 부모에게서 품부 받은 본성을 해치거나 다
하지 못함은 천지공사에 참여하지 못하는 것이므로, 하느님에게 불효가 된다. 이것이 선비 정신의 첫
째 강령이다.
天道敎에서 모든 사람의 마음에 하느님을 모시고 있으므로[侍天主], 사람이 곧 하느님이라는[人乃天] 사
상도 유교의 天人一體說에서 유래되었다. 증산교를 창립한 甑山 姜一淳 선생의 天地公事 사상도 유교
의 天地參與 사상에서 유래되었다.

① 유교의 天人合一 사상
(春秋繁露/郊語)
天[하느님]은 모든 神늘의 위대한 임금이다.
天者 百神之大君也.

(春秋繁露/人副天數)
하늘은 세월의 이치를 따라 사람의 몸을 만들었다. 그러므로 작은 골절이 366개인 것은 일년 366일의
이치와 부합하고, 큰 골절을 12개로 나눈 것은 1년 12달의 이치와 부합하고, 속에 五臟이 있는 것은 五
行의 이치와 부합하고, 밖에 四肢가 있는 것은 네계절의 이치와 부합한다.
天以從歲之數 成人之身. 故小節三百六十六 副日數也 大節十二分 副月數也 內有五藏副五行數也 外有
四肢副四時數也.

(春秋繁露/順命 · 陰陽義) *天人一體說
天[하느님]은 만물의 시조다. 天은 만물처럼 기쁘고 분노하는 기운이 있고 슬프고 즐거운 마음이 있으
며, 사람과는 쪼개어 나누어진 것이어서 서로 유사하여 합쳐진다. 天과 人은 하나다.

天者萬物之祖 天亦有喜怒之氣 哀樂之心 與人相副 以類合之 天人一也

(皇極經世/觀物外篇) *『皇極經世』를 지은 邵康節(1011-1077)

道 또는 一者는 神을 억지로 이름 붙인 것이다. 그러나 神을 그냥 神이라 부르는 것이 타당할 것이다. 사람의 정신[神]이 곧 천지의 정신[神]이다. 사람이 스스로를 속이면 하늘을 속이는 것이다. 어찌 삼가지 않겠는가?

道與一 神之强名也. 以神爲神者 至言也. 人之神則天地之神. 人之自欺 所以欺天也. 可不愼哉.

(退溪全書/권6/戊辰六條疏/제6조) * 人心이 곧 天心이다.

제 생각으로는 천지의 큰 덕을 生命이라고 말할 수 있다. 천지간에 生命을 가진 부류는 동물이건 식물이건, 크든 작든 모두 하늘이 덮어 주고 아껴준다. 항차 우리 민중은 하늘을 닮았으며 가장 영장한 존재이니, 하늘의 마음을 가진 자가 아니겠는가?

竊謂天地之大德曰生. 凡天地之間 含生之類 總總林林 若動若植 若洪若纖 皆天所悶覆而仁愛 而況於吾民之肖像而最靈 爲天地之心者乎.

② 유교의 天地參與論

(中庸/23장) *『中庸』을 지은 子思(B.C. 483-402)의 '天地參與'

오로지 천하의 至誠(지성)이라야 능히 자기 본성을 다할 수 있고. 능히 자기 본성을 다하면 곧 남의 본성을 다하게 할 수 있으며, 남의 본성을 다하면 곧 사물의 본성을 다하게 할 수 있으며, 사물의 본성을 다하면 곧 天地의 化育(화육)을 돕는 것이며, 천지의 化育을 도울 수 있으면 천지와 더불어 參與하는 것이다.

唯天下至誠 爲能盡其性.……能盡其性 則能盡人之性. 能盡人之性 則能盡物之性. 能盡物之性 則可以贊天地之化育. 可以贊天地之化育則 可以與天地參矣.

(春秋繁露/天地陰陽 · 堯舜不擅移 湯武不專殺)

사람의 주인으로서 위대한 것은 천지에 참여한다는 데 있다.

또 天地가 民을 낳은 것은 王을 위한 것이 아니라, 民을 위해 天이 王을 세운 것이다.

그러므로 하늘은 그 덕이 족히 民을 안락하게 하면 왕권을 내려주고,

그 惡함이 足(족)히 民을 해치면 왕권을 다시 빼앗는다.

人主之大 天地之參也.……且天地生民 非爲王也 而天立王以爲民也 故其德足以安樂民者 天予之. 其惡足以賊害民者 天奪之.

(退溪全書/進聖學十圖箚) *天人合一

두려워하고 공경함이 일상에서 떠나지 않으면, 中正·화평하여 만물을 기르는 공덕을 이룰 수 있다. 德과 행실이 天理와 인륜에서 벗어나지 않으면, '天人合一'의 신묘한 경지를 마침내 이룰 수 있다.

畏敬不離乎日用 而中和 位育[a]之功可致. 德行不外乎彝[b]倫. 而天人合一之妙 斯得矣

(栗谷集/策/天道策) *李珥(1536-1584)의 '天地參與'
그리고 사람은 천지의 마음이니, 사람의 마음이 바르면 천지의 마음도 바르고, 사람의 氣가 순조로우면 천지의 氣도 역시 순조롭다. 이로 볼 때 天地의 定位와 萬物의 化育이 어찌 한사람의 쌓은 덕에 연계되지 않겠는가?
然而人者天地之心也 人之心正 則天地之心亦正. 人之氣順 則天地之氣亦順矣. 以此觀之 天地之位[c]萬物之育 豈不繫於一人之修德乎.

유교의 교리로 안착된 董仲舒의 宇宙一家論은 1200여년 뒤에 성리학이 일어나면서 張載(장재)의 民胞物與(민포물여) 사상과 朱子[朱熹]의 萬物一體(만물일체) 사상으로 계승·발전된다. 결국 부모·군주·하느님에 대한 '孝'는 천하의 유일 절대의 통치규범이 된다.

③ 성리학의 萬物同體 사상
張載(1020-1077)의 「西銘」 *民胞物與
천지를 가득 채운 氣는 나의 육체요, 천지의 意志[氣의 將帥]는 나의 性이다. 民은 나의 同胞(동포:한 뱃속에서 나온 혈육)요, 만물은 더불어 살아가야할 나의 동료이다.
天地之塞 吾其體. 天地之帥[d] 吾其性. 民吾同胞 物吾與也.

(朱子大全/卷79/婺州 社倉記) *朱熹의 '萬物同體'
생명을 가진 부류는 모두 共同運命體(공동운명체)이다. 군자는 唯我(유아)의 私(사)로 인해 다른 생명을 해치는 일이 없기를 바란다. 그러므로 사람을 사랑하고 만물을 이롭게 하는 마음이 끝이 없다.
有生之類 莫非同體 惟君子爲無 有我之私以害之. 故其愛人利物之心爲無窮.

(王文成全書/答顧東橋/拔本塞源) *王陽明(1472-1528)의 '萬物一體'
무릇 성인의 마음은 천지만물을 일체로 생각하므로, 천하 만민을 안과 밖, 멀고 가까움을 가리지 않고, 혈기 있는 것은 모두 형제와 자식 같은 親屬(친속)으로 생각하고, 안전하도록 가르치고 길러주지 않음이 없다. 이로써 만물을 일체로 보는 마음을 다한다.
夫聖人之心 以天地萬物爲一體. 其視天下之人 無外內遠近. 凡有血氣 皆其昆弟赤子之親 莫不欲安全而教養之. 以遂其萬物一體之念.

---

a 位育=天地位焉 萬物育焉.(『中庸』)

b 彝(이)=常也. 天理를 말함.

c 位=猶正也.

d 帥=志. 氣之帥也 (『孟子』)

(聖學十道/西銘下圖) *退溪의 '民胞物與'

그러므로 천지를 가득 채운 것은 나의 몸이요, 천지를 통솔하는 것은 나의 본성이다. 민중은 나의 동포요, 만물은 나의 동료이다. 군주는 나의 부모요 종손이며, 대신은 종실의 어른이다. 무릇 피로하고 병든 자, 외톨이와 과부는, 모두 낭패를 당하여 하소연 할 곳 없는 나의 형제들이다.

故天地之塞吾其體 天地之帥吾其性. 民吾同胞 物吾與也. 大君者 吾父母宗子 其大臣宗子之家相也. 凡天下疲癃殘疾 惸獨鰥寡 皆吾兄弟之顚連而無告者也.

(退溪文集/권7/西銘考證講義) *退溪의 '天下一家'

구체적으로 드러나는 仁의 실체는 나뿐이라는 私心(사심)를 없애고 내가 없는 公心(공심)으로 열려야 한다. 그리하여 돌처럼 완고한 마음을 융화·통철하여, 사물과 나 사이에 한 점 사사로운 마음이 용납됨이 없다면, 천하가 한 가문이요 나라가 한 사람이라는 것이 보이고, 병들고 고통 받는 이웃이 내 몸처럼 느껴질 때, 仁의 道는 얻어진다.

狀出仁體 因以破有我之私 廓無我之公. 使其頑然如石之心. 融化洞徹. 物我無間 一毫私意 無所容於其間. 可以見天下爲一家 中國爲一人. 痒痾疾痛 眞切吾身 而仁道得矣.

6) 서양 고전의 生命論

① 生氣說

國家가 생기고 文明이 발전하며 인간이 집단적으로 서로 죽이는 戰爭이 제도화되면서 대량살육을 목격한 인류는, 차츰 인간의 이성을 불신하고 생명에 대한 자연적인 위협뿐만 아니라 문명적인 위협에 전율하게 되었다. 그리고 科學이 발달하면서 '인간의 생명이란 기껏 하나의 이끼나 미생물과 같은 물질기계에 불과하다'는 이론이 나타나면서, 절망과 함께 생명에 대한 새로운 관심이 일어나기 시작했다.

(엥겔스 지음 『반듀링론』 제8장)

생명이란 단백체의 존재양식이다. 이 존재양식은 본질적으로 이들 단백체의 화학적 구성물의 끊임없는 자기 갱신이다.

인간의 조상[인간 생명의 기원]이 하느님이 아니라 벌레·이끼·미생물·단백체라니? 놀라지 않을 수 없다. 그렇다면 지금까지 우리가 믿어왔던 神은 무엇이란 말인가? 이러한 유물론적인 생명관에 불만족스럽던 사람들이 18세기 중엽 무렵에 반기를 들고 '생명은 물질 이외에 특별한 힘이 작용하는 근원적인 현상이다'는 학설이 제기되었다. 이것을 우리는 생기설(vitalism) 혹은 활력설(活力說)이라 한다.

그러나 생기설은 고대로부터 있었다. 고대의 몇몇 철학자들은 영혼 또는 정신이라고도 하는 氣運이 생명의 근원이라고 보았던 것이다. 管子(관자)의 氣, 아리스토텔레스의 유기적이고 물리적인 '엔텔레케이아(entelecheia)', 플라톤의 形相[Idea]이 그 원형이다. 이것은 모든 運動子(운동자)에는 그 운동을 낳게 하는 原動子(원동자) 또는 能産者(능산자)가 내포되어 있어야 한다는 생각에 기초하고 있다. 이러한 생기설은 '생명운동에는 전체적인 목적과 방향이 있다'는 점에서 目的論的이다. 기독교의 영혼설도 생기설이라고 볼 수 있다.

그러나 生氣說은 비물질적인 힘을 생명력이라고 보는 것이므로, 신비주의로 흐르는 경향이 있다. 요즘 우리 사회에서 번지고 있는 氣 운동이 바로 그것을 말해 주고 있다. '氣'는 원래 汎神論(범신론)에서 나왔으므로, 천주교에서는 이에 대해 공식적으로 우려를 표명한 바 있다.

(管子/樞言)

관자가 말한다: 氣가 있으면 살고 氣가 없으면 죽는다. 생명은 氣이다.

管子曰 有氣則生 無氣則死 生者以其氣.

② 플라톤의 영혼불멸설

플라톤(Platon: B.C. 427-347년)은, 『Timaios』(티마이오스)라는 저서에서 재미있는 가설을 제기했다. 즉 창조주는 모든 별[星辰]에서 각각 영혼 하나씩을 창조했다. 그리고 그 영혼을 받아 태어난 인간은 감각과 애정, 공포와 분노를 극복하면 바르게 살 수 있고, 바르게 살다가 죽으면 별 속에서 영원한 안식을 얻는다. 그러나 만약 악하게 살면 죽은 후 내세에서 여자로 태어나고, 그리고도 악하게 살면 짐승으로 태어난다. 그리고 이런 윤회를 통하여 결국 理性이 승리한다.

이처럼 플라톤은 영혼불멸을 믿고 있다. 그 당시 그리스인들은 일반적으로 靈魂不滅說(영혼불멸설)과 輪廻說(윤회설)을 믿었다. 플라톤은 『파이돈』에서 영혼불멸에 관한 의문에 대하여, 소크라테스를 내세워 다음과 같이 답변하게 한다:

첫째, 죽은 사람의 영혼이 지상으로 되돌아온다. 모든 것은 그 반대되는 것으로부터 생겨난다. 그러므로 生(생)이 죽음을 생성한 것처럼 죽음이 또 生을 생성한다.

둘째, 영혼은 선험적인 것이다. 지식은 상기[anamnesis)하는 것이다. 그러므로 영혼은 미리 존재와 본질을 이해할 수 있는 능력을 지니고 있어야 한다. 물론 여기에서 지식은 경험적 지식이 아닌 數學(수학)과 論理(논리)를 의미한다.

셋째, 영혼은 시작도 끝도 없으며 변화도 있을 수 없다. 분해되는 것은 다만 복잡한 것만이 가능하다. 그러나 영혼은 이데아[Idea]와 마찬가지로 단순하고 부분으로부터 합성된 것이 아니기 때문이다.

아리스토텔레스(Aristoteles: B.C. 384-322년)는 플라톤의 '靈魂(영혼)'이 아닌 精神 또는 理性의 不滅說을 언급한다. 그는 『영혼에 관하여』라는 저서에서, '영혼은 육체와 결합되어 있으므로 육신과 함께 소멸된다'고 말했다. 그러므로 당시에 일반적인 신앙이었던 오르피우스(Orpheus)와 피타고라스(Pythagoras)의 '윤회설'을 부정했다. 영혼이 實體라고 할 수 있음은, 생명을 속에 품고 있는 물체의 形相이라는 의미에서이다. 그런데 실체는 현실태이며, 따라서 영혼은 육신의 현실태이다.

이처럼 아리스토텔레스는 영혼(Psyche)과 정신[Nous: 이성]을 구별한다. 그리고 정신이 육신의 구속을 덜 받으며 영혼보다 더 높은 단계의 것으로 본다. 즉 정신은 영혼 속에 깃들이고 있으나 독립적이며 파괴되지 않는 실체이다.

정신은 우리들에게 있어 수학과 철학을 이해하는 부분이다. 정신의 대상은 무시간적이며 따라서 정신 그 자체도 무시간적이라고 할 수 있다. 따라서 정신은 사유의 더 높은 기능이며 육신이나 감각과는 아무 관계도 가지지 않는다. 그러므로 정신은 불멸일 수 있으며, 영혼의 나머지 부분은 불멸일 수 없다. 이처럼 理性은 인간에 있어서 神明(신명)이므로, 理性에 따르는 삶이야말로 인간의 삶에 있어서 神靈스런 삶이 된다.

③ 생명기계설

기계설에 의하면 생명이란 물질의 기계적인 운동을 뜻한다. 탈레스(Thales: B.C. 640?-546년)를 시작으로, 데모크리토스(Demokritos: B.C. 460?-370년)까지 플라톤의 이데아[Idea]說이 있기 이전의 모든 형이상학자들은, 대부분 기계설에 포함된다고 보아도 무방할 것이다. 예컨대 아낙시메네스(Anaximenes)는 만물의 근원이 空氣(공기)이며 영혼도 空氣의 운동이라고 말했다. 그러나 기계설의 효시는 데모크리토스의 '原子論(원자론)'이다. 이어 근대의 계몽기에 등장한 다윈(Darwin: 1809-82)의 遺傳子說(유전자설)도 기계설의 일종이다. 그리고 근대 이후 생물학자들이 고분자·단백질 등의 물질이 생명의 근원이라고 보는 것도 기계설의 하나이다.

기계설은 대체로 유물론자들의 견해로서 생명의 목적이 사라지는 함정이 있다. 그래서 그들은 목적론과 섭리론 대신 이성의 법칙 또는 역사법칙이라는 것을 내세운다. 그러나 20세기에 접어들면서 이러한 과학철학의 영향으로 脫近代(탈근대)의 흐름이 나타나면서 인간의 생명과 역사에 있어서도 법칙주의는 마감되고 있다. 그래서 오늘날 生氣說을 믿는 사람은 우상 종교에 보험을 들어놓고 부도가 날까 전전긍긍하고 있으며, 機械說을 믿는 사람은 불확정한 카오스 시대를 방황하고 있다. 그러나 두 가지 부류의 인간들뿐만 아니라, 우리 모두가 백화점과 환락가를 지상천국이라고 믿는 것은 마찬가지다. 그들 모두 이미 物神(물신) 또는 錢神[Mammon]의 종이 되었기 때문이다.

7) 근대적 生命論

① 현상학적 생명론

19세기 후반부터 세계 제1차대전이 끝날 무렵인 20세기 초에는 생명을 주제로 삼고 인간의 삶을 다시 돌아보는 논의들이 '生哲學(생철학)'이라는 이름의 철학조류로 나타나게 되었다. 생철학·실존철학·현상학에서는 생명이 더 이상 거슬러 올라갈 수 없는 근원적 현상이므로, 생명의 본질을 형이상학적으로 궁구할 수 없는 것으로 보았다. 그러므로, 생명현상 또는 인간의 실존을 사색의 중심에 둔다. 특히 생철학은 理性(이성)을 生의 한 측면에 불과한 것으로 보며, 생명의 동기를 情意(정의)라고 규정함으로써, 직관주의를 선호하는 비합리주의적 특징을 갖고 있다. 특히 베르그송(Henri Bergson: 1859-1941)은 생명이 시간 운동이므로 공간적 사고인 理性으로는 파악할 수 없다고 생각했다.

이러한 현상학적 조류에는 19세기말부터 20세기초의 인류문명에 대한 반성이 그 바탕에 깔려 있다. 과학과 기술문명의 경이적 발전과 지식의 놀라운 확산, 그리고 정치·사회구조의 혁명적인 변화 속에서 인간과 지구의 운명에 관한 문제가 새롭게 제기되면서 전면적인 반성이 시작된다. 더욱이 제1차 세계대전(1914-1918) 전후를 고비로 이성에 대한 절대적 신앙과 과학문명에 대한 낭만적 긍지가 무너지고 이른바 '과학의 파산'에 대해 눈을 돌리기 시작한다. 이는 인간이 과학기술의 주인이 되지 못하고 국가·자본 등의 우상들이 지배하고 있다는, 즉 인간이 과학기술의 노예가 되었다는 반성에서 출발한다.

이는 또한 '인간이 과학기술을 열렬히 신앙했으나, 결국 과학주의가 밝혀 낸 세계는 우리에게 살맛이 없는 무의미한 폐허일 뿐이라는 깨달음'에서 출발한다. 생물학에 의하면 인간은 단백질 기계에 불과하며, 심리학에 의하면 인간은 그의 고유한 정신성과 가치를 박탈당하여 무의식이 지배하는 욕망의 덩어리에 불과하다는 것이다. 또한 자연과학적 세계관에 의하면 우주는 그 자체로서의 목적성을 갖지 않은 原子(원자)들의 무의미한 이합집산에 불과한 것으로 이해되었다. 이러한 세계관에 따르면 인간은 특별한 삶의 목적이나 가치가 존재하지 않는다.

② 베르그송의 천사(天使) 주의
生철학의 대표자인 베르그송은, 제1차 세계대전을 겪으면서 문명인의 야만성을 목격하고, 과학과 문명의 놀라운 발전에도 불구하고 인간의 도덕성과 사회성은 원시인과 별 차이가 없음을 통감했다. 여기에서 그는 이성 중심의 근대성과 결별하고 합리주의와 유물론을 거부한다. 그는 생명과 우주에 대한 과학주의의 비관론에 대하여 '생명의 약동'·'사랑의 신'을 통해 인간과 우주에 확고한 가치와 의미를 부여하려고 했다.
그는 생명의 형상을 동양의 '易(역: 변화)' 사상으로 표현한다. 그의 생명론의 명제는 '태초에 운동이 있었다'·'우주는 지속한다'에 기초한다. 이는 '존재에 앞서 운동이 있었으며, 운동이 존재를 창조한다'에서 비롯한다. 그래서 그는 생명을 '창조와 진화'의 운동이라고 정의했다. 이처럼 그에게 생명은 의식이 아니라 운동이므로, 합리적인 것이 아니라 직관적인 것이며 이성적인 것이 아니라 감동적인 것이다.

그는 생명이 물질의 필연성을 극복하고 자신의 자유를 실현하는 진화이며, 동시에 끊임없이 새롭고 창조적인 활동을 하는데서 성립하는 자발성이며 활동성으로 보았다. 그에게 생명의 진화, 즉 식물에서 동물·인간으로 나아가는 진화는, 생명운동이 물질의 저항을 뚫고 쟁취해 낸 위대한 승리의 발자취이며, 지속하려는 시간운동임과 동시에 새로워지려는 창조운동이다. 그러므로 그는 생명의 진화를 종말적인 것으로 본다(여기에서 그가 천주교 신학자임을 알 수 있다).
그의 생명의 지속성은 이미 주어진 것이므로, 과거로 보면 영원성이지만 미래로 보면 종말적이며, 창조성은 과거로 보면 종말적이지만 미래로 보면 영원성이다. 그러므로 그는 이러한 지속성과 창조성, 영원성과 종말성이라는 모순된 운동을 하나로 결합하는 '창발성'을 생명의 특질이라고 말한다. 창발성이란 창조성과 자발성을 합친 말이다. 그러나 이러한 창발성에는 神의 목적이나 어떤 우주의 법칙이 발붙일 곳이 없다. 여기에서 그는 영혼의 보충이 필요했던 것이며, 그 보충은 神을 통하여 얻을 수밖에 없었다.

베르그송은 제1차 세계대전을 겪으면서, 이성에 근거한 어떤 도덕이나 이념으로 인류의 본원적인 이기심과 그것으로부터 파생된 전쟁을 막을 수 없음을 절감했다. 여기에서 그는 이성에 근거한 사회는 증오와 공격 본능을 내포한 집단적 이기주의에 근거하고, 그것을 배분하는 법칙으로서의 '靜的 道德(정적도덕)'에 근거하는 닫힌 사회이며, 이러한 靜的 道德이 전쟁을 정당화한다고 보았다.

그는 사랑만이 이러한 이기심을 극복할 수 있으며, 인격의 독립성과 상호성을 이해시키며, 그들 사이의 깊은 유대를 가능하게 할 수 있다는 희망으로 기독교를 수용한다. 그에 의하면 인류의 진정한 평화는 오직 사랑을 통해서만 가능하며, 예수는 바로 사랑의 힘으로 인류에게 최대의 감동을 준 도덕적 영웅이다. 그에게 감동과 나눔의 '動的 道德'은, 우리의 모든 것, 즉 전체적 지식·전체적 감정·전체적 의지의 표현인 사랑을 통해서만 이루어진다.

창세기 이래 끊임없이 인류는 복제되어 이어져 왔으나 똑같은 사람이 단 한 번도 없었음은, 생명의 지속성과 창조성을 말해 준다. 그러므로 그의 생명론을 누구도 부정할 수는 없으나 그렇다고 완전한 것은 아니다. 러셀(Russell)이 적절히 지적했듯이, 그[베르그송]에게 생명은 아무 목적도 없이 폭발했다가 그 파편이 뭉쳐 다시 폭탄이 되는 지속운동과 같은 것이므로, 그에게 神이 없다면 '행동을 위한 행동'만이 인간이 할 수 있는 최대의 善이 될 것이다.

베르그송은 근대정신이 봉착하고 있는 문제들에 대해 포괄적인 성찰을 한 철학자이며, 특히 그의 철학은 서구 문명에 대한 고도의 비판이며, 유물론의 어둠 속에서 쏘아 올린 정신의 화려한 불꽃이었다고 평가되었다. 다만 그의 사상의 빛은 지속적인 영향에도 불구하고 너무도 빨리 어둠 속으로 사라졌다. 제2차 세계대전 이후의 시대상황이 그의 티 없는 낙관론에 어울리지 않는 고통스럽고 절박한 것이었을지 모른다.

③ 사르트르의 악마주의

이러한 암울한 시대정신을 대변한 철학자가 사르트르(Jean-Paul Sartre: 1905-1980)이다. 사르트르의 實存主義(실존주의)는 현상학적이라는 점에서 베르그송의 방법론과 유사하다. 그러나 사르트르는 기본적으로 베르그송과 유사한 관점에서 출발하지만 결론은 정반대다. 베르그송은 창조와 은총의 천사주의자인데 반해, 사르트르는 무의미와 고독의 악마주의자라고 할 수 있다.

그는 인간 존재를 우연이며 무상하고 부조리한 것으로 본다. 그에게 神은 이성도 원인도 필연성도 없는 虛像(허상)이며 '인간은 이성도 없이 우연히 태어나서 허약성을 지속하다가 우연히 죽는 존재'일 뿐이다. 나의 존재의 무의미성과 함께 우주 전체의 의미도 사라져 버린다.

또한 인식론적으로는 의식의 脫自性(탈자성)에 의해 모든 존재의 실제성과 진리성이 부인된다. 의식은, 인간 존재를 무생물이나 동물과 구분하고 우리를 자유롭게 하거나 존재의 충만성을 맛보게 하는 것이 아니라, 인간에게 영원한 결핍을 가져올 뿐이다. 인간 존재는 존재의 충만성, 즉 卽自態(즉자태)를 추구하지만 의식은 그 지향성으로 인해 주체를 항상 對自(대자)에 머물게 함으로써, 그 노력은 '헛된 정열'이 되고 만다. 그에게 인간의 '의식은 불행'이 되어버린다.

이는 '의식 자체가 소외'라고 보는 헤겔(Hegel)의 고민이기도 했다. 다만 헤겔에 있어서 '불행한 의식'은 절대정신의 변증법적 자기 전개 과정의 한 단계에 불과했지만, 사르트르에게는 영원한 것으로 치유될 수 없다. 그러므로 나와 타인 사이에 서로를 연결해 줄 수 있는 아무 것도 없으며, 철저한 존재론적 분리와 소외가 작용한다. 너와 나의 만남은 삶의 확신이나 존재의 高揚(고양)이 아니라 '타인은 지옥'이다. 그에게 인간은 아무도 없는 외톨이처럼 주체할 수 없는 자유를 고민하고 홀로 결정하고 판단해야 하는 외로운 방랑자이다.

그러므로 사르트르에 있어서 자유는 저주이며, 인간과 자연 사이에는 어떤 일체감도 없다. 오히려 미지의 時空(시공)의 무한성 앞에서 인간은 한없는 고독과 현기증과 실향감(失鄕感)을 느낄 뿐이다. 사르트르 철학의 특징은 神 없는 인간의 비참함의 절정을 보여주는데 있다. 인간과 우주, 人間과 神 사이를 연결함으로써 인간 존재의 우연성과 고독을 극복하려는 베르그송의 汎生命主義(범생명주의)의 시도는 성공하는 듯하였으나, 사르트르의 무신론적 실존주의에 의해 인간과 우주 사이의 고전적 연대는 끊긴다.

④ 샤르뎅의 物活論

사르트르 이후 세대인 프랑스의 기독교적 진화론자인 샤르뎅(Pierre T Chardin: 1881-1955)은 "존재하는 것은 결합하는 것이다"라고 천명함으로써, 사르트르의 고독의 원인인 인간과 우주 사이의 단절을 다시 연결하려고 한다. 서양의 형이상학은 一者(일자)와 多者(다자) 사이의 관계를 해명하고 관계를 설정하는 것이었으나, 이 두 가지 범주의 존재론적 조화를 이룩하려는 작업은 늘 실패했다. 스피노자(Spinoza)의 汎神論(범신론)과 헤겔의 辨證法(변증법)은 개체를 전체에 소멸시켰으며, 흄(Hume)의 경험론과 사르트르의 무신론은 一者를 多者 앞에서 희생시킨다. 오직 초이성적인 종교에서만 一者와 多者, 無限과 有限, 초월과 내재성 사이에 개입하는 모든 논리적 모순이 극복될 수 있다. 특히 기독교의 창조설은 多者가 자신의 근거와 고유성을 상실하지 않고 一者로 통일됨을 보여준다.

'인류는 神을 향하여 진화한다'는 샤르뎅의 명제는, 그의 '인간 구원의 미래학'의 기본 명제이었다. 그의 '구원의 미래학'의 기본 계획은, 一者와 多者가 조화를 이루는 기독교 사상의 계시적 자료를 고생물학적 관찰 결과에 의해 해명함으로써, 인간의 노력에 초자연적 가치를 부여한 것이다.

그에 의하면 우주는 일정한 목표를 향한 '上向(상향) 운동'이다. 여기에서 물질도 타성과 필연의 세계가 아니라 정신적인 힘이다. 이 물질의 힘은 집중화·수렴화의 상향 운동의 어떤 임계점에서 생명을 탄생시킨다. 그러므로 물질은 정신의 모태며, 진화는 물질의 내재적·창조적인 운동이다. 그래서 그를 物活論者(물활론자)라고 부른다.

여기에서 그리스도는 이러한 상향 운동의 정점에 도달한 神人(신인)이며 인간의 완전한 인격화를 이끄는 힘으로 설정된다. 예수는 이런 의미에서 인류 진화의 종점인 동시에 인류를 이끄는 생명의 原動者(원동자)이다. 결국 인간은 그리스도를 향하여 진화한다는 것이다. 그러므로 예수는 인간 진화의 종점이 되는 셈이다.

⑤ 프롬의 생명욕구설

프로이트(Freud)로부터 사회심리학을 일으킨 프롬(Erich Fromm: 1900-1980)은, 인간의 생명 현상을 關係性(관계성)·超越性(초월성)·歸屬性(귀속성)·正體性(정체성)·定向性(정향성)의 다섯 가지 본성적 욕구로 설명한다. 關係性의 욕구는 모태를 떠난 인간이 타자와 관계하고 결합하려는 욕구로, 창조적 방향은 相生關係(상생관계)인 사랑이며, 퇴영적인 충족 방향은 相克關係(상극관계)인 지배·굴종이다. 초월성은 기존의 관계성을 초월하려는 욕구로서 창조 행위·파괴 행위로 나뉜다. 귀속성은 공동체와의 관계성 욕구로서 모성적 近親愛·부성적 兄弟愛로 나타난다. 정체성은 자신과의 관계성인 자아의식으로서 자기 동일성의 욕구이다. 정향성은 가치 또는 神과의 관계성인 초자아 의식으로서 獻身性으로 나타난다.

이들은 프로이트의 性器愛(성기애)·口脣愛(구순애)·肛門愛(항문애)의 본능(id)적 사랑, 자아의식 또는 超自我(초자아) 의식에 대한 지향 등 여러 가지 형태의 '생명욕구(libido)'를 다른 말로 표현한 것이다. 그리고 리비도(libido)의 가장 창조적 표현은 사랑이며, 부정적 표현은 미움이며, 왜곡된 표현은 지배와 굴종이다.

그러나 이 모든 것들은 關係性의 욕구로 환원할 수 있다. 사랑은 관계성의 긍정이며, 미움은 부정적 관계성의 파괴이며, 지배와 굴종은 관계성의 왜곡이다. 결국 프롬의 생명욕구 현상은 관계성의 욕구이다.

8) 우리들의 성찰

① 생명은 목적인가? 우연인가?

이상 생명론을 일별해 보았다. 이제 우리는 생명은 어떤 목적이 있는가? 아니면 그 어떤 운동의 법칙이 있는가를 물어야 한다. 神(신)이 인간을 창조했다면 신의 의도가 인간의 목적이 될 것이다. 그리고 그 목적의 한도 내에서 인간은 자유의지를 가지고 자신의 생명을 선택할 수 있지만, 그 목적의 한도를 벗어나면 신의 노여움·벌을 받거나 도덕적 비난을 받을 것이다. 그러나 생명이 물질기계라면 목적이 있을 수 없고 다만 일정한 기능만 있으며, 그 기능은 자연법칙 또는 인과법칙에 따라 운동할 것이다. 그러므로 생명기계가 만들어질 때 그 운동이 예정되어 있어 그것을 벗어날 수 없다. 운명론도 이러한 결정론적 사고에서 나왔다.

그러나 20세기에 접어들면서 神이 죽어버림으로써 인간의 목적도 사라졌다. 그리고 과학철학의 영향으로 인간의 생명운동의 법칙주의가 부인되고 불확정적인 것이 되어버렸다. 이를 우리는 혼돈 또는 '카오스(chaos)'라고 말한다.

예전에 아인슈타인(Albert Einstein) 박사와 보어(Niels Bohr) 박사가 영국의 BBC 방송에 나와 토론한 적이 있다. 이 프로그램은 고전 물리학의 마지막 보루인 상대성 원리와 현대 물리학의 양자역학·불확정성 원리를 대결시켜려 했다. 여기에서 보어는 하느님이 주사위 놀이를 너무 좋아한다고 주장하였고, 아인슈타인은 전지전능한 하느님이라면 주사위 놀이는 가당치 않다고 반발했다. 주사위 놀이의 재미는 주사위의 불확정성에 있다. 주사위를 神이 맘대로 한다거나 미리 예정되어 있다면 아무런 재미가 없을 것이다. '상대성 원리'에서 물질 운동은 運動場에 따라 상대적일 뿐이지만 어떤 확정적인 법칙의 존재를 부인하지 않으므로, '하느님에게 주사위 놀이의 우연은 있을 수 없다'는 것이다. 그러나 '불확정성 원리'는, 확정적인 법칙의 존재를 부인하므로, '하느님에게도 우연이 있을 수밖에 없다'는 것이다. 그래서 보어는 자신의 가문 紋章(문장)에 太極 "☯"을 그려 넣고 '대립적인 것은 상보적이다'라는 문구를 써넣었다. 다만 그가 紋章 어디에도 주역의 卦를 그려 넣지 않았는데, 확정적인 법칙을 믿지 않았기 때문인 듯하다.

그런데 동양적인 사고에서는, 아직도 생명의 원리·법칙인 '道(Dao)'라는 관념을 버리지 않고 있다. 아직도 동양인들은 道理의 상대성을 받아드릴 수 없는 원칙주의자들인 모양이다. 과연 道(Dao)란 무엇인가? '道'라는 글자는 인간이 걸어가는 길을 뜻하는 것으로, 인간이 걸어갈 수밖에 없는 법칙이나 또

〈닐스 보어 가문의 문장〉

는 마땅히 걸어가야 할 이치를 말한다. 전자는 물질로서의 인과법칙이라면 후자는 의지로서의 인륜도덕을 의미한다. 인륜도덕에서는 '因果法則'이 아니라 서로를 요구하고 기다리는 '對待關係(대대관계)'로 파악한다는 점에서 인간은 목적적인 존재가 된다.

道의 개념은 윷놀이에서도 나타난다. 주사위 놀이와 윷놀이는 비슷하지만 근본적으로 다르다. 주사위 놀이는 불확정적이지만 윷놀이는 상대적일 뿐이다. 윷놀이는 모가 나오라고 던졌으나 개가 나올 수도 있으나, 네 개의 윷[사계절을 상징]이 확정된 운동규칙에 따라서만 운동하도록 규제되어 있다. 즉 三才[天地人]와 五行[水火木金土]으로 이루어진 圓[太極을 상징]의 테두리 안에서만 운행하도록 고안되어 있다. 그러므로 윷놀이는 생명운동의 상대성과 법칙성을 아울러 표현하는 놀이라고 말할 수 있다. 태극기도 이를 표상한 것이다. 陽과 陰은 상생·상극하는 易(역) 즉 상대성의 운동이지만, 太極 또는 無極의 테두리 안에서의 법칙적인 운동이기도 하다.

결국 하느님이 윷놀이를 좋아한다면, 하느님이 인간을 창조했더라도 인간에게 법칙성·목적성이 불확정이며, 하느님과 윷놀이를 할 수 없다면 인간은 창조주인 하느님의 목적대로 살아갈 수밖에 없다. 과연 인간은 하느님의 꼭두각시에 불과한 존재인가? 아니면 무한히 자유로운 존재인가?

② 생명은 관계인가? 본질인가?

고대 아테네의 철학자들은 생명의 본질이 영혼과 정신이라고 한다. 墨子는 생명현상을 宇宙 활동이라고 한다. 베르그송은 창조적 진화라고 한다. 이렇듯 각자 달리 설명하지만 모두 구체적인 개인의 생명이 아니라 생명 일반을 말한다. 여기에서 개인 주체론 또는 주체-사회의 관계론은 고려되지 않는다. 이와 달리 초기 儒學처럼 생명론을 관계론과 혼동해버리면, 儒學의 생명론은 자주성·주체성을 소거하고 인간을 구속하는 도덕률이 되어 버린다. 공자의 仁은 본래 二人[두 사람]의 관계를 말한 것이다. 이에 반발한 쪽이 道家이며, 언어 문자의 허구성을 지적한 '無名論'과 '神仙 사상'은 道家의 무한 자유론이었다. 無名論은 지배담론에 대한 해체주의이며, 神仙 사상은 인간관계의 묶임마저 풀어버린 仙人의 자유로움을 구가한 것이다. 이러한 道家들이 佛經을 번역하였고, 이것이 조선으로 들어와서 禪佛敎가 되었다. '禪'이란 天祭를 지내는 山頂의 祭壇을 말하지만, 天位를 물려주고 封地로 내려가는 뜻으로도 쓰인다. 불교에서는 '禪'을 속세의 혈연·문자·언어 등의 모든 인연을 끊고 고요히 살아간다는 '無念無想'의 뜻으로 새긴다. 唐나라의 국교가 된 道家에 영향을 받은 유가들은 자기들의 유학을 '道學'이라 무르며 寄生하려 했다. 그러나 宋나라에 이르러 (儒學의 부흥을 꾀하던 유가들이 儒學을 개혁한) 性理學을 열고, 개개인의 本性이 곧 天理라고 주장한다. 그들은 총체성인 天理와 개인성인 本性을 합일시키는 '天人合一'을 지향했다. 이것이 바로 선비가 지향하는 人極(인극)이며, 이러한 人極의 지향이야말로 '天地參與(천지참여)'라고 생각했다. 그래서 性理學이 '禪儒家(선유가)'라는 비판을 듣기도 한다. 이에 서포 金萬重은, '佛法은 宋에 이르러 그 조잡한 것이 道家(도가)로 되었고 그 정밀한 것이 儒家(유가)로 되었으므로 그 나머지는 거의 없다'고 말한다.

이에 반발한 정약용은, (禪儒家를 개혁함으로써 天帝를 외재적 인격신으로 복원하는) '관계론적인 仁 사상'을 통하여, 공자로 되돌아가려고 노력했다. 학자들은 이를 '主恕 經學(주서 경학)'이라고 부른다.

(與猶堂全書 2집/6권/孟子要義/告子上)

'仁'은 二人[두 사람]의 관계를 상징하여 만든 글자이다. 부모를 섬기는 데는 효도가 仁이 되니, 아들과 아비 二人이다. 임금을 섬기는 데는 충성이 仁이 되니, 임금과 신하 二人이다. 牧民에는 자애가 仁이 되니, 牧과 民 二人이다. 이처럼 사람과 사람이 그 분수를 다해야 仁을 얻는다. 그러므로 (맹자는) 恕(서: 배려)를 힘써 행함이 仁을 구하는 첩경이라고 했다. 마음에 있는 이치가 어찌 仁이 될 수 있겠는가?

仁者二人也. 事親 孝爲仁 子與父二人也. 事君 忠爲仁 臣與君二人也. 牧民 慈爲仁 牧與民二人也. 人與人盡其分 乃得爲仁. 故曰强恕而行 求仁莫近焉. 在心之理 安得爲仁乎.

(與猶堂全書 2집/제13권/論語古今註/권7)

원래 사람이란 세상에 태어나면 땅에 떨어진 그날부터 관 뚜껑이 덮이는 날까지, (내가 벗어날 수 없는) 주어진 처지가 있기 마련인 者가 사람이다. 가깝게는 부자 형제요, 멀리는 붕우·이웃이 그렇고, 아래로는 신하·종·자식들이 그렇고, 위로는 임금·스승·노인들이 그렇다. 무릇 우리와 똑같이 둥근 머리와 네모난 발을 가지고, 하늘을 이고 땅을 밟고 사는 者는, 모두 나와 더불어 서로 의지하고 교제하고 부대끼며, 다 함께 돕고 구제해야 할 생령들이다.

原夫人生斯世 自落地初以[a] 至蓋棺之日 其所與處者 人而已. 其近者曰父子兄弟 其遠者曰朋友鄕人. 其卑者曰臣僕幼穉. 其尊者曰君師耆[b]老. 凡與我同圓顱而方趾. 戴天而履地者 皆與我相須[c]相資相交相接. 胥

---

a   以=已也.

b   耆(기)=60歲 老人. 耄(모)=70세. 耋(질)=80세.

c   須(수)=待. 求. 需也.

匡^a以生者也.

(與猶堂全書 2집/제13권/論語古今註/권7)

'나와 너' 두 사람 사이에는 관계의 얽힘이 생긴다. 그 관계를 착하게 하면, 孝悌·友慈·忠信·睦姻이 되고, 그 관계가 善하지 않으면, 悖逆(패역)·頑囂(완은)·奸慝(간특)·元惡(원악), 大懟[원한]가 된다. 우리가 仁이라고 말하는 道는 무엇을 하는 것인가? 그 관계를 착하게 하는 것일 뿐이다. 이에 禮와 法을 만들게 되었으며, 이것으로 관계가 善하도록 인도하고, 惡하게 되는 것을 막는 것이다.

我一人彼一人兩人之間 則生交際. 善於際則 爲孝弟 爲友慈 爲忠信 爲睦姻^b. 不善於際則 爲悖逆爲頑囂^c 爲奸慝爲元惡爲大懟^d. 吾道何爲者也. 不過爲善於其際已. 於是作爲禮法 以道其善 以遏其惡.

이처럼 인간의 본질은, 관계를 떠나면 공허한 것이 될 수도 있다. 인간은 사회를 떠나서 존재할 수 없는 존재이기 때문이다. 극단적이지만 마르크스(Marx)는 인간의 본성을 '사회관계들의 총합'으로 파악하고, 인간의 실현을 '類的 本質[Gattungswesen]'의 실현으로 보았다. 베르그송이 생명운동이라고 말한 '창조와 지속'도 이미 주어진 과거와 創發(창발)할 미래, 그리고 나와 세계의 관계 맺음에서 이루어진다. 이러한 의미에서 '생명은 관계 맺음'이라고 보는 민중신학자 안병무 선생의 말을 이해할 수 있다.

인간이 부모·형제·이웃과 관계가 끊어지는 것은 죽음이며, 하느님과의 관계가 계속 연결되는 것이 영생이다. 또한 과거와의 단절은 죽음이며 미래와의 관계가 끊어지지 않는 것이 영생이다. 예수의 '너희가 내 안에 있으면 영생한다'는 말씀도 이러한 맥락에서 이해할 수 있다. 時間이란 미리 존재하는 것이 아니고 생명이 창조하는 것이다. 과거도 미래도 영원도 인간이 창조하는 관계개념이다. 시간의 창조도 관계맺음이 없다면 불가능하다.

생명의 관계맺음이란 사람과 사람, 사람과 자연 사이의 교통이다. 이는 또한 의사소통이다. 구약 창세기는 '태초에 로고스(logos)가 있었으니, 이것이 곧 하느님이다'라고 말한다. 여기에서 로고스는 헬레니즘的인 '理性' 보다는 헤브라이즘的인 '말씀'으로 해석된다. 이는 '하느님은 생명의 근원'이며, '생명은 의사소통'이라는 선언이다. 生철학 내지 사회철학에서 말하는 '의사소통 이성' 또는 '間主觀性(간주관성)'이라는 개념도 이러한 성경의 '로고스'와 같다. '생활세계' 또는 '생활양식'이란 생명이 살아가는 세계, 즉 의사소통이 이루어지는 세계, 관계 맺음이 이루어지는 세계와 삶의 방식을 뜻한다. '말씀'이란 다름 아닌 '말의 쓰임' 즉 '의사소통'을 의미한다. 그러므로 성경에서 결국 생명은 하느님이며 의사소통이라 말한다. 거꾸로 말하면, 인간은 하느님을 통해서만 의사소통할 수 있고, 의사소통을 통해서만 살 수 있다.

墨子도 민중의 義를 하느님의 뜻으로 보았다. 다만 그의 義는 말씀[의사소통]인 동시에 민중의 이로움

---

a　匡(광)=輔助. 救也.

b　姻(인)=혼인.

c　囂(은)=爭訟. 言不忠信.

d　懟(대)=懟(怨)也.

[利] 즉 '交利'이다. 墨子가 말한 交利는, 개인의 복지에 국한되는 자본주의적인 개념이 아니다. 오히려 그것은 인간적 열망의 총체성을 담보하는 개념이다. 자본주의적 이익 개념은 정치보다 경제에 관심이 치우쳐 전제정치를 초래할 위험이 있다.

그러나 '말씀'은 구조주의자들의 '언어'와 다르다. 구조주의자들은 언어를 전승된 자의적인 기호와 구조로 파악하고, 그것이 진리의 생산자이며 권력이라고 본다. 그러므로 여기에서 주체는 언어의 구조물로 해체되고, 하느님과 인간의 죽음이 시작된다.

③ 주역은 관계인가?

이상의 견해들을 종합하면, 생명은 '지속적인 관계맺음과 창조운동'이라고 잠정적으로 규정할 수 있다. '지속 가능'은 진화적인 시간성이며, '관계 맺음'은 인간과 세계와의 관계성이며, '창조 운동'은 운동의 공간성이다.

그런데 주역의 핵심이 '生生(생명살림 혹은 살림살이)'이라 말하는데, 그렇다면 주역은 관계론인가? 본질론인가? 이에 대해 茶山은 周易을 포함한 동양고전을 모두 관계론으로 판단한다. 앞에서 살핀 바와 같이, 周易의 대강령은 天地의 네 가지 덕성인 '元亨利貞'이다. '元'은 天地·男女 등 陰陽의 始元이며, '亨'은 소통이며, '利'는 義의 조화인 交利이며, '貞'은 萬事의 줄기인 正으로 지속성을 담보하는 것이다. 이를 공자의 '仁義禮智'로 해석하여 유교의 도덕론으로 정립했다. 그런데 茶山은 仁을 心性이 아니라 推恕(추서)로 해석하는 仁外說을 주장하므로, 그 근원인 '元亨利貞'도 당연히 關係論으로 해석한다.

『繫辭傳』(上) 5장

생명살림을 易이라 말한다. 음양을 헤아릴 수 없으면 神이라 말한다.

生生之謂易.……陰陽不測之爲神.

(孟子/告子上) *仁內說

仁은 사람의 마음이며, 義는 사람의 길이다. 길을 버리고 따르지 않고, 마음을 버리고 찾지 않으니 슬픈 일이다. 학문의 도리는 다른 것이 아니라 잃어버린 마음을 찾는 것일 뿐이다.

仁 人心也 義 人路也 舍其路而弗由 放其心而不知求 哀哉……學問之道無他 求其放心而已矣

(與猶堂全書 2집/제13권/論語古今註/권7)

詩經·書經·周易·春秋左傳의 千言萬語(천언만어), 經禮 삼백, 曲禮(곡례) 삼천 등 가지와 입새, 단락과 조각들의 무수히 많은 글들을, 다 궁구하고 배울 수 없지만 그 귀착되는 요점은, 관계를 善하게 하라는 것에 불과하다. 관계를 善하게 함은 무엇을 말하는가? 윗사람이 싫어하는 것으로 아랫사람을 부리지 말고, 아랫사람이 싫어하는 것으로 윗사람을 섬기지 말며, 앞사람이 싫어하는 것으로 뒷사람을 인도하지 말고, 뒷사람이 싫어하는 것으로 앞사람을 따르지 말며, 오른쪽이 싫어하는 것으로 왼쪽과 교제하지 말고, 왼쪽이 싫어하는 것으로 오른쪽과 교제하지 말라! 이것들을 일러 관계를 善하게 하는 것이라 한다. 그를 한 글자로 포괄하면 恕[推己及人]가 아니겠는가?

詩書易春秋 旣千言萬語 而經禮三百 曲禮三千 枝枝葉葉 段段片片 浩浩漫漫 不可究學. 要其歸不過曰 善

於際也. 善於際何謂也. 所惡於上 毋以使下. 所惡於下 毋以事上. 所惡於前 毋以先後. 所惡於後 毋以從前. 所惡於右 毋以交於左. 所惡於左 毋以交於右. 斯之謂善於際也. 括之以一字 非卽爲恕乎.

9) 인간 존재에 대한 반성

① 母性愛에 대한 반성

이상 살펴본 바와 같이 인류는 역사 이래 생명을 살리는 생활공동체를 소망해 왔다. 그런데 왜 지금까지 생명운동 또는 공동체운동이 역사의 중심적인 담론이 되지 못했을까? 왜 인류는 지금까지 공동체에 대한 일반 이론마저 마련하지 못했을까? 왜 우리는 지금까지 공동체들의 연대도 이루어 내지 못했을까?

그 원인은 무엇일까? 그 원인은 모성애 때문이 아닐까? 원인과 관련하여 묵자와 예수에게서 배울 수 있다. 그 원인을 우리들이 지성적으로 알고 있지만 가슴으로는 모르고 있다. 그 원인은 지배적인 담론들이 모성애를 신성시하도록 우리를 물들였기 때문이다. 모성애는 자기 자식 사랑이며 인간의 자연적인 본능이다. 물론 동물적인 모성애는 생명이 존재하기 위하여 불가결하고 고귀한 것이다. 그러나 남의 자식을 자기 자식처럼 사랑하는 인류애는 자연적인 것은 아닐지라도 인간만이 가질 수 있는 문화적인 고귀함이 아닐까?

母性愛(모성애)는 近親愛(근친애)의 근거이다. 근친애는 자기애.가족애.혈통애.민족애로 된다. 그러나 모성애.근친애는 인간만의 특징이 아니다. 동물들도 다 가지고 있다. 다만 다른 동물들은 문화가 없고 사회를 꾸리지 않아도 자연대로 살 수 있으므로 모성애만으로 충분하다. 그러나 인간은 다른 동물과는 달리 자연대로 살아갈 수 없다. 그러므로 동물적인 모성애는 인간적인 인류애로 승화되어야 하는 것이다. 인간의 생명은 모태의 탯줄을 끊어야 탄생된다. 그러므로 인간의 '인간 됨'은 어머니 품을 떠나야 한다. 그래서 새로운 관계를 맺어야 한다. 그것이 생명의 창조성이다. 노장(老莊)이 주장하는 대로, 인간은 자연으로 돌아갈 수 없다. 일찍이 墨子가 지적한대로, 인간은 다른 동물과 달리 노동을 해야 살아갈 수 있는 존재이다. 그 인간은 다른 동물에 비해 지능은 뛰어나지만 유약하게 태어났으므로, 생존조건인 노동을 혼자 할 수 없으며 오로지 서로 소통하는 協業[협동작업]이 필요하고 그래서 공동체 또는 사회가 필요한 존재이다.

인간이 자연에 노동을 加(가)해 자연을 변화시키는 것이 文化이며 文明이다. 그러므로 인간은 社會(사회)와 文化(문화)를 떠나서 자연으로 돌아갈 수 없다. 老莊(노장)의 자연으로 돌아가자는 無爲自然說(무위자연설)은 인간의 母胎(모태) 회귀본능을 자극하여 향수를 느끼게 한다. 그러나 그들의 문화에 대한 거부는 퇴영적이다. 당시 "無爲"의 '爲'는 '僞[거짓 꾸밈]'와 '治[다스림]'의 뜻으로 쓰였다. 그러므로 이를, 문화에 대한 거부가 아니라, 실체가 아닌 '가상[僞]'의 文化에 의한 統治의 구속'에서 벗어나려는 자유정신으로 이해해야 할 것이다.

근친애도 모태 회귀적으로 퇴영적인 것이지만, 생산적 · 전향적으로 승화됨으로써 형제애가 된다. 모태의 품을 떠나 너와 이웃과의 관계를 맺기 위해서는 이웃사랑이 요구된다. 근친애로는 혈연공동체 이외에 평등 공동체를 형성할 수 없다. 그래서 墨子는 體愛[개체적 사랑]를 버리고 兼愛[두루 사랑]를 주장했다. 墨子의 兼愛(겸애)는 부처의 博愛(박애)와 예수의 이웃사랑과 같다.

봉건군주·전제군주·독재자·살인자·강도도 사랑을 말한다. 그러나 그들이 말하는 사랑은 근친애, 즉 體愛일 뿐 兼愛나 이웃사랑이 아니다. 봉건군주·전제군주·독재자 등은, 자기 자신·자기 가족·자기 민족을 사랑하라고 한다. 그들은 그것을 위해 살인도 하고, 전쟁을 통한 집단 살인도 한다. 그리고 그 것은 忠이며 진리라고 가르친다. 또한 그것은 이성이 가르친 善이라고 세뇌시킨다.

그러나 墨子와 예수는 네 이웃을, 이방인을, 떠돌이를 네 몸처럼 사랑하라고 가르친다. 이성이 가르치는 것이 아니라 감동과 사랑이 가르치는 것이다. 그러므로 편역자는 墨子와 예수의 가르침대로 근친애, 즉 자기애·가족애·민족애를 초월하지 않고는 생명운동·공동체운동이 일어나지 않는다고 생각한다. 또한 이성의 겸손, 이성적 문명의 지양 없이 공동체 운동은 이루어질 수 없다. 그러므로 공동체 운동은 문명 개조운동·신문명 운동이 되어야 한다.

② 존재단위에 대한 반성

오늘날 우리의 인간관은 개인을 그 유일한 존재 단위로서 이해하는 타성에 젖어 있다. 한 '개인'은 유기적 조직을 지닌 하나의 통일된 의식 주체를 형성하고 있으므로, 하나의 小宇宙(소우주)로서의 존재 단위임이 분명하다. 그러나 개인은 홀로 자족적이며 독립적인 존재가 될 수 없으므로, 유일한 존재 단위일 수는 없다. 크게 보면 개인을 구성 요소로 하는 '인류'도 고차적인 존재 단위로서의 성격을 지니고 있다. 개인은 인류와의 관계에서 보면 세포들과 유사하다. 그렇다면 개인을 인간 단위로 삼기보다는 인류를 인간 단위로 삼는 것이 더욱 타당할지도 모른다.

더 나아가 인류라는 존재 단위도 자족적이며 독립적인 존재는 아니다. 만일 지구상에 인류 이외에 다른 생명체가 없다면 인류는 생존할 수 없기 때문이다. 그리고 이러한 생태적 긴밀성만이 아니라 계통적 일체성도 존재한다. 인류는 계통적 연원으로 볼 때, 분명히 여타 생물 종들과 한 뿌리에서 나온 하나의 줄기로서, 하나의 지구 생명이라는 커다란 실체의 어느 한 부분으로 존재할 뿐이다. 이러한 계통적·생태학적·발생학적 연유로 인하여, 인간은 하나의 생물종으로서 여타 생물종들과 어울려 살아가야할 운명 공동체의 일원일 뿐이다. 그러므로 인위적 가공적인 집단인 국가·민족·계급 등은, 인간의 상위 존재 단위의 생명체로 받아들일 수 없다. 이것들은, 분별을 위한 보편개념일 뿐 생명체가 아니기 때문이다.

③ 생물학적인 반성

1956년에 스텐리 밀러(S. Miller)는 시험관에서 무기물로부터 아미노산을 합성했고, 1965년에 스피겔멘(S. Spiegelman)은 생명 물질인 RNA 핵산을 인공 합성해 냈다. 이와 같은 생물학의 실험 결과에 의하면, 인간의 조상인 원시 생명체는 수십억 년 전에 원시 바다에서 우연히 무기물로부터 유기물이 자연 합성되어 수십 억 년 동안 진화한 것이라는 결론에 도달한다. 이러한 현대 생물학의 견해는 생명은 物性(물성) 이외의 다른 것이 아니며, 인간은 '하나님의 아들'이 아니라 '지구의 아들' 또는 '바다의 아들'이라는 것이다. 더 정확히 말하면, 인간의 조상은 하나님이 아니라 물고기라는 것이다. 이는 '생명은 하나의 물질 기계'라는 언설로, 인간 우월주의에 대한 혁명적인 도전이다.

최근에는 급기야 羊(양)을 복제해 냈다. 조만간 인간은 스스로를 창조할 수 있게 될 것이다. 오늘날 과학기술은 복제 인간뿐 아니라, 코끼리 인간, 사자 인간, 말 인간도 생산할 수 있을 것이다. 우리는 멀지 않은 장래에 생물학자에게 우리가 원하는 아이를 주문 생산하여 부모가 될 수 있을 것이며, 불원간 인간을 대량생산하는 '인간 공장'이 등장할지도 모른다.

바야흐로 오늘날 인류를 돌이킬 수 없는 방향으로 이끌어 가고 있다. 과연 새로운 인공 인간들이 코끼리처럼 힘세고 소처럼 건강하고 양처럼 선량한 것이어서, 지구에 평화가 올지도 모른다. 아니면 늑대처럼 포악하고 여우처럼 간사하고 뱀처럼 간특하고 두더지처럼 엉큼하여 더욱 치열한 전쟁이 벌어질지도 모른다. 그러나 그 보다 우리는 우수한 종자만이 살아남는 자연적인 도태를 인위적인 도태로 앞당기기 위한 잔인한 인간 청소 작업을 먼저 걱정해야 할 것이다. 더 나아가 소처럼 힘 센 인간을 공장에서 대량생산한다면 산업 예비군을 위해 출산을 장려하거나 모성애를 선전할 필요도 없을 것이다. 어떻든 유전자 정보의 혁명은 인류의 운명에 전율할 결과를 초래할 것이다.

인간은 이제 이러한 물질생명관 앞에서 자신의 우연성과 그 의미를 다시 되물어야 한다. 어느 생물학자의 말처럼 인간은 마침내 광대무변의 우주 속에서 단지 홀로 남게 되었다. 우리의 운명이나 미래는 어느 곳에도 씌어 있지 않다. 이제 우리는 하늘에 있는 왕국과 땅 속에 있는 암흑 중에서 어느 하나를 스스로 선택해야 한다. 인간은 신성을 잃었을 뿐만 아니라, 더 나아가 우주 진화의 필연성과 목적성마저 부정당하고 단순한 물질 기계로 격하되어 가는데, 우리는 과연 무엇을 추구할 것인가?

그러나 인간이 물질 기계임을 인정한다고 해서 그 物質(물질)에서 나오는 精神(정신)을 낮게 취급해도 된다는 의미는 아니다. 오히려 모든 생물이 물질 기계라면 다른 생물과는 다른 인간만이 가진 독특한 정신 활동이 인간됨의 특성이며 특권일 것이다. 神性은 좋고 物性은 나쁘다는 선입견은 神性과 物性을 정신과 재물로 환원시킨 결과일 뿐이다. 그러나 인간 정신이 神性이냐 物性이냐에 따라 저절로 그것이 '善한가? 惡한가?'로 결정되지 않는다. 또한 물질이 먼저냐 정신이 먼저냐의 문제는 정신이 중요한가 물질이 중요한가라는 문제와는 다르다.

고생물 학자인 굴드(Steven J. Gould)는 "솔직하고도 유일한 대안은 우리와 침팬지 사이에 유형적으로 엄격한 계속성이 있음을 시인하는 길밖에 없다"고 말한다. 이어 "우리가 잃는 것은 낡아빠진 靈性(영성)의 개념이고, 얻는 것은 우리들이 자연과 하나라는 한층 겸허하지만 우리들을 고양시키는 비전(vision)"이라고 말한다.

어쨌든 우리는 이성의 자만에서 깨어나야 하며, 스스로의 특권을 박탈하고 전 생물계의 하나의 일원으로서, 갖가지 생물과의 공존의 바탕에서 우주적 생명을 우리 자신의 미래의 출발점으로 삼아, 나의 주체적 생명을 발현시켜야 할 것이다.

④ 생태계적인 반성

생명의 모태는 우주 자연이다. 그러므로 인간의 생존은 근원적으로 지구 생태계와 분리하여 생각할 수 없다. 따라서 인간의 존재론적 성격은 불가피하게 생태계적 존재 양식 속에서만 이해될 수 있다.

그런데 현대 문명은 생명의 모태인 자연과 지구를 죽이고 있다. 인간은 현재 60억 인구를 10번도 넘게 죽일 수 있는 핵무기를 보유하고 있으면서도 서로 경쟁적으로 더 생산하여 계속 쌓아가고 있다. 그 핵무기를 만드는 것은 물론 자본이지만, 그 하수인은 여전히 인간이다. 현대인은 자본이라는 物神(물신)의 노예가 되거나, 역사법칙을 신봉하는 교조적인 이념의 노예가 되어, 동류를 죽이는 야수만도 못한 동물이 되어버렸다.

인간은 그 동안 생태계를 마치 정복의 대상으로 생각하여 최대한의 수탈을 자행해 왔다. 특히 과학기술의 발전으로 인간의 능력이 신장되면서, 생태계는 우리의 존립이 위태로울 정도로 파괴되었다. 그러나 현대문명이 이대로 계속된다면, (자기 증식만을 아는 암세포와 같은) '자본'이라는 物神이 전 지구와 우주를 자신의 공장으로 채우려고 계속 파괴할 것이다. '대량생산·초과소비를 위한 공장들이, 인류의 진정한 행복에 필수적이 아님'을 깨닫지 못하는 존재가 인간이다. 이러한 인간이 物神의 열렬한 신도가 되어, 자신의 징표인 생산활동의 주인 자리를 物神에게 넘겨주고, 생산수단·구매자·소비도구로 物化되었다. 오늘날 인간은 자본의 거대한 프로그램이 조작해놓은 지시대로 움직이는 골렘(Golem)이 되어 자신의 주체성을 거세당한 채, 욕구·환락·갈증의 노예가 되어 자신의 모태인 지구를 계속 파괴하고 있다.

인간이 생태계적 자아를 인식하고 이에 알맞은 행동 규범을 설정하지 못한다면, 오늘날 인류와 지구 생태계가 직면한 암적인 파멸을 피할 수 없다. 인류가 앞으로 생존을 보존하기 위해서는, 무엇보다 에너지와 자원을 최소한도로 소비하면서 문화생활을 유지하는 새로운 문명이 탄생되어야 한다. 이를 위해 지금까지 에너지 과잉소비 문명을 크게 수정해야 한다. 따라서 자본주의는 인간주의로 지양되어야 하며, 전체주의적 집단주의는 소규모의 주체적 생명공동체의 연합으로 지양되어야 한다.

인류의 정신문화는 물질적 환경에 끌려가지 않고 그것을 조절할 수 있어야 한다. 편역자는 우리들의 생명공동체 운동에서 새로운 사회와 문명의 싹을 찾아내기를 바라며, 그렇게 될 것으로 믿는다. 그러기 위하여, 2500년전의 墨子의 '절용 문화 혁명론'을 다시 경청할 필요가 있다.

부록

〈12辟卦 進退 消長表〉

	坤 爲本				乾 爲本		
一陽生		復	子月卦	一陰生		姤	五月卦
二陽長		臨	丑月卦	二陰長		遯	六月卦
三陽長		泰	寅月卦	三陰長		否	七月卦
四陽長		大壯	卯月卦	四陰長		觀	八月卦
五陽長		夬	辰月卦	五陰長		剝	九月卦
六陽成		乾	巳月卦	六陰成		坤	十月卦
坎 爲本		小過	閏月卦	离 爲本		中孚	閏月卦

西漢의 京房은 11월에서 이듬해 10월까지를 12辟卦[12개의 임금 괘]로 삼았다. 그러나 茶山은 乾괘·坤괘는 天地의 뿌리되는 괘이지만 純陰·純陽이라 공허한 것이므로, 卦變圖에서도 別外로 취급하고 있다. 그러므로 (윤달의 괘인 坎水괘·离火괘를 兼畫한 大坎인) 小過괘와 (大离인) 中孚괘를 벽괘에 포함시킨다.

說卦 方位圖	方位表		五行	四時	四德
	正東震 ☳	出	木	春	仁
	東南巽 ☴	齊	木		
	正南離 ☲	相見	火	夏	禮
	西南坤 ☷	致役	土		
	正西兌 ☱	說言	金	秋	義
	西北乾 ☰	戰	金		
	正北坎 ☵	勞	水	冬	智
	東北艮 ☶	成言	土		

〈『說卦傳』4장을 정리한 표〉

卦 分類	震 ☳ 雷	巽 ☴ 風	离 ☲ 火·日	坤 ☷ 地	兌 ☱ 澤	乾 ☰ 天	坎 ☵ 水·雨	艮 ☶ 山
傳文	起動 動之	入伏 散之	麗上 晅之	柔順 藏之	說現 說之	剛健 君之	陷下 潤之	止靜 止之
聯想	行	命	日·燥	臣道	和	君道·施	月	留

〈『說卦傳』5~7장을 정리한 표〉

卦 分類	震 ☳ 東	巽 ☴ 東南	离 ☲ 南	坤 ☷ 西南	兌 ☱ 西	乾 ☰ 西北	坎 ☵ 北	艮 ☶ 東北
四時	春	〃	夏	〃	秋	〃	冬	〃
四德	仁, 元	〃	禮, 亨	〃	義, 利	〃	智, 貞	〃
聯想 확장	生始 長子 人主	齊 齋戒 整, 壹	嘉會 相見 南面, 治	致養 致役 柔順	利物 和裂 說言	戰 嚴父 剛健	堅固 勞苦 亂歸	終 止 成言

<『說卦傳』8~10장을 정리한 표>

分類 \ 卦	一乾天 ☰	二坤地 ☷	三震雷 ☳	四巽風 ☴	五坎水 ☵	六離火 ☲	七艮山 ☶	八兌澤 ☱
卦德	健	順	動	入	陷	麗	止	說
人倫	父	母	長男	長女	中男	中女	少男	少女
人品	賓	衆人	君子	主人	盜	武人	小人	巫
遠取	馬	牛	龍	鷄 虫 魚	豕 鹿 狐	雉 飛鳥 禽	狗 小馬	羊 小牛 羭, 虎
近取	首	腹 膚	足 鬢	股	耳 背	目 面	手 鼻	口 頰
物色	大赤	黑	蒼	白	赤			
器物	金玉	釜	簋	繩	弓	甲冑	節	瓶
雜物	氷	布	稼	臭	血	墉	門闕	剛鹵

<『說卦傳』11장을 정리한 표>

乾 ☰	傳文	天. 君. 父. 圜. 玉. 金. 寒. 冰. 大赤. 良馬. 老馬. 瘠馬. 駁馬. 木果. 三脊. 茅. 忿.
	荀九家	衣. 直. 德.
	茶山	矢. 階. 郊. 宗. 賓. 贏. 富. 白.
	聯想 확장	首. 王. 野. 剛健. 骨. 室. 宇. 貨. 君子. 大人. 大車. 盈. 施. 戰.

坤 ☷	傳文	地. 母. 衆. 母牛. 布. 文. 柄. 釜. 吝嗇. 大輿. 黑土. 均(井田).
	荀九家	國. 邑. 牝. 臣民. 方. 黃. 裳. 囊. 帛. 虛. 暑. 帛. 漿.
	茶山	黑. 田. 朋. 膚. 溫. 甘. 慾.
	聯想 확장	腹. 安. 順. 柔. 弱. 黃牛. 革. 躁. 妃. 境. 厚. 臣道. 藏之. 致役. 致養.

震 ☳	傳文	雷. 龍. 玄黃. 旉. 大塗. 長子. 決躁. 蒼莨竹. 萑葦. (於馬)善鳴. 馵足. 作足. 白顙. (其究)健. (於稼)反生. 蕃鮮.
	荀九家	侯. 主. (行. 作. 仰缶는 근거 없음)
	茶山	草木. 舟車. 囊. 斗. 旗. 簋. 筐. 帝. 行人. 老人. 君子. 師. 將帥. 首. 仁. 左. 起. 立. 閉門.
	聯想 확장	器. 髮. 鬚. 商旅. 老夫. 賢. 易. 穀粟. 擊. 出生. 春. 元. 始. 動. 甲坼. 林. 威. 蛇. 好爵.

巽 ☴	傳文	木. 風. 長女. 繩直. 工. 白. 長. 高. 進退. 不敢. 香臭. (於人)寡髮. 廣顙. 近利市三倍. 多白眼. (其究)躁卦.
	荀九家	楊. 杞. 鶴. 茅. 包. 號令. 命.
	茶山	藥. 載. 隱伏. 施. 主人.
	聯想 확장	入. 伏. 散之. 潔齋. 整. 主人. 股. 鷄. 草. 柔木. 天命. 利. 撓. 潔白. 讓. 魚. 鱻. 密雲. 楫. 豶豕. 牛. 邪.

坎 ☵	傳文	水. 溝瀆. 隱伏. 矯輮. 弓輪. 加憂. 心病. 耳痛. 血兆. 赤(誅滅). (於馬)美脊. (於馬)亟心. (於馬)下首. (於馬)薄蹄. (於馬)曳. (於輿)多眚. 通. 月. 盜. (於木)堅多心.
	荀九家	宮. 律. 志. 酒. 疑.
	茶山	田(畋). 石. 帶. 膏. 鳥翼. 敬. 知. 幾. 處. 亂. 衆.
	聯想 확장	雨. 陷. 潤之. 冬. 智. 中男. 豕. 家. 剛直. 堅固. 直心. 德. 法. 道. 事. 庸. 勞貞. 毒. 馬. 木. 背. 病. 憂. 漿. 畎. 川. 泉. 害. 險. 穴. 狐. 患. 大石.

离 ☲	傳文	火. 日. 電. 中女. 甲冑. 戈兵. 腹. 乾燥. 鱉. 蟹. 蠃. 蚌. 龜. (於木)科上槁.
	荀九家	弧矢. 斧. 夏.
	茶山	墉. 籬. 獄. 防閑. 苦. 南面. 治. 目. 相見. 喜. 嘉會. 禮. 虛心. 誠信. 孚. 寬. 辨. 文明. 史.
	聯想 확장	麗. 暄之. 夏. 南. 禮亨. 雉. 武人. 鼓. 革化. 別. 福. 孚格. 牛. 衞. 戎. 光. 刃. 孕. 絶. 阻. 志. 祉福. 禽. 佳. 火鳥. 飛. 飛鳥.

艮 ☶	傳文	山. 徑路. 小石. 門闕. 果蓏. 閽寺. 指. 狗. 鼠. 黔喙之屬(狐·狼). (於木)堅多節. 止. 節(節約·節儉·貞節·苦節).
	荀九家	鼻. 虎. 狐. 終止. 死. 鬼. 冥. 城. 宗廟. 求.
	茶山	邑. 牀. 廬次. 土. 迷. 守. 誠. 退. 童. 小人. 僕. 根.
	聯想 확장	東北. 成言. 小男. 手. 簡. 開門. 居. 戒. 瓜. 冠. 肱. 篤實. 羃. 毛. 木. 迷路. 尾. 小. 承. 尸. 邑人. 墙. 亭毓. 蔽. 限.

兌 ☱	傳文	澤. 少女. 巫. 口舌. 毀折. 附決. 妾. 羊. (於地)剛鹵.
	荀九家	常. 輔頰. 刑人. 孔穴.
	茶山	金. 食. 袂. 義. 宜. 幽人. 脫失. 石. 晦昧. 厲.
	聯想 확장	見. 悅. 西方. 說言. 秋. 義理. 瓶. 祿. 白. 肅. 壅滯. 利. 澤虎. 號. 和. 穫. 水.

『周易大全』 I

초판 1쇄 발행 | 2023년 5월 20일

편　　역 | 기세춘
책임교열 | 김승국
편　　집 | 배원일, 김민경
발행인 | 김태진
발행처 | 진인진
등　　록 | 제25100-2005-000003호
주　　소 | 경기도 과천시 별양상가 1로 18 614호(별양동 과천오피스텔)
전　　화 | 02-507-3077-8
팩　　스 | 02-507-3079
홈페이지 | http://www.zininzin.co.kr
이메일 | pub@zininzin.co.kr

ⓒ 기세춘 2023
ISBN 978-89-6347-555-4 93150

* 책값은 표지 뒤에 있습니다.